国家哲学社会科学成果文库
NATIONAL ACHIEVEMENTS LIBRARY
OF PHILOSOPHY AND SOCIAL SCIENCES

东亚道教研究

孙亦平　著

人民出版社

作者简介

孙亦平 历史学博士，现任南京大学哲学系、宗教学系教授、博士生导师，宗教学教研室主任，中国宗教学会理事，美国哈佛大学、香港浸会大学访问学者，国家图书馆"文津讲坛"特聘教授。主要著作有《杜光庭思想与唐宋道教的转型》、《杜光庭评传》、《道教的信仰与思想》、《道教文化》，主编有《西方宗教学名著提要》，合著有《惠能评传》、《如来禅》、《儒佛道哲学名著选编》等。另在《哲学研究》、《世界宗教研究》、《中国哲学史》、《南京大学学报》和《哲学与文化》、《孔孟月刊》等海内外刊物上独立发表学术论文 90 余篇。学术成果多次被《哲学年鉴》、《宗教学年鉴》、《中国社会科学文摘》、人大报刊复印资料《宗教》、《中国哲学史》等全文转载或摘录。先后主持多项国家社科基金项目和教育部人文社科基金项目，科研成果多次获得省部级以上奖励。

《国家哲学社会科学成果文库》
出版说明

　　为充分发挥哲学社会科学研究优秀成果和优秀人才的示范带动作用，促进我国哲学社会科学繁荣发展，全国哲学社会科学规划领导小组决定自 2010 年始，设立《国家哲学社会科学成果文库》，每年评审一次。入选成果经过了同行专家严格评审，代表当前相关领域学术研究的前沿水平，体现我国哲学社会科学界的学术创造力，按照"统一标识、统一封面、统一版式、统一标准"的总体要求组织出版。

全国哲学社会科学规划办公室
2011 年 3 月

目　　录

序 ……………………………………………………………… 牟钟鉴（ 1 ）

绪　论 ………………………………………………………………（ 1 ）
　　一、何谓"东亚道教" ………………………………………（ 1 ）
　　二、相关的前期研究 …………………………………………（ 15 ）
　　三、研究的方法与思路 ………………………………………（ 31 ）

第一章　东亚道教的渊源与发轫 ………………………………（ 36 ）
　　第一节　东亚道教的文化渊源 ………………………………（ 36 ）
　　第二节　东亚道教的宗教形态 ………………………………（ 51 ）
　　第三节　东亚道教的"中心—边缘" …………………………（ 64 ）

第二章　中国道教的发展及向东亚传播 ………………………（ 81 ）
　　第一节　魏晋南北朝道教的传播路向 ………………………（ 81 ）
　　第二节　隋唐宋元道教在东亚的影响 ………………………（104）
　　第三节　明清至民国道教民间化倾向 ………………………（125）
　　第四节　道教在台港澳的传播 ………………………………（152）

第三章　道教在朝鲜半岛的传播 ………………………………（163）
　　第一节　朝鲜民族的原生性宗教 ……………………………（164）
　　　　一、神教祭祀与神话传说 ………………………………（164）

　　　二、箕子、卫满与三神山 ……………………………………（174）

　第二节　三国时代对道教的接纳 ………………………………（183）

　　　一、道教传入高句丽与百济 ……………………………………（184）

　　　二、花郎道在新罗的兴起 ………………………………………（192）

　　　三、内丹道在新罗的传播 ………………………………………（206）

　第三节　道教在高丽王朝的繁荣 ………………………………（220）

　　　一、太祖制定三教政策 …………………………………………（221）

　　　二、道教祭祀活动盛行 …………………………………………（226）

　　　三、积极兴建道教宫观 …………………………………………（232）

　　　四、内丹道仙脉的延续 …………………………………………（239）

　　　五、风水图谶与守庚申 …………………………………………（247）

　第四节　道教在朝鲜王朝由盛而衰 ……………………………（259）

　　　一、符箓派道教与昭格署 ………………………………………（260）

　　　二、神仙传中的仙道传承 ………………………………………（272）

　　　三、道教的影响逐渐衰退 ………………………………………（290）

　第五节　富有道教特点的新兴宗教 ……………………………（298）

　　　一、"三真归一"的大倧教 ……………………………………（299）

　　　二、道教与天道教 ………………………………………………（303）

　　　三、道教与甑山教 ………………………………………………（306）

第四章　道教在日本列岛的传播 …………………………………（317）

　第一节　道教初传与神道信仰 …………………………………（318）

　　　一、原始神道营造的宗教氛围 …………………………………（318）

　　　二、徐福传说的先导性作用 ……………………………………（336）

　第二节　道教传入日本的途径与方式 …………………………（347）

　　　一、道教随着移民潮传入 ………………………………………（347）

　　　二、三角缘神兽镜与道教 ………………………………………（357）

　　　三、卑弥呼的"事鬼道" ………………………………………（372）

　　　四、道教信仰与天皇制 …………………………………………（377）

　第三节　道教在奈良、平安朝的传播 …………………………（397）

　　一、奈良朝对道教的态度 ·········· （397）
　　二、遣唐使对道教的排斥 ·········· （407）
　　三、律令制下的道术符禁 ·········· （421）
　　四、平安朝对道教的受容 ·········· （433）
　　五、弘法大师空海与道教 ·········· （449）
　第四节　镰仓、室町朝与道教的交涉 ·········· （464）
　　一、道教信仰的传播方式 ·········· （465）
　　二、武士道崛起对道教的影响 ·········· （474）
　　三、神道学派中的道教因素 ·········· （483）
　　四、道教对修验道的影响 ·········· （492）
　　五、道教与阴阳道之异同 ·········· （506）
　第五节　道教在江户、明治朝的影响 ·········· （524）
　　一、江户学者与道教思想 ·········· （525）
　　二、明治维新运动中的道教 ·········· （539）
　　三、民间神道中的道教因素 ·········· （547）

第五章　道教在越南的传播 ·········· （560）
　第一节　道教在交趾的传播 ·········· （561）
　第二节　丁、前黎、李、陈朝时的道教 ·········· （567）
　第三节　胡朝、后黎朝和阮朝的道教 ·········· （572）
　第四节　富有民族特色的新道派 ·········· （580）

第六章　东亚道教的信仰特点 ·········· （591）
　第一节　内涵丰富的神灵观 ·········· （591）
　第二节　尊太上老君为教祖 ·········· （609）
　第三节　奉三清与玉皇大帝 ·········· （618）
　第四节　以得道成仙为信仰 ·········· （627）
　第五节　星斗信仰的民俗化 ·········· （651）

第七章　在东亚传播的道教经书 ·········· （667）
　第一节　道书向东亚的传播 ·········· （668）

　　　一、中国道教造作的道书 ………………………………（669）
　　　二、在朝鲜传播的道书 ……………………………………（677）
　　　三、在日本传播的道书 ……………………………………（688）
　　第二节　东亚道教的诗词咒颂 …………………………………（704）
　　第三节　东亚小说中的道教因素 ………………………………（718）
　　第四节　劝善书在东亚的流传 …………………………………（735）

第八章　东亚道教的养生修道术 …………………………………（751）
　　第一节　种类繁多的修道之术 …………………………………（751）
　　第二节　药物养身与外丹烧炼 …………………………………（772）
　　第三节　内丹修炼与气功养生 …………………………………（786）

第九章　东亚道教的医学成就 ……………………………………（802）
　　第一节　借医弘道的著名道士 …………………………………（803）
　　第二节　简易实用的道教医书 …………………………………（811）
　　第三节　顺阴阳五行的治疗术 …………………………………（827）

第十章　东亚道教的文化形式 ……………………………………（846）
　　第一节　民族特色的宫观建筑 …………………………………（846）
　　第二节　多姿多彩的雕塑绘画 …………………………………（859）
　　第三节　敬神崇道的斋醮科仪 …………………………………（871）
　　第四节　上奏天神的绿章青词 …………………………………（886）

结　语　东亚道教的特点与现代价值 ……………………………（899）

主要参考书目 ………………………………………………………（905）
索　引 ………………………………………………………………（927）
后　记 ………………………………………………………………（970）

CONTENTS

Preface ··· Mou Zhongjian （ 1 ）

Introduction ··· （ 1 ）

Ⅰ The definition of East Asian Taoism ························ （ 1 ）

Ⅱ Preliminary related studies ···························· （ 15 ）

Ⅲ Research methods and ideas in this book ·············· （ 31 ）

Chapter I   The origin and development of East Asian Taosim ······ （ 36 ）

Section1   Cultural origins of East Asian Taoism ············· （ 36 ）

Section2   Religious forms of East Asian Taoism ············ （ 51 ）

Section3   The center and the periphery of East Asian Taoism ······ （ 64 ）

Chapter II   Taoism spread from China to East Asian ············ （ 81 ）

Section1   The route of Taoism spread during Six Dynasties ········ （ 81 ）

Section2   Taoist influence in East Asia during Sui，Tang，Song and Yuan Dynasties ···························· （ 104 ）

Section3   Taoist folk tendencies during Ming and Qing Dynasty and the Modern China ························ （ 125 ）

Section4   The spreading of Taoism in Taiwan，Hong Kong and Macau ································· （ 152 ）

Chapter III　Taoism spread in the Korean Peninsula ················ (163)

　Section1　Native religion of the Korean nation ················ (164)

　　1. Pagan ritual and mythology ···························· (164)

　　2. Jizi, Wiman of Gojoseon and Mt Sanshen ··········· (174)

　Section2　Acceptance of the Taoism during Three Kingdoms ········ (183)

　　1. Taoism entering Goguryeo and Baekje ··············· (184)

　　2. The rise of Hwarangin in Silla ····················· (192)

　　3. The spread of NeiDan Tao in Silla ················· (206)

　Section3　Taoist prosperity in the Koryo Dynasty ············· (220)

　　1. Three religions Policy made by Taizu ··············· (221)

　　2. Taoist ritual activities prevalent ···················· (226)

　　3. Actively build Taoist temples ····················· (232)

　　4. The continuous of Neidan Tao ···················· (239)

　　5. Feng Shui Prophecy and Shou Geng Shen ············ (247)

　Section4　Taoism declined in the Joseon Dynasty ············· (259)

　　1. Talisman Taoism and Zhaoge Department ··········· (260)

　　2. Mystical tradition in God Biography ················ (272)

　　3. Gradually decline of Taoism influence ·············· (290)

　Section5　The rich Taoism features in the new born religion ········ (298)

　　1. San zheng gui Yi and Da Zong Jiao ················ (299)

　　2. Taoism and TianDao Tao ························· (303)

　　3. Taoism and Zengshan Tao ······················· (306)

Chapter IV　Taoism spreading in the Japanese archipelago ········ (317)

　Section1　Initial transmission of Taoism and Shinto beliefs ··········· (318)

　　1. Religious atmosphere created by the original Shinto ········ (318)

　　2. The pilot role Xu Fu legendary ··················· (336)

　Section2　Routes and ways of Taoist enter Japan ··············· (347)

　　1. Taoism entering with immigration ················· (347)

　　2. Triangle edge animal mirror and Taoism ············· (357)

    3. Himiko and Shamanism ⋯⋯⋯⋯⋯⋯⋯⋯ (372)

    4. Taoist beliefs and Mikado ⋯⋯⋯⋯⋯⋯⋯ (377)

Section3   The attitude to Taoism in Nara, Heian ⋯⋯⋯⋯⋯ (397)

    1. The attitude towards Taoism in Nara period ⋯⋯⋯⋯ (397)

    2. Excluding Taoism by QianTangShi ⋯⋯⋯⋯⋯⋯ (407)

    3. Taoism symbol ban under the imperative system ⋯⋯⋯ (421)

    4. Respect of Taoism in Heian period ⋯⋯⋯⋯⋯⋯ (433)

    5. Kobo Daishi Kukai and Taoism ⋯⋯⋯⋯⋯⋯⋯ (449)

Section4   The negotiations towards the Taoism in Kamakura,

       Muromachi ⋯⋯⋯⋯⋯⋯⋯⋯⋯⋯⋯⋯⋯ (464)

    1. Taoist belief propagation methods ⋯⋯⋯⋯⋯⋯ (465)

    2. Influence of Bushido rising on Taoism ⋯⋯⋯⋯⋯ (474)

    3. Taoism factors in Shinto ⋯⋯⋯⋯⋯⋯⋯⋯ (483)

    4. The infuence of Taoism on Shugendo ⋯⋯⋯⋯⋯ (492)

    5. The similarity and difference between Taoism and

      Onmyodo ⋯⋯⋯⋯⋯⋯⋯⋯⋯⋯⋯⋯⋯⋯ (506)

Section5   The recession of Taoist influence in Edo ⋯⋯⋯⋯ (524)

    1. Edo scholars and Taoism ⋯⋯⋯⋯⋯⋯⋯⋯ (525)

    2. Meiji Restoration and Taoism ⋯⋯⋯⋯⋯⋯⋯ (539)

    3. Taoism factors in Folk Shinto ⋯⋯⋯⋯⋯⋯⋯ (547)

Chapter V   Taoism spread in Vietnam ⋯⋯⋯⋯⋯⋯⋯ (560)

Section1   Taoism spread in Cochin ⋯⋯⋯⋯⋯⋯⋯⋯ (561)

Section2   Taoism during Dinh, Early Le, Lye and Tran

       Dynasty ⋯⋯⋯⋯⋯⋯⋯⋯⋯⋯⋯⋯⋯⋯ (567)

Section3   Taoism during Ho, Later Le and Nguyen Dynasty ⋯⋯⋯ (572)

Section4   The new Taoism with ethnic characteristics ⋯⋯⋯⋯ (580)

Chapter VI   The beliefs characteristic of East Asian Taoism ⋯⋯⋯ (591)

Section1   Content-rich view of the gods ⋯⋯⋯⋯⋯⋯⋯ (591)

Section2   Respect Taishang Laojun as Taoism founder ⋯⋯⋯⋯ (609)

Section3   Worship San Qing and Yu Huang Da Di ················ (618)

Section4   Faith in immortal ·············· (627)

Section5   Beliefs of star in folk custom ···················· (651)

Chapeter VII   The spread of Taoist classics in East Asia ············· (667)

Section1   Taoism books spread to East Asia ······················· (668)

1. Taoism books written in China ···························· (669)

2. Taoism books spread in Korea ························· (677)

3. Taoism books spread in Japan ······················· (688)

Section2   East Asian Taoism poetry and Incantation ················ (704)

Section3   Taoist factors in East Asian novels ···················· (718)

Section4   Morality books circulating in East Asia ················· (735)

Chapter VIII   Tao Regimen in East Asian Taosim ·················· (751)

Section1   A wide variety of monastic art ····················· (751)

Section2   Health by medicine usage and WaiDan Shaolian ··········· (772)

Section3   Alchemy Practice and Qigong ······················ (786)

Chapter IX   Medical achievements in East Asian Taoism ············ (802)

Section1   The famous Taoist who use their medical skill to spread

Taoism ·································· (803)

Section2   Simple and practical Taoist medical books ················ (811)

Section3   Tao therapy using Ying and Yang ···················· (827)

Chapter X   Cultural forms of East Asian Taoism ··················· (846)

Section1   Building temples with national characteristics ············· (846)

Section2   Colorful sculptures and paintings ···················· (859)

Section3   Worship Gods and ZhaiJiaoKeYi ···················· (871)

Section4   The poetry sent to the God ······················· (886)

Conclusion   Characteristics and modern values in East Asian
Taoism ·· （899）

Bibliography ··· （905）
Index ·· （927）
Postscript ·· （970）

序

　　孙亦平教授是我国道教学研究领域优秀的女性学者，她的著作《杜光庭思想与唐宋道教的转型》、《道教的信仰与思想》等书和一系列学术论文都富于开拓精神，在学术界及社会上产生了积极而广泛的影响，我从中也受益颇多。她主编的《西方宗教学名著提要》具有国际视野，是我在做比较宗教学题目时经常翻阅的重要参考书。更令我钦佩的是，她在学术上从不停歇，继续前行，近五年又跨入前人很少涉足的整体性东亚道教研究领域，筚路蓝缕，克服重重困难，终于给社会贡献出一部一百余万字的《东亚道教研究》，进一步展示了孙教授的学术实力，也体现出她刻苦奋进的可贵精神，这使我惊喜，也使我受到很大鼓舞。

　　中国道教学研究自民国以来在学术上一向是薄弱地带，改革开放之后趋于活跃，并后来居上，成为中国各大宗教研究中的显学，至今不过三十余年，初步扭转了世人所说"道教在中国，道教研究在外国"的可叹局面，显示出蓬勃朝气，已在世界道教学界处于领先地位。中国道教学的发展，无论是学术队伍的成长，还是科研成果的质量数量，以及学术机构的建设与学术活动，都在走向繁荣，这是老、中、青三代相继努力的结果，其中也有孙教授一份辛劳。

　　道教是与中华传统文化融为一体的宗教，理论上以老庄道家智慧为导向，博大精深；活动上又最接近民间民俗文化生活，草根性强。道家道教与孔孟儒学的互补，形成中华文化的底色，研究道教对于人们准确把握中华民族性格特征、心理结构和行为方式，对于推动今后中国文化建设事业，都是一项重要的工作。依此而论，许多课题仍需拓展深化，道教研究尚任重而道远。同时，研究道教对于人们准确认识东亚文化的特质、内涵及其在世界文明中的地位，对于推动东西方文化比较研究和文明对话，也有重要意义，而在这个方面，中国学界反不如日本学界。如日本学者福井文雅著《汉字文化圈的思想与宗教——儒教、佛教、道教》一书，能从东亚文化圈的高度论述儒、佛、道三教文化是难得的。中国学界早先有傅勤家的《中国道教史》简略地论及道教在海外的传播，近来有卿希泰主编的《中国道教史》第四卷论到道教在朝鲜、日本、东南亚及欧美的传播和影响，李养正著《当代道教》也谈到道教在亚洲国家的传播，楼宇烈、张志刚主编的《中外宗教交流史》设专章介绍道教在朝鲜、日本、越南的传播。上述论著都在推动中国宗教学学者把研究的眼光投向亚洲和世界。其不足之处有二：一是论述尚不够系统细致；二是未能将道教置于东亚文化共同体之中加以考察，致使整体性东亚道教研究至今仍是有待开发的处女地。原因是多方面的：语言文字的障碍，文献资料的分散，研究基础的薄弱，以及道教"隐性传播"、"杂而多端"与民间信仰界限不清的特点，还有东亚文化圈已经在西学东渐中破碎，等等。然而，"地球村"形成了，中国正在走向世界。时代要求中国文化学者关注东亚文化和各国文化，开展跨民族文化研究。东亚地区在历史上形成了东亚文化共同体，宗教文化形成了"东亚模式"，其经验仍有现代意义，在当前世界性文化研究中，东亚文化研究成为一个不可或缺的要素。中国与国际的学界主流都认为历史上存在过一个东亚文化圈，许多人也认同东亚文化圈由儒家文化圈和佛教文化圈叠加而成。东亚有没有一个道教文化圈？它有何种精神主旨和表现形态？对很多人而言还是一个模糊而说不明白的问题，因为在这方面还缺乏有分量的学术成果。

孙教授用了六年时间写出的《东亚道教研究》，第一次向世人提出"东亚道教"的概念，阐述了它形成演化的历史，揭示了它丰富的内涵，开创出东亚道教研究崭新的局面。该书以道教从中国向朝鲜半岛、日本列岛、越南半岛传播的历史为经，以道教文献、信仰特点、教义哲学、养生修道术、医学成就和文化形式为纬，以道教与道家、儒家、佛教、神道教及各民族宗教之间的互动关系和"中心"与"边缘"的关系为"问题阈"，全方位呈现东亚道教的面貌，从而填补了未曾有过的整体性东亚道教研究的空白，这是该书最主要的贡献。

资料整理是研究的基础，作者花大力气从事相关历史文献与考古资料的搜集、筛选、认定、归纳工作，将散见于各国文献的道教质素加以发掘、鉴定，进而梳理和解读，形成系列，为东亚道教研究提供了坚实的资料基础，这是一项难度很大的工作，其中的辛苦可想而知，表现出作者求真务实的科学态度和坚持不懈的毅勇精神，是十分难能可贵的。作者在写作过程中大量参考了中、日、韩学者研究道教的成果，进行综合创新，遂使该书能够集思广益而又立于学术前沿。

此书探讨了中国道教文化以和平方式传播于朝鲜、日本、越南并与该国民族文化相结合的历史，分阶段地介绍了这些国家与道教的互动关系、固有的宗教信仰在涵化中国道教过程中发生的变化及新出现的新道派，阐释了东亚道教以得道成仙为核心，以太上老君为教祖，以三清、玉皇为至上神，由众多神仙组成仙界的多神崇拜特色，列述了东亚道教文献中的道书、老庄著作、诗词歌赋、神仙传记、文学小说及劝善书，厘清了东亚道教养生文化中的外丹、内丹、气功及其他修道之术，探索了东亚道教的医学成就，展示了东亚道教在宫观建筑、雕塑绘画、斋醮科仪、绿章青词等文化形式创作上的业绩。由此，东亚道教一体多态、演变分化、和谐共生、异彩纷呈的形象得到确立。

以中国为腹心的东亚信仰多元通和系统，与亚伯拉罕三大一神教系统、印度一元多神教系统并列为世界三大信仰河系。东亚文化圈曾长期在世界文明史上处于领先地位。近代以来，西方工业文明以浩荡之势席卷全球，东亚文明处于落后状态，甚至被妖魔化，东亚文化共同体在向西方学习的大潮中走向解体。然而世界历史总是以螺旋式上升的方式向前运动：西方文明在到达巅峰状态后弊病丛生，而东亚文明并未消亡，它在吸收西方文明营养之后，获得新生，从衰落中走向复兴，人们的思想认识也在改变。现实的未必是合理的。当代的国际实践生活中，亚伯拉罕系统三大一神教之间的争斗、冲突时隐时显，成为民族对抗与国际政治焦点的重要因素，而东亚宗教文化系统长期无战事，儒、佛、道三教反而成为联结东亚各国的黄金纽带，基督教和伊斯兰教进入东亚之后也不同程度地减弱了排他性，增强了包容性，显示出东亚宗教固有的贵和传统的影响力；但在当代的国际宗教学术研究中，东亚宗教研究却一直处在边缘地带，却由以亚伯拉罕宗教系统为背景或基石的研究占据着主导地位。随着世界文明由冲突向对话的转型，情况开始发生历史性的变化，东亚文明模式的当代和未来意义正在凸显，基督教、伊斯兰教、犹太教与东亚儒学、佛教、道教的平等对话逐步展开，推动了和谐世界的建设事业。在这种情势下，加强对东亚模式的研究是东亚和中国学者的责任和机遇。2008年8月初，由中、日、韩三国学者发起的东亚宗教文化学会在韩国釜山正式成立，标志着东亚人文化自觉时代的到来。合理的将会变成现实的。中华文化正以新的面貌在中国复兴，东亚文化共同体虽然不复存在，但共同的历史文化传统却仍然以巨大的惯性而延续下来，特别是东亚宗教文化的多元通和模式还在发挥着积极作用，西方宗教学界有识之士看到了这一模式的未来生命力，东亚学人也开始有了文化主体意识，通过比较宗教学研究，总结东亚经验，并使之走向世界。《东亚道教研究》一书提炼出的东亚道教特色、成就及其当代价值，尤其是其中的积德行善、和平共荣、重道贵生的优秀传统，是东亚精神的有机组成部分，值得我们认真研究与发扬。我在给2011年10月南岳"国际道教论坛"提供的论文《以道为教多元通和》中，将道教信奉的大道分疏为五：一、以道为教，把尊生与敬神统一起来，是为生道；二、以道为教，把行善与成仙统一起来，是为善道；三、以道为教，用包容的态度做救世的事业，是为公道；四、以道为教，协调各种关系，使人间臻于淳朴，是为和道；五、以道为教，会通各种信仰和文化，是为通道。道文化就是生、善、公、和、通五道的融会，可以成为"地球村"健康生活的重要精神资粮。

东亚地区的儒学文化圈研究已有多种论著问世，佛教文化圈研究也有一批论著出版，道教文化圈研究则刚刚起步，还有许多后续工作需要进行。就国别而言，日本与韩国道教研究比越南道教研究成果要多，不仅是道教，中国学界对越南各种宗教的研究都是薄弱的一环。就资料而言，还有继续发掘的空间。如存留下来的汉文典籍或未曾汉译的东亚各国文字的相关文献需要搜求，现实生活中含有道教因素的东亚各国民俗文化有待实地考察，问世的东亚各国学者的道教研究学者的成果需要广泛借鉴。就问题而言，东亚文化中儒、佛、道三教各自的地位作用以及如何重叠交渗要做综合性研究，东亚道教的现代变迁与未来走势还是一个新鲜的课题。还有，中、日、韩、越诸东亚国家的学者在宗教研究尤其道教研究领域的交流尚未能充分开展，如此等等，今后显然需要更多学者的参与和有力推动。我希望能有一批青年学者喜欢东亚文化，亲近东亚精神，又熟悉其中一国或数国语言文字，有志于研究东亚儒、佛、道三教文化，在孙亦平教授《东亚道教研究》的启示下，远借欧美，近察东亚，返观中国，大力推动地区文化研究，找回失落的东方精神，即仁爱忠恕、通和共处、修德尚礼、天人一体、重生贵养的精神。我相信，东方精神的重生和流布会使世人减少许多苦难，能使世界变得比以往美好。

牟钟鉴

2012 年 5 月

绪　　论

　　道教是以"得道成仙"为基本信仰的中国传统宗教。在有着悠久历史的东亚思想与宗教中，由中国道家和道教奉为最高宗旨的"道"至今都是最具有象征性和影响力的文化符号。中国的神仙思想早在秦皇、汉武进行的海上求仙活动时，就开始走出中国大门，漂洋过海，对东亚地区的朝鲜半岛、日本列岛的一些国家和地区产生着持续影响。魏晋时，创立不久的中国道教随着移民的脚步开始向东亚各国传播①，东亚道教开始形成并在唐宋时达到了高潮。近代以来，随着东西方文化交流的展开，道教又被介绍到西方世界，在多元文化的冲突和交融中展现出新的价值，体现出某种世界性的文化影响力。因此，以"道"的思想为基点，以比较宗教学为方法，以道教在中国、朝鲜、日本、越南的传播历史为经，以道教文献、神灵信仰、教义思想、养生修道术、医学成就和文化形式为纬，对东亚道教进行系统深入的研究，就是一个既具有理论价值，又具有现实意义的重要课题了。

一、何谓"东亚道教"

　　"东亚道教"是"东亚"与"道教"的有机结合，它并非是一个顾名

---

　　①　本书所使用的"传播"一词，是指一种民族文化在没有任何压力的情况下通过各种途径与方式自然而然地传入异域，其有意义的文化符号被一些国家和地区所接受并逐渐与当地文化相融合的过程。

思义就可以不证自明的词语，而是涉及诸多事实判断，有待于将之置于特定的历史文化境遇中，通过具体入微的研究，超越到底有没有所谓的"东亚道教"的问题争论，来回答为什么"东亚"与"道教"能够结合成一个文化概念的问题。

东亚指亚洲东部地区，它既是一个地理概念，也是一个人种概念，还是一个文化概念。从地理的角度来看，一般认为，东亚主要包括中、蒙、朝、韩、日等国家，① 它们都处于亚洲东部的环太平洋地区，蓝色的大海和绵延的大山将它们联结在一起，在典型的季风气候中形成了一个互为背景与资源的区域共同体，这个幅员广阔的世界就是东亚道教活动的大舞台。从人种学上看，东亚人以黄种人为主，主要分布于亚洲东部沿海及河谷平原地区。从使用的语言看，大致可分为属汉藏语系的汉族和藏族、阿尔泰语系的蒙古族和满族、孤立语系的朝鲜族、大和族等；但在古代东亚世界中，古汉语是历史最悠久、流传最广泛、使用人数最多的语言，这就为中国道教信仰的在东亚世界的传播提供了一种文化助力。

若从道教文化的角度来看，处于亚洲东北部内陆高原的蒙古族属于游牧民族，在 13 世纪成吉思汗（1162—1227）统一蒙古部族前一直信奉萨满教，崇拜"长生天"，使用自己的民族语言——蒙古语。金朝末年，全真道士丘处机（1148—1227）受成吉思汗之诏，率领门徒不远万里前往大雪山（今阿富汗兴都库什山），宣扬清心寡欲、敬天爱民等思想，被成吉思汗奉为"丘神仙"。元朝建立后，元世祖忽必烈（1215—1294）推行藏传佛教，道教在蒙古的影响日益衰微。而地处于中南半岛的越南则属于以中华文明为核心的"东亚文化圈"或"东亚文明秩序"的一个分支。日本学者西嶋定生（1919—1998）在《东亚世界的形成》一文中，以汉字为文化传媒，以儒家思想为伦理基础，以律令制为政法体制，以大乘佛教为宗教信仰等共同的价值标准，提出著名的"东亚汉字文化圈"时，以中华文明在东亚世界的发生与发展为基轴将越南包括进

---

① 有关东亚到底应包括哪些国家和地区，一向众说纷纭，从地理和人种角度看，一般认为包括中国、日本、韩国、朝鲜和蒙古五个国家。若从文化角度看，狭义指中国、日本、朝鲜；广义则包括今天的中国、日本、韩国、朝鲜和越南。

来。① 从历史上看，越南的政治、宗教、文字、礼仪、饮食、服饰和习俗都深受中华文明的影响，与东南亚其他国家显著不同，与东亚各国却具有相似性。

西嶋定生把东亚视为一个完整的、自律的世界，特别用联系的观点来探讨东亚文化圈的内在关系："构成这个历史的文化圈，即'东亚世界'的诸要素，大略可归纳为：一、汉字文化，二、儒教，三、律令制，四、佛教等四项。"② 他认为中华文化向朝鲜、日本、越南的传播有三个层面并演化出维系东亚文化圈的四根纽带。这三个层面是：（1）物质文化：主要是中国向这三国的民族迁徙伴随着汉字以及稻作文化的传播；（2）精神文化：主要是儒学和佛教的传播；（3）制度文化：主要是官僚制和律令制的传播。四根纽带是：（1）汉字的使用奠定共同心理基石；（2）儒学促进精神文化整合；（3）汉传佛教维系共同信仰；（4）中国的礼乐制度成为维系东亚政治秩序的基轴。以中华文明为媒介，中国与周边近邻互相促进，形成了一个具有同质文化丛的独立的东亚文化圈。

西嶋定生的这些看法得到了很多学者的赞成，日本学者子安宣邦（1933—　）从历史的角度认为："东亚文化圈一般指近代以前的东亚文化世界。……东亚世界在地理上以中国本土为中心，包括今天的韩国、日本、越南等地区。这个东亚世界以中国文化为其主要成分，而与其他历史世界区别开来。因此，东亚世界也可以称之为'中国文化圈'或者'东亚文化圈'。"③ 美国学者费正清（John King Fairbank，1907—1991）也认为，"东亚"概念除在地理和人种含义之外，更应包含文化含义："我们把研究集中于中国、日本、朝鲜和越南的历史，这些地区高度发达的文明及基本的文字

---

① "东亚汉字文化圈"又简称"东亚文化圈"，即是西嶋定生所说的"东亚世界"："这样的'东亚世界'，是以中国为中心，包括其周边的朝鲜、日本、越南以及蒙古高原与西藏高原中间的河西走廊地区东部诸地域。但是，作为历史的世界，如所推测的，它的领域是流动的，不是固定的。而且，即便同属中国的周边地区，如北方的蒙古高原，西方的西藏高原，以及越过河西走廊地带的中亚诸地区，或者越过越南的东南亚等诸地区，通常不包括在此范围之内。因为这些地区并不具备上述'东亚世界'的性质，而是属于另外的历史世界。"（[日]西嶋定生：《东亚世界的形成》，载刘俊文主编：《日本学者研究中国史论著选译》，中华书局1993年版，第89页。）

② [日]西嶋定生：《东亚世界的形成》，载刘俊文主编：《日本学者研究中国史论著选译》，中华书局1993年版，第89页。

③ [日]子安宣邦：《东亚论：日本现代思想批判》，吉林人民出版社2011年版，第78页。

体系都渊源于古代中国，从这种意义上，可以说东亚就是'中华文化区'。"① 如果说"文化圈"② 主要以文明与科学为中心，由文化特质相同或相近、在功能上相互关联的民族文化或区域文化构成的文化地理板块，那么，随着对东亚文化圈研究的深入，人们发现除了西嶋定生提到的上述因素之外，实际上还存在着一些具有相似性的文化因素，如科学技术、医药知识、文学诗歌、家族结构、教育制度、生活方式等。笔者认为，中国传统宗教——道教，也在东亚文化圈中占有特殊的地位。根据上述，笔者在研究东亚道教时，依据"东亚汉字文化圈"的理论，主要着眼于中国道教在日本、朝鲜的传播，但也将越南作为关注的对象，以期更深入地探讨道教在"东亚汉字文化圈"中的历史地位及文化影响，从而为理解今天的东亚世界及东亚宗教提供一种借鉴与参考。

　　东亚世界自古以来就是多民族、多国家、多语言、多宗教共存，不但有着悠久的历史，而且在 19 世纪之前始终以中华文明为中心保持着文化交流的不间断性及文化内涵的相似性，这成为东亚道教形成、传播与发展的复杂文化环境。英国历史学家汤因比（Arnold Joseph Toynbee，1889—1975）在《历史研究》中提出世界文化出现过 23—26 种文明形态，有史可查的最有影响的是 21 种文化体系。每种文明形成的先决条件就是——从混乱走向统一，形成政治大一统、阶层有次序、和平且富足的国家。全世界只有中国文明是长期延续而从未中断并成为古代东亚文化的策源地："古代中国社会的策源地是在黄河流域，它从这里扩展到长江流域。远东社会的策源地把这两个流域都包括在内，然后一方面沿着中国海岸向西南方扩展，另一方面向东北扩展到了朝鲜和日本。"③ 汤因比通过描绘东亚文明的策源地与传播范围，

---

① ［美］费正清、赖肖尔、克雷格等：《东亚文明：传统与变革》，天津人民出版社 1992 年版，第 1 页。

② "文化圈"概念最早由德国的弗·格雷布内尔（F. Graebner，1877—1934）和奥地利的威廉·施米特（W. Scbmidt，1868—1954）在研究文化地理分布及文化传播时所使用的概念。尤其是威廉·施米特在《原始宗教与神话》中，依据形式、量、连续和关系程度为标准，从文化传播出发，从空间与时间上将全人类文化分为不同的文化圈，既注重文化特质在地理空间上的分布，也注意从不同文化圈中推导出文化相关的时间性，从文化成分的来源、传播与发展来解答家庭、国家、宗教、经验与工具等问题。（参见孙亦平主编：《西方宗教学名著提要》，江西人民出版社 2002 年版，第 348 页。）

③ ［英］汤因比：《历史研究》上册，上海人民出版社 1966 年版，第 28 页。

来说明东亚各族虽然自古以来就有自己的文化传统和宗教信仰。但随着中国大陆与日本列岛、朝鲜半岛、中南半岛交往的展开，从魏晋南北朝到隋唐，中国朝廷不断地通过册封朝贡、经济贸易、文化交流、局部战争等方式，使先进的语言文字、政治制度、器物制造、经史典籍和宗教信仰等逐步地传播到周边国家，形成了一个以中华文明为核心的东亚汉字文化圈，以此为纽带促进了古代东亚世界的政治一体、经济发展与文化繁荣。"中国文化的价值，单从中国史方面看，似乎还有不足，如果从环绕中国的邻国史来看，可能显得更突出。所谓中国文化，涵盖的范围，并不限于中国境内，实指以中国为中心，日韩越各国受其光芒辐射而形成的一大文化圈。"① 值得研究的是，东亚道教如何在这样一个不断变化发展且丰富复杂的文化系统中逐渐形成？

东亚世界以中原地区的华夏文明为核心，从夏商周三代始，文化上依托于朦胧的华夷思想，政治上依托于分封制，宗统与君统相叠，血缘与政治结合，这种双重结构，对内促进以宗法制为基础建立起礼义制度，对外通过以礼义制度为标准进行族群分辨的"华夷之辨"② 建立起"中心—边缘"的外交秩序。中国历史上的第一个朝代"夏"是生活于中原地区的民族建立的，他们因拥有丰厚资源、制定人伦规范和掌握文字记录而自称为"夏"，将本族之外的民族统称为"夷"。③ 相对于夏朝各部落联盟的"诸夏"而有"诸夷"、"九夷"之称，也有将周围居住者称为东夷、北狄、西戎、南蛮为"四夷"④ 之说。"夏"之本义为"面向南方"，具有统领之义，为"后世中国中心论的'四夷'（蛮夷戎狄）之首，在遥远的古代，并没有野蛮的贬义"⑤。当时的诸夏与诸夷只是"我者"与"他者"的族群区别，并无后来出现的"华夷之辨"中"君子"优越于"野人"的文化意义。到《尚书·

① 参见朱云影：《中国文化对日韩越的影响·自序》，广西师范大学出版社2007年版。
② "华夷之辨"以《春秋》及《仪礼》、《周礼》、《礼记》、《尚书》中提出的文化礼义为标准，在中国历史上大致经历了血缘衡量标准、地缘衡量标准和衣饰礼仪等文化衡量标准三个演变阶段。
③ 据《后汉书·东夷传》记载："夷有九种：曰畎夷、于夷、方夷、黄夷、白夷、赤夷、玄夷、风夷、阳夷。"值得注意的是，这"九种夷"曾出现于古本《竹书纪年》中的夏朝与东方诸夷关系的记载中。（参见张玉春译：《竹书纪年注》，黑龙江人民出版社2003年版，第14页。）
④ 《礼记·王制》曰："东曰夷、西曰戎、南曰蛮、北曰狄"。东夷、北狄、西戎和南蛮，在中国中心主义的天下观中被称为"四夷"，如《孟子·梁惠王》中明确提出："莅中国而抚四夷也。"
⑤ 许倬云：《我者与他者：中国历史上的内外分际》，三联书店2010年版，第7页。

武成》时才有"华夏蛮貊，罔不率俾"之说，后人常以"华夏"自称，使之成为"中国"的代名词，形成了初步的天下观。

随着华夏文化的日益强盛，这种区分为后来东亚世界中出现将中国置于天下中央的"中国中心论"奠定了的基础。"华夷之辨"的关键并非民族或地区的划分，而是对华夏的"礼乐文明"是否认同以及如何以华化夷即通过文明教化使那些周边民族编入以华夏文明为中心的秩序体制的问题。"殷"原是位于诸夏边缘的"他者"，但殷人通过确立书写文字和建立起国家组织，取代诸夏，建立起殷商王朝，"综合其区域所包括，西至今河南之中心，东尽东海，北达济水，南则所谓淮夷徐舒者皆是。这个分布在东南的一大片部族，和分布在偏于西方的一大片部族名诸夏者，恰恰成对峙的形势。"① 殷商王朝的格局不仅奠定了"中原"为中国的核心地位，而且还影响到朝鲜半岛，如《山海经·大荒东经》中有："东海之外大壑，少昊之国。"《山海经》虽是一部富于神话传说色彩的古老地理书，但据今人研究，少昊应属东夷族，号金天氏，原分布于山东曲阜附近，"东夷的古辰国是深受殷商文化影响的居住在朝鲜半岛的古老部族"，故朝鲜半岛的金氏得姓于少昊金天氏是有文献可以证明的。② 周在灭商之前，因为遭到戎、狄等游牧部落的侵扰，在部落首领古公亶父带领下迁移到岐山（今陕西岐山县东北）下。周朝建立后，由游牧生活改为农耕为主，依据分封制、宗法制和礼乐文明等而成为"天下共主"，不仅在诸侯国与诸夷国中确立起自己的权威与地位，而且奠定了东亚文化圈的基轴。

在"四夷"中，对华夏文化的认同感最为强烈、仰慕时间最长的是"东夷"。他们自认为是伏羲之后，血统高贵，崇拜太阳，以鸟类为部族图腾，最早发明弓箭，擅长射箭，故"夷"在古山东话中音同"人"，意为"一人负弓"，其形象犹如背负大弓的人。许慎《说文解字》曰："夷，平也。从大从弓，东方之人也。"③ 东汉史学家班固（32—92）在《汉书》卷二十八《地理志》中就以"东夷"来指称生活于朝鲜半岛上的部族："东夷天性柔顺，异于三方之外，故孔子悼道不行，设浮于海，欲居九夷，有以

---

① 傅斯年：《夷夏东西说》，载其著《傅斯年讲史学》，凤凰出版社2008年版，第70页。
② 王洪军：《古辰国与少昊关系考》，《哈尔滨工业大学学报》2013年第5期。
③ 许慎撰：《说文解字》，中华书局1963年版，第213页。

也。"相传，这与周武王时商朝遗臣箕子率领五千商民东迁，将中华文明带入朝鲜半岛有关，"殷道衰，箕子去之朝鲜，教其民以礼义，田蚕织作。"① 山东半岛与朝鲜半岛隔海相望，"东夷通以柔谨为风，异乎三方者，苟政之所畅，则道义存焉。"② 由此推测，大概在孔子时代，山东半岛与朝鲜半岛在文化上已有某些相似性，如颜师古（581—645）注《汉书》时曰：孔子"言欲乘桴浮而适东夷，以其国有仁贤之化，可以行道也"③。到战国时代，中原地区周边"夷狄"大多被各诸侯国同化了，"夷狄"又指活动于"战国七雄"之外的部族。位于华北地区的战国七雄之一的燕国不断向辽东扩展势力，将华夏文明（其中包括神仙观念）传播到朝鲜半岛并越海传到日本。④ 在这个阶段，东亚世界还没有形成，但华夏文明通过对周边地区诸民族的影响，使中国政治权力在这些地区的主导作用日益凸显。秦灭六国，统一天下，废除王号，改称"皇帝"，设立郡县制统领人民，建立中央集权制国家政治体制。汉接秦制，通过郡县制与封建制组合成郡国制，将"王"、"侯"的称号赐予周边的部族领袖，例如，南越王、朝鲜王、东瓯王等，通过推崇神道设教、礼乐教化、仁义礼智信等观念，使周边部族作为藩国纳入中国的王朝政治体系之中，"东亚世界"才有了形成的基础。

魏晋时，随着中国对外扩张，"东夷"所指的范围又扩大到活动于朝鲜半岛上的各部族，如《三国志》记载："景初（237—239）中，大兴师旅，诛渊，又潜军浮海，收乐浪、带方之郡，而后海表谧然，东夷屈服。其后高

---

① 对箕子东迁对朝鲜的影响，不仅中国的《汉书》、《尚书》等文献中有记载，生活于高丽时代的金富轼编纂的《三国史记》卷二十九也提及"海东有国家久矣，自箕子受封于周室"、僧一然的《三国遗事》卷一《纪异》则认为"周虎王即位己卯，封箕子于朝鲜"。

② 马端临撰：《文献通考》卷三二四《四夷考》一《东夷总序》，中华书局1986年版，第547页。

③ 《汉书》卷二十八下《地理志》第八下，《二十五史》，上海古籍出版社、上海书店1986年版。

④ 燕昭王（？—前279）即位后，面对燕国衰微、强齐虎视的局势，他奋发图强，招纳贤人，重用苏秦、乐毅等，终于使燕国成为"战国七雄"之一。作为春秋战国时有为的君王之一，燕昭王到晚年追求长生，信仰神仙，重用方士，喜好修炼成仙的道术，派人入海寻找三神山，使方仙道在燕国流行起来。据司马迁《史记·封禅书》记载："宋毋忌、正伯侨、充尚、羡门高最后皆燕人。为方仙道，形解销化，依于鬼神之事。邹衍以阴阳主运显于诸侯，而燕、齐海上之方士传其术不能通，然则怪迂阿谀苟合之徒自此兴，不可胜数也。自威、宣、燕昭使人入海求蓬莱、方丈、瀛洲。此三神山者，其傅在渤海中，去人不远。患且至。则船风引而去。盖尝有至者，诸仙人及不死之药皆在焉。其物禽兽尽白，而黄金银为宫阙；未至，望之如云；及到，三神山反居水下。临之，风辄引去，终莫能至云。世主莫不甘心焉。"值得注意的是，在燕国流传的方仙道是以邹衍的"阴阳五行说"和"大九洲说"为理论依据的。

句丽背叛，又遣偏师致讨，穷追极远，逾乌丸、骨都，过沃沮，践肃慎之庭，东临大海。长老说有异面之人，近日之所出，遂周观诸国，采其法俗，小大区别，各有名号，可得详纪。虽夷狄之邦，而俎豆之象存。中国失礼，求之四夷，犹信。"① 这里的"东夷"就包括扶余、高句丽、沃沮、挹娄、濊、韩、倭等。6 世纪末，隋朝统一中国，通过册封体制使东亚世界的政治秩序具有了一元化的意义。中唐杜佑（735—812）在撰《通典》时，将新罗、高句丽、日本、琉球等都归入"东夷"②，使之逐渐形成了今天所说的"东亚世界"的地域概念。这些都构成了东亚道教活动的历史大舞台的灿烂背景。

政治上、文化上和宗教上的趋同性标志着东亚世界在隋唐时形成。东亚各国在饮食习惯、文明礼仪、农耕经济的生产方式等方面具有一定的趋同性，大多具有吃稻米、用汉字、定律令、奉儒学、信佛教的文化习俗。东亚世界的形成有赖于两个文化支撑点：一是从华夷之辨到以华变夷，以中国古代的"礼乐文明"作为社会秩序与人生价值之源；二是以中国的中央集权制王朝为政治中心，通过郡县制、分封制、朝贡制等，将中国置于东亚世界的中心地位。中华文明以自己的文化优势来吸引和改造周边民族，周边民族也通过积极认同中华文明而发展出相似的政治体制、文化精神、生活习惯和宗教信仰，为东亚道教的形成奠定了基础。

唐朝灭亡后，中国进入五代十国的分裂时期。随着中国王朝政权的交替，东亚世界的格局也处于不断地变化发展中。当时朝鲜半岛上的渤海国、新罗相继而亡，代之而起的是高丽王朝。处于平安朝的日本也放松了与中国政权的联系。越南更是脱离中国王朝控制而自立朝政。五代后晋王朝曾向被视为"蛮夷"的辽国称臣。宋朝因长期与辽、金、西夏、元分立而治，虽然在政治上无法成为"东亚世界"册封体制的宗主国，但其在经济与文化上的优势仍然使之在"东亚世界"的中心地位持续下来。明朝建立后，才"再强化了以中国为中心的册封体制，并以这个体制为媒介实现'东亚世

---

① 《三国志》卷三十《魏书》三十，《二十五史》，上海古籍出版社、上海书店 1986 年版。
② 《通典》卷一八五至一八六《东夷》，中华书局 1984 年版，第 986—994 页。

界'的经济、文化共有关系"①。清朝延续了明朝的传统，李氏朝鲜仍然是清王朝的册封国，日本虽然采取闭关锁国政策，但却通过唯一开放的长崎港源源不断地输入中国文化，东亚文化圈虽然已逐渐松散，但仍然是以中华文明为核心。19 世纪，随着西方列强的坚船利炮，以基督教为背景的西方文化传入东亚，与中华文明为核心的东亚文化形成了鲜明区别。东亚各国先后进入全球化的世界体系，虽然千百年积累起来的文化传统仍然影响和支配着生活于东亚世界的各族人民的意识形态和生活习俗，但许多东亚知识分子对中华文明的认同感在逐渐降低。明治维新后，日本率先打出"脱亚入欧"的旗号而进入现代化社会，但始终被欧洲排除在"西方"之外，因而回归亚洲世界，并且提出了一个以政治、经济、军事和文化为联系纽带的"东亚"新概念，强调自己在亚洲的盟主地位，逐渐形成了把东亚作为一个地域概念，以此构建一个新的东亚文化或者知识共同体的思潮——"大亚洲主义"运动。

今天使用的"东亚"一词，原本是一个日本词汇，它有两种书写方法：一是日本古汉语繁体字的"東亞"；二是"東アジア"，这是用日本"片假名"来音译的"东亚细亚"（Asia）。②"东亚"最早在日本是作为一个界定区域文化的概念，如用来表述"东亚佛教史"、"东亚美术史"的专用名词，但到 1930—1940 年间，"东亚"被赋予了"一个具有强烈政治意味的地缘政治学色彩的概念"③。日本以建设东亚新秩序为由，提出"东亚共同体"、"大东亚东荣圈"、"东亚政治秩序"、"东亚区域合作"、"东亚经济新格局"等词语，内涵着因领土、资源争端而出现的血雨腥风的战争以及东亚人民对和平、秩序和繁荣的向往。

从历史上看，东亚世界上曾出现过"二种一元论"，一种是以古代中华文明为中心，另一种是近代日本帝国为中心。显然，"这'二种一元论'的内涵有根本不同，但其论述方式却惊人的一致——即均以某种普遍主义的

① 〔日〕西嶋定生：《东亚世界的形成》，载刘俊文主编：《日本学者研究中国史论著选译》，中华书局 1993 年版，第 102 页。

② 陈玮芬：《近年日本汉学的"关键词"研究：儒学及其相关的概念的演变》，台湾大学出版中心 2005 年版，第 101—135 页。

③ 〔日〕子安宣邦：《东亚论：日本现代思想批判》，吉林人民出版社 2011 年版，第 81 页。

'一元论'为观念的基础"①。子安宣邦指出,当日本帝国以"东亚共荣圈"为旗号开始针对以中国为主的亚洲地区展开政治、经济、军事以及文化侵略时,这个"实体的东亚"很明显地成为带有负面印象的地域概念。因此,在第二次世界大战之后的很长一段时间里,"东亚"一词在日本成为禁语,"不仅在国家层面上,就是于知识分子的认识层面都被淡化了",取而代之的是"東アジア",译成汉语即"东亚细亚"。令子安宣邦感到忧虑的问题是:第一,日本一直没有对第二次世界大战之前的"东亚"概念作出认真反省与彻底清算;第二,这种一元论的东亚论也有可能导致中华文化一元论在今天的复活。因此,他反对重构一个"东亚"实体,亦反对视"东亚"为本质之同一这种观点。② 这种反省的态度和对"东亚"现代性的探讨是值得重视的。

由于笔者主要研究的是"道教在东亚"或"东亚世界中的道教"等学术问题,关注道教以什么方式在东亚世界传播与演变,表现出哪些独特的宗教精神,因此,"东亚道教"这个概念主要是一种学术性的建构。子安宣邦提出的只有用"方法的东亚"这个观点来对"实体的东亚"进行批判和解构,才能在21世纪的全球化视域中重建东亚的多元论述。韩国学者白永瑞提出"作为知性实验的东亚",即"不把东亚看成一个实体,而看成在自我省察过程中流动着的某种东西"③,以及力图在东亚地区的各个民族和社会之间,寻求对东亚这个共同体的认同感,并通过这种思考与实践,逐渐形成能省察"东亚中的自我、自我中的东亚"的看法。中国学者葛兆光认为,东亚有"想象的同一性与实际的差异性"④。台湾学者黄俊杰站在"寓一于多"立场上提出的建构"东亚儒学"的设想:"'东亚儒学'是一个自成一格的、自成体系的学术领域,它并不是中国大陆及台湾地区、日本、朝鲜、越南各地儒学的机械式的组合或拼装,也不是东亚各地儒学的总合。相反

---

① 吴震:《关于"东亚儒学"的若干问题》,载郭齐勇主编:《儒家文化研究》第六辑,三联书店2013年版,第443页。

② 参见〔日〕子安宣邦:《东亚儒学:批判与方法》,台湾大学出版中心2008年版,第18页。

③ 〔韩〕白永瑞:《思想东亚:朝鲜半岛视角的历史与实践》,三联书店2011年版,第117页。

④ 葛兆光:《渐行渐远:17世纪中叶以后的中国、朝鲜和日本》,载《清华历史讲堂初编》,三联书店2007年版,第158页。

地，当东亚各地儒者共同诵读孔孟原典的时候，东亚儒者已经超越各地之局限性而形成一种'儒学共同体'，共同体的成员都分享儒家价值理念。"① 这些观点都可从不同的角度为东亚道教研究带来有益的启发。

20世纪，随着宗教学研究的深入展开，东亚宗教的特殊性也得到人们的关注。从历史上看，东亚世界曾流传着种类繁多的宗教，有中国以敬天法祖为信仰的古代宗教传统，有发源于中国的儒学（教）和道教，有日本固有的神道教，有朝鲜带有原始宗教色彩的萨满教，有从印度传来的佛教，有从波斯地区传来的琐罗亚斯德教和摩尼教，还有从更远的地方传来的基督教、伊斯兰教和犹太教。可见，东亚人不仅创造了自己独有的宗教，而且还以开放的心态接纳和包容了以各种方式传入的外来宗教，使世界上有影响的宗教都汇集于这片广袤的土地上，故有"宗教的联合国"之称。东亚宗教大都以追求"天人合一"或"神人合一"相号召，将礼义道德、行善济世作为教义之首，以多神信仰与崇拜为特点，自始至终表现出多样性、圆融性和宽容性的宗教精神，② 这一特点也为东亚道教继承与发展。

虽然东亚多宗教共荣并存的格局，经常会给人以杂乱无章之感，但如果深入研究，就可见其中蕴含着一以贯之的"道"，这就是多样性互补。例如，中国宗教主要表现为儒佛道三教鼎足而立："儒道佛是中国传统思想文化的三大基本组成部分。在上千年的递嬗演变中，传统思想文化形成了以儒家为主、佛道为辅的'三教合一'的基本格局。"③ 在日本、朝鲜和越南则表现为儒佛道与本民族宗教文化的兼综融合，由此展现出东亚宗教的重要特征就是以儒佛道为核心，形成"天下一致而百虑，同归而殊途"的"和而不同"的宗教文化模式。道教在东亚文化圈中的传播及其影响由来已久，虽然传播到不同国家与地区的道教在历史发展中逐渐具有了本地化色彩，但道教的神仙信仰却犹如一条红线，将不同的文化脉络联系起来，使在东亚各国传播的道教具有了一种共同的文化特征。

东亚道教以中国道教的神仙信仰为中心，综合了东亚传统中的多元宗教、多种民俗、多样思想和多款艺术而形成的一种历史文化形态和内涵丰富

① 黄俊杰：《东亚儒学：经典与诠释的辩证》，台湾大学出版中心2008年版，第55—56页。
② 参见牟钟鉴：《东亚宗教文化模式及其现代意义》，《探索与争鸣》2013年第4期。
③ 洪修平：《中国佛教与儒道思想》，宗教文化出版社2004年版，第368页。

的信仰系统。从历史上看，道教通过神化老子以及有关"道"的学说，以"得道成仙"为基本信仰，形成自己的教理教义和修道方法，在东汉时逐步建立起自己的道团组织——太平道和五斗米道。魏晋时，道教通过不断地去除民间化、粗俗化和异端化而走到了中国文化的前台，一度与以道家和儒家结合而成的玄学并肩而立，构成了道家的两条不同发展方向：宗教性的道教和哲学性的玄学。从道家学派史的角度看，魏晋之际代表着先秦老庄道家复兴及儒道合流趋向的新道家——玄学的兴起，开启了中国传统思想文化发展的新阶段。魏晋玄学作为一种自成体系的学术思潮，以老庄思想为骨架，以"本末有无"为进路，以讲究的修辞技巧和犀利的论辩方式来探究宇宙人生之道，这种以"玄，物之极也"[①] 为标识的学派，通过有无、本末、动静、言意、名教与自然之辨，大大推动了道家之学在理论上的发展。从正始之音到江左玄风，盛行于魏晋的玄学经过一百余年的递嬗演变，逐渐淡出中国思想文化的历史舞台，虽然标志着道家学派的沉寂，但道家思想却一方面通过人们对道家经典的注释发挥和道教的宗教化改造而得以延续和发展，另一方面又作为一种"东亚智慧"成为道教在东亚传播的先导。南北朝时，随着一些具有较高文化水平的世家名门子弟纷纷入道，葛洪、陆修静、陶弘景、寇谦之等人致力于造作道书，建构教理教义，制定斋醮科仪，创立了适应士族精神需要的新道派，随着东亚移民潮的涌动而逐渐向东亚各国传播。东亚道教既是东亚世界中长期存在的一种历史事实，也是一个与东亚儒学或东亚佛教相并列而具有多元形态的文化概念。

东亚自古幅员辽阔，族群众多，汤因比曾指出，就东亚文化圈而言，中国为主要文明，朝、日、越为卫星文明。[②] 由政治、经济、军事、教育和风土等问题而引发的中心与边缘的文化互动，主流文化圈与非主流文化圈的碰撞，使宗教传播在许多情况下表现为强势主流文化向弱势非主流文化的推进。唐代时，儒学昌明、佛教兴盛、道教流行，中国文化展现出繁荣发展的盛况，为当时东亚各国所翘首瞩目。唐朝开国之始，唐高祖、唐太宗曾派遣使者入朝鲜半岛传播道教。8—15 世纪时，在朝鲜半岛历代统治者的支持

---

① 王弼注《老子道德经注》第十章，载洪修平主编：《儒佛道哲学名著选编》，南京大学出版社2006 年版，第 638 页。

② 参见 ［英］阿诺德·汤因比：《历史研究》（修订插图本），上海人民出版社 2000 年版，第 50 页。

下，道教在朝鲜半岛得到了上至贵族、下至平民的广泛信奉。道教与朝鲜本有的祖先崇拜和原始宗教信仰相结合而具有了鲜明的民族文化特点，并形成了两大派：以斋醮为主的"符箓派道教"，因以禳灾祈福为目的，备受国家保护；而"丹鼎派道教"则流行于民间，但仍无法形成有规模的宗教体制，与儒、佛鼎足而立。① 这两大派形成的不同传播路向，至今仍然对韩国文化产生着潜移默化的影响。

在日本的奈良朝到平安朝时期，来自于中国与朝鲜的信道者，以及随遣唐使团去中国留学的日本人，不仅将《道德经》等道书带回日本，而且还在学习汉字和接受汉文化的过程中逐渐了解了道教。编于 9 世纪末的《日本国见在书目录》② 中记载的道书就多达几十种，道教的长生信仰、神仙思想、斋醮科仪和术数方技不仅在日本得到了传播，而且也逐渐融入到日本文化之中。流传到今天的明版《道藏》编撰于 15 世纪，不久之后就传到了东亚各国。

随着道教在东亚文化圈中的传播，东亚各国也出现了一些用汉语书写的道教文献，例如，朝鲜王朝时出现的《海东传道录》、《海东异迹》、《青鹤集》等，就讲述了道教丹学如何从中国传播到朝鲜半岛的过程。以古汉语的方式呈现出来的道教文献不仅仅是"中国制造"，16 世纪，道教劝善书《太上感应篇》、《太微仙君功过格》等在日本社会上流行，引发了一些日本人用日语对劝善书进行阐释，还出现了在日本翻刻印刷的"和刻本"。虽然这些道书只占浩若烟海的道教文献中的一小部分，但它的"域外"身份就越显得弥足珍贵，因此，保留至今的这些富有特色的道教域外汉籍，反映了道教在东亚社会的传播以及影响，就成为今天了解并研究东亚道教的重要资料。

东亚道教虽然是以中国道教为"中心"向东亚各国传播，但它绝不意味着是中国道教的翻版，而是综合了东亚世界的各种宗教文化因素的新形态。东亚道教不仅与东亚宗教之间存在着特殊与普遍的张力，而且在历史发展过程中，其内部因始终面临着道教信仰的"普遍性"与不同地域文化的

① ［韩］车柱环：《韩国道教思想》，人民文学出版社 2005 年版，第 2 页。
② ［日］藤原佐世撰：《日本国见在书目录》，中华书局 1991 年版。

"特殊性"的适调、"本土化"和"多元化"之间的张力，形成了中心与边缘、本土与异域、个性与共性、历史与现代等多重互动关系。这也在提醒我们要通过深入研究，来展现有着不同民族文化传统的东亚世界是如何拥有一个既内涵多元性又具有一种普遍同一性的"东亚道教"的。

道教至今在中国已走过了近两千年的岁月，不仅渗透到中国社会的各个领域，而且在创立后不久，随着中国对外文化交流的展开，虽然通过不同的途径传播到东亚世界，但始终没有疏离丰沃的中国文化之壤：第一，它保留着中国古代社会流传下来的以鬼神崇拜为特点的宗教信仰和原始巫术的成分，常常在符水治病、炼气养神、驱妖捉鬼等道术和祈福禳灾的斋醮科仪中体现出来，再融会东亚民间社会的各种方技数术、星相、风水、占卜、图谶及泛神论思想，致力于在民间向大众传播，由此而成为最贴近百姓的日常生活状态、最具有大众文化[①]特点的"民众道教"。第二，道教将老庄道家哲学思辨贯穿于对天地人之道的认识和分析中，所建构的以道论为核心的思想体系，为"得道成仙"的信仰提供了玄妙精微的解释，在东亚各国的知识分子中得到广泛传播。第三，道教在中国古代祭仪的基础上，所创建的伴有赞诵、音乐等艺术形式的斋醮科仪，宣扬上可使人升仙得道，中可安国宁家、延年益寿，下可除去前世今生的罪过、救厄拔难、消灾除病、解脱一切忧苦，逐渐成为东亚道教的宗教仪式之主体。中国道教作为东亚道教之源，在东亚道教中处于中心地位。

正如日本学者村上重良（1928— ）所说："道教承袭了产生于中国社会民族宗教的传统，也传播到中国社会以外，在朝鲜是产生天师道，在越南是形成高台教的因素之一，对于日本的宗教，也以阴阳道等形式，给予很大的影响。"[②] 传播到东亚地区的道教虽然逐渐具有了区域性民族化色彩，仍然坚持以"道"为本，遵循顺应自然的思维方式，通过追求"夺天地之造化，与天同寿"的境界，来表达对生命完满境界的向往与追求，这些共性

---

① 美国大众文化研究的代表人物约翰·费斯克（John Fiske，1939— ）所著《解读流行》和《理解大众文化》被视为当代美国大众文化的拓荒之作。约翰·费斯克站在后现代主义的立场上，认为大众文化不是文化工业生产的，而是人民创造的。大众文化是"主动的行为者"（agents）的"日常生活"。（参见［美］约翰·费斯克：《理解大众文化》，中央编译出版社 2001 年版，第 30 页。）

② ［日］村上重良：《国家神道》，商务印书馆 1992 年版，第 11 页。

构成了东亚道教的内涵。从空间上看，东亚道教是指道教信仰、教义和修道术在东亚世界的传播与发展。从时间上看，东亚道教不是一套僵硬的宗教体系，它与东亚世界复杂多变的社会文化、外交关系和民间习俗紧密相联，始终处于动态发展中。由此而成为一个富有历史文化内涵的多元化的文化概念。

这种以文化名义所表征的东亚道教，其表层的目的是驱邪逐疫，祈福消灾、得道成仙，而内涵则通过各种仪式活动来达到阴阳调和、风调雨顺、五谷丰登、人寿年丰、国泰民安和天下太平。道教早已以一种关注人的生命的姿态进入了东亚人的生活世界，问题在于，如何超越对道教是否传入东亚的肯定或否定的争议，而着眼于具体研究和认真梳理，道教是以何种形式和途径传入东亚各国？哪些因素曾遭到哪些国家的排斥与拒绝？哪些因素又被哪些国家所受容？在不同于中国的社会环境中形成了哪些独具的文化精神？对东亚社会的思想文化和生活习俗产生了哪些影响？到明清之际，在西学东渐的影响下，"日本、朝鲜和中国，从文化上'本是一家'到'互不相认'的过程，恰恰很深刻地反映着所谓的'东方'，也就是原本在华夏文化基础上东亚的认同的最终崩溃。"① 当古代东亚文化圈在近代的西学东渐进程中支离破碎时，东亚道教如何因东亚文化价值认同的转换而一步步走向衰退？到21世纪的今天，整个东亚的"去中国化"倾向已十分明显，中国文化在东亚社会的影响力已不同往日，曾经的"东亚汉字文化圈"似乎被"美国英语文化圈"所替代，古老的东亚道教是否还具有现代意义？它对当今东亚社会的和平发展又能起到怎样的作用？这些问题相互牵扯构成了东亚道教研究的"问题阈"。

二、相关的前期研究

近年来，将儒家作为东亚文明的象征、将佛教作为东亚宗教的代表来进行研究的学术著作层出不穷，却对中国传统宗教的重要代表——道教在东亚地区的传播和产生的特殊影响力很少涉及。为什么道教在东亚文化中的影响

---

① 　葛兆光：《宅兹中国——重建有关"中国"的历史论述》，中华书局2010年版，第153页。

经常被人们所忽视？笔者认为，古代东亚文化圈的形成虽然是中国文化在东亚各国传播的结果，但中国文化各种要素的传播方式与过程是各具特点的。如果说，儒学与佛教采用的是"大张旗鼓"式的显性传播方式，那么，道教则好似处于一种悄然的"润物细无声"式的隐性传播状态。这既是"道"文化特点的一种生动体现，也说明道教在东亚的传播与儒学、佛教相比遇到了更多的阻力。道教虽然早已传播到朝鲜、日本和越南，并成为东亚文化的组成部分之一，但从历史上看，在中国大陆传播的道教由"中心"传到东亚各国的传播过程中，其性格特征似乎在逐渐淡化，无论是在朝鲜、日本，还是在越南，道教不仅与儒家、佛教之间经常相伴而行，而且与当地的宗教也经常搅成一团。毋庸讳言，道教并没有像佛教那样在东亚得到长足的发展，也没有像儒学那样渗透到社会意识形态的各个方面，甚至成为日本、韩国和越南主体文化的一部分，而是始终处于一种似有似无的边缘状态，以至于长期以来人们忽视对道教在东亚社会的传播的整体性研究。从历史上看，有关东亚道教传播情况的资料零碎地散见于历史文献、文学书籍、佛教经典和考古文物之中。这大概也是迄今为止，学术界对道教在中国、日本与朝鲜的传播分别进行了专题研究，取得了一些富有成效的成果，但仍缺乏将道教置于东亚的文化视域中，从总体上来进行系统而全面的研究，更谈不上深入的主要原因。

　　19 世纪末到 20 世纪初，与当时中国学者对道教大多持有批评和不屑的态度相比，一些日本与韩国学者出于各种原因，在了解佛教史、神道史、民族文化史和中国思想文化的过程中开始接触并研究道教，所取的相关成果为今天的东亚道教研究开拓了一个学术空间。从日本方面看，一些学者站在日本文化立场上开始涉足道教研究。1894 年，鹫尾顺敬发表于《佛林》第 1 卷第 1、3、7 号上的《论支那佛教和道教的冲突及调和》，通过研究佛道关系而涉及道教。1898 年，黑川真道在《史学杂志》第 9 卷第 12 期上发表《日本皇朝年号中的长生之神的意义》研究天皇年号中隐含的道教神仙信仰因素。1902 年，又有宫武教群《概述支那道教的起源及沿革》、《支那道教的起源及发达》相继在《龙谷史坛》第 10 期、第 11 期上发表。冈崎清安《赤山明神考》（《乡土研究》第 3 卷第 10 期、第 11 期）、山本信哉《少彦命名与长生国》（《历史地理》第 25 卷第 6 期）、清原贞雄《日本的北辰、北斗的研究》(《史林》第 1 卷第 2 期) 等, 则从不同的角度提醒人们关注日本文化中隐藏得很深的道教因素。

当一些日本人把研究的注意力从文献资料的分析转向民众的日常生活时, 为了更好地了解中国文化, 开始对中国道教进行实地考察。例如, 被鲁迅称为 "那个比我们还了解中国的" 橘朴 (1881—1945) 在中国生活了十六年, 受中野江汉《白云观游记》的影响, 从 1914 年就开始实地调查中国的民间道教, 他曾在《支那统一论》中说:"诸位想把民众从夹杂着可笑迷信的道教中解救出来是可以的, 但不要忽视了道教虽然有一言难尽的弊端, 它可是将构成支那思想核心的一神思想传到今日的唯一的组织。" 他不太赞成鲁迅从科学与宗教、民智与迷信的对立中来看待道教, 也不认同当时中国学者中的一种较为普遍看法, 即中国民智未开的原因在于道教之类的迷信毒害, 只有根绝了道教, 才有可能开启民智; 而是从民众的宗教心和道德感情的角度来解读道教, 认为道教代表着民众, 儒教代表着士阶层, 它们在中国社会中占有不同的位置, "中国不是儒教国家, '日本人自以为支那是儒教之国'是错误的, 中国是道教国家, 只有道教——橘朴称为'通俗道教', 不是一般所说的文本道教——才是存在于中国人的生活之中的道教"①。将道教看作是了解中国民间社会的重要窗口, 这成为一些日本人率先考察道教的主要动因。

在第二次世界大战之前, 日本学者研究道教的立场与进路主要有二: 一是站在日本文化语境中来研究并评判道教, 故与道教之间有一种挥之不去的疏离感。虽然其中也有一些日本学者, 如小柳司气太、妻木直良、津田左右吉等, 为了更好地了解道教, 前往中国, 走入道教宫观, 开展实地调查研究, 以身临其境地感受道教。如被福永光司称为日本 "对道教真正研究的奠基者"② 的小柳司气太, 于 1931 年 8 月受日本外务省派遣, 到北京白云观进行田野调查, 回日本后写成《白云观志》(附东岳庙志) 七卷, 其中包括 "道士小传"、"斋日"、"道观之区别"、"授戒"、"道士的生活及宗规"、"方丈资格"、"经济状态"、"道教分派" 等内容,③ 为日本人了解中国道教

---

① 孙江:《橘朴与鲁迅》,《读书》2012 年第 3 期。
② ［日］福永光司:《中国的哲学、宗教和艺术》, 人文书院 1988 年版, 第 224 页。
③ 参见《藏外道书》第 20 册, 巴蜀书社 1994 年版。

的现状起到了积极作用。然而，在小柳司气太的著作中还是不时闪现出"道外论道"的学术倾向。二是站在佛教或儒学的立场上，从哲学、思想、社会风俗等方面涉及道教。如佛教史研究专家妻木直良1912年在《东洋学报》上发表的《道教研究》就是站在佛教研究的立场上来看道教。还有常盘大定的《支那佛教与儒教、道教》（东洋文库1930年版）、久保田量远的《支那儒道佛三教史论》（东方书院1931年版）更是因研究儒、道、佛三教关系而不得不涉及道教，故他们不属于那种力图呈现道教本来面貌的"历史原貌派"。

　　吉冈义丰（1916—1979）作为日本佛教真言宗智山派的代表人物，以佛教与道教的关系为切入口来研究中国道教，他带着对中国文化的敬爱之情，从1939年来华到1946年离开，对中国的宗教遗迹进行了广泛的实地调查，他不仅考察了北平（今北京）城内外的道教宫观，如白云观、东岳庙、蟠桃宫，而且寻访了游人罕至的太阳宫、夕照寺、二郎庙、九天宫及南郊已废弃的南顶娘娘庙等庙堂神宇，并远赴河北、山东、山西、河南等地访佛问道，足迹几乎踏遍整个华北地区。在华时就发表了介绍道教的文章，如《道教小志》（1940）、《道教的实态》（1941）、《白云观的道教》（1945）。1946年，吉冈义丰回日本后又著有《道教研究》（法藏馆1952年版）、《道教经典史论》（道教刊行会1955年版）、《追求长生》（淡交社1970年版），主编《中国古道教史研究》（日本同朋社1992年版）。朱越利先生认为，吉冈义丰的道教研究有两个特点：第一，不存佛道门户之见；第二，采取"论从史出"的方法，尊重史实。酒井忠夫先生认为《道教的研究》一书"是划时代的著作，为战前战后道教学的发展树立了一座里程碑"。佛学研究专家道端良秀先生赞扬《道教经典史论》一书"为道教研究奠定了基础"。福井康顺先生称赞吉冈义丰所著的《道教实况》、《白云观的道教》、《道教的研究》和《道教经典史论》等书"都是划时代的著作"，"《道教经典史论》为道教学的现状打下了一个划时代的休止符"。吉冈义丰还将道教看作是与佛教并列的宗教，由此而撰写的《道教与佛教》三大册相继问世后，其声誉更为隆盛，一些日本学者称吉冈义丰的道教研究为"吉冈道教学"，称他为"道教学者中的学者"①。

　　① 参见朱越利：《吉冈义丰与道教研究及中日关系》，《中国道教》1989年第3期。

20 世纪 30 年代，日本社会盛行着"脱亚入欧"的思潮，学术界围绕着科学与史学、汉学与国学的讨论此起彼伏，其实质就是希望通过检讨江户汉学①和明治以来的东京学派②的研究方法，使"科学"这一西方话语和研究范式作为一种精神与方法，来促使明治以后的日本汉学研究逐渐具有符合现代"民族—国家"需要的学术性质，为日本确立在亚洲的统治地位提供思想依据，京都大学的东洋史学京都学派应运而生。

京都学派的代表性人物狩野直喜、内藤湖南和桑原骘藏等，对汉学都有着深厚修养，他们希望能够跳出东京学派的理路来认识和理解中国学问，故主张不从自我出发，不受地域和时代的限制，而是把中国就作为中国来理解，去关注学问中的那些超越于民族文化而具有普遍性的"真精神"。这种学术倾向在汉学研究中表现为重视对中国文献的收集与考证，强调对中国文化进行实地考察和广泛接触，以朴实的学风追求学术研究的科学性。京都学派开创的战后日本汉学研究的新理路，也引发了日本学者长期以来有关"道教与日本"的争论。这种争论的实质在于，应站在什么立场上来看待道教并解读道教与日本的关系。

最早提出这一问题的是被誉为 20 世纪日本"最大的东洋学者"的津田左右吉（1873—1961）。1913—1939 年间，津田左右吉陆续发表了《天皇考》、《古事记与日本书纪研究》、《道家思想及其展开》、《日本上代史研究》、《支那思想与日本》等论著，其中提及道教时说："道教作为思想是浅薄的、基本上不值得注意的，但它在社会中逐渐取得势力，又不是无意义的。"③ 他认为，"作为中国民族宗教而形成的道教，没有以宗教的形式传入日本，不过，与之相关的一些书籍或知识无疑被输入了"④。因此，在日本

---

① 江户汉学推崇宋明理学，使朱子学成为德川幕府的官学，虽借助中国学问来建立自己的学术体系，但实际上是一种以自我为中心的日本化汉学。

② 以白鸟库吉、津田左右吉等为首的"东京学派"主张吸收西方近代科学史的研究方法，在以往日本汉学研究的基础上，以"日本中国学"为文化语境，以"疑古"为致思路向，通过对中国"儒学"及日本古典史书"记纪"（《古事记》和《日本书纪》的并称）的质疑，形成了对古文化进行"批判"的东洋史学体系，又称"东京文献学派"。

③ ［日］津田左右吉：《道家思想及其展开》，载《津田左右吉全集》第 13 卷，岩波书店 1963 年版，第 285 页。

④ ［日］津田左右吉：《天皇考》，载野口铁郎编集：《道教と日本》第一卷《道教の传播と古代国家》，雄山阁 1996 年版，第 45 页。

可以看到道教的某些因素，例如"天皇的尊称"就是"来自道教的有关的书籍"，"神道"这样的词汇也是从道教中借用。但道教某些因素的传入，既没有在日本形成一种能够主导日本人精神世界的信仰，也没有产生像佛教与儒学那样的文化影响。

津田左右吉受其师白鸟库吉（1865—1942）的影响，是一个自我意识极为强烈的"本土主义者"[①]，他的观点代表了明治维新之后，日本人向西方学习，积极向现代化社会迈进时，对自己民族文化的自信与自负，一方面反复强调日本文化与中国文明的根本不同，"日本文化是经由日本民族生活独立的历史展开而独立形成的，因此与支那文明全然不同"[②]；另一方面又通过贬低中国道教，褒扬日本神道教，来宣扬日本文化的独立性与优越性，认为日本有自己独尊的民族宗教——神道教，其信仰特征和文化功能类似于中国道教，但道教"本质是中国的民间信仰，即汇集了祈寿福而来的祈祷和咒术、相信长生不死可能的神仙学说，思想浅薄而不值得关注"[③]。津田左右吉对道教的这种看法，虽然一度被日本关东地区的学者奉为圭臬，但这种建立在日本文化优越感基础上的道教观，在淡化道教对日本影响的同时，也带来了一系列问题：他对道教的看法是否符合历史原貌？具体而言，中国道教是否传入了日本？是否影响到了日本的民族宗教——神道教和天皇制？道教与神道教究竟有哪些异同？津田左右吉的道教观发表后不久，就引起了日本学界的大讨论。

津田左右吉的道教观虽得到和辻哲郎（1889—1960）等学者的赞同，但却受到更多学者的反对与修正。1923 年，历史学家黑板胜美（1874—1946）在《史林》上发表《我国古代的道家思想及道教》一文，通过对《古事记》、《日本书纪》、《延喜式》中的咒文以及出土神兽铜镜的研究，推断 7 世纪时以大和田身岭、葛城山为中心的四周山峦群峰上就筑有道观。由此，黑板胜美得出不仅是道教的神仙思想，而且作为宗教教团的道教也早就传到日本的结论。在第二次世界大战之前，津田左右吉的观点曾一度占了

---

① 刘萍：《津田左右吉研究》，中华书局 2004 年版，第 23 页。

② ［日］津田左右吉：《シナ思想と日本》，载《津田左右吉全集》第 20 卷，岩波书店 1973 年版，第 251 页。

③ ［日］福永光司：《津田左右吉博士と道教》，载《东方宗教》1983 年第 61 号。

上风，但后来赞同黑板胜美观点的学者却越来越多，小柳司气太、妻木直良、黑板昌夫、美河纳、那波利贞、吉冈义丰、清原贞雄、窪德忠等学者大都倾向于："至迟在奈良、平安时期，中国道教的经典、长生信仰、鬼神信仰、方术、科仪等就大量传入日本，对古代日本的政治、宗教及民间信仰、风俗习惯等方面产生了重大影响。"① 争论双方貌似有着针锋相对的观点，但正如后来下出积與（1918— ）的分析，其实当时争论双方"几乎都没有将日本道教究竟占什么位置这个问题搞清楚"②。直到 20 世纪 50 年代，"日本的道教"③ 这一提法才逐渐占了上风，吸引了许多日本学者热心地探索道教与日本的关系。围绕着"道教与日本"所进行的讨论，是否反映了当时日本学术研究方法正在由古代向现代转型？

1950 年 10 月 18 日，由福井康顺博士发起筹组的日本道教学会在"支那佛教史学会"的基础上成立，该会继承小柳司气太、津田左右吉和常盘大定的学术文化传统，提出研究中国思想，必须通过比较儒、释、道三教来加以理解、研究中国佛教，必须判明佛教和道教之间的各种关联的问题、"理解中国文化先从理解道教开始"④ 等主张，其目的在于建造一个学术平台来推进道教的研究，以及与道教相关的东方民族的宗教与文化问题的探讨，因此，20 世纪日本杰出的佛教学者，无不追求对于道教作更多的认识，这便是道教学会以佛教学者为其主流的最大因素⑤。在成立大会上，这批有着佛学研究背景的汉学家首次围绕着道教发表专题研究报告，如酒井忠夫的《民众道教与善书》、福井康顺的《六朝道教的道流》、道端良秀的《唐代的道教教团》、窪德忠的《金元时代道教教团的性格》等，从不同的角度开创了日本道教研究的先路。第二年，道教学会会刊《东方宗教》第 1 期创刊号在东京出版，发表了福井康顺的《神仙传考》、宫川尚志的《茅山道教的起源和性格》、窪德忠的《关于道教清规》、道端良秀的《山东道教史迹巡

---

① 聂长振、齐未了：《道教传入日本及其对神道的影响》，《世界宗教研究》1985 年第 2 期。
② ［日］下出积與：《"日本道教"研究八十年》，原载《日本宗教史研究年报》1979 年第 2 期，第 4—23 页；载《道协会刊》第 13 期。
③ "日本的道教"指中国道教传入日本以后，对包括宗教在内的日本文化的影响及其表现形式。参见聂长振、齐未了：《道教传入日本及其对神道的影响》，《世界宗教研究》1985 年第 2 期。
④ ［日］福井康顺等监修：《道教》第一册，上海古籍出版社 1990 年版，"序言"第 2 页。
⑤ 参见圣严法师：《留日见闻（十六）——道教学会与道教学》，《天声》一卷六期，1972 年 5 月。

礼》等，这些论文从不同的角度对中国道教进行了具体而微观的研究，由此来回答"什么是道教"的问题。据葛兆光分析："这大概与日本学界对中国道教与日本思想之间隐藏得很深的关系的重新认识有关。"①

20 世纪下半叶，随着日本道教研究会的成立，一批日本学者进入道教研究领域，他们用实证主义方法掀起了研究道教的热潮，出版了一批道教研究专著。1972 年在日本长野蓼科召开的第二届道教研究国际会议上，作为整个道教研究史上经常遇到的"什么是道教"的问题仍被不断提出。从会议论文集《道教の综合性研究》（国书刊行会 1978 年版）收进的论文《道教是什么》可见，学者们对此问题的探讨推动日本道教研究进入了高潮时期。20 世纪 80 年代，由日本年轻的道教研究才俊们执笔，由曾任"日本道教学会"的四任会长福井康顺、山崎宏、木村英一、酒井忠夫担任监修的三卷本《道教》出版。这部汇集着日本学者道教研究成果的文集，在第一卷开篇就是酒井忠夫、福井文雅合写的《什么是道教》，其中收集了日本学者对"什么是中国民族的思想、信仰和文化中"的"道教"的 13 种回答。答案虽然五花八门，各有千秋，但主要表达了日本的道教及道教史家、佛教及佛教史家们的观点，这些学者往往将道教看作是在道家的名称下，混合了神仙道和天师道，尤其是中国民间信仰，再融合了佛教和儒教的教义和仪式而来的中国民族宗教，而不太赞成道教是由老庄道家哲学直接蜕变而来的。

"什么是道教"的问题作为日本道教研究之初被广泛讨论的问题，也成为一些日本学者进行道教研究的学术动力，如福永光司作为当代日本道教研究的先驱者之一，从欣赏老庄思想到探讨黄老道家和魏晋玄学，然后进入道教研究领域。福永光司在道教研究上的主要贡献之一，就是在探索"道教"一词来源、内涵与外延后，在中日文化视野中，对道教与日本文化的关系进行了富有开创性的研究。② 一些日本学者通过道家和道教二词使用实例的分析，将二者的含义放到中国思想史、宗教史中做了考察，提出"道家是哲学，道教是宗教"，在英文中表达为 Philosophical Taoism 和 Religious Taoism，

① 葛兆光：《日本的中国道教史研究印象记》，载《域外中国学十论》，复旦大学出版社 2002 年版，第 56 页。

② 参见孙亦平：《福永光司中日文化视野下的道教观初探》，《哲学与文化》（台湾）2012 年第 5 期。

一方面说明这种分类"是一种省略的通俗说法",另一方面又提请学人注意,如果就此认为"道教和道家是完全不同的说教,则将陷入种种误解"①。

　　直到 20 世纪末,野口铁郎主编三卷本《道教和日本》时,如何定义道教的问题依然被悬置,道教的概念脱离了历史现实被抽象化的现象依然存在。② 但日本学者在两个问题上基本达成了共识:第一,如日本学者编撰的《道教事典》上的宣传语所说,"了解道教就是了解中国文化";第二,道教的某些元素在东亚社会中产生过一定的文化影响。③ 从日本学者撰写的一批有影响的道教研究著作,可见他们的研究思路的变化轨迹:

　　　　小柳司氣太:《道教概說》,關書院 1923 年版。

　　　　津田左右吉:《道家思想及其展开》,东洋文库 1927 年版。

　　　　橘朴、中野江漢:《道教と神話傳說——中國の民間信仰》,改造社 1948 年版。

　　　　窪德忠:《道教と中國社會》,平凡社 1948 年版;《庚申信仰》,山川出版社 1956 年版;《中國の宗教改革——全真道の成立》,法藏館 1967 年版;《道教史》,山川出版社 1977 年版;《道教諸神》,平河出版社 1986 年版。

　　　　福井康順:《道教の基礎的研究》,書籍文物流通會 1952 年版。

　　　　吉岡義豐:《道教の研究》,法藏館 1952 年版;《道教經典史論》,道教刊行會 1955 年版;《道教と佛教 1》,日本學術振興會 1959 年版;《道教と佛教 2》,豐島書房 1970 年版;《道教と佛教 3》,國書刊行會 1976 年版;《永生への願し——道教》,淡交社 1970 年版。

　　　　幸田伴露:《道教思想》,角川書店 1957 年版。

──────────

　　① ［日］酒井忠夫、福井文雅:《什么是道教》,载［日］福井康顺等监修:《道教》第一册,上海古籍出版社 1990 年版,第 12 页。

　　② ［日］新川登亀男:《日本古代と道教》,《アヅア游学》2005 年 73 号特集《日本文化に見る道教的要素》。

　　③ 野口铁郎、坂出祥伸、福井文雅、山州利明主编的《道教事典》(平河出版社 1994 年版),不仅对中国道教的经典、思想、术语、神谱、仪式、道术、组织、人物、故事、风俗进行了详细介绍,而且还记录了道教在东亚各国的遗迹及影响,它不仅为通过道教来了解中国文化提供了帮助,而且也为研究东亚道教提供了参考。

大淵忍爾：《敦煌道教目錄》，法藏館 1960 年版；《道教史の研究》，岡山大學共濟會書籍部 1964 年版。

酒井忠夫：《中國善書の研究》，弘文堂 1960 年版。

宮川尚志：《六朝史研究》，平樂寺書店 1964 年版。

下出積輿：《神仙思想》，吉川弘文館 1968 年版；《道教——その行動と思想》，評論社 1971 年版；《道教と日本人》，講談社 1979 年版；《日本古代の道教・陰陽道と神祇》，吉川弘文館 1997 年版。

高藤總一郎：《仙人になゐ法》，大陸書房 1979 年版。

石井昌子：《道教學の研究：陶弘景を中心に》，國書刊行會 1980 年版；《初期の道教——道教史の研究 1》，創文社 1991 年版；《道教とその經典——道教史の研究 2》，創文社 1997 年版。

秋月観暎：《中國近世道教の形成——淨明道の基礎的研究》，創文社 1978 年版。

福永光司：《道教と日本文化》，人文書院 1982 年版；《道教と日本思想》，德間書店 1985 年版；《道教と古代日本》，人文書院 1987 年版。

重松明久：《古代國家と道教》，吉川弘文館 1985 年版。

吉川忠夫：《書と道教の周邊》，平凡社 1987 年版；《中國古道教史研究》，同朋社 1992 年版。

三浦國雄：《中國人のトポス——洞窟・風水・壺中天》，平凡社 1988 年版。

吉元昭治：《道教與不老長壽醫學》，平河出版社 1989 年版。

砂山稔：《隋唐道教思想史》，平河出版社 1990 年版。

大淵忍爾：《初期道教》，創文社 1991 年版；《道教及其經典》，創文社 1997 年版；《中國人的宗教儀式——道教篇》，風響社 2005 年版。

小林正美：《六朝道教史研究》，創文社 1990 年版；《中國の道教》，創文社 1998 年版；《唐代道教と天師道》，知泉書館 2003 年版；《道教の齋法儀式の思想史的研究》，知泉書館 2006 年版。

大星光史：《日本の仙人たち——老莊神仙思想の世界》，東京書籍 1991 年版。

高橋徹：《道教と日本の宮都——桓武天皇と遷都をめぐる謎》，人文書院 1991 年版。

千山稔：《日本史を彩る道教の謎》，日本文芸社 1991 年版。

阪出祥伸：《道教と養生思想》，鵜鵠社 1992 年版；《氣と道教・方術の世界》，角川書店 1996 年版；《日本と道教文化》，角川學芸社 2010 年版。

蜂屋邦夫：《金代道教的研究——王重陽與馬丹陽》，汲古書院 1992 年版。

楠山春樹：《道家思想と道教》，平河出版社 1992 年版。

野口鐵郎、阪出祥伸、福井文雅、山州利明主編：《道教事典》，平河出版社 1994 年版。

野口鐵郎、酒井忠夫編：《道教與日本 1——道教の傳播と古代國家》，雄山閣 1996 年版。

野口鐵郎、中村璋八編：《道教與日本 2——古代文化の展開と道教》，雄山閣 1997 年版。

野口鐵郎、窪德忠編：《道教與日本 3——中世・近世文化と道教》，雄山閣 1997 年版。

福井文雅：《漢字文化圈的思想和宗教——儒教、佛教、道教》，五曜書房 1998 年版；《道教の歷史と構造》，五曜書房 1999 年版。

山田利明：《六朝道教儀禮の研究》，東方書店 1999 年版。

神塚淑子：《六朝道教思想の研究》，創文社 1999 年版。

新川登龜男：《道教をめぐる攻防——日本の君王、道士の方を崇めず》，大修館書店 1999 年版。

松田智弘：《古代日本の道教受容と仙人》，岩波書店 1999 年版；《日本と中國の仙人》，岩田書院 2010 年版。

野口鐵郎、砂山稔等編：《講座道教 1：道教の神々と経典》，雄山閣 2000 年版。

丸山宏、淺野春二等編：《講座道教 2：道教の教団と儀礼》，雄山閣 2000 年版。

堀池信夫、三浦國雄等編：《講座道教 3：道教の生命観と身體論》，雄山閣 2000 年版。

野口铁郎、福井文雅等編：《講座道教 4：道教と中国思想》，雄山閣 2000 年版。

松本浩一、奈良行博等編：《講座道教 5：道教と中國社會》，雄山閣 2001 年版。

游佐升、增尾伸一郎等編：《講座道教 6：アジア諸地域と道教》，雄山閣 2001 年版。

淺野春二：《道教の教團と禮儀》，雄山閣 2000 年版。

石田憲司：《道教關係文獻總覽》，風響社 2001 年版。

大宮司朗：《靈符の咒法──道教秘傳》，學習出版社 2002 年版。

加藤千惠：《不老不死の身體──道教と胎の思想》，大修館書店 2002 年版。

福永光司、千山稔、高橋徹：《日本の道教遺跡を步く》，朝日新聞社 2003 年版。

今枝二郎：《道教概論》，高文堂出版社 1997 年版；《道教：中国と日本をむすぶ思想》，日本放送出版協會 2004 年版。

丸山宏：《道教儀式文書の歴史性研究》，汲古書院 2004 年版。

松本浩一：《中國の咒術》，大修館書店 2001 年版；《宋代の道教と民間信仰》，汲古書院 2006 年版。

神道國際學會編：《道教と日本文化》，たちばな 2005 年版。

二階堂善弘：《道教・民間信仰元帥神變容》，關西大學出版部 2006 年版。

柳田錦秀：《中國道教煉金術》，同友館 2006 年版。

崛池信夫、砂山稔編：《道教研究の最先端》，大河书房 2006 年版。

岡本健一：《蓬萊山與扶桑樹》，思之閣 2008 年版。①

---

① 所列书目中有一些已有中译本，但这里主要列日文初版，是为了更好地展示日本学者道教研究的大致思路和轨迹。

日本学者从了解中国开始着手研究中国道教，通过中国道教研究来推进与此相关的东亚民族宗教与文化问题的探讨。到目前为止，日本学者进行道教研究已有一百多年的历史。山田俊在《日本的道教研究简介》中，曾将日本的道教研究分为四个历史阶段：第一个阶段是 1869—1930 年，为"开创期"，经历了明治、大正和昭和初三个时期；第二阶段是 1931—1945 年，为"政治、军事服务期"；第三阶段是 1945—1962 年，为"战后恢复期"；第四阶段是 1972 年中日邦交正常化至今，日本掀起了道教研究的高潮，为"发展期"。① 由此可见，近百年来，一代代日本学者在道教研究上持续不断的努力，"正是对本国文化渊源的关心、对中国文化的重新认识、受欧美汉学的熏染以及超越前人探索未知的兴趣，不仅使得近年来日本汉学界对中国道教研究产生了异乎以往的热情，也使得日本的道教研究渐渐拥有了不同过去的视角与方法"②。酒井忠夫在《日本的道教研究》中将日本学者的道教研究归纳为十个方面：（1）道教一般著作；（2）历史方面的研究；（3）民间信仰、民间习俗、历史、道教和文学；（4）道教与科技；（5）儒、释、道三教；（6）思想与哲学；（7）经书与文献资料；（8）道教的传播；（9）道观、道士、仪范和圣诞节日；（10）学术动态。酒井忠夫指出，日本学者进行道教研究的目的是要想了解中国人民和社会："道教是中华民族和社会文化的一个组成部分。道教内容丰富，涉及哲学思想、宗教信仰、风俗习惯、道德规范乃至文学艺术和科学；等等。道教在整个中国历史上，无论对政治、社会和文化都有重要的影响。道教与中国广大群众有着极为密切的关系，其密切之程度，并不在与儒家的关系之下，简直可以称得上是中国的国教。要想了解中国人民和社会，不可不研究道教。"③ 坂出祥伸在《日本道教研究现状与展望》中则根据已出版的书目将日本的道教研究分为七大类：（1）经典史研究；（2）道教史研究；（3）民间宗教经卷、善书等研究；（4）民间信仰；（5）咒法占法研究；（6）养生学说研究；（7）调查研究。④

---

① ［日］山田俊：《日本的道教研究简介》，《安徽大学学报》1991 年第 1 期。
② 葛兆光：《域外中国学十论》，复旦大学出版社 2002 年版，第 60 页。
③ ［日］酒井忠夫：《日本的道教研究》，《中国哲学史研究》1985 年第 4 期。
④ 参见［日］坂出祥伸：《日本道教研究现状与展望》，载《韩国道教之现代的照明》第六集，韩国道教思想研究会会刊 1992 年版。

从上述可见，日本学者的研究优势是：第一，熟悉本民族文化，又对中国文化有兴趣；第二，比较偏重于实证的微观研究；第三，重视对资料的搜集与解读；第四，学术视野比较宽阔。其中有一些日本学者，如福永光司、酒井忠夫、千田稔、野口铁郎、松田智弘等已有将道教置于东亚视域中进行研究和考察的倾向。1994 年，汇聚了 130 多位日本道教研究学者编撰的《道教事典》① 出版，它不仅汇集了道教研究的百年成果，而且还介绍了道教在东亚各国的遗迹和影响。2010 年，日本又出版了两部新著：坂出祥伸的《日本と道教文化》② 和松田智弘的《日本と中国の仙人》③。这些日本学者对道教与日本关系的最新研究成果，反映了他们已将道教置于东亚文化圈中来加以研究，在分析不同时代的日本人如何选择、讲述、研究和评判道教时，也点出了东亚道教研究中的一些核心问题。但从总体上看，这些研究以实证性、个案性见长，既未能全面搜集与系统整理零碎散乱的东亚道教的资料，也未能梳理出东亚道教的传播历史和基本特征，更未能自觉地将道教置于东亚文化圈中进行整体性研究。

19 世纪末到 20 世纪初，在韩国逐渐走向现代化的过程中，有相当长的一段时间，知识界把宗教分成"上等和下等"，虽然道教被视为下等的"迷信"，但还是有个别学者，如李圭景、李能和、全秉熏用汉语撰写了颇有影响的道教研究专著。韩国道教研究发轫于李圭景，他在《五洲衍文长笺散稿》中以"辨证说"为名，首次对在朝鲜半岛传播的道教和仙家作了开创性研究，其中最有代表性的是《东国道教本末辨证说》，但在当时并没有引起学术界太大的关注。以现代学术眼光来研究道教肇始于李能和与全秉熏，但他们却表现出两种不同的研究理路和学术风格。李能和（1869—1943），槐山（忠清北道）人，字子贤，号侃停、尚玄、无能居士，他和精通汉学，深谙英、法、中、日等语言，因担任朝鲜史编修官而开始研究朝鲜民俗，后走入道教研究领域。李和能用中文撰写的《朝鲜道教史》和《朝鲜巫俗考》参考了大量的朝鲜文史资料，首次系统地构勒出朝鲜道教的历史脉络和信仰特征。全秉熏于 1920 年出版的《精神哲学通编》（北京精神哲学社）中则

① ［日］野口铁郎、坂出祥伸、福井文雅、山田利明等主编：《道教事典》，平河出版社 1994 年版。
② ［日］坂出祥伸：《日本と道教文化》，角川学芸出版社 2010 年版。
③ ［日］松田智弘：《日本と中国の仙人》，岩田书院 2010 年版。

对道教哲学进行了研究，推进了韩国仙道研究的展开。其后因各种原因，直到 20 世纪下半叶，韩国学者才表现出对道教研究的兴趣。1977 年，韩国哲学会汇集众多学者共同编撰的《韩国哲学研究》，将道教视为韩国哲学的一部分进行了系统研究。1982—1984 年，韩国相继成立了两个道教研究机构——韩国道教学会和韩国道教思想研究会。1987 年，韩国道教学会创办了《道教学研究》（半年刊），推动了韩国道教研究的逐步展开，逐渐汇聚了一批道教研究的学者，如宋恒龙、车柱环、都珖淳、金得榥、郑在书、崔三龙、梁银容、李钟殷、金洛必、安东浚、林采佑等，他们的论著以道教在朝鲜半岛的传播与发展为线索，探讨神仙信仰、斋醮科仪和内丹修炼等在朝鲜半岛的影响。其中，车柱环的《韩国道教思想》研究韩国道教的传播历史与主要特色，是难能可贵的研究力作。都珖淳的《韩国的道教》、宋恒龙的《韩国道教哲学史》在出版后都产生了广泛的影响。到 90 年代后，韩国的道教研究已逐渐成为一个学术研究的新领域，吸引了越来越多的学者参与。另外，中国学者卿希泰、李养正、陈耀庭、朱越利、张泽洪等都曾对韩国道教进行过研究。日本学者司上田正昭、窪德忠、福永光司等也从日本与朝鲜的文化交流中来探讨道教在朝鲜半岛的传播及影响。研究道教在今天的韩国虽已成为一门专门学问，但无论是研究人数，还是研究的广度与深度，都不及日本，尤其是一些学者受民族主义情绪的影响，过分强调民族文化的主体性，对外来道教常有失之偏颇之论。因此，在东亚道教研究中，如何超越狭隘的民族主义的立场和倾向，以更开放的心态、以客观公允的眼光来看待跨文化传播的道教，就是一个值得重视的问题了。

　　从历史上看，道教在越南的传播与影响要小于日本和朝鲜，但道教的劝善书和信奉的神灵，如三清、真武、吕祖等，在越南民间社会还是颇有影响。越南人还将道教神灵改换成越南的历史英雄人物进行崇拜。[①] 越南学者出版过一些注释老庄道家经典的书，如 1945 年阮惟憼用越南文译述《庄子精华》一卷、1960 年施达志用越南文著述《庄子学说》，但很少有专门研究越南道教的学术成果。有关越南道教的资料只是零碎地出现在一些史书文献与文学作品中，至今尚未得到系统整理。因此，对道教在越南的研究，还是

---

① 孙亦平：《从跨文化视域看道教在越南传播的特点》，《西南民族大学学报》2013 年第 3 期。

一块需要认真挖掘的处女地。

中国"系统梳理道教历史的先驱者"许地山（1893—1941）在1934年出版的《道教史》，系统地梳理道教发生、发展的历史，但综观这本被称为中国"第一部道教的专史"，就可见其主要笔墨仍然放在道家上。不久之后的1937年，中国学者傅勤家所著的《中国道教史》出版。该书从修道的角度对道家与道教的本质做了分判："盖道家之言，足以清心寡欲，有益修养"，"道教独欲长生不老，变化飞升。其不信天命，不信业果，力抗自然，勇猛何如耶！"① 道教虽然吸收了道家思想，但两者仍然有着鲜明的区别，道家是一种讲述精神修养的哲学，道教则是追求肉体长存的宗教。傅勤家不仅对中国道教进行了系统的研究，而且还以"道教之流传海外"为题，通过探讨新罗之花郎、日本之山伏等问题，研究了道教在东亚的传播，虽然非常简要，但却是中国学者最早进行东亚道教研究的成果。后来陈垣的《南宋河北新道教考》、陈国符的《道藏源流考》等，都是从自己的兴趣出发开拓了道教研究的新领域，但很少涉及道教在东亚传播的问题。20世纪50年代之后的近三十年，中国大陆学界的道教研究几乎处于空白状态，与国外学界的交流也几乎处于隔绝状态。

改革开放三十多年来，中国学者对于道教的研究取得了突飞猛进的发展，无论是宏观的道教史，还是微观的专题性研究，都取得了丰硕成果。道教在东亚文化圈中占有特殊的地位，对中国人乃至东亚人的生活方式和文化构成都有着特殊的影响，虽然已有一些具有前瞻性思维的中国学者开始关注海外道教研究，如一些道教史中已列出有关道教在海外传播的篇章，其中也论述了道教在日、韩、越的传播。由香港青松观资助、朱越利先生主编的"道教学译丛"，开始有计划地翻译出版海外学者有关道教研究的著作，但到目前为止，中国学者的道教研究领域主要还是集中在中国，大多还是采用"以中国诠释中国"的研究思路，尚未自觉地将研究目光扩大到东亚地区，更未能将东亚道教作为一个整体来进行系统研究。笔者认为，东亚道教研究可为推动今天的中国文化乃至东亚文化的更新与发展，提供一个全新的学术视角和宽阔的研究领域。

---

① 傅勤家：《中国道教史》，团结出版社2005年版，第242页。

三、研究的方法与思路

在 20 世纪，法国道教研究学者索安（Seidel Anna，1938—1991）就指出："今天，心理学家、'自然'爱好者和生态学家知道，道教是东方传统之一，可以帮助我们找到生存的方式，使我们的神经质自我、我们的侵略性社会和我们被毁坏的星球更加和谐。不过，他们这些人关于道教的思想一般与他们自己的理想世界观而不是与中国的宗教更有关系。我们需要的是方法正确而且严格的反思、讨论和著述，来探讨东亚传统思想体系能以哪些方式为新的个人、社会和环境伦理作出贡献。在这些问题上，还没有什么值得一提的作品论及道教，但是它值得最优秀的思想家去挑战。"① 索安这段话引起笔者极大的学术兴趣，同时也促使笔者思考采用什么方法才能更好地进行道教研究。

21 世纪以来，随着东亚经济的振兴以及"全球化"趋势的发展。学术研究也出现了从"国家中心主义"、"民族主义"逐渐转向以"地域"为中心的新走向。"了解东亚不仅是和平的需要。对于有志于宗教、哲学、文学、艺术研究的学者来说，中国、日本、朝鲜、越南古代社会就像一面镜子，与西方文化形成鲜明的对照。他们证实了不同的信仰与不同的供选择的价值体系，不同的美学传统及不同的文学表达形式。对于社会科学家来说，不论在人类学、社会学、经济学、政治学还是历史领域，东亚在特定时期和特定领域的历史文献都要远比西方完整和丰富。"这种新走向必然具有跨文化、跨国界、跨学科、多语言、多民族的多重视野。② "不仅仅是用同一的'西方'作为我们的镜子，我们周边的那些文化，文化共同体，文化国家，文化民族，也有可能成为跟我们互相作为镜像来认识的一面镜子。"③ 道教虽然是中国的民族宗教，若拓宽我们的研究视野，从西方或东方等"异域

---

　　① 法国学者安娜·塞德尔，又译为索安，中文名石秀娜，其著 *A Chronicle of Taoist Studies in the West 1950—1990* 有两个译本：一为蒋见元、刘凌译《西方道教研究史》（上海古籍出版社 2000 年版）；一为吕鹏志：《西方道教研究编年史（1950—1990）》（中华书局 2002 年版）。两个译本，各有特色。本书所引见 [法] 索安：《西方道教研究编年史》，中华书局 2002 年版，第 125 页。

　　② 参见 [美] 费正清：《东亚文明：传统与变革》，天津人民出版社 1992 年版，第 3 页。

　　③ 葛兆光：《揽镜自鉴：从域外汉文史料看中国》，《光明日报》2008 年 1 月 24 日。

人的眼睛"去看待它、研究它，那会产生怎样的效果？受这种"从周边看中国"的启发，近年来，笔者将对中国道教的研究扩展到东亚道教，期望在充分展示中国道教的历史发展、信仰特征、神仙观念、修道方术和文化成就的基础上，从东亚文化的文献资料、考古发现和宗教器物中挖掘出一个个"道教因素"，由此而将"东亚道教"作为一个有机整体进行系统而全面的研究。

东亚道教研究的难点在于：第一，从东亚史上看，有关道教传播情况的资料只零碎地散见于历史文献、文学书籍和佛教经典之中，利用图书馆的纸质文献和电子资源，结合田野调查来搜寻第一手资料，并将这些零碎散乱的资料收集起来是很困难的。第二，只有对搜集到的资料进行爬梳剔抉和整理校勘，分清它们各自的层次，厘清它们各自的系谱，才能进入道教在东亚传播的内部脉络，探寻它"本来的样态"的内在历史根据。第三，道教内容的丰富性和东亚文化的复杂性，如何鉴定哪些东西是属于道教的，又取决于中国道教传到东亚各国的可能性及实际过程，其中存在着诸多不确定因素。第四，以"杂而多端"著称的道教经常与佛教、神道教以及东亚各种民间宗教杂糅在一起，之间的界限含混不清，需要一一加以甄别分析。第五，历史上的东亚各国的政权更替十分复杂，不同国家、不同朝代所辖范围与今天东亚国家的称谓和领域存在着差异，如果简单地用中日、中朝（韩）、中越、日朝（韩）等提法，虽符合今天国际交流中的实际指代，但却难以概括当时的国家关系，"单就历史上的中原政权而言，其与周边政权的实际关系，应该依时代顺序被先后表述为汉与倭国、汉与高句丽、汉与越南、魏与倭国、刘宋与倭国、刘宋与新罗、刘宋与百济、北魏与百济、隋唐与日本、隋唐与高句丽、隋唐与安南、宋与日本、宋与高丽、元与日本、元与高丽、元与交趾、明清与日本、明清与李氏朝鲜、明清与安南等等"①。东亚各国政治与外交的复杂性，往往会掩盖历史本来的真相，需要在具体研究过程中，持有一种自觉意识，即每一种文化都有自己的民族立场和国家本位，每一种文化都有自己的优势和短处，其优势可以弥补他种文化的缺陷，可以成为促进文化转型或转向的催化剂，还可以通过整合不同的文化要素而推进整

---

① 韩东育：《沉湎于"曾经世界"的东亚研究》，《读书》2011 年第 9 期。

个东亚文化的更新发展。

从研究方法上看，除了文献考据学、比较宗教学、宗教社会学等方法之外，当代英国思想史研究"剑桥学派"代表人物昆廷·斯金纳（Quentin Skinner，1940—　　）倡导的概念史的方法也值得借鉴。昆廷·斯金纳一改传统的宗教史研究往往聚焦于"观念单元"，而将历史语境主义引入政治思想史研究，主张对思想史中更为具体的单位——"概念"进行细致考察，由此而掀起思想史研究中的"斯金纳的革命"。他提出："观念史家的任务应是研究和诠释经典文本。书写这种历史的价值在于：那些涉及道德、政治、宗教以及其他类型思想的经典文本包含着表现为'普遍观念'的'经得起时间检验的智慧'（daleless wisdom）。这样，我们可望直接从研读那些有着持久相关性的'无时间性的成分'中获益匪浅。这就进一步向我们表明：接近那些文本的最佳途径必须将注意力集中于每位作者就某一'基本概念'以及道德、政治，宗教、社会生活中的'永恒问题'都说了些什么。"① "概念"作为人们用于认识和掌握事物现象之网的纽结，它是具体内容、不同规定性和多样性的统一，时刻处于不断添加、补充和完善的过程之中，因此，其含义具有灵活的、往返流动的和相互转化的性质，这构成了认识过程中的一个个阶段。若依据斯金纳的看法，那么，东亚道教不仅是一个"想象的概念"，而且还是一个在东亚社会和历史中发挥着作用并传播变化着的"关联性观念"，对于研究者来说，它还是一种需要有一个根据研究对象，在认识上不断地更新探索的"方法性概念"。

从学术范式上看，东亚道教又是一个对现象进行理论分析时抽象出来的"类概念"，它包含着东亚地区活动的各种道教因素，所构建的是一个跨学科视野。从历史上看，东亚道教并非静止而是变动不居的，从一种类型向另一种类型的流动演化，既体现为神灵的衍变、信仰的传播、信徒的迁徙，也表现为教团组织的变动。若借助于类型学所采用的那种分组归类的方法，将静态的描述与动态的视角结合起来，通过在各种现象之间建立起联系，来推进问题研究的深入展开。在中国道教研究的基础上，将研究领域扩大到东亚

---

① ［英］昆廷·斯金纳：《观念史中的意涵与理解》，载丁耘、陈新主编：《思想史的元问题》，广西师范大学出版社 2005 年版，第 39—40 页。

世界之后，在力图将道教信仰与思想之"概念"以及"概念"的实践化之"道术"作为研究重心之时，所面临的问题是，如何将比较宗教学的研究方法与宗教思想史的"概念"叙事结合起来？如何将动态的视角贯穿于静态的描述之中，以挖掘道教在东亚传播过程中经常被忽略的过程和隐匿其中的趋势？如何在东亚社会政治文化的外缘与道教"概念"自身的变迁关系中疏理政治权力的介入对东亚道教发展的影响？如何在道教神灵崇拜的层面上将知识精英的道教概念、制度化的教团道教与非制度化、非公开的民间道教信仰结合起来进行研究？如何通过道教与其他宗教的比较研究，以凸显东亚道教独特的文化意蕴？面对不同的宗教信仰和民族文化，如何将冷静的客观描述与宗教体验中的温情与敬意联系起来？

从研究视角来看，一方面，笔者认同东方学家爱德华·萨义德（Edward Said，1935—2003）的看法："一切文化都你中有我，我中有你，没有任何一种文化是孤独单纯的，所有的文化都是杂糅的、混成的，内部千差万别的。"① 东亚道教是道教信仰与各种民族文化因素交织而成的，若将"道教"置于东亚多元文化中，不仅要研究道教在东亚传播与发展的历史，而且还要研究道教如何与日本或朝鲜的民族文化相结合，从而渗透到他们的民族文化之中，成为他们民族文化不可分割有机组成部分，从跨文化研究视角来说明道教与民族文化的复杂关系。另一方面，也应注意研究东亚各国人士在不同历史时期与社会环境中，以主体性的视角对道教进行了怎样的选择、解读、排斥和受容，由此建立起以"道"为中心的一系列象征符号体系，使道教在向东亚传播的过程中如何既保持了追求"得道成仙"信仰的独特性，又与日本、朝鲜和越南的民族文化相融合而形成了具有区域性、民族性的特点。

从学术观点上看，宗教是一种文化精神与象征符号融合的系统，在跨越不同文化类型时，象征符号在意义上的共通性色彩十分明显，并在人们中建立起强有力的、普遍的、长久的情绪和动机。东亚道教的文化精神正是通过神仙信仰这种特有的象征符号，渗透到东亚人的世界观和行为方式中，形成一个以"道"为中心的文化系统，来建立世界的意义秩序，给人的生活和

---

① ［美］爱德华·萨义德：《文化与帝国主义》，三联书店 2003 年版，第 293 页。

境遇提供一种说明。从宏观上看，要探索"东亚道教"是如何以中国为"中心"向东亚各国传播，形成了怎样的中心与边缘、本土与异域、个性与共性、历史与现代等多重互动关系。从微观上看，要通过对文献史料和考古成果的辨析，研究那些以"道"为本的宗教信仰、哲学思想、养生之术、文化艺术、医学成就，来说明东亚道教如何以神仙信仰为中心，以老庄哲学为依据，以斋醮仪式来为国为民消灾祈福，以外丹服食、内丹炼气、符箓驱邪之术来关注人的生命成长，哪些因素为东亚人逐渐接受？哪些因素受到东亚人拒斥？为什么道教在东亚各国虽然有道观和道士，但终于未能建立制度化的道教教团，在东亚文化圈中的影响一直不如儒学与佛教？为什么近代以来道教在日、韩、越仅以民间信仰的方式零星存在且影响越来越小？

　　笔者力图从现实关怀的角度来探讨"东亚道教"的历史特点与现代价值，把学术问题与时代问题有机地结合起来，既说明东亚道教如何以一种独特的生命关怀和思想智慧，在推动古代东亚文明发展中发挥出独特作用，也将近代以来道教在东亚衰退的状况放到西学东渐的政治背景、文化环境与宗教多元的格局下来进行探讨，由此来研究道教在今天日益全球化的时代潮流中，面对"本土化"与"世界化"的互动、"传统化"与"现代化"的演变、"世俗化"与"神圣化"的辩证等错综复杂的情况时所表现出的局促以及力图自我更新的努力。

　　笔者将遵循现象学的"直面事实本身"，将纷繁复杂的东亚道教现象尽量置于主观性与客观性、特殊性与普遍性、抽象性与具体性的辩证统一中，从"一切历史都是当代史"① 出发，通过比较宗教学的方法，以期在更宽广的视域中来理解东亚道教的内涵与外延，考察其在不同历史阶段而展现的丰富内容，以问题探讨来带动理论创新，从而更好地展示东亚道教从过去到现在的演变发展及基本特色。

_____

　　① 克罗奇说："当代史固然是直接从生活中涌现出来的，被称为非当代史的历史也是从生活中涌现出来的，因为，显而易见，只有现在生活中的兴趣方能使人去研究过去的事实。因此，这种过去的事实只要和现在生活的一种兴趣打成一片，它就不是针对一种过去的兴趣而是针对一种现在的兴趣的。"（［意］贝奈戴托·克罗齐：《历史学的理论和实际》，商务印书馆1982年版，第2页。）克罗奇由此提出"一切历史都是当代史"的命题，是要人们从认识论的角度明了，历史正是以当下的现实生活作为其参照系，这意味着过去只有和当前的视域相重合，才能为人们所理解。

第　一　章

东亚道教的渊源与发轫

　　道教作为中国土生土长的原生态式的宗教，并不是某人于某时创立出来，它的形成有一个漫长的过程，是在中国古代神仙信仰的基础上，以道家哲学为教理教义，以各种道术为实践方法，在汉代社会环境逐渐成长起来的。以老庄思想为核心的道家和以"得道成仙"为基本信仰的道教错综复杂地交织在一起，在跨文化传播中不仅发展为东亚道教，而且以神仙信仰为中心在东亚社会产生了广泛而深远的影响。东亚道教虽然是一种"想象的概念"或"想象的宗教"，但它却可以帮助我们在研究范式上超越简单的、现代的民族、国家、区域的历史与文化的束缚，去探讨道教如何在继承老庄道家思想的基础上，建立起自己的宗教信仰和组织制度，又如何随顺着时移世异而传播到东亚文化圈中？通过对东亚道教文化渊源的探究，去寻找推动东亚道教的发轫以及在不同的民族、宗教和区域中形成"移动的历史"的文化动因。

第一节　东亚道教的文化渊源

　　若将道教置于东亚世界中来考察，首先需要从庞杂的文献资料中来重新追溯"道教"这个概念的内涵意义及实际指代。由于道教是将道家哲学宗教神学化的产物，道教和道家在思想上有相通之处，长期以来，中国人经常性地将道家与道教混同使用，东亚学者也是不加区别，故在西学东渐之后，

19 世纪来华传教士，根据"道"的发音，用英语的 Daoism 或 Taoism 来指称道教现象或老庄哲理。① 其实，与英语一样，在欧洲的几种重要语言中，"道家"与"道教"也是用同一个词来表达，德语是 taoismus、法语是 tao-isme、俄语是 Даоснэм，等等。据说，确定这个词的拼法花了几十年的时间，但却反映了在当时欧洲人的头脑中有一种认识，似乎道家和道教来源于同一种古老的文化传统，不需要再对它们进行严格区分了。如法国道教研究的开创者亨利·马伯乐（Henri Maspero，1883—1945）就认为，道教是世界最奇妙的宗教之一，"道家和道教并不如一般人们所说的那么不同，他们彼此来自同一种极古老的宗教的根源"②。哲学的道家和作为宗教的道教虽有鲜明的差异，但它们都是以"道"为本而具有了一种根源性的联系，其内在一致性远远超过了彼此之间差异与矛盾。这一看法基本上为后来的法国学者所遵循，其结果是他们经常将道家和道教联系起来进行研究，并"试图通过对于道教和中国古代神话、宗教仪式以及信仰概念的形成的研究，重新解释道教的世界观"③。

　　20 世纪，随着道教研究在东亚社会的展开，一些日本学者在对道教进行研究时，对道家和道教之关系问题给予了较多讨论，力图从学理的层面将"道家"与"道教"区分开来，于是就用 Religious Taoism 来指称道教，用 Philosophical Taoism 来界定道家，如日本学者吉元昭治（1928—　）说："欧美学者将以老庄思想为中心的道家与作为宗教的道教视为一体，而在日本则区分为道家与道教。"④ 中国学者也大多以哲学与宗教为尺度来划分道家与道教，如冯友兰说："至于道家，它是一个哲学的学派；而道教才是宗教，二者有其区别。道家与道教的教义不仅不同，甚至相反。道教教人顺乎

---

　　① 英国汉学家理雅各（James Legge，1815—1897）在其著《中国的宗教——儒教和道教与基督教之比较》中，用 Taoism 来标音。"可能是由于理雅各的影响，以出版这本书的 1880 年为分界线，欧洲各国都开始以 Taoism 这一标音用来指道家和道教。"（［日］福井文雅：《欧美的道教研究》，载［日］福井康顺等监修：《道教》第三册，上海古籍出版社 1992 年版，第 230 页。）

　　② ［法］马伯乐：《老子和庄子以及圣人的生的神秘体验》，载《道教与中国宗教》。该书作为《关于中国宗教和历史的遗稿》（三卷本）中的第二卷，是马伯乐的学生兼同事戴密微（1894—1979）对马伯乐生前的演讲稿以及在第二次世界大战期间写作的一些未曾发表手稿的汇集整理，于 1971 年在巴黎伽利马出版社出版后，被《不列颠百科全书》称为"关于道教的最优秀的先驱者的著作"。

　　③ 陈耀庭：《法国的道教研究一瞥》，载《文化传统寻绎》，学林出版社 1990 年版，第 305 页。

　　④ ［日］吉元昭治：《中国传统医学与道教》，《宗教学研究》1988 年第 2—3 期合刊。

自然，而道教教人反乎自然。"① 因此，道教没有进入他的《中国哲学简史》的研究视域。其实事情并非如此简单，从历史上看，一是道家与道教实态之交错性；二是"道教"一词本有的丰富性；三是来自于不同国度的学者，从自己的知识背景和研究方法出发，对道教和道家的关系问题认识之多样性。各种因素交织在一起使道家与道教的关系呈现出难以想象的复杂性，这不仅是东亚道教研究难以绕过的一个出发点，而且也说明东亚道教有着丰厚的文化渊源。

道教是在原始宗教的自然崇拜、巫术禁忌、鬼神祭祀的基础上，吸收了秦汉时期流行的"九流十家"的思想学说，以老庄道家哲学为理论基础，以"得道成仙"为基本信仰而建构起来。"神仙之事，晚周已盛，南方（楚）为行气，称王乔、赤松；秦为房中，称容成、彭祖；燕齐为服食，称羡门、安期。三派之中行气之术最流行。"② 晚周时各地兴起的各种仙道文化相互融会升华，为后来东亚道教确立神仙信仰和修仙之术提供了依据。在先秦诸子百家中，道家学说是以老庄的自然天道观为中心，宣扬人应当在思想上和行动上"道法自然"，可谓"生而不有，为而不恃，长而不宰"（《老子》第十章），以一种"无为而无不为"的态度来行事，表现出与儒家积极有为不同的精神。道家在汉武帝推行"罢黜百家，独尊儒术"的文化政策后，不再作为一种独立的学术流派而存在，但南方老子之学与北方黄帝崇拜相融而成的黄老道在中国社会生活中逐渐崭露头角，并借鉴儒家和阴阳家思想推动道家向道教的衍化，这就意味着没有道家之源，就不可能有道教之流。道家的这种"自然无为"的精神后被道教继承发扬并贯彻在一切活动之中。道家之源与道教之流共同成为东亚道教的主要内容。

魏晋之后，道家作为一个学术流派走向沉寂，但老子、庄子、列子等道代表人物的著作在道教文献中保留下来。如果说，汉末道教以神化老子为主，那么，魏晋以后，庄子、列子、关尹子、文子、庚桑子等道家人物逐渐被奉为神仙。唐代以后编纂《道藏》时，几乎把先秦以来的道家著作网罗无遗，并始终将老子《道德经》奉于至高无上的位置。道家倡导发天道，

---

①　冯友兰：《中国哲学简史》，北京大学出版社1985年版，第5—6页。
②　蒙文通：《晚周仙道分三派考》，载《蒙文通文集》第一卷，巴蜀书社1987年版，第335页。

顺自然，明人伦，重生命，追求"天人合一"也成为道教教义的理论基础。值得研究的是，为什么道教在创立之初就选择了具有隐逸风格的老庄道家作为自己的理论主体呢？为什么在后来千百年的历史中，道教始终奉行以"道"为本的理念，在"道论"的基础上来建构、完善并壮大自己的教义学说？若再放眼道教在东亚的传播，就可见无论是在中国，还是在朝鲜、日本、越南，道家思想似乎一直都是道教传播的开路先锋，那么，道家向道教的衍化的内在契机究竟是什么？

从道家方面看，汉初出现的"黄老"与"道家"其实是异名同实的概念，并形成了一种学术传承："乐臣公善修黄帝，老子之学，显闻于齐，称贤师。太史公曰：乐臣公学黄帝、老子，其本师号曰河上丈人，不知其所出。河上丈人教安期生，安期生教毛翕公，毛翕公教乐暇公，乐暇公教乐臣公，乐臣公教盖公。盖公教于齐高密、胶西，为曹相国师。"① 曹相国师即是追随刘邦在沛县起兵反秦的曹参（？—前190）。他身经百战，屡建战功，汉朝建立后，他继萧何之后成为汉代第二位相国。曹参成为相国后，将道家的"清静无为"思想贯彻到汉初社会政治生活中，遵循萧何（前257—前193）制定的法度而不变，百姓生活安宁而不乱，史称"萧规曹随"，遂成为一段历史佳话。据《史记·陈丞相世家》载，曹参死后，"陈平为左丞相"，而陈平"本好黄帝、老子之术"。《史记·乐书》："孝文好道家之学。"《史记·外戚世家》："窦太后好黄帝、老子言。（景）帝及太子、诸窦不得不读《黄帝》、《老子》，尊其术。"道家的"清静无为"思想被用于汉初治国实践，出现了中国历史上著名的"文景之治"。然而汉武帝继位后，既推行儒家学说，又崇信神仙之术，在使儒家学说走上了谶纬神学化道路的同时，也使以黄帝为代表的"神仙家"和"阴阳家"与以老子为代表的道家思想融会成颇具宗教化色彩的"黄老道"，开道家向道教的转化之先导。

在汉代文人的笔下，老子也成为"道"的化身，变成了神通广大的"神"，完成了由隐士向教主的衍化。东汉明帝、章帝（58—88）之际，益州太守王阜作《老子圣母碑》曰："老子者道也，乃生于无形之先，起于太

---

① 《史记》卷八十《乐毅列传》，《二十五史》，上海古籍出版社、上海书店1986年版。

初之前，行于太素之元。浮游六虚，出入幽冥。观混合之未别，窥清浊之未分。"将"老子"与"道"相提并论。据考，东汉的十二位皇帝都或多或少与道家有过接触，其中影响最大的是汉桓帝。延熹八年（165）的一天，汉桓帝夜梦老子而顿生祭祀老子之愿，于是派人至陈国苦县"祠老子"时，齐方士襄楷乘机将《太平清领书》170 卷献于朝廷，汉桓帝是否读到，不得而知，但他令陈相边韶写了《老子铭》，遣常侍管霸到苦县祀老子，又派官员祭仙人王子乔。第二年，汉桓帝又"祀黄老于北宫濯龙中"①。有意思的是，《老子铭》铭文只有 216 字，但铭文前的序文却有 588 字，全文共计 804 字，比只有 452 字的《史记·老子传》多出了 352 字，其中扼要叙述了老子生平事迹，指明孔子问礼于老子②之具体时间，主要是采用了黄老道语言来神化老子："离合于混沌之气，与三光为终始，观天作谶，降升斗星，随日九变，与时消息。规矩三光，四灵在傍，存想丹田，大一紫房。道成身化，蝉蜕度世，自羲农以来，世为圣者作师。"③ 道家经过文人多方面地不断改造，其代表人物黄帝与老子也被神格化，衍化为道教的前身黄老道。

据调查研究，中国汉画像是汉代人雕刻在石摩崖、庙阙、祠堂、宫殿、墓室等建筑物上的装饰性石刻壁画，主要分布在山东、河南、江苏、四川、陕北等地，从留存到今天的汉代画像石、画像砖、壁画等艺术作品中看，老子、黄帝、西王母、太一、北斗、伏羲、女娲、四瑞神兽等都是道教信仰重要的题材，如洛阳卜千秋西汉墓中的主室后壁绘青龙、白虎和驱邪的猪头形方相氏。墓顶还有一幅《升仙图》，"绘有日、月、伏羲、女娲、持节羽人、青龙、白虎、朱雀、西王母、九尾狐、玉兔，等等。墓主夫妇分别乘腾龙和三头凤，在持节方士及仙女的导引下，由仙禽神兽护卫升天的景象，表现出生生不息、循环往复的天堂仙界以及墓主人升仙的壮观场面。"④ 在山东沂南画像石墓北壁横额上，依据先秦"黄帝四面"的传说，将黄帝的四幅脸面都刻在画中。河南偃师汉墓壁画中，西王母被称为"金母"、"王母娘娘"

---

① 刘珍等撰，吴树平校注：《东观汉记》卷三，中华书局 2008 年版，第 126 页。
② 汉画中经常出现各种类型的孔子见老子图，姜生认为"乃是汉代道教墓葬仪式的重要组成仪式"。（参见姜生：《汉画孔子见老子与汉代道教仪式》，《文史哲》2011 年第 2 期。）
③ 边韶：《老子铭》，载《全上古三秦汉三国六朝文》第 2 册《后汉》，河北教育出版社 1997 年版，第 596 页。
④ 邱振亮：《中国美术史》人民美术出版 2007 年版，第 46 页。

等，被刻画成年轻美貌的妇女，为众仙之首、女神领袖，是长生不死的象征。这些汉画表明当时人们已将哲学家老子奉为最高的道教神之一，信仰对象的神格化是道家能够转化为道教的内在契机。

在道家向道教衍化的过程中，外来佛教也从宗教角度起到了一种促进作用。"佛教不是并且也从未自称为一种'理论'，一种对世界的阐释；它是一种救世之道，一朵生命之花。它传入中国不仅意味着某种宗教观念的传播，而且是一种新的社会组织形式——修行团体即僧伽（Sangha）的传入。"① 佛教于两汉之际来华，在建立僧伽团体的过程中，正值中土社会上各种方术迷信盛行之际。天帝、鬼神、祖先的崇拜和祭祀、卜筮、占星、望气、风角等种种方术，在当时社会上都非常流行，特别是黄老神仙方术更是盛极一时。人们自然把佛教也理解为是黄老神仙方术的一种，往往将黄老与浮屠并列祭祀，以求通过宗教仪式而获得一种救世之道。据《后汉书·楚王英》记载：楚王刘英"晚节更喜黄老，学为浮屠（佛陀），斋戒祭祀"。这种做法一方面"与佛教有意地迎合并依附于黄老方术有关"②，另一方面也与人们对外来佛教缺乏了解，往往是以自己的知识背景来理解一种外来文化现象相连。汉明帝永平八年（65）给楚王刘英诏书说："楚王诵黄老之微言，尚浮屠之仁祠，洁斋三月，与神为誓。"③ 这种将黄帝、老子与佛陀并祀的做法，既反映了中国人以自己的知识背景来理解外来文化的努力，也在客观上将老子神格化为崇拜对象，建构起道教的宗教仪式。到东汉桓帝时代（147—167）老子已被尊为天神而享祭祀："桓帝即位十八年，好神仙事，延熹八年初使中常侍之陈国苦县祠老子，延熹九年亲祠老子于濯龙，文罽为坛，饰淳金扣器，设华盖之坐，用郊天乐也。"④ 延熹八年（165），汉桓帝两次派人去苦县祠老子，次年又祠老子于濯龙宫。汉桓帝因事奉"黄老道"而"悉毁诸房祠"。⑤ 由汇集了多种文化传统而来的黄老道，既没有什么组织形式，也没有什么宗教教义，但似乎却能够以"道"为标识，以黄帝与

---

① ［荷兰］许里和：《佛教征服中国》江苏人民出版社1998年版，第2页。
② 洪修平：《中国佛教文化历程》，江苏教育出版社2005年版，第33页。
③ 《后汉书》卷七《孝桓帝纪》，《二十五史》，上海古籍出版社、上海书店1986年版。
④ 《后汉书》志第九《祭祀下》，《二十五史》，上海古籍出版社、上海书店1986年版。
⑤ 《后汉书》卷七十六《王涣传》，《二十五史》，上海古籍出版社、上海书店1986年版。

老子为崇拜对象，以中国文化正统的身份，与刚刚传入中国的佛教相抗衡，这就为一种新的民族宗教的出现开辟了道路："初巨鹿张角，自称大贤良师，奉事黄老道。"[①] 东汉末年所兴起的太平道和五斗米道都是黄老道的流派，一般认为，它们的出现标志着道教的创立。

但如果探究一下现存最早的道书《太平经》问世与传播的情况，就可见道教并不像某些世界性宗教那样，是由某个教主依据自己的理念在短时间内创建起来的。道教有一个比较漫长的孕育期，借用美国社会学家杨庆堃（C. K. Yang，1911—1999）在《中国社会中的宗教》中的术语，是由分散性的宗教（diffused religion）慢慢发展为制度性的宗教（institutional religion），[②] 从缺乏系统的组织机构、系统训练的专业神职人员和严密的戒律等，到不断汇聚中国古代多种文化因素，在政治动荡不安、自然灾害频繁、有神论思想高涨的两汉社会中逐渐形成独立于世俗社会和文化，有自己的教义理论、信仰对象、斋醮仪式的组织体系。早期道教的渐进性导致了它从一开始就以包容的态度吸取各种文化因素来为己所用，形成了"杂而多端"的特点。

从宗教信仰上看，道教以老子之"道"为信仰核心的做法，渊源于中国古代母系氏族社会中自发形成的以女性生殖崇拜为特征的原始宗教。"老子哲学脱胎于母系氏族的宗教崇拜，特别是女性生殖崇拜。所谓的'道'，最初建立在对女性生殖力的认知上，然后将这种女性生殖作用扩而充之，用来观察整个宇宙的创生过程，于是形成了'道'的概念。"[③] 但道教信仰在演变发展过程中，又综合了上古三代的巫史文化、自然崇拜、鬼神信仰、民间习俗和各类方技术数等文化因素。这些文化因素后来在东亚道教中得到延续，使之具有了大众化、民间化、方术化等性格特征。

殷商时期，史前的自然崇拜已发展到信仰上帝和天命，并初步建立起以上帝为中心的天神体系。如《小戴礼记·表记篇》曰："殷人尊神，率民以事神，先鬼而后礼。"原始的鬼魂崇拜也在此时逐渐向以血缘为基础、与宗

---

① 《后汉书》卷七十一《皇甫嵩传》，《二十五史》，上海古籍出版社、上海书店1986年版。

② 参见［美］杨庆堃：《中国社会中的宗教——宗教的现代社会功能与其历史因素之研究》，上海人民出版社2006年版，第268页。

③ 牟钟鉴等主编：《道教通论——兼论道家学说》，齐鲁书社1991年版，第152页。

法关系相结合的祖先崇拜过渡。美国学者白瑞德（K. E. Brashier）在《古代中国的祭祖》一书中认为，中国古代的祭祖仪式不是简单机械的祈祷风调雨顺、丰衣足食的假定，而是联系生者与死者的舞蹈，其中蕴涵着对死后存在的严肃思考。[①] 值得研究的是，祖先崇拜中朦胧的灵魂不死观念是否能衍化出道教不死成仙观念之内涵？梦兆信仰能否发展出求神意以预测吉凶祸福的占卜巫术？联系生者与死者的巫舞如何演化为道教斋醮科仪中运用肢体语言表达的拜神仪式？此时，还出现了专门管理宗教仪式、卜筮吉凶和祈福消灾的巫祝。如果说，巫的职能是通过龟壳或蓍草卜筮把神的意旨传达给人们，那么，祝的作用则是在祈祷仪式中把人们的愿望申诉于鬼神。这样，巫祝被认为具有沟通神人关系的本领，后成为宗教祭祀仪式中不可或缺的人物，在东亚道教中依然能够看到他们活动的身影。

周继殷商而统治天下，鬼神崇拜更为系统。《周礼·大宗伯》云："大宗伯之职，掌建邦之天神、人鬼、地祇之礼，以佐王建保邦国。"当时的信仰系统由天神、地祇和人鬼三部分组成，在每一个部分中又包罗了众多的神灵：属于天神的有天帝及日月星宿、风云雷雨诸神；属于地祇的有社稷山川、五岳四渎诸神；属于人鬼的主要是各姓氏的祖先以及所崇拜的圣贤等，从而使中国古代宗教具有了"多神共存"的信仰特征。从包罗天地万物、不受时空局限的"道"出发，道教以天体宇宙结构模型为基本架构，以天文学知识为指导，以开放的心态兼摄百家之学，吸收民间社会所崇拜的各种神灵来充实自己的"万神之殿"。道教虽然崇拜多神，但"奉太上老君为无世不存之至尊天神，这是道教信徒最根本的信条"[②]，这种以"道"为本的多神信仰也在东亚道教中得到延续。

道教信仰的来源之一的神仙思想，是德国哲学家卡尔·雅斯贝尔斯（Karl Theodor Jaspers，1883—1969）所谓的"轴心时代"就在东亚地区广泛流传的一种古老的原生态文化现象。神仙由传说向信仰的转变不仅成为促进道家向道教衍化的内在契机，也成为东亚道教的鲜明标志。早在道教创立之前，中国社会上就流传着种种神仙居于天上、海上和名山大川的神话传

---

① 参见 K. E. Brashier, *Ancestral Memory in Early China*, Boston：Harvard University Press, 2011。
② 李养正：《道教概说》，中华书局 1989 年版，第 218 页。

说，并构画出无比美妙的仙境。如《山海经》中提到的"不死之民"、"不死之国"；如《庄子》中对乘云气，御飞龙，不食五谷，吸风饮露，超然独立的藐姑射神人的描绘；如《楚辞》宣扬的"仍羽人于丹丘兮，留不死之旧乡"；如司马迁《史记》中所描绘的蓬莱、方丈、瀛洲"三神山"的传说、所记载的齐威王、燕昭王、秦始皇、汉武帝的求仙活动；如汉代刘向（约前77—前6）《列仙传》中介绍的几十位神采各异的神仙；如托名东方朔（前154—前93）辑的《十洲记》记载的有关"三岛十洲"的传说等。它们不断夸大神仙的长生与自由，引发了许多帝王将相和文人学士孜孜以求，推动了方仙道的出现。据《史记·封禅书》记载："自齐威、宣之时，驺子之徒，论着终始五德之运，及秦帝而齐人奏之，故始皇采用之。而宋毋忌、正伯侨、充尚、羡门高最后皆燕人，为方仙道，形解销化，依于鬼神之事。"一些笃信方仙道的帝王曾先后多次派人到东海上寻求仙山和仙药，以期长生不死，上有所好，下必从焉，社会上出现了追求"形解销化，依于鬼神之事"的松散的方士集团，著名的方士有宋毋忌、正伯侨、徐福、韩终、侯生、卢生、李少君，栾大等，后世称为"方仙道"。"两汉时期，道家的一部分变为'方士'，为皇帝、贵族炼金、炼丹，制'不死之药'，传'长生之术'。他们是后世'金丹道教'的先驱。"[1] 这些方士们宣传服食、祭祀可以长生成仙，所谓"方"也就是长生不死的仙方或药方。

　　方士虽拥有天文、医学、神仙、占卜、相术、堪舆等方术，但因缺乏理论依据，与诸子百家思想相比，显得黯然失色。战国末年，齐人邹衍倡导以"五行相胜"、"始终五德"来征兆天意，为方仙道提供了理论依据，成为显赫一时的阴阳家。"邹衍以阴阳主运显于诸侯，而燕齐海上之方士传其术，不能通，然则怪迂阿谀苟合之徒自此兴，不可胜数。"[2] 方仙道虽然算不上是一个完全意义上的宗教组织，但它借邹衍的阴阳五行说来自神其方术，奉黄帝为祖师，大力宣传"化丹砂为黄金"，并以祠灶祭神、望气导引、烧炼制药等方术相授受，以追求不死成仙为最高宗旨，不仅为后来道教的产生奠定了基础，而且也迎合统治者畏死亡、求长生的心理。方仙道虽然带有浓郁

① 孙叔平：《中国哲学史稿》上册，上海人民出版社1980年版，第231页。
② 《史记》卷二十八《封禅书》，《二十五史》，上海古籍出版社、上海书店1986年版。

的原始宗教巫觋气息，但却为道教神仙信仰的建构提供了栩栩如生的形象和一定的社会心理基础。当神仙方术通过黄老道转化为道教修炼术时，那些鼓吹神仙说、能行神奇方术、藏着许多不老方的方士也逐渐演化为道士而活跃于齐燕滨海地区。

早在两千年前，司马迁就在《史记·封禅书》中就将中国战国时齐燕沿海一带作为神仙思想的发源地，至今影响甚大。20世纪，中国学者顾颉刚提出中国古代留下昆仑和蓬莱两个神话系统，① 饶宗颐提出神仙思想源于以"楚辞"为代表的荆楚说，② 但有韩国和日本学者却从东亚文化的视域来看，认为"东方海滨地区是东夷的故地，而且楚也是东夷的一支的祝融的后裔。这说明神仙思想与东夷文化紧密联系"③。神仙思想原属于古东夷民族的朝鲜族群的固有信仰，这种信仰传入与朝鲜相邻的河北、山东后逐渐传遍中国全境。④ 虽然哪里是东亚神仙思想的发源地至今仍在争议中，但不同族群中流传的有关神仙的传说都是作为一种远古的精神象征和文明记忆而存在的，它们构成了东亚道教的信仰特征和文化偏好的基本向度。

道教创立后，将长生成仙作为自己信仰的核心，以道家哲学作为其理论支撑，发展出一套系统化的仙学思想与修道实践逐渐传播到东亚地区，则是大家比较一致的看法。这种希冀生命无限延长的神仙传说，以蓝色大海为纽带，早已出现在东亚的那些倚山傍海的地区。朝鲜半岛三面环海，西与中国大陆紧密相连，日本列岛与中国一衣带水，越南地处与中国唇齿相依的中南半岛。日、韩、越民族自古以来就深受中华文化影响，类似于方仙道的神仙传说也是东亚地区一种共同的文化现象。例如，在朝鲜广为流传的檀君神话、朱蒙神话，日本的高天原神话、出云神话等，虽各有生动的形象和精彩的情节，但都表达了一种浪漫而永恒的题材——神仙是以无限的生命活力和神通广大的技能游走于天地人间。据此，韩国学者车柱环认为："从檀君神话开始就有神仙说或道教的色彩，显示很早以前韩半岛就已立好吸收道教的

---

① 参见顾颉刚：《〈庄子〉和〈楚辞〉中昆仑和蓬莱两个神话系统的融合》，《中华文史论丛》1979年第2辑。

② 参见饶宗颐：《荆楚文化》，台湾"中央研究院"《历史语言研究所集刊》第41本，第2分册。

③ ［韩］金晟焕：《先秦神仙家渊源考》，载中央民族大学韩国文化研究所编：《亚细亚文化研究》第一辑，民族出版社1996年版，第470页。

④ ［日］福井康顺等监修：《道教》第三册，上海古籍出版社1992年版，第47页。

条件或根基。"①

　　推动方仙道向东亚社会传播的是中国帝王所倡导的海上求仙活动。在秦始皇之前，山东半岛的崂山、赤山、莱州、栖霞、蓬莱等地因独特的丘陵地貌而呈现出海雾山岚、清风缭绕的自然风光，蓬莱海域也因经常出现海市蜃楼奇观，使"三神山"的传说在齐燕滨海地区广为流传。"仙人是燕国的特产，这风尚及于齐，仙人的道是修来的。仙人的居地是燕国东边和齐国北边的渤海。仙人的生活是逍遥出世只求自己的不死，不愿（或不能）分惠与世间人，使他们都得不死。"② 据《神仙传》和《列仙传》记载，神仙说与各地山岳信仰有着比大海更密切的关系，③ 但因为司马迁在《史记》中不仅写了齐威、齐宣、燕昭王派使者于渤海中寻找三神仙的故事，"自威、宣、燕昭使人入海求蓬莱、方丈、瀛洲三神山者，其传在渤海中，去人不远。患且至则船风引而去。盖尝有至者，诸仙人及不死之药皆在焉。其物禽兽尽白，而黄金银为宫阙。未至，望之如云；及到，三神山又居水下；临之，风辄引去，终莫能至云。世主莫不甘心焉"④；而且还浓墨重彩地描绘了秦始皇海上求仙的传奇。这些神仙传说调动了人们的求仙热情，也激发了方士们克服重重困难，靠着积累的航海经验、天文观察和海洋意识进行"海上求仙"活动，而蓬莱海域也成为东亚神仙传说的重要发源地之一。

　　秦始皇为追求生命不朽而遣徐福进行的海上求仙活动，不仅推动了方仙道在齐燕社会中流行，也促进了神仙信仰在东亚的传播，可谓"红云起处是蓬瀛，十二楼台白玉京。不知秦世童男女，还有儿孙跨鹤纭"⑤。山东半岛是东亚世界的交通枢纽，通过海路北接辽东，南通闽粤、越南，往东可达朝鲜、日本。徐福海上求仙后究竟去了何地？至今异说纷纭，中国人说，"徐福将先进的中国文化带到朝鲜半岛和日本列岛，推动了古代朝鲜和日本社会生产力的发展。跟随徐福东渡的数千中国人以及前后渡海而来的华夏儿

---

　　① ［韩］车柱环：《韩国道教思想》，人民文学出版社2005年版，第75页。

　　② 顾颉刚：《汉代学术史略》，上海亚细亚书局1935年版，第15页。

　　③ 如漥德忠就认为："神仙说及其思想不仅山东半岛有，离山东很远的各地也有，它与各地山岳信仰有密切联系。"（［日］漥德忠：《道教史》，上海译文出版社1987年版，第54页。）

　　④ 《史记》卷二十八《封禅书》，《二十五史》，上海古籍出版社、上海书店1986年版。

　　⑤ 《赋日东曲十首》其四，载［日］伊藤松贞辑：《邻交征书》，上海辞书出版社2007年版，第87页。

女，在日本、朝鲜落地生根，繁衍后代，以友好的姿态传播了先进的华夏文明，与韩国、日本人民建立起密不可分的血肉关系。"① 日本人有"徐福到了日本之说，假称日本和歌山县的新宫里有徐福墓，青森县小泊村有徐福像，而且在国芳的锦绘中也有描绘，因此江户时代的人一定笃信这种说法"②。如，今枝二郎在《"记·纪"〈万叶集〉にみる道教の痕迹》一文中例举李梅溪（1617—1682）对"秦徐福之墓"的考证；平田笃胤（1776—1843）的《三神山余考》，以熊野山下、飞鸟故地的徐福墓、徐福祠等遗迹来说明徐福传说在日本历史上的影响。③ 韩国人则说，徐福到了朝鲜半岛。据韩国的乡土资料《心斋集》记载："西归浦沿边有峭壁，不啻数千仞，下临沧海，鲸涛汹涌，世传壁半有秦方士徐福所刻字痕云。先是牧使白乐渊巡行到此，人以此说告之。遂命自壁上以长绳缒一人下垂引之，摸其字迹而还。"④ 从当时航海条件和航海工具看，徐福一行沿海岸航行需要不断补充淡水和粮食，遇到大风浪还需要躲进港湾避风。山东半岛和朝鲜半岛，东西对峙，距离不远。徐福的船队若从山东半岛出海很快就能到达朝鲜半岛。

在韩国庆尚南道的南海岛中心的灵山和锦山上，现在还有保存完好的"徐市起礼日出"的摩崖石刻，相传徐福一行在那里祈祷，希望能找到仙药。后来徐福一行听说济州岛上有高高耸立的汉拿山，把它当成三神山之一的瀛洲岛。徐福东渡途经济州岛，北岸登陆后祭太阳，留下刻石"朝天石"三字，然后将刻石埋入地下。先高丽时代曾在此修建朝天馆，现在该地仍叫朝天邑。在济州岛南端的正房瀑布滨海石崖上刻有篆体字"徐市过之"四字，"徐市"即徐福，传说是徐福当年从此经过时留下的遗迹。⑤ 徐福一行离开济州岛时准备"向西回家"，因此人们把他离开时的那个渡口称作"西归浦"，现在济州岛上有西归浦市。徐福及其后人在此耕作的传说流传了两

① 中国国际徐福文化交流协会编：《徐福志》，中国海洋大学出版社2007年版，第56页。
② ［日］漥德忠：《道教史》，上海译文出版社1987年版，第57页。
③ 参见［日］今枝二郎：《道教：中国と日本をむすぶ思想》，日本放送出版协会2004年版，第194—195页。
④ 参见朱亚非主编：《徐福志》，山东人民出版社2009年版，第77页。
⑤ 参见中国国际徐福文化交流协会编：《徐福志》，中国海洋大学出版社2007年版，第58页。

千多年。① 济州市内有三姓穴，相传在古时石穴洞中出现了姓高、良、夫的三位神仙，他们可能是徐福船队停留在西归浦时掉队的三位童男，他们后来到北海岸后，就住在那里的火山洞中。据说，徐福一行本打算西行回中国，没想到反而向东去了日本。到日本后，徐福又派了三名童女乘着木舟、带着牛马和五谷种子回到济州岛。三位童男和三位童女后来结了婚，就在岛上定居下来。今天住在这里的高、良、夫三姓氏的人也都相信他们是徐福的子孙。济州岛上的著名景点"三姓穴"就是这个神话故事的历史遗迹。总之，各种有关徐福海上求仙活动的传说构成了东亚道教文化的一个母题。

朝鲜半岛自古以来就流传着三神山及各种神仙传说，"南海岛、釜山所在的庆尚南道以及济州岛所在的全罗南道，都有蓬莱、方丈、瀛洲那样的地名"②，以至于在朝鲜半岛渐渐出现中国古代信仰的"三神山"就在朝鲜半岛的说法。如高丽时文学家李仁老就强调本国是神仙之国："本朝境接蓬莱，自古号为神仙之国。"③ 此后，朝鲜王朝史学家李晬光（1563—1628）在《芝峰类说》中明确地说："世谓三山，乃在我国，以金刚为蓬莱，智异为方丈，汉拿为瀛洲，可以杜诗'方丈三韩外'证之。"④ 他还用唐代诗人杜甫的《奉赠太常张卿均十二韵》来佐证徐福所找的三神山全部位于朝鲜半岛。这一说法得到很多学者的认同，如郑弘溟（1582—1650）认为"若高丽、百济、新罗，国虽一域，粤有蓬莱、瀛洲、方丈，山则三神"。⑤ 如朴趾源《热和日记》说："我国人以金刚山为蓬莱，济州汉拿山为瀛洲，智异山为方丈。"⑥ 其中影响最大的要数李能和（1869—1943）在《朝鲜道教史》中提出，中国道教崇拜的"三神仙在海东说"：

① 参见［韩］洪淳晚：《徐福集团与济州岛》、［韩］高应山：《关于济州岛和徐福渡来说的考察》，载张良群主编：《中外徐福研究》，中国科学技术大学出版社2007年版。

② ［日］石川幸子：《韩国的徐福》，李书和主编：《徐福东渡国际研讨会专辑》，秦皇岛市政协文史学宣委、秦皇岛市徐福研究会编，第23页。

③ ［朝鲜］李仁老：《破闲集》卷下"跋"，亚细亚文化社1972年版，第53页。

④ ［朝鲜］李晬光：《芝峰类说》卷二，载韩国民族文化推进会编：《韩国文集丛刊》第66册，景仁文化社1990年版，第161页。

⑤ ［朝鲜］郑弘溟：《青鹤洞碑》，载韩国民族文化推进会编：《韩国文集丛刊》第2册，景仁文化社1996年版，第146页。

⑥ ［朝鲜］朴趾源：《热和日记》卷五《铜兰涉笔》，上海书店出版社1997年版，第353页。

　　燕齐秦汉方术之士，皆指我海东有神山仙岛，是自上古沿传者然也。黄帝东到青丘见紫府先生，受《三皇内文》云云，即为其证。盖我朝鲜三面环海，又多名山，往往有神异之迹，皆其得名之所自也。即如长白之天池、金刚之山水、妙香之石龙窟、平壤之麒麟窟、汉挐之白鹿潭、智异之青鹤洞、江华之堑城、茂陵之绝岛、阿达斯三圣祠、扶苏岳八仙之堂、纥骨之求仙台、牡丹之乙密台等诸胜地名不虚得也。①

李能和将三神山与中国齐燕方仙道及道教神仙信仰联系起来讨论，智异山也叫作"方丈山"，被认为是长白山灵气向南而再度升起的地方，所以也叫"头流山"，其中有近百座 1500 米以上的山峰，最著名的三大主峰是天王峰、般若峰和老姑坛。智异山与金刚山、汉拿山被并称为朝鲜半岛上"三神山"，是朝鲜民族崇尚的神山，这些山上至今还留存着各种神仙活动的胜地。对此，当代韩国学者朴正锡列举出朝鲜古籍《东国世纪》、《耽罗志》、《瀛洲志》、《济州邑志》等来加以说明。② 朝鲜与日本都有"方士所说三神山，蓬莱、方丈，瀛洲，在海中，神仙常往来游居其间。日本人自认为其国所有。我国亦以金刚山为蓬莱，济州汉拿山为瀛洲，智异山为方丈"③。中国台湾学者梁嘉彬（1910—1995）则认为，济州岛即三神山中的方丈，日本是瀛洲，琉球群岛是蓬莱。这种将三神山分布于不同国家的说法，说明在东亚古代信仰中，既有来自中国方仙道的三神山信仰，也有源于本土的神话传说，它们以一种特殊而神奇的方式相融合，支持着道教神仙信仰在东亚文化圈中挺立。

　　汉朝"虽然没能达到直接完成'东亚世界'，可是此处的'东亚世界'就政治性的世界而言，它的形成已开启了端绪，并达成了完成它的准备"④。《史记》、《汉书》都是从秦汉之际的卫满⑤开始记录古朝鲜的历史，卫满移

---

　　①　［朝鲜］李能和：《朝鲜道教史》，东国文化社 1959 年版，第 28—29 页。

　　②　参见［韩］朴正锡：《以瀛洲神山汉拿为中心》，《徐福文化交流》2000 年第 9 期。

　　③　［朝鲜］朴趾源：《热河日记》，上海书店出版社 1997 年版，第 353 页。

　　④　［日］西嶋定生：《东亚世界的形成》，载刘俊文主编：《日本学者研究中国史论著选译》，中华书局 1993 年版，第 98 页。

　　⑤　卫满，卫氏朝鲜的建立者。《史记》、《汉书》写作"王满"，但《后汉书》、《三国志》则记作"卫满"。

民不仅将中国先进文化，如医药知识、天文、气象、航海知识以及儒家、道家、阴阳家等思想传播到朝鲜半岛，而且还以神仙信仰为中心使东亚文化逐渐形成了一个具有共同文化因素的整体。汉武帝即位后，也幻想能够找到不死之药，于是宠信方士李少君、栾大、公孙卿等。据《史记·孝武本纪》记载：汉武帝甘泉作建章宫、泰掖池，池中有蓬莱、方丈、瀛洲三神山，以象海中神山。他还多次驾临山东半岛，登上渤海边上的丹崖山，寻求"蓬莱仙境"。汉武帝从元光二年（前133）开始遣方士求神仙，到征和四年（前89），他才悉罢诸方士进行等候神人的活动，持续时间长达45年之久。期间，汉武帝元封三年（前108）灭卫氏朝鲜，在朝鲜半岛设置了乐浪、临屯、玄菟、真番四郡进行统治，在将汉朝疆域扩大到朝鲜半岛的同时，也扩大了汉文化乃至神仙信仰在东亚地区的影响。

在汉武帝热衷于寻仙的过程中，汾阴巫人曾于土中得宝鼎献于皇帝。方士们就宣扬黄帝当年得宝鼎后，广事封禅，常与神会；又言"黄帝为五城十二楼以候神人"，又言黄帝且战且学仙，百余岁然后得与神通，最后骑龙上天。喜好神仙的汉武帝听信了方士之言，也去登泰山举行封禅活动，并将黄帝崇拜与求仙活动结合起来："天子既闻公孙卿及方士之言，黄帝以上封禅，皆致怪物与神通，欲放黄帝以尝接神仙人蓬莱士，高世比德于九皇，而颇采儒术以文之。"① 从此，黄老道宣扬神仙说时皆托名于黄帝。汉武帝宠信方士，欲得长生不死之方。在他的倡导下，求长生不死的神仙方术更是盛极一时。据《汉书·艺文志》载，当时有"方技三十六家"（书"八百六十卷"）、"数术百九十家"（书"二千五百二十八卷"）之多。不少方术之士还入朝为官，从县令、太守而至司徒、司空，可谓显赫一时。② 虽然汉武帝到了晚年才因方术无验而对求仙活动感到厌倦，对群臣说："向时愚惑，为方士所欺。天下岂有仙人，尽妖妄耳！节食服药，差可少病而已。"③ 但长期以来方仙道因得到帝王们的支持获得了极大的发展。方仙道所开展的海上求仙活动沟通了东亚各国之间的联系，所发明的种种求仙方术，企求实现"得道成仙"的生命理想，也成为促进道教向东亚传播之精神先导。

---

① 《史记》卷十二《孝武本纪》，《二十五史》，上海古籍出版社、上海书店1986年版。
② 参见洪修平：《中国佛教文化历程》，江苏教育出版社2005年版，第28页。
③ 《资治通鉴》卷二十二《汉纪十四》，中华书局1956年版，第738页。

第二节　东亚道教的宗教形态

道教作为中国土生土长的原生态宗教，其源自上古时期的原始宗教、战国方仙道和秦汉黄老道，在先秦老庄思想的基础上，又融会吸收儒、道、墨、阴阳、神仙、方技、养生等诸家的思想而在汉代逐渐形成。由于道教不是由某人在某时某地创立的，其来源杂而多端，其体系繁而复杂，反映早期道教情况的文献资料少之又少，因此，有关其宗教形态一直是道教研究中的热点问题之一。近年来，随着考古学进展，原始道教的遗址、遗物、墓葬和岩画的不断发现，例如，汉代的画像石、墓室壁画和随葬的魂瓶上，人与鸟组合而成的"羽人"是常见的一种图像。这些"羽人"虽然有飞翔、骑乘、持节和踞坐等不同姿态，但他们所持的节杖上端都画有三个圆圈来表示凸起的节旄，在升仙图中，这些持节人像往往处于队伍的前列，似乎起着引导作用。又如，四川乐山麻浩 1 号崖墓中的"持节方士"的形象，或许也与长生升仙的思想有关。[①] 这些画像是否反映了早期道教的信仰？其实，学术界有关道教创立的时间持有不同的观点，主要有先秦说、西汉说、东汉前期说、东汉后期说和东晋南北朝说等，其中影响比较大的是以五斗米道和太平道创立为标志的东汉后期说。笔者认为，五斗米道和太平道虽然出现于东汉后期，但它却是两汉社会中盛行一时的黄老崇拜和神仙信仰在广大民众中得到普遍认同的结果，这也是东亚道教的宗教形态之萌芽。

从社会层面上看，道教是两汉社会文化环境的产物。秦始皇推行的郡县制，到汉武帝才全面形成的国家分层管理体制，为古代东亚世界的形成提供了基础。秦汉时，中国建立起中央集权制的大一统封建帝国，以来强化自己政治统治，帝王往往采用"神道设教"方法，推行一系列社会经济发展措施，如重农理念、货币官铸、盐铁官营、律令制国家、宗法制社会等。在文化上，确立汉字——从大篆到小篆、小篆到汉隶、汉隶到楷书，在意识形态上，汉武帝倡导"罢黜百家，独尊儒术"，但从政治统治的需要出发，又推行"内道外儒"，崇拜黄帝和老子，促使黄老道和方仙道初步结合起来。因

---

① 　参见乐山市文化局：《四川乐山麻浩 1 号崖墓》，《考古》1990 年第 2 期。

此，真正在两汉思想界占统治地位的官方儒学是和阴阳五行学说合流而后又不断谶纬迷信化的"今文经学"。"今文经学"以公羊春秋学为基础，着重发挥经文大义来为封建"大一统"作论证。这就使本来的探究宇宙天象星宿奥秘的天文学和宇宙认识论在有神论思潮高涨的汉代社会，因包含着神秘巫术因素而成为日趋烦琐的谶纬理论，不仅推进了儒家学说的宗教化，而且也推进了黄老之学的神学化。汉代社会对天帝、鬼神、祖先的崇拜和祭祀，使卜筮、占星、望气、风角等方术在社会上流行。如果说，卜筮是人主动发问，那么，占星则是人们面对日食、风云变异等自然天象被动地施加解释，以找到天象变化对于社会事变和人事祸福乃至自然灾害的交感联系，这不仅为汉代流行的"天人感应"说提供一种具体说明，而且也为个人的生命存在提供一种先天的命定，即个人的命运是由他出生时的星宿所决定的，这样，天象星宿的变化往往被视为神灵对人的态度，这就为崇拜天神的道教提供了一种天文星象学依据，星斗信仰也成为后来东亚道教中的重要内容。

从民众的社会心理看，西汉末年，社会政治动荡，自然灾害频繁，土地兼并加剧，生活于天灾人祸之中的老百姓对统治者普遍抱有一种不信任感，在依附于汉王朝的儒家礼教逐渐失去维系人心的作用时，具有浓厚宗教意味的"救世论"思想在社会中流行，就反映了当时人们因正在经历着的经济危机和社会危机而产生了信仰危机，在此社会环境中，各种鬼神方术、阴阳五行、谶纬迷信盛行，打着追求"天下太平"旗号的道教信仰也应运而起，并随着流民的脚步而传播。《汉书》中《五行志》、《哀帝纪》、《安帝纪》就多次记载了由民众对天灾人祸的恐惧心理而引发的骚动事件，导致了原有的社会秩序与价值观念的失范。"哀帝建平四年（前3）正月，民惊走，持稾（稿）或厤一枚，传相付与，曰行诏筹。道中相过逢多至千数。或被发徒践，或夜折关，或踰墙入，或乘车骑奔驰，以置驿传行，经历郡国二十六，至京师。其夏，京师郡国民聚会里巷阡陌，设张博具，歌舞祠西王母。"① 同年春，关东大旱，"关东民传行西王母筹，经历郡国，西入关至京师。民又会聚祠西王母，或夜持火上屋，击鼓号呼相惊恐"②。民众为逃避

---

① 《汉书》卷二十七《五行志》，《二十五史》，上海古籍出版社、上海书店1986年版。
② 《汉书》卷十一《哀帝纪》，《二十五史》，上海古籍出版社、上海书店1986年版。

自然灾害而四处流浪，生活在恐惧不安中，他们相互传递、争相佩带据说是来自西王母的神秘"诏书"，还希望通过歌舞祭祀西王母来保佑自己度厄不死。这种西王母救世思想所赖以产生的时代背景，就是生活于水深火热之中的百姓对不体恤民情的统治者的强烈不满和对寻求生存保障的极度关注，由此而形成大规模的群体性祭祀活动。"汉代的升仙图像中的仙界是以西王母为中心来构造的，墓主人灵魂升入仙界，是位于昆仑山的西王母仙境。无论是东方的鲁南苏北地区、南阳地区，还是位于西南的四川地区，西王母都是仙界的代表性图像……大约在后汉中期以后，又出现了一个与西王母相配对的东王公。东王公的出现实际上削弱了西王母的中心地位，这一现象在四川地区是很少见到的。"① 对西王母与东王公的崇拜成为汉魏时期铜镜上的一个重要内容，甚至在日本奈良县葛城郡新山古坟、京都府相乐郡大冢山古坟、河内松冈山王后古坟②中也有这样的铜镜出土，这是否是受到中国道教的影响，学者有着不同的解释，至今还在研究中。③ 原始道教就是在这样的社会环境和宗教活动中应运而生的，它虽然借用了道家哲学，但从一开始就将如何建立一个公正、公平和安宁的太平社会作为原始道教思想的主要内容之一，将升仙作为解脱人生痛苦的一种信仰，后来衍化成东亚道教的思想与实践。

原始道教的这种思想与信仰倾向是否与中国比较侧重于解决社会问题有关呢？美国学者贝特朗·罗素（Bertrand Russell，1872—1970）认为，人永远沉溺在三种基本的冲突中：（1）与自然的冲突；（2）与其他人的冲突；（3）与他自己的冲突。美国学者休斯顿·史密斯（Huston Smith）进一步认为，"这三种冲突大致上相当于人类的自然问题、社会问题与心理问题。留存至今的伟大文化传统也有三种——中国文化、印度文化和西方文化。如果我们考虑到每一种传统侧重于一个人类的基本问题，那么这有助于我们理解与阐明这三大传统的无与伦比的实质。一般来说，西方侧重于自然问题，中

---

① 胡常春：《魂瓶"持节仙人"考》，载名古屋大学中国哲学研究会编：《名古屋大学中国哲学论集》2011 年第 10 号，第 13 页。

② 据说这位王后是王仁的后代。王仁从朝鲜半岛百济携汉籍来到日本后，曾在朝廷的东西文部担任文秘工作。

③ 参见巫鸿：《汉代考古美术中的道教因素》，载《道教と東アジア文化——國際シソポジケウム13 集》，国际日本文化研究センター—2000 年版，第 15 页。

国侧重于社会问题，印度侧重于心理问题。"① 这是否可以作为理解中国道教的文化特质的一个进路？正如法国学者索安所说："有组织的道教形成于汉朝末年，它是对既定社会秩序的挑战和对立。其直接前提并非道教哲学，而是汉代政治思想和汉朝式微之年的苦难社会状况。在汉朝统治的四个世纪中，道教思想得到了发展，已与创作和传播《道德经》与《庄子》的哲学家小圈子迥然不同。"② 这主要表现为以"冲突"方式活跃于社会生活中。

一般而言，因社会问题而导致的社会上层与民众关系的紧张和对立是社会冲突的主因，冲突包括冲突情绪和冲突行为两种情形，前者多起于利益之争，后者则是冲突情绪的一种发泄方式，但宗教冲突更有一种信仰成分蕴含其中。两汉时期，一些好道者以去乱世、致太平为理想，提出了种种救世论，主观上为解决社会冲突提供解决方案，在客观上则为道教的创立建构起神学理论依据。据《汉书·李寻传》记载：西汉"初成帝时（前32—前7），齐人甘忠可诈造《天官历包元太平经》十二卷③，以言'汉家逢天地之大终，当更受命于天，天帝使真人赤精子，下教我此道'"。方士甘忠可（？—约前22）托神仙家"真人赤精子"之名，将黄老道与儒家谶纬说相融合，开创了原始太平道，"急教帝王，令行太平之道。道行，身得度世，功济六方含生之类矣④。"他宣扬帝王如果主"火德"，或称"赤德"，能够"尊天地，重阴阳，敬四时，严月令，顺之以善政，则和气可立致"，即可获得能使国家太平之道。甘忠可将此道传给弟子夏贺良、丁世昌等。不久，

---

① 转引自［日］中村元：《东方民族的思维方法》，浙江人民出版社1989年版，第15页。
② ［法］索安：《西方道教研究编年史》，中华书局2002年版，第20页。
③ 《太平经》一名《太平清领书》，是中国道教早期的重要经典，收入《道藏》太平部。据史料记载，汉代曾流传有三种《太平经》：西汉成帝时（前32—7）齐人甘忠可造《天官历包元太平经》12卷；东汉顺帝时（126—144）宫崇上其师于吉（一作干吉）于曲阳泉水上所得《太平清领书》170卷；张陵《太平洞极经》144卷。以上三书均已佚。《太平经》原书分甲、乙、丙、丁、戊、己、庚、辛、壬、癸十部，每部十卷，全书共170卷。明代《正统道藏》太平部只有残存的《太平经》57卷，其中甲、乙、辛、壬、癸五部全佚，其余五部各亡佚若干卷，另收有唐人闾丘方远《太平经钞》10卷和《太平圣君刻秘旨》。今人王明根据《太平经钞》及其他27种道书加经校、补、附、存，辑录成《太平经合校》，基本上恢复了《太平经》170卷的原貌。《太平经》以"真人"与"天师"问答的形式阐述经义。每篇都前有标题，后附篇旨，总摄大意。一般认为，《太平经》非一人一时所作，是西汉末至东汉顺帝时逐渐增益而成的，故内容庞杂，杂采先秦阴阳五行家、神仙家、道家、墨家及儒家谶纬之学，"专以奉天地、顺五行为本，亦有兴国广嗣之术"，其中又多"巫觋杂语"，时人称之为"神书"。
④ 王明编：《太平经合校》卷一百五十四至一百七十，中华书局1960年版，第732页。

他被大学问家刘向（约前77—前6）诬为"假鬼神罔上惑众"，且"语涉朝政"，下狱而死。《包元太平经》虽被朝廷明令禁止，但夏贺良、李寻、解光等奉甘忠可之道者仍在秘密传授。不久，年轻的汉哀帝（前25—前1）即位，他本想有一番作为，以改变汉朝每况愈下的状况，故发布了限田、限奴婢等一系列诏令，但他有治国之心而无治国之才，诏令很快就成了一纸空文。再加上汉哀帝久病不愈，又无后嗣，于是在建平二年（前5）采纳了夏贺良的建议，改元易号，"汉历中衰，当更受命。成帝不应天命，故绝嗣。今陛下久疾，变异屡数，天所以遣告人也。宜急改元易号，乃得延年益寿，皇子生，灾异息矣。得道不得行，咎殃且亡？不有洪水将出，灾火且起，涤荡民人。"汉哀帝将"建平二年"改为"太初元年"，希望能够以"道"为本开出一个长久的新国运。然而，改元易号仅两个月，汉哀帝因病情未减而觉得夏贺良"其言亡验"，甚至还想"执左道，乱朝政，倾覆国家，诬罔主上，不道"，又下诏废除，恢复旧制，并以"妄变政事"为名诛杀了夏贺良。[①] 四年之后（前1），年仅25岁汉哀帝因贪色纵情而去世。不久，外戚王莽篡政，西汉灭亡。

公元9年，王莽（前45—23）上台建立新政权。王莽虽然采纳了原始道教的政治主张，希望用"受命改制"的方法，以"黄德当兴"来去除西汉社会中流传的关于"洪水将出"、"灾火且起"的谶言来安定天下，但由于没有从政治和经济上改变统治者与老百姓之间的紧张对立的关系，也没有缓解人们的恐惧心理和信仰危机，新政很快就完结了。汉高祖刘秀上台后，又以复兴"汉家赤德"为己任，"黄德"退隐于民间流传，为原始道教所继承发扬。从史籍中记载的东汉社会中此起彼伏的民众起义中可见，这些民众起义的首领经常以"将军"、"天帝使者"、"神上使"等自称，利用原始道教的"太平"思想来发动群众。

与此同时，一些道士也极力向上层社会传道，希望将《太平经》授予有德之君。据史料记载，《太平经》问世后，从西汉成帝（前16）至东汉桓帝延熹八年（165）的180年间，有甘忠可、宫崇、襄楷等人先后将该书献

---

① 以上引文参见《汉书》卷七十五《李寻传》，《二十五史》，上海古籍出版社、上海书店1986年版。

给皇帝，但几次上书均受挫折。东汉时，琅琊人宫崇将其师于吉于曲阳泉水上所得神书献给汉顺帝。据《后汉书·襄楷传》中记载："初，顺帝时，琅琊宫崇诣阙，上其师于吉于曲阳泉水上所得神书百七十卷，皆缥白素、朱介、青首、朱目，号《太平青领书》。其言以阴阳五行为家，而多巫觋杂语。有司奏崇所上妖妄不经，乃收藏之。后张角颇有其书焉。"① 于吉大约是汉顺帝时人，② "与甘忠可一样都是黄老道的信奉者。《太平青领书》乃是甘忠可《包元太平经》的传本或残本经过信徒们的不断增补扩充，到汉顺帝时由于吉纂集而成的"③。早期道教从流行于齐燕滨海地区的方仙道中逐渐孕育而出，于吉乃是太平道的初创者之一。于吉之后，张角奉《太平经》，为太平道教主。

从官修史书的记载来看，中原地区流行的太平道，据说是从于吉太平青领道发展而来。熹平年间（173—178），河北巨鹿人张角（？—184）自称"大贤良师，奉事黄老道，畜养弟子，跪拜首过，符水咒说以疗病，病者颇愈，百姓信向之"④。张角利用于吉所得神书《太平青领书》中所提出的"致太平"的宗教政治思想，"太平道，其文约，其国富，天之命，身之宝。近在胸心，周流天下。此文行之，国可安，家可富"⑤，宣扬以善道教化天下，推行太平之道。宫川尚志在《六朝史研究》第五章"道教成立前史"中指出，活跃于东汉思想界的儒生，在经学、图谶、方术和老庄之间将儒学神学化、谶纬化，所形成的东汉文化人知识谱系中的方术杂学是道教的渊源之一。⑥ 例如，张角在中原地区收养徒弟，毁诸神坛，拜"中黄太乙"，以符水咒语为人治病："太平道者，师持九节杖为符祝，教人叩头思过，因以符水饮之，得病或日浅而愈者，则云此人信道，其或不愈，则为不信道。"⑦据李养正先生的看法，太平道"师持九节杖"的做法来自于《太平经》中

---

① 《后汉书》卷三十四《襄楷传》，《二十五史》，上海古籍出版社、上海书店 1986 年版。
② 《太平经》作者于吉，一作干吉、干室、干君等，其生活年代，史籍中有不同记载，有汉献帝（181—234）、汉顺帝（126—144）、汉元帝（前 75—前 33）、汉成帝（前 51—前 7）、周赧王（？—前 256）等不同说法，本书依《后汉书·襄楷传》说法，认为他是汉顺帝时人较妥。
③ 李养正：《道教概说》中华书局 1989 年版，第 21 页。
④ 《后汉书》卷七十一《皇甫嵩传》，《二十五史》，上海古籍出版社、上海书店 1986 年版。
⑤ 王明编：《太平经合校》卷一百二十至一百三十六，中华书局 1960 年版，第 697 页。
⑥ 参见［日］宫川尚志：《六朝史研究》（宗教篇），平乐寺书店 1964 年版，第 80—83 页。
⑦ 《三国志》卷八《张鲁传》注引《典略》，《二十五史》，上海古籍出版社、上海书店 1986 年版。

的教导："治得天心意，使此九气合和，九人共心，故能致上皇太平也。"①
故"九节杖颇类权杖，持杖即职可理九人九气之事，可以节制宇宙万物，
可以度人得道"②。太平道以符水咒语为人治病的方法颇为原始，但却吸引
了众多的生活于苦难病痛之中而寻求安慰、祈盼幸福的百姓。在短短的十
多年时间里，太平道得到了迅速的发展，徒众一下子增至数十万人，遍及
青、徐、幽、冀、荆、扬、兖、豫八州。为了便于管理，张角以三十六方
为基本单位，大方万余人，小方六七千人，各立渠帅。这种半行政、半军
事化的组织为张角后来发动黄巾军起义奠定了基础。这种"将特别浓厚的
宗教特性和巨大的世俗势力合并在一起的，是东汉末的黄巾之乱，即太平
道团的叛乱"③。中平元年（184），张角自称"黄天"，其部帅有三十六
方，皆着"黄巾"，以"苍天已死，黄天当立，岁在甲子，天下大吉"为
口号，以示将顺五行，应天运，同日反叛，企图以"黄德"代替汉家的
"赤德"，掀起一场席卷全国的黄巾军起义，由此而促进了早期道教的
传播。

　　据《后汉书》记载，东汉顺帝年间（126—144），于吉在燕齐滨海地区
传播原始太平道，张道陵于在蜀地鹤鸣山创立五斗米道，从燕齐滨海到中
原，从巴蜀到汉中，从荆楚到吴越，产生于民间的道团在曲折发展中不断地
壮大起来，成为东亚道教之源。

　　从《天官历包元太平经》到《太平清领书》，反映了《太平经》非一
人一时所作，它虽然内容庞杂，但主要代表了当时寒门士族的政治思想，既
揭露了当时社会政治的黑暗——外戚宦官争权误国、帝王无道且绝嗣、水火
兵病之灾流行、人民生活于水深火热之中，也站在普通民众的立场上，反对
统治者的剥削与暴政，特别是以"天帝"派遣的"天师"的口吻来教化君
主，并提出种种解除灾异以至天下太平的方法。《太平经》提出"中和气
得，万物滋生，人民和调，王治太平"④ 的社会理想以及改良社会的主张虽

---

　　① 王明：《太平经合校》卷四十二，中华书局1960年版，第89页。
　　② 李养正：《道教概论》，中华书局1989年版，第36页。
　　③ ［日］砂山稔：《道教和老子》，载［日］福井康顺等监修：《道教》第二册，上海古籍出版社
1992年版，第30页。
　　④ 王明编：《太平经合校》卷五十，中华书局1960年版，第20页。

然没有被统治者接受，但却在民间秘密传播，在客观上对道教的初创起到了理论指导作用。张陵在创五斗米道之前曾得到《太平洞极经》①。后来创立太平道的"张角颇有其书"。太平道信徒相信"神人神师"、"天师"是"天帝"所派来拯救地上生民的，"人有道而称使者，神人神师也"。②但太平道并没有遵循《太平经》中提出的种种社会改良的做法，而是以"黄天太平"相号召，太平道提出的"苍天已死，黄天当立，岁在甲子，天下大吉"。其中的"黄天当立"是否就是要恢复以黄帝为代表的道家天下，不得而知，但它通过伸张上天意志为使命来号令天下民众，后酿成东汉末年的黄巾军起义，最终却导致了汉王朝的灭亡。

源自于上古民间信仰的道教在汉代有一个逐渐创立的过程。这个过程的总体特点是，宗教信仰由朦胧地追求长生到明确提出"得道成仙"；宗教教义由芜杂到以老庄之道为本；道士由个人单独施法而逐渐结成团体共同活动；道术由散漫到规范化，许多活动于不同地域的道士分立为不同的道派，不断地扩大着传播范围。

当太平道在中原地区迅速传播的同时，五斗米道的势力范围也扩大到汉中地区。五斗米道以及后来衍化出的天师道是东亚道教的重要源头之一。据《后汉书·刘焉传》记载："张鲁，字公旗。③ 初，祖父陵，顺帝时客于蜀，学道鹤鸣山中，造作符书，以惑百姓。受其道者辄出五斗米，故谓之'米贼'。陵传子衡，衡传于鲁。鲁遂自号'师君'"。五斗米道是巴蜀民间巫道与黄老思想相结合的产物。张陵倡导奉诵《五千文》、《太平洞极经》和《老子想尔注》等道书，以"正一盟威之道"来清理巫鬼道，禁祀淫邪之鬼："太上……授天师正一盟威之道，禁戒科律，检示万民逆顺祸福功过，令知好恶。置二十四治，三十六靖庐，内外道士二千四百人。下千二百官，章文万通，诛符伐庙，杀鬼生人，荡涤宇宙，明正三五，周天匝地，不得复有淫邪之鬼。罢诸禁心，清约治民，神不饮食，师不受钱。使民内修慈孝，

————————

　　① 据卿希泰主编：《中国道教史》的看法，《太平清领书》与《太平洞极经》很可能是由一部经书的两种版本而出现的两种名称，因传本不同，而致卷数有异。（参见卿希泰主编：《中国道教史》第一卷，四川人民出版社 1988 年版，第 92 页。）

　　② 王明编：《太平经合校》卷五十，中华书局 1960 年版，第 173 页。

　　③ 《三国志》卷八《张鲁传》中称"张鲁，字公祺"。

外行敬让。佐时理化，助国扶命。"① 张陵初创五斗米道时，还与天地水三官、太岁将军共约"三天正法"：

> 汉桓帝"永寿三年，岁在丁酉，与汉帝朝臣，以白马血为盟，丹书铁券为信，与天地水三官、太岁将军，共约永用三天正法，不得禁固天民，民不妄淫祀他鬼神，使鬼不饮食，师不受钱，不得淫盗，治病疗疾，不得饮酒食肉，民人唯听。民人唯听五腊吉日祠家亲宗祖父母，二月八月祠祀社灶。自非三天正法，诸天真道，皆为故气。疾病者，但令从年七岁有识以来，首谢所犯罪过，立诸仪章符，救疗久病困疾，医所不能治者，归首则差。立二十四治，置男女官祭酒，统领三天正法，化民受户，以五斗米为信。化民百日，万户人来如云。制作科条章文万通，付子孙传世为国师。法事悉定，人鬼安帖，张遂白日升天，亲受天师之任也。天师之子张衡、孙张鲁夫妇，俱尸解升天，故有三师并夫人。自从三师升度之后，杂治祭酒，传授道法。受者皆应跪受经书，还则拜送，使必是三天正法。②

"三天正法"类似于五斗米道统领道民的组织规则。当五斗米道有了经典、道官、仪式、科戒，并以二十四治为中心建立起崇拜太上老君教团组织后，这才意味着它的独立发展。"宗教之所以为宗教，就在于它不是孤立的个人信仰和个人行为。许多个体信奉同一种宗教，就必须要求建立共同遵守的教义体系、行为规范和宗教生活制度，结成为一个有共同信仰的团体和组织。"③ 教团组织的出现应是道教正式形成的重要标志之一。

张陵后传道于其子张衡，张衡又传其子张鲁。他们祖孙三人被后世奉为天师、嗣师和系师，即所谓"三师"。虽然一般认为，五斗米道由张陵创立，兴盛于张鲁，但也有人提出，五斗米道由张修在汉中创建。据《后汉书·刘焉传》记载："初，熹平（178—184）中，妖贼大起，汉中有张修为

---

① 《陆先生道门科略》，《道藏》第 24 册，文物出版社、上海书店、天津古籍出版社 1988 年版（以下凡引《道藏》皆用此版本，不再注出版社），第 779 页。
② 《三天内解经》，《道藏》第 28 册，第 414 页。
③ 吕大吉等编：《宗教学纲要》，高等教育出版社 2003 年版，第 122 页。

五斗米道，张角为太平道。"《三国志》也有相似的记载："东方有张角，汉中有张修。……角为太平道，修为五斗米道。"张修（？—191）为巴郡巫道首领、益州牧刘焉的别部司马，他曾在汉中推行五斗米道："修法略与角同，加施静室，使病者处其中思过。又使人为奸令祭酒，祭酒主以《老子》五千文，使都习，号为奸令。为鬼吏，主为病者请祷。请祷之法，书病人姓字，说服罪之意。作三通，其一上之天，着山上，其一埋之地，其一沉之水，谓之'三官手书'。使病者家出米五斗以为常，故号曰'五斗米师'。实无益于治病，但为淫妄，然小人昏愚，竞共事之。"① 后来，初平（190—193）中，刘焉以张鲁为督义司马。张鲁进驻汉中后，以"鬼道"见信于刘焉，与张修曾共在汉中。后来张鲁杀掉张修，独踞汉中地区，造出"三张"传说和天师崇拜，树立起张天师的教主形象，并以五斗米道为组织形式，在汉中建立了政教合一的政权。"张修的前期五斗米道是下层民众的宗教，性质同于太平道；张鲁的后期五斗米道，不再有反叛朝廷的行为，其性质已变为地方军阀割据一方的思想工具，它与朝廷官方神权的对立，不再表现地主阶级与农民阶级之间的冲突，而主要表现地方势力与中央政权之间的矛盾。"②

在张鲁执政期间，五斗米道传播的中心由巴蜀迁到汉中地区后，其与中央政权之间的张力上升为主要矛盾。据《后汉书》卷七十五《刘焉传》记载："陵传子衡，衡传于鲁，鲁遂自号'师君'。其来学者，初名为'鬼卒'，后号'祭酒'。祭酒各领部众，众多者名曰'理头'。皆校以诚信，不听欺妄，有病但令首过而已。诸祭酒各起义舍于路，同之亭传，具置米肉以给行旅。食者量腹取足，过多则鬼能病之。犯法者先加三原（免），然后行刑。不置长吏，以祭酒为理，民夷信向。"张鲁在汉中地区对五斗米道进行了改革，增加了建置义舍、修路除罪、春夏禁杀、禁酒等做法，尤其是以"鬼道惑民"，使当地人敬信之。朝廷对张鲁无可奈何，乃采取安抚政策，拜之为"镇民中郎将"③，领汉宁太守。后韩遂、马超之乱，关中数万家百姓投奔汉中，皈依张鲁，使五斗米道声势更加壮大起来。五斗米道与太平道

---

① 《三国志》卷八《张鲁传》注引《典略》，《二十五史》，上海古籍出版社、上海书店1986年版。

② 任继愈主编：《中国道教史》，上海人民出版社1990年版，第36—37页。

③ 《后汉书》卷七五《刘焉传》称为"镇夷中郎将"。

都以召神劾鬼、符箓禁咒为人治病为传教手段，故被称为"符箓派"。值得注意的是，这种以"鬼道惑民"的传道方法，也出现在 3 世纪日本的邪马台国中。

过去的学者们常将史书与道经中的叙述视之为历史现实，由此而描绘出一个有序的天师道传承图像。这种"溯源"式的研究，将各种文献及出土资料串联成一线，使之合理化为一个在历史中延续不断的宗教传统的做法，很容易忽略掉独特的个体化事件以及非因果性的环节，以此来看道经中所呈现的有关"道脉"或"法脉"传承的论述，其实它们往往是为强化其教团权威所进行的权力话语建构，由此形成的系谱性的道教史观，也可能未必是一种史实性的叙述。需要研究的是，如果道教史传文献是道教教团在历史发展中的一种自我文化塑造，其中隐含着对宗派合法性的论证与建构目的的说明，那么，从早期道教的创立到道教在东亚社会的传播的研究中，是否应当从方法论上来关注道教史传中的非因果性、非历史性的神话传说在构成东亚道教传承系谱模式中的作用？

日本学者曾将道教分为两种：一为以官方及老庄思想为精神支柱的知识分子所认可的"道士道教"，二为由道士以外的一般民众担任主角的"民众道教"。例如，窪德忠就将中国道教划分为"教团道教"（成立道教）和"民众道教"（通俗道教），但他后来发现，这种划分犹如纸上谈兵，对道教的实际情况调查越多，两者的界限就越模糊，故后来在其著《道教史》中对"民众道教"这一提法提出异议，他认为：第一，民间的信仰不限于道教，也包含民众儒教、民众佛教之类的内容，所以称之为民众道教未必恰当。第二，当皇帝和知识分子也具有这种信仰的时候，就不能称之为民众道教了。[1] 奥崎裕司认为："民众道教的历史至少可以上溯到太平道和五斗米道。"[2] 从东亚视域中看，这种民众道教在东汉末年的兴起，逐渐向上层社会传教、向东亚地区传播，在唐代一度成为官方认同的"皇族宗教"，在宋代以后出现的儒、佛、道三教合一的文化运动中，又趋于向民众化的方向发展，重启主要在社会底层传播的"民众道教"的传教路线。这是否说明，

---

① 参见［日］窪德忠：《道教史》，上海译文出版社 1987 年版，第 28 页。
② ［日］奥崎裕司：《民众道教》，载［日］福井康顺等监修：《道教》第二册，上海古籍出版社 1992 年版，第 106 页。

道教在东亚的传播虽有赖于统治者的支持与推动，但"民众道教"却构成了东亚道教的一个最基本的传教面向？如下出积與就曾在此框架下以"民众道教"来描绘"日本的道教"，进行中国道教与日本神道教的比较研究，针对日本不存在道士和道观这样的教团组织，却又不能否认有神仙信仰等道教因素存在于日本文化中的这一矛盾现象，再次提出"日本只有通过外来移民流传至日本民间的民众道教或民间道教，而不存在教团道教或成立道教"①。此观点虽然遭到许多质疑，但至今还没有出现新的理论框架，故"民众道教"的提法还在影响着日本的道教研究。②

与东亚道教形成的相关问题还有，第一，道教的创立是否受到佛教的影响？至今学术界尚有争论：有的认为，道教是本土文化的自觉发展结果，"道教的创立与佛教东传无关"③，反而是佛教于两汉之际从印度传入中国内地中原一带后，借助社会上盛行的各种方术迷信和东汉时产生的道教得到了传播，因此佛教在中土初传之时往往被理解为道术的一种；有的认为，"佛教的传入与兴盛对道教的诞生有刺激和推动作用"④，"佛教的传入刺激了道教的建立并影响了道教的宗教形式"⑤。如果说，佛教初传于两汉之际，道教初创于东汉末年，那么，从时间上看，道教可能受到佛教的影响。韩国学者车柱环就认为："太平道受佛教的影响，混用初步的因果观、咒术信仰、内省的疾病治疗法等，再巧妙地利用当时社会的混乱与不安，以成立其宗教集团。"⑥ 从内容上看，"早期道教的教义学说比较简单，仪轨戒条也不完备，像佛教这样各方面都比较成熟的宗教的传入，对道教的进一步发展是有借鉴意义的"⑦。因此，道教在创立之后，就一直与佛教处于既相互冲突又相互借鉴之中，双方由此走上了共同发展的道路。虽然道教将佛教引为同道，为佛教在中土的传播开辟了道路，也在与佛教的冲突中不断地吸收着佛

① ［日］下出积與：《日本古代の道教・陰陽道と神祇》，吉川弘文館 1997 年版，第 19 页。

② 参见［日］新川登龟男：《日本古代と道教》，载《アヅア遊学》2005 年第 73 号特集《日本文化に见る道教的要素》，第 12 页。

③ 李养正：《道教的创立与佛教东传无关》，载陈鼓应主编：《道家文化研究》第 9 辑，上海古籍出版社 1996 年版，第 66 页。

④ 任继愈主编：《中国道教史》，上海人民出版社 1990 年版，第 18 页。

⑤ 胡孚琛：《道教与丹道》，中央编译出版社 2008 年版，第 9 页。

⑥ ［韩］车柱环：《韩国道教思想》人民文学出版社 2005 年版，第 9 页。

⑦ 洪修平：《中国佛教文化历程》，江苏教育出版社 2005 年版，第 28 页。

教成果来完善自己，但道教在向东亚世界传播的过程中却常常伴随着佛教而进行，这是一个耐人寻味的现象。

第二，初创时期的道教是否就传到东亚地区？因资料缺乏不得而知，但据《三国志·魏书》记载，当时东亚海域的交通线已开通，其线路大致是从汉朝都城洛阳东北渡黄河，穿华北平原，过长城，至辽东半岛最南端。然后再从辽东半岛东"循海岸北行，历朝国，乍南乍东，到其北岸狗邪韩国，七千余里，始度一海，千余里至对马国"。再渡瀚海，"至一大国（今壹歧岛），其大官曰卑狗，副曰卑奴母离。"陆行后，"又渡一海，千馀里至末卢国"。然后到"伊都国"，再向东南行至"奴国"，再东行至"不弥国"，南至"投马国"。再南行至由女王统治的"邪马壹国"。"自女王国以北，其户数道里可得略载，其余旁国远绝，不可得详。次有斯马国，次有已百支国，次有伊邪国，次有都支国，次有弥奴国，次有好古都国，次有不呼国，次有姐奴国，次有对苏国，次有苏奴国，次有呼邑国，次有华奴苏奴国，次有鬼国，次有为吾国，次有鬼奴国，次有邪马国，次有躬臣国，次有巴利国，次有支惟国，次有乌奴国，次有奴国，此女王境界所尽。其南有狗奴国，男子为王。"① 海路开通后，中国人了解了东亚各国的地理位置与国家状况，各国之间还进行过一些文化交流，如汉光武帝曾赐予倭奴国王一枚蛇纽金印。

东汉末年，一些事奉黄老道的方士们活动于山林之中，从事养生理论与实践的探索，其中最有影响的就是以魏伯阳为代表的"金丹道"，或称"丹鼎派"。据葛洪《神仙传》中说："魏伯阳，吴人也。本高门之子，而性好道术。作《参同契》、《五相类》，其说如似解释《周易》，其实假借爻象以论作丹之意。"相传，魏伯阳曾带着徒弟在吴越山林中炼丹，最后丹成服之而成仙。《周易参同契》会归"大易"、"黄老"和"炉火"三家之理，托易象而论炼丹的原理和方法，以乾坤为鼎器，以阴阳为堤防，以水火为化机，以五行为辅助，以玄精为丹基来阐明炼丹的道理与方法，从而将积淀在古人潜意识中的"长生久活"的意念物质化、技艺化和哲理化，成为道教最早的系统论述炼丹的经典，被后世奉为"万古丹经王"，在中国道教中影

_____

① 《三国志》卷三十《魏书·乌丸鲜卑东夷传》，《二十五史》，上海古籍出版社、上海书店 1986年版。

响甚远。随着道教在东亚地区的传播，《周易参同契》不仅成为朝鲜内丹道奉行的重要著作，而且在日本也产生了重要影响。

东亚道教的形成与发展是一个由民间底层社会渐渐传播到上层社会，由中国渐渐传播到东亚各国的过程，形成了若干鲜明的宗教形态，如没有统一创教者、众多派别并存、思想杂而多端、信仰对象丰富、道术种类繁多、重视以符水为人治病等，反映了道教作为以"道"为本的多神教，紧密地贴近着百姓的生活世界和精神信仰，这成为其能够在东亚社会持续传播发展的重要原因之一。

第三节   东亚道教的"中心—边缘"

道教虽然是中国民族宗教，但它很早就突破高山大海的天然地理屏障，传播于东亚各地，并逐渐发展成东亚道教。如果说，东亚道教的中心辐射源在中国东部沿海地区，那么，其边缘的西边到达中国的西藏[①]、新疆[②]、甘肃[③]，北边到达蒙古地区，南边到达中南半岛，东边则到达朝鲜半岛和日本列岛，这是否就形成了一个东亚道教文化圈，还值得研究，但从区域文化上看，东亚道教是一个有着空间性和地方性的概念，其传播范围虽然很广，但中心与主流仍在大陆东南部沿海地区，在 19 世纪之前，以中华文明一元论为核心的所谓东亚论有着开放通道和交流互动的"中心—边缘"的结构关系，这一思维结构的实质则是中国自古以来的"华夷秩序"的反映。东亚

---

① 道教文昌神在西藏安多地区被称为"阿尼尤拉"，成为人们比较普遍的地方保护神。（参见本加：《安多藏我的文昌神信仰研究》，《世界宗教研究》2011 年第 1 期。）道教的关帝信仰传入藏地后，被藏民族接纳、吸收、改造，演化为藏传佛教护法神灵体系中格萨尔崇拜现象。（参见加央平措：《关帝信仰与格萨尔崇拜——以拉萨帕玛日格萨尔拉康为中心的讨论》，《中国社会科学》2010 年第 2 期。）

② 5 世纪初，道教就西传到高昌地区。吐鲁番地区曾出土过一些道书，如《道德经序诀》、《老子道教经注》、《南华经》、《洞玄神咒经》、《太玄真一本际经》等。（参见周菁葆、邱陵：《丝绸之路宗教文化》，新疆人民出版社 1998 年版，第 171 页。）一些道教法术，如阴阳术、九宫数、炼丹术等至今仍在维吾尔族人中流传。（参见问永宁：《古回鹘文易经与道教因素之西传》，《世界宗教研究》2011 年第 1 期。）

③ 20 世纪初，在甘肃敦煌县有几座道观，由道士王圆箓发现的莫高窟千佛洞第十七号窟中藏有的四万余件经卷抄本中，有一部分是道经，时间大致集中在盛唐到中唐时期。这一震惊世界的发现说明，"从中世纪到现代，敦煌与道教也可以说是牢牢地结下了不解之缘"（［日］金冈照光：《敦煌与道教》，载［日］福井康顺等监修：《道教》第二册，上海古籍出版社 1992 年版，第 317 页）。

文化圈是以同心圆的形式由中心向边缘扩展，通过政治上的"宗藩"关系、民族上的"华夷"关系、文化上的"文野"关系和经济上的"朝贡"关系表现出来。东亚道教也是以中国道教为"中心"向东亚各国传播的。

若对东亚文化进行分类，按地理环境可分为大陆文化、海洋文化与岛国文化；按生产方式可分为农耕文化、渔业文化和游牧文化；按历史发展可分为原始文化、古代文化和现代文化。这些不同文化类型经常是交织在一起的，如中国是比较典型的大陆农耕文化和游牧文化，日本、朝鲜、越南以及中国台湾地区则是典型的岛国农耕文化和海洋渔业文化，中国香港与澳门则是在近代才得到开发的地区，更具有西方资本主义的生产方式，它们共同构成了东亚道教活动的文化背景。如果说，主要流传于大陆农耕文化中的道教是古代东亚道教的"中心"，那么，随着文化交流的展开，道教又以什么样的姿态在处于东亚边缘地区的岛国农耕文化和海洋渔业文化中传播？

从历史上看，由于东亚世界不同民族、国家、地区间存在着所谓的"文化位势差"，导致了中国的先进文化自然而然地通过三个层面向相对落后的周边地区传播：从物质文化层面看，主要是通过移民将汉字以及稻作文化传播到东亚；从精神文化层面上看，主要是儒学和佛教的传播；从制度文化层面看，"律令制，是以皇帝为至高无上的支配体制，通过完备的法制加以实施，是在中国出现的政治体制。此一体制，亦被朝鲜、日本、越南等采用，'东亚世界'的政治体制有其共通的特征"①。从道教在东亚汉字文化圈的传播来看，移民将道教带至迁入国后，与当地宗教相互作用，产生了诸如宗教整合（religious integration）、宗教同化（religious assimilation）以及多元宗教共存（religious pluralism）等现象，使中国道教以"内核文化"、"原型文化"的形态而形成一种向外传播的"辐射源"。尽管道教进入异域后，被宗教同化的现象时有发生，但通过在民众及上层社会中传教来发挥其宗教整合功能似乎更为普遍。这样，东亚各国所接受的道教可称为"外缘文化"、"变型文化"或"容受文化"。两者既相互联系，又因民族文化的差异而有所区别，形成了东亚道教的"中心—边缘"的互动关系。

---

① ［日］西嶋定生：《东亚世界的形成》，载刘俊文主编：《日本学者研究中国史论著选译》，中华书局1993年版，第90页。

　　秦汉时期，位于中国南部的中南半岛上的越南人的农业生产方式与生活习惯与汉地十分相似，越南语同汉语密不可分，越南文化主要源于中国，其内陆地区在很长时间里受中国政府管辖。中国文化对朝鲜半岛的影响更为强烈。箕子朝鲜就效法中国建立起自己的政治体制、社会模式和生产方式，后来朝鲜民族的文字书写、儒家思想、佛教信仰和艺术形式等都受到中国文化的影响。朝鲜半岛上建立的各种王朝，有时臣服中国王朝统治，有时也会与中国王朝进行军事对抗。朝鲜民族在积极借鉴和吸取中国文化的同时，仍保留了自己的民族文化特色。朝鲜以东的日本是远离中国大陆之外的岛国，在历史上从未被中国征服过，但日本从典章制度、农业技术到风物民俗都有取法中国文化的痕迹，日本文明几乎完全源于中国，只是日本人的民族意识较越南人和朝鲜人更为强烈，周作人曾说："中日都是黄色的蒙古人种，日本文化古来又取资中土，然而其结果乃或同或异，唐时不取太监，宋时不取缠足，明时不取八股，清时不取鸦片，又何以嗜好迥殊耶！"① 所谓"和魂汉才"使得日本文化从骨子里又与中国文化大相径庭。

　　民族性格、族群差异和文化模式对道教在东亚传播的影响是显而易见的。东亚文化圈中的国家都是稻作农耕国，在日常的吃、穿、住、行的生活方式上有一些共同特征，但却形成了三种明显不同的文化发展模式和社会组织结构：第一种是中国所追求的"大一统"的政治体制、唯我独尊的外交政策和自给自足的小农经济的生活模式；第二种是越南与朝鲜借用了中国的政治体制和生活模式，但因地缘和民族文化背景上的差异，形成了与中国文化既相近又相异的特征；第三种是日本在整体上沿用了中国政治体制，努力学习中国文化，但由于岛国的地理环境、生产方式和民族性格的迥异，又表现出浓厚的民族特点，如稻作农业与海洋渔业并存的生产方式，日本人独具的风土观和通过与自然融合来感受神的存在的感性思维模式，以及"岛国的孤立性和民族的同质性催生了日本的村落意识和对共同体的强烈依赖感"②。在日常生活中，"日本人和中国人的身体动作相反，首先表现在行礼方面。譬如，日本人认为站着向坐着的人说话是一件很失礼的事，所以一进

---

① 周作人：《日本的衣食住》，《国闻周报》1935 年第 12 卷第 24 期。
② 杨伟：《日本文化论》，重庆出版社 2008 年版，"前言"第 3 页。

屋必须先坐下，有椅子也一样，坐下后再行礼。传教士们说，日本人的这种风俗习惯之所以与中国人和欧洲人相悖，是教化不深的缘故。又说，日本曾是一个劣等国家，而当政者绞尽脑汁想与先进的中国抗衡，千方百计把自己的国家装扮成一个并非模仿中国、而是自我发展的国家。于是，当权者们硬是将这些与中国相反的举止灌输给了日本国民。"① 在日本人的意识中，文化还分为"表"和"里"两个层次。一般来说，所谓"表"文化是体制化的官方文化，而所谓"里"文化则是非体制化的私人的人际关系与社会关系的产物。日本民族性格的特征之一就是"里"文化优越意识。一般的日本人都认为"表"文化是一个虚幻的不真实的世界，故考虑问题都是从表里两重关系出发的，这与他们的内向型精神状态有关。不同的民族性格在一定程度上也可以决定对外来道教采取不同的认知方法和选择手段。

对于东亚文化圈的文化传播现象，汤因比特别指出："中国文明作为一方，朝鲜文明、日本文明、越南文明作为另一方，这两方面之间则存在着十分紧密的关系。后三个文明受到中国文明的启发，但它们沿着自己的路线发展了从中国文明借来的东西，这足以将它们明显地列人次一级的分支文明当中，我们可以将它们称为'卫星'文明。"② 汤因比的历史观以文明的生成、成长、挫折和解体这四个段阶构成，他比较注重客观描述历史的发展过程，而较少说明主体之人是如何介入历史之中并推动文化发展的。日本京都学派代表人物内藤湖南（1866—1934）则根据中国文化在东亚的传播情况，提出了"文化中心移动说"：中国文化由内向外不断地扩大发展的趋势，使周边地区的落后民族在接受了中原地区先进文化的影响后，继续向四周扩散，并且和当地固有的文化传统完成整合，形成了一个个全新的民族文化，例如，日本文化正是在中国文化中心的影响下成长起来的。他特别用"盐卤比喻"来形容这种"文化中心移动说"，生动地诠释了东亚文化圈中出现的"中心—边缘"的关系。在中日文化关系上，"打个比喻来说，过去日本学者对日本文化的起源解释成为树木的种子本来就有，后来只是由于中国文化的养分而成长起来的。我却认为比如做豆腐，豆浆中确实具有豆腐的素质，

----

① ［日］会田雄次编：《日本人的意识构造——风土历史社会》，南京大学出版社2008年版，第10页。

② ［英］阿诺德·汤因比：《历史研究》（修订插图本），上海人民出版社2000年版，第50页。

可是如果不加进使它凝聚的外力，就不能成为豆腐。日本文化是豆浆，中国文化就是使它凝成豆腐的盐卤。"① 内藤湖南带着日本民族优越感说，日本文化虽然是受中国文化哺育而成长起来，但它作为东亚文化圈中的一员，却是这个文化圈中的"优等生"。中国文化同样传到朝鲜和日本，但经过日本的吸收和改造后，不仅比朝鲜的发展得好，而且在许多方面甚至比中国原本文化更好。其实，每一种民族文化都自有它无与伦比的优势，也自有它无法去除的劣根性，道教在东亚的传播也时刻面临着因族群认同问题而导致的文化交锋。

中国道教作为东亚道教文化的中心，向东亚地区的传播，在秦汉、唐朝和明朝出现了三次高潮。宗教传播的方式很多，一般来说，有的借靠军事武力，有的采用和平手段，有的通过移民带去，有的通过商贸方式进行，有的通过传教士传去，可见道教信仰流动的一个重要标志是信徒的迁徙。如果说，秦始皇派方士海上求仙活动还算不上是真正意义上的道教传播活动，那么，正史上称为"鬼道"的早期道教在 3 世纪左右的日本弥生时代后期也有出现。"倭在韩东南大海中，依山岛为居，凡百余国。自武帝灭朝鲜，使驿通于汉者三十许国，国皆称王，世世传统。其大倭王居邪马台国。乐浪郡徼，去其国万二千里，去其西北界拘邪韩国七千余里。其地大较在会稽东冶之东，与朱崖、儋耳相近，故其法俗多同。"② 此时，日本列岛上出现了大大小小数百个诸侯国，曾多次向汉朝设在朝鲜半岛的乐浪郡朝贡，期望获得政治上的认同来巩固自己的统治地位。中国也通过朝鲜半岛而逐渐认识了日本，例如《汉书·地理志》中说："乐浪海中有倭人，分为百余国，以岁时来献见云。"中国史书将当时日本列岛上这"百余国"统称为"倭国"。从东亚道教的传播可见，华夷之间虽然有血缘和种族的差异，但区别华夷的主要标准如宫崎市定（1901—1995）所说："武"的有无，不能决定。但"文"的有无，却可确定华与夷的区别。换句话说，"文"只存在于"华"之中，同时，正是由于有"文"，"华"才得以成为"华"。③ 东亚道教主要

① ［日］内藤湖南：《何谓日本文化》，载《日本文化史研究》，商务印书馆1997年版，第7页。
② 《后汉书》卷八十五《东夷列传》，《二十五史》，上海古籍出版社、上海书店1986年版。
③ 参见［日］宫崎市定：《中国文化的本质》，载中国科学院历史研究所翻译组编译：《宫崎市定论文选集》下卷，商务印书馆1965年版，第304页。

是借助于移民以和平、文明的方式进行的。

但是，东亚族群之间的相互竞争而导致的生存危机，却使东亚道教的"中心—边缘"经常处于弹性的变动之中，形成了中心清晰而边缘模糊的景象。3 世纪下半叶，日本列岛上出现"倭国大乱"，邪马台国卑弥呼女王以"事鬼道，能惑众"的方式来治理诸国，于混乱中崛起，成为众多倭国的盟主，并通过朝鲜半岛的带方郡而与中国魏国建立了外交关系。据《三国志》卷三十《魏志·倭人传》记载：这个邪马台国"本亦以男子为王，住七八十年，倭国乱，相攻伐历年，乃共立一女子为王，名曰卑弥呼，事鬼道，能惑众，年已长大，无夫婿，有男弟佐治国"。卑弥呼女王建立的政教合一的政体被认为是日本国家的起源。为巩固政治地位，促进社会经济与文化的发展，魏明帝景初二年（238）① 六月，卑弥呼女王派遣难升米和牛利两个使者去朝鲜半岛的带方郡（今朝鲜京畿道及忠清北道），向魏国带方太守刘夏提出"求诣天子朝献"，即希望能去魏都洛阳朝见魏国皇帝，进献贡品。于是，刘夏即遣吏送使者来到魏国都城洛阳。这两位使者向魏明帝献上了四个男奴隶、六个女奴隶以及二匹二丈的布。倭人远涉重洋前来朝贡，让魏明帝非常高兴，于是下诏封卑弥呼女王为"亲魏倭王"，赐以金印紫绶，同时封正使难升米为"率善中郎将"，副使牛利为"率善校尉"，赐以银印青绶。魏明帝还赐以锦绢、金、刀、铜镜、真珠、铅丹等物品作为对卑弥呼贡品的答礼。通常认为，邪马台国之所以向魏国进贡，一是因为卑弥呼女王痛感其邻国狗奴国不断挑衅的威胁，故遣使赴魏国寻求支持与保护；二是因为魏国看到当时朝鲜半岛南部势力增强，期望倭国能够从背后来加以牵制，借此巩固自己在周边国家的中心地位。从此，邪马台国与朝鲜半岛带方郡及中国魏国有了比较频繁的交往，确立了正式的册封关系。卑弥呼所采用的"鬼道"是否属于早期道教的范畴，不得而知，但随着东亚各国文化交流的不断展开，"'东亚世界'就政治性的世界而言，它的形成已开启了端倪"②。中华文明在东亚文化圈中占据的中心地位和表现出的优越价值，为周边国家能够

---

① 据考证，景初三年（239）魏明帝司马懿收复了朝鲜四郡，令高句丽臣服，树立起魏国在东亚地区的地位，于是邪马台国马上派使者前来魏国朝贺，故此次朝献活动应为景初三年（239）。

② ［日］西嶋定生：《东亚世界的形成》，载刘俊文主编：《日本学者研究中国史论著选译》，中华书局 1993 年版，第 98 页。

接受并遵奉道教提供了良好条件。

唐代之前，道教传入日本的途径主要是那些具有道教信仰或携带着道书的移民经朝鲜半岛来到日本。随着唐王朝的建立，将老子奉为先祖，抬高道教的社会地位，道教在东亚的传播逐渐成为官方文化交流和军事竞争活动中的副产品。唐武德年间，唐高祖李渊得知五斗米道在朝鲜半岛高句丽传播，马上派道士送去天尊像。不久，因高句丽军事统帅渊盖苏文（603—666）摄政初期就对新罗发动战争，高句丽与唐朝的关系开始恶化。据说是为了安抚唐朝，以拖延战争时间，渊盖苏文曾向国王上书，要求重视道教，在高句丽推行儒、佛、道三教并兴的政策。642年，高句丽遣使来唐学道教，太宗命叙达等道士八人前往传教。渊盖苏文又于643年派人到唐朝索要八部道经，以此试图与唐朝通好。① 虽然一些历史学家认为渊盖苏文支持道教的做法是因为要吞并新罗，就不可避免地要与唐朝发生冲突的情况下，为拖延战争爆发的时间，假装安抚唐朝的一种权宜之计。因为两年后的645年，百济与高句丽联手攻打新罗时，唐太宗因百济与高句丽违反与唐朝的册封关系而支持新罗，亲自率兵攻打高句丽。唐军在拿下了几座高句丽城堡后，因安市城城主杨万春和渊盖苏文的反击以及天寒地冻的恶劣天气而被迫撤退，由官方主导的道教传播活动遂告一段落。百济败退后，向倭人求援，引发了663年唐朝与新罗联军在白江口（今韩国锦江入海口）会战日本军、百济联军的"白村江之战"。唐朝军队三次攻打都没能战胜高句丽，却与新罗的关系日渐紧密。新罗作为唐朝的藩国，依唐制来定正朔立服饰，在青年学子中推行唐朝文化。直到668年，渊盖苏文去世两年后，唐朝与新罗联军才最终消灭高句丽。新罗在唐军返回本土后，虽完成了朝鲜半岛的统一，但仍受封于唐朝而称臣，定时朝贡。这场持续二十多年的战争，扩大了唐朝在东亚世界宗主国的影响。

唐朝能够成为东亚各国拱卫的"中心"，取决于它所代表的政治趋势、军事强势和文化优势以及周边国家对诸"势"的借助和需要。随着大唐帝国的声誉日隆，一个相对平衡而稳定的区域秩序出现在东亚地区。8世纪时，东亚各国掀起学习中国文化的热潮，朝鲜与日本派青年学子来华留学，

---

① 《三国遗事》卷三，《大正藏》第49册，台湾新文丰出版公司1973年版（以下凡引《大正藏》皆为此版本，不再注出版社），第988页。

中国的高僧大德则赴海外传教。无论是《海东传道录》中所说在唐文宗时代，新罗人崔承祐、金可记、僧慈惠三人来唐跟随钟离权学道，后将金丹道带回朝鲜半岛，还是日本平安朝的《日本国见在书目》中大量收录的有关道家和道教的经典书籍，都零星地反映了道教通过文化交流的渠道在东亚传播的情况。宋代以后，道教经书也从中国陆续流传到东亚各国。保留到今天的越南汉喃文献中就有一些道教经书，其中主要是由寺庙、道观、坛会刊刻的劝善书，可见道教在越南民间社会的影响。这是否说明当时的东亚社会已形成了对道教的一种文化认同？

东亚道教文化圈的形成，一方面要取决于处于"中心"位置的中国道教的能量是否强大，另一方面也决定于周边政权和异族百姓在多大程度对道教信仰的认可。"宋朝依然是'东亚世界'的中心，是这个世界的支配者，只不过这种支配不是在政治方面，而是在经济与文化方面。宋朝改变了'东亚世界'的原理，并使之持续下来。"① 从道教在东亚世界的传播看，高丽王朝建立后，在宋徽宗的支持下，道教在朝鲜半岛兴盛起来，以福源宫为代表，建造起众多的道观，在高丽皇帝的主持下，经常举行为国家祈福消灾的道教斋醮科仪活动。明代以后，在中国帝王的支持下，道教更为广泛地传入东亚各国，与当地固有的宗教信仰相互渗透，似乎并没有遭遇异族文化激烈抵制与文化摩擦。例如，明王朝建立后不久，明太祖于洪武三年（1370）就派朝天宫道士徐师昊赴高丽举行祭祀山川活动。徐师昊所到之处，树碑立传，利用道教仪式来张扬大明王朝政治军事强势和赫赫国威，并没有受到当时行将没落的高丽王朝的抵制。道教的一些神灵，如吕祖、文昌、关帝等在东亚社会中也逐渐得到人们的广泛崇奉。

道教在东亚文化圈中的地位与影响的消长是由道教的性质及在中国社会中的处境来决定的。美国社会学家杨庆堃在《中国社会中的宗教》一书中提出"制度型宗教"和"分散型宗教"② 一对概念来诠释中国社会中的宗教

---

① ［日］西嶋定生：《东亚世界的形成》，载刘俊文主编：《日本学者研究中国史论著选译》，中华书局1993年版，第101页。

② 杨庆堃认为："分散性宗教在社会生活的所有主要层面广为流行，维系着社会制度的稳定；而制度性宗教虽然有其自身的重要性，但是缺乏组织性力量，在整个中国社会系统中不能成为强有力的结构性因素。"（其著《中国社会中的宗教》，上海人民出版社2006年版，第270页。）

时说："在许多情况下，制度性宗教和分散性宗教相互依赖、互为表里。分散性宗教依赖制度性宗教发展其神话的或神学理念，提供神明、精灵或其他崇拜的象征，创造仪式和供奉方式，以及对信徒和出家人进行专门训练。因此佛教和道教的信仰制度、神明、仪式及出家人被借用在分散性宗教的不同形式中，诸如祖先崇拜、民间神明以及道德—政治的崇拜仪式。另一方面，制度性宗教依靠为世俗制度提供上述服务以便维持其自身的存在和发展。因此，在中国社会的宗教生活中，这两种形式的宗教结构在功能角色上相互关联、影响。"① 据此，他一方面将道教视为"制度型宗教"，"制度性宗教在传统中国以三种方式存在：其一是原始宗教的一部分，由一些专门人士来执掌，如风水师、占卜者、男巫和其他类型的术士，这些人对中国传统宗教非常熟悉。这一群体保存了传统神学思想和古代宗教的神秘法术，而且其成员大多将其宗教实践视为一种行业或职业，因此扮演了一种与其世俗社会成员地位相分离的角色。其二是普世救赎性的高级宗教，它获得了法律的承认并有公开存在的权力，这种形式在中国最重要的代表是佛教和道教。其三是混合型的宗教团体，长期以来在政治镇压下，以地下或半隐蔽的方式存在。普世性宗教和各民间教派都发展了它们各自的神学观、仪式和独立于世俗社会制度的功能和结构的组织体系。制度性宗教的这三种形式在传统社会中发挥着重要的宗教功能"②。另一方面，他又指出道教因结构性缺乏和依附、分散在其他社会结构中，又可被视为"非制度型宗教"，甚至更像是"分散型宗教"。虽然杨庆堃对"结构"和"功能"两词未能作出明确的界定，影响了他所谓的"制度型宗教"和"分散型宗教"的划分，但这恰恰反映了明代之后日益走向民间社会生活的道教性质的复杂性。

当道教传播到边缘地区后，随着东亚各国人士对道教的解读与选择，使道教在内容与形式上都逐渐出现了一些变异现象，所反映出的"中心"与"边缘"文化之间的差异是值得研究的。据《原始秘书》言："高丽之学始于箕子，日本之学始于徐福，安南之学始于汉立郡县而置刺史，被之以中国之文学，后至五代末，节度使吴昌文方盛。自中国流衍外夷，数千年间，其

---

① ［美］杨庆堃：《中国社会中的宗教》，上海人民出版社 2006 年版，第 269—270 页。

② ［美］杨庆堃：《中国社会中的宗教》，上海人民出版社 2006 年版，第 274 页。

文皆不免夷狄之风，窭竭鄙陋，不足以续圣教者。盖其声音不同，其奇妙幽玄之理，非笔舌之可传，故不相合。"① 若此话用来形容"中心—边缘"之关系，可谓至理。文学是如此，道教其实也是如此。非常有意思的是，自古以来东亚社会就拥有着众多族群（ethnic group）②，"共同祖先的信念以及习俗的相似会使族群群体内一部分人的活动扩散到其他成员中间，这是由于族群认同的意识会促进互相模仿。宗教群体的宣传尤为如此。"③ 如果说族群是有着共同的体质、语言、宗教、地域、习俗等文化特征文化特征的人群，那么在东亚的族群关系中，一旦以某种主观意识界定了族群边缘，那些处于族群中心的人不用经常强调自己的文化内涵，反而是那些处于族群边缘的会反复强调自己文化的古老和正宗，这是因为"族群是由族群边界来维持；造成族群边界的是一群人主观上对外的异己感（the sense of otherness），以及对内的基本情感联系（primordial attachment）"④。这样，"边缘"有时就成为观察东亚的族群现象，理解整个东亚道教的最佳位置。道教犹如历经沧桑的古树，其根部深扎在中国文化的肥沃土壤之中，其枝叶沐浴着日本、朝鲜和越南文化的养分，在不同的民族文化中迎风招展，结出东亚道教这一奇异的果实。如果说道教在朝鲜、日本和越南的传播经历了一个与不同民族文化的碰撞与融合的过程，那么，民族文化则使东亚道教呈现出"中心—边缘"关系的鲜明差异。

如果将道教放到东亚社会的"中心—边缘"关系中加以考虑，就可见其与本地化和民俗化相伴而行，经常表现出一种去中心化的模式，通过分散性形式服务于当地的世俗社会，例如，通过岁节时令的祭祀活动、驱鬼消灾的拜神仪式、内丹养生的修道方式等来满足官方与民间的各种精神需要。道

---

① 转引自［朝鲜］朴趾源：《热河日记》，上海书店出版社 1997 年版，第 354 页。

② 学术界对族群的定义种类繁多，笔者按德国学者马克斯·韦伯（Max Weber）的看法："由于体质类型、文化的相似，或者由于迁移中的共同记忆，而对他们共同的世系抱有一种主观的信念，这种信念对于非亲属社区关系的延续相当重要，这个群体就被称为族群。"（Max Weber：*Economy and Society*：*An Outline of Interpretive Sociology*，New York：Bedminster Press，1968，转引自徐杰舜：《人类学教程》，上海文艺出版社 2005 年版，第 99 页。）这里所说的族群既不同于注重政治性的民族，也不同于注重亲缘性的种族。族群性的关键在于它关注自我与他人之差别，属于人们社会文化关系的一个方面。

③ ［德］马克斯·韦伯：《经济、诸社会领域及权力》，载甘阳编选：《韦伯文选》第二卷，牛津大学出版社 1997 年版，第 96 页。

④ 王明珂：《华夏边缘——历史记忆与族群认同》，社会科学文献出版社 2006 年版，第 4 页。

教被理解为日常生活秩序中的一个组成部分，渗透进以家庭为核心单位的个人生活中，在国家之间的互动中，能够以宗教形式来达到促进民族文化的认同作用。又例如，道教传入朝鲜半岛后，曾与当地流行的以檀君神话为中心的天神信仰相融合，焕发出具有朝鲜民族特色的别样光彩。在朝鲜半岛，活动于高句丽的仙郎为"皂衣仙人"，大概是因为仙郎穿黑色衣服。道教传入后，其崇拜的元始天尊或玉皇上帝中也加入了朝鲜民族原始信仰中的天神观念。在朝鲜民族看来，天神是光明的，以白色为其象征色，故称其民族为"白民"，称其国家为"白民国"。然而，朝鲜时代道士的服装颜色既不同于"皂衣仙人"，也不同于中国道士穿黄色、紫色或青蓝色的道衣，而是穿白衣，带黑皂巾。"道士之服，不以羽衣，以白布为裘，皂巾四带。"[①] 朝鲜道士服装颜色的变化是否反映了其固有的民族信仰与道教融合调和的情况？另外，朝鲜道教既祭祀中国道教的三清神及种类繁多的功能神，如门神、寿星、城隍、文昌等，也保持了朝鲜民族宗教中祭祀天地山川和日月星辰等自然神的特点。朝鲜王朝时期，道观主要是国家或王室举行祭祀活动的地方，并非一般民众进行宗教活动的场所。朝鲜道士的专职工作是为王室祈求国泰民安而举行斋醮活动，他们白天在道观工作，晚上回到个人的住所中休息，而无须遵循中国道教的戒律。由此可见，中国道教传入朝鲜半岛后，经过民间信仰和风俗习惯的洗礼，逐渐在深层结构上融为朝鲜民族文化的一部分，由此而与处于"中心"地区的中国道教有了显著的区别。

20世纪50年代中期形成和发展起来的一门新兴学科——文化生态学，是专门研究文化与环境相互关系的科学。它的创立者美国社会学家斯图尔德（J. H. Steward，1902—1972）在1955年出版的《文化与变异》中提出，文化进化是由于适应环境而产生出多样化、特殊化，呈现出"多线性进化"的局面，以说明"文化类型"（culturetype）是社会群体因自然环境和生存方式的差异，在历史上形成的观念、信仰、兴趣、行为、习惯、智力和心理性格不同等文化特征或文化素质，即不同的文化为适应环境，通过功能整合而产生出的"核心特征丛"。斯图尔德主张，构成文化类型的特征不是全部

---

① 徐兢：《宣和奉使高丽图经》卷十八《道士》，载《朝鲜史料汇编》（一），全国图书馆文献缩微复制中心2004年版，第174页。

文化特质的总和，而是从文化史中经过选择的那种最能代表一种文化的特殊特征。① 他的"文化类型"观念为认识东亚道教的宗教类型特征提供了一把钥匙。

若将道教置于东亚宗教中看，可见它是一种具有典型性的多神信仰的东方宗教文化类型，与西方宗教假定宇宙之间存在着一个绝对完善的上帝，试图通过预设上帝的本质来解释现存的世界，解释人性的善恶，将一切都还原为最终的终极存在相比，道教从万物有灵论出发而信奉多神，对各路神灵进行祭祀崇拜，这种信仰上的包容性和普适性使之能够在与不同国家和民族宗教文化的博弈过程中表现出较为顽强的生命力。同时，道教也强调要发挥人心的智慧，不断地通过身心修炼来体验天道，以超越各种外在的束缚，实现得道成仙的生命理想。道教的这种内在超越的理路，既关照到人当下的现实生活，也从人所赖以生存的社会、自然与他人的关系中来考察人，这种奠基于"关系"之上的思维方式，虽是东亚宗教所共有的文化类型，但道教以清静适闲的心态和发明各种特异的道术来拜神驱鬼、强身健体，以追求生命长存，又与其他的东亚宗教，如佛教、神道教、萨满教等有了鲜明区别。

如果说，文化的传播与发展时刻面临着这样一个问题：如何既"永远保存自己"，又以"自身的缓慢改变"适应环境而不被淘汰？那么，值得研究的是，道教在东亚的传播过程中，永远保存了自己的什么东西？自身又缓慢地改变着什么以适应着不同类型的环境？

日本学者内藤湖南认为，文化的演进有一定的规律，其进程由"时势"和"地势"这两个基本因素所决定："以时为经，以地为纬，错综变化，文化历史就灿然而成立。"② 在文化的发展史上，每一个时代都会因为"时势"和"地势"的关系产生一个文化荟萃的"人文向往的集中之所"，这便是这一地区所属的整个文化体系的中心。③ 中心文化具有稳定性、主导性和辐射性。边缘文化虽处于地势的边缘，又指相对于上层精英文化的下层民众文化，但它却具有强健的自我创生性、存在的合理性、旺盛的生命力和兼容其他文化的功能。中心文化与边缘文化交织与冲突往往就是新方法、新眼光、

① 参见黄应贵主编：《见证与诠释——当代人类学家》，台湾正中书局1992年版，第180页。
② ［日］内藤湖南：《近世文学论·序论》，载《内藤湖南全集》第一卷，筑摩书房1973年版。
③ 参见严绍璗：《日本中国学史稿》，学苑出版社2009年版，第268页。

新成果的孕育处。这是因为中心文化传入到异域边缘文化时，经常会对当地的主流文化产生一定的冲击，所以，在文化传播和文化转型的过程中，边缘文化并非仅是被动地接受，而常常扮演着与中心文化相抗争的重要角色。日本人对道教也是排斥大于吸收，这使道教在日本的传播经常处于隐而不显的状态。

从东亚道教看，边缘文化正是经过与中心文化的沟通、抗争，有所消化、吸取，才能在交汇不同文化的基础上实现重构，最终既突破中心文化的樊篱，也为自己带来了一种超越原初文化的新特征。中国道教在历史发展中就形成了繁杂庞大的神灵谱系，在向东亚社会流传的过程，一方面出现了一些富有民族文化特色的新神祇，另一方面，又注意吸收民间大众信仰中那些具有保护功能的神祇，如关帝、妈祖、真武、城隍、吕祖等，来满足百姓企求消灾去祸、平安如意的心理需要。兼具功能性与修道性的双重特征的吕祖信仰从五代时在民间出现，逐渐向社会上层、向东亚各地传播，在明清道教中受到广泛崇拜就是一个典型例证。

若将吕祖信仰放到东亚道教的"中心—边缘"的相互关系中加以考察，就可见其既体现了修习方术、得道成仙的宗教理想，也体现了那种长生于世、乐于施舍、扶危济困、"度尽天下众生"的"兼济天下"的无量度人精神，逐渐成为一个跨越民族文化而在东亚各地受到广泛崇拜的神祇。据说，吕洞宾修仙成功后，身体能呈现出 108 种变化，通过自由变幻，显迹世间、预知吉凶、慈心接物、传道度人，故深得百姓敬仰。相传，吕洞宾时常出现于酒楼、茶馆、饭铺等场所，吃吃喝喝，放浪形骸，不拘小节，好酒能诗爱女色，所谓"酒色财气吕洞宾"。这位性格丰富、富有浓浓人情味的吕洞宾为什么会成为深受百姓喜爱的"新型"的神仙形象？这是因为吕洞宾饮酒赋诗，追求山林情趣，契合了中下层文人学士的生活理想。唐末五代时，以钟离权、吕洞宾为代表的钟吕内丹道的出现就标志着道教的发展进入了新的时期。百姓为生活的平安幸福而求吕祖灵签，士大夫则借吕祖来表达自己追求超凡脱俗的思想，以至于到北宋初年社会上已有"时人皆知吕洞宾为神仙"[①]

---

① 张齐贤：《洛阳缙绅旧闻记》，卷三《田太尉侯神仙夜降》，李剑国辑校：《宋代传奇集》，中华书局 2002 年版，第 75 页。

之说。正是在吸收了多种文化因素的基础上，吕洞宾虽与汉钟离、铁拐李、蓝采和、张果老、韩湘子、曹国舅、何仙姑并称为"八洞神仙"，而吕洞宾也成为道教神仙在东亚社会的民间信仰中最著名、神奇传说最多的一位。

吕洞宾体现了个人修炼与神仙救世的宗教理想的结合，后被全真道奉为"吕祖"。全真道奉钟离权为正阳祖师、吕洞宾为纯阳祖师。无论是北宗王重阳先性后命的丹法，还是南宗张伯端先命后性的丹法，都以"性命双修"为主旨，故南北二宗皆言得钟吕真传。从清代闵一得所撰《金盖心灯》看，吕祖信仰通过内丹道形成的全真龙门派的修道传统在中国江南社会中的风靡开来。日本学者森由利亚在《吕洞宾と全真教——清朝湖州金盖山の事例を中心に》中指出："吕祖信仰是全真教所依存的社会公共的神仙信仰之一，它对于全真教的维系与发展有很大的贡献，而闵一得及其他金盖山龙门派的道士通过扶乩的方式实现了对吕祖信仰的直接接触和继承。"① 吕祖信仰很快传播到东亚各地，成为东亚道教中丹道文化的代表。

中国统治者中还期望借助吕祖信仰来进行社会控制。北宋徽宗宣和元年（1119）封吕洞宾为"妙通真人"，家乡百姓为纪念吕洞宾而修建了"吕公祠"。随着元代统治者对全真道的支持，吕祖在道教中的地位不断上升，元朝建立后，忽必烈（1215—1294）想利用吕祖的社会影响来巩固元朝政治统治，于是派有"国师"之称的全真道掌教丘处机对"吕祖祠"进行了扩建，这就是保留至今的最古老的祭吕圣地山西芮城县永乐宫。据说，永乐宫从修建大殿到绘完几座殿堂的大型壁画，历时110年，几乎与元朝相始终。明清时期，吕祖受到了广泛的崇拜，中国大陆广建吕祖庙，东亚地区的各种宫观寺庙中也兴建吕祖殿，岁时祭祀，至今香火不断。

道士、士大夫、统治者创造出不同的文本来描述吕祖崇拜的历史与意义，各种托名吕祖的著述不断出现，如《吕祖全书》、《九真上书》、《孚佑上帝文集》、《孚佑上帝天仙金丹心法》等，吕洞宾成为各种神仙传记和民间传说中的主要重要人物，还出现了诸如"吕洞宾三戏白牡丹"、"吕洞宾点石成金"等戏剧、鼓词、宝卷等，"吕祖在近代中国成了民众普遍感到亲

---

① ［日］森田利亚：《吕洞宾と全真教——清朝湖州金盖山の事例を中心に》，载［日］野口铁郎编集：《道教と日本》第一卷《道教の神と经典》，雄山阁1996年版，第242—264页。

近的神仙"①，吕祖灵签也受到民间百姓的广泛崇拜。原来高高在上的神仙形象变得更具个人魅力，以入世化和人情化的形象来贴近百姓日常生活。清代小说家蒲松龄（1640—1715）在《关帝庙碑记》中将吕洞宾与观音菩萨、关帝合称为"三大神明"："佛道中惟观自在，仙道中惟纯阳子，神道中惟伏魔帝，此之圣愿力宏大，欲普渡之身世界，拔尽一切苦恼，以是故祥云宝马，常杂处人间，与人最近。"②吕洞宾作为失意知识分子的神仙代表，被视为中国近古时期的非官僚神中名气最大也最复杂的神灵之一，故美国学者康豹（Katz）称之为"多面相的神仙"③。吕祖信仰从民众文化走向上层社会的精英文化，再从中心文化扩展为更为广阔的边缘文化，成为东亚道教所崇拜的重要神灵之一。

随着全真道龙门派在香港传播，"大多数以供奉吕纯阳祖师为主的香港道堂，其肇源是不能与清末时期在广东地区兴起的吕纯阳信仰运动割裂的"④。香港道堂中出现的吕祖信仰往往通过扶乩降神、吕祖灵签来劝导世人为善去恶，以求福报。在越南后黎朝、阮朝时，道教崇拜的关帝、文昌、吕祖等受到了越南人民的广泛崇拜与祭祀："明清时期新出的道书，多假托关帝、文昌、吕祖等神灵乩坛降笔，这也成为越南民间祠观主要刊刻的书籍。"⑤

若以吕祖崇拜为视角来看东亚道教的"中心—边缘"之关系，就可见中国道教中出现的吕祖崇拜，传到边缘地区的东亚各国后，又出现了若干变通，如内丹心性学的成分在减少，吕祖崇拜通过乩坛扶鸾、灵签求问、斋醮科仪等方式，转向为民众提供治疗、驱邪、劝善等服务。可见，东亚道教的"中心—边缘"不是一个固定不变的系统，它的信仰与思想内涵会因时因地而不断变化。如果说文化是一种最深处的国家潜力，那么随着西方文化在东亚地区影响日盛，随着日本率先向现代化社会转型，进行明治维新之后，中

---

① ［日］中村裕一：《道教和岁时节日》，载［日］福井康顺等监修：《道教》第二册，上海古籍出版社1992年版，第317页。

② 盛伟编：《蒲松龄全集》第2册，学林出版社1998年版，第14页。

③ ［美］康豹：《多面相的神仙——永乐宫的吕洞宾信仰》，齐鲁书社2010年版，第67页。

④ 黎志添、游子安、吴真等：《香港道堂科仪历史与传承》，中华书局香港有限公司2007年版，第8页。

⑤ 刘玉珺：《越南汉喃古籍的文献学研究》，中华书局2007年版，第112页。

国和日本在东亚舞台上的主角进行了轮换. 中国不再是东亚文化的中心, 日本通过宣扬"大东亚共荣圈", 使吞并东亚的野心昭昭然揭橥天下, 边缘文化更以一种新姿态展现出对中心文化的反影响力. 所不同的是, 日本的东亚秩序是刀剑铁血的"武威秩序", 而中华帝国的东亚秩序则是一种崇尚和平的"礼乐秩序". 中华帝国的"礼乐秩序"延续了两三千年, 而日本的"武威秩序"只维持了几十年, 在第二次世界大战之后就结束了. 这一历史事实也促使我们通过考察"中心—边缘"的动态过程来看待东亚道教, 更加深我们在 21 世纪对建构东亚新文化的思考.

内藤湖南提出"中国文化中心移动说"① 来解释这种"中心—边缘"关系的变化现象. 他认为, 曾创造灿烂文明的中国文化在漫长的历史长河中, 由于积聚过分, 产生了"中毒"现象. "从中国历史的发展来看, 文化中心形成之后, 一方面, 由于自身文化积淀过分, 会产生种种衰颓的症状, 内藤称之为'中毒'; 另一方面, 中心文化将对其周边地区发生波及和影响作用, 周边的荒野地区由于受到中心文化的启蒙而产生民族自觉和文化觉醒, 从而渐渐强大起来, 以其新生的、强壮的势力反作用于因过度发达而日趋'中毒'的中心文化, 使中心文化的中毒现象得到缓解, 并获得新的生命活力. 内藤称这种反作用为'恢复年轻'或'解毒'."② 原本受中国文化的影响至深的日本, 在吸收了西方文化的影响之后, 经过文化创新, 已逐渐成为东亚文化的中心, "成就东方之新极致, 以代欧洲而兴, 充当新的坤舆文明之中心"③. 为了使中国文化"解毒", 就需要依靠受中国文化影响而发展起来的边缘文化以"反作用"的形式加以"浸润", 使"中毒"的中国文化有可能得以"返青". 他用"毒"来形容一种古老文化因长期积淀所形成的包袱并非恰当, 但却提醒人们注重边缘文化的反作用力.

总之, 在 19 世纪之前, 东亚道教一方面以"向心"的方式发生, 起到将多样化的东亚道教统一于中国道教的作用; 另一方面, 它又以一种"离心"的方式发生, 使中国道教在他乡异国, 通过与异族文化的冲突与交流, 以一

---

① 参见严绍璗:《日本中国学史稿》, 学苑出版社 2009 年版, 第 268 — 271 页.
② 钱婉约:《内藤湖南研究》, 中华书局 2004 年版, 第 138 页.
③ [日]内藤湖南:《新支那论》, 转引自严绍璗:《日本中国学史稿》, 学苑出版社 2009 年版, 第 271 页.

种别样的方式传播，并且只有那些有利于东亚各地不同民族的礼仪文化、伦理秩序和民俗习惯元素才能得以保留下来。19 世纪之后，"日本、朝鲜和中国，从文化上'本是一家'到'互不相认'的过程，恰恰很深刻地反映着所谓'东方'，也就是原本的华夏文化基础上东亚的认同的最终崩溃，这种渐渐的互不相认，体现着'东方'看似同一文明内部的巨大分裂"①。虽然这里用"最终崩溃"、"巨大分裂"来评说近代以来东亚三国在文化上的渐行渐远略显夸张，但从道教在东亚社会的传播看，在 19 世纪之后确实出现了许多新情况，随着传统的"中心—边缘"关系逐渐崩溃，取而代之的是现代东亚文化的崛起对传统道教的强烈冲击。

---

① 　葛兆光：《西方与东方，或者是东方与东方——清代中叶朝鲜与日本对中国的观感》，载郑培凯主编：《九州岛学林》2005 年夏季 3 卷 2 期。

第 二 章

中国道教的发展及向东亚传播

　　道教在东亚的历史发展大致可以分为五个时期：东汉末年张道陵创立
"五斗米道"和张角创立"太平道"为道教的创建时期；魏晋南北朝，是道
教进行自我改革，从而由下层向上层社会、由中国向东亚传播时期；隋唐至
北宋，为道教的兴盛及在东亚具有广泛影响的时期；南宋至明代中叶，为道
教的新道派纷起并在东亚持续发展时期；明中叶至近代，为道教在东亚上层
社会逐渐衰退而复归于民间宗教时期。道教在漫长的历史发展过程中，以
"得道成仙"为基本信仰，逐渐完善了论证信仰的神学理论，建立起表达信
仰的斋醮科仪和种类繁多的道术，并创建了一些将有共同信仰的人集合在一
起的道团组织，形成了以炼丹养生来保全生命和以斋醮科仪来为国家祈福的
重要特征，它的独特的生命关怀和思想智慧，在东亚文明建设中曾发挥出重
要作用。

第一节　魏晋南北朝道教的传播路向

　　以太平道为组织形式的黄巾起义直接导致了汉王朝的灭亡，历史进入了
魏、蜀、吴三国分立而治时期。一般认为，"早期道教"是指从西汉到魏晋
这一时期带有原始宗教色彩的道教，而葛洪则是站的"早期道教"与"正
统道教"之间的一个标志性人物。在魏晋的历史条件下，早期道教通过分
化与重组，以天师道为名传播到更为广阔的地区。一些在后世影响甚大的新

道派在此时相继出现，如活动于江南地区的神仙道教、上清派、灵宝派、三皇派，江西龙虎山正一派和奉许逊为教主的净明道、北方的楼观道等，它们在历史发展中不断壮大，为道教走出中国大陆向东亚传播奠定了基础。

汉末三国，连绵不断的群雄争霸使国家处于分裂状态。有"治世之能臣，乱世之奸雄"① 之称的曹操（155—220）在诸侯纷争中崛起于北方，他通过用人唯才、抑制豪强、加强集权、北方屯田、兴修水利、发展经济等手段壮大自己的势力。曹操在镇压黄巾起义之后，组成精锐的"青州兵"，通过徐州之战、官渡之战、远征乌桓、赤壁之战等，最后平定关中。曹操以镇压黄巾起义起家，深知道教在民间底层社会的影响力，由此而对道教采用控制与利用的政策。曹操下令禁止太平道在民间传播，使具有宗教性特点的准军事组织的太平道无法公开传道。汉献帝建安二十年（215）三月，曹操又受命率大军西征汉中，不久，在汉中雄踞三十年的张鲁率部投降。曹操立即任命张鲁为镇南将军，封阆中侯，食邑万户，封张鲁的五个儿子为列侯，又与张鲁结儿女亲家，为张鲁的一些重要的臣僚拜官封侯，待以客礼，利用他们的影响来笼络民心。按传统看法，当曹操率军携张鲁一家及数万五斗米道信众浩浩荡荡北迁长安邺城等地时，这种调虎离山之计虽然使汉中地区的五斗米道根据地随之土崩瓦解，但另一方面也促使五斗米道传播到中原及更广大的地区。

曹操"好养性法，亦解方药，招引方术之士，庐江左慈、谯郡华佗、甘陵甘始、阳城郗俭，无不毕至"②。他打着谋求神仙之道的旗号，将活动于民间的著名方士招致京城。曹植在《辨道论》中一语道破这种做法的真实目的："本所以集之于魏国者，诚恐斯人之徒，挟奸诡以欺众，行妖恶以惑民，故聚而禁之也。岂复欲观神仙于瀛洲，求安期于边海，释金辂而履云舆，弃六骥而求飞龙哉？自家王与太子及余兄弟，咸以为调笑，不信之矣。"③ 张鲁在投降曹操一年后即病死于魏都邺城，五斗米道失去了首领，祭酒教徒，人人设治传教，不复按旧道法行事，教团内部出现了群龙无首的

---

① 《三国志》卷一《武帝纪》，《二十五史》，上海古籍出版社、上海书店1986年版。
② 《三国志》卷一《武帝纪》注引《博物志》，《二十五史》，上海古籍出版社、上海书店1986年版。
③ 曹植：《曹植集校注》，人民文学出版社1984年版，第187—188页。

混乱局面。220 年，曹丕（187—226）逼迫汉献帝刘协禅让帝位，改汉为魏，为魏文帝，追封曹操为魏太祖，又称魏武帝。265 年，魏又被司马炎（236—290）篡夺，改号为晋。魏晋时期，统治者支持、利用道教，但一般不直接控制道教，这就给分散在各地的道团自由地发展提供了比较宽松的环境并逐渐向东亚传播。

邺城从曹魏到后赵、冉魏、前燕、东魏、北齐，在持续数百年间，作为当时北方政治军事文化的中心，借漳河河道交通的便利，不仅吸引了四面八方的各类精英人才和来客，而且也在三国战乱后开通了走向东亚各国的道路，一度成为东亚文化的心脏。当时中国人称日本人为倭人，"倭人在带方东南大海之中，依山岛为国邑"①。魏明帝景初二年（238）六月，倭国女王卑弥呼（ひみこ，约 157—247 年）派遣使者出使带方郡"求诣天子朝献"：

　　带方太守刘夏遣使送汝大夫难升米、次使都市牛利奉汝所献男生口四人、女生口六人、班布二匹二丈，以到。汝所在逾远，乃遣使贡献，是汝之忠孝，我甚哀汝。今以汝为亲魏倭王，假金印紫绶，装封付带方太守假授汝。其绥抚种人，勉为孝顺。汝来使难升米、牛利涉远，道路勤劳，今以难升米为率善中郎将，牛利为率善校尉，假银印青绶，引见劳赐遣还。②

当倭国卑弥呼女王派使臣难升米、牛利等带着丰厚的贡品，经朝鲜半岛来到魏都洛阳，受到了魏王的欢迎。魏国向倭人赠送了许多精美的丝织品，引起了女王的好感与兴趣，在其后十年中，卑弥呼先后四次派遣使者到中国考察，学习中国的提花、印染等丝织技术，中国的丝织技术自此传入日本。正始元年（240），魏国带方太守弓遵遣建中校尉梯儁等奉诏书印绶回访日本，带去了金、帛、锦罽、刀、镜、采物等礼品。正始四年（243）十二月，倭女王复遣使大夫伊声耆、掖邪狗等八人，向魏国献牲口、倭锦、绛青缣、绵

① 《三国志》卷三十《魏志·倭人传》，《二十五史》，上海古籍出版社、上海书店 1986 年版。
② 《三国志》卷三十《魏志·倭人传》，《二十五史》，上海古籍出版社、上海书店 1986 年版。

衣、帛布、丹木、狎短弓矢。① 卑弥呼所奉事的"鬼道"是倭人自创，还是中国早期道教随着中日文化的交流而传到了日本列岛，这还需要再深入研究，但卑弥呼所行"以妖惑众"的"鬼道"与早期道教的传道方式颇具相似性，这是值得关注的现象。

　　早在东汉末年，一些北方的修道者就相继渡江来到山清水秀的江东吴地。如太平道首领于吉②从琅琊（今山东胶南）来到吴会之地，"时有道士琅琊于吉，先寓居东方，往来吴会，立精舍，烧香读道书，制作符水以治病，吴会人多事之。"③ 此记载说明太平道已传到江东。于吉因在吴郡、会稽一带为百姓治病，受到吴国将士的追捧，却遭到割据江东一带的军阀孙策（175—200）的嫉妒。孙策以蛊惑人心为由将于吉斩之，但不久自己却死于非命。吴国开国皇帝孙权也崇尚神仙，与人称"太极葛仙翁"的葛玄（164—244）交游，学习修仙之术，还特于方山立洞玄观供葛玄居之。孙权还希望步秦皇汉武的后尘，去海上求仙。"黄龙二年（230）春正月，"遣将军卫温、诸葛直将甲士万人浮海求夷洲及亶洲。亶洲在海中，长老传言秦始皇帝遣方士徐福将童男童女数千人入海，求蓬莱神山及仙药，止此洲不还。世相承有数万家，其上人民，时有至会稽货布，会稽东县人海行，亦有遭风流移至亶洲者。所在绝远，卒不可得至，但得夷洲数千人还。"④江南吴地的道教逐渐向海外传播。对此，福永光司以日本古代文献《日本书纪》、《古事记》、《万叶集》、《怀风藻》、《本朝文粹》以及考古发掘物的成果为依据，在《古代日本和江南道教》一文中提出，在道教创立后不久的 4 世纪初，以中国吴地（今江苏苏州）为活动中心的江南道教就东渐日本了。⑤

---

　　① 参见《三国志》卷三十《魏志·倭人传》，《二十五史》，上海古籍出版社、上海书店 1986 年版。
　　② 据《后汉书·襄楷传》说法，于吉应为汉顺帝（126—144）时人，但孙策杀于吉之事发生在汉献帝建安初年（195—200）。如果在汉顺帝时上神书的于吉还活着，就要近百岁了，因此不少人怀疑孙策所杀的于吉是活动于江浙一带，假托于吉之名的传道者，由此也可推测三国时，与张角太平道类似的民间道教，也有说是太平道的支派于君道，还在江浙一带传播。
　　③《三国志》卷四六《吴书·孙策传》注引《江表传》，《二十五史》，上海古籍出版社、上海书店 1986 年版。
　　④《三国志》卷四七《吴主传》，《二十五史》，上海古籍出版社、上海书店 1986 年版。
　　⑤ 参见［日］福永光司：《道教与日本文化》，人文书院 1982 年版，第 8 页。

西晋末年的"八王之乱"使北方中原地区陷入"五胡乱华"的分裂混战局面。晋怀帝永嘉年间（307—312），中原汉人为躲避战乱开始了第一次大迁移，"洛京倾覆，中州士女避乱江左者十六七"[①]。晋元帝建武元年（317）率领中原汉族中的林、陈、黄、郑、詹、邱、何、胡等八姓臣民南渡，在江东建康（今南京）建都，史称东晋。在这一"永嘉之乱，衣冠南渡"的过程中，大批北方贵族及流民南下避难，他们在给南方带去了北方先进的政治制度和生产技术的同时，也促进了早期道教以天师道为名由北向南的传播。当时，一部分道徒继续在民间传教，另有一部分道徒则利用统治者的支持，奔走于士族豪门，向社会上层传播自己的信仰。据日本学者小林正美的研究："江南出身的豪族里，信奉天师道的人都是西晋末期之后皈依入教的。"[②] 太平道并没有消失，而是悄悄地在江南世家大族中传播，并向天师道转化，如唐长孺先生就认为："高平郗氏、琅邪王氏、孙氏之奉天师道，很可能倒是由太平道转事的。"[③] 具有一定文化修养的门阀士族信奉道教后，他们的思想意识和生活情趣也影响到道教的发展，其中一些人意识到只有脱去"鬼道"之旧壳，充实仙道的文化内涵，才能使道教上升为官方统治阶层所认同的宗教，与日益兴盛的佛教相竞争。五斗米道离开了巴蜀及汉中根据地，在与各地的民间信仰互动结合中，通过宣扬天师和经典的神圣性，[④] 以天师道之名传播到更广大的地区。由此推测，魏晋时期流行的天师道应该是五斗米道、太平道与各种民间信仰相融合的产物，直到寇谦之、陆修静对之进行改革与整顿后，才逐渐得以定型。

魏晋南北朝时，道教的发展面临着一系列亟待解决的问题：第一，道教自身不完善。道教创立不久，教理教义比较粗糙简单，斋醮科仪戒规的不健全，传统天师道团各自为政，新道派又相继出现，在江南吴地活动的属于太平道支派的有于君道、帛家道等，属于五斗米道支派的有李家道、清水道、杜子恭道团等；另外，还有当地本有的修仙道团，在中原地区有天师道、李

---

① 《晋书》卷六五《王导传》，《二十五史》，上海古籍出版社、上海书店1986年版。
② ［日］小林正美：《中国的道教》，齐鲁书社2010年版，第22页。
③ 《唐长孺文存》，上海古籍出版社2006年版，第752页。
④ 天师的作用就是代替虚无之道，在人间传播道教经典中的教义教规，以收拢人心，故南北朝天师道改革时，往往要打出遵循"三张传统"或去除"三张伪法"的旗号，为自己的新教法寻找神圣依据。

家道等，在巴蜀地区活动的有陈瑞领导的天师道团，以及后来在青城山天师道首领范长生支持下由李特、李雄建立的成汉政权。这些道团虽然与天师道有着或深或浅的关系，但却各行其是。第二，道教与官方统治者的关系仍然比较紧张。道教产生在民间，在一定程度上反映了老百姓对社会现实的不满和要求改革不公平社会的愿望，因此，它在创立之初经常成为农民起义的组织形式，直到东晋孙恩、卢循起义仍然在利用天师道，如孙恩自称征东将军，称起义军为"长生人"，起义军所到之处，杀长吏以应之，一时间，会稽、吴郡、吴兴、义兴、临海、永嘉、东阳、新安八郡民众纷纷响应，史称"旬日之中，众数十万"，此次起义时间长达十多年，卢循率起义军从长江中下游的东南沿海而下，攻打番禺不下，转至交州（即今天越南北部和中国两广的南部地区），最后兵败自杀。卢循起义一直影响到今天的越南。还例如，南北朝时打着"李弘"出世的谶语，以道教组织为形式来号召民众进行反抗统治者的起义岁岁有之，这就使道教与统治者经常处于对立之中。第三，一些教团在民间的活动也不得人心。例如，东晋孙恩、卢循领导的起义军，要求信徒"竭财产，进子女"，所到之处烧杀抢掠，百姓遭殃，这就使道教在民间的声誉受到了负面影响。第四，佛道之争对道教的挑战。佛教传入中土后，经过不断的中国化，到魏晋时，以理论和信仰上的优势在中土扎根，南北朝时更逐渐兴盛起来，这就在客观上对道教形成了挑战。道教要继续发展，必须对自身那些经常受到佛教批评的弊端进行改革，这对道教在东亚的传播有着重要的影响。

从东亚视域看，当时道教的传播是以巴蜀、江南为中心自然而然地扩展的。前蜀巴氏李氏族人于汉末就信奉张鲁的鬼道。当时汉室衰微，群雄割据，战乱不已，生灵涂炭，益州刺史罗尚压迫百姓，于是，巴氏族领袖李特（？—303）于西晋太安二年（303）率关中汉中入蜀流民起义军攻入成都，建立了大成政权。不久，李特在战斗中牺牲。李流（248—303）、李雄（274—334）等率领部众继续战斗。李流自称大将军、大都督、益州牧，使起义军败而复振，但不久又病故了。西晋永兴元中（304），李雄称成都王，年号为建兴，尊天师道首领范长生（218—318），欲"迎立为君而臣之"，但范长生固辞而隐居西山（今四川成都青城山）。西晋光照元年（306），李雄称帝，改元晏平，国号大成，即成汉国，拜范长生为丞相，加号"四时八节天地太师"，封西山侯。李雄称帝时才 30 岁，而范长生出任丞相时已是耄耋之年。范长生依道教的治国理念，倡"清心寡欲，敬天爱民"，以休养生息，薄赋兴教，切莫穷兵黩武来导劝李雄。成汉国注意发展生产，轻徭薄赋，建立官学，兴盛文教，端正风化，罚不妄举，刑不滥及，恩威远播。"成汉"这个中国历史上第一个以道教为信仰的国家政权，成为五胡十六国时期的"十六国"之一而昌盛一时，前后经历五位帝王，持续 44 年，最后于 347 年为东晋大将桓温所灭。

巴蜀地区的道团活动于民间社会，往往以血牲祭祀来祈求神灵保佑，因"敬天爱民"而拥有众多的信徒，它们一方面经常利用宗教组织来发动民众起义来反抗统治者的暴政，另一方面也在逐渐去掉自身的民间性向更加成熟的宗教形态过渡。如活动于西晋咸宁年间（275—279）的陈瑞道团，前期以"鬼道"惑民，采用"酒一斗，鱼一头"作为祭品来祭祀鬼神：

> 咸宁三年春，刺史浚诛犍为民陈瑞。瑞初以鬼道惑民，其道始用酒一斗鱼一头，不奉他神，贵鲜洁。其死丧产乳者，不百日不得至道治。其为师者曰祭酒。父母妻子之丧，不得抚殡、入吊，及问乳病者。后转奢靡，作朱衣、素带、朱帻、进贤冠。瑞自称天师，徒众以千百数。浚闻，以为不孝，诛瑞及祭酒袁旌等，焚其传舍。益州民有俸瑞道者，见官二千石长吏巴郡太守犍为唐定等，皆免官或除民。[①]

陈瑞道团前期表现出浓厚的巴蜀民间巫道信仰的性质，故被犍为郡统治者称为"鬼道"，后来转奢靡，废血牲祭祀，借鉴张道陵所创的"三天正法"，而代之清静质朴的拜神活动。陈瑞自称天师，经常率众举行宗教祭祀活动，使教团规模增大、影响渐广，徒众以千百数，就连有着两千石俸禄的巴郡太守也皈信了天师道，故最终遭到益州刺史王浚的镇压。

值得注意的是，陈瑞道团活动的犍为郡是早期道教设立的二十四治中的主要活动地，也是氐族和羌族南下进入云南道路上一个重要地点。"犍为武

---

① 《华阳国志》卷八《大同志》，常璩撰：《华阳国志校注》，巴蜀书社 1984 年版，第 609 页。

都地杂、牂柯、越巂,皆西南外夷,武帝初开置民俗略与巴蜀同。"① 唐代时,西南地区第一个统一王朝南诏②信奉天师道,不奉孔子而奉王羲之③,直接影响到越南、柬埔寨等国的民众信仰。据《新唐书》卷二二二上《南蛮传》记载:"南诏,居永昌、姚州之间,铁桥之南,东距爨,东南属交趾,西摩伽陀,西北与吐蕃接,南女王,西南骠,北抵益州,东北际黔、巫。"南诏国境包括今天的云南全境及贵州、四川、西藏、越南、缅甸的部分地区。道教能够传播到越南等东南亚各国,或与南诏统治的疆域有关。向达先生(1900—1966)在《南诏史略论》中认为,由五斗米道发展而来的天师道是生活于巴蜀地区的氐、羌族的本有信仰:"因为天师道的思想原出于氐、羌族,所以李雄、苻坚、姚苌以及南诏、大理,才能靡然从风,受之不疑。"④

再从江南地区看,有一些流散道士或隐居山林,潜伏民间,从事服食炼丹、导引行气等修道活动,幻想不死而成仙,推动了丹鼎派的发展;或奔走于士族权贵之门,诈称数百岁人,擅长奇异养生术,能够预测吉凶,以此来传教,吸引了大批士族人士加入道教。大约从东晋中期,北人"衣冠南"渡后的第二代开始,江南社会上出现了一些世代信奉天师道的高门大族,如南方有琅琊王氏、吴郡杜氏、会稽孔氏、义兴周氏、陈郡殷氏、丹阳葛氏、许氏、陶氏、吴兴沈氏等。⑤ 小林正美认为:"五斗米道信徒之所以多为一族或亲戚,是因为五斗米道是以家族为单位组织起来的宗教。"各奉道世家的成员之间相互交往,推动了道教向士族化方向发展。例如,在江南道教中扮演重要角色有吴郡钱塘的杜氏家族,其中生活于东晋初年的杜子恭不仅在

---

① 《汉书》卷二十八《地理志》,《二十五史》,上海古籍出版社、上海书店1986年版。

② 南诏是唐朝时西南地区出现的一个国家,"自第八世纪中至第九世纪末,俨然为东南亚洲一大国"。(向达:《唐代长安与西域文明》,重庆出版社2009年版,第131页。)

③ 据《元史·张立道传》记载:"先是云南未知尊孔子,祀王逸少为先师。立道首建孔子庙,置学舍,劝士人子弟以学,择蜀士之贤者,迎以为弟子师,岁时率诸生行释菜礼,人习礼让,风俗稍变矣。"东晋文学家、书法家王羲之(303—361),字逸少,号澹斋,祖籍琅琊临沂(今属山东),后迁会稽(今浙江绍兴),晚年隐居剡县金庭。王羲之出身于天师道世家,曾写有千古名篇《兰亭集序》,有"书圣"之称,王羲之父子皆崇信道术,重服食养生,与著名的上清派道士许迈、天师道徒杜子恭等往来,在家中设修道之静室,成为一名虔诚的天师道信徒。南诏国受天师道的影响,奉王羲之而不奉孔子,直到元代张立道时,才建立祭祀孔子的庙宇,由此可见天师道在中国西南地区的长远影响。

④ 向达:《唐代长安与西域文明》,重庆出版社2009年版,第149页。

⑤ 参见陈寅恪:《天师道与滨海地域的关系》,载《陈寅恪史学论文选集》,上海古籍出版社1992年版。

杜氏家族内部传授道教，而且还向外姓传道，如孙恩的叔父孙泰师事杜子恭，诗人谢灵运、王羲之父子、上清派传人许迈、许黄民都有在杜家学道的经历。"杜家发挥了江南五斗米道信徒的宗教活动中心的作用。"[①]

　　奉道世家的出现推动了道教向上层社会的传播，以至于一些帝王如简文帝司马昱（320—372）、晋哀帝司马丕（341—365）也加入了奉道行列。简文帝既信奉佛法，也爱好道术，在未登基前就拜京都清水道师王濮阳为师，专门在府第之内为王濮阳建立道舍，以便时时问道。晋哀帝即位不久就迷上了长生仙术，不问朝政，一心按照道士传授的长生方去辟谷、服药，以自己年轻的生命去实践秦始皇、汉武帝未能走完的成仙之路，结果服食丹药后药性发作而不能听政，致使褚太后再次临朝，大将军桓温当政，自己却形同傀儡。365年晋哀帝死于丹药中毒，年仅25岁。王公贵人对神仙方术的喜好，推动了早期道教由民间底层向上层社会传播。

　　道家思想发展到魏晋时，通过士人的努力与儒家思想结合而演变成玄学，与江南地区流行的神仙道教相得益彰。玄学家通过注解《老子》、《庄子》和《周易》，围绕名教与自然的关系，援道入儒，以"道"的自然性来重树名教的超越性和神圣性，既推进了道家思想的发展，又使以葛洪为代表的魏晋神仙道教在江南地区大行其道。玄学百余年的发展大致可分为——以何晏、王弼为代表的正始之音；以嵇康、阮籍为典范的竹林风度；以裴頠、郭象为领执的元康之学。[②] 这种划分也与玄学家对儒道两家的态度有关。

　　玄风初振始于正始名士何晏、王弼。史载："正始中，王弼、何晏好老庄玄胜之谈，而世遂贵焉。"[③] 何晏是正始玄谈的领袖，有玄风发动之功，而王弼的思想成就和学术影响最大。从思想内容上看，在王弼以玄学为《老子》作注之前，《老子》被看作是自我身心修炼的指南、无为而治的施政方略。玄学家将道家思想中本来辩证联系着的治国和修身两个层面，离析为旨趣相异的两个面向，在无拘无束的"修身"中追求"天人合一"之境，期望由此而将现实与理想统一起来，这种思想以正始之后的"竹林七贤"

---

　　① ［日］小林正美：《中国的道教》，齐鲁书社2010年版，第22页。
　　② 参见洪修平、吴永和：《禅学与玄学》，浙江人民出版社1992年版，第24页。
　　③ 檀道鸾撰：《续晋阳秋》，郁沅、张明高编选：《魏晋南北朝文论选》，人民文学出版社1996年版，第283页。

们的生活方式与学术表达为代表。

阮籍与嵇康、山涛、刘伶、王戎、向秀、阮咸诸人一起居河内之山阳县（今河南修武县）共为"竹林之游"，史称"竹林七贤"。竹林时期正是司马氏加紧谋篡曹魏政权，大量诛杀异己的时期。在血雨腥风般的政治气氛下，士人自危，朝不虑夕之感使心灵上蒙着一层厚重的阴影，以至于对自己的命运和生命感到极大的忧惧。于是，自竹林玄学伊始，士人相聚，肆意酣饮，以清谈哲理的方式来遗落世事，回避政治交锋，使那种追求修身养性的退隐之风盛行开来，并通过阐发《庄子》的"逍遥义"成为推动玄学向道家化方向发展的一个理论支点。阮籍塑造了一个以自然为性的"大人先生"，既表达了魏晋士人所向往的理想人格，又体现了道教神仙所具有的精神风范。阮籍借"大人先生"之口，表示要追求超世独立、绝弃礼法、与道周流的理想人生："今吾乃飘飘于天地之外，与造化为友。朝飧阳谷，夕饮西海，将变化迁易，与道周始。"① 理想的人生应当是与天地自然同游，理想的社会应该是"无君庶物定，无臣而万事理"的自然社会。阮籍具有以老庄道家的自然之说贬斥儒家名教的强烈色彩，代表了玄学在调和儒道之外的另一种倾向。

西晋元康时期，玄风又有了新的变化，一方面，清谈之风日盛，更加注重语言修辞和音调之美，成为士人获致名誉的途径和潇洒风流的标志；另一方面，由于西晋社会政治失准，加之玄风吹荡，士人中间出现了任情放诞、不守礼法的风气。《晋书·五行志》记载："惠帝元康中，贵游子弟相与为散发裸身之饮，对弄婢妾，逆之者伤好，非之者负讥。希世之士耻不与焉。"从"逆之者伤好，非之者负讥"来看，这种放浪形骸的行为已成为一种社会风气。对此，另一位名士乐广（？—304）批评道："名教中自有乐地，何必乃尔也。"王公贵族、名士学者穷奢极欲，以一种病态的狂热过着醉生梦死的享乐生活，损害着他们所奉行的以清高玄远为特征的玄学的声誉。在理论上对"以无为本"、"越名教而任自然"的前期玄学进行修正，是由裴頠和郭象完成的，他们重以儒家名教来束缚道家的"逍遥"。裴頠（267—300）的《崇有论》，对前期玄学的"贵无论"的社会危害进行了揭

---

① 《大人先生传》，洪修平主编：《儒佛道哲学名著选编》，南京大学出版社2006年版，第648页。

示。郭象（252—312）更提出"内圣外王之道"，期望用来克服专制政体的内在矛盾，消弭玄学家所面临的出世与入世、名教与自然的纠结，其所内蕴的辩证思维成就推动玄学理论发展到一个高峰阶段。"从学术思想的发展来看，玄学从王弼的贵无、裴頠的崇有到郭象的独化的发展，虽然都对自然与名教的关系作了理论上的论证，但由于他们的出发点都是把名教说成合理的、永恒的，因此，他们都没能，也不可能对两者的关系作出正确的说明。同时，郭象'名教即自然'的出现，也说明玄学的发展到了它的极限。玄学要想有新的突破，就需要寻找新的出路。般若学的理论具有较高的思辨性，正好能满足玄学发展的需要，因而逐渐兴盛起来。"[1] 正是经历了这样痛苦的思想探索之后，东晋学术思潮才一方面转向修身，寻求肉体长存的途径与方法，于是追慕长生成仙的神仙道教出现；另一方面，则转向佛教大乘空宗，通过般若学"假有性空"的思辨方法来泯灭玄学所倡导的有与无、色与空等所反映出的现实与理想的张力，最终在般若学的"自性空"中将名教与自然在本体论层面上同一起来。

玄学正是在魏晋这个特定的黑暗动荡时代，在对社会的和谐发展与人性的本质作出理论探索，期望能够从自然与名教的辩证中，以实现天与人、理想与现实的统一。这为道教提升自己的理论水平，建构自己的神学理论体系提供了一个新思路。以东晋葛洪的《抱朴子》为标志，通过"内道外儒"的方式将玄学与道教相融会，推动了道教仙学向贵族化、理论化、技术化的方向发展。

葛洪（283—363）之所以能够成为东晋道教学者、炼丹家、医药学家以及神仙道教的代表人物，与魏晋玄学中兴起的养生风尚似有一定的联系。葛洪一生精研儒道，学贯百家，著述甚丰，其代表作《抱朴子》分内外二篇，《内篇》讲"神仙方药，鬼怪变化，养生延年，禳邪却祸之事，属道家"；《外篇》讲"人间得失，世事臧否，属儒家"。这反映出葛洪是依照魏晋时期士人所遵行的儒家思想来改造早期道教的。葛洪宣扬"欲求仙者，要当以忠孝和顺仁信为本，若德行不修，而但务方术，皆不得长生"[2]，将

---

① 洪修平：《也谈两晋时代的玄佛合流问题》，载《中国佛教与儒道思想》，宗教文化出版社2004年版，第15页。
② 葛洪撰，王明校释：《抱朴子内篇校释》，中华书局1985年版，第53页。

儒家的忠孝仁信等纲常名教纳入道教仙学之中。葛洪认为，神仙不是天生的，而是人经过长期修炼而成的。"旧身不改"，使神仙与人不再是异类。既然"仙化以变形为上"，那么，人变成神仙就只是一个采用什么方法来炼形以保持形体永存的问题。葛洪与魏晋玄学都认为人的生命由形神相合而成，但是侧重于"保形"，还是通过"保神"以追求精神的超越与升华，却有着不同的取向。魏晋玄学中虽有贵无、崇有和独化等不同派别，但都以自然为本体，提倡形神俱妙，因此玄学家所说的养生是"顺天和以自然，以道德为师友，出阴阳之变化，得生长之永久，任自然以托身"①，追求顺应自然来颐养身心，而并不相信人的肉体能够不死。葛洪作为宗教家，一方面受玄学的影响，也以有与无相统一的"玄道"作为宇宙之本、养生之道；但另一方面，在形神关系上，葛洪则相信肉体能够长生，因而他的养生更侧重于"保形"，强调"形者神之宅也"，"身（形）劳则神散，气竭则命终"，将保持肉体长存作为个体生命超越的先决条件，从而促成了当时道教仙学的重点放在了追求形体长生。②

　　葛洪与魏晋玄学虽然在形神关系上有着不同的取向，但两者的养生原则却是一致的。第一，形神相依才能有利于生命的安康。如玄学家嵇康说："修性以保神，安心以全身。爱憎不栖于情，忧喜不留于意，泊然无感，而体气和平，又呼吸吐纳，服食养生，使形神相亲，表里俱济也。"③ 神仙是"受异气禀之自然"而生，"非积学所能致"，人虽然不能修成仙，但只要内在地"保神"，又外在地"全身"，做到形神两方面善为保养，实现长寿就是可能的。葛洪也体会到"形神相依"的重要性，但出于对人死形体即腐朽的恐惧，葛洪极力倡导通过宝精行气，再服食金丹来保持身体长存，以避免"深入九泉之下，长夜罔极，始为蝼蚁之粮，终与尘壤合体"④ 生命悲剧。第二，保持恬淡清静之心是养生大理。嵇康提出，"养生有五难；名利不灭，此一难也；喜怒不除，此二难也；声色不去，此三难也；滋味不绝，此四难也；神虚精散，此五难也。五者必存，虽心希难老，口诵至言，咀嚼

　　① 嵇康：《养生论》，武秀成译注：《嵇康诗文选译》，巴蜀书社 1991 年版，第 124 页。
　　② 参见孙亦平：《葛洪与魏晋玄学》，《南京社会科学》2011 年第 1 期。
　　③ 嵇康：《养生论》，武秀成译注：《嵇康诗文选译》，巴蜀书社 1991 年版，第 97 页。
　　④ 葛洪撰，王明校释：《抱朴子内篇校释》，中华书局 1985 年版，第 254 页。

英华，呼吸太阳，不能不回其操，不夭其年也，五者无于胸中，则信顺日济，道德日全，不祈善而有福，不求寿而自延，此养生大理之都所也。"①对现实的人生来说，功名利禄、喜怒之情、声色犬马、酒肉荤腥、神虚精散，都会使人劳精费神，最终损害身体，这些都是养生的大碍。葛洪也认为，"仙法欲静寂无为，忘其形骸"、"仙法欲止绝臭腥，休粮清肠"②，将"服食养性、修习玄静"作为养生的基本原则。

从追求肉体成仙的生命理想出发，葛洪摒弃了玄学养神尽年的思路，而以"保形体之真"为目的，以服药养气为得道成仙的根本方法，其他斋戒、拜神等宗教活动和遵循儒家忠、孝、仁、信等伦理行为，都是围绕着形体长生而展开的。经过形上玄学洗礼的仙学，不仅为道教的修道生活提供了理论指导，而且也凸显出魏晋道教仙学追求形体长存的特点。葛洪"将玄学与道教纳为一体，将方术与神学纳为一体，将道教丹鼎、符水从理论上纳为一体，而确立神仙理论体系"③。经过葛洪玄学化的哲学论证，神仙超越了神话传说式的非逻辑、非实证的特点，成为一种具有丰厚哲学意蕴的宗教信仰与实践得到广泛传播。

葛洪在《抱朴子内篇·金丹》中言："往者上国丧乱，莫不奔播四出。余周旋徐、豫、荆、襄、江、广数州之间，阅见流移俗道士数百人矣。"年轻的葛洪四处寻求奇方异书，停留南土期间曾去越南、柬埔寨等地考察，"光熙元年（306），往广州，遂停南土，尝由日南（今越南之顺化一带）往扶南（扶南国即今柬埔寨与越南极南部）（其后因所闻见，记晋代南洋产砂之国，附于《太清金液神丹经》之后），后返里。"④ 葛洪所著《抱朴子》后来传到东亚各国，所倡导的神仙观影响到东亚人的精神世界。日本奈良时期诗人、汉学家山上忆良（660—733）所创作的诗歌中，关注人的生老病死和人生烦恼，⑤ 在晚年体弱多病时写下的《沉自哀文》中引用《抱朴子内篇·极言》中的语句："百病不愈，安得长生"，表达了自己期望通过养生，

---

① 嵇康：《答难养生论》，武秀成译注：《嵇康诗文选译》，巴蜀书社 1991 年版，第 124 页。
② 葛洪撰，王明校释：《抱朴子内篇校释》，中华书局 1985 年版，第 17—18 页。
③ 李养正：《道教概说》，中华书局 1989 年版，第 68 页。
④ 陈国符：《道藏源流考》下册，中华书局 1963 年版，第 378 页。
⑤ 参见［日］林田正男：《山上忆良论》，载《九州产生大学国际文化学部纪要》第 9 号，九州产业大学国际文化学部 1997 年版。

战胜疾病，以求长生的信念。山上忆良对道教炼丹术的理解与认同，"可以说是受到道教思想影响的"①。日本弘法大师空海著《三教指归》时，其中有关道教的记述大部分来自于《抱朴子》。可见，葛洪的"仙道"影响到近江奈良朝的古代宗教文化的形态。②　新罗道教的代表人物崔致远也曾表达对葛洪的仰慕之情："臣虽尘役拘身，而云装挂志，大成是望，上达为期，每依郭璞诗中精调玉石，愿向葛洪传上得寄一名，所以仰钦象帝之先，岂在他人之后，听烂柯翁之说，则信惜光阴，览《抱朴子》之言，则不亏忠信。"③生活于朝鲜王朝的文学家许筠也说："少时误读《抱朴子》，以为餐金服石，亦可致神仙。及见紫阳、海琼、致虚诸真人书，则自失者久之。凡丹在同类所合，可以入真，精、气、神三宝，奚外求乎？"④　许筠在年少时读《抱朴子》认为服食金丹即可成仙，等后来读了张伯端、白玉蟾、陈致虚等阐扬内丹的道书后，才转而信奉修炼体内精气神即可成仙的内丹道。

魏晋南北朝时期，道教内部自发地开展了造作道书的活动。江南地区出现了"上清经"、"灵宝经"和"三皇经"三个经系，造作了上千卷新道书，形成了以造作、传授道书为首务的经箓派。在北方，楼观道为了与日渐兴盛的佛教相抗衡，造作了《老子西升经》、《老子化胡经》等道书，既阐扬道教的义理，又积极参与佛道之争。当时的大部分道书是由经箓派所作的，其内容涉及道教的方方面面，从信仰到斋醮科仪，从理论到戒律法箓，其中出现了一些有着深远影响的道经，如《上清大洞真经》、《黄庭经》、《灵宝度人经》、《老子西升经》、《老子化胡经》、《太上洞渊神咒经》⑤、《九天生神章经》等。从现存于今的《日本国见在书目录》就可见，在奈良、平安两朝，中日交涉展开后，一些道书就通过舶载而分批进入日本，被保留

---

①　［日］蜂屋邦夫：《道家思想与佛教》，辽宁教育出版社 2000 年版，第 368 页。

②　参见［日］福永光司、千田稔、高桥彻：《日本の道教遺跡を歩く》，朝日新闻社 2003 年版，第 268 页。

③　［新罗］崔致远：《桂苑笔耕集》卷十五《下元斋词》，载韩国民族文化推进会编：《韩国文集丛刊》第 1 册，景仁文化社 1996 年版，第 88 页。

④　《惺所覆瓿稿》卷二十《与宋天翁》，载韩国民族文化推进会编：《韩国文集丛刊》第 74 册，景仁文化社 1996 年版，第 311 页。

⑤　日本学者吉川忠夫、大渊忍尔、莜原奉雄等对《太上洞渊神咒经》有比较深入的研究，山田利明、游佐升精心编制的《太上洞渊神咒经语汇索引》（松雪堂 1984 年版），促进了对六朝江南道教的鬼神传说、祈禳方式、功德观念的了解。

在皇家宫廷中。[1]

上清派是从天师道分化而来，以奉《上清经》而得名。东晋哀帝兴宁二年（364），士人杨羲与许谧、许翙父子在江苏句容托南岳夫人魏华存等众真降授，用扶乩降神的方法造作一批道书。杨羲用隶字写出《上清经》，二许又另行抄写，共成 31 卷。后经辗转相授，形成了一个以信奉传授《上清经》为特征的上清派。《上清经》已排除了早期道教反映普通民众的愿望和为社会改良建言的内容，而是注重个人的修行，多言养生之道。这从其代表作《上清大洞真经》、《黄庭经》中就可见一斑。在修炼方法上，上清派不主金丹术，而专主行气存思术，通过存养神气、吟诵宝章之法来调整人的身心活动，沟通人与神的联系，辅以咽津、念咒、佩符等道术，表现出以符箓为主的天师道逐渐向注重个人内修方向发展的趋势，受到了王公贵族们的欢迎。上清派宗师大多出身于士族家庭，有较高的文化水平，他们加入道教后，积极造作的道书，传播道教。[2]《上清经》由是在社会上得到了广泛传播。上清派奉魏华存为祖师，通过传承《上清经》而形成了自己的传法系统：魏华存—杨羲—许谧—许黄民—马朗、马罕—陆修静—孙游岳—陶弘景—臧矜—王远知—潘师正—司马承祯—李含光……[3]上清派在南北朝时期得到了迅速的发展，其造作的道书很快通过海路传播到东亚地区，例如，《古事记》开言曰："夫混元既凝，气象未效，无名无为，谁知其形。然乾坤初分，参神作造化之首，阴阳撕开，二灵为群品之祖。"其中的"混元"一词，有的说来自于《周易》，也有说来自陶弘景《真诰》时"混元"的解释："道混然而生是元气，元气成然后有太极。太极则天地之父母、道之奥也。"《古事记·序》的"混元"之说当是基于《真诰》说。"参神"之语则见于《真诰·握真辅》"三（参）神栖九天。"[4]上清派以天神降临和身中之神为信仰特点，以存思法作为证道成仙的主体道法，来实现"变有限为无限，变脆弱为坚固"的生命理想，后因受到帝王的尊奉而成为道教

---

① 参见［日］那波利贞：《道教の日本國への流傳に就さて》，载野口铁郎编集：《道教と日本》第一卷《道教の傳播と古代國家》，雄山阁 1996 年版，第 89 页。
② 参见孙亦平：《从〈上清大洞真经〉看上清派的特色》，《中国道教》1999 年第 3 期。
③ 参见《云笈七签》卷五《经教相承部》，《道藏》第 22 册，第 25 页。
④ 楼宇烈主编：《东方哲学概论》，北京大学出版社 1997 年版，第 234—235 页。

的主流派得以广泛传播，并成为东亚道教的重要内容。

灵宝派是以奉持《灵宝经》而形成的道派，大约与上清派同时出现在江南地区。相传葛玄性喜老庄，不愿仕进，后入天台赤城山修炼，遇左元放得授《太清九鼎金液丹经》、《白虎七变经》、《三元真一妙经》等丹经，后遨游山川，周旋于括苍、南岳、罗浮诸山。后汉室倾覆，三国战乱，于是删集《灵宝经诰》，精心研诵上清、灵宝诸部真经，并嘱其弟子郑隐，在他死后将诸品经箓付阁皂宗坛及家门弟子，世世箓传。① 东晋中期，葛洪的族孙葛巢甫根据《灵宝五符经》的神话而造作出一批标名为"灵宝"的道书，并编造了上至元始天尊，下至葛氏家族世代传授《灵宝经》的谱系。据称，灵宝经文是由天地之前自然结气的云篆玉符而成，乃是上天的神书。先由元始天尊授太上道君等天神，经过诸神相继传承，到三国时，太上道君派太极真人徐来勒等下降会稽上虞山以《灵宝经》三十三卷授太极左仙公葛玄，后形成了葛玄—郑隐—孙权—葛奚—葛悌—葛洪—葛望—葛世—葛巢甫—任延庆—徐灵期的传承系统，从此世世箓传，支流分散，孳乳非一。这个葛仙公传经故事是要说明《灵宝经》是一部源远流长的神书，② 因此，晋末到南朝宋时所出的《灵宝经》大多假元始天尊所说，再加上左仙公葛玄"语禀"、"请问"的形式，以为印证。据考证，除《灵宝五符经》之外的大多数《灵宝经》，实际上都是由葛巢甫造构的，但也有些经文直到南朝时才问世。据此，《灵宝经》因问世年代的早晚，而有古经与今经之分。灵宝古经主要有：《灵宝五符经》、《灵宝赤书五篇真文》等；灵宝今经主要有：《元始无量度人经》、《灵宝智慧罪根上品大戒经》、《太极左仙公请问经》、《太上洞玄灵宝本行因缘经》等，反映江南道教在建构道教教理教义时所取得的文化成就。灵宝派尊元始天尊为最高神，又说十方有度人不死之神，还有三界、五帝、三十二天帝、地府丰都诸鬼神。灵宝派受大乘佛教思想和戒律的影响，宣扬三世轮回、善恶报应等思想，并宣称诸飞天大神时刻在冥冥之中监视人们的行为，故人们应当齐心修斋，六时行香，言无华绮，口无恶

---

① 参见葛洪撰，王明校释：《抱朴子内篇校释》，中华书局1985年版，第71页。

② 参见［日］神塚淑子：《六朝灵宝经に见える葛仙公》，载麦谷邦夫编：《三教交涉论丛》，京都大学人文科学研究所、中西印刷株式会社2005年版。

声，奉道守戒，最终进入"齐同慈爱，异骨成亲，国安民丰，欣乐太平"[①]的美好境界。

在修道方法上，灵宝派与上清派相似，轻视金丹、房中术，重视行气思神、诵经念咒等，但又将存思身中之神，扩展到通过斋醮科仪，祈求各种神灵来保佑自己。灵宝派创建的伴有赞诵、音乐等艺术形式的斋醮科仪后成为道教宗教仪式的主体。神塚淑子在比较上清派与灵宝派之后认为，《灵宝经》受大乘佛教的影响，表现出重视斋戒，现世性很强而超越性稀少；《上清经》中的救济思想更多的是在存思、冥想和诵经中与天上的神灵交感，使自己生命升华于天上世界，超越于世间种种苦难。灵宝派吸收了儒家伦理价值观，通过斋醮科仪使集团的、现世性的倾向加强了；而上清派则是个人性的、超越性的。[②] 笔者认为，这是因为佛教思想的引入而导致道教教义发生了重大的变化，从追求肉体不死，即世成仙，转变为积累功德，死后升仙或来世成仙；从注重个人的修道养生，变为强调行善济世，救度他人。例如，灵宝派经典《元始无量度人上品妙经》就将个人养生与济世度人相结合，借元始天尊演说经教，宣扬"仙道贵生，无量度人"思想。但灵宝派所说的"济世"已与早期道教的救世说有了根本的区别，主要表现为，依据儒家伦理来去除了其中的"挟道乱世"的成分，从劝善度人出发，表达了对个体生命的关怀和对现时社会秩序的认同。正是从劝善度人的思想出发，灵宝派重视发挥斋醮科仪的作用，认为它上可使人升仙得道，中可安国宁家、延年益寿，下可除去前世今生的罪过、救厄拔难、消灾除病、解脱一切忧苦。灵宝派所制定的斋醮科仪后成为东亚道教宗教仪式之主流。

《三皇经》是以《三皇文》三卷和《五岳真形图》一卷为主的一组道经，在三洞经书中问世最早。《三皇经》的主要内容是"召天神地祇之法"的符图及存思神仙"真形"之术，其出现与帛家道有关。相传，三国时帛和入西城山，师事仙人王君，于石室中精思，视壁三年，得石刻《五岳真形图》、《三皇天文大字》等，被称作小有《三皇文》。帛和将之授予郑隐，郑隐又传葛洪。葛洪曾写道："余闻郑君言，道书之重者，莫过于《三皇内

---

①　《元始无量度人上品妙经》，《道藏》第 1 册，第 2 页。

②　参见［日］神塚淑子：《六朝道教思想の研究》，创文社 1999 年版，第 285—286 页。

文》、《五岳真形图》也。古人仙官至人，尊秘此道，非有仙名者，不可授也。……其经曰：家有《三皇文》，辟邪恶鬼，瘟疫气，横殃飞祸。若有困病垂死，其信道心至者，以此书与持之，必不死也。……若欲立新宅及冢墓，即写《地皇文》数十通，以布着地，明日视之，有黄色所著者，便于其上起工，家必富昌。又因他人葬时，写《人皇文》，并书己姓名着纸里，窃内人冢中，勿令人知之，令人无飞祸盗贼也。"①　另据《云笈七签》卷四《三皇经说》记载，东晋时，鲍靓"登嵩高山，入石室清斋，忽见古《三皇文》，皆刻石为字，尔时未有师，靓乃依法以四百尺绢为信，自盟而受，后传葛稚川，枝孕相传，至于今日。"②　也有说是鲍靓师事左慈，受《三皇》、《五岳》劲召之要。还有说是鲍靓造作了《三皇内文》三卷，后授予葛洪。如《广弘明集·二教论》中就说："晋元康中，鲍靓造《三皇经》被诛。"鲍靓所造《三皇文》被称作大有《三皇文》。从上可见，三皇系经典的源起比较复杂。现在一般认为，《三皇经》在最初的《三皇文》和《五岳真形图》的基础上，在东晋南朝时，经道士们不断改编、增益而形成，其中，葛氏家族对该经的传播起了重要的推动作用。后来，陆修静曾得大有《三皇文》，初传孙游岳，后传陶弘景。在传承过程中，三皇经文因繁衍不一，颇为混乱，陶弘景就专门整理编定成《洞神三皇经》十四卷。凡传此经箓者，即为洞神三皇派弟子。在各种道经中，《三皇经》的内容最为神秘，故一直流传不广。

据中国《宋书》的中《倭国传》记载，421—478 年，倭国有赞、珍、济、兴、武五位国王先后八次向南朝刘宋朝贡。倭五王希望能够得到南朝的册封，获得安东大将军、倭国王等称号，以对抗位于朝鲜半岛北部的高句丽势力。可见当时东亚地区通过海上交通已形成一个以中国王朝为中心的东亚朝贡册封秩序。当南方道教积极造作道书进行道教文化建设时，北魏道士寇谦之所倡导的"清整道教"则主要是从教义教规的改革和组织制度的建立入手的，这些改革也推动了道教文化的影响在东亚地区日益上升。

新天师道是在鲜卑族拓跋氏人建立北魏政权时逐渐兴起的。鲜卑族人入

---

① 葛洪撰，王明校释：《抱朴子内篇校释》，中华书局 1985 年版，第 336—337 页。
② 《云笈七鉴》卷四《三皇经说》，《道藏》第 22 册，第 21 页。

主中原后，为了消除汉人的反抗，统治者十分注重推行与汉族同化的政策，因此汉族人广泛信奉的道教受到了特殊关注。寇谦之（365—448），名谦，字辅真，少奉五斗米道，后师成公兴于嵩山修道。寇谦之信奉天师道后，却对之并不满意，于是，称太上老君授其"天师"之位及《老君音诵诫经》二十卷，老子玄孙李普文下降授其《箓图真经》，令他"宣吾《新科》，清整道教，除去三张伪法，租米钱税及男女合气之术。大道清虚，岂有斯事！专以礼度为首，而加以服食闭练"①。北魏太武帝始光元年（424），寇谦之献道书于太武帝，倡改革道教，制定乐章，建立诵戒新法。其清整道教的原则是，凡是符合儒家纲常礼教的东西就保留、增益；凡是违背的就革除、废弃。经过寇谦之的"清整"，天师道原有的"天师"、"祭酒"的世袭制度改为选拔贤人担任道官；不再使用传统的以"宅治"为中心的基层教团组织；革除道民向祭酒交纳"租米钱税"的制度；反对男女合气之术；在教义上吸取了儒家的父慈、子孝、臣忠的伦理纲常，以礼度戒规来制约信徒的身心而将各种炼形术降至从属地位。在修道方法上，寇谦之杂采众家，归为一流，强调服食修炼与符水咒术合一，在一定程度上打破了丹鼎派与符箓派之间的隔绝状态。② 天师道经过寇谦之的改革，原始性、叛逆性减少，正统性、规范性增强，不仅消除了旧天师道与统治者的对立，而且还受到北魏政权的重视。

据《魏书·释老志》记载，北魏太武帝不仅尊寇谦之为"国师"，经常向他请教军国大事，"乃使谒者奉玉帛牲牢祭嵩岳，迎致其余弟子在山中者。于是崇奉天师，显扬新法，宣布天下，道业大行"，而且还在魏都平城专为寇谦之"起天师道场于京城之东南，重坛五层，遵其新经之制"，供其带领弟子们开展宗教活动。北魏太武帝还"亲至道坛，受符箓，备法驾，旗帜尽青，以从道家之色也"。从此以后，凡是北魏皇帝即位，都要去道坛接受符箓，以示君权神授，这成为北魏的一项重要的政治制度。这种做法在客观上促使天师道与皇权结合起来，一度成为北魏的国教。魏太武帝既是国君，又是接受符箓的"泰平真君"，由于崇奉道教、巩固政权的需要他还于

---

① 《魏书》卷一一四《释老志》，《二十五史》，上海古籍出版社、上海书店 1986 年版。

② 参见杨联陞：《老君音诵诫经校释——略论南北朝时代的道教清整运动》，载《杨联陞论文集》，中国社会科学出版社 1992 年版，第 33—83 页。

太平真君七年（446）接受了宰相崔浩的悉诛天下沙门、毁坏佛教经像的建议，发动了一场大规模的废除佛法的行动，虽然寇谦之并不赞成废佛的做法。此次废佛行动被佛教徒视佛教史上的第一次"法难"。不久，北魏灭亡，但经过清整的道教在北齐、北周时仍然得到了继续发展，据《隋书·经籍志》记载，"后周承魏，崇奉道法，每帝受箓，如魏之旧"。其中北周武帝崇奉道教尤为热烈。在北周经济受到佛教寺院经济冲击时，北周武帝推出废除佛教与道教的举措，但实际上却是进行灭佛运动，后来佛教徒视之为佛教史上的第二次"法难"。不久之后，北周武帝又下令设立通道观，选道士、僧人120人到通道观中研习《老子》、《庄子》、《周易》等，以弘扬道教，改造佛教。

　　在北周统治者的支持下，道教在北方进入了快速发展期，但南朝道教还呈现出组织混乱、科律废弛的局面。少宗儒学、博通坟籍、弃家修道、好方外游的陆修静（406—477），通过整顿与改革，创立了南天师道，所进行的改革其实又是一种道教文化建设。陆修静出身于高门世家，所学不囿于一家，既与天师道有联系，又是上清派的第七代宗师，还对灵宝大法深有研究，他在广泛学习各种道法的基础上，"祖述三张，弘衍二葛"，意在创立一种为王者尊奉的新道教。他以儒家的伦理规范为准则，又吸收了佛教的"三业清净"、去除贪欲等思想，著《道门科略》一书，提出了一套整顿改革天师道的具体措施：如建立道官制度以取代五斗米道的祭酒制度；用"宅录制度"来加强基层组织对道民的管理；建立"三会日"制度，即在正月七日上会、七月七日中会、十月十五日下会的三个日子里，要求每个道民到本地教团进行宗教活动；道官则利用"三会日"向道民讲解科戒，考核道民的行为，传布指令，通过加强道官与道民之间的联系，由此建立起基层宫观教会制度。

　　陆修静还系统地总结了天师道以来的各种斋仪，以灵宝斋为主体，参照儒家礼制，制定出"九等斋十二法"，即上清斋二法、灵宝斋九法、涂炭斋一法；其中又将灵宝斋分为九种：一太真、二金箓、三黄箓、四明（盟）真、五自然、六三元、七涂炭、八洞神、九神咒，从而将斋醮科仪的程序系统化、规范化。其斋醮仪式的主题是以祭告神灵，求福消灾，以劝善戒恶为宗旨，主要仪节是设坛、摆供、焚香、化符、宣戒、上章、诵经、赞颂、并配上烛灯、禹步和音乐。为了增加道场的气氛，陆修静不仅在道场上布置十绝灵幡，以增加道教仪式的庄严性，而且还让道士穿上统一的道服，月帔、霓裳、霞袖、星巾等。陆修静制定的以灵宝斋为主体的"九等斋十二法"的斋醮体系，在唐代时经张万福、杜光庭等人的继承与发扬，成为道教斋醮仪式的主流，后传入朝鲜半岛，例如，高丽王朝的福源宫是皇帝进行国家祭祀的场所，"福源宫举行的道教科仪中，有称为灵宝道场的。灵宝道场就是以念诵《灵宝经》为中心的仪礼，当是从中国引进的科仪形式"[1]。灵宝斋仪成为东亚道教斋醮科仪的核心。

在南朝陆修静开创"南天师道"后，北朝寇谦之改革后的"新天师道"又改称为"北天师道"。南朝道士陶弘景吸取儒、佛两家的思想，开创的上清派茅山宗，成为南朝道教的集大成者。陶弘景编撰《真诰》，对上清派的历史做了系统的梳理，又撰写了《真灵位业图》依照人间的等级秩序构造了道教的神灵谱系；同时，他还在《登真隐诀》、《养性延命录》等书中汇聚了前代道书中养生理论与方法，系统记载了修真之法诀。陶弘景还继承了神仙道教的传统，积极从事烧炼金丹的理论与实践探索，不仅有《集金丹黄白方》一卷、《太清诸丹集要》四卷、《合丹药诸法式节度》一卷等书，而且还曾依照丹方炼制出颇有功效的丹药。据《梁书》卷五十一《陶弘景传》记载，梁武帝曾赠送黄金、朱砂、曾青、雄黄等药物支持陶弘景进行炼丹实践。陶弘景也不负所望，最终炼出"色如霜雪，服之体轻，及帝服飞丹有验，益敬重之。……天监中献丹于武帝，中大通初又献二丹，一名善胜，一名成胜，并为佳宝"。陶弘景在进行炼丹服食实践的同时，还主张养性与炼形并重，其中对"形神双修"要旨的论述，推动了道教仙学在东亚地区的传播。江户中期出生于医家的哲学家三浦梅园（1723—1789）对陶弘景有关"气"的哲学特别欣赏，他学陶弘景将自己栖居的茅山句曲山称为"洞仙之馆"，而称自己的居所为"洞仙"，分别给两个儿子起名为黄鹤、玄龟，颇具有道教意向。[2]

南北朝时，佛道之争趋于激烈，北方楼观道是当时道教中积极参与佛道

---

① 陈耀庭：《道教在海外》，福建人民出版社 2000 年版，第 39 页。

② 参见［日］福永光司：《三浦梅园と道教》，载《道教と日本文化》，人文书院 1982 年版，第 149—187 页。

之争的一派。楼观位于陕西周至县的终南山上。相传在西周时，函谷关令尹喜在这里修道，结草为楼，以观星望气，精思至道，是为楼观。传说，老子曾在楼观向关尹传授《道德经》，从此来这里问道、传道者络绎不绝，逐渐形成了楼观道。北朝时，北方的高道大多居于楼观，著名者有梁谌、王浮、严达、王延等。楼观道推崇老子，尊奉《道德经》，造作了一批以老子化胡为主题的道书，如《老子西升经》和《老子化胡经》，宣扬"老子西升，开道竺乾"，变身化佛，教化胡人，"老子入夷狄为浮屠"，释迦牟尼就是老子的化身，佛教也是老子创立的，以此暗示道教的产生要早于佛教，而佛教只是老子化胡之后的产物。楼观道士以"老子西升说"、"老子化胡说"为理论武器积极参与佛道之争，本是为了与佛教相抗衡，但由于当时的一些楼观道士还传习《上清经》等道书，也促进了南北道教在理论上的交融。在道术上，楼观道兼采众家，例如，梁谌就是"食气吞符，大尽其妙，又广索丹砂，还而为饵"①，表现出会通符箓与丹鼎的特点。楼观道在北周及唐初时达到鼎盛，安史之乱后趋于衰落，两宋时期比较沉寂，金代时楼观毁于兵火。元代时，兴起不久的全真道重新修复楼观而建成全真道观，原来的楼观道士也转变成全真道士。

　　经过改革的南北朝道教，将天师道的宗教传统、上清派的文化品位和灵宝斋仪统一起来，焕发出一种新的生命力，使道教能够在唐代一跃而跻身于官方宗教的行列。6世纪，朝鲜半岛积极吸收南朝文化，尤其是"南朝梁代从中国去百济的人数超过了南朝各代，形成了百济与中国文化交流的高潮"②。当时的朝鲜半岛尚处于三国时期，"东夷之国，朝鲜为大，得箕子之化，其器物犹有礼乐云。魏时，朝鲜以东马韩、辰韩之属，世通中国。自晋过江，泛海东使，有高句骊、百济，而宋、齐间常通职贡。梁兴，又有加焉。扶桑国，在昔未闻也。普通中，有道人称自彼而至，其言元本尤悉，故并录焉。"③百济因要与新罗、高句丽、伽倻等国在政治、

---

①　《历世真仙体道通鉴》卷三十，《道藏》第5册，第270页。
②　周一良：《百济与南朝关系的几点考察》，载《魏晋南北朝史论集》，北京大学出版社1997年版，第554页。
③　《梁书·列传》卷第四十八《高句丽百济新罗》，《二十五史》，上海古籍出版社、上海书店1986年版。

军事上相抗衡，乃希望得到中国、日本的支持，故与中国、日本交流频繁。

百济学习中国文化，然后向日本输出，无形之中成为东亚文化交流的中介。"中大通六年（534），大同七年（541），累遣使献方物，并诸《涅槃》等经义、《毛诗》博士并工匠、画师等，敕并给之。"① 百济从南朝招聘博士，吸收南朝文化时，南朝道教是否随之而传入朝鲜半岛，因缺乏资料佐证不能确定，但据史料记载，百济文化中有类似的道教元素，但尚未出现道士，"其衣服，男子略同于高丽。若朝拜祭祀，其冠两厢加翅，戎事则不。拜谒之礼，以两手据地为敬。妇人衣似袍，而袖微大。在室者，编发盘于首，后垂一道为饰；出嫁者，乃分为两道焉。兵有弓箭刀矟。俗重骑射，兼爱坟史。其秀异者，颇解属文。又解阴阳五行。用宋《元嘉历》，以建寅月为岁首。亦解医药卜筮占相之术。有投壶、樗蒲等杂戏，然尤尚奕棋。僧尼寺塔甚多，而无道士。"② 相对于佛教在朝鲜半岛的兴盛，道教尚无独立传播，故"阴阳五行"学说、"医药卜筮占相之术"大概也是由僧人来传承的。对百济的军事援助的要求，日本提出的交换条件是，百济要向日本输出先进文化。③ 据《日本书纪》记载，继体天皇七年（513）、钦明天皇十四年（553）、敏达天皇六年（577）、推古天皇十年（602），百济多次派遣博士或佛僧去日本传播"阴阳天文之术"。

福永光司认为，传入日本的道教主要是吴越流传的以巫术、魏晋玄学为基础而形成的具有较高文化水准的江南道教，如上清派茅山道教、洞玄灵宝派和山东琅琊青巫等。他指出，在日本神社中，至今还留存着一些与江南道教相关联的遗迹、遗物和建筑物的残余，例如，生活于6世纪的陶弘景是上清派茅山道教的代表人物，他编著的《真诰》记载了当时江南道教中流行的降神、祝祷、禁咒、治病等巫术，其所描绘的女仙经常身穿朱紫衣，如东宫灵照夫人"著紫锦衣，带神虎符，握流金铃，有两侍女"④。吴越女仙的

① 《梁书·列传》卷四十八《高句丽百济新罗》，《二十五史》，上海古籍出版社、上海书店1986年版。

② 《周书》卷四十九《列传第四十一·异域上·百济》，《二十五史》，上海古籍出版社、上海书店1986年版。

③ 参见［日］和田萃：《三輪君逆をぁぐって六紀後后半の政治過程》，《大和美》1989年第16号。

④ ［日］吉川忠夫、麦谷邦夫编：《真诰校注》，中国社会科学出版社2006年版，第80页。

这种装束至今在大阪、京都和奈良的神社中还能看到，如奈良大神神社的巫女就穿朱色袴袍，身上还佩带金属铃，铃分上中下三层，上层三个，中间五个，下层七个，三、五、七的数字构成反映了道教的宇宙生成论。① 福永光司还以大阪四天王寺中的庚申堂为例，说明四天王寺虽以佛教与神道"习合"为特色，但其中庚申堂的设立却是受江南道教中的"守庚申"仪式的影响。京都北野大将军社供奉的"大将军"则是道教的王城守护神。每年七月下旬，大阪天满宫都要为纪念日本"学问之神"菅原道真举行船渡御，以表达对天神和雷神的信仰，这虽属于日本三大传统祭奠活动之一的天神祭②，但其中也含有一些江南道教斋醮科仪的元素，这些都是值得进一步加以深入研究的。

第二节　隋唐宋元道教在东亚的影响

隋朝的历史虽然很短，但它为唐朝道教成为"皇族宗教"以及宋元道教的持续发展奠定了基础。隋朝实行佛道并崇的政策。从表面上看，隋文帝杨坚"雅信佛法，于道士蔑如也"③，但由于在他争夺皇权的过程，道士张宾、焦子顺等人曾密告受命之符，给予了特殊的支持，故即位后，取富有道教意味的"开皇"为年号，下令修宫观，度道士，编道书，设崇玄署专门管理道教事务。隋炀帝从追求长生的角度继续隋文帝支持道教的做法。早在开皇十二年（592），杨广据扬州时，就厚礼敕见茅山道士王远知（528—635）④，为追求神仙般的生活，他不仅修造三神山，而且迷信服食金丹。大业七年（611），隋炀帝召见王运知于涿州临朔宫，亲执弟子礼，问以仙道事，归朝后，敕江都起玉清玄坛以处之。隋炀帝虽礼遇王远知，但王远知见

① 参见［日］福永光司：《道教と日本思想》，人文书院 1987 年版，第 56 页。
② 大阪天神祭、东京神田祭和京都祇园祭并称为"日本三大祭典"。
③ 《隋书·经籍志》，《二十五史》，上海古籍出版社、上海书店 1986 年版。
④ 王远知，又名远智，字广德。据《历世真仙体道通鉴》卷二十五记载，王远知 15 岁就师事陶弘景，得上清派道法。后又从宗道先生臧矜学得诸秘诀。遂游历天下，后归隐茅山，专习辟谷休粮、上清道法。曾受到隋炀帝、唐高祖、唐太宗诸帝的尊崇。唐太宗即位，王远知以疾固辞还山，时人称为"王法主"。据说，王远知 126 岁于茅山仙逝。唐高宗调露二年（680）追赠"太中大夫"，谥"升真先生"。武则天后嗣圣元年（684）追赠"金紫光禄大夫"，改谥"升玄先生"。

他荒淫无度，知其帝位不稳，乃秘密投靠晋王李渊，密告符命，并在李渊建立唐王朝的过程中立下了汗马功劳。唐太宗为秦王时，王远知亲授三洞法箓。太宗即位，王远知以疾固辞还山，回到江苏茅山居住。从表面上看，道教在隋唐时期得以兴盛发展，但实际上却为统治者所控制。

隋代时，朝鲜半岛上呈现出高句丽、百济和新罗三国鼎立的政治格局。隋文帝开皇元年（581），高句丽、百济即派遣使节来长安赠送当地特产。开皇九年（589），隋文帝平定陈国时，有一战舰遇风漂至百济附庸国耽罗国（今济州岛），返航经过百济时，百济资送甚厚。以后每隔数年，百济便遣使至长安请安通好，隋朝也按时遣使交流。开皇十四年（594），新罗国王派遣使节来隋朝赠送地方特产。隋炀帝于大业元年（605）即位以后，新罗使节来隋更为频繁，通过礼尚往来，隋朝在东亚文化圈中树立起宗主国的地位。600—614年间，仅日本就四次派出遣隋使团来华。日本遣隋使从日本难波出发，经博德、沿朝鲜半岛的百济和高句丽海岸，越海至山东半岛的登州，然后改行陆路，经莱州、青州、兖州、曹州、洋州至隋都洛阳。开皇二十年（600），日本推古朝摄政王圣德太子（574—621）首次向隋帝国派遣使节，改变了过去倭国不与中国建立外交关系的做法。倭国使节在长安了解到隋朝正在大力提倡佛教，回国后即向圣德太子报告。圣德太子觉得这与倭国的崇佛政策相一致，乃决定再次派遣使者入隋，以寻求通过佛教来发展两国关系。大业三年（607），圣德太子派遣小野妹子使隋，于次年三月到达隋都洛阳。小野妹子向隋炀帝递交了"日出处天子致日没处天子"的国书及日本的土特产。

隋炀帝看到这封将两国视为平等关系的倭王国书十分不满，但为了借助于外国朝贡来张扬隋朝国威，乃命鸿胪卿接待了这次倭使入朝。① 据《隋书·倭国传》记载，小野妹子此行的目的好像是学习佛法，"闻海西菩萨天子重兴佛法，故遣朝拜，兼沙门数千人②来学佛法"。其实他主要还是为圣德太子来搜集中国书籍，以便更广泛地学习和吸收中国文化，"以小治田（即推古帝）朝十二年，岁次甲子正月朔，始用历日。是时国家书籍未多，

---

① 参见洛阳市地方史志编纂委员会编：《洛阳市志》第3卷，中州古籍出版社1997年版，第342页。
② 可能为数十人，因《北史》即作数十人。

爰遣小野臣因高于隋国，买求书籍"①。这也是日本与其他国家的不同之处。② 不久，隋炀帝派遣以文林郎裴世清③为首的 13 名使者，携带国书同小野妹子回访日本，通过这个官方访日使团来显示隋朝在周边国家中至高的宗主国地位，这是当时中国一直所期望实现的东亚世界的秩序。裴世清去日本的路线是"渡百济，行至竹岛（全罗南道珍岛西南的一个小岛），南望耽罗国（济州岛）。经都斯麻国（对马岛），泊在大海中。又东至一支国（壹歧岛），又至竹斯国（筑紫），又东至秦王国（山阳道西部秦氏居住区），其人同于华夏，以为夷洲，疑不明也。又经十余国，达于海岸。自竹斯国以东，皆附庸于倭"④。由海路先到朝鲜半岛的百济，然后沿朝鲜半岛南方海域航行，经对马岛、壹歧岛，横渡朝鲜海峡，抵达日本九州岛，穿越连接九州岛和本州岛，再经过沟通日本、中国和朝鲜半岛的通道——濑户内海到达大阪湾，通过海路将东亚三地连为一体。

倭王为了隆重接待隋使，特意在难波（今大阪）城高丽馆舍之上修筑新馆。据《隋书·倭国传》记载，裴世清一行抵达难波时，"倭王遣小德阿辈台，从数百人，设仪仗，鸣角鼓来迎。"在难波新馆休息后，裴世清又启程赴倭都，"既至彼都，其王与清相见，大悦，曰：'我闻海西有大隋，礼义之国，故遣朝贡。我夷人僻在海隅，不闻礼义，是以稽留境内，不即相见。今故清道、饰馆以待大使，冀闻大国维新之化。'"裴世清回答说："皇帝德并二仪，泽流四海，以王慕化，故遣行人来此宣谕。"⑤ 随即呈上隋炀帝的国书。据《日本书纪》记载，裴世清上呈的隋炀帝国书上写着："皇帝问倭王，使人长吏大礼苏因高⑥等至具怀。朕亲承宝命，临御区宇，思弘德化，覃被含灵，爱育之情，无隔遐迩。知皇介居海表，抚宁民庶，境内安

① 《善邻国宝记》，集英社 1995 年版，第 34 页。
② 王勇先生认为："遣唐使购求书籍并不是特定个人或者群体的嗜好，而是具现日本朝廷即历代天皇意志的国家行为。如果仔细梳理《旧唐书》、《新唐书》中所载五十多个国家的遣唐使的记录，就可以发现，他国遣唐使不存在像日本使节那样喜好书籍的现象。"（王勇：《东亚"书籍之路"——中华文明史研究之一》，《甘肃社会科学》2008 年第 1 期。）
③ 裴世清，又名裴清，河东闻喜人，仕隋为文林郎、鸿胪卿掌客。入唐后，为驾部郎中、江州刺史，他受隋炀帝派遣率领使团出访日本，扩大了中国文化在日本的影响。
④ 《隋书》卷八十一《倭国传》，《二十五史》，上海古籍出版社、上海书店 1986 年版。
⑤ 《隋书》卷八十一《倭国传》，《二十五史》，上海古籍出版社、上海书店 1986 年版。
⑥ 小野妹子的音译。

乐，风俗融和，深气至诚，远修朝贡，丹款之美，朕有嘉焉。稍暄比如常也，故遣鸿胪寺掌客裴世清等，稍宣往意，并送物如别。"隋炀帝以宗主国皇帝的口吻，一下子将倭王降到隋朝藩王的地位。与隋炀帝看到倭王国书一样，圣德太子看到这份国书也很不愉快，他"恶其黜天子之号为倭王"，对隋炀帝不以君王之礼平等相待表示不满，于是"不赏其使"[①]。然而，圣德太子并没有因为国书中的礼节问题来影响两国间的友好关系，而是积极借鉴中国文化来推动日本的"大化革新"。

当裴世清完成使命时，倭王于当年九月五日举行欢送裴世清的宴会。十一日裴世清启程回国，推古女皇又派小野妹子为大使，吉士雄成为副使、鞍作福利为通事（翻译），随船护送使节团同行。使团于当年年底抵达长安后，小野妹子向隋政权呈交倭王国书。圣德太子鉴于炀帝对上次国书中"日出"、"日没"字样不满，遂改称"东皇帝敬曰西皇帝"，以示两国之间的平等："东皇帝敬白西皇帝，使人鸿胪寺掌客裴世清等至，久忆方解。秋季薄冷，尊候如何？想清念，此即如常。今遣大礼苏因高、大礼乎那利等往，谨白不具。"[②] 鸿胪卿鉴于隋炀帝有"蛮夷书如有无礼者，勿复以闻"[③]的旨意，没有送呈。小野妹子留在长安作了长达半年的考察，于大业五年（609）九月才回国。这是日本第三次遣隋使。大业十年（614）六月，日本推古天皇派遣犬上御田锹、矢田部造为使者访隋，于翌年七月回国。这次随同来隋的留学生、学问僧有惠光、惠日、灵云、胜鸟养、惠云等。[④] 这是第四次遣隋使。

这些遣隋使和学问僧们是一个非常特殊的群体，他们在隋朝时进入中国，在唐初归国，与那些外交使者、军人和旅行者不尽相同的是，因为处于高端文化层次，他们以学习知识和输入思想为本国创造新文化为目的。他们跨越异文化，既能得风气之先，也会带来一系列的知识交流乃至思想冲撞，从而对异国文明形成深刻认知，又能将其所学融合于自身的"吾土

---

　　① 《日本书纪》卷二十二《推古天皇》，载［日］黑板胜美、国史大系编修会编修：《新订增补国史大系》1，吉川弘文馆1981年版，第150页。

　　② 《日本书纪》卷二十二《推古天皇》，载［日］黑板胜美、国史大系编修会编修：《新订增补国史大系》1，吉川弘文馆1981年版，第151页。

　　③ 《隋书》卷八十一《倭国传》，《二十五史》，上海古籍出版社、上海书店1986年版。

　　④ 参见方广锠主编：《中国佛教文化大观》北京大学出版社2001年版，第588页。

吾民"的社会发展之中。这些来到中国的遣隋使和学问僧们不仅成为沟通东亚文化的使者,而且在回日本后,大都积极传播中国文化,推进日本文化的改革,如留学生高向玄理、学问僧旻法师在大化革新时(645—649)任国博士,被举为革新政治有功的十师之一。学问僧灵云、惠云也因革新改制有功,成为日本大化改新、确立天皇制的参与者与推动者。正如木宫泰彦(1887—1969)所说,他们人数虽少,但对日本文化所起的影响却很显著,"大化革新的中心人物中,大兄皇子和中臣镰足二人曾受教于南渊请安,而高向玄理、僧旻二人任国博士,在大化革新中发挥了重要作用。"①

在不到三十年的时间里,日本遣隋使四至隋都长安,广泛地考察和了解中国政治、经济及文化状况。尤其是那些随倭使前来长安的留学生和学问僧,他们在长安留学时间很长,调查了解中国的政府机构的设置、法制律令、经济制度、哲学思想、宗教文化、工艺技术、医药养生、文学艺术等,为倭国广泛地输入中国文化作出了积极的贡献。圣德太子正是通过多次派使者来加强与隋王朝的联系,不仅促使中日关系进入了新的阶段,而且有力地推进了日本的政治改革。当时日本制定的《十七条宪法》中就贯穿着中国儒家的君、臣、父、子等级观念,以及法家"名分使群"的思想和道家清静无为的思想。圣德太子对道教神仙信仰也有所了解,据《日本书纪》卷二十二记载,推古天皇二十一年(614),圣德太子曾遇"真人":

> 十二月庚辛朔,皇太子游行片冈。时饥者卧道垂。仍问姓名,而不言。皇太子视之与饮食,即脱衣裳覆饥者而言:"安卧也。"则歌之,……辛未,皇太子遣使令视饥者。使者还来曰:"饥者既死。"爰皇太子大悲之。则因以埋葬于当处。墓固封也。数日之后,皇太子召近习(臣):"先者谓之曰,先日卧于道者,其非凡人,为必真人也。"遣使令视。于是使者还来之曰:"到于墓所而视之,封埋勿动。乃开以见尸骨既空。唯衣服叠置棺上。"于是皇太子复返使者,令取其衣,如常

① [日]木宫泰彦:《日中文化交流史》,商务印书馆1980年版,第61页。

且服矣。时人大异曰："圣之知圣其实哉。"逾惶。①

圣德太子将这位饥者称为"真人",其死后墓葬中出现的异象犹如道教所说的"尸解",这说明圣德太子已略晓道教,这是否成为道教在日本传播的先导?

唐朝伊始,唐王朝作为东亚世界的宗主国,一方面担起了维持东亚世界秩序的任务。当时朝鲜半岛上高句丽、百济和新罗三国鼎立,日本又常有侵略朝鲜半岛的野心。隋唐两代的君王通过四次征伐朝鲜而介入到东亚国家的纷争之中充当着维护东亚秩序的角色。另一方面,中国以自己的文明优势吸引了万国来朝,"这一唐代的中国若是'我者',其四周的'他者',也相应地不同于前。唐代的'他者',以境外而言,已推向边远的内亚与东方的海洋及沿海地区。而且,中国与这些'他者',也有了前所未见的性质。"② 随着东亚世界的确立,东亚各国的文化交流更为广泛,尤其是在来华留学生、遣唐使和中国道士的努力下,道教才通过官方途径正式向东亚各国传播。

唐代是中国道教发展的繁荣期。在统治者的支持下,道教的社会地位大大提高,长生成仙信仰的流行和宫观建设的迅速发展,促进了斋醮仪式的规范化和经戒法箓传授的制度化。在朝野,名流、学者信道、入道成为社会风尚之时,道教的理论水平和艺术形式也随之得到了全面的提高,道教于此时快速地向东亚地区传播。

唐王朝是从崇拜老子而发展为尊崇道教的。随着老子被唐王朝奉为"圣祖",《老子》等道家经典著作也被尊为"真经"。唐初,高祖武德七年(624)就遣使携天尊像及道士至高句丽为讲《老子》,据说,王及道俗听者数千人。次年,高句丽王又遣使于唐,以求佛、老教法。太宗贞观十七年(643),高句丽王再次遣使抵达长安来学习道教之法,唐太宗又遣道士叔达等八人携老子《道德经》往高句丽传播道教。唐高宗时,正式将《老子》列入贡举科目,上元二年(675)下诏,士子加试《老子》,明经二条,进士三条。仪凤三年(678)又下诏:"自今以后,《道德经》、《孝经》并为

① 《日本书纪》卷二十二《推古天皇》,载〔日〕黑板胜美、国史大系编修会编修:《新订增补国史大系》1,吉川弘文馆1981年版,第156—157页。

② 许倬云:《我者与他者:中国历史上的内外分际》,三联书店2010年版,第65页。

上经。贡举人皆须兼通。"① 虽然武则天当政后，"自制《臣轨》② 两卷，令贡举人为业，停习《老子》。"③ 但唐中宗复位后马上恢复高宗旧制，神龙元年（732）二月下诏："令贡举人停习《臣轨》，依旧习《老子》。"④ 身为皇帝的唐玄宗也按捺不住对《老子》的兴趣而亲自注疏，在开元二十年（732）完成《老子》御注后，不仅用以替代原来贡举科目使用的《老子河上公注本》，而且颁发到各地的道教宫观，并下令无论士庶皆应家藏一本《老子》。"制令士庶开元二十一年正月，制令士庶家均须藏《老子》一本，每岁贡举人量减《尚书》《论语》两条策，加《老子》策。开元二十五年正月，初置玄学博士，每岁依明经举。"⑤ 另据《资治通鉴》卷二一四记载，开元二十五年（737）唐玄宗下诏置崇玄学，实行"道举"制度，调动了人们研习《老子》的热情，并通过遣唐使而扩大了《老子》等道家著作在东亚社会的影响。

在皇帝的带动下，社会各界人士纷纷注老谈庄，道士们更是注重道教理论建设，从而出现了一大批学者型的道士，如孙思邈、成玄英、李荣、孟安排、王玄览、司马承祯、吴筠、李筌、杜光庭等，他们或吸收佛教的理论学说与思辨方式来著书立说，或通过注释老庄来重新发挥道教的长生成仙思想，或对道教教义进行系统阐述，或对道教的斋醮科仪进行规范性的总结。他们创作了大量的道书，提出了许多新的概念术语，建构了一个个富有哲理的道教理论体系，使道教内部出现了不同的学派，如重玄派、重气派、上清派等，从而使唐代道教理论水平达到了一个新的高度。据初步统计，唐代新出的道书已达千卷之多，其中有些著名的道书，如《抱朴子》、《黄庭经》、《五岳真形图》等很快就传到东亚各国。

在统治者崇道政策的影响下，修建道教宫观也进入了一个高潮期。唐代宫观一般称为"观"，一些规模宏伟且又经常受到帝王敕封的则多称为

---

① 《旧唐书》卷二十四《礼仪志四》，《二十五史》，上海古籍出版社、上海书店1986年版。

② 《臣轨》二卷是武则天以儒家伦理道德为基础，分十章论述为臣者应遵循的正心、诚意、爱国、忠君之道，作为臣僚的座右铭及士人参加贡举的读本。原书已佚，现有《粤雅堂丛书》本是据日本《佚存丛书》本刊行的，可见此书在日本得以保存下来。

③ 《旧唐书》卷第二十四《志第四》，《二十五史》，上海古籍出版社、上海书店1986年版。

④ 《旧唐书》卷第七《中宗本记》，《二十五史》，上海古籍出版社、上海书店1986年版。

⑤ 《旧唐书》卷第八《玄宗本纪上》，《二十五史》，上海古籍出版社、上海书店1986年版。

"宫"，以表现唐朝的盛世气象。唐王朝崇奉老子，故唐代道教宫观的代表性建筑主要是供奉太上老君，以展现唐天子的威仪，如西京长安和老子故里亳州真源县的太清宫、东都洛阳的太微宫、天下诸州的紫极宫和各种各样的玄元观。那些由皇帝赐予国家财产而修建的道教宫观，一般由供奉神灵的殿堂、斋醮祈禳的坛台、讲经诵经的房间、道士生活的居室等组成，形成了比较固定的建筑格局。唐代道教宫观的建设既得到了皇家的支持，也有民间百姓的积极参与。唐王朝不断地从经济上给予道教宫观支持，按照唐制，国家在分给农民口分田的同时，也给道士同样的待遇。"凡道士给田三十亩，女冠二十亩，僧尼亦如之。"① 道士可与百姓一样分得口分田，这就促进了道教宫观经济的兴起，为道士们的修道生活提供了经济保障。

随着道教宫观在各地如雨后春笋般地出现，"凡天下观总一千六百八十七所（一千一百三十七所道士，五百五十所女道士。）"为了便于管理，在统治者的支持下，唐代道教依据道士的职司来规定道士的称号，通过订立赏善罚恶的戒律而建立起比较严密的道门管理制度，使道教宫观逐渐具有了教会式的特征。《唐六典》规定，宫观归"三纲"，即上座、观主、监斋管理，观内众多的道士则有不同的职司。"每观观主一人，上座一人，监院一人，共纲统众事。而道士修行有三号：其一曰法师，其二曰威仪师，其三曰律师。其德高思精谓之炼师。"② 为了维护道门的纲纪，唐玄宗在开元二十五年（737）七月曾下令"道士、女冠宜隶宗正寺，僧尼令祠部检校"③，并在开元二十九年（741）规定：凡道士女冠有犯法者，须按"道格处分"，所在州县官吏一律不得擅行决罚，"如有违越，请依法科罪"。④ 在建立道门管理制度的过程中，道教宫观内部所特有的为约束道士言行，防止其"恶心邪欲"、"乖言戾行"的戒律起着重要的作用。

唐代道教还建立起了统一的更加规范化的法箓传授制度。唐代道教的法箓有一百二十阶，数百种文图，形成了洞神、洞玄、洞真三洞法箓，而正一盟威箓则为三洞法箓之基础。这样，唐代道教的法箓就形成了上下有序的品

① 《集古今佛道论衡》卷丙，《大正藏》第 52 册，第 386 页。
② 李林甫等撰：《唐六典》卷四，中华书局 1992 年版，第 125 页。
③ 《旧唐书》卷九《玄宗本纪下》，《二十五史》，上海古籍出版社、上海书店 1986 年版。
④ 王溥撰：《唐会要》卷五十，《尊崇道教》，上海古籍出版社 2006 年版，第 1013 页。

位。初入道者必须先受诸戒，再领受正一法箓，才有资格通过祈祷和上章等宗教仪式来召请由道气化生出的众多的官将吏兵由天而降，用符咒为人治病消灾，去祸解厄，惩罚恶人，收鬼伏邪；再次是受灵宝箓，以精通斋醮仪式；最后受上清箓，成为"上清玄都大洞三景弟子无上三洞法师"，这才达到最高法位。因此，授箓与传经、戒、符经常是糅合为一的。

为了配合唐王朝"神道设教"的需要，唐代道教还制定出了规范化的斋醮科仪，以培养信徒的宗教感情，发挥道教以道化人的社会功能。一些皇帝不仅在全国大兴老君庙等宫观，而且在宫观中积极举行祭老活动。因此法国学者索安特别指出："对于唐代，我们有足够的原始资料研究道教肖像受皇家对老子进行祖先祭祀的影响而激增。"[①] 在三元日和皇帝诞生日，宫观中还要举行斋醮仪式以为帝王长寿、国家安康而祈祷。同时，斋醮也被广泛地运用到道教活动的各个方面，凡道士诵经、书符、合药、炼丹、存思、礼拜、济度等都必须先行斋醮。据《旧唐书·礼仪志》记载，以崇道闻名的唐玄宗特别崇尚斋醮之仪，他曾"于大同殿立真仙之像，每中夜夙兴，焚香顶礼。天下名山，令道士、中官合炼醮祭，相继于路。投龙奠玉，造精舍，采药铒，真诀仙踪，滋于岁月"，不仅令天下名山宫观的道士、道官合炼醮祭，而且还鼓励道士制作醮曲。唐代道教中所出现的场面宏大、如仪如律的斋醮科仪真正表现出了"皇族宗教"的风范，也吸引了当时来华的各国遣唐使节的目光。

唐朝积极融合不同的民族文化进行再创造，促进了东亚道教的形成。陈寅恪先生在《唐代政治史述论稿》中提出民族与文化问题是唐史之关键，如宇文泰崛起关陇的原因，在于有一完整系统之"关中本位政策"，以融合关陇胡汉民族为一个集团，使之在物质环境上利害相同，精神文化上信仰相同，"而精神文化方面尤为融合复杂民族之要道"。唐朝继承宇文氏之传统，若"观察唐代中国与某外族之关系，必通览诸外族相互之关系，始得了解此三百年间中国与四夷更迭盛衰之故"[②]。如《贞观政要》中，唐太宗主张周孔文化，与宇文泰之新途径一脉相承，这使唐初士人汇聚长安，以周孔名

① ［法］索安：《西方道教研究编年史》，中华书局 2002 年版，第 70—71 页。

② 刘桂生、张步洲编：《陈寅恪学术文化随笔》，中国青年出版社 1996 年版，第 15 页。

教及科举仕进为安身立命之归宿。武则天主持中央政权后，逐渐破坏传统的"关中本位政策"，以遂其创业垂统之野心。这种传统后被崇奉道教的唐玄宗破坏无遗。安史之乱后，唐朝的政治格局变为中央政府和地方藩镇并立。如河北藩镇实行胡化割据，其政治军事财政与中央政府实无隶属关系，其民间社会亦未深受汉文化之影响，"安史之霸业虽俱失败，而其部将及所统之民众依旧保持其势力，与中央政府相抗，以迄于唐室之灭亡，约一百五十年之久，虽号称一朝，实成为二国。"① 但从总体上看，唐朝实行的科举制度不仅将中华文化保存了下来，而且将之推广到东亚各国，使东亚的官吏、书生、君子、士人形成了一种共有的文化传统，杜维明先生称之为东亚读书人的理想："中国的'士大夫'，日本的'武士'以及朝鲜的'两班'（包括文官与武官），他们不仅仅致力于自身的修养，而且担负着齐家、治国乃至平天下的重任。一句话，他们身处其位，就具有凭其权力与声望维护社会秩序的责任。他们都具有这样一个信念，即要改善人类的生活条件并且更有效地实现太平与繁庶的大同理想。"② 因此，建构一部东亚道教史也许需要追问，古代东亚读书人在唐代科举制的引导下，经过共同教育而逐渐形成的尊奉儒家文化的传统所表达的一种共同的人生理想，一份共有的文化记忆，一个可供分享的信仰象征，一些相似的民风习俗，这对道教在东亚地区的传播产生了哪些影响呢？

　　一般认为，东亚各国派遣唐使主要是到唐朝二都——洛阳和长安来学习中华文化的。从 630—894 年，日本任命遣唐使达 19 次（其中有四次未到中国），规模最大团队有 500—600 人，其行经路线最初是沿遣隋使路线访唐。③到唐代中期，开始改由从值嘉岛（今五岛）出发，到朝鲜半岛中部（百济）直接横渡黄海，沿山东半岛南下直达楚州（今江苏淮安）登陆，再循通济渠，经沛州（今河南开封）至洛阳、长安。从武周长安二年（702）粟田真

---

① 陈寅恪：《唐代政治史述论稿》，三联书店 1954 年版，第 134 页。

② 郭齐勇、郑文龙编：《杜维明文集》，武汉出版社 2002 年版，第 601 页。

③ 日本学者道端良秀（1903— ）说："日本在唐代三百年间，和遣隋使一样，前后凡十九次派出了遣唐使，引进灿烂的唐代文化，应该说这是很自然的。不过，名义上虽然都是遣唐使，但由于时期不同，在内容、形式、组织乃至同行人数在不同的时期也有所不同，同时委任后，因情况变化而有人被迫停止，有人启航后中途遇难而未能达到目的地等等，即使同是遣唐使也不能把它们划成一个模式。"（[日] 道端良秀：《日中佛教友好二千年史》，中华书局 1992 年版，第 37 页。）

人率第七次遣唐使开始，改由南岛启航，横渡东海到达长江口附近的扬州、苏州或明州（今浙江宁波市）登陆，然后顺江南渠、通济渠经河州至洛阳、长安。《新唐书·东夷传》中曰："新罗梗海通，更由明、越州朝贡。"明州成为中日航路中最便捷、最理想的港口。随着东亚各国海上交通的往来，灿烂丰富的唐文化占据着东亚文化的中心位置并不断向边缘地区辐射，这成为推动道教在东亚地区传播的文化动力。

日本朝廷在701年颁布的《大宝令》及718年颁布的《养老令》中借助于"天"的权威来提升天皇的神圣性，没有将《老子》、《庄子》等道家著作列为学生的必读书目，而是引进了儒家的"为政以德"（《论语·为政》）的价值观，将其作为奠定日本天皇制集权国家的法治基础。715年，醉心于儒学的元正天皇即位后，遵循"为政之道，以礼为先"的方针，政治趋于稳定，经济迅猛发展，为加强对唐文化的学习与吸收，她于开元四年（716）派遣唐使来华，其中著名者有吉备真备、阿倍仲麻吕、大和长冈、玄昉等。据《旧唐书》卷一百九十九《东夷传》记载，这第九次遣唐使团似乎是前来唐朝学习儒学的，"开元初，又遣使来朝，因请儒士授经。诏四门助教赵玄默就鸿胪寺教之。乃遗玄默阔幅布以为束修之礼。题云'白龟元年调布'。人亦疑其伪。所得锡赉，尽市文籍，泛海而归。"所谓"锡赉"，当指钱币或丝绸之类的东西，日本人用它们来买书，然后将大量书籍携带回国。值得注意的是，开元五年（717），这批遣唐使向唐朝外交部鸿胪寺申请参拜孔子庙堂时，也顺带参拜了佛寺道观，"乙酉，鸿胪寺奏，日本国使请谒孔子庙堂，礼拜寺观，从之。"[1] 这大概是现存最早的有关日本官方使团参观中国道观的记录，但道教似乎并没有引起遣唐使特别的兴趣。

遣唐使们来到尊崇道教的唐王朝，比较关注那些有利于日本发展的实用性学问，而对道教抱有一种冷淡甚至排斥的态度，在华搜集的书籍中道教文献也比较少。一些遣唐使在中国留学生活了几十年，深得中国文化之精髓，如以擅长"刑名之学"著称的大和长冈（689—769），回国后将其所学的唐律令引进日本，运用到《养老律令》的编纂中；学者型政治家吉备真备（695—775）在唐留学近十九年，学习了唐代的天文、历法、音乐、法律、

---

① 王钦若等编修：《册府元龟》卷九百七十二《外臣部·褒异·开元五年条》。

兵法、建筑等知识，开元七年（735），他携带着众多中国书籍回国时，崇道的唐玄宗还特地赠诗相送。吉备真备回日本后，向天皇献上《唐礼》一百三十卷、《东观汉记》和天文历书《大衍历经》一卷、《大衍历立成》十二卷等。他注重推广和使用唐历，促进日本历法的改革。天宝十一年（752），吉备真备再以副使身份随藤原清河大使赴唐，仍然受到唐玄宗的礼遇，还特别赠予他"银青光禄大夫"称号，但他对道教仍抱有排斥的态度，晚年依照《颜氏家训》著《私教类聚》，专门列有"仙道不用事"①一章来教育子孙，这似乎代表了奈良朝大多数日本人对道教的态度。

有意思的是，道教在唐玄宗时代处于"国教"的地位，但向东亚各国传播时却遇到重重阻力。虽然《册府元龟》中有记载"二十三年（735）闰十一月，日本国遣其臣名代来朝献表恳求《老子》经及天尊像，以归国发扬圣教，许之"②，似乎奈良朝在了解了唐王朝对道教的崇信态度之后，专门派遣唐副使中臣名代来华向唐玄宗恳求《老子》经及天尊像，以回日本发扬被唐王朝崇为"圣教"，得到了唐玄宗"许之"。但据《续日本纪》天平四年（733）八月、九月条记载：日本天皇之所以任命多治比广成为大使、中臣名代为副使组成遣唐使团来华，乃是因为朝鲜半岛渤海国于732年9月攻占了山东半岛登州，唐王朝希望借新罗的力量来牵制渤海国③，日本与新罗国关系由此紧张起来，于是，日本马上派遣唐使访华，既表示友好，同时也任命了日本西部边境诸道的节度使，命令诸道建造军船，充实兵力，提高军事防备力量。这批遣唐使于开元二十一年（733）年到达苏州，向唐朝进呈了供物后，于次年归国的海上遇风暴，广成所乘的船漂至昆仑国"，中臣名代的船漂至南海，又再次返归入唐，然后才向唐朝请求"《老子》经及天尊像，以归国发扬圣教"。笔者认为不能简单地将此作为道教进入日本的标志性事件，因为据《续日本纪》记载，中臣名代于天平八年（736）回

---

① 尊经阁善本影印集成《拾芥抄》卷下，《诸教诫部第十六·吉备大臣私教类聚目录》，八木书店1998年版，第205页。

② 王钦若等编修：《册府元龟》第二十册，卷九百七十四，《外臣部·请求·开元二十三年条》。

③ 渤海国（698—926）是唐朝时以粟末靺鞨族为主体的一个统治东北地区的民族政权。713年，唐玄宗册封其首领大祚荣为渤海郡王，从此该政权以渤海为号，成为唐朝版图中一个享有自治权的羁縻州。朝鲜王朝历史学家柳得恭于1784年在所著《渤海考》自序中首次提出，在朝鲜历史上，渤海国是与新罗国南北对峙的"北国"，它是高句丽的继承者，而统一新罗则是高丽王朝的前身。

到日本，"率唐人三人、波斯人一人拜朝"①，并没有提及是否带回了"《老子》经及天尊像"。这是史书有意忽略记载，还是日本人以"归国发扬圣教"之说来投唐玄宗之所好，从而希望获得回国的机会？一些日本学者也认为，中臣名代是为了获得唐朝准许其再次出发回国才这样做的②，或是唐朝要求中臣名代这样做的，请求的记录也是唐朝方面篡改的。③ 由于同行的广成大使并没有类似的行为，故也有人推测，中臣名代此举的更大动机在于，当时正值唐朝与渤海国争执结束，与新罗的关系得到加强之后，日本向唐朝示好，以防自己在东亚外交上陷入孤立④。虽然各人的理由不同，但却从不同的角度说明了道教在中日两国交往中的礼仪性地位。中臣名代做法仅是为了迎合唐朝崇拜老子与道教的喜好而已，他并没有想积极地传播道教。道教的神仙信仰因表达了对生命的关注，更多是通过民间途径传入东亚各国的。

　　从修仙方法上看，以东晋葛洪为代表的金丹道所倡导的服食金丹以求肉体长生之风，在唐代时达到高潮。各种修仙炼丹术在理论上不断发展的同时，其实际使用中出现的种种弊端也越加明显，服食金丹不仅不能"假外物以自坚固"，延长生命，有时反而会损坏肌肉、破坏神经、改变性格、加速死亡。欲求长生，反而速死，这一非常惨痛的现实，使人们逐渐认识到肉体成仙的虚幻性。有形肉体的有限性与无形之道的无限性之间的分裂，使道教的理论与实践呈现出不能同步的矛盾，这迫使人们开始重新寻求长生之路。南北朝时期，道教仙学就从重视"神"在人的生命中的作用而提出"不灭的心性"，并以道性作为成仙之本，认为人心中有道性，迷其本性的是凡人，悟其本性的便是仙人。因此，修道的关键就是要在心性上下功夫，从人的心性层面去追求生命的超越。这样，以心性、道性、性命等哲学范畴来解释、会通传统道教的形、神、精、气、道、玄、一等思想，促进了道教

---

　　① 《续日本纪前篇》卷十三《圣武天皇》，载〔日〕黑板胜美、国史大系编修会编修：《新订增补国史大系》2，吉川弘文馆1985年版，第156页。

　　② 参见〔日〕东野治之：《上代文学と敦煌文献》，载《遣唐使と正倉院》，岩波书店1992年版，第221页。

　　③ 参见〔日〕安藤更生：《鉴真大和上传之研究》，平凡社1960年版，第81页。

　　④ 参见〔日〕小幡みちる：《日本古代の道教受容に関すゐ一考察——八世纪前半の日唐関系を通じて》，《史滴》2007年第29号。

从人的内在本性中去寻找人与道可以相沟通的本质，以求解决形体不死与道的永恒之间的紧张关系，在客观上又导致了"以身为炉鼎，心为神室"的内丹学在唐末宋初之后迅速发展，为道教仙学的发展别开一路径。修仙方法也由昔日繁杂的烧铅炼汞的外丹逐渐转化为"性命双修"的内丹，其解脱方式也由过去形体不死的长生成仙调整为内在的精神超越。

　　唐末五代时期的道教面临着社会矛盾的交织，政权更迭的动荡，儒、佛思想的不断冲击，本身理论与实践的不完善等诸多问题，不仅在某种程度上削弱了道教的社会功能，而且也对道教的进一步发展提出了严峻挑战。生活于五代宋初的著名道士，如崔希范、钟离权、吕洞宾、施肩吾、陈抟、刘海蟾、谭峭等，他们远承东汉魏伯阳《周易参同契》模拟自然的修炼理论，近继罗浮山道士苏元朗"归神丹于心炼"的思想，通过推天道以明人事来阐发并推进内丹道的发展。唐末五代是道教丹学的重要转型期，这期间，外丹迅速地衰落下去，内丹逐渐成熟与完善。华山道士陈抟的《无极图》提出的"顺以生人，逆以成仙"的还丹理论，以及他所发明的"玄牝之门、炼精化气、炼气化神、炼神还虚、复归无极"内丹修炼的五个阶段或境界，奠定了内丹道的基本框架。钟吕内丹道因修仙方法的简捷易行很快传播到东亚地区。

　　钟离权和吕洞宾留下的内丹著作有着完整的理论体系和具体的操作方法。如成书于唐末五代，题为钟离权述、吕喦集、施肩吾传的《钟吕传道集》，其主要内容就是钟离权向吕洞宾传授丹法的问答记录，其中分别论述了真仙、大道、天地、日月、四时、五行、水火、龙虎、丹药、铅汞、抽添、河车、还丹、炼形、朝元、内观、魔难、证验等丹法要旨。其中强调，修丹应当效法天地阴阳之化，五行生克之则，日月交合之度，取肾水中所藏先天元阳真气以为丹本，以真阴真阳交媾合和，以阳炼阴，三田返复，使精合于气，气合于神，神合于道，以修成金丹，阳神超脱而成仙。该书将修丹的程序分为：匹配阴阳、聚散水火、交媾龙虎、烧炼丹药、肘后飞金精、玉液还丹、玉液炼形、金液还丹、金液炼形、朝元炼气、内观交换、超脱分形十二科[①]，从而对内丹道作出了新的发展。钟吕内丹道突破了传统道教炉火

---

　　① 参见《修真十书》卷十四《钟吕传道集》，《道藏》第 4 册，第 681 页。

烧炼外丹的局限，通过总结道教的内修思想，探天地造化之理，究人的生命之道，开辟了道教修道论发展的新阶段，使内丹修行不再局限于一种内修方术，而是建立起一种体系化的内丹之道。"钟吕内丹道的丹法具有可操作性，这大概是它能够很快得以广行的重要原因之一。据文献记载，唐末五代至宋初道教中有名有姓的内丹家多达百余人，而他们的内丹学说大多宗承钟离权、吕洞宾而来。从历史上可以看到，从唐末至宋代，内丹道异军突起，日益兴盛，几乎取代了所有的传统道教的修仙炼养术而一枝独秀。"① 据《海东传道录》记载，钟吕内丹道正是通过新罗来唐学习的留学生崔承祐、金可记、僧慈惠等传到了朝鲜半岛。朝鲜内丹道是钟吕内丹道与民族宗教传统相融合的结果。

经历了五代十国的分裂内乱，北宋王朝在战火中建立起统一的王权政治，但不得不面对内忧外患的社会现实，特别是尖锐复杂的民族矛盾，统治者为寻求治国良方，一方面希望借助于本民族所崇拜的道教神灵来保佑自己，另一方面又希望借助于神威来要求人民通过忠君孝亲而团结一致，保家卫国。从宋太祖利用道士的符命来神化自己为真命天子，到宋真宗在与辽国纳币屈辱求和后，借道教频频假造天书下降，行封禅之事，以镇服四海，夸示戎狄，甚至仿效唐王朝奉老子为先祖的做法，在道教中另立赵元（玄）朗为圣祖。道教得到统治者的大力扶植与利用，广建道观、度道士、设道场、优待道士女冠，掀起一次次崇道狂潮，出现了一些颇具宋朝特点的新神灵——赵元（玄）朗、玉皇大帝等，在宋王朝的政治统治中起着独特的作用。

宋徽宗的崇道更是达到了登峰造极的地步。宋徽宗自封"教主道君皇帝"，任用妖妄道士林灵素，不仅在国内大力推行道教，而且积极扩大道教在东亚的影响。宋徽宗曾多次与日本官方联系，希望通过建立外交关系来推行中国文化，但因日本政府采取"不称臣"的政策未能实现，所以当他听闻高丽皇帝睿宗笃信道教时，便马上派遣使者携高道二人赴高丽弘道。睿宗亲受道箓，使道教在高丽朝升格为国家宗教。睿宗还派李仲若（？—1122）赴宋朝学道。法师黄大忠、周与灵向李仲若传授道要，在得道教真传之后，

---

① 　孙亦平：《杜光庭评传》，南京大学出版社 2005 年版，第 493 页。

李仲若归国，向睿宗建议在京城王宫内修建福源宫，以开展道教斋醮科仪活动，得到了睿宗的认可。"以福源宫成立作为开始，传入高丽的道教，以中国宋代道教作为标准，科仪逐步体系化，并且在福源宫的影响下，建立起另外一些道观和频繁地举行道教斋醮仪式。"① 从此，符箓派道教得以在高丽王朝盛行。然而宋徽宗却因为"骄奢淫佚之志，溺信虚无，崇饰游观，困竭民力。君臣逸豫，相为诞谩，怠弃国政，日行无稽"而误国殃民，最后落得"国破身辱"的可悲下场②。

宋辽金元时期，中国社会中民族矛盾与社会矛盾纷繁交织，引发了社会动乱、南北分裂。生活在战争动乱之中的人们，常有朝不保夕之感，从而对人的生命存在以及生死等问题给予了特别的关注，与此相应，众多的各具特色的新道派在大江南北相继出现并在社会生活中产生着广泛的影响。余英时先生指出："新道教的兴起当以两宋之际的全真教最为重要，其次则有真大道教、太一教，与稍后的净明道。这四派都来自民间，而且也对一般社会伦理有比较广泛的影响。新道教和当时的理学与禅宗鼎立而三，都代表着中国平民文化的新发展，并取代了唐代贵族文化的位置。"③ 宋元时期在江西南昌西山兴起的一个奉许逊为祖师、宣扬"由真忠至孝，复归本净元明之境"的道教新派别——净明道，又称净明忠孝道。它以神仙信仰为基点，不但热切地奉行儒家的忠孝观，而且还吸取了佛教的修行解脱论。作为在特定的历史条件下出现的儒佛道相融会的新道派，净明道对道教的发展产生了重要的影响。④ 与此同时，北方还出现了萧抱珍创立的太一道、刘德仁创立的真大道和王重阳创立的全真道。在众多的新道派中影响最大的就是全真道，它以内丹心性学为理论特色，不仅代表了宋辽金元时期中国道教发展的新走向，而且迅速在东亚地区传播开来。

全真道北宗的创始人王重阳（1112—1170）出身于陕西咸阳的豪门望族，据说中年时，在甘河镇遇到两个神仙，得到了内丹修炼的秘诀，乃出家修道，"尽断诸缘，同尘万有，即养浩于刘蒋、南时等处者三年，故得心符

---

① 陈耀庭：《道教在海外》福建人民出版社 2000 年版，第 39 页。
② 参见《宋史》卷二十二《徽宗本纪》，《二十五史》，上海古籍出版社、上海书店 1986 年版。
③ 余英时：《中国近世宗教伦理与商人精神》，安徽教育出版社 2001 年版，第 106 页。
④ 参见孙亦平：《从三教融合看净明道的特点》，《世界宗教研究》2001 年第 2 期。

至道"，萌发了向社会传道的念头。大定七年（1167），王重阳从家乡陕西出发经潼关来到山东半岛，以诗词歌曲等形式来随机施化，化导众人，聚众讲道，创立了一系列以"三教"命名的群众性教团，并以"全真"为旗号，陆续吸收了一批弟子，从此，独具特色的全真道便登上了中国历史的舞台。全真道构造了东华帝君——钟离权——吕洞宾——刘海蟾——王重阳的传承体系，称之为"北五祖"。在王重阳门下，最著名的有七大弟子——马钰（号丹阳子，创遇仙派）、谭处端（号长真子，创南无派）、王处一（号玉阳子，创嵛山派）、刘处玄（号长生子，创随山派）、郝大通（号广宁子，开华山派）、丘处机（号长春子，创龙门派）、孙不二（马钰之妻，号清静散人，创清静派），他们各开全真一派，这就是著名的全真道"北七真人"。陈垣先生认为："全真之初兴，不过'苟全性命于乱世，不求闻达于诸侯'之一隐修会而已。世以其非儒非释，漫以道教目之，其实彼固名全真也，若必以为道教，亦道教中之改革派耳。"① 全真道作为当时道教中的改革派，"其教名之曰全真，屏去妄幻，独全其真者，神仙也。"② 在内丹心性学的基础上确立了"全真而仙"的宗教理想。全真道以不灭的心性为修仙之本，他们所说的神仙已不是简单的肉体不死，而是一个"真功真行"的实践者，这种"全真而仙"的宗教理想对道教仙学的发展产生了深远的影响。全真道对神仙内涵的界定，以及对修道不必外求、只需反身内求的强调，不仅使道教仙学的理论上产生了一个质的飞跃，而且也使神仙的内涵有了根本性的变化。

　　全真道认为，现实的生命是依真性伴随爱欲而生，由于爱欲遮蔽真性，因此修道的过程就是去除爱欲返归真性的过程，这就为人从本真的生命存在中去实现人生理想提供了本体论的依据，使回归生命的本真以超越肉体的生死成为可能，同时也使后天的努力，特别是性命双修、神气合炼的内丹术有了充分的意义。全真道一改传统道教的在家修行方式，模仿佛教而提倡离家居观的修行，以期更好地励志苦行，去除爱欲。全真道不言肉体不死，不尚符箓，不事黄白，而是在融合吸收儒家"复性"、佛家"明心见性"和传统

---

① 陈垣：《南宋初河北新道教考》，中华书局1962年版，第2页。
② 金源璹：《全真教祖碑》，载陈垣编纂：《道家金石略》，文物出版社1988年版，第450页。

道教养生修命术的基础上，沿着钟吕金丹道的思路，大力提倡"修仙之道，性命之事"①，"人了达性命者，便是真修行之法也"②。由于"性命是修行之根本"③，"气神相结，谓之神仙"④，故性命双修又必须神气合炼，这成为全真道修道成仙的主要方法与途径。

王重阳在去山东传教后不久就病逝了，但他播下的"全真"种子因其弟子们的辛勤耕耘而得以生根开花。再加上其弟子丘处机应召西行见成吉思汗，使全真道后来得到了元王朝的支持而得以迅速发展。全真道不仅在北方有众多的信徒，而且在南方也不断地扩大势力，并对道教的其他教派也产生了影响。由于以内丹心性学为特色的全真道势力日盛，南方一些以修炼内丹为特征的小道派也干脆打出全真道的大旗来，后来被称之为全真道南宗，这样，全真道内部就有了所谓的南北宗之分。南宗奉北宋道士张伯端为祖师，并形成了自己的一个传道系统：张伯端—石泰—薛道光—陈楠—白玉蟾，世称"南五祖"。张伯端于熙宁八年（1075）"罄所得成律诗九九八十一首，号曰《悟真篇》"，表达了自己的内丹心性学说。后来全真道南北两宗合流，使全真道形成了庞大的阵容，并皆以"性命双修"为主要特征。

虽然出于对性与命在修仙中作用的不同认识，全真道内部出现了不同的流派，有主张先修性后修命的北宗，有主张先修命后修性的南宗，有主张个体独自清静修行的清修派，有主张男女双修、阴阳配合的阴阳派，还有以"守中"为主要特点的中派，如元代李道纯所著《中和集》在会通儒佛道三教心性思想的基础上，又将内丹修炼的要旨概括为"中和"、"虚静"四字，认为"中"就是"玄关"，守玄关才能致中和，致中和才能带来身静心虚，因此，将守中作为丹法的第一要义，由是而在内丹道中形成了自成体系的中派。直到明清时期，内丹心性学依然在持续发展，出现了以陆西星为代表的东派，以李西月为代表的西派和以伍宗阳、柳华阳为代表的伍柳派等。虽然众多流派相互竞争，但都以"全真而仙"为最高目标，并通过一些实际可

---

① 《重阳全真集》卷十，《道藏》第 25 册，第 747 页。
② 《重阳真人金关玉锁诀》，《道藏》第 25 册，第 799 页。
③ 《重阳立教十五论》，《道藏》第 32 册，第 154 页。
④ 《重阳全真集》卷十，《道藏》第 25 册，第 747 页。

操作的方法来引导人们关注每一个个体生命的存在。① "朝鲜初期接受的内丹思想是在中国道教南北宗双双修入的状态下展开来的。"② 全真道所倡导的"性命双修"的内丹道在东亚地区，尤其是朝鲜半岛流传开来。

7—14 世纪，中日文化交流主要通过国家派遣使节、宗教和贸易三条途径展开。使节的派遣与国家外交政策有关，宗教与贸易则主要是一种民间的行为。南宋时，通过中日海上贸易获利而起家的平氏家族，作为日本平安末期新兴的武士集团崛起于政坛。集团首领平忠盛（1096—1153）及儿子平清盛（1118—1181）都曾任佐贺、冈山、兵库及四国地区的知事。平清盛被鸟羽天皇（1103—1156）任命为太政大臣，在总揽国政期间，解除禁海令，鼓励进行海外贸易，为此还特意修整大轮田泊港（今神户港的一部分），使商船可通过濑户内海直达近畿地区。平氏家族以此港为基地与中国宋朝展开贸易，迅速积累了大量财富，据《平家物语》记载：当时日本全土共有六十六国，而平氏一族就占了三十余国，拥有过半的国土，其他庄园田土不知其数。平氏家里有扬州之金、荆州之珠、吴郡之绫、蜀江之锦、七珍万宝，无一阙乏，可谓绮罗充满，堂上如花，珠宝荟萃，轩骑群集，门前成市，恐帝阙仙洞，亦不过是也。③ 平氏家族的暴富引得豪族、平民、僧侣争先恐后地涌进南宋。

一时间，入宋的日本船只"轴舻相衔"，中日交流活动中的主体出现了明显的变化，"唐末至北宋时，来往的船只几乎是清一色的中国船只。而在南宋、元时期，中日间来往的船几乎是清一色的日本船只。"④ 一些宋人也乘商船来到日本定居，成为传播中国文化的使者。据立于日本博德附近的谢国明墓地边的《谢太郎碑》介绍，南宋临安商人谢国明（1193—1280）渡海来到日本福冈博德，通过日宋间的贸易积累了大笔财富，成为商人中的领袖人物，在日本有"船头"和"纲首"⑤ 之称，后以"谢太郎国明"的名

---

①　参见孙亦平：《全真而仙——论全真道对道教仙学的发展》，《社会科学战线》2003 年第 5 期。

②　［韩］安东浚：《论韩国炼丹诗的审美趣味》，载陈鼓应主编：《道家文化研究》第 24 辑，三联书店 2009 年版，第 101 页。

③　参见《平家物语》，中国对外翻译出版公司 2001 年版，第 11 页。

④　滕军等编：《中日文化交流史》，北京大学出版社 2011 年版，第 201 页。

⑤　"纲首"意为社区事务首领。

字归化日本籍，娶了日本女子为妻，定居在被称为"博德总镇守"的栉田神社附近。谢国明信佛，乐善好施，知针灸之术，常为乡人治病，他不仅将中国的针灸文化、造船技术以及唐铗（剪刀）、馒头、面条等制作工艺传入日本，而且还资助圆尔辨圆去宋朝学佛。圆尔辨圆（1202—1280），字圆尔，日本骏州（今静冈县）人，5岁初闻佛法，8岁习天台教义，18岁入滋贺园城寺出家，1235年4月入宋，来到明州（今中国宁波），学明州景福山月公之律、杭州天竺柏庭之教，后拜径山寺无准师范为师。经过师范千锤百炼的调教，辨圆深究佛法，学业有成后于1241年7月回国。圆尔辨圆回国时带回了千余卷中国的儒佛道三教经卷，谢国明为之建造了承天寺，并暗中帮助其在日本推行"神佛习合"的宗教仪式。圆尔辨圆后来又在京都建造东福寺，积极弘传中国文化，被天皇赐予"圣一国师"之号。海上商船贸易无形中又将中国的文化成就、工艺技术以及宗教信仰等渗透到日本民族文化中，也成为江南道教传入日本的主要途径，但从商船上运送的书籍来看，日本人对佛教与儒学的兴趣似乎大大超过了道教。

南宋末，蒙古人在北方大漠中崛起，准备入主中原，为争取汉人的支持，故对道教表示出特别的兴趣。成吉思汗（1206—1227）率军西征时，特别遣使前去山东登州召请当时全真道掌教丘处机。丘处机（1148—1227）接到召命后，不远万里，顶风冒雪，去大雪山见成吉思汗，为其统一天下献计献策，由此而受到了恩宠。致力于全真教研究的法国学者高万桑指出："全真教是一个极为外向化又充分自觉的宗教团体，经常近乎狂热地编写大量的文献，描述教团在全国范围内创立和发展的历程。"[①] 正是这种传教的积极态度，全真教在元王朝建立后得到了良好的发展机遇与环境，元太宗、元宪宗频繁召见当时的全真道首领李志常、王志坦等人。元世祖忽必烈在统一中国时，不仅给全真道以特殊待遇，对北方的新道派太一道、真大道的掌教给予关照，而且对在江南地区传播的正一道、净明道也给予了很高的礼遇。忽必烈在位时，蒙古人的势力向西扩大到欧洲西部和中亚地区，向东在臣服高丽后，曾六次通谕日本，以用兵相威胁要求"通问结好，以相亲

---

① 转引自［美］康豹：《撰写历史，创造认同——以〈玄风庆会图〉为例》，载张广保、宋学立译编：《多重视野下的西方全真教研究》，齐鲁书社2012年版，第81页。

睦"，遭到日本朝野强烈反对，于是忽必烈曾于 1273 年、1281 年两次带兵征伐，但因日本人的强烈抵抗，蒙古军队不善水战，两次征伐都遭失败。元朝始终未与日本建立官方正式联系，但中日民间商船的来往依旧频繁，来往的佛教僧侣人数也创下了中日交流史上的最高纪录①，但有关道教传播日本的记录却是少之又少。

从中国道教的传播情况看，元成宗大德八年（1304），为了维护元王朝在江南地区的统治地位，以官方的名义册封第三十八代天师张与材（？—1316）"正一教主，主领三山（茅山、阁皂山和龙虎山）符箓"，这标志着正一道的正式形成，同时也促进了江南地区符箓各派的融合。正一道以龙虎宗为核心，由原有的新旧符箓派组成，其中包括龙虎宗、茅山宗、阁皂宗、净明道，以及神霄派、清微派、东华派、天心派等，其组织形式虽然比较松散，但都奉《正一经》为主要经典，以画符念咒，祈禳斋醮，为人祈福禳灾、治病驱邪为主要道术。在修道方式上，正一道士继承了天师道的传统，可以不住宫观，可以娶妻生子，被称为"火居道士"。正一道奉行戒律不如全真道要求严格，但其以祈禳斋醮方式服务于社会，在民众中的影响很大，后成为东亚道教中的主流派别。

在元朝统治中原后，由于对汉族人的严厉压迫，导致一些不愿屈服的民众通过秘密结社进行集会活动，以此来保存自己的民族传统。民间宗教所信奉的神灵既有儒教的孔子，也有佛教的释迦，还有道教的老子，但最崇拜的神灵是弥勒佛，体现了民众信仰中的叛逆性格，"这似可认为是要求变革的民众心态之反映"②。如元末出现的白莲教以"明王出世，弥勒下生"为口号来发动民众，宣扬"末世之劫"即将到来，在天下大乱之时，若能入教就可以得到拯救，以现世之身进入太平之世。这种弥勒信仰表达了对未来幸福生活的向往，"河南及江淮愚民，皆翕然信之"③，形成了广泛的群众基础，这成为刘福通、韩山童发动红巾军起义的重要力量。红巾军起义不仅成

① 自 1296 年到 1368 年这七十余年中，名留史册的入元僧就达 220 人，另有 15 位东渡的元僧记录在册。（参见刘德有、马兴国主编：《中日文化交流事典》，辽宁教育出版社 1992 年版，第 311 页。）

② ［日］野口铁郎：《道教和民众宗教结社》，载［日］福井康顺监修：《道教》第二册，上海古籍出版社 1992 年版，第 166 页。

③ 《元史·顺帝记》，《二十五史》，上海古籍出版社、上海书店 1986 年版。

为元王朝灭亡的导火线，而且也推动了弥勒信仰在民间社会的传播。随着正统道教的衰落，道教原有的神灵，如玉皇大帝、玄天上帝、三官大帝、斗母元君、纯阳吕祖等，也成为一些民间宗教如黄天教、混元弘阳教、皈一教等的主要崇拜对象。道教的教理教义和内丹术为一些民间宗教所吸收改造，促使东亚道教逐渐走上了民众宗教的道路。

　　总之，隋唐宋元时期，道教在教义上出现了融合儒佛道三教的趋势。在修道方法上，内丹学说兴盛，不仅很快就传到朝鲜半岛，而且也使传统符箓派积极吸收内丹学说来充实、改造古老的符箓咒术，在中国南方出现了以"内炼成丹，外行符法"的雷法来劾召鬼神的新符箓派。元末，道门中出现了道士素质下降、戒律松弛、生活奢侈、结纳权贵、占有土地、不重修行、不研义理等问题，对道教的发展产生了越来越多的负面影响，但道教在东亚社会依然有着独特的影响。

第三节　明清至民国道教民间化倾向

　　明清帝国五百年，按历史学家黄仁宇《从唐宋帝国到明清帝国》的看法，与唐宋帝国有着截然不同的政治风格与文化特征，如果说"中国的唐宋帝国，是外向的，而且是带有竞争性的，与之相较，明清帝国的大势则符合内向及非竞争性"[①]。他从财政、税收等角度来说明，明朝政府既要精明地维持高度中央集权，又要促进特定的经济利益发展是不大可能的，这是因为中国朝廷长期以来推行重农抑商政策，以儒家的"尊卑"、"男女"、"长幼"当作法律来执行，其政治体制既无法与商业组织相容，也无法对社会法制进行改造，更无法迎合明代中叶江南地区在生产和流通领域中出现的所谓"资本主义萌芽"。明代万历年间正值日本进入江户时期，日本社会的竞争性已渐向经济方面发展，"如利用江户大阪的商人资本拓地、奖励生产、提高对华输出、经营矿产、幕府掌握专利的事业、以通货贬值刺激交易等，所以明治维新前一百多年，日本的商业组织，已经有了粗胚胎的结构，不期而然地与世界潮流符合，维新只是政治法制系统的改组，不像中国所需要的

---

　　①　黄仁宇：《现代中国的历程》，中华书局 2011 年版，第 29 页。

是一个牵动全民的革命。"① 随着日本社会由古代向现代转型，中国在东亚文化圈中的地位逐渐下降。明清至民国道教发展的总体趋势也由盛而衰，由上层社会走向民间社会，日益融入大众生活中，这种民间化趋向成为东亚道教的新特点。

明朝初年，中国道教主要归拢为正一道和全真道两大道派。从表面上看，正一道的符箓派祈禳术因得到皇室喜好而地位显赫，全真教因不太重视符箓斋醮而较为关注内丹养生而地位衰微，其实这与明太祖朱元璋的个人喜好倾向有一定的关系。据《皇明恩命世录》记载，朱元璋在未称帝前为吴国公，他因闻道教无为默赞国家之治，在元至正十九年（1359）乃特命江西等处行中书省访求招聘天师，并给予龙虎山宫观殿宇特别保护。在朱元璋夺取政权建立明王朝的过程中，一些道士周颠仙、铁冠道人张中等为之出谋划策，制造朱元璋即将奉天承运，出任"真命天子"的社会舆论。第四十二代天师张正常也曾"遣使者上笺陈天运有归之符"。朱元璋见之非常高兴，乃手书赐答，希望张天师能够以自己特殊道术来"辅国济民"。元末战乱，民间瘟疫流行，由于生病而求符水的人太多，至正二十六年（1366），朱元璋特令张正常普发符箓、普施符水以济民治病。张正常干脆将篆符投入井中，人们争相汲水。于是，朱元璋命人造亭于井上，号曰"太乙泉"。朱元璋在称帝的前一年（1367）又致书张正常，希望借"天师"的特殊地位代为与天庭相"交接"，使自己能够承天命、顺天运而称帝："予近自正月，为国家之事，心所欠者，欲奏闻上帝，奈无人捧词至于天庭，故差人诣天师门下，望天师以彼祖宗之灵，必当诚心差精通道妙之师，捧词达天，以申祈祷之情，即师之虔意也。"② 第二年，朱元璋顺利建立明王朝，成为明太祖。朱元璋登基之后，依然以程朱理学为意识形态的主导思想，对社会上传播的各种宗教都保持警惕。这是因为他从小在佛寺中长大，后来又利用白莲教的力量登上政治舞台，坐上皇帝的宝座，深知宗教的内幕及可能产生的社会力量，故对宗教采取了两手政策。一方面，尊崇宗教，招揽各路宗教人士，为之敬神祀天；另一方面，采取限制和控制的宗教政策。因此，道教的发展与

---

① 黄仁宇：《现代中国的历程》，中华书局 2011 年版，第 207 页。
② 《皇明恩命世录》卷二，《道藏》第 34 册，第 789 页。

统治者的宗教意识有着密切的关系。

从正一道来看，朱元璋在夺取政权的过程中，曾得到张天师的支持，但登基之后，马上又废除"天师"的称号。据《明史·张正常传》记载，张正常于洪武元年（1368）入朝贺太祖继位，赐宴于便殿："太祖曰：'天有师乎？'乃改授正一嗣教真人，赐银印，秩视二品。"明太祖首先将元朝所赐"天师"号免去，然后敕令"正一教主"，封"护国阐祖通诚崇道弘德大真人"之号，掌管天下道教事，使之凌驾于全真道之上。二月，明太祖又召张天师入朝，勉励修节以格神明，诰封其母包氏为"清虚冲素妙善玄君"，命建斋设醮于南京紫金山和神乐观。洪武五年（1372），又敕令正一教主永掌天下道教事，让正一道以符箓斋醮服务于朝廷。从明太祖到以后的诸帝，不仅奉张天师为"正一教主"，而且对道教的长生术、祈神驱鬼术颇为看重，故符箓派道士，如宋宗真、张友霖、王默渊、刘渊然、邵元节、陶仲文等也给予厚待。与此同时，明王朝又不断地发出种种通谕对道教严加管理。据《明会典》记载："凡寺观庵院，洪武三年（1370）令除殿宇梁栋门窗衬座案棹许用红色，其余僧道自居房舍；并不许起斗拱彩画梁栋及僭用红色什物床榻椅子。"洪武五年（1372），下令清整道团，严禁奢侈秽乱。次年，为防止民间宗教势力泛滥，又下诏限定全国寺观的数量，规定各府州县仅存大寺观一所，并规定了僧道的人数，府四十名、州三十名、县二十名，对道士必须进行考核才能发给度牒。洪武十四年（1381）又设立僧道管理机构，中央设道录司，左右正一、二员，秩正六品，"道录掌天下道士，在外府州县有道纪等司分掌其事"[1]，府设道纪司，州设道正司，县设道会司，建立起从中央到地方的管理道教的行政机构。据《明会典》记载："洪武二十四年（1391），令清理释道二教，凡各府州县寺观，但存宽大可容众者一所并居之，不许杂处于外，违者治以众罪，亲故相隐者流，愿还俗者听。又命天僧道，有创立庵堂寺观非旧额者悉毁之。"[2] 洪武二十七年（1290）又下诏，只准僧道在寺内活动而不许奔走于外，混杂于民，以限制道士在民间乡村社会上开展传教活动。

---

[1] 《明史》卷七十二《职官志》，《二十五史》，上海古籍出版社、上海书店 1986 年版。

[2] 申时行编：《明会典》卷九十五《群祀五》，中华书局 1989 年版，第 538 页。

　　但另一方面，道教却通过官方外交途径不断向东亚社会传播，明太祖朱元璋经过二十多年的征战，建立起北达乌河，西达新疆、西藏，东北至日本海，南及海南海诸岛的明朝大帝国。为了扩大中国在周边国家的影响，尤其是期望越南、日本和朝鲜等东亚国家能够在政治上服从明朝，明朝既接受东亚各国人士的来访，也多次派遣使者出访，从而将道教推介到东亚各国。朱元璋登基当年，就派遣使者宣谕日本，没有反响，于是在洪武三年（1370）又派赵秩出使日本，一同前往的还有御史台掌记朱本、有出使日本经验的杨载以及被擒获的倭寇、僧侣等十五人。这一行人到达日本南朝征西府后，征西府的怀良亲王（1329—1383）认为赵秩是元朝使者赵良弼（1217—1286）的子孙，故命人杀之，但赵秩临危不惧，严正反驳，最后反而受到了礼遇，并让日本人了解了明朝。另据讲述明代与周边国家状况的著作《殊域周咨录》记载，洪武三年，明太祖派遣南京朝天宫道士阎原到越南祭祀伞山泸水之神，又派朝天宫道士徐师昊赴高丽举行祭祀山川之神的仪式。徐师昊到朝鲜半岛后，设坛于都城南，"祭于高丽首山及诸山之神首水及诸水之神"①。这些道教祭祀活动因携皇威之势，在当地都产生了一些影响，正如李能和所说：徐师昊赴高丽"其意不在于持传道教而在于宣扬皇威"②，可谓一语中的。

　　1392 年，既英勇善战又具政治谋略的三军都制使李成桂（1335—1408）废黜了亲蒙古帝国高丽恭让王，建立了李朝政权。为了争取明朝支持，重新回归到东亚传统的册封朝贡体系中，李成桂派使臣向明朝称臣，并提出"朝鲜"与"和宁"两个国号，请明太祖裁定。朱元璋答应把朝鲜半岛北部给李氏王朝，以换取他们支持明朝对付元朝在东北的残余势力，遂下圣旨："东夷之号，惟朝鲜之称美，且其来远，可以本其名而祖之。体天牧民，永昌后嗣"，赐李成桂国号为"朝鲜"③，礼部马上就将"高丽"改称为"朝鲜"，史称"李氏朝鲜"，但就民间社会而言，人们对朝鲜的情况缺乏了解，

---

　　① 严从简：《殊域周咨录》卷一，中华书局 1993 年版。另见吴晗辑：《朝鲜李朝实录中的中国史料》卷上，中华书局 1980 年版，第 15 页；《高丽史》卷四十二《世家恭愍王·十九年》中也有相类似的记载。

　　② ［朝鲜］李能和：《朝鲜道教史》，东国文化社 1959 年版，第 138 页。

　　③ 吴晗辑：《朝鲜李朝实录中的中国史料》（一），中华书局 1980 年版，第 112 页。

习惯于将朝鲜人称为"高丽人"①。鉴于高丽诸王崇拜佛教而影响国事，李成桂上台后即推行崇儒抑佛的国策，定道教斋醮为国家祭祀之仪式，道教在朝鲜王朝获得较为宽松的传播环境。

朝鲜国王为了与东亚各国建立友好关系，向中国派遣"燕行使"旨在履行朝贡义务的外交使节，向日本派遣"通信使"则是为了维持与日本的友好关系，随着日本朝廷也不断派遣明史来中国，东亚各国互派使者通过朝贡贸易和文化交流也促进了道教在东亚社会的传播。

明朝初年，日本高僧绝海中津、汝霖良佐、权中中巽、如心中恕等相伴来到中国，在江南一带云游学佛。洪武九年（1376），绝海中津（1336—1405）以个人身份拜访明太祖朱元璋，并应明太祖而作《御制赐和一首》，以赞赏徐福在中日文化交流中的积极影响，当时在座的还有宋濂。宋濂（1310—1381），字景濂，号潜溪，是元末明初文学家。他既崇尚儒学道统，又喜好修道著书，故别号玄真子、玄真道士、玄真遁叟，曾被明太祖朱元璋誉为"开国文臣之首"，其文章风行国内，其文名也享誉东瀛，"士大夫造门乞文者后先相踵。外国首使亦知其名，数问宋先生起居无恙否？高丽、安南、日本至，出兼金购文集。"② 后来，宋濂曾《赋日东曲十首》相赠绝海中津，在"其五"中对道教未能像佛教那样传到日本表示遗憾：

> 天皇大人泄秘宝，八角垂芒贯斗枢。青牛不渡大洋海，莫怪无人识道书。（国中无道士。）③

---

① 朝鲜王朝十分重视自己在以中国为核心的东亚文化圈中的地位及形象，不管是出于自愿还是被迫，每年都要派使团前往中国"朝天"，直到明万历年间，那些饱读诗书的中国儒生仍然将来华的朝鲜人称为"高丽人"，把一切与朝鲜相关的事物都称为"高丽"，这种称呼引起了朝鲜人的反感。据作为朝鲜朝贺万寿节使团中的质正官的赵宪所撰《朝天日记》的记载，他于万历二年（1574）八月来到北京觐见明朝皇帝时："早赴长安门，入通政门，坐于门内以待曙，有宦者数人。来欲交话。余答以不通话。又有儒生数四人来言曰：'这是高丽人乎？'余曰：'怎么每道高丽。高丽是吾地前代之名。令则名唤朝鲜。这也是皇朝所定国名。'"（赵宪：《重峰集》卷十一《朝天日记》中，载韩国民族文化推进会编：《韩国文集丛刊》第 54 册，景仁文化社 1996 年版，第 378 页。）

② 《明史》卷一二八《列传第十六》，《二十五史》，上海古籍出版社、上海书店 1986 年版。

③ 宋濂：《赋日东曲十首》其五，载［日］伊藤松贞辑：《邻交征书》，上海辞书出版社 2007 年版，第 87 页。

宋濂的《赋日东曲十首》是中国文学史上第一次出现的描述日本风物人情的完整的诗作。"宋濂本人虽然没有亲自到过这一个毗邻中国的岛国,然而,十几个世纪中积累起来的有关日本的文献、传说,以及往来频繁的中日人士的讲述,都给他以丰富的想象。"① 宋濂向绝海中津指出,由于神道教在日本的流行,故"青牛不渡大洋海",日本国中无道士,也无人能够识道书。

日本室町幕府第三任将军足利义满(1358—1408)执政后,于1378年将首府迁移到京都室町,建立室町幕府。1392年,足利义满逼降南朝,结束了长达数十年的南北朝对立。1403年,明朝第三代皇帝明成祖朱棣(1360—1424)废建文帝当政,不久迁都北京。随着中日双方国家趋于和平,官方关系也逐渐正常化,日本陆续向中国派遣明使团,东亚道教在文化交流中得到了一个新的发展契机。足利义满倡导明朝与日本间的贸易往来,称为"明日贸易"。从1401年,日本政府首次派遣以博德商人肥富为正使、僧祖阿为副使的使团访问明朝,到1547年为止,总共派遣了19次朝贡使团,称为"遣明使"。遣明使搭乘着"遣明船"来中国,称为"入唐"或"渡唐"。"遣明使"来华虽说是朝贡,但实际上主要是进行经济贸易活动。"遣明船"每次有两三百人的规模,有时人数还多达上千人,形成一只庞大的船队。它们主要从浙江宁波登陆,再改走运河上北京。由于海上航行风险大,遣明使们往往会敬拜海神"招宝七郎"②,所到一地,又会去参拜佛寺道观以求保佑,由此也加深了对道教信仰的了解。

日本临济僧人策彦周良(1501—1579)的《入明记》和朝鲜人崔溥(1454—1504)的《漂海录》都记载了当时东亚各国朝贡贸易或勘合贸易情况以及他们看到的中国社会的风土人情和宗教习俗。策彦周良在《入明记》

---

① 严绍璗:《中日古代文学关系史稿》,湖南文艺出版社1987年版,第301页。
② "招宝七郎"的原型大权修利菩萨是浙江宁波招宝山(又称阿育王山)的守护神。招宝山面临东海,渡海者望山而遥祈大权菩萨之护佑,故将大权修利菩萨塑造为一只手加额头上作遥望状的形象。日本长崎县西端的平户岛是当时遣明船的主要登陆地,岛上寺院就供奉"招宝七郎"作为守护神,称为七郎权现,其与长崎民间所供奉的妈祖都为中国沿海居民所奉祀的护航海神。"招宝七郎"与道教的护法四圣之一"华光大帝"也有着密切的关系,后逐渐成为日本的民间信仰。(参见二阶堂善弘:《民間信仰における神形象の变化について——华光大帝と招宝七郎を例に》,载《道教・民間信仰における元帅神の变容》,关西大学出版部2006年版。)

中用翔实的语言，记载了途经运河全线的驿站、巡检司和各地官署的建筑格局、沿途的商业活动、商品流通、与官吏的交往及唱和诗文、江南的人文风貌和文化习俗、沿途的名胜古迹特别是佛寺道观的情况。尤其是策彦周良在对沿途城镇宁波、姚江、无锡、丹阳、扬州、淮阴、北京的数十座道教庙祠宫观进行巡礼后[1]，以日记形式详细地介绍了道教宫观的建筑格局、崇拜神灵和斋醮法会的情况。例如，嘉靖二十八年（1549）正月二十三日，策彦周良一行五十余人到达扬州广陵驿后，登岸参观了附近的道教琼花观：

> （琼花观）去城三里，有楼门。入门少许而有六角亭，横颜无双亭三大字。所谓无双花属无双这是也。亭内有石碑，《维扬重修琼花观记》云云。亭后有六角石栏，中有一树，不知其名。想是后土琼花乎？其次有大殿，横匾三清大殿四大字，殿瑞安老君像，东西廊庑列诸宿灵像。[2]

琼花观位于今江苏扬州城东的琼花观街，供奉着主管万物生长的后土女神，实为道教的后土祠，始建于西汉元延二年（前11）。崇道的宋徽宗曾为该观赐金字匾额"蕃厘观"。"蕃厘"一词出于《汉书·礼乐志》："惟泰元尊，媪神蕃厘。"蕃指多、大，厘意味着福气，期望后土女神保佑人口兴旺，国家繁盛。举世无双的扬州古琼花就生长在蕃厘观中。宋代欧阳修任扬州知州时，于观内建"无双亭"以奉琼花。策彦周良看到琼花观中的三清殿供奉着太上老君像，东西廊庑列道教诸宿灵像，是一座典型的道教宫观，于是在日记中表达了他对道教的兴致和情趣。

遣明使在来华巡访中加深了对中国道教文化的了解，归国时也将某些道教因素带回日本。例如，策彦周良《入明记》中列有一些祈祷文，大多是向佛教菩萨、神道神灵祈愿的，反映了日本人"神佛习合"的信仰，但在"小回向"中却提到了道教诸天仙众：

---

① 策彦周良一行在中国巡访道教宫观的情况，请参见陈小法：《明代中日文化交流史研究》，商务印书馆 2011 年版，第 392—394 页。

② ［日］策彦周良：《再渡集》"嘉靖二十八年正月二十三日"条，转引自陈小法：《明代中国文化交流史研究》，商务印书馆 2011 年版，第 389 页。

> 祝献，护法诸天仙众、三界万灵十方至圣，今年岁分主热（执之
> 误），阴阳权衡，造化善恶聪明、南方大德火部圣众，专使和尚本命星
> 君，乘船各人本命元辰，总日本国内诸天权现诸大明神、诸大龙王、尽
> 祈祷会上无边灵咒，凭慈善利普用回严。先愿皇风永扇，帝道遐昌，佛
> 日增辉，法轮常转。专祈现前清众驾般若渡烦恼之海，更祈一年无纤末
> 之灾，八节有大来之庆，四恩总报，三有齐资，大盗无妨，诸好诸缘
> 吉利。

所谓"小回向"是通过念诵"回向偈"来帮助自己生起救度众生之心。这
篇祈祷文表达了希望通过祈祷神道诸天仙众、三界万灵十方至圣，以保佑乘
船者在渡海过程中能够无灾无难、风调雨顺、增福增寿、身心安乐的美好愿
望。这是否就是将道教神灵信仰带回日本，还需要深入研究，但至少反映了
当时的遣明使已在无形之中接受并表达了对道教神灵信仰的敬重。

明成祖是发动靖难之役，以武力夺建文帝之皇位，才登基当皇帝的，为
了巩固自己的政治统治，明成祖即位伊始，一方面着力清除与建文帝有关的
一切历史记忆，如去除建文帝在位四年的年号、杀建文帝的忠臣方孝孺①
等、重修《太祖实录》等；另一方面，又打着寻找张三丰的旗号，大力建
设武当山，暗中寻找销声匿迹的建文帝，这在客观上促使一个崇拜真武大帝
为主神的新道派——武当道崛起，开辟了道教将内丹与武术相结合的新方
向，这是明代道教发展中的一个亮点，也成为东亚道教的一个新增长点。

武当道因活动于湖北省武当山而得名。武当山古名太和山、玄岳山、仙
室山等，山上有七十二峰、三十六岩、二十四涧，相传道教信奉的"真武
大帝"就在此得道升天。据元代刘道明撰《武当福地总真集》记载，"武
当"之名就取自"非真武不足当之"②。"真武"本名为"玄武"，乃北方七
宿（斗、牛、女、虚、危、室、壁）的合称，因有"南斗注生，北斗注死"

---

① 方孝孺（1357—1402），浙江宁海人，字希直，一字希古，号逊志，明代大臣、著名学者、文
学家、思想家，曾任建文帝的老师，主持京试，推行新政，就因为拒绝为明成祖朱棣写即位诏书，方孝
孺遭到以刀抉其口，裂至两耳的磔刑，并祸及十族，朋党门生、坐党诛死者竟达 873 人，谪戍至死者不
可胜计。方孝孺的著作也被列为禁书。直到明末万历十三年（1585），朝廷释放受其牵连而谪戍的后裔
还有 1300 多人。

② 刘道明：《武当福地总真集》，《道藏》第 19 册，第 648 页。

的说法，被视为具有司命功能的星辰神，在东亚社会中受到广泛崇拜。

明成祖迷信道教灵符和扶乩得来的仙方，在北京兴建道教灵济宫，同时又命工部侍郎郭进、隆平侯张信等带领三十余万工匠，耗银百万两，历时七年，按皇家建筑格局在武当山上大力营建道教宫观。在建成八宫二观及金殿、紫禁城等宫观之后，赐名武当山为"太和太岳山"。据记载，有关明成祖修建武当山的原因有多种：一是顺应湖北、河南的民众崇拜"真武大帝"的信仰而在武当山上修建道观，以收扰民心，点缀升平，更好地进行政治统治。二是为了寻找隐匿于武当山的建文帝。朱棣夺建文帝的皇位后，火烧皇宫，建文帝下落不明，其中有一种说法是建文帝隐居到武当山，永乐三年（1405），明成祖先遣淮安王宗道遍访"真仙"张三丰于天下名山，后又在武当山大规模地修建道观以招徕张三丰。三是为了自己求道法仙药，以养生延寿。在张三丰所撰《玄要篇》中有《答永乐皇帝》："天机不肯轻轻泄，犹恐当今欠猛烈。千磨万难费辛勤，吾今传与天地脉。皇帝寻我问金丹，祖师留下长生诀。长生之诀诀何如？道充德盛即良图。节欲澄心澹神虑，神仙那有异功夫！"① 张三丰将神仙定位在通过尊道贵德、节欲澄心来把握自我生命成长上，这种说法在元末明初社会中影响很大。北京故宫钦安殿内永乐年间铸造的玄武像以披发跣足仗剑的武神形象出现，据说就是按永乐皇帝明成祖的形象塑造的，故民间有"真武神，永乐帝"的传说。最终，多种原因产生了一个结果，明成祖修建武当山后，"真武大帝"由地方神上升为官方钦定的"护国神"。武当山上很快出现一个崇拜"真武大帝"为主神、以张三丰为教祖的新道派——武当道。

若从宗教实践的层面来看待武当道，才能将这一信仰"真武大帝"的道教团体描绘得更加立体化。据《明史·张三丰传》记载，张三丰生卒年不详，其生活时间跨南宋、元和明三个朝代。一说为辽东懿州人，名全一，又名君宝，号三丰，又号玄玄子，因衣裳褛烂，不修边幅，人称"张邋遢"。元时曾于河南鹿邑太清宫学道，熟读经书，曾至陕西宝鸡金台观学得养生延命之术，明洪武年后又到武当山玉虚宫结茅庵修炼，修炼内丹，创武当内家拳。张三丰丹法著作主要有《大道论》、《玄要篇》、《金丹直指》、

---

① 《张三丰先生全集》卷四，《藏外道书》第 5 册，巴蜀书社 1994 年版，第 432—433 页。

《金丹秘诀》等。张三丰所开创的武当道派延续了全真道龙门派丹法，强调要修仙道，先全人道，形成了如下特点：第一，崇奉"真武大帝"为主神。第二，以"道"为三教共同之源，倡儒佛道三教合一。张三丰对外主张融合三教思想，倡导三教合一：

> 一阴一阳之谓道。修道者，修此阴阳之道也。一阴一阳，一性一命而已矣。《中庸》云："修道之谓教"。三教圣人，皆本此道，以立其教也。①

儒、佛、道三教，仅为创始人不同，实则"牟尼、孔、老，皆名曰道"，不仅在理论上倡三教融合，而且将三教合一的思想融入炼丹修炼的实践中。第三，主张性命双修的内丹修炼。武当道宣扬，全人道应以修心炼性为首，可谓"未炼还丹先炼性，未修大药且修心，心修自然丹信至，性清自然药材生"②。所谓的"药"又可分内外两种：内药是精，外药是炁。内药养性，外药养命。在修心炼性之后，再沿着炼精化炁、炼炁化神、炼神还虚的程序递进，最终还虚而合仙道，推动了明清道教内丹道的发展。第四，习武当内家拳技。内家拳以道家倡导的"以静制动"为特色，将道教的内丹修炼与无为虚静、柔弱自然的精神融于武术中，注重以意导气，以气引领四肢百骸，它的任何招式都是以用意领先，拳脚随后，形成"贵柔尚意"的拳风，达到以柔克刚的制敌效果，之后演绎出太极拳、八卦掌、形意拳、大成拳等道教武术，故清代思想家王夫之（1619—1692）评价说："拳勇之枝，少林为外家，武当张三丰为内家。"内家拳既是一种道教气功的动功，也有健身防身的实用性，形成了特有的武功修炼程序，在东亚社会产生了一定的影响。当真武神被明成祖奉为"护国家神"，武当山作为其修真得道飞升之处对广大民众产生了很大的吸引力，来自于四面八方的上山进香信众汇集为一股持续不断的朝圣活动，这种不同于皇族信仰的乡村民众的拜神活动成为道教传播的重要渠道。

---

① 《张三丰先生全集》卷三《大道论》，《藏外道书》第 5 册，巴蜀书社 1994 年版，第 468 页。
② 《张三丰先生全集》卷四《玄要篇》，《藏外道书》第 5 册，巴蜀书社 1994 年版，第 433 页。

真武大帝信仰既扩大了道教在明代社会中的影响，也随着东亚各国之间的经贸文化交流而成为东亚道教的重要信仰对象。明代末年，满人入关，汉人大量南迁，真武信仰也在随之传入云南、福建、广东、广西等地，并随着明代郑成功去台湾，将"真武大帝"视为守护台湾岛的海神，称之为"玄天上帝"而大加祭祀，其影响在台湾尤为深远。民间百姓称之为"上帝公"、"上帝爷"、"帝爷公"等。"玄天上帝是道教所奉祀的主要神祇之一，在台湾信众人口数，仅次于男神中的王爷信仰。"[1] 迄今"玄天上帝"在台湾仍受到百姓的热烈崇拜，香火相当旺盛。真武信仰不仅传到朝鲜与日本，还通过云南传至越南。明万历三十二年（1604），云南巡抚陈用宾在昆明东北郊凤鸣山依照武当山天柱峰金顶的太和宫造型和规格建重檐殿阁式的真武殿，祭祀"真武大帝"，因该殿以金铜为顶，明亮耀眼，俗称"铜瓦寺"。清代崇祯十年（1637）云南巡府张凤翔将"金殿"移至宾川鸡足山。今天，越南河内市还保存有几座真武观，成为道教传播到越南的实证。

明代时，除全真道与正一道之外，还有上清派、清微派、净明道等道派在继续传播并相互影响。如唐末时由正一符箓派衍化而成的清微派，在明代时逐渐与全真、净明相结合。清微派自称其教出于清微天玉清元始天尊，然后传玉晨大道君与太上老君，衍化为真元、太华、关令、正一四派，后在唐末时由广西零陵人祖舒合四派为一而创清微派。清微派主天人合一，倡万法皆俱于一心，心若寂然不动，得太极之体，则自然有感即通。从《道法会元》中收录的多种清微雷法看，清微派以行雷法为事，倡诚于中，方能感于天，修于内，方能发于外，由此而将内丹与符箓结合起来，通过阴阳契合之符来统御天地鬼神："符者，天地之真信，人皆假之以朱墨纸笔，吾独谓一点灵光，通天彻地，精神所寓，何者非符？可虚空、可水火，可瓦砾，可草木，可饮食，可有可无，可通可变，是谓之道法。"[2] 清微派以简易为特点来发挥道教符箓的独特功能。祖舒之后，清微派虽然得到休端、郭玉隆、傅央焴、姚庄、高奭、华英、朱洞元、李少微、南毕道九代宗师的传承，但宗师们大多隐居传道，如朱洞元、李少微、南毕道都曾隐居于四川青城山，

①　赖宗贤：《台湾道教源流》，中华道统出版社1999年版，第71页。
②　《道元法会》卷一，《道藏》第4册，第674页。

故社会影响并不是很大，直到南毕道将雷法授予生活在宋末元初的黄舜申，这种状况才得以改变。

黄舜申（1224—?），福建建宁人，世家出身，少通经史百家之学，年十六侍父于广西幕府，后遇清微派一代宗师南毕道授以清微雷法，入道修行。黄舜申成为清微派第十代宗师后，不仅"覃思著述，阐扬宗旨，而其书始大备"，而且还力行清微雷法，为民祈福消灾，声名大振于京师。元世祖乃制授之"雷渊广福普化真人"。清微雷法因黄舜申阐扬而得以大兴，吸引了众多百姓前来求法。据载，黄舜申门徒众多，分为两支向南北发展。张道贵以武当山为中心，传行于北方；熊道辉（号真息）以福建建宁为中心，传行于南方，从而使清微道法很快传播于大江南北。熊道辉传彭汝励（或作"砺"），彭汝励传曾贵宽，曾贵宽传赵宜真。元末明初道士赵宜真（?—1382）将全真道南北宗内丹与清微派道法融相贯通，又吸收了一些净明道的思想，故被净明道尊为第五代嗣师。元末明初，"壬辰兵兴，挟弟子西游吴蜀，暨还游武当，谒龙虎，访汉天师遗迹。"[①] 赵宜真带领弟子四处访学，尤其是以配合存思、服气、斋醮等多种法术于一体的清微雷法来祈禳济世，扩大了清微派的社会影响。赵宜真晚年定居于江西鄂都紫阳观从事著述活动。现存于《正统道藏》中由赵宜真撰、弟子刘渊然编集的《原阳子法语》代表了清微派思想，而《道法会元》则收录了多种清微雷法。

赵宜真嫡传弟子刘渊然推动了清微派在明代的传播。刘渊然（1351—1432），号体玄子，据《明史》卷二百九十九《方伎》传云："刘渊然者，赣县人。幼为祥符宫道士，颇能呼召风雷……渊然有道术，为人清静自守，故为累朝所礼。"刘渊然师事赵宜真，得授净明忠孝道法、符箓清微雷法及金火大丹诀要，被尊为净明道第六代嗣师。刘渊然精通道教经典，道行精妙，以擅长祈雨而闻名天下。明成祖迁都后，刘渊然随驾进京，后因得罪朝中权贵，被谪龙虎山，后迁至云南，先后在真武祠和黑龙潭龙泉道院传教，收门徒百余人。据现存于昆明黑龙潭的《龙泉观长春真人祠堂记》载，刘渊然充满着慈悲心，"凡滇民有大灾患者，咸往求济，无不得所愿欲。"[②] 扩

---

① 《岷泉集》卷四，《道藏》第33册，第232页。
② 陈循撰：《龙泉观长春真人祠堂记》，载陈垣编纂：《道家金石略》，文献出版社1988年版，第1261页。

大了道教在云南的社会影响。他还在龙泉道院以道教符篆大书"万物滋生"石碑，因刻工和视觉关系，此碑表现出独特的立体感，当地人称之为"凸字碑"。原碑已毁，现碑虽为清嘉庆三年（1789）重刻，但依然为云南道教的重要文物。明仁宗洪熙纪元（1425）召刘渊然还京，赐号"冲虚至道玄妙无为光范演教长春真人"，诰加"庄静普济"四字，"领天下道教事"，成为掌管全国的道教领袖。刘渊然奏请明仁宗，改云南真武祠为真庆观，龙泉道院为龙泉观，并奏请立云南、大理、金齿（今保山）三道纪司，以传播清微道法，使道教通过云南而传播到东南亚一带。明清之际，清微派在大陆逐渐走向式微，但由海路传到台湾后得以在东亚社会继续流传。

明代中叶以后，国力日衰，内忧外患日益严重，中国在东亚文化圈中的政治经济文化地位逐渐下降。此时的道教因理论上日益丧失创造力，按柳存仁先生的看法，虽然"明代的儒教思想中，比宋代尤甚地深染上一层道教的颜色"，但"明代三百年道教人物中找不出一个堪称独往独来的思想家"[①]，道团内部的腐败日趋严重，社会声望逐渐降低，再加上宋明理学的独尊和佛教在民间社会的传播，道教的发展进入了衰微期。明英宗、明孝宗都不崇尚道教，直到明宪宗、明世宗当政时这一情况才有所改变。明世宗晚年沉溺于道教，宠幸道士，广行斋醮，笃信神仙，天下方士纷纷进献仙方与异物以投其所好，以至于天下所供奉的灵芝堆积成"万岁芝山"。一些名道士，如龙虎山道士邵元节（1459—1539）、神宵派道士陶仲文（1475—1560）等，长期受宠，位极人臣，但这集皇帝、教主和天仙为一身的嘉靖皇帝最后却是服丹药中毒而身亡的。随着道教声誉下降，在东亚社会中的影响也逐渐淡薄。

满人在入关之前，就信奉藏传佛教中的格鲁派（黄教），入关之后，又比较注重以宋明理学来治世。顺治、康熙、雍正诸帝从笼络汉人以稳固政治统治的立场出发，曾沿袭明制赐封张天师为正一真人，让其掌管天下道箓。到乾隆时，清王朝特别宣布黄教为国教，道教仅为汉人的宗教，对正在走向衰微的道教十分冷淡，很少任用道士举行斋醮之事，甚至还一度禁止符箓派道教开展跳神驱鬼的活动，失去统治者扶植的道教被逐渐边缘化。道教的社

---

① 柳存仁：《和风堂文集》第三册，上海古籍出版社 1991 年版，第 815、813 页。

会地位日益下降，被执政者看成为名山胜景的点缀，对道教的管制也日渐松弛。再加上道教自身在理论上缺乏更新和创造的生机，总体上呈现了停滞的形势。由于满人入关以后，用高压的方式逼迫汉人剃发易服，激发起汉人的民族自尊心和反抗精神，因此，在民族矛盾日益尖锐、亡国之痛的时刻，道教又被汉人视为本民族文化传统的象征而在民间继续传播，一些儒生和抗清人士加入道教，一些道士则力图通过改革来振兴日益衰落的道教，因此，道教在上层社会没有受到重视，在民间社会却仍然传播。

清代时，道教形成北方全真道、南方正一道并行传播的局面。清朝皇室不爱好符箓斋醮，正一教的地位有所下降，全真教在清初进行了改革，受到清王朝一定的扶植。在全真教下的各派之中，唯有丘处机法嗣为多，以其为教主的龙门派最为兴盛。龙门派创于元代，兴于明代，但真正在江南社会中产生影响还是在明末清初第七代律师王常月南下弘法传戒活动时。明末清初时，全真道龙门派第七代律师王常月针对道门中"颓衰不振，邪教外道，充塞天下，害人心术，坏我教门"的状况，不仅在北京白云观六次开坛说戒，强调"戒行精严"，而且还到全国各地通过公开传授"龙门戒法"来提高道士素质，抑制教门腐败，由此而被誉为全真道的"中兴之祖"。

闵一得通过《金盖心灯》构建了全真道龙门派从北方传播到江南地区而形成的传承谱系。龙门正宗第七代有律师王常月（1522—1680）和宗师沈常敬（1523—1653）。第八代共有十五人，其中最知名的是律师伍守阳。伍守阳（1574—1644）号冲虚子，擅长内丹功法，著有多部内丹著作，清乾隆年间，他将"龙门派"性命双修功法传于在皖水双莲寺落发出家的佛门弟子柳华阳（1736—？）。柳华阳成为第九代二十一位传人中最著名者。第十代有十一人，第十一代有十人，第十二代有十六人，第十三代有三人，第十四代只记载了潘雪峰律师一人。另外，《金盖心灯》卷六中还有一些零星的传记。① 从第八代开始，龙门律师或宗师大多是江南人，陶靖庵、周太朗、范太青、高东篱、沈一炳等一批高道各自在江南地区进行传戒弘道活动，一方面使龙门派进一步分支岔派；另一方面也在客观上扩大了龙门派在江南地区的社会影响，以至于在明清时期出现了"天下道士半全真，天下

---

① 《金盖心灯》卷一，《藏外道书》第31册，巴蜀书社1994年版，第179页。

全真数龙门"的局面。在江南传播的龙门派承丘处机之传，形成了"龙门心法"的传承系统，虽然出现了一些分支，但大都具有崇拜吕祖、精严戒律、重视内丹、与正一道相融合等特点。① 龙门派通过扶乩降神的方式吸纳并发展了吕祖信仰，不仅推动了全真道在江南地区的发展，而且进一步向海外传播，发展为今天港台地区道教的主流派。

　　明清两代在道教教义教理方面虽无特别的发展，但在内丹学方面则有长足的进步，出现了一批致力于内丹修炼理论与实践探索的道士，如王道渊、张三丰、陆西星、伍守阳、柳华阳、刘一明、闵一得、李西月、傅金铨、黄元吉等，他们辑撰了一批内丹著作，以通俗明了的方式介绍内丹理论与修炼方法，这使道教内丹术突破教团内部师徒秘传的藩篱而走向社会大众，甚至在儒学、医学、气功养生、艺术和武术等领域中有着一定的影响。明代儒家学者王阳明（1472—1529）曾修炼内丹术，期望通过"云外开丹井，峰头耕石田"② 而飞升成仙，后来才"渐悟仙学之非"而醉心于儒学，并于《赠阳伯》一诗中追悔自己当年耽心于道教内丹修炼的做法："阳伯③即伯阳，伯阳竟安在？大道即人心，万古未尝改。长生在求仁，金丹非外待。缪矣三十年，于今吾始悔。"④ 泰州学派罗汝芳（1515—1588）曾师事净明道士胡清虚谈烧炼、采取飞仙⑤，还影响到他的学生有着"东方的莎士比亚"之称的明代戏曲家、文学家汤显祖（1550—1616）。清初大思想家王夫之（1619—1692）会通儒佛道三家之学，但出于对生命的热爱，他晚年关注道教仙学，"深于仙而终未逃仙"，曾于 1671 年撰《愚鼓词》吟咏内丹之事。《愚鼓词》包括"前愚鼓乐"中《梦授鹧鸪天词》十首，"后愚鼓乐"中《译梦》十六阕，以及《十二时歌·和青原药地大师》一首，共二十七首。"愚鼓"又称"渔鼓"，是由民间流传的乐曲、民歌小调发展而来的一种流传甚广的说唱形式，又称"道情"、"道情渔鼓"，其主要的伴奏乐器就是一个竹渔鼓筒，配合唱腔，击拍发声，如王夫之自言："晓风残月，一板一

---

① 参见孙亦平：《论全真道龙门派在江南地区的传播与发展》，《宗教学研究》2010 年第 3 期。
② 王守仁撰：《王阳明全集》，上海古籍出版社 1992 年版，第 663 页。
③ 这里的"阳伯"是王阳明之友诸复之字，"伯阳"则为传说中老子之字。
④ 王守仁撰：《王阳明全集》，上海古籍出版社 1992 年版，第 673 页。
⑤ 参见《明儒学案》卷三十四，浙江古籍出版社 1992 年版，第 4 页。

槌，亦自使逍遥自在。"① 在"后愚鼓乐"中，王夫之通过《炼己》、《黄婆》、《水中金》、《子时》、《弦月》、《采药》、《龙吞虎髓》、《龙叹虎精》、《进火》、《退符》、《沐浴》、《刀圭入口》、《后天气接先天气》、《三五一》、《光透宫帏》、"还丹"十六首诗介绍了内丹修炼的过程、方法和境界，最后的《还丹》诗曰：

> 世上仙人千万位，唯除强把皮囊闭，识得离钩真震兑，随缘值，耶娘粥饭寻常味。我即与天分伯季，定谁愁老谁愁稚，才觉骷髅非异类，酣娇媚，慵腾日月花前醉。②

据说，此时的王夫之已修丹近二十年，他借《愚鼓词》表达了自己通过亲证内丹而产生的生命体验。台湾道学家萧天石评价说："宋明诸子。虽无不出入佛老，其思想受道家与禅宗之影响尤大，复能援而入儒，确不易得。唯以功夫未能究竟，未臻最上一乘境界，故最后总属隔一层！不能解脱樊笼，自开新境。能如先生之直探二家神髓，亦亲自证得者鲜也。"③ 可见其融合禅道来诠释内丹学所达到的境界。王夫之虽然参与内丹修炼，对仙学有所肯定，但对道教则采取否定态度，这代表了东亚儒士对道教的基本看法。

明清之际，随着基督教传教士的到来，西方式的现代化在东亚社会持续推进。利玛窦介绍的西方知识一下子动摇了中国士人长期持有的天圆地方学说以及中国位于世界中心的世界观。随着资本主义萌芽在中国南部沿海地区出现，中华文化在东亚文化圈的中心地位逐渐走向解体，这对东亚道教的发展产生了巨大的冲击，虽然据"康熙六年统计，全国有道士 21286 人，近僧尼总数的 1/5，道、僧比率较宋元时代增长一倍多，④ 而且随着道士人数的增长，道教的传播范围也扩大了，"一些原来道教影响甚微乃至无道教的地区，如东北、新疆、内蒙古、台湾等地，也都陆续建起了道教的神庙，有了

---

① 《船山诗文集》，中华书局 1962 年版，第 636 页。
② 《船山诗文集》，中华书局 1962 年版，第 640 页。
③ 萧天石：《道海玄微》，华夏出版社 2007 年版，第 430 页。
④ 徐珂：《清稗类抄》卷四，中华书局 1984 年版。

道士"①；但从总体上看，道教的发展与中国封建社会同步进入了停滞阶段并日益走向民间化，其原因是多方面的。

从道教外部看，资本主义经济在东亚的迅速发展，动摇着传统道教信仰的社会经济基础；在西方文化不断地冲击与影响下，整个东亚社会开始向现代化方向前进，"日本的近代，走了一条由旧统治阶级领导的、自上而下的，因而也就缺少了社会革命的追随西欧即帝国主义的道路；而中国的近代，则走了一条自下而上、进行反帝、反封建社会革命的人民共和主义的道路。"② 这使道教以赖以生存的社会文化土壤出现了"质"的变化。科学知识的传播，增强了人们对自然、社会和人自身的认识水平。西方宗教的传播，也使得传统佛教与道教在东亚社会中的垄断地位不复存在。来华基督教传教士，往往以文明传播者自居，他们仔细观察中国的民族语言、文化习俗和宗教信仰，并用日记、随笔的形式记录自己在传教过程的中观感和收获，在让西方世界了解中国的同时，又积极在传教地区创办学校、医院、收容所等社会福利事业，一方面培养中国人对基督教的信任和好感，另一方面视中国传统宗教为巫术魔法，指使教徒捣毁神像，改佛寺、道观为教堂。西方基督教在华的传播，也使中国人的信仰日益多元化，道教的衰退与近代东亚社会的现代化进程相伴而行。

从东亚视域中看，17世纪中叶以后，东亚世界在文化上已经不是一个"中华"，在政治上已是一个"国际"，经济上的"朝贡体制"已逐渐被"贸易关系"所替代。1840年鸦片战争后，国难频繁，外患接踵而至，在西方列强的攻击下，中国在东亚世界的中心地位从根本上动摇了，东亚道教也随之而分崩离析。道教在日本被完全边缘化，在朝鲜王朝末期已退出官方祭祀体系，神仙信仰仅保留在民间习俗和文学作品中，在越南向民间信仰方向发展，逐渐融入新兴宗教。

从道教内部看，清代以后，道教中缺乏有才干、有理想的高道来倡导改革以促进道教能够随顺社会的发展而与时俱进；道教的教义过分地追求长寿、财富、幸福、多子多孙等世俗享乐而失却了宗教的神圣性；道教法事中

---

① 任继愈主编：《中国道教史》，上海人民出版社1990年版，第644页。
② ［日］沟口雄三：《日本人视野中的中国学》，中国人民大学出版社1996年版，第6页。

充满着巫术气息而被越来越多受民主和科学思想熏陶的国人视为迷信；道教经典没有得到整理与阐释；道团中出现的颓废与腐败现象日益严重，愿意当道士的年轻人越来越少。此时的道教既缺乏一种系统的自我反省意识，也缺乏一种在剧烈的社会变迁的情境下进行自我变革以与时俱进的理念。

　　道教的发展虽然出现了衰退的景象，但作为中国传统文化的象征与代表之一，道教宫观仍然林立于城镇乡村，崇祀多神、扶乩降神还流行于东亚民间社会中，使道教信仰更加世俗化、功利化。20 世纪初，孙中山的日本友人、东京帝国大学教授泽村幸夫来华调查中国宗教，他认为，中国社会是儒佛道三教并存，但有上流儒教和中下流的佛道二教之分，他特别借用林语堂的说法，儒教是在都市传播的宗教，道教则是在田园传播的宗教。道教的符咒、醮祭、祈祷、禳祓之类在民间社会得到广泛普及，他回日本后撰写了《支那民间の神々》（象山阁 1941 年版），对中国民间的神灵，主要是道教神灵，如文财神比干、武财神关羽、吕洞宾、吕尚太公望、碧霞元君、唐明皇老郎神、文昌帝君、梓潼帝君等的来龙去脉以及在当时中国社会的影响做了生动介绍，由此展示了 20 世纪初中国道教的景象。道教的"得道成仙"信仰对于一般民众来说是一个可望而不可即的遥远梦想。道教神灵往往表现出一种能够抚慰人心、帮助人解决困厄、实现幸福等功利性目的，故更加贴近现实生活。此时的道教通过积极开展祭神活动来为人祈福消灾。这种幸福观既包括个人的健康长寿和心情愉悦，也包括家庭和家族的平安、富裕、发达和人丁兴旺，对于普通百姓具有很大的吸引力。日本学者中村裕一（1945—　）依据生活于清道光咸丰年间的顾禄所记载的清代苏州习俗及游览胜境的地方志《清嘉录》中的资料，介绍了江南民众在财神、玉皇大帝、刘猛将军、三官大帝、土地神、玄坛神的生日，以及城隍神出巡日，在道观中举行的拜神活动。如苏州人称玉皇大帝的生日为"斋天"，"九日为玉皇诞辰，元妙观道侣设道场于弥罗宝阁，名曰斋天。酬愿者骈集，或有赴穹窿（苏州）上真观烧香者。"① 中村裕一通过展示清代苏州地区道教和岁时节日的关系来说明，"道教是民间信仰和民众文化的代表，在显示中国民众生活

---

　　① 顾禄撰：《清嘉录》卷一，转引自卞修跃：《近代中国社会面面观》，四川人民出版社 1999 年版，第 53 页。

节序的岁时节日中，当然包含着与道教信仰有密切关系的节令。"① 道教的这种幸福观十分现实，但却是千百年来始终伴随着人类的根深蒂固的生活理想，对中国人的精神意趣和东亚社会的民情风俗依然有着重要的影响。

从道教的崇拜对象看，烦多的祀神活动的一个显著标志是大大小小的宫观神庙林立于城镇乡村，其中既有官修的东岳大帝、城隍、真武、吕祖、文昌、关帝、天妃等宫观，也有民间私建的龙王、火神、山神、土地、财神、送子娘娘等小神庙道观，还有佛教的弥勒佛、阿弥陀佛、观音菩萨、地藏菩萨等，而道教的关帝、吕祖、真武等有时会成为佛教的护法神，成为善男信女烧香叩求的礼拜对象。道教信仰不仅渗透到人们的思想与生活之中，而且也广泛地进入到各种文艺作品中，与佛教以及各种民间信仰、习俗相混合，几乎达到互不能分的地步，"事实上，台湾和东南亚各地华人社会中的寺庙，即使是佛寺也供奉着老子及孔子像，即使是道观也安放着释迦佛及孔子像。"② 东亚道教形成的多神信仰具有了很大的包容性，无论是教义思想、礼拜对象，还是斋醮仪规、法事活动，都依此而且展开。从这个角度来看，道教又以保存中华民族文化传统的方式来对抗西方列强在东亚的殖民化运动。

从道教文化的影响看，神仙信仰、劝善书、功过格、内丹术在民间也很流行。如出现于南宋时的劝善书《太上感应篇》，仅一千二百余字，以"祸福无门，惟人自召；善恶之报，如影随形"十六字为纲领，通过生动的故事讲述人若想长生多福，必须行善积德的道理，并列举了二十多条善行，一百多条恶行，作为趋善避恶的标准，扩大了道教扬善伦理在民间社会中的影响。自南宋皇帝出资官刻《太上感应篇》后，明清两朝都曾刻板印刷各种道教劝善书，清顺治皇帝还亲自为《太上感应篇》御制序言。地方政府也捐资道教宫观印刷各种劝善书。数千万部道教劝善书通过各地宫观颁布到百姓手中，广传日本、朝鲜等国，在东亚社会中产生了十分广泛影响。

从道教的法事活动看，道士以开展斋醮科仪来参与社会生活，故擅长斋

---

① ［日］中村裕一：《道教和岁时节日》，载［日］福井康顺监修：《道教》第二册，上海古籍出版社 1992 年版，第 299 页。

② ［日］野口铁郎：《道教和民众宗教结社》，载［日］福井康顺等监修：《道教》第二册，上海古籍出版社 1992 年版，第 168 页。

醮科仪的正一道在民间社会的影响还相当大。如龙虎山正一道士娄近垣（1689—1776）就是清代少数能以斋醮科仪名世的道士。娄近垣自幼好道，先师事杨纯一于仁济观，后师周大经于龙虎山，习五雷阵法、诸家符秘。雍正五年（1727），娄近垣随第五十五代天师张锡麟入京，奉命礼斗祈雨驱邪，受到雍正皇帝器重，并随雍正学佛讲禅，著《阐真篇》，宣扬"皆灼知万物之备于我，而未尝有心于万物也。无心于物，故心心皆佛心；无心于道，故处处是道体"①，因此修内丹要从性功入手，然后炼化精气，性命双修，而将那些执着"炼气养真"的称为"皆妖妄之人借以谋生之术"。他在与社会名流的交往中"不喜言炼丹修真之法"、"不涉于丹药怪迂之说"，对道教炼丹术表现出一种超然态度。雍正九年（1731），娄近垣为帝病有验，被封为四品龙虎山提点，钦安殿住持，封"妙应真人"。娄近垣整理出《黄箓科仪》十卷，既促进了清代正一派斋醮科仪的规范化，也为注重斋醮科仪的东亚道教提供了文献依据。从每天必做的早晚坛功课，到特殊日子举行的接驾、祝寿、进表、祭孤、水火炼度、灯仪等，道教宫观里常常举行各种法事活动，届时，道士们身着金丝银线的道袍，手持各异的法器，上章拜神，吟诵道曲，踏罡步斗，掐诀念咒，在坛场上翩翩起舞，犹如演出一场生动的折子戏，俗称"道场"。清代道教还吸收了佛教的放焰口、打水陆、拜经忏等活动，将之与超荐祖先亡灵、祈福避祸等黄箓斋相融合，作为道教法事活动的主要内容。黄箓斋本是用荐亡魂，往生仙界的斋仪，后来吸收佛教的"放焰口"，发展为道教施食科仪，即在鬼节或人死后第三天，斋主设置水陆道场，请道士念咒施法，把水、食物等供品化为醍醐甘露，给亡魂布施，能使死者赎罪，得到超脱，往生天界，永离苦海。

　　道教斋醮科仪也受到了一些20世纪初到中国进行考察的东亚学者的重视。日本学者小柳司气太在北京白云观进行考察时，就注意到道教通过"依科演教"的拜神仪式对民众的吸引力，他不仅记下了白云观每月建斋醮的日期，而且还描述了一些坛场布置及仪式过程："九月一日面斗下降之辰，……自是日至九日北斗九星降世之辰，为玄门重要之斋场，谓之九皇会。……九皇会乃为天下人民祈弥灾招福者也矣。白云观当日殿中大桌上设

---

① 《龙虎山志》卷十二，《藏外道书》第 19 册，巴蜀书社 1994 年版，第 554 页。

祭星灯盏，以供北斗九星及二十八宿各星。"① 这种斋醮科仪以修功德的方式吸引了百姓的参与，成为明清道教的生存之道。

从秦朝到清朝的一千多年时间中，历代中国的统治者都认为，中国就是东亚乃至世界的中心，其他国家都属于藩属国，故称"四夷"。然而 1856年，英法联军组成侵华远征军以更换条约为名进逼北京，发动了第二次鸦片战争，在火烧圆明园之后，清朝与英、法、俄等公使签订了丧权辱国的《北京条约》，允许各国驻华使节进驻北京，清朝被迫承认大清帝国和其他国家是国与国之间的关系，自己仅为东亚世界的一员，不再坚持"华夏中心论"，这对一向认为自己是天朝子民的中国人来说是一个很大的刺激。于是，一些思想激进的知识分子纷纷提出自强维新的主张，倡导发展军事，创办实业，废除科举，兴办教育，以抵御外侵。例如，光绪二十四年（1898）康有为（1858—1927）发动戊戌变法时，提出废除科举，兴办学堂。主张"中学为体，西学为用"的湖广总督张之洞（1837—1909）作《劝学篇》上书朝廷，提出"庙产兴学"的提案，即利用佛寺道观的房屋资产作为兴办教育的物质基础。这一提案正好契合苦于办学经费不足清政府的需要。经光绪皇帝批准，清政府在百日维新期间就开始施行庙产兴学，"将各省所有书院于省城均改设大学堂各府及直隶州均改设中学堂各州县均改设小学堂并多设蒙养学堂"②。"庙产兴学"猛烈地冲击着传统佛道二教的势力。百日维新失败后，慈禧太后虽曾一度下令禁止"庙产兴学"，但不久清政府又下令各省州县设置学堂。光绪三十二年（1906）四月二十二日又奏定劝学的章程，责成各村学堂董事查明，本地不在祀典庙宇乡社，可租赁为学堂之用。在"庙产兴学"的风潮中，许多道教宫观被不断地没收用来兴办学校、机关和军营，道观被损毁侵占，道士被勒令还俗，导致道教在民国时期进一步走向衰退。

1911 年，辛亥革命爆发，清王朝灭亡，中华民国成立。在政治动荡，战火连绵，民生疾苦的社会中，处于名山胜地的道教宫观或因兴学而挪作他用，或因得不到维护保养而殿堂衰颓、田产丧失、道士离散。不过在北京、

---

① ［日］小柳司气太：《白云观志》，《藏外道书》第 20 册，巴蜀书社 1994 年版，第 567 页。
② 中国第一历史档案馆编：《光绪宣统两朝上谕档》第 27 册，广西师范大学出版社 1996 年版，第176 页。

广州、上海、天津等人口较多的大城市以及沈阳、武汉、成都等内陆城市中仍有一些道教宫观的存在，并时常开展斋醮科仪、放戒活动等。尽管民国政府没有在财政上给予道教以支持，但还有一些民国要人积极参与道教组织的一些活动。例如，全真道在北京、沈阳和武汉等地道观曾举行过六次全国性放戒活动。[①] 在放戒活动中积极宣扬道教应与社会发展相结合，故得到大总统黎元洪、伪满洲政府国务院总理张景惠，以及省长、将军、督办、商会会长、学校校长等社会各界人士的参与，但由于这些放戒活动只延续着古代道教传统而缺乏现代意识，被视为落后迷信的活动而遭到那些受维新思想影响的人们的轻视。

回顾民国史，虽然也能看到当时还有一些道教徒力图通过成立新的道教组织来促进道教跟上时代的发展步伐，如民国元年（1912），北京白云观住持龙门派第二十一代传戒律师陈明霈等18名道教全真派代表为力挽道门颓风，以"表彰道脉，出世入世，化为而一，务求国利民福，以铸造优秀高尚完全无缺之共和"为宗旨，在北京发起成立"中华民国道教会"，陈明霈任会长。该会在北京设立中央道教总会，设立了"出世间业"与"世间业"两个部门。出世间业有演教门和宣律门；世间业则有救济门、劝善门和化恶门，并通过在各行省设总分会，各城镇乡设分会，希望建立一个从中央到地方的道教管理组织。"从这个全国道教会的发起人、赞助人以及经费资助人的名单可以看出，它事实上仅仅是道教全真派的全国性教会组织。于是，道教正一派也酝酿成立全国性的教会组织。"[②] 1912年6月，由基督教传教士李佳白、李提摩太和梅殿华等人在上海组织的世界宗教会时，电邀江西龙虎山第六十二代天师张元旭（1862—1925）前来参加。同年，上海的一些道教徒，先以小云巢山房住持沈颂笙为会长，蕊珠宫住持康孟然为副会长，后由新闸大王庙住持李瑞珊为会长，火神庙住持丁助云为副会长，联合上海的正一和全真两派道士，在上海火神庙筹建"中华民国道教总会"。1913年，以张元旭为首的道教正一派代表，在上海豫园萃秀堂召集上海正一派庙观以及苏州、无锡、常熟、松江、嘉定、镇江、川沙等地的部分正一派代表，共

---

① 参见卿希泰主编：《中国道教》第一卷，东方出版中心1994年版，第71页。
② 阮仁泽、高振农：《上海宗教史》，上海人民出版社1992年版，第429页。

同举行"中华民国道教总会"发起人会议。会议受到了各界社会名流，如伍廷芳、陈润夫、姚文栋、王丰镐、陆文麓、郭怀桐，以及传教士李提摩太、李佳白、梅殿华、麦士尼、仲田喜治等人的赞助，成立大会有上千人出席。张元旭在会上提出"黄老为宗，联络各派，昌明道教，以继世道"①的宗旨，发表中华民国道教总会的简章，并拟创办学校、医院、实业等，但终因未获民国政府批准而无法实施。但由于这些陆续成立的道教协会组织，既没有在教义上提出适应时代发展的新主张，也没有形成一个全国性的道教组织，更没有开展具有一定影响的宗教活动，故未能有效地促进东亚道教在新形势进行自我的更新与发展。

新成立的民国政府顺应时代潮流确立了倡导科学精神和宗教信仰自由的原则，将反对迷信习俗、控制宗教作为新政府的重要工作，很快就在现代国家政权建设中设立宗教管理机构，对颇具迷信落后色彩的道教进行严格管理，一些具有思想影响力的知识分子则在西学东渐的背景下对道教进行了价值判断。

新文化运动的旗手鲁迅虽然没有对道教进行专门研究，但他有句名言："前曾言中国根柢全在道教，此说近颇广行。以此读史，有许多问题可以迎刃而解"②，至今仍被人们反复引用来说明道教研究的重要性。其实，鲁迅是从一种直觉出发，一方面，说明道教在中国文化和民间风俗中的地位及影响，由此来说明中国人的国民性及中国文化的根本特质；另一方面，则通过否定道教文化中的陈腐思想和迷信巫术来抨击当时中国社会中那些因循守旧、消极无为的国粹主义和复古主义等思潮，以推动具有新文化意义的启蒙思想在中国进一步展开。鲁迅还从赞赏科学出发，表达了对当时道教附会科学做法的反感："中国自所谓维新以来，何尝真有科学。现在儒道诸公，却径把历史上一味捣鬼不治人事的恶果，都移到科学身上，也不问什么叫道德，怎样是科学，只是信口开河，造谣生事；使国人格外惑乱，社会上罩满了妖气。"③梁启超则明确地对道教持否定态度："就中国原有的宗教讲，先秦没有宗教，后来只有道教，又很无聊。道教是一面抄袭老子、庄子的教

① 阮仁泽、高振农：《上海宗教史》，上海人民出版社1992年版，第429页。
② 鲁迅：《致许寿裳》，《鲁迅全集》第9卷，人民文学出版社1973年版，第285页。
③ 鲁迅：《热风·随感录三十三》，《鲁迅全集》第1卷，人民文学出版社1973年版，第301页。

理，一面采佛教的形式及其皮毛，凑合起来的。做中国史，把道教叙述上去，可以说是大羞耻。他们所做的事，对于民族毫无利益；而且以左道惑众，扰乱治安，历代不绝。讲中国宗教，若拿道教做代表，我实在很不愿意。但道教虽然很丑，做中国宗教通史又不能不叙述。他于中国社会既无多大关系，于中国国民心理又无多大影响，我们不过据事直书，略微讲讲就够了。"① 五四新文化运动之后，科学主义已在中国思想界占有绝对优势，此时梁启超对道教的否定就不仅是对道教知识缺乏了解，而是在价值观与情感上的一种拒斥。梁启超对待道教的心态是纠结的，他明确地说，道教很丑，这不是他心目中理想的宗教，面对着西方的政治、军事和宗教文化大举在中国传播，他虽不愿将道教作为中国宗教的代表，但又不得不承认道教是中国人本有的宗教，可见，随着西方文化在东亚社会的传播，一些知识分子对本民族文化的认同感弱化了，他们在强调中国文化是非宗教性或理性时，其背后的动机是国家主义与民族主义，而不是真正意义上对道教进行客观研究。"像梁启超这种极端的意见，虽然不能说表达了中国学人的全部见解，但主流的观念应该离此不远。"② 直到 20 世纪 80 年代之前，中国学者大多对道教抱有摒弃和轻蔑的态度，更谈不上进行系统的学术研究。

如果以上还是道教之外的人士对道教的看法，那么，20 世纪初，道教内部人士又是如何对待自己信仰的宗教呢？值得研究的是，佛教与道教处在同样的社会环境中，受到了同样的激烈冲击，为什么道教界并没有像佛教界表现出一种深深的危机感和忧患感？没有像佛教界那样出现一批富有革新精神的高僧大德（如太虚提出"教理革命"、"教制革命"和"教产革命"等三大主张，导致了佛教界对自身的教义、行为乃至僧团制度进行多领域多层面的深刻反思，促进了人生佛教的兴起）？更没有如佛教那样利用庙产办学的契机兴办起自己的道学教育？这是否也是东亚道教走向衰退的原因之一呢？辛亥革命后，佛学教育曾在中国大地上风行一时，僧学堂、佛学院犹如雨后春笋不断涌现，著名的有南京支那内学院、武昌佛学院、重庆缙云山四川汉藏教理学院、北京三时学会、上海专研华严教义的华严大学、浙江宁波

---

① 梁启超：《中国历史研究法》，东方出版社 1996 年版，第 304 页。
② 强昱：《百年道教学研究的反思》，《首都师范大学学报》2001 年第 5 期。

双宗寺创办专研天台教义的观宗学社（后改名弘法研究社）、福建厦门南普陀寺的闽南佛学院等。据不完全统计，全国出现了三四十所佛学院，遍布京、沪、江、浙、闽、粤、湘、蜀、鄂、皖、秦、冀、豫等地。虽然这些佛学院大都在 20 世纪 30—40 年代先后停办，但毕竟在短短的时间里为佛教培养了许多僧才。当佛教革新运动推动了佛教在新形势下的更新发展之时，相比之下，道教界就显得更加沉寂了。那么，古老道教究竟缺少了什么，使其难以在 20 世纪东亚急剧变化的社会中进行自我更新与发展？

　　当接受新思想的中国学者开始批评和遗弃自己的道教信仰传统时，在日本人和韩国人中却出现了一批以研究道教而闻名的学者。为什么东亚学者对待道教的态度会出现这么大的差异呢？19 世纪末到 20 世纪初，一些日本学者却怀着各种目的来到中国，在搜集汉学资料时发现了中国道教，他们或称之为"老君的宗派"，或"道士的宗派"，本着更好地了解中国社会生活的愿望，着手对道教进行实地田野调查，"他们几乎百分之百地懂汉文。有的人曾经客居宫观，体验道士生活。有的人索性当一段时间的道士，学习科仪。他们不仅能够熟练地运用西方近现代的研究方法，有人还精通中国传统的文献、训诂、考据之学。有的人甚至亲身实践道教修炼。他们认识到道教对中国文化的深刻影响，作出'不了解道教就不了解中国'的结论。"[①] 1920—1923 年之间，东京帝国大学教授常盘大定（1870—1945）于 1920 年在日本著名报刊《朝日新闻》上发表有关北京白云观和全真道教的长篇专文，可谓日本学界介绍中国道教的第一人。早稻田大学福井康顺（1898—1991）在结束北京两年留学生活之后，于 1933 年 8 月提交给日本外务省文化事业部的中国寺观现状报告《支那寺观の现状に就て》（日本外务省文化事业部 1935 年版）。1931 年日本东京帝国大学（即现在的东京大学）教授小柳司气太（1870—1940）在北京白云观进行调查后，出版了著名的《白云观志：附东岳庙志》（日本东方文化学院东京研究所 1934 年版）[②]。1939年，已入佛教僧籍的吉冈义丰（1916—1979）获得日本外务省中国留学资助，开始了以白云观为中心的寺观实地调查。1941 年出版了调查报告《道

---

　　① 朱越利：《道教学译丛·总序》，齐鲁书社 2010 年版。
　　② 该书另收于《藏外道书》第 20 册，巴蜀书社 1994 年版。

教的实态》①，1945 年出版了《白云观的道教》（北京新民印书馆 1945 年版），阐述了他在白云观的所见所闻。② 这些内容丰富翔实的调查报告，以一种较为客观的态度来展示当时中国道教的样态，将东亚学者们的研究目光吸引到道教研究上来。

民国时期最具有品味的道教文化建设应该算是 1923 年 10 月至 1926 年 4 月商务印书馆陆续重印出版了明版《道藏》了。在当时流传的各种道教文献中，官修明版《道藏》是唯一的最为完整的传本，它曾流传于东亚各国。明版《道藏》经版原存北京城外灵佑宫，清代时移存于北京西安门大街光明胡同北口的皇家专用道观大光明殿。八国联军入侵北京后，大光明殿中珍藏的 12.15 万卷《道藏》经版在光绪二十六年（1900）被付之一炬，全部焚毁。再加上明清两代颁赐各宫观的《道藏》屡经兵燹，存者甚少。于是，爱好收藏图书的北洋政府教育总长的傅增湘（1872—1950）创议影印《正统道藏》，他为此而奔走南北，历时四载，联络了田文烈、李盛锋、赵尔巽、康有为、张謇、董康、张元济、梁启超、钱能训、熊希龄、江朝宗、黄炎培等各界名流，共同发起，得到时任民国政府总统又虔信道教的徐世昌（1855—1939）的支持。1923—1926 年间，上海商务印书馆借用北京白云观所藏明版《道藏》，以涵芬楼的名义影印出版，将原本缩为石印六开小本，还将梵夹本改为线装本，每梵本二页并为一页，凡 1120 册，共印 350 部。涵芬楼本《道藏》虽印数不多，流传未广，但它的问世却使《道藏》从此走出宫观，公开于世，很快传遍东亚各国，为更多的学者阅览研究提供了方便。

民国时期，中国也出现了个别信仰并研究道教的学者，如赵避尘、陈撄宁等，他们力图借鉴一些科学知识来充实道教的内容，以促进道教教义的现代化。赵避尘（1860—1942），道号一子，又号顺一子，北京昌平阳坊镇人。自幼好武，酷爱道教，曾云游拜师，实践性命双修之功。民国九年（1920），赵避尘收徒传法，创立千峰先天派。为使内丹道能够有益于大众健康，赵避尘著《卫生性理学》将西方医学知识与中医经络理论相结合来

---

① 本文载于《吉冈义丰著作集·别卷》，五月书房 1990 年版。
② 参见吴真：《1920 年的北京白云观：日本最早的中国道观实地调查》，《中国道教》2010 年第 5 期。

对内丹道进行说明，由此"体现了民国内丹学一大特点——科学融入内丹学"①，使道教内丹功法表现出不同于传统的新面貌。赵避尘"将所得于师及自己所曾经验者，尽情宣布，希望有依法修炼者，证位仙班或同登寿域"②，以师徒问答的形式著《性命法诀明指》16卷，用通俗易懂的白话文来说明千峰先天派的内丹修炼是以身、心、意为主，以精、气、神为用，倡阴阳合和，性命双修。赵避尘提出，内丹修炼有四大手功夫：下手练精化气，转手练气化神，了手练神还虚，撒手练虚化无合道。他将这四大手工夫分为十六步：安神祖窍、玉鼎金炉、开通八脉、采外药诀、筑基炼己、外文武火、卯酉周天、翕聚祖气、蛰藏气穴、躇蒂呼吸、闭精收气、灵丹入鼎、温养灵丹、采大药过关、婴儿显形、出神内院、虚空显形，每一步都配上口诀，以便于人们学习掌握。该书援引西方生理学知识对丹法术语等进行理论诠释，绘制了人体解剖图来公开内丹修炼的奥秘，并公布了奇经八脉在内修中的走向，揭示原本由师徒秘密单传的性命双修的内丹功法的玄机秘诀，吸引了社会各界人士大约有上千人前来向他学习，其中包括民国总统黎元洪，军阀吴佩孚、张作霖、张学良、朱子桥、杜心五、张之中，京剧表演艺术家程砚秋等，使神秘的千古内丹功法普及到普通人群中。③ 1933年《性命法诀明指》被刻印出版后，供修道者学习使用。1961年，台湾真善美出版社影印出版的《性命法诀明指》很快就传播到东亚的日本和韩国及欧美地区。不久，英国人鲁宽瑜将之译为英文，在英国出版时改名为《道教瑜伽》④，推动了道教内丹功法在当今西方世界的传播。

陈撄宁（1880—1969）在1922年至1932年间，与同人在家中进行了数百次外丹试验，并亲身实践道教内丹养生法，撰写了《黄庭经讲义》、《孙不二女丹诗注》、《灵源大道歌白话解》等，并著有《道教起源》、《教理概论》、《静功总说》、《老子第五十章研究》、《静功疗养法》、《仙与三教之异同》等近三十种著作。陈撄宁力倡划清仙学与道教的界限，认为仙学是一门独立的学问："余研究仙学已数十年，知我者，因能完全谅解，不知者，

① 丁常春：《赵避尘内丹思想初探》，《中国道教》2010年第6期。
② 赵避尘：《性命法诀明指》，《藏外道书》第26册，巴蜀书社1994年版，第1页。
③ 参见席春生主编：《中国传统道家养生文化经典》，宗教文化出版社2004年版，第2页。
④ 参见席春生主编：《中国传统道家养生文化经典》，宗教文化出版社2004年版，第5页。

或疑我当此科学时代，尚要提倡迷信。其实我丝毫没有迷信，唯认定仙学可以补救人生之缺憾，其能力或许高出世间一切科学之上。凡普通科学所不能解决之问题，仙学或许皆足以解决之。而且是脚踏实地，步步行去，既不像儒教除了做人以外无出路，又不像释教除了念佛而外无法门，更不像道教正一派之画符念咒，亦不像道教全真派之拜忏诵经。可知神仙学术，乃独立之性质，不在三教范围之内，而三教中人皆不妨自由从事于此也。"① 他倡导强调仙学与科学的关系，仙学产生于学术实验，以实人、实物、实事、实修、实证为特点，与那些专讲玄理信仰的道教是不同的。因此，"唯物之科学将来再进一步，或许可与仙学合作"②。为此，他创办中华仙学院，主编《扬善半月刊》、《仙学月报》，大力提倡在新时代应发扬"中华仙学"传统。③ 新中国成立后，他在 1956 年与各地道教界人士发起筹备全国道教组织。1957 年，中国道教协会成立后，陈撄宁当选为副会长兼秘书长。1961年，陈撄宁当选为中国道教协会会长。新中国成立后，中国道教的发展由此翻开了新的一页。

第四节　道教在台港澳的传播

明清时期，随着华人背井离乡漂泊世界去谋生，道教也传播到了台湾、香港和澳门，并在当地建立道观，开展以斋醮科仪或气功为主的道教活动。在台港澳传播的道教成为东亚道教不可分割的组成部分。

台湾道教与大陆道教有着地缘、血缘、神缘上的密切关系。由于大陆去台湾的移民主要是福建和广东两省的居民，早在明末清初郑成功（1624—1662）赶走荷兰殖民者、收复台湾的时代，福建漳州的闾山三奶派道士就进入台湾的台南地区活动，后逐渐传遍全岛。随着明末清初移民入台，茅山正一道士、清微派道士又来到台湾。这些来自于南方沿海地区的道教传统，与台湾当地的巫教信仰相结合，逐渐形成了一些有别于大陆道教的地域性特

---

① 徐伯英等编：《中华仙学》，香港陈湘记书局，第 332 页。
② 徐伯英等编：《中华仙学》，香港陈湘记书局，第 831 页。
③ 参见李养正：《论陈撄宁及所倡仙学》，载中国道协编：《道教与养生》，华文出版社 1989 年版，第 445 页。

点。"台湾历史较长的宫观所供奉的神明，大多由闽粤两省移居而来，当移民者离开故乡时，都在祖籍乡庙祈求香火尊，到达台湾择地而居时，暂建小祠奉祀之，日后事业有成，经济富裕了，即集信众捐款合建宫庙，俾便于日益增多的信众崇拜。"① 台湾道教宫观林立，派别众多，主要有天师教、老君教、闾山三奶教、闾山教、灵宝派、神霄派等。大陆移民来自于不同地区，所信仰的神灵也各不相同，他们一般以各自宫观为活动中心，互不隶属：

一、同安县：保生大帝、霞海城隍、玄天上帝、护国尊王、苏王爷。

二、安溪县：清水祖师、保仪大夫、保仪尊王。

三、南安县：广泽尊王、武德尊王、金王爷、林元帅。

四、惠安县：青山王、金王爷、三一教主。

五、晋江县：龙山寺观音佛祖、王王爷、吴王爷、韦王爷、李王爷、田都元帅、保生大帝、三侯公、法主公、玉皇大帝、五年王爷。

六、长泰县：照灵公。

七、古田县：陈靖姑、三奶夫人。

八、莆田县：天上圣母（妈祖）。

九、永春县：张法主公、灵佑尊王。

十、平和县：三王公、广惠尊王、关圣帝君、玄坛元帅、开漳圣王。

十一、永定县：定光佛。

十二、漳浦县：开漳圣王、观音佛祖、玄天上帝、帝爷、三王公。

十三、南靖县：关圣帝君、吴王爷。

十四、治安县：开漳圣王、赵元帅、三官大帝、观音佛祖。

十五、潮州、惠州旧府属各县：三山国王。②

除此之外，台湾道教还奉三清尊神，祭玉皇大帝，尤其是祭拜吕祖、财

---

① 赖宗贤：《台湾道教源流》，中华道统出版社1999年版，第8页。
② 赖宗贤：《台湾道教源流》，中华道统出版社1999年版，第9—10页。

神、玄天上帝、妈祖、城隍、文昌、关帝、土地公等香火也十分旺盛，如目前台湾供奉关帝的庙宇就约有 268 座。今天，台湾道教继续保持着多神教的传统，有着比较显著的世俗化特点。

台湾的道士不多，教团组织力量也极其微弱。道教的庙或宫大多由俗人组织管理委员会来经营管理。这是因为台湾道士通常被分为乌头道士与红头道士。乌头道士以《道藏》为经典，主要继承了天师道斋醮祭神的传统，其内部又分为玉京道士（茅山派）、天枢道士（清微派）、北极道士（武当派）、玉府道士（正一教系）等。红头道士主要由宋元以后在福建地区传播的道教新符箓派中的神霄派、闾山三奶派等组成，平时俗居，在做法事时，头缠红布，故名。红头道士有自己的且与《道藏》关系不大的经典，有的甚至还信奉佛经，一般将之划入正一道的范围，但乌头道士则视之为非正统道教。据《台湾宗教调查报告书》中说："从现状来看，乌头司公与红头司公的区别，在于是否举行度死仪礼。"刘枝万指出，红头道士专搞救生的吉事，所以用表示吉庆的红色，故称单教，乌头道士因兼营度死的凶事，所以用黑色表示阴凶，故称双教，又因业务上红与乌兼有，亦称红乌搭。① 这说明台湾的红头道士和乌头道士区分其实是非常复杂的，这也是道教在东亚传播过程中出现的地域化的新特点。

台湾的道士大多是兼职的，平时大多居家生活，戒律松散，不太注重个人的修持，不太钻研教理教义，过着娶妻生子的世俗生活，他们的家经常也名为某某坛。"因台湾的道士只有火居，所以全都食肉、娶妻、居家，各自把自己的家称为某坛，打着屋号从事营业活动，称道士坛，俗称师公坛。因为是道士，所以他们的营业理应局限于搞祭礼和葬仪等活动，但作为一个实际问题，仅靠这些是难于维持生活的，所以全部兼修法教，也从事法师业务。"② 道士们受信徒的要求，特别是丧祭、忌日，会在庙或坛中举行各种醮祭、祈愿，故巫觋之风弥漫。据《台湾宗教调查报告书》中说："道士只依师傅习行仪式，绝不致力于研究《道藏》，阐明道义等，徒乘无知之迷

---

① 参见刘枝万：《台湾的道教》，载［日］福井康顺等监修：《道教》第三册，上海古籍出版社 1992 年版，第 136 页。

② 刘枝万：《台湾的道教》，载［日］福井康顺等监修：《道教》第三册，上海古籍出版社 1992 年版，第 132 页。

信，以治病邀利之祈祷为事……其堕落颓废之状无法用言语形容。"① 道士不住庙，平日也不定时进行朝暮课诵，在打醮之时，大多只诵念《三官经》与《五斗经》等，他们平时服装一如俗人，也不蓄长发挽髻，唯有举行宗教仪式的场合才穿上道服。由于道士常以建斋立醮、祈福消灾、符箓法术服务于民众，故在台湾民间社会中影响较大。

在 20 世纪初，台湾就成立了道教组织，如 1919 年创立的"万国道教会"、1920 年成立的"五教会道教会"。1949 年，第六十三代天师张恩溥从大陆来到台湾后，积极开展正一道的传道活动，并对台湾地区散乱的道教组织进行了清理整顿，1951 年建立"台湾省道教会"并出任理事长，开展教务，传播道教，1957 年又创建"中华道教总会"。在台湾的正一派取得了优势，但仍以符箓咒术为人使唤鬼神、驱逐妖邪，保留了浓厚的巫俗性。台湾道士把张天师与玄天上帝并列崇祀，前者为道教的祖师，后者指道教法术的守护神为"圣"，既提升了正一道在台湾道教中的地位，又神化了符箓法术的奇异功能。

今天，台湾岛上的居民信仰道教的人数很多，道教宫观有数千所之多，有的宫观规模宏大，建筑金碧辉煌，展示了道教信仰在台湾传播的盛况，如台北指南宫、北港朝天宫、新港奉天宫、台南大天后庙、天坛首庙、高雄道德院等，其中最有名的是有台湾道教大本山之称的台北指南宫。

指南宫位于台北市木栅区万寿路，故名木栅指南宫，创建于清光绪十六年（1890），以前主祀孚佑帝君吕祖，又名"仙公庙"，现在则供奉玉皇、三清和孔子等三教神灵。在正殿之外，还有凌霄宝殿、大雄宝殿和大成殿。大雄宝殿内供奉着"仙公"吕洞宾，配祀张祖师与王天君，右前楼上供三世佛，左前楼上供孔夫子，反映了儒佛道三教神灵并祀，但最尊吕祖之特点。台北指南宫有着宏大且雕绘精巧、庄严肃穆的建筑群，风景优美、环境静谧，每年来此膜拜的人很多，是台北近郊的道教观光圣地。

台湾道教虽然与大陆道教有着千丝万缕的联系，但长期在台湾岛发展，也形成了一些地域文化特征，如众多的宫观主要是民众自发创建，供奉着儒佛道三教和民间宗教的神灵。在教义上，教人法自然，明道德，并以清静无

---

① 台湾总督府编：《台湾宗教调查报告书》第一卷，台北捷幼出版社 1993 年影印本，第 29 页。

为而达天人合一为宗旨，无欲不争，性命双修，主张将"礼神明、敬祖宗、爱国家、保民族"① 作为办教宗旨，引导信众积极向善，热心于教育、公益和慈善事业，通过遵守传统，举行醮会庙庆，进香活动，来保存固有的道教文化。道士们多以师徒关系传道，平时俗居，有事时则组成道团进行活动，道长与信众形成了一种特殊的雇佣关系。甲午战争后签订《马关条约》，台湾成为日本的殖民地，台湾道教信仰也间接地影响到日本华侨。

　　道教何时正式传入香港，现已不可详考，但从保留下来的一些有关道教的碑铭石刻等文物中可见，在南宋时，香港就有了祭祀妈祖的天后庙。明清时期，香港民众的道教信仰已十分普遍，道教宫观林立于香港各地，如新安县城东的北帝庙、建于明万历年间的长镇村长封庵、东山寺旁边所建的文昌阁、大屿山的纯阳仙院、清代建成的上环文武二帝庙、元朗旧址玄关二帝庙等。保留到今天的有屯门青云观，大屿山普云仙院、纯阳仙院、湾仔北帝庙等。据这一时期的方志记载，香港及其附近地区先后建有许多与道教神灵有关的庙宇宫观，有庙、寺、道观、道院、道堂、仙院、仙馆、山房等不同的称号。

　　20世纪初，"先有如张学华、陈伯陶和黄佛颐等，俱崇奉道教……以不满民国政权而避居香港。……这班以清朝遗老自居的太史公，属罗浮山酥醪观一系，对香港道教发展，起了一定影响。"② 这些信仰正一道的信徒从珠江三角洲移居香港，在香港岛的湾仔、上环、西环以及九龙的旺角、油麻地等普通华人集中地建立起一些宫观，如铜锣湾天后庙、九龙黄大仙祠以及云鹤山房等。云鹤山房源于广东罗浮山玉虚观，1937年，顺德人何启忠道长于广州西关扶鸾得《至宝真经》，说玉皇因吕祖的奏请，特命何启忠在广州创办至宝台，尊奉吕祖，救人度世。何启忠后于1949年到香港，在西环太白台15号4楼设坛，及后在1958年与梁云骏、招彩云夫妇二人共创办云鹤山房，并于1964年由西环迁入北角现址。随着香港的开发，香港岛的北角、筲箕湾、侧鱼涌和九龙的深水涉等地也成为华人的居住地，一些新道观也在城区居民密集的普通住宅、商务楼宇（其中一些港人称为唐楼）的单元中，

---

　　① 　参见"中华民国"年鉴社编：《"中华民国"年鉴1991年》，台湾正中书局1991年版，第八十一章《宗教活动》第一节"道教"，第1130页。
　　② 　黄兆汉、郑炜明：《香港与澳门之道教》，香港加略山房1993年版，第15页。

经过道教化的神圣装饰而建造起来，内在的道堂布置也是根据房屋的大小位置而各有创意，与传统道教宫观布置有着鲜明的区别。如位于港岛西环太白台 6 号与 7 号唐楼 4 楼的道德会福庆堂、港岛东区侧鱼涌滨海街 90—92 号的云鹤山房等，这种位于居民区的香港道观以适应城市化发展的方式来适应大众的信仰需求，如云鹤山房以"代师宣扬道教文化"为办道宗旨，通过经忏科仪，定期举行斋醮法事，超幽度冥。有的道堂内还设有灵牌位，以便于大众奉祀先人；还有的设有乩坛，为人占卜吉凶，因传道方式灵活多样，故很快得到了普及发展。

全真道士陆续进入香港传教时，先在市区建道堂，然后又到新界郊外的粉岭、大埔、沙田及牛池湾等处寻找便宜的地皮新建道堂开展活动。如青松观早年在深水涉九龙伟晴街建观，1960 年，又在新界屯门建青松祖观。这些位于郊野的新建道堂大多依照传统建有园林式的宫观建筑，如位于新界屯门的青松祖观，其建筑仿照中国道教名山大殿，其中以壶天胜境牌坊、三清大殿、九龙壁和九曲莲池最为著名。粉岭的蓬瀛仙馆、圆玄学院等，其一般规模比较大。这就像杨庆堃所形容，分散性宗教进入到世俗化社会制度及社区生活中带来了许多后果，例如"赋予社会制度一种神圣的特征。在有组织的社会生活的主要层面，神、鬼这些象征的存在与宗教仪式活动，为制度化实践创造了一种普遍的敬畏和尊敬感。走进一个房间，参与任何一个群体的纪念活动，路过邻居家或是广场，注视一个纪念性牌坊，经过一个城门，登上一座大桥，注视各种风格的大型公共建筑，人们可以在各种地方见到祭坛、神像、神怪的画像、附着法力的符咒，或是一些关于神怪的神话故事，诉说着自身的历史。而传统的制度化价值与结构都渗透进富有超自然特征的丰富民间传说之中。作为一个整体的社会环境充满了神圣气氛，激发了这样一种感觉，即在传统世界中，神、鬼和人一起共同参与筑就了现有的生活方式。"[①] 这也构成了香港道教的视觉意象。

20 世纪下半叶在香港出现的道团大多由民间新兴宗教以传统道教为取向进行联合而创立的，如现位于九龙塘律伦街的省善真堂初创于 1952 年，原址为深水涉一座小楼中的乩坛，后因信众增多，1959 年迁至土瓜湾谭公

---

① ［美］杨庆堃：《中国社会中的宗教》，上海人民出版社 2006 年版，第 272 页。

道，殿堂得以扩大。随着道堂势力的进一步发展，1970 年，又迁至人口密度较低的高档别墅区九龙塘现址建造起园林式道堂。1990 年又收购相邻住宅扩建了三清正殿、斗母殿、文殊大殿、鸾坛等。1994 年又建造观音殿、正牌楼等。1999 年又增建元辰殿。现在，省善真堂已成为九龙城区最大的道堂。

　　香港道教主要分为几大派：一是以先天道为代表的芝兰堂（1913 年创立）、九龙道德会龙庆堂（1916 年创立）、道德会福庆堂（1924 年创立）等宫观；二是以全真道龙门派为代表的蓬瀛仙馆（1929 年创立）、青松观（1949 年创立）、万德至善社（1952 年创立）等，其中又分为太乙门和蓬莱派；三是以全真道纯阳派为代表的六合玄宫（1964 年创立）、纯阳仙洞（1978 年创立）等。此外，还有以同善社为代表的圆玄学院（1953 年创立）等。它们大多是由一些皈依道教的道侣组成的道教团体，开展道场法事、神诞斋会、扶鸾降乩、慈善救助等活动，因此，"香港道堂既不是源于宋明以来江西龙虎山天师府的正一派传统，但亦不完全仿照全真派严谨的出家受戒的道士制度。由于道堂之间采用不同的派诗字辈，清楚地反映出香港道堂的创建历史道脉来源是多元的，不应过于简单地把它们归类为传统道派的其中一系。"① 香港道堂大多向社会公众开放，接受信众的参拜，并将举办法事活动、收取香火钱作为道堂主要的经济来源。香港道堂的斋醮科仪继承灵宝斋仪的传统，分为阴科与阳科两类，阳事科仪用以祈福、谢恩、赞星、礼斗、酬神、庆贺、开光、朝供、礼忏、早晚功课等，阴事科仪主要用于摄召亡灵、施食炼度、散花解结等。同时，法事中道场布置的范围与高度，施用符箓的方位、时节、颜色，感召神灵的名称、数量、服饰以及念咒行法的次第等都有一套整齐规范的节奏和尺度。布置斋醮道也融入一些地域文化的特色，如朝忏二科并重、三忏两朝、玄门朝科、礼忏诵经等。②

　　据记载，现在香港地区，包括香港岛、九龙、新界等，共有道教宫观庙堂 120 多所，且主要位于湾仔、上环、西环和九龙半岛的旺角、深水涉等繁

---

①　黎志添、游子安、吴真等：《香港道堂科仪历史与传承》，中华书局香港有限公司 2007 年版，第 1 页。

②　参见黎志添、游子安、吴真等：《香港道堂科仪历史与传承》，中华书局香港有限公司 2007 年版，第 18—30 页。

华的闹市区，其中加入香港道教联合会的有 80 余所，专职道士大约有上千人，道教信众约有数十万，遍布社会各个阶层，其中道教界的领袖人物大多是香港地区的社会名流。香港各道派虽有自己的宫观和传承，但大多主张儒佛道三教合一，共同祭祀道儒佛三教圣人，注重斋醮科仪，以秉承中华传统文化为使命，以"忠孝廉节义信仁惠礼"九字为基本教义，倡导戒规的系统性与完整性。

1960 年，香港各道堂筹建"香港道教联合会"。1961 年 6 月，香港各道观联合正式成立的"香港道教联合会"拥有道团宫观组织 73 个，作为香港道教界的代表，成为香港六大宗教组织之一。1967 年获得政府批准，注册为宗教团体，并豁免利得税和利息税。1978 年，联合会出版会刊《道心》，以年刊的形式登载一年来香港道教大事记及香港道教联合会的工作。"香港道教联合会"成立几十年来，"关心香港的社会风气和前途，努力通过兴办教育，宣扬道德及创办社会福利事业来发挥自己的社会影响。办有中学、小学和幼稚园"[1]，倡导善道教化，行道济世，积极参与社会生活，特别是为市民提供教育、医疗和文化服务，积极参与社会福利事业，为道教在香港的稳固发展奠定了基础。

香港道教主要表现出以下几方面的特征：一是流派众多，全真为主。在香港传播的道派有正一派、全真派、净明派、茅山派、灵宝派、闾山派、狐仙法派等，但其中全真龙门派的影响最大，信众最多。二是信众广泛，名流砥柱。三是热心公益，成效卓著。香港道教积极参与社会，举办各种文化、教育、医疗、赈灾、慈善等公益事业，在香港民众中的影响日益扩大。四是内地交流，共仰道祖。五是弘扬文化，倾心学术。

近年来，香港道教一直都在促进道教与现代生活的结合，使道教能够积极地服务于香港人民的精神生活。例如，香港全真道的代表——蓬瀛仙馆和青松观，在继续推展传统的如医疗、安老、教育等社会服务的同时，还有所创新。瀛仙馆创立的香港道乐团推动道教音乐的传播与普及；建立"道教文化数据库"更是利用最新科技来推动道教文化；成立道教电视频道还把道教文化直接推向社会。同样，青松观亦不甘人后，其香港道教学院的成立

---

[1]　李养正主编：《当代道教》，东方出版社 2000 年版，第 308 页。

便是希望有系统地把道教文化介绍给社会大众；同时亦举办道教与现代生活的研讨会，希望能借助学界的智慧来把道教文化与现代生活结合；而在实际行动中，现正试办社会善终服务和成立道教与环保小组，务求把道教与现实生活结合起来①，使香港逐渐成为东亚道教的活动中心之一。

澳门也是道教在东亚的重要传播地之一。澳门在历史上属于广东香山县东南的番禺县，自古以来不仅深受大陆文化的影响，而且宗教色彩更加浓厚。据《香山县志》记载，当时有一个叫陈仁娇的人，因有修仙成仙的事迹，被称为"仙女澳"。②据由推测，道教大约在汉魏时期就已在澳门活动了。这种说法的可信性是值得推敲的，因为有仙人的传说，不等于就有道教的传播。

澳门靠海，早期居民多以海中捕鱼为生，后来一些来澳门贸易的福建商人，为了祈求海上航行的平安，将源于福建莆田的妈祖崇拜带到了澳门，因此澳门道教中的妈祖崇拜特别浓厚。除此之外，据《香山县志》记载，在宋代时，澳门地区已建有供奉三清尊神、真武大帝、天后娘娘、城隍等多座道教宫观，还有一些庙宇供奉着颇具地方特色的神灵，如鲁灵光、康王神。这种状况反映了澳门百姓多神崇拜之民风。澳门民间崇拜的道教神灵，一部分来自岭南，一部分由中原传入。元明清三代，是澳门道教进一步发展的时期，其标志就是修建了众多的道教宫观，有的一直保留的今天。这些道观以一种实体化的方式展示着道教在澳门的影响。今天，澳门地区大约有近四十座宫观庙宇，供祀着各种各样的神灵，而且很多宫观庙宇是诸神共处一殿，共享众生崇拜。

位于提督大马路上的莲峰庙，前临珠海，背倚莲峰山，始建于明代1592年，古名天妃庙，规模小，供奉天后娘娘。据庙内碑文记载，清朝时多次翻修、扩建，逐渐发展成今天规模。正殿为二进，首进是天后殿，供奉天后圣母；二进为观音殿。最初称为天妃庙，后改慈护宫，最后定为莲峰庙。正殿两侧分别为武帝殿、仁寿殿、医灵殿、神农殿、沮诵殿及金花娘娘

---

① 参见邝国强、李永明：《香港全真道教50年来的发展概况——以蓬瀛仙馆与青松观为例》，载丁鼎主编：《昆仑山与全真道——全真道与齐鲁文化国际学术研讨会论文集》，宗教文化出版社2006年版，第442页。

② 参见申良翰主编：《康熙香山县志》卷十《外志·仙释》，中山图书馆藏康熙十年抄本。

痘母殿，表现出道教与佛教及民间信仰融合之特色。莲峰庙有一个荷花池，每当夏日荷花盛开时，满塘莲叶，香远益清。还有一幅砌有栩栩如生的神龙、巨鲤的壁画，故深受百姓的喜爱。19 世纪中叶，莲峰庙既是民间百姓祭祀神灵的地方，也是赴澳公干的朝廷大臣官员的住地。据说，著名的禁烟钦差大臣林则徐及两广总督邓廷桢在 1839 年巡视澳门时，就在莲峰庙里接见澳葡官员。因此，今天的莲峰庙外还立有林则徐的雕像及其纪念馆。今天的莲峰庙掩映于高大葱郁的古柏苍松之中，尤其是在日落时分，当夕照落霞、烟林暮景与古刹莲峰交相辉映，更成澳门景观之一绝。

位于澳门东南端的妈祖阁，修建于明代，背山面海，沿崖建造，主要奉祀海神天后妈祖。整座妈祖阁包括大殿、弘仁殿等四座主要建筑，尤其是石狮镇门，飞檐凌空，是富有道教文化特色的古建筑群。庭院内有中国帆船的石刻浮雕，以纪念妈祖乘船从家乡渡海来澳门，经历海上风暴，于此平安登岸。四百多年前，葡萄牙人抵达澳门，在妈祖阁对面之海岸登陆时，就向居民询问当地的名称。由于语言障碍，居民误以为问妈祖阁的庙名，就回答说："妈阁"。据说，葡萄牙人从此以"妈阁"的音译"MACAU"来称呼澳门。这就是澳门的葡萄牙文名称的由来。妈祖阁是澳门现存的最有影响的道观。

位于大缆巷的莲溪庙，始建于清朝道光年间。莲溪庙以其所在地为名。澳门地形宛如莲花，故称莲岛，由大陆通澳门之路，被称为莲花台，台尽处有山拔起，称莲花山，又叫莲峰，莲峰之南边有一道溪水，称作莲溪，莲溪庙就建于溪之右岸。莲溪庙内供奉华光、北帝、财神、文昌等道教神灵，历经数次破坏、修葺及扩建，至今仍存。

澳门还有两座康君庙，俗称康公庙。一座位于十月初五日街中段，建于清代，已有两百多年的历史；另一座位于美副将大马路普济禅院边。前者现在仍对外开放，后者已被改为街坊会。康真君庙的正殿中供奉的康公真君是汉代之帅李烈，因保国有功，受封成为康公。康公真君的左边是南海广利洪圣大王，右边为西山金圣候王，偏殿前为六祖圣佛，后殿则供奉汉代神医华佗。该庙特别富有当地民间信仰之特色，它专主民间喜庆法事。殿前中间放有"酒船石"，专给善男信女向神仙礼拜奠酒之用，在民间的影响比较大。

位于路环十月初五街的谭公庙，建于清代，是香火比较旺盛的宫观，主

要供奉来自惠州九龙山谭仙；凼仔三婆庙供奉的三婆神是一位水神，据说来
自于惠州；路环三圣庙及大王庙供奉的洪圣大王，则来自广州南海波罗庙供
祀南海广利洪圣大王；大三巴女娲庙内供奉的悦城龙母，则源自广东德庆市
龙母庙的主神悦城龙母；还有立庙供奉的黄大仙及水上居民供奉的朱大仙，
都是道教文化传承与影响的结果。

　　当代澳门道教也有自己的道团组织，如 1935 年创建的信善堂、创建于
1974 年儒释道教联会。信善堂后于 1946 年分化出信善二分坛，其后一些信
徒去香港传教，成立了信善三分坛、六合圣室、紫阙玄观、信善紫阙玄宫、
信善礼义玄观、信善坛、纯阳仙洞等，使信善堂在港澳两地同时发展。① 由
此可见，澳门道教与香港道教具有相似文化特点。

　　今天台港澳地区的道教倡导善道教化，行道济世，积极参与社会生活，
特别是为市民提供教育、医疗和文化服务，积极参与社会福利事业，故深受
当地人的信奉和喜爱，成为东亚道教不可分割的一个组成部分。

---

① 　参见李养正主编：《当代道教》，东方出版社 2000 年版，第 327 页。

第　三　章

道教在朝鲜半岛的传播

从地理上看，朝鲜半岛位于亚洲东部，由半岛和大小 3300 多个岛屿组成，号称三千里锦绣江山。朝鲜半岛气候温和，峰峦秀丽，倚山傍海，物产丰富，北部与中国接壤，东北与俄罗斯相连，东南隔着朝鲜海峡与日本相望，是亚洲大陆和日本列岛之间的天然桥梁。对于朝鲜道教的源起，一直以来存在着三种观点：一是以崔致远《鸾郎碑序》、僧一然《三国遗书》为代表的朝鲜民族自创说；二是以《三国史记》中渊盖苏文向宝藏王建议引入道教为代表的中国传入说；三是中国道教和朝鲜民族文化相融共有说等。[①]笔者认为，朝鲜民族既有本有原生性的神教、仙道等宗教文化，也有中国道教传入的明显影响。道教创立后不久就传播到周边的国家与地区，其中对朝鲜半岛的影响尤为显著。输入朝鲜半岛的道教被创造性地吸收与改造后，8—15 世纪时，道教在朝鲜半岛得到了上至贵族、下至平民的广泛信奉，并形成斋醮科仪、内丹修炼、民间信仰三大流派，不仅传向日本，而且还返归中国，至今仍然对韩国文化产生着潜移默化的影响。因此，在研究中国道教在朝鲜半岛的传播时，既不能过分强调朝鲜民族文化的主体性而忽视道教本有的中国之源，也不能简单地将其视为中国道教的衍生物，而是应当将其置于中朝文化的交融中，用异域之眼来反观并寻找其特有的、不同于中国道教的民族文化特征，由此来说明东亚道教内涵的丰富性与复杂性。

---

① 参见［韩］林采佑:《韩国道教的历史和问题》,《世界宗教研究》1997 年第 2 期。

第一节　朝鲜民族的原生性宗教

中国历史上最早有关"朝鲜"的记载见于《山海经》:"东海之北,北海之隅,有国曰朝鲜。"① 它比较准确地指出了朝鲜的地理位置及其与中国的关系:"朝鲜在列(洌)阳东,海北山南,列阳属燕。"② 燕国(今北京及河北中北部)和朝鲜在地缘上很接近。生活在这种依山临海的地理环境中的朝鲜人自古以来就有崇尚神仙之风气,流行着各种有关民族起源的神话传说和类似于萨满教(Shamanism)的原生性宗教,表现出一种简单纯朴的自然宗教形态。

一、神教祭祀与神话传说

自古以来,生活在朝鲜半岛上的原住民中相信万物有灵的萨满教,认为万事万物,包括动物、灵岩、奇树里都存在着神灵,这些神灵能左右人间的吉凶祸福,因此人要采用某些方法以趋利避害,如喜欢体现清净思想的白色,向太阳升起的东方朝拜等。萨满(saman)为通古斯语,意谓跳神的巫师"激动不安地进入狂迷状态的舞蹈"状态,通过宗教性的咒术仪式与神灵沟通,通过降神、占卜、祈雨、解梦、占星等来预测吉凶、为人治病。于是,人们抱着善良朴素的愿望,供上许多物品和牺牲,由萨满巫师③带领着登上高山,向着太阳、星辰、大树进行祭祀天神的活动,相信通过这种祭祀仪式可以帮助人摒弃肉体上的不净和精神上的邪念,从而达到趋邪消灾的目的。这种崇尚清净与光明的信念、禳灾祈福的咒术仪式和以占星术、谶纬预言术为特点的宗教行为,构成了朝鲜民族原始性宗教的基本内涵。有些学者把这种古朴而富有民族特色的萨满教称之为"神教",或"仙教"、"巫教"、"明神道"、"天神教"等。"神教"的一些祭祀活动通过巫术性的歌

---

① 《山海经》卷十八《海内经》。
② 《山海经》卷十三《海内东经》。
③ 活动于古代朝鲜半岛的萨满巫师一般为女性,称为"巫堂",多是因生病而获得非凡神通。他们以舞蹈来请神、跳神、降神、送神,通过"巫神合一"的方式来解决治病、招福、祈子、来世等人生问题,调节人间的吉凶祸福。

舞在民间流传下来，"包括使神降临的请拜歌、使神离去的还位歌、为人祈福的招福歌和避免祸灾的防灾歌以及使神欢愉的赞神歌或颂德歌"①。有人认为"神教"的内容与中国的道教相似，因而把它放在道教的范畴之内。②但如果细加研究，就可见这种注重祭祀的"神教"与道教相似而并不相同，但它却为道教在朝鲜半岛的传播提供了丰厚的文化土壤。

檀君创建古朝鲜国故事，既是朝鲜民族神话最古老的原型，也是"神教"的天神崇拜的精神之源，但有关于这则神话传说的文字记载最早出现于13世纪的《三国遗事》中：

> 《魏书》云：乃往二千载，檀君王俭，立都阿斯达，开国号朝鲜，与唐尧同时。《古记》云：昔有桓因庶子桓雄，数意天下，贪求人世。父知子意，下视三危太伯，可以弘益人间。乃授天符印三个，遣往理之。桓雄率徒三千，降于太伯山顶，神檀树下，谓之神市。是谓桓雄天王也，将风伯、雨师、云师，而主谷主命主病主刑主善恶。凡主人间三百六十余事，在世理化。时有一熊一虎，同穴而居，常祈于桓雄，愿化为人。时神遗灵艾一炷，蒜二十枚，曰："尔辈食之，不见日光百日，便得人形。"熊虎得而食之，忌三七日（二十一日）。熊得女身。虎不能忌，而不得人身。熊女者无与为婚，故每于檀树下咒愿有孕。雄乃假化而婚之。孕生子，号曰檀君王俭。以唐尧即位五十年庚寅，都平壤城，始称朝鲜。又移都白岳山阿斯达，……御国一千五百年。周虎王即位己卯封箕子于朝鲜。檀君乃移于藏唐京，后还隐于阿达斯为山神，寿一千九百八岁。③

檀君神话发源于朝鲜半岛的太白山（亦称太伯山）上。据说，檀君是天帝桓因（又称"桓仁"，韩语"天神"的音译）的后代，由天帝之子桓雄（又称"桓熊"，韩语"天仙"的音译）和熊女所生，名王俭。熊、虎、檀树作为灵兽、灵木，是沟通天地的重要工具，"檀君神话里表现出一种好像

① ［韩］赵东一：《韩国文学论纲》，北京大学出版社2003年版，第61页。
② ［韩］金得榥：《韩国宗教史》，社会科学文献出版社1992年版，第2页。
③ 《三国遗事》卷一，《大正藏》第49册，第961—962页。

大致在公元前两千年前形成的图腾崇拜思想"①。桓雄是一个萨满巫师，他可以点化熊、虎变成人，他为儿子起名"檀君"就是"巫师"的意思。檀君能够执行天神的旨意，以弘益人间的信念来管理人民，因德高望重而得到部族人民的敬仰。后来，檀君在"唐尧五十年庚寅"以平壤为都城，建立国家，史称"朝鲜"，意为"宁静晨曦之国"，故平壤又有"王俭城"之称。古朝鲜的成立使朝鲜民族结束了漫长的原始社会而进入文明时代，檀君由此被奉为古朝鲜国的开国君主。

其实，《魏书》中并无这则"檀君传说"的神话故事；《古记》因年代久远也不知是何书；日本史书里也没有关于檀君朝鲜的记录。显然，檀君神话本来只在民间口耳相传，汉文传入朝鲜半岛后才被记录下来的。对于檀君神话，朝鲜历史上一直存在着两种解释：一种看法认为，桓雄是崇拜天神的外来部落的代表，熊女则是崇拜熊的土著部落的代表，故檀君是族外婚的产儿。另一种看法认为，桓雄从桓因那里得到的三个"天符印"：镜子、铃铛和刀，是萨满巫师所持有的神圣标志。桓雄从天界带来的部下——风伯、雨师和云师，则代表巫师具有的呼风唤雨的能力。② 他们是朝鲜"神教"或"巫教"的教主，而檀君又是政教合一的部落首领："我东僻壤也，古有九种夷，栖身岩穴，草衣木食，其有君长，自檀君始。"③

高丽以降，史家对檀君故事向来有信疑两派。疑者认为檀君故事纯属虚构的神话传说，不可视为信史，更不可写入正史，如官修正史《三国史记》并未记录檀君。宋人徐兢出使高丽后，于1224年著《高丽图经》时，虽设有"建国"专条，但也未记载檀君事迹。朝鲜民族一直认为自己是"箕子朝鲜"的子民，将自己的民族文化之源追溯到中国，到了朝鲜王朝时，随着民族意识的日益增强，于是抬出颇具神话色彩的"檀君"，通过认祖归宗来加强民族凝聚力，因此，朝鲜王朝出现的一些史书传记，如僧一然的《三国遗事》、金富轼的《三国史记》、赵汝籍的《青鹤集》、洪万宗的《海东异迹》，在追溯朝鲜民族历史的神圣之源时，往往将桓因、桓雄和檀君置

① ［韩］都珖淳：《韩国的道教》，载［日］福井康顺等监修：《道教》第三册，上海古籍出版社1992年版，第52页。

② 参见［韩］赵东一等：《韩国文学论纲》，北京大学出版社2003年版，第30—31页。

③ ［朝鲜］洪万宗撰：《海东要览》，韩国精神文化出版社藏本。

于祖先之位，把他们既作为天神，也作为天仙来信仰，由此都珖淳指出，"这就是'神仙'所以占据韩民族的信仰和思想殿堂的原因"①。

最早提及"檀君神话"的僧一然（1206—1289）所撰的《三国遗书》是讲述新罗、百济、高句丽三国遗闻逸事之书。它为佛僧传记，以王历、纪异、兴法、塔象、义解、神咒、感通、避隐、孝善等纲目，以儒、道、佛、巫思想为背景，通过僧侣、庶民、女子、王族、花郎等事迹而展开叙述，其中零星地记载了道教在朝鲜半岛的传播情况，是为研究东亚道教的珍贵资料。需要注意的是，僧一然1284—1289年间撰写此书的背景是蒙古军正以朝鲜半岛作为基地，并于1274年和1281年两次征讨日本之后。僧一然借助撰述民间稗史，演绎檀君故事来激扬民族精神，以表达对元朝入侵的反抗，其中有多少属于史实是值得认真考辨的。

为了树立朝鲜民族的神圣之源，在僧一然的笔下，檀君开国神话具有自然崇拜与图腾崇拜相交织的特点，表达了一种天命神授的宗教精神。据说，檀君统治朝鲜1500年。周武王灭殷商，封商朝遗臣箕子于朝鲜。当箕子率五千中国人在朝鲜半岛建立"箕氏朝鲜"后，檀君就隐居于阿斯达山，长生不老，活到1908岁才升天，成为"山神"。"平壤府……本三韩旧都。唐尧戊辰岁，神人降于檀木之下，国人立为君，都平壤，号檀君，是为前朝鲜。周武王克商，封箕子于此朝鲜，是为后朝鲜。逮四十一代孙。"② 有关檀君事迹是由古代神话传说一点点累积成型的，它保存了原始时代朝鲜人的生活痕迹和思维方式，虽因历史久远，神异色彩浓重，显得扑朔迷离，但后人通过对神话的添血加肉，使檀君朝鲜更像是一段历史。朝鲜李氏王朝建立后，为了证明自己的合法性和正统性，极力推崇檀君，称之为"东方始受命之主"，社会上曾出现过崇拜"檀君"的热潮。

对于《三国遗书》将檀君称为朝鲜始祖的说法，朝鲜儒者多有怀疑，不是认为其无从查考，就是觉得其神话色彩太浓而"荒诞不经"，无法确信。例如，生活于朝鲜王朝的实学家李瀷（1681—1764）就对《三国遗事》

---

① ［韩］都珖淳：《韩国的道教》，载［日］福井康顺等监修：《道教》第三册，上海古籍出版社1992年版，第54页。

② 《高丽史》卷五十八《地理志》三，《四库全书存目丛书·史部》第160册，齐鲁书社1996年版，第468页。

所构建的檀君神话进行了批评：首先，神人降太白山神檀树下，生子曰檀君，其说未可信；桓雄、桓因也是虚构的，故"荒诞可弃"。其次，檀君之国以"檀"为号，其君称檀君，也只是臆说而已。再次，出于对箕子的崇拜，认为檀君之国为箕子所占的说法也不合理，因为身为"仁圣"的箕子是不可能占据他人之国。箕子是在檀君之国衰败后，才"披草莱开创"的。① 李瀷把造成这些错误的原因归结为朝鲜人将在辽地流传的檀君传说附会到朝鲜半岛，故妄疑亦涉矫枉过直。还有人认为，檀君神话中天帝之子桓雄的原型很可能是秦国方士韩终。韩终热衷于炼丹采药，修炼成仙，他修炼的地方正是楚国罗氏、卢氏聚居地。在秦灭楚后，韩终带着罗氏、卢氏等楚国亡民三千人逃离了秦国，渡海到了朝鲜半岛的太白山定居下来。② 这与在檀君开国神话里，天帝之子桓雄带着三千人降落在太白山建立了国家的说法非常相似，由此又将檀君神话的源头追溯到中国。朝鲜仙传《青鹤集》就将檀君神话接续到中国早期神仙家所传仙脉："桓仁真人受业于明由，明由受业于广成子，古之仙人也。桓仁为东方仙派之宗。桓雄天王，桓仁之子也，继志述事，又主风雨五谷三百六十余事，以化东民。檀君继业化行千年，九夷共尊之，立为天王。"③ 广成子是黄帝的老师，黄帝有《阴符经》传世，桓仁也有与之相类似的始书终书，故朝鲜檀君神话与中国道教所崇拜的黄帝为同一仙脉。"韩民族始祖神话即檀君神话说，檀君活到1908岁时，已成为神仙。"④

李能和先生的《朝鲜道教史》开篇就从"朝鲜最初之君长曰檀君"起笔，认为檀君既神又仙，与中国道教所崇拜的神农、黄帝相类似：第一，桓因、桓雄和檀君"三世之事最近道家（教）三清之说，盖我海东为神仙渊丛，内外典籍俱无异辞"；第二，檀君具有驱使风伯、雨师、云师等诸神祇

---

① 参见［朝鲜］李瀷：《星湖全集》卷二十六《答安百顺·丙子》，载韩国民族文化推进会编：《韩国文集丛刊》第 198 册，景仁文化社 1999 年版，第 519 页。

② 郭继汾在《韩终渡海去了何方？》中认为，韩终渡海所到之处是与日本一水相隔的朝鲜半岛的东南部。（参见李书和主编：《秦皇求仙·徐福东渡·秦皇岛》，北京燕山出版社 2000 年版，第 41 页。）

③ ［朝鲜］赵汝籍撰：《青鹤集》，载［韩］李钟殷译注：《海东传道录·青鹤集》，普成文化社 1998 年版，第 218 页。

④ ［韩］林采佑：《韩国道教的历史和问题》，《世界宗教研究》1997 年第 2 期。

之特殊能力，与中国道教所崇拜的神农、黄帝相类似，"朝鲜最初之君长曰坛君①而其神市建国说，有主谷主病主刑主命主风伯雨师等语，是兴中国古代神农黄帝之事相类似"；② 第三，檀君既是天神，又是仙人，"坛君是东方最初之君，而设坛祭天者故称坛君，而其君字类似于东君、帝君及真君等仙家之称，亦类于云中君、湘君等神君之号，故坛君者，谓仙亦可谓神，亦可曰神曰仙，是属古代之事。虽欲深究，而无可深究之。"③ 仙人是住在山里修行仙道的人，神人则能够与天神交往、尊天神之命进行神事活动的人。"王俭或称神人或称仙人，其寿极长，入山为神，见诸古史，盖上古时神与仙无甚分别。"④ 朝鲜仙传往往将檀君奉为神仙，由此说明朝鲜半岛自古以来就流行着既富有民族特色，又与中国道教相类似的神仙信仰，由此，李能和的结论是："朝鲜檀君神话最近于道家（教）说。"⑤

另外，《三国遗事》中还记录了朝鲜半岛流行的高句丽始祖"朱蒙升天"、新罗始祖"朴赫居世"、庆州金氏始祖"金阏智"、朝鲜半岛南端伽倻国"金首露王"等神话，据《三国遗事》编译者崔南善的看法，这些神话都有图腾崇拜的痕迹⑥，尤其是表达了对太阳、熊、鸟的崇拜。笔者认为，值得注意的是，这些神话在各自的神异性中都包含有追求长生、白日升天、天神下凡等道教元素，如"朱蒙升天"中表达了夫余高句丽族的族源神话，其中就有类似于道教的"神仙下凡"：

> 始祖东明王圣帝姓言氏讳朱蒙，先是北扶余王解夫娄，既避地于东扶余。及夫娄薨，金蛙嗣位。于时得一女子于太伯山南优渤水。问之，云我是河伯之女，名柳花，与诸弟出游。时有一男子，自言天帝子解慕漱，诱我于熊神山下鸭绿边室中私之，而往不返。父母责我无媒而从人，遂谪居于此。金蛙异之，幽闭于室中。为日光所照，引身避之，日

① 李能和称"坛君"而不用"檀君"。
② ［朝鲜］李能和：《朝鲜道教史》，东国文化社 1959 年版，第 1 页。
③ ［朝鲜］李能和：《朝鲜道教史》，东国文化社 1959 年版，第 1—2 页。
④ ［朝鲜］李能和：《朝鲜道教史》，东国文化社 1959 年版，第 11—12 页。
⑤ ［朝鲜］李能和：《朝鲜道教史》，东国文化社 1959 年版，第 9 页。
⑥ 参见［韩］崔南善编：《三国遗事》十二《民俗与说话》，瑞文文化社 1999 年版。

影又逐而照之，因而有孕。生一卵，大五升许。王弃之与犬猪，皆不食。又弃之路，牛马避之。弃之野，鸟兽覆之。王欲剖之而不能破，乃还其母。母以物裹之，置于暖处。有一儿破壳而出，骨表英奇。①

中国史书《魏书·高句丽传》、《隋书·高句丽传》也有相似的说法②。朱蒙的父亲夫余王解慕漱本是天帝之子，在汉神爵三年壬戌岁（前59），奉天帝之命降生至地上，这与桓雄下降非常相似，只不过没有带上三千人。解慕漱从天而降的情景犹如道教描写的神仙下凡："天帝遣太子，降游扶余王古都，号解慕漱，从天而下，乘五龙车，从者百余人，皆骑白鹄。彩云浮于上，音乐动云中。止态心山，经十余日始下。首戴乌羽之冠，腰带龙光之剑。朝则听事，暮即升天。世谓之天王郎。"③ 解慕漱头带鸟羽冠，腰佩龙光剑，"乘五龙车"飘浮在彩云间，像神仙下凡一般来到人间，人称"天王郎"。

有一天，解慕漱看见河伯的三个女儿在熊心山下的水池里游玩而被吸引，于是他就以自己的神力盖起宫室，请她们去喝酒。趁她们喝醉时，企图留下她们。两个妹妹逃走了，长女柳花却未能逃出。解慕漱降伏柳花后，两人依礼仪成亲。从此，解慕漱白天在地上管理人间事务，晚上则返回天上休息，最后升天而去。柳花被谪人间后，感日光有孕而生一大卵，后来朱蒙就从卵中破壳而出。朱蒙由母亲"感日卵生"而来，这种"人类卵生说"包含的朴素思维方式，与《史记·周本纪》中有关后稷身世的描绘十分相似。

朱蒙姓高，史籍中亦作中牟、仲牟、邹牟、众解、都慕，作为解慕漱的儿子，天帝的孙子，河伯的外孙，其破卵而出的神话说明他有着非同常人的奇异生命经历。朱蒙自幼才智非凡，自称是"太阳的儿子"，长大后以善射著称，故遭人嫉妒。朱蒙在东扶余生活不快乐，母亲柳花对此早有察觉，劝朱蒙赶快出奔。22岁时朱蒙辞别母亲，与三位朋友一起南下，扩张疆土，

---

① 《三国遗事》卷一，《大正藏》第49册，第963页。
② 《魏书》卷一百《高句丽传》，载："高句丽者，出于夫余，自言先祖朱蒙。朱蒙母河伯女，为夫余王闭于室中，为日所照，引身避之，日影又逐。既而有孕，生一卵，大如五升。夫余王弃之与犬，犬不食；弃之与豕，豕不食；弃之于路，牛马避之；后弃之野，众鸟以毛茹。夫余王割剖之，不能破，遂还其母。其母以物裹之，置于暖处，有一男破壳而出。及其长也，字之曰朱蒙，其俗言'朱蒙'者，善射也。"
③ 《朝鲜实录本记》，参见傅斯年编：《东北史纲初稿》，岳麓书社2011年版，第19页。

建立高句丽国，成为高句丽始祖东明王（前59—前19）。在40岁那年秋天，朱蒙与檀君一样升天而去，成为天神。东明王太子琉璃王把父亲留下的玉鞭埋在龙山下，并为之举行了葬礼。朝鲜族的这种"感日卵生"神话中的父亲均来自天，母亲均来自水，隐含着君权神授的意思，但首领自天而降，最后又升为天神，则含有成仙之义，故李能和评价说："东明帝之出北扶余，如简狄之生商契，契为玄乙卵之所生，朱蒙亦卵生，若非神话即是仙说也。"[1]

朱蒙的神话故事也流传于中国的东北地区。现存吉林省通化市东四公里的太王乡太王陵附近的《好太王碑》，是中国东晋义熙十年（414）为高句丽第十九代王谈德（374—412）记功所修刻。在这个有关高句丽起源的《好太王碑》中，就提到"天帝之子母河伯女郎，剖卵降世，生而有圣德"的神话，但没有出现"柳花"的名字。中国史书最早记载朱蒙母亲事迹的是成书于554年的《魏书》，其内容要比《好太王碑》详细，也没有提及"柳花"。成书于1145年的《三国史记》卷十三《高句丽本纪》才提出朱蒙的母亲叫"柳花"。可见，这则关于高句丽始祖朱蒙神话在历史中一步步被实证化。

《三国史记》卷二十三《百济本纪》又将百济始祖温祚王（前18—29在位）也追溯到朱蒙，使百济族与高句丽族拉上了血缘关系：

> 其父邹牟，或云朱蒙，自北夫余逃难，至卒本夫余。夫余王无子，只有三女子，见朱蒙，知非常人，以第二女妻之。未几，夫余王薨，朱蒙嗣位。生二子，长曰沸流，次曰温祚。及朱蒙在北夫余所生子来为太子，沸流、温祚恐为太子所不容，遂与乌干、马黎等十臣南行，百姓从之者多。

朱蒙的两个儿子离开高句丽，带领追随者一同向南迁徙时，沸流认为临海居住较佳，不听追随者建议，于弥邹忽建国（有说是首尔附近的仁川，也有说是忠清南道的牙山）。温祚则听从了十臣的建议，于汉江岸边的河南慰礼

---

[1]　［朝鲜］李能和：《朝鲜道教史》，东国文化社1959年版，第3页。

城（今首尔）建城，因最初有十名大臣辅佐他，故国号"十济"。弥邹忽的盐水和沼泽令人们难以忍受，沸流羞愧自杀，弥邹忽的百姓也搬迁到慰礼城，温祚王接纳了他们，大家安居乐业："百姓乐从，改号百济，其世系与高句丽同出夫余，故以夫余为氏。"① 温祚王在位期间常与北方靺鞨国和东方乐浪郡交战，因此又将国都从慰礼城迁往汉水之南，后吞并了当地的马韩国。

新罗始祖"朴赫居世"为仙桃圣母所生，其中也有类似于道教神仙的意象。朴赫居世神话讲述了朝鲜半岛东南部的六部酋长聚议立邦立君时，看见在杨山麓萝井旁有一匹白马跪拜，寻迹而至，发现地上有一紫卵，剖其卵，得童男，叫赫居世，故有赫居世是从天上飞来的白马生下的蛋中出生的民间传说。同日，沙梁里阏英井边又有鸡龙出现，左胁生童女，叫阏英。赫居世 13 岁时，新罗六部酋长奉养二圣，男立为国王、女立为王后，国号叫鸡林国，后世改为新罗。由于朴赫居世王从卵生，卵如水瓢，故以朴为姓，也被认为是朴姓的祖先、新罗的始祖。有意思的是，据《三国遗事》卷五记载，朴赫居世的母亲仙桃圣母本是中国皇帝之女，因无夫而孕，受人指责，才渡海来到朝鲜半岛的辰韩，生下的儿子赫居世长大后成为东国始君，自己则成为地仙，长住的西鸢山又称仙桃山：

> 神母本中国帝室之女，名娑苏。早得神仙之术，归止海东，久而不还。父皇寄书系足云："随鸢所止为家。"苏得书放鸢，飞到此山而止。遂来宅为地仙，故名西鸢山。神母久据兹山，镇佑邦国，灵异甚多。有国已来，常为三祀之一，秩在群望之上（山）。第五十四景明王（？—924）好使鹰，尝登此放鹰而失之。祷于神母曰："若得鹰，当封爵。"俄而鹰飞来，止机上。因封爵大王焉。其始到辰韩也，生圣子为东国始君，盖赫居、阏英二圣之所自也。故称鸡龙、鸡林、白马等，鸡属西故也。尝使诸天仙织罗，绯染作朝衣，赠其夫。国人因此始知神验。②

---

① ［朝鲜］金富轼撰：《三国史记》，吉林文史出版社 2003 年版，第 274 页。
② 《三国遗事》卷五，《大正藏》第 49 册，第 1011 页。

仙桃圣母后被新罗人奉为"国母神"，她早年在中国得神仙之术，来到朝鲜半岛，犹如神仙一般，故赞仙桃圣母曰："来宅西鸢几十霜，招呼帝子织霓裳，长生未必无生异，故谒金仙作玉皇。"[①] 这则神话既宣扬了道教的长生成仙说，也拉近了中国与新罗的关系，还记述了东北猎人熬鹰的风俗，故李钟徽（1731—1786）在《新罗论》中认为，从赫居世开始至照智王为止，约五个半世纪（公元前57—公元499）里，新罗是实践道家理念的时代，"新罗治国的方法，不是说一定需要礼乐刑政，而是所谓适应变化，自然无数，不谋而同"[②]，类似于黄老道家推行的清静无为的治国理念。

　　新罗王大多是由卵生而来，其中充满着神话色彩。新罗第四代国王脱解王（57—80在位）其母原是多婆那国王后，婚后有孕，七年后才生出大卵，国王认为人而生卵是不祥之兆，因此要将卵抛掉。王后不忍心，以帛裹卵，置于柜中，浮于海上，任其所往，漂至辰韩阿珍浦口时，有一海边老母用绳子将柜子打捞上岸，打开后发现其中有一容貌俊秀的小儿。因柜子漂在海上时曾有喜鹊飞鸣而守，故取姓为"昔"，因小儿是在解开柜子后才出生的，又取名为"脱解"。昔脱解长大后，国王见其贤智，招为女婿，并将王位传给了他。

　　《三国史记》所讲述的"金阏智神话"也是如此。有一天，脱解王听到有公鸡在树林中鸣叫。于是派宰相瓠公前去察看。"新罗初有瓠公者自东海乘瓢而来，为罗国名宰，煮玉而食，茹木而衣，呼风唤雨，驱禽喝兽，其终也入雪岳山，是则由仙家别派也。"[③] 瓠公也是一位精通方术之人，他从东海乘瓢而来，后成为新罗名宰相。有一天，瓠公走入林中，见紫云从天垂地，云中有黄金柜挂在树枝上，树下有白鸡鸣叫着。于是，瓠公把此事告诉了国王。国王亲自来到树林，打开柜子，发现柜中有一男童，卧而即起，姿容奇伟。国王高兴地对左右说："此岂非天遗我以令胤乎?"乃收养之，及长聪明，多智略，乃名阏智，以其出于金椟，姓金氏，改始林名鸡林。[④]

　　①　《三国遗事》卷五，《大正藏》第49册，第1011页。

　　②　[朝鲜]李钟徽：《新罗论》，载《修山集》第14卷7册，景文社1973年影印纯祖三年（1803）活字本，第46页。

　　③　[朝鲜]赵汝籍撰：《青鹤集》，载[韩]李钟殷译注：《海东传道录·青鹤集》，普成文化社1998年版，第219页。

　　④　参见[朝鲜]金富轼撰：《三国史记》，吉林文史出版社2003年版，第9页。

"阏智"即小儿之意。这个男童后为新罗庆州金氏的人文始祖金阏智。"鸡林"也一度成为新罗的国号。鸡林位于今天韩国庆州国立公园内,原是庆州新罗王宫附近的一个树林,附近有半月城、瞻星台和新罗君主墓葬群等名胜古迹。新罗三个国王的出生有一个共同点,即由卵而生,授命于天。神话中的白马、喜鹊、白鸡等都是作为天帝的使者出现的。

在朝鲜半岛漫长的神话时代中,虽出现了不同的国家政权,但它们的执政者同属檀君后代;虽生活着不同的部族,但有着相似的文化传统,如"东明王其生也,亦皆有异而至如檀君,乃东方生民之鼻祖"①;虽有不同的仙派,但都遵循檀君之道,以长寿著称:檀君"主世一千四百八十年,入阿斯山仙去,子孙蕃衍。当其时大国九、小国十二,大抵皆檀氏也。其后有文朴氏、居阿斯山,韶颜方瞳,能得檀君之道。永郎者向弥山人也,行年九十有婴儿之色,鹭羽之冠,铁竹之杖。"因此,朝鲜民族往往将自己的始祖视为天帝之子,信奉天帝为最高统治者,每年十月要进行大规模的祭天仪式。"这种敬天活动虽不能等同于道教的祭礼,但若从高句丽把始祖视为天帝之子的情形来看,可发现它与信奉天帝为天地之统辖者的道教立场非常相似。"② 从另一个角度看,早在《后汉书》卷八十五《东夷列传》中就称朝鲜为"君子不死之国"、"神仙之国"。神仙观念的内涵在于重视生命,至今韩国人仍然比较普遍地忌讳"四"字。因韩国语中"四"与"死"同字同音,被认为是不吉利的,故在韩国很少有四号楼、四层楼、四号房,军队里不设第四师,宴会厅里没有第四桌,敬酒不能敬第四杯,点烟也不能连点四人等,这种禁忌所表达的对生命的尊重与道教的长生信仰不谋而合。在历史上,朝鲜人经常会表露出"我本朝境接蓬瀛,自古号为神仙之国"③ 的看法,这为道教在朝鲜半岛的传播提供了良好的文化土壤。

二、箕子、卫满与三神山

中朝两国相邻而居,文化交流十分频繁。相传,早在公元前 11 世纪前

---

① [朝鲜] 洪万宗:《海东要览》,韩国精神文化研究院藏本,第 2 页。
② [韩] 车柱环:《韩国道教思想》人民文学出版社 2005 年版,第 137 页。
③ [朝鲜] 李仁老:《破闲集》卷下"跋",参见蔡镇楚、龙宿莽:《比较诗话学》,北京图书馆出版社 2006 年版,第 256 页。

后，中原地区商周两朝交替之时，周武王的大臣箕子就带着族人迁居朝鲜半岛：“武王既克殷，访问箕子……于是武王乃封箕子于朝鲜而不臣也。”[①]　箕子是纣王的叔父，名胥余，是精通殷商文化的太师。孔子在《论语·微子》中将箕子与比干、微子并称为商纣王时期的“三贤”，即三位仁人。箕子因向无道的纣王进谏而被囚。周武王伐纣后，释放箕子，并封之于朝鲜。中国文献《尚书大传》、《史记》、《汉书》、《后汉书》、《三国志》等和朝鲜文献《三国史记》、《三国遗事》、《高丽史》、《丽史提纲》、《东国通鉴》、《东史纂要》、《东史会纲》等，都记载了周武王封箕子于朝鲜、箕氏王朝开发古朝鲜的事迹，故朝鲜历史上有“箕氏侯国”或“箕子朝鲜”之说，其来源于《尚书·洪范》记载：

> 武王胜殷，继公子禄父，释箕子之囚。箕子不忍为周之释，走之朝鲜。武王闻之，因以朝鲜封之。箕子受之封，不得无臣礼，故于十三纪来朝。武王因其朝问“洪范”。

周武王于平定天下后，拜访商朝遗臣箕子，向其请教治国平天下的至理要道。箕子感其诚意，向武王陈述了九项治理天下国家的法则，武王接纳其说，封赐诸侯，以治国理民，使上下尊卑，各有等分，天下因此而安定太平。箕子是文丁的儿子，帝乙的弟弟，纣王的叔父，他在商周政权交替的历史大动荡中表现出非凡的智慧，提出的九项法则被称为“洪范·九畴”：“初一曰五行，次二曰敬用五事，次三曰农用八政，次四曰协用五纪，次五曰建用皇极，次六曰乂用三德，次七曰明用稽疑，次八曰念用庶征，次九曰向用五福，威用六极。”[②]　虽然一般史书都认同“周武王克商，箕子率中国人五千，入朝鲜。武王因封之都平壤，是为后朝鲜”[③]　的看法，但箕子所去的是朝鲜什么地方，至今还有争议：有的说是平壤地区，有的说是辽河下游的辽东地区，有的则说是先到辽东，后到平壤，但其中平壤说影响比较

---

① 《史记》卷三十八《宋微子世家》，《二十五史》，上海古籍出版社、上海书店1986年版。
② 王舜世：《尚书译注》，四川人民出版社1982年版，第118页。
③ 《朝鲜史略》卷一，《国立北平图书馆普本丛书》第一集，商务印书馆1937年版，第1页。

大。① 如《三国遗事》云：“周武王即位己卯封箕子于朝鲜。……箕子率中国五千人，避地朝鲜……遂都平壤。”② 高丽肃宗七年（1102），在今平壤北门外玉兔山发现箕子陵，有感于“我国教化礼义，自箕子始而不载祀典，乞求其坟茔，立祠以祭”③，下令在平壤修建箕子祠，平壤，箕子之旧都，城之南的井地，区划分明，沟方正，千载以下，犹习见其三代之制焉。城之北，有兔山，衣冠所藏，松桧蔽天，邦人敬之。至今以为瞻依之地，其余所谓箕子空、箕子井、箕子杖，无非故国旧物之可尚有④。成为箕子曾活动于平壤的遗迹。忠肃王七年戊寅（1338），以箕子礼乐教化自平壤而行，令平壤府修祠致祭。”箕子受封于朝鲜时，挟带着典籍而将殷商文化传入朝鲜半岛：“箕子乃避中国，东入朝鲜，中国人随之者五千，《诗》、《书》、《礼》、《乐》、医巫、阴阳、卜筮之流，百工技艺皆从焉。”⑤ 据此说法，箕子是最早将中国的诗书礼乐之书、医药卫生知识以及阴阳卜筮之方带到朝鲜半岛的。箕子以“礼乐仁义”为基准设立“八条之教”，通过倡导禁杀、禁盗、禁伤、禁淫等来“一变夷俗”，政教盛行，风俗淳美，使“东夷”朝鲜变成“小中华”，成为礼义之邦，朝鲜之名从此闻于天下后世。箕子受到朝鲜儒林的一致赞颂，被视为朝鲜的孔子，后来专门建书院以传其道，立后裔以奉其祀。据《汉书·地理志》记载，当箕子带着族人进入朝鲜半岛后，“教其民以礼义，田蚕织作”，带去的农耕、养蚕、织造、冶炼青铜器等技术与井田制⑥相结合，促进了农耕经济和家庭手工业的发展，箕子也被誉为“太祖文圣大王”，成为朝鲜文化的象征和文明的始祖。近年来朝鲜半岛的考古发掘出土的大量箕子时代的石器，有石斧、石镞、石刀等，其中数量众多的半

---

① 参见陈蒲清：《箕子开发古朝鲜考》，《求索》2003 年第 1 期。

② 《三国遗事》卷一，《大正藏》第 49 册，第 963 页。

③ 《高丽史》卷六十三《礼》五《杂祀》，《四库全书存目丛书·史部》第 160 册，齐鲁书社 1996 年版，第 569 页。

④ ［朝鲜］尹斗寿撰：《梧阳遗稿》卷三《平壤志序》，载韩国民族文化推进会编；《韩国文集丛刊》第 41 册，景仁文化社 1996 年版，第 545 页。

⑤ ［朝鲜］栗谷李珥：《实记》，载北京图书馆：《北京图书馆藏家谱丛刊·民族卷》97，北京图书馆出版社 2003 年版，第 16 页。

⑥ 对于箕子实行的井田制，朝鲜文人洪大容曾写道：“平壤有箕子陵。有井田遗制，可数百千亩。阡陌虽湮废，而沟路正方，尚有余制之可考。”（［朝鲜］洪大容、李德懋：《乾净衕笔谈·清脾录》，上海古籍出版社 2010 年版，第 52 页。）

月形石刀，正是中国龙山文化的典型代表，据此，中韩学者普遍认为，它是随着箕子带商民东迁而传入朝鲜半岛的。檀君的后人在箕子来到朝鲜半岛后，带着族人向南迁移。

虽然最早的有关"箕子朝鲜"的说法来自中国而不出于朝鲜，可以说明朝鲜文化是由中国殷商文化延续而来的，但到朝鲜王朝时，也出现过多种关于考证箕子朝鲜的历史著作，如尹斗寿（1533—1610）编《箕子志》并附箕子像、李珥（1536—1584）撰《箕子实纪》、韩百谦（1552—1615）撰《箕田考》，以及英祖命徐命膺（1716—1787）整理《箕子外记》等，他们从不同的角度对箕子立国始末、世系、年表、政制、田制等进行考订，由此而描绘出箕子朝鲜的基本特征和历史影响。据说，箕子在位四十年，经常思考如何使本朝避免重蹈殷商灭亡覆辙的问题。他曾经回周朝考察，在周武王诏见时，将经过了变革后展现出欣欣向荣景象的西周作为箕子朝鲜政治统治的参照系而提出自己的治国理想，得到了周武王的高度评价。箕子朝鲜与中国建立了正式的藩属朝贡关系。

箕子于周成王戊午薨，卒年93。箕子朝鲜（约前1122—前194）传位四十一世，历时近千年，其重视礼教，尚崇神仙、爱好白色的文化传统，既体现了朝鲜居民的原生性宗教信仰，也反映了中华文化的影响。朝鲜太祖元年（1392），礼曹典书赵璞上书称："朝鲜檀君，东方始受命之主；箕子，始兴教化之君。"① 将箕子视为在朝鲜半岛传播中华文化的"教化之君"。对箕子的崇拜其实是朝鲜民族对中华文化认同的一种表现，如朝鲜世宗于1428年发表教谕称："吾东方文物礼乐，侔似中华，迄今二千余祀，惟箕子之教是赖。"② 认为箕子是带领朝鲜民族由"夷"入"华"，加入东亚文化圈的关键性人物。总之，"古朝鲜接受的最早的汉文化，是以箕子为代表的殷商巫术文化。殷商文化与井田制度一起，被箕子和他的随从带入了朝鲜。在半岛上一直占有很大势力的萨满教、民间祭祀和宗教等与殷商的国家专有巫术结合起来，形成了日后根深蒂固的民间传统"③，成为道教在朝鲜半岛传播的温床。

---

① 《李朝实录》第一册《太祖实录》卷二，学习院东洋文化研究所1954年刊行，第162页。
② 《李朝实录》第七册《世宗实录》卷四十，学习院东洋文化研究所1954年刊行，第593页。
③ 刘顺利：《朝鲜半岛汉学史》，学苑出版社2009年版，第5页。

到秦汉时，"秦并六国，燕人卫满避地朝鲜，因王其国，百有余岁"①。
燕国人卫满带着一千多名族人来到朝鲜半岛，得到当时的箕子朝鲜国王箕准
的礼遇。箕准拜为博士，封给西部方圆百里的领地，希望卫满来为他守护西
部边境。但卫满以封地为依托，不断吸引汉人流民前来，据《三国志·东
夷传》所载："陈胜等起，天下叛秦，燕、齐、赵民避地朝鲜数万口。"卫
满通过积聚自己的政治、经济和族群力量，最终消灭了箕子朝鲜，自称韩
王，建立了卫满朝鲜（前195—前108）。檀君朝鲜、箕子朝鲜和卫满朝鲜
被称为"古朝鲜"时期。

从历史上看，檀君朝鲜与箕子朝鲜两种传说曾出现过此消彼长的发展态
势，朝鲜民众先是崇拜箕子，然后到朝鲜王朝时发展为信奉檀君，崇拜内涵
的转换大约从朝鲜王朝重建统一国家后开始。当时的朝鲜王朝对构造本民族
历史系谱格外重视，追终慎远地将与中国唐尧同时又颇具神话色彩的檀君作
为重新凝聚国民精神的神圣象征。世宗十九年（1437）确定国家祭祀规格
时称："箕子，中祀，殿位版书'朝鲜始祖箕子'。檀君，中祀，高句丽始
祖，中祀。殿檀君位版书'朝鲜檀君'，高句丽位版书'高句丽始祖'。"②
虽然仍称箕子为"朝鲜始祖"，但却为檀君冠上"朝鲜檀君"之名。当有关
檀君传说的想象被渐渐神化，箕子朝鲜的历史也被渐渐淡化。1910年，朝
鲜王朝被日本人吞并后，对檀君崇拜达到高潮，其中包含着如何确立民族独
立和自我文明中心等深层原因。直到今天，朝鲜人仍然将传说中檀君建国的
十月三日定为开天节，在这一天举行隆重的祭祀檀君活动，以表达对天神的
感激之情。檀君朝鲜和箕子朝鲜"这两种传说的形成或消亡的历程，也可
以把握一个民族在形成过程中是如何选择其认为'合适'的历史的"③。值
得进一步研究的是，朝鲜民族这种对历史的文化选择是否会影响到道教在朝
鲜半岛的传播？

相对于檀君朝鲜、箕子朝鲜在朝鲜半岛走过的漫长历史，卫满朝鲜只存
在了近九十年，但却为汉朝在朝鲜半岛设置郡县制，创造光辉灿烂的"乐

---

① 《后汉书》卷八十五《东夷列传》，《二十五史》，上海古籍出版社、上海书店1986年版。
② 《李朝实录》第八册《世宗实录》卷七十六，学习院东洋文化研究所1954年刊行，第542页。
③ 孙卫国：《传说、历史与认同：檀君朝鲜与箕子朝鲜历史之塑造与演变》，《复旦大学学报》
2008年第5期。

浪文化"奠定了基础。汉武帝元封三年（前108）出兵消灭了卫满朝鲜。当时朝鲜半岛上的居民主要是濊貊族[1]，他们活动于鸭绿江和图们江一带，以农耕和渔猎为业。西汉王朝在今朝鲜半岛北部设置乐浪（治所在今朝鲜平壤南）、临屯（治所在今朝鲜咸镜南道德原）、玄菟（治所在今朝鲜咸镜南道咸兴）、真番（治所在今朝鲜黄海南道信川）四郡，合称"汉四郡"，来实行郡县制管理。一方面，更加了解了朝鲜民族的生活习俗，"东夷率皆土著，喜饮酒歌舞，或冠弁衣锦，器用俎豆。所谓中国失礼，求之四夷者也"[2]；另一方面，也积极主动将汉代文化传到朝鲜半岛，例如，20世纪，朝鲜考古发掘了大量乐浪郡时期的墓葬，在其中的一些墓葬中发现了简牍。如90年代初朝鲜平壤贞柏洞364号墓出土的简牍，包括33枚木牍和120枚竹简。"根据随葬器物的器形和简牍的内容，可以推断平壤贞柏洞364号墓的年代在公元前1世纪后期。墓主人身份不详，但应是西汉元、成时期乐浪郡出身的地方属吏。"[3] 木牍是题为"乐浪郡初元四年县别户口多少□簿"的公文书抄本。竹简则是编缀在一起的册书，约有120枚左右，上面书写着传世本《论语》第十一、十二篇《先进》和《颜渊》的内容。平壤《论语》简的出土，说明汉朝将儒家思想奉为官方学说之后，积极推进儒家经典与思想在东亚的传播。到宣帝时期，《论语》已传到乐浪郡等，不仅在当地产了一定的影响，而且还被作为陪葬物放入墓葬中。虽然传播到东亚各国的《论语》简的书写方式不同，如"韩国出土的《论语》书写在一种多面体木简——'觚'上。中国虽然没有发现'觚'上书写的《论语》木简，但汉代西北边境地区发现了大量用觚书写的木牍。而日本则出土了书写有《千字文》而不是《论语》的'觚'。由此可以推断，朝鲜半岛的文字文化受到了中国汉代书写方式的影响，后来又将其传播到日本"[4]。有关《论语》

---

① 濊貊（Yemack）族是由濊人和貊人会合而成的生活于中国东北及朝鲜半岛的古老民族，"濊人是沿海和大江大河边上的水边居住者，同渔捞有着特别深的关系，而貊人具有狩猎牧民畜民的性质。"（［韩］金贞培：《韩国民族的文化与起源》，上海文艺出版社1993年版，第15页。）

② 《后汉书》卷八十五《东夷列传》，《二十五史》，上海古籍出版社、上海书店1986年版。

③ ［韩］尹龙九、金庆浩：《简牍：古代东亚汉字文化传播的缩影》，《中国社会科学报》2012年1月12日。

④ ［韩］尹龙九、金庆浩：《简牍：古代东亚汉字文化传播的缩影》，《中国社会科学报》2012年1月12日。

简的出土，为认识东亚古代社会汉字文化与思想的传播及本土化的过程提供了重要线索，也促使我们思考，秦汉以后，在中国帝王的推动下，儒家的经典已开始在东亚文化圈中传播，其思想逐渐成为主导东亚人的价值标准，这对后来道家经典与道教神仙信仰在东亚传播会产生什么样的影响呢？

所谓"三神山"是指中国战国时期神仙家为了诱惑崇信神仙说的齐国威王、宣王和燕国昭王等，而说东方有美丽缥缈的三神山，山上有不死之仙药，人服之可长生，但他们对三神山的位置究竟在哪儿却有不同的猜测。后来《史记·天官书》和《汉书·郊祀志》推断，三神山为渤海上出现的海市蜃楼。东方朔撰写《十洲记》、《神异经》等认为三神山为昆仑山。神仙家则主张，三神山就是指位于渤海中的蓬莱、方丈、瀛洲，由此引发了秦始皇派遣徐福进行的海上求仙活动。朝鲜半岛上多奇山异岭，也曾流传着以金刚山为蓬莱，智异山为方丈，汉拿山为瀛洲的三神山传说。因此，自古至今都有一些学者会强调神仙思想为韩国本有的自发思想。如史学家李晬光（1563—1628）在《芝峰类说》中就论证了三神山在朝鲜说："世谓三山，乃在我国，以金刚为蓬莱，智异为方丈，汉拿为瀛洲，可以杜（甫）诗'方丈三韩外'证之。"①

实学家洪大容（1731—1783）在考察了朝鲜的山川胜景后说："山川则汉阳之三角山，松京之天磨山，黄海之九月山，咸镜之七宝山，平安之妙香山，江原之金刚山五台山雪岳山，庆尚之太白山，忠清之俗离山，全罗之智异山，济州之汉拿山。峰峦水石之胜，北京以东，无可与比。其中金刚、智异、汉拿号称三神山，多灵异故迹。而金刚其最奇秀者也。中国人曾有诗曰：'愿生高丽国，一见金刚山。'"②《松漠纪闻》说："长白山位于冷山的东方千余里，是白衣观音所在的地方。山里的鸟兽都是白的。人们不敢踏进……"。据此，有人考证，长白山下有一片白桦林，现在也有白鹿、白猪、白鹰栖息，其周围产檀木。看来，这些方士们所说的三神山系指长白山（又称白头山）是没有错的。相传在古朝鲜时期，因为在长白山住过桓仁、

---

① ［朝鲜］李晬光：《芝峰类说》卷十三，载韩国民族文化推进会编：《韩国文集丛刊》第 66 册，景仁文化社 1996 年版，第 187 页。

② ［朝鲜］洪大容：《湛轩书外集》卷二《杭传尺牍》，载韩国民族文化推进会编：《韩国文集丛刊》第 248 册，景仁文化社 1996 年版，第 146 页。

桓雄、桓俭三位神人，于是长白山周围的部族就称它为"三神山"。车云辂
（1559—？）在《西游录》中，则将妙香山看作檀君降生处："妙香山多神
仙，古迹有石窟。僧云：'檀君降生处也，或称仙人，非人道诞生也。'太
白即白头，非妙香也。此窟檀君时人修道处，故是有名。"李能和根据《三
国遗事》、李稑《妙香山记》、申景浚《疆界志》记载而提出："世谓三神
山在我海东，疑三神山者即是太白山。盖桓因、桓雄、王俭，世谓三神，而
世又以妙香山为太白山。"① 妙香山位于朝鲜半岛西北部，又称太白山，毗
卢峰海拔 1909 米，是朝鲜半岛西海岸的最高峰，其山势奇妙，云雾缭绕，
峡谷深邃、悬崖陡峭、瀑布壮丽，古木参天，散发着醉人清香，民间流传着
"三千里锦绣江山皆名胜，未见妙香山莫谈景"之说。

　　由于三神的开创肇定之功德，人们常传颂并祭祀，这种神风圣俗后又远
播于汉土。汉土有慕神化者必推崇三神，末流之弊则渐陷于荒诞，奇怪之说
迭出，如燕齐方士推演出三神山是渤海中的蓬莱、瀛洲和方丈，人们望之如
云而莫能至之，由此来诱惑那些好仙道的帝王，故李能和认为："海东之地
本是神仙的宅窟，神仙方术本始于韩半岛，后传于中国。"② 基于朝鲜半岛
上自古以来就流传有三神山神话，都珖淳也把神仙思想视为朝鲜民族主体性
的东西，指出："把道教的核心要素即神仙思想视为韩国自发产生的思想，
有接受神仙思想即道教的倾向，与其说是把道教视为外来的东西，莫如说把
它当作主体性的东西来考虑。"③ 这些观点都反映了韩国学者们所持有的民
族文化本位的立场。

　　那么，究竟哪里是东亚世界流行的神仙思想之渊薮？如果从东亚文化视
域来看，韩国学者看到了朝鲜本有的神仙思想与中国道教神仙信仰之间具有
相似性，但若把神仙思想仅视为某个民族本有文化的观点是不符合历史事实
的。笔者认为，神仙思想虽是东亚各国的宗教信仰中共有的原型，但直到秦
始皇、汉武帝推行的海上求仙活动，派方士徐市（徐福）、韩终、卢生和张
良等寻找三神山和不死之药时，才将东亚人的各种原生态的神仙传说联系起

　　① ［朝鲜］李能和：《朝鲜道教史》，东国文化社 1959 年版，第 15 页。
　　② ［朝鲜］李能和：《朝鲜道教史》，东国文化社 1959 年版，第 385—386 页。
　　③ ［韩］都珖淳：《韩国的道教》，载［日］福井康顺等监修：《道教》第三册，上海古籍出版社
1992 年版，第 44 页。

来，突出其中的神异与长生的成分，由此逐渐培育出适宜于道教神仙信仰在东亚传播的文化土壤。

《三国志·魏书·东夷传》中提到，大约在公元1世纪时，朝鲜半岛脱离了神话时代，在部族联盟的基础上建立起以王权为中心的古代国家体系，进入"三韩"并立时期："一曰马韩，二曰辰韩，三曰弁韩。"李圭景在《三韩始末辨证说》中对"三韩"的历史以及与中国的关系进行了说明："三韩者，我东三南旧称，而辽东亦称三韩。"① 当时朝鲜半岛东南部有马韩、辰韩和弁韩三大部落，史称"朝鲜前三国时代"。"韩"与"汉"、"檀"语音相似，都有"伟大"的含义，其中位于半岛西南部的马韩是"三韩"中最大的国家，它的居民主要是檀君朝鲜南迁的遗民和箕子的后代。"辰韩"的居民为秦之亡人，故"辰韩"亦称"秦韩"：

> 辰韩者，古之辰国也，辰韩耆老自言秦之亡人，避苦役，适韩国，马韩割东界地与之，其名国为郡，弓为弧、贼为寇，有似秦语，故或名之秦韩。②

据《史记·秦始皇本纪》记载："三十二年（前215），始皇到碣石，使燕人卢生访求古仙人羡门、高誓；使韩终、侯公、石生求仙人不死之药。"据说，韩终后来到达了朝鲜南部，并在那里建立了马韩国，推动了神仙信仰在朝鲜半岛的传播。李圭景采用朝鲜学者李瀷（1681—1763）的说法，认为韩终因入海求仙来到朝鲜半岛的南部，成为马韩的祖先，他说：

> 李瀷僿说秦始皇送徐福、韩终之徒入海求仙，而仍逃不还。徐福入倭为王，韩终入我南，裔为马韩王者，似是臆说。然愚于晋王嘉《拾遗记》汉惠帝二年（前193）戊申，远国殊乡，重译来贡。时有道士，姓韩名稚者，韩终之胤也。越海而来，云是东海神使，闻圣德洽乎区宇，故悦服而来庭。时有东极，出扶桑之外，有泥离之国来朝。其人长

---

① ［朝鲜］李圭景：《五洲衍文长笺散稿》卷三十五《三韩始末辨证说》，明文堂1982年版，第17页。
② 《三国志》卷三十《魏书·东夷传》，《二十五史》，上海古籍出版社、上海书店1986年版。

四尺，两角如茧，牙出于唇，自乳以来，有灵毛自蔽，居于深穴，其寿不可测也。帝云："方士韩稚解绝国人言，令问人寿几何？经见几代之事？"答曰："五运相承，迭生迭死，如飞尘细雨，存殁不可论算。"问："女娲以前可闻乎？"对曰："蛇身已上，八风均，四时序，不以威悦揽乎精运。"又问燧人以前，答曰："自钻火变腥以来，父老而慈，子寿而孝。自轩皇以来，屑屑焉以相诛灭，浮靡嚣动，淫于礼，乱于乐，世德浇讹，淳风坠矣。"稚以答闻于帝。帝曰："悠哉杳昧，非通神达理者，难可语乎！斯远矣。"稚于斯而退，莫知其所之。帝使诸方士立仙坛于长安城北，名曰"祠韩馆"。俗云："司寒之神，祀于城阴。"①

韩终的后代韩稚作为"东海神君"的使者，因听说汉天子道德高尚，治国有方，宇内融洽，乃心悦诚服地前来朝拜。韩稚也是方士，其寿不可测，能听懂东海来使的语言，又会长寿之术，汉惠帝（前211—前188）对他十分欣赏，最后韩稚像老子一样"不知所终"了。汉惠帝为纪念韩稚，就在长安城北立仙坛，名为司韩馆，称韩稚为管理寒冷之神。晋人王嘉《拾遗记》卷五中也有关于韩终之子韩稚的记载，其中特别提到"时有道士，姓韩名稚"：

> 汉惠帝二年（前193）戊申，四方咸称车书同文轨，天下太平，干戈侣息。远国殊乡，重译来贡。时有道士，姓韩名稚，韩终之胤也。越海而来，云是东海神使，闻圣德洽乎区宇，故悦服而来庭。②

称从海东来到中国的韩稚为道士虽然是后人的说法，想象大于实际，但这是否说明当时朝鲜半岛上已是仙风熏习了呢？

第二节　三国时代对道教的接纳

在公元前1世纪下半叶，朝鲜半岛汉江以南渐次出现三韩配三国的格

---

① ［朝鲜］李圭景：《五洲衍文长笺散稿》卷三十五《三韩始末辨证说》，明文堂1982年版，第20页。
② 王嘉撰，萧绮录：《拾遗记》，中华书局1981年版，第113页。

局。马韩被百济取代,辰韩被新罗吸收,弁韩则演化成伽倻之后又发展为新罗。高句丽(前37—668)位于中国东北和朝鲜半岛北部一带,其统辖范围大致是汉武帝时期设立的玄菟郡。高句丽居民与新罗、百济的族源不同,主要是濊貊人和夫余人(包括沃沮和东濊),后又接收了满族的先祖靺鞨人和三韩人,故今天的中国、朝鲜和韩国三个国家都声称高句丽是自己国家的原始民族。历史上一般将高句丽与百济、新罗并称为"三国时代"(前57—676)。在三国中,建国最早的新罗(前57—935)位于半岛的东南端,在地理上与日本九州岛最为接近。百济(前18—660)位于朝鲜半岛的西南部,是由统一了马韩与辰韩领土上的五十余个部族而建立起的国家,它的北边与高句丽相联,东边与新罗对峙,南边与日本相对,西边则与中国交流,可谓地处半岛之中央。因此,"百济的地理位置决定它成为中日韩文化交流的中转站——从中国和高句丽吸收先进文化,再将它传到后进的新罗和日本去,为日本的飞鸟文化奠定基础"[①]。当时的朝鲜半岛虽然处于三国分立的状态,但语言相通,习俗相似,宗教相同,都信奉萨满教,后来在中国文化的影响下,逐渐引入儒、佛、道三教。

一、道教传入高句丽与百济

朝鲜半岛的三国时代正值中国历史上政权更迭最频繁的三国两晋南北朝。当时有一些中国士人和工匠为逃避诸侯割据带来的连绵不断的战乱,辗转千里迁居到朝鲜半岛,一些僧侣也前去高句丽传播佛法,一般认为,佛教可能先于道教传入朝鲜半岛。

高句丽横跨今日的中国东北和朝鲜半岛,因特殊的地理位置,佛教也最先传入三国中的高句丽。小兽林王"二年(372)夏六月,秦王苻坚遣使及浮屠顺道,送佛像经文,王遣使回谢,以贡方物,立大学,教育子弟"[②]。这是由汉文记录的有关佛像经文传入朝鲜半岛的最早记载。秦王苻坚(338—385)是虔诚的佛教徒,他在将自己的统治疆土扩张到今天的辽西一

---

① 韩国哲学会编:《韩国哲学史》上卷,社会科学文献出版社1996年版,第72页。

② [朝鲜]金富轼撰:《三国史记》,吉林文史出版社2003年版,第221页。《三国遗事》卷三中也有类似的记载,且时间更为准确:"小兽林王即位二年壬申,乃东晋咸安二年(372)孝武帝即位之年也。前秦苻坚遣使及僧顺道,送佛像经文。"(《大正藏》第49册,第986页。)

带后，又派遣佛僧顺道将佛教传入高句丽，"夏六月，秦王苻坚遣使及浮屠顺道送佛像、经文。""四年，僧阿道来。"高句丽出于政治、外交上的需要也对佛僧表示出欢迎的态度："五年，春二月，始创肖门寺，以置阿道。此海东佛法之始。"

《海东高僧传》、《三国遗事》也有与《三国史记》相似的记载："四年甲戌，阿道来自晋。明年乙亥二月，创肖门寺以置顺道，又创伊弗兰寺以置阿道，此高丽佛法之始。"① 十三年之后，佛教才正式传入百济，据《三国遗事》卷三记载："《百济本记》云：第十五枕流王即位甲申，胡僧摩罗难陀至自晋，迎置宫中礼敬。明年乙酉，创佛寺于新都汉山州，度僧十人。此百济佛法之始。"② 位于朝鲜半岛西南部的百济与中国海上交通频繁，在百济第十五代枕流王即位之年（384），亦即中国东晋孝武帝太元九年，有印度沙门摩罗难陀③自东晋来百济弘扬佛教，此为百济有佛法之始。新罗法兴王十五年（528）佛教才由高句丽传入新罗，受到了国王贵族的接纳与欢迎，三宝之兴隆，佛教逐渐发展为一种颇具贵族气息的宗教。

随着佛教在朝鲜半岛传播，道家经典似乎稍早于道教传入百济。据《三国史记》卷二十四记载，在近肖古王（346—374）统治百济时，高句丽军队入侵百济。近肖古王派遣太子近仇首王（375—384 年在位）带兵进行英勇反击，在平壤击退高丽军队后，又带兵乘胜往北继续追击到水谷城。此时，将军莫古解向太子进谏曰："'尝闻道家之言：知足不辱，知止不殆。④今所得多矣，何必求多。'太子善之，止焉。"⑤ 莫古解将军用老子《道德经》第四十四章言劝告太子适可而止。太子闻言，觉得有理，乃停止了追击。莫古解将军的话与后来 6 世纪时高句丽宰相、杰出军事家乙支文德遣隋将《于仲文诗》的含义十分相近："神策究天文，妙算穷地理，战胜功既

① 《三国遗事》卷三，《大正藏》第 49 册，第 986 页。
② 《三国遗事》卷三，《大正藏》第 49 册，第 986 页。
③ 摩罗难陀，又音译为摩罗难提，意译童学。
④ "知足不辱，知止不殆"一语出自《老子》，意思是说：知道满足，就不会遭到耻辱；知道适可而止，不会遇到危险。
⑤ ［朝鲜］金富轼撰：《三国史记》，吉林文史出版社 2003 年版，第 295 页。

高，知足愿云止。"① 如果一个将军能在军事战争中熟练地运用老子思想，这是否表明道家经典不但早已传到朝鲜半岛，而且其思想已被有地位、有知识的人掌握并运用了呢？李能和认为："当时《道德经》知足知止之训，盛行于丽济，熏陶国人之德性，此可为证者也。"②

若参照日本史书记载的百济与日本的交往情况，可获得一些旁证，由此推测道家思想早已传入百济。据《日本书纪》卷十《应神天皇》条记载：

> 十五年（284）秋八月，壬戌朔丁卯，百济王遣阿直岐，贡良马二匹。即养于轻阪上厩。因以阿直岐令掌饲，故号其养马之处曰厩阪也。阿直岐亦能读经典，及太子菟道稚郎子师焉。于是天皇问阿直岐曰："如胜汝博士亦有耶？"对曰："有王仁者，是秀也。"

能读汉语经典的百济人阿直岐来到日本后，又推荐了精通汉学王仁前来日本。"十六年（285）春二月，王仁来之。则太子菟道稚郎子师之，习诸典籍于王仁。莫不通达。所谓王仁者，是书首等始祖也。"③ 王仁负笈东渡究竟携带了哪些书呢？据《古事记》卷之二第十一章云："有和迩吉师（即王仁），此人携《论语》十卷，《千字文》一卷，并十一卷而一同贡进。"日本学者黑板胜美推测，王仁习诸典籍，非徒《论语》而已，亦必有他书，岂独限定于儒书也。在道教草创之时，儒术与道教无别于名称，"儒"之一字即为当时称呼学者之普通名词，王仁之谓儒亦复如是，因此，"阿直岐和王仁必非为纯粹之儒学者而宁为道家者流。"④ 王仁的先祖为乐浪之豪族，又距中国道家流行时代未远，受家庭文化的影响，阿直岐和王仁有可能儒道兼通，故李能和也指出："阿直岐、王仁既系近肖古王是时人，则与将军莫

---

① 《隋书》卷二十《列传》二十五《于仲文》，《二十五史》，上海古籍出版社、上海书店 1986 年版。
② ［朝鲜］李能和：《朝鲜道教史》，东国文化社 1959 年版，第 54 页。
③ 《日本书纪》卷十《应神天皇》，载［日］黑板胜美、国史大系编修会编修：《新订增补国史大系》1，吉川弘文馆 1981 年版，第 277 页。
④ ［日］黑板胜美：《我国古代的道家思想及道教》，《史林》第 8 卷第 1 期。

解同时，将军莫解引用《道经》，此吾所谓道家思想者也，则亦可推想阿直岐、王仁与莫解为同思想之人也。"① 伴随着《道德经》被广泛诵读，道家思想却被百济人容受并传播到日本。

道教何时传入百济，因资料缺乏尚没有形成一条明确传入的轨迹，韩国学者宋恒龙分析其中的原因时认为："百济有南方的属性，具有温柔调和的思想，因在这一思想中已有道家的性质，故百济道教中看不出清楚的发展痕迹。"② 但笔者认为，道家思想并没有完全遮蔽道教在百济的传播线索，虽然百济没有出现像高句丽渊盖苏文那样推行道教的官员，而且据《后周书》卷四十九记载："百济僧尼寺塔甚多，而无道士"，但若在零碎资料及考古发现中仔细寻找，仍然能够看到百济人在生活中表现出的对道教神仙信仰的追求："百济郡内有三山，曰日山、吴山、浮山，国家全盛之时，各有神人居其上，飞相往来，朝夕不绝。"③ 若这一记载还是对诸神景象的描绘，那么，百济武王三十五年（634）曾专门造了一座仙山："王兴寺成，其寺临水，彩饰壮丽。王每乘舟入寺行香。三月，穿池宫南，引水二十余里，四岸植以杨柳，水中筑岛屿，拟方丈仙山。"④ 这座位于佛寺边上的人造仙山，是否就是道教所向往的"方丈仙山"，尚无法确定，但从描述中又似乎可见道教仙山之意境。据考古学发现，在平壤、安岳、集安等地出土的三国墓室壁画中，经常出现中国汉代墓葬中有关道教信仰的题材，如代表宇宙四方的青龙、白虎、朱雀、玄武四神，还有驾鹤王子乔、伏羲女娲等。据李丙焘说："百济遗址曾发现所谓山景砖，绘着品字形的层叠山峰，岩石嶙峋，树木葱郁，中央有一小屋，右侧一人像道士的模样，这分明也是以三神山、道观、道士为作品的主题。"⑤ 这些有关方丈仙山、山景砖的记述若是道教神仙信仰的遗留物，是否可以推测，三神山神话传说在百济得到较为广泛的流传？

据《旧唐书》记载，唐初武德七年（624），道教才通过官方途径正式

① ［朝鲜］李能和：《朝鲜道教史》，东国文化社1959年版，第58页。
② ［韩］宋恒龙：《百济道家哲学思想》，载《韩国哲学研究》上卷，东明社1977年版，第324页。
③ 《三国遗事》卷二，《大正藏》第49册，第979页。
④ ［朝鲜］金富轼撰：《三国史记》，吉林文史出版社2003年版，第324页。
⑤ ［韩］李丙焘：《江西古坟壁画研究》，载韩国延世大学校国学研究院纂：《东方学志》第一辑，想界社1954年版。

传入版图已迁伸到靠近中国东北地区的高句丽，此为中国史籍中有关道教传入朝鲜半岛的最早记载。李圭景曰："东国道教亦有沿革。然我东之自古无道教，《北史》已言之矣。其韧始自句丽而胜朝欤？"① 当时正是高句丽荣留王统治时期，唐高祖李渊听说高句丽人信奉五斗米教，就"遣前刑部尚书沈叔安往册建武为上柱国、辽东郡王、高丽王，仍将天尊像及道士往彼，为之讲《老子》，其王及道俗等观听者数千人"②。对此《三国遗事》中有更详细的记载：

> 丽季，武德、贞观间（618—649），国人争奉五斗米教。唐高祖闻之，遣道士送天尊像来，讲《道德经》，王与国人听之。即第二十七代荣留王即位七年、武德七年甲申也。明年遣使往唐，求学佛老，唐帝（高祖）许之，及宝藏王即位，亦欲并兴三教。时宠相渊盖苏文，说王以儒释并炽，而黄冠未盛，特使于唐求道教。③

这段记载中提到两位唐朝皇帝——唐高祖和唐太宗，两位高句丽皇帝——荣留王和宝藏王，及一位大臣渊盖苏文。当唐高祖听说高句丽人"争奉五斗米教"时，马上"遣道士送天尊像来"，态度十分积极，而高句丽两位皇帝则是抱着"求学佛老"和"欲并兴三教"的态度，只是在宰相渊盖苏文的劝说下，宝藏王才"特使于唐求道教"的。其中专门提及的"五斗米教"是 2 世纪出现于巴蜀，发展于汉中的早期道团的名称。唐朝时，五斗米教经过魏晋南北朝改革，以天师道为名广泛传播，得到了唐王朝的尊奉，成为"皇族宗教"。为什么这里没有采用官方认可的"天师道"，反而采用早期的带有民众道团性质的"五斗米教"的名称？是否因为传入高句丽的道教还较多地保留着"五斗米教"的原貌呢？这是一个耐人寻味的问题。

《三国史记》卷二十《荣留王本纪》中没有提及"五斗米教"传入高句丽，但却有荣留王七年（624）派遣使者到大唐请求历书的记载。唐朝马

---

① ［朝鲜］李圭景：《五洲衍文长笺散稿》卷三十九《道教仙书道经辨证说》，明文堂 1982 年版，第 194 页。
② 《旧唐书》卷一百六十九《高句丽传》，《二十五史》，上海古籍出版社、上海书店 1986 年版。
③ 《三国遗事》卷三，《大正藏》第 49 册，第 988 页。

上应请求而派出刑部尚书沈叔安及一名道士，带着天尊像与道法一起来到高句丽，为荣留王与其臣民讲述《老子》。据说，唐朝道士在高句丽讲道时，荣留王还亲自前去听讲，表现出对《老子》及道教的兴趣。荣留王听讲之后，又向唐高祖提出派遣使者至唐学习佛老的请求，唐高祖答应了。"荣留王时期传入的中国道教在短时间内即有很多的皈依者。荣留王再派使臣到唐，学来了道教的教理和仪式。"① 此时正值唐王朝初创、高句丽王朝末年，唐高祖采取怀柔政策，② 派遣使者和道士到高句丽传播道教，也就是在传播唐朝文化。由于"唐高祖送来的道士、道像、道法，规模太小，又因高句丽对道教的理解仍不太深入，因此道教在高句丽并没有形成宗教性的集团"③，但在大臣渊盖苏文的支持下开始在上层社会传播。

渊盖苏文为何要在高句丽推行道教呢？渊盖苏文（约603—665），又名渊盖金，因避唐高祖李渊讳而改姓为"泉"，称泉盖苏文或盖苏文，此人容貌雄伟，个性凶残，在继任父职的东部大人、大对户之后，谋杀了荣留王以及一百多名跟随者，立荣留王弟之子为宝藏王，自己则成为独揽军政大权的莫离支④。作为高句丽末期举足轻重的政治人物，渊盖苏文一方面成功地抵御了唐朝想灭掉高句丽的企图，因此被奉为民族英雄；另一方面，他在掌权时进行铁腕统治，残暴弑君，导致高句丽走向衰亡。渊盖苏文的做法引起了唐太宗李世民的极度不满，他不允许一头猛虎卧于自己身边，故决心发兵讨伐渊盖苏文。渊盖苏文知道唐王朝奉老子为祖先，尊奉道教，因此，他在摄政之初，曾试图在文化上与唐朝修好，这是否是他请求唐朝派遣道士前来传教的主观动机呢？

唐贞观十六年（642），宝藏王即位，渊盖苏文出于对国家安危的考虑，马上奏请国王说："鼎有三足，国有三教，臣见国中，唯有儒释，无道教，

① ［韩］金得榥：《韩国宗教史》，社会科学文献出版社1992年版，第3页。
② 高祖尝谓侍臣曰："名实之间，理须相副。高丽称臣于隋，终拒炀帝，此亦何臣之有！朕敬于万物，不欲骄贵，但据有土宇，共求安人，何必令其称臣，以自尊大。即为诏述朕此怀也。"侍中裴矩、中书侍郎温彦博曰："辽东之地，周为箕子之国，汉家玄菟郡耳！魏、晋已前，近在封域之内，不可许以不臣。且中国之于夷狄，犹太阳之对列星，理无降尊，俯同藩服。"高祖乃止。（《旧唐书》卷一百六十九《高句丽传》，《二十五史》，上海古籍出版社、上海书店1986年版。）
③ ［韩］车柱环：《韩国道教思想》，人民文学出版社2005年版，第20页。
④ 莫离支相当于唐朝的兵部尚书兼中书令，实际掌握军政大权。

故国危矣。"① 他的理由是，儒、释、道三教犹如一个国家精神的鼎足，但道教未能在本国传开会有损于国家安危，故劝宝藏王从唐朝请道士前来传教。宝藏王觉得他的提议甚有道理，乃"奏唐请之。太宗遣叙（叔）达等道士八人"② 前来传教。《三国史记》中也有类似的记载："二年（643）三月，苏文告王曰：三教譬如鼎足，阙一不可。今儒释并兴，而道教未盛，非所谓备天下之道术者也。伏请遣使于唐，求道教以训国人。大王深然之，奉表陈请。太宗遣道士叔达等八人，兼赐老子《道德经》。王喜，取僧寺馆之。"③ 渊盖苏文虽以"请道教"这种文化上的友好来掩饰高句丽对唐朝的抵抗，但"盖苏文的这种方法常被后来的为政者沿用，甚至连其他的事也想借由道教的力量来处理"④。

不久，高句丽就对新罗发动新的战争，高句丽与唐朝的关系开始恶化。唐贞观十九年（645），唐朝与高句丽爆发战争，唐太宗亲自率兵从洛阳出发征伐高句丽，在攻下了几座高句丽城堡后，因安市城城主杨万春的抵抗，唐太宗的军队无法前行，后因寒冬恶劣天气被迫返回中国。显庆五年（660）唐高宗因新罗求救，命大将军苏定方等攻打百济。苏定方从山东半岛最东端的成山（今荣城县）渡海，围攻都城，百济降唐，唐朝置熊津都督府，以当地首领为都督刺史。661 年，唐高宗再次攻打高句丽，又遭失败。662 年唐朝著名的边塞将军庞孝泰（601—662）带领军队出征高句丽，直逼平壤，渊盖苏文以优势兵力在平壤附近的蛇水阻击唐军，获得了"蛇水之战"的胜利。在渊盖苏文执政期间，唐朝与新罗的联军虽然没有完全征服高句丽，但几次战争却严重削弱了高句丽的实力。从这一历史背景看，渊盖苏文在执政早期请求唐朝派道士前来传播道教的政治意图十分明显，但在客观上却推动了道教在高句丽的传播。

有意思的是，"对中国采取抗拒态度的高句丽，从道教立场上来看，却无条件地接受了道教"⑤。有人认为，这是因为高句丽在与唐朝政治军事的

① 《三国遗事》卷三，《大正藏》第 49 册，第 988 页。
② 《三国遗事》卷三，《大正藏》第 49 册，第 988 页。
③ ［朝鲜］金富轼撰：《三国史记》，吉林文史出版社 2003 年版，第 254—255 页。
④ ［韩］车柱环：《韩国道教思想》，人民文学出版社 2005 年版，第 21 页。
⑤ 韩国哲学会编：《韩国哲学史》上卷，社会科学文献出版社 1996 年版，第 105 页。

抗争中，希望借用二元的抗拒精神来结集本民族的主体意识，因此，他们"接受道教，而不是在主体的固有性基础上来加以接受，而只不过是在割除儒、佛基础的空白中，用道教来填补罢了。从高句丽道教的立场来看，这里表露出国民精神的弱点"①。但笔者认为，高句丽之所以在国家危亡的紧要关头接受道教，既与高句丽本来就流行的将天象、山川、河流圣灵化的萨满教有关，也与以"皂衣仙人"为主体的神教需要一种敬神驱鬼的道教仪式相关联。"好祠鬼神"的高句丽人十分流行在萨满巫师的带领进行祭神活动："其俗节食，好治宫室，于所居之左右立大屋祭鬼神，又祀灵星、社稷。……其民喜歌舞，国中邑落，暮夜男女群聚，相就歌戏。……以十月祭天，国中大会，名曰东盟。"② 在高句丽，当时的"中央政府或各部之使者、皂衣、仙人等下级官吏中，从平民层中晋升的人亦很多，尤其在良田少、自给自足不易的高句丽社会，对外征战有其重要性；从被征服者中可获得不少的贡纳物，因此为提高其身份而成为军人是可能的，而且这些人大部分是高句丽统治势力下五部出身的平民"③。在巫师的率领下，一些平民未婚青年男子热衷于身穿黑衣，腰上系着皂帛，以修仙道、练武艺聚集在一起开展"诵经习射"活动，形成了带有军人特点的神教团体。据《新唐书》卷二百二十《东夷》中记载：高句丽"衢侧悉构严屋，号局堂，子弟未婚者曹处，诵经习射"。金富轼在《三国史记》中称这些"诵经习射"者为"皂衣仙人"，"在高句丽有皂衣仙人。一名翳属仙人。"道教来到高句丽后，与当地本有的神教相融合，得到了高句丽王朝的支持，在社会上得到流传。据说，叔达等道士八人到达高句丽后，受到宝藏王的欢迎："王喜，以佛寺为道馆，尊道士坐儒士之上。道士等行镇国内有名山川。古平壤城势新月城也。道士等咒敕南河龙，加筑为满月城，因名龙堰城。"④ 宝藏王为欢迎道士的来到，不仅将佛寺改为道观，供他们居住，将道士置于比儒士更高的地位上，而且还让道士主持镇护国家的斋醮仪式，期望通过道教的神奇咒术和崇拜天神星神的醮祭活动，来提振人民抵御来自唐朝与新罗的军事威胁的信

①　韩国哲学会编：《韩国哲学史》上卷，社会科学文献出版社 1996 年版，第 105 页。
②　《魏书》卷三十《乌丸鲜卑东夷传》，《二十五史》，上海古籍出版社、上海书店 1986 年版。
③　［韩］李元淳等：《韩国史》，台湾幼狮文化事业股份有限公司 1987 年版，第 36 页。
④　《三国遗事》卷三，《大正藏》第 49 册，第 988 页。

心。这样，"高句丽末叶道教之盛，一时几乎有压倒佛教之势"①。

宝藏王崇道士的做法，遭到了佛教徒的反感。"时普德和尚住盘龙寺，悯左道匹正，国祚危矣。屡谏不听，乃以神力飞方丈，南移于完山州孤大山而居焉。"盘龙寺的普德和尚曾与弟子们一起建造了八个佛寺，积极传播佛教，他认为，宝藏王听信宠臣之言崇信道教，不信佛教，会给国家带来灾害："高丽藏王感于道教，不信佛法，师乃飞房，南至此山，后有神人，现于高丽马岭，告人曰，汝国败亡无日矣。"② 于是他借神人"国败亡无日"之言劝谏宝藏王，见宝藏王不听劝谏，乃于宝藏王九年（650）悄悄地离开盘龙山，移居到百济完山洲孤大山。668 年，高句丽政权内部因渊盖苏文的儿子们相争而发生分裂，唐朝与新罗的联军乘机攻下高句丽都城，宝藏王被俘后遭流放，高句丽七百年王朝结束了。《三国遗事》的作者僧一然将道教在高句丽兴盛所导致的佛道之争视为高句丽败亡的原因之一。

二、花郎道在新罗的兴起

唐王朝与新罗联军消灭了高句丽之后，朝鲜半岛进入了新罗统一时期（676—935）。新罗位于朝鲜半岛东南部，其地理位置距中国儒家文化发源地齐鲁较近，如《晋书·张华列传》中说："东夷马韩、新弥诸国依山靠海，去州四千里，历世来附者二十余国，并遣使朝献……""新弥"即是"新罗"。新罗接受中国文化在时间上虽晚于百济和高句丽，却有着独特的发展，这就是通过倡导儒、佛、道三教并崇的政策，促进了花郎道在新罗的兴起。

从儒学方面看，新罗在统一三国之前，为更好地进行政治统治，就开始逐渐引进了唐朝的文化制度。智证王四年（504）"复国号新罗"。据《三国史记》记载，新罗的含义是："新者，德业日新，罗者，网罗四方"，明显地来源于中国儒家思想的影响。新罗真兴王二十九年（568）树立的定界碑，又称"黄草岭碑"中有："纯风不扇，则世道乖真，玄化不敷，则邪伪交竞。是以帝王建号，莫大修己以安百姓。"③ 这里"修己以安百姓"一语

① 朱云影：《中国文化对日韩越的影响》，广西师范大学出版社 2007 年版，第 467 页。
② 《三国遗事》卷三，《大正藏》第 49 册，第 989 页。
③ ［韩］崔南善编：《新订〈三国遗事〉附录》，瑞文文化社 1996 年版，第 12 页。

出自《论语·宪问》，可见儒家这一重要政治理念已对新罗政治思想产生了影响。神文王二年（682）正式设立"国学"，以儒教经典《论语》、《孝经》为最基本的教材。唐玄宗曾下诏书，称赞新罗是"仁义之国"、"衣冠知奉礼"、"忠信识尊儒，诚矣天其鉴"。据《三国史记》记载：元圣王"四年（788）春，始定读书三品以出身。读《春秋左氏传》，若《礼记》，若《文选》而能通其义，兼明《论语》、《孝经》者为上；读《曲礼》、《论语》、《孝经》者为中；读《曲礼》、《孝经》者为下。若博通五经、三史、诸子百家书者，超擢用之。前只以弓箭选人，至是改之"①。此时，新罗将过去的"只以弓箭选人"改为"读书三品以出身"，突出了儒家文化教育的重要性。统一新罗时期出现了一些著名儒者大都以文章闻名于世，如强首（？—692）、薛聪（约655—740）等。

> 强首，中原京沙梁人也。……及壮，自知读书，通晓义理。父欲观其志，问曰："尔学佛乎？学儒乎？"对曰："愚闻之，佛世外教也。愚人间人，安用学佛为？愿学儒者之道。"父曰："从尔所好。"遂就师读《孝经》《曲礼》《尔雅》《文选》。所间（闻）虽浅近，而所得愈高远，魁然为一时之杰。遂入仕历官。为时闻人。②

薛聪是名僧元晓之子，他除文章著名外，还懂道术，更相传"以方言读九经，训导后生，至今学者宗之"③，即借汉字之音训来讲解经文，促进了新罗人对儒家思想的理解与把握。

从佛教方面看，佛教信仰与新罗固有的日月神崇拜有相通之处。新罗继辰韩而立国，其教俗也承辰韩之余。"辰，东方也。韩，干也，君长之义。"④"辰韩"国号本有"东方日出处君长之义"，来自于先祖赫居世由

---

① ［朝鲜］金富轼撰：《三国史记》，吉林文史出版社2003年版，第132页。
② ［朝鲜］金富轼撰：《三国史记》，吉林文史出版社2003年版，第525页。
③ 《朝鲜升庑儒贤年表·本传》，太学社1985年影印本。《三国史记》卷四十六《列传》六"元晓"中也有类似的记载。关于"以方言读九经"一事，李丙寿解释说："其云'以方言读九经'，意稍不明，而想必是如后世之吏读式口诀，借汉字之音训，悬吐经文而读解之也。"（［韩］李丙焘：《韩国儒学史略》，亚细亚文化社1986年版，第38页。）
④ ［朝鲜］李能和：《朝鲜道教史》，东国文化社1959年版，第64页。

"感日卵生"而来的故事，辰韩六部之人推戴其为君长。新罗的宗教习俗亦是继辰韩而来，最初崇拜日月神，并以此来混合佛教信仰，如李能和说："新罗初以日月神为宗教。……佛之祖先亦有日精之说，佛书中又有日月天子及日光菩萨、月光菩萨等语，与新罗拜日月之宗教相近，故有之神遂混合于新来之佛教者也。"① 新罗王国的统一促进了朝鲜半岛经济繁荣、百业兴旺。新罗民众普遍认为，这是佛教护佑新罗的结果。于是在国王的带领下，兴建了许多寺塔、伽蓝、佛像等建筑，新罗也发展为一个举国上下信仰佛教的国家。为了推进佛教的发展，新罗国王派遣了许多留学生入唐学佛。这些留学生们入唐后，大多在长安或洛阳一带学习生活，据崔致远代新罗王所写《遣宿卫学生首领入朝状》曰："登笈之子分别住在东西两京，憧憧往来，多多益办。"② 当时唐朝在京城长安专门开设了用来接待新罗使者的新罗馆，在国子监内四门馆北廊中开设了一条马道供新罗留学生使用，名为"新罗马道"。有些人通过入唐学佛而成长为学德兼备的高僧大德，如元晓、义湘、慈藏、惠通、明朗、憬兴、梵修、慧昭、惠哲、无染、体证、智诜、兢让、真澈、行寂等，他们不仅把佛教经书文物带回新罗，而且自己著书立说，使佛教在新罗生根开花、兴旺发展。与中国佛教分宗发展相应，新罗佛教也出现了三论宗、天台宗、华严宗、法相宗、密宗、律宗、禅宗等宗派，进入了创宗立派时期。

　　受当时唐朝崇奉道教的影响，新罗留学生对道家与道教也有所关注，其中一些人不仅学习道教内丹术，而且还能自如地运用老庄思想，例如，元晓（617—696）自幼出家，云游问学求道，据《宋高僧传·元晓传》说："尝与湘师入唐，慕奘三藏慈恩之门。厥缘既差，息心游往。无何，发言狂悖，示迹乖疏，同居士入酒肆娼家，若志公持金刀铁锡。或制疏以讲杂华，或抚琴以乐祠宇，或闾阎寓宿，或山水坐禅，任意随机，都无定检。"元晓与义湘结伴入唐，准备投仰慕已久的玄奘门下学习，但因玄奘圆寂而未能如愿。不久，他以狂荡的行为来表达"任意随机"的思想。元晓回海东后，自悟佛法，独成一派，将自己家改建为初开寺，一面研习佛理，一面教化众生，

---

① ［朝鲜］李能和：《朝鲜道教史》，东国文化社1959年版，第65—66页。
② 《崔文昌侯全集》，成均馆大学校出版社1982年版，第56页。

创立影响甚大的新罗法性宗（海东宗），成为新罗净土宗的理论先驱，然而，他在著述中却经常引用老子思想来诠释佛教：

　　夫波若为至道也，无道非道，无至不至，萧焉无所不寂，泰然无所不荡，是知实相无相，故无所不相，真照无明，故无不为明。……实相般若，玄之又玄之也。贪染痴暗皆是慧明，而五眼不能见其照，观照波若，损之又损之也。①

元晓用重玄学的"玄之又玄"、"损之又损"等词语来诠释佛教的般若思想，这种以道诠佛的例子在元晓的著作中随处可见。

　　虽然"新罗道家思想在神佛两教之后"②，但老庄之书传到新罗后，受到当时的新罗人的重视，将之列为贵族子弟的必读书。据《三国史记》记载："金仁问，字仁寿，太宗大王第二子也。幼而就学，多读儒家之书，兼涉庄老、浮屠之说。又善隶书、射御、乡乐、行艺纯熟，识量宏弘，时人推许。永徽二年，仁问年二十三岁，受王命入大唐宿卫。"③ 金仁问（629—694）是太宗武烈王次子，新罗大将军，自幼学习儒佛道三教之书，精通中国文化，尤为欣赏老庄思想，受帝王之命，于651年入唐宿卫，之后又七次出任唐使，较为深入地了解了儒佛道三教。有一些新罗人还将老庄之道贯穿到自己的生活中，据新罗圣德王十八年（719）金志诚撰《甘山寺弥勒菩萨造像记》曰：

　　弟子志诚生于圣世，历任荣班，无智略以匡世，仅免于罹于刑宪。性谐山水，慕庄老之逍遥；志重真宗，冀无着之玄寂；年六十有七致王事于清朝，遂归田于闲野，披阅五千言之道德，舍名位而入玄穷。

金志诚对老庄思想的欣赏与践行在新罗是具有代表性的。

　　唐王朝对道教在新罗的传播起了一定的促进作用。据《三国史记》记

---

① 《大慧度经宗要》，《大正藏》第 33 册，第 68 页。
② ［朝鲜］李能和：《朝鲜道教史》，东国文化社 1959 年版，第 64 页。
③ ［朝鲜］金富轼撰：《三国史记》，吉林文史出版社 2003 年版，第 525—526 页。

载，"春二月，唐玄宗闻圣德王薨，悼惜久之，遣左赞善大夫邢璹，以鸿胪少卿往吊祭，赠太子太保，且册嗣王为开府仪同三司新罗王。璹将发，帝制诗序，太子已下百僚，咸赋诗以送。帝谓璹曰：'新罗号为君子之国，颇知书记，有类中国。以卿恃儒，故持节往，宜演经义，使知大国儒教之盛。'又以国人善棋，诏率府兵曹参军杨季膺①为副，国高奕皆出其下。于是，王厚赠璹等金宝药物，唐遣使，诏册王妃朴氏。……夏四月，唐使臣邢璹以《老子道德经》等文书献于王。白虹贯日，所夫里郡河水变血。"② 唐玄宗是著名的奉道皇帝，他听闻圣德王薨，为了增进两国之间的友好关系，乃于开元二十六年（738）四月派遣唐使邢璹前去吊祭，同时送上《老子道德经》等文书献于孝成王（737—742 在位），临行前却嘱咐邢璹曰："新罗号君子国，颇知书记，有类中国。"由此《道德经》正式通过官方途径传入朝鲜半岛。

有意思的是，此段记载说，唐玄宗派"淳儒"邢璹去传播"儒教"，以让新罗知道唐朝"大国儒教之盛"，但邢璹所献的却是《老子道德经》。李能和先生认为："其言与事一切相反，甚有疑义。盖以'淳儒'、'儒教'之文句，信其为来传儒学，则未免大误也。盖邢璹儒其名而道其行，如傅奕一流之人。"邢璹的思想倾向大概是外儒内道，献老子《道德经》等文书乃是履行尊道的唐玄宗的使命，所演经义者也当为老子《道德经》。"所云'儒教'应即道教之讹，是乃儒臣换弄史笔以欺后世者也。"③ 李能和的这一看法是值得注意的。唐玄宗于天宝元年即位后，就奉老子为玄元皇帝，躬享于亲庙。他亲自注疏《道德经》，于开元二十年（732）完成后，下令在全国推广，"制令士庶家藏《老子》一本"，由此推测，唐玄宗让邢璹献上《老子道德经》可能是自己的注疏本。

新罗地处半岛东南部，自古就仙风兴盛，仙术畅行。如果说，"高句丽的道教，是由道士传入的咒术的道教，而新罗的道教是作为风流道组成要素之一的道教。它就是'圣人处无为之事，行不言之教'的道教"④。若依此看法，传入高句丽的道教是迎合着国王政治统治的要求施行求福禳灾之术的

---

① 杨季膺，在《新唐书》、《旧唐书》中都写作"杨季鹰"。
② ［朝鲜］金富轼撰：《三国史记》，吉林文史出版社 2003 年版，第 121 页。
③ ［朝鲜］李能和：《朝鲜道教史》，东国文化社 1959 年版，第 67—68 页。
④ 韩国哲学会编：《韩国哲学史》上卷，社会科学文献出版社 1996 年版，第 109 页。

五斗米教，而传入新罗的道教则借助于老子的"玄妙之道"与新罗的仙道信仰融合起来。高丽王朝时，金富轼所撰的《三国史记》以新罗为中心，①在卷四十一至卷五十的《列传》中记载了八十多个人物传记，有名相、武将、硕学、奇才、花郎等，他们大多出身于上层社会，其行事立学皆以忠、孝、烈等儒家伦理为准则，其中对花郎道的描述，为了解道教在新罗的传播提供了生动的素材。如新罗宰相瓠公原是日本倭人，姓氏不详，因其乘葫芦船从日本而来，故被称为瓠公。现存的有关新罗早期君主的记载中经常会有瓠公出现，后来《青鹤集》更将他神仙化，说瓠公方术高妙，能煮玉而食，茹木而食，异于常人，又能呼风唤雨，驱使禽兽。其终也入雪岳山，是则仙家别派也。②瓠公大概从中国学习了修仙之术，然后广播于新罗。新罗国王赫居世曾派瓠公出使马韩，由于瓠公没带贡品而受到马韩刁难。瓠公指责马韩无礼，马韩首领大怒，要将他处死，由于周围人的阻挡，瓠公才免于一死，安全返回新罗。65 年，瓠公在鸡林的一个挂在树上的金盒子中发现一男婴。该男婴后来成为新罗金氏始祖金阏智。

新罗人对仙术的欣赏，为"玄妙之道"在新罗的传播开辟了道路。"昔新罗仙风大行，由是龙天欢悦，民物安宁。故祖宗以众崇尚其风久矣"③，当地一直流行着述郎、南郎、永郎、安郎新罗四仙的传说。据《青鹤集》记载，在金刚山有一度集合三千个仙人的"法起道场"，其中包括被称为四仙的四个花郎，他们是承"东方最初之仙祖"桓仁真人的仙脉而来：

　　　　桓仁真人为东方最初之仙祖，而一传为文朴，再传为永郎。马韩时宝德神女承传永郎之道云云，世传永郎等为新罗四仙而实古代人也。意

---

① 《三国史记》是朝鲜最古老的长篇历史著作，描写了朝鲜半岛上新罗、百济和高句丽三国的历史。由于新罗于 536 年开始模仿中国的历史纪年方法，采用了以年号建元，先后颁布了六个年号，于 650 年才停止使用。"朝鲜于 650 年接受了中国皇帝的年号制度，标志着它接受了中国所主宰的计时体系，进入了中华帝国的辖区"（［韩］金载炫：《与中国时间斗争、时空的国族化：李朝后期的记时》，载［美］司徒琳主编：《世界时间与东亚时间中的明清变迁》上，三联书店 2009 年版，第 146 页）。这是否是金富轼撰写《三国史记》时以新罗为中心的原因？
② 参见［朝鲜］赵汝籍撰：《青鹤集》，载［韩］李钟殷译注：《海东传道录·青鹤集》，普成文化社 1998 年版，第 218 页。
③ 《高丽史》卷十八《世家毅宗》，《四库全书存目丛书·史部》第 159 册，齐鲁书社 1996 年版，第 389 页。

者新罗花郎，称谓国仙，盖似沿袭永郎、述郎、南郎、安详四仙者也。其它少有异迹之人皆称为仙派，或自外国来而有异术者，或有入中国学仙术者，或有放浪山水、吟弄风月者。①

这里既指出了四郎仙脉的来源，也指出四郎与其他仙派的差别。虽然不知述郎、南郎、永郎、安郎生活的年代，但朝鲜半岛上的名胜之地多有其游迹，如《大东韵府群玉》卷五记载："新罗时曰南郎、述郎、永郎、安详也。游赏寒松、镜浦、丛石、越松等地，皆有旧迹。"新罗四仙带领徒众歌舞游行于东都（今韩国庆州）山水之间，其行迹犹如超凡脱俗的道教神仙，据《海东异迹》记载：新罗四仙同游高城，三日不返，故名其地曰"三日浦"。高丽诗人郑枢作七言律诗《三日浦》歌颂神仙远足而游之风情曰：

> 一湖胜形自成天，三十六峰秋更清，不有中流舟荡桨，那看南石字分明。亭前雨过鸣沙响，浦口秋深落未声。细问安详当日事，神仙也是足风情。②

浦南有小峰，峰上有石龛，峰之北崖石面有丹书六字曰："永郎徒南石行。"在四仙里好像永郎特别受到注目，永郎湖、永郎峰等大概是因永郎仙徒尝游于此而得名的。所谓"石行"，疑即南郎也。小岛古无亭存，抚使朴公构之其上，即四仙亭也。又有丹穴在郡南一十里。通川有四仙峰为四仙所游处。李仁老（1152—1220）作诗颂四仙曰：

> 四仙罗代客，白日化升天。追迹千年后，仍祈不死药。

四仙的基本特征是"祈不死药"，这是否可看作道教神仙的朝鲜化？新罗四仙带着徒众巡礼山川，进行修仙活动的路线，大致是从庆州（庆尚北道）

---

① ［朝鲜］李能和：《朝鲜道教史》，东国文化社1959年版，第73页。
② ［韩］卢思慎等撰：《新增东国舆地胜览》卷四十五《高城郡三日浦条》。

沿着海岸到达金刚山（今朝鲜江原道东北），以元山湾一带的山水殊胜处为修行道场。据说，江陵市镜浦台石阶上的茶灶、寒松寺内的寒松亭、永郎炼丹的石灶和石臼等都是新罗四仙所游处之遗迹。① 半岛上众多的与四仙有关的地名反映了人们对他们的爱戴。

新罗四仙以唱乡歌和习饮茶礼为修炼身心的功课，生活于高丽中期时代散文家崔滋（1188—1260）说：

> 东都本新罗。古有四仙，各领徒千余人，歌法盛行。又有玉府仙人，始制曲调数百。本朝闵仆射可举，传得其妙。尝一日独坐弹琴，有双鹤来翔。因作《别调》云：“月城仙迹远，玉府乐声微。双鹤来何晚，吾将伴汝归。”皇龙寺雨花门，是古仙徒所创。②

玉府仙人是新罗玉宝高与其弟子们的统称。③ 颇有音乐家气质的“玉宝高入地理山云上院，学琴五十年。自制新调三十曲”④，新罗人将他们统称为“国仙”。信奉神仙的道教传入新罗后，受到崇拜“国仙”的新罗人的欢迎，这是因为“道教尽管是根据老庄哲学而来的，但由于它有升华为无为自然的仙道的可能性，所以，它又是同我国的国仙道不无关系的。新罗道教在这一点上与老庄的道相比，会更接近仙道的道教和国仙道的仙道”⑤。新罗人在接受道教时，往往将佛道仙相融合，形成了具有民族特色的仙道、国仙道，又称花郎道。

花郎道是从原始神教中的风流、源花、国仙、丽花等思想发展而来。“风流”是朝鲜民族固有的文化特征之一，它表现出一种调和神人关系的宗教倾向。“风流成为韩国人的思维基础，也有人将它视之为‘仙’。”⑥ 崔致远在《孤云先生续集·鸾郎碑序》中将“风流”称为“玄妙之道”，认为

---

① 参见［朝鲜］洪万宗辑：《海东异迹》，载《韩国文献说话全集》第六册，太学社1991年版，第400页。

② ［高丽］崔滋：《补闲集》，圆光大学校出版局1995年版，第106页。

③ 参见刘顺利：《朝鲜半岛汉学史》，学苑出版社2009年版，第27页。

④ ［朝鲜］金富轼撰：《三国史记》，吉林文史出版社2003年版，第338页。

⑤ 韩国哲学会编：《韩国哲学史》上卷，社会科学文献出版社1996年版，第77页。

⑥ 韩国哲学会编：《韩国哲学史》上卷，社会科学文献出版社1996年版，第149页。

其精神与中国儒、佛、道三教相通：

> 国有玄妙之道，曰风流，设教之源，详备《仙史》。实乃包含三教而接化群生。且如入则孝于家，出则忠于国，鲁司寇之旨也。处无为之事，行不言之教，周柱史之宗也。诸恶莫作，众善奉行，竺乾太子之化也。[①]

崔致远所撰的《鸾郎碑序》简明地刻画了花郎道的风流形象，故"丽人曰：致远为儒仙，盖其文字声名，风致殊绝古今，所云列仙之儒，故遂疑其仙或者仙史所记花郎之流欤"[②]。由于《仙史》一书失传，故未能详知"风流"的来历，但"玄妙"一词却来源于老子《道德经》第一章"玄之又玄，众妙之门"。这种"玄妙之道"作为修仙道团体的称号，它要求修仙者既遵循儒家的忠孝伦理纲常，又应以道家和道教的无为思想来行事，还需把佛教的为善去恶作为自己的道德行为准则。修行仙道者，男人全身着缟带，女人则穿着采衣。他们经常恭坐，互不侵犯，相互恭维，互不拆台，遇他人危患，便舍命相救，他们不仅是善人，而且能够自由出入于儒教、佛教、道教的思想而得到精神上的满足。他们因尚道德、习武艺和炼精神，追求将有限的个人生命复归于永恒之神仙，故又称之为"风流道"。"风流道的本质严格地说与花郎道的本质是不可能一致的。称为风流道或风月道，那是三国统一前古代的韩国就有的固有思想和宗教。"[③] 风流道在新罗统一三国之前就流传于朝鲜半岛，但它后来却在三国中最小的国家新罗兴旺发达起来，新罗的风流道以"接化群生"为基点来包容中国儒、佛、道三教精神，又根据新罗社会需要而发展出的花郎道，在真兴王时代成为新罗的最高宗门。

真兴王（540—575）是新罗第二十四代国王，他确立起以王权为核心的中央集权制国家。为了改变新罗在三国之争中的劣势地位，真兴王以花郎道为组织形式，倡导一种有助于兴邦立国的新精神，培养管理国家所需要的文武人才。花郎道由起初的浪漫少女的审美活动，逐渐演变为陶冶男性青少

---

① ［朝鲜］金富轼撰：《三国史记》，吉林文史出版社 2003 年版，第 43—44 页。

② ［朝鲜］洪万宗辑：《海东异迹》，载《韩国文献说话全集》第六册，太学社 1991 年版，第 413 页。

③ 韩国哲学会编：《韩国哲学史》上卷，社会科学文献出版社 1996 年版，第 147 页。

年自由奔放人格和才能技艺的活动，最后发展成为新罗培养最精锐的部队活动，这一演变过程在《三国遗事》中有详细记载：真兴王既"一心奉佛，广兴佛寺，度人为僧尼"的好佛君主，同时他"天性风味，多尚神仙，择人家娘子美艳者，捧为原花要。聚徒选士，教之以孝弟忠信，亦理国之大要也。乃取南毛娘、峧贞娘两花，聚徒三四百人"①。花郎原为女性，是真兴王开展的选美女花娘的活动的主角。后来，从众多的女子中选出了两位最美艳的花娘——峧贞娘和南毛娘，因相互嫉妒，峧贞娘把南毛娘杀死，故真兴王"废原花累年"，停止了这一选美活动，但"又念欲兴邦国，须先风月道"，于是又改为选良家男子为"国仙"的活动，另起名为"风月道"。

《东国通鉴》曰："新罗真兴王元年，新罗选童男容仪端正者，号风月主，求善士为徒，以励孝悌忠信。"《三国遗事》中也有类似的记载：真兴王"又念欲兴邦国，须先风月道，更下令选良家男子有德行者，改为花娘。始奉薛原郎为国仙，此花郎国仙之始。故竖碑于溟州。自此使人悛恶更善。上敬下顺。五常六艺。三师六正。广行于代及真智王代。"② 花娘又被称为"花郎"、"仙人"、"仙郎"、"仙花"。负责培训花郎者则被称为"国仙"、"花主"等。据说，花郎中的杰出者有永郎、述郎、南郎、安郎等，最后他们都得道成仙了，被称为"新罗四仙"，故花郎道又称神仙道。

真兴王时的花郎道是一种贵族青年团体，它提倡"游娱山水，无远不至"的生活方式，和道家的自然无为的思想有着相当的关系。③ 花郎道所谓的"道"是指人与天神自然交融的境界，据此而形成了一种独特的修炼方式，这与道教倡导的以无为自然为宗旨，顺应阴阳五行之道的修行观十分相似。徒众云集到人烟罕见的深山幽谷，向天神祈祷，吸收自然之气，"或相磨以道义，或相悦以歌乐，游娱山水，无远不至。因此知其人邪正，择其善者，荐之于朝，故金大问④之花郎世将勇卒，由是而生。"⑤ 在与天地自然的

---

① 《三国遗事》卷四，《大正藏》第 49 册，第 994 页。
② 《三国遗事》卷四，《大正藏》第 49 册，第 995 页。
③ 参见［韩］李丙焘、金载元：《韩国史·古代篇》，乙酉文化社版 1968 年版，第 587 页。
④ 金大问是朝鲜历史上第一位著述家。据《三国史记》卷四十六记载，"金大问，本新罗贵门子弟，圣德王三年（704）为汉山州都督，作传记若干卷，其《高僧传》、《花郎世记》、《乐本》、《汉山记》犹存。"
⑤ ［朝鲜］金富轼撰：《三国史记》，吉林文史出版社 2003 年版，第 43 页。

交流中，花郎们既感受到不一般的生命存在，又锻炼了身心，加深了相互了解，"单个的生命通过风流道的修炼，人为地变成集团生命，这就是统一新罗时期的花郎道"①。花郎道这种修道方式的最终目的是为国家培养一批优秀的文武人才，"以新罗政体观之则颇得老庄无为之真髓"②，这与中国道教仅追求个体生命的无限延长的修炼又有着不同的旨趣。花郎道的最终目的并不是个人修炼，而是通过花郎制度来为"兴邦立国"选拔人才，游娱山水仅为手段，维护国家政权才是花郎道的宗旨。

花郎道通过花郎制度将那些有志"兴邦立国"，且相貌俊美、品德端正的男青年组织起来，一起学习文化，锻炼武艺，通过骑马、射箭、剑术、投枪、登山、游泳和空手格斗等武艺来磨炼人的意志、锻炼人的体魄，由此为新罗社会的政治和军事发展培养出一批忠君孝亲、英勇顽强、文武兼备、无所畏惧的战士。花郎道宗旨后被新罗僧人圆光（？—630）概括为"花郎五戒"——"事君以忠，事亲以孝，事友以信，临阵无退，杀身有择"。花郎道为新罗的统一大业培养了众多文武兼并的人才。

在祭政分开之后，花郎道逐渐形成一个颇具民族宗教意味的宗派神教组织。花郎们经常为祈求国家平安和百姓幸福而举行祭祀天地山川的仪式，"相悦以歌乐"，通过表演颇具巫术性的歌乐来欢悦人的性情、陶冶人的情操。花郎道还强调在"相磨以道义"的过程中修炼个人的品格，培养神秘的体验。"随着宗派神教的发展，编出了叙述教理的《仙史》、《神志秘词》等教典，出现了办神事，修仙道所必需的仙歌、仙舞，进行灵山巡礼，练射御和书数。"③ 花郎道为道教在统一新罗时代的传播提供了良好的文化土壤。

道教随着花郎道的崇仙敬道之风尚在新罗得到传播。新罗王朝在名山大川建造了一些神坛，从良家子弟中挑选出色的美少年，让这些花郎们组成乐队，演出四仙乐府和歌舞百戏，用来举行名为"八关会"的祭神仪式。"八关会每年在开京和西京举行，举行时间开京在十一月，西京在十月。祭礼是全国性的，为期数天，开京的八关会，王亲自到场，连外国使臣和商人也前来参加，规模非常盛大。它是与民同乐的大会，要祭祀天神和山神，显示仙

---

① 韩国哲学会编：《韩国哲学史》上卷，社会科学文献出版社 1996 年版，第 148 页。

② ［朝鲜］李能和：《朝鲜道教史》，东国文化社 1959 年版，第 70 页。

③ ［韩］金得榥：《韩国宗教史》，社会科学文献出版社 1992 年版，第 35 页。

郎的模范，演奏、演出仙郎的音乐和歌舞，举行饮酒宴会。它是民族性的庆祝和祭祀活动，举国召开大会，不分日夜地歌舞饮酒以古代的祭天仪式和歌乐相互取得欢快和喜悦，从中可以看出风流道的那种风貌。"①

到新罗末期，以花郎、风月、郎徒为名的团体大约有两百多个，人数少则几百人，多则几千人。据《三国史记》卷四十一《列传》中记载，金庾信的龙华香徒、斯多含的郎徒、近郎的风月之庭等都是规模较大的团体，如近郎的弟子剑君是仇文大舍之子，为沙梁宫舍人。建福四十四（627）年丁亥秋八月，陨霜杀诸谷。明年春夏大饥，民卖子而食。于时宫中诸舍人同谋，盗唱廥仓谷分之，剑君独不受。诸舍人曰："众人皆受，君独却之，何也？若嫌小，请更加之。剑君笑曰："仆编名于近郎之徒，修行于风月之庭，苟非其义，虽千金之利，不动心焉，时大日伊餐之子为花郎，号近郎，故云尔。剑君出至近郎之门。"② 另外，还有金歆运、孝宗郎、国仙夫礼郎、未尸郎、俊永郎、居列郎、实处郎等。据说，新罗王朝还专门设立了管理郎徒的专门机构，编制管理郎徒的文书《风流黄卷》或《黄卷》："第三十二孝昭王代，竹曼郎之徒有得乌级干，隶名《风流黄卷》。"③ 在文武王一年（661）任命以金庾信为大将军，仁问、真珠、钦突为大幢将军……义光为郎幢总管。④《三国史记》的作者金富轼在记述了各位花郎的事迹后赞叹曰：金大问在《花郎世记》中说："'贤佐忠臣，从此而秀，郎将勇卒，由是而生'者，此也。三代花郎，无虑二百余人，而芳名美事，具如传记。若歆运者，亦郎徒也。能致命于王事，可谓不辱其名者也。"⑤

花郎们练就了一些超凡之术以服务于国家。新罗名将金庾信（595—673）出生于新罗的名门望族，15岁时就成为花郎。"新罗人对非凡的人物看法，总是将其和天联系一起的。它表现了只有同天联系在一起，方可赋予其具有神秘性的能力或方术。"⑥ 据《三国遗事》载，金庾信因禀受天上七

---

① ［韩］都珖淳：《韩国的道教》，载［日］福井康顺等监修：《道教》第三册，上海古籍出版社1992年版，第100页。

② ［朝鲜］金富轼撰：《三国史记》，吉林文史出版社2003年版，第544页。

③ 《三国遗事》卷二，《大正藏》第49卷，第973页。

④ 参见［朝鲜］金富轼撰：《三国史记》，吉林文史出版社2003年版，第80页。

⑤ ［朝鲜］金富轼撰：《三国史记》，吉林文史出版社2003年版，第538页。

⑥ 韩国哲学会编：《韩国哲学史》上卷，社会科学文献出版社1996年版，第272页。

曜之精气，所以背部有七星花纹，据说这与道教的七星崇拜相关。① 17 岁时，金庾信曾单身进入中岳石窟，斋戒后祈祷上天赋予自己统一三国的力量，于是有一位神异老人显现并传授秘法。金庾信 18 岁时就担任花郎领袖"国仙"，34 岁成为新罗国的重要将领。金庾信的妹妹文明夫人嫁给了新罗第二十九代君主武烈王金春秋（654—661 在位），生下了文武王金法敏。金庾信自己则娶了武烈王的三女儿智照为妻，因此他在新罗有着很高的社会地位。金庾信擅长剑术，表现出的卓越军事才能，不仅为花郎道的发展奠定了基础，也为新罗时代统一朝鲜半岛作出了重要贡献。在此过程中，据说道教的秘法神术给了他很大的帮助。据《三国史记》和《三国遗事》记载，新罗大将金庾信崇信道教，为祭拜天神，常行斋醮烧香之事，为此他还修建了神坛。有一次，金庾信在新罗汉山城被靺鞨包围，正在危急之际，金庾信设坛修神术，马上有星飞于北汉山城，于是化险为夷。647 年，善德女王（632—647 在位）去世，金庾信与金春秋共同辅助真德女王（647—654 在位）主理国政。654 年，真德女王逝去世后，金春秋登基为武烈王，金庾信则以国家将军的身份辅助之。660 年，金庾信作为新罗军队的统帅，联合唐朝军队，南征北战，先后击败了百济和高句丽，完成了统一三国的大业。668 年 12 月，文武王（661—680 在位）赠金庾信为"太大角干"，这是一个特别设置的最高级官位，以表彰他对新罗国的伟大贡献。后来金庾信又排除了唐朝势力的干涉，保持了新罗国家的独立性与完整性。《月汀集》中曾经记述了有关金庾信的志异故事。金庾信晚年，带兵行军到郭山一带，被女鬼以琴弦索命，幸得一位姓郑的书生相助驱鬼，据说此位书生就是金庾信的老师郑希良，他向金庾信授予假死之法，使之保住了性命，但金庾信自此精神恍惚，失魂落魄，于 673 年 7 月 1 日猝然死去，享年 79 岁。金庾信被追封为"纯忠壮烈兴武大王"，成为新罗时代的民族英雄，也被视为韩国江陵端午祭所祭拜的"十二山神"之一。

金庾信嫡孙金岩也好方术，曾赴唐学习阴阳家法，还向师父陈述道教中

① 道教崇拜的七星有两种：一是指七曜，即日、月与金（太白）、木（岁星）、水（辰星）、火（荧惑）、土（镇星）五星的总称；二是指北斗七星。据车柱环的看法，金庾信"背上有七星文是指，把所有背上的痣连接起来，可看到北斗七星的轮廓"。（［韩］车柱环：《韩国道教思想》，人民文学出版社 2005 年版，第 133 页。）流传至今的有关金庾信的传说中有着浓厚的道教色彩。

颇有神秘性的"遁甲立成之法"：

> 允中庶孙岩，性聪敏，好习方术，少壮为伊浪，入唐宿卫，间就师学阴阳家法。闻一隅则反之以三隅。自述遁甲立成之法，呈于其师。师抚然曰："不图吾子之明达至于此也。"从是而后，不敢以弟子待之。大历中还国，为司天下大博士。①

遁甲是中国古代术数之一，起于《易纬·乾凿度》太乙行九宫法，属于占卜决嫌疑、定祸福之术："其流又有风角、遁甲、七政、元气、六日七分、逢占、日者、挺专、须臾、孤虚之术，及望云省气、推处祥妖，时亦有以效于事也。"② 遁甲以十干中的乙、丙、丁为"三奇"，以戊、己、庚、辛、壬、癸为"六仪"。三奇六仪分置于九宫，以甲统之，视其加临吉凶，以为趋避，故称"奇门遁甲"。道教创立后，为自神其教，说遁甲术出自黄帝及九天玄女，此法与阴阳之道相配合，成为流行于魏晋南北朝道教中的一种重要道术。当金岩兴致勃勃地向老师展示自己的遁甲之术时，其师却明确告诉他，我不希望"吾子明达至于此也"。可能在其师看来，遁甲术仅为一种推测吉凶的神异方法，与得道相比，仅为小术而已，故不希望弟子舍本求末。金岩后来回到新罗，任司天下大博士，不仅成为一位有学问的人，而且成为朝鲜半岛"后世遁甲道流之元祖也"。相传，他用遁甲法制蝗虫灾害："历良康汉三州太守，复为执事侍郎、坝江镇头上。所至尽心抚字，三务之余，教之以六阵兵法，人皆便之。尝有蝗虫，自西人泗江之界，蠢然蔽野，百姓忧惧。岩登山顶，焚香祈天，忽风雨大作，蝗虫尽死。大历十四年（779）己未，受命聘日本国，其国王知其贤，欲勒留之。会大唐使臣高鹤林来，相见甚欢。倭人认岩为大国所知，故不敢留。"③

　　三国时期，朝鲜半岛处于分裂状态，但由于三国是同一种民族，在血缘、文化、语言和宗教上具有同质性，因此，走向统一是必然的趋势，但值得注意的是，为什么统一朝鲜半岛政治大业最后是由三国中较为落后的新罗

---

① ［朝鲜］金富轼撰：《三国史记》，吉林文史出版社 2003 年版，第 503 页。
② 《后汉书》卷八十二《方术传》，《二十五史》，上海古籍出版社、上海书店 1986 年版。
③ ［朝鲜］李能和：《朝鲜道教史》，东国文化社 1959 年版，第 94 页。

完成的？对此，有学者从道教的角度来寻找原因，认为新罗道教与高句丽道教具有一定的区别："第一，高句丽的道教是由道士传入的咒术性道教，而新罗的道教则是作为风流道组成要素之一的道教，是'圣人处无为之事，行不言之教'的道教。第二，高句丽和新罗的道教均为自唐传入的，但前者是迎合庶民阶层的五斗米教，将其作为禳灾祈福的方术宗教，而后者则是融入玄妙之道中的，迎入国仙道的道教。高句丽道教与儒、佛之间具有相冲相克的作用，而新罗的道教与儒、佛之间则具有相和相生的作用。"① 于是将高句丽的灭亡与新罗的兴起看作是道教的社会作用所产生的结果。这种看法虽有夸大道教的作用，但也从一个侧面说明，当时"迎入国仙道的道教"在新罗社会中的影响。新罗最后能够统一朝鲜半岛，主要是依靠了"融入玄妙之道"的花郎道力量。直到李成桂建立朝鲜王朝，在社会生活中大力推崇儒家思想，不主张武力，花郎道才逐渐走向没落，但其武术精神与格斗技巧经过改革演化成跆拳道。

三、内丹道在新罗的传播

新罗统一时代正值唐朝的鼎盛时期。新罗采取亲唐政策，自善德王九年（640）始，"遣子弟于唐，请入国学"，得到唐太宗同意。从此，新罗向唐朝派遣贵族子弟入唐留学的活动一直持续到唐末。留学生有官费生和私费生两种。官费生由朝廷派遣，并提供较为优厚的学习条件："新罗自事唐以后，常遣王子宿卫。又遣学生入太学习业，十年限满还国，又遣他学生入学者，多至百余人。买书银货则本国支给；而书粮，唐自鸿胪寺供给。学生去来者相踵。"② 与短期入唐访问的使节相比，那些由新罗政府派遣的留学生和求法僧人最保守的估计大约也有两千多人。他们因长期寓居中国，有的还参加唐朝科举考试，在唐朝做官，对唐文化有了更为深入细致的了解，回国后积极介绍并传播，使新罗社会中出现了华风熏习的文化气氛："四邻诸国与中国邦交最睦者莫过于新罗，而接受华化之彻底，倾慕华风之热忱，尤以

---

①　金京振：《朝鲜古代宗教与思想概论》，中央民族大学出版社 2006 年版，第 120 页。

②　[朝鲜] 安鼎福：《东史纲目》卷五上，第一册，景仁文化社 1997 年版，第 499 页。

新罗为最，至于正朝衣冠皆遵唐制。"① 一些来华留学生通过学习道家著作，修炼道教内丹，回国后促进了内丹道在新罗的传播。新罗之仙风虽可视为朝鲜半岛固有传统的延续，但也来自于对中国道教的受容，如崔致远所弘扬的内丹道就有着明显的中国道教色彩。两者能够在新罗时代通过儒佛道三教的交融连贯起来，与新罗的那些来唐留学生的努力是分不开的。

值得研究的是，来自于中国道教的内丹道是通过什么途径传到新罗的？李朝道士韩无畏撰写的《海东传道录》记述了从唐开元年间至朝鲜仁祖时期八百年间朝鲜内丹道的源流，其中对新罗留学生金可记、释慈惠、崔承祐、崔致远、金时习如何将在中国学到的内丹道传到新罗作了较为详细的说明。《海东传道录》的出现颇有传奇色彩，它是在朝鲜仁祖王朝（1623—1649）时，从一个被捕的关东僧人身上搜出的：

> 仁祖朝，有一僧游行到关东，忽被贼株连。官搜点得一小卷，题名《海东传道录》。邑倅见而异之，释其僧，致其书于泽堂。泽堂为之传于世。②

"泽堂"是朝鲜王朝时文学家李植的号。李植（1584—1647），字汝固，号泽堂，德水人，朝鲜光海君二年（1610）文科及第，历官吏曹佐郎、大司成、大司宪、判书等职，有著作《泽堂集》。李植于癸未秋，奉使赤城西还，遇赤城县主簿金辑，谈其胜概，得知"赤裳山古有道士炼丹之迹"，并有《海东传道录》一书流传，于是李植于一山人处"固求得之"，并确认此书绝非赝作之书。李植于"大明亡后四年丁亥（1647）孟夏日"将《海东传道录》整理成文时，看到该书篇末有附记曰："万历庚戌（1610）十月二十四日……得阳子韩无畏临解谨记书于德川郡校后。"③李植在读了《海东传道录》之后又作了一些考证："金辑复以金丹口诀来授，或谓金诳我如唐道士媚士大夫，此非也。我本不攻异端，老病垂死，金又拙文寡闻，决不能

---

① 严望耕：《新罗留唐学生与僧徒》，载张曼涛主编：《日韩佛教研究》，台湾大乘文化出版社 1978 年版，第 233 页。

② 《海东传道录》，《藏外道书》第 31 册，巴蜀书社 1994 年版，第 474 页。

③ 《海东传道录》，《藏外道书》第 31 册，巴蜀书社 1994 年版，第 483 页。

赝作书。书文字平顺，而语不张皇，又非文伪撰，故知其为一个隐逸人所记也。"① 李植还将该书与刚传入朝鲜王朝的新刻来道教神仙传记《神仙通鉴》作了比照。从《神仙通鉴》中记载的金可记随申元之学仙事迹，再推论《海东传道录》为李朝道士韩无畏所撰的记述新罗内丹道之书。

《海东传道录》还记载了鹤山辛敦复（1692—1779）有关韩无畏的考证。韩无畏（1517—1610）"西原儒生也。少好任侠，擅西原官妓，一日，杀妓夫，避仇入关西宁边，遇熙川校生郭致虚，学秘方，泛览仙佛。年八十双眸炯然，须发如漆。"② 韩无畏是弃儒修道的风流士人，从郭致虚学内丹道秘法，泛览仙佛，后剃发出家，辟谷修道，道号靸玄真人、得阳子。在巡安时，韩无畏又传授内丹术，培养弟子。喜好仙学的许筠知其为"异客"，也曾想与其共宿而问学仙之方，但韩无畏认为："为仙之道，勿作阴谋秘计，刑杀无辜，勿欺诬人，勿营财，见穷困人，勿惜财，常清静，无近女色玩好。"③ 韩无畏觉得许筠不具备学仙之人具有的品格，"无畏戒筠之言，切中筠之心术"④，故拒绝了他的学仙要求。韩无畏鳏居四十年，因家窘乏，辱身为训道，以救朝夕，活到八十岁无病坐化。一说他"入五台山炼丹解化"。韩无畏在坐化之前写下了《海东传道录》，传给了柳亨进，故辛敦复认为"《海东传道录》韩无畏所作也"。

若对照史籍，可见《海东传道录》中虽存在着一些虚构或不实成分，但它也为我们今天了解道教在朝鲜半岛的传播提供了一个重要的参考文献：

> 唐开元中，新罗人崔承祐、金可记、僧慈惠三人游学入唐。可记先中进士，官华州叁军，转长安尉。承祐又进士，为大理评事。俱尝与游终南。有天师申元之在广法寺，慈惠适寓，于是深相结知。公同以绍介，每相过访甚欢。一日，冬，深山迳雪积之。二公到山门留宿访客。夜二鼓，元之忽曰：钟离将军来耶。俄有客扲帘而入，虬髯、蟠腹，不带不履，顾眄殊伟，三人退伏户下，将军曰："何客耶？"元之曰："此

① 《海东传道录》，《藏外道书》第 31 册，巴蜀书社 1994 年版，第 484 页。
② 《海东传道录》，《藏外道书》第 31 册，巴蜀书社 1994 年版，第 486 页。
③ 《海东传道录》，《藏外道书》第 31 册，巴蜀书社 1994 年版，第 486 页。
④ 《海东传道录》，《藏外道书》第 31 册，巴蜀书社 1994 年版，第 487 页。

皆新罗人也。"将军命之坐，进茶，款洽。元之曰："佛教流行，已满三韩。独我清净之教，尚未之传。罗邦之人无福而，然在吾教亦欠事。余观此三人，皆有仙骨，可以诲。今夜委以道兄决之。"将军曰："吾见三人已内悉矣，但新罗国道教无缘，更过八百年，当有还返之者，宣扬于彼。其后道教益盛，佛教渐微。地仙二百，或拔宅、或升飞，以弘大教。此三人生非其时，若欲学仙，留在中华，则吾当指训。"元之谓三人曰："大师之诲切至，君等各盟天以受。"三人即拜北斗步罡祝天以誓。将军曰："三人俱以微星下谪人间，不做神仙，当为将相，公等各各尽诚守持，力行不懈。"因以《青华秘文》、《灵宝毕法》、《金诰》、《人头五岳诀》、《内观玉文宝箓》、《天遁炼魔法》书付之。且授以口诀，拂袖去。元之大喜，遂置三人于石室，修炼内丹，躬自供给，凡三年丹成。①

唐玄宗开元年间（713—742），唐帝都长安之南的终南山，山峦层叠，丛林苍郁，满山秀色与长安宫阙交相辉映。当时山中建有许多佛寺与道观，成为隐居修仙的好去处。新罗人崔承祐、金可记、僧慈惠入唐留学。有一天，三人同游终南山，在广法寺遇天师申元之，深相接知。据《仙传拾遗》记载，申元之是开元年间人，曾游历名山，博采方术，有修道成仙的志向。崇道的唐玄宗听闻后，就把申元之召到京城，让其住在开元观，恩宠有加。申元之善谈玄妙虚无之旨，可能是一个颇有道学素养和内丹修炼实践的道士。申元之也修炼内丹术："申元之尝显名玄宗时，宫女张云容饵其丹。及死，百年炼形太阴。元和末，果丹生，无之尚来往人间，自号田先生。"② 在遇到新罗留学僧后，申元之一心想将清静之教传到朝鲜半岛，于是请钟离权向新罗人传授内丹道书和口诀。据说，钟离将军看到三位新罗人后，认为"三人俱以微星下谪人间"，由于他又认为"新罗国道教无缘，更过八百年，当有返还之旨，宣扬于彼，其后道教益盛，佛教渐微。……此三子生非其时，若欲学神仙，留在中华则我当指训"，要求他们继续"当为将相"的同时，留在

① 《海东传道录》，《藏外道书》第 31 册，巴蜀书社 1994 年版，第 475—476 页。
② 《海东传道录》，《藏外道书》第 31 册，巴蜀书社 1994 年版，第 489 页。

中华学习道教。钟离权"以《青华秘文》、《灵宝毕法》、《金诰人头五岳诀》、《内观玉文宝篆》、《天遁炼魔法书》① 付之，且授以口诀"。他们在得到这些重要的内丹道书及口诀后，申元之安排他们在终南山石室中修炼内丹。

南唐沈汾撰《续仙传》中列有金可记（？—858）传记，可见其修炼的"服气练形"的内丹道也来自于中国道教：

> 金可记，新罗人也。宾贡进士，性沉静好道，不尚华侈。或服气炼形，自以为乐。博学强记，属文清丽。美姿容，举动言谈，迥有中华之风。俄擢第不仕，隐于终南山子午谷中，怀隐逸之趣，手植奇花异果极多。常焚香静坐，若有念思。又诵《道德》及诸仙经不辍。后三年，思归本国，航海而去。复来，衣道服，却入终南，务行阴德，人有所求无阻者，精勤为事，人不可谐也。大中十一年（857）十二月忽上表言："臣奉玉皇诏，为英文台侍郎，明年二月二②十五日当上升。"时宣宗极以为异，遣中使征入内，固辞不就。又求见玉皇诏辞，以为别仙所掌，不留人间。遂赐宫女四人，香药金彩，又遣中使二人，专看侍然。可记独居静室，宫女中使，多不接近。每夜，闻室内常有人谈笑声，中使窃窥之，但见仙官仙女，各坐龙凤之上，俨然相对，复有侍卫非少。而宫女中使，不敢辄惊。二月十五日春景妍媚，花卉烂漫，果有五云唤鹤，翔鸾白鹄，笙箫金石，羽盖琼轮，幡幢满空，仙仗极众，升天而去。朝列士庶观者填溢山谷，莫不瞬礼叹异。③

金可记是在中国道教史上第一个留有完整传记的新罗道士，他来唐后参加了中国科举，由宾贡科及第后成为唐朝的官吏，举动言谈都带有中华风姿。金可记热衷于道教修炼，乃放弃做官，也没有随崔承祐和僧慈惠一起回国，而

---

① 据考证，"钟离将军传授给崔承祐等人的五本道书，除《青华秘文》外都有事实根据，因此，内丹学在唐末传入韩国并非没有可能。"（张广保：《唐宋内丹道教》，上海文化出版社 2001 年版，第 97 页。）

② 《云笈七签》卷一一三《金可记》为"明年二月十五日当上升"，比较符合上下文义。（《道藏》第 22 册，第 780 页。）

③ 《续仙传》卷上，《道藏》第 5 册，第 81 页。李昉等编《太平广记》卷五三《金可记传》和《云笈七签》卷一一三《金可记》（《道藏》第 22 册，第 780—781 页）也有相似的记载，只是个别字句有异。

是隐居于终南山子午谷修道。据《类编长安志》记载："长安城南有谷通梁，汉者，号子午谷。入谷五里有玄都坛。玄都坛在终南山，汉武帝筑。"终南山子午谷中的玄都坛筑于汉武帝时，"玄都"本指天界神仙居住的地方，唐朝时成为祭祀天神的祭坛。当时有一些修行隐士为修身养性，在玄都坛周围建起道观寺庙，道教就在子午谷中发展起来。金可记在终南山子午谷修道时，亲手种植了许多奇花异果，于此焚香静坐，清静修行，又常诵《道德》及诸仙经。后来他望着东边日出，思念故乡，于是起程返归新罗，其时，唐代诗人章孝标（791—873）作《送金可记归新罗》诗曰：

> 登唐科第语唐音，望日初生忆故林。鲛室夜眠阴火冷，蜃楼朝泊晓霞深。风高一夜飞鱼背，湖净三山出海心。想把文章合夷乐，蟠桃花里醉人参。

其中专门提及金可记为推动中朝两国文化交流所做的贡献。金可记航海回到朝鲜半岛，只待了三年，就返回中国，又来到终南山子午谷，穿上道服，修炼仙道。唐大中十一年（857）十二月，金可记上表皇帝，说自己将于明年二月十五日升天。果然，第二年的二月十五日，春景妍媚，花卉烂漫，他在众人的围观中"升天而去"。① 金可记是否将道教传入朝鲜半岛，史料中似没有明确说明。洪万宗在《海东异迹》中记载了《续仙传》中的"金可记传"后作按语曰："天下道士皆以可记上升日荐冥禧，云然则天下之人虽妇孺无不知其为真仙，而我东衢不好古，书籍无传，初不省有无，甚至华人有问，而不能答，不亦可羞乎哉？"② 可见金可记在中国的名声要大于在朝鲜半岛，故有人认为，"遗憾的是，如同来唐留学的日本学生一样，他并未把道教带回新罗加以广泛传播"③。

　　金可记仙逝后，有好道者将他的传记与杜甫的诗一起刻在子午峪北入口处附近的花岗岩巨石上。20 世纪 80 年代，西北大学李之勤教授等在考察子

---

① 《海东传道录》中也有相似的描写。参见《藏外道书》第 31 册，巴蜀书社 1994 年版，第 487—488 页。

② ［朝鲜］洪万宗辑：《海东异迹》，《韩国文献说话全集》第六册，太学社 1991 年版，第 407 页。

③ 陈耀庭：《道教在海外》，福建人民出版社 2000 年版，第 31 页。

午谷时发现了金可记摩崖石刻，认为可能是由北宋时刘礼凿刻。① 该碑正中部分宽 1.9 米，高 2 米，包括标题共 16 行，每行 19—20 字不等。碑文前五行半大字为"杜甫赞元逸人玄坛歌"，即《全唐诗》中杜甫《玄都坛歌寄元逸人》诗，第五行下半行之后题为"金可记传"，此楷书传文现共存 125字，是《续仙传》中的《金可记传》的缩写。② 这一珍贵的摩崖石刻碑被发现后，在韩国掀起了一股金可记热。2004 年，终南山子午谷开始修建"金仙观"。2006 年 8 月 19 日，金仙观举行了隆重的落成开光典礼，许多韩国人前来参观朝拜，由此而成为韩国道教之祖庭。

韩国学者都珖淳在《韩国的道教》中提出与《海东传道录》不太一样的内丹道传承世系：他认为金可记把口诀传授给在他之后来到唐朝的崔致远和李靖后才成仙而去。从金可记那里学习仙道的崔致远回国后，传道于新罗，因而被后世之人视之为朝鲜道教的鼻祖。"崔承祐和僧慈惠则回新罗后，广为传播从唐学来的道旨。于是以修炼为中心的中国道教的丹学在新罗发展起来。"③《海东传道录》是朝鲜王朝时的作品，它提出钟离将军所传道教内丹道是经过金可记、崔承祐和慈惠三人的共同努力才得以流传到新罗，在高丽王朝时逐渐形成的内丹道传承系谱，在朝鲜王朝时得到进一步发展。

崔承祐（生卒不详）是新罗人，他在唐朝中进士后，曾任大理评事。崔承祐与金可记、释慈惠一起游终南山，恰遇天师申元之在广法寺传道。崔承祐在申元之处，得到钟离权将军所传内丹道书及口诀后，与金可记、释慈惠"三人于石室修炼内丹，躬自供给，凡三年丹成"。之后，崔承祐离开山里，跟随唐朝宰相李德裕（787—849）到西京兼盐铁判官。数年后，李德裕被谪崖州（今海南琼山），他就与慈惠一起泛海归国了，但金可记仍然留在终南山中修道。崔承祐与崔致远、崔彦㧑（868—944）"一代三鹤，金榜题回"，并称为"三崔"。

---

① 参见周伟洲：《长安子午谷新罗人金可记摩崖碑释解》，载《丝绸之路与西北少数民族国际学术研讨会论文集》，2000 年。

② 参见李之勤：《再论子午道的路线和改线问题》，《西北历史研究》1987 年号。

③ ［韩］都珖淳：《韩国的道教》，载［日］福井康顺等监修：《道教》第三册，上海古籍出版社1992 年版，第 83 页。

与崔承祐一起回国的僧慈惠（625—702）就是著名新罗佛教高僧的义湘法师。据《高僧传》中《唐新罗国义湘传》记载，义湘俗姓朴，鸡林府人也，生且英奇，长而出离，逍遥人道，性分天然，年临弱冠，19 岁出家为僧，闻唐土教宗鼎盛，于龙朔二年（662）与元晓法师西游入唐，趋长安终南山智俨（620—668）三藏所，综习华严经。据佛传记载，咸亨二年（671）义湘返国后，开讲华严学，有弟子三千，成为新罗佛教十圣之一。他还在朝鲜半岛创建了华严寺、海印寺、梵鱼寺等"华严十刹"，并著有《华严一胜法界图》、《十门看法观》等，成为海东华严初祖。然而，据《三国遗事》和《海东传道录》记载，僧慈惠返国入五台山，也兼修道教，传其法者主要是佛门弟子，如释明法、释明悟等。僧慈惠因养性修道而活到了145 岁，最后入寂于太白山。

因历史久远，这些资料所记载的人物在时间顺序上经常出现紊乱。

第一，据《续仙传》记载，金可记在唐朝仙逝的时间为唐宣宗大中十二年（858），据佛传记载，释慈惠回国时间是咸亨二年（671），据《三国史记》记载，崔承祐入唐求学年代为"唐昭宗龙纪二年（890）"[①]，那时金可记早已仙逝，僧慈惠即使活到 145 岁，也不可能与崔承祐相遇并同时传道。三人生活的年代存在着明显的时间差，怎么可能如《海东传道录》所说在开元年间（713—741）三人一起去见钟离权？

第二，生活于唐玄宗开元年间（713—755）的道士申元之[②]，也不太可能活到唐宣宗（847—859）或唐昭宗（888—903）时代，又怎么能够引荐崔承祐三人与钟离权相见？

第三，钟离将军可能指吕洞宾的老师钟离权，一般认为其大约生活于唐末五代时，后被全真道奉为正阳真人，因有许多神异事迹，也有人认为钟离权是虚构人物。[③]据李圭景《五洲衍文长笺散稿》对《海东传道录》的考

---

① ［朝鲜］金富轼撰：《三国史记》，吉林文史出版社 2003 年版，第 546 页。
② 据《仙传拾遗》、《龙城录》、《历代真仙体道通鉴》、《云阜山申仙翁传》等记载，申元之即申仙翁，名泰芝，是主要活动于唐玄宗时期的著名道士，在天宝十四年（755）即已仙逝。
③ 钟离权后被道教奉为八仙之一，他与吕洞宾一起成为钟吕内丹道的代表人物，其身世向来扑朔迷离。据宋释志盘《佛祖统纪》卷四三记载："钟离权，字云房，自称汉时遇王玄甫，得长生之道，避乱入终南山，于石壁间得《灵宝经》，悟阴中有阳，阳中有阴，为天地升降之宜；气中生水，水中生气，即心肾交合之理。乃静坐内观，遂能身外有身。"

证，认为崔承祐等人见钟离权的时间是在唐文宗开成年间（836—840）。由此推测，金可记、崔承祐、僧慈惠同时由申元之介绍到钟离权处学道的说法大概是传说，不足为信，但这一记载却反映了活跃于新罗的内丹道是接续以钟离权为首的钟吕内丹道而来的，并经崔承祐和释慈惠的努力而在新罗传播开来，一直延续到朝鲜王朝。

《海东传道录》讲述了崔承祐和释慈惠泛海回国时的奇遇："八月舟至海中，忽飓风飘至大岛，有持节仙官，逆于船头曰：'正阳真人（钟离权被全真道奉为正阳真人）有书付二公。'拆看乃钟离书也。令还其所授经诀曰：'尔等缘薄，自坏天道，复何言乎？然东国八百年后，弘明大道，必藉传授，乃可入门。尔等所授经诀，及伯阳《参同契》、《黄庭经》、《龙虎经》、《清净》、《心印经》，行于世者，可燃灯相付，一线以传。尔赖此功登上真也。'二公涕泣以五种仙典，拜受仙官，俄失其岛。"崔承祐归国后，任新罗朝官太尉，努力传播从唐朝学来的道术，以口诀授文昌侯崔致远及李清。崔承祐最后以90岁高龄而仙逝，五种书悉皆付李清。李清后来入头流山修炼得道，传道于弟子明法，[①] 促进了内丹道在新罗的传播。

《海东传道录》通过讲述崔承祐与僧慈惠，一是说明朝鲜内丹道的源头在中国道教，二是展示了内丹道在朝鲜半岛的传授次序。

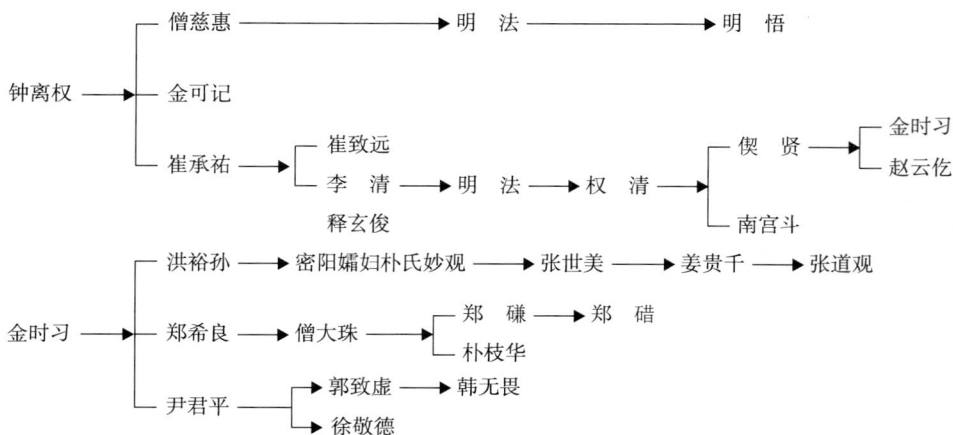

---

①　参见《海东传道录》，《藏外道书》第 31 册，巴蜀书社 1994 年版，第 477—478 页。

从释慈惠这一系看，释慈惠传法于明法，明法因"质疑于惠公，尽得其要"，既传道于明悟，又以"年一百十二解去，以法授上洛君权清"①，成为沟通释慈惠一系和崔承祐一系的人物。

从崔承祐这一系看，崔承祐既传崔致远，又将五种道书传给李清。李清入头流山修炼得道，传道于弟子明法。明法传道权清。权清佯狂诡为僧，修炼得道，与崔致远同隐于头流山，又名权真人②。辛敦复认为《海东传道录》中的偰贤即是南宫斗的师父："上诺君不知为何人，而《南宫斗传》云：斗遇一僧于路，引谒权真人于赤裳山，亦僧也。教以炼丹，垂成而败出山也；教以饵黄庭拜业斗，斗之师姓权，即又僧，且遇祸之事，炼丹见败之迹，何其与偰公相类也。"③《南宫斗传》来自于洪万宗的《海东异迹》，其中"权真人"条详细记录了偰贤与南宫斗学习修炼内丹的全过程。

权真人还传法于偰贤。偰贤既通过权真人而上承崔承祐的传统，又得慈惠弟子明悟和尚"以炼魔法教之，八年乃成，欲解以悟公之法，留待可传者，遂易姓名"④，还与崔致远和赵云仡相遇于俗离山得其法，因学习各派内丹法，身体力行地进行修炼，并积极向好道者传授内丹道，据《海东传道录》记载：

> 偰贤于明正统（1436—1449）初年见梅月堂（即金时习），知其利器，引以稍诱之。金公方锐意期世不能省焉。过数年，金公不得于世为僧，自放偰公，即获于寒溪山，授以道要，金公修之一年丹成，偰公即水解上升。金公复入金刚山，抱一九哉，乃下人间，复还俗，以天遁剑法炼魔真诀付洪裕孙。又以玉函记内丹之要授郑希良。参同契、龙虎秘旨悉教尹君平。入寂于俗离山。⑤

偰贤多往来于江原、庆尚道，教小儿学习《神仙通鉴》百余年，成为积极

---

① 《海东传道录》，《藏外道书》第 31 册，巴蜀书社 1994 年版，第 478 页。
② 洪万宗辑《海东异迹》中"权真人"条详细记录了南宫斗修炼内丹的全过程。（参见《韩国文献说话全集》第六册，太学社影印 1991 年版，第 428 页。）
③ 《海东传道录》，《藏外道书》第 31 册，巴蜀书社 1994 年版，第 478 页。
④ 《海东传道录》，《藏外道书》第 31 册，巴蜀书社 1994 年版，第 478 页。
⑤ 《海东传道录》，《藏外道书》第 31 册，巴蜀书社 1994 年版，第 479 页。

推进内丹道在朝鲜半岛传播的关键性人物。

傃贤之后，金时习又成为传道的重要人物，他再传法于洪裕孙、郑希良和尹君平，内丹仙道规模逐渐扩大。洪裕孙传法于密阳媚妇朴氏，朴氏传法于张世美，张世美传姜贵千，姜贵千传张道观。郑希良传法于僧大珠，"大珠佯狂，乞于通都，郑碏、朴枝华得其旨"。尹君平"以其道授熙川校生郭致虚"，韩无畏于妙香山金仙台遇郭致虚而得其法。这股新罗仙道法脉传授一直延续到朝鲜王朝。值得注意的是，这些传道者除明法、明悟外，还有一些是佛道兼修，如金时习、张世美、权清、南宫斗等。这说明在朝鲜半岛传播的道教经常与佛教相伴而行。

《海东传道录》简要地勾勒出新罗仙道传播的系谱，但若参照历史，就可见其中仍然存在着一些值得研究的问题。例如，崔承祐生活于唐朝，推进内丹道在新罗传播的傃贤则是元末人，为避兵乱来到朝鲜半岛，拜权清为师。"元朝有傃贤，自上国来游，见上洛（权清）于般若山，降拜而请师，得其正法，修之于雉裳山，垂成屡败者。"[1] 即使崔承祐活到近百岁，他与傃贤之间至少相隔近五百年。从丹法传承系谱看，这五百多年间只传了四代，如果不是为了说明修道者都那么长寿，那就是记载的比较粗略。另外，《海东传道录》还说，傃贤于明正统（1436—1449）初年见梅月堂（即金时习），知其利器，引以稍诱之。金公方锐意期世不能省焉。[2] 对照史实可见，金时习生于明宣德十年（1435），若是正统初年，他仅为儿童而已，称之为"金公"，还说其"锐意其世"，这些词语都属于对年长者的形容。这些令人可疑之处也提醒我们，《海东传道录》所述仙道法脉传授系谱是需要联系历史资料仔细加以推敲后才能使用的。

从《海东传道录》可见，新罗内丹道的重要传人是文学家崔致远，他既是崔承祐、僧慈惠的弟子，也是联系唐代道教与朝鲜仙脉的人物："崔承祐、崔致远的道脉可以看作是把唐的道教和我们固有的仙脉统一起来的。"[3] 崔致远（857—?），字海云，号孤云，新罗京都沙梁部（今韩国庆尚北道庆州市）人，其生姿美仪，少精文史。唐懿宗咸通九年（868），12岁的崔致

---

① 《海东传道录》，《藏外道书》第31册，巴蜀书社1994年版，第478页。
② 参见《海东传道录》，《藏外道书》第31册，巴蜀书社1994年版，第479页。
③ 韩国哲学会编：《韩国哲学史》中卷，社会科学文献出版社1996年版，第58页。

远就随海船入唐，寻师问学，18 岁举登礼部侍郎裴瓒所选进士第，来到东都洛阳。876 年，崔致远调任宣州溧水县尉。在此期间，崔致远官闲禄厚，以文会友，将所著诗文结集为《中山覆篑集》五卷，可惜后来散佚。879 年，黄巢起义爆发后，中原大乱。不久，崔致远来到"春风十里扬州路"，看到的却是另一番酒绿灯红、歌欢舞醉的升平景象。他入幕淮南节度使高骈门下，任馆驿巡官和都统巡官，期间撰写了大量诏、启、状之类的公文，完成了具有珍贵文献价值的《桂苑笔耕集》二十卷。晚唐时名将高骈（？—887）信仰道教，经常参加斋醮科仪活动。崔致远受其影响，为参加道教的斋醮科仪式活动撰写了许多斋词、青词，由此了解了道教。881 年 5 月，高骈起兵讨伐黄巢，崔致远因撰写《讨黄巢檄文》一时名震天下，唐僖宗授予他"殿中侍御史内供奉、赐紫金鱼袋"的勋位。中和四年（884）唐僖宗西去蜀地避乱，崔致远也以唐使身份归国，被新罗国王授予侍读兼翰林学士、守兵部侍郎、知瑞书监等官职。

崔致远融会中国与新罗两国内丹道的仙学传统，其作品也成为研究朝鲜道教的重要资料。崔致远在中国生活的十六年正值其由少年成长为青年，他积极学习中国文化，因目睹道教的兴盛，还专门学习了中国道教的还返法与尸解法。

崔致远所传扬的内丹道以还返法与尸解法为特色，与通过烧炼仙丹，服食后可长生不老、羽化成仙的金丹道在性质上是不同的。道教返还法主要是通过收敛分散的精神，使心凝集于身体，通过修炼身体内的精气神以结金丹来返归长生不老的境界，故可用大衍易数来加以比喻。天地有五行，人体有五脏，五行生成之数与人体如此相配，水为肾，火为心，木为肝，金为肺，土为脾。如果说，天一生水，地二生火，天三生木，地四生金，天五生土；地六成水，天七成火，地八成木，天九成金，地十成土，那么，肾得一与六，心得二与七，肝得三与八，肺得四与九，脾得五与十。此中"七"与"九"是两个成数，也是两个阳数，代表人身之阳炁。修炼之士，通过采炼这个阳炁，来点化全身阴炁。心七为心为火，心火下降，七返于中元而入下丹田，结成大丹，称"七返还丹"。肺九为金，金生水，水为元精，精由炁化，故九为元阳之炁，运此阳炁遍布全身，使阴息阳长，称"九转还丹"。二者相合，成就纯阳之体，总谓"七返九还"。这种返还法，后经权克中、郑磏等人的阐释，在朝鲜半岛发展为内丹道之主流，如李圭景著《返还辨证说》曰："道家修炼内丹有七返九还之说，释之者以为七返，以寅至申为七返。九还言九遍循环也。按炼神还虚，属火，七乃火之成数也，以性摄情，情属金，金九数，故名。又《金丹问答》云：'金液者，金水也。金为水母，母隐于胎，因有还丹之号也。又丹者，丹田也。液者，肺液也。以肺之液还丹田曰金液还丹也。'吾尝闻道书数十局，其说无非如谜如浑，不可名状矣，及见我东权青霞子（权克中）《参同契注释》、郑北窗（磏）《丹家要诀》，始得涣然如冰释，更无疑晦。"① 尸解法是说道士在得道成仙之后可遗弃肉体而仙去，或不留遗体，或假托一物（如衣、杖、剑）遗世而升天。尸解法只是借助死的形式来说成仙，因此，在修炼中若短命而死，即可说是成仙而去了，这可能也是一种精神安慰的方法。

崔致远所弘传的还返法与尸解法从不同的角度展现了新罗内丹道之特色。崔致远既修炼内丹道，也积极参与道教的斋醮科仪活动，他一生写有许多祭文、斋词和青词，如《桂苑笔耕集》中有《应天节斋词三首》、《上元黄箓斋词》、《上元斋词》、《中元斋词》、《下元斋词》、《斋词》、《黄箓斋词》、《禳火斋词》、《天王院斋词净》、《为故昭义仆射斋词二首》等；《唐文拾遗》卷三十四至卷四十四中也收录崔致远的科仪文书，如《祭五方文》、《筑羊马城祭土地文》、《求化修诸道观疏》等；《东文选》中也有崔致远的《求化修道诸道观疏》等。他的斋词主要是用四六骈文写成，无论是遣词造句，还是行文格式上，都延续着中国道教斋词的文风，如《上元黄箓斋词》：

> 年　月　朔启请如科仪。伏以有德不德，无名可名。自施倐忽之功，莫究希微之旨。是以紫府乃修心可到，玄关非用力能开。臣志慕真风，躬行正道。但以汉良前筋，犹劳战伐之谋；越蠡扁舟，未遂优闲之望。既荣人爵，须报主恩。誓歼无赖之徒，久练不祥之器。动拘俗役，虑犯玄科。今则节已及于上元，灾未销于下界，谨修常醮，仰贡微诚。所愿枭覆顽巢，凤回仙驾。帝座与三台永耀，王畿与九牧皆安。雷惊而

---

① ［朝鲜］李圭景：《五洲衍文长笺散稿》卷五十五《返还辨证说》，明文堂1982年版，第772页。

蛰户全开，风埽而妖氛静息。俾臣灵根日茂，至业天成。虎符提阃外之权，终安泽国；虹节指壶中之境，得认家山。臣无任虔肃祷祠恳悃之至。谨辞。①

道教的上元黄箓斋大多用于祈祷国泰民安的国家祭祀。崔致远的这首斋词表达了在黄巢之乱后，期望道教神灵能够扫除动乱，护佑唐朝"王畿与九牧皆安"的强烈愿望。崔致远回朝鲜半岛后，依然重视发挥道教斋醮科仪的社会功能。

崔致远归国后，正值新罗真圣女王统治，政治黑暗，弓裔叛乱，其在政治斗争中屡遭诬陷，曾预见新罗不久将要灭亡，高丽要从开城的松岳山兴起，作出谶言曰："鸡林黄叶，鹄岭青松。"鸡林指庆州，鹄岭指开城。崔致远因预见到将有开城人出来替代新罗，建立新王朝统领天下，故"无复仕进，意逍遥自放山林江海，营筑栽植，枕籍书史，啸咏风月。乃带家人入伽倻山海印寺隐焉。与母兄浮图贤俊及定玄师结为道友，栖迟偃仰，以终老焉"②。景哀四年（927）崔承祐自中国归来后，崔致远拜其为师，又与权清一起修炼道法。新罗人释玄俊也曾入唐学习道教尸解秘法，著有《步舍游引之术》。崔致远跟从僧玄俊学尸解术，著有《伽倻步引法》、《参同契十六条口诀》、《量水尸解》、《松叶尸解》等，传授道教的"还返之学"，被李圭景誉为朝鲜半岛"东亚丹学之祖"③。《三国史记》卷四十六《崔致远传》也记载了崔致远遍游庆州南山、刚州冰山、陕川清凉寺、智异山双溪寺、合浦月影台等地，最后于真圣女王八年（894），即 38 岁时（一说 42 岁时），携全家归隐于陕川郡冶炉县北三十里处的伽倻山海印寺修道，最后不知所终。《海东异迹》在记述崔致远事迹后写道："世传仙去，或言每月夜吹笛峰上有声，隐隐霄汉间，或言致远爱弹伽倻琴。万历中，智异山老僧偶得石窟异书中有致远手书一贴十六首，其诗曰：'东国花开洞，

---

①　［新罗］崔致远：《桂苑笔耕录》卷十五《中元斋词》，载韩国民族文化推进会编：《韩国文集丛刊》第 1 册，景仁文化社 1996 年版，第 88 页。

②　［朝鲜］洪万宗辑：《海东异迹》，载《韩国文献说话全集》第六册，太学社 1991 年版，第 409 页。

③　"崔孤云亦入唐，得还反之学以传，并为东亚丹学之祖，其最者《参同契十六条口诀》也。"（［朝鲜］李圭景：《五洲衍文长笺散稿》卷三十九《道教仙书道经辨证说》，明文堂 1982 年版，第 195 页。）

壶中别有天，仙人推至枕，身世延嶷年。'"①　以崔致远诗词来说明其最后成仙而去。

《海东传道录》借用钟离将军之口说："更过八百年，当有返还之旨，宣扬于彼，其后道教益盛"，预言在他向新罗人传播内丹道之后八百年，道教借助于内丹道将在朝鲜半岛得到兴盛。若对照历史，从唐文宗开成（836—840）年间钟离将军传道，到韩无畏于万历庚戌（1610）得到此书，正好接近八百年。无论这是历史巧合，还是后人杜撰，虽不足凭信，但若参照流传至今的有关道教在朝鲜半岛的传播资料来看，这个预言实际上反映了道教在朝鲜半岛大致的传播过程。《海东传道录》所述传道谱系虽有许多虚构的成分，但它却反映了内丹道传到朝鲜半岛后，不仅带去了长生成仙的信仰、自然无为的思想，而且还传去了各种修炼术，在新罗仙风文化的滋养下，通过强调以修炼身中精气神，积累功德，使之在体内结丹而得以长生成仙的内丹道，逐渐发展壮大，形成了具有朝鲜民族文化之特点的"还返之学"而流传于民间。《海东传道录》通过创作传道谱系，恰恰反映了在朝鲜半岛传播的内丹修炼道派希望发扬光大道教的意愿。从某种意义上说。道教这种对人的生命关注，成为内丹道能够在异域文化中开出了东亚道教中新的仙脉法统之精神动力。

第三节　道教在高丽王朝的繁荣

道教在高丽王朝的繁荣，其中既有通过斋醮科仪来为民众驱鬼治病、求雨驱旱的原因，也有为国家的国泰民安祈福的作用，因此逐渐得到上至国王贵族、下至平民百姓的广泛欢迎，新罗王朝最终因贵族间的霸权争斗而衰退。904 年，新罗王室第 47 代宪安王的庶子金弓裔（？—918）利用农民起义军的势力，在铁圆（今江原道铁原）自立为王，建立了泰封国。朝鲜半岛出现了新罗、后百济和泰封三国鼎立的局面，历史上称为"后三国"。如崔致远所预言，918 年泰封国大将王建（877—943）杀金弓裔而

---

① ［朝鲜］洪万宗辑：《海东异迹》，载《韩国文献说话全集》第六册，太学社 1991 年版，第 412 页。

自立为王，改国号高丽（韩国现在的名称"Korea"就来自于此），改元"天授"，并将都城迁到自己家乡开城（今朝鲜开城市松岳山南）。不久，王建带领着勇敢善战的高丽军队于935年推翻新罗政权，936年又消灭后百济，朝鲜半岛又兴起了一个统一的中央集权制国家高丽王朝（918—1392），实现了朝鲜半岛上民族、文化与政治的融合统一。从政治方面看，中央政府设三省、六部、御史台（司法、检察）、翰林院（掌管机要文书）和中枢院（负责军事）。地方行政划分为十道，设节度使；道以下设府、郡、县等。从军事方面看，中央设二军六卫，约五万人，地方军约十万人由节度使统制。这十五万人的常备军成为高丽王朝的重要支柱。从文化上看，当时"高丽俗知文字，喜读书"①，在崇拜中华文化的同时，也开始进行自己的文化创作。据《旧五代史》卷一百一十《周书·恭帝纪》记载，高丽人所撰写的注释中华经典的著作在五代末年曾返归中国：后周恭帝显德六年（959）八月壬寅，"高丽国遣使朝贡，兼进《别序孝经》一卷，《越王孝经新义》一卷，《皇灵孝经》一卷，《孝经雌因》一卷。"按宋神宗时朝散大夫庞元英撰《文昌杂录》②的解释：其中的"《皇灵》者，止说延年避灾之事及符文，乃道书也"③。虽然这些道书现已亡佚，但从道书《皇灵孝经》一卷返归中国的记载中，可见道教已在朝鲜民族文化中得到一定的孕育和发展。在高丽王朝统治者的支持下，道教信仰与朝鲜本有的神仙传说相结合，逐渐形成了斋醮科仪、丹道修炼和民间信仰三大流派，出现了繁荣发展的景象。

一、太祖制定三教政策

道教在高丽王朝初期因有统治者的支持而在战乱中得到进一步的发展。

---

① 《新五代史》卷七十四《高丽传》："高丽俗知文字，喜读书，昭进《别叙孝经》一卷、《越王新义》八卷、《皇灵孝经》一卷、《孝经雌图》一卷。《别叙》叙孔子所生及弟子事迹；《越王新义》以"越王"为问目，若今"正义"；《皇灵》述延年辟谷；《雌图》载日食、星变。皆不经之说。"

② 庞元英，生卒年不详，单州成武人，字懋贤，庞籍子，欧阳修女婿。至和二年（1055）赐同进士出身，为光禄寺丞。元丰年间（1078—1085）官朝散大夫、主客郎中等，曾著《文昌杂录》六卷，所记多为宫廷礼仪、朝章典故、百官除拜、琐闻轶事等，其中也涉及与东亚国家的文化交往，为研究宋代典章制度的重要资料。

③ 刘子敏等主编：《中国正史中的朝鲜史料》第2卷，延边大学出版社1996年版，第5页。

王建是高丽王朝的第一代国王，史称高丽王朝为"王氏高丽"。统一朝鲜后，太祖王建自封天子，为了巩固新政权，王建定平壤为"大都护府"，称为"西京"，作为开拓西北领土的军事、政治根据地。王建在积极发展农业生产，恢复国民经济时，还仿效中国唐宋时期的政治、军事和经济制度，建立起以府、州、郡、县的行政区划体系为基础的中央集权制的国家机构。通过巩固高丽王朝内部统一，抑制新罗地方豪强的势力，结束了国内的混乱局面。在外交关系上，王建立国后，接收了部分被辽灭亡的渤海国遗民，接受中国五代时诸王朝的册封，与中国宋朝保持了良好的关系。他还两度派遣使者前往日本要求建立友好通商关系，虽为日本所拒绝，但他为促进东亚各国之间的友好合作作出了积极努力。在文化上，高丽时期出现了一批著名汉文学家，如郑知常、崔承老、崔冲、朴寅亮、金富轼等，他们都有很高的汉文水平，创作的散文乃仿汉魏的四六骈体文章，诗歌仿唐诗，史学著作仿《史记》、《汉书》，加深了中国文化在朝鲜半岛的影响。在宗教上，王氏高丽统治朝鲜半岛的474年间，既延续了新罗时代道佛合一的传统，又全盘接受中国文化，制定的儒、佛、道三教并存共荣的宗教政策为历代高丽国王所遵循，推进了道教在高丽朝的传播。

首先，高丽王朝崇尚佛教，把它定为"国教"。开国皇帝太祖王建认为，高丽建国得到了佛法的庇护。为使国运昌盛，他积极护持佛教，大力推行佛事。建国那年，他就支持举办了崇拜菩萨的"燃灯会"和祭祀山神、水神等俗神的"八关会"，以祈福禳灾、镇护国家。"八关"的本意是"明亮的"，以形容"天"高远亮丽，"所以'八关会'是一种祭礼，它既以天神信仰为中心，又以综合了山岳信仰、山神信仰、神仙信仰等当地习俗的信仰为中心。"① "八关会"既来源于新罗时期的风流道，也受到佛教"八关斋"的影响。如"八关"亦称"八戒"，为佛教用语，是指佛教男女信徒在一昼夜中必须遵守的八条戒律：一不杀生；二不偷盗；三不邪淫；四不妄语；五不饮酒；六不涂饰香及歌舞观听；七不眠坐高广华丽床座；八不食非时食。前七者为"戒"，后一者为"斋"，总称为"八戒斋"或"八斋戒"、

---

① ［韩］都珖淳：《韩国的道教》，载［日］福井康顺等监修：《道教》第三册，上海古籍出版社1992年版，第100页。

"八关斋戒"。"八关斋"原为施舍素食斋饭，招引众多僧人前来修行，后来发展为一年一度的盛大佛事活动。高句丽僧惠亮从唐朝归来后，将佛教的"八关斋"传授给新罗法兴王（513—539）。后来，真兴王（534—576）礼请他为僧正，并下诏建造新罗最大规模的皇龙寺："真兴王即位十四年（553）癸酉二月，将筑紫宫于龙宫南，有皇（黄）龙现其地，乃改置为佛寺，号皇龙寺。至己丑年，周围墙宇，至十七年方毕。"① 其中安放着规模巨大的一佛二菩萨像。皇龙寺成为战死的士兵举行"八关斋"祈求冥福的重要场所。高丽太祖统一全国后，延续朝鲜民族祭拜天灵与五岳名山大川的传统，每年仲冬十五日举行"八关会"，类似于道教的"上元祝祭"活动。高丽王朝时举行的"八关会"以山岳信仰为首，又借助佛教法力为国泰民安祈禳，后发展为隆重的节庆活动。在帝王的带动下，上自文武百官，下至平民百姓，竞相皈依佛教。佛教发展为高丽王朝的国教。高丽王朝崇佛的最重要的成果，是在宋朝编纂的《开宝藏》的基础上，又用了十六年时间完成了增补续刻《高丽大藏经》。佛教的兴盛，并没有阻碍儒学与道教在朝鲜半岛的传播。

其次，高丽王朝对儒学也相当重视。王建开国之初，在积极扶持佛教传播的同时，建有崇文阁、普文阁，在此开学讲授儒家经典。958年实行科举制度，考试科目的内容就是儒家的诗、赋、颂、时务策等。对于此种国策，高丽初期学者崔承老（927—989）曾解释说："三教各有所业，百行之者，不可混而为一之也，行释教者，修身之本。行儒教者，理国之源。修身是来生之资，理国乃今日之务。今世极娄而来世极远，弃近求远，岂不谬也？"② 希望成宗（982—997在位）能将着重解决现实问题的儒学作为一种文化政策加以推行。成宗尊儒好文，于992年设置高丽王朝最高学府国子监，招收贵族子弟，让儒生担任文官，进行儒学教育，使儒学在朝鲜半岛进入了兴盛时期。1084年，高丽王朝规定进士三年一试，考试内容主要是三礼——《礼记》、《周礼》、《仪礼》和三传——《左传》、《公羊传》、《穀梁传》，将儒学纳入科举教育中。后来，睿宗建造清燕、宝文两座楼阁，在其中收藏

① 《三国遗事》卷三，《大正藏》第49册，第990页。
② 《高丽史》卷九十三《崔承老》，《四库全书存目丛书·史部》第161册，齐鲁书社1996年版，第399页。

大量的书籍，作为士人读书、讲论儒家经典的重要场所。"睿王天性好学，尊尚儒雅，特开清燕阁，日与学士讨论坟典。尝御莎楼，前有木芍药盛开，命禁署诸儒刻烛赋七言六韵诗。"① 据《高丽史》睿宗十一至十六年条记载，睿宗多次亲临清燕阁听学者讲《中庸》、《礼记》、《易经》等儒经及道家《老子》，与文人雅士相聚作诗题词。后来，朴升中为睿宗写的谥册文中评价他为"文章超世于百王，礼乐并兴于中国"。仁宗即位后"五年（1127）幸西京，御麒麟阁，命承宣郑沆讲《书说》，命郑知常讲《无逸》，有从臣及西京儒臣二十五人赋诗，赐酒食。十年，又御此阁，命尹彦颐讲《易·乾卦》"②。高丽时期诗人郑知常（？—1135），1114 年文科及第，曾任左正言、左司谏、翰林学士知制诰等官职。郑知常善诗文书画，精通易学、佛典和道教，对老庄哲学也很有研究，著有《郑司谏集》，其诗文中始终飘逸着词似浅近而意味深远的风格，反映了当时高丽文人多重文化并重的倾向。毅宗曾宴请文臣于和平斋，唱和至夜，命内侍黄文庄执笔以书，群臣称赞盛德，谓之"太平好文之主"。可是，1170 年发生的"郑仲夫之乱"，武臣取代文人掌控了政权，并于毅宗二十四年（1170）和明宗三年（1173）先后两次对文人进行排斥，"凡文臣一切诛戮"，在借故铲除政治对手的同时，也造成了文籍散宕，使儒学在朝鲜半岛的发展受阻。这种状态直到 1290 年朝鲜性理学者安珦（1243—1306）从元朝引朱子学进高丽才得以改观。据《晦轩先生年谱》记载，安珦曾"留燕京，手抄朱子书，又摹写孔子、朱子真像，……自是讲究朱书，深致博约之工"。他提出："圣人之道，不过日用伦理，为子当孝，为臣当忠；礼以齐家，信以交朋；修己必敬，立事必诚而已。"③ 他希望把儒家忠孝伦理贯彻到民众的日常生活中，故倡导定期举行祭孔活动，以扩大儒学的社会影响。后来辽军入侵朝鲜后，官学渐衰，私学兴起。私学讲授以儒家经典为主，由此儒学在朝野上下的支持下又得到了普及。总之，儒学在高丽王朝处于上下起伏的发展中，到高丽王朝末期，士大夫和武士之间，儒教信徒与佛教信徒之间的争斗也越来越烈，文化上的分

---

① ［韩］李仁老：《破闲集》，亚细亚文化社 1972 年版。

② 《新增东国舆地胜览》，载吉林师范学院古籍研究所编：《中国相邻地区朝鲜地理志资料选编》，吉林文史出版社 1996 年版，第 115 页。

③ 转引自金忠烈：《高丽儒学思想史》，台湾东大图书公司 1992 年版，第 274 页。

歧也成为高丽王朝走向衰败重要原因之一。

最后，高丽王朝也敬仰和支持道教。理国是今日之务，修身则是来生之资，这种对自我生命的安顿也是道教所倡导的信念。王建统一朝鲜半岛后，即位当年即设立规模盛大的"八关会"。从内容上看，新罗"八关会"主要为战死亡灵进行镇魂祭，到高丽王朝后，随着战争次数的减少，就变成了一种纯粹的祭祀天灵、五岳、名山大川之龙神的庆典活动，其中还加入颇具道教韵味的唐乐和歌舞戏。"太祖元年十一月，有司言，前主每岁仲冬大会设八关会以乞福。乞遵其制，王从之。遂于球庭置轮灯一座，列香灯于四旁。又结二彩棚，各高五丈余，呈百戏歌舞于前。其四仙乐部龙、凤、象、马、车船，皆新罗故事。百官袍笏行礼，观者倾都。王御威凤楼观之。岁以为常。"① 八关会具有佛道交融之特征，如太祖末年曾发布"十条遗训"，其中的第六条为："朕诚望之事在于燃灯和八关，燃灯是事佛。八关是敬天灵、五岳、名山大川之龙神。"高丽王朝将"八关会"作为国家的重要祭祀仪式，以后每年的孟冬十五日（相当于中国道教所说的上元日）都要举行，大家一起歌舞祭天神，为死去的战士祈福，并分享酒和茶果、一起歌舞。久而久之，"八关会"便成了一个颇具道教特色的民间节庆活动。故李能和曰："高丽自国初行八关斋，名虽佛戒实则道醮。"② 高丽的官僚与士人大多将佛教与道教作为个人信仰，因而形成了儒、佛、道共处而相互交流的局面。

太祖的崇道做法可能是受到了北宋王朝的影响，后来却为高丽王朝历代国王所继承，尤其是将道教斋醮与新罗仙风相联系发展为国家祭祀活动。毅宗二十二年（1168）驾临西京，颁布了六条新令以推行改革，其中第四条就是要发扬新罗仙风：

> 遵尚仙风，昔新罗仙风大行，由是龙天欢悦，民物安宁。故祖宗以来，崇尚其风，久矣。近来两京八关之会，日减旧格，遗风渐衰。自今八关会，预择两班家产饶足者，定为仙家，依行古风，致使人天

---

① 《高丽史》卷六十九《志·礼》，《四库全书存目丛书·史部》第 160 册，齐鲁书社 1996 年版，第 664 页。

② ［朝鲜］李能和：《朝鲜道教史》，东国文化社 1959 年版，第 98 页。

咸悦。①

高丽王朝的"八关会"与"燃灯会"一样有小会日和大会日之分，大会日没有类似的百戏或拜百神的仪式，小会日时国王首先要前往法王寺行香，然后再返回阙庭拜百神。百戏歌舞中的四仙乐部原本是新罗仙道之遗风，以祭拜天神、五岳名山和大川龙神来祈福。仙家相当于新罗的花郎或国仙，他们演出四仙乐部来取悦龙天，进而祈求民物安宁。小会日在神众院进行的行香活动属佛教仪式，在阙庭祭拜百神的活动则属于仙道。在成宗时期，一度将继承新罗仙风的"八关会"贬为杂技，后来在殿庭进行的百戏表演逐渐有了道教斋醮科仪的色彩，表演百戏歌舞的艺人被称为山台乐人。毅宗时期，仙风衰退，故毅宗要求"八关会"要模仿新罗仙道，从富裕的两班家庭选拔郎徒定为仙家，渐渐出现以俗人代替国仙的景象。

在高丽王朝，皇家的祭祀活动一般在福源宫或大清观举行，主要是为了祈祝国泰民安、帝王长寿，也为了祈解灾异、消除鬼魅，由此也培养了一批专门从事这项工作的朝鲜道士。在高丽太祖制定的儒、佛、道三教并用的宗教政策指导下，道教与佛教一起受到了高丽王朝的保护。道教宫观开始兴建，道教斋醮逐渐发展为国家祭祀活动，这对道教在高丽王朝的传播与发展起到了积极的促进作用。

二、道教祭祀活动盛行

朝鲜半岛自古以来就有的"好祠祀山神"的传统在高丽朝得以发扬光大。檀君神话讲述了天神桓雄降临太白山，在那里成为山神。天神降临之山岳，既是其住锡之处，也是其显现之地，山神是天神在神山上的化身，天神信仰与山岳崇拜混淆起来，演化成山神信仰。祭山岳和祭山神实质上也就是祭天。然而在不同地区，这种祭祀活动有着不同的名称，据《三国志》卷三十《东夷志》记载，在夫余，正月里举行的祭祀天神下降的活动，逐渐成为一种举国欢庆的节日，民众连日饮酒歌舞，相聚庆贺，称为"迎鼓"。

---

① 《高丽史》卷十八《毅宗世家》，《四库全书存目丛书·史部》第 159 册，齐鲁书社 1996 年版，第 389 页。

高句丽十月里举行的全国性的祭祀天神活动，称为"东盟"。在濊举行祭天活动时，不分昼夜地饮酒歌舞，称为"儛天"。马韩向每个国邑各派一人，由他主管天神祭祀活动，名曰"天君"。在诸国又有别邑，名曰"苏涂"，立大木，并挂上铃和鼓，以祭祀鬼神。① 高丽朝将这种祭天活动与道教醮祭相结合，逐渐形成了一些富有民族特色的醮祭仪式，如太一醮、上帝五帝襄、老人星祭、本命星宿醮、星变祈禳醮祭、百神醮、三界神醮、五瘟神醮、祭天醮、摩尼山堑城醮等，故《高丽史》中有"国家故事往往遍祭天地及境内山川于阙庭谓之醮"② 的说法。

　　道教斋醮仪式的目的，既为祈求国家的繁荣昌盛和皇室成员的安康长寿，也为禳除水旱、风雪、蝗虫、瘟疫等灾厄，以求风调雨顺。"高丽道教显现出道——阴阳——星宿信仰的神学体系，这一体系中混杂着护国、救济社会、扶助社会、光辉王业的思想和世俗性的求寿求福的理念。"③ 因此，历代高丽国王都比较重视举行为国家禳灾祈福的道教斋醮。据《高丽史》记载：显宗九年（1018）七月乙亥，在球庭举行的大醮是按道教的禳灾祈福的祭礼来进行的。德宗和靖宗时期，又多次举行祷雨醮。在靠天吃饭的农业社会中，祷雨成为道教斋醮科仪中一项引人注目的功能。在朝鲜人的传统宗教观念里，求雨即是求山神，山神就是天神，在高丽朝，山神崇拜也非常盛行。据《高丽史》记载，宣宗六年（1089）和睿宗二年（1107）都举行了山川祭祀活动，显宗、文宗、明宗等也都举行过这种祭祀活动。肃宗于即位那年（1095）授予名山大川以德号，感谢其保佑，这种情况在仁宗七年（1129）、毅宗二十一年（1167）、明宗四年（1174）都曾有过。④ 另据《高丽史》卷六记载，高宗十年（1223）在燃灯时为立太子而在球院醮祭三界灵祇。

　　元宗五年（1264），蒙古要求国王前去朝觐，国王不愿，乃听从术士白

　　① 参见［韩］都珖淳：《韩国的道教》，载［日］福井康顺等监修：《道教》第三册，上海古籍出版社1992年版，第98页。
　　② 《高丽史》卷六十三《礼志》五《杂祀》，《四库全书存目丛书·史部》第160册，齐鲁书社1996年版，第567页。
　　③ 金京振：《朝鲜古代宗教思想概论》，中央民族大学2006年版，第211页。
　　④ 参见［朝鲜］李能和：《朝鲜道教史》，东国文化社1959年版，第107页。

胜贤的建议，亲自到江华岛摩利山堑城坛进行醮祭天神的活动。^①"摩尼在府南三十余里，连丹足吉祥镇江，为岛中大山。山顶有堑城坛高十尺，上方各七尺六寸，下圆周各十五尺。世传檀君祭天处，下有祭山川坛，又有斋宫。"^②据史料记载，那些在摩利山堑城坛进行的仪式大都称之为"醮"，一般在夜里举行，祭祀对象主要有玉皇上帝、老子、二十八宿、阎罗王等道教神灵。醮仪时，一般将神的名字写在纸榜（纸神位）上，然后要奉上青词，献上素食祭品，以示敬意，醮祭完毕后，再将纸神用火烧掉。这种做法延续着道教斋醮科仪式的传统，"杜广成（光庭）先生删定《黄箓散坛醮仪》，以为牲牷血食谓之祭，蔬果精珍谓之醮。醮者，祭之别名也。"^③供斋醮神，以清静之心献上素食祭品，是道教特有的一种求福免灾的宗教仪式。道教的斋醮仪式复杂而有序，大致为设坛、上供、祝香、升坛、念咒、发炉、降神、迎驾、礼忏、赞颂、复炉、送神等，需要许多道士一起配合进行。在作法过程中，道士先要向神报出自己的生辰和法位，然后才依次进行奏乐、散花、踏禹步、唱步虚词、绕香炉转、祈祷拜神等活动。摩利山堑城坛醮仪也隆重肃穆，如律如仪，其目的在于通过集体性的崇拜活动来表达对天神的感情，希望得到天神的佑护而禳灾祈福，兼利天下，在高丽朝逐渐发展为一种国家祭祀活动。

高丽皇帝还积极举办一些具有独特风格的道教醮仪，例如，文宗即位年（1046）六月就在宫中举行本命醮，他在位37年间，每年都要举行年中祭祀，有时还会根据情况举行祷雨醮和太一九宫醮。在第十六代睿宗王俣（1079—1122）时，道教斋醮活动达到登峰造极的程度。可能是受宋徽宗的影响，睿宗崇信道教，曾接受道箓，并期望将道教抬到国教的地位以替代佛教，他说："或闻俣享国日，常有意授道家之箓，期以易胡教，其志未遂，若有所待然。"^④由于佛教的势力比较大，故睿宗未能遂愿以道代佛，但他

---

① 参见《高丽史》卷二十六《世家元宗》，《四库全书存目丛书·史部》第159册，齐鲁书社1996年版，第525页。

② 李万敷：《息山集》卷四《摩尼》，载韩国民族文化推进会编：《韩国文集丛刊》第179册，景仁文化社1996年版，第93页。

③ 《无上黄箓大斋立成仪》卷十五，《道藏》第9册，第464页。

④ 徐兢：《宣和奉使高丽图经》卷十三《道教》，载《朝鲜史料汇编》（一），全国图书馆文献缩微复制中心2004年版，第174页。

对道教的关怀却非常强烈，在位期间除了开设道、佛的各种道场外，每年还多次举行各种道教醮祭。据《高丽史》卷十四《世家睿宗》记载，笃信道教的睿宗十分热衷于祭祀，在任太子时就开始执行国家醮祭，在位 18 年间共举行了 27 次道教斋醮仪式，平均半年一次，如睿宗三年（1108）五月，率近侍三品以上官员醮昊天五方帝于会庆殿；睿宗十五年（1120）六月，又亲醮于福源宫。所祭之神有太一、三清、昊天五方帝、三界神祇、本命、南斗等，由此将为国家消灾祈福的重任置于道教斋醮仪式之中，使道教具有了"国教"的地位。为提升道教斋醮科仪的艺术水平，睿宗还亲自撰写斋诗青词，还从宋朝引进大晟乐、教坊乐。高丽的这些帝王之所以如此热衷于举行道教斋醮活动，是因为当时正值中国的辽、金、宋、元各国以武力逐鹿中原，他们不希望看到由民族矛盾导致的战争与动荡蔓延到朝鲜半岛，故对外采用文武并用的政策，对内采取以文治国的方略，在继续奉行佛教的同时，又期望通过道教醮祭来得到神灵的佑护使国家安泰。反映在 15 世纪中叶朝鲜王朝编纂出版的《东文选》中收录的上迄三国下至朝鲜王朝初年的辞赋诗文，其中卷一一四和卷一一五，收录了道教斋词十五篇与青词三十六篇，由此可见，"到了高丽，符箓派道教就成为国教之一"①，道教的祭祀活动在高丽王朝得到了迅速展开。

高丽成宗因崇信儒学，不再举行崇拜风流神仙的"八关会"，但后来显宗即位，又将"八关会"作为高丽王朝的国家祭祀。毅宗王晛（1146—1170 在位）更是由欣赏新罗国仙传统而积极倡导举行"八关会"，认为这是"民物安宁"的象征"近因侍院及诸司奏，取费用僧徒叹怨，自今宪台遍，令晓谕禁断，一遵仙风。昔新罗仙风大行，由是龙天欢悦，民物安宁，故祖宗以来，崇尚其风久矣。近来两京八关之会，日减旧格，遗风渐衰。自今八关会，预择两班家产饶足者，定为仙家，依行古风，致使人天咸悦。"② 于是，毅宗到西京向国民下教书说：第一，要尊重佛事；第二，要归敬沙门；第三，要保护三宝；第四，要尊尚仙风。毅宗颁布新令，依行古风，于"八关会"时专门选拔富家子弟定为"仙郎"，延续古代新罗花郎道之传统，

---

① ［韩］车柱环：《韩国道教思想》，人民文学出版社 2005 年版，第 233 页。
② 《高丽史》卷十八《世家毅宗》，《四库全书存目丛书·史部》第 159 册，齐鲁书社 1996 年版，第 389 页。

于每年十月举行全民参与的祭祀天神、山神的活动，这为道教斋醮科仪在朝鲜半岛的传播开辟了道路。

高丽王朝时的道教斋醮活动经常与佛教杂糅在一起。佛教的燃灯会一般在正月十五或二月十五举行，通过燃灯、歌舞和茶宴来祈求皇室安康和国家兴盛，它与八关会一起并列为两大祭礼而盛行于高丽时代。仁宗时，郑知常请王于置八圣堂于西京宫中，皆绘像，模仿秦始皇祠山川八神的活动。仁宗九年（1131）八月，依僧妙清奏请，遣内侍中李仲孚在平壤西京林原宫城置八圣堂，在其中奉安八仙，皆绘像，举行赞扬八仙的祭祀。所谓八仙是：

1. 护国白头岳太白仙人，实为德文殊师利菩萨；
2. 龙围岳六通尊者，实为德释迦佛；
3. 月城天仙，实为德大辨天神；
4. 驹丽平壤仙人，实为德燃灯佛；
5. 驹丽木觅仙人，实为德毗婆尸佛；
6. 松岳震主居士，实为德金刚索菩萨；
7. 甑城岳神人，实为德勒叉天王；
8. 头岳天女，实为德不动优婆夷。

八关会和燃灯会的始源虽不相同，但在朝鲜化的过程中却有着大致相似的宗教仪式，如点明灯、设酒果、歌舞伎乐，君臣共享同乐，还要让天地诸神喜悦，以保佑国家和王室的安乐。根据仁宗时僧妙清的说法："八圣堂思想就是道、佛、土俗及地理图谶说的一种糅合的形态。八圣堂是一种万神殿，将佛的诸神格与国内各种名山（山神）相配而奉安。这种情况亦可看成是由新罗时期儒、佛、道的混合物风流道，在适应高丽精神状况的同时而变化来的。"①从八仙主要取之于朝鲜半岛的灵山来看，他们似乎是住在各个灵山的仙人，但又具有半佛半仙的性质，故郑知常撰《八圣文》曰："不疾而速，不行而至，是名得一之灵，即无而有，即实而虚，盖谓本来之佛，惟土德可以王，

---

① 韩国哲学会编：《韩国哲学史》上卷，社会科学文献出版社 1996 年版，第 308 页。

四方肆于平壤之中，卜此大花之势，创开宫阙，只若阴阳妥，八仙于其间。奉白头而为始，想耿光之如在，欲妙用之现前恍矣至真虽不可象静，惟宝德即是如来，命绘事以庄严，叩玄关以祈向。"[1] 另外，在高丽王朝时期，行呵波拘威大将军道场及太岁道场时经常杂用僧道，表现出"道佛行事思想杂糅"的特色。高宗二十二年（1236）在燃灯时设置消灾道场于内殿，演出带有辟邪进庆意思的处容舞。燃灯会和八关会逐渐融合，"到朝鲜时代，八关会被废除，其歌舞百戏于十二月三十日举行傩礼活动时演出。朝鲜时代的傩礼活动是一种宗教性的仪式，它把中国传来的傩礼融合于八关会的祭礼之中．这是一种在宫中举行的驱疫鬼仪式，从高丽时代起到朝鲜末期持续存在。"道教斋醮仪式也由上层社会下降于民间，逐渐地融入到当地的民俗活动中。

　　道教的斋醮活动也借助于朝鲜本有的仙道来传播。例如，睿宗启动朝鲜本有的仙道文化保护政策在客观上促进了道教神仙信仰在朝鲜半岛的传播。睿宗十一年（1116）在御乾元殿接受众臣朝贺时专门下令，要加强对"四仙之迹"的保护："朕承祖宗积累之绪，保有三韩，惧无以称人神之望宵，忧劳不敢遑宁。今以日官所请，徙御西都，以颁新教，将以与物更始，使民知归，以兴先王之旧业。且彼圣贤之训及诸图谶之言，谓奉顺阴阳，尊崇佛释，明信刑罚，黜陟幽明，三宝之财，不可妄费，四仙之迹，所宜加荣，依而行之，不敢失也。圆丘大庙社稷籍田及诸园陵者，国家敬重之所也。其管勾员吏，以时修葺，无使弊亏。所谓国仙之事，比来仕路多，门略无求者，宜令大官子孙行之。"[2] 这里所说的"四仙"即新罗时花郎道的"四郎"："自罗至丽，其曰国仙者，花郎之遗也。其曰香徒，亦曰乡徒，今语亦然者。花郎之讹也，是犹相与结会燕饮，因以同事而倡优之流，前后皆务美冶，呼花郎，如旧俗间，又呼文儒，为仙夫，亦呼先辈，而美容者、高官者，无不目以仙焉。"[3] 这是朝鲜半岛本有的仙道传统，但也受到道教的影

---

① 转引自［朝鲜］李能和：《朝鲜道教史》，东国文化社 1959 年版，第 102 页。
② 《高丽史》卷十四《世家睿宗》，《四库全书存目丛书·史部》第 159 册，齐鲁书社 1996 年版，第 389 页。
③ ［朝鲜］洪万宗辑：《海东异迹》，载《韩国文献说话全集》第六册，太学社影印 1991 年版，第 399 页。

响，尤其是其不执著于俗事，自由自在地逍遥于山水间，充分享受人生以至
追求长生不死的精神，与道教所崇尚的神仙十分相似。

三、积极兴建道教宫观

高丽王朝的前几代君王通过加强中央王权，励精图治，促进了社会繁荣、
经济发展，使国家迈向了强盛之路，但始终却面临着外来者的侵略。993 年，
高丽王朝被契丹辽国击败，被迫一度断绝和宋朝的关系，向辽国称臣。1009
年和 1018 年，辽国又两次进攻高丽。1127 年高丽王朝又被迫臣服金国。到了
高丽中期，王朝内部接连发生政治动乱，影响最大的是睿宗时期的"李资谦
之乱"（1126）和仁宗时期的"妙清之乱"（1135）。① 朝廷内乱而政权交替频
繁，再加上为抵御辽国和金国侵略，军人在朝中势力大增，而毅宗（1147—
1170）在统治时期，广搜民财，大兴土木，到处游玩，彻夜饮宴，不理朝政，
尊文官轻武臣，最后导致文官与武臣之间的矛盾日益尖锐。1170 年和 1173
年，武臣头目郑仲夫、李义方等因不满毅宗和文臣对武官的欺压，乘机发动
了两次政变，大肆屠杀文臣，扶植明宗建立政权，废黜毅宗并将他放逐到巨
济岛，史称"庚寅之乱"。接下来是武将崔忠献（1149—1219）自 1196 年起
建立"崔氏政权"，然后是 1280 年，元朝在朝鲜半岛设立东行省，派"达鲁
花赤"（理民官）管理国政，高丽王朝成为元朝的附庸国长达一个多世纪。直
到 1392 年，高丽将领李成桂（1335—1408）废高丽国王，自立为王，迁都汉
城，改国号为"朝鲜"，才结束了蒙古人在朝鲜半岛的统治。与高丽王朝这段
内忧外患的历史相应，道教在高丽历代帝王的支持下却得到了迅速发展，尤
其是在文宗、肃宗、睿宗、仁宗、毅宗的统治时期，对道教的信仰和尊崇达
到了极盛。随着中朝文化交流的展开，一些"留唐学生会比较了解当时中国
各地建立道观，频繁举行道醮的事情。尤其是在他们中间还有在唐做官的人
士，这些人士会直接参与道观等处举行的斋醮，并取得经验。"② 他们回国时

---

① 李资谦把女儿嫁给睿宗为王妃，并让睿宗的儿子继承王位，是为仁宗，然后又把两个女儿嫁给
仁宗，通过这种姻亲关系，他独揽权势，因妄想篡夺王位，最后被自己部下逐出。妙清以阴阳秘术迷惑
众人，以迁都西京来抬高自己，获取名利，达到干预朝政的目的，所造成的政治动乱，给佛教与道教在
高丽朝的发展都造成了负面影响。（参见《高丽史》卷一二七《李资谦传》、《妙清传》。）

② 韩国哲学会编：《韩国哲学史》上卷，社会科学文献出版社 1996 年版，第 274 页。

带回了道教斋醮科仪，也促进了道教宫观建筑在朝鲜半岛的逐渐兴建。

高丽王朝建立之初，受中国宋朝崇信道教的影响，太祖把专为祭祀亡者的"八斋会"发展为以祭祀天神和五岳山川为主的"八关会"，促进了注重斋醮科仪的道教符箓派在朝鲜半岛的流行。太祖的做法得到了之后的历代高丽国王的响应，他们为醮祭道教神灵而建立道观以安置道教的神像，作为官方进行祭祀活动的主要场所。

宋徽宗得知道教在高丽王朝的传播情况后，乃于大观年间（1107—1110）专派两名道士去高丽传教，受到了高丽王睿宗（1079—1122）的欢迎。据《宋史·高丽传》记载，当时高丽"王城有佛寺七十区，而无道观。大观中，朝廷遣道士往，乃立福源院，置羽流十余辈"①。笃信道教的睿宗听从了宋朝道士的建议，仿造宋朝道观太一宫而在都城建立朝鲜半岛上的第一座道观——福源院②。据此，李能和认为，此举"是为高丽有道教之始"③。

然而，有关福源宫建造的具体时间，史料记载中却有不同的说法。

第一，北宋大观年间说。最早记载福源宫的是高丽人林椿作于毅宗十二年（1158）左右的《逸斋记》其中提到李仲若"航海入宋，从法师黄大忠、周与龄，亲传道要，玄关秘钥罔不洞释。及还本国，上疏置玄馆，以为国家斋醮之福地，今福源宫是也"④。李仲若是高丽睿宗宠信的"金门羽客"郭舆（1059—1130）的道友⑤，因擅长道教医术，而曾受召为肃宗治病，但他人还没到，肃宗就驾崩了。李仲若后被睿宗招入宫中："睿宗以在藩邸时素闻其名，遂属籍禁闱，将用禄秩以縻之。先生于量迹出心隐，徘徊宫掖间……为时广成子，欲以至道之精播于理术，日凿生灵之耳目。……后航海

---

① 《宋史》卷四八七《高丽》，中华书局 1977 年版，第 14054 页。

② 在史料记载中，福源宫的名称不一，韩国文献多写为"福源宫"，可能因为它是皇家建筑，但《宋史·高丽传》记为"福源院"，宋人徐兢著《宣和奉使高丽图经》称为"福源观"，可能是把它看作道教宫观。因为在中国文化语境中，如《道书授神契》曰："古者王侯之居，皆曰宫，城门之两帝高楼，谓之观。"（《道藏》第 32 册，第 144 页。）宫为帝王皇宫、行宫之专称；观为皇城门两侧登高可望远的建筑物。唐朝就通行用"观"来指道教庙宇。

③ ［朝鲜］李能和：《朝鲜道教史》，东国文化社 1959 年版，第 106 页。

④ ［高丽］林椿：《西河记》卷五《逸斋记》，载韩国民族文化推进会编：《韩国文集丛刊》第 1 册，景仁文化社 1996 年版，第 256 页。

⑤ 参见［高丽］李仁老：《破闲集》卷中，亚细亚文化社 1972 年版，第 27 页。

入宋。"① 大观三年（1107）乙亥，高丽王朝遣刑部尚书金商祐、礼部侍郎韩曒如宋献方物②，李仲若作为使节由泉州港入宋③，在中国留学，得法师黄大忠、周与灵传授道要，得道教真传。李仲若归国后，他上疏奏请建福源宫，开展道教斋醮科仪活动，"撞鸿钟于讲席，广开众妙之门，而问道之士填门成市，如众星之环天津也。"④ 从一个侧面展现了李仲若在建立上福源宫的过程中起到的主导性作用。林椿撰《逸斋记》是在福源宫建后的几十年，属于本朝人记本朝之事，因时间接近，可信度较高。

第二，北宋政和年间说。据宋人徐兢撰《宣和奉使高丽图经》记载，修建福源观的动议是在大观庚寅，即高丽睿宗五年、北宋大观四年（1110）提出的，而建造则在政和年间（1111—1118），"福源观在王府之北，太和门内，建于政和间。"另外，《高丽图经》还记载：

> 大观庚寅，天子眷彼遐方，愿闻妙道，因遣信使，以羽流二人从行，遴择通达教法者，以训导之。王俣笃于信仰，政和中，始立福源观，以奉高真道士十余人。然昼处斋宫，夜归私室，后因言官论列，稍加法禁。或闻俣享国日，常有意授道家之箓，期以易胡教，其志未遂，若有所待然。⑤

据徐兢说，睿宗笃信道教，不仅接受"道家之箓"，而且修建福源宫作为皇家宫观，似有以道教替换佛教为国教的意图，但最终"其志未遂"。按车柱

---

①　［高丽］林椿：《西河记》卷五《逸斋记》，载韩国民族文化推进会编：《韩国文集丛刊》第1册，景仁文化社1996年版，第256页。

②　《高丽史》卷十三《世家睿宗》，《四库全书存目丛书·史部》第159册，齐鲁书社1996年版，第263页。

③　梁银容认为，李仲若是随金商祐使团入宋的。（参见梁银容：《福源宫建立·历史的意义》，载韩国道教思想研究会编：《道教·韩国文化》，亚细亚文化社1988年版，第491页。）金得榥更明确地认为是"高丽王朝派李仲若赴宋，学习道教要理"的。（参见［韩］金得榥：《韩国宗教史》，社会科学文献出版社1992年版，第44—45页。）

④　［高丽］林椿：《西河记》卷五《逸斋记》，载韩国民族文化推进会编：《韩国文集丛刊》第1册，景仁文化社1996年版，第256页。

⑤　徐兢：《宣和奉使高丽图经》卷十七《祠宇》，载《朝鲜史料汇编》（一），全国图书馆文献缩微复制中心2004年版，第159页。

环的看法，这是徐兢对宋徽宗的"阿谀之词"，迎合崇道皇帝的喜好。若参考《高丽史》卷十三《睿宗世家二》睿宗五年（1110）六月辛巳条记载，宋朝派官员王襄、张邦昌出使高丽，但七月戊戌就返回中国，在高丽仅停留了短短 18 天。再参考《逸斋记》中李仲若回高丽及上疏置玄馆的时间，由此推测，北宋大观四年，宋朝派遣的两名道士来到高丽，在高丽人中挑选出十余名精通道法的加以训导，先培养道士，再修建斋宫。斋宫是道士白天学习道法、开展祈福消灾的斋醮科仪活动的场所，而非居住的私室。笔者认为，徐兢出使高丽的时间是北宋宣和五年（1123），离大观、政和仅十几年时间，所撰《宣和奉使高丽图经》的记载可信度可能更高一些，修建福源观的动议是大观年间提出，具体的建造大约是在政和五年（1115），即睿宗十年前后①完成的，这也比较符合道教经过官方与民间不同的渠道传入朝鲜半岛，逐渐被容受，在高丽王朝发展为以斋醮科仪为皇家服务的宗教。据载，睿宗十五年十二月甲申在福源宫为其王妃顺德王后（？—1118）设醮可能是超度亡灵，祈求冥福，故具有祈愿堂的性质，因为斋醮结束后，睿宗"遂幸安和寺"，佛教安和寺是顺德王后真堂。

据徐兢介绍，福源观这座高丽时代最具有代表性的道观就坐落在王宫附近，是仿造宋代道教宫观的式样而建造的："福源观在王府之北，太和门内，建于政和间。前榜曰敷锡之门，次榜曰福源之观。尝闻殿内绘三清像，而混元皇帝须发皆绀色，偶合圣朝图绘真圣貌像之意，亦可嘉也。前此国俗未闻虚静之教，今则人人咸知归仰云。"② 福源观建有三清殿、天皇堂等，可能还建有东西南北四廊，③ 形成了一个比较规整的格局。徐兢可能没有亲自去福源观考察，故用了"尝闻"一词，以表示他"听说"福源观供奉的混元皇帝像有"圣朝图绘真圣貌"，可能是参考宋朝老君像而塑的。

高丽王朝为开展道教醮祭活动而陆续建立起一些道观来供奉道教神灵。

---

① 参见金京振：《朝鲜古代宗教与思想概论》，中央民族大学出版社 2006 年版，第 202 页。另有韩国学者梁银容认为，福源宫大约创建于睿宗十二年。（参见梁银容：《福源宫建立·历史的意义》，韩国道教思想研究会编：《道教·韩国文化》，亚细亚文化社 1988 年版，第 489 页。）

② 徐兢：《宣和奉使高丽图经》卷十七《祠宇》，载《朝鲜史料汇编》（一），全国图书馆文献缩微复制中心 2004 年版，第 159—160 页。

③ 据《高丽史》卷五十三《五行志一》记载，高宗八年五月庚子，福源宫北廊曾发生火灾。见《四库全书存目丛书·史部》第 160 册，齐鲁书社 1996 年版，第 359 页。

因年代久远，高丽王朝究竟建了多少道观？道观建筑有哪些特点？现已不可详考，据学者金京振研究，高丽王朝曾经修建过 16 所道观[①]：

名　称	修建时间	废止时间	位　置	经典依据
九曜堂	高丽太祖七年	朝鲜太祖元年	都内	《高丽史》世家一
毡坛	宣宗五年以前		盐州	《高丽史》礼志五
星宿殿	睿宗元年以前	高丽末	阙内	《高丽史》世家十二
玉烛亭	睿宗二年	高丽末	延庆宫	《高丽史》世家十二
福源宫	睿宗十年前后	朝鲜太祖元年	阙内	《高丽史》世家十八
祈思色	毅宗年代	明宗八年	阙内	《高丽史》世家十九
大醮色	毅宗二十四年以前	明宗八年	阙内	
老人堂	毅宗二十四年以前		国内	别例
祈思都监	明宗八年	高宗四年	阙内	《高丽史节要》卷十五 《高丽史》百官志二
析思都监	高宗四年	高宗四十五年	阙内	同上
神格殿	高宗四十二年	朝鲜太祖元年	阙内	《高丽史》世家二十四
净事色	高宗四十五年	朝鲜太祖元年	阙内	《高丽史》百官志二
大清观	忠宣王年代	朝鲜太祖元年	阙内	《高丽史》百官志二 《太祖实录》卷二
昭格殿	朝鲜太祖元年		阙内	《太祖实录》卷二
烧钱色	13 世纪以前	朝鲜太祖元年	阙内	《太祖实录》卷二
清溪拜星所	朝鲜太祖元年			《太祖实录》卷二

在高丽王朝持续统治的四百多年历史中，虽然太宗时就创建了道观——九曜堂[②]，但大量的道观还是建于 12 世纪前后的宣宗、睿宗、毅宗、明宗、高宗时代，道观的命名也是五花八门，有堂、坛、殿、宫、观、色、亭、都监等，这是否可以推测，与中国道观名称比较统一、建筑格局比较固定不同，高丽道观的建筑形式具有多样性的特点。虽然道教在高丽朝已建有这么多的道观，但正如都珖淳所说："在韩国，尽管有道观和道士，但终于未形成道

---

① 参见金京振：《朝鲜古代宗教与思想概论》，中央民族大学出版社 2006 年版，第 202 页。

② 也有说，九曜堂是高宗到江都躲避蒙古兵时期为举行九星醮祭所建，回到首都开京后又将其在城内重建。（参见［韩］金得榥：《韩国宗教史》，社会科学文献出版社 1992 年版，第 45 页。）

教教团，而且道士在道观中的作用仅限于祈求国泰民安、镇护国家，并不干预一般国民解决信仰问题。道观是国家或王室进行祈祷的地方，并非一般民众进行信仰活动的场所。"① 这些作为实体性存在的道观主要是王室为国家事务进行道教斋醮仪式的重要场所。

从现有文献记载来看，在这些道观中进行的斋醮仪式也是五花八门的，有太一醮、上帝禳、五帝禳、老人星祭、天祭、本命星宿醮、星变祈禳醮祭、百神醮、三界神醮、五瘟神醮、别贡斋醮，等等。这些各种不同形式的醮祭被历代国王执行，用于追求现实利益。"从此道教神祭祀大大增多。文宗二年，国王亲自在内殿祭祀北斗。五年、十四年、二十年、二十五年，他在球庭亲自祭祀土俗神，即天地、山川。十年，在寿春宫、丽丘宫祭祀太一。十八年，在内殿亲自祭祀本命星宿。十九年，在球庭祭祀木、火二星。二十七年，又在球庭祭祀百神。"② 由于道教斋醮科仪在国家祭祀礼仪中占有重要位置，因此，道教一度在高丽王朝中也居于"国教"的地位。

睿宗二年（1107），在延庆宫后园为供奉元始天尊像而建玉烛亭。之所以取名为玉烛，乃是根据《尔雅·释天》"四气和，谓之玉烛"说法，喻意着四时火气的温润明照，可给人带来温暖与希望。在玉烛亭中拜道教最高神元始天尊神，有祈求国泰民安、风调雨顺的意思。因此，睿宗于"庚子始置元始天尊于玉烛亭，令月醮"③。每月都在玉烛亭中为国家安康举行醮斋。高丽时代的国家道观则是位于王府之北、太和门内的福源宫，其中建有三清殿、天皇堂等，殿内供奉三清像、混元皇帝（太上老君）画像。福源宫又称福源观，是由李仲若提议，睿宗支持而修建的，"这是睿宗在执政期间为道教做的最大的事情。"④ 福源宫作为皇室的内道场，其建筑形式不仅具有皇家风范，而且还有道教所崇尚的阴阳调和之意。

随着道教的盛行，老庄道家思想也受到人们的关注。据《高丽史》卷十四记载，睿宗为了振兴新罗的学术文化，改变过去偏重儒佛的做法，十三

---

① ［韩］都珖淳：《韩国的道教》，载［日］福井康顺等监修：《道教》第三册，上海古籍出版社1992年版，第81页。
② ［韩］金得榥：《韩国宗教史》，社会科学文献出版社1992年版，第45页。
③ 《高丽史》卷十二《世家睿宗》，《四库全书存目丛书·史部》第159册，齐鲁书社1996年版，第263页。
④ ［韩］车柱环：《韩国道教思想》，人民文学出版社2005年版，第155页。

年（1118）九月丙子日，亲临延英殿的清燕阁，命韩安仁讲论《老子》①。清燕阁本是睿宗皇帝专为收藏图书、款待学者而建造的，其中主要收藏的是儒家的经、史、子、集，但从这条记载中可见，这里不只是研究儒家经典。"在朝鲜道教史上，一般把1118年韩安仁为睿宗讲《老子》一事，作为道教经典在古代朝鲜取得历史性地位的开始，亦是朝鲜古代道教研究和儒家思想研究取得并行地位的开始。于是，以研究古代中国道教经典为主的汉学家出现了。"② 韩安仁能够在皇帝面前讲解《老子》，可见他对道家思想的研究达到了一定的理论水平，"同时也可以揣测当时士人间的道家书研读与道家思想的认知程度已有相当高的水平。"③

北宋宣和年间（1119—1125），信使提辖官徐兢（1091—1153）奉命出使高丽，回国后著《宣和奉使高丽图经》四十卷，于1123年献给宋徽宗，其中就介绍了当时的高丽道教：

> 闻高丽地滨东海，尝与道山仙岛相距不远，其民非不知向慕长生久视之教，第中原前此多事征讨，无以清静无为之道化之者。唐祚之兴，尊事混元始祖，故武德间，高丽遣使句请道士，至彼讲《五千文》，开释玄微。高祖神尧奇之，悉以其请，自是之后，始崇道教，踰于释典矣。大观庚寅，天子眷彼遐方，愿闻妙道，因遣信使，以羽流二人从行，遴择通达教法者以训导之。王俣笃于信仰，政和中，始立福源观，以奉高真道士十余人。然昼处斋宫，夜归私室。后因言官论列，稍加法禁。或闻俣享国日，常有意授道家之箓，期以易故教，其志未遂，若有所待然。④

徐兢治学严谨，自谓能去除浮华传说、实事求是地介绍自己出使朝鲜王

---

① 参见《高丽卷》卷十四《世家睿宗》，《四库全书存目丛书·史部》第159册，齐鲁书社1996年版，第300页。

② 刘正：《图说汉学史》，广西师范大学出版社2005年版，第232页。

③ ［韩］车柱环：《韩国道教思想》，人民文学出版社2005年版，第88页。

④ 徐兢：《宣和奉使高丽图经》卷十八《道教》，载《朝鲜史料汇编》（一），全国图书馆文献缩微复制中心2004年版，第175页。

朝时的所见所闻，其著《高丽图经》"物图其形，事为其说"①。当"（宋）徽宗皇帝览其书，大悦，召对便殿，赐同进士出身，擢知大宗正丞事，兼掌书学"②。从徐兢的记载中可见，在帝王的支持下，福源宫建立起斋醮制度和道士制度，成为一种专为国家祭祀服务的单位，其中的道士也穿上与朝官相类的服装："道袍不曰袍，而加道字于袍字上，则可知其命名之义，而其出于道释。又有一证，今称道袍则道服。"③ 当时在福源宫做斋醮科仪的道士大约有十余人，他们白天在斋宫里从事弘道工作，晚上则归私室过与俗人相同的生活。"道士之服，不以羽衣，用白布为裘，皂巾四带，比之民俗，特其袖少褒裕而已。"④ 道士不穿羽衣，以白布为裘，皂巾四带，与朝官士庶儒生常穿的道袍相似，只是袖子稍稍宽大一些。由于道士只在道观里处理与道教相关的事务，以服务国家的心态从事斋醮活动，没有像佛教僧侣那样组成宗教团体，更不向民众传教。笔者认为，这大概也是道教最终没能在朝鲜半岛上形成有组织的独立教团的原因之一。

四、内丹道仙脉的延续

高丽王朝开国之初，就全面推行唐朝的"文物礼乐"，对中国传统的华夷秩序观的认同，使得高丽王朝的文人学士在思想深处自觉地吸纳中华文化。就道教的传播而言，唐末五代至宋初，钟吕内丹道兴起，此时中国道教中有名有姓的内丹家多达百余人，其师承大多数可追溯到钟离权、吕洞宾，他们共同努力促进了以修炼人体中精气神以求长生成仙的内丹术的发展。一些来华的新罗留学生受此影响，不仅身体力行进行内丹修炼，而且还将钟吕内丹道的道书和丹法传入朝鲜半岛。《海东图录》、《青鹤集》、《海东异迹》、《新罗殊异传》⑤、《海东传道录》、《高丽史》等，记载了许多修炼者

---

① 《四库全书总目》卷七十一史部二十七，海南出版社 1999 年版，第 391 页。

② 徐兢：《宣和奉使高丽图经·附录》，《朝鲜史料汇编》（一），全国图书馆文献缩微复制中心 2004 年版，第 309 页。

③ ［朝鲜］李圭景编：《五洲衍文长笺散稿》卷四十五《道袍辨证说》，明文堂 1982 年版，第 447 页。

④ 徐兢：《宣和奉使高丽图经》卷十八《道士》，载《朝鲜史料汇编》（一），全国图书馆文献缩微复制中心 2004 年版，第 174 页。

⑤ 相传，《新罗殊异传》一说为高丽文宗朝登第的诗人朴寅亮（？—1096）所撰，一说为崔致远所撰，其中记载了一些修仙者的事迹，可惜已佚。

的特异事迹，从中可见，从新罗末期到高丽王朝，钟吕内丹道在朝鲜半岛形成了道统仙脉，并在延续与发展中出现了一些富有朝鲜民族风格的新特点。

据《海东传道录》记载，崔承祐从中国返归朝鲜半岛后，累官至太尉，后来他将自己在中国学到的丹道口诀授崔致远及道士李清。李清在头流山（智异山）修炼得道，又传道于弟子明法和慈惠，自己在 93 岁升仙。明法学道于慈惠、李清二人，尽得其要，传道于权清，自己于 102 岁尸解而去。慈惠也在 145 岁时入寂于太白山。他们所习授的内丹术似属于中国的钟吕内丹道系统。

钟吕内丹道从将内丹术奠基于形而上之"道"上，将丹道与道性、心性相贯通，使所倡导的"性命双修"具有了可操作性，以北宗张伯端（984—1082，一说 987—1082）为代表的金丹派南宗的出现为其成熟的标志，并在金元时期王重阳（1112—1170）创立的全真道中得到了全面的发展。王重阳在钟吕内丹道的基础上，进一步将道气和心性结合在一起谈修炼，提出的性就是神，命就是气，主张"性命双修"就是要通过静坐调息，颐神养气来进行，通过炼气化神、炼神还虚而合道，最终使神气相合而成仙，其中包含着以存思清净、除情去欲为中心的道德修养。因此，全真道不崇尚符箓，不事黄白炼丹之术，而主张"道人要妙不过养气，夫人汩没于利名，往往消耗其气，学道者别无他事，只在至清至静，颐神养气而已。心液下降，肾气上升，至于脾，念绝想，神自灵，丹自结，仙自做"。以道气贯通于心性，强调修道见性："见性有二，真空亦有二：悟彻万有皆虚幻，惟知吾之性是真，此亦为见性；既知即行，行之至则又为见性。初悟道为真空，直至了处亦为真空。既至真空，功行又备，则道气自然一发通过，道气居身中，九窍无心而自闭，至此际则方是真受用。"[①] 人能见性即为悟道，见性就可使天地大宇宙间的道气在人体小宇宙中一发通过。这种从自身性命出发去体悟天地之道、养生之理的方法，大概也是全真道能够很快征服人心，在北七真人的努力下得以迅速传播，并很快传到朝鲜半岛的重要原因之一。

值得注意的是，高丽朝的那些修炼内丹、追求成仙的人，经常会与佛教

① 《清和真人北游语录》卷四，《道藏》第 33 册，第 177 页。

僧人交往，甚至还会"佯狂为僧"，在行迹上也表现出不同于常人的特异之处，其中权清、偰贤、赵云仡和南宫斗的名气最大。

权清是高丽文宗（1046—1083 在位）时代的人，年轻时曾登上太白山顶，遇见兰若庵老僧，从他那里得到昔日释慈惠受正阳真人钟离权所授的道书。于是，权清佯狂为僧，修炼得道，隐于头流山，"孤云学士（崔致远）俱在于此山"①，他们一起琢磨道法。权清修炼十一年后终于成仙，因隐现无方，《海东异迹》称之为"权真人"。权清又将丹道传授给偰贤、南宫斗和赵云仡。权清曾向南宫斗说明自己的身世以及为何会修炼内丹道：

> 我即上洛（安东地在洛东江上流）大姓太师幸之曾孙也。生于宋熙宁二年（1069）。十四有风癫，父母弃之林中，夜有虎揽而置诸石窟，耽耽乳二子，终不害。疾痛方极，恨不速弊。于其牙齿有草罗，生于岩窍，叶敷根大，试洗而食之，腹稍饥果。食数月疮渐痊。稍自起立，遂多掘而顿食之，殆尽半山，百日疮悉脱，遍生绿毛，喜而更食之，又百日身自举，忽升于峰顶。既已愈其疾，不辨故邑来路，方栖遑靡所之，忽有一僧过峰下，俯身就其道遍问曰："此何山也。"僧曰："太白山而地系真珠府（今三陟）也。""近有寺否？"曰："西峰有兰若。"路绝未易攀陟，吾即飞至其庵，禅寮昼闭，闲而无人，手辟廊户，行到中寮，有一老病僧，拥布褐隐几，喘几死，抬眼见之曰："夜梦老相言传我，师秘书者，今当至。相君面，真其人也。"起解囊出一函书，授之曰："读此万遍，其义可见，努力勿息。"吾其问孰传，曰："新罗义相大师入中原，逢正阳真人授此书，临化嘱我，二百年后当有传者，君应其谶，可受持动力，吾得所传，从此逝矣。"趺坐寂状而化，吾即荼毗之得绀舍利百粒，藏之塔中。解函视之，乃《黄帝阴符经》及《金碧经》、《龙虎经》、《参同契》、《黄庭内外经》、《崔公八药镜》、《胎息》、《心印》、《洞古》、《定观》、《大通》、《清净经》等经。就其庵独居修炼，魔鬼方来挠，以不闻不见诮之。凡苦志十一年，乃成神胎，法当解去，上帝命留此，统东国三道诸神，故留此五百年。余限

---

① 《海东传道录》，《藏外道书》第 31 册，巴蜀书社 1994 年版，第 478 页。

满则当上升矣。^①

权清在叙述自己得到内丹道书及修炼功法后，又特别提到自己是奉上帝之命，留在人世五百年，只有完成了在海东传播内丹道的使命之后才能升仙，以提升仙道的神圣性：

> 吾经历数十人，或气锐、或太钝、或少忍、或缘浅、或多欲念，俱不能成。若有成道者，吾当举授，吾任上归玉京。旷千年不得一人，此种尘缘未尽而肤也。"斗与长老，久同寝席，怪其秘脐下寸地，不许人见，问其故，欲观之，长老笑曰："何容易耶，见则恐惊耳。"斗曰："奚惊，愿为一见。"长老暗中解包，金光百道，射于屋梁，不能定视，匍伏于榻。长老还包之如故。翌日，招斗谓曰："尔既缘薄，不合久于此，其下山长发饵黄精，拜北斗，不杀淫盗，不茹荤牛狗肉，不阴人，则此地上仙，行修之不息，亦可上升矣。《黄庭》、《参同》道家上乘，诵之不懈，而《度人经》乃老君传道之书，《玉枢经》乃雷府诸神所尊佩之，则鬼畏神钦。此外修心之要，惟不欺为上，凡人一念之善恶，鬼神布列于左右，皆知之上帝降临，孔迩作一事，辄录之于斗官，报应之效，捷于影响。昧者亵之，以为茫昧，不足畏彼焉。知苍苍之上，有真宰者，操其柄耶。尔忍虽刚而欲念不除，倘或不慎，则一坠异趣，旷劫受苦，可不慎哉。"斗涕泣而受其诲，即告辞下山，回视则无复人居矣。^②

权清所传内丹道功法属于钟吕内丹派，需要"苦志去欲"修行不息，这种将身体的修炼建立在拜神持戒的宗教信仰之上，将去欲为善作为修内丹而可以得道成仙的一种道德保证，其中虽然夹杂着对修道者所特有的各种神异行为的描述，但这也是一种自神其教的做法。

---

① ［朝鲜］洪万宗辑：《海东异迹》，《韩国文献说话全集》第六册，太学社影印 1991 年版，第428 页。
② ［朝鲜］洪万宗辑：《海东异迹》，《韩国文献说话全集》第六册，太学社影印 1991 年版，第429—430 页。

偰贤（生卒不详）为元朝人，为避战乱来到朝鲜半岛后，在智异山般若峰上与权清相逢，从权清那里获得道教内丹正法后，又到雉裳山（即赤裳山）修炼，其中失败四次，也没有灰心，后于西台山遇见慈惠弟子明暗和尚，又跟他学习修炼长达八年之久，终于成道。偰贤为传其法于后人，一时暂不升仙，而是在庆尚道和江原道向百余人传授内丹道法。据说，直到在寒溪山遇见饱学之士金时习（1435—1493）并向其传授内丹道法后，才立即仙解而去。

赵云仡（1332—1404）生活于高丽末、朝鲜初期，恭愍王六年（1357）登第，为官十七年。高丽末期，社会动荡，政治黑暗，赵云仡不愿出仕做官，乃于恭愍王二十三年（1374）辞去典法总郎之职，此后居住在尚州露阴山下，自称"石涧栖霞翁"。为了隐藏自己的才能，赵云仡曾假装疯子，出入则乘牛，与僧侣结为方外之交，过着超然世外的生活。到了朝鲜初期，又再度出山为官，但不久又辞官隐居在广州。临终时自撰墓志铭曰："孔子杏坛上，释迦双树下。古今圣贤人。岂有独存者。"① 颇有历经了人生风雨后，看淡人间事务的意味。

南宫斗的事迹在柳梦寅（1559—1623）《於于野谈》、李晬光《芝峰类说》、洪万宗《海东异迹》等书中都有记载，已成为17—19世纪朝鲜汉文民俗类小说的一个重要体裁，其中《於于野谈》卷二《仙道》中的记载较为详细：

> 南宫斗，善诗赋，尝于馆学场屋为第一，士子皆传诵其辞。不幸家中与小妾相戏，失手致死。惧其亲戚知，密埋于稻田中，宣言为恶少所窃。岁余，家婢怒其笞，奔告其党，掘诸稻田中，面色如生，遂哀沔其生。自是不复应举，遂专攻仙佛，谢人间荣利。本来高才人也，所就精深，加以积功一生，只缘色欲未全去，不得成火候之妙，而唯服气绝食，年八十犹有婴儿色。足蹑木屐来往于全州恩津，虽少壮莫能趋其步。静居一室，室中常生紫气，识者称之曰地上仙。一日，雷霆电闪翳然，斗曰：天将召我。无病而坐化矣。

---

① 赵素印编：《韩国文苑》卷八，槿花学社1932年版，第213页。

南宫斗本是富豪，32 岁就中了进士，长期生活在京城，留其妾于乡间。有一天，他回乡时发现其妾与其堂侄私通，一怒之下，射杀了两人，并将其埋在稻田，自己又返回京城。事情暴露后，南宫斗被缉拿归案，其妻买通捕卒使他得以逃脱。南宫斗到金台山落发为僧，后又到雉裳山拜长老为师，练习不食不睡、息欲窒念的内丹术，但因忍心虽刚而欲念不除，最终差一步而没有练就不死之功，成了地仙，又回到人间，过上娶妻生子的世俗生活。

《海东异迹》对南宫斗作了更为细致的描写。南宫斗在杀两人之后，为避罪落发为僧，法号总持，先到头流山双溪寺，后到太白山至宜宁野庵居住。有一天，庵里来了一个丰秀年少的僧人，看到南宫斗就说他是因伤二命才负罪到此出家为僧的。南宫斗大骇，向其请教，僧人说：我只解相人耳，吾师多艺相，或符咒，或相讳，或堪舆，或推占，各随其咒话掖之。于是南宫斗到雉裳山去，到山上参访了一年，也不见少年僧人所说的高人，正当他欲返归时，忽见一山洞，有川注入于林薄间，流出大桃核。南宫斗欣然曰：是中莫非仙师？于是沿川流而去，终于见到一童子和老僧。南宫斗向老僧说明拜师的来意，但老僧拒之后，自己"视若无人，趺坐入定"。于是，南宫斗伏于庑下，三日不懈，老僧见其诚意，乃收下他。当南宫斗忍受着巨大痛苦，坚忍不拔练就不食不睡、忍饥忍痛、窒息欲念之功时，其师拿出《参同契》和《黄庭经》让他每日各诵念千遍，并告诫他："大凡学飞升者，继诸念头，安坐炼精气神三宝，令坎离龙虎交济成丹是大捷径。"其师认为南宫斗"君性朴固刚忍，难以上乘训之，故先绝粒，为下学上达也"，要他先行辟谷，然后令饵柏荣胡麻数旬，再教数息运气，修炼内丹。就在快要成功之际，南宫斗感觉到了"丹田充盈，若有金彩发于脐下"，他"喜其将成，欲速之心速发"，于是"趋出"，老僧以杖击其头曰："噫，其不成也。"南宫斗因"欲念不除"时，终于功亏一篑，但其师安慰他说："君虽不成神胎，亦可为地上仙，少加搏养则八百之寿可享矣。君命当有子，泄精之窍已塞，可服药以通，出二粒赤桐子丸咽之。"此老僧就是权清。南宫斗按照师父的教导生活，"时季八十三而容若四十六七岁人，视听精力不少衰。鸾瞳绿发，翛然如瘦鹤，或数日绝食不昧，诵参同、黄庭不已，常曰，毋阴行险，毋曰无鬼神，行善积德，绝欲炼念，收上仙可致。"权清与南宫斗师徒二人的修炼方法与全真道北宗所倡导的禁欲苦行的内丹道十分相似。

　　在高丽时代还有一些仙派系统不明的修道者，如姜邯赞、李灵干、韩湜、韩惟汉、郭舆、丁皓、王允孚、崔谠、权敬中等。

　　姜邯赞（948—1031），出身于衿州（今首尔冠岳区）的贵族家庭。其父是高丽官员，曾协助王建统一朝鲜半岛。据说，姜邯赞出生那天，一颗陨石落入他家院子里。来访的高丽王命使臣见此情景，认为这孩子将来必大有作为，将孩子抱回抚养。姜邯赞的出生地叫作"落星垈"，现位于首尔地铁2号线"落星垈站"附近。姜邯赞长大后，性格清俭，不营产业，多有奇略，尝为汉阳府判官，曾用智慧平息了当地的虎患，后在高丽显宗时成为一名武将。姜邯赞长像超凡脱俗，据《海东异迹》载，姜邯赞出面接见宋朝使者时，被视为有"文曲星"之相："宋使来见，不觉下床拜曰：'不见文曲星久矣，今在此矣。'"[①] 993年，契丹第一次入侵高丽。姜邯赞支持高丽王朝通过外交谈判使契丹撤兵，轻而易举地收复了朝鲜半岛北部领土。1018年，契丹又发兵10万攻打高丽，此时已是71岁高龄的姜邯赞请命亲自率兵出征，最后契丹军队几乎全军覆灭。姜邯赞也被誉为朝鲜半岛的第二个"乙支文德"[②]。据说姜邯赞最后升仙而去，有诗曰："敌退西京花插鬓，威行北汉虎呈形，修然白日升仙去，依旧青天一点星。"[③]

　　高丽王朝后期，内乱迭起，政治动荡，外患频繁，武人当政，战争不断，文人学士弃官学仙，遁迹山野，崇尚仙风，以求全生，也推动了内丹道在朝鲜半岛的传播。

　　生活于仁宗时（1151—1145在位）的韩惟汉看到崔忠献擅政卖官、横行霸道，预测祸害将至，就不赴朝廷之征调，带着家人入智异山深谷，后得道成仙而去。

　　明宗时（1170—1197在位），韩湜的父亲韩顺是与郑仲夫、李义方等人同时的武臣大将军，曾与韩恭、申大誉、史直哉、车仲规等人一起图谋铲除李义方一派，结果反被李义方等杀害。在家门遭此惨祸后，韩湜弃世入山隐

────────────────────

　　① ［朝鲜］洪万宗辑：《海东异迹》，《韩国文献说话全集》第六册，太学社影印1991年版，第423页。

　　② 乙支文德是6世纪中期的高句丽将军，他曾采取诱敌深入的灵活战术与入侵的隋朝军队周旋了数月后，在612年的萨水之战中，打败隋军，使隋炀帝占领高句丽的计划以失败告终，被视为民族英雄。

　　③ ［朝鲜］洪万宗辑：《海东异迹》，《韩国文献说话全集》第六册，太学社影印1991年版，第423页。

居学道，号柏林居士，最后得道成仙。佛教僧人丁皓也很羡慕神仙，有一次偶见韩湜，与其清谈后，忽然有身心爽朗之感，后来也改为学仙修道。名士崔说，与其弟崔谠，还有其他文人张自牧、高莹中、白先臣、李俊昌、玄德秀、李世长、赵通等，学中国魏晋"竹林七贤"的做法，弃官组成"耆老会"，谈仙论道，时人称为"地上仙"："为耆老会，逍遥自适。人谓之地上仙，图形刻石传于世。"① 所谓耆老，耆为60岁，老为70岁，特指那些寿、贵、德兼备的人。"耆老会"是中国古代以致仕官员为主要成员组成的老年会社，在中国唐宋时流行起来，② 高丽时代文人高贤受此影响，经常相聚来展现自己的琴、棋、书、画的才艺学识，如与崔谠同时代的诗人李仁老（1152—1220）依照"耆老会"，并仿照魏晋"竹林七贤"，与林椿、吴世才、皇甫抗、咸淳、李湛之、赵通等人，组成"竹林高会"，是为著名的"海左七贤"。这种自娱自乐并带有亲睦性质的聚会又称为"雅会"，但崔说所组成的"耆老会"还有"谈仙论道"的内容，如李佺所绘崔说等人的《海东耆老会图》、廉悌臣的《元岩集图》等，就将他们学仙修道之特点描绘出来。

诗人崔谠（1135—1211）辞仕后不问政事，浪迹山林，漂泊江湖，侣松竹，伴渔樵，似闲云野鹤，如断根浮萍，过着逍遥自在的生活，被时人称为"地上仙"，这从他雪中骑牛觅句的佳话中就可见一斑。李仁老非常欣赏崔谠，曾作《崔太尉骑牛出游》诗曰："嗜酒谪仙扶上马，爱山潘阆倒骑驴。争如稳著黄牛背，处处名园任所如。"③ 唐代诗人李白被称为"谪仙"，宋代诗人潘阆④则逍遥山林。李仁老将崔谠雪中骑牛与李白骑马傲视人间、潘阆"倒骑驴"的狂放姿态相比，以展示崔谠的自由洒脱的风雅之举以及在当时高丽文坛上的地位。一时间，这种带有道教神仙逍遥自适色彩的竹林文学思潮在朝鲜半岛蔚然成风。崔谠的雪中骑牛觅诗后来成为海东诗人反复

---

① 《高丽史》卷九十五《崔谠传》，《四库全书存目丛书·史部》第161册，齐鲁书社1996年版，第506页。

② 参见周扬波：《宋代士绅结社研究》，中华书局2008年版，第95页。

③ 《东文选》卷二十《崔太尉骑牛出游》，学习院东洋文化研究所1970年版，第347页。

④ 宋初著名的隐士词人潘阆（？—1009），字梦空，号逍遥子，大名（今河北大名县）人，一说钱塘（今浙江杭州市）人。潘阆能诗，颇具才华，曾深得宋太宗的欣赏，后因人事纠纷，逃出京师，遁入中条山。他酷爱庄子的《逍遥游》，尤其羡慕那种无所依托、自由自在的神仙般的生活，故自号"逍遥子"，并学传说中的神仙张果老，常倒骑着毛驴，徜徉于名山大川之间。

歌咏的"东国故事"。如高丽后期的诗人郑枢（1333—1382）奉高丽时卓越的诗词家李齐贤（1287—1367）之命而作《东国四咏》，赞叹高丽朝的四位名人逸事，其中《双明崔大尉谠雪后骑牛游城北皱岩》曰："两山松栎雪培堆，蓦水穿云路几回。莫说袁安高枕兴，何妨牛背觅诗来。"[①]崔谠骑牛虽是为"觅诗"，却让人联想到老子骑青牛出关，最后不知所终的故事。在政治动荡的岁月里，谈仙论道、性命双修往往成为高丽文人学士的一种逃脱痛苦、安顿身心的方法，这也是内丹道能够在朝鲜半岛上传播的文化土壤。

五、风水图谶与守庚申

道教的神灵信仰、风水图谶、阴阳术数、三尸说等传到朝鲜半岛后，逐渐与朝鲜半岛长期流传的本有的萨满信仰相融合，使朝鲜传统民俗中有了一些类似于道教文化的特征，对此韩国学者都珖淳曾作了生动的描绘：在民间，人们当要外出旅行和迁居时，自古以来有通过抽神签来决定方向和择日的习俗。选择什么日子结婚、祭祀、造房、进屋等，也通过抽神签来决定。以形形色色的符咒来消灾；携带玉枢丹来预防疾病；用桃树枝来驱鬼神；搞驱傩仪式来驱杂鬼；在冬至日煮红小豆粥吃，并将吃剩的小豆粥撒向住宅内的各个角落，用以辟邪驱鬼。为抚慰冤魂，请巫觋来举行一定的仪式。这些习俗是在当地固有的习俗中接受了黄教和道教的内容并相互调和的产物。[②]在这些古老的风俗习惯中，道教因素有点类似于英国人类学家爱德华·泰勒（Edward Burnet Tylor，1832—1917）所说的"文化遗留（Survival）"[③]。值得研究的是，道教的风水图谶与守庚申在朝鲜半岛与异族文化的互动中产生了哪些新特点。

图谶本是巫师方士编造的预示吉凶的隐语，早在中国秦汉年间就十分流行。风水则是在古代东亚文化圈中极为普遍的一种通过研究地形来追求人与自然和谐感应的观念与方法。风为空气，是来自于空中的活力；水是万物生

---

① 《东国四咏》是《双明崔大尉谠雪后骑牛游城北皱岩》、《金侍中富轼骑骡访江西惠素上人》、《郑中丞叙谪居东莱每月明弹琴达曙》、《郭翰林预冒雨赏莲有诗》，见［高丽］郑枢：《圆斋稿》卷上，载韩国民族文化推进会编：《韩国文集丛刊》第5册，景仁文化社1996年版，第196页。

② 参见［韩］都珖淳：《韩国的道教》，载［日］福井康顺等监修：《道教》第三册，上海古籍出版社1992年版，第108页。

③ 参见孙亦平主编：《西方宗教学名著提要》，江西人民出版社2002年版，第44页。

长必要条件，是来自于地下的活力。当这两种活力相配合，再加上能够吸收阳光的地理位置，就构成了生命存在的三要素：阳光、空气和水。"风水"一词始于东晋郭璞（276—324）著《葬经》提出："葬者，乘生气也。气乘风则散，界水则止。古人聚之使不散，行之使有止，故谓之风水。"风水说将"乘生气"作为选择阴宅陵墓的依据，进而用于考察住宅、村落、宫殿的地理形态的吉凶。风水与自然环境紧密相连，是以阴阳为本，以生气为核心，依据天文历数和地理形貌，来判断对人的优劣利弊的影响，成为一种堪察墓地、住宅、村落、宫殿等的相地学。风水因气而流动变化，道教所说的"看风水"也是以《周易》的阴阳八卦学为理论依据，通过"气"的变化来考察一个建筑物的选址、朝向和格局，来说明其整体运行环境的道术，又称为堪舆术。堪，天道；舆，地道。如神仙彭祖的弟子青衣说："内气萌生，外气成形，内外相乘，风水自成。察以眼界，会以情性，若能悟此，天下横行。"① 由此形成了实地来堪察风水的基本步骤"地理五诀"——寻龙、察砂、观水、点穴、立向，来占卜人事吉凶。道教认为，只有那些前朱雀、后玄武、左青龙、右白虎的地势，才能使地气凝聚，众妙氤氲，凝结而不滞，活动而不流。这种风水模式能够引外局之吉气、入内局之生气、避内局之凶气，成为趋吉避凶具有"佳吉气"的风水宝地，它能使居住者在生活上大吉大利，事业上风生水起。道教强调"一命二运三风水，四积阴德五读书"。换言之，人若顺乎自然，即可获天时之正，得山川之利；背乎自然，则会遭阴凶之祸。只有做一个有信仰、有道德的好人，才能享受好风水带来的益处。这成为东亚道教中一种普遍的风水观念。

　　道教用山水环抱、四神具备、外密内敞等来形容一个地方风水的吉凶休咎。这种风水观念与图谶说相联系，被广泛运用来说明地理环境的好坏可以影响到一个国家、家族和人生的盛衰吉凶。道教的风水观念既讲究自然环境，也宣扬神灵对人的行为进行赏善罚恶的宗教教义，还包含运用道教的斋醮符箓来进行趋鬼避邪的宗教仪式，这就特别适应朝鲜半岛流行的文化习俗了。

　　自古以来，朝鲜半岛流行的风水文化也十分关注自然环境对人的生活所

---

① 《青乌先生葬经》，载顾颉刚主编：《堪舆集成》，重庆出版社 1994 年版，第 112 页。

产生的吉凶影响。道教以"气"为本的风水观念大约在三国时传入朝鲜半岛，与朝鲜原始宗教中的山岳信仰相结合，形成了只有靠山川风水之荫佑，人才能获得福寿的观念。"韩国的风水说主要是为选择墓地和建都城所利用，也为建造寺刹、住宅和部落选择地点所利用。"① 就墓地而言，如果祖先的骸骨得到地下的"佳吉气"而凝聚，这种风水之气就会感应到子孙后代，使整个家族福寿绵绵，大吉大利。若风水不好，其结果就截然相反。因此，守墓神在朝鲜半岛也被视为能带来丰收和富裕的山神或大地神。这种"地所赐予恩德"的观念，成为朝鲜民族的风水说的主旨，后被广泛运用到社会生活中。

高句丽末期，道教的风水观念与当地的山岳崇拜和占星图谶相结合，出现了寻找那种"藏风得水"之宝地的图谶风水说，受到了包括帝王在内的各界人士的广泛关注，在社会生活中发挥着独特的作用。"道士行镇国内，有名山川，古平壤城势新月城也，道士等咒敕南河龙，加筑为满月城，因名龙堰城，作谶曰龙堰堵。"② 外来的道士们在朝鲜半岛周游名山大川，寻找风水吉佳之地，借助于南河龙的神力来颁布咒敕，促使朝廷将形为新月（半月城）的平壤城扩建成满月城，以弥补原来城市形态的亏欠和不足，改名龙堰城，以迎合统治者期望利用道教的风水图谶力量来延长国祚的心理。大莫离支将军渊盖苏文还用 16 年时间在龙堰城的东北和西南构筑长城，作谶曰"龙堰堵"或"千年宝藏堵"。据说凭借此长城，高句丽军队还击退了唐太宗的御驾亲征。③ 但佛教徒却认为，高句丽将新月城改建为满月，月满则亏，其实暗示着国家将亡。道士们在进行这些活动时，凿坏了东明圣帝（朱蒙）在朝觐天神时经常骑着升天的那块称为"朝天石"的灵石。"破坏这块灵石意味着用外来宗教排斥和赶走民族宗教"④，这又是亡国的不祥之兆。"后有神人，现于高丽马岭，告人曰，汝国败亡无日矣。"⑤ 这里的神人是指佛僧

① ［韩］都珖淳：《韩国的道教》，载［日］福井康顺等监修：《道教》第三册，上海古籍出版社1992 年版，第 91 页。

② 《三国遗事》卷三，《大正藏》第 49 册，第 988 页。

③ 参见［韩］车柱环：《韩国道教思想》，人民文学出版社 2005 年版，第 102 页。

④ ［韩］都珖淳：《韩国的道教》，载［日］福井康顺等监修：《道教》第三册，上海古籍出版社1992 年版，第 70 页。

⑤ 《三国遗事》卷三，《大正藏》第 49 册，第 989 页。

中的神异之人。这一谶语为高句丽末期的政治形势蒙上了一层失败的阴影，同时又可据此推测道士在高句丽末期以风水图谶来传播道教的一些情况。

高丽王朝初期，朝鲜半岛流传着《道诜秘记》、《道诜踏山歌》、《松岳明堂记》、《三角明堂记》、《神志秘词》、《九变图局》等，其中的《神志秘词》和《九变图局》据说由檀君时掌管文教的史官神志所著，神志亦可称为仙人。这些书往往以讲述风水图谶术来向民众灌输太祖王建创立的高丽王朝具有必然性与合法性。

王建是风水图谶的虔诚信奉者与倡导者，这与他在建立新王朝的过程中，借助于佛僧道诜为他设计的风水图谶说，最后登上帝王之位的经历有关。道诜（827—898）是灵岩（朝鲜全罗南道）人，俗姓金，15岁出家，23岁受具足戒，后周游四方。当他来到全罗南道玉龙寺，爱其幽胜，乃止住之，坐禅忘言三十五年，世称玉龙子。据《高丽史》卷二记载，新罗末期，道诜曾入唐向僧一行学习地理之法，返回朝鲜半岛后，著有《道诜秘记》讲述风水图谶术。据洪万宗《旬五志》的记载，当道诜学成返国时，朝鲜半岛尚处于三国时期，僧一行向他分析形势说：以三韩尺寸之地，却分三块，并常有战争动乱，乃起因于山水的血脉不平衡所致。如果你画三韩的山水地图给我，我就可使其地及人们太平无事。于是，道诜就将朝鲜半岛的山水地图画出来。一行看后便说："山川若此，宜其然也。"他在那幅山水地图上画了三千八百个点，然后叫道诜如为患者施针灸疗病一般，用手在地图上行使道术，并预告王氏将统一三国。有关道诜之风水图谶思想的来源，一说道诜入唐时，从唐朝天文学家僧一行（683—727）学习得来，但依年代推算，一行圆寂于唐开元十五年（727），此时道诜尚未诞生；另一说谓道诜住智异山时，随一老翁研习"聚沙以研山川逆顺之形式"。若是前者，则受到中国佛教的影响；若是后者，则是对朝鲜固有文化的发挥。"在高丽佛教发展史上，道诜是重要的代表人物，他的佛学思想奠定了高丽王朝近五百年佛教发展的基本特色。自他以后，佛教更多地发挥着镇护国家、祈福禳灾的功能。道诜对后世影响最大且又让世人争议最多的是他成功地运用阴阳五行说和谶语为高丽王朝服务。"① 其实，从道诜所施行的风水图谶看，似

---

① 刘顺利：《朝鲜半岛汉学史》，学苑出版社2009年版，第55页。

更像道教的堪舆术。

道诜是运用堪舆术来占屋宅之方位与坟墓之位置，用风水图谶来解说国运盛衰之理，借以预测人生祸福。道诜宣扬，祸源由地形地势而来，故若欲国灾止息、国祚绵长，就必须在山川之"结"上建寺、立塔、造像，来绝天地血脉不调之病根，由此倡导在全国各地广建佛寺，推行佛教，以兴隆国家。[①]据说，道诜在考察松岳山的形势后，曾对王建之父王隆说，该山脉由白头山延伸为明堂之地，从风水上看是吉祥之地，若在这里居住，就能生圣子。这位圣子应取名为王建。后来，王隆果然在这里生下了男孩，于是取名王建。王建长到 17 岁时，道诜再次出现，以"松岳山辰马主"的图谶，预言王建将创立一个新朝代。这些预言后来全应验了，王建不仅统一了三韩，而且还成了高丽王朝的创业之主，由此，太祖、显宗、肃宗、仁宗、毅宗等帝王先后封道诜以"大禅师"、"王师"、"先觉国师"等号。道诜所撰风水图谶著作《道诜秘说》也在朝鲜半岛风行甚久。

高丽太祖王建将风水说与朝鲜民族本有的山岳信仰相结合，期望用风水图谶说来帮助高丽王朝祈福消灾。太祖在晚年为告诫后世子孙而作的《十训要》，虽然开篇第一条就说："我国家大业，必资诸佛护卫之力。"但其中也表现出浓厚的风水图谶观念，如：

　　　第二条：诸寺院皆道诜推占山水顺逆而开创。

　　　第五条：朕赖三韩山川之阴佑而完成大业。

　　　第六条：朕所至愿在于燃灯，八关燃灯所以事佛，八关所以事天灵及五岳名山大川龙神也。

　　　第八条：车国岘以南，公州江外山形地势为北向，人心亦背离，故不能录用此地人。[②]

---

①　据太祖《十训要》里记载："（癸卯）二十六年夏四月御内殿，召大匡朴述希，亲授训要曰：'……其二曰：诸寺院皆道诜推占山水顺逆而开创。'道诜云：'吾所占定外，妄加创造，则损薄地德，祚业不永。'朕念后世国王、公侯、后妃、朝臣，各称愿堂，或增创造，则大可忧也。新罗之末，竞造浮屠，衰损地德，以底干亡，可不戒哉？"（《高丽史》卷二《世家太祖》）

②　《高丽史》卷二《世家太祖》，《四库全书存目丛书·史部》第 159 册，齐鲁书社 1996 年版，第 66 页。

《十训要》是一篇直接反映高丽王朝立国意识的文本，其中虽将儒佛道仙等学说融为一体，但十条中有四条却是关于风水术的，尤其是强调地德与国祚之间的神秘感应关系。帝王所好，下必从焉。后来，睿宗元年（1106）三月"丁酉，命儒臣与太史官相聚长宁殿，删定阴阳地理诸家书，编为一册以进，赐名《海东秘录》。正本藏于御府，副本赐中书省、司天台、太史局"①。其中的著名学者有金仁存、崔璇、李载、李德羽、朴升中等，他们将显宗时代自宋传入的《阴阳二宅书》等有关阴阳风水图谶的诸家书籍删定成册，命名为《海东秘录》，把正本收藏于御府，副本赐给中书省、司天台、太史局，以推广使用。神宗元年（1197）曾设"山川裨补都监"来掌管弥补山川风水事宜。高丽时代设置的"书云馆"作为掌管有关图谶、风水事务的官署的做法一直持续保留到朝鲜时代，推动风水图谶说在高丽王朝的社会生活中普及为一种民间信仰，并广泛运用于社会政治生活中，尤其是运用在高丽王朝京城的选址中。

太祖王建在《十训要》中说："西京水文条件良好，乃我国地脉之根本，大业万代之地。"然而在《道诜踏山歌》中有所谓"松岳山辰马主"的图谶，王建深信不疑，遂决定将高丽之都建于松岳山开城，又称开京。据《旬五志》记载，道诜在定都开城后，观察其地形，预言该地之王业只能持续八百年之久。后来，从风水图谶角度出发，为弥补松岳的地理优势而出现向西京和南京迁都的动议。

《三韩会土记》中有"高丽有三京"的说法。在"三京"中，西京为历代帝王所重视。成宗六年（984）设置东京（庆州），使高丽王朝中出现中京（松岳开城）、西京（平壤）和东京（庆州）的三京说。因缺少"南京"，文宗时又于木觅（汉阳）设置南京。肃宗元年（1095）阴阳官金谓磾提出迁都南京的建议。金谓磾是道诜的弟子，曾向道诜学习风水图谶说，他以《道诜秘记》为依据奏请肃宗迁都南京："金谓磾，肃宗元年为卫尉丞同正。新罗末，有僧道诜，入唐学一行地理之法而还，作秘记以传。谓磾学其术，上书请迁都南京曰：《道诜记》云，'高丽之地有三京，松岳为中京，

___

① 《高丽史》卷十二《世家睿宗》，《四库全书存目丛书·史部》第159册，齐鲁书社1996年版，第258页。

木觅壤（汉阳）为南京，平壤为西京。十一、十二、正、二月住中京，三、四、五、六月住南京，七、八、九、十月住西京，则三十六国朝天。'"① 金谓磾再从《道诜踏山歌》的谶语"松城落后向何处，三冬日出有平壤"中推论出，从松岳山的风水地势来看，高丽定都开城只有百余年的时运，为弥补正在衰退中的松岳山地理优势，以延长高丽的基业，应开发西京或南京，以补地德之衰。于是，他从风水说出发，提出"伏望于三角山南木觅北平，建立都城，以时巡驻。此实关社稷兴衰，臣干冒忌讳，谨录申奏"②。金谓磾提出以木觅壤（汉阳）为南京后，东京（庆州）就被排除在三京之外了。肃宗六年至九年（1101—1104）开始在汉阳兴建南京宫城。

不久，睿宗即位（1106—1122），平章事崔弘嗣等上奏，希望兴建西京，"太史言：都松岳今二百余年，地脉已衰，宜卜龙堰，以应谶书。……王卒从弘嗣等言。"若在西京的龙堰旧址上创建并移迁新宫，就能弥补业已衰退的松都（开城）之地气，延长基业。对此，虽有枢密院吴延宠的反驳，但睿宗仍然加以采纳，又下令在龙堰建造新宫：睿宗二年（1107）"秋九月，作西京龙堰宫。初，术士以谶劝王就西京龙堰，别创宫阙，以时巡幸。两府会议，皆以为可。知枢密院吴延龙独曰：'近者，南京之役甫举，民劳财匮，不可役疲民起新宫'"③。仁宗时代，高丽僧人妙清、官吏郑知常利用当时社会的混乱局面，散布风水迷信思想，并从《道诜秘记》中的"开国后一百六十余年都木觅壤"之语中，倡导迁都西京运动，这种以阴阳风水图谶为依据的三京说引起了高丽政坛的波动。

妙清，生年及乡贯皆不详，自称承袭了道诜所传的盛行于高丽朝的风水图谶法之一"太一玉帐步法"④。妙清认为，松岳山地势业已衰退，王宫尽

---

① 《高丽史》卷一百二十二《金谓磾传》，《四库全书存目丛书·史部》第 162 册，齐鲁书社 1996 年版，第 188 页。

② 《高丽史》卷一百二十二《金谓磾传》，《四库全书存目丛书·史部》第 162 册，齐鲁书社 1996 年版，第 189 页。

③ 《东史纲目》卷八，上睿宗二年秋九月。

④ 妙清所行的"太一玉帐步法"为一种道术："妙清使崔弘宰等宰臣三四人，及勾当役事员吏，皆公服序立，将军四人，甲而剑立于四方，卒百二十人，枪三百人，炬二十人，烛而环立。妙清在中，以白麻绳四条，长三百六十步，四引作法。自言太一玉帐步法。禅师道诜传之康靖和，靖和传之于我。我临老得白寿翰传之，非众人所知也。"（《高丽史》卷一二七《妙清传》，《四库全书存目丛书·史部》第 162 册，齐鲁书社 1996 年版，第 303 页。）

数焚毁。西京的林原驿是阴阳家所谓大华势，若在此立宫阙御之，则可并天下。因此若求国家复兴，应该尽快迁都西京。于是，他和弟子白寿翰（？—1135）一起，用"太一玉帐步法"等阴阳秘术造出诡诞不经之说以惑众。郑知常等人深信其说，也附合说："上京（开城）的基业衰颓，西京有王气，宜移御为上京。"① 当时仁宗的大臣金安、文公仁等皆称妙清为圣人。仁宗亦颇信之，还特为妙清建立道场。妙清建议仁宗由上京（开城）迁都西京（平壤），仁宗采纳了他的西迁主张，并于仁宗七年（1129）在西京新建"大花宫"。妙清一派发起的迁都西京运动，终因遭到金富轼为代表的开京官僚们的反对而未实现。仁宗十三年（1135），妙清与柳旵、赵匡等自称天遣忠义军，建立自己的政权，国号"大为"，改元天开。翌年乱平，妙清等被镇压。郑知常也因受"妙清之乱"牵连被杀。

内忧外患连续不断的高丽时代为风水图谶地理说的滋生营造了一个极佳的温床。出于种种政治目的，到高丽末年，不断地有人利用风水图谶说来进行惑世蛊民的活动，如妙清叛乱、三别抄叛乱、李资谦叛乱、崔忠献专政等。睿宗去世后，外戚李资谦（？—1126）拥立睿宗之子仁宗为王。当时年仅 14 岁的仁宗天性柔和，意志不坚，朝政均为仁宗的外祖父李资谦及其党羽拓俊京所把持。李资谦结党营私，诬陷忠良，铲除异己，为自己继续掌权，乃利用《九变图局》中的谶语"龙孙十二尽，更有十八子"，来暗指王建的子孙执政到十二代就结束，而"李氏"（十八子）将再兴。李资谦以此为由，妄想篡权，结果致使仁宗厌恶，朝臣义愤填膺，最后落得流放而惨死的下场。

风水图谶说之所以能在朝鲜半岛蔓衍，是由术士、僧侣和巫师以功利性为目的推行的结果。他们利用风水图谶所散布的种种预测、迷信和谣言，加剧了高丽末期的混乱，也遭到一些明智之士的反对。肃宗、睿宗时代的大臣吴延宠（1055—1116）反对于西京龙堰造新宫；恭愍王时代，历任成均馆祭酒、密直提学副使、签书司事、判密直司事兼吏曹判书、大司宪等的高丽名臣姜淮伯（1356—1402）更是明确反对打着佛教、术数旗号的风水图谶

---

① 《高丽史》卷一百二十七《妙清传》，《四库全书存目丛书·史部》第 162 册，齐鲁书社 1996 年版，第 301 页。

说，他曾上疏国王曰：

> 吉凶非自外至，祸福惟人所召。安有凭佛教，信术数，以冀福利之理乎？佛氏之道，清净寡欲，为第一义。若穷竭民力，造佛造塔，则反得罪于佛氏，而殃祸随至矣。近日演福之役，民有破产失业，是乃伤仁政之大端也。天时地利，不如人和，一治一乱，自然之理，安有地气衰旺而国祚有盛衰乎？开国以来四百余年，何尝巡住三京而朝三十国乎？辛祸信图谶而移都南京矣。未知何国朝于汉江乎？灾异之出，实惟上天仁爱。人君正当恐惧修省，日慎一日，检身节用，时使薄敛，则上答天谴，下慰民心，何必迁都汉阳，尽驱农民，以供营缮之役，科敛征发，使失耕获之时，以摇邦本而伤和气乎？①

姜淮伯出身于世家大族，其父兄都是学有所成的高丽朝官，他自己作为一名儒学家，相信仁义礼乐可以化民成俗，引导国家走向兴盛，故对佛、道的迷信做法严加排斥。"在高句丽末期，道教和图谶思想结合，从把平壤赞美为龙堰堵或千年宝藏堵的传说来看，似乎道教和秘记互不可分。"② 直到朝鲜王朝初期，还一度明令禁止私人收藏风水图谶之书，但屡禁不止，如李之菡的《土亭秘诀》、郑磏的《北窗秘诀》和《郑鉴录》③ 等都反映道教思想与图谶风水说相互渗透的著述，至今对韩国人仍然有着深远的影响。

　　如果说，图谶风水说在高丽朝政治生活中产生了一定的影响，那么，道教的"三尸说"传播到朝鲜半岛后，在帝王的支持与参与下，形成了特有的"守庚申"活动，后发展为高丽王朝的国家习俗。"三尸"在道教信仰中代表着人体内部的三种"恶欲"——私欲、食欲和色欲，为人的生命之大害。《梦三尸说》曰："人身中有三尸虫。"这种透明的"三尸"寄生在人体三丹田中，以五谷精气为生，成为导致人们身心致病的根源。如《太上

---

　　① 《高丽史》卷一十七《姜淮伯传》，《四库全书存目丛书·史部》第 162 册，齐鲁书社 1996 年版，第 109 页。
　　② 韩国哲学会编：《韩国哲学史》中卷，社会科学文献出版社 1996 年版，第 9 页。
　　③ 朝鲜时代出现的谶书《郑鉴录》综合了道教思想与图谶风水说等几种民间信仰，以朝鲜王朝的祖先李沁和朝鲜王朝灭亡后将兴起的郑氏祖先郑鉴，两人在金刚山相遇，预测将来朝鲜的命运为核心内容。

三尸中经》云："人之生也，皆寄形于父母胞胎，饱味于五谷精气，是以人之腹中，各有三尸九虫，为人大害。常以庚申之日上造天帝，以记人之造罪，分毫录奏，欲绝人生籍，减人禄命，令人速死"①"上尸"名彭倨，藏于人脑后玉枕穴中，令人眼暗、发落、口臭、面皱、齿落、头痛。"中尸"名彭质，在人腹中，或夹脊穴中，犹如蠕虫，伐人五藏，令人少气多忘，好作恶事，皮癣肉醮，作梦倒乱。"下尸"名彭矫，在人足中，也有说生在尾闾穴中，血红色长着细毛，令人下关骚扰，五情涌动，淫邪不能自禁，定人生死，故"真人云：上尸名彭倨，好宝物；中尸名彭质，好五味；下尸名彭矫，好色欲。"三尸"之为物，常居人脾"②。在道教看来，脾有藏精、主生长发育生殖、主水液代谢等功能，被称为"先天之本"。"三尸"常居人脾，勾起人的各种欲望，使人五情涌动，不能自禁，不仅直接损害人的身体，而且还在梦中作祟，扰乱人的精神，"故于此日能迷沦人意，俾耽眠睡，造作梦寐，颠倒非常。或缘人性之所畏恶。辄变此物，恐怖多端。或于眠中，唤人名字。或假吏卒，收录执缚。或托人父母兄弟，责詈于已。或梦妻子，困病死丧，使人博惶，悲哀哭泣。或梦冢墓，狼藉尸骸。或若乘危，为其迫塞。"③据现代医学研究，"三尸"实为弓形虫病（toxoplasraosis）的中医名，它是由一种弓形体的球虫引起的寄生原虫病，是世界各地普遍存在的一种人畜共患的疾病，不易确诊。在人免疫功能低下时，可引起中枢神经系统损害和全身播散性感染，故很难完全治愈。

道教是追求长生的宗教，对这种寄生原虫病作了宗教性的想象，认为这些爱好放纵游荡的三尸虫，平日寄居于人体中，不仅使人欲望兴起，身心不安，百病滋生，而且每逢庚申日夜间，趁人熟睡之际，离开人体，上天庭报告司命，诉人罪过错愆，让司过之神根据人"所犯轻重，以夺其算"，使人遭殃或减寿。因此，学道者每逢庚申日就要彻夜不眠，使三尸虫不能从身体中出去，这种仪式为"守庚申"。东晋葛洪《抱朴子内篇·微旨》已引《易内戒》、《赤松子经》及《河图纪命符》，对"三尸"的性质及对人的生命所产生的危害作了细致说明：

① 《云笈七签》卷八十一，《道藏》第22册，第581页。
② 《云笈七签》卷八十二，《道藏》第22册，第590页。
③ 《云笈七签》卷八十二，《道藏》第22册，第585页。

天地有司过之神，随人所犯轻重，以夺其算，算减则人贫耗疾病，屡逢忧患，算尽则人死，诸应夺算者有数百事，不可具论。又言身中有三尸，三尸之为物，虽无形而实魂灵鬼神之属也。欲使人早死，此尸当得作鬼，自放纵游行，享人祭酹。是以每到庚申之日，辄上天白司命，道人所为过失。又月晦之夜，灶神亦上天白人罪状。大者夺纪。纪者，三百日也。小者夺算。算者，三日也。吾亦未能审此事之有无也。然天道邈远，鬼神难明。

葛洪虽然描述了"三尸"作为，但还没有提出对治"三尸"的方法。后来，道教中提出修仙者必先去"三尸"，淡泊自守，无知无欲，神静性明，广积众善，服药益生，才能得道成仙。《道书》曰言：人身中有三尸虫，居三丹田，好惑人性，欲得早亡，每至庚申日，上谗于帝，请降灾祸于人，故人多天枉祸厄。修炼者，用术及药以去之，则年长不死。"[1] 道教发明了许多驱除"三尸"的方法，如辟谷、服气、符咒、服药，以及颇有针对性的"守庚申"：如《三尸中经》云："凡至庚申日，兼夜不卧，守之，若晓体疲，小伏床数觉，莫令睡熟，此尸即不得上告天帝。经曰：三守庚申，即三尸振恐，七守庚申，三尸长绝。"[2]

庚申日若清斋不寝，就可以阻止"三尸"离开人身上天去，如《神仙守庚申法》云："常以庚申日彻夕不眠，下尸交对，斩死不还；复庚申日彻夕不眠，中尸交对，斩死不还；复庚申日彻夕不眠，上尸交对，斩死不还。三尸旨尽，司命削去死籍，著长生录上，与天人游。"[3] 一年中有六个"庚申日"，"三尸"要定期报告六次，道教又称"六庚申"。道士的庚申信仰和宗教仪式，后被民间百姓广泛采用，在江南地区既发展为一种集体歌舞的民俗活动，以提神兴奋，也有将之转变为个人的修行活动，如夜晚静坐诵经，使"三尸"不得离身，追求获得种种奇异的神通。这样，道教从追求长生和对司过神的信仰中发展出庚申日不睡觉而守夜的宗教仪式。

守庚申是否就能够去除"三尸"？道教中其实也有不同的看法。唐代道

---

① 《云笈七签》卷八十二，《道藏》第 22 册，第 587 页。
② ［日］漥德忠：《庚申信仰的研究》，日本学术振兴会 1961 年版，第 46 页。
③ 《云笈七签》卷八十二，《道藏》第 22 册，第 583 页。

士程紫霄在终南山太极观见人守庚申作《示守庚申众》曰："不守庚申亦不疑，此心常与道相依。玉皇已自知行止，任尔三彭说是非。"① 这是对上根器人而言的，只要在心中守道，自能得道成仙，不一定要守庚申这种形式，由此突出"守道"的重要性。日本垂加神道山崎暗斋将猿田彦神作为道德教化之祖，他在《庚申考》中引用程紫霄的诗，以说明庚申信仰不在于"守"的形式而在于遵循以"道德"为本的伦理规范。道教提出"三尸"说的根本目的是以一种通俗易懂的方式来警示道徒应在平时生活中，大到忠君孝亲的社会伦理，小到饮食起居的日常生活，都要注意自己的言行举止，自觉树立自律意识，并通过"守庚申"仪式来时刻进行自我反省，对各种恶行产生自讼、自责、自惩的心理机制，将在道德实践中确立去恶从善的自觉性，作为长生成仙的先决条件。

庚申信仰和仪式传到朝鲜半岛后，出现了一些富有民族风格的新特点，例如，李朝时期实学者柳僖（1773—1837）曾用朝鲜文撰写《物名考》五卷，将各种事物分为有情类、无情类和不动类三大项逐一进行介绍，其中就把"三尸"放到"昆虫"条：

> 《昆虫》：三尸虫：在人脑髓，一名彭质，一名彭矫，一名彭倨。或云上尸曰清姑，中尸曰白姑，称下尸曰血姑。常以月望晦日，白人过失于上帝。人若多欲，则三尸蚀尽脑髓，清净修道，则尸虫则灭。

柳僖在李朝纯祖二十九年（1829）状元及第，但他弃官致力于朝鲜文化研究，对天文、地理、农政、虫鱼、鸟类等学问都有很深的造诣，在"三尸说"流行朝鲜半岛数百年后，他虽然还是依照中国道教所说的彭质、彭矫和彭倨来称呼"三尸"，但他又加入了朝鲜人的理解。

第一，将"三尸"看作活动于人脑髓中，喜吸食人的脑浆的寄生虫之一，这与中国道教以上中下三丹田来解释"三尸"有着不同的意趣。

第二，守庚申的次数不再是一年有"六庚申日"，而是改为每月两次：因为三尸虫在每月的十五满月与三十朔月的夜间都要去"白人过失于上

---

① 《全唐诗》第 24 册，中华书局 1960 年版，第 9673 页。

帝"。在这两夜，人们都要举行活动，这样一年中的守庚申日的次数也大大增加了。

第三，治"三尸"的方法主要是清静修道。人若多欲，"三尸"就会在身体中活动，将人的脑髓蚀尽，这是人遭到神灵惩罚的重要原因之一。《物名考》对抑制或绝灭"三尸虫"的方法，也只是提出清静修道的方法，而未提药物救济或守庚申的方法。[1] 清静修道是为了去除欲望，保持人本有的清纯真性，这就将去"三尸"的宗教意象凸显出来。

第四，庚申夜不再是消极的不睡觉，以防止"三尸"逃逸到天庭向上帝告人过失，而是通过举行歌舞娱乐庆祝活动，让人始终处于兴奋不眠的状态。如高丽元宗六年（1265）四月："太子邀宴安庆公，奏乐达曙。国俗以道家说，每至是日，必会饮，彻夜不寐，谓之守庚申。太子亦徇时俗，时议非之。"[2] 太子倡"国俗以道家说"，依照时俗定时邀集宗亲与妓工一起举行守庚申活动，这种男女杂居欢庆歌舞的做法虽遭到时人的一些非议，据车柱环先生考证，高丽时守庚申的习俗仍在继续进行，但宫中的守夜活动则在英宗时被停止了。[3] 守庚申在朝鲜王朝时逐渐发展为一种民俗活动。

第四节　道教在朝鲜王朝由盛而衰

1392 年，"高丽王朝"三军都制使李成桂（1335—1408）推翻了亲蒙古帝国的高丽王朝第三十四代国王纯宗（1389—1392），建立了李氏政权。为了争取明朝的支持，李成桂派使臣向明朝称臣。中国明朝开国皇帝明太祖朱元璋取"朝曰鲜明"之意，赐国号"朝鲜"，史称"朝鲜王朝"。朝鲜王朝传位二十六代，历时五百余年，直到 1897 年才改国号"大韩"。朝鲜王朝仿效中国的中央集权制建立政治体制，但也保持了一些自身的特点，如自李成桂立国之初就认可文武大臣，俗称"两班"，有权干预君主的施政和决策。"太祖素重儒术，虽在军旅，每投戈之隙，引儒士刘敬等商榷经史，尤

---

① 参见［韩］车柱环：《韩国道教思想》，人民文学出版社 2005 年版，第 160 页。

② 《高丽史》卷二十六《世家元宗》，《四库全书存目丛书·史部》第 159 册，齐鲁书社 1996 年版，第 527 页。

③ 参见［韩］车柱环：《韩国道教思想》，人民文学出版社 2005 年版，第 161 页。

乐观真德秀《大学衍义》，或至夜分不寐，慨然有挽回世道之志。"① 朝鲜王朝初期，朱子学取代佛学成为朝鲜王朝占统治地位的社会指导思想。儒学精神逐渐成了官方统治思想及国家行政指导原则，道教的斋醮科仪则成为期望神灵保佑国泰民安的一种仪式。朝鲜王朝，除了王朝创建初期少数的几个国王，后来的国王都具有明显的儒家文人气质，政府的主要官僚几乎也都是儒家文人出身。国家行政机构的职责是执行君主的意志，而君主则必须听取儒家学者们的忠告。宫廷史官的任务是记录宫廷每天发生的事情并对国王的谈话做逐字记录，他们被赋予进谏国王乃至对国王进行某种意义上的监督权力。这样的体制造成的最直接后果就是朝鲜君主经常受到"两班"朝臣无节制的掣肘。而君主也经常采取种种措施来削弱"两班"对君权的节制。如世祖关闭了王室的研究机构集贤殿，废除了承政院中的一些职位，冷落中央谏议机构司谏院，使之与司宪府并称"两府"而陷于瘫痪状态。终朝鲜王朝五百余年，历代国王中没有一个人强大到能够对抗"两班"朝臣。国王权轻，必然导致朝臣当道。如崇佛的燕山君在朝时，时时受到"两班"朝臣要求废佛的压力，因与"两班"对抗，导致了自己被废黜流放。在复杂的政治斗争旋涡之中，儒学受到明显的重视，佛教经常受到排斥，道教在帝王的支持下，在朝鲜王朝前期得以兴盛，但到 17 世纪，随着西方文化之东渐，东亚政治、经济和文化格局之变化，道教在朝鲜半岛也由盛而衰。

一、符箓派道教与昭格署

太祖李成桂深信符箓派道教具有镇护国家、祈福禳灾的神奇功能。虽然他的崇道政策经常会随着政治统治的需要及儒佛道三教关系力量的对比进行调整，但基本上延续了高丽王朝尊崇符箓派道教的做法。后来，太宗将昭格殿改为昭格署，作为国家祭祀道教神灵的场所。昭格署的兴盛与废止就成为道教在朝鲜王朝传播的一个缩影。

高丽末期至朝鲜李氏王朝初期，朝鲜半岛差不多与中国同时在政治上实现了王朝的更替，并从思想上开启了儒学一统天下之门。明王朝的创立者朱元璋打败了蒙古统领的元朝，使汉人重新回归到中国政治统治的中心，这不

---

① 《李朝实录》第一册《太祖实录》卷一，学习院东洋文化研究所 1954 年刊行，第 41 页。

仅意味着汉人对蒙古人在政治上的胜利，也意味着汉人得以重建以儒家为主、以佛教和道教为辅的东亚文明秩序。高丽末年，朱元璋曾预言高丽王朝尊佛轻儒会导致亡国。之后不久，新兴的李氏朝鲜王朝果然就替代了王氏高丽王朝登上了历史舞台。当时"明朝和李氏朝鲜人都认为自己肩负着如下的使命：拯救濒于灭绝的文明世界，从野蛮的控制中夺回文明，重振种族身份认同和传统。双方均为自己的使命感到光荣和兴奋"①。吸取前代的教训，朝鲜王朝采取了"独尊儒术"的文化政策，使宋明理学中的朱子学一时天下独尊。随着朱子学在朝鲜半岛的传播，在一定程度上改变了此前以佛教作为民族精神的象征主导着高丽王朝整个思想界发展趋势的局面。李氏朝鲜除了第七代国王世祖李珩（1455—1468在位）和第十代国王燕山君李隆（1494—1506在位）等少数几位国王之外，历代国王一般都采取废佛崇儒的政策，积极兴办儒学教育，拆毁佛教寺院，没收寺院土地，对僧侣征收重税，导致了佛教寺院的饮茶传统被禁止，茶道从此在朝鲜半岛失传，民间只以麦茶作为替代饮料。

太祖李成桂深信符箓派道教的斋醮科仪所具有的镇护国家、祈福禳灾的功能。他在即位之前，就在咸兴附近设祭坛拜太白金星，希望得到上天的保佑。即位之后，马上又利用符箓派道教积极开展祭祀活动。但出于治理国家的需要，太祖听从了礼曹典书赵璞等上书"禁淫祀"的建议："诸道殿神祠醮祭等事，前朝君主各以私愿因时而设，后世子孙因循不革，方受命更始，岂可蹈袭前弊，以为常法。"为了更好地开道教祭祀活动，于是太祖下令将高丽王朝所置的福源宫、九曜堂、大清观等道教醮祭场所合并为一，只留下松都昭格殿作为国家的唯一道观。太祖元年壬申（1392）十一月戊寅礼曹启："道家星宿之醮，贵于简严，诚敬而不渎。前朝多置醮所，渎而不专，乞只置昭阁殿一所，务要清洁，以专诚敬。其福源宫、神格殿、九曜堂、烧钱色、大清观、清溪拜星所等处，一皆革去。上从之。"②

朝鲜王朝承高丽遗制奉行道教，但两个王朝对道教的奉行方式稍有不同：高丽王朝崇尚佛教，把它定为"国教"加以崇奉，在广建佛教寺塔的

---

① ［韩］金载炫：《与中国时间斗争、时空的国族化：李朝后期的记时》，载［美］司徒琳主编：《世界时间与东亚时间中的明清变迁》上，三联书店2009年版，第147页。

② 《李朝实录》第一册，《太祖实录》卷二，学习院东洋文化研究所1954年刊行，第133页。

同时，对道教也抱有宽容与支持的态度。朝鲜王朝虽然以昭格殿来开展国家祭祀活动，但独此一家而废止了其他道观醮所，实际上也就限制了道教在朝鲜民间社会的广泛传播。"但朝鲜的王室对道教的信奉与高丽时代并没有很大的差异，对于符箓道教也十分迷恋，尚未弃之于外。所以朝鲜初期，国家所举行的道教斋醮在规模方面虽然缩小了一些，但大致上仍然照常在进行着。"① 这大概是因为道教信仰具有较强的实用性，小到可为个人祛病消灾、炼丹养生、延年益寿、求财祈福，大到可为国家风调雨顺、国泰民安祈福，这与人类对未来不确定性的焦虑和追求快乐平安的本性相契，也符合朝鲜王朝的"国情"。故朝鲜王朝从希望神灵护佑国泰民安的需要出发，十分重视举行道教斋醮科仪。《朝鲜王朝实录》记载，太祖二年（1393）将国都由开城迁往汉阳（今首尔），冬十一月，以无水且雾为由，遣左承旨崔迤醮太一神于昭格殿以祈时令调和。

太祖四年（1395）令郑道传在汉阳高丽故宫遗迹的基础上，戡察风水，兴建新王朝的宫殿，取《诗经》中"君子万年，介尔景福"的诗句，称景福宫。景福宫作为朝鲜王朝的正宫，位于汉阳北部，也叫"北阙"。太祖五年（1396）丙子春正月初十，"以都城开基致祭白岳及五方之神，已巳发左右道丁未②二百营昭格殿。"又征发 200 名劳工在汉阳修建为举行祭天仪式而设置的官署——昭格殿。太祖六年（1397）罢太一殿合于昭格殿。③ 初建的昭格殿为醮祭老子及星辰之场所，共有四殿：三清殿、太一殿、直宿殿和十一曜殿，三清殿里供奉着道教的三清神——上清、太清、玉清，因此其所在处又称三清洞，具有浓厚的道教信仰色彩。

从《东文选》中收录的道场文、青词和斋词看，高丽王朝的皇家祭礼主要在昭格殿、福源宫、神格殿、乾德殿进行，如卞季良的《昭格殿行祈雨兼流星祈禳醮青词》、《祈雨昭格殿行醮青词》、《昭格殿行雷流星祈禳醮青词》、《福源宫太一移排别醮青词》等，金富轼的《乾德殿醮礼青词》等，郑誧的《福源宫行诞日醮礼文》、《神格殿行中元醮礼文》等，都是为道教

---

① ［韩］车柱环：《韩国道教思想》，人民文学出版社 2005 年版，第 185 页。
② "未"，疑为"夫"。
③ 《李朝实录》第一册，《太祖实录》卷九，学习院东洋文化研究所 1954 年刊行，第 353—354 页。

斋醮科仪所做。在风霜雨雪等灾异到来时，通过祈求道教神灵的保佑，以免除灾异，求得风调雨顺。

《昭格殿行祈雨兼流星祈禳太一醮礼三献青词》

初　献

只取初宵，醮延斯展，洞酌行潦，仙驭是邀，冀枉真游，曲加歆顾。

亚　献

道无常体，窥度未由，人有至诚，感通即迩，兹殚恳款，再渎高明。

三　献

天心仁爱，昭示休咎之徵。品物流形，惟赖雨赐之若。爰承谴告，盍致祈倾，念以眇躬，袭此丕绪，为宗社臣民之所寄。且天地鬼神之有临，敢不殚心。未知获戾，今兹七年之已，改顾无一日之或，遑每遭久旱之相，仍克深寅畏况，值孟秋而太甚……岂人力之可图，实惟帝心之所简。寔稽金箓，恭峙玉坛，呜呼！昊天嘿斡生成之柄，瞻仰烈宿，咸垂扶佑之私，致令阴阳和而风雨时，既优既渥，人民育而弓矢戢，半乐将安，诸福毕来，四方无悔。①

如果说，昭格殿等是王公大臣在京城的祭祀之处，故遵循道教为帝王祈福消灾的金箓斋，那么，摩尼山堑城坛醮则是户外祭天之处，从祭祀对象及仪式来看，则是道教斋醮科仪与朝鲜民族的天神信仰之结合。朝鲜半岛本来盛行着天神崇拜，高丽朝时以八关斋的方式来祭祀天神，又立圆丘方泽以祀天地，"作为外来信仰，思想的道教，根据韩国自身的要求主体性地传入后，似乎发生了变化，变成了韩国的东西。韩国古代文化的融合性特征和把宗教看作现世人类生活方便的韩民族的宗教精神。"② 朝鲜王朝承袭之，并将道教醮仪用于天神崇拜的活动中。相传，江原道江华岛上的摩尼山顶的圆丘是东方檀君降生处，来此祭祀是期望获得天神的保佑。太宗即位之初，正月里率众祈俗于圆丘。据《增补文献备考》记载：太宗五年（1405）"艺文提学卞季良

---

① 《东文选》卷一一五，学习院东洋文化研究所 1970 年版，第 244 页。

② ［韩］都珖淳：《韩国的道教》，载［日］福井康顺等监修：《道教》第三册，上海古籍出版社 1992 年版，第 76 页。

（1369—1430）上疏言：东方檀君受命于天，其祀天之礼甚久而不可变也。宜祭天于南郊促之"。后逐渐成为一种民族文化传统，由国王亲自带领众臣在每年 10 月 3 日檀君降生日来圆丘举行祭天仪式，又称开天节。这种祭天仪式中逐渐融入了道教醮礼，有时还摆上玉皇上帝的位牌①，有时也祭三清神②。今天摩尼山顶上还有用花岗石砌成的高 5.6 米，面积 12.8 平方米的祭坛，相传是祭祀檀君的天坛，称堑城坛，又因为醮仪主要是在夜晚举行，故又称堑星坛。

　　韩国学者李钟殷写的《昭格署相关历史资料的检讨》③、刘炳来写的《对朝鲜昭格署的渊源与位置研究》④ 等文曾对昭格署进行了专门的研究，但对昭格署中的道教因素还有待于深入挖掘。成立于太宗朝的昭格署作为朝鲜王朝的道教宫观，是负责朝廷进行三清祀典活动的机构，也负责管理摩尼山堑城醮的祭祀活动。由于堑城醮的主祭是国王，故祭官一般由朝廷专门派遣官员来担任行香使、献官、执事、典祀官等。世宗十年（1428）十一月"传旨礼曹，自今灵宝道场、三界大醮、神杀醮及堑城醮行香使，勿遣代言，以二品以上差定"⑤。行香使一般由二品或三品官员担任，可见堑城醮的规格是很高的。堑城醮有定期祭祀（每年春秋两季各举行一次）和临时祭祀（根据国家形势的需要随时举行）之别，其目的都是为了祈愿国家太平繁荣，属于道家祭祀范畴，故明宗特别吩咐礼曹曰："摩利山则其祭祀仪式，异于他名山之祀，专委道家掌之。"⑥ 据说在举行堑城坛醮前 40 天，昭格署官员就在进行祭酒和祭物的准备工作。"春秋行祭时，昭格殿官员，前期四十日下来，酿酒。"⑦ 堑城坛根据供奉对象而设立上坛与下坛。据朝鲜思想家李衡祥（1653—1733）在《江都志》卷上《祠坛》中描绘："设帐

---

　　① 参见《李朝实录》第十三册《世祖实录》卷八，学习院东洋文化研究所 1957 年刊行，第 160 页。

　　② 卞季良：《摩利山堑城醮礼三献青词》中有："亚献：三清道秘，冥杳虽知，再献诚深，感通斯速。"（［韩］车柱环：《韩国道教思想》，人民文学出版社 2005 年版，第 67 页。）

　　③ 参见韩国道教思想研究会编：《道教与韩国文化》，亚细亚文化社 1988 年版。

　　④ 韩国思想文化学会编：《韩国思想与文化》2006 年第 32 辑。

　　⑤ 《李朝实录》第七册《明宗实录》卷四十二，学习院东洋文化研究所 1954 年刊行，第 622 页。

　　⑥ 《李朝实录》第二十六册《明宗实录》卷二十五，学习院东洋文化研究所 1957 年刊行，第 273 页。

　　⑦ ［朝鲜］李衡祥：《江都志》卷上《祠坛》。转引自［韩］徐永大：《江华岛"堑城坛"与道教仪礼》，载金勋主编：《道与东方文化》，宗教文化出版社 2012 年版，第 14 页。

于坛上，且无木主，只以纸榜书四上帝位号，下坛设星官九十余位，祭毕烧之。"上坛供奉的"四上帝位"可能是指道教的四御神，下坛则供奉九十余位星官。"行香使者上坛奠讫，复奠下坛，登降之际，力不能支。"由此推测摩尼山堑城坛所设置的上坛与下坛之间还有一段距离，否则行香者不可能在祭拜时有"力不能支"的感觉。

最早担任昭格殿提调的金瞻是"李朝道教之第一信者"①。金瞻（1364—1416），字子贝，旧名九二，光州人，为慈惠府尹金怀之子。金瞻既精通中国儒学经史子集，又了解佛教与道教，"谙练典故，颇晓音律，仪礼详定，瞻必与焉，又奉旨校正雅乐。然其学驳杂，好佛氏，奉道教。尝上书请去文庙释奠牺牛，为有司所劾，士林讥之"②。金瞻因参与政治，反复经历着刑罚和流放的生活，一生穷困，但又因才华与外交能力，而得到太宗的欣赏。他曾上书要求不要将牺牛用于文庙的祭奠，遭到了一些儒生的讥讽。太宗四年（1404），太宗命昭格署提调金瞻专门负责"详定星辰醮祭礼"，把道教醮礼纳入国家管理体制之中。金瞻详定道教的星宿醮礼后，提出再修建大清观以醮天皇大帝，又遭到了权近（1352—1409）③、河仑（1347—1416）等官员的反对，未能实施。金瞻任昭格殿的提调后，利用提调的职权积极在昭格殿中举行道教斋醮科仪，有意使道教发展为朝鲜王朝的"国教"。他上书太宗"劝上崇奉道教"，祭祀道教的太一神。

太一，天之贵神……国初详定，废福源宫、神格殿、净事色，京城只留大清观、昭格殿二所，又于五次之官，艮方永兴郡，立观行醮，崇奉之礼，可谓备矣。今考大清观行醮之规，年终岁首，只行二度，而水旱灾变，无所祈祷。祠官用内监一人，非所以尽诚敬也。愿自今依宋制，每岁四立日行祭，命代言或侍臣摄事，有祭文，依中祀例，斋五日，遣将帅，则依类祭例，将帅诣观，斋宿一日行祭，有祭文。若度厄

① ［朝鲜］李能和：《朝鲜道教史》，东国文化社 1959 年版，第 151 页。
② 《李朝实录》第二册《太祖实录》卷七，学习院东洋文化研究所 1957 年刊行，第 403 页。
③ 哲学家权近其实对道教也颇为欣赏，其诗《题鹤鸣楼》就飘逸出道教特有的仙风之气："鹤鸣楼上旧徘徊。环佩珊珊缓步来。已喜清歌和宝瑟。况看纤手奉金杯。南临帝甸山河壮。北对天门日月开。得彼内臣宣圣泽。六街三日醉扶回。"（赵素印编：《韩国文苑》卷八，槿花学社 1932 年版，第213 页。）

及祈祷，遣文官大臣斋五日，用道流科仪法行醮礼，有青词。令内监四人，道流四人，与本观录事二人，更日直宿，朝暮香灯，修葺观宇，铺陈祭器，趁时预备，以致崇奉之意。①

中国道教曾将"太一"奉为主宰宇宙的最高神，在汉代时就将祭祀"太一神"的活动定在正月十五。金瞻倡导尊奉太一神，其主要目的在于祈求"兵疫不兴，邦国乂安"②，这非常符合太宗希望通过祭祀太一神以求国泰民安的心理。金瞻则希望太宗能够遵循宋制，每年"依宋制，每岁四立日行祭"，即遵循宋代道教的传统，每年于大清观、昭格殿开展四次祭祀活动，以提升昭格殿在朝鲜王朝国家宗教祭祀中的特殊地位。

然而受朝廷中崇儒学者的影响，太宗对道教的态度也经常变化着。太宗十三年（1413）太宗曾下令焚烧道教的阴阳谶书。太宗十七年（1417）当时礼曹许稠以昭格署狭隘而提出改营的建议时，太宗又重申，应遵循中华传统和高丽王朝的遗制，继续奉行道教的醮礼，表达了对道教任其自然发展的态度："王曰：予未深佛法，故不信不毁，而任其自为。今醮礼天帝星辰之事，亦未知其实理，然历代帝王、与今中华、前朝王氏皆有此礼，故曾命礼曹提调金瞻等明考旧籍，定其祀典，去其烦伪，如有狭隘处，待明春改成。"③

昭格署为祭祀老子及星辰之所，其中有太一殿，祭道教星宿神，有三清殿，供奉着玉皇大帝、太上老君、普化天尊、梓潼帝君的神像，受人瞻拜。④他们都是宋代以后中国道教中最受人们欢迎的神灵。为了更好地在昭格署中开展祭祀活动，太宗八年（1408）派遣昭格署提调孔俯（？—1416）去中国学习道教的斋醮科仪。昭格署还招收了十多名道流，即道学生徒，并为他们设置了道教功课制度。这些道学生徒要在祭坛上诵《禁坛》、读《灵

① 《李朝实录》第二册《太宗实录》卷七，学习院东洋文化研究所 1957 年刊行，第 403—404 页。
② ［韩］车柱环：《韩国道教思想》，人民文学出版社 2005 年版，第 33 页。
③ 《李朝实录》第五册《太宗实录》卷三十四，学习院东洋文化研究所 1957 年刊行，第 576—577 页。
④ 参见王兴平：《文昌文化在朝鲜半岛的传播和影响》，《中国道教》2002 年第 3 期。

宝经》，科仪依据《延生经》、《太一经》、《玉枢经》、《真武经》、《龙王经》。[①] 此外又另建慈寿宫，让女官（女道士）居住。

世祖十二年（1466）春正月更定官制时，专门将昭格殿改称昭格署，作为国家举行道教醮祭的场所，置于礼曹的统领之下：

> 本朝置昭格署，有三清殿，掌管三清星辰醮祭。定提调一员，令一员，别提。参奉各二员，杂职尚道、志道各一人。

昭格署列入从五品衙门，并配备了官职编制，其官员从五品的令一员（提调），正六品及从六品的别调各一员，从九品的参奉二员，主要掌管道教三清星辰醮礼。据《经国大典》卷一介绍，昭格署虽是道教醮祭的场所，但也是国家的官署："昭格署一切职员皆属曹默陟之道流，功课之事，及度牒皆属礼曹主掌之。"官员要经过考试才能录用，故李能和评价曰："昭格殿者纯是神殿之名称，昭格署兼有官署之色彩，殿与署之间意义之有别也。"[②] 道流俗称黄冠，又曰羽流，以其服章得名也，但昭格署官员的祭服是"白裘皂巾"自高丽时已然，李能和称之为"服色怪异"，说明道教传到朝鲜半岛后，道士的服装也逐渐民族化了。昭格署培养了一批擅长斋醮科仪式的道士，推动了符箓派道教在朝鲜半岛的传播。

由于朝鲜王朝始终奉行以儒家为主导的文化政策，士人对道教的态度则是既有排斥也有利用。如，曾参加过昭格署斋醮祭祀的成伣（1439—1504）是朝鲜王朝著名的文学家，他写的《慵斋丛话》是朝鲜稗说文学的代表作品，其中就讲述了昭格署醮祭的情况："昭格署献官与署员，皆白衣乌巾致斋，以冠笏礼服行祭。祭奠诸果、资饼、茶汤与酒，焚香百拜。道流头冒逍遥冠，身被斑斓黑衣，鸣磬二十四通后，两人读道经，又书祝辞于青纸而焚之其所为，有同儿戏。而朝廷仕职虚奉祓祀，一祭所入其费不赀。"字里行间表达了对道教斋醮活动的排斥态度，因此，符箓派道教的传播也面临着各种阻力。

---

① 参见《经国大典》卷三《取材》有"道流条"，学习院东洋文化研究所 1971 年刊行，第 281 页。

② ［朝鲜］李能和：《朝鲜道教史》，东国文化社 1959 年版，第 152 页。

　　15 世纪，朝鲜王朝内部逐渐形成两派政治势力，一派是占有大片土地、操纵政权的勋旧派；另一派是代表中小地主利益的士林派。士林派主张按儒家道德行事，希望用朱子学来重振国家纲纪，故不断以儒家道德为标准来揭露和谴责勋旧派大臣的卑劣行径。勋旧派大臣也不时地对士林派进行打击报复，在朝鲜王朝第十代君主燕山君（1494—1506 在位）统治初期，两派矛盾日趋尖锐。燕山君二年（1496）下令把与士林派有牵连的人全部逐出宫廷，并诛杀三十多名相关者，史称"戊午史祸"。

　　燕山君的母亲尹氏因在后宫中争风吃醋被陷害废为庶人而含冤赐死，这给他的童年生活蒙上了阴影，即位之后，燕山君不仅荒淫残暴，而且抱有一种反叛心理，他将佛教与儒学视为左道加以摒弃，但却允许在昭格署中举行道教醮祭活动：

　　　　燕山君十二年丙寅正月甲辰传曰：佛法道教皆是左道，而佛法则妖言惑众，其害尤甚，宜加痛革。道教则非此类。昭格署虽已革罢，其位版可令藏置，使如奉常司，奠物进排，略设醮祭，何如其行祭事，令礼曹磨炼。[①]

　　这样，在朝臣勋旧派与士林派两派政治斗争继续尖锐化的过程中，有关昭格署的废留问题也成为导致矛盾的焦点之一。1504 年，这位燕山君为其生母报仇，对勋旧派与士林派大开杀戒，史称"甲子士祸"。韩国著名电视剧《大长今》就是以此事件为背景而展开的。之后不久，燕山君在大臣们的反抗下被迫退位后，成为朝鲜王朝第一个废王。当年的十二月，一代暴君燕山君被赐死，终年仅 30 岁。

　　中宗即位后将勋旧派和士林派人士一同任用起来，两派在宫廷中的斗争又继续展开，是否"革罢昭格署"仍然是矛盾的焦点之一。朝廷中的儒臣因尊孔孟朱子而提出"请罢昭格署"的要求，其理由如下：第一，昭格署祀玉皇上帝而以朝鲜祀天之礼为非礼。中宗六年（1511）六月，"御朝讲大司谏金世弼（1473—1533）、持平李诚彦启，以请推用，概以明是

---

　　① ［朝鲜］李能和：《朝鲜道教史》，东国文化社 1959 年版，第 153 页。

非，又请革昭格署，皆不允。特进官柳崇祖（1452—1512）曰：人君学问当辨邪正，昭格署乃虚妄之事。在宋时王钦若上天之尊号曰'玉皇上帝'，惟天子然后祭天地，诸侯只祀山川，本国之祀上帝不合于礼"①。第二，昭格署道士的所作所为不符合儒家思想。当时著名思想家、政治家赵光祖（1482—1519），出于对儒家思想的维护，竭力反对佛教和道教，认为昭格署属道教，署中的道士每天祭拜占卜祈福，诵念道教经书，这是在进行动摇国家以儒学为意识形态指导思想的迷信活动。第三，信道误国。中宗十一年（1516）六月二十一日，赵光祖与一批儒士强烈要求中宗废除昭格署："昭格署，乃左道之甚者，而所当革罢也，不可使独存，若并革去，则圣治尤为隆盛。自古崇佛无如梁武，而终至于饿死。崇道无如徽、钦，而终为异国之囚。今去佛教之时并去道教，则吾道益昭明矣。"②他们特别提出唐玄宗、宋徽宗、宋钦宗信道误国的事例来提醒中宗注意，只有依据儒家忠孝伦理才能养成国家的美风良俗，建立新的社会秩序。参赞官金安老（1481—1537）则要求废除道教："道教专为祈福而设，令于阙内道流亦相随入番，执邪道者，岂可留存于阙内？巫觋不得入城内，已有其法，而陵夷不举，须令痛禁，于圣治尤有光矣。"但中宗却认为，"人易惑者佛道也。道教则人不至于酷信。其禁淫祀，自有法司，可以检举。昭格署则至于设官自祖宗朝，不废。"③昭格署是老祖宗设立的，不能轻易废除。中宗十三年（1518），司县府与司谏院也联合上疏要求废除昭格署："道教异端之一耳。荒怪妄诞，欺世亵天，贼吾道之甚者，少有识见，孰不欲断绝其根本？衰世之君，不能自强于为善，欲动私胜，怵迫祸福，其于吉凶邪正之间，固已眩瞀颠倒，莫适为执，徒事玄虚，以致衰乱危亡之祸，而所谓道力神功，终不能救焉。若宋之道君，足以为鉴矣。今之昭格署，亦踵高丽弊辙，而不能祛。非唯不能祛也，又从以为之官守，又遣宰臣，岁致香币，每遇水旱灾侵，辄致虔告，有所祷丐祈禳。求

① 《李朝实录》第二十册《中宗实录》卷十四，学习院东洋文化研究所 1957 年刊行，第452 页。
② 《李朝实录》第二十一册《中宗实录》卷二十五，学习院东洋文化研究所 1957 年刊行，第49 页。
③ 《李朝实录》第二十一册《中宗实录》卷二十五，学习院东洋文化研究所 1957 年刊行，第49 页。

其所谓福利者，是果理耶?"① 迫于各种压力与威胁，中宗只好同意废除昭格署，进而又同意承政院要求革罢忠清道太一殿的要求。然而，昭格署废除不久，中宗的生母慈顺大妃就生了重病，她有愿向天地山川祈祷，就于病中恳请中宗不得废除昭格署，再加上朝中大臣谏言不断。中宗十七年（1522）借口母后之命，又恢复了昭格署的活动，下令依照前例举行祭祀三清星辰的活动。

围绕着昭格署的存废问题，中宗朝的儒士与王室之间反复争论，为1519 年发生的"士林之祸"② 埋下了种子。赵光祖在政治主张上过分强调儒学的做法逐渐令中宗反感。他还上书中宗，要求削除勋旧派中滥授的爵位，"伪勋削除事件"又引起勋旧功臣的强力反对。中宗后宫禧嫔洪氏之父亲洪景舟利用女儿在宫中之便，在王宫花园中制造了有"走肖为王"字样的树叶，作为图谶呈上中宗。"走+肖"合在一起就是"赵"字。据说在高丽末年，大臣赵道传曾与李成桂相抗衡，争夺天下。"走肖为王"虽为朝鲜建国初年就有的民间传说，但此时在宫中以谶语的方式出现则增加了诡异气氛。这令中宗对赵光祖的信任开始动摇。第二年，赵光祖被反对派洪景舟、南衮、沈贞等勋旧派大臣诬害，未能得到中宗的同情，反而以"叛逆罪"被判处死刑，史称"己卯士祸"。韩国电视剧《天下女人》就是以"己卯士祸"为背景，通过宏大的情节与精巧的叙述，将个体的命运抗争与儒、佛、道三教在朝廷中的斗争融合起来，构成了故事发展的基本脉络。士林之祸之后，勋旧派势力迅速膨胀。中宗为压制勋旧派大臣，再次录用士林派。经过反复的争斗，士林派的力量空前强大，不仅掌握了中央政权，在地方上的书院士林派也逐步成为实权派。士林派内部又出现了两派，一派是早已担任高官显职，拥有大片土地资产的老士林派，称为"西人"；另一派是后起的少壮派，称为"东人"。两派都利用自己势力范围内的书院，从中央到地方展开无原则的争权夺利的争斗。史称"党争"。1591 年，"东人"内部围绕着对待西人的态度问题又发生分裂，主张对西人采取温和态度的称为"南

---

① 《李朝实录》第二十一册《中宗实录》卷三十四，学习院东洋文化研究所 1957 年刊行，第330 页。

② 士林之祸，又称己卯之祸，是以赵光祖为代表的儒家士林派失势及遭受重大打击的事件。赵光祖因受到诬陷，最后在流放地被中宗以毒药赐死。

人",主张采取强硬态度的称为"北人"。从昭格署的存废可见,道教在朝鲜半岛的传播,既与道教本身的特点有关,也与当地人依什么文化标准来对道教进行解读与选择密切相连。

此后的两百年间,朝廷中的"党争"继续激化,国家形势日趋错综复杂,朝臣人人自危,主张自然无为、柔弱守雌、明哲保身的老庄道家思想受到一些儒士的喜爱。他们一方面出于对道家经典的兴趣,撰写了一些以儒解道的新著,最著名的有:朴世堂《新注道德经》、《南华经删补》,韩元震《庄子弁解序》等;另一方面,又借鉴老庄学来诠释朱子学,使朱子性理学表现出浓厚的道家哲学的思辨色彩。老庄学通过如此的双重解读逐渐发展为朝鲜王朝颇有影响力的隐逸之学,使一些朝臣文士热衷于隐逸生活,并用老庄思想为之作出说明。如生活于燕山君时代的郑希良(1469—?)从年轻时候就热衷于周易预测学,并有隐遁之意,后因遭"戊午史祸"而被流放,在燕山君八年(1502)突然隐逸而去,世人说他已羽化成仙。他曾撰《散隐说》:

> 隐者何?隐于世者也。隐于世者,不于城市则必山林。山林之隐,隐之小者,城市之隐,隐之大者。山林也城市也犹不委于世,故皆不可谓之隐。若隐于散者,则谁得寻其迹,索其形哉?隐而寓诸散可也。余之以散名其隐,盖取庄子散木之散也。其木生于穷僻之间,臃肿屈曲,蝼蚁之所宫室,虫蛇之所藩篱,绳之不可以为栋,梁刬之不可以为舟楫,其枝不可以为榱,其根不可以为轮,无以利于世,其不类于余者乎?余虽类人,头蓬不梳,面垢不洗,腰忘带,足忘履,臂忘屈伸,膝忘起伏,其行累然,其立龙然,徒知闭目而睡,开口而食,为世之贱弃而无所用,此余之所以名其隐也。……散之道,非止此也。吾将即其大而寓,吾散太极,散而为阴为阳,为乾为坤,为六子,为八卦,为五行为四时,其用无穷。天地散而为日月……千歧万端,未始有终,太极合而未散,则一气而止耳。天地合而未散,可谓之妙万物者乎。寓大用于无用之中者,此散之道而余之所以乐是隐也,人莫得而知之也宜矣。①

---

① 《别本东文选》第4册,汉城大学校奎章阁1998年版,第185—188页。

郑希良对"散隐"的解读，既展现了老庄思想在朝鲜学者中的传播，也有助于加深对隐逸之风盛于朝鲜时代的理解。在朝鲜王朝创作的一些山水画中，隐士、渔师、狂客成为常见的题材，也是老庄道家隐逸思想的一种体现。

昭格署在"壬辰倭乱"[①]时毁于战火。宣宗认为，道教是左道，不宜再重新建立，道教醮祭应永废不行。后来英宗二十年（1744）编《续大典》、正祖九年（1785）编《大典通编》时，都倡导"昭格署官提调以下尚道志道及道流学徒取才等事，皆革废而不复载录矣"[②]。这座朝鲜王朝时最有影响的道教宫观才被永远废止。

昭格署废除后，道教斋醮科仪在官方祭祀活动中逐渐减少，道教在朝鲜半岛的发展由盛而衰。虽然宣宗三十二年（1599）还下令在汉城建两所关王庙，地方上建四所关王庙，期望"武圣"关帝能够护佑朝鲜平安，但第二年又下令禁止使用老庄术语。英祖二十年（1744）禁止巫觋淫祀。正祖九年（1785）废除道学科。尽管道教在朝鲜传播千余年，其长生成仙信仰、斋醮仪式和修炼道术，无论在民间，还是在上层社会，都有着相当大的影响，但由于道教在朝鲜半岛没有形成固定的教团组织，因此一旦不为统治者重视，很快就融入到民间信仰或新兴宗教之中。

二、神仙传中的仙道传承

在朝鲜王朝时，信奉道教神仙、从事内丹修炼实践的文人学者日益增多。许多文人学者用文学创作的方法来描述成仙理想和修丹过程，如李宜白《梧溪日志集》、车天辂《五山说林》、柳梦寅《於于野谈》、李德懋《青庄馆全书》、李睟光《芝峰类说》、韩无畏《海东传道录》、洪万宗《海东异迹》、《五旬集》和赵汝籍《青鹤集》等，既展示了朝鲜半岛的社会生活和风土人情，也记述了一些修仙者的修炼活动和仙道传承。其中洪万宗的《海东异迹》和赵汝籍的《青鹤集》则是汇集修仙者生平事迹加以整理而形成的神仙传记。

明宗时赵汝籍所撰的《青鹤集》以青鹤先生与七仙人谈论朝鲜历史上

① 壬辰倭乱，又称万历朝鲜战争。日本太阁丰臣秀吉（1536—1598）于1592年出兵侵略朝鲜而引发的战争。最后，中朝联合作战，打败了企图称霸亚洲东部的日军。
② ［朝鲜］李能和：《朝鲜道教史》，东国文化社1959年版，第189页。

的奇闻异事为背景，记载了那些逍遥于山水之间、超然于世俗之外的修仙者之行迹，其中用文学化的方式展现了朝鲜"东方仙派"中青鹤上人魏汉祚及其弟子的言行事迹，描绘了"青鹤派"的神仙信仰与修炼实践，成为一部内容极其驳杂，涉及道教历史、朝鲜政治、氏姓文化、儒家理学、文学诗话、歌舞音乐、地理风水、谶纬思想、民间习俗、神话传说等方面，是一部富有朝鲜民族文化色彩的道教神仙传记集。

作者赵汝籍，号为龙岑居士、青鹤山人。赵汝籍于宣祖二十一年（1587）参加科举，在落榜失意还归家乡的路上，遇见云鹤先生李思渊。两人初次见面，云鹤先生就直呼其名道："关西赵汝籍，胡为栖栖？"赵汝籍惊异且敬畏之，马上拜云鹤先生为师，追随其修炼道法。60年后，云鹤先生仙化，赵汝籍恐高人踪迹永为泯没，乃以自己耳闻目睹的事迹为依据撰成《青鹤集》一书。

《青鹤集》首先记述"云鹤先生事迹"，以李思渊所传"青鹤派"为线索，描绘了当时朝鲜半岛上那些爱好道教的隐居修仙者的生活状况。值得注意的是，赵汝籍将"青鹤派"置于当时朝鲜王朝所面临的倭兵侵略的社会环境中来加以考察，尤其是屡次精确预言甲申之变，据此推测，《青鹤集》可能完成于甲申（1644）之后，道教得到了失势的士大夫和科举落榜的儒生的热烈响应，并逐渐形成了以师生关系相传承的仙派道脉，其中特别表达了朝鲜民族意识逐渐觉醒，民族主义思潮开始滋长，故特别重视本国文化传统的心态。

云鹤先生李思渊（1559—?）一名挺元，又名承祖，于明世宗嘉庆皇帝三十八年（1559），即朝鲜明宗大王十四年七月初八生于江原道麟蹄玄高村，5岁时随寡母迁移居新溪栗滩东。16岁时因喜爱云游，有"云林高趣，且得先君遗书，而不求仕宦，专意穷格"之雅趣。宣祖八年（1575）夏四月，云鹤先生坐于家前槐木亭读《周易》，忽有一优婆塞①从傍窃听良久曰："吾遍八路，阅人多矣，未有如君者。君可谓入道者。"然后，就从自己的袖子里拿出一卷书授之曰："持此入山，则克证高真师友善类。"② 先生问这

---

① 优婆塞，是梵文 upāsaka 的音译，指在家信佛并接受了三皈依的佛教男居士。

② ［朝鲜］赵汝籍撰：《青鹤集》，载［韩］李钟殷译注：《海东传道录·青鹤集》，普成文化社 1998 年版，第 217 页。

位优婆塞居住何处，姓名为何，但他却不告而去。后来，李思渊再向诸师打听，才知其人为"东海中修然子孙文载"。以此道书为机缘，李思渊入澹定山中居焉。宣祖十五年（1582），李思渊卖药于锦嶂江边，逢一人，头戴蔽阳子杖、丁公杖，一见先生，便十分相投，共同探讨大家感兴趣的问题，最后相约在五台山（江原道）麒麟台再相见。介时，李思渊如期而至，就看到那里已有七个神仙般的道人列坐在岩上，他们是金蝉子、彩霞子、翠窟子、鹅蕊子、桂叶子、花坞子、碧落子。居前者金蝉子即是李思渊在锦嶂江边所遇见的人。"此七人者，抱高世之才，智达天人之物，不遇于时，逐迹江湖，游天下，而夷汉无阻焉。同师事青鹤上人。"① 七位道人都是怀才不遇之士，他们共同师事青鹤上人，韬晦于江湖之中论道修仙。

七位道人的老师是青鹤先生魏汉祚，字仲炎，号青鹤上人。魏汉祚是甲山人，少从百愚子学习，能格物致知，后赴中国后遇到杨云客，两人一起学习异术。魏汉祚遍游诸国道冠山林，晚年时东还朝鲜半岛，栖居于青鹤洞，以洞名为号，曰青鹤上人。七仙人见李思渊有修仙之志，乃引导他访问青鹤洞，师事魏汉祚先生。魏先生见到李思渊后，赐号曰"片云子"。李思渊就与七位道人一起跟随青鹤上人魏汉祚修炼道法，加入了朝鲜道教东方仙派中的"青鹤派"。

青鹤派活动于1592—1598年的"壬辰战乱"时期。当时野心勃勃的日本将军丰臣吉秀带兵入侵朝鲜、觊觎明朝帝国而引起东亚区域性战争。《青鹤集》作者赵汝籍对这场战争有着深切有关注：戊子年（1588）"魏先生居黄岳山，余从片云子辞谒，翠窟子适至，言于先生曰：倭国今聚兵箕岛，将向朝鲜。小子作童谣，使之传于倭中曰：起于箕，止于箕，可畏者，松云云，其后倭果畏松之一字，如青松、松禾等地，不敢入矣。"② 在"壬辰战乱"尚未开始之前，翠窟子已意识到倭军将要入侵朝鲜，乃作谶语，期望能够阻止倭军的进犯。壬辰四月，倭兵蔽海而渡，陷釜山，杀金使郑拨，陷西平、多大等浦，杀左水使朴泓、东莱府使宋尚贤，分三路进攻，壬辰战争

---

① ［朝鲜］赵汝籍撰：《青鹤集》，载［韩］李钟殷译注：《海东传道录·青鹤集》，普成文化社1998年版，第217页。

② ［朝鲜］赵汝籍撰：《青鹤集》，载［韩］李钟殷译注：《海东传道录·青鹤集》，普成文化社1998年版，第225页。

爆发。赵汝籍跟随家兄汝鞅一起避兵逃难于龙岩，入浮鸭山，潜伏于草丛间。时日已昏黑，虎啸山间，忽然又来了一群逃难人，原来是京城郑宗溟一行，赵汝籍等随之同行一个村庄，却遭到倭兵的围击而被虏。在危难之际，片云子派来的桂叶子和碧落子杀倭兵来救助赵汝籍。于是，赵汝籍跟随二人入白头山落珠洞，谒魏先生及片云先生，听各位仙人谈论朝鲜局势。

《青鹤集》借金蝉子之口将这场战争视为"朝鲜开国二百年而有此大祸"①。虽然朝鲜军民奋起反抗，明朝也因宗藩关系派军队增援朝鲜，在朝鲜军民的帮助下，明军大败侵朝日军。这场战争持续六年，最终以明朝与朝鲜联军胜利，日本丰臣秀吉病死，日军战死逾半，撤回本土而告终，但也给朝鲜半岛带来了极大的破坏。青鹤派活动于朝鲜面临着来自于日本侵略的民族危亡时期，此时中华文明因明清鼎革而造成的在东亚文化圈的地位逐渐下降，随着古老东亚世界共同体的中心与边缘关系的巨大变动，朝鲜半岛的民族主义思潮勃兴起来，《青鹤集》甚至将团结民族力量，对抗日本，回击蒙古，争衡中国，作为朝鲜民族生存的目标。如翠窟子历数所受外患后痛楚地问老师："吾东之祸至此极矣。然从古以来，未闻一将一卒之踰山海关侵中国者何也？"青鹤先生魏汉祚通过比较中日朝三国的地理文化而回答曰："日本海洋万里，岛屿各守，非容易吞取之地。天之所以界别区域，而异俗殊民，亦不可同归也。中国，正朝所在。东人安于守分故，无抗衡之志也。且边裔之地，禀才尚不及中国故也。然，顾今天运在东北，且转向白山以南，安知后来，无并吞日本、争衡中国者也。"② 为此《青鹤集》还做谶语，预言朝鲜将取代满清王朝而主宰中原："日月亡于古月，古月亡于鱼羊。……明字，日月。日月落则太清而已，岂非清字乎？……中原将为毯裘之域故，吾方择地求居而，闻朝鲜汉拿山，自古兵祸不到处，今将转向朝鲜矣。"③ 这种期望入主中原的心态正是青鹤派人士在内外交困的形势下民族意识极端高涨的反映，以小中华自居而表现出一种与满清王朝相抗衡的情

① ［朝鲜］赵汝籍撰：《青鹤集》，载［韩］李钟殷译注：《海东传道录·青鹤集》，普成文化社1998年版，第226页。
② ［朝鲜］赵汝籍撰：《青鹤集》，载［韩］李钟殷译注：《海东传道录·青鹤集》，普成文化社1998年版，第225页。
③ ［朝鲜］赵汝籍撰：《青鹤集》，载［韩］李钟殷译注：《海东传道录·青鹤集》，普成文化社1998年版，第243页。

绪。《青鹤集》描写了魏先生带领着弟子们，在不同的山林中，或隐楸池岭、或登九月山、或居黄岳山、或在白头山、或居马息山、或居汉阴山、或居甲山……，纵论天下，品评人物，既期望能够在动荡的社会中寻找到一处安静的修仙场所，也为弟子们积极参与战争、为恢复朝鲜半岛和平而出谋划策。

《青鹤集》作者赵汝籍亲身经历了战争动荡，为弘扬民族主义文化传统，建构起东方仙派道脉谱系：

> 桓仁为东方仙派之宗。桓雄天王，桓仁之子也，继志述事，又主风雨五谷三百六十余事，以化东民。檀君继业，化行十年。……其后有文朴氏，居阿斯达山，韶颜方瞳，能得檀君之道。永郎者，向弥山人也，行年九十，有婴儿之色，鹭羽之冠，铁竹之杖，逍遥于湖山，遂传文朴之业。马韩时有神女宝德者，御风而行，抱琴而歌，貌若秋水之芙蓉，是承永郎之道焉。王宝高者，学金山人李纯者，习隐高士也，是乃宝德之分派也。由此可见，东方仙派之道脉。

青鹤派将桓仁（因）作为东方仙派的宗祖，其仙脉由其儿子桓雄（檀君）来继承。桓雄立志教化东方民族，立国号朝鲜，御国一千五百年，"后还隐于阿斯达山为山神，寿一千九百八十岁"。檀君仙去后其仙统为文朴氏所继承。据说文朴氏住在阿斯达山中，永葆童颜，眼呈四角形，颇有神仙气象，后又将仙脉传授给新罗四仙之一的永郎。永郎也称向弥山人，活到90岁时还保持童颜神色，头载白鹭羽毛冠，手持铁竹拐，行色怪异，不同于普通人，逍遥于山水间。永郎之后有神女宝德、瓢公、玉宝高等。《青鹤集》虽然指出李纯、王宝高为"宝德之分派"，可是正脉如何，因资料缺乏还需进一步探索。《青鹤集》所记述的东方仙派的宗祖与传承者大都为朝鲜古代神话传说中的人物。

《青鹤集》除介绍桓仁所传之东方仙家道脉之外，还记载了新罗时东方仙家之别派：

> 新罗初，有瓢公者自东海乘瓢而来，为罗国名宰，煮玉而食，茹木

而衣，呼风唤雨，驱禽喝兽，其终也入雪岳山，是则仙家别派也。驾洛国居登王时，有昙始仙人者，自七点山而来，貌滢寒玉，语类梵音……此则瓢公之流派也。勿稽子者，罗时名臣，有功不赏，携琴入斯彝山……是则七点之裔也。……大世、仇柒泛舟南海，元晓、道诜托身西教，是乃勿稽之余韵。崔致远，精敏文章，卓越诸人……是得大世、仇柒之余风。其后清平山之李茗、头流山之郭舆，是亦（大世、仇柒之）一派也。[1]

这些东方仙派的别派人物，以瓢公为宗，由玉宝高、昙始仙人、勿稽子、仇柒、崔致远、李茗、郭舆、崔谠、韩惟汉、元晓、道诜等代代相承，有的是史无其人的传说人物，如充满神话色彩的瓢公和昙始仙人，除此之外，大都是确有其人的历史人物。他们承东方仙家之传统而形成了东亚道教中十分值得重视的传播了近千年且形成了较为清晰的道脉：

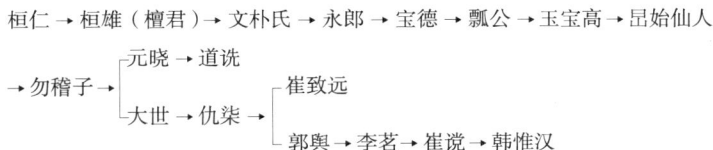

桓仁 → 桓雄（檀君）→ 文朴氏 → 永郎 → 宝德 → 瓢公 → 玉宝高 → 昙始仙人

　　　　　　　┌─元晓 → 道诜
→ 勿稽子 →┤　　　　　　　　　　┌─崔致远
　　　　　　　└─大世 → 仇柒 →┤
　　　　　　　　　　　　　　　　└─郭舆 → 李茗 → 崔谠 → 韩惟汉

《青鹤集》所记"瓢公"应是《三国史记》所作新罗始祖赫居世时"以瓠系腰，渡海而来"的倭人"瓠公"之笔误。昙始仙人是驾洛国居登王（199—257）时人，有"仙人必乘舟抱琴而来"之美誉。勿稽子是新罗奈解王尼师今（196—230）时人，因屡立战功却不得赏赐，遂被发携琴，入师彝山不返。元晓、道诜是新罗著名僧人；大世、仇柒是新罗时期的好仙道人，因向慕神仙之术，于真平王九年（587）往吴越求仙，"后不知其所往"。崔致远，新罗末期著名文人，曾在唐朝中科举，享有"海东仙宗第一人"之盛誉。郭舆是高丽睿宗（1150—1122）时著名道士，有"金门羽客"之称。清平山李茗，不知何许人。高丽时期号清平山人者有二：一为李岩，于恭愍王时

---

① ［朝鲜］赵汝籍撰：《青鹤集》，载［韩］李钟殷译注：《海东传道录·青鹤集》，普成文化社1998年版，第219页。

（1351—1376）入清平山隐居；① 一为睿宗时道流人物李资玄，曾隐居清平山，睿宗累召不赴。郭舆与李资玄友善，二人有唱酬诗作传世。《青鹤集》将李茗看作是郭舆的传人。由此推测，李茗可能是李资玄之误？崔谠（1135—1211）辞仕后不问政事，浪迹山林，被时人称为"地上仙"。韩惟汉生活于仁宗时（1151—1145 在位），因看到崔忠献擅政卖官、横行霸道，就带着家人入智异山修道，最后得道成仙而去。

《青鹤集》所记述的东方仙派别派的传承谱系，一方面继承朝鲜民族固有的神教仙风，体现着强调本土文化独立性的民族意识，在对众多仙家人物之间道脉关系的梳理与整合中表现出强烈的本土色彩，故韩国学者车柱环评价说："这个本土仙派具有警惕汉化、探索自主文化建设等特征。"② 其中有一些新罗留学生虽然曾在唐朝学习道教，但他们回国后，放浪山水、吟风弄月，修炼道教，在修仙异迹中表现出一种朝鲜民族文化风情，例如，昆始仙人是驾洛国人，由七点山而来，又称七点仙人，他貌如寒玉，语类梵音，应居登王邀请，乘舟抱琴去招贤台相会时，就向国王宣扬道教的自然无为思想："君以自然为治，则民以自然成俗。"③ 王闻之非常欣赏，乃馈以牛肉菜肴来招待他，他辞而不受，索食枫香桔梗而餐，表现出朝鲜饮食文化特征。七点仙人之裔勿稽子是新罗名臣，虽功高而不受赏，过着超然脱俗的生活，携琴入斯彝山，春居林木，冬居穴室。到新罗孝恭王时代，玉龙子道诜在枫岳山看到他时，仍然是稚颜童肤，提壶善歌，再问年考之岁，回答说："八百岁矣。"崔致远之后，东方仙派在朝鲜半岛代代相传，成为道教在朝鲜半岛传播的重要表征。

另一方面，青鹤派又无法排除这个东方仙派本有的中国之源。《青鹤集》中有金蝉子曰："吾东道流之丛有曰：桓仁曰真人受业于明由，明由得道于广成子，广成子古之仙人也，桓仁为东方仙派之宗。"④《白岳丛说》借

---

　① ［朝鲜］卢思慎撰：《新增东国舆地胜览》卷三十二，固城县人"李岩"条，载吉林师范学院古籍研究所编：《中国相邻地区朝鲜地理志资料选编》，吉林文史出版社 1996 年版，第 486 页。

　② ［韩］车柱环：《朝鲜の道教》，京都人文书院 1990 年版，第 4 页。

　③ ［朝鲜］赵汝籍撰：《青鹤集》，载［韩］李钟殷译注：《海东传道录·青鹤集》，普成文化社 1998 年版，第 219 页。

　④ ［朝鲜］赵汝籍撰：《青鹤集》，载［韩］李钟殷译注：《海东传道录·青鹤集》，普成文化社 1998 年版，第 218 页。

向弥山人之口说："仙道之在天下中国，则黄帝得于广成子，吾东则文朴得桓因之源，传为洁清之学。"[1] 据中国道教《神仙传》介绍，广成子为黄帝时人，居崆峒山的石室中，自称养生而得道法。黄帝曾向他请教"至道之要"，于是，广成子曾授黄帝《道戒经》七十卷、《自然之经》一卷、《阴阳经》一卷，其活到一千二百岁后才于崆峒山升天成仙。从这个意义上说，青鹤派又与中国道教有着千丝万缕的联系。这种传承的关系恰恰反映了道教由中国向朝鲜半岛传播过程中不断地本土化倾向。

云鹤先生李思渊在师事青鹤上人魏汉祚之后，又赴中国燕京，在路上遇到中国人曹玄志，此人为杨云客的门人。曹玄志，号五竹居士，亦号"梅窗"，因善卜未来，而预测到明朝将要衰退，中原将会是满人的天下，于是积极寻找能够躲避战乱的世外桃源。曹玄志见到朝鲜半岛来的片云子李思渊和彩云子后，与之共同修道，结为道友。听说济洲汉拏山自古未遇战火，是修行的好地方，乃与李思渊一起返归朝鲜半岛，先前往济洲汉拏山，后一起到茂州德裕山隐居修行。梅窗有三个儿子，曰文辅、文礼、文常。文辅入蜀游竹冠道人门下，学习道教。文礼居衡山。文常随父东还后，与松栖之子茂世常守第奉其水薪，时时讲究父师之道。梅窗夫人叶氏，亦见高远，与梅窗无异也。[2] 他们都是逃避现实的隐者，共同结成一个修道学仙团体，凭借着道教神仙信仰，以"遁"字来表明这个青鹤派的道术高超，已达通神变化之境界：

　　　　盖雪岳杨云客，跨风御云流游诸天，下潜九泉，通神参化，故谓之天遁。青鹤魏汉祚，御神驾风，挥拓八极，观风察俗，知人知鬼，故谓之地遁。松栖谓之仙遁，梅窗谓之人遁，云鸿谓之神遁，洞见谓之佛遁。[3]

① ［朝鲜］李能和：《朝鲜道教史》，东国文化社 1959 年版，第 13 页。
② ［朝鲜］赵汝籍撰：《青鹤集》，载［韩］李钟殷译注：《海东传道录·青鹤集》，普成文化社 1998 年版，第 249 页
③ ［朝鲜］赵汝籍撰：《青鹤集》，载［韩］李钟殷译注：《海东传道录·青鹤集》，普成文化社 1998 年版，第 249 页。

《青鹤集》通过评判修行者道行的高下，来展现青鹤派的"尽百家之术，乐物外之趣"之特征，以说明我"东方非无人矣"：

> 魏先生曰：吾党中得人多矣。深计远略，察安危，决胜负，辨邪正进退者，莫如碧落子。斡眉扬腕，冲至阵，摧锐锋，弄机权，变风云者，莫如桂叶子。安民辑众，调正役，足货食，整师旅，定邦家者，莫如鹅蕊子。出入侦探，评人物，观风俗，察地理，占天时者，莫如翠窟子。从容庙堂，替皇猷，鼓风化，与人材，做天平者，莫如花坞子。韧世独立，芥千乘，屣万禄，慕玄真，乐闲逸者，莫如片云子。高论细评，喜游说，善辞命，得人心，化强梁者，莫如金蝉子。识微妙，见高真，贯天人，格事物，博古而知今者，莫如彩霞子。尽百家之术，乐物外之趣，八子相让矣。①

八位修道者各有所能，他们既抵御外来侵略者的英雄，也表现出一种不同于世俗的高超玄道。

《青鹤集》特别记述了那些过着超俗隐逸生活的修仙者所践行的有关道教修炼的种种情况。"魏先生居马息山，与诸子日游岩峦，所与传古者无虑数万言，余不能尽述。"青鹤集派还形成了自己的设斋祷告和歌舞拜神的仪式。宣祖三十四年（1601），青鹤先生居甲山，可能是觉得自己将在世不久了，于是召片云子、金蝉子、彩霞子、翠窟子、鹅蕊子、桂叶子、花坞子、碧落子及曹玄志俱至。青鹤先生对碧落子说："男儿生不成名，含光湮没者，非好做道理也，乃不获之事，子当速去为强国名臣，无失其时。"又嘱咐桂叶、鹅蕊、花坞曰："今新天子出，三子，当去道家之闲逸，以图竹帛之功名。"又谓彩霞曰："观子清高有余，后福且重，可入贺兰山，家居传世。后来陕西必出天子，其时，可为一代名宦族。翠窟、碧落因其去就为可。金蝉、片云不可出世，永从曹先生游，为传道派，保身立名。且吾世

---

① ［朝鲜］赵汝籍撰：《青鹤集》，载［韩］李钟殷译注：《海东传道录·青鹤集》，普成文化社1998年版，第224页。

缘，未久，诸子勉之。"① 青鹤先生在为众弟子指明修道的方向后，特别要片云子跟随曹先生在朝鲜半岛上"为传道派"。然后，大家一起奏乐起舞咏诗，颇有神仙共乐的景象。

青鹤先生于宣祖三十六年（1603）又召集弟子门人前来告之："吾可以谢绝世事。"正月十五日晨，青鹤先生拄杖步入大兰山雾中，遂不复返，诸弟子皆散去。② 青鹤先生升仙之后，云鹤先生李思渊担当起传道之重任。片云子、金蝉子和曹玄志准备避居汉拿山修道。金蝉子，姓李，名彦休，字弘道，父光弼，号默林，祖亮仁，号八风，曾祖号桑坞，世有隐德，为湖南③出身的道家真骨。金蝉子后改号松栖。当他们三人南入济洲行至茂州德裕山（全罗北道长水郡）时，觉得这里的环境幽静便于修行，何必去汉拿山，于是在此建茅舍，采药织履而以食，居此颐养精气，表现出一种神仙家的风格。

《青鹤集》的下半部主要讲述了片云子、金蝉子与曹玄志在朝鲜半岛云游修道时所见所闻和所议，尤其是记载了许多热衷于修仙者的事迹，如洪裕孙、郑希良、权真人、南趏崔湜、张世美、姜贵千、李光浩，金世麻、文有彩、郑之升、李廷楷、郭再佑、金德良、李之菡、郑斗、丹阳异人、岬寺高僧、郑鹏、尹君平、李愈、丁寿昆、智异仙人、徐敬德、田禹治、赵文伯、元荣、马文翼、李良弼，展示了道教仙道在朝鲜半岛因得到士人的关注而得到发展。《青鹤集》最后写道：片云子、金蝉子与曹玄志三人同游湖山过松冈寺，入金刚山灵源洞，宿于小庵，认识了一位游遍天下的西蕃僧人，其"松络草衣，貌如寒玉，眼如晨星"④，中国名性圆，朝鲜名能皓，号洞见。此人以食松子柏叶及六天气水为生，颇有道教辟谷食气之风范。同时又以佛法神力，周游无碍也。他一见梅窗曹玄志便托深契，永夜悬灯，细论玄理，赵汝籍就在一旁参听他们的高论。不久，能皓与金蝉子松栖一同前往湖南珍

---

① ［朝鲜］赵汝籍撰：《青鹤集》，载［韩］李钟殷译注：《海东传道录·青鹤集》，普成文化社1998年版，第247页。

② ［朝鲜］赵汝籍撰：《青鹤集》，载［韩］李钟殷译注：《海东传道录·青鹤集》，普成文化社1998年版，第248页。

③ 此处湖南指朝鲜全罗北道和全罗南道。

④ ［朝鲜］赵汝籍撰：《青鹤集》，载［韩］李钟殷译注：《海东传道录·青鹤集》，普成文化社1998年版，第256页。

岛郡，得一小艇浮海南，去花台地无儒佛无文武之地，梅窗也告而去。

在《青鹤集》中，朝鲜半岛似乎成为一个仙人的国度！这些修仙者中很多人来过中国，他们的行为举止与修道方式类似于中国道教中的内丹道。由于青鹤派的主体是士人，他们主要活动于倭寇侵犯朝鲜半岛的"壬辰之乱"时，社会动荡所造成的内忧外患，一方面促使他们逍遥于山水间，以逃避战乱；另一方面，又促使他们积极地关心国家大事，为抗击侵略者出谋划策，由此而将出世与入世结合起来。《青鹤集》所记载的从事道教修炼者事迹来看，道教内丹道最早出现于新罗王朝后期，又称为仙道，到高丽王朝时修仙者逐渐增多，发展到朝鲜王朝，已通过师徒相承而形成的仙道法脉已蔚为壮观。

《青鹤集》通过勾勒东方仙派传道谱系，虽然也承认"东方仙派之宗"桓仁的道脉源自中国道教，但基于民族主义的立场，异常强调此道脉谱系的本土特征。这反映了道教传入朝鲜半岛后，时刻面临着异族文化的排斥、接纳和受容，这一切都离不开"韩国道教具有文化主体性，韩国文化对道教的吸收是主体性吸收的观点"①。这种观点在继《青鹤集》之后出现的《海东异迹》中得到了进一步的发扬光大。

洪万宗撰写的《海东异迹》也是一部带有传奇色彩的神仙传记。洪万宗（1645—1725），又译为洪满钟、黄万宗，字于海，号玄默子、长洲、梦轩，原籍丰山，出身于书香世家，其父洪柱世，其祖洪鸾祥，都曾以文名世。洪万宗一生体弱多病，整日足不出户，以书为友，曾"合诸家所著，而专取诗话"辑成韩国诗话总集《诗话丛林》，来表达对朝鲜半岛"上下数百载骚人墨客山僧闺秀名章警句"的欣赏之情和对"我东方诗学之盛"的自豪感，成为著名的文学家。洪万宗因身体一直不好，在药饵之余，热衷道教的长生修炼术，著有《海东异迹》、《海东要览》、《五旬集》等。《海东异迹》分上下集，上集收录了《北窗先生诗集序》、《北窗先生行迹》、《北窗先生遗训》等有关郑磏的行迹和作品，以展示北窗先生"于儒道释三教及技艺诸术皆不学而能，尝试仙家六通之术，入山静观三日便洞悉顿悟，能

---

① ［韩］都珖淳：《韩国的道教》，载［日］福井康顺等监修：《道教》第三册，上海古籍出版社1992年版，第44页。

知百里外事如合契"①。下集则收录了朝鲜半岛上流传的各种求仙异迹，是朝鲜著名的神仙传记集，专门收集自古以来活跃于朝鲜半岛求仙者的异迹。

《海东异迹》前有朝鲜丹学派后裔郑斗卿（1597—1673）写的序文。郑斗卿，字君平，号东溟，擅长诗文、书法，著有《东溟集》。早年为官，后于1669年因老辞官隐退，喜好修道之术。郑斗卿认为朝鲜道教的历史悠久："我东山水雄于六合，自檀箕以来，服气炼形吸风饮露之辈必多矣。"洪万宗在《题辞》中也强调，三神山都在朝鲜，所以关于神仙的故事十分丰富。于是，《海东异迹》将朝鲜仙道之源追溯到檀君："檀君名王俭，古初神仙人也。"② 这个以檀君为宗祖的神仙谱系按人物出现的时间顺序排列到朝鲜王朝：

檀君、神志、昆始仙人、永郎、述郎、南郎、安详、于勒、文武王、玉宝高、金可记、崔致远、处容、戒边大师、金谦孝、苏蝦、金龟仙人、大世、仇柒、仙桃圣母、蔷薇仙女、连珠仙女、东明王、乙密仙人、安市君、百济官人、李灵干、姜邯赞、权真人（权克中）、金时习、洪裕孙、南赵、郑希良、智异山仙人、徐花潭、朴守庵、李土亭、徐孤青、李楠、郑斗、李济臣、姜绪、赵忠南、寒溪老僧、柳亨进、郭再佑、田禹治、尹君平、南师古、杨士彦、金慕斋、赵重峰、许氏、张汉雄、傀道人、西川客、汉拿山老人、智异山长者、太白山老人、权青霞、索囊子、蒋都令、申维翰、申斗柄、雪鸿子、片金子、休休子、成居士、闵应圣、金自兼、朱棐、成揆宪、金百练、金致、海中书生、朴烨、朴龟、丙子异人、权华山、吴尚濂、金执义、任叔英、慎海翊、许浩、许穆、吴世亿、兴仁门异人、勿缁屯异人、金大谷、郑紩、岭南士人、宋沆、春川姬、郑敦始、汉江仙人、东村李仙、罗州郑仙、林垍。

① ［朝鲜］洪万宗辑：《海东异迹》，《韩国文献说话全集》第六册，太学社影印1991年版，第380页。

② ［朝鲜］洪万宗辑：《海东异迹》，《韩国文献说话全集》第六册，太学社影印1991年版，第394页。

在《海东异迹》收录的近百名修仙者中，有的是传说中的神仙人物，如檀君、神志、昆始仙人、永郎、述郎、南郎、安详等；有的是具有神异事迹的道士，如田禹治、尹君平、南师古、金可记等；有的是热衷于修仙的文人，如金可记、崔致远、金时习、洪裕孙、郑希良等；还有的是英雄人物死后被奉为神仙，如姜邯赞、郭再佑等。《海东异迹》所记载的修仙者比《海东传道录》更为丰富。虽然"韩国仙家是一个与道教人物混用的概念，朝鲜王朝时期，韩国道教并没有通过结成一定的宗教社团有组织地开展活动，为了从事道教修炼而出家、专心于道教活动的人物极其少见"①，但从他们的修仙实践看，在朝鲜王朝传播的道教形成了内丹修炼和神异道术两大特色。

《海东异迹》比较侧重介绍奇闻逸事，来展现修仙者或具有某种特殊的道术，或可以长生不老，或能够预测吉凶祸福，或通过修炼得道而获得神通，以强调修仙者都拥有一种非同寻常的技能。例如，生活于中宗时代的南趎，因"己卯之祸"被流放于谷城，"因昼寝梦遇神人传秘诀，自是一切事为不学而能，不闻而知"②。后跟权真人学道法，据说30岁时尸解成仙。对此，李晬光的《峰芝类说》、朴趾源的《热河日记》中也有类似的记载：

中宗时南趎年十九登第，入文衡之荐而官至典籍。自幼多异迹，每朝就学于塾师而多不至，家人密踵之，则路中径入树林，中有一精舍，主人清雅绝尘，趎趋拜讲质必日昃而归，家人诘之，辄诡对后遂为修炼之术。及登第遭"己卯士祸"，谪谷城县，仍止家焉。一日送奴持书入智异山，青鹤洞有新宇极精严。有二人焉，一云冠紫衣，一老释。终日对棋，奴留一日受书而还，奴始以仲春入山，草树方荣，及出山乃见野中获稻，怪问之，即九月初也。及趎卒年三十，举枢甚轻，家人启视之，空棺也。题其内云：沧海难寻舟去迹，青山不见鹤飞痕。村田耘田者闻空中乐声，仰见南趎骑马冉冉在白云中矣。

① ［韩］安东浚：《论韩国炼丹诗的审美趣味》，载陈鼓应主编：《道家文化研究》第24辑，三联书店2009年版，第86页。
② ［朝鲜］洪万宗辑：《海东异迹》，《韩国文献说话全集》第六册，太学社影印1991年版，第434页。

在中国有"烂柯山"的故事，讲述樵夫进山观棋，"山中方一日，世上已千年"的传说，这里却用来形容送奴持书入智异山青鹤洞一日而世上已数月。南越跟随权真人学修炼之术，最后白日升仙。

玉宝高，又称玉府仙人，因仙道高妙，弹琴即有玄鹤来舞，故其琴名为玄鹤琴，又称玄琴，今庆州金乌山顶有琴松亭，相传即玉宝高弹琴之所。仙人于勒，以善弹伽倻琴著称，传世有 185 种伽倻琴曲，他将音乐的艺术性和道教的超越性之奥妙有机地结合起来。"伽倻既成，勒浮江湖，不知所终，人谓其仙也。"① 今天朝鲜半岛上还留有许多于勒弹琴的迹趾。

道士田禹治是天冠大师的得意弟子，他从大白狐那里得到有灵符秘咒的素书，学会了道教的遁甲、移形和隐身等多种高深道术。② 相传，遁甲法出自黄帝、风后及九天玄女，它以十干的乙、丙、丁为三奇，以戊、己、庚、辛、壬、癸为六仪。甲子、甲戌、甲申、甲午、甲辰、甲寅为六甲。"甲"是在十干中最为尊贵，它藏而不现，隐遁于六仪之下。三奇六仪，分置九宫，而以甲统之，视其加临吉凶，以为趋避。田禹治不仅会遁甲术，更会施行移形和隐身术。移形和隐身是中国魏晋道教中的重要道术。葛洪在《抱朴子内篇·遐览篇》中就介绍了一种以符药作法的隐身术："其法用药符，乃能令人飞行上下，隐论元方，含笑即为妇人，蹙而即成老翁，踞地即为小儿，执杖即成林木，种物即生瓜果可食，画地为河，撮地成山，坐致行厨，兴云起火，无所不作也。"人若通过守一存真，便能运用药符移形隐身，成就各种奇妙的神通。田禹治则无需符药也能让童子移形隐身，然后升空取来天桃：

田禹治尝往友家会饮，座中曰："君能得天桃否？"治曰："何难。取细绳数百把来。"仆夫应命取进。又指童子曰："来。"童子应命而进。治乃持绳向空掷之，高入云霄袅袅而垂，又令童子缘绳而上，曰：

① ［朝鲜］洪万宗辑：《海东异迹》，《韩国文献说话全集》第六册，太学社影印 1991 年版，第 402 页。

② 2009 年韩国拍摄的电影《田禹治》可称得上是韩国首部以"道术"为题材的武侠电影。它讲述了道士田禹治在遭受朋友背叛而失去了父亲般的朋友洪吉童和恋人洪舞燕后，为了复仇前往朝鲜，却用魔幻般的"道术"拯救了生活于水深火热中的百姓，成为受人敬仰的英雄的故事，从一个侧面展示了道教在当时朝鲜半岛的影响。

"绳尽处有碧桃，结实甚多，可摘下。"于是座中皆出视之，但见童子渐渐没入空中，移时见碧桃和叶和实乱落庭中，座客竟取啖之。甘液淋漓，非世间所有矣。俄而有赤血自空中点点而下，治惊曰："为食一桃枉送了一介童子命。"座客怪问之。治曰："此必守桃者奋告上帝处此儿也。"俄而有一臂坠地，一臂又断坠，两肢身头又断继坠，座客无不愕状失色。治徐步下去收拾四体，若有联续之状，有顷，童子忽然而起，跟蹡而走，座客又相顾而笑。[①]

这个故事写得惊心动魄，展示了田禹治的高超道术。后来，太守官以"左术惑人"之罪，捕之入狱。田禹治后死于狱中，亲族为之改葬开棺时，却发现棺中空无尸骨，这即是中国道教所谓的"尸解"。

如果说，崔致远传承了崔承祐的内丹法，那么，金时习则接绪了僧慈惠的传统。金时习（1435—1493）字悦卿，号梅月堂、东峰、清寒子、碧山清隐、赘世翁等。金时习的意思是一个姓金的不断学习的人，这也是对他的一生的最好概括。金时习生于汉城一个贵族家庭，自幼就聪颖过人，5岁能诗，人称"五岁文章"，七八岁通经籍，9岁占诗文，名动京师。跟随名师金泮攻读中国诸子百家之书，尤重儒家的"四书五经"。15岁去三角山读书堂学习。1455年李世祖即位，废除集贤殿，屠杀文人学士。金时习对此暴政不满，乃焚毁书籍，撕碎儒服，削发为僧，取法号"雪岑"，佯狂装疯，过着放浪形骸的生活，云游天下，来到中国的关西、关东和岭南等地，深入地学习了解中国文化，后返归朝鲜。从1464年起，金时习在庆州金鳌山居住，花六年时间用汉文创作《金鳌新话》。成宗即位，37岁的金时习应召赴京，却仍无意出仕，复归金鳌山。金时习43岁才结婚，可不久妻子就去世了。金时习把自己的家屋叫作"梅月堂"，这也成了他的笔名。他还著有诗集《宕游关西录》、《宕游关东录》、《宕游湖南录》、《宕游金鳌录》、《关东日录》、《溟州日录》，描绘了当时朝鲜社会下层人民的苦难生活，其著作汇集成《梅月堂集》十七卷。金时习晚年隐居在江原道雪岳山修炼道教内丹。

---

① ［朝鲜］洪万宗辑：《海东异迹》，《韩国文献说话全集》第六册，太学社影印1991年版，第457—458页。

《梅月堂集》卷十七《杂著》中的《天形》、《龙虎》、《服气》、《修真》诸篇都是他关于道教修炼的心得体会。1493 年，金时习于姚原州鸿山郡无量寺逝世。李珥在《金时习传》中说：时习"以弘治六年终于鸿山无量寺，年五十九，遗教无烧葬，权厝寺侧。三年将葬，启其殡，颜色如生，缁徒惊叹，咸以为佛"。

郭再佑（1552—1617）是"壬辰倭乱"时的名将，他出生于庆尚南道宜宁郡的世干村的一个富裕家庭，3 岁丧母，曾多次参加科举考试，都未能中榜，但却有着非凡的军事才干。1592 年 4 月 12 日，日本丰臣秀吉侵略朝鲜。就在日军入侵朝鲜的第九天，郭再佑就集合自己的族人和村民，协同朝鲜官军保卫家乡。他擅长咒术秘诀，以颇有神异性的游击战为战术攻击日本军的输送船，使用影武者的战术击退了日军。当时他身穿红色绸缎的军服，人称"天降红衣将军"。朝廷曾任命他担任岭南节度使、水军统制使等职，但郭再佑力辞而致力于修炼道教内丹术，着有《服气调息真诀》。

《海东异迹》展示了活动于朝鲜半岛上的修仙者虽然各自有着不同的求仙之路，但大都延续钟吕内丹道的传统，以全真道所倡的"性命双修"为中心，表现出对长生不死的热烈渴求。全真道内丹派可分为以王重阳为代表的北宗和以张伯端为代表的南宗两大派。如果说，北宗主要是倡导独身清净修炼者的团体，那么，南宗在倡导独身清净修炼的同时，也是提倡男女交接、阴阳双修法的群体。韩国学者金洛必在《直指经众妙门解题》中指出："朝鲜王朝时期的丹家大体上以北宗为主流，南宗的修炼法是 17 世纪以后的事。这一主张最初见于《直指经》和《众妙门》，这在学界是有公论的。"①南宗为强调内丹修炼的神秘性，通常严格遵守"口传心授"或"非其人不传"的宗规，由师傅单独传授弟子，一般不对外部公开其修炼法门。南宗在中国的传播也是隐而不显的，后经元代炼丹家陈致虚（1290—?）的努力，南北二宗逐渐趋于合流。然而在《海东异迹》中，一些修仙者推崇北宗丹法，另有一些修仙者则传承了南宗丹法。参与编撰《东医宝鉴》的郑碏（1533—1603）曾作诗《寄呈松江》送给郑澈（1531—1589），宣称他

---

① ［韩］金洛必：《直指经众妙门解题》，载韩国道教思想研究会编：《道教与韩国文化》，亚细亚文化社 1988 年版。

的丹道思想来自于北宗丹阳马真人：

> 　　钟吕千秋朝帝乡，金丹正脉接丹阳。分梨十化真诠在，倘得残年肘后方。①

该诗注明"右乞丹阳马真人集"，由此推测北宗的一些道书可能已传入朝鲜半岛，郑碏读后颇受启发，在诗中既说到"金丹正脉"来自钟吕，又指出对马钰的传承。丹阳真人本名马钰（1123—1183），号丹阳，入道前是山东宁海（今山东牟平）的大富豪。据《重阳分梨十化集》中记载，王重阳为了度化马钰出家修道，乃每十天将一梨为二分送给马丹阳夫妇，自两块至50块，每分送皆作诗词歌颂隐其微旨，丹阳悉皆酬和，最后马钰"遂达天地阴阳奇偶之数，明性命祸福生死之机"，由是屏俗累，改衣冠，焚誓状，与妻子孙不二（1119—1182）一起成为承续王重阳北宗传承的重要人物。郑碏的丹道思想受北宗的影响，但其师父朴枝华却接受了南宗丹道的传统。

　　郑碏的师父朴枝华（1513—1592）"既是从徐敬德和郑礴那里得到仙家秘传的人物，又是郑礴死后将仙术传授给郑碏的人物"②。朴枝华并"儒道释三教着功俱深，于礼书最精博，其文章诗与文皆高绝"③，是当时数一数二的学者，为了摆脱庶族出身的身份而倾向于道教，向徐敬德学习。"朴先生受易花潭，始修炼入金刚，七年而返"④，研习仙术，炼造丹药。"朴枝华学通金丹秘要，中岁丧偶，不复娶，断欲三十六年，以老寿终，人称为酒仙焉。"⑤朴枝华在《次正庵见赠》中直接说出朝鲜丹道接受南宗丹派的情况：

---

　　①《古玉先生诗集》卷二，转引自［韩］安东浚：《论韩国炼丹诗的审美趣味》，载陈鼓应主编：《道家文化研究》第24辑，三联书店2009年版，第101页。

　　②［韩］安东浚：《论韩国炼丹诗的审美趣味》，载陈鼓应主编：《道家文化研究》第24辑，三联书店2009年版，第99页。

　　③［朝鲜］洪万宗辑：《海东异迹》，《韩国文献说话全集》第六册，太学社影印1991年版，第443页。

　　④［朝鲜］洪万宗辑：《海东异迹》，《韩国文献说话全集》第六册，太学社影印1991年版，第444页。

　　⑤［朝鲜］洪万宗辑：《海东异迹》，《韩国文献说话全集》第六册，太学社影印1991年版，第370页。

　　　　小子之师白玉蟾，手挥琼管度凉炎。人间化鹤曾留语，海上攀龙口待髯。已与家儿成敕断，要携铅鼎事抽添。丹成倘欲相随去，造物多猜不必嫌。①

南宗的传播比较隐匿，其在朝鲜丹学史上的地位往往无法直接确认。在朴枝华赠与弟子朴民献（1516—1586）②诗的首行就提到了中国南宗代表人物白玉蟾，这至少说明他涉猎过南宗内丹术。

　　南宗内丹修炼法 17 世纪以后在朝鲜半岛上得以传播，除了朴枝华以"小子之师"推崇白玉蟾之后，朝鲜王朝明宗、宣祖年间的文臣杨士彦（1517—1584）在《有人投诗求真诀次其韵赠之》中留下了一系列带有正统南宗修炼色彩的炼丹诗，引起了学界的关注：

　　　　三万口千日，大运一朝暮。纳纳穿壤间，含灵总肝腑。长生不可独，真诀为君露。姹女媾金翁，夫妇忽同路。临炉火力白，怫怫蒸春雾。男子也怀胎，花开北地树。十二万千年，长醉西家酤。③

杨士彦学识渊博，精通诗文，又工书法，因热衷于云游修仙，号蓬莱子、海客。韩国学者安东浚对杨士彦的五言诗作了解读，认为其中的"长生不可独"暗示了其修炼法门不是清净独修的北宗，而是阴阳双修的南宗。"姹女媾金翁"中所言姹女和金翁是几乎独占了南宗典籍的内丹学用语，是分别以隐语来形容汞和铅的。姹女即"宅中女"，指的是离卦"☲"中间的阴爻，而且铅字破字为"金公"，比喻内藏在坎卦"☵"中的阳爻。借用现代心理学用语加以说明的话，那么，姹女相当于灵魂（anima），金公相当于意图（animus），"夫妇忽同路"表现的是作为本源的这两种要素之结合。在内丹学，男子孕胎意味着打下了成仙的基础，即"男子也怀胎"说的是

---

　　①　《守庵遗稿》卷一，载韩国民族文化推进会编：《韩国文集丛刊》第 34 册，景仁文化社 1996 年版，第 120 页。
　　②　朴民献，字符夫、颐正、希正，号正庵、琴侗，咸阳人，曾与许晔等人一起为其师编成《花潭集》一书，此书后在"壬辰之乱"时遗失。
　　③　《蓬莱诗集》卷三，载韩国民族文化推进会编：《韩国文集丛刊》第 36 册，景仁文化社 1996 年版，第 438 页。

先天二气交感而成的道胎现象。男子怀胎指的是通过逆理进入到仙道修炼的专门境界。内在现象比喻为"花开北地树",所谓"北地树"是阴地之树,也用来暗示子方的水。因为有水,黄金莲才灿然盛开。折下恍惚之花就好像喝醉了酒一般。最后一行以《崔公入药经》中的"先天燕,后天气,得之者,常似醉"来加以描述。① 在朝鲜王朝内丹学派中是很难找到双修派踪迹的,但在杨士彦这首炼丹诗中却表达了阴阳双修派的修仙方法,这是值得注意的现象。

从《海东异迹》所记载的仙道传统看,修仙乃是为了从世间的所有不幸与桎梏中解脱出来,通过淡泊宁静的心性修养和驱病延年的身体修炼,使人能够超脱离俗而获得一种比当下生活更自由完美的状态,最终长生不死,白日升仙。因此,《海东异迹》记载了多种成仙模式,表达长期卧病在床的洪万宗对健康生命的向往和追求。

后来,洪万宗曾在病榻上花 15 天的时间所撰写的《旬五志》讲述了朝鲜历史上的儒、佛、仙的逸话,其中也记载了一些修仙者的生平事迹,如檀君、赫居世、东明王、四仙、玉宝高、金兼孝、昙始、金可纪、崔致远、权真人、姜邯赞、金时习、洪裕孙、郑鹏、丁寿昆、郑希良、南趎、智异仙人、徐敬德、郑磏、郑碏、郑础、田禹治、尹世平、汉挐仙人、南师古、朴枝华、李之菡、寒溪老僧、柳亨进、张汉雄、南海仙人、蒋生、郭再佑等。人物虽然没有《海东异迹》多,但所记载的人物的生平事迹与《海东异迹》大致相似,也是以神仙传的方式再次强调了道教对生命的热爱和对长生的渴求。

三、道教的影响逐渐衰退

15 世纪,清朝入主中原,在政治上,由清朝更替了明朝,在宗教上,信奉藏传佛教格鲁派,故清廷对东亚地区的控制,除了采取政治、军事和经济手段之外,在宗教上推行的是藏传佛教的核心教义"转世说"。在明清鼎革的过程中,不仅是中国的士大夫受到了强烈的文化冲击,生活在邻国朝鲜

---

① ［韩］安东浚:《论韩国炼丹诗的审美趣味》,载陈鼓应主编:《道家文化研究》第 24 辑,三联书店 2009 年版,第 99 页。

李朝的士大夫也深受震动，认为中国落入了与朝鲜近邻满洲的"蛮野"部落之手，这意味着中国既不再是一个物质文明强国，也不再是奉行以儒为主、以佛道为辅的文化强国，而李朝因保持了明朝的文化传统，才是中国传统文化的真正继承者。因此，面对一个新的宗主国，李朝需要重新定位，以确立自身在东亚文化秩序中的地位。

李朝与明王朝一直是友好邻邦，有着比较良好的外交关系。这不仅是因为"朝鲜"之名来自于明太祖所赐，而是出于对中华文化的感情，李朝一直将明王朝作为自己的宗主国，尤其是当日本一代枭雄丰臣秀吉（1536—1598）在统一日本之后，抱着向亚洲扩张的野心，在万历十九年（1591）六月，派特使宗义智曾通告朝鲜宣祖李昖："有意在明年春天假贵国道路进攻明国，届时还请多多包涵与协助！"第二年，他果然带领军队气势汹汹地入侵朝鲜。对于这一战争，东亚各国出现的不同评价，是否可将此作为道教神灵在朝鲜半岛产生社会影响的一种侧面写照。日本史书把万历朝鲜之役分为两次战争——文禄之役和庆长之役。朝鲜史书则称之为壬辰卫国战争。整个战争从万历二十年（1592）开始至万历二十六年（1598）结束，历时七年。在这场战争中，明朝"几举海内之全力"，前后用兵数十万，费银近八百万两，历经战与和的反复，最终非常艰苦地赢得了战争的胜利。朝鲜付出了数十万军民伤亡的沉重代价从亡国到复国。日本经过这次战争，国家的元气大伤，丰臣秀吉集团彻底垮台，日本从此进入德川幕府时代。万历朝鲜之役是中日朝三国政治军事实力的较量，在客观上起到了重新整合东亚各国政治军事力量的作用。此后，随着西学东渐在东亚世界的展开，东亚各国逐渐出现了一些新变化，这对道教在东亚的传播具有怎样的影响呢？

万历皇帝下令出兵援朝，最终赶走了日本人，李朝宣祖对万历朝鲜之役中明朝的支持是非常感激的。[1] 宣祖把明朝东征将士看作是明朝"皇恩"的执行者，为了表达对他们的感激之情，他在朝鲜半岛上建造了许多碑、祠、庙作为崇祀东征将士的场所，"邦国亡而复存，宗庙绝而复祀，其为德至

____

① 需要说明的是，当代韩国学者在论述壬辰战争时，往往将战争的胜利归于李舜臣英明领导的结果，若偶尔提及明军，则多指责其作战不力，一味讲和，与其先祖们对明朝出兵拯救所表达的感恩之情形成鲜明对照。（参见韩国国史编纂委员会编纂的 25 卷本《韩国史》第 12 卷《两班社会的矛盾与对外战争》，韩国国史编纂委员会 1981 年版。）

盛，自东方以来未始有也"①，其中最主要的是宣武祠和武烈祠。明朝东征将士所修造关王庙也推进了关帝信仰在朝鲜半岛的传播。在朝鲜抗倭小说《壬辰录》中关云长经常显灵，如朝鲜爱国高僧西山大师告诉国王，关云长已亲临朝鲜，以鼓舞军队的士气：

> 西山道："请殿下观看，关云长正经过此处。"国王乃步入庭院，翘首天际，白云漠漠，难见关云长其人，只见其所乘之赤兔马四蹄翻滚奔腾，如风驰电掣，掠过天空。②

另外，在日本武将加藤清正（1562—1611）与朝鲜将军交战时，忽然间关云长在天空中显灵：

> 只听空中一声呼喊："敌将休走，吃我一刀！"声如霹雳，清正大吃一惊，举目一望，只见一员大将，头戴闪闪金盔，三角须，手提青龙偃月刀，跨坐青骢马——蜀汉大将关云长来也！清正惊慌失色……③

关云长面如赤枣，丹凤目，三角须，乘赤兔马于空中杀伐，带来的一阵灵风使倭兵惶怯昏倒，倒毙不起，一起皆死。在朝鲜人所面临的侵略战争中，关云长被奉为朝鲜半岛的守护神，受到了人们广泛的敬仰。

当时的朝鲜人并没有将这些庙宇视作纪念明朝将士亡灵的场所，而更多的看作是对从明朝移植过来的一位新神而加以祭祀。肃宗上台前（1675—1720 在位），明王朝已亡，接续者清王朝在当时的朝鲜人眼中是缺乏文化的"夷狄"之流，为了表达尊明反清的心态，李朝王室宣称自己为中华正统文化的传承者，上至国王，下至儒士皆参与编纂中国史书。朝鲜王朝所编的中国史书一共有四十余种，以宋史和明史为中心，关注的根本还是明史。④ 宗主国明灭亡以后，朝鲜王朝后期一方面针对着清王朝出现了"脱中国"思

---

① 《尊周汇编》卷 8，《万历庙庭碑铭》下册，第 142 页。
② 《壬辰录》，朝鲜平壤国立出版社 1956 年版，第 97 页。
③ 《壬辰录》，朝鲜平壤国立出版社 1956 年版，第 199 页。
④ 参见孙卫国：《朝鲜王朝所编之中国史书》，《史学史研究》2002 年第 2 期。

想；另一方面，也通过发明"崇祯纪年法"来表达对明朝为代表的中国传统文化的尊重，这为道教的继续传播打开了方便之门。

清王朝建立后，朝鲜李朝发明了由年号与干支结合而成的"崇祯纪年法"来表达对明王朝的崇敬。朝鲜半岛从650年起，在使用朝鲜王国庙号纪年的同时，也使用中国王朝的年号，两者经常并行不悖地出现在同一个文本中，一直延续到崇祯皇帝自缢于北京煤山，明王朝灭亡，清王朝建立之后。这种纪年法在李朝相当流行，尤其是在士大夫的文集中的序、跋一类文字中，"崇祯纪年法"频繁出现，一直使用到20世纪初。这真是一个值得认真研究的东亚文化现象。"以中国为中心的世界秩序是一个存在于时间和地理空间中的政治文化体系。这个体系的象征性以及物质性中心是在都城坐龙廷的中国皇帝，皇帝是自然界和超自然界之间，是人类世界和宇宙万物之间的调停者。朝鲜人认为满洲皇帝不合大统，便否定了他的这种象征性作用。因此李氏朝鲜人不承认清朝统治下的中国时间，企图寻找重新支配时间的方法。记时因而成为构造新中心话语中的一个重要的组成部分。"[1] 这种纪年法开始时意味着邻国朝鲜李朝对清朝的有意识反抗，从文化上挑战满族人入主中原的合法性。但随着时间的流逝，则渐渐地有了强调朝鲜王朝扮演着中华文明的载承者的意思了，颠覆了自先秦以来对整个东亚文化圈都有着深远影响的"华夷观"而自称"小中华"。

在明王朝灭亡后的一个甲子年，即1704年，肃宗下令在宫廷中专门建起了一座祭坛，由皇帝来奉献牺牲，先为崇祯帝举行了"大祀"，年底又建坛祭万历帝，然后又将明太祖作为祭祀对象。肃宗在先后为几位明朝皇帝举行"大祀"之后，1705年又下令修建一座神庙，让士大夫对明朝皇帝进行祭拜。这一做法虽然遭到了一些大臣的反对，但肃宗利用了成均馆160名学生联名上书要求建立125神庙的请愿机会，[2] 有效地抵制了反对派。当神庙在年底落成之后，命名为大报坛。

大报坛坐落在王宫附近，其式样和规模与社稷坛类似，只是坛里陈列的

---

① ［韩］金载炫：《与中国时间斗争、时空的国族化：李朝后期的记时》，载［美］司徒琳主编：《世界时间与东亚时间中的明清变迁》上，三联书店2009年版，第143页。

② 参见《李朝实录》第四十一册《肃宗实录》卷五十三，学习院东洋文化研究所1957年刊行，第306页。

祖先像比社稷坛中的像要高出一尺，混合着明朝中国和李氏朝鲜两种成分的神庙祭仪定在每年的三月举行。这种祭祀明帝神庙的出现，是否会助长先前的朝鲜半岛历朝以道教斋醮科仪为国家祭祀的中心的做法？按金载炫的看法："在三月里所确定的那一天，用'大祀'的方式举行祭祀，这是朝鲜宫廷礼仪等级中最隆重的一种，由国王充当首祭人。献词中满是对中国文明崩溃的哀悼，满是朝鲜人因无力为明朝复仇而苟活所感受的深切耻辱以及他们肩负起使文明永存的决心。"① 可见，李朝皇帝对明朝皇帝的祭祀，虽然可以让人联想到祖先祭祀，但这里的"祖先"应是文化上而非血统意义上的"祖先"。由于道教神灵的精神内核是中华传统宗教的凝练，发挥出很强的实用性和包容性，它不断地将民间信仰的一些神灵纳入到自家的体系中，文昌、妈祖、关帝、八仙、土地、城隍庙出现于朝鲜社会中，发挥着它们小到祛病消灾、求财祈福、延年益寿，大到呼风唤雨，长生不死，迎合了人们追求快乐幸福的心理需要，因此朝廷的更替并没有阻碍道教神灵继续在朝鲜半岛的民间社会中传播。

随着西方列强在东亚的争夺日益加剧，朝鲜半岛成了日、俄、英、美诸国觊觎的一块"肥肉"，各种国际政治力量冲突的重要舞台。朝鲜中期后，面临着日益严重的内忧外患，在帝王的倡导下，朝鲜人重扬对朝鲜民族始祖檀君的信仰，由此提出"三神山"是奉祀朝鲜开国始祖檀君与其父桓雄、其祖桓因等"三神"的太白山（又称太伯山），而不是具体指金刚为蓬莱、智异为方丈、汉拿为瀛洲等三座神山等说法。这种有关"三神山"的神风圣俗，从朝鲜半岛再远播于我邦地理相接、民物之交接特盛的"汉土"，被讹传为海上有"三神山，是蓬莱、方丈、瀛洲"之说，于是，才有所谓燕齐海上怪异之方士寻找三神山的活动，末流之弊，则渐陷于荒诞不经，愈出愈奇，这种神仙信仰源于海东的说法，据说"肇端于一本作者题名为北崖子的古书《揆园史话》"②。北崖子生平不详，大概是朝鲜肃宗时期（1674—1720）的落榜居士。但如果深入研究，就可见这种说法在高丽时期就初现端倪。据李能和研究，生活于高丽时代僧一然编撰的《三国遗事》中，就

<hr>

① ［韩］金载炫：《与中国时间斗争、时空的国族化：李朝后期的记时》，载［美］司徒琳主编：《世界时间与东亚时间中的明清变迁》上，三联书店 2009 年版，第 143 页。

② 黄勇：《韩国古代三神山信仰考论》，《四川大学学报》2012 年第 4 期。

将"三神"活动的太伯山（即太白山）视为"三神山"，虽然其所说的"太白，今妙香山"，但却把檀君的地位凸显出来。据此，李能和提出了两个观点：其一，"世谓三神山在我海东，三神山者即太白山是也。盖桓因、桓雄、王俭，世谓三神，而世又以妙香山为太白山"[1]。其二，"朝鲜檀君神话最近于道家说"[2]。但北崖子对最早记载檀君传说的高丽僧人一然却不以为然。他说："国史荡失于屡经兵火之余，今仅存者，只是道家及缁流之所记传而侥幸得保于岩穴者也。道家既承檀俭神人所创之源流，而又得文献之残脉，则其论东史者，大有愈于缁流所记多出于牵强附会，臆为之说者也。"[3] 于是，他参考道士李茗的《震域遗记》来撰写《揆园史话》，是因为由佛教徒来记述道教传播其实并不可靠，只有"承檀俭神人所创之源流"的道家记载才是可信的。他一改前人"三神山者即太白山"的解释，而宣扬白头山（长白山，又称明山）即"三神山"，来提升檀君信仰的神圣性。到 18 世纪末，附和这种将太白山定位为中国东北的长白山又称"白头山"的说法者渐多，如安鼎福（1712—1791）在《东史纲目·太伯山考》中根据新罗文人崔致远《上太师侍中状》中的"高句丽残孽类聚，北依太白山下，国号渤海"的说法，极力宣扬"太白山"（太伯山）即"白头山"，亦即长白山。这反映了在民族危机的情况下，有些人将长白山同"檀君神话"中的"太伯山"联系起来，并进一步把中国的长白山视为"古朝鲜"的疆域，这种穿凿附会之说，直到今天仍得到一些韩国学者认同，其中所包含的民族情绪就值得认真考量了。由此可见，道教传入朝鲜半岛后，经过朝鲜民族文化的主体性解读，内涵也在不断地衍变着，其本有的信仰特色若无关乎异域社会发展要求就会慢慢地被淹没在"他者"文化之中，而有利于本民族利益的成分却会被夸大或改造。这也是东亚道教研究中必须面对的跨文化研究的难题。

　　另一方面，朝鲜人开始自己印刷出版劝善书。从劝善书在朝鲜半岛刊行的时间看，大多是出版于 1864 年，即 12 岁的高宗李载晃（1852—1919）即

---

① ［朝鲜］李能和：《朝鲜道教史》，东国文化社 1959 年版，第 15 页。
② ［朝鲜］李能和：《朝鲜道教史》，东国文化社 1959 年版，第 15、9 页。
③ 北崖子撰：《揆园史话·檀君纪》，亚细亚文化社 1976 年版，第 43 页。

位之后。高宗因年幼不能亲政，朝鲜王朝首次出现了国王父亲大院君①李昰应（1820—1898）执掌朝廷政务的局面。李昰应在执政期间，进行了长达十年的新政改革，对内采取积极措施巩固中央集权，如推翻外戚专政，废除儒学书院，加强国防力量等；对外走"尊王攘夷"的路线，采取"闭关锁国"的执政方针，包括迫害来自法国的传教士，逮捕了12万朝鲜天主教徒，导致了法国军舰在1866年开到大同江寻求报复，史称"丙寅洋扰"。1871年，美国驻华公使又要求朝鲜开国，在遭到拒绝后，美国又派军舰前往江华岛示威，史称"辛未洋扰"。两次洋扰都因朝鲜王朝的强硬态度、外国军舰撤兵而告终，但朝鲜国内外要求朝廷"开国"的呼声也日益高涨。就在朝鲜王朝准备打开国门时，某些帝王及儒士力图通过坚持传统来保持自己的民族独立和文化发展，故积极倡导刊行道教劝善书，尤其是出版那些以关帝为名的劝善书。因为关帝身上凝聚了万世共仰的忠、义、信、智、仁、勇等伦理道德和武士精神。通过劝善书来引导民众崇拜具有忠义品德的"武圣"关帝来保持传统秩序，就成为当时朝鲜王朝一种抵御各种外来文化侵蚀的方略之一。据此，一些朝鲜学者也模仿道教创作了一些富有民族特色的劝善书，影响较大的有：曾于1891年担任朝鲜驻日本公使的权重显（1854—1934）②撰述的《功过新格》，撰者不详的《三圣宝典》等。如果说，这种刊行道教劝善书来维护传统的社会纲常伦理只是一种复古行为，那么，更多的有识之士则看到实行政治、军事和文化改革的必要性，只有冲破旧传统，迎接新文化，国家和民族才能跟上历史的步伐不断创新与进步，这种文化倾向对道教劝善书的刊行无疑又是釜底抽薪之举。

真正导致道教在朝鲜半岛衰落的是西方势力的入侵与东亚文化由传统向现代转型的大趋势。明末清初，来华的天主教、耶稣会的修士和神父们就将一些"西学"著作译成中文。例如16世纪，利玛窦来华传播的基督教信仰与西方科学知识，成为第一个在将近三十年的漫长传教活动中与大

---

① 大院君（대원군）是朝鲜王朝时旁系王族即位后对国王父亲的封号。

② 权重显（1854—1934），初名载衡，号经农。他曾负责对奥地利等国的外交活动。于1891年担任朝鲜驻日本公使。1895年进入朝鲜王朝后期政治家金弘集（1842—1896）的内阁。日俄战争时，他作为韩国政府代表"慰劳"日军。1905年与李完用等人负责签订第二次《日韩协约》，被称为"乙巳五贼"之一。1907年被反日志士刺伤。日韩合并后，他积极从事亲日卖国活动，在朝鲜总督府担任要职。

批中国文人接触并开展对话的西方人。"他的许多汉文著作不仅使 17、18 世纪东亚知识分子明确地认识到中国以久的西方文明的重要性，而且他通过用意大利语完成的中国报告书向西方传达了他对中国文化的真实理解。"① 仁祖九年（1631），赴京大使行员郑斗源从北京归国时，从陆若汉那里得到一本清朝李之藻编纂的《天学初函》，有人认为这是西方哲学的最早传入时间。② 这些带有启蒙思想的西学著作由"赴燕行使人员"传到了当时仍以文化锁国的朝鲜王朝。"那些汉译的科学书籍及伦理书、宗教书等与西欧的科技器械一起，刺激了李朝后期先觉之人的学术好奇心。到了肃宗英祖时代，西学书籍与道佛儒家的书一起摆上了儒生们的书架，并成了他们的爱读之物。"③ 也引发了朝鲜学者对东亚传统文化的反思。如柳梦寅（1559—1623）在他的《於于野谈》中，通过介绍利玛窦所作的《天主实义》简要地论述了天主教信仰的特色，所谓天主，即是上帝，所谓实，是指不空，由此排斥道教、佛教的空、无之说，指出天主教与道教、儒教在义理上的差异，"吾国天主，即华言上帝，与道家所塑玄帝玉皇之像不同。彼不过一人，修居于武当山，俱亦人类耳，人恶得为天帝皇耶？"④ 说明以偶像崇拜为特征的道教不如天主教更清高。该书后译为朝鲜语，唤起了朝鲜人对西方天主教的关心与兴趣。1631 年，陈奏使、郑斗源又将意大利艾儒略神父（1582—1649）精心编写的《职方外纪》传入朝鲜半岛。该书以雅俗共赏的图绘介绍了大量闻所未闻的海外奇事奇人，形象化地展示了世界的自然图景和海外的人文奇观，开阔了初次接触西方文化的朝鲜人的视野，帮助了当时朝鲜知识阶层在猎奇意识下初步认识和理解一种异域文化，这在一定程度上打破了原有的天朝中心主义的陈旧观念，建立起最初的世界意识。在这样的背景下，传统道教则被那些有着新思想的知识分子看作是过时的东西了。

　　日本在 1868 年进行明治维新后开始在东亚积极扩张势力。1885 年 1 月 9 日，日本再次强迫朝鲜签订《汉城条约》，勒索赔款，之后日本内阁首相

① ［韩］宋荣培：《利玛窦向中国文人介绍西方学术思想的意义》，《孔子研究》2010 年第 1 期。
② 参加杨雨蕾：《朝鲜燕行使臣与西方传教士交往考述》，《世界历史》2006 年第 5 期。
③ 韩国哲学会编：《韩国哲学史》下卷，社会科学文献出版社 1996 年版，第 319 页。
④ ［意］利玛窦：《天主实义》，载《利玛窦中文著译集》，复旦大学出版社 2001 年版，第 21 页。

伊藤博文（1841—1909）又前往中国天津与李鸿章（1823—1901）会晤，中日两国签署《天津条约》。日本因政治、经济、军事和文化实力的增强而在东亚的地位日益提升，直接威胁到中国处于东亚宗主国的地位。此时，传统东亚社会中以中国为"中心"，以日、韩、越等周边国家为"边缘"的情况出现了新变动。1876 年 2 月 26 日，日本与朝鲜在朝鲜江华岛签订《江华条约》，从此朝鲜打开国门，逐步沦为日本的殖民地。从历史上看，朝鲜长期是中国的藩属，对外隔绝，欧洲人曾称其为"隐士之国"。清王朝为了保护朝鲜以屏御中国东北的安宁，总署理衙门建议李鸿章作为中国政府处理朝鲜事务的代表。李鸿章为施展"以夷治夷"的平衡政策，他和驻日公使何如璋（1838—1891）主张采用向各国开放朝鲜门户的方法，以避免朝鲜成为某个列强的独占物。1880 年，中国驻日参赞黄遵宪（1848—1905）就朝鲜是否应开放国门问题，在日本与朝鲜礼曹参议金弘集（1842—1896）、清朝驻日公使何如璋等进行笔谈后，赠给金弘集《朝鲜策略》，提出朝鲜要求得经济发展，就应接受欧洲的政治体制和科学技术，并同中国、日本和美国合作，加强自己的防卫能力，以阻遏俄罗斯向南扩张。该书实际上体现了当时清朝外交的基本政策，即抵御沙俄，牵制日本，拉拢美国。金弘集回国后，将黄遵宪的《朝鲜策略》进献给朝鲜国王高宗李熙，成为朝鲜开国的有力推动者。1882 年 5 月至 7 月，清政府协助朝鲜与美、英、德国分别签订通商条约。道教劝善书在朝鲜半岛的流行并没有阻止朝鲜王朝打开国门的步伐，从此道教的影响逐渐衰退，仅在民间文化和新兴宗教中能看到它的一些踪迹。

第五节　富有道教特点的新兴宗教

20 世纪的朝鲜社会始终面临着内忧外患。1910 年日本占领并统治朝鲜半岛，直到 1945 年第二次世界大战结束，日本被联军打败投降后才撤离。1950 年，美军进入朝鲜半岛，朝鲜战争爆发。1953 年 7 月 27 日中国人民志愿军与以美国为首的"联合国军"在板门店签订停战协定，标志着历时三年的朝鲜战争结束。朝鲜半岛从此分为朝鲜与韩国。虽然 2000 年历史性的南北韩首脑会谈在朝鲜首都平壤召开，但至今朝鲜半岛依然是一个民族两个国家。

在东亚世界由传统向现代转型的大趋势中，朝鲜王朝末期兴起的一些民间宗教如东学（天道教）、青林教、南学（大倧教）、普天教（太乙教、吽哆教）、白白教、圣无极教等，它们在教理上兼综儒、佛、道（仙）、基，以一种适应现代社会要求的方式，如关注社会问题、追求现世利益、询问人生价值等，逐渐演化一些新兴宗教的信仰系统，逐渐替代了那种给人以迷信、传统和保守印象的传统宗教。李能和在《朝鲜道教史》第二十八章对此作了专门的简要说明，并称这些具有儒佛仙合宗之特色的民间新兴宗教为"杂教"[1]，其中道教信仰比较突出的有大倧教、天道教和甑山教等。这些民间新兴宗教随着朝鲜半岛政局的动荡不断地起落分化，特别是在 20 世纪下半叶，又派生出许多新兴派别，其中甑山教系统就分出了一百多个教团，现在约有近五十个教团组织和五十多万信众，除了甑山教本部之外，还有甑山道、太极道、太乙教（仙道教）、大巡真理会、甑山真法会等。大巡真理会自 1972 年起便将布德、教化、修道定为本教团的三大基本事业，成为当今甑山教中最大教团，也被称为是"韩国最大的道教组织"[2]。这些新兴宗教的教义与实践中所包含的道教因素是特别值得研究的。

一、"三真归一"的大倧教

大倧教是朝鲜民族崇奉的古代神教在新历史条件下的继续，从此意义上说，它可能是韩国历史最悠久的宗教。该教奉檀君为始祖，将桓因作为主宰万物的造化神，桓雄作为开天立地的教化神，桓俭作为治理天地的治化神，这三位神构成了三位一体的关系。大倧教将檀君于公元前 2333 年的十月初三从天上来到人间的那天作为每年进行祭天仪式的节庆日，并通过八关会、乡土会、城隍祭、洞神祭等，将颇有道教斋醮特色的活动保留下来。

大倧教真正创立于 1904 年，它与当时朝鲜民族的独立解放运动兴起有关。朝鲜末期，面临外族侵略，在国家陷入亡国之境时，民众的民族激情高昂。金兼白在咸镜北道及中国吉林省一带开展檀君教运动，门下弟子有数千

---

① ［朝鲜］李能和：《朝鲜道教史》，东国文化社 1959 年版，第 445 页。
② 《韩国大巡真理会尹银道院长一行拜访中国道教协会》，《中国道教》2012 年第 2 期。

人。后来，又有白峰和伯铨等人以檀君信仰为号召，设坛立教来团聚大众。据说，白峰受檀君的启示，在白头山祭奉檀君的大崇殿古函中发现了檀君经典《檀君实记》、《三一神诰》等，由此倡导"三神一体"、"三真归一"的宗教精神，并将它传给弟子杜一白，然后又传给罗喆（1863—1915）。1908年1月15日，罗喆作为一位致力于寻求民族魂、确立救国思想的民族先觉者，在汉城斋洞翠云亭开始祭檀君传教。虽然只供奉檀君牌位，不举行祭典仪式，但其所包含的浓厚民族意识一下子吸引了那些具有爱国之心的民众。第二年，日军占领朝鲜半岛。1910年，罗喆以檀君建国的神话为基础创立檀君教，第二年改名为大倧教。"倧教"的名称是朝鲜王朝实学家李翼（1681—1763）在《东事类考》中提出的："我们东方倧教叫仙教，但其实是檀君所创立的。"据此，大倧教将建立古朝鲜具有造化、教化、治化三化神功的"三神一体"的檀君奉为大倧教教主，称传法宗师为"都司教"或"大宗师"或"大传教"。檀君教改为大倧教后，由于另一位信徒郑熏漠反对改名，仍然坚持檀君教的教名，于是檀君教分裂成两派。

大倧教奉行三部经典《天符经》、《檀君实记》和《三一神诰》，其中包含着一些道教因素。相传，《天符经》是风伯、雨师、云师等神仙用来呼风唤雨、掌管天地日月的道具，后由檀君王俭以鹿图文字传于世，成为他"弘益人间，在世理化"的文化经典。新罗时代，崔致远在长白山的石碑上发现经文后，记录下来，将之刻于妙香山石壁上，虽仅有81字，但言简义赅地表达了顺应自然之道来治理天下的思想：

> 一始无始。一析三。极无尽本。天一一，地一二，人一三。一积十巨。无匮化三。天二三，地二三，人二三，大三合六，生七八九。运三四成环，五七一妙衍。万往万来，用变不动本。本心，本太阳，昂明人中。天地一一，终无终一。

朝鲜王朝时，道士桂延寿（？—1920）到妙香山的幽深山谷中挖草药时，信步穷源，行到人迹不到之处，于绝壁上发现《天符经》，认为"天符即设教之经也。沿今遗传处，人若得而育之即灾异化为吉祥，不良化为仁善，久久成道则子孙繁昌，寿富连绵，必得仙果，但愚昧者，藏之一本，可免灾祸矣"。但自己终夜解释，却不得要领，于是于 1917 年将此经赠给檀君教堂。① 当时有一位朝鲜儒者全秉熏（1858—1927）在日本占领朝鲜后来到中国研究道经《周易参同契》，感到难以理解，乃去广东道教胜地罗浮山拜全真道龙门派道士古空蟾为师，但仍未能解惑，于是又花了十年时间在罗浮山研习《道藏》，修行全真道内丹功法。今天，罗浮山朱明洞洗药池旁有一块巨大的摩崖石刻，上面刻着"丹以祈寿世"五个古隶体横排字，落款题刻为"孑乙子后四十一庚戌冬，韩人，全秉熏题同金"十八个楷体字。② 有到此一游的意思。全秉熏还"将自己领悟的道从秘而不宣的道学发展为神仙学，并将它命名为精神哲学"③。后来，全秉熏以道士身份来到北京建立精神哲学社，进行著述和教授学生的活动，在北京上层社会政界、军界、学界影响甚大，曾被袁世凯、黎元洪推崇为有道圣人。

1918 年，全秉熏看到《天符经》后，进行了一年多的研究，在 1920 年出版的《精神哲学通编》中收录了自己有关《天符经》的注释。他将《天符经》尊为"世界一身、一家之天书"，是儒道两家共奉的"圣经"："凡圣经，罔非因天道以明人事，修身襄世，而参赞化育为至，然岂有若此经之只八十一字，能兼致仙圣，而与天地相终始者乎。"④ 全秉熏在注释《天符经》时，前半部主要是按照《周易》的宇宙观来进行诠释，后半部则主要依据了道教仙道修炼来加以说明，其中特别提及要运用道教内丹修炼方法来实践身易之法、悟阴阳之道："要当讲解以运用身易之法，内有益矣，所谓水火之交，金木之会者也。"⑤ 全秉熏认为，《天符经》可帮助实现"普度环球于胎仙，世跻极乐之治世"，其中包含着道教的仙道信仰也成为大倧教的宗教理想之一，推进了当代道教在韩国的传播。《天符经》的重现成为向人们显示东亚道教神仙思想的重要资料。那么，它是从檀君朝代就开始流传的吗？在历史流传过程中是否有所添加或减少？还是近人托古而创作的？是否

① 参见《桂延寿画搭天符经堁本于妙香山石壁送来时书》。
② 惠州市地方志编纂委员会编：《惠州市志》四，中华书局 2008 年版，第 4081 页。
③ 全氏大同宗约所编：《全氏总谱总录》，韩英文化社 1931 年版，第 45 页。
④ ［韩］林采佑：《全秉熏生平与〈天符经〉注释的仙道思想》，金勋主编：《道与东亚文化》，宗教文化出版社 2012 年版，第 87—88 页。
⑤ ［朝鲜］全秉熏：《〈天符经批注〉에서〈五行顚倒〉》，韩国道教文化协会编：《道教文化研究》，2009 年第 30 辑。

可以成为完全信赖的原典？因历史久远，资料缺乏，这些问题还值得进一步研究。

1911 年，罗喆的《神理大全》宣扬"神者，桓因、桓雄、桓俭也，因为造化之位，雄为教化之位，俭为治化之位，在天无上，在物无始，在民无先，分则三也，合则一也，三一而神位定"[①]。借鉴老子《道德经》的"道生一，一生二，二生三，三生万物"将创立的"三一哲学"归结为"无为而化"，并倡导"三真归一"的修道理论，强调人们只有通过抑制感情、调节呼吸、禁止欲望这三种方法，精进修道，去除植根于人情和物欲"三妄"（心、气、身），才能回归到天神以大德、大慧和大力赐予人的"三真"——真性、真命、真精，《三一神诰·真理训》提到："人物同受之真，曰性、命、精，人全之，物偏之，真性无善恶，上哲通，真命无清浊，中哲直，真精无厚薄，下哲保，返真一神。"罗喆从性、命、精的角度将人性区分为三等，无善恶之上等人乃通真性谓之"上哲"，无清浊之中等人乃知真命谓之"中哲"，无厚薄之下等人乃得真精"下哲"。在《会三经》中，罗喆将这种三种人格修炼分别指成为佛、仙、儒的功夫。正是在对民族文化的继承中，道教的某些因素通过新兴宗教保存了下来。

1912 年，罗喆发布《三一神诰》，宣扬檀君天神为集造化神、教化神、治化神于一身的天神，犹如基督教的三位一体之上帝，从体性上讲"一"和作用上讲"三"。在"三一理论"的基础上，将桓因奉为教祖和信仰对象，将公元前 2459 年阴历十月三日桓雄降临于松花江流域以神话感化民众作为本教的起源，称为开天节，将公元前 2243 年阴历三月十五日桓俭下降治理天地之日作为御天节，以保持朝鲜民族的文化传统。

1914 年，罗喆把本部移到中国延边和龙县青坡湖，在那里设立大倧教总本司和古经阁，并分设东、南、西、北四教区，分别派专人负责传教，以扩展大倧教的社会影响，信徒激增至三十多万人。1915 年，罗喆回到汉城。由于当时统治朝鲜半岛的日帝总督府下令取缔大倧教。罗喆赴九月山的三圣祠祭天之后，留下"殉命三条"后自杀殉教，时年 54 岁。金教献继任第二

---

① 罗喆：《神理大典·神位》，载韩国哲学会编：《韩国哲学史》下卷，社会科学文献出版社 1996 年版，第 258 页。

代都司教，教内尊称茂园宗师。在日本殖民者迫害下，他流亡到中国，不仅积极布教，修订规制，而且开展民族教育与独立运动。1924 年，尹世复任第三代都司教，教内尊称檀岩宗师。他主要从事布教和教理研究，兴办学校与经议院。大倧教在朝鲜民族古神教的基础上，又吸收了道教的信仰与思想，尤其是道教的养生术，成为一种颇有道教因素的新兴宗教。

大倧教在 1910 年之后，随韩人独立运动者进入上海。最早进入上海的大倧教徒要算是申圭植了。申圭植（1880—1922）在国内的时候就接受了大倧教的洗礼，后成为大倧教的忠实信徒，他在 1911 年来到上海，开始在前来上海的韩人中传播大倧教。随着信徒逐渐增多，申圭植成了他们中的领导人物。他带领信徒聚会，一起进行宗教活动，虽然这时大倧教还没有设立教堂，宗教活动没有定期举行。据说，后来大倧教还在上海福熙路爱仁里建立了沪光施教堂。[①] 20 世纪中叶之后，随着西方文化及外来宗教在东亚地区的影响日盛，固守传统的大倧教虽然受到了极大的冲击，但因其对传统的檀君信仰精神的高扬，时至今日，又传播出许多新的分枝。

二、道教与天道教

天道教是否可视为传统道教在近代朝鲜社会演变出的一种新道团？至今仍有不同的看法，但天道教中保留着许多道教因素却是值得研究的文化现象。

天道教是朝鲜人崔济愚（1824—1864）在东学西渐的文化潮流中，以道教为基础，又吸收儒佛思想和朝鲜民族信仰，于 1860 年在庆州创立的"东学道"的基础上发展起来的。"吾亦生于东，受于东。道虽天道，学则东学。"东学道是针对着以天主教为代表的西学而提出来的，故以融合东亚传统的儒佛道三教为宗旨。崔济愚在《东经大全·布德文》中说："吾道兼儒释道三教，圆融为一：立五伦五常，居仁行义，正心诚意，修己及人，取儒教（孔子）；以慈悲平等为主旨，舍身救世，洁净道场，口诵神咒，手执念珠，取佛教（释迦）；悟玄机，蠲名利，无欲清净以持身，炼磨心神，终末升天，取道教（老子）。"一方面，崔济愚提出东学道将遵循道教的"无

---

①　参见孙科志：《上海韩人社会史研究》，学苑出版社 2004 年版，第 211 页。

欲清净以持身，炼磨心神"的思想，故其宗教活动既不信仰人格化的偶像，也不崇拜东学道的教主，只是围绕"修心"而展开，颇有符箓道教的特色："他们在祈祷时，面向北边静静端坐，面前放着一碗清水，反复诵读咒文，冀望其心灵达如清水一样清静的境界，并口服焚烧的'弓弓乙乙'的'灵符'。据崔时亨解释：'弓是天马，乙是天乙，合以言之，弓乙是天之形也。''分以言之，则弓弓天之心也，乙乙人之心也。'也就是天心与人心的统一。"① 天道教对道教的长生思想明确而公开地表示接受，如《东经大全·布德文》中称："我有灵符，其名仙药，其形太极，又形弓弓。受我此符，济人之病；受我咒文，教人为我则，汝亦长生，布德天下。吾亦感受其符，书以吞服之则，润身差病，方乃知仙药矣。"② 将道教之术作为"布德天下"的方法。但另一方面，崔济愚也指出了"道教悠于自然，缺乏治平之不足"，不同于东学党追求"布德天下，广济苍生"的理念。于是，崔济愚周游朝鲜半岛，又对传统道教思想作出新的诠释。在《东经大全·论学文》中他提出"至气"是万物的根源："曰至者，根言之，为至气者，虚灵苍苍，无事不涉，无事不命，然而如形而难状，如闻而难见，是亦浑元之一气也。"③ 又借鉴天主教的上帝信仰，宣扬天神以"气"创造了人，故"人乃天神"，以此作为东学道的基本教义。他通过"天神"、"至气"和"人类"的关系来诠释道教的天地人三才造化思想，"天神"就存在于人类的心中，人同宇宙万物一样具有"至气"，养气即是养生之正道，并从道生气化的宇宙转换法则中去探讨如何开辟新文化的发展道路。从 1862 年起，他以天人为大道之源，以诚敬信为天道之本，以守心正气为修道之诀，开始向民众布道。

崔济愚从"人乃天神"的思想出发，将人看作与天一样尊贵，以抬高人的地位，降低神的作用，并倡导人人平等，不应区分为"人上人"或"人下人"，以反对封建门阀制度和等级观念。从东学道对道教思想的借鉴可见，文化交流的主体对他者文化的取舍主要取决于自身的现实需要。崔济愚将天道教的理论来源概括为："儒之人伦大纲，仙之清净自修，佛之普济

---

① 　金勋：《韩国的新宗教源流与嬗变》，宗教文化出版社 2006 年版，第 216 页。
② 　［韩］白世明：《东学思想与天道教》，启文社 1956 年版，第 174 页。
③ 　《东经大全·论学文》，载［韩］李敦化编：《天道教创建史》，景仁文化社 1982 年版，第 58 页。

众生，足以成为吾道之三科。"经过这种理论建构，崔济愚提出的"辅国安民，布德天下，广济众生，建立地上天国"的社会理想。东学道得到了处于社会下层、生活于苦难之中的民众信仰与拥护，在不到一年的时间里，东学教徒发展到三千多人，建立起十多个基层教会机构。由于东学道从"无为而化"的"诚敬信"之"道"出发，倡导非暴力主义，其中还掺杂着一些迷信思想，因此"东学虽然在朝鲜有不少信徒，但它始终未成为唤起人民觉醒的武器，尽管如此，李朝政府也不能容忍东学的存在"①。高宗视东学道为异端邪教，1863 年崔济愚被捕，第二年以"惑世诬民"之罪将他处死。崔济愚虽然牺牲了，但他所创立的东学道却在第二代领袖崔时享（1829—1898）的领导下得到了发展。

1876 年，日本军队攻入朝鲜半岛，强迫朝鲜签订不平等的《江华条约》，英、法、德、俄、意、奥亦援例签约，朝鲜变为半殖民地半封建的社会。在外敌侵略、内政腐败、民不聊生的社会环境中，朝鲜王朝面临内忧外患的形势下，为反抗当地郡守赵秉甲的压迫，1894 年 1 月 11 日，东学道首领全琫准（1854—1895）在全罗道古阜郡举行起义，提出"尽灭权贵"、"逐灭倭夷"的口号，领导了反对朝鲜王朝和日本侵略势力的东学农民运动，3 月，崔时享发表征讨日寇、惩治贪官污吏、驱逐权奸檄文，也在全罗道聚众起义。起义军多次击退官军，攻占了全州，这场被称为朝鲜"甲午农民战争"的起义，从根本上颠覆了李朝的统治，故受到了李朝的严厉镇压。起义失败后，第三任教祖孙秉熙（1861—1922）于光武九年（1905）将东学道改为"天道教"，以示与以李九容等东学道为基础创建的亲日组织"一进会"的区别。

孙秉熙以天道教中央总部的名义，发布了一系列教典，如《东经演义》、《天道教太元经》、《大宗正义》、《觉世真经》等，倡导"天道"就是天神之道、无极大道，以此来表明本教仍以融合儒佛道三教为特色，以对抗基督教等外来宗教："吾道，元非儒、非佛、亦非仙。吾道乃儒佛仙合一。即天道不即是儒佛仙之道，而儒佛仙乃天道之一部分。儒之伦理、佛之觉

---

① 曹中屏：《朝鲜近代史 1863—1919》，东方出版社 1993 年版，第 144 页。

性、仙之养气，乃人性之自然之禀赋。天道固有之部分。吾道乃取其无极大源者。"① 天道教发展了东学教"布德天下"的主张，具体提出"大宗正义"，即期望将天道教建设为以"人乃天"为客体、以"人乃天之心"为主体的"自心自拜"的组织。在政治上，天道教倡导"德治"社会，遵循道教以消灾祈福服务于社会的做法。在宗教制度上，天道教依据当时行政区域的建制，建立起由都、道、郡、面、里为单位的组织机构，每个行政级别都设立相应的大接主、首接主、接主、接司等，将信徒归于某个行政区域来进行管理。在宗教仪式上，建立起十个信徒宗教生活中必做的仪式：入教式、心告法、五款、纪念式、庆祝式、祈祷式、谢恩祈祷、慰零式、婚礼、丧礼、祭礼等规条。天道教虽然得到广大贫苦农民的信仰，但却被当时的朝鲜政府作为异端教派加以镇压，所以只能在民间秘密传播。1919 年，朝鲜半岛爆发"三·一独立运动"，天道教、基督教和佛教的 33 名领导者作为民族代表，在泰和馆宣读了《独立宣言书》，热情的学生们积极呼应，打出太极旗进行声势浩大的示威游行以示支持。在这场持续了三个月的朝鲜历史上最大的一次民族独立运动中，"天道教扮演了主导性的角色"②。

据统计，如今韩国大约有一百多万天道教教徒，两百多个地方教区，一百四十多所寺院，还有一所高中学校和一所大学。1964 年，天道教曾举行纪念创始人崔济愚逝世 100 周年的活动。1971 年天道教水云馆落成，同年创办《天道教日报》。1984 年成立了东学民族统一会。天道教有着完整的组织系统，出版《新人间》（月刊）和《天道教月报》两种刊物。③ 20 世纪以来，天道教中逐步分化出一些新宗教团体，如天真教、侍天教、水云教、东学总部等。天道教是否可视为当代韩国道教，至今仍有不同的看法，但天道教中保留着许多道教因素却是值得研究的文化现象。

三、道教与甑山教

1902 年，由姜一淳创建的甑山教被认为是最具有朝鲜文化特色的新兴

---

① ［韩］李敦化：《天道教创建史》，景仁文化社 1982 年版，第 47 页。
② ［日］高坂史朗：《近代之挫折：东亚社会与西方文明的碰撞》，河北人民出版社 2006 年版，第 188 页。
③ 参见李养正主编：《当代道教》，东方出版社 2000 年版，第 339 页。

宗教，它不仅与当时的东学、大倧教一样主张"后天开辟"，而且还提出"天地公事"、"解冤结"、"后天仙境"等思想，其中也包含了一些道教因素，故李能和把甑山教中的普天教（又称太乙教）列入朝鲜道教体系。①

甑山教教主姜一淳（1871—1909），字士玉，号甑山，出生于全罗道古阜郡仙望里（今全罗北道井邑郡新月里）的一个衰落的两班家庭，其远祖为神农氏，姜氏初祖于隋炀帝时来朝，其父应祚，字兴周，放浪不羁，年逾三十而无嗣，乃与姜一淳之母一起登附近的斗星山甑峰祈愿。在回家的路上，突然雷声震地，天空自南而北一分为二，其中有一团火球慢慢缩小如盆如卵，最后落入其母口中。其母惊醒，方知是梦，之后胎气萌动，怀孕 13 个月后，姜一淳才于辛未年（1871）九月十九日降生于紫气清香的仙望里。据说，姜一淳降生时，有两位仙女从天而降，侍奉幼婴。

姜一淳年幼时就有志于道，长大后入私塾，品性圆满宽厚，深怀好生之德，"通读了儒佛仙以及阴阳谶纬类书籍，以此为匡救天下之参考"②。年至弱冠，好游江山，身穿弊袍，头戴破笠，人称"姜笠"，然其模样却酷似金山寺的弥勒金身，两眉宇间有一圆形白毫珠，下唇中的一颗红痣犹如龙含如意珠，左手掌内印有一"壬"字，右手掌上印有一"戊"字，③ 背部有北斗七星的图案，脚掌上还有十三颗痣，这些则是道教信仰的痕迹。

1894 年月 15 日姜甑山的全州同乡、东学道首领全琫准（1854—1895）在朝鲜王朝面临内忧外患的形势下，提出"尽灭权贵"、"逐灭倭夷"的口号，领导的反对朝鲜王朝和日本侵略势力的东学农民运动多次击退官军，攻占了全州，史称"甲午农民战争"。当时姜一淳虽然追随东学思想，但预测到东学军前途不测，故劝众人切勿加入东学。不久这场运动就在日本军和朝鲜军的联合镇压下惨败了，全琫准被捕并在第二年被处以绞刑，而听从姜一淳的人皆免遭大灾。

1897 年，姜一淳开始在朝鲜半岛上云游，以察人心世情，他逐渐认识到，光靠战争方式是不可能达到安抚民心、治理社会的目的，于是回归传统思想寻找理论武器。"他从忠清道庇仁人氏金京诉处得到了后来成为甑山教

① 参见［朝鲜］李能和：《朝鲜道教史》，东国文化社 1959 年版，第 445 页。
② 韩国大巡真理会编：《典经》，大巡宗教文化研究所 2010 年版，第 17 页。
③ 参见韩国大巡真理会编：《典经》，大巡宗教文化研究所 2010 年版，第 22 页。

重要咒文的《太乙咒》。在连山则遇到了当时著述《正易》的金一夫，接触到了《正易》里所讲的后天易。"① 姜一淳将道、儒、佛、基思想与阴阳、谶纬、术数融为一体，又学习了呼唤神明术和预测过去未来的通灵功。在行功夫之事时，他经常静坐绝食，行奇异之妖术，来吸引信众。1901 年，姜一淳入全州母岳山修行，据说当年 7 月 5 日就在母岳山大愿寺悟出了天地运行之理，战胜了贪淫嗔痴四种魔而得道。不久，姜一淳出山，以行"天地公事"为名，在金刚山下九里谷开了一间名叫"广济局"的小药铺，用各种道术为人治病，施展出各种令人惊奇的神迹，出门时，穿玄色内衣和白色外衣，因为天上的云"内乌而外白，吾亦著玄衣"。姜一淳自称是玉皇上帝降生人世，是主宰万物并握有天、地、人三界大权的"九天上帝"，化身为金山寺弥勒佛降临凡间，拯救处于水深火热的民众。1902 年，姜一淳以"训话活动"为名开始向追随他的信徒进行传教活动，他的身上具有卓越的宗教天才性，往往通过不正常的狂人形象表现出来，却"具有能够左右时代发展的强大的精神力量"②。

姜一淳宣扬神化一心、仁义相生、去痛解怨的神明思想，并通过发挥道教神符咒语和阴阳谶纬术数来整顿人心。姜一淳提出：

> 以其降生前为先天期，降生后为后天期，然而在先天则主掌相克之理，故有怨恨不平之气充满于世。在后天则主掌相生之理，统治世界使怨恨者变为相爱，使差别者变为平等，使人去其心中恶欲而成大仁义精神，及肉身扫除病苦，共享寿考，各得快乐。若换言，则现世贫富差别、贵贱差别、强弱差别、男女差别，故自有无量怨苦不平，今我主宰天地万物，将欲根本的改革，使我人类解脱此苦天地一番，开辟世上花开鸟啼。虽然将有怪病流行，无数人命皆归死亡，若听吾教诵咒读经，可免其祸。③

---

① ［韩］卢吉明、金洁喆、尹以饮等：《韩国民族宗教运动史》，中国社会科学出版社 2009 年版，第 23 页。

② 韩国哲学会编：《韩国哲学史》（下卷），社会科学文献出版社 1996 年版，第 246 页。

③ ［朝鲜］李能和：《朝鲜道教史》，东国文化社 1959 年版，第 475 页。

其追随者也热盼通过"天地开辟",早日在当下社会实现"地上仙境"。以姜一淳为教主的甑山教开始建立并得到快速发展。姜一淳预言自己死后不久,甑山教会分化出许多教派,但最终会有一位真正的教主出来在乱世中弘扬甑山教的"真法",使甑山教发展为拯救世界的"大宗教",促使后天时代的朝鲜半岛成为上等国,全世界将以此为中心统一为一个大家庭,建立"地上仙境"。从这一个意义上说,"天地开辟"又称为"天地公事"。

甑山教各派信仰与教理的共同核心为"天地公事":"上帝降临世间,匡定天地度数,调化神明,解万古冤恨,立相生之道,开启后天仙境,解调神道,确立不可动摇之度数,其后调化人事,故众人以上帝为天帝,倍加敬仰。"① 按其目标可分为三方面的内容:一是匡定天地度数的世运公事;二是解万古冤恨并重新安排和统一神道公事;三是指明处于末世而徘徊的人的灵魂,构筑后天仙境相生之道的人道公事。"天地公事"中表达的解冤相生、人尊思想和后天仙境也借鉴了一些道教思想。

姜一淳认为,世运的发展分为先天和后天。在先天时期主要是由相克之理统摄人间事务,所有的人事因违背道义而结下怨恨。这些怨恨积累下来浮出三界,终于爆发出杀气,给人世间带来了巨大灾难。只有通过"天地公事"来消除冤屈而死的"冤神"和反抗而死的"逆神"等神灵之间的所有怨恨,才能得到解冤。这种解冤结思想渊源于中国道教,如现存最早道书《太平经》就从皇天向君主施降灾异的角度,以化解冤结的方法来寻找解决社会问题的途径。这种化解冤结思想传入朝鲜半岛后,发展为韩国宗教文化的重要内容之一,有人认为:"以解冤观念为基础形成的宗教文化不仅包括以洗祭、跳神送鬼等形式呈现的巫俗的解冤祭,还包括佛教的荐度斋与水陆斋,儒教的历祭或掩骼埋胔,在韩国近现代时期,则以姜甑山所主张的解冤思想等最具代表性。"② 在后天时期,人与人、族和族、人与神、人与自然之间的相生之道将统领世界,通过消除战争和病劫,推动世间由"阴运势"向"阳运势"、由黑暗时代向光明时代、由先天向后天转变的"世运公事",使朝鲜半岛成为"后天仙境"。在天地人三界中,最尊贵的是人。人皆有魂

---

① 韩国大巡真理会编:《典经》,大巡宗教文化研究所 2010 年版,第 323 页。

② [韩]车瑄根:《〈太平经〉的解冤结与大巡真理会的解冤相生之比较研究》,载金勋主编:《道与东亚文化》,宗教文化出版社 2012 年版,第 391 页。

和魄。人死之后，魂升入天空，接受四代祭祀后成为人们敬畏的对象灵、仙，魄归于地下，成为鬼。如果神性为人性之变体，神格为人格之转换，那么，所谓的神其实就是人之灵体的别名。这个神明世界还设有冥府，其中有十王、山王、龙王、土王、神将、使者等。十王由生前有名望的人担任："由全明淑任朝鲜冥府，金一夫任清国冥府，崔水云任日本冥府。"三人各司其职，"一夜之间可扭转大势"①。姜一淳认为，神明世界与人间社会之间是相互影响的。人间社会的纷争会反射到神明世界，神明世界的纷争也会通过人的内心世界反映到人间社会中，而神明世界混乱的原因就在于，"在人间含冤而死的神明们尚未能报仇雪恨。若能消解神明世界的血海深仇，神明世界便会祥和安定，同时人间世界也会安乐和平。"② 基于此，他提出"天地公事"并宣布人尊时代即将到来。

第一，"天地公事"的主宰者是"九天上帝"姜一淳，居于宇宙的最高位，能统摄三界，调理乾坤，运化阴阳，其中借鉴了道教的神灵观和宇宙观。有关"九天上帝"的最早记录大概是1926年普天教革新派李详昊发表的甑山教典籍《甑山天师公事记》，据考，这个神名可能来自于道教的"九天应元雷声普化天尊"③。1929年，李祥昊又编著出版了《大巡典经》，讲述"九天上帝"大巡的真理。据《大巡典记》记载："上帝位居九天，神圣、佛、诸菩萨等向上帝诉求，皆谓匡扶天地之纷乱非上帝不能。于是，上帝降于西洋大法国天启塔，环视三界，大巡天下之际，至东土朝鲜停留，临于母岳山金山寺弥勒佛像凡三十年，降天命与神教于崔水云，使其确立大道。后于甲子年（1860）收回天命与神教，辛未年（1871）亲临世间。"④ 姜一淳自称为"九天大帝"，后来继承姜一淳教统的赵哲济又敬称之："九天应元雷声普化天尊姜圣上帝。"姜一淳因听到天界神灵、佛菩萨对人世间和生命界遭遇到诸多劫厄的呼诉，决定从九天下凡人间来救度众生。在天上

---

① 韩国大巡真理会编：《典经》，大巡宗教文化研究所2010年版，第95页。
② 韩国哲学会编：《韩国哲学史》（下卷），社会科学文献出版社1996年版，第250页。
③ 参见《九天应元雷声普化天尊玉枢宝经》，《道藏》第1册。值得注意的是，道教的"九天应元雷声普化天尊"只是位于玉清天的护法神，而甑山教所崇拜的"九天应元雷声普化天尊姜圣上帝"则被奉为该教的最高神，不仅是化生宇宙万物的主宰，而且还化为肉身降生朝鲜半岛，拯救大众超脱苦难，开创"后天仙境"的"新天地"的宗教领袖。
④ 韩国大巡真理会编：《典经》，大巡宗教文化研究所2010年版，第321页。

降临到西洋大法国天启塔环视三界时，发现东方朝鲜才是实现其愿望的地方，于是通过全罗道母岳山金山寺弥勒佛，向天道教第一任教崔济愚颁布"天名"和"信条"长达三十年之久。可惜这位崔济愚虽获"真法"，却无法开启"真光"，未能领悟拯救人间苦难的真谛，于是，姜一淳亲自化身下凡来到朝鲜，直接主宰天地人三界大权，用造化之功开辟天地，创建长生不老的仙境，来普度苦海众生。因此，甑山教首选的信仰对象是"九天上帝"姜一淳，然后才是朝鲜民族的始祖神桓因、桓雄、檀君等，其他宗教的文明神，如孔子、释迦牟尼、耶稣等以及天道教教主的崔济愚等地方神。

第二，甑山教所谓"天地公事"是指为了改革"旧天地"，开创"后天仙境"的"新天地"。甑山教认为，"三界"是上帝根据阴阳象数法来确定天地的"运度"，将世界历史的变迁分为"先天"、"后天"和"末世"。

> 上帝对金享烈道："在先天，人与世间万物皆为相克之理所支配，世间怨恨日积月累，错综复杂地充斥于三界之中。天地失其常道，各种灾祸丛生，世间暗无天日。因此，吾欲整理天地度数，调化神明，以解万古怨恨，以相生之道建后天仙境，济度世间苍生。不论大小事应由神道解冤，若能事先稳固度数并加以调化，人事使以神道为范实现自我达成，这便是三界公事也。"[1]

如果说，把"九天上帝"姜一淳降生以前称为"先天"，未来世界称为"后天"，那么，现代社会则是"先天"向"后天"更迭的时代，即所谓的"末世"，其中借用了道教宇宙论的劫运观。道教将天地从产生到毁灭的过程称为一"劫"。宇宙是一个劫劫相续的无限发展过程。大劫之中还有若干小劫，每一劫都有始有终，一劫过去，宇宙陷于黑暗，天地人一起毁灭，只有品位极高的神仙才能逃过劫难。时机一到，新的一劫又将开始了。甑山教也认为，这种历史变化过程也是世运公事的运行法则，这是人类力量无法改变的，只有靠掌握三界大权的姜一淳的神力才能进行调整，由此强调信仰甑山教的重要性。

---

[1] 韩国大巡真理会编：《典经》，大巡宗教文化研究所2010年版，第94页。

第三，甑山教认为，"先天"和"后天"交替中的"末世"，一方面是由先天时期积累已久的神界和人间的怨恨与杀气因冤生相克的爆发而形成；另一方面，由于神界和人间具有不可分离的关系，现代社会出现的所有灾难皆源自"先天"时代的冤生相克的道理。现在的神界极度混乱，而传统宗教是以各民族文明为基础的，在当代社会中已没有能力为人间开创出一条正道。冤恨若不能得到消解，人类社会也无法实现和平，即使一人含冤，也会使天地凝滞，因此只有运用道教《太平经》提出的"解冤结"的思想来加以改变。到了"后天"世界，万事成功的相生解冤，天下才成为一家，没有阶级差别、男女平等，人权受到重视。"天地公事"所设立的"后天仙境"虽借鉴了道教神仙世界之名，但其中也融合了一些其他宗教的理想，它"以一种安定与繁荣的局面取代现在的不安和窘迫，未来的后天世界将成为一个极乐的世界，净土的世界，一个能体现天国无上荣光的人间世界。这一预言在当时广大民众的潜在意识之中成为长鸣的救援之笛，成为生命脉搏的跳动之声"[1]。所以姜一淳才说："吾欲整理天地度数，调化神明，以解万古怨恨，以相生之道建后天仙境，济度世间苍生。"实施解冤相生的目的是为了促进人们道德实践上的向善。

第四，甑山教以成为"地上神仙"作为修行目标，其修道方法中也贯穿了一些道教因素。例如，将敬仰上帝的至诚精神置于丹田，在规定的时间诵念咒文等，通过修心炼性来恢复人的本来的清静天性，复归于大道而地上成仙。甑山教对信徒的修道作了如下具体规定：

> 集敬仰上帝之至诚精神于丹田，通过磨炼，以灵通为目的，敬之又敬，诚之又诚，念念自在，念念相续，至诚奉诵所定咒文。修道分为工夫、修炼、平日祈祷和主日祈祷。
>
> 工夫：在一定场合，按指定方法，所定时间诵读咒文。
>
> 修炼：不受时间场所限制，诵读祈祷咒或太乙咒。
>
> 平日祈祷：每日丑未时自家祈祷，但外出时归家补充。
>
> 主日祈祷：每甲、己日子午卯酉时，在指定场所或自家祈祷。

---

① 韩国哲学会编：《韩国哲学史》（下卷），社会科学文献出版社 1996 年版，第 248 页。

其中，既借鉴了内丹道的通过修心炼性来得道成仙的修道方法，也吸收了符箓派倡导的以清静之心诵念咒文，使神人相感应，达到与神不二的境界，由此得到神灵的保护相似，通过"地上成仙"的修行目标而将内丹道和符箓派融合起来。

最后，甑山教的宗教仪式因宗派的不同而有着细微差异，但大体上都延续了姜一淳所设立的"太乙教行仪"[1] 来表达对九天上帝及神明的致敬和献礼，其主要仪程有摆放献祭食品、侍立心告、焚香、献官带领信徒三献拜（初献、亚献、三献）、告谕、诵咒、俯拜、祈祷等，其中使用了道教斋醮科仪中经常采用的神符、咒语、易占、相术、风水、遁甲、烧符等五花八门的道术：

> 上帝命柳赞明写下如下一些文字。"天文地理、风云造化、八门遁甲、六丁六甲，智慧勇力以及回文山五仙围棋穴、务安僧达山胡僧礼佛穴、长城巽龙仙女织锦穴、泰仁拜礼田群臣奉诏穴"，书毕将其烧掉。[2]

"诵咒"是用语言向九天上帝表示崇拜，"烧符"则是在纸上写下各种奇妙的文字和句子之后加以焚烧，据说可用来驱散鬼怪，治疗疾病，使死人复活，这本是道教符箓派创造的一种沟通人神关系的仪式，传入朝鲜半岛后得到延续与发展。据说，姜一淳在求道过程中悟到《太乙咒》，他宣扬诵读咒文时，可以开眼看到神界和人间所有的现象，还可以穿越并通晓过去和未来，这样，使用神符咒语就成为他传道时的一种方法。甑山教的宗教仪式虽表现出浓厚的道教文化色彩，但其内容则有朝鲜民族文化的特点，例如，信徒必须穿韩服，在向神行至诚礼时，必须将诚、信、敬的修道心态以"礼"的方式来表达。

1909 年 6 月 24 日，姜一淳突然去世时，据说大部分信徒难以接受他的死讯，拒绝参加葬礼，甑山教一度解散。两年后，姜一淳的妻子高夫人在一次昏迷后，言行变得与姜一淳非常相似，遂传说姜一淳的灵魂附在了高夫人

---

① ［朝鲜］李能和：《朝鲜道教史》，东国文化社 1959 年版，第 485—486 页。
② 韩国大巡真理会编：《典经》，大巡宗教文化研究所 2010 年版，第 84 页。

身上，一度四处离散的弟子再次聚集在一起，创建了一个最初的教团——仙道教，又称太乙教，供奉《郑鉴录》。不久，高夫人的姨表弟车京石趁教团势力扩张之际，又将高夫人架空，自己掌控教团成为太乙教第二世教主后，将之更名为"普天教"。可是，姜一淳的追随者们认为车京石不是正统，于是各自声称继承了教统，纷纷自立教团，他们按自己的理解，从神团的众神之中选择一神作为各自教团的神主，如金亨烈创弥勒佛教，供奉弥勒佛；赵哲济（1895—1958）创无极大道教（又称太极道），供太极等，另外还有甑山大道教、顺天教、三德教、清道大亨院、大巡真理会、青羽一新会等数十个教团等。甑山教分离出的诸多教派被统称为甑山教，其教徒常诵神秘《太乙咒》："吽哆吽哆太乙天上元君，吽哩哆耶都来，吽哩喊哩娑婆诃"①，因此又被称作吽哆教。

甑山教团一度发展到上百个，其中车京石的普天教发展得最为迅速，很快拥有数百万信徒。车京石初置 24 干部制度进行教团管理，这犹如早期五斗米道所置立的二十四治，后于 1919 年在全国范围内设立了六十干部，"用历书式奇异之号其名"，称为"六十方主"。然后又在"六十方主"之下设立六名任员、二十名时员、八刻员和十五分员，来统领数百万信徒，由此建立起教团组织。1921 年，车京石在黄石山举行天祭，登基为天子。当时许多人都称车京石为车天子。朝鲜总督府为遏制普天教的发展而制定了非法宗教取缔令，四处缉拿普天教徒，一些教团纷纷覆灭或转入地下活动。车京石屈于日本淫威而走上亲日道路，但此举在普天教教团内部遭到强烈反对，掀起了普天教革新运动。一部分教团骨干脱离该教另立首尔大法社、三圣教等新的教团等，② 甑山教进一步分化。

甑山教创立至今已有一百多年，其发展虽是一波三折，但通过教派的分化与改良一直持续下来，成为当今韩国新兴宗教中分派最多的宗教团体，现有五十多个教团，其中由朴汉庆（1917—1995）于 1969 年创建的大巡真理会是最大的教团，在全国建有三千个会堂，信徒大约有 80 万，神职人员有5 万，现为当代韩国第六大宗教团体。

---

① 据李能和说，此咒文或为姜一淳在金山寺读佛经时得一道士所遗；或为黄帝所作而老子修正。（参见［朝鲜］李能和：《朝鲜道教史》，东国文化社 1959 年版，第 476 页。）

② 参见吕春燕、赵岩编著：《韩国的信仰和民俗》，北京大学出版社 2010 年版，第 266 页。

　　大巡真理会由赵哲济创立的太极道发展而来。出生于韩国忠清道北道槐山的朴汉庆原为太极道徒，已被道主赵哲济指定为接任道主，但由于赵哲济去世后，教派内部矛盾激化，于是朴汉庆在首尔东部中谷洞龙马山另创新宗教。大巡真理会在教义理论和修道实践上继承姜甑山、赵哲济倡导的天地公事的传统，把姜甑山奉为玉皇上帝，把赵哲济奉为九天上帝，宣扬两位上帝的肉身虽是化现为韩国的自然人，但其神格则是在大巡真理中的阴阳合德的统帅。大巡真理会以姜甑山降临人间的各种传奇和生前留下一本《玄武经》为依据，其言行后被李祥昊整理成《大巡典经》，其思想被李正立整理成《大巡哲学》，成为大巡真理会依据的宗教经典和信仰指南。

　　大巡真理会宣扬两位上帝大巡天地人三界，匡扶天地之纷乱，拯救苍生之真理，以"阴阳合德，神人调化，解冤相生，道通真境"为宗旨，以"四纲领：安心、安身、敬天、修道。三要谛：诚、信、敬"为信条，以无自欺、精神开辟、人间改造、布德天下、广济苍生、辅国安民和建设地上天国为目的。① 因倡导儒、佛、道、基、大巡真理会的"五教合一"，从1972年起，大巡真理会就将布德、教化、修道定为本教团的三大基本事业，从教义思想到修道场所建筑风格都传承了一些道教因素，但又根据自己的需要做了许多民族化的改变，这是值得深入研究的近代东亚道教的文化传播现象。

　　20世纪下半叶，随着韩国人对传统文化的重视，甑山教因保存并弘传韩国精神文化遗产，积极推进宗教文化典籍的传布事业而开始受到学术界的关注。从1974年始，甑山道不仅向成年人传教，而且还以首尔大学街为中心开展传教活动，成为新兴宗教中唯一向在校大学生传教的团体，由此也吸引了一些年轻人的关注。1992年，甑山教创办的四年制综合性大学——大真大学开始招生，更扩大了该教在年轻人中的影响。今天，甑山教在全国近六十所高校中都设有社团，进行慈善公益、社会福利、救护医疗和教育事业，在客观上也推进了道教的信仰、思想和修道术在当代韩国的传播。

　　今天，道教在韩国是否还有传播呢？20世纪80年代以来，韩国社会里流行着与道教相关的两类书籍：一类是与檀君有关的古书，如《天符经》、《三一神诰》等，其中包含了一些道教因素，它们被韩国当代新兴宗教奉为

------

① 参见韩国大巡真理会教务部编：《大巡真理要览》，大巡宗教文化研究所2010年版，第9页。

经典；另一类为以道教炼丹体验为题材的仙道小说。虽然这些书籍内容的客观实在性难以证实，但"它们均与道教有密切的联系。它们没有转瞬即逝，而是使一般大众对道教的认识得以深化。这就是使少数人在山中专门传授的丹学和仙道，在城市青年中流行的直接原因。这样，随着人们对韩国固有仙道关心的加深，丹田呼吸和气功等在韩国社会便大为流行"①。这是否推动了古老的东亚道教的神仙信仰和仙道修炼在当下社会中的重现呢？

在今天的韩国，道教缺乏佛教和儒教那样的教团组织，也没有形成一定的信仰教义体系。但是由于古老民间传说和神话中经常会出现道士、神仙或神灵，因此道教的神仙信仰也被看作韩国固有的、内在的一种文化传统。20世纪80年代后，一些冥想类书籍在韩国畅销，借此东风，1985年，人称"风宇道人"的权泰勋讲述道教修炼的小说《丹》出版。与此同时，一些以丹田呼吸、气功修炼为宗旨的新宗教团体在韩国陆续出现，如汉城韩国仙道协会、1987年权泰勋创办的民间修养团体韩国丹学会、1991年蔚山市韩国道教全真仙坛寿星宫成立等。全真仙坛寿星宫主要供奉南极长生大帝，这是目前韩国少数供奉道教神灵的道观。尽管韩国的道教宫观在外观上与中国本土的道教宫观有所不同，但毕竟还是供奉着道教神灵，表达了韩国民众对长生成仙理想的一种追求。另外，由韩国仙道协会会长崔炳柱担任会长的世界金仙学会，崇奉新罗仙人金可记，宣扬金可记是"把当时盛行的丹道思想融入到韩国固有的神仙思想中，在对于神仙的向往中加入了实际可操作的内丹修炼方法，并强调通过自己的修炼积累功德而转换本性、通过自己本身的修炼达到长生的目的，这些思想仍然是今天韩国金仙道思想的主流。"②2006年，世界金仙学会与陕西道教协会共同努力，在终南山子午峪金可记升仙处建成金仙观作为"韩国道教祖庭"。被称为"青山绿水神仙府，白雪黄芽羽士家"的金仙观，其建筑既有中国全真道观的清净淡雅之气，也有小巧精致的韩国文化特色，被当地人称为"韩国庙"，正如大门两旁挂有黑底金字对联："终南有福地千年古道连子午，海东继仙源百步烟云衍全真"，表现出道教在中韩道教文化交流中所起的桥梁作用。

---

① ［韩］林采佑：《韩国道教的历史和问题》，林国雄主编：《制造业经营体质的新儒学考察》，台湾慈惠堂出版社2002年版，第532页。

② 《第一届仙和道国际学术大会在韩国首尔召开》，《中国道教》2009年第6期。

第　四　章

道教在日本列岛的传播

日本列岛位于亚洲东部，四面环海，其国土以本州岛、四国、九州岛、北海道四个大岛为中心构成，岛上有山川平原，地形多姿多态，总面积的百分之七十为繁茂的森林所覆盖，储水量丰富，春夏秋冬四季分明，气候温暖湿润，但狂风暴雨、地震海啸、火山爆发等突发性、摧毁性的自然灾害又十分频繁。这样的地理环境和气候条件，使日本人在对大自然的崇拜与敬仰之中形成了自然界所有的事物都内涵着神性的"万物有灵"观念，这成为日本人独有的自然风土意识的精神内核，也促成了神道教的起源。"在日本人固有的风土中，孕育了日本人不是以理念而是以感性为基础的思维模式，通过彼此共享与自然的融合感来感受神的存在，形成了以心传心、在沉默和空白中达成相互理解的'间'的文化，并诞生了神道这种具有开放色彩的多神教宗教。从神佛习合到神道与佛教的并立，再到日本宗教的多重构造，我们不难发现日本文化所具有的包容性和改造力。"① 中国道教初传日本时也面临着日本神道文化所具有包容性和改造力，它虽然与佛教、儒学一并传入日本，但却没有像佛教和儒学那样，或通过以"神佛习合"，或通过以"神儒兼摄"的方式，进入日本的主流文化，也未能像在朝鲜半岛那样建立独立的道团进行传教活动，似不存在可确证的道士与道观，故长期以来，学界对于中国道教对日本古代社会和宗教所发生的影响未能给予应有的注意。由

---

① 杨伟：《日本文化论》，重庆出版社 2008 年版，"前言"第 3 页。

于历史越久远，记忆遗失的就越多，历史学家在依托古代文献和前人评价来记述并复原历史时，往往会出现忘记或忽略曾有的活色生香的社会生活本身。笔者认为，问题的关键不在于是否以中国道教为标准对那些在日本社会中出现的可称之为道教的东西作一评判，进而说明日本是否存在道教，也不仅是探讨中国道教在日本如何传播、如何被吸收的过程，而应当着眼于探讨日本人在与中国道教接触、受容及发生冲突摩擦的过程中，是如何看待并选择道教的。

第一节　道教初传与神道信仰

日本有自己古老的民族宗教——神道教，其多神信仰和文化功能类似于中国道教，属于一种与自然风土休戚相关的民俗信仰体系。清末中国外交家黄遵宪（1848—1905）出使日本时，在所撰《日本国志》中提出"神道者即为道教"："日本诸教流行，独无道教，盖所谓神道者即为道教。日本固早重之彼。张鲁之米教，寇谦之符箓，杜光庭之科仪，反有所不必行矣。"[①]这种看法把大中华心态表现得一览无余。虽然神道教伴随着日本民族的发展，所起的作用犹如中国道教对于中华民族，但神道教毕竟与道教有着不同的民族文化风格。在漫长的历史发展过程中，神道教成为日本民族性的核心，至今仍然受到大多数日本人的崇信。神道教在日本的独尊地位，是否阻碍了道教在日本的传播？日本早稻田大学教授新川登龟男主张要以"问题"为切入点来研究"日本的道教"，尤其是研究日本与道教接触、磨合并发生摩擦的过程。[②] 若以此为研究路径，那么，中国道教与日本神道教有哪些异同？道教通过什么途径、方式与神道教相接触？神道教又是如何解读、吸取和排斥道教的？

一、原始神道营造的宗教氛围

在道教正式传入日本之前，日本社会中弥漫着浓厚的原始神道气氛。原

---

① 黄遵宪：《日本国志》，上海古籍出版社 2001 年版，第 389 页。
② 参见［日］新川登龟男：《道教とは何か——日本古代の場合》，《歴史と地理》2000 年 6 月，第 535 号。

始神道出现于被浩瀚无际的大海所环绕的日本列岛上，萌发于尚无文字的"先陶器文化"时代。在远古时代交通不发达的条件下，日本文化的发展十分缓慢，大约在旧石器时代人们才出现初步的灵魂观念。旧石器时代遗址的考古学发现，如长野县的尖石遗址、东北地区出现的鲑石遗迹，石川县真肋遗址中出土的呈放射状排列的数百块海豚头骨①，都被看作是一种为猎获动物举行"送灵"仪式的遗迹。土偶、岩偶、土版、岩版、动物形土制品、土面、石棒、装饰品、土器上往往会刻上简短的咒术语，环状列石、积石坟墓、墓地的特殊构造，一些石刻人偶和岩画遗迹则说明此时的日本人已有了朦胧的灵魂观念。② 这种原生性的神道传统以万物有灵论为核心，并通过自然崇拜、祖先崇拜、生殖崇拜和祭祀活动等延续下来，而营造出一种具有浓郁的日本民族风情的宗教氛围。

大约在一万年以前，日本进入新石器时代。当时的日本社会尚处在原始母系氏族公社阶段，人们住在洞穴中，以狩猎、捕鱼和采集为生，过着茹毛饮血的生活。随着金属器具的使用，人们开始种植豆类、竽类等植物，并学会使用弓箭狩猎，用鱼叉和渔网捕鱼，生产方法的改变促进了生活方式的变化。人们开始聚集在河边或沿海的地区，建立起村落式的聚集地，装上炉灶，使用陶器来烧水煮东西吃。日常生活用具以土器居多，这些黑褐色或茶褐色陶器大多用无釉泥土烧成，形状各异，有圆筒土器、尖底土器、香炉型土器、瓮形土器、壶形土器等，但上面普遍刻有上升式双螺旋纹的绳纹。有人认为，这种绳纹样式可能表示对东方日出的崇拜符号。考古学发现，从北海道、九州岛直到琉球群岛都留下了这种绳纹式陶器的遗迹，故史称"绳纹文化时代"。

通过出土于此时的陶俑、陶板、勾玉、石制仪式用具、坟墓及立于坟墓前的配石等，可对"绳纹文化时代"的宗教情况作一推测。据说，在日本各地均出土过公元前一万年至三千年用陶土制作的形象怪异的偶人，又称"土偶"或"陶俑"，在东部分布尤为密集，种类也很多，除房屋和猪、熊、猴等动物土偶外，人偶居多。这些形态近似人形，躯体成板状，表情幼稚的

---

① 参见叶渭渠主编：《日本文明》，中国社会科学出版社1999年版，第45页。
② ［日］松田智弘：《古代日本の道教受容と仙人》，岩波书店1999年版，第20页。

人偶，少数是披甲武装的男偶，大多是造型千姿百态的女偶，展现出一个女性中心社会①的样态。这些女偶有穿衣女偶、坐式女偶，有些女偶的乳房、腹部或生殖器还得到夸张处理，有的还被有意损坏。这些有着精细雕刻，表情诡异而充满着神秘感的女偶，被称为绳纹"维纳斯"。"这类女性像具有一些显著的共性：正面直立，双腿叉开，乳房丰满。有些腹部隆起，象征怀孕，有些性器或臀部裸露，展示女性魅力。"② 专家对此多有研究与解释，"有的认为，女性陶俑与人们追求生殖和丰盈的生活有关，它是原始宗教仪式的祭拜对象；有的认为，这表达了当时日本人的生死观念——这些孕育生命象征的女性陶俑死去，又会有新生命再生；也有的认为，这种陶俑可能是一种具有咒术作用的护身符，具有驱避恶灵的作用。"③ 在爱媛县黑岩岩阴遗址出土的距今一万二千年的7件绿色土陶偶，高5厘米，只用稚拙的线条来刻画长发、乳房和腰身而没有面孔。"许多学者由此推定，在绳纹时代普遍存在着灵魂信仰，否则当时的人民就不会大量制作这些稚拙的'原始圣像'。"④ 根据某些土偶的姿势来判断，有的像是咒术施行者正在向神念咒，故松田智弘通过对绳纹时代考古遗迹的研究，对绳纹人咒术存在的可能性进行了考察，认为咒术是原始祭祀仪式的萌芽，也构成了日本宗教信仰之基盘。⑤ 随着人类思维水平的提升，绳纹人的祭祀内容也逐渐丰富起来，经常在人的生、死、生殖、成年等人生重要时刻举行仪式，也会在生产和生活中的关键时刻，如镇火、播种、收割、航海时进行祭祀。

　　绳纹文化时代也是日本人种和日本语言的形成期。原著民绳纹人据说和南太平洋倧种人存在着近亲血缘关系，而渡来的弥生人，则属于中国型黄种人，主导并开发了日本列岛。有关于日本人的起源，人类学家埴原和郎（1927—2004）在《日本人の形成》中归纳出三种理论：以现代日本人的祖先一次或两次驱逐土著绳人，使外来民族成为现代日本人的祖先的"人种交替论"、以绳纹时代土著居民与日本周边族群融合的混血论和现代日本人

---

① ［日］井上光贞、竹内理三编集：《日本の历史》别卷1《原始から平安》，中央公论社1967年版，第21页。

② 陈志侠、于之润编：《日本视觉艺术》，辽宁大学出版社2004年版，第417页。

③ 叶渭渠主编：《日本文明》，中国社会科学出版社1999年版，第19页。

④ 叶渭渠主编：《日本文明》，中国社会科学出版社1999年版，第46页。

⑤ 参见［日］松田智弘：《古代日本の道教受容と仙人》，岩波书店1999年版，第53页。

是土著居民长期进化结果的演变论（又称连续论）。① 这三种理论最大的分歧是对现代日本人和土著的"绳纹人"关系的认识，或认为两者完全无关，或认为两者密切相关。"上述理论共通的缺陷，就是都无法说明日本人地域性的差异，以及具有独特身体和文化特征的阿伊努人、冲绳人和本土人的关系。"② 因此，日本人的种族起源具有绳纹系和渡来系"二重结构模式"。"从人类学角度看，在弥生时代，日本列岛已经存在大陆的'渡来系'和土著的'绳文系'两大人类集团。前者属东北亚人系，主要居住在北九州岛北部，后者属东南亚系，分布于其他地区。也就是说，当今日本人种'二重结构'的源头，存在于弥生时代。"③

保留绳文特质最多的就是生活在北海道的胆振、日高等地的阿依努人和生活在琉球群岛上的琉球人。阿依努人旧称"虾夷人"，他们曾一度占据着大部分的日本列岛，成为主要的原住民。阿依努人自古就过着以渔猎、采集为主要生产方式的自给自足的生活。他们拥有自己的语言——阿依努语，信奉一种带有浓厚萨满教色彩的原始宗教，经常举行"熊祭"、"鲸祭"等宗教仪式，并形成了富有民族特色的音乐和舞蹈。值得注意的是，北海道原住民阿依努人与日本人的宗教习俗有较大的差别。另据琉球国史书《中山世鉴》称，琉球王国最初的统治者天孙氏是琉球神话中创造天地的阿摩美久神的后代："盖我朝开辟，天神阿摩美久筑之。"天孙王朝后来持续了 1780 年，共有二十五位国王。

有关琉球种族与文化的起源有很多说法，有的认为，它与日本绳纹时代属于相同文化的人种，在公元前 10 世纪到前 3 世纪之间，从中国中南部沿海地区来到琉球群岛，并逐渐从西向东迁移。有的认为，古琉球文化属于百越文化的一部分。还有的认为，上古时代的琉球人是属于来自印度尼西亚或澳大利亚的马来人。虽然琉球人有自己的民族语言——琉球语，但受中国和日本本土文化的影响较大。从保留至今的冲绳口传神话和民俗信仰看，早期琉球人也有着自己独特的自然崇拜和巫文化特色的宗教信仰，"自 15 世纪至

----

① 参见［日］埴原和郎：《日本人の形成》，载［日］朝尾直宏等编：《岩波讲座·日本通史》第 1 卷《日本列岛和人类社会》，岩波书店 1993 年版，第 85 页。
② 冯玮编：《〈菊花与刀〉精读》，复旦大学出版社 2010 年版，第 33 页。
③ 冯玮编：《〈菊花与刀〉精读》，复旦大学出版社 2010 年版，第 37 页。

19 世纪后半叶，在冲绳群岛上曾经建立过琉球王国，王府给岛上的神女们建立了组织，制定了宗教制度。"① 今天，冲绳岛上流传着佛教和神道教，也是日本道教信仰最深厚的地区。但由于这两个民族长期生活在日本列岛的边缘地区，不仅人数少，时至今日，依努人约有 2.5 万，琉球人约有 120 万人，属于日本社会中的"另类"，而且面临着被大和民族同化的处境中。从总体上看，日本的民族构成还是比较单一的，以至于今天有些日本议员乃至首相都曾公开表达日本是"单一民族国家"② 的观点，这虽然并不符合日本民族构成的实际状态，但日本人在宗教信仰的认同上却具有显著的一致性："对于日本人来说，神不是相信与否的问题，而是感觉到与否的问题。……日本人是在风土中用心灵来感受神的存在。"③ 这种对神的感觉也构成了原始神道的宗教意识之心态基础。

在绳纹时代晚期，随着大陆移民不断地渡海来到日本列岛，一方面，原住民与移民通婚，促使日本人的体质通过混血而发生了质的变化；另一方面，也促进社会生产能力与人类智力水平的逐步提高。早期的绳纹人身材矮小、鼻扁平、脸型短，具有东亚类型的"古蒙古利亚人"的典型特征，其身体特征是黄皮肤、黑头发、中等身材，后演化为"大和人"，中国史书上称之为"倭人"，约占总人口的 98%。"大和人"生活在岛屿上，因为海上交通的阻碍，长期以来除了朝鲜族与汉族之外，很少有其他外来民族进入，这使得他们保持着比较强烈的民族身份的认同感和民族文化的一致性。

在宗教观念上，出现了借助于"拟人化"的思维方式和朴素语言来表达对超自然力量的想象与崇拜的宗教意识。如出土的火焰纹陶器，以火焰纹饰来表现在自然环境中求生存的意志；陪葬的土偶以女偶为主，则意味着崇尚女性的生殖能力。绳纹人认为，自然界所有的事物都存在着灵性，他们尤其是对山神、海神怀有敬畏和感恩之情，不仅将自然物和祖先之灵称之为"神"，而且还将女性的生殖力视为人类兴旺和食物丰收的象征。绳纹人抱

---

① ［日］真下厚：《冲绳的神话与祭祀》，载任兆胜、胡立耘主编：《口承文学与民间信仰：首届怒江大峡谷民族文化暨第三届中日民俗文化国际学术研讨会论文集》，云南大学出版社 2007 年版，第 165 页。

② 1986 年，当时的日本首相中曾根康弘在一个发表的讲话说日本是"单一民族国家"，立即引起日本少数民族的抗议。

③ ［美］埃德温·赖肖尔：《当代日本人》，商务印书馆 1992 年版，第 184 页。

着敬畏、恐惧的心理来进行祭祀，称为做"神事"。原始神道就孕育在这种对自然崇拜、祖灵崇拜和母性崇拜之中。

再加上日本是一个岛国，中部是山脉，沿海是丘陵或盆地，渔业和农耕成为两种主要的生产方式，造就了日本特有的宗教氛围。出海捕鱼需要人们进行群体性的协同劳动，比较强调集体主义精神。农耕则需要每个农民在一定的气候和土壤条件下，进行播种、耕耘、收获等不间断的劳动，形成了自给自足的小农经济，表现出个人主义精神。公元前3世纪，随着中国大陆文化的不断东传，尤其是水稻种植技术从中国江南和朝鲜半岛传入日本九州岛，人们逐渐结束了采集生活，在便于灌溉的平原地区定居下来，使用铁器农具来种植水稻，形成了以稻作农耕经济为中心，以血缘、地域为纽带的部落集团。农业生产方式的变革与发展促使日本历史进入了弥生文化时代（公元前3世纪至公元3世纪）。

所谓弥生文化时代，乃是因东京都文京区弥生町出土的陶器而得名，它具有金石并用的文化特征。如在北九州岛出土的弥生时代后期瓮棺墓的陪葬物中已有了作为死灵的镇物的铜铎、铜剑和铜矛等青铜器，还有作为死灵的祭具的土偶、土壶、土钵、土坛、土高杯等。在铜器和土器上已有一些富有装饰性效果的人物、家宅、鹿、舟的雕刻图案或浮雕线条，表达了人对死后世界的朦胧意识，故日本学者森本六尔（1903—1936）将弥生时代定义为受中国文化影响而逐渐形成的"青铜时代"。这些以铜铎为代表的弥生文化，反映了弥生人的想象力和造型能力，代表了弥生人原始艺术和宗教意识的萌芽。从日本全国来看，居住在九州岛北部、本州岛南部的弥生人和居住在其他地方的弥生人存在很大差异。前者具有较明显的东北亚人的特征，而后者则具有较明显的土著冲绳人的特征。日本人种之间的融合演变也通过文化成就和宗教意识表现出来。当部落民在首领的带领下，一起进行农耕生产和宗教祭祀活动时他们会使用一些咒语，这些咒语成为促进日本语形成的因素之一。据中国史书《三国志》卷三十《魏志·倭人传》记载：倭国的葬礼是："其死有棺无椁，封土作冢。始死，停丧十余日。当时不食肉，丧主哭泣，他人就歌舞饮酒。已葬，举家诣水澡浴，以如练沐。"这些葬制和祭事说明弥生人对死灵与生灵的认识有了提高，对神的观念也发生了变化，从对自然神灵和精灵的信仰转向对死灵的崇拜，反映了原始神道已开始逐渐萌芽。

原始神道大约出现于公元 1 世纪左右的弥生时代，它"是以大陆和南方系统的稻谷农耕仪礼为核心的各种神灵与北亚和大陆的萨满教系统诸神灵的融合"①。原始神道由日本原始宗教演化而来，从自然崇拜、祖先崇拜出发，倡森罗万象中均有神灵栖息的万物有灵论，号称有天地神祇八百万，是一种具有泛灵论特点的多神教的信仰体系。② 从《古事记》和《日本书纪》中可见，"原始神道的世界观不区分有生物与无生物。在神道教徒看来，无论是动物、植物，还是物体，统统都是有生命的"③。与中国道教相似的是，山神、水神、海神、田神、地神、雷神、太阳神都成为神道的信仰对象，一些动植物也被奉为"神明"，"神圣的地方不能没有森林……那还是从绳纹时代以来日本人信仰的缘故"④。但对后世影响最大的还是对太阳和山岳的信仰，这构成了神道信仰的基本特征。

原始神道强调神与祭神者之间存在着自然而完美的连带意识，如日本的"神"发音为"がみ"，音译为 Kami，在词源上与"上"的发音相同，泛指处于自己上位的人，如"がみ"可用于形容各阶层，如一个氏族的"かみ"可称作"氏神（うじがみ）"，太政大臣的"かみ"可称作"一上（いちのがみ）"，最高天皇的"がみ"可称为"御上（ぉかみ）"。同时，日本人还将死人灵魂、值得敬拜的山岳及树木之灵、狐狸等动植物之灵，甚至那些令人骇闻的凶神恶煞称为"かみ"。日本人称一切神明为"がみ"，汉字传入日本后，就用"神"字来表示它。可见在原始神道中，"神"是一个与人相连且含义宽泛的词。依津田左右吉的看法，在日本人眼中，古典之"神"有三个意义：第一是宗教的咒术上的意义；第二是宇宙本身拥有了玄妙之力或作用，这是由第一意义之神转化而来的；第三是存在于人的神，也即今天一般所说的"精神"这一概念的来源。"这个'神'便是存在于人而有着一

① ［日］村上重良：《国家神道》，商务印书馆 1990 年版，第 23 页。
② 日本人信仰的神到底有多少？民间传说有八百万神，但日本学者萩原龙夫（1916— ）根据《综合日本民俗语汇》中日本民间信仰的神的数字，把诸神分为地域之神、农业之神、山神、渔神及其他共 25 项，多达 411 种。（［日］窪德忠：《道教诸神》，四川人民出版社 1996 年版，第 67 页。）这些大概是日本人在平时的祭祀活动中主要崇拜的神灵。
③ 杨伟：《日本文化论》，重庆出版社 2008 年版，第 21 页。
④ ［日］梅原猛：《森林思想——日本文化原点》，中国国际广播出版社 1993 年版，第 21 页。

种灵妙之力或功能的东西，可以推测，它是通过第二种意义上的'神'从宗教意义上的神转化而来的。"① 这种宗教意义上的"神"随着历史的发展成为日本民族习俗中的祭祀、祈祷和崇拜的对象，而被称为从"神代"传下来"神道"，是不加任何人为因素的日本固有的信仰传统，故江户时期国学家本居宣长（1730—1801）根据中国的习惯用语，认为"神道"即是"惟神而领有天下"的意思，其门人平田笃胤（1776—1843）在《古史徵开题记》中则用"惟神为之道"或"神随之道"来表现这种"神ながら"。津田左右吉认为："平田笃胤读过许多中国的图书，对道家思想有一定的知识，可以想见在平田笃胤的时代，'惟神'已经取代了'かみながら'，'惟神之道'与其说是根据'惟神'的文字，还不如说是根据'かみながら'来做成的，现在写成'神随之道'，因为是出于臆测反而显得不正常了。"②

在原始神道中，人与神相联系而存在，没有本质上的差别，但有上与下的分别。人一旦死后，就有了成为"神"的依据，由此推理人是可以成为"神"的。"按神道的说法，低位神的世界并不是有别于人世的、彼岸的栖息地。神和人是连在一起的，因此，人无须到另一个世界中去寻求得救。即使在日常生活中通过和自然神的交融也可以保证得到拯救。因此神道教关注的是现世生活。"③ 这种现世超越的观念与道教的神仙观颇为相似，但有所不同的是，道教以"得道成仙"为基本信仰，因神仙幽隐，故更强调修道者应远离尘世，与世异流，隐居于风景秀美的山林，采用种种特异方法进行修炼，通神接真，以获得个体生命的永恒。如葛洪《神仙传》中所说：

> 盖神仙幽隐，与世异流，世之所闻者，犹千不及一者也。故宁子入火而凌烟，马皇见迎以获龙，方回咀嚼以云母，赤将茹葩以随风，涓子饵术以著经，啸父烈火以无穷，务光游渊以脯薤，仇生却老以食松，邛疏服石以炼形，琴高乘鲤于砀中，桂父改色以龟脑，女丸七十以增容，陵阳吞五脂以登高，商丘咀菖蒲以不终，雨师炼五色以厉天，子光蟠虬雷于玄涂，周晋跨素禽于缑氏，轩辕控飞龙于鼎湖，葛由策木羊于绥

---

① ［日］津田左右吉：《日本的神道》，商务印书馆 2011 年版，第 11 页。
② ［日］津田左右吉：《日本的神道》，商务印书馆 2011 年版，第 18 页。
③ 杨伟：《日本文化论》，重庆出版社 2008 年版，第 22 页。

山，陆通匝遐纪于黄卢，萧史乘凤而轻举，东方飘衣于京都，犊子灵化以沦神，主柱飞行于丹砂，阮丘长存于睢岭，英氏乘鱼以登遐，修羊陷石于西岳，马丹回风以电徂，鹿翁陟险而流泉，园客蝉蜕于五华。①

原始神道则认为人类的生息繁衍都是自然神恩赐的结果，比较关注人如何在现世中通过宗教礼仪达到与神交融。为迎接神的降临，感谢神的恩惠与赐予，向神灵传达生命中的祈祷与祝愿，以获得神的拯救，无名的工匠专门建造了带有神圣性的盘座和盘境来迎接神的降临，因此"古坟时代留下了众多的祭祀遗址，例如奈良三轮山山麓的大神神社祭祀遗迹、玄海滩孤岛冲之岛宗像神社的冲津宫祭祀遗迹，都出土了大量祭礼用土陶器和玉器、石制礼器，大多是用于感激神的恩典"。② 这些祭祀和神社的遗迹表现出原始神道具有多神崇拜、重视祭祀、倡性善说等功能与特点。这种自生自发形成的原始神道信仰，已形成了一种汇信仰、道德、政治、审美和习俗为一体的集体意识，但尚处于宗教学上所说的"自然宗教"阶段。

原始神道是以神话故事为核心来构建神谱的。"日本是一个宗教多元化的国家，国民有许多不同的信仰与信念，宗教意识虽然并存，无法以单一定义来规范。最能反映这种现象的并非宗教教义本身，而是《古事记》与《日本书纪》中出现的日本神话。"③ 这些由《古事记》与《日本书纪》记载的神话故事的来源通常无法考证，但是在日本人的心目中，却代表着神的启示与创造。与其他民族的宗教神话一样，神道教的神话也是由创世说开始的，并以多神崇拜而著称。神道教号称有八百万神，其中特别塑造了造化三神、五别天神与神世七代，由此而将宇宙万物生成的原因归结为神的创造。道教宇宙论中始终存在着两条不同的线索：一是从神学上提出带有神谕启示特点的宇宙神创说，以彰显"道"的主宰性、神圣性与超越性；二是从哲学上建构了以"道气"为本的宇宙生成论，力图对宇宙世界以及人的生存

① 葛洪撰：《神仙传原序》，丘鹤亭注释：《列仙传今译、神仙传今译》，中国社会科学出版社1996年版，第209页。
② ［日］川崎庸之、笠原一男：《宗教史》，山川出版社1970年版，第7页。
③ ［日］南博：《日本人论》，立绪文化事业有限公司2003年版，第337页。

作出一个根本性的解释，从而为人的修道实践提供依据①。这与神道教的宇宙创世说有着很大的差异。从总体上看，神道教的宇宙创世说以"天地开辟"、"诸岛生成"、"诸神生成"为线索而形成了富有生动形象的神话故事情节。

"记纪神话"以"造化三神"为主角讲述了神道教的"天地生成"故事。《古事记》上卷第一章《开天辟地》首先说："乾坤初分，三神作造化之首，阴阳撕开，二灵为群品之祖。"远古时宇宙混沌不清，不知过了多少载，阴阳撕开，清者上升为天，浊者下降为地，在众神居住的天上神界"高天原"上诞生出能够开天辟地的造化三神。《日本书纪》开篇也描述了"天地开辟与三柱神"出世的状况："古天地未剖，阴阳不分，混沌如鸡子，溟滓而含芽。及其清阳者，薄靡而为天；重浊者，淹滞而为地，精妙之合搏易，重浊之凝竭难。故天先成而地后定，然后神圣生其中焉。"② 福永光司认为，"记纪神话"的开天辟地之说，从思维方式到语句表达都明显地脱胎于中国《淮南子》的《俶真训》、《天文训》③ 及 3 世纪时三国吴人徐整所撰《三五历纪》④ 的宇宙观，因此他特别提醒"记纪成立的年代在《淮南子》、《三五历纪》之后，由此需要关注中国南北朝后半期道教神学教理书对日本神话的影响"⑤。虽然"记纪神话"借用了《淮南子》的宇宙观，但它却以"造化三神"为中心建立起神道教独有的神谱，表达了包括神与人在内的天地万物都是由神"生成"的思想。"造化三神"中的"天御中主神"是天地剖判后，最先出现于"高天原"上的神，虽为支配天庭之神祇，宇宙之主宰，但他诞生后，却觉得宇宙茫茫，天地悠悠，独来独往，好寂寞呀！于是又催生出其他两位

①　参见孙亦平：《论道教宇宙论中的两条发展线索》，《世界宗教研究》2006 年第 2 期。

②　《日本书纪》卷一《神代上》，载 [日] 黑板胜美、国史大系编修会编修：《新订增补国史大系》1，吉川弘文馆 1981 年版，第 1 页。

③　如《淮南子·天文训》曰："虚霩生宇宙，宇宙生气，气有涯垠，清阳者薄靡而为天，重浊者凝滞而为地。清妙之合专易，重浊之凝竭难，故天先成而地后定。"

④　《三五历记》又称《三五历》，其内容主要讲述三皇开天辟地之事，是最早记载了盘古开天地传说的著作。此书已佚，其部分段落存于《太平御览》、《艺文类聚》等类书中。如《太平御览》卷一引："未有天地之时，混沌状如鸡子，溟滓始牙，蒙鸿滋萌，岁在摄提，元气肇始。"《艺文类聚》卷一引："天地浑沌如鸡子，盘古生其中，万八千岁。天地开辟，清阳为天，阴浊为地。盘古在其中，一日九变，神如天，圣如地。"

⑤　[日] 福永光司：《道教与日本思想》，德间书店 1985 年版，第 224 页。

神：代表宇宙的生成繁殖力的国狭槌尊（又称高御产巢日神）和丰斟淳尊（又称神产巢日神）。这样，高天原出现了"造化三神"：天之御中主神、高御产巢日神和神产巢日神，他们共同开始创造世界的活动。

作为天上最高的元始神，天御中主神是创造万物和主宰世界的造物主，具有无始无终，全知全能的特性，后被春日神社奉为主祭神。高皇产灵神，亦名"高御产巢日神"，传说以男神形象而成为天神系的主宰和象征农业丰收的谷神，又称国狭槌尊，后被安达太良神社奉为主祭神。神皇产灵神，亦称"神产巢日神"、"神产日命"，传说以女神形象而成为守护国土的国神系的主宰神，又称丰斟淳尊，她曾将从食物女神大宜都比卖神的尸体中生出的蚕和五谷作为种子撒在大地上，开创了日本农业，后被四柱神社奉为主祭神。平田笃胤对造化三神之间关系的理解最具有代表性："把天御中主神作为宇宙万物的主宰神，把产灵二神作为创造天地世界、生成人种万物，并且赋予人类至善之灵性的祖神，认为产灵二神不过是天御中主神的分身而已。"[1] 天御中主神居天之中央，为主宰宇宙之神，这是借用中国道教观念命名之神。平田笃胤就认为："天御中主神是汉籍的所谓上皇太一，皇产灵神是元始天尊。"[2] 因为，天御中主神居所称作"紫微宫"、"北辰"[3] 等，可能是受了道教北辰信仰的影响。平田笃胤解释说："此所谓北辰之星，先于天地而存在，是依据汉籍"，高天原也在此"北辰之中"[4]。道教将居天之中心不动之北极星神格化，作为宇宙之主宰神——天皇大帝，而天皇大帝的翻版即为天御中主神。天御中主神因天照大御神而受尊崇，天御中主神→天照大御神→天神之子→第一代天皇，形成"记纪神话"神灵系谱。把天御中主神置于开头的构想，说明了"记纪神话"是为天皇这位"现人神"具有支配人间世的权力提供神圣依据的，这是否受到道教北辰信仰的影响，还需要再深入研究，但"造化三神"既以"天御中主神"为主宰，三位神又表现出各自具有的神力，以"生成"为中心，相互配合共同创造宇宙世界，在神道教中受到了特别的尊崇。

---

① 牛建科：《复古神道哲学思想研究》，齐鲁书社 2005 年版，第 108 页。
② 《玉襷》卷三，《新修平田笃胤全集》第 6 卷，名著出版 1977 年版，第 155 页。
③ 《玉襷》卷三，《新修平田笃胤全集》第 6 卷，名著出版 1977 年版，第 147 页。
④ 《古史传》卷一，《新修平田笃胤全集》第 1 卷，名著出版 1977 年版，第 93 页。

"造化三神"出现时，大地尚没有凝固，一片汪洋之上漂着浮脂般的无根国土，如《日本书纪》第一卷曰："于时国中生物，状如尾芽之抽出也，因此有化生之神。号可美苇芽彦舅尊。"此时国土中渐渐长出一枝苇芽样的东西，生命力极强地迅速成长，最后化为神名叫"美苇芽彦知神"，意为长得如芦苇嫩芽般俊美的男神，他代表着大地与海洋未分的状态。接着，又生出一个以强力支撑天界的神，号国常立尊。"天地开辟生成之初，于时天地之中生成一物，状如苇芽，便化为神，号国常立尊。"它们与造化三神共为"天津五柱神"，又称"五别天神"。由此，日本人将人间国土称为"苇原之中国"。《古事记》中也有相类似的说法。

国常立尊为天地开辟后最初出现的神，即神世七代的第一代神。之后又有国狭槌尊和丰斟渟尊："凡三神矣。乾道独化，所以成此纯男。"然后又陆续出现了四对八位男女对偶神："次有神，泥土煮尊、沙土煮尊。次有神，大户之道尊、大苦边尊。次有神，面足尊、惶根尊。次有神，伊奘诺尊、伊奘冉尊。""八神"的出现则象征着"乾坤之道，相参而化，所以成此男女。"这样，三位纯男神与四对男女对偶神共成"神世七代"："自国常立尊，迄伊奘诺尊，是谓神世七代者矣。"福永光司认为，《日本书纪》的开天辟地神话中的"三→八"的模式，即由"三神"到"八神"的展开中，可见《老子》第四十二章"三生万物"与《易经·系辞传》的"太极生两仪，两仪生四象，四象生八卦"生成论的影响。《易经》与《老子》生成论后被折中到公元前 2 世纪西汉初年出现的《淮南子》中，并影响到"记纪神话"。《古事记》中的"三→五→七"的模式，则受到了 6 世纪后半叶成立的《无上秘要》的影响。《无上秘要》收载了中国南北朝道教神学书中的三气化五气（五行之气）、五气化七气（阴阳二气与五行之气）的展开与气的神格化、神话化的倾向。①

"神世七代"中最后生成的两位尊神，一为男神伊奘诺尊，另一为女神伊奘册尊，他们被尊为日本国土的生成神。一阴一阳男女两神象征着天与地，他们共创宇宙生命的方式与道教的盘古开天地的创世说有相类似之处。神道教倡导万物、动物和人皆由神生，故都禀有神性，在神人一致和万物一

---

① 参见［日］福永光司：《道教と日本思想》，德间书店 1985 年版，第 228 页。

体的基础上，表达了对生命与生活的热爱，与道教肯定生命尊严的贵生精神相一致，但更具有神话色彩和故事情节。

在"记纪神话"中，伊奘诺尊，又称伊邪那岐命，是天的象征，为创造诸神的天父神；伊奘册尊作为伊奘诺尊的妻子，又称伊邪那美命，是地的象征，为创造诸神的地母神。他们受天之御中主神之命，站在"天之浮桥"上，搅拌大海，用海泥创造出海岛，在海岛上竖起"天之御柱"。两神绕柱而行，相逢后结为夫妻，从而诞生出淡路岛、四国、九州等"八大洲"，形成了日本列岛，后又生出风神、海神、山神、树神、草神、火神等，让他们来掌管山川草木。当伊奘册尊在淡路岛生火神夜艺速男时，因烈火烧伤阴部而死亡。在神道教看来，生是神生，死赴黄泉，形成了一种富有日本民族文化特色的死而复生的生死轮回观念。火神的诞生，意味着日本历史从此进入了一个新时代。

悲哀中的伊奘诺尊一抬手用剑将火神劈成三段。火神之血因溅到岩石、剑和手上，又化为诸神。伊奘册尊死后进入黄泉国，成为统治死者世界的"黄泉津大神"。伊奘诺尊因想念思念难产而死妻子，不听伊奘册尊临死前的"不可到黄泉国去看她"的忠告，执意来到黄泉国。当他看到妻子的腐烂而丑陋的身体后，因感到恶心与畏惧与其争执起来，夫妻由此反目成仇。伊奘诺尊在逃离黄泉国后的归途中，为了净化由黄泉国带回的污秽，到日向地方（今九州岛）的阿波岐源，用江水净身，用"禊祓"的仪式来祛灾祈福。[①] 在"禊祓"过程中，伊奘诺尊从左眼洗出一位美丽女神。女神出生时光辉耀天照地，伊奘诺尊甚喜，将其命名为天照大神。伊奘诺尊又从右眼中洗出月亮男神月读命，从鼻子里洗出天照大神的弟弟素盏鸣尊。这三位神的出现让伊奘诺尊十分欣喜："天照大神者可以御高天之原也；月夜见尊者可以配日而知天事也；素戈鸣尊者可以御沧海之原也。"[②] 伊奘诺尊让太阳女神天照大神和月亮男神月读命结为夫妻，并让天照大神治理天上诸神居所的

---

① "禊祓"源于中国古代的"除恶之祭"。"禊"是春秋两季在水边举行的清除不洁的祭祀；"祓"是古代向神祈祷以求除恶赐福的一种仪式。神道教认为人有罪秽，故为不洁。人身上的不洁可用水冲洗干净，称谓"禊"，广义的"禊"还包括"祓"，即向神祈祷悔罪，以消除心灵上的罪秽，故神道教宣称通过至诚的"禊祓"就可与神相通，这与中国道教的斋醮科仪具有相类似的宗教功能。

② 《日本书纪》卷一《神代上》，载［日］黑板胜美、国史大系编修会编修：《新订增补国史大系》1，吉川弘文馆1981年版，第22页。

高天原。据今枝二郎的看法，这种以左目洗出天照大神、右目洗出月读命大神的传说源于道教《上清黄庭内景经》中"左为少阳右太阴"、"出日入月呼吸存"，以及《九真中经》中"左目出日，右目出月"的影响。① 这种以左为上位，右为下位的思想来源于《老子》第三十一章："君子居则贵左，用兵则贵右。兵者，不祥之器，非君子之器。不得已而用之，恬淡为上。胜而不美，而美之者，是乐杀人。夫乐杀人者，则不可得志于天下矣。吉事尚左，凶事尚右。偏将军居左，上将军居右。言以丧礼处之。杀人之众，以悲哀泣之，战胜以丧礼处之。"伊奘诺尊和伊奘册尊创造的第一个地方是淡路岛，他们也先后死于淡路岛。伊奘诺尊是天照大神之父，又被奉为淡路岛的守护神，后升格为"巨神"，受到日本人特别的崇拜。人们为了纪念他们，在淡路岛等地建立起祭祀二神的伊奘诺神宫。

天照大神是日本神话传说中最核心的女神，又称天照大御神、天照坐皇大御神，为象征着太阳的女神。据《古事记》和《日本书纪》记载，日本国土生成男神伊奘诺尊和女神伊奘册尊在生出日本大八洲及山川草木后，又生下主宰万物的各种神灵，并共生"日神"。这位女神出生时光耀天地，美丽异常，伊奘诺尊十分高兴，命名为天照大神，送她八坂琼曲玉，并命其司理高天原（诸神所居之处），让其掌握主宰世界的神圣权力。后来，天照大神因其月神丈夫杀死了食物女神，而与之分居，从此太阳和月亮分为两处，白天和黑夜也从此截然分离。天照大神在高天原开垦田地，传授养蚕、织布技艺，因治理有方，使诸神过上了安逸和平的生活。后因其弟素盏呜尊在高天原捣乱，天照大神躲进了岩窟中，世界陷入了一片黑暗之中。后来诸神费尽心机将天照大神引出岩窟，世界才重现光明。天照大神在平息了素盏呜尊在高天原的捣乱后，接受太子授予天孙琼琼杵尊"三种神器"，派他去司理农作物丰富的"苇原之中国"，即日本列岛。《古事记》中称天孙为"天津日高日子番能迩迩艺命"、《日本书纪》称天孙为"天饶石国饶石天津彦根火琼琼杵尊"②，"天国饶石彦火琼琼杵尊"或"天

---

① 参见［日］今枝二郎：《道教：中国と日本をむすぶ思想》，日本放送出版协会 2004 年版，第196 页。

② 《日本书纪》卷二《神代下》，载［日］黑板胜美、国史大系编修会编修：《新订增补国史大系》1，吉川弘文馆 1981 年版，第 84 页。

津彦根火琼琼杵尊"①，其名字中的"日子"就是"彦"，意为"太阳之子"。"番能迩迩艺命"意为"穗的火红丰饶之君"，这说明天孙琼琼杵尊可能是掌管农业的君主。从此，天照大神的子孙就世代作为天皇来治理日本国。这样，原为神话中"高天原"中的统治者与太阳女神的天照大神，也被奉为日本天皇的始祖，神道教的最高神祇，具有了人间和天上的双重统治权。天照大神的主要祭祀地是伊势神宫，神体是一面八咫镜，象征着天照大神是普照大地的太阳神。这种以女神来表达对太阳的崇拜是神道教的独特信仰。

素盏呜尊是天照大神的弟弟，又名"速须佐男命"。素盏呜尊不服从去管理海洋的父命，向往妈妈所在的黄泉国。父亲伊奘诺尊在盛怒之下赶走了他。素盏呜尊就来到高天原向姐姐诉苦。素盏呜尊来高天原后作恶多端，毁坏田埂，填塞沟渠，杀死斑狗，吓死织女，且一天比一天更放肆。他不仅将高天原搞得一片混辞乱，而且还想要夺取高天原，从而与天照大神发生了激烈的冲突。天照大神被迫躲到"天岩户"岩窟中，世界因得不到太阳光而陷入一片黑暗之中。素盏呜尊因触犯了高天原的律条，最后被诸神赶走。素盏呜尊在走向黄泉国的路上，经过出云国（今岛根县），看见八岐大蛇缠绕着可爱的奇稻田姬姑娘，乃用智慧杀死了八岐大蛇，救出了姑娘，成为为民除害的英雄。素盏呜尊从八岐大蛇的尾巴中意外得到了一把"天丛云剑"，他就将这把神剑献给了天照大神，表示对天照大神的歉意与服从。这把神剑后来成为象征着天皇权位的"三种神器"之一。相传，素盏呜尊娶了奇稻田姬姑娘为妻子，成为地下黄泉国（又称"根国"）的统治者，也被奉为出云神话的始祖。

大国立尊又有"大国主命"、"国造大神"、"苇原丑男"、"大己贵神"等多种称呼，是素盏呜尊的后代，也是神道教所崇奉的日本国土的经营神。据《古事记》中说：大国立尊奉天神之命，与出云国的少彦名命共同经营国土，开垦田亩，兴修水利，开拓山林，发展畜牧，除灾去病。他娶了黄泉国的须势理毗卖为妻，得到大刀、弓箭和天诏琴三件宝器，后又纳女神八上

---

① 《日本书纪》卷二《神代下》，载［日］黑板胜美、国史大系编修会编修：《新订增补国史大系》1，吉川弘文馆 1981 年版，第 87 页。

比卖、沼河比卖为妾，在灭掉其他凶残的八十神后，成为出云国的统治者。后来，"大己贵神报曰：'天神敕教殷懃如此，敢不从命乎？吾所治显露事者，皇孙当治，吾将退治幽事。'"① 大国立尊把国土让给天孙琼琼杵尊，自己专司幽界的事务。在神道教中，将宇宙世界垂直分成天上神界，地上的苇原之国和死后世界——黄泉国。大国立尊是黄泉国的管理者。今天，祭祀大国立尊的出云大社就坐落在本州岛西南部的岛根县。

琼琼许尊，又称天津彦彦火琼琼许尊，是天照大神之孙，又称天孙。相传，天照大神授给他三种神器：八呎镜（神镜）、天丛云剑（神剑）和八坂琼曲玉（八尺勾德、八尺琼勾玉），再让他带领五神，从高天原降临日向国的高千穗峰（在九州岛宫崎县南）统治日本："苇原千五百秋之瑞穗国，是吾子孙可王之地焉，宜尔皇孙就而治焉。行矣，宝祚之隆当与天壤无穷者矣。"琼琼许尊来到人间后，马上率领着大军从九州岛东进，渡过濑户内海，在难波（今大阪一带）登陆，然后来到大和（今奈良县），摧毁了当地的土著势力。据说，公元前660年，第一代神武天皇于亩火（橿原市）举行登基大典，成为日本历史上第一位"始驭天下之天皇"。这则神话说明了日本天皇是天照大神的子孙，故历代天皇也称为皇孙。天皇以"三种神器"作为历代相传的正统凭证。"这个传说纯属杜撰，却说明了日本以天皇为中心的地上王权的源头，发自高天原上。"② 神道教也以此作为"神国同体"、"祭政一致"的神圣根据，要信徒敬神尊皇，精勤报国。天照大神也被日本皇室奉为祖先，尊为神道教的主神。

神道教依据了丰富多彩的神话构想了诸神活动的世界，认为世界是由天上、人间和地下三个不同的世界构成的。诸神居住在天上，这是一片超越生死和时间的光明清净的境界，是太阳神统治的地方，形成了高天原神话；天下是"天孙降临"的地上"苇原国"，也叫"中津国"，它包括大地和海洋，大地依赖海洋，从海洋中浮现，由伊奘诺尊和伊奘册尊二神共生的"八大洲"，就是日本人世代生活的地方；地下"黄泉国"，是死人灵魂坠落的地方，那是一片污秽黑暗的阴间，与高天原形成了鲜明的对比。这三个世

---

① 《日本书纪》卷二《神代下》，载［日］黑板胜美、国史大系编修会编修：《新订增补国史大系》1，吉川弘文馆1981年版，第73页。

② 刘立善：《没有经卷的宗教——日本神道》，宁夏人民出版社2005年版，第20页。

界虽然是截然分开的，但天上、人间和地下的一切事物都是由天照大神统治主宰的，由此而使此世与彼世、过去和未来、人与神在根本上联为一体，形成逐渐使神道成为信仰众神的多神教。神道教独特的神谱不仅为后来日本社会长期奉行的"神国同体"、"祭政一致"提供了神圣依据，而且也是道教传入日本后必须面对的异域宗教文化传统。

神道教"虽有礼仪但没有体系化的教义，是一种与祖先崇拜相结合、以天照大神为祖先神的信仰，因此人们往往强调其原始宗教的性质，多认为这种原始信仰之所以能延续到近代并再次活性化，说明日本人的宗教意识具有独特性。"① 例如，神、人乃至万物虽然生的方式不同，出生之后都在走向死亡，但死后复活却是必然趋势。神道教通过生死循环，不仅赋予人的生命和万物存在的终极意义，而且从生优越于死的生死观中彰显出现世生活的价值，这虽与中国道教的重生思想有相似之处，然而，神道教使日本文化中一切有关的死亡问题最终回归到如何"再生"。这构成了日本人既重视现世生命，也能凛然面对于死亡，表现出"生如夏花之绚丽，死如秋叶之静美"的淡定与达观。

神道教的神话完全来自于日本文化的自创，还是借鉴吸收了中国道教文化的因素？福永光司在《记纪と道教》一文中提出，从文献学上看，"记纪神话"出现于 8 世纪，此时集中国南北朝和隋唐时期的宗教思想信仰之实态之大成的道教的神学教理、宗教哲学已建立，应当将"记纪神话"与道教的神学教理书，2—3 世纪的《太平经》、《周易参同契》、四世纪的《抱朴子》、六世纪的《真诰》、《无上秘要》等道教文献进行细致的比较研究②，以此说明"记纪神话"受到了道教教义的影响。"从哲学上说，所谓'神道'是指具有宗教意义的关于世界的一般真理，这一概念为东汉时代创建的中国道教所承袭。《太平清领书》中曾多次使用'神道'一词，用来指'神明之道'和'清明之神道'。在这个意义上，中国的'道教'也可以称为'神道之教'。在《太平经》即《太平清领书》之后，二、三世纪的张角、张鲁，5 世纪的寇谦之、陆修静，6 世纪的陶弘景等，继承了此种'神

---

① ［日］安丸良夫：《近代天皇观的形成》，北京大学出版社 2010 年版，第 19 页。
② 参见［日］福永光司：《道教与日本思想》，德间书店 1985 年版，第 221 页。

道信仰'。在佛教传入之后，中国本土的道教以'神道之教'与西来的'佛道之教'相抗衡。从宗教学上说，中国古文化中的'神道'，便是对道教教理与道教仪礼的总概括。"① 今枝二郎则指出"记纪神话"中对"八"的崇尚也与道教有关系。"八"作为道教的重要用语，来自于对《易》的"八卦"的利用，但又偏离了儒家经典的立场，形成了道书中的"三元八会"，即日、月、星"三元"加上木、火、土、金、水五行为"八会"。在《古事记》中，有"八大洲"、"八百万神"的词语，天照大神拥有"八坂琼曲玉"、"八呎镜"，速须佐之男命出云故事中有"八头八尾大蛇"，其身体大得能把八个山谷填满。在《日本书纪》中，天武天皇作"八色姓"，第一位就是"真人"，即来自于道教的影响。②

原始神道并没有形成自己的宗教组织，也很少进行传道布教活动，但由于人们因避邪驱魔而祭神，为了解未来而问神，相应地出现了祭祀、占卜等宗教活动。神道教之所以重视祭祀，乃是从万物有灵论出发，认为自然世界是神意的体现，故是绝妙完美的，人的生命的调节力量也来自于自然。既然自然本性为善，是清洁无垢的，那么，一切不符合自然的不洁之物就为"秽（けがれ）"，应当受到摒弃。进行除恶之祭"禊祓"以使不洁的东西得到净化，由此而渐渐形成一种去除世俗污垢，以重获精神或身体洁净的宗教仪式。随着神道教祭祀规模的扩大，祭祀的形式与内容也复杂起来，人们选择一块洁净寺地，种上常青树作为神灵依附的场所，称为"神篱"。它有多种含义，如柴室木（ふしむろぎ）、生诸木（おいもろぎ）等，以常青树象征"长生（ふし）"之意。在祭祀的地方用石头垒成的神灵依附场所，称"盘境（いわさか）"或"盘座（いわくら）"。如《日本书纪》卷第二《神代下》曰："高皇产灵尊因敕曰：吾则起树天津神篱及天津盘境，当为吾孙奉斋矣。"③ 在这些原始祭场中放上一些被视为神所依附的对象，例如，石头、镜、剑、玉等，作为神的象征，对之进行祭拜。这种做法后来被人们

① 严绍璗著，［日］源了圆主编：《中日文化交流史大系·思想卷》，浙江人民出版社1996年版，第57页。

② 参见［日］今枝二郎：《道教：中国と日本をむすぶ思想》，日本放送出版协会2004年版，第200—221页。

③ 《日本书纪》卷二《神代下》，载［日］黑板胜美、国史大系编修会编修：《新订增补国史大系》1，吉川弘文馆1981年版，第74页。

普遍接受，临时祭场也逐渐发展为永久性的神坛、神社、神宫或神殿，成为固定的宗教活动场所。每个神社都会在入口处设置"手水场（ちょうずば）"，供人们祭祀前洗手漱口，并流行出一种洒水净身的仪式。神道教的各种祭祀仪式大都是围绕着如何使人得到净化而展开，随着神社的建立，原始神道就过渡到神社神道。原始神道的神灵信仰与祭祀活动为道教在日本的传播营造了一种宗教氛围。

二、徐福传说的先导性作用

因历史久远，资料缺乏，道教何时以何种方式传入日本实在是很难确证，但在追溯中日两国交流史时，一般都会提到中国战国时期燕齐方士海上求仙的活动对日本社会文化的影响，这是否可算作道教神仙信仰传入日本的先导，还可做进一步的研究。

秦始皇平定六国后，王绾、冯劫、李斯等大臣在议帝号时称，秦始皇"平定天下，海内为郡县，法令由一统，自上古以来未尝有，五帝所不及。"[1] 对其统一中原，建立中央集权制的功业给予充分肯定。秦始皇虽统一了陆上世界，但还有海上未征服的世界，同时六国的残部仍然在伺机而动，希望重整旗鼓，打败秦国，夺回政权。为巩固来之不易的秦国政权，秦始皇在采取了一系列治国措施之后，开始巡游天下，第一次东巡来到海滨，据司马迁的说法，似乎还不知方士关于海上三神山的传说，只是为了"东游海上，行礼祠名山大川及八神"，期望能够借助于神力来征服海上世界，因此，秦始皇的五次巡游，四次来到海滨，正是在"东游海上"的巡游中，秦始皇接受了方士宣传的"海中三神山之奇药"的鼓动。这种海洋探索和海洋开发的海洋意识，促使秦始皇希望自己能够长生不死，以更好地管理天下国家，故敬慕"真人"，千方百计地派人入海求神仙："及至秦始皇并天下，至海上，则方士言之不可胜焉。始皇自以为至海上而恐不及矣，使人乃赍童男女入海求之。船交海中，皆以风为解，曰未能至，望见之焉。"[2] 秦始皇派齐人徐福率童男童女乘楼船入海，寻求长生不死之药。徐福，字君

---

① 《史记》卷六《秦始皇本纪》，《二十五史》，上海古籍出版社、上海书店 1986 年版。
② 《史记》卷二十八《封禅书》，《二十五史》，上海古籍出版社、上海书店 1986 年版。

房，又称徐市，齐国琅琊（今江苏赣榆）人，是鬼谷子的关门弟子，他博学多才，通晓医学，兼通武术，会行辟谷、气功等修仙术，不仅是秦国著名的方士，而且还精通天文、航海知识，在沿海一带民众中名望颇高。徐福入海数年求药不得，只好返归。

据司马迁《史记》记载，公元前 210 年，秦始皇东巡时又来找徐福。徐福怕秦始皇怪罪，诈称海中的大鲛鱼十分厉害，船只难以靠近仙山取药，须派善射者同去射杀鲛鱼，才能上岸求药。秦始皇再次派徐福携带童男童女以及百工巧匠技师、武士、射手五百多人，装带五谷种子、粮食、器皿、淡水等，入海去仙山求药，这次徐福出海后一去不归。秦始皇在生命的最后日子里因渴望长寿而孜孜求仙："后五年，始皇南至湘山，遂登会稽，并海上，冀遇海上三神山之奇药不得，还至沙丘崩。"① 秦始皇求仙药未果，最后暴病而崩。1973 年对骊山秦始皇陵的局部挖掘和 1975 年云梦发现的秦朝法律和行政文书，为了解秦朝又提供了一些新资料。虽然对秦始皇一生功过的评价至今可谓见仁见智，但正如美国奥勒冈大学东亚系教授杜润德（Stephen W. Durrant）所说："无论秦始皇成就如何，在'贪婪多欲'这一点上，他和汉武帝确实极为相似，尤其是在追求不朽与穷兵黩武这两点上。"② 据司马迁《史记》记载，秦始皇平定六国，统一中国后，欲求长生不死，以保秦朝江山永存。于是，一群方士卢生、侯生、韩终、侯公、石生、徐市投其所好，纷纷上书，说海上有蓬莱、方丈、瀛洲三座神山，乃是仙人所居之地，山上有仙药，食之可以长生不死。始皇二十八年（前 219）："齐人徐市③等上书，言海上有三神山，名曰蓬莱、方丈、瀛洲，仙人居之。请得斋戒，与童男女求之。于是遣徐市发童男女数千人，入海求仙人。"④ 秦始皇乃派徐福带上数千童男女海上求仙。然而几年过去了，徐福一无所得。始皇三十七年（前 210），秦始皇东巡时又来到琅邪郡找徐福。徐福怕秦始皇怪

---

① 《史记》卷二十八《封禅书》，《二十五史》，上海古籍出版社、上海书店 1986 年版。
② ［美］杜润德（StephenW. Durrant）：《司马迁笔下的秦始皇》，载《汉学研究》第六集，中华书局 2002 年版，第 328 页。
③ 徐市之"市"，读"fu"，与"福"音同，司马迁在《史记》卷六《秦始皇本纪》中写作"方士徐市入海求仙药"，在卷一百一十八《淮南衡山列传》中写作"徐福"，可见，徐福与徐市为一名而异写，但在东亚历史文献中，似徐福的称呼更通用一些。
④ 《史记》卷二十八《封禅书》，《二十五史》，上海古籍出版社、上海书店 1986 年版。

罪，诈称海中的大鲛鱼十分厉害，船只难以靠近仙山取药，须派善射者同去射杀鲛鱼，才能上岸求药。"方士徐市等入海求神药，数岁不得，费多，恐遣，乃诈曰：蓬莱药可得，然常为大鲛鱼所苦，故不得至，愿请善射者与俱，见则以连弩射之。"恰巧，秦始皇梦见与海神作战，于是又听信了徐福之言，再次派徐福携带童男童女以及百工巧匠技师、武士、射手 500 多人，装带五谷种子、粮食、器皿、淡水等，还命令入海的船队配备捕捉巨鱼的工具。这次徐福出海后一去不归。

秦始皇在生命的最后日子里因渴望长寿而孜孜求仙："后五年，始皇南至湘山，遂登会稽，并海上，冀遇海上三神山之奇药不得，还至沙丘崩。"[①]秦始皇求仙药未果，最后暴病而崩。1973 年对骊山秦始皇陵的局部挖掘和 1975 年云梦发现的秦朝法律和行政文书，为了解秦朝又提供了一些新资料。虽然对秦始皇一生功过的评价至今可谓见仁见智，但正如美国奥勒冈大学东亚系教授杜润德（Stephen W. Durrant）所说："无论秦始皇成就如何，在'贪婪多欲'这一点上，他和汉武帝确实极为相似，尤其是在追求不朽与穷兵黩武这两点上。"[②]

司马迁在《史记》卷一百一十八《淮南衡山列传》中也指出徐福以入海求仙药的诈言欺骗了秦始皇，为避祸留在"平原广泽"：

> 徐福入海求神异物，还为伪辞曰："臣见海中大神，言曰：'汝西皇之使邪？'臣答曰：'然。''汝何求？'曰：'愿请延年益寿药。'神曰：'汝秦王之礼薄，得观而不得取。'即从臣东南至蓬莱山，见芝成宫阙，有使者铜色而龙形，光上照天。于是臣再拜问曰：'宜何资以献？'海神曰：'以令名男子若振女与百工之事，即得之矣。'"秦皇帝大悦，遣振男女三千人，资之五谷种种百工而行。徐福得平原广泽，止王不来。

徐福东渡的原因，历来说法不一，无论是求仙药说，还是避祸说，都可以推

---

① 《史记》卷二十八《封禅书》，《二十五史》，上海古籍出版社、上海书店 1986 年版。
② ［美］杜润德（Stephen W. Durrant）：《司马迁笔下的秦始皇》，《汉学研究》第六集，中华书局 2002 年版，第 328 页。

测的是，秦始皇为求长生，曾派徐福出海求仙；徐福之所以一去不返，乃是因为没有找到长生不老药，担心回去后遭秦始皇追杀，就逃到了"平原广泽"之地。这个"平原广泽"之地位于何方？有的说是日本、有的说是朝鲜、有的说是亶洲①，莫衷一是。

但徐福定居日本之说影响最大。徐福出海寻找三神山时，带走了数千童男女和中国先进的农业技术，还有长生不死的神仙观念。据说，徐福率船队经庙岛群岛，横渡渤海至辽东半岛；然后沿辽东半岛东南近海至朝鲜半岛；再由朝鲜半岛西部近海向南航行，横渡朝鲜海峡后到达日本。徐福见这里"平原广泽"，气候温暖、风光明媚、人民友善，便停下来，教当地人农耕、捕鱼、捕鲸等生产技能，于是自立为王，并要求同行男女各自改姓，或姓"秦"，或姓"羽田"、"佃"、"福田"、"福山"等。"秦"氏的第一次移民后成为日本古代势力强大的渡东氏族之一。据日本历史学家山尾幸久（1935—　）研究，秦始皇的子孙"弓月君"②从朝鲜百济率领一百二十县的人一起渡到日本后，主要聚集在丰前国京都郡（今为福冈县京都郡北部以及行桥市）一带，这里也可能是古代的秦王国。③ 但秦氏居住地又分布到从关东地区到九州岛地区的三十二国、八十一郡，④ 据《日本书纪》第十九卷钦明天皇元年（535）记载："秦人户数总七千五十三户。"⑤ 秦氏其实是从朝鲜半岛移民日本的，但他们却把自己说成来自中国的移民，主要是因为六世纪末期后日本社会中渐渐接受了"中华思想"而将朝鲜半岛的诸国视为"蕃国"。随着"中华思想"在日本的影响增大，徐福也被日本人民尊之为司农耕之神、医药之神以及水神，甚至是日本开国天皇——神武天皇。

早在五代时的文献中，就出现了徐福所到的"平原广泽"之地就是日

① 黄龙二年（230），吴大帝孙权"遣将军卫温、诸葛直将甲士万人浮海求夷洲及亶州。亶州在海中，长老传言秦始皇帝遣方士徐福将童男童女数千人入海，求蓬莱神仙及仙药，至此洲不还。"陈寿：《三国志》卷四十七，《吴主传第二》，《二十五史》，上海古籍出版社、上海书店1986年版。

② 据《日本书纪》的记载，弓月君是秦人，为秦始皇的五世孙，但《日本三代实录》则认为是十三世孙。应神天皇十六年（285），从百济率领一百二十县的人来到日本时，也将养蚕和机织的技术传到了日本。应神天皇赐姓太秦氏。

③ 参见［日］山尾幸久：《日本古代王权形成史论》，岩波书店1983年版，第340页。

④ ［日］加藤谦吉：《秦氏及其民众——渡来氏族的实像》，白水社1998年版，第25—28页。

⑤ 《日本书纪》卷十九，《钦明天皇》，载［日］黑板胜美、国史大系编修会编修：《新订增补国史大系》1，吉川弘文馆1981年版，第51页。

本之说，如济州开元寺僧人义楚，集释氏之义理文章及庶事群品著《义楚六帖》二十四卷①，其中卷二十一《国城州市部》第四十三《日本》中曰："日本国亦名倭国，东海中。秦时，徐福将五百童男、五百童女，止此国也。今人物一如长安。又显德五年（958）岁在戊午，有日本国传瑜伽大教弘顺大师赐紫宽辅又云：'本国都城南五百余里有峰山（吉野山）……又东北千余里有山，名'富山'，亦名'蓬莱'，其山峻，三面是海，一朵上耸，顶有火烟，日中上有诸宝流下，夜则却上，常闻音乐。徐福至此，谓'蓬莱'，至今子孙皆曰'秦氏'。"义楚曾与日本和尚弘顺有交往。这些有关日本传说若来自于弘顺和尚，是否可推测徐福传说在当时日本的影响？

日本武士道在镰仓朝兴起后，他们的武器刀剑甲胄的制造也有了空前的进步。随着中日官方和民间经济文化交流的频繁展开，日本器物也大量输入宋朝。公元983年，日本僧人奝然（938—1016）来华，向宋太宗献上《孝经新义》一卷和《孝经郑氏注》一卷。欧阳修（1007—1073）看到这些中国逸书及制作精美的刀剑后写下了脍炙人口的名篇《日本刀歌》：

> 昆夷道远不复通，世传切玉谁能穷。宝刀近出日本国，越贾得之沧海东。鱼皮装贴香木鞘，黄白闲杂鍮与铜。百金传入好事手，佩服可以禳妖凶。传闻其国居大岛，土壤沃饶风俗好。其先徐福诈秦民，采药淹留丱童老。百工五种与之居，至今器玩皆精巧。前朝贡献屡往来，士人往往工辞藻。徐福行时书未焚，逸书百篇今尚存。令严不许传中国，举世无人识古文。先王大典藏夷貊，苍波浩荡无通津。令人感激坐流涕，锈涩短刀何足云。

这首诗虽从赞美宝刀起笔，但也表达了欧阳修对徐福东渡日本时带去一些中国古籍，使之既避免了秦皇时的焚书之灾，也躲过了唐末五代战乱的欣慰之情。当日本僧人奝然再携"逸书百篇"入宋时，欧阳修在"感激流涕"时也指出，日本之所以能够制造如此精美的宝刀，能够拥有"逸书百篇"，这

---

① ［日］牧田谛亮：《关于义楚六帖》中认为，《义楚六帖》最早的刊本（有1103年后序），现在收藏在京都东福寺。这可能是该寺开山圣一国师1241年从中国归国时随身带回来的。（《义楚六帖》，朋友书店1979年版。）

都是徐福"赍书"而去的功劳。因此，欧阳修表达了对来自"沧海东"的日本宝刀和汉书的赞美，更抒发自己对"徐福赍书说"在客观上促进中日文化交流的感慨。可见，欧阳修已将徐福东渡日本的传说作为信史对待了。

元代诗人吴莱（1297—1340）在《听客话熊野徐福庙》一诗中则描绘了日本的徐福庙："大瀛海岸古纪州，山石万仞插海流。徐福求仙仍得死，紫芝老尽令现在。"清代时，在日本担任中国驻日使馆参赞的黄遵宪（1848—1905）曾著《日本国志》，通过研究日本历史来为当时中国的维新变法运动提供可资借鉴的理论武器，他在该书的卷一中就详述了徐福到达日本的事迹：

> 《史记》称燕齐遣使求仙，所谓白银宫阙、员峤、方壶，盖即为今日本地。君房方士，习闻其说，故有男女渡海之请，其志固不在小。今纪伊国有徐福祠，熊野山有徐福墓，其明征也。日本传国重器三：曰剑，曰镜，曰玺，皆秦制也。君曰尊，臣曰命，曰大夫，曰将军，又周秦语也。自称神国，立教首重敬神，国之大事，莫先于祭，有罪则诵禊词以自洗濯，又方士之术也。崇神立国始有规模，计徐福东渡已及百年矣，当时主政者，非其子孙殆其党徒欤？至日本称神武开国基，盖当周末，然考神武至崇神，中更九代，无事足记，或者神武亦追王之辞乎？[①]

黄遵宪还作诗曰："避秦男女渡三千，海外蓬瀛别有天。镜玺永传笠缝殿，尚疑世系出神仙。"[②] 认为日本人所奉的神道世系以及日本国的建立其实都出于徐福。黄遵宪认为，徐福海上求仙，不仅在日本衍化为神武天皇开创日本国、建立神统的故事，而且也成为道教传入日本的前驱。

按照一些史学界人士的看法，徐福登陆日本的地点就是日本关西平原，徐福后成为日本古代第一代天皇——神武天皇（前660—前585在位）。[③] 神武天皇在日本的地位有点类似于中国的黄帝与韩国的檀君。《日本书纪》卷三中称，神武天皇为神日本盘余彦，是天照大神后裔，传说他最早建立大和

---

① 黄遵宪：《日本国志》，上海古籍出版社2001年版，第26页。
② 黄遵宪：《日本杂事诗》，《黄遵宪集》上，天津人民出版社2003年版，第9页。
③ 参见卫挺生：《徐福与日本》，新世纪出版社1953年版。

政权，辛酉年，春正月，庚申朔（即公元前 660 年），神武天皇在大和橿原宫即位，成为日本的开国之祖。他即位的那年就成为的日本纪元之始，故日本纪元又称"神武纪元"。也有人认为，神武天皇可能就是秦始皇派遣去三神山寻找长生不老药的方士徐福，日本人则是徐福所带去的那群童男童女的后代卫挺生（1890—1977）在《神武天皇开国考》中指出，神武天皇就是秦朝时被秦始皇派遣寻找长生不老药的方士徐福，他和数千个童男女随从在到达日本之后一去不返，徐福更成为后来的神武天皇（日本现有的徐福墓即附会此一说法），但这种说法无论在时间点上、考古学上都站不住脚，并不为多数研究者所接受。

20 世纪初，中日学者根据地下文物考古资料旁征博引，对徐福是否到了日本做了研究。一些人怀疑徐福东渡日本的传说，认为汉唐时史书对徐福海上求仙的最后去向并没有弄清楚，为什么五代、宋代人反而知道是到日本呢？而且越到后来说得越具体，这使人怀疑其真实性。也有一些学者如范文澜、吕振羽、顾颉刚、杨宽等在他们的著作中对徐福求仙之事作了叙述。还有人对徐福东渡的动机提出了新看法，如翦伯赞在《秦汉史》中认为徐福入海是打着求仙的旗号来进行海洋商业活动："徐市（福）等入海寻三神山，正是当时滨海一带的商人，企图打通与日本诸岛之商业通路。因为山东沿海一带的商人，在战国时，就开始下海洋商业的活动，在徐市等以前，也许曾有人到达过三岛，所以徐市等才知道海外有三神山，因而引起他们寻求圣地的热望。但是海洋航行，需要巨大的船舶和其他的费用，而这用私人的力量，很难办到。适逢始皇东游琅琊，故假借求仙之说，企图以此获得国家的帮助。求仙之说，只是一种烟幕而已。至于童男女五千人，如果不是徐市等商人所组织的探险队，便是一群农民的子女，被徐市等骗到海外当作奴隶卖了。徐市等所领导的航海的商船队，从琅市出发，经过数年，才回到中国，他们曾否到达日本，不得而知。但即使曾到日本，也没有所谓仙药。"[1]台湾学者彭双松花费了十几年时间，参阅了数百种中外书籍，先后 8 次自费赴日本进行实地考察，发现在日本境内有 56 处徐福遗迹，32 种徐福传说，46 部有关徐福的文献，还发现徐福的东渡与日本开国第一代神武天皇的东征有 37

---

① 翦伯赞：《秦汉史》，北京大学出版社 1983 年版，第 43 页。

项相同或相似之处，于是在 1984 年出版了《徐福研究》。① 日本学者今枝二郎先生也曾对日本有关徐福的遗迹作了详细的考证，发现日本许多地方流传着有关徐福的故事，这些地方或者是神宫、坟墓、石碑，或者只剩传说：②

序号	地名	徐福登陆	徐福墓冢	以徐福为祭神	其他徐福传说
1	和歌山县新宫市能野地方	0	0	0 阿须贺神社	为从者而立之碑"七冢之碑"，称阿须贺神社的里山为蓬莱山
2	佐贺市佐贺郡	0		0 金立神社	徐福渡海缘起图（金立神社缘起图）。鹤灵泉（徐福治疗病人）
3	广岛县佐伯郡宫岛町				有称为"蓬莱岩"之岛。传说在巡回该岛的行事中供奉的米粉团，鸟会持之以去，返回熊野
4	爱知县名古屋市				有热田蓬莱说
5	爱知县小坂井町	0		菟足神社	说是菟足神社系由秦氏创建
6	秋田县小鹿市		0 据菅江真澄《游览记》		在男鹿半岛的海上有蓬莱岛
7	青森县北津轻郡小泊村	0			在权现埼的尾崎神社有徐福像及传说的胁侍。到达熊野的是徐福的部下，徐福本人到达小泊村。徐福为求仙药而抵达小泊村
8	东京都八丈岛青个岛				传说徐福留在熊野时，童女至八丈岛，童男至青个岛，各成为该岛祖先
9	富士山	0	0		《义楚六帖》有中国后周之文献。《神皇纪》（三轮义熙）次男福万移住熊野，祭祀徐福。富士吉田市之福源寺之鹤冢，埋葬着化为徐福的灵鹤的骨头

---

① 参见［日］壹岐一郎：《徐福集团东渡与古代日本》，天津人民出版社 1996 年版，第 48—52 页。

② ［日］今枝二郎：《透过道教的中日文化交流——重考徐福渡日传说》；戴杨正光、朱亚非等：《徐福文化的思索》，山东友谊出版社 1996 年版，第 299 页。

　　中日文化研究家池上正治抱着对中国文化的热爱之情,从 1992 年开始认真寻访徐福东渡的传说,编著了《不老を梦みた:徐福と始秦帝——中国の徐福研究最前线》①,收集了至 20 世纪 90 年代中国方面有关徐福研究的新成果之后,认为徐福生在中国,东渡途经朝鲜半岛,最后死于日本。他通过在亚洲各地拍摄到的徐福塑像或绘画等实物来说明,“从徐福出发的中国、徐福经过的韩国、徐福到达的日本,在亚洲三国境内,各处都可发现徐福的足迹和身影。各地的形象以及寄托的内容,因地点或时代的不同而各有所异,但历经两千年以上的徐福故事,至今仍然在各地流传并深受尊崇。”②不仅日本国内就有二十多个地方传说是徐福的登陆地③,而且徐福形象遍亚洲。那么,徐福海上求仙活动是否为后来道教在日本的传播开辟了道路呢?

　　如果仔细研究,就可见古代中日文献中有关于徐福的记载里隐含着些许神仙观念和道教因素,如早在六朝时就有人伪托东方朔集《十洲三岛》,其中明确说徐福是道士:“秦始皇时,大宛中多枉死者横道,数有鸟衔草,覆死人面皆登时活,有司奏闻始皇。始皇使使者赍此草,以问鬼谷先生,云是东海中祖洲上不死之草,生琼田中,一名养神芝。其叶似菰,生丛,一株可活千人。始皇于是谓可索得,乃使使者徐福发童男童女各三百人,率载楼船等入海寻祖洲,遂不返。福,道士也,字君房,后亦得道。”④秦汉时期,中国的神仙思想和养生方术流传就相当普及,随着东亚海上交通的展开,神仙观念就传到日本,并以适应着日本人精神需要的方式逐渐扩大。松下见林编撰的《异称日本传》于 1693 年(元禄六年)刊出,其中提到了徐福:“相传纪伊国熊野山下,飞鸟之地有徐福坟。又,熊野新宫东南有蓬莱山,山有徐福祠。此祠属熊野神宫。”⑤ 今天所见的位于和歌山县新宫市的“徐福墓碑”是由纪州藩的儒学家仁井田好古(1820—1822)奉纪州牧(亦即今天的和歌山县令)之令于 1834 年撰写的。建碑的时代虽是近代,但从其

　　① 参见〔日〕池上正治:《不老を梦みた:徐福と始秦帝——中国の徐福研究最前线》,勉诚社 1997 年版。

　　② 〔日〕池上正治:《徐福形象遍亚洲——从图像考察亚洲各地的徐福踪迹》,载张良群主编:《中外徐福研究》,中国科学技术大学出版社 2007 年版,第 120 页。

　　③ 参见〔日〕池上正治:《徐福——联结日中韩三国的伝奇精英集团》,原书房 2007 年版。

　　④ 《云笈七签》卷二十六,《道藏》第 22 册,第 194 页。

　　⑤ 〔日〕松下见林:《异称日本传》卷上二,浪华书房崇文轩 1693 年版。

所记载的内容则可见徐福渡日传说在日本社会中的深远影响。因为另有一种说法，徐福公园原本是徐福的住所，而在蓬莱山南麓的阿须贺神社境内有个古老的石碑，那才是真的徐福之墓。另外，1986 年佐贺吉野古群落遗址的发掘，发现了来自大陆的秦代的铸造金属兵器的模具，由此可以推断徐福集团曾在那建立一个定居点。日本学者梅原猛认为，最能把吉野个里和徐福传说"扭成一股绳"的，是那座巨大坟丘墓群。他很重视整个坟丘的形状——有八个角，呈龟甲型。经过亲自察看，他指出，龟是道教的永生的象征，与长眠在那里的墓主人所向往的也很相称。他尤其重视瓮棺这种葬制，不惜花很多笔墨来剖析，觉得它实际上体现了"徐福思想"：要么盼望长生不老，要么追求永生、再生。拿瓮棺来说，那么坚固（有的出土后用锤子敲都敲不破），而且用灰泥把接口密封得很严实，其目的恰恰在于：要永远保存好尸体，不让它腐烂，以便将来实现再生。①

江户时期的国学家平田笃胤（1776—1843）在《三神山余考》中对徐福与日本的关系进行了考证，他说：

> 派遣徐福的缘由以及徐福停留处所之事。在《十洲记》的记载："祖洲近在东海中，地方五百里，去西岸七万里。上有不死之草，草形如菰，苗长三四尺。人已死三日者，以草覆之。"所谓祖洲之国，位于东海中，欲将其名之皇国万国为祖国，而思上古神仙之由，予以洲名，此无疑为皇国之事。在众多认为徐福所到之地为皇国之说中，中国后周时代的《义楚六帖》里，有如下的记载："日本国，东海中。秦时，徐福将五百童男、五百童女，止此国。今，人物一如长安。有山，名富士，亦名蓬莱。徐福止此谓蓬莱。至今子孙皆曰秦氏。"今子孙皆曰秦氏。②

该文为平田笃胤五十四岁时所作。他不仅指出中国东海中有蓬莱、方丈、瀛洲三神山，这古来有名的仙境三神山就在日本境内，日本的"记纪神话"

---

① 参见韩铎：《新发现的吉野个里遗址说明了什么》，《日本学刊》1992 年第 6 期。
② 参见［日］今枝二郎：《透过道教的中日文化交流——重考徐福渡日传说》，载杨正光、朱亚非等：《徐福文化的思索》，山东友谊出版社 1996 年版，第 293 页。

以及火火出见尊、浦岛子等传说都是证明,[①] 而且还借助于《义楚六帖》来叙述徐福抵达日本之事,并在该文后专门注释说:"在都良香朝之'富士山'里。说:'富士山者,在骏河国。峰如削成,直耸属天,盖神仙之所游萃也'。"富士山是日本列岛最高山峰,山顶白色的积雪常年不化,在阳光照射下,反射出金黄色的光芒,景色壮观。这与中国战国秦汉方士们传言中的"三神山"上的万物禽兽皆白色,宫阙为黄金白银砌成的描述非常相似。富士山上生长一种草,服之可延年益寿,故富士山古称为"蓬莱",在日语中就有长生不死的含义,由此平田笃胤把富士山看作是神仙荟萃之地。平田笃胤不认为徐福会死亡,而是认为徐福仙去蓬莱,"仅以徐福之住处而口传下来,并且存留于碑,是因很早仙去之故。因此他的坟墓,应系在他仙去之后,乡人汇收他的遗物,造成其坟。类似其例甚多。"他注中还补充说:"在熊野,原来是否有称为蓬莱之山,另当别论,最少,徐福是先至此地而暂住,然后才仙去蓬莱,以此而称其住处为蓬莱的看法,是可以成立的。"[②]

　　有日本学者认为,徐福海上求仙说为道家与道教在日本的传播开辟了道路,如日本汉学家儿岛献吉郎(1866—1931)就认为,日本既是"神国",也是"仙乡":"道家之长生不死,既起于方士神仙说。则道家传入日本,神仙说当亦传播于日本。然秦始皇使方士徐市,与童男童女入海求仙人及不死之药,往蓬莱方丈瀛洲,此三神山,即日本也。则日本可称为神州,又可称为东瀛,则日本即神国也,仙乡也,长生不死之本场也。既为神仙之本场,则不必别求神仙于海外,故日本无神仙说也。然《日本书纪》有浦岛子。《元享释书》有道法仙人、释窥仙。《扶桑记》有阳胜。《今昔物语》有瞰女之白脞云上坠下之久米仙人,又同书宇院之女子,有感应而升天者。《类聚国史》载藤原友人好仙道,企飞行,而终不成。盖皆受方士神仙说之影响者欤?"[③] 这种看法主要是依据神话传说,因缺少史料佐证,还值得再推敲。

---

　　① 〔日〕楠山春树:《平田笃胤与道教》,载〔日〕野口铁郎编集:《道教と日本》第三卷,《中世・近世文化と道教》,雄山阁1996年版,第133页。

　　② 〔日〕今枝二郎:《透过道教的中日文化交流——重考徐福渡日传说》,载杨正光、朱亚非等:《徐福文化的思索》,山东友谊出版社1996年版,第293页。

　　③ 〔日〕儿岛献吉郎:《诸子百家考》,商务印书馆1933年版,第300页。

第二节　道教传入日本的途径与方式

以上仅是徐福传说在日本的影响,那么,中国道教是在何时、通过什么途径、以什么方式传入日本的呢? 根据现有的考古资料和文献记载,随着移民潮在东亚地区的出现,道教信仰是由那些来自于中国大陆和朝鲜半岛的"归化人"在大和朝陆续传入日本的。大和朝是日本定都于大和地区的时代(250—710),它由古坟时代(250—538)和飞鸟时代(538—710)构成。道教的传入使日本社会中出现了一些值得关注的新现象。

一、道教随着移民潮传入

道教能够在日本传播与4—8世纪东亚社会出现的持续不断的移民潮有关。"在日本古代的大陆移民史上,集团性与阶段性特点表现得十分明显。根据日本史籍记载,在9世纪以前,有多达一百万以上的大陆移民从中国、朝鲜半岛等地前往日本列岛,带来各种先进的文化技术,身体力行,极大地推动了倭国社会的成长。"[1] 中国历史上存在着两类移民,一类是统治者运用官方权力和财力加以引导、组织或强制推行的;另一类是下层民众为了逃避天灾人祸、维持生存、追求温饱而自发进行的。[2] 韩昇将大陆移民的迁徙过程分为三个阶段:第一阶段大约从4世纪后叶至5世纪初叶。这一时期,有关大陆移民的记载,主要集中于《日本书纪》卷十《应神天皇纪》,可见大陆移民的到来促进了大和朝廷的建立健全。第二阶段大约从5世纪后叶到7世纪初叶。此又可进一步细分为前后两期,前期以5世纪后叶为中心,相当于雄略时代,后期从6世纪中到7世纪初,相当于钦明至推古时代。在此阶段,大和朝廷倚重大陆移民,进行一系列政治、经济、文化及技术的变革,较大地提高了皇权。第三阶段主要集中在7世纪后叶,即齐明、天智、天武、持统时代。8世纪以后的移民,主要是个别杰出人物的活动,可以作为大陆移民史的尾声。"在这三个阶段,不仅移民集团的构成、性质,以及

---

[1]　韩昇:《东亚世界形成史论》,复旦大学出版社2009年版,第77页。
[2]　参见葛剑雄等编:《简明中国移民史》,福建人民出版社1993年版,第9页。

原来所在国家的政治文化发展阶段各不相同，而且，他们在日本的社会组织形态、身份地位，以至发挥的作用也有明显的差异。"① 值得研究的是，这种具有集团性与阶段性的移民潮对道教在东亚的传播具有什么样影响？

其实早在移民潮形成之前，中国大陆文化就陆续传到了日本，例如，据《后汉书·光武帝本纪》记载："光武中元二年（57），倭奴国奉贡朝贺，使人自称大夫，倭国之极南界也。光武赐以印绶。"这是中国史书对日本最早的有明确纪年的记载。1784 年 2 月 23 日，日本九州岛福冈县志贺岛叶崎村农民甚兵卫在挖掘水沟时发现"汉倭奴国王"的四方形的蛇钮金印，长2.347 厘米、高为 2.236 厘米、重 108.7 克纯金，印柄为蛇，阴文颖书体，字体刚劲有力，一望即知为汉代刀法。② 汉光武帝赐蛇钮金印表示大和人崇尚蛇，是以蛇为图腾的民族。志贺岛所在的博德湾是古代倭人与海外交流的最初期的门户。专家们认定，该印是公元 57 年汉光武帝刘秀赐予倭奴国王的印章，如竹内实（1923— ）指出，一般"汉"字的右半边是连写的，但该印上的"汉"字右下角是一个独立的"火"字，而东汉在五德终始说中正是采用"火德"。③ 人们由此确定《后汉书》中的记载的"倭奴国"曾遣使来汉，一次就奉献了"生口"（即奴隶）160 人。光武帝赠以印绶是符合史实的。④ 这说明东汉时中国与日本就通过朝贡与册封进行文化往来。

"归化人"是对从中国或朝鲜半岛渡海移民来到日本的人及其后代的总称，也称渡来人。⑤ 日本最初接触中国的先进文明可能是由乐浪郡（汉武帝在朝鲜半岛设置的汉四郡之一，管辖朝鲜半岛北部及中国山东、辽宁沿海地

---

① 韩昇：《东亚世界形成史论》，复旦大学出版社 2009 年版，第 77 页。

② 参见郭沫若：《中国史稿》第二册，人民出版社 1979 年版，第 389 页。

③ 参见滕军等编：《中日文化交流史》，北京大学出版社 2011 年版，第 27 页。

④ 这枚金印于 1954 年被日本定为一级国宝，现藏于日本福冈的市立博物馆。前几年，日本千叶大学教授三浦佑之出版《金印伪造事件》（幻冬舍新书 2006 年版）一书，有意颠覆这段一向被人相信的史实。

⑤ 这些"归化人"究竟来自于哪些地域的哪些群体，通过什么路径进行迁徙，因历史久远，情况十分复杂。近年来，随着比较语言学的发展，一些学者指出，人有两个最重要的历史记载：一是基因；二是语言。它们作为人类自带的历史教科书，展示了有关东亚文明起源与传播最可靠、最详尽的史前面貌。（《建立中国语言图谱，助推比较语言学发展——访上海高校比较语言学 E—研究院研究员潘悟云》，《中国社会科学报》A—07 版。）笔者设想，如果将比较语言学的方法运用到东亚道教研究上，可能会获得意想不到的效果。

区）传入的。日本遣使奉献纳贡，也是通过乐浪、带方两郡而到中国的。三地通过海上交通建立起初步的联系。中国的秦人、汉人和吴人和那些精通汉文的朝鲜籍汉人，带着中国的先进文化技术来到日本后都受到日本朝廷的欢迎。在农业方面，"归化人"带来了水稻种植的相关技术，例如灌溉系统、水稻栽培、耕牛利用等改变了日本人的生产和生活方式。在手工业方面，通过冶炼术来制造铜镜、铁制农具、武器和马具等，还有烧制陶器，养蚕丝织，服装缝制等，提升了日本人的生活水平。在文化方面，"归化人"带去中国汉字，并在日本上层社会中逐步推广。日本人借用汉字来表达日本的人名、地名及日常用语，逐渐创造出富有特色的日文。在国家管理方面，一些"归化人"因擅长书写而在朝廷中任史官或博士，承担记录历史、财务出纳、撰写文书等工作，这使他们有机会逐渐融入当地社会政治生活中。"当时在日本可以承担汉文书写职位的人，应该说仅限于新近从朝鲜半岛，或中国东渡来的移居民及其子孙，人数十分有限的。"① 后来，日本许多地位显赫的家族如岛津氏、服部氏、长宗我部氏等，大多宣称是秦始皇、徐福、汉灵帝等中国名人的直系后代，如，长宗我部氏就自称是秦始皇子弓月君后代。"可以认为：像在古代日本大和地区，百济裔（东汉氏）朝鲜人与苏我氏、王氏等联手让佛教扎根一样，在古代九州岛丰前国，新罗裔人以辛岛氏、秦氏为中心，让道教性的信仰（对弥生式文化的守护神：八幡大神的信仰）扎下根了。"② 这种在日本扎根的道教信仰来自于中国土著宗教，因此，"归化人"不仅在当时日本政治、经济与文化的发展上占有举足轻重的地位与作用，而且也促进了中日文化交流的展开，并将中国道教陆续传入日本。"传到日本的道教是由两个方面组成，初期主要是民间所信仰的，是来自朝鲜半岛或长江流域的归化人带来的神仙思想和方术等；其后是跟随着遣隋史、遣唐史前往隋唐的留学生和留学僧们直接在当地学习构成道教要素的数术和方技学，与此同时，还在归国时带来了已经成书的道教经典。"③

　　据日本现存最早的历史著作《日本书纪》卷十记载，道家与道教文献

---

　　① ［日］上垣外宪一：《日本文化交流小史》，武汉大学出版社2007年版，第9页。

　　② ［日］福永光司、千田稔、高桥彻：《日本の道教遗迹を步く》，朝日新闻社2003年版，第284页。

　　③ ［日］中村璋八：《日本的道教》，载［日］福井康顺等监修：《道教》第三册，上海古籍出版社1992年版，第16页。

大约在 5 世纪由朝鲜半岛的百济传入日本。应神天皇十五年（284）八月①，百济国王派了一位认识汉字的阿直岐去日本。喜爱中国文化的皇太子菟道稚郎子（仁德天皇之弟）便拜阿直岐为师。后来，阿直岐又向应神天皇推荐了精通中国经典的博士王仁。第二年，王仁来到日本，"又科赐百济国，若有贤人者贡上。故，受命以贡上人，名和迩吉师。即《论语》十卷、《千字文》一卷，并十一卷，付是人即贡进。"② 《日本书纪》卷十《应神天皇》也有记载：

> 十五年秋八月，壬戌朔丁卯，百济王遣阿直岐，贡良马二匹。即养于轻阪上厩。因以阿直岐令掌饲，故号其养马之处曰厩阪也。阿直岐亦能读经典，及太子菟道稚郎子师焉。于是天皇问阿直岐曰："如胜汝博士亦有耶？"对曰："有王仁者，是秀也。"时遣上毛野君祖、荒田别、巫别于百济，仍征王仁也。其阿直岐者，阿直岐史之始祖也。十六年春二月，王仁来之。则太子菟道稚郎子师之，习诸典籍于王仁。莫不通达。所谓王仁者，是书首等始祖也。

这虽然是"有关中国儒家经典和汉字传入日本的最早记载"③，但阿直岐和王仁在传播儒家经典的同时，也传播了道教经典。据朱云影先生研究："在日本，有人认为王仁不仅传入了儒教，也可能传入了道教④，由于日本神道的形成，吸收道教的要素甚多，后来道教终被淹没，所以日本表面上道教不像儒佛一样流行，因为道教已与日本固有信仰融化于无形了。"⑤ 因此，"日

---

① 日本学者丸山二郎将《日本书纪》与《三国史记》进行对比研究，认为应神天皇十六年应为公元 405 年，而不是公元 285 年（丸山二郎：《纪年论的沿革》，载《日本书纪研究》，吉川弘文馆 1955 年版，第 100—265 页），另按日本史学家那珂通世的纪年法推算，应神天皇十五年则为公元 446 年，因此，阿直岐和王仁大约活动于 5 世纪左右。（参见王勇、大庭修主编：《中日文化交流史大系·典籍卷》，浙江人民出版社 1996 年版，第 313 页。）

② 《古事记》中卷"应神天皇"中，称阿直歧为阿知吉师、称王仁为和迩吉师。

③ 王家骅：《儒家思想与日本文化》，浙江人民出版社 1990 年版，第 3 页。

④ 这一看法由日本学者黑板胜美提出，参见［日］黑板胜美：《我国古代的道家思想及道教》，《史林》第 8 卷第 1 期。

⑤ 朱云影：《中国文化对日韩越的影响》，广西师范大学出版社 2007 年版，"自序"。

本的神道，当是接触中国的道教之后才渐渐定型的"。① 这种说法无疑强调了道教在日本的传播及对神道教的影响。②

阿直岐和王仁可能也是由乐浪郡转到百济，然后进入日本的。阿直岐和王仁的子孙在日本都姓"文"。"文"是当时以文笔事奉朝廷的官员的姓，多为外来移民"归化人"的子孙。阿直岐的子孙住在大和，称为倭文值，王仁的子孙住在河内，称为文首，他们分别位于皇城的东西方，故后来天武天皇制定"八色姓"制度时："其四日，忌寸以为秦汉二氏及百济文此等之姓。"赐阿直岐和王仁的子孙为"忌寸"，故称东西忌寸。据日本史书《日本书记》、《古语拾遗》、《续日本纪》等记载，文宿弥氏，出自汉高祖皇帝刘邦之后裔鸾王。忌寸氏，与文宿弥氏同祖，是宇乐古首之后。武生宿弥氏，与文宿弥氏同祖，是王仁孙阿浪古首之后。秦汉两代进入日本的"归化人"人数众多，从平安时代所编《新撰姓氏录》中可见，"在全部的 1059 个氏族中，归化人系统的民族竟占 324 个，几为全体氏族的百分之三十。……其势力所至，直接影响到皇室的盛衰，以及政治的荣枯，实掌握了古代日本国家的命脉！"③ "归化人"带去了当时中国的先进生产技术和文化，尤其是通过传播汉籍而传授中华文化，例如王仁教日本人学习《千字文》其实是在认识汉字，只有掌握汉字才能阅读、研究、吸收中国经书的思想精华，促进日本文明的发展。他们自己成为日本社会中地位尊高的新贵族后，大都没有继续使用"刘"姓，而是融入了大和民族中，进而采用了富有日本文化特色的新姓氏。另外，在《新撰姓氏录》中也有 16 个来自于江南"吴"姓氏族，如吴国主照渊孙智聪的后代和药使主、吴主孙权家族的后代牟佐村主、吴王夫差的后代松野连等④，这些来自于吴地的移民应当是促进道教在东亚传播的主体力量。

3 世纪末，中国北方郡县统治瓦解，政治更替频繁，自然灾害不断，社

---

① 朱云影：《中国文化对日韩越的影响》，广西师范大学出版社 2007 年版，第 463 页。

② 参见［日］中村璋八：《日本的道教》，载［日］福井康顺等监修：《道教》第三册，上海古籍出版社 1992 年版，第 16 页。

③ 东初：《中日佛教关系之回溯》，载张曼涛主编：《中日佛教关系研究》，大乘文化出版社 1978 年版，第 10 页。

④ 韩昇：《东亚世界形成史论》，复旦大学出版社 2009 年版，第 141 页。

会动荡不安，一些道士、方士或由长江流域东渡，或经朝鲜半岛前往日本，不仅促进了中国文化的东渐，而且带去了道教的神仙思想、宗教器物和遁甲方术。据《日本书纪》卷十记载，应神天皇统治期间（270—310），大批来自于中国和朝鲜的"渡来人"进入日本。例如，应神天皇十四年（283），自称为秦始皇十三世孙的弓月君带领120县人口自百济东渡归化日本，日史称之为"秦人"。应神天皇二十年（289），阿知使主率领百济带方郡17县人口东渡日本。相传，阿知使主为汉灵帝三世孙，日史称之为"汉人"。因当时日本人的服装极为简陋，所以应神天皇三十七年（306）派阿知使主去吴国求缝工女，得兄媛、弟媛、吴织、穴织四女工而归。应神天皇三十七年（306）："春二月戊午朔，遣阿知使主、都加使主于吴，令求缝工女。爰阿知使主等渡高丽国，欲达于吴。则至高丽，更不知道路。乞知道者于高丽，高丽王乃副久礼波、久礼志二人为导者，由是得通吴。吴王于是与工女兄媛、弟媛、吴织、穴织四妇女。"① 虽然近年来，也有一些日本学者由吴的古音"Kure"与日语的"暮"同音，"暮"意为日落、黄昏，可以引申为西方，提出"吴"实指朝鲜某地的说法，吴国人实为朝鲜移民②，但更多的学者倾向于，吴国既是国号，也是"吴地"的简称，主要指位于以今中国苏州为中心的江南一带。③ 当时，日本也统称中国之江南王朝为"吴"。

倭人自称为吴泰伯后裔的说法，最早见于鱼豢的《魏略》："倭人自谓太（泰）伯之后"，此说到唐宋时被《梁书》、《通典》、《北史》、《晋书》、《太平御览》等史书广泛采录。生活于宋末元初的金履祥（1232—1303）在《通鉴前编》卷十八中也说："今日本又去吴泰伯之后，盖吴亡，其支庶入海为倭。"说明春秋吴国消亡后，吴人四散，一部分跨海东徙到达日本，另一部分到达朝鲜半岛。如生活于德川前期（1603—1680）的松下见林精通汉学，他搜集外国人的日本观于1668年编成《异称日本传》一书，其中就提到："吴之时，其国王姬姓亡命日本，是日本开国之始。"但一些具有民族本位的日本学者并不认同这种看法，如大约生活于同一时期的儒学家、神

---

① 《日本书纪》卷十《应神天皇》，载［日］黑板胜美、国史大系编修会编修：《新订增补国史大系》1，吉川弘文馆1981年版，第282页。

② 参见韩昇：《东亚世界形成史论》，复旦大学出版社2009年版，第123—125页。

③ 中国历史上曾在春秋、三国和五代分别出现过三个吴国，都在以今天苏州为中心的江南地区。

道家山崎暗斋（1618—1682）就认为，中国的史书《晋书》、《北史》、《梁书》中所记载的"倭人自谓泰伯之后"的说法皆不足信。而其他的一些著作，如《通鉴前编》、《太平御览》、《百川学海》、《续文献通考》、《两山墨谈》、《尧山堂外纪》等所记述的日本是泰伯之后的说法更不足信。因为日本国史并没有记载日本人是泰伯之后，而中国史料的记载由于是依赖来往商人、僧侣之口，故不可信。实际上由于泰伯之后说只是一种历史传说，并无确凿的历史记载，因而否定此说是可以理解的。①

313 年，乐浪郡被高丽族消灭，一些以书写汉文为生的中国人，先是流亡到百济，然后又从百济移民日本，"渡来与混合的不断重复，才创造出了所谓日本文化的原型"②。大约在 4 世纪中叶，日本列岛诸侯纷争，活动于今天奈良盆地一带的名为"大和"的氏族集团统一了日本，建立起大和朝廷。从此，"大和"成为日本的别称，"大和魂"指日本的民族精神，日本民族也称为"大和民族"。"关于统一日本的主体，有多种学术见解，传统的观点是大和地区的政治势力统一了全国；与此相对，有学者认为是九州岛地区的邪马台国东迁，征服了大和地区，进而统一了日本列岛。九州岛邪马台国东迁说的主要依据，除上述古代传说外，大量的考古发现也可证明这一推论。第一，九州岛文化中的镜、玉、剑后来发展为三种神器，而畿内文化圈的铜铎文化却消失了；第二，邪马台国在 3 世纪 20 年代从历史上消失，不久畿内的铜铎也突然绝迹，随之古坟兴盛。"③ 值得关注是，大和朝廷与周边各国的关系对道教在东亚传播产生了什么影响？

据《晋书》、《宋书》、《南齐书》、《梁书》等记载，大和政权成立之初，曾向中国称臣，寻求承认和保护，中国皇帝也赐予"大将军倭王"称号。5 世纪前后，大和朝廷加紧对朝鲜半岛的侵略，所引导的移民潮促进了东亚各国之间的文化交往。据《好太王碑》记载，倭国于 391 年渡海破百济、新罗，迫使其国人为臣民，但遭到高句丽与新罗联军的猛烈反击。396年高句丽好大王亲自率领军队征伐百济，攻陷诸城，百济被迫供奉财物，并发誓永为高句丽的奴客。399 年百济违约与倭国联合，进攻新罗，倭军遍布

---

① 　参见王维先：《日本垂加神道哲学思想研究》，山东人民出版社 2004 年版，第 119 页。
② 　[日] 上垣外宪一：《日本文化交流小史》，武汉大学出版社 2007 年版，第 10 页。
③ 　浙江大学日本文化研究所编：《日本历史》，高等教育出版社 2003 年版，第 118 页。

新罗国境。高句丽于 400 年派兵 5 万人，支援新罗，将倭军击退至任那、加罗。404 年倭军侵入带方，又被高句丽打败。

　　大和朝廷进攻朝鲜半岛，本来是想掠夺财富和扩张疆域，可因屡遭反击，于是就将目光转向中国南朝，以"远交近攻"为外交策略，期望通过向南朝朝贡来寻找同盟以增强自己的力量。从 421—478 年，倭国统一时期先后有五位国王赞、珍、济、兴、武，持续遣使向南朝朝贡，都受到南朝刘宋皇帝的册封①，随着东亚"华夷秩序"的建立，南朝文化也逐渐传入日本。受其影响，倭王也模仿以中国为中心的"天下观"来建立以倭国为中心的"天下观"。② 例如，471 年在稻荷山古坟的铁剑铭③和江田船山古坟出土的大刀铭④上，都可见"治天下"、"大王"、"长寿子孙"等字样。又如，在传世的日本文物中有一柄 4—5 世纪"大王"使用过的剑。剑身的铭文是："左青龙，右白虎，前朱雀，后玄武"，上面还有画。⑤ 另外，保留至今的大和飞鸟地区的石雕"酒船石"、"道祖石"、"须弥石"、"二面石"等等，虽然是 6—7 世纪贵族庭院或者是宫廷的装饰和喷水设施，但是和道教信仰也有密切关系。⑥ 为了强化统治者的政治权威，大和政权把各个氏族部落所信仰的诸神整合起来，从皇统就是神统出发，以大和氏族神为中心，编造出一套以天皇氏族神"天照大神"为中心的神灵谱系和祭祀仪式，为大和朝提供了神圣的依据。

　　501 年，百济宁武王即位，为了对抗高句丽的军事扩张，派遣使者向南朝进贡，以获得大陆的支援。521 年，宁武王派遣的使者上表梁武帝，"累

---

　　① 参见《宋书》卷九十七《倭国传》，《二十五史》，上海古籍出版社、上海书店 1986 年版。

　　② 参见［日］大津透：《古代の天皇制》，岩波书店 1999 年版，第 26—27 页。

　　③ 稻荷山铁剑于 1968 年在日本埼玉县稻荷山出土，现收藏于该县资料馆，这日本的国宝之一。据说此剑为辅佐过雄略天皇的一位官人于 471 年所造，剑长 73.5 厘米，上有铭文："乎获居臣上祖名意富比诡，其儿名多加利足尼，其儿名弓已加利获居，其儿名多加披次获居，其儿名多沙鬼获居，其儿名半弓比。其儿名加差披余，其儿名乎获居臣。世世为杖刀人首，奉事来至今，获加多支卤大王寺，在斯鬼宫时，吾左（佐）治天下，令作此百练利刀，记吾奉事根原（源）。"据考证，"乎获居臣"即雄略天皇，也是倭五王中的武。

　　④ 参见雷志雄：《日本金石举要》，湖北美术出版社 1998 年版，第 5 页。

　　⑤ 参见［日］东野治之：《护身剑铭文卡考》，《文学》1980 年第 48 号。

　　⑥ 参见蔡凤书：《古代日本与中国交流在文物上的证据》，载北京大学考古文博学院编：《考古学研究》第七辑，科学出版社 2008 年版，第 491 页。

破高句丽，始与通好，而更为强国"①，被册封为使持节都督百济诸军事"宁东大将军"。《梁书·诸夷列传》曾记载了南朝梁与高句丽、百济、新罗、日本交往关系，其中尤其提到百济还曾两次遣使者到梁朝请求派各类学者、工匠等前往百济传授中国文化："中大通六年（534）、大同七年（541），累遣使献方物，并请《涅槃》等经义、毛诗博士，并工匠、画师等。敕并给之。"百济统治者对于佛教的《涅槃经》、儒家的"毛诗"，都有非同寻常的兴趣，这反映了当时的东亚各国还是遵守着以中国为中心的秩序，默认和接受中国文化的主导地位。

当时中国南朝政权频繁更迭，其中以崇佛闻名的梁武帝当政时间最长。梁武帝萧衍（464—549）出身于世家大族，从小就接受正统的儒家教育，但他中年崇道，晚年信佛："少时学周孔，弱冠穷六经。孝义连方册，仁恕满丹青。践言贵去伐，为善在好生。中复观道书，有名与无名。妙术镂金版，真言隐上清。密行遗阴德，显证在长龄。晚年开释卷，犹月映众星。苦集始觉知，因果方昭明。不毁惟平等，至理归无生。分别根难一，执着性易惊。穷源无二圣，测善非三英。"②梁武帝与道士陶弘景交往密切，甚至梁朝的国号也是陶弘景"援引图谶"而来的应运之符。晚年的梁武帝热衷于崇信佛教，倡导吃素食、建寺庙、造佛塔、举办无遮大会等，至使出现"南朝四百八十寺，多少楼台烟雨中"的景象。

南朝儒佛道并行发展的局面也影响到东亚世界："从中国去百济的人数超过南朝各代，形成百济与中国文化交流的高潮。"③当时的百济已吸收了中国的"阴阳五行"、"医药卜筮占相之术"，据《周书》记载："其秀异者，颇解属文。又解阴阳五行。用宋元嘉历，以建寅月为岁首。亦解医药卜筮占相之术。有投壶、樗蒲等杂戏，然尤尚奕棋。僧尼寺塔甚多，而无道士。"④由于百济"无道士"，无法建立道团，故"阴阳五行"、"医药卜筮占相之术"实施者主要是佛教僧尼。后来，百济的佛教僧尼又将这些方术

①　［朝鲜］金富轼撰：《三国史记》，吉林文史出版社 2003 年版，第 274 页。

②　《广弘明集》卷三十《梁武帝述三教诗》，《大正藏》第 52 册，第 352 页。

③　周一良：《百济与南朝关系的几点考察》，载《魏晋南北朝史论集》，北京大学出版社 1997 年版，第 554 页。

④　《周书》卷四十九《异域上·百济》，《二十五史》，上海古籍出版社、上海书店 1986 年版。

传播入日本。

　　另一方面，百济为加强与倭国的友好关系，获得军事援助，不断地向日本进行文化输入。据《日本书纪》卷十七记载，继体天皇（507—531 在位）即位时，就与百济交涉朝鲜半岛南部的领土主权问题。继体六年（512）倭国送百济四十匹马，第二年，百济向倭国进贡五经博士：

　　　　夏六月，百济遣姐弥文贵将军、州利即尔将军，副穗积臣押山，《百济本记》云，委意斯移麻岐弥。贡五经博士段杨尔。别奏云："伴跛国略夺臣国己汶之地，伏请，天恩判还本属！

百济用文化输入换取倭国的军事援助，成为当时两国间重要的外交方式，由此引发了百济居民向日本迁移潮。继体天皇十年（516）秋九月：

　　　　百济遣远州利即次将军，副物部连来谢赐己汶之地，别贡五经博士汉高安茂，请代博士段杨尔，依请代。①

第三年后，百济再派五经博士汉高安茂以替换原来的五经博士段杨尔。这种三年替换制的实行，让更多的五经博士东渡日本，保持了百济不断向倭国传入中国的学术研究的态势。到钦明天皇时，两国的文化交流内容也进一步扩大到与道教文化相关的医、易、历等：

　　　　六月，遣内臣使于百济。敕云："所请军者随王所须！"别敕："医博士、易博士、历博士等，宜依番上下。今上件色人正当相代年月，宜付还使相代。又，卜书、历本、种种药物，可付送。②

经过一段时间的积累，大概是到 80 年后的飞鸟时代，汉学在日本很快发展

---

　　① 《日本书纪》卷十七《继体天皇》，载［日］黑板胜美、国史大系编修会编修：《新订增补国史大系》1，吉川弘文馆 1981 年版，第 23 页。
　　② 《日本书纪》卷十九《钦明天皇》，载［日］黑板胜美、国史大系编修会编修：《新订增补国史大系》1，吉川弘文馆 1981 年版，第 79 页。

起来。据神田喜一郎统计，在圣德太子颁布的《十七条宪法》中，出现许多来自于中国文献的语句，包括《毛诗》、《尚书》、《礼记》、《左传》、《孝经》、《论语》、《老子》、《庄子》、《孟子》、《管子》、《墨子》、《荀子》、《韩非子》、《文选》等①。大和朝廷通过移民输入的先进文化，对政治、经济、文化及技术进行改革，提升与巩固了天皇制，也为进一步接受包括道教在内的中国文化奠定了基础。

福永光司在《古代日本と江南の道教》一文提出，古代日本与吴国的交流十分密切，早在《古事记》和《日本书纪》中都有记载，倭人就是吴泰伯的子孙。江南宗教的代表是茅山道教，它的拜神祭事道场布置与道士装束都对古代日本神社活动有着密切的影响，另外，江南道教中的灵宝派代表人物葛玄与葛洪所倡导的烧炼金丹的理论与方法，《抱朴子》、《周易参同契》所宣扬的炼金术、黄白术和冶炼术中的一些名词术语在日本文化中也有影响。例如，《古事记》中"若苇芽如因萌腾之物而成神"中的"芽"类似于《周易参同契》所说的"黄芽"，即使用炼金术所得到的黄色结晶物。江南道教所崇尚的本草药学，如陶弘景《神农本草经》中的本草药学，也促进了当时大阪修道町的制药业的兴盛。② 其中虽然有些牵强附会的说法，但从总体上展示了江南道教的特点以及当时日本人对道教文化的受容。

二、三角缘神兽镜与道教

日本继弥生时代之后，大约 3 世纪左右，那些富有的国王和贵族，为了显示自己死后仍有权威，就建起高大的坟墓，来埋葬死者与殉葬者，史称"古坟时代"（约公元 3—6 世纪），日本的早期国家于此时开始萌芽，其中所营造的宗教氛围为日本人受容中国道教奠定了文化基础。

受日本固有的灵魂不灭观念的影响，日本人形成了一种生命是永远循环的思想，"人死后前往彼世、然后再托生回到现世"③，崇拜祖先和供养死者逐渐发展为日本一种宗教文化习俗，其中王公贵族建造的高大古坟为显着标

---

① 参见《神田喜一郎全集》第八卷，同朋舍出版 1987 年版，第 5—9 页。
② 参见［日］福永光司：《道教と古代日本》，人文书院 1987 年版，第 9—18 页。
③ ［日］梅原猛：《世界中的日本宗教》，四川人民出版社 2006 年版，第 72 页。

志。据考古学的发现，这些古坟几乎遍及除北海道以外的日本全境，主要分布在本州岛南部，畿内的京都、奈良和大阪一带，尤其是在当时最大的古国——邪马台国①旧址出现了众多的古坟，说明这里是日本开发较早的地区。这些坟墓一般是巨大的穴式土堆，四周建有壕沟，外形呈圆、方、前圆后方或前方后圆等不同形态，在后期逐渐以前方后圆的形式为主，一些日本学者认为，这种前方后圆状的古坟象征着道教的"蓬莱山"。② 为了表达对死者灵魂的敬畏与祭奠，巨大古坟的四周围往往环绕着筒状的土制人偶，可能是殉葬用的，被称为"埴轮"。古坟里通常放有许多铜镜、勾玉、珠宝等贵重物品。这是否说明被葬者是一些会行咒术并负责祭祀的国王？还有原古坟奥室 215 号彩色壁画中的四神图像，依日本人类学家金关丈夫教授的看法，这是中国的龟媒思想东渐影响的结果③，具有浓厚的大陆的要素。

　　到倭五王时，古坟里还放上兵器、马器和盔甲。据此，1948 年日本学者江上波夫（1906—2002）出版《骑马民族国家》一书，他基于古坟文化前后期陪葬品所表现出的异质性提出，骑马民族高句丽曾渡海登陆日本，征服了当地倭人，在近畿地区建立了自己王权，因此"大和族可能是因为五胡乱华的缘故而经由朝鲜半岛南下进入日本的通古斯族的一支"④，所以具有了游牧民族的好武善斗的文化风格。正因为遣使南朝的倭五王是 4 世纪时从朝鲜半岛迁移到日本的渡来人，他们才特别期望能够通过向南朝朝贡而获得管理朝鲜半岛的权力。这样，大和王朝也就不再是邪马台国的简单延续了。这一观点发表后，开创了日本民族起源研究的新思路，但其军国主义的性质也引起了当时的东亚社会极大的震动。虽然此观点本身还有许多值得商榷之处，但它也提醒我们思考，在东亚民族的各种迁移中，道教信仰是否也

---

　　① 《三国志》卷三十《魏志·倭人传》记载，3 世纪时日本列岛上有三十余国，其中邪马、台国（Yamatai、Yamato）为诸国之宗主，女王是"卑弥呼"，但日本史书及传说中却未有提及。一般认为，"邪马台国"是日本国家的起源，但关于邪马台国的所在地，一般学术界存在两种不同看法，即"九州岛说"和"畿内说"，如江户时日本政治家、学者新井白石（1657—1725）就是"九州岛说"的首倡者，他认为弥生时代的日本列岛上可能存在着两个相对独立的文化圈：九州岛地区的"铜剑矛文化圈"和大和地区"铜镜文化圈"。

　　② ［日］冈本健一：《蓬莱山——前方后圆坟の祖型》，载《东アジアの古代》1987 年第 50 号；藤田友治编：《前方后圆坟：その起源を解明すゐ》，ミネルヴァ书房 2000 年版。

　　③ ［日］森贞次郎：《装饰古坟》，教育社 1985 年版，第 211 页。

　　④ ［日］江上波夫：《骑马民族国家》，光明日报出版社 1988 年版，第 25 页。

随移民进入了日本？目前，日本已发现了71座古坟，其中大阪的大山冢，又名"仁德天皇陵"，据说是最大的古坟。这些古坟成为人们进行祭祀的场所。例如，天津国玉神之子天稚彦去世后，人们搭起灵堂，举办丧事，歌舞奏乐，八天八夜，通宵达旦，以慰死者之灵①，颇似道教的葬礼风俗。坟墓及所开展的祭祀仪式都极尽奢侈之能事，与中国魏晋南北朝时王公贵族的厚葬之风十分类似。由于建筑这些体积高大的坟墓，需要花费大量的钱财，只有少数的王公贵族才能够负担得起。8世纪初，随着佛教思想的影响，火葬开始在日本流行。一些天皇在死后也实行了火葬。例如，686年死去的天武天皇和702年去世的持统天皇都是火化后被埋葬的。火葬流行后，古坟建筑才逐渐式微。

古坟的建造者中许多是中国大陆和朝鲜半岛的移民，他们往往将坟墓建成象征着"蓬莱山"的形状，绘上一些具有中国文化元素的壁画。例如，1972年在奈良县高市郡奈良县立檀原考古学研究所发掘了一座"高松冢古坟"。该古坟早年曾经被盗掘过，但是墓内的彩色壁画保存得完好，还有许多精美的随葬品。在该墓的壁画上除了有"青龙"、"白虎"、"朱雀"和"玄武"四神之外，画面上的人物皆穿着唐装，男子戴着幞头，面庞微胖，手执武器袋，英武可畏；女子体态丰润，头发梳成高发髻，长眉细眼，手执绋尘或如意，雍容华贵，仪态万方。这些男人和女人的形象和中国陕西省干县永泰公主墓壁画上的形象相近。② 在邪马台国旧址的古坟中，不仅出土了汉代的汉玦、黄璧，王莽时代的货币、汉印，而且还出土了几百面样式各异的铜镜。在3世纪时，魏明帝赐给邪马台国女王的各种物品中，就有"铜镜百枚"，属于东汉时流行的内行花纹铭带镜，这种铜镜已在日本出土四十余枚面，因其镜边的断面呈三角形，上有"景初三年"的铭文字样，还刻有一些神兽，日本考古学界称之为"三角缘神兽镜"或"三角缘铭画纹带神兽镜"，这是否反映了道教信仰在日本的影响？

其实，古坟中出土铜镜从造型到风格有多种类型："其中细线纹镜、雷

---

①　参见《古事记》卷十一，载［日］黑板胜美、国史大系编修会编修：《新订增补国史大系》1，吉川弘文馆1981年版。

②　参见蔡凤书：《古代日本与中国交流在文物上的证据》，载北京大学考古文博学院编：《考古学研究》第七辑，科学出版社2008年版，第494页。

纹镜、夔凤镜、叶纹镜、野云镜等，是前汉之物，亦称前汉式，神兽镜、神带镜、兽形镜、画像镜等，是后汉至六朝之物，亦称后汉式或六朝式。"① 王仲殊先生认为，出土于前期古坟时期的"三角缘神兽镜"具有如下的一些典型特征：缘部隆起，断面呈三角形；内区的主纹是"东王父"、"西王母"等神像和龙、虎、天禄、辟邪等瑞兽，瑞兽的形态和数目各有不同，排列方式可分"求心式"和"同向式"两种；外区的镜面（其实是镜背）稍为高起，都饰有两周锯齿纹带，其间夹有一周复线波纹带；在内区和外区之间，亦往往有锯齿纹带和栉齿纹带，其间夹有一周花纹带或铭文带。② 日本是一个岛国，缺少大型兽类动物。有的镜面铭文带上用汉字书写"延年益寿"、"寿如金石"等字样，以及神像和瑞兽等花纹，这些都是表达了道教特有的长生信仰的典型文化特征。

镜作为道教的法器，具有特殊的宗教意义。在汉代出现的中国铜镜，如四神镜、画像镜、规矩镜、神兽镜上，不仅有神仙形象的图饰，而且还有一些有关道教信仰的铭文。葛洪《抱朴子》中就论述了"镜"的重要性："或用明镜九寸以上自照，有所思存，七日七夕则见神仙，或男或女，或老或少，一示之后，心中自知千里之外，方来之事也。明镜或用一，或用二，谓之日月镜。或用四，谓之四规镜。四规者，照之时，前后左右各施一也。用四规所见来神甚多。"镜不仅成为用于道场上的法器，若随身携带也具有避邪的作用，但道士入山所配之镜必须用径九寸以上的明镜，悬于背后，以阻鬼魅：

> 是以古之入山道士，皆以明镜径九寸已上，悬于背后，则老魅不敢近人。或有来试人者，则当顾视镜中，其是仙人及山中好神者，顾镜中故如人形。若是鸟兽邪魅，则其形貌皆见镜中矣。又老魅若来，其去必却行，行可转镜对之，其后而视之，若是老魅者，必无踵也，其有踵者，则山神也。③

---

① 参见［日］佐藤虎雄：《日本考古学》，有信书房 1939 年版，第 89—91 页。
② 参见王仲殊：《关于日本三角缘神兽镜的问题》，《考古》1981 年第 4 期。
③ 葛洪撰，王明校释：《抱朴子内篇校释》，中华书局 1985 年版，第 300 页。

在魏晋时期，镜在道教中已被广泛使用，"镜的神秘性使之成为仙道的必需品"①。一些道士也可根据自己的特殊需要，制造出各种形制的道教镜。例如，唐代道士司马承祯（647—735）就是一位铸镜高手，曾著有《上清含象剑鉴图》，并根据道教信仰设计、铸造了道教法器镜——日月星辰八卦镜和龟自卜八卦镜。日月星辰八卦镜内以方形八卦纹和水波纹分成两区，寓意天圆地方。外区即八卦与镜缘之间为东西对称的日月，日和月两侧有对称的两朵白云相衬，其月远看似太阳，近看才见一凸起的弯月。该镜南北对称处以道教星图构成星辰，镜中方纽的对角为四幅山形图纹饰，与纽相合寓意为五岳，方纽的上下左右各有四字篆铭曰："天地含象，日月贞明，写规万物，洞鉴百灵"。此镜曾献给唐玄宗。② 另外还有龟自卜八卦镜，上有龟纹，铭曰："龟自卜，镜自照，吉可募，光不耀。"③ 它们比汉铜镜更为精致。值得注意的是，到 1988 年，在日本出土的"三角缘神兽镜"有 485 枚，主要集中在日本畿内京都、奈良和大阪一带，均出土于古坟中。④ 它们中有一些与道教镜在形式与内容上有相似之处，笔者认为，这可以视为道教器物在日本传播的物证。

然而，"20 世纪末，中国境内没有出土一枚三角缘神兽镜，而日本境内已出土五百余枚，大大超过所谓的'铜镜百枚'"⑤。如奈良县葛城郡新山古坟出土的神兽镜上有铭文曰："吾作明竟（镜）真大好，上有神守及龙虎，身的文章田衔巨人，古有圣人东王父西王母，渴饮玉泉，五男二女长服保，吉昌。"⑥ 类似的还有京都府相乐郡山城町椿井大冢山古坟的"吾作三神五兽镜"、京都府大冢山古坟出土的神兽镜上的"吾作铭五神四兽"，其铭文曰："吾作明竟（镜）真大好，上有东王父西王母，仙人王高赤松子，渴饮

---

① ［日］今枝二郎：《道教：中国と日本をむすぶ思想》，日本放送出版协会 2004 年版，第 203 页。

② 唐玄宗收到此镜后，曾作《答司马承祯进铸合象镜剑图批》云："得所进照明宝剑等。合两曜之晖，禀八卦之象，足使光延仁涛，影灭郢城。佩服多情，惭式四韵。"（《道藏》第 6 册，第 685 页。）

③ ［日］福永光司：《道教的镜与剑——其思想的源流》，载刘文俊主编：《日本学者研究中国史论著选译》第七卷《宗教思想》，中华书局 1993 年版，第 386—445 页。

④ 参见浙江大学中日文化研究所编：《日本历史》，高等教育出版社 2003 年版，第 16 页。

⑤ 张懋镕、王趁意、张迪：《关于在中国调查三角缘神兽镜的基本思路与方法——三论洛阳发现的三角缘神兽镜》，《文博》2009 年第 5 期。

⑥ ［日］小林行雄：《三角缘神兽镜の研究：型式分类编》，京都大学文学部研究纪要（1971），第 100 页。

玉泉几（饥）枣，千秋万岁不如老兮。"① 这里的东王父、西王母，仙人王高（王子高）、赤松子，都是中国道教所崇拜的神仙。还有日本收藏家千石唯司所藏重列式神仙镜，其精美程度为存世铜镜所罕见。神像构图颇为简洁，上面有天皇、地祇、五帝、西王母、东王公，还有伯牙。图中分别对应为：

A：主神天皇。乘坐凤鸟。其他铜镜上一般为双向的凤鸟座（双头）。正中的位置和正面的角度显示出最高的身份。

B：地祇。位于最低处。正面形象，反映出与"五帝"形象不同。

C：五帝之南方赤帝。上方为南，其神兽为朱雀。

D：五帝之西方白帝。与白虎为伴。与其旁的西王母共为西方。

E：五帝之中央黄帝。有一侧身跪拜的侍臣，手持笏板，显示出与其他四方帝王之不同。

F：五帝之北方黑帝。与其下端的神兽玄武构成一组。

G：五帝之东方青帝。与其旁的神兽青龙以及东王公构成东方神系。

H：白牙。作弹琴状。意为向诸帝陈乐。②

日本考古发现表明，弥生文化具有典型的中国江南文化特征，而正是此时中国江南地区出现了规模巨大、历时较久的族群迁移。需要说明的是，新山古坟中也出土了一些佛像镜，但"这些佛像镜的造型基本上都受到汉代道教神仙镜的影响，只是将背面的仙境换为佛像而已"③。这些佛像镜有的是来自于中国的舶来品，据日本学者町田甲一的研究，这些佛像镜只有一面是三佛三兽镜，它与中国三国时代制作的三佛三兽镜非常相似，其余全部都是四佛四兽镜，同中国东晋时代的四佛四兽镜相似。④ 也有一些是模仿中国制造的日本仿制品。

---

① ［日］重松明久：《古代国家と道教》，吉川弘文馆 1985 年版，第 36 页。

② 李淞：《汉代铜镜所见有关道教和神话的图像》，《湖北美术学院学报》2011 年第 1 期。

③ 顾雪莲：《日本早期佛像形制风格考》，《西南民族大学学报》2011 年第 10 期。

④ 参见［日］町田甲一：《日本美术史》，上海美术出版社 1988 年版，第 22 页。

与道教在日本传播的问题相关，三角缘神兽镜是在中国制造，还是日本制造？若是在中国制造，传去日本的是北方魏镜，还是江南吴镜？因为在出土的几百枚"三角缘神兽镜"中，有四枚刻着"景初三年"（239）和"元始四年"（240）纪年铭文，并且有"铜出徐州，师出洛阳"、"浮游天下敖四海，用青铜至海东"的字样，如奈良县北葛城郡河合村佐味回宝冢古坟出土的"吾作徐州铭四神间兽镜"刻有："吾作明党、幽律三刚、铜出徐州、雕镂文章、配德君子、清而且明、左龙右虎、停世右名、取者大吉、保子宜孙"。日本学界比较倾向于认为三角缘神兽镜是从中国魏国输入的，"魏王朝给卑邪呼回赠的所谓'汝之爱物'的礼品中，最为有名的当数三角缘兽镜等镜子"①。这些载承着神仙意识与长生思想的铜镜"是当时中国魏朝统治者赠送给日本邪马台国女王卑弥呼及其继承者壹与的"② 特制礼物，故称为"卑弥呼之镜"。据富冈谦藏（1873—1918）考证，有的神兽镜上有"景初"、"正始"等字样，这些都是当时中国魏国的年号，故为"魏镜"。它们"反映了3至5世纪日本受到魏晋时期文化的强烈影响，甚至于到了生吞活剥的程度。"③ 有的认为，三角缘神兽镜具有中国三国时代吴镜的因素，应为东渡的吴国工匠在日本所作。④ 还有学者，因为中国和朝鲜境内很少发现类似于从日本古坟中出土的那种"三角缘神兽镜"上有"铜出徐州，师出洛阳"的铭文，而对它是否为中国制作提出疑问。⑤ "三角缘神兽镜"成为21世纪东亚考古学界的一个研究热点，引起了中日学者的关注，这些研究成果是否可为东亚道教研究开辟一个新理路？

1970 年，京都大学考古学家小林行雄（1911— ）在日本考古学协会总会上发表讲演《三角缘神兽镜の研究：型式分类编》，根据 1953 年京都府山城町椿井大冢山古坟中出土的三角缘神兽镜，对三角缘神兽镜的型式进行了细致的分类，并将之与中国出土的铜镜及仿制镜进行了比较研究，坚持

①　［日］上垣外宪一：《日本文化交流小史》，武汉大学出版社 2007 年版，第 7 页。
②　［日］富冈谦藏：《古镜の研究》，丸善株式会社 1920 年版，第 307 页。
③　蔡凤书：《古代中日文化交流的考古学视角》，载《东亚文化集刊》（一），商务印书馆 1989 年版，第 159 页。
④　［日］高坂好：《三角缘神兽镜は魏の镜にみいず》，《日本历史》1968 年 5 月号。
⑤　［日］森浩一编著：《日本古代文化の探究・镜》，社会思想社 1978 年版，第 391 页。

认为三角缘神兽镜是魏镜。① 虽然有日本学者如内藤晃、园田大六、横田健一等对小林行雄的观点提出疑问：如果把三角缘神兽镜看作是魏帝特赐给卑弥呼女王的"铜镜百枚"，那么，在日本出土的这类铜镜已超过三百枚，为什么会在日本发现这么多的铜镜呢？但这些批评者并没有否认"魏镜说"。于是，小林行雄针对中国尚未发掘出此种铜镜的情况，提出"三角缘神兽镜"是魏国皇帝为了赠送日本倭王特别铸造的"特铸说"。铜镜实属魏的重臣司马懿及其子孙时代制作的，邪马台国在司马氏实际掌权时期"曾朝贡六七次"，与魏国之间建立友好往来关系，再次对吴国工匠东渡日本制作说提出反驳意见。另有一些日本道教研究专家也认为：东汉是道教创始时期，也是中国古代生命意识的发展时期，神兽镜的"镜铭中反映的汉代造镜技术及神仙、道家养生方面的内容"② 证明"这些神兽镜可能是中国东汉时代之物"③。这又将铜镜的制造时间推前了。

王仲殊在《关于日本三角缘神兽镜的问题》中提出，在日本的古坟（主要是公元 4 世纪的前期古坟）中出土的"三角缘神兽镜"，其内区的主纹是东王父、西王母等神像和龙、虎等兽形，它们的形态和数目各有不同，排列方式可分"求心式"和"同向式"两种，大体上可以分为"仿制镜"与"舶载镜"两大类。前者模仿中国镜而作，但在形制、花纹等各方面显然与中国镜大不相同，制作也较粗糙，毫无疑问，它们是日本制的，所以称为"仿制三角缘神兽镜"，属于所谓"倭镜"。与此相反，后者被认为是中国镜，是从中国输入的，所以和其他各种在日本出土的中国镜一样，称为"舶载镜"。"三角缘神兽镜，值得研究的是，当时的中国古坟中也出土了许多铜镜，但"在中国，到目前为止，'铜出徐州'的铭文仅见于辽宁省辽阳魏晋墓中出土的一枚'方格规矩镜'，'师出洛阳'的铭文不见于任何铜镜"④。为什么在中国三国时孙吴的前期都城湖北省鄂城和魏都城洛阳都发

---

① 参见［日］小林行雄：《三角缘神兽镜の研究：型式分类编》，京都大学文学部研究纪要（1971）。

② ［日］驹井和爱：《中国古镜研究》，岩波书店 1953 年版，第 21 页。

③ ［日］中村璋八：《日本的道教》，载［日］福井康顺等监修：《道教》第三册，上海古籍出版社 1992 年版，第 2 页。

④ 王仲殊：《关于日本三角缘神兽镜的问题》，《考古》1981 年第 4 期。

掘出许多东汉、三国和晋代的墓葬，但只发现了许多"画像镜"，而没有发现这种"三角缘神兽镜"？据此，王仲殊认为，三角缘神兽镜不是来自于中国黄河流域的魏镜，而是三国时代长江流域的吴国工匠东渡日本后在日本制作的吴镜，因而是日本本土的产物。①

后来，王仲殊又根据日本滋贺县大岩山古坟出土的三角缘神兽镜上刻有"镜陈氏作甚大工，型模雕刻用青铜，君宜高官至海东"的铭文，发表《吴县、山阴和武昌——从铭文看三国时代吴的铜镜产地》一文再次进行论证，认为"至海东"的镜铭就是说东渡的中国工匠在日本制作三角缘神兽镜，因为中国古代的所谓"海东"，一般指朝鲜半岛，但也可指日本。"三角缘神兽镜"在日本大量出土，在朝鲜半岛却一无所见，所以上述镜铭中的"海东"显然是指日本。古代工匠从来没有在中国铸造过三角缘神兽镜，因此日本古坟中出土的三角缘神兽镜既不是来自黄河流域的魏镜，也不是来自长江流域的吴镜，而是与吴镜有关。它们的花纹样式主要是参照吴镜中的平缘神兽镜、三角缘画像镜设计制作的："根据现有的铭文资料，可以确认，吴郡的吴县、会稽郡的山阴和江夏郡的武昌是吴的三大铜镜铸造业中心。当然，除了这三个地点以外，并不排除其他各地也有铜镜铸造业的可能性。"在吴地出土的"周是神人车马画像镜"、"周仲神人车马画像镜"的"内区的主纹为东王父、西王母等神人及车马的画像"，还有一些吴镜内区绘有"王高马"（王高应为王乔，即仙人王子乔）、"赤诵马"（赤诵同赤松，即仙人赤松子）、"铜柱"、"辟邪"等榜题文字，"外区为一周由四神（青龙、白虎、朱雀、玄武）、赤乌、鹿和鱼等动物纹组成的花纹带"②，这些都是道教信仰的艺术表达。因此，"三角缘神兽镜"是中国孙吴的工匠东渡日本后，在日本制作的比较粗糙的"倭镜"，因此，魏国皇帝为邪马台国女王大量铸造三角缘神兽镜之说很难成立。可是，王仲殊没有进一步解释，如果日本出土的是"吴镜"，为什么上面不是吴国的年号而是魏国的年号？为什么吴镜上面会有"师出洛阳"、"铜出徐州"的铭文？为什么只说明吴镜陈是（氏）"绝地亡出"到日本的，而没有说明在日本制作铜镜的张氏、王氏因

---

① 参见王仲殊：《关于日本三角缘神兽镜的问题》，《考古》1981 年第 4 期。
② 王仲殊：《吴县、山阴和武昌——从铭文看三国时代吴的铜镜产地》，《考古》1985 年第 11 期。

何原因、于何时何地到日本去的呢？①

21世纪以来，有关古坟时代的三角缘神兽镜的研究又有一些新发现，如中国考古工作者于2006年和2007年在洛阳发现了两枚三角缘神兽镜，上面都有东王父、西王母的形象，只是2007洛镜不仅有东王父、西王母形象，而且两位主神旁还有侍者，上面刻有铭文："刘氏作竟（镜）真大好，上有东王父西王母，令人宜子孙兮。"2007洛镜无论形制、纹饰、铭文都与日本三角缘神兽镜接近，这无疑为"三角缘神兽镜"的研究提供了一个新材料与新思路。虽然对于"三角缘神兽镜"的来源、年代和制作工艺仍在讨论之中，至今尚未取得一致意见，但日本的"三角缘神兽镜"中所表达的神仙信仰应该是道教信仰东渡日本的一种实物证据。

三国时，以天师道为名的道教在魏国与吴国流行。吴国处于长江中下游的东南沿海地区，由于当时三国战乱，许多人由此东渡朝鲜与日本避难。另外，吴黄龙二年春，孙权"遣将军卫温、诸葛直将甲士万人浮海求夷洲。亶洲在海中，长老传言秦始皇帝遣方士徐福将童男童女数千人入海，求蓬莱神山及仙药，止此洲不还。世相承有数万家，其上人民。时有至会稽货布，会稽东县人海行，亦有遭风流移至亶洲者。"②据说，夷洲是今天的台湾。亶洲，有说是日本，有的说是海南岛，有的说是琉球群岛，还有的说是印度尼西亚的爪哇岛，其中日本说影响比较大。

日本出土的"三角缘神兽镜"上的神像主要是道教所崇拜的东王公和西王母。东王公和西王母本是中国古代神话中的人物，后发展为道教神仙。《山海经·西山经》中已有关于西王母的记载："玉山是西王母所居也。西王母其状如人，豹尾、虎齿面善哨，蓬发，戴胜，司天之厉及五残。"这时的西王母还是一个人兽兼备的凶杀之神。东王公则出现于《神异经·东荒经》③中："东荒山中有大石室，东王公居焉。长一丈，头发皓白，人形鸟

---

① 张懋镕：《三角缘神兽镜为东渡吴国工匠制作说质疑》，《周秦汉唐研究》第一辑，三秦出版社1998年版。

② 《三国志》卷四十七《吴主传》，《二十五史》，上海古籍出版社、上海书店1986年版。

③ 有学者指出，《神异经》的成书年代主要有三种说法：一、西汉东方朔所撰；二、汉末作品；三、成书于六朝时期。（金军华：《世谈〈神异经〉之浅书年代》，《南阳师范学院学报》2009年第10期。）台湾学者周次吉倡六朝说，认为《神异经》出现的具体时间应为东晋末年，其作者身份当为方士。（周次吉：《神异经研究》，文津出版社1986年版，第81页。）

面而虎尾"①，也是一个人兽鸟混合的怪物。《神异经·中荒经》中还有，昆仑山的天柱上有大鸟名曰希有，它"南向张左翼覆东王公，右翼覆西王母"②，从而将西王母和东王公并列起来。到了汉代《穆天子传》中，西王母一改凶残之貌而变成雍容华贵的妇人。在《汉武帝内传》中，西王母更成为美丽的女神："著黄锦裕裾……头顶大华髻。戴太皇晨婴之冠，覆元犹风父之舄……可年三十，修短得中，天姿掩蔼，容颜绝世"，并有了西王母与东王公的相会。因此，日本学者清田圭一认为，东王公作为与西方大地母神——西王母对应神大约出现在汉武帝时，与东亚沿海一带传播的"海若—东王父"的传承有关，后成为日本颇有神仙色彩的浦岛子神话之原像。③ 是否如此？还可以再深入研究，但从汉代考古出土的实物来看，"有关东王公的情况，两汉以前各书未见，仅从东汉纪年铜镜中见到他的简单图像和铭文。年代早的东汉和帝元兴元年（105）环状乳神兽镜上有'寿如东王公西王母'，其他几面铜镜均是桓、灵之物，镜铭不超出前者。"④ 东汉中后期，出现了刻有东王公西王母铭文或图文的元兴镜、龙氏神人龙虎画像镜、延熹三年神兽镜、中平镜，亦有镂雕有东王公西王母纹的玉座屏，等等。"目前见于画像砖、画像石、壁画、铜镜中的东王公均出现于东汉中晚期。"⑤ 由此推测，东王公神话出现于在东汉中期，他和西王母一起变成了道教的神仙。到东汉末年，东王公又被称为扶桑大帝，出现了将西王母和东王公并列祭祀的仪式："立东郊以祭阳，名曰东皇公；立西郊以祭阴，名曰西王母。"西王母和东王公相会的故事也流传到朝鲜半岛，如出土于乐浪时代的一面尚方镜，背面刻有东王公西王母相会之像，上有铭文曰："尚方作镜其大巧，上有仙人不知老，渴饮清泉饥食枣，东王公，西王母。"⑥

笔者认为，在日本出土的"三角缘神像镜"所列的众多神祇中，东王公特别值得关注。因为"东汉末期至南北朝，随着道教的正式兴起和神像

① 马俊良编：《中国文学珍本·汉魏小说采珍》下册，上海中央书店1937年版，第41页。

② 马俊良编：《中国文学珍本·汉魏小说采珍》下册，上海中央书店1937年版，第50页。

③ ［日］清田圭一：《海若与东王父——浦岛说话的原像》，载千山稔编：《环海シナ文化と古代日本——道教とその周边》，人文书院1990年版，第117页。

④ 夏超雄：《汉墓壁画、画像石题材内容试探》，《北京大学学报》1984年第1期。

⑤ 杨玉彬：《汉神兽画像镜中的西王母演变》，《收藏家》2006年第9期。

⑥ 段文杰：《敦煌石窟艺术研究》，甘肃人民出版社2007年版，第364页。

谱系的构建，铜镜与道教的关系也在悄然变化，西王母逐渐失去了独尊的地位，一种有多尊神像并列的浮雕式铜镜开始流行。这类铜镜的出土地点大多在长江中下游一带，如湖北的鄂城、浙江的绍兴、诸暨、安徽等地，甚至少数还远至广西。时间一般在东汉末年、三国吴、西晋时期。以前大多被叫做‘神兽镜’，但其主要图像却是神而非兽，我认为这一类的铜镜都应更名为‘神像镜’。一般来说，主神为西王母、伯牙与钟子期、东王公、黄帝、天皇大帝等，由最初的西王母中心逐渐发展至‘五帝天皇’为主"①。如果说，西王母是汉代社会特别崇拜的女神，那么，"冠三危之冠，服九色云霞之服"统管男女仙人的东王公，则有着扶桑大帝东王公、扶桑大帝、扶桑太帝、东华太皇、上清太元东霞榑桑丹林大帝上道君等称号，用"扶桑"来形容东王公是东方之神，在道教中就成为一种流行的说法。

在历史上，"扶桑"一词最早出现于《山海经》，说神山上生长着扶桑树，为日出之所，代表着东方，故称神木。如《说文解字》曰："扶桑神木，日所出。"扶桑代表着日出东方。相传为东晋道士葛洪所作的《枕中书》中称："元始君经一劫乃一施太元母，生天皇十三头，治三万六千岁，书为扶桑大帝东王公，号曰元阳父。《真记》有扶桑大帝住在碧海之中。"②东晋时，江南道教所崇拜的扶桑大帝东王公住在东方碧海中，既与早期道教崇拜的"三官"中的水官有联系，故称为"水府扶桑大帝"；也与"魏晋南北朝重要道派都有密切关系，是三国末晋世正一派、东晋上清派、东晋灵宝派等道教三大教派传经及传授术法的主要神祇之一"③，但与在江南地区得到广传的上清派的关系尤其密切，那么，日本的"三角缘神像镜"上的西王母和东王公，是否反映了江南道教在日本的影响？

这个"扶桑"究竟指何处？是中国，还是日本、朝鲜或墨西哥，历史上一直存在争论，但其中扶桑日本说的影响较大，如《辞海》中"扶桑"条释文第三义说："按地在东海之外，相当于日本的方向，故相沿以为日本

---

① 李凇：《汉代铜镜所见有关道教和神话的图像》，《湖北美术学院学报》2011年第1期。

② 《元始上真众仙记》，《道藏》第3册，第269页。

③ 萧登福：《东晋上清派经师之传承关系——扶桑大帝东王公与上清派之传经关系》，《弘道》（香港）2009年第3期。

的代称。"① 如日本平安时代后期编撰的史书《扶桑略记》②、《扶桑集》③ 等书皆以"扶桑"指谓日本。据《梁书·扶桑国传》记载："扶桑国者，齐永元元年，其国有沙门慧深来至荆州，说云：'扶桑在大汉国东二万余里，地在中国之东，其土多扶桑木，故以为名。'"慧深何其人也？据《梁书·慧深传》曰："扶桑国，在昔未闻也。普通中（520—527），有道人称自彼而至，其言元本尤悉，故并录焉。"这里称慧深为道人，后渡海去扶桑国。但学术界一般认为，慧深是活动于齐鲁日照一带的佛教僧人。因遭遇北魏武帝的"禁佛"，慧深"愤而出海"。虽然近年来，否认"扶桑"为日本的说法较多，如王元化的《扶桑考》，根据《日本历史大辞典》有关"扶桑"的释文，得出这样几点认识：第一，自古以来相沿以扶桑为日本的并不是中国人，而是日本人。第二，日本某些人以扶桑指日本，实乃以日出处自况，含有自大之意。如隋大业三年日本致隋炀帝国书就显示了这种心态。第三，日本学人经反复探讨，认定扶桑乃是中国人的东方幻想国，并得到了普遍的承认。④ 其实，是中国人先将"扶桑"作为日本的别称，还是日本人先自称"扶桑"，还有待查证，但日本是日出之国，扶桑大帝东王公是东方之神，代表新生命的冉冉升起的说法流传已久。收录在《本朝文粹》里的都良香的《富士山记》记载道：富士山直耸云天，是"神仙游萃之所"。日本教派神道十三派之一即为神道扶桑教，其教义书《扶桑教立教大意问答》（扶桑教本部）将富士山赞美为："灵山，日本的象征，世界人民的憧憬。"是"日本式灵性"的精神根源，故扶桑教也称为富士山教。

"三角缘神兽镜"上的神像和铭文，如东王父、西王母、王子乔、赤松子、长生、长寿、渴饮玉泉饥食枣等铭文都表达了人们对生命的热爱，故铜镜是作为避邪消灾的灵具或祭具放到王公贵族的墓葬中的。这种情况也出现在中国的墓葬中，如河南洛阳烧沟汉墓 M1023 就曾出土"渴饮玉泉饥食枣"

---

① 《辞海》，上海辞书出版社 1980 年版，第 669 页。
② 有关《扶桑略记》的作者，有的认为是比睿山功德院僧人皇圆，有的认为是三井寺僧人观圆。但该书以汉文编年体的形式叙述了从神武天皇到堀河天皇宽治 8 年 3 月 2 日间的日本佛教史，包括天皇系谱、僧侣传记和寺院历史等内容。
③ 纪齐名（957—999）为平安时代的汉学家，所编长诗文《扶桑集》，今存残本。
④ 参见王元化：《思辨录》，上海古籍出版社 2004 年版，第 280—284 页。

铭文的铜镜。① "三角缘神兽镜"的铭文所表达的对生命的热爱和对长生的期望又与道教神仙信仰十分相似，故日本学者重松明久明确提出"三角缘神兽镜是鬼道系道教祭具说"②，其证据为：第一，三角缘神兽镜上"天王日月"的铭文是按照道教之镜制作的；第二，丰前国宇佐的赤冢古坟中出土的五面三角缘神兽镜、箱式石棺中四壁安放的四面镜，都是按照东晋道士葛洪《抱朴子》中所说的四规之形安放的，这些都是赤冢古坟中的被葬者系道教系鬼道权威者的物证；第三，三角缘神兽镜上的铭文有东王公、西王母、王子乔、赤松子等道教神仙名称，有道教的玄武、苍龙、朱雀、白虎四神名，它们反映了道教的阴阳风水思想，由此可以推测三角缘神兽镜是道教的灵具；第四，三角缘神兽镜是魏明帝派使者赠送给邪马台国女王卑弥呼的，上面有景初三年（239）及正始元年（240）纪年铭，以及"陈氏作镜"、"师出洛阳"等铭文，鬼道教祖张鲁之子张盛从汉中向江南地区迁移，陈氏可能是江南地区鬼道的地方教团的首领，洛阳则是魏帝的首都；第五，三角缘神兽镜上的图像与文字都是鬼道信仰的表现。③ 后来，下出积與对重松明久的观点进行了一些修正，认为三角缘神兽镜应是神仙思想的表现，而不是鬼道用的专有祭具。④ 但铜镜与道教有关则是他们一致的看法。

道教认为，镜为上天玉帝之宝物，镜与符相配合，就更具有避邪镇宅、禳灾去祸之神异作用，是道士施法、敬神与修炼中的重要法器。道士们依照道教信仰铸造出花样繁多的铜镜，将其悬挂于宫室中，安置于实施斋醮科仪的坛场上，外出行走还常佩镜在身以防不测。"万物之老者，其精悉能假托人形，以炫惑人目而常试人。唯不能于镜中易其真形耳。是以古之入山道士，皆以明镜径九寸已上，悬于背后，则老魅不敢近人。或有来试人者，则当顾视镜中，其是仙人及山中好神者，故（当为顾）镜中故如人形。若是鸟兽邪魅，则其形貌皆见镜中矣。又老魅若来，其去必却行，可转镜对之其

① 李零：《中国方术考》修订本，东方出版社 2001 年版，第 319 页。

② ［日］重松明久：《古代国家と道教》，吉川弘文馆 1985 年版；参见 ［日］下出积與：《日本古代の道教・阴阳道と神祇》，吉川弘文馆 1997 年版，第 56 页。

③ 参见 ［日］下出积與：《日本古代の道教・阴阳道と神祇》，吉川弘文馆 1997 年版，第 61—62 页。

④ 参见 ［日］下出积與：《日本古代の道教・阴阳道と神祇》，吉川弘文馆 1997 年版，第 65 页。

后而视之，若是老魅者，必无踵也。其有踵者，则山神也。"① 故 "梁陶贞白（弘景）所著《太清经》，一名《剑经》。凡学道术者，皆须有好剑镜随身"②。镜也用于道士的葬礼中，以镇阴宅，如《要修科仪戒律钞》卷五十第十二 "入棺大殓仪第五" 中载："至大殓时，须香汤洗浴，著衣冠带如斋时服饰……使四人扛衾内棺中，以传策置左，符镜置右，少近头边。"③ 那些铸有道教长生信仰和符箓花纹的铜镜镇墓镜置于死者头边的做法也由中国人传入日本列岛，成为日本王公贵族葬礼中的一项内容。道教的神灵观以及长生信仰通过三角缘神兽镜以一种实物方式展示了道教信仰在日本古坟时代的传播与影响。

在日本古坟遗址的陪葬品中大量出土的铜镜，"从埋葬的状况、方式，及出土的数量来看，绝不单纯是作为装饰品和日用品，而是作为具有神秘灵力的东西加以陪葬的。它与玉、剑一起受到充分的重视，有的还系上铃，叫作 '铃镜'。它在原始神道祭仪上被作为具有神秘灵力的东西，由巫女们使用。今天尚有许多神社将镜作为神体来安置，或以镜作为神社的名称，这与古代的习俗是有关联的"④。镜在日本神道教仪式中有着特别的象征意义，从一个侧面说明，道教不仅表现为一种信仰和思想，而且还会以一种实物方式体现在当地的宗教文化习俗中。例如，随着佛教与神道教的融合，日本人在铜镜上又雕刻出类似于浮雕一样的立体佛像和梵文，称为 "镜像"，作为神体或供奉的对象，挂于神社的殿堂中，又称为 "悬佛"。

据考古学发现，在 7 世纪左右修筑的日本古坟中，出土的一些铅质的 "买地券" 就带有浓厚的道教色彩。"买地券" 是放置于坟墓中的一种迷信用品。例如，福冈县大宰府附近的宫之本古坟遗址中发现的 "买地券" 是一个名叫 "好雄" 的男子为他的父亲购置墓地的地契，上面写道：

　　□□□戊□死去为其□男好雄□缘之地自宅□□方有其地之寂静四方□□□可故买给方丈地其值钱贰十伍文锹□绢伍尺调布伍□白棉一目

---

① 葛洪：《抱朴子内篇校释》，中华书局 1985 年版，第 300 页。
② 李绰：《尚书故实》，《唐五代笔记小说大观》下册，上海古籍出版社 2000 年版，第 1166 页。
③ 《要修科仪戒律钞》卷五十，《道藏》第 11 册，第 933 页。
④ 王守华、王蓉：《神道与中日文化交流》，河北人民出版社 2010 年版，第 264 页。

此吉地给故灵平安静子子孙孙 □□□ 全官冠 □ 禄不绝令有 □ 七琭 □ 白。①

"买地券"最初产生于中国的东汉时代，所使用的质材主要是铅质或木质的。买地券上书写（或者是雕刻）的内容往往是死者家属为死者购得一块墓地的契约，有些上面还会写上道教所崇拜的神名，如东王公、西王母等。

三、卑弥呼的"事鬼道"

载入中国正史的邪马台国，在卑弥呼统治时期出现了一种"事鬼道"的现象，这是否与中国早期五斗米道在日本的传播与影响有关？

日本国家的出现与中国文化在日本列岛的传播与影响是联系在一起的。水稻农耕的生产方式造就了一代农民，他们与猎人、渔民相比，既需要人们之间的相互协作，也需要与自然环境维系稳固而持久的关系。于是，以血缘为纽带的氏族集团逐渐消亡，以地缘为核心的村落日趋壮大，在弥生时代中期开始出现了部落国家。这些部落国家规模大小不等，内部的结构状况还不太清楚，主要有对马国、一大（支）国、末庐国、伊都国、奴国、邪马台国等。从《汉书·地理志》记载的"百余国"逐渐发展到《后汉书·倭传》记载的"三十许国"，再到《三国志·魏书·倭国传》专门介绍部落国家联盟之首"邪马台国"，可见日本在政治制度和社会规范上的进步是逐渐形成的，其中蕴含着一种民族文化自觉。内藤湖南认为："日本不同于高句丽和三韩，它不像高句丽和三韩那样曾一度成为中国的属地，然后再产生民族自觉。只是因为中国人迁居日本内地，或者说在民族形成以前，具有特种技能的日本民族通过海上交通在朝中沿岸和中国民族接触，学习了他们民族形成的方法，或多或少自发地创立了国家。因此可以认为在民族形成的摇篮时代，日本民族的素质就比朝鲜人优秀。"② 话语中洋溢着一种明显的民族优越感。

---

① 日本国史大辞典编集委员会编：《国史大辞典》第15卷上，《补遗·索引 史料·地名》，吉川弘文馆1996年版，第156页。

② ［日］内藤湖南：《日本文化史研究》，商务印书馆1997年版，第7页。

"邪马台国"① 被认为是日本国的开端。据《三国志》卷三十《魏志·倭人传》记载："其国本亦以男子为王，住七八十年，倭国乱，相攻伐历年，乃共立一女子为王，名曰卑弥呼，事鬼道，能惑众。"邪马台国原来由男王统治，但在长达近八十年的统治中，国内战乱不断，男主不能服众，后来各部落首领们经过协商，推举卑弥呼担任邪马台国的君主。《梁书·倭传》也有相关记载："汉灵帝光和中，倭国乱，相攻伐历年，乃共立一女子卑弥呼为王。"这里明确指出，在公元 180 年左右卑弥呼的年龄大约为 16 岁。卑弥呼是一位事鬼道，以妖术惑众的女巫。她在平定内乱，登上王位后，不参与政事，有男弟佐治国，在位七十多年，促进了邪马台国的稳定与发展。

从现存的有关邪马台国的资料中，可见其中有一些与道教相关的因素。这位卑弥呼女王"年长而不嫁"，却"事鬼道，能惑众"，似乎是掌握了中国五斗米道的那种祭神活动。在中国正史中，经常将五斗米道称为鬼道，如"张鲁母始以奉鬼道，又有少容"②。张鲁母亲有姿色，兼挟鬼道，经常往来于益州牧刘焉家中："沛人张鲁，母有姿色，兼挟鬼道，往来焉家，遂任鲁以为督义司马。"③ 刘焉遂任张鲁为督义司马。后来，张鲁"遂居汉中，以鬼道教民，自号师君"④。《晋书》中也记载："汉末，张鲁居汉中，以鬼道教百姓，賨人敬信巫觋，多往奉之。"⑤ 张鲁建立起五斗米道的信仰、教义、组织及传道方式，卑弥呼与张鲁及张鲁母亲所奉鬼道虽为同一概念，但在内容上还有一些差异，如卑弥呼就像向神托请之巫女⑥，"居处宫室楼观，城栅严设，常有人持兵守卫。"卑弥呼整天住在城池中的宫殿里，独自求神事鬼，谁也不见，遇有国家大事，就用占卜之术来预测吉凶，然后由弟弟来传达她的旨意。正是通过这种以"神道设教"的方式来对倭人进行政治统治，虽足不出户，却能将分散的各个部落联盟逐渐地统一起来。卑弥呼犹如一位女酋长，用神秘的鬼道巫术来建立祭政合一的政权。邪马台国建立起中央一

① 又称邪马壹国。
② 《蜀书》卷一《刘焉传》，《二十五史》，上海古籍出版社、上海书店 1986 年版。
③ 《后汉书》卷七五《刘焉传》，《二十五史》，上海古籍出版社、上海书店 1986 年版。
④ 《魏书》卷八《张鲁传》，《二十五史》，上海古籍出版社、上海书店 1986 年版。
⑤ 《晋书》卷一百二十《李特李流传》，《二十五史》，上海古籍出版社、上海书店 1986 年版。
⑥ 参见［日］松田智弘：《古代日本の道教受容と仙人》，岩田书院 1999 年版，第 99 页。

级的官吏体制，设立分管政治、贸易和外交的"大率"、"大倭"和"大夫"等官职，由占统治地位的"大人"阶层来担任官吏，来管理"下户"和"生口"两大被统治阶层。邪台国设立租赋制度，"收租赋，有邸阁"；并制定刑罚制度，"其犯法，轻者没其妻子，重者灭其门户及家族。"邪马台国在她的统辖下，成为一个拥有如"斯马国"、"奴国"和"伊都国"等二十多个部落联盟，统辖七万余户居民，还有许多奴隶的大国。① 周有光先生称她为日本天皇自榜"万世一系"的"第一世"②。

卑弥呼统治时期，中国正值魏蜀吴三国鼎立时期。当时日本列岛有大小诸侯国三十多个，卑弥呼女王为了巩固邪马台政权，积极推进与曹魏进行交流。卑弥呼女王为了巩固邪马台政权，积极推进与曹魏进行交流，曾多次派使臣去中国魏都洛阳向魏国皇帝朝贡。

魏明帝景初二年六月，倭女王遣大夫难米升等诣（带方）郡，求诣天子朝献。太守刘夏遣吏将送诣京都。十二月，诏书报倭女王曰："制诏亲魏倭王卑弥呼：带方太守刘夏遣使送汝大夫难升米、次使都市牛利奉汝所献男生口四人，女生口六人、班布二匹二丈，以到。汝所在逾远，乃遣使贡献，是汝之忠孝，我甚哀汝。今以汝为亲魏倭王，假金印紫绶，装封付带方太守假授汝。其绥抚种人，勉为孝顺。汝来使难升米、牛利涉远，道路勤劳，今以难升米为率善中郎将，牛利为率善校尉，假银印青绶，引见劳赐遣还。今以绛地交龙锦五匹、绛地绉粟罽十张、茜绛五十匹、绀青五十匹，答汝所献贡直。又特赐汝绀地句文锦三匹、细班华罽五张、白绢五十匹、金八两、五尺刀二口、铜镜百枚、真珠、铅丹各五十斤，皆装封付难升米、牛利还到录受。悉可以示汝国中人，使知国家哀汝，故郑重赐汝好物也。"正治元年，太守弓遵遣建忠

① 据日本"共同社"2009年11月11日报道，奈良县樱井市教育委员会10日发布消息称，在"缠向遗址"发现了3世纪前叶日本国内最大的建筑遗址，是总面积约238平方米的高床式结构。建筑遗址南北方向在19.2米，东西方向在6.2米以上。由于柱穴向西延伸，从建筑构造判断东西方向长12.4米。加上已经发现的3栋建筑遗址，共4栋建筑遗址按东西方向排成整齐的一列。由于该时期和邪马台国女王卑弥呼的时代重合，而"缠向遗址"被认为是邪马台国最有可能的所在地，有专家指出该地"可能是卑弥呼的宫殿"。（据中新网报道）这里列出，仅供参考。
② 参见周有光：《现代文化的冲击波》，三联书店2000年版，第157页。

校尉梯俊等奉诏书印绶诣倭国，拜假倭王，并赍诏赐金、帛、锦罽、刀、镜、采物，倭王因使上表答谢恩诏。

最初，卑弥呼女王派遣使者难米升经朝鲜半岛来到魏国，打开了中日交流的通道，其后，卑弥呼女王又于243年、245年、247年派遣使者去魏国朝贡，在促进邪马台国政治、经济和生产技术发展的同时，也加强了文化方面的交流：

> 其四年，倭王复遣使大夫伊声者、掖邪狗等八人，上献生口、倭锦、绛青缣、绵衣、帛布、丹木、狖、短弓矢。掖邪狗等壹拜率善中郎将印绶。其六年，诏赐倭难升米黄幢，付郡假授。其八年，太守王颀到官。倭女王卑弥呼与狗奴国男王卑弥弓呼素不和，遣倭载斯、乌越等诣郡说相攻击状。遣塞曹掾史张政等因赍诏书、黄幢，拜假难升米为檄告喻之。

使者们归国时，魏王特赐沿途在京都、带方郡、诸韩国，及郡使倭国的各个港口，"皆临津搜露，传送文书赐遗之物诣女王，不得差错"①。据上垣外宪一推测，这些文书大概是用汉文写的："作为派遣到中国的正式使者，为了受到应有的待遇，要绞尽脑汁地将国王的国书写成出色的汉文带去是非常重要的。在魏国曾受到过相应礼遇的卑弥呼的使者，无论如何笨拙也要勉强凑合着写出汉文的信函带过去。于是，魏国认为倭王也会使用汉文，就给卑弥呼送去了'文书'。"②邪马台国女王是可以通过文书了解了中国文化的，因此接受当时中国道教因素也是可能的。值得注意的是，邪马台国为了与狗奴国争夺日本列岛的霸主地位，还将魏国赠送的"黄幢"用于对付狗奴国的战斗中。魏国所赠的"黄幢"是否就是道教仪式上使用的旗子，不得而知，但汉代道教就崇尚黄色，并经常以黄色为标志来威镇鬼神。

---

① 《魏书》卷三十《乌丸鲜卑东夷传》，《二十五史》，上海古籍出版社、上海书店1986年版。
② ［日］上垣外宪一：《日本文化交流小史》，武汉大学出版社2007年版，第10页。

卑弥呼以死，大作冢，径百余步，徇葬者奴婢百余人。更立男王，国中不服，更相诛杀，当时杀千余人。复立卑弥呼宗女壹与，年十三为王，国中遂定。政等以檄告喻壹与，壹与遣倭大夫率善中郎将掖邪狗等二十人送政等还，因诣台，献上男女生口三十人，贡白珠五千，孔青大句珠二枚，异文杂锦二十匹。[①]

据说，卑弥呼死时，杀死了一百余名宫女为她殉葬，这与中国古代帝王经常采用的殉葬法也颇为相似。卑弥呼死后，邪马台国曾经立过一个男子为王，但却因此引发了一场内乱，支持者与反对者相互对立争斗，死了近千人。最后，立卑弥呼的宗女壹与为王，动乱的局势才算稳定下来。相传，这位新任女王与卑弥呼相同，也是一个"事鬼道"的巫女，但却没有取得卑弥呼女王在位时的辉煌。

《三国志》中有关魏国与邪马台国的交往写到魏正始八年（247）为止，《晋书·武帝本纪》记载了武帝泰始二年（266）卑弥呼女王最后一次遣使入贡的情况，从此直至《宋书·倭国传》记载宋高祖刘裕于永初二年（421）赐诏倭王赞，在将近一个半世纪中，中国史籍对日本情况缺载，对"鬼道"是否在日本继续流行也不得而知，但从邪马台的日语训读为"ゃまと"（yamato），其后的大和朝廷的"大和"也读为"yamato"，意为"优秀"，今天奈良地区的雅称也称"yamato"来推论，邪马台国在当时众多倭国中具有特殊地位及历史影响，"大和"即为当时邪马台。"当宗教从人类的、个人的体验转而被肯定到集体生活之上时，就具备了思想体系，编出发展的教理，产生出集体组织，进而有以人格为中心的形体的成立。而宗教的体验一旦发展到这一阶段，就必然要受到国家的统治。"[②] 4 世纪后半期，活动于畿内地区的邪马台国大倭王以奈良为居住地兴起了大和朝廷，统一了日本，初步建立起统一的国家联盟，天皇制也随之而产生。天皇既是国家的政治首领，也是天照大神的后代及其在人间的代表，还是神道教的宗教领袖，为祭政合一的象征，大和国比邪马台国更为强盛。皇统就是神统，日本民族

---

① 《三国志》卷三十《魏志·倭人传》，《二十五史》，上海古籍出版社、上海书店 1986 年版。
② ［日］铃木大拙：《通往禅的道路》，上海古籍出版社 1990 年版，第 17 页。

是"天孙民族"。随着神社的建立，原始神道向神社神道过渡。自 5 世纪初期至中期，在大和盆地、河内平原一带出现了许多大型古坟，其中似有一些道教因素，这是否表明道教此时可能在日本列岛悄悄传播。

四、道教信仰与天皇制

上承古坟时代，下启奈良时代的飞鸟时代是从 592 年圣德太子摄政推行改革开始，到 710 年元明天皇从藤原京迁都平城京（今奈良）为止，其开始阶段可能和古坟时代末期相重合。从过去的地方性诸侯政体逐渐上升为以天皇制为中心的国家政体，飞鸟时代成为日本历史上第一个由日本天皇统治的时代，当时的国家范围为现在的奈良县，称为大和国。奈良城以南高市郡明日香村曾发现许多飞鸟时代的宫殿与古坟遗址，其中天武、持统两天皇的合葬陵、野口王墓、桧隈大内陵等都反映了天皇家族的社会地位与政治影响，一些遗存物也反映了道教信仰的神秘意识。飞鸟时代的一个重要特征就是中国文化在日本的影响日益增大，前期受北魏和百济的影响，大化改新后，更多地受到隋唐文化的影响。此时，中国道教经过南北朝改革发展为唐代的"皇族宗教"，社会影响日益增大。

中国道教是否影响到日本天皇制？此问题曾引发 20 世纪日本学术界的大讨论。其实若从道教与神道教关系入手来作一考察，对此问题才能更好地加以理解。

传统观点认为，神道教是由日本原始文化中生发出来的，作为日本土生土长的宗教，初始时只表现出自然崇拜和祖灵崇拜，以及带有巫术性特征的"产灵"、"斋戒"和"禊祓"观念，并没有形成可称为"教义"的思想体系，也没有独立的宗教经典。20 世纪，随着中日跨文化研究的展开，学者越来越倾向于从词源学上寻找"神道"的源头。一般认为，"神道"一词来自于《周易》的《观卦》的"彖传"中："观天之神道，而四时不忒。圣人以神道设教，而天下服。"这里所说的"天之神道"只是表达"天的神妙秩序"，但由于《周易》为中华文化之源，"神道"一词不仅在中国的儒学、佛教以及道教中都有使用，而且在《日本书纪》中也用"神道"来概括祭祀与信仰中所表现出那种神性、神圣的特征，因此，神道教的内容是日本固有的，但"神道"之名则来自于中国。

就神道的性质而言，据福永光司《鬼道、神道、真道和圣道——道教思想史研究》中的看法，在中国宗教中，"神道"处于从"鬼道"向"真道"的逻辑演变的中间位置上。"鬼道"一词原本是与"人道"相对立而使用的，表达的是"支配鬼神之道术"。在东汉时代，初创的道教以《老子》之"道"的教化以及《易经》中的"神"的概念而形成了"神道"一词，2世纪出现在山东琅琊地区的由"天神"所降的神书《太平经》中就有："愚者贱道志，下与地连，仁贤贵道，忽上天门，神道不死，鬼道终焉，"①提出了如果能够正确使用"神道"就能克服"鬼道"的思想。道教为在与儒、佛的关系中保持自身的独立而正面的形象，曾自称为"神道"，这是对于佛教僧众视之为低俗巫术，将其称为"鬼道"、"左道"而进行贬低、批评做法的一种反击；也是对于已成为国家正统意识的儒教将其称为"俗道"、"妖道"而进行排斥的一种回应。据此，福永光司认为，若从道教的视域看，道教通过鬼道、神道、真道和圣道而从世俗性的巫术、宗教性的信仰仪礼中产生出来，在与儒教、佛教等相适合、相协调的过程中，确立了自身的位置。②

道教是一种中华民族固有的基础性宗教，神道教则是日本民族固有的宗教，它表达了"日本人的宗教心"③。津田左右吉在《日本的神道》第一章中，列举了日本"神道"一词的六种含义：

1. "神道"一词在最古老的文献上用例的意义，是指自古以来作为日本民族风俗的宗教（包含咒术）信仰。

2. "神道"一词往往也指神的权威、力量、行动、伎俩、地位，或神祇、神本身等等。

3. 指如两部神道、唯一神道或垂加神道那样的第一层意义上的神道，或也可以解释为在第二层意义上的、对神代传说附加上"思想"

---

① 王明编：《太平经合校》卷一百三十，中华书局1960年版，第472页。
② 参见［日］福永光司：《道教と古代日本》，人文书院1987年版，第1—6页。
③ ［日］中村雄二郎说："在日本的古代、中世，并不存在具有'民族的宗教'这一意义的'神道'一词。至少到镰仓时代为止，'神道'一词还指代神的状态、神的属性、神的存在方式等含义。"因此"神道"表达了日本人最纯粹的宗教心。（［日］中村雄二郎：《日本文化中的恶与罪》，北京大学出版社2005年版，第74页。）

上的解释的这个"思想"，换言之，是指某种有神学意义的东西，或者
说就是"教义"。

4. 以某个神社为中心而形成的有特异性的神道流派，譬如伊势神
道、山王神道之类。它们在神学或教说方面拥有自己独特的思想侧面。

5. 指日本之神的教诲或规范，也即被认定为日本独特的政治或道
德规范意义的"神之道"；这主要是受儒家之影响，而又为了建立一种
能与之相对抗的神道，即针对儒者所谓圣人之道、先王之道而创造出来
的"神之道"，德川时代的学者们在此意义上广泛地使用了"神道"一
词。国学者们所谓的"神之道"或"皇神之道"，也属于此类。

6. 所谓神道的各种派别。①

津田左右吉认为，第一种使用方法可见于《日本书纪》等古代文献之
中，这是作为"针对佛教而提出'日本的民族宗教'的情况"而使用的用
语，如用明天皇即位前纪的"天皇信佛法尊神道"，孝德天皇即位前纪的
"尊佛法，轻神道"。第二种以下的使用方法则"成为神道称呼的根源"。他
认为，"神道"这个词最初是一个来自中国的中文词，在中国已有了各种意
义，"在道教中，崇拜具有人形之神，便是其中一例。"② 这个词传到日本
后，又演化出各种意义。于是津田左右吉通过考察日本历史中的"神道"
一词的复杂含义，来研究中国思想到底起了什么样的作用。历史学家黑田俊
雄（1926—1993）也认为，《日本书纪》的"神道"在世俗性祭祀与信仰
中是指"神性的、神圣的（状态）"，但它绝不是日本特有的，而是东亚三
国共同的习俗性信仰，在日本传播的神道不能和显密佛教分离，应该被纳入
显密佛教的世界观体系之中。日本传统的神固然在8、9世纪被看作是佛教
诸神的保护者，但在10世纪以来，在"本地垂迹"理论中已经和佛教的佛
与菩萨相结合，降临日本来接引众生。至于作为宗教的神道教的最终确立，
应当在江户甚至明治时代。③ 由此扩大了"神道"一词在东亚的传播范围以

---

① ［日］津田左右吉：《日本的神道》，商务印书馆2011年版，第1—6页。
② ［日］津田左右吉：《日本的神道》，商务印书馆2011年版，第12页。
③ 参见［日］黑田俊雄：《"神道"の语义》，《日本思想大系》第19卷，《中世神道论》（附载
《月报》1977年第57期），岩波书店1977年版，第1—2页。

及对日本宗教中所形成的特殊影响力，这被葛兆光先生认为是一个得到很多学者包括欧美学者支持的"极具震撼性的说法"①。从以上研究可见，在日本传播的"神道"一方面与中国文化有关；另一方面，则是在综合了日本的记纪神话、巫觋咒术、祭祀仪式、物忌制度的基础上，随着天皇制的发展需要，尤其是经过伊势神道和吉田神道的努力，神道教的内容和规制才逐渐体系化。从14世纪度会家行（1256—1341）的《类聚神祇本源》和慈遍的《丰苇原神风和记》之《神道大意》，到15世纪末，吉田兼俱的《唯一神道名法要集》，通过突出天照大神的主神地位，展现神宫神社和神道祭祀的权威，建立正统的神官谱系，促使神道摆脱"神佛习合"的传统，在天皇"万世一系"的神圣话语系统中，才逐渐形成了神社神道、教派神道和民俗神道三大传统。因此，在日本历史上，"神道"与"天皇"密不可分，这也是考察道教信仰与天皇制关系时无法回避的背景。

天皇既是创造日本国土的"天照大神"的后代及其在人间的代表，也是国家的政治首领，还是神道教的宗教领袖。这种用"神道"来表达有关神的存在的传统，促使日本人长期以来将"天皇"视为"现人神"（akitu-mikami）。天皇（てんのう）的日语音读作"Sumeramikoto"。其意为"从天上降临的天孙"，来源于"记纪神话"中"天孙降临"成为"天神之子"的神话故事。"Sumera"的原意为形容君王的神圣与清澄，后附上的汉字"天"，来指代天皇家的祖先。具有日本人心灵和精神故乡之称的《万叶集》中收录了当时最具才情的宫廷歌人柿本人麻吕（约662—约706）诗文，其中写道：天皇不是凡人而是神。天皇以凡人身份降世，叫作"明御神"或"现人神"。天皇不可侵犯，天皇本人是神圣。天皇地位至高无上、令人敬畏，皇室家族成员亦非凡俗之辈，于是后鸟羽天皇（1180—1239）选择了典雅美丽的"菊花"作为皇族的象征和天皇的家徽。在日语中，称皇室中的人为"云上人"，只有这个家族的人才能继承皇位。中国经常出现的改朝换代，在日本历史上一次也没发生过。这与神道教极力宣扬"天皇神圣"说，强调以天皇制来统治日本国民的合法性，由此而形成了一种民族意识有

---

① 葛兆光：《国家与历史之间——日本关于道教、神道教与天皇制度关系的争论》，《中国社会科学》2009年第5期。

关。"日本人经常宣称，说他们民族的特殊性来自其独特的历史，即从朦胧的史前时期以来，日本从来就只有一个统治家族。其实，约从9世纪起，天皇就失去了对国家的实际控制权，而且在后醍醐天皇于1333年试图重建天皇领导权失败之后，再也没有做过恢复天皇实际统治的努力。尽管如此，人们对天皇家系始终保持着高度的尊敬。在现代社会之前，没有一个人对于一切合法的政治权威归根到底来自天皇家系这一观念进行过挑战。"① 可见，天皇在日本社会中具有无与伦比的崇高地位。

"天皇"一词是否受到道教信仰的影响？在中国战国末兴盛起来的占星术中，就把天上的北极星神格化为"天皇大帝"，作为天体观察的基准。随着道教信仰的确立，"天皇"、"天皇大帝"也演化成为宇宙最高神。中国历史上，既有作为神灵的"三皇"——天皇、地皇和人皇，也有作为圣王的"三皇五帝"，还有以"天皇"为号的皇帝，如唐高宗就曾改皇帝为天皇，改皇后为天后。因此，"天皇"一词在中国，既有作为皇帝称号的政治含义，也有作为神灵象征的宗教意义，但日本采用"天皇"称号更侧重于后者。津田左右吉从天皇称号与国家政权、政治制度的关系进行考察，认为在近代之前的日本历史上，天皇并非是政治权力的实际掌握者，但其所具有的"神性"则是通过古人的实际生活培育起一种"国民精神"，这是基于对日本国民性一种颇有见地的认识。

从初代神武天皇到今天的平成天皇，日本天皇已经历了125代的传承。那么，作为日本君王称号的"天皇"一词究竟出现于何时？日本学者们对此有不同看法，森公章（1958—　）认为主要有六种说法：钦明朝、推古朝、大化改新时、天智朝、持统朝制定净御原令时、大宝令制定时。② 这是否说明"天皇"称号从开始使用到正式确立有一个逐步发展的过程？

5世纪初，日本列岛上"王道融泰，廓土遐畿"，以畿内为中心的大和国统一日本，为建立中央集权制奠定了政治基础。"天皇"之称在日本始见于推古天皇于卯年（607）建造法隆寺时，特地在法隆寺金堂药师像后刻上

---

① ［美］埃德温·赖肖尔、马里厄斯·B.约翰逊：《当今日本人：变化及其连续性》，上海译文出版社1998年版，第238页。

② 参见［日］森公章：《天皇号の成立をめぐって——君主号と外交との関系を中心に》，载《古代日本の対外認識と通交》，吉川弘文館1998年版。

的"池边大宫治天下天皇"铭文中。据史书记载，592 年推古天皇即位于飞鸟的丰浦宫，她是一位女首脑，觉得自己不便出面管理国家事务，就让外甥上宫廏户丰聪耳为圣德皇太子（574 — 622）来摄政。圣德太子上台后，在急于使日本成为东亚强国的思想指导下，称赞有开发产业文化之功的秦人为"国家之宝"，并通过秦人了解了中国先进文化。他不仅如饥似渴地学习中国的制度和文化，而且还模仿以中国为中心的天下观而建立以倭国为中心的天下观①，将建立律令制度作为健全日本中央集权制的主要任务之一。圣德太子施政的主要内容是正尊卑、定名分、崇佛教和向中国学习，借鉴中国政治文化制度和儒佛道三教思想，初步确立以天皇为中心的中央集权制。

作为飞鸟时代成就卓著的政治家，圣德太子取"天子"和"皇帝"前缀，创制了"天皇"称号，来尊称国王，并借鉴道教辛酉年之说来编排日本的"皇统"，以作为日本中央集权制的核心。推古九年（601）正好是辛酉年，也是圣德太子在斑鸠宫推行改革的年份。按道教谶纬的说法，辛酉年每六十年出现一次，称为一轮。每一轮的辛酉年都应当是改革之年。每隔21 个辛酉年，即 1260 年就会发生一次大变革。据此，圣德太子以推古九年（601）为起点，再往前推，就将第 21 轮的辛酉年，即公元前 660 年作为日本建国之年，并规定公元前 660 年阴历一月初一为神武天皇登极之日（阳历为 2 月 21 日），此日为"皇统"之开端。当他把皇统历史向前推算了一千多年之后，为了填补这一千多年历史的空白，他安插了十位虚构的天皇，形成了天皇"万世一系"的传承世系。所有天皇都来自同一家族，因此在日本历史上，只出现政权的兴替，而从来没有出现过王朝更迭，这种状况一直持续到今天。

日本最早的官修史书《古事记》记载了第一代神武天皇（前 660 —前 585 在位）到三十三代推古天皇（592 — 628 在位）的历史，时间跨度为一千多年，被称为"神道之圣经"。其中，从第一代神武天皇至第十四代仲哀天皇（192 — 200 在位）在历史上都无法确认，尤其是第二代到第九代，《古事记》和《日本书纪》都只提其名，未记其事，故历史上有"欠史八代"之说。直到第十五代应神天皇（270 — 310 在位）时，其历史面目才清晰

---

① 参见［日］大津透：《古代の天皇制》，岩波书店 1999 年版，第 26 — 27 页。

起来。据说，应神天皇在位时推广铁制农具与武器，领导民众开发沟池，发展农业生产，使国家趋于强大，故一般将应神天皇作为日本天皇的真正祖先。

圣德太子以崇信佛教著称，曾为弘扬《法华》、《维摩》和《胜鬘》作《三经义疏》①，为崇扬佛法而广建佛寺，著名的就有法隆寺、四天王寺等。其实，圣德太子对道教也有所关注，例如，他不仅在《三经义疏》中曾引证《老子》的"五色令人目盲"之句，而且对道教的成仙术也十分感兴趣，相传他最后带着全家人一起尸解升天成仙了。② 因此，圣德太子在建立中央集权制的"皇统"时，对老庄思想和道教信仰都有所借鉴。例如，圣德太子于推古女皇十一年（603）制定的"冠位十二阶"时，就吸收了一些道教因素："始行冠位：大德、小德、大仁、小仁、大礼、小礼、大信、小信、大义、小义、大智、小智，并十二阶。"③ 圣德太子采用紫、青、赤、黄、白、黑等六种不同颜色的帽子来区分官阶的高低，"这种以德为尊，以紫为上的做法，明显地来自道教的影响。"④ 第二年，圣德太子亲自颁布的"宪法十七条"，虽尊儒学和佛教为日本思想的基础，但其中穿插有"少私寡欲"、"绝圣弃智"、"绝餐弃欲"等老庄道家词语。可见，"以老庄思想为核心的道教思想，在圣德太子之前已传入日本，并且影响了圣德太子这位推进日本历史的执政者和日本的政治制度"⑤。

为了提升本国的政治文化形象，7 世纪时，推古朝已在外交场合中用"天皇"来称呼自己的君王。据《日本书纪》卷二十二《推古天皇》："十六年（608）九月，复以小野妹子臣为大使，吉士雄成为小使，福利为通事，副于唐客而遣之。爰天皇聘唐帝，其辞曰：'东天皇敬禀西皇帝。'"圣德太子在派小野妹子出使隋朝时，取"天子"和"皇帝"为前缀，创制了"天皇"称号，在国书中特别写上"东天皇敬禀西皇帝"⑥ 的句子，这是这

① 《三经义疏》是否为圣德太子本人所作至今仍有争议。

② 《上宫圣德太子传补阙记》、《日本灵异记》等文献中都有这方面的记载。

③ 《日本书纪》卷二十二《推古天皇》，载［日］黑板胜美、国史大系编修会编修：《新订增补国史大系》1，吉川弘文馆 1981 年版，第 141 页。

④ 叶渭渠主编：《日本文明》，中国社会科学出版社 1999 年版，第 103 页。

⑤ 李威周：《老庄思想与日本》，载《东亚文化集刊》第 1 辑，商务印书馆 1989 年版，第 168 页。

⑥ 《日本书纪》卷二十二《推古天皇》："十六年（608）九月，复以小野妹子臣为大使，吉士雄成为小使，福利为通事，副于唐客而遣之。爰天皇聘唐帝，其辞曰：'东天皇敬白西皇帝。'"（载［日］黑板胜美、国史大系编修会编修：《新订增补国史大系》1，吉川弘文馆 1981 年版，第 151 页。）

一称号首次在外交场合使用。隋炀帝览之而不悦，主管外交的鸿胪寺"忽复以闻"，后派隋使裴世清回访日本。裴世清访日时，日本给予隋朝的国书没有再使用会造成两国天下观冲突的"天子"一词，而是正式改称为"天皇"、"皇帝"，"故有学者认为用'天皇'一词来称呼日本君王"，应出现于圣德太子重新制定国书时。① 但当代日本学者谷川道雄的《隋唐帝国形成史论》和角林文雄的《论日本古代的君主称号》都提出疑问：当时日本君主往往自称"天子"，而别国则称之为"倭王"，因此上述国书中的"天皇"很可能是"天王"。由于原文佚失，故史实已不可考。另外，《日本书纪·雄略纪》引注《百济新撰》，有一处写为"天皇"，其他几处均为"天王"。"推古朝时'天皇'号否已经出现，并不明了"②。

在圣德太子之后的"大化改新"中，革新派拥立孝德天皇，以中大兄为皇太子，中臣镰足为内臣，僧旻和高向玄理为国博士（顾问），迁都难波（今大阪），改年号大化，进一步强化了天皇至上和神国概念，将天照大神奉为天皇家族的祖先神，还把有利于天皇家族和各氏姓贵族的传说加以整理编纂，从"天命神授"的角度来神化所执政的统治集团。"物部氏和苏我氏的对立抗争，不单是政治上的对立，而且是来自中国大陆的文化——道教思想（它已成为神道的形态），和来自朝鲜半岛的佛教文化的对立。由于苏我氏的势力强大，又有政治上的机巧手腕，因此以佛教文化为基底的集团获得胜利，而巧妙地利用这场胜利去顺水推舟的，就是后来的'大化革新'。"③ 这场社会政治变革运动以唐朝律令制度为蓝本，针对日本旧习，在经济方面废除了部民制，建立起封建土地国有的班田收授法与租庸调制。在军事上，实行征兵制，在京师设立了五卫府，在地方设军团，所有军队一律归中央统一指挥。在政治方面，宣扬"天覆地载，帝道唯一"，废除了贵族的世袭特权，建立以皇权为中心的中央集权国家，以大和国的最高统治者为天皇。

672 年，齐明天皇的儿子天武天皇（672—685 在位）通过平息壬申之

---

① ［日］大津透：《古代の天皇制》，岩波书店 1999 年版，第 27 页。
② 参见冯玮：《〈菊花与刀〉精读》，复旦大学出版社 2010 年版，第 4—5 页。
③ ［日］今枝二郎：《透过道教的中日文化交流——重考徐福渡日传说》，载杨正光、朱亚非等：《徐福文化的思索》，山东友谊出版社 1996 年版，第 299 页。

乱①，在飞鸟的净御原官登上皇座后，完成了大化改新的未竟事业。天武天皇即大海人皇子，年轻有为，采取一系列措施进一步强化天皇制："好佛敬神，建占星台，置兵政司，行大射礼，诏诸国习阵法，定律令式，撰帝纪及上古遗事，铸银钱，定服色，定禁式九十二章，定臣民氏族为八等，更爵位号，增加阶级，定诸臣子弟及蕃人任进格数，免百姓课役，礼仪法制，彬彬大备。在位十七年。"②他令人于681年开始编纂《飞鸟净御原令》，将原称作"大王"的大和统治集团的首领正式改称为"天皇"，并确立了以天皇为中心的政治统治秩序，天皇之位由嫡长子继承的"万世一系"的传统，开宰相辅政之先例，使古代天皇制统治达到全盛阶段。天武天皇由此而威望倍增，被国民崇之为神。

天皇的权力主要体现在：第一，律令制国家在作出重大决定时，如册立皇太子、皇后，授五位以上大臣冠位，进行外交事务等，必须通过由天皇来颁布"敕令"或"诏书"的形式，以强调君权神授；第二，天皇掌握授予宰相"位阶"的权力；第三，天皇是赐予"姓氏"的唯一主体。位于律令制朝廷顶端的天皇并不直接参政，而是通过由众多的宰相朝臣官员组成的"合议制"来处理日常事务和解决问题。于是，天皇通过赐予"姓氏"的方法来掌握选择朝臣的权力。"姓"是朝廷所赐的世袭尊号。"氏"则是身份的象征，或源于地名，如葛城氏；或源于职业，如服部氏、忌部氏；或源于门第，如久米氏。那些参与"合议制"的中央官员一般由"臣"姓或"连"姓担任，他们大多与天皇家族有姻亲关系。若在"臣"或"连"前面有"大"字，则表示此人有政治业绩。地方官职则由臣、连、君、早、直、首等"六姓"担任。日本史学家林屋辰三郎认为："古代王权，最初通过政治的统一而获得了最大规模。其权力结构是，拥有'臣'的氏姓者多半是皇亲国戚，从中产生大臣（如葛城氏、平群氏），从拥有'连'的氏姓、大多沿袭伴造系谱的军事、技术职业者（如大伴氏、物部氏）中产生大连，料理政务，通过天皇口头颁布的敕、宣的传达贯彻统治意志。因此大臣、大连等权力阶层的豪族之间，始终围绕天皇的统治地位

①　672年日本皇室宫廷中发生的一次争夺皇位的战乱，最后天武天皇战胜弘文天皇，成为天皇，是年为壬申年，故名。

②　黄遵宪：《日本国志》，上海古籍出版社2001年版，第32页。

反复展开争斗，并多次引发内乱。"① 这也是天皇制在日本历史上形成了"万古一系"的传承，至今已有125代，而朝廷的权力斗争却始终不断的重要根源。

就在天武天皇完善天皇制的同时，中国早期五斗米道经过魏晋南北朝时期的改革，已以天师道为名传播于大江南北，并演化出许多新教派，尤其江南地区传播的上清派，将天神、地祇、神仙、鬼吏排列起来，建立起自己的神灵谱系时，天皇大帝被定位为北辰星，在道教神谱中占据了重要位置。

唐朝奉道教为国教，唐高宗于674年改年号"上元"，并给自己和皇后武氏改了称号："皇帝称天皇，皇后称天后，以避先帝、先后之称。"② 天武天皇在依照唐朝的中央集权制来完善日本天皇制的过程中是否借鉴了一些道教因素？据《日本书纪》卷二十九记载，从天武天皇开始，神道大祓仪式得以制度化，来自于朝鲜半岛的文部氏族参加唱咒，所唱咒辞中包含有"司命司籍"、"东王父"、"西王母"等道教神名。天武天皇精通中国道教的遁甲术和占星术，曾"亲秉式占"，兴建"占星台"，建立"明阳寮"，以期审时度势，预测未来。渡边茂认为，日本君王使用"天皇"一词可能就受到推崇道教的唐高宗于674年改称"天皇"的影响。③ 天武天皇在为豪族制定"八色姓"时，将"真人"置于最尊贵的地位。天武天皇的称号，其实是中国式谥号。他的日本式谥号，叫作"天淳中原瀛真人天皇"。"天淳中原"的意思是"铺满了天上珠玉的原野"，"瀛"这一汉字的使用，来自东海三神山方丈、蓬莱、瀛洲里的"瀛洲"，"真人"则是仙人的最高位。从这个日本式谥号也可以看到，天武天皇曾如何醉心于道教。④ "天皇"来源于道教的天皇大帝，由此而形成了日本独特的"天皇"即为"现人神"的观念，同时这一称号也以一种神秘莫测的信仰方式巩固了大化改新的

---

① ［日］林屋辰三郎：《古代的环境》，岩波书店1988年版，第139页。

② 《旧唐书》卷五《高宗纪》，《二十五史》，上海古籍出版社、上海书店1986年版。

③ 参见［日］渡边茂：《古代君主の称号に关する二、三の试论》，《史流》1967年8号，第1—21页。

④ 参见［日］千田稔：《中国道教在日本》，载蔡毅编译：《中国传统文化在日本》，中华书局2002年版，第57—58页。

成果。

天武、持统、文武三代，继飞鸟文化之后创立了白凤文化（683—707），为天平文化的发展奠定了基础。白凤是后人传说的天武天皇的年号，其实并没有这个年号。680年，天武天皇为了祈求皇后（即后来的持统天皇）病体早日康复，乃在藤原京建造以药师如来为本尊的寺院，但寺院尚未完成，天武天皇却不幸去世，继位的持统天皇、文武天皇继续建造寺院，大约于698年建造完成。天皇三代相继开创的迁都奈良前一段时期的白凤文化，受六朝及初唐文化的影响，以崇扬佛教为中心，但也接受了一些道教因素，继续推进大化改新的成果，使以天皇制为中心的日本国力得以大幅提升。在《旧唐书·日本传》中，中国人将日本称为倭国，将日本人称为倭人："日本国者，倭国之别种也。……倭国自恶其名不雅。"随着日本经济的发展和国力的增强，"就以其国，在日边，故以日本为名"①。日本通过宣扬自己的国家居于离太阳最近的地方，将"倭"改称"日本"来增强民族自豪感。于是，中国的《新唐书》中也不再见"倭国"的名称，而出现了一个新国名——日本。

8世纪时，日本最早的史书《古事记》、《日本书纪》相继编成，为神道教信仰与天皇制的确立提供了神圣依据。720年编纂《日本书纪》的目的是为了建立以天皇为中心，与唐朝相对等的律令制国家，因此在该书中，"天皇"称号与"日本"国号的确立、年号和国家律令的制定基本相一致，以645年"大化改新"的"大化"为最早的年号，以681年开始编纂的《飞鸟净御原令》为基础，701年制定的《大宝令》使君臣关系及祭祀体制在律令制中得以确立。从中国史料记载看，遣隋使都记作"倭国使"，而遣唐使则改记为"日本使"。在日本，"神道"一词大约最早出现在《日本书纪》卷二十一用明天皇即位前纪中："天皇信佛法，尊神道"。在三十六代孝德天皇即位前纪中也有"天皇……尊佛法，轻神道"。虽然两位天皇对"神道"的态度是一"尊"一"轻"，但都将神道与佛教对举使用，可见这里是借用"神道"这个词，来指称与外来佛教相对的日本固有的"诸神之道"，不同于中国《周易》中用"神道"来指天道的神妙莫测法

---

① 《旧唐书》卷一百九十九《日本传》，《二十五史》，上海古籍出版社、上海书店1986年版。

则，强调圣人应取法于"神道"来教化天下，由此而将"神道"视为日本天皇制的灵魂。在《古事记》和《日本书纪》中，与"神道"相似的词语还有"本教"、"神教"、"德教"、"古道"、"大道"等，往往会单独使用。

在《日本书纪》中，出现的神仙、真人、长寿、常世国、蓬仙、祭神、乘龙飞翔、化白鸟而飞、尸解等道教词汇①也常用来描绘与天皇相关的事情，如"常世"一词最早出现在《日本书纪》卷一《神代上》篇："少彦名命行至熊野之御碕，遂适于常世乡矣。亦曰，至淡岛，而缘粟茎者，则弹渡而至常世乡矣。"②"常世"含有永恒不变之意。"常世乡"或"常世国"指长生不老的地方，在日本有时也指人死后去的地方，即黄泉。③传说，少彦名命、御毛沼命、多迟麻毛理都到过"常世国"，水江浦岛子也去了"常世国"，故《日本书纪》曰："常世国则神仙秘区，俗非所臻。"④垂仁天皇（公元前29—公元70年在位）从丹波迎接日叶作为皇后，后又把公主托付于天照大神的祭祀，创立了伊势神宫。后来，垂仁天皇"崩于缠向宫，时年百四十岁。冬十二月，癸卯朔壬子，葬于菅原伏见陵。明年春三月，辛未朔壬午，田道间守至自常世国。则斋物也，非时香果八竿八缦焉。田道间守于是泣悲叹之曰：'受命天朝，远往绝域，万里蹈浪，遥度弱水。是常世国则神仙秘区，俗非所臻。是以往来之间，自经十年。岂期，独凌峻澜，更向本土乎？然赖圣帝之神灵，仅得还来。今天皇既崩，不得复命。臣虽生之，亦何益矣！'乃向天皇之陵叫哭而自死之。群臣闻皆流泪也。田道间守是三宅连之始祖也"⑤。垂仁天皇去世后，田道间守被派遣到常世国去求非时香果，带回"非时香果"——橘子，在当时的日本是稀世珍果，田道间守也

———————————

①　参见聂长清、齐未了：《道教传入日本及其对神道的影响》，《世界宗教研究》1985年第2期。

②　《日本书纪》卷一《神代上》，载［日］黑板胜美、国史大系编修会编修：《新订增补国史大系》1，吉川弘文馆1981年版，第47页。

③　参见下出积与：《常世国の性格》，《东方宗教》1953年7月第3号。

④　《日本书纪》卷六《垂仁天皇》，载［日］黑板胜美、国史大系编修会编修：《新订增补国史大系》1，吉川弘文馆1981年版，第192页。

⑤　《日本书纪》卷六《垂仁天皇》，载［日］黑板胜美、国史大系编修会编修：《新订增补国史大系》1，吉川弘文馆1981年版，第192—193页。

被尊称为"菓子之神"，列入日本的神仙传中。① 虽然不能肯定有关田道间守的传说是否受到中国徐福求仙药故事的影响，但是，这种对橘子的珍爱一直延续到奈良时代。例如，736 年圣武天皇在一个诏书中就将橘子看作比金银更美、比珠玉更胜的长生果："橘者，果子之长上，人所好，柯凌霜雪而繁茂，叶经寒暑而不凋，与珠玉共竞光，交金银以逾美。"② 因此，《日本书纪》说田道问守从常世国带回的"非时香果"在当时可能也是被作为仙药对待的。

这种对"常世国"的向往在垂仁天皇时就开始与崇拜天皇始祖天照大神富士山信仰联系在一起，后形成一种文化传统。日本人喜欢在元旦这一天早起，登上位于伊势志摩国立公园的朝熊山之巅，眺望日本的最高山峰富士山。富士山作为日本的灵山，被赋予了"不死之山"的美誉。朝熊山海拔虽然只有 555 米，但由于它横跨鸟羽市和伊势市，耸立在祭祀天照大神的伊势神宫的东北方位，山顶处的佛教临济宗寺院金刚证寺，常被认为是镇守伊势神宫的鬼门，成为崇拜天照大神的朝拜之地。③ 有日本学者认为，"常世国即是蓬莱山的翻版"④，是受中国蓬莱仙境传说的影响而出现的，故日本人常将"常世国"与蓬莱仙境混为一谈。"常世国"、"常世乡"在日本典籍中经常出现，它被用来表示位于遥远大海中的蓬莱仙境，居于其中的神仙可永葆青春，如《万叶集》有中：

> 松浦有仙女，居住常世国，待居在浦隈，少女九天来。⑤

---

① 《古事记》卷二第十章也有类似的记载，只是主人公名为多迟摩毛理："垂仁天皇以三宅连等之祖多迟摩毛理（即《日本书纪》中的田道间守）遣常世国，令求四时皆能放散香气之木实。故多迟摩毛理，遂到其国采其木实而以缦八缦、矛八矛之果以返京。然将归返之间，天皇既崩。故多迟摩毛理分缦四缦、矛四矛之果献于皇后，以缦四缦、矛四矛余置天皇之御陵户而捧其木实叫哭以言：'常世国之芬香四时之木实，持参上侍！'遂叫哭死也。夫芳香四时之木实者，今橘者也。此天皇之御年凡壹佰伍拾参岁，御陵在菅原之御立野中也。"

② 《续日本书纪》卷十二《圣武纪四》天平八年十一月丙戌，载〔日〕黑板胜美、国史大系编修会编修：《新订增补国史大系》1，吉川弘文馆 1981 年版，第 143 页。

③ 参见〔日〕福永光司、千山稔、高桥彻：《日本の道教遗迹を步く》，朝日新闻社 2003 年版，第 44 页。

④ 〔日〕壹岐一郎：《徐福集团东渡与古代日本》，天津人民出版社 1996 年版，第 130 页。

⑤ 《万叶集》卷五，湖南人民出版社 1984 年版，第 187 页。

　　道教的成仙方式在《日本书纪》也有表现，例如，景行天皇（71—130在位）是垂仁天皇的第三个儿子，年轻时威武雄壮，英勇善战，被称为"日本武尊"，即位时已84岁了，但他老当益壮，还娶了众多的后妃，生了80多个孩子，在位60多年，活到了140多岁，是历代天皇中最长寿的。景行天皇晚年，感觉自己快要离世了，"即诏群卿命百僚，仍葬于伊势国能褒野陵。时日本武尊化白鸟，从陵出之，指倭国而飞之。群臣等因以开其棺槨而视之。明衣空留而，尸骨无之"①。这种化为白鸟飞去，棺中仅存衣物而无尸骨的描绘，与道教的尸解说非常相似。

　　另外，《日本书纪》还记载了类似于道教的祭神仪式，如皇极天皇三年（644）秋七月："东国不尽河边之人大生部多，劝祭虫于村里之人曰：'此者常世神也，祭此神者，至富与寿。'巫觋等遂诈托于神语曰：'祭常世神者，贫人致富，老人还少。'由是加劝舍民家财宝、陈酒陈菜、六畜于路侧。而使呼曰：'新富入来。'都鄙之人取常世虫置于清座。歌舞求福，弃舍珍财，都无所益，损费极甚。于是，葛野秦造河胜，恶民所惑。打大生部多，其巫觋等恐休其劝祭。"② 中村璋八认为："以常世之神为祭祀对象，祈愿的内容也像'致富、还少'那样，重点放在富贵、长生不老等个人的欲求上，祭祀的方法也有极浓郁的民间道教色彩"③，这反映了以"得道成仙"为基本信仰的道教，迎合了日本人追求富贵长寿的心理，并将这种心理通过祭神仪式来加以表达的情况。以上有关道教初传日本的资料仍然是零碎而散乱的，至今仍无法让人拼出一幅完整景象。

　　可能是受道教"得道成仙"信仰的影响，孝德天皇之后的齐明女天皇（655—661在位）曾在奈良盆地东南隅的飞鸟宫殿附近的山里，仿造仙人在天上居住的宫殿，建造了类似于道观的"天宫"，据《日本书纪》卷二十六记载："是岁，于飞鸟冈本更订宫地。时，高丽、百济、新罗并遣使进调，为张绀幕于此宫地而响焉。遂起宫室，天皇乃迁，号曰后飞鸟冈本宫。于田

---

　　① 《日本书纪》卷七《景行天皇》，载［日］黑板胜美、国史大系编修会编修《新订增补国史大系》1，吉川弘文馆1981年版，第205—206页。
　　② 《日本书纪》卷二十四《皇极天皇》，载［日］黑板胜美、国史大系编修会编修：《新订增补国史大系》1，吉川弘文馆1981年版，第205—206页。
　　③ ［日］中村璋八：《日本的道教》，载［日］福井康顺等监修：《道教》第三册，上海古籍出版社1992年版，第8页。

身岭冠以周垣。复于岭上两槻树边起观，号为两槻宫，亦曰天宫。"① 黑板胜美在《我国古代的道家思想及道教》一文中认为，齐明女天皇再次即位后的第二年（656）就开始在田身岭上营造新宫殿，相继竣工的有冈本宫、两槻宫、吉野宫等。两槻宫既是天皇的宫殿或离宫，也是道观。道观中还住有道士，如，久迷仙人、大僧正行基等都是在山岭中修行的道士。据说，当时山上有所谓的四十余座寺院存在，这些寺院其实也可以想象为是道观。② 千田稔也认为，这是日本历史上"唯一的有史料可稽的有关道观的记载。这一事实，说明齐明天皇对道教有过很大的兴趣。齐明天皇在位于飞鸟南部的吉野营造离宫，也是因为意识到吉野乃仙乡之地"③。

日本佛教弘法大师空海年轻时即著有《三教指归》来比较儒佛道三教之异同，后到中国学习佛教，拜长安（今西安）青龙寺惠果法师为师，受到惠果法师的青睐。空海回国时带回大量的佛教经典，以高野山为真言宗的总本山传播的佛教密法，受到淳和天皇、嵯峨天皇及许多百姓的欢迎。非常有意思的是，晚年的空海在赞颂天皇的文章中，却经常用道教词语来歌颂天皇，如《赠伴按察平章事赴陆府诗》曰："报国恩于枯木，求冒地于死灰，以此为政其为奚为乎。伏唯皇帝陛下，道高常道，德过上德。轸纳隍于万生，忧一物之失所。"④ 道教以"道"名教，"道"是汉字中内容最丰，含义最深，品位最高的词，《庄子·天地篇》曰："通于天地者，德也；行于万物者，道也。"空海用《老子》第一章的"道可道，非常道"和第三十八章的"上德不德，是以有德"来称赞淳和皇帝具有"道高常道，德过上德。轸纳隍于万生，忧一物之失所"的品德，远超于《老子》所说之道德。空海在将中国唐代书法家李邕（678—747）书写的屏风献于嵯峨天皇时，作《进李邕真迹屏风表》曰："太上天皇，姑射之游与八仙无其极，襄城之德

---

① 《日本书纪》卷二十六《齐明天皇》，载［日］黑板胜美、国史大系编修会编修：《新订增补国史大系》1，吉川弘文馆 1981 年版，第 283 页。

② 参见《我国古代的道家思想及道教》，载［日］野口铁郎编：《道教と日本》第一卷《道教の传播と古代国家》，雄山阁 1996 年版，第 45 页。

③ ［日］千田稔：《中国道教在日本》，载蔡毅编译：《中国传统文化在日本》，中华书局 2002 年版，第 57 页。

④ 《弘法大师全集》，吉川弘文馆 1923 年版，第 447 页。

将千叶流其芳。"① 空海作为佛教传人，在当时日本社会排斥道教的氛围中，却经常采用老庄道家词语来形容天皇的犹如神人般的境界，这是一种耐人寻味的现象。故静慈圆说："空海以道教之境地作为淳和、嵯峨二帝的境地，歌颂天皇，这和他用儒教思想赞颂天皇的写作方式和方法完全相同。在当时的儒教体制时代，空海如此专心致志地熟读道教典籍，准确掌握道教思想，固然令人震惊，但在自己的文章中，而且是在与天皇的关系中，能自由自在地运用道教的思想，则更加令人惊叹。"②

以上有关道教与天皇制关系的零碎史料，引起了日本学者的关注，早在 1898 年，日本学者黑川真道就发表《日本皇朝年号中的长生之神意义》一文提出应从道教的长生信仰来解读天皇的年号。③ 20 世纪 20 年代以来，日本学者围绕着道教与天皇制关系的两个问题展开了热烈的讨论，第一，道教思想如何体现在日本文化中，具体说道教是否影响到天皇制？第二，道教中最显著的因素——道士和道观是否传入日本？由此引发了学者们开始关注"日本的道教"。

明治时期最著名的东洋学者津田左右吉（1873—1961）在 20 世纪 20—30 年代陆续出版《天皇考》、《道家的思想及其展开》、《神仙思想研究》等，他沿着国学家本居宣长（1730—1801）的思路，考察了《春秋纬·合诚图》、《淮南子·天文训》、《史记·天官书》、《晋书·天文志》等中国早期文献，指出古代中国通过占星术，将北极星神格化而形成了天皇观念。"天皇"这一称谓本源自道家的三皇五帝说。三皇即天皇、地皇和太皇；五帝是青帝、赤帝、白帝、黑帝、黄帝，其具体来源于《枕中书》。津田左右吉说："以上述事实为背景的考察，可以知道（日本的）'天皇'这一御号，还是采支那成语，多半是从神仙说等与道教有关的书籍（如《枕中书》之天皇、地皇、人皇称号等）中来的。"于是，他提出"天皇"称号出自于道教，与"占星术"和"神仙说"有关："天皇御号之所以被我国采用，是因为它包含着宗教学的意义。它的直接出处在道教，根据上述考察，殆

---

① 《弘法大师全集》，吉川弘文馆 1923 年版，第 515 页。
② ［日］静慈圆：《日本密教与中国文化》，文汇出版社 2010 年版，第 71 页。
③ 参见［日］黑川真道：《日本皇朝年号中的长生之神意义》，《史学杂志》第 9 卷第 12 期。

无可疑。"① 奈良时代的日本人，正是从中国道教把北极星称为"天皇大帝"的用例，寻找到了确定其最高君主名分与权威的恰当称谓——既表达了帝王的威势，又具有宗教上的神圣意义，因而"天皇"一词特别适合用来指称日本自古以来的"大王"的称谓。由此"我国采用天皇这一称号本身就包含着宗教意义，其直接的来源是道教"②。津田左右吉一方面承认日本从中国学到了许多东西，"天皇"这一概念来自于中国道教文献，当然是极具道家（即道教）色彩的，另一方面，他也指出，古代日本的"天皇"称号，虽然采用了道教《枕中书》中的词汇，但日本所使用的"天皇"称号中却完全没有中国的意味。他在《文学にあれたる我が国民思想の研究——贵族文学の时代》中提出，道教对日本的影响只是作为道教思想的一部分的神仙思想对古代日本文学旨趣的影响，而未必对日本人的生活和信仰产生影响③，因此"津田的神道观在用词上，承认日本对中国文献的借用，在内容上则强调日本的本质上的独特性"④。津田左右吉这一看法虽然得到了和辻哲郎的赞同⑤，但由于他比较偏向于讨论"天皇"一词与道教的关系，而缺乏对《枕中书》等道书传入日本可能性及其传入的时间和方式等的探讨，也不太注意"天皇"作为君王称号在日本历史上的变迁及意义，故津田左右吉的观点一直受到后人的挑战，也不断得到后人的补充与修正。

上田正昭认为，"瀛"、"真人"这样的词语是由天皇神观与道教神仙观重合而成的。天皇为"天神之子"，在被视为"神"的同时，也被看作是"仙"，像天武天皇、持统天皇自身也希望成仙。⑥ 据《日本书纪》卷二十九记载，694 年，曾为天武天皇皇后的持统天皇从飞鸟迁都到藤原京。藤原京周边环绕着"大和三山"——耳成山、香具山和亩傍山，新城的布局也是

---

① ［日］津田左右吉：《天皇考》，载 ［日］野口铁郎编：《道教と日本》第一卷《道教の传播と古代国家》，雄山阁 1996 年版，第 38 页。

② ［日］津田左右吉：《津田左右吉全集》第 3 卷，岩波书店 1973 年版，第 474—490 页。

③ 参见 ［日］津田左右吉：《文学にあれたる我が国民思想の研究——贵族文学の时代》，洛阳堂 1919 年版。

④ ［日］中村雄二郎：《日本文化中的恶与罪》，北京大学出版社 2005 年版，第 73 页。

⑤ 参见 ［日］和辻哲郎：《日本古代文化》，岩波书店 1920 年版。

⑥ 参见 ［日］上田正昭：《和风谥号神代史》，载 ［日］野口铁郎、酒井忠夫：《道教与日本》第一卷《道教の传播と古代国家》，雄山阁 1997 年版，第 197 页。

天武天皇生前的构思，他还派阴阳师前去勘祭地形："命小紫三野王及宫内官大夫等，遣于新城，令见其地形。仍将都矣。"

中村璋八认为，日本人从道教中借用"神道"、"天皇"这样的词汇，在内容上却有着日本"天皇"的独特内涵，即"日本所采用的'天皇'这个称呼，在含义上和内容上，并非作为道教之神的'天皇'，也不是知识分子的五行说和谶纬说中的'天皇'，仅仅是采用了汉字而已"①。他认为那种认为"天皇"直接来自道教"天皇大帝"的说法是不正确的解释，故极力否认神道教、"天皇"称号与道教在文化上的关联。

福永光司虽然认为，作为"明御神"的"天皇"与佛教系统的"借人形现身的神"——现人神观念不同，而更多地来源于道教系统的神人、神仙观念②，由此来说明日本天皇制通过神道教而与中国道教信仰之间存在着微妙的关系，但他也对津田左右吉的观点提出异议，认为津田左右吉忽略了4世纪下半叶以后的道教文献与思想学说对日本所产生的影响。于是，他陆续撰写了《日本文化与道教——从以天皇为思想信仰谈起》、《天皇与真人》、《天皇与道教》、《天皇考六题》等文，提出："对日本文化的形成、发展有着重要影响的，不仅是代表中国政治思想的律令制，还有代表中国宗教思想的道教。虽然日本未建有道观，道士也没有正式渡海过来，但其宗教思想和信仰对日本文化的影响却毋庸置疑。"③ 在《天皇考六题》中，他从6世纪陶弘景关于人、仙、鬼的定位及定义出发，明确指出天武天皇的谥号"天淳中原瀛真人"中的"瀛真人"即完全是道教神仙信仰的用语。④ 他还提出六项证据以说明日本"天皇"受到中国道教思想的影响：日本天皇制中所使用的一些词汇如"神道"、"瀛真人"、"八色之姓"、"八纮一宇"等；"天皇"来自道教至高尊神"天皇大帝"；天皇是从天上高天原世界下降人世成为统治日本的现人神；象征着天皇地位与权力的两种神器——镜和剑；皇室将紫色奉为最高贵的颜色，其居所称紫宸殿就表达了重视紫色的观

---

① ［日］中村璋八：《日本的道教》，载［日］福井康顺等监修：《道教》第三册，上海古籍出版社1992年版，第7页。
② 参见［日］福永光司：《道教と古代日本》，人文书院1987年版，第47页。
③ ［日］福永光司：《道教と日本文化》，人文书院1982年版，第8页。
④ 参见［日］福永光司：《道教と古代日本》，人文书院1987年版，第37页。

念；还有天皇在神宫中举行祭祀时所使用的祝词和天皇进行的四方朝拜仪式等，都与中国道教有关。① 该文的问题意识已深入到道教与天皇制的具体联系上。此文后被译为中文，在《世界宗教研究》1982 年第 2 期上发表，在中国产生了极大的影响。为了具体说明道教对天皇制的影响，福永光司还发表《道教にぉける镜と剑—その思想の源流》，以唐代道士司马承祯的《含象镜序》为中心，对神道教的镜、剑信仰进行了寻根溯源式的研究：一方面将道教法器镜、剑与教义思想巧妙地贯通起来，"司马承祯的镜的哲学，强调镜所具有的尚象通灵的神秘宗教性以及它象征'道'及道教作为终极真理的深透哲理性，这是最大特征"②；另一方面，将日本天皇使用的神器——镜、剑视为六朝道教血缘脉络在神道教中影响的体现。这篇出色的论文将历史叙述与文化比较结合起来，"对三件皇家宝物的道教背景所做的论证是考定道教影响日本神话和皇家意识形态的系列研究中的一部分"③。由此来识别道教对日本神话和天皇制的影响，说明不仅是"天皇"称号，而且日本很多宗教思想与文化习俗都与道教的东传有关，神道教也是在道教的影响下逐步建立并完善起来的。对福永光司的看法，赞同者有之，批评者也有之，所引起的争论把探讨进一步引向深入。

日本人使用"天皇"一词来特指本国的最高统治者，还将日本民族视为"天孙民族"，这构成了神道教的基本信仰。每个日本人在一生中都有义务到神社中，向天地神祇表达自己的敬仰与崇拜，因此神道教的神社遍布日本各地，其中最古老、最有权威的神社就是供奉天照大神的伊势神宫。当天皇的家祭演变为国祭，天照大神也从氏族神演变为国神，伊势神宫不仅成为神社神道的代表与核心，也成为天皇每年进行祭祀活动的神圣场所。神道教在历史发展中也不断地借鉴着道教因素："不仅天皇称号，连天王、神道、惟神、神宫、神社等词语皆来自道教。"④

后来，下出积與也对津田左右吉的观点进行了进一步的回应：日本的

---

① ［日］参见福永光司：《日本文化与道教——从以天皇为思想信仰谈起》，《世界宗教研究》1982 年第 2 期。

② 该文初刊《东方学报》1973 年第 45 册。参见刘俊文主编：《学者研究中国史论著选译》第七卷《思想宗教》，中华书局 1993 年版，第 388 页。

③ ［法］索安：《西方道教研究编年史》，中华书局 2002 年版，第 114 页。

④ 楼宇烈主编：《中外宗教交流史》，湖南教育出版社 1998 年版，第 130 页。

"天皇"是基于古代天神子孙降临世上的传说，借用《史记·天官书》、《春秋纬·合诚图》中主宰天地的天上北辰星之"天皇大帝"而来的。《枕中书》中的最高神是"元始天皇"，它并不是道教中的至尊神，道教中的"天"的观念来源于思想中的道，是虚无自然的。即使参考了《枕中书》的神仙说，也是因为书中"天皇"所代指"扶桑大帝东王公"符合日本所处的地理位置而采用的。①

此外，也有否认"天皇制"与道教相关的观点。如山尾幸久在《古代天皇制的成立》一文中从政治统治的角度进行诠释，认为天皇的"天"来自于面向西藩的"天子"，"皇"来自面向人民的"皇帝"。这是一个彰显帝王居高天下进行政治统治的名词，其中并没有什么道教信仰的意味。大津透进一步指出，日本原来称君主为"大王"，后来将"大"改为"天"，将"王"改为"皇"，因此"天皇"号是日本独创的汉字词语，其本身与道教无关。若再从天皇制的内容上看，也几乎看不到道教因素，反而是律令制下的日本还有意识地要避开道教呢。② 日本文学家西乡信纲则认为，"天皇"是日本独创的汉字词语，其本身与道教无关。③

以上是学者们对于"天皇制"与道教关系的具体细致的讨论，需要注意的是，日本佛教学者高楠顺次郎（1866—1945）从"道"的思维方式上提出的独到见解："在道的东方形成的宗教、哲学，却几乎毫无例外地建立在现观性一体观之上。……在我日本，我们最优秀的民族中出现的建国思想，也是以统一的国土、统一系统的国体为一般国民之理想，遵循文化建设的思想，实现国民一体、上下一心、忠孝统一。在报国的实际中常形成统一体，指导国家的发展，不断建设文化的日本。"④ 他试图由此说明，道教以"道"为本的哲学思想对日本建立起以天皇为中心的中央集权制的国家体制的指导性意义。

从以上有关道教与"天皇"关系的争论中可见，道教某些因素已传到了日本，对日本天皇制也产生了一定的影响，但道教因素的传播是否就意味

①　参见［日］下出积舆:《神仙思想》，吉川弘文馆 1968 年版，第 79—107 页。
②　参见［日］大津透:《古代の天皇制》，岩波书店 1999 年版，第 12—13 页。
③　参见［日］西乡信纲:《スメラミコト考》，《神话と国家》，平凡社 1977 年版。
④　［日］高楠顺次郎:《作为新文化原理的佛教》，日本大藏出版社 1947 年版，第 27—28 页。

着道教传入日本？这正是日本学者长期争议并悬而未决的问题

第三节 道教在奈良、平安朝的传播

奈良、平安时期（710—1192）正值中国的唐宋王朝时期，也是中国道教兴盛时期。随着中日文化交流的广泛展开，通过日本朝臣前往中国访问，大批留学僧、留学生来华学习，中国佛僧前往日本弘道等途径，道教的经典、圣像、方术等陆续传入日本。与此时佛教在日本兴盛发展相比，奈良朝对道教似乎抱着复杂态度，平安朝虽然搜集了许多道书，道教的某些因素也对它的政治制度、文化精神、神道信仰及民间习俗等产生了一定的影响，但在唐王朝被奉为国教的道教却没能成为一种独立的宗教而在当时日本社会得到传播，道教无法在日本生根，个中原因是特别值得研究的。

一、奈良朝对道教的态度

672 年，天武天皇在平定壬申之乱后就准备将都城由飞鸟藤原宫迁到平城京（今奈良），然而，这一夙愿直到天皇元明女天皇 710 年迁都才得以实现，从此日本历史进入了以天皇为核心的中央集权制的"奈良时代"（710—794）。在奈良朝的八代天皇中，有四位是女天皇，她们执政时期长达三十年。圣武天皇（701—749）在位的二十多年间，皇后藤原光明子也积极参政。主要由女人执掌天下的奈良朝持续了八十多年时间，正值中国的盛唐时期，也是中国儒、佛、道三教兴盛发展时期。三教虽成为中国与朝鲜、日本进行文化交流的重要内容，但奈良朝对道教却抱有与对儒学、佛教完全不同的复杂态度。这与 8 世纪前后东亚各国相继推出的律令制和科举制有密切的关系。

唐代时，中国初步建立起主要由律、令、格、式、敕组成的法律体系，开启了东亚的律令制时代。律令是关于国家体制和基本制度的法规。《唐六典》卷六曰："律以正刑定罪，令以设范立制，格以禁违正邪，式以轨物程事。"律令制被称为东亚法制的轴心，对东亚国家政治、经济、法律和教育制度的确立产生了深远影响。据《旧唐书》卷一九九《东夷传》的记载，受中华文化的影响，朝鲜半岛上的新罗、百济、高句丽三国的风俗和法律基本相似。

日本在大化改新后，为加强中央的官僚集权，巩固改新成果，引进大陆先进的生产方式和政治制度，尤其是模仿中国唐代的律令而制定出日本的律令法典，如中臣镰足（614—669）受天智天皇之命以唐《武德令》、《贞观令》为蓝本，领导一些学者共同制定了日本最早的一部成文法典《近江令》22卷，参与其中的有随同遣隋使小野妹子来华的高向玄理和释僧旻。《近江令》在大化改新时颁布并实施，推动日本开始走向法制化道路。天武天皇即位后，于681年开始修订《近江令》，在此基础上制定了《飞鸟净御原令》》，亦称《天武令》。700年，文武天皇又命刑部亲王藤原不比等19人再次参照唐令，根据日本社会实际编撰律令，这就是大宝元年（701）制定、第二年实行的《大宝律令》。① 元正天皇养老二年（718）又在《大宝律令》的基础上修成《养老律令》② 等。其中，《养老律令》从孝谦天皇天平宝字元年（757）开始施行，到明治维新废止，持续使用了1100年，成为日本史上使用时间最长的明文法令。在社会方面看，《养老律令》为日本官位制和等级制的建立提供了依据。"不过，日本从一开始起就未能复制中国那种无等级的社会组织。日本所采纳的官位制，在中国是授给那些经过科举考试合格的行政官员的；在日本却授给世袭贵族和封建领主。这些就成了日本等级制的组成部分。"③

从教育方面看，《养老律令》对大学寮（国家级官办学校）和国学（地方私立学校）的机构设置、教学内容和考核方法作出规定，直接影响到以儒佛道三教为代表的中华文化在日本的传播。

当时东亚各国的教育已有官学教育与私学教育之分。中国隋朝建立后，隋文帝废除了魏晋以来按照门第高低选用官吏的"九品中正制"，采用考试

---

① 《大宝律令》由律6卷、令11卷组成，在篇目与内容上都取法于《唐律疏义》。

② 《养老律令》由律10卷13篇、令10卷30篇组成。1998年，上海师范大学戴建国教授在浙江宁波天一阁博物馆找到一册目录上注明是"明抄本"的《官品令》残10卷，通过研究它与《唐令》和日本《养老律令》的关系，发现它是佚失千年之久的北宋《天圣令》。他认为："今本《天圣令》的发现，验证了《养老令》所列篇目为唐令，同时也证实了《开元二十五年令》与《开元七年令》、《永徽令》的篇目是一脉相承的。但是《养老令》有所更改，如增加了唐令中没有的《僧尼令》，篇目次序也作了调整。"故"唐令与《养老令》有着母法和子法的关系。"（戴建国：《试论宋〈天圣令〉的学术价值》，载张伯元主编：《法律文献整理与研究》，北京大学出版社2005年版，第156—157页。）

③ ［美］鲁思·本尼迪克特：《菊与刀——日本文化的类型》，商务印书馆1990年版，第41页。

的办法选拔人才。原来设有秀才、明经两科，隋炀帝时又增设了进士科，把录取和任用权集中在中央。虽然，隋朝的进士科举尚未严格化和制度化，但它开创了一个中国教育上的新时代——科举时代。唐朝继承并发展了隋朝的科举制度，逐步扩大考试科目，增加考试内容，完善考试程序，使科举制度彻底取代了以荐举为主的选士制度。在唐朝的常科、制科和武举中，经常举行的是秀才、明经、进士、明法、明字、明算科等，正式名称叫作"贡举"，宋以后才逐渐称为科举。对此，朝鲜史籍《增补文献备考》卷一八四《选举考》序云："圣人先教而后举，选举特用人之法耳。自咨采而为宾兴，自宾兴而为辟召，自辟召而为贡举，自贡举而为科制，虽随世损益，渐不如古，其得人而共天职则一也。"朝鲜通过接受中国的科举制而进入东亚文化圈，同时也了解"科制"（即科举制）是从"贡举"发展演变而来的。在天武天皇时代（672—686），日本也建立起学校制度，据《日本书纪》卷二十八《天武天皇》记载：

> 四年春正月丙午朔，大学寮诸学生，阴阳寮、外药寮及舍卫女、堕罗女、百济王善光、新罗仕丁等，捧药及珍异等物进。

日本大学寮具体设立的时间，至今学界多有争论，其中台湾学者高明士认为：日本"668年于令制上创设学校制度，670年设置学官，675年招收学生授课。"[1] 此说可供参考。

科举教材的制定直接影响到老庄道家在东亚的发展。唐太宗令颜师古校定《五经定本》，孔颖达负责编纂《五经正义》，以此为教材颁行天下，吸引了来自周边国家的青年学生。《唐会要》记载："贞观五年以后，太宗数幸国学太学，遂增筑学舍一千二百间，国学、太学、四门亦增生员。其书、算各置博士，凡三千二百六十员。其屯营飞骑，亦给博士，授予经业。已而高丽、百济、新罗、高昌、吐蕃诸酋长，亦遣弟子请入国学，于是国学之内，八千余人，国学之盛，近古未用。"[2] 据说，当唐太宗见到新科进士排

---

① 高明士：《唐代东亚教育圈的形成——东亚世界形成史的一侧面》，台湾国立编译馆中华丛书编审委员会 1984 年版，第 326 页。

② 《元史》卷一百三十《列传第十七》，《二十五史》，上海古籍出版社、上海书店 1986 年版。

队前来时得意地说："天下英雄，尽入吾彀中矣。"唐太宗实行的学校教育和科举制度主要是以儒家思想为指导的，既为唐王朝的兴盛培养了大批人才，也为东亚各国教育制度的创立奠定了基础。

　　据日本学者久木幸男（1924—　）的看法，7世纪后半期建立起来的日本学制、大学寮是以百济移民为中心创立的，日朝学制之间有很多共同点。① 私学教育又可分为两类：一是家塾教育，二是私家讲学。官学与私学之间的界线有时并不是那么的泾渭分明，例如："日本古代学制建立后，诸有力氏族仍有其族塾，例如8世纪末，和气清麻吕之子广世建立了弘文院。但9世纪之际，在大学寮别曹所出现的藤原氏劝学院、橘氏学官院、在原氏奖学院等，是作为各该氏族子弟的住宿及补习之用，与所谓族塾不尽相同。"② 唐朝初期，贡举考试归吏部掌管，到了唐玄宗天宝年间，科举制度中大部分考试科目已经形成，考试的内容与形式已基本确定。玄宗开元二十四年以后，贡举考试权归礼部。唐朝通过吏部或礼部试者，通常称为"登第"，通过后就可进入官了。"东亚诸国的学校制度，分别接受中国南北朝和唐朝制度影响而建立，其教育内容基本上可以分为两类：一是儒学教育，为其主流；二是专门技术教育，如百济的医、易、历专科，日本则有阴阳寮和药寮等。"③

　　日本贡举制度定于《养老律令》，其蓝本虽为唐之《永徽令》及《开元令》，但在做法与唐朝又有所不同，它包括秀才、明经、进士、明法，以及医、针等六科，通过登第后即可任官。平安时代又专设文章博士、明经博士、明法博士、算博士等四博士。读儒家经典的是明经道，后一直由清原、中原两家世袭任教师，推动了儒家思想在日本的传播。从理论上讲，日本的贡举制与唐朝一样，是人人皆可参加，但事实上只以学生为主。地方诸国贡送的参考者叫"贡人"，依据天皇别敕而来应试者以及由大学寮经过寮试后而推荐至太政官者，都叫"举人"。《养老律令·考课令》"贡举人"条云：

---

　　① 参见［日］久木幸男：《初期の大学寮》，载《大学寮と古代儒教》，东京サィマル出版会1968年版，第5—36页。

　　② 高明士：《天下秩序与文化圈的探索：以东亚古代的政治与教育为中心》，上海古籍出版社2008年版，第259页。

　　③ 韩昇：《东亚世界形成史论》，复旦大学出版社2009年版，第59—60页。

"凡贡人皆本部长官页送太政官，若无长官，次官贡。"学生以外的人，欲参加贡举几乎是不太可能的。以世袭制来选拔和任命官僚至今仍然在日本通行。

由朝廷认定的官学教育机构与它们使用的教材往往能够反映出一个社会文化的基本倾向。据《唐六典》卷二十一记载：唐朝的国子学使用以下教材："《周礼》、《仪礼》、《礼记》、《毛诗》、《春秋左氏传》，每经60人，余经（《尚书》、《春秋公羊》、《穀梁》、《周易》）亦兼习《孝经》、《论语》皆须兼通。"在《五经》之外，只需兼修《孝经》、《论语》，而不列作为日本律令范本的唐朝律令中所列的《春秋公羊传》、《春秋穀梁传》和《老子》等道家著作。但在不同的帝王时，所使用的教材有变化。唐代是道教发展的繁荣期。此时的道教在统治者的支持下，成为唐王朝的皇族宗教，社会地位大大提高。随着老子被奉为唐王朝的"圣祖"，《老子》等道家经典著作也被尊为"真经"。唐高宗时，正式将《老子》列入贡举科目，《旧唐书》卷二十八《礼仪志》记载："上元二年令士子加试《老子》，明经三条，进士三条。"武则天仪凤三年（679）五月，又下诏令："自今已后，《道德经》并为上经，贡举人皆须兼通。其余经及《论语》，任依例程。"[1]武则天开创了科举考试中殿试的形式和武举的先例，但她当政时崇信佛教。出于培养政治人才的需要，长寿二年（693）"自制《臣轨》两卷，令贡举人为业，停《老子》"。唐中宗复位后，马上于神龙元年（705）又将《老子》重新列为考试教材："神龙元年，停《臣轨》，复习《老子》。"[2]

崇信道教的唐玄宗即位后，亲自为《道德经》注疏，开元二十年（732）注疏完成后，就将以往贡举使用的《老子》河上公注本改为自己的御注，并于开元二十一年（733）春正月庚子朔下诏："制令士庶家藏《老子》一本，每年贡举人量减《尚书》、《论语》两条策，加《老子》策。"[3]开元二十五年"正月，初置玄学博士，每岁依明经举。"[4] 玄宗看到注重声韵学之弊端，乃下令明经要通经义，穷旨趣，务实事，使科举制度能够为唐

---

① 《旧唐书》卷二十四《礼仪志》，《二十五史》，上海古籍出版社、上海书店1986年版。
② 《旧唐书》卷二十四《礼仪志》，《二十五史》，上海古籍出版社、上海书店1986年版。
③ 《旧唐书》卷八《玄宗本纪》，《二十五史》，上海古籍出版社、上海书店1986年版。
④ 《唐会要》卷三十五《学校》，《二十五史》，上海古籍出版社、上海书店1986年版。

王朝培养经世致用的人才："二月，敕曰："进士以声韵为学，多昧古今；明经以贴诵为功，罕穷旨趣。自今明经问大义十条，对时务策三首；进士试大经十贴。"① 科举制度作为一种比较完备的官学教育制度，创立于隋，发展于唐，定型于明，完备于清，衰废于清末，在东亚各国产生了巨大的影响。

据《资治通鉴》卷二一四记载，开元二十五年（737）唐玄宗下诏置崇玄学，实行"道举"② 制度，使道家经典也进入了科举考试的科目。然而，在新罗的国学中，经生须读"《礼记》、《周易》、《论语》、《孝经》，或以《春秋左氏传》、《毛诗》、《论语》、《孝经》，或以《尚书》、《论语》、《孝经》、《文选》，教授之"③，而没有将《春秋公羊传》、《春秋穀梁传》和《老子》列为正式教授的科目。在日本的大学寮中，经生须读"《周易》、《尚书》、《周礼》、《仪礼》、《礼记》、《毛诗》、《春秋左氏传》，各通一经。《孝经》、《论语》，皆须兼通。"④ 《大宝学令》注云："《文选》、《尔雅》亦读。"⑤ 从时间上看，新罗建立国学制度要早于日本的《大宝学令》和《养老学令》，故日本在建置大学寮时，可能会参考新罗的学制。

如果说，唐朝的科举制度是东亚各国的教育文化标杆，促进了东亚士人文化学养上的相似与相通，那么，日本和新罗在制定其学制时，既遵循唐制，又根据本国需要对唐朝科举所使用的教材作出了自己的选择。例如，唐朝国子学列举"九经"，日本采用"七经"，新罗则用"五经"，其删减的原因大概是《春秋公羊传》、《春秋穀梁传》与《周礼》、《仪礼》的历史悠久、文字艰涩、礼仪难懂，在唐朝选读者就比较少，日、罗两国乃衡量国情，酌予减少科目，以便于官学生掌握重点。如《养老学令》的《集解》引"穴云"："公羊传、穀梁传不载令，与唐已殊也。但于今读，此时临时

---

① 《资治通鉴》卷第二百一十四《唐纪三十》，《二十五史》，上海古籍出版社、上海书店1986年版。

② 道举，指道教的科举。据《旧唐书·礼仪志》记载，开元二十九年（741），唐玄宗诏两京及诸州，各置玄元皇帝庙一所，每年依道法斋醮，兼置崇玄学。其生徒习《老子》及《庄子》、《列子》、《文子》等，每年准明经列举送，实行道举制度。

③ ［朝鲜］金富轼撰：《三国史记》，吉林文史出版社2003年版，第460页。

④ 《养老学令》第七条："凡《礼记》、《左传》，各为大经；《毛诗》、《周礼》、《仪礼》，各为中经，《周易》、《尚书》，各为小经。通二经者，大经内通一经，小经内通一经，若中经，即并通两经。其通三经者，大经中经小经各通一经。通五经者，大经并通，《孝经》、《论语》须兼通。"参见［日］仁井田升编：《唐令拾遗》，东洋文库1933年版，第185页。

⑤ ［日］仁井田升编：《唐令拾遗》，东洋文库1933年版，第273页。

行事耳。"据此可知,日本《养老令》虽未列《公》、《谷》两传为教材,但受留唐请益生伊豫部家守回日本后在大学寮讲授《左氏》、《公羊》、《谷梁》三传的影响,到 798 年,《公》、《谷》两传也被列为官学必读教材。再例如,唐代律令规定《孝经》、《论语》、《老子》为必修科目,而日本律令仅将《孝经》、《论语》作为必修,如《养老学令》规定,"若《孝经》、《论语》全不通者为不第"①,却不取《老子》。《孝经》和《论语》是东亚各国官学生的必读教材,但新罗与日本都没有将《老子》等道家经典列为正式教材,"至于《老子》一书,则始终不为日本官学接受。"②这反映出东亚科举制中的教材设置的倾向性——重视儒学、轻视道家、淡化佛教。

为什么日本学令制中放弃了唐朝十分重视的《老子》呢?据日本学者多贺秋五郎(1912—1990)研究,日本学令没有列《老子》是因为当时的日本学制主要是基于唐贞观年间的科举制建立起来的。③ 若比照历史,的确是唐高宗时才将《老子》正式列入贡举考试科目的,但 8 世纪初,日本朝廷就多次派遣唐使去中国,他们对唐朝在建立之初就尊崇老子与道教的情况应该是有所了解的,故笔者认为,原因可能并不在此。

当时日本上层社会对老庄思想抱有两种截然不同的态度:一种是对老庄思想的欣赏与推崇,如当时以韵文形式创作的《万叶集》、《怀风藻》就深受中国老庄思想的影响,如大学博士越智广江在《述怀诗》中曰:"文籍我所难,老庄我所好。行年已欲半,今更为何劳?"他并没有直接采用老庄的词语,却直契老庄神仙思想和自然无为的境界,这反映了当时知识阶层中对老庄思想的注目。另一种则是反对在日本推行老庄思想,例如,在日本大学寮学生参加的选拔官吏的国家考试中,天皇提出"玄儒精粗"问题:

> 问:李耳嘉道以示虚玄之理,宣尼危难而修仁义之教。或以为精,或以为粗,元理云为,仰听所以。

《怀风藻》作者之一葛井广成应天皇策问而写《对策文》回答说:

---

① 《养老学令》,还有《考课令》也规定:"若《孝经》、《论语》皆不通者,皆不第。"
② 高明士:《东亚教育圈形成史论》,上海古籍出版社 2003 年版,第 261 页。
③ 参见〔日〕多贺秋五郎:《唐代教育史的研究》,不昧堂书店 1953 年版,第 146 页。

　　窃闻："眷山林以被黄缁，道德之玄教也。"是则柱下之风，入皇朝以施青紫，仁义之敦儒也。彼亦司寇之训，故清虚之理，焕二篇而同春日，折施之踪，明五经而类秋月。诚能极苍生之沈溺，继皇风之绝废。伏惟圣朝，德光万寓，化高五岳，动植苞其亭育，翔走荷其陶铸。烈风五日，曾不鸣条。崇雨一旬，徒无破块。复乃南蛮稞壤，占青云以航海，北狄章身，踏白云以梯山，巍兮蔼兮，其化如此。犹惧，聃丘之教未备污隆，玄儒之旨有舒雄雌。欲思分其条目，辨其精粗。窃以，玄以独善为宗，无爱敬之心，弃父背君。儒以兼济为本，别尊卑之序，致身尽命。因兹而寻，盐酸可断。谨对。①

奈良朝臣葛井广成，原姓白猪氏，又称白猪广成。叙从六位上，为大外记。元正天皇养老三年（719）7月任遣新罗使，8月拜辞。养老四年（720）赐今姓，同年受命撰写律令，成为奈良朝文化政策的制定者之一。圣武天皇天平三年（731），授从五位下。新罗来聘，广成与多治比土作往筑紫，检校供客之事。归为备后守，累进从五位上，宠遇甚笃。天皇与之关系密切，曾车驾幸广成宅，宴饮留宿，并授广成及妻县犬养八重正五位上。孝谦天皇胜宝元年（749）8月，升中务少辅。葛井广成认为，儒家以兼济天下为本，有利于维护君臣尊卑的社会秩序。老庄的独善主义，只注重个人的精神解脱，而对他人无敬爱之心，最后会导致"弃父背君"等不利于维护天皇制政治统治的行为，因而不予赏识。葛井广成明确宣称道家所倡导的"独善其身"不如儒家的"兼济天下，尊卑别序，致身尽忠"更适合奈良朝国情。

　　朝臣下毛野虫麻吕在《对策文》中也说："玄涉清虚，契归于独善。儒抱旋折，理资于兼济。"这与葛井广成的看法相同，老庄玄学主张独善其身，与日本律令政治所需建立的等级秩序的目标不符，由于"周孔名教，兴邦化俗之规，释老格言，致福消殃之术，为当内外相乖，为复精粗一揆。定其同不，覆此真诡。"② 因此，奈良朝应当取儒弃道。奈良朝以有利于

---

　　① ［日］葛井广成：《经国集》卷二十《对策文》，《日本文学大系》第24卷，国民图书株式会社1927年版。
　　② ［日］葛井广成：《经国集》卷二十《对策文》，《日本文学大系》第24卷，国民图书株式会社1927年版。

"国家事功"作为选择外来文化的标准，将德与刑作为政之基，而将追求"独善其身"的道教视为方外之教。大学寮教育中倡导取儒舍道，对老庄进行排斥，成为当时日本知识分子的普遍倾向，这必然影响到以老庄思想为理论基础的道教在日本的传播。

佛教在6世纪从百济传入日本，当时的日本普通民众仍被咒术性的集体神祇信仰和祭祀所控制着，到奈良朝时，佛教所宣扬的罪业与解脱内涵的人生意义已被逐渐地加以理解，但从奈良药师寺的僧人景戒所写的第一部佛教故事集《日本灵异记》①所记载的那些豪强因佛教的神通与奇迹而皈依的故事看，"佛教在当时同刚传到日本的大和王权时代并没有太大的区别，都被视作一种神通广大并且可以巩固原有神祇力量的外来神而已"②。佛教宣扬只要一心向善，去除无明贪欲，坚持对佛僧进行供养、施舍，则无论犯下什么罪都能够得到抵消、宽恕的教义，对于那些占有大量私有田的地方豪族和官吏们来说是再适合不过的理论依据和价值观，因此在皇室贵族、地方豪族带领下广大民众竞相皈依佛教。圣武天皇不问政事，虔诚信佛，创建国分寺和东大寺，发心铸造大佛，两次派遣唐使，迎接大唐高僧鉴真大师来日本传戒，大大激发了日本民众皈依佛教的热情。"然而，遣唐使没有原样引进中国佛教的主流倾向"③，一些高僧大德依据日本人的信仰需求，对外来佛教进行日本化的改良，使佛教成为深受日本民众喜爱的宗教。在移植中国佛教的基础上，奈良佛教出现了"古京六宗"：三论宗、成实宗、法相宗、俱舍宗、律宗、华严宗。"六宗"的理论学说和传教方式各具异彩，又被称为"奈良六宗"或"南郡六宗"。

然而，对于那些期望通过祭祀集体共同的神灵，追求咒术和神奇效果的底层民众来说，"古京六宗"所宣扬的教义高深得有点让人难以理解，故最受日本朝野僧俗欢迎的是那些在民间游行布教的密教僧人。密教宣扬，僧侣依靠自身的咒术性的修炼而能够获得超常法力，借此法力可以赎罪并达到开

---

① 又称《日本国现报善恶灵异记》，大约成书于公元822年左右，参见《日本古典文学大系》70，岩波书店1968年版。

② 〔日〕义江彰夫：《日本的佛教与神祇信仰》，商务印书馆2010年版，第42页。

③ 〔日〕末木文美士：《论日本引进中国"江南佛教"出现的变形现象》，《日本研究》2011年第2期。

悟，"密教的修行重点是通过佛教化的秘密仪式给僵化了的基层信仰注入活力使其重获再生，而大乘佛教已经获得的普遍性和抽象性在它那儿反倒后退了。"① 因此，那些与道教一样喜爱使用咒术的密教最受日本人的积极认同。在平安朝，一些道教信仰和道教符咒通过入唐的东密弘法大师和台密传教大师及两密派高僧传入日本。据妻木直良研究，比睿山安然大德所撰的《八家秘录》中就包含有道教的符咒、妙见镇宅、泰山府君等，道教与阴阳道的变化术等诸种资料：

> 上卷有：
> 陀罗尼集经十二卷
> 杂咒集经十卷
> 种种杂咒经一卷
> 七佛所说神咒经四卷
> 佛说招魂经一卷
> 安宅神咒经一卷
> 下卷有：
> 秽迹金刚法禁百变法一卷
> 法术灵要门一卷
> 善恶宿曜经七卷
> 善恶宿曜经二卷
> 七曜星辰别行法一卷
> 大灌顶经十二卷②

道教的诸尊神，如妙见信仰、北斗信仰、泰山府君衍化成人格神，配合着道教流行的护符咒术作为一种"身固守秘诀"，服务于密教的"即身不死"的信仰。因此，与佛教的兴盛发展相比，此时传入日本的道教虽因其独有的神仙信仰、符咒秘术和阴柔守雌的思维方式对奈良朝的政治制度、文化精神、

---

① ［日］义江彰夫：《日本的佛教与神祇信仰》，商务印书馆 2010 年版，第 53 页。
② ［日］妻木直良：《日本に于ける道教思想》，载［日］野口铁郎编：《道教与日本》第二卷，《古代文化の展开と道教》，雄山阁 1997 年版，第 54 页。

神道信仰、密教修持及民间习俗产生了一定的影响，但却并没有发展成为一种独立的宗教，其原因究竟何在呢？日本人是如何看待并受容道教的呢？

唐朝李姓宗室以老子为祖先，崇奉道教，道教在儒佛道三教中地位显赫，一度发展为唐朝的国教。随着中日文化交流的广泛展开，日本朝臣前往中国访问，大批遣唐使、留学生、留学僧到唐朝学习，他们对于中国道教的情况应该是了解的，但奈良朝对中国文化的基本态度却是尊儒、崇佛、轻道。虽然从道经中考证出有一位百岁老道人渡海，可能将唐代道教内丹术传入了日本和朝鲜①，但从奈良朝的社会文化氛围看，这种民间道教传播并没有产生什么影响。从官方层面看，反而是道教的根本经典《老子》、《庄子》等被排除在国家律令之外。官方的这种态度，在具有较高文化水平的遣唐使中就表现为崇尚儒家、引进佛教而排斥道教的倾向。

二、遣唐使对道教的排斥

向中国学习似乎成为奈良朝社会各阶层的一种共识。奈良朝多次派遣唐使团去中国，使团中除大使、副使外，还包括留学生、学问僧和各种技术人才，团员常多达五六百人。遣唐使们"虚至实归"，以空前的规模和速度将盛唐文化引入日本。从奈良模仿唐长安城样式进行建设，到日本律令大体采用唐律，只根据日本国情稍加损益；从日本各级学校以儒家经典为教材，到日本佛教以唐朝佛教为样本建立自己的宗派；从唐诗、唐乐、唐绘、唐礼，到日常生活中的唐服、唐食、唐式餐具……这一切都展示了日本民族虽身居岛国，很少受到外族侵略，但他们却会根据自身发展需要，积极地、有目的地吸收外来对自己有益的东西，表现出一种天生的模仿能力和改良异域文化的能力。虽然当时的中日文化看上去很像，但实际上却有各自的特点："以前近代社会来说，日本的幕府制和中国的皇帝制，身份世袭制和科举官僚制，长子继承制和平均继承制，本家制和宗族制等，两国在政治、社会的结构上有很大的差异。"② 这种差异还表现在对文化的选择上。"日本文明创造性的发展，坚持了两个基本点：一是坚持本土文明的主体作用；二是坚持多

---

① 朱越利：《唐气功师百岁道人赴日考》，《世界宗教研究》1993 年第 3 期。

② ［日］沟口雄三：《日本人视野中的中国学》，中国人民大学出版社 1996 年版，第 18 页。

层次引进及消化外来文明。可以说，在世界文明史上，没有任何一种文明像日本文明如此热烈执著本土文明的传统，又如此广泛摄取外来的文明；如此曲折地反复，又如此艺术地调适和保持两者的平衡，从而创造出具有自己民族特质的新的文明体系。"①

与唐朝儒佛道三教鼎立，以道教为皇族宗教的文化格局相比，奈良朝的遣唐使们主要关注的还是儒家与佛教。据史料记载，姓名可考的遣唐使只有二十余人，而随遣唐使及商船入唐日本人，见于文献记载的却多达九十余人，其中大部分或是像阿倍仲麻吕、吉备真备那样的留学生、学问生，或是以空海、最澄为代表的留学僧、学问僧。他们在中国巡礼名山，求师问法，带回大量文籍，尤其是一些学问僧带回的佛经、佛像、佛具等，传入佛教的绘画、雕刻等，在促进日本佛教文化发展的同时，也逐渐了解了道教。例如，葛井广成和下毛虫麻吕在对策文中都提到了道教。日本佛教高僧空海（774—835）在来华之前就站在佛教的立场上，著《三教指归》评判儒佛道三教时，对道教作了比较细致的介绍，其中不仅有"天尊阴术"等词语，而且还讲述了汉武帝和西王母、费长房以及壶公的故事。空海来华之后，在学习佛教，执著于密教信仰时，也努力熟读道教典籍，理解道教的神仙信仰，并在自己的思想体系中给其定位。"空海一生也没有放松对道教思想的追求，但却以儒教与道教折中的方式表现出来。"② 从空海所表达的对道教的看法，可见当时的日本人不仅将道教作为一种独立的宗教来看待，而且还将之与儒、佛相并列起来加以认识与研究。

从现存的史料看，当时唐朝官方修建与管辖的孔子庙、佛寺和道观已布遍全国，它们成为彰显唐朝国威的地方。从儒学方面看，唐朝开国之初，就开始设置官庙："开德二年（619），始诏国子学立周公、孔子庙。七年，高祖释奠焉，以周公为先圣，孔子配。九年封孔子之后为褒圣侯。（贞观）四年（630），诏州、县学皆作孔子庙。"③ 唐高宗在完成泰山封禅大典后，于乾封元年正月十七日下诏"兖州置观寺各三座。观以紫云、仙鹤、万岁为称；寺以封封岳、非烟、重轮为名。各度二七人。天授元年十月二十九日。

---

① 叶渭渠主编：《日本文明》，中国社会科学出版社 1999 年版，第 3 页。
② ［日］静慈圆：《日本密教与中国文化》，文汇出版社 2010 年版，第 72 页。
③ 《新唐书》卷一十五《礼乐五》，《二十五史》，上海古籍出版社、上海书店 1986 年版。

两京及天下诸州。各置大云寺一所"①。唐中宗与武则天曾于各州设大云寺、龙兴寺，这一制度可能还直接影响到日本，产生了奈良朝的国分寺制度②。玄宗开元二十六年（738），唐政府在每州均设立官方道观和寺院——开元寺。外国臣节要参拜这些场所必须向鸿胪寺申请，得到批准后才能去参拜。日本灵龟二年、唐开元四年（716），元正天皇决定派遣以多治县守为首的由 557 人组成第九次遣唐船前往中国学习。遣唐留学生来到长安后，主动向鸿胪寺上奏，要求参拜孔子庙堂、佛寺和道观："乙酉，鸿胪寺奏：日本国使请谒孔子庙堂，礼拜寺观，从之。仍令州县金吾相知，检校搦捉，示之以整。"③ 这大概是日本官方层面与中国道教接触的最早记载。

来自日本的遣唐使们参拜孔子庙堂，礼拜寺观的活动，与其说是一种宗教行为，倒不如说是向宗主国表示臣服与尊敬的一种外交礼仪。开元年间，正是崇道的唐玄宗执政时期，长安城里道风飘逸，日本遣唐使出于对唐朝的尊重，在参拜孔子庙堂、佛寺时，也一并申请参拜道观以示敬意，按日本学者新川登龟男的看法，其中也可能还包括对道教进行考察的意思。④

日本圣武天皇天平四年（732），朝廷决定派出以多治比广成为大使、中臣名代为副使的第十次遣唐使团。日本元兴寺和尚隆尊建议，派专人去中国学习律法，礼请高僧来日本，以维护日本佛教的正统。他的建议得到朝廷的批准。第二年，这批由 594 人组成的庞大的遣唐使团分乘四艘船出发，其中包括了大量的留学生、留学僧及技术工。

初，广成天平五年，随大使多治比真人广成入唐。六年十月，事毕却归。四船同发，从苏州入海。恶风忽起，彼此相失。广成之船一百一十五人，漂著昆仑国。有贼兵来围，遂被拘执。船人或被杀，或迸散。自余九十余人，著瘴死亡。广成等四人，仅免死，得见昆仑王。仍给升

---

① 《唐会要》卷四十八《寺》及《旧唐书》卷五、《高宗本纪》都有记载。
② 圣武天皇天平十三年（741）颁布的国分寺制度，京都先建的"东大寺"，称"总国分寺"，在各地设立国分寺和国分尼寺各一所，以推进佛教向地方社会传播。
③ 王钦若等编纂：《册府元龟》卷一七〇《帝王部》，中华书局 1960 年版，第 2053 页。
④ ［日］新川登龟男：《道教をあぐる攻防——日本の君主、道士の法を崇あず》，大修馆书店 1999 年版，第 247 页。

粮，安置恶处。至七年，有唐国钦州熟昆仑到彼。熟昆仑，归化中国之昆仑人。便被偷载，出来既归唐国。逢本朝学生阿倍仲满（阿倍仲麻吕）。便奏得入朝，请取渤海路归朝。天子（唐玄宗）许之。给船粮发遣。十年三月，从登州入海。五月到渤海界。适遇其王大钦茂差使，欲聘我朝。即时同发。及渡沸海，渤海一船遇浪倾覆。大使胥要德等四十人没死。广成等率遗众，到著出羽国。

奈良朝时，由于日本与统一朝鲜半岛的新罗关系趋于恶化，沿北路朝鲜半岛海域前行中国变得困难，因此遣唐使团的来华航路改走南路。从博德出发，经五岛列岛，然后直接横渡东海，抵达长江口岸，上岸后改行陆路。走南道虽然可以减少航海天数，但海上风浪大，停靠地点少，危险性比较高。这次遣唐使团于733年到达长江沿岸的苏州，向唐朝进贡了供物后，于734年回国，"事毕却归，四船同发，从苏州入海，恶风忽起，彼此相失"①。四船在海上遇到恶风，彼此相失。广成的船乘坐着一百十五人漂到南海昆仑国，有贼兵来围，遂被拘执，船人或被杀或逃散，还有九十余人染瘴瘟而死亡，只有广成等四人得以逃生免死。名代与广成分散后，从南海再次入唐。

　　据《册府元龟》卷九九九《外臣部》中记载：唐玄宗开元"二十三年闰十月（735），日本国遣其臣中臣名代来朝，献表恳求老子经本及天尊像，以归于国，发扬圣教，许之"。但若结合中臣名代来华及归国经历看，这种请求的动机其实是十分复杂的。中臣名代在遭遇海上风浪后，为了再次带领遣唐使们离开唐朝，安全回到日本，于是向唐玄宗请求"老子经本及天尊像"，声称这是为了回日本发扬被称之为"圣教"的道教，他的回国要求自然得到了唐玄宗的批准。这种请求的背景是，中臣名代应该知道唐玄宗推崇道教，让全国庶民学习《道德经》的做法。开元二十年（732），唐玄宗御注《老子》完成后，将以往贡举科目使用的《老子》河上公注本改为自己的御注本，并于第二年正月下诏，要求"老子《道德经》，宜令士庶家藏一本，每年贡举人，量减《尚书》、《论语》策一两条，准数加《老子》策，

① 《续日本纪》卷十三《圣武纪五》，载［日］黑板胜美、国史大系修编会编修：《新订增补国史大系》2，吉川弘文馆1966年版，第156页。

俾尊崇道本，宏益化源。今之此敕，亦宜家置一本，每须三省，以识朕怀"①，使崇道之风在唐朝盛行。这样，中臣名代再次准备回归日本前，向唐玄宗"请求老子经本及天尊像"的做法，就好像是一种外交上的礼仪了。

若比较一下唐王朝在册封高句丽王时，命道士送去天尊像及道法，并为高句丽国王及国民讲解老子的做法，可推测唐王朝期望通过展示李姓皇朝王室所崇奉的道教，从皇室宗教意义上来加强唐朝的册封体制。② 因此，中臣名代的请求可谓投唐玄宗所好，其实他更关注的是向日本传播佛教。从这次中臣名代回日本的记录看，据《续日本记》卷十三记载："率唐人三人，波期人一人拜朝。"③ 中臣名代于开元二十四年（736）八月率领唐人袁晋卿、皇甫东朝、洛阳大佛先寺沙门道璇、婆罗门僧正菩提先那、林邑僧佛彻及波斯人李密医等回到日本京城，将唐玄宗的国书呈交天皇，并向天皇引见了三名同至的唐人，但却没有言及"老子经本及天尊像"。天皇赐予礼品、厚待之。中臣名代的家族世代掌管朝廷祭祀，他回日本后不但没有发扬道教，反而还当上了管理神社的神祇伯。

遣唐使对道教的态度直接关涉到道教在东亚地区的传播。据《旧唐书·日本传》记载："开元初，又遣使来朝，因请儒士授经。诏四门助教赵玄默就鸿胪寺教之。……所得锡赍，尽市文籍，泛海而还。其偏使朝臣仲满，慕中国之风，因留不去，改姓名为朝衡。仕历左补阙，仪王友。衡留京师五十年，好书籍。"这些遣唐使来华的目的是"请儒士授经"，其中著名者有阿倍仲麻吕、吉备真备、大和长冈、玄昉等，后来都成为促进中日文化交流的杰出人士。

朝衡（698—770）的日本名为仲满，全称阿倍仲满，或阿倍仲麻吕，入唐后改名朝衡、晁衡，字巨卿。十九岁的仲麻吕就成为遣唐留学生，开元四年（716）随多治比县守大使一行从难波（今大阪）起航来华。到长安以后不久，仲麻吕就进入国子监太学，在这所教育贵族子弟的高等学府中学习

---

① 《全唐文》卷二十三《命贡举加老子策制》，上海古籍出版社 1990 年版，第 114 页。

② ［日］小幡みちる：《唐代の国际秩序と道教——朝鲜诸国への道教公伝を中心として》，早稲田大学大学院文学研究科纪要（2004）第 50 辑，第 4 分册，第 24 页。

③ 《续日本纪》卷十二《圣武纪四》，载［日］黑板胜美、国史大系编修会编修：《新订增补国史大系》2，吉川弘文馆 1966 年版，第 141 页。

《礼记》、《诗经》、《左传》等儒经。太学毕业后参加科试，一举考中进士，就留在唐朝坐官，先职掌校理刊正经史子集四库图书的左春坊司经局校书，辅佐太子李瑛研习学问，后任门下省左补阙，在宫廷中经常有接近唐玄宗的机会，可能也了解了道教。天宝年间，日本遣唐使藤原清河等到长安。在仲麻吕的指导下，藤原清河大使在朝见时表现出彬彬有礼的姿态。唐玄宗不由地称赞道：“闻彼国有贤君。今观使者，趋揖有异，乃号日本为礼仪君子国。”特别命仲麻吕为向导，带领日本大使等人参观大明府库及收藏佛、道、儒经典的三教殿。三教殿直属朝廷，通常都是外国使臣提出参观的要求，但这次唐玄宗主动敕令仲麻吕带领日本大使等人参观大明府库及三教殿，在日本人看来似有欲向日本展现唐朝强大的国力和文化的意思。[①]

吉备真备（695—775）于唐开元五年（717）年与阿倍仲麻吕一起来到中国留学，在唐王朝首都长安生活学习了十八年，系统地掌握了中国的文化经典和律令制度，“回国时，他携带了大量的中国书籍和器物，其中就有与道教相关的阴阳历道、天文漏刻、汉音书道、秘术杂占等书，是名副其实地将有关中国的百科全书般的知识全盘掌握后荣归故里的”[②]。吉备真备回国时，带回了一些讲述道教之术的书籍。回到日本后，吉备真备被任命为大学助，不仅指导四百多名学生学习中国文化，而且还为当时还是皇储的孝谦天皇（718—770）[③]讲授《礼记》、《汉书》等中国典籍。据说，吉备真备本人会行道教的“秘术杂占”，但在其晚年依照《颜氏家训》所著的《私教类聚》中却提出“不得用仙道”，而主张“可信佛法事”、“可存忠孝事”[④]，明确将崇拜神仙的道教排除在朝廷通识教育的范围之外。“吉备真备曾任遣

---

①　参见［日］小幡みちゐ：《八世纪后半の日唐关系と道教》，《史滴》2007 年第 29 号。

②　［日］上垣外宪一：《日本文化交流小史》，武汉大学出版社 2007 年版，第 85 页。

③　孝谦天皇是圣武天皇和光明皇后生的女儿，738 年被立为日本历史上的第一位女性皇太子。曾师从吉备真备。749 年圣武天皇让位，成为第 46 代孝谦天皇。在位期间，为父帝发愿，为东大寺大佛天光，重用从兄藤原仲麻吕，平息了橘奈良麻吕之乱。754 年，唐朝鉴真和尚为孝谦天皇受戒，从此一心向佛。758 年让位淳仁天皇。不久，孝谦上皇因宠信道镜和尚，与藤原仲麻吕失和。764 年，平定藤原仲麻吕起事，追究战乱责任，迫令淳仁天皇退位。764 年，孝谦上皇重新登基为称德天皇。770 年薨于天花。这位两度成为天皇的女子，在政治上周旋于藤原贵戚和旧豪族之间，以过度信佛，猜忌群臣而著称。她的宗教倾向是否影响到道教在日本的传播？

④　《私教类聚》已佚，在洞院公贤（1291—1360）所著的《拾芥抄》中载有该书的目录（八木书店 1998 年版）。

唐副使，在唐亲见君臣上下信奉道教"①，而归国后却主张"仙道无用"，这可能与他认为，老子主张"玄涉清虚"，追求独善其身，道教追求长生不死，这些都不利于治国统民。官至右大臣掌握着国家大权的吉备真备对道教的排斥态度，是否反映了道教传入日本后，在重视神道教、儒学和佛教的奈良社会中所遭受的阻力呢？

在儒佛道三教中，阿倍仲麻吕似更倾向于佛教，天宝十一年（753）六月，阿倍仲麻吕陪同藤原清河、吉备真备等人到扬州延光寺参谒鉴真和尚，并邀请他东渡日本传戒。时年已66岁且双目失明的鉴真慨然允诺，同意搭乘遣唐使船前往日本。仲麻吕因学识高超既与唐代著名诗人李白、王维、储光羲等人成为朋友，也得到玄宗、肃宗、代宗三代皇帝的器重，不断地升官晋爵。最后官至从二品的潞州大都督。在753年，阿倍仲麻吕准备回国之前，王维为之送行，作《送秘书晁监还日本国诗序》"晁司马结发游圣，负笈辞亲，问礼于老聃，学诗于子夏。……名成太学，官至客卿。……箧命赐之衣，怀敬问之诏。金简玉字，传道经于绝域之人；方鼎彝樽，致分器于异姓之国。……"从诗文中的"问礼于老聃"、"名成太学"看，阿倍仲麻吕在太学曾学习了《老子》等道家经典，又与信奉道教的李白与王维等人交好，应当对道教有一定的了解，回国时，阿倍仲麻吕带上"金简玉字"之"道经"，得到了王维的赞扬。虽然八重樫直比古②和小幡みちゐ③都认为，阿倍仲麻吕准备携道经回国，可能只是将道经作为一种汉学修养来看待，并不能证明他有信仰道教并欲向日本传道计划，但新川登龟男则认为："当时的遣唐使们对于道教的官方传入应该也是有准备的。"④ 从现有的史料看，阿倍仲麻吕未能回到日本，也未能将道经带入日本。

因为天宝十二年（753），日本国大使藤原清河、副使大伴宿祢胡麿（大伴古麻吕）、吉备真备等人完成使节任务之后，晋见唐玄宗，准备携在

①　朱谦之：《日本的朱子学》，三联书店1958年版，第6页。
②　[日]八重樫直比古：《"神仏习合のはじまり"のご——〈唐大和上东征传〉かり浮かび上がゐ问题》，载池见澄隆、齐藤英喜编：《日本仏教の教程》，京都人文书院2003年版。
③　[日]小幡みちゐ：《八世纪后半の日唐关系と道教》，《史滴》2007年第29号。
④　[日]新川登龟男：《道教をあぐゐ攻防——日本の君主、道士の法を崇あず》，大修馆书店1999年版，第82页。

中国留学 36 年并已在唐朝任职的阿倍仲麻吕取道扬州回国。阿倍仲麻吕获
准归国时，向唐玄宗申请让中国佛教律宗大师鉴真和尚一起去日本，唐玄宗
却提出要派道士一起前往。遣唐使以日本天皇向来不尊崇道士法为由而加以
拒绝后，收回了鉴真渡日的申请，只留下春桃原等四人在唐学习道士法。阿
倍仲麻吕一行到达扬州后，在十月十五日到延光寺参谒鉴真，向鉴真描述当
时的情景说：

> 弟子等早知和上五遍渡海向日本国，将欲传教。今亲奉颜色，顶礼
> 欢喜。弟子等先录大和上尊名并持律弟子五僧，已奏闻主上（指唐玄
> 宗），向日本传戒。主上要令将道士去。日本君王先不崇道士法，便奏
> 留春桃原等四人，令住学道士法。为此，和上名亦退奏。愿和上自作方
> 便。弟子等自有载国信物船四舶，行装具足，去亦无难。①

由于拒绝了唐玄宗带道士去日本传播道教的要求，遣唐使也不好再请求派鉴
真师徒赴日传戒了，只好请鉴真自己决定是否东渡。鉴真当即表示同意，于
是开始了第六次东渡，经历千辛万苦最后终于到达日本。若将遣唐使们对道
教的态度与他们积极学习儒学、热烈信仰佛教作一比较，就可见他们对道教
一点也不起劲。为什么道教不能吸引日本人的注意力呢？今枝二郎认为：
"中国到了唐代，道教作为国家的宗教，拥有强大的势力之际，唐玄宗指示
鉴真，将道士一起带往日本。而当时坚持大和朝廷的方针的遣唐大使藤原清
河，竟然拒绝了玄宗皇帝的指示，主要原因在于藤原清河是当时的日本天皇
的皇后光明皇后之甥。这就显示在日本的朝廷，政治和宗教已经完全结合在
一起了。在日本朝廷拥护佛教的情况下，道教的政治力量式微了。不过，由
于道教已长年广泛地流传，在日本各地，以神仙思想为中心的道教思想，早
已成为民间信仰和传说，而且迄今仍然继续存活在日本人的心中。"② 道教

---

① ［日］僧淡海三船：《唐大和上东征传》，中华书局 2000 年版，第 83 页。淡海三船的《唐大和
上东征传》是受鉴真弟子思讬之请所作的鉴真和尚传记，应具一定的可信度。另外，日僧丰安的《鉴
真和上三异事》第二《海路庶奇异》中也有类似的记载。

② ［日］今枝二郎：《透过道教的中日文化交流——重考徐福渡日传说》，载杨正光、朱亚非等：
《徐福文化的思索》，山东友谊出版社 1996 年版，第 299 页。

在中国主要活动于上层社会，在日本却主要是在民间传播，故未能引起处于上层社会具有一定文化品位的遣唐使们的特别关注。

十月，阿倍仲麻吕与藤原等人率领四艘帆船，从苏州黄泗浦（今江苏鹿苑）启航，在海上遭遇风浪，四艘船被冲散了。鉴真曾五次渡海去日本都失败，唯这次成功到达了日本。而阿倍仲麻吕的船只随风漂流到了安南骧州（今属越南），又被当地的盗贼袭击，死了一百七十多人，但他与藤原却奇迹地生还。755 年，阿倍仲麻吕与十多位幸存者历尽艰险，回到长安了。是年安禄山之乱爆发，去日本的路已是相当危险，他便留在了中国。770 年 1 月在长安去世，埋骨唐土，日本天皇特追封其正二品官位，以表彰他对中日文化交流所作的贡献。史料中较多地记载了阿倍仲麻吕积极地向推动佛教向日本的传播，而很少提及他与道教的关系，这是耐人寻味的现象。

佛教和儒学在日本传播的同时，一些道教的经典、圣像、方术等也通过日本留学僧、留学生由唐归国时携带，或中国佛僧前往日本弘道等途径传入日本。当时一些知识分子对老庄思想与道教神仙已是颇为了解了。例如，日本现存最古的汉诗集《怀风藻》收录了 64 位皇族显贵共 120 首作品，其中不少成员曾为遣唐使，如山上忆良、小野篁、藤原不比等，菅原道真还是有名的文章博士。受中国六朝贵族文学的影响，他们的诗文中特别有一种老庄精神与神仙意境。如山田史三方的《秋日于长王宅宴新罗客》："醉我以五千之文，既舞踏于饱德之地。"藤原不比的《游吉野》："飞文山水地，命爵薜萝中。漆姬控鹤拳，柘媛接鱼通。烟光岩上翠，日影漰前红。翻知玄圃近，对玩入松风。"葛野王的《五言游龙门山》："命驾游山水，长忘冠冕情。安得王乔道，控鹤入蓬瀛。"这些诗文都表达了对老庄逍遥自在、自得其乐精神的赞赏。

由于遣唐使的身份主要是学问生和学问僧，他们回日本后，以汉学者的身份积极参与制订国家的文化教育政策，其中许多人对老庄思想却抱有排斥的态度："当时的日本朝廷和学者们，认为老庄追求独善主义与日本的律令政治需要建立等级秩序的目标不符，故不列入大学的学科之中。"① 这与唐代科举考试科目中将《老子》与《孝经》、《论语》并列作为士人必修书就

---

① 李威周：《老庄思想与日本》，载《东亚文化集刊》，商务印书馆 1989 年版，第 171 页。

有了根本的区别。奈良朝对老庄道家的排斥态度直接影响到道教在日本的传播，后续的遣唐使更是直接拒绝道士赴日传教。

从唐朝方面看，唐玄宗并没有像唐高祖、唐太宗对待高句丽那样，以官方的名义派遣道士去日本传道。唐玄宗虽然崇道，但对佛教也非常感兴趣，他曾亲自注解《金刚经》，认为儒佛道三教"理皆共贯"，倡导"会三归一"，因此唐玄宗并没有反对鉴真赴日传戒，只是觉得日本不应偏颇佛教，他大概想起上次的遣唐使中臣名代曾主动要求"请求老子经本及天尊像"的事，就考虑这次是否应当像以前高祖派道士向高句丽传道那样，也派道士前去日本讲解《老子》了，于是他提出"要令将道士去"。但这次遣唐使却以"日本君王先不崇道士法"的理由干脆地拒绝了。玄宗似乎也没有强力推荐道教，对于遣唐使提出让春桃原等四人留在唐朝"学道士法"的建议也平和地接受了。春桃原为何人？他们之后在中国如何学道教？因没有确切的记载而推测居多，但结果是后来并没有发现有中国道士在日本活动。

从日本方面来说，遣唐使可以在唐朝参拜道观，可以请求《老子》及天尊像，但要派道士去日本，则宁愿奏退谋划已久且多次未遂的鉴真渡日的请求，也要阻挠道士去日本传道。据王勇先生的分析："日本在引进外来文明时，并不是引进成套装置，只是引进相关部件，然后进行组装。有时是限于接受能力，有时是基于选择标准。前者的例子如'铜铎'，原本应该是乐器，但弥生时代尚不具备接受律吕、乐谱的能力，铜铎失去奏乐功能而演变成祭祀礼器。后者的例子如'道教'，道教及道家思想很早就传到日本，但与儒学、佛教不同的是，道教作为一个宗教体系一直没有在日本生根，8世纪中叶藤原清河率遣唐使到长安，觐见玄宗皇帝时明确表示'日本君王先不崇道士法'，因为祭祀诸神的位子被日本固有的神道占着，所以没有道教的安身之处。"[①] 这说明，日本人在吸收外来文化时，是会根据自己的实际需要进行文化重构的。

若再仔细研究唐朝和奈良朝的社会状况，也可更好地理解为什么遣唐使对道教持这种态度。新川登龟男从日本奈良朝的政治统治角度进行了解读，他认为，717年遣唐使申请参观道观，并不避讳与道士接触，735年遣唐使

---

① 王勇：《日本文化论：解构与重构》，《日本学刊》2007年第6期。

中臣名代还向唐玄宗"请求老子经本及天尊像",但到 753 年却拒绝唐道士来日本,引起这一变化的主要原因是日本于 729 年发生的长屋王之变。据《续日本纪》卷十记载:"二月,壬戌朔辛未,左京人从七位下漆部造君足,无位中臣宫处连东人等,告密,称:'左大臣正二位长屋王,私学左道,欲倾国家。'"在奈良朝,"左道"往往被认为与以阴阳五行为内容的道士法相关。皇族公卿、正二位左大臣长屋王(676 或 684—729)对阴阳五行等诸学有所涉猎,被政治对手藤原氏密告"私学左道,欲倾国家",要诬陷咒杀基皇太子,最终被迫偕妻自杀。之后,奈良朝开始意识到,道士法既有助于天皇的统治,也可能威胁到天皇制存在,具有两面性,故需要加强对"左道"的警惕。所以日本一方面对尊崇道教的唐王朝表示愿意接受道教;另一方面,则极力阻挠道士进入国内,不让道教作为一种独立的宗教在日本传播,使得道教最终分散为一些具体的道术技能流传,很快就为其他信仰所融合。① 八重樫直比古则从唐朝的角度来进行分析,他认为"日本君王先不崇道士法"不是遣唐使用来拒绝道士进入日本的理由,而是出自唐朝人士之口,表达了唐朝对日本一直以来不崇拜道教的不满,故要求派道士去日本传教。其理由是《唐大和尚东征传》中的其他地方都使用"天皇",而此处却用"君主"来称呼日本的统治者,就是表示一种不满。② 小幡みちる则从日本人的文化心理来进行研究,他认为道教是以唐朝为中心的东亚册封体制的一大标志。唐朝提出派遣道士赴日是意图利用官方道教的力量将日本纳入唐朝帝国秩序,而日本对中国官方派出道士的拒绝,其实也是出于对被迫纳入唐朝册封体制的警惕。根据③日本学者的分析,道教为何未能通过官方渠道进入日本主要有以下几点原因:

第一,道教是唐王朝的皇族宗教,作为中国的国教,其政治意义往往大于宗教意义。这对于周边国家来说,若与唐朝信奉同一祖先神就等于以唐朝为宗主国。从外交上看,是否为官方接受或请求道教,也意味着是否愿意被

① [日] 新川登龟男:《道教をあぐる攻防——日本の君主、道士の法を崇あず》,大修館书店 1999 年版,第 80 页。

② 参见 [日] 八重樫直比古:《"神仏习合のはじまり"のご——〈唐大和上东征传〉かり浮かび上がる问题》,载池见澄隆、齐藤英喜编:《日本仏教の教程》,京都人文书院 2003 年版,第 40—41 页。

③ [日] 参见小幡みちる:《八世纪后半の日唐关系と道教》,《史滴》2007 年第 29 号。

纳入唐朝的册封体制，接受臣民的政治待遇。这与日本自圣德太子以来一直致力于维护以日本为中心，与中国相对等，以朝鲜半岛诸国为蕃国的国际秩序的理念相违背。

第二，儒学宣扬君臣等级观念、仁义忠孝之伦理，而道教虽有致福消殃之术，追求长生成仙的宗教信仰，宣扬"独善其身"的心灵自由，可以引发知识分子的精神共鸣，但从政治上看，日本借鉴唐朝律令制已建立起自己的中央集权制国家，儒学的政治理念和伦理价值比道教更有利于维护日本天皇制的政治统治。

第三，佛教自6世纪从百济传入日本后，因得到皇室及后来幕府的支持及广大民众的信奉，一直在日本社会中占有主导地位。"如果说中国以儒教为中国的中心文化，佛教位于周边，那么，日本的特征则是：佛教被置于日本文化的中心。"① 为了适应日本的国情，引进的佛教经过了日本人有意或无意地变形改造，因此在很长时间里，日本佛教僧侣宣扬只有佛教是可靠的宗教，其他宗教都是迷妄之说，道教也不例外。这是因为"与佛教相比，其他的宗教都是低级庸俗的旁门邪说，不值得冠以宗教之名，他们极力非难和攻击中国的道教，认为中国的道教中纯粹的鬼教（shamnism），日本根本没有这种庸俗邪说之鬼道的立足之地。它必然要被真正意义上的，值得称之为宗教的佛教所克服"②。

第四，吸取高句丽崇道教而灭亡的教训。唐朝在成立之初就利用道教徒的符谶来证明李家王朝是君权神授的正统性与权威性。有唐一代，除了武则天当朝之外，历代皇帝对道教都十分推崇，唐朝出现的贞观之治、开元盛世成为东亚各国向往的文明中心。高句丽的渊盖苏文643年请求从唐朝引入道教兴国，但第二年唐朝军队就开进朝鲜半岛。668年，高句丽在唐朝与新罗军队的合击下灭亡。引入道教非但没有兴国反而亡国的历史教训，加强了新罗和日本对道教的警惕。

第五，日本固有的神道教，在奈良朝随着律令制的完成，通过《古事记》、《日本书纪》将原始神话正当化，建立起自己以天照大神为祖先神的

---

① ［日］末木文美士：《论日本引进中国"江南佛教"出现的变形现象》，《日本研究》2011年第2期。

② 王勇、王宝平主编：《日本文化的历史踪迹》，杭州大学出版社1991年版，第14页。

神祇体系，占据了日本民间的祭祀领域，满足着人们祈祷五谷丰登、国泰民安、追求现实生活幸福的心愿，外来的道教就无用武之地了。"奈良时代的前半期，地方豪族及其下属的乡村正是处于这样一种带有咒术性格的未开化的集体社会状态，因此律令制国家能够成功地把集体信仰的神灵收束起来，编制在皇祖神的手下，并以赋予皇祖神的神力为交换，通过'初穗'名目征收租税，实现对国土与人民的统治。"① 神道教的神祇信仰在政治上与天皇制相统一，在经济上与租税制度相结合，在宗教上与佛教相配合，建立的神宫寺牢牢地占据了奈良朝的各个领域。

从某种意义上说，文化是最深处的国家潜力。日本民族是善于学习和模仿的民族，但这种学习与模仿都建立本土文化的迫切需要之上，因此，坚守自己的神道教信仰，主动接受儒学，积极引进佛教，却冷淡拒绝道教，是奈良朝基于上述原因所作出的符合自己国家利益的一种选择。奈良朝可以引入道经、道术和天尊像等，用类似于民间习俗的"托盘"部分地接受唐朝盛行的道教因素，但似乎特别拒绝道士进入日本，也拒绝道教在日本的传播。据《日本书纪》皇极天皇三年（644）七月记载，东国不尽河即骏河（静冈县中部不尽河）富士川流域的农民曾聚众举行过一次宗教活动，史称"大生部多事件"，当时日本岛东部的橘树上出现了许多绿色身子上有黑色斑点的虫子，其形状与蚕相似，长仅四寸（约 12 厘米），与人的大拇指一般粗细。

时人之歌与秦河胜打惩常世神。秋七月，东国不尽河边人大生部多，劝祭虫于村里之人曰："此者常世神也。祭此神者，致富与寿。"巫觋等遂诈托于神语曰："祭常世神者，贫人致富，老人还少！"由是加劝舍民家财宝，陈酒陈菜、六畜于路侧，而使呼曰："新富入来！"都鄙之人取常世虫，置于清座，歌舞求福，弃舍珍财。都无所益，损费极甚。于是，葛野秦造河胜，恶民所惑。打大生部多，其巫觋等恐休其劝祭。时人便作歌曰："太秦神，神闻来，常世神打惩。"此虫者，常生于橘树，或生于曼椒。其长四寸余，其大如头指许，其色绿而有黑

① ［日］义江彰夫：《日本的佛教与神祇信仰》，商务印书馆 2010 年版，第 47 页。

点，其貌全似养蚕。①

居住在此的大生部多劝人祭祀叫作常世神的妖神："这是常世神，祭这个神的人可以有钱并长寿。"巫女们利用巫觋之术引导民众开展祭祀"常世虫"活动。豪族秦河胜非常讨厌这种惑众之言，于是就将大生部多抓起来，对之进行鞭打。这一做法激起了巫觋和百姓的不满。有人编了一首歌谣，到处传唱："秦造河胜者，听闻众神降，打罚常世神。"煽动民众进行反抗。第二年春正月里，都城中人都能远远听到猿的鸣叫声而不见猿影。"或于阜岭，或于河边，或于宫寺之间，遥见有物而听猿吟。或一十许，或二十许。就而视之，物便不见，尚闻鸣啸之响，不能获睹其身。时人曰：'此是伊势大神之使也。'"②于是，巫觋们乘机散布说："猿是伊势大神的使者"，由此来激发人们对国神，特别是伊势大神的崇仰。民间巫觋活动已在有意识地向朝廷祭祀和国家信仰靠拢了。值得关注的是，这个常世神是一个颇具道教色彩的虫神。大生部多宣扬，祭祀常世神就会获得财富与寿命。于是人们有的将虫请回家，置于家中供养，歌舞求福求寿；有的十分狂热地扔掉家中的财物，将酒菜供奉在道路两旁，疯狂地手舞足蹈，嘴里还大声叫嚷着："新财富，快来哟！"这是一种将常世神、橘子树和虫联系在一起，再融入道教色彩的咒术和祭神的群体性活动。有学者认为，这次事件是在日本形成原始道教教团的萌芽，但它很快就被镇压下去，道团活动的萌芽亦遭彻底摧毁。③

如果有道士进入日本，就会依据中国道教的信仰建立起自己的宗教活动场所和教团组织。拒绝了道士，就可以根据自己的需要对道教的信仰、知识、道经、器物和道术来进行解释和改造。拒绝了由道士所构成的教团组织和以道士为主体的宗教活动，就等于从根本上拒绝了可能会与神道教竞争宗教市场的道教在日本的传播。这大概是日本人拒绝道士进入日本，拒绝道教在日本传播的根本原因。这种拒绝道教的做法在平安朝时代保留了下来。

① 《日本书纪》卷二十四《皇极天皇》，载［日］黑板胜美、国史大系编修会编修：《新订增补国史大系》1，吉川弘文馆1981年版，第205—206页。
② 《日本书纪》卷二十四《皇极天皇》，载［日］黑板胜美、国史大系编修会编修：《新订增补国史大系》1，吉川弘文馆1981年版，第207页。
③ 朱越利：《道教答问》，华夏出版社1993年版，第79页。

三、律令制下的道术符禁

日本古代天皇制的核心是律令制，它来自于中国唐代的四种法律形式——律、令、格、式。"律"就是"以惩肃为宗"的法律，相当于刑法；"令"是"以劝诫为本"的道德约束，相当于民法或诉讼法；"格"是"量时立制"为修改律令而临时发布的诏敕和官符；"式"则为"拾遗补阙"，是实施律、令、格的细则。文武天皇时期，刑部亲王藤原不比等（659—720）在日本的《近江令》、《天武令》的基础上，参考中国唐高宗时期由长孙无忌（约597—659）等人制定的《永徽律令》和后来武则天于垂拱元年（685）颁布的《垂拱格式》，来主持制定日本律令。701年颁布的古代日本的基本法典《大宝律令》以及后来在此基础上修改而成的《养老律令》以儒家的道德律令条目为执法和教化民众之本，其中对"道术符禁"的态度，直接影响到道教在日本的传播。

"道术符禁"内含的禁咒术在中国有着相当悠久的历史，道教创立后又成为其主要的道术之一。咒，含有祷祝与诅咒的意思。禁，本是指咒术宗教上的忌讳或厌胜，又称为禁术、禁法、禁方、禁气、禁呵、禁戒、禁咒、咒禁等。"以咒禁或符治疾病是以鬼神世界为前提的，人与鬼神互有感应，互相沟通的世界观成为咒禁与符盛于世的背景。"[1] 禁咒术是中国民间社会中流行的驱鬼消灾方法，在中国民间宗教中是与小道巫术、小厌小符、道士法、符道、左道、厌魅、蛊毒等有关的一种方技之术，虽然往往被视为鬼道或左道，但它通过一种颇具神通的仪式来消灾除病，在民众中具有一定的影响。道教运用咒语祈请神灵、诅咒鬼魅，被认为是可以感通天帝、役使鬼神，达到除邪消灾、逢凶化吉的目的的一种道术，在长期传播过程中，创制出各式各样用于各种场合的咒禁，散见于众多的符箓、道法书中。如出现于宋元时期的《太上三洞神咒》十二卷是道教咒禁的汇编，又称神咒，其中就收录了长短咒语736首，以雷霆咒为主，其他还有除病、驱疫、保生、救苦、捉鬼、伏魔等，合计有780多首。这些神咒大多以四言为主，短者仅十余字，长者多达二千字，在咒语的末尾往往加上"急急如律令！"以增强效

---

① ［韩］张寅成：《古代东亚世界的咒禁师》，《古今论衡》第14期，第48—69页。

果。到隋唐时，道教咒语吸收了佛教密宗梵语的咒语，形成了所谓的"密咒"，如《天罡神咒》作为道教的十大神咒之一，已经有了"梵咒"即"密咒"的痕迹：

> 天帝释章，佩带天罡。五方凶恶之鬼，何不消亡。飞仙一吸，万鬼伏藏。唵吽吽嗶孲哒唎娑诃。①

道教咒语大多为四言，根据意群分为两个音段，节奏固定，如"天帝-释章，佩带-天罡。"比较适用于宗教仪式中的反复诵念。道教宣扬，若日日讽诵，念念存诚《天罡神咒》，就能召请神明，使千真侍卫，万圣护灵，消灾灭罪，驱除魔鬼，请福延生，善功圆满，大降吉祥。在《天罡神咒》最后，还要诵念梵语"隐咒"来替代"急急如律令！"道士在念梵语"隐咒"时，有时并不了解该咒语的真正意义，但却以神秘的声音和隐晦的词语来加强道教咒语的实际效力，通过增强道教仪式的权威性，来激发道徒的超自然体验。

隋唐时，咒禁师得到了中国官方的认同。隋朝在太医署中专设咒禁博士两名，唐朝延续并推广这种做法，咒禁术被正式纳入中国官方的医疗机构中，据《唐六典》卷四十"太医署"记载："咒禁博士一人，从九品下。隋太医有咒禁博士一人，皇朝因之。又置咒禁师，咒禁工以佐之，教咒生也。咒禁博士掌教咒禁生，以咒禁被除邪魅之为厉者。有道禁，出于山居方术之士。有禁咒，出于释氏。以五法神之，一曰存思，二曰禹步，三曰营目，四曰掌诀，五曰手印。皆先禁食荤血斋戒，于坛场受焉。"在太医署中设有医科、针科、按摩科、咒禁科等四科，在咒禁科中设有咒禁博士和咒禁师，咒禁博士官阶从九品下，又置咒禁师，以咒禁工辅佐之，专门负责教授咒禁生如何用咒禁来拔除邪魅鬼祟以为人治病，其中既包括了来自"山居方术之士"的"道禁"，也包括来自佛教的"咒禁"。道教与佛教咒禁术的实施方法虽有所不同，但其中都带有宗教的心理暗示疗法。

随着中国文化在东亚传播，咒禁术传播到了百济。6 世纪，朝鲜半岛上

---

① 《天罡神咒》，《道藏》第 2 册，第 104 页。

的百济、新罗、高句丽和伽倻等国政治军事纷争不断。据《日本书纪》卷十七记载："任那四县割让予百济。"512 年，百济遣使要求大和朝廷割让朝鲜半岛南部的任那四县（今韩国全罗南道），以补偿被高句丽占领的北部领土。当时正值继体天皇（507—533）在位，大和朝廷因无力继续统治南部朝鲜，只好答应百济的要求。百济为了对抗新罗，曾多次向日本请求出兵援助。日本提出的交换条件是，要求百济输出其所吸收的中国先进文化。

从现存的史料看，这些来自于百济的文化中虽然含有一些道教元素，但由于当时日本所吸收并不是经过朝鲜渠道输入的原封不动中国文化，而是经过朝鲜文化洗礼的中国文化，因此，日本学者上田正昭（1927—　）在《古代道教与朝鲜文化》中提出道教在朝鲜的研究对于识别日本文化中的道教因素也具有极其重要的意义。[①] 继体天皇七年（513）六月，百济派出"贡五经博士段杨尔"。三年后又派出"别贡五经博士汉高安茂，请代博士段杨尔"。博士的轮换周期大概为三年，这就保持了百济向日本传送文化的持续性。钦明天皇十三年（552），百济圣明王派使者将佛像与佛经正式传入日本：

> 冬十月，百济圣明王，遣西部姬氏达率怒唎斯致契等，献释迦佛金铜像一躯、幡盖若干、经论若干卷。别表赞流通礼拜功德云："是法于诸法中，最为殊胜。难解难入。周公、孔子，尚不能知。此法能生无量无边福德果报，乃至成辨无上菩提。譬如人怀随意宝，逐所须用，尽依情，此妙法宝亦复然。祈愿依情，无所乏。且夫远自天竺，爰泊三韩，依教奉持，无不尊敬。"由是百济王臣明谨遣陪臣怒唎斯致契，奉传帝国，流通畿内。果佛所记"我法东流"。[②]

这一官方化行为立即激起日本国内崇神派和崇佛派的斗争。松田智弘认为，日本古代的神仙信仰与日本早期的佛教和神道教的冲突背景有关。由于当时各种自然灾难不断，人们无论是向佛或神祈祷消灾除病都无济于事。于是，

---

① 参见［日］上田正昭：《古代道教与朝鲜文化》，京都人文书院 1989 年版。
② 《日本书纪》卷十九《钦明天皇》，载［日］黑板胜美、国史大系编修会编修：《新订增补国史大系》1，吉川弘文馆 1981 年版，第 77 页。

当宣扬长生不死、得道成仙的道教传入日本，人们就将这种离开世俗生活，到山林中修炼成仙的做法，作为逃离一切灾难的唯一方法。① 第二年（553）六月，钦明天皇遣使百济，要求派"医博士、易博士、历博士等，宜依番上下。令上件色人，正当相代年月，宜付还使相代。又，卜书、历本，种种药物，可付送。"② 第二年，百济除了替换五经博士、佛教僧人之外，还增加了医博士、易博士、历博士和采药师等，以适应当时日本社会对具有特殊技能人才的需求。日本学者中村璋八指出："咒禁师与咒禁博士、咒禁生等同是东汉至隋唐时期太医令属下的微官，当是从中国到百济之后再来到日本的。这些医方术被纳入方技之中，与道教关系密切。"③ 随着这种由官方推进的文化交流的范围逐步扩大，道教也传播到日本。

而《日本书纪》中敏达天皇六年（557）的一条有关百济国王派遣"咒禁师"去日本的资料却有着不同的记载：

> 冬十一月，庚午朔，百济国王，付还使大别王等，献经论若干卷，并律师、禅师、比丘尼、咒禁师、造佛工、造寺工，六人。遂安置难波大别王寺。④

由于易学、阴阳术和咒禁术都是中国古代宗教的产物，后为道教吸收并发扬光大，学者们大都将此解读为道教传入日本的最早记载。敏达天皇时，颇有道教色彩的"咒禁师"伴随着禅师、比丘尼等从百济渡海进入日本。那些"咒禁师实践的是驱邪术和方术，它们源于道教中民间层次性极强的一部分或中国民间崇拜"⑤。但由于这段资料将"咒禁师"排在比丘尼之后，造佛工之前，也有日本学者认为，他们应属于佛教的范畴，如日本神道学者佐伯

---

① 参见［日］松田智弘：《日本と中国の仙人》，岩田书院 2010 年版，第 119—120 页。
② 《日本书纪》卷十九《钦明天皇》，载［日］黑板胜美、国史大系编修会编修：《新订增补国史大系》1，吉川弘文馆 1981 年版，第 77 页。
③ ［日］中村璋八：《日本的道教》，载［日］福井康顺等监修：《道教》第三册，上海古籍出版社 1992 年版，第 5 页。
④ 《日本书纪》卷二十《敏达天皇》，载［日］黑板胜美、国史大系编修会编修：《新订增补国史大系》1，吉川弘文馆 1981 年版，第 107 页。
⑤ ［法］索安：《西方道教研究编年史》，中华书局 2002 年版，第 114 页。

有义（1867—1945）就认为，从这行人到达日本后敏达天皇把他们安置在难波大别王寺中看，百济派遣到日本的咒禁师可能是个精于各种咒禁术的和尚，甚至就是佛教方法结诵印明、陀罗尼的加持祈祷的法师。① 可见，在史料相同的情况下，史识的差异往往会决定着人们对历史意义的领悟程度。推古天皇十年（602），又有百济僧观勒来日本传授历法、天文遁甲及方术知识：

> 推古朝十年（602）冬十月，百济僧观勒来之，仍贡历本及天文地理，并遁甲方术之书。是时选书生三四人，以俾学习于观勒矣。阳胡史祖玉陈习历法，大友村主高聪学天文遁甲，山背臣日并立学方术。皆学以成业。②

"这是有关道教的书籍传到日本的记载在文献上的首次出现"③，是否也反映了道教被百济佛教僧人传入日本，以其独特的道术符禁而在日本初具影响呢？

663 年百济灭亡，许多百济人迁移到日本，其中也包括一些咒禁师。持统天皇五年（691）"十二月，戊戌朔己亥，赐医博士务大参德自珍、咒禁博士木素丁武、沙宅万首银人二十两。"④ 据泷川政次郎（1897—1992）的研究，木素、沙宅都是随百济灭亡来日本的逃难贵族，他们受中国六朝文化的影响、具备道佛知识修养，⑤ 故受到天皇赏赐。当时日本朝廷已设立了大学寮、阴阳寮和外药寮等机构，于是授予这些掌握特殊知识的咒禁师以日本官位，木素、沙宅应该从属于外药寮。外药寮是《大宝令》设置的典药寮的前身。据《日本书纪》记载：天武天皇"四年春正月（675），丙午朔，大学寮诸学生，阴阳寮、外药寮及舍卫女、堕罗女、百济王善光，新罗仕丁

---

① ［日］佐伯有义注：《日本书纪》下卷，载《增补六国史》第二卷，朝日新闻社 1966 年版，第86 页。

② 《日本书纪》卷二十二《推古天皇》，载［日］黑板胜美、国史大系编修会编修：《新订增补国史大系》1，吉川弘文馆 1981 年版，第 140 页。

③ ［日］中村璋八：《日本的道教》，载［日］福井康顺等监修：《道教》第三册，上海古籍出版社 1992 年版，第 6 页。

④ 《日本书纪》卷三十《持统天皇》，载［日］黑板胜美、国史大系编修会编修：《新订增补国史大系》1，吉川弘文馆 1981 年版，第 412 页。

⑤ 参见［日］泷川政次郎：《玉台新咏と律令び及医心方》，《国语と国文学》1964 年，8、9 月号。

等，捧药及珍异等物进。"①

另外，还有一些高丽咒禁师来到日本。皇极四年（645）夏四月一日，高丽派来的学问僧报告说：

> 同学鞍作得志，以虎为友，学取其术。或使枯山变为青山，或使黄地变为白水，种种奇术，不可殚究。又虎授其针曰："慎矣慎矣，勿令人知。以此治之，病无不愈。"果如所言，治无不差。得志恒以其针隐置柱中。于后虎折其柱，取针走去。高丽国知得志欲归之意，与毒杀之。②

鞍作得志以虎为友，学来了各种奇幻之术，可以把枯山变成绿油油的青山，把黄土变成清澈透亮的清水。据说，老虎还授给得志一根针并告诫他："不可让其他人知道，用这根针没有治不好的病。"果然如老虎所说，得志拿这枚针治病，针到病除。得志一直把针藏在柱子里，后来老虎折断柱子又把针拿走了。高丽国知道得志想回国，就把他毒杀了。这个故事虽然有许多虚幻的成分，但也从一个侧面说明了高丽咒禁师在日本的活动情况。由此是否可以推测，最早将道教知识初传日本的是一些佛教僧人？笔者认为，当时的日本人很可能是把咒禁师们带来的历法、天文、地理和遁甲方术等颇具道教色彩的知识纳入佛教系统中来加以受容的。

这些咒禁师来到日本后，积极从事与医疗相关的工作。738—740年间编写的《古记》是《大宝令》的注释书，其中对从日本8世纪颁发的《僧尼令》③中"卜相吉凶"条注释说：

> 《古记》云：持咒谓经之咒也。道术符禁，谓道士法也。今辛国连

---

① 《日本书纪》卷二十九《天武天皇》，载［日］黑板胜美、国史大系编修会编修：《新订增补国史大系》1，吉川弘文馆1981年版，第336页。
② 《日本书纪》卷二十四《皇极天皇》，载［日］黑板胜美、国史大系编修会编修：《新订增补国史大系》1，吉川弘文馆1981年版，第207页。
③ 最早的《僧尼令》是在文武天皇大宝元年（701）制定的，收入《大宝令》，现已不存。现存者为《养老令》之中编在《神祇令》之后的《僧尼令》，共27条。（参见杨曾文：《日本佛教史》，人民出版社2008年版，第53页。）

行是也。汤药，谓万种丸药散汤药皆是，又合诊候。唯针灸不合。①

一般认为"辛国连"应该是"韩国连广足"。② 据《续日本纪》延历九年（790）十一月壬申条记载：韩国连广足是物部大连的后裔，其祖先曾作为使节被派往三韩，回国后被赐姓为"韩国连"。韩国连广足以行道术符禁为业，据说是役小角的弟子："役小角住在奈良县葛城山，会咒术，受弟子韩国连广足诬告，于文武天皇三年（699）流放伊豆岛。"另据藤原家族《武智麻吕传》神龟五年（728）六月条记载："咒禁，有余仁军、韩国连广足等，方士，有吉田连宜、御立连吴明、城上连真立、张福子等。"③能够为《武智麻吕传》特别记载，可见韩国连广足并非一般的禁咒师。据《续日本纪》卷十一记载："为宫内少辅，外从五位下，物部韩国连广足，为典药头。"韩国连广足在732年10月当选为朝廷药典寮，有着"从五位下"官阶的典药头，在天平年间活跃了二十多年。除连广足之外，吉田连宜、御立连吴明、城上连真立、张福子、津守通、余真人、王仲文、大津首、山口田主、志斐三田次（悉悲三田次）、私石村、余仁军等，都是实施道教的咒禁之术的高手。例如，大津首原为僧人，名义法，在庆云年间（704—708）随美努净麻吕赴新罗访问，因年迈回国，受诏还俗，赐名首，授从五位下，后升从五位上。大津首以善占卜吉凶，行阴阳医术而闻名，成为阴阳头。可见道教咒禁往往伴随着佛法和阴阳道在日本传播。

"道士法"是日本官方对道教的一种称呼，强调的是道士所行之"法"，其内涵主要是《大宝令》中的"道术符禁"。《大宝令》现已散失，其所说的"道术符禁"究竟是什么，已难以详考，但考察在《大宝令》基础上修改成的《养老令》中的《僧尼令》就可见朝迁对此的

---

① 《令集解》卷七《僧尼令》，载［日］黑板胜美、国史大系编修会编修：《新订增补国史大系》23，吉川弘文馆1966年版，第215页。

② 参见［日］黑板昌夫：《奈良时代の道教についての试论》，载［日］西冈虎之助编：《日本思想史の研究》，章华社1936年版，第37页。

③ 《家传》下，《武智麻吕传》，［日］竹内理三新编录校：《宁乐遗文》下卷，东京堂1965年版，第886页。

态度：

> 第一条：观玄象条：凡僧尼，上观玄象假说灾祥，语及国家，妖惑
> 百姓，并习读兵书，杀人奸盗，及诈称得圣道，并依法律付官司
> 科罪。[①]
> 第二条：卜相吉凶条：凡僧尼，卜相吉凶，及小道巫术治病者，皆
> 还俗。其依佛法持咒救疾，不在禁限。[②]

从《僧尼令》的注释中可见，它是参照唐朝《道僧格》所作。因唐朝《道僧格》已佚失，无法进行比较。可能是因为日本当时还不存在道士，所以《僧尼令》删除了唐朝《道僧格》中"道"的部分，只留下了专门针对僧尼的《僧尼令》。[③]《僧尼令》规定当时的僧尼不可以用卜相吉凶、小道巫术，而只能依佛法持咒来为人治病。日本历史学家坂本太郎（1901—1987）据《令集解》中所收《古记》、《穴记》推测，认为《大宝令》中的《僧尼令》的原文应为：

> 凡僧尼卜相吉凶，及小道、巫术、依道术符禁疗病者，皆还俗。其
> 依佛法持咒救疾、汤药，不在禁限。[④]

何谓"小道"？《古记》注："小道，谓小厌小符之类。俗云，小用师也。"编于782—806年的《穴记》注曰："小道，谓符造左道也。小道，须治疗，乃还俗也。今说，虽未疗而小道巫术事已行，亦还俗。其咒禁，解除等，约小道耳。""小道巫术"属于旁门左道，是应当被禁限的，故要求施行的僧尼还俗。而"道术符禁"则是奈良朝官方认可的医术之一。当时日本没有

---

① 《令集解》卷七《僧尼令》，载［日］黑板胜美、国史大系编修会编修：《新订增补国史大系》23，吉川弘文馆 1966 年版，第 207—210 页。

② 《令集解》卷七《僧尼令》，载［日］黑板胜美、国史大系编修会编修：《新订增补国史大系》23，吉川弘文馆 1966 年版，第 214—215 页。

③ 参见杨永良：《僧尼令之研究——解读并探讨道僧格复原的问题》，《日本学论坛》2002 年第 1 期。

④ ［日］坂本太郎：《历史地理学界例会讲演要旨》，《历史地理》第 77 卷第 6 号。

专门的道士，也不存在独立的道团，因此僧尼就成了"小道巫术治病者"了。

何谓"巫术"？再从《穴记》注"巫术"看，"问：依医方治病何。答：古令，依道术符禁汤药救疗者。今除汤药字。明不还俗。但为非持咒故。合有异科。问：造厌符等治病，而未疗其病者，不还俗，款知有别罪恶乎。答：非依佛法持咒之故。可科不应为轻罪也。"从这一问一答中，可见"依医方治病"在《大宝令》中可能是指"依道术符禁汤药救疗者"，属于医术范畴。无论是古令还是今令，"医方"都是"依道术符禁救疗"之术，是一门官方认可的医术，它与巫术既有联系又有区别。

"道术符禁"应指道士、方士施行的治病之术，"依佛法持咒"指的是释氏佛法的"救疾"方法，两者在唐朝不但在教团内部没有被禁，而且还被官方医疗机构吸收，那么，在日本的情况如何呢？当时，"小道巫术"与"道术符禁"虽密切相关，但僧尼是被禁止以"道术符禁"为人治病的，换言之，以"道术符禁"为人治病应是道士的专利。[1] 黑板昌夫在《奈良时代の道教についての试论》中也持相同的看法。[2] 当时的僧尼"依佛法持咒救病者"是不需要还俗的，但若"非持咒故"，再另有图谋，则另行科罪。《续日本纪》有以下记载：养老元年（717）四月壬辰条有如下诏令："僧尼依佛道，持神咒以救溺徒，施汤药而疗痼病，于令听之。方今，僧尼辄向病人之家，诈祷幻怪之情，庋执巫术，逆占吉凶，恐胁毫釐，稍致有求。道俗无别，终生奸乱。"[3] 据新川登龟男研究，在717年施行的《大宝令》确实允许僧尼施汤药治病[4]，但因为僧尼在给俗人治病的过程中，经常住在病人家，"逗留延日"[5]，以至于有"道俗无别、终生奸乱"之嫌，到了《养老令》时，便"除汤药字"了。

---

① 参见［日］下出积舆：《日本古代の道教·阴阳道と神祇》，吉川弘文馆1997年版，第106页。

② 参见［日］黑板昌夫：《奈良时代の道教についての试论》，西冈虎之助编：《日本思想史の研究》，章华社1936年版，第29页。

③ 《续日本纪》卷七《元正纪一》，载［日］黑板胜美、国史大系编修会编修：《新订增补国史大系》2，吉川弘文馆1966年版，第68页。

④ ［日］新川登龟男：《汤药惠施诸问题》，［日］竹内理三编：《古代三皇制社会构造》，校仓书房1980年版。

⑤ 《续日本纪》卷七《元正纪一》，载［日］黑板胜美、国史大系编修会编修：《新订增补国史大系》2，吉川弘文馆1966年版，第68页。

从以上的分析可见，日本的咒禁师所使用的咒禁术仅限于"道术符禁"，官方太医署主要是吸收了道教的"道术符禁"，而且在施行和传播上，日本也没有唐朝规定的"以五法神之"、"先禁食荤血斋戒，于坛场受"等严格的仪式，但对"咒禁生"却有任用条件："凡医生、按摩生、咒禁生、药园生，先取药部及世习，次取庶人年十三以上，十六以下聪令者为之。"① 与唐朝学习咒禁者须经过一系列宗教仪式相比，当时日本更多地把"咒禁"看作是世俗医术之一，但其内容却是"道术符禁"。因此，可以透过"道术符禁"的研究，来探讨跨文化视域中日本人对道教的理解与接受的复杂过程。日本学者下出积與较早就注意到奈良时出现的日本《医疾令》所记之"咒禁生"所学"持禁区"的内容，如"作法禁气，为猛兽虎狼、毒虫、精魅、贼盗、五兵不被侵害"、"又以咒禁固身体，不伤汤火刀刃，故曰持禁也"、"解忤者，以咒禁法解，众邪惊忤"等，他认为，这与葛洪《抱朴子》中所描述的道教咒禁法十分类似，无疑来自于中国六朝隋唐时期的道教。②

隋唐以来官方医疗机构中设立禁咒科的做法，使"咒禁"在唐朝既得到广传播又避免流于巫术，并在宋代保留了下来。如北宋徽宗赵佶在政和年间下编修的《圣济总录》中就列有"符禁门"，仍然将"符禁"作为治疗疾病的重要方法。与此相比，奈良朝官医所施行的"咒禁"无论是在内容、传习和施行上，都没有唐朝那么规范化，也无法通过佛教或道教进行传播，在官方典药寮内部的传承就比较困难。更令奈良朝不安的是，社会上还不时地出现以施行"咒禁"来乱政的做法，如韩国连足广的师傅、修验道祖师役小角"诿以妖惑"，最后被流放到伊豆岛。

天平元年（729）发生了长屋王"私学左道，欲倾国家"的政变。"二月，壬戌朔辛未，左京人从七位下漆部造君足，无位中臣宫处连东人等告密称：'左大臣正二位长屋王，私学左道，欲倾国家。'"③ 再加上"咒禁"与民间巫术界限模糊，日本的老百姓经常将"道术禁咒"与日本民间信仰相

---

① 《令集解》卷五《职员令·典药寮》，载［日］黑板胜美、国史大系编修会编修：《新订增补国史大系》第 23 册，吉川弘文馆 1966 年版，第 128 页。

② ［日］下出积與：《日本古代の道教·阴阳道と神祇》，吉川弘文馆 1997 年版，第 108 页。

③ 《续日本纪》卷十《圣武纪二》，载［日］黑板胜美、国史大系编修会编修：《新订增补国史大系》2，吉川弘文馆 1966 年版，第 117 页。

结合，在乡镇中"妄崇淫祀"。这种在朝廷看来是不合礼制的祭祀受到了的严厉排斥。天平宝字元年（757）孝谦女皇敕曰："安上治民，莫善于礼。移风易俗，莫善于乐。礼乐所兴，惟在二寮。门徒所苦，但衣与食。亦是天文、阴阳、历算、医针等学，国家所要。并置公廨之田，应用诸生供给。其大学寮卅町，雅乐寮十町，阴阳寮十町，内药司八町，典药寮十町。"奈良朝一方面用儒家礼乐文明来规范"二寮"的工作；另一方面，又禁止那些危害社会政治秩序的"小道巫术"在社会中传播，收录于《类聚三代格》卷十九的"禁制之事"中有一段记载：

> 巫觋之徒，好托祸福，庶人之愚，仰信妖言，淫祀繁此，亦多厌咒，成积习俗，亏损淳风。宜应从今严禁一切。

奈良朝时妖巫左道跋扈，天皇朝廷以律令制的方式将道教中的卜相巫术称为"小道巫术"，列为禁止的范围。尤其是长屋王政变后，圣武天皇特地颁布了禁令："敕：内外文武百官及天下百姓，如有习异端，蓄积幻术，压魅诅咒，而害伤百物者，首斩，从流。如有停住山林，详道佛法，自作教化，传习授业，封印书符，合药造毒，万方作怪，违犯敕禁者，罪亦如此。其妖讹书者，敕出以后五十日内首讫。若有限内不首，后被纠告者，不问首、从，皆咸配流。其纠告人赏绢卅疋。便征罪家。"[1] 其中详细地列举了各种道教之术。日本的《贼盗律》对那些伤害人、威胁国家政治行为的"妖言"的处罚，并不是像中国《唐律疏议》规定的"绞"而是"远流"，即发配到边远之地。因处罚不力，故圣武天皇禁令发布的第二年，还是有人聚众闹事：

> 安艺、周防国人等妄说祸福，多集人众，妖祠死魂，云有所祈。又近京左侧山原，聚集多人，妖言惑众。多则万人，少乃数千。如此徒，

----

① 《续日本纪》卷十《圣武纪二》，载［日］黑板胜美、国史大系编修会编修：《新订增补国史大系》2，吉川弘文馆1966年版，第116—117页。

深违宪法。若更因循，为害滋甚。自今以后，勿使更然。①

可见"小道巫术"在日本并没有因禁止而消失，而是出现了两大走向：一是与民间信仰相结合形成了修验道；二是为与外药寮同一时期成立的阴阳寮所吸收，最终出现了阴阳道。② 另外，传入日本的道术符咒类的道教要素被纳入盛行一时的佛教东密中在民间得到了传播。平安朝频频颁布禁巫法令加以禁止，然而野火烧不尽，春风吹又生，禁令无法根绝巫觋在民间活动，直到镰仓朝的为政者依然对之无可奈何，这成为道教在日本民间社会传播的宗教文化土壤。

20 世纪，日本在以平城京、藤原京、长冈京等为代表的奈良朝至平安朝的都城遗址的考古发掘中陆续发现了一些木简。据考，日本木简与中国木简有密切的渊源关系，很可能来自中国或朝鲜半岛。因为近年来在朝鲜半岛上也有木简出土，如乐浪王光墓出土了一枚汉代木简，庆州雁鸭池出土了51 枚新罗时代的木简。这 51 枚木简中有 40 枚比较完整，能够释读的约有30 枚。根据简文上的纪年判断，这批木简是 8 世纪后半期的遗物。这些朝鲜木简从形状、书写形式和用途等方面来看，与日本 7 世纪的木简十分相似。汉末至三国时代的动乱时期，曾有一些中国大陆人和朝鲜人移居日本，在汉字传入日本的同时，木简也随之而来了。③ 其中的一些木简上刻有道教的符咒，是道教在日本传播的实物证据。例如，1961 年以来，随着奈良国立文化财研究所对奈良市平城宫进行第五次发掘，出土了一些标有年代的墨书文字的木简。1988—1989 年间，在平城京长屋王居住址及其周围发掘出土了十万支木简。据考证，这些木简最早在年代大约在公元 7 世纪，内容涉及政治、经济、军事，宗教和社会生活等各个领域，其中是否有些道教因素还需要进一步研究。在静冈县滨松市伊场遗迹发现 8 世纪前后的"平安符"，上面写着："百怪咒符白百怪，宣受不解和西怪，口口令疾三神宣

① 《续日本纪》卷十《圣武纪二》，载［日］黑板胜美、国史大系编修会编修：《新订增补国史大系》2，吉川弘文馆 1966 年版，第 123 页。
② 参见［日］下出积與：《日本古代の道教・阴阳道と神祇》，吉川弘文馆 1997 年版，第 106 页。
③ 徐建新：《日本木简的发掘与研究》，《世界史研究动态》1992 年第 1 期。

（?），口口宣天罡符佐口当不佐口，急急如律令。"① 在东北地区宫城县的多贺遗址出土的 8 世纪时使用于大祓的祭具——人形咒符木简，上面还墨书着咒语"急急如律令须病人吞"等②，这是典型的道教用语。在藤原宫遗址出土的木简中有陶弘景《本草集注》上卷。在伊予的汤之冈碑文中也含有一些道教内容。据古都平城京遗址出土的医药木简残片记载，当时宫内省下设的典药寮为掌管一切医药事务的官署，其他职员有医师、医博士、医生、按摩师、按摩博士、按摩生、咒禁师、咒禁博士、咒禁生、药园师、药园生以及使部、直丁、药户、乳户等。③ 这些都是中国道教符咒传入日本的重要证据。

从律令制下的"道术禁咒"中可见，日本对道教的吸收与借鉴是有选择性的，"异邦之史，著方技也尚矣。仙术道流，并举杂出。方外之士，独善其身则可矣，一有人主好之，则其为害不可胜言。著之欲以存戒也。国朝仙术不传，养丹之法，无所师受。久米阳胜之徒，仅杂出于僧史。而浦岛子、白箸翁之流，髣见其一二。盖有之无裨于国家，无之不损乎治体，则不若无之之为愈也。役小角役使鬼神、咒禁厌导，其法颇近于道流。后世文以释氏之道，遂盛行焉。若阴阳、历道、天文、典药，既有曹局。各著才能，推步测验，卜筮针石，皆有补于国家，其以工艺名世。"④ 道教的神仙信仰、服食养生术和守庚申受到了欢迎，而道教的占卜、禁咒术则遭遇到既吸收，又排斥的矛盾态度，这大概也是道教未能在日本广传的原因之一。

四、平安朝对道教的受容

奈良朝后期，土地私有化导致贫富分化加剧，农民大量离开土地逃亡，豪强庄园出现，公地公民制和班田制日益动摇，直接影响到国家的财政收入

---

① ［日］芝田文雄：《伊场遗迹出土"百怪咒符"木简》，《日本考古学》卷 6 "附录 6"，河出书房新社 1973 年版。蔡凤书：《古代日本与中国交流在文物上的证据》，载北京大学考古文博学院编：《考古学研究》第七辑，科学出版社 2008 年版，第 492 页。
② 参见［日］福永光司、千山稔、高桥彻：《日本の道教遗迹を步く》，朝日新闻社 2003 年版，第 125 页。
③ 参见肖永芝：《日本古都平城京遗址出土的医药木简残片考》，《中国中医基础医学杂志》1999年第 9 期。
④ ［日］德川光圀：《大日本史》卷二百二十六《列传》第一百五十三《方技》。

和天皇的政治统治。781 年桓武天皇（737—806）即位，在朝廷实权派藤原种继（738—785）的支持下，离开了贵族和大寺院等守旧势力盘根错节的平城京，迁都山背国（今京都府中南部）的长冈。延历十三年（794）桓武天皇又迁都平安京（京都）。从迁都平安京至 1192 年镰仓幕府建立，所持续的 400 年历史，史称平安时代。9 世纪时，在 645 年大化改新中崭露头角的贵族藤原氏的权势超过了皇族。藤原氏家族拥有大量的庄园，日益垄断了天皇政府中的高级官位，通过藤原氏族长连续担任天皇的摄政，将藤原氏的女儿嫁给天皇当皇后，"贵族藤原氏掌握了大权，把天皇赶到后台。"[①] 随着天皇制为中心的律令制逐渐解体，天皇的权力被削弱，贵族和士人有了更多的私人思考空间，各种学说开始走向融合。平安时日本的宗教文化逐渐地形成了神道与佛教相融合的风格，道教在日本传播受到了更大的阻力，但即便如此，日本人还是根据自己的需要对道教某些因素，如神灵信仰、老庄思想和养生之术有所受容。

道教神灵出现在神道教的仪式中。平安朝出现的四部史书《续日本纪》（797）、《日本后纪》（840）、《续日本后纪》（869）和《日本三代实录》（901）中，已约定俗成地使用"神道"一词来指称日本的固有宗教了。道教斋醮科仪也融汇到天皇宫廷中的礼仪制度和祭祀仪式中。延喜五年（905）醍醐天皇命令藤原时平（871—909）等人编纂一套朝廷的律法条文和祭祀仪式规则。这部 927 年完成的《延喜式》共五十卷，约有三千三百条目，其中有二十七篇为祭祀神明时诵念的祝词，又称"延喜式祝词"。卷八"祝词六月晦大祓"一条"十二月准之"的注解中有一篇《东文忌寸部献横刀咒》是具有浓厚道教色彩的祝词。这种献银像金刀以禳灾祈福的做法是道教的特色，与日本固有的神祇祭祀有着不同风格。同时，"延喜式祝词"所谨请的大都是道教崇拜的神灵：

> 谨请皇天上帝、三极大君、日月星辰、八方诸神、司命司籍、左东王父、右西王母、五方之五帝、四时之四气，捧以银人，请除祸灾。捧以金刀，请延帝祚。

---

① ［美］鲁思·本尼迪克特：《菊与刀——日本文化的类型》，商务印书馆 1990 年版，第 42 页。

祝词最后还使用道教的咒文："咒曰：东至扶桑，西至虞渊，南至炎光，北至弱水，千城百国，精治万岁，万岁万岁！"① 中村璋八认为："此咒文显然是出自通过朝鲜半岛传来的中国的对天和星辰的信仰。"② 这种充满着道教因素的祝词在历代天皇祭礼中不断地被吟诵。据出现于平安末期的《江家次第》记载，圆融天皇（959—991）于新年元旦四方拜神仪式上，在向北礼拜自己的本命星后诵念祝文曰："贼冠之中，佑我过度；毒魔之中，佑我过度；厌魅之中，佑我过度……，让我万病除愈，随心所欲。急急如律令！"③ "急急如律令"是道士念咒时常用的结束语。圆融天皇也会通过诵念道教最具有象征性的咒语，期望神灵赶快来帮助自己排除邪恶，获得一年的平安！这种包含星宿信仰的"祝文"和"咒语"是道经《太上玄灵北斗本命延生真经》、《太上北斗二十八章经》的主题，它们几乎原封不动地被运用到10世纪平安朝宫廷祭神仪式中，故那波利贞指出："奈良、平安时代的道教信仰已有相当的势力，构成道教教团的诸要素都已存在。"④ 既然道教的神灵信仰、阴阳观念、祝词咒语都运用到皇家祭礼中，构成道教教团的诸要素都已存在，为什么道教并没有因此在日本得到长足的发展呢？

　　其中的一个重要原因是日本人只受容了道教的某些因素，而选择且接受了佛教，并通过"神佛习合"促使佛教走向日本化的道路。神道教（Shinto），简称神教，是日本传统的民族宗教。原始神道由日本的原始宗教演化而来，从自然崇拜、祖先崇拜出发，倡万物有灵论，号称有天地神祇八百万，是具有泛灵论特点的多神教。5、6世纪时，神道教在吸收、融会中国儒、佛、道三教的基础上，以"天照大神"的信仰为核心，以神社为宗教活动场所，建构起较为完整的体系。当时的日本人将神道教视为本土宗教，将神道教的神灵视为"国神"，将外来的儒、佛、道三教的信奉对象都

---

① 《延喜式》卷八，载〔日〕黑板胜美、国史大系编修会编修：《新订增补国史大系》26，吉川弘文馆1966年版，第170页。

② 〔日〕中村璋八：《日本的道教》，载〔日〕福井康顺等监修：《道教》第三册，上海古籍出版社1992年版，第14页。

③ 〔日〕大江匡房、渡边直彦编：《江家次第》，载《神道大系·朝仪祭祀编》第4卷，神道大系编纂会1991年版，第438页。

④ 〔日〕那波利贞：《道教の日本国への流伝について》，载《东亚宗教》（总）第四、五号合刊，日本道教学会1954年版。

称为"异域之神"，如称佛教的佛陀为"蕃神"。其中，佛教对日本的影响最大，但神道教对佛教的吸收与融合也有一个相当曲折和复杂的过程。

6世纪时，百济第二十六代圣明王（？—554）派使节向日本大和国赠送了一尊佛祖释迦牟尼的金铜像和若干卷经论。当时日本朝廷由诸豪族执掌实权，当天皇为是否接受佛教犹豫不决时，本土氏族，如掌管军事、刑狱大权的物部氏和主管祭祀的中臣氏主张置之不理，他们拥护神道教，认为放弃对"国神"的信仰是大逆不道的行为，本土的众神都供奉不过来，为何还要无端地信奉外来神明呢？故排斥佛教。而从大陆迁移到日本的外来氏族，如主管外交和统领移民的大伴氏、主管朝廷财务的苏我氏则认为，佛教既然能从天竺流传至百济，必有其道理。"番佛"之真谛，物部氏未能明了。大臣苏我稻目（约506—570）崇扬佛法，为积极推进佛教在日本的传播，他将佛祖金铜像供奉在小垦国田家中，还出资广修寺院，把飞鸟向原的私宅改为佛寺，带领全家拜佛诵经。不久，瘟疫横行日本列岛，死者甚众，上下恐慌。物部氏掌权的大连尾舆趁机向天皇进言，说苏我氏崇外来佛教而得罪了本邦的八百万诸神，继而领皇命将佛像投入难波的河流中，又纵火焚烧寺院，并查封了各地佛寺。朝廷中掌握实权的贵族大臣对佛教的不同态度，使佛教在日本的传播可谓一波三折，但这种宗教文化冲突与交流，也促使人们进一步思考与探寻外来宗教的特点以及与本土神道教之异同。

道教可能随着佛教传播到日本社会，但随着日本人对佛教越来越了解，开始接受佛教信仰。日本飞鸟时代的政治家与权臣苏我马子（约551—626）用武力推翻了物部氏家族。592年，苏我马子又派人暗杀崇峻天皇（587—592在位），拥立其外甥女推古天皇（592—628在位）即位。推古天皇是位女首脑，她不便于行政，就立外甥上宫廄户丰聪耳为圣德皇太子（574—621）来佐政。苏我马子女儿是圣德太子的妻子。崇拜佛教的苏我派掌握了朝廷政权后，大力推行佛教。苏我马子于596年在奈良兴建规模宏大的飞鸟寺，依佛教信仰进行礼拜修行，既表达了佛教的信仰，也展示了当时苏我氏一族的权势，使神道教的发展一度受阻。

这种崇拜佛教的做法得到了飞鸟时代的政治家、推古朝改革的推行者圣德太子的充分肯定。圣德太子在执政之初，就派遣使者入隋唐学习中国制度。他在日本推行了一系列新政，如制定冠位十二阶、颁布十七条宪法、采用日本历法、编修国史、使用天皇名号、振兴佛教。圣德太子对佛教也是情有独钟，他不仅主持修建了佛教法隆寺、四天王寺，还亲自为《胜鬘》、《维摩经》和《法华经》三部佛经作"义疏"，希望让佛教的灵光能够"镇护国家"。圣德太子后被尊为日本佛教始祖。

然而，在大化革新（645）时，朝廷中的一些皇子贵族大臣，如中大兄皇子（后为天智天皇）、中臣镰足（614—669）等人，为强调是托神意来进行改革的，聚集于大槻树下，对天神地祇发誓，一切改革都应以崇敬神道为第一要旨，首先祭祀神祇，然后才议政事，从而将神道信仰作为政治改革的神圣基础。革新派拥立孝德天皇（645—654 在位）建立新政府，以唐朝律令制度为蓝本，参照日本旧习，规定了中央集权的封建国家体制。在政治上，撤销皇族、贵族的私有地和私有民，模仿中国隋唐时期的政治体制，再依照神道信仰来确立以天皇为首的中央集权制国家，建立起以京师、国、郡、里为等级的地方行政组织。在经济上，编制户籍，推行班田收授法和相应的租庸调赋税制。随着日本中央集权政治和经济制度的建立，天皇制得到进一步的巩固。在天皇的支持下，日本社会中出现了大规模的神社建造热潮，神社、神道也进入了快速发展期。

646 年，多气、度会两郡被定为伊势神宫的神领。天武天皇（673—686 在位）因平息了壬申之乱，威望倍增，国民崇之为神。由于神社神道依赖于神社而存在，而早期神社一般是由木料、茅草和石头为建筑材料，不太牢固，天武天皇（？—686）确立了伊势神宫的"造替"制，即每隔二十年就将神社重新修建一次。同时，他还定下"式年迁宫制"，即新神殿建成后，要举行一次隆重的祭祀仪式，再将旧神殿内祭祀的"神体"迁到新神殿去。这种迁宫不仅是出于营建新殿的需要，更为重要的是，通过"造替"和祭祀活动，既保证了神社的永在，也宣扬了弥久而日新的神道精神。这一做法在持统天皇（686—697 在位）时就成为定制，后为神道教始终遵循并推而广之。正是通过二十年一周期的不断维修和重建，那些古老的神社才得以经历千百年的风霜岁月而将典型的建筑风格保持了下来。因此，神道教将"式年迁宫制"视为"皇家第一要事，神宫无双的大业。"随着祭祀活动逐渐定型化、国家化，天皇的权力通过祭祀活动而具有了至高的权威性和神圣性，神社的重要性也进一步凸显出来。

神社神道依靠天皇制国家的律令形式，在平安朝建立起比较规范的神祇制度和祭祀制度。首先，为了便于人们按时举行祭祀天照大神等神灵的宗教活动，701年，日本朝廷正式颁布的《大宝律令》①把所祭祀的神划分类别，分成等级，制成神谱，建立起神祇制度。祭祀天神的是天社，祭祀地祇的是国社。平安延喜五年（905），藤原时平（871—909）等人奉敕编撰了律令施行细则《延喜式》，其神祇制度就将《大宝律令》的神祇制度进一步系统化，从而使天皇家族的祭祀，扩大为带有国家性质的皇室神道。其次，《大宝律令》专门设置了负责国家祭神及有关事宜的机构——神祇官，并建立起神社中的神官等级制度。神祇官中的最高官衔是神祇伯，下设神祇副（大、小）、佑（大、小）、主神、史（大、小）、神部、卜部、使部、直丁等官制。他们在神祇官中建立管理神祇、祭祀、祝部、神户名籍的"官社帐"，掌握着神社的日常行政和神事活动。再次，明确了大尝祭、中祀和各种小祀的祭仪，并由此来确立不同神社的等级差别。将神社分为宫（皇室的祭神场所）、社（一般民众的祭神场所，又称屋代）、祠（收藏宗教器物的仓库）等不同的等级。最后，建立起神社的祭祀制度。掌管祭祀者称为祠官、祠掌等，一般为男性。祠官的助手为巫女，在神社中承担日常管理工作的是教士，也可称之为道士。教士或道士的职务一般是世袭的。在804年伊势神宫向神祇官提交的《皇太神宫仪式帐》、《止田气宫仪式帐》中，就详细记载了当时神宫镇座的传承、殿舍以及神事、装束、神宝、式年迁宫制、所管社、职员、神郡、神田、奉币、年中行事等规定，反映了当时的神祇制度已经相当完备和确定，它们是现代神宫各项制度的根据。②

神祇制度的建立使神社神道有了皇室神道和普通神社神道之分。皇室神道于奈良时代（710—794）正式确立，它以祭祀皇祖天照大神为中心，将神道教与天皇政权密切地结合起来，它虽然借鉴了儒佛道及阴阳五行的思想，提出了"神皇一体"、"祭政一致"的主张，但还没有形成系统的教义，只是对祭祀仪式有着特别的关注。"皇室神道本来是天皇家系的宗教，由于

---

①　又称《大宝令》，成书于大宝元年（701），共有律六卷，令十一卷。由藤原不比等人奉敕修撰，为当时日本国家的基本法，其中包括了一些宗教法。

②　参见黄心川主编：《世界十大宗教》，东方出版社1988年版，第213页。

古代天皇制国家的建立，就演变成为具有国家的、公家性质的宫中祭祀了。"① 这样，皇室神社既是国家祭祀的场所，也是全国各地神社的总领导。

随着神社机构组织的国家化，神社神道在日本社会生活中的地位提高，作用增大。为了显示对神道神社的管理与控制，朝廷将京都地区的重要神社称为"官币社"。每年的新年祭，都由神祇伯来主持官社祭礼，称为"奉币"。在地方上设"国币社"，由国司代表神祇伯来奉币。官币社和国币社统称为"式内社"。据《延喜式》中《神名》对"式内社"的记载②，可见当时日本有 3132 座参与向诸神颁发币帛活动的神社。③ 后因社会经济的原因，朝廷中断了向各地神社颁币的活动。只是在国家有重大事情时，才由朝廷派奉币使，向京都周围有影响的神社颁币。从 1039 年起，神道教将以伊势神宫为首的 22 所有影响的神社定为上七社、中七社，下八社。这种 22 社制度一直延续到室町时代中期。④ 伊势神宫作为皇室神社中的最高神社的至高地位一直保留到今天。除官社之外，民间还存在着大量的具有血缘性和地域性特点的氏族社和以个人自由参拜为特点的崇敬社。因祭祀对象的不同，神社的种类也很多样化：原来大和民族祭天神的神社称为天社；各国地方豪族祭地祇的神社称为国社；此外，还有为归化的中国人和朝鲜人设立的神社。种类繁多的神社遍布于日本的城镇乡村，可见神道教在日本社会中的普及程度。

此时的神社神道虽然在宗教形式上逐渐趋于完备，并形成了地域性特点，但还没有建立起系统的理论体系，也没有出现不同的流派。随着中日文化交流的展开，佛教僧侣抱着极大的兴趣，不畏艰险，渡海去中国大陆求学，结果是带回了许多先进的知识与文化，既促进了日本政治、经济、文化与科技的发展，也促进了神道教与大陆宗教文化的交流，为理论神道的出现开辟了道路。理论神道又称为学派神道，它是神道教在吸收融合中国大陆传来的儒佛道三教的基础上建构的神道教义理论，故又称"教义神道"或

---

① ［日］村上重良：《国家神道》，商务印书馆 1990 年版，第 15 页。

② "式内社"的神社是祈年祭时由国家奉献祭品的官社，其中包括官币社和国币社。

③ 《延喜式》卷九，载［日］黑板胜美、国史大系编修会编修：《新订增补国史大系》26，吉川弘文馆 1966 年版，第 179 页。

④ 参见黄心川主编：《世界十大宗教》，东方出版社 1988 年版，第 213 页。

"神道教义"。

平安时期，中国的儒、佛、道三教在日本都得到传播，其中佛教的发展尤为迅速，出现了一种具有日本特色的"本地垂迹说"，宣扬天照大神就是大日如来的化身，佛陀为了拯救日本民众，才化生为诸神，降生于日本列岛，如《石清水文书》说："神和佛本来就是同一的，本地（佛陀）在印度为佛，而为普渡众生而垂迹日本就是神。"① 这种将神归于佛的说法，为神道教接纳佛教开辟了理论道路，也影响到道教在日本的传播。

当时神道教的一些神社就将佛陀作为神灵加以供奉。例如，在多度神宫、鹿岛神宫和气比神宫中都建有供奉佛陀的佛寺，称之为"神宫寺"。神宫寺指在神社内建造的附属神社的寺院，亦称神愿寺、神宫院。最早出现在7世纪中叶，到9世纪时开始在各地神社中得到普建。神宫寺的出现，表明佛教已把触角伸进了神道教内部。神宫寺的"创建有三点共性：一是借助神的"托宣"，即神谕的形式而发轫；二是已绽露出神处于劣势的倾向，宣扬神依然是苦于烦恼的众生之一，是六道轮回中尚未解脱的一个层面，只有仰赖佛的救助，才能增进神威，造福于人间；三是在修造过程中，得到朝廷或地方豪族的鼎力相助。据《藤家传》称，武智欲曾得到气比神的启示，告之因宿业成神已久，想皈依佛教，从轮回中解脱出来，希望能为之修造一寺，此为气比神宫寺的缘起"②。神宫寺的出现将"本地垂迹说"由理论变成了现实，而日本佛教也出现特有的将神、佛混合视为同一体之"神佛习合"思想，此为佛教与神祇信仰同化之表现，佛教走在日本化的道路上。

此时，道教的一些神灵虽然也出现在神道教的祭神仪式中，但在日本人的宗教生活中并没有产生什么影响，道教崇拜神灵的斋醮科仪也没有像在朝鲜半岛那样发展为一种国家祭祀仪式，而是被融化在神道教的祭祀活动中，反而是道教的神仙信仰在日本传播最广，这表现在生活在平安朝的日本人对生命的关注。

日本国编史书《日本文德天皇实录》及《日本三代实录》的"薨卒传"中也记载了一些王公官吏生平事迹，其中提及一些人从小就被教授老

---

① 转引自［日］安田元久：《日本庄园史概说》，吉川弘文馆1981年版，第60页。
② 张大柘：《论日本历史上佛教与神道教的交融》，《世界宗教研究》2002年第2期。

庄思想。如文德天皇（842—858 在位）统治时期，疱疮病在京师及畿外流行，死者甚众。《日本文德天皇实录》仁寿三年（853）四月十四日条写道："朝臣和气贞臣也死于该病，此人"弱冠，从治部卿安倍朝臣吉人，受老庄，吉人奇之。后入大学，研精不息。廿四举秀才。廿八对策，不得其第。承和十四年，拜大学大允。嘉祥元年，迁大内记。仁寿元年冬十一月，授从五位下。患疱疮，卒于官。时年卅七。时人惜之。贞臣，为人聪敏，质朴少华，性甚畏雷。不留意小艺，唯好围棋。至于对敌交手，不觉日暮夜深。"①这位爱好围棋的朝臣从小学习老庄，立身行事颇具道家风范。

同书齐衡元年（854）八月二十五日条又写道，名草丰成从小就学习老庄，后来又读《五经》，一生以讲学为业："从五位下名草宿祢丰成卒。丰成，少学老庄，长读五经，义理颇通，学徒多属。天长七年，为大学博士。承和四年为直讲。八年转为助教。十一月叙外从五位下。十一年正月以其老者，遥授骏河介，以充教授之资。卒时年八十三。"②《日本三代实录》则记载了名草丰成的儿子滋野安成对老庄的态度，其中贞观十年（868）六月十一日条记载："美浓权守从五位上滋野朝臣安城卒。安城尤好老庄，诸道人等受其训说。"③滋野安成曾受敕令去朝廷给文章生讲老庄："丙子，有敕：令相摸介从五位下滋野朝臣安成，讲老庄于侍从所。令文章生、学生等五人预听之。"④后来，滋野安成的私塾专授老庄。滋野家族以研究与讲说老庄为业，对老庄学在日本社会中的传播起了推动作用。

藤原朝臣奉敕撰写的《日本三代实录》讲述了从清和天皇天安二年至光孝天皇仁和三年共三十年的日本历史，其中也记载了一些王公贵族对老庄思想的喜好。地方豪族出身的日本平安前期政治家、思想家、春澄善绳（797—870）对老庄思想颇为关注，春澄善绳"幼而明慧，骨法非常，⋯⋯

---

① 《日本文德天皇实录》卷第五，载［日］黑板胜美、国史大系编修会编修：《新订增补国史大系》7，吉川弘文馆 1966 年版，第 50 页。

② 《日本文德天皇实录》卷第六，载［日］黑板胜美、国史大系编修会编修：《新订增补国史大系》7，吉川弘文馆 1966 年版，第 64 页。

③ 《日本三代实录》卷第十五，载［日］黑板胜美、国史大系编修会编修：《新订增补国史大系》4，吉川弘文馆 1966 年版，第 233 页。

④ 《日本文德天皇实录》卷第十，载［日］黑板胜美、国史大系编修会编修：《新订增补国史大系》7，吉川弘文馆 1966 年版，第 113 页。

入学事师，耽读群籍，未尝辍手，博涉多通，妙于藻思，几所阅览，多诵于口，有兼人之敏。时之好学无能及者。"① 可能是受到老庄思想的影响，春澄在奉试及第后，被补俊士，赐姓春澄宿祢，成为朝臣后，依然谨慎做人："性周慎谨朴，不以己所长加人。昔者，为文章博士之时，诸博士每各名家，更以相轻，短长在口，亦弟子异门，互有分争。善绳谢遣门徒，恬退自守，终不为谤议所及。为人信阴阳，多所拘忌。每有物怪，杜门斋禁，不令人通。乃至一月之中门扉十闭。亦其家宅不治垣屋，口罕言死，吊闻遂绝。及登公位，斋忌稍简。虽年齿颓暮，而聪明转倍。文章之美，晚路加丽。贞观年中追改策判，进为乙第。唯子侄之外，家稀嘉客，宾筵不展，风月长闲。"② 春澄善绳是一位精通儒家史书，通晓阴阳术，以洁身自好、专注学问为立身之本的文官，曾任文章博士，在大学寮讲授《后汉书》，为仁明天皇讲《庄子》。承和十四年（847）他在讲课时，仁明天皇曾执弟子礼，赐酒清凉殿，这对他是一种很大的奖励。

天皇家族的皇子也曾受到老庄学影响的。据《日本三代实录》仁和二年（886）七月四日条记载："由莲，俗姓源朝臣，嵯峨太上天皇之子也。母惟良氏。由莲，在俗名胜，夙离尘累，归依佛道。性聪明，多涉内典，兼好老庄。尤有巧思，所作究妙焉。"③ 嵯峨天皇之子由莲虽然归依佛道，但仍兼好老庄。从以上资料可见，9 世纪时，老庄思想已受到王公贵族的喜爱，甚至有人以讲授老庄学为业，但他们在讲授老庄时，又容纳儒、佛和神道来对老庄思想进行诠释。

菅原道真（845—903）是平安中期公卿、学者。生于世代学者之家。年幼时擅长作汉诗。877 年任贰部少辅，并为文章博士，深得宇多天皇、醍醐天皇的信任和重用。也许是受六朝至隋唐中国道家思想的影响，菅原道真有潜在的神道意识，又融汇儒佛道三教思想，其中对老庄的解读，又使其作品具有丰富的思想内涵，他曾就《逍遥游》作诗三章（北溟章、小知章、

---

① 《日本三代实录》卷第十七，载［日］黑板胜美、国史大系编修会编修：《新订增补国史大系》4，吉川弘文馆 1966 年版，第 266 页。

② 《日本三代实录》卷第十七，载［日］黑板胜美、国史大系编修会编修：《新订增补国史大系》4，吉川弘文馆 1966 年版，第 267 页。

③ 《日本三代实录》卷第三十九，载［日］黑板胜美、国史大系编修会编修：《新订增补国史大系》4，吉川弘文馆 1966 年版，第 614 页。

尧让章）来抒发自己的感情："子罢秩归京，已为闲客。玄谈之外，无物形
言。故释逍遥一篇之三章，且题格律五言之八韵。且叙义理，附之题脚。其
措词用韵，皆据成文。若有谄之者，见篇疏决之。"同时又因羡慕无拘无束
的优游生活而对道教所宣扬的神仙境界有着强烈的憧憬和向往，他在《重
阳侍宴，同赋菊有五美，各分一字，应制探得仙字》中曰：

> 五美兼姿一草鲜，绮疏窗下玉阶边。蟹肠纯色深依地，鹅眼圆形远
> 禀天。谦德晚开秋月抄，劲心寒立晓霜前。中流采得尝看后，在在群官
> 紫府仙。①

宇多天皇退位后，移居朱雀院，优游自适，"非玄谈不说之"。菅原道真不
仅崇尚道教神仙，而且还宣扬老庄思想，他于宽平九年（897）九月九日陪
侍太上皇，依《庄子秋水》"道无终始，物有死生，不恃其成。一虚一满，
不位乎其形"、"圣人安其所安"等思想而应制《赋闲居乐秋水并序》："闲
居属于谁人，紫宸殿之本主也。秋水见于何处，朱雀院之新家也。非智者不
乐之，故得我君之欢脱屣。非玄谈不说之，故遇我君之逐虚舟。观夫月浦萧
萧，分镜水而绕篱下，砂岸烂烂，缩松江而导阶前。况乎，垂钓者不得鱼。
暗思浮游之有意。移棹者唯闻雁。遥感旅宿之随时。嗟乎，节过重阳，残菊
犹含旧气。心期百岁，老松弥染新青。风月同天，闲忙异地。臣昔是伏奏青
琐之职。臣今亦追从绿萝之身。彼一时也，此一时也。形骸之外，言语道断
焉。任放之间，纸墨自存矣。"菅原道真以"潭菊落妆残色薄，岸松告老暮声
频。池头计会仙游伴，皆是乘查到汉滨"。②来形容宇多太上皇的生活和心境，
又表现他对老庄哲学的深刻了解。菅原道真后被日本人尊为学问之神。

　　平安朝初期，道教的神仙信仰在日本流传开来，一些日本人开始进行修
仙实践。诸乐药师寺沙门僧景戒所撰的日本最早的民间故事集《日本灵异
记》三卷于822年问世，其中记载了许多修仙者的事迹。《日本灵异记》按

---

　　①　[日] 川口久雄校注：《菅家文草》卷第六《诗文》，载《日本古典文学大系》第72册，岩波
书店1966年版，第367页。
　　②　[日] 川口久雄校注：《菅家文草》卷第六《诗文》，载《日本古典文学大系》第72册，岩波
书店1966年版，第371页。

年代顺序，记载了从雄略天皇到嵯峨天皇近四个世纪日本民流传的一百多个灵异故事，既反映了日本古代社会的人情世态，也模仿中国佛教的《冥报记》、《般若验记》的形式，来宣扬佛教的善恶因果报应思想，以生动故事来劝导世人去恶向善，故又名《日本国现报善恶灵异记》，其中虽以佛教故事为主，但也记载了一些有关于修仙者的传说事迹，如《女人好风声之行食仙草以现身飞天缘》讲述了一个贫穷女子，平时谨言慎行，心地善良，"不修佛法，而好风流，仙药感应"，宛若天上的仙人。其风流事也为神仙感应，其后，女子因服食仙草而飞升天庭：

> 大倭国宇太郡漆部里，有风流女，是即彼部内漆部造麿之妾也。天年风声为行（风声、风流者，离于世俗之名利，清心寡欲之为也）自悟盐酱存心。七子产生，极穷无食，养子便无衣缀藤。日日沐浴洁身，著缀。每临于野，采草为事。常住于家净为心。采菜调盛，唱子端坐。含咲驯言，致敬而食。常以是行，为身心业。彼气调恰如天上客。是难破长柄丰前宫时。甲寅年，其风流事，神仙感应，春野采菜，食于仙草飞于天。诚知，不修佛法而好风流，仙药感应，如精进女问经云："居住俗家，端心扫庭，得五功德"者，其斯谓之矣。①

《日本灵异记》所说的"风流"并非指人的行为不规矩、不检点，而是指"离于世俗之名利，清心寡欲之为"的修仙之道，因此，修仙者也称为"好风流"。仙本是道教崇尚的长生得道之人。佛教在日本传开后，仙也跻身于佛门。《日本灵异记》借仙说佛，使日本的神仙具有了佛仙合体的特点，如《修持孔雀王咒法得异验力以现作仙飞天缘》②讲述的是修验道之开创者役小角的神奇故事。

　　如果说，《日本灵异记》只记载了少数几个有关神仙故事，那么，大江匡房（1041—1111）所撰《本朝神仙传》则是日本最早出现的一部神仙传

---

　　①　[日] 远藤嘉基、春日和男校注：《日本灵异记》，载《日本古典文学大系》70，岩波书店1968年版，第104—106页。
　　②　[日] 远藤嘉基、春日和男校注：《日本灵异记》，载《日本古典文学大系》70，岩波书店1968年版，第134页。

记，这与大江家族长期以来对道家哲学和道教神仙的敬仰是联系在一起的。大江匡房的祖父大江匡衡（952—1012）是平安朝中期的硕儒，其所撰家集《江吏部集》中就记载了他们家族对《老子》的"玄言德"的爱好：

> 家经李部在江宾，谬课庸才更口真。白发龄倾秋雪老，玄言德显古风新。田成子是义皇客，河上公非汉帝臣。夙夜九年为侍读，枯株花叶待来春。[1]

自从匡衡的祖父大江纳言（888—963）给醍醐天皇、村上天皇讲解《老子》后，大江家族历代子孙都子承父志，形成了家学传统："于是江氏之为体，一家相传历李部官之任，十代次第为萝图帝王之师。有以哉。就中祖父江纳言，以老子经奉授延喜天历二代明王。今以不才之身，侍至尊之读。江家之才德可谓光古今。……盖一身尚是令天下之好学不好学，才子不才子，知儒学之为大，侍读之异他，实典释李老三教指大意。"[2] 大江匡衡特别凸显老子帝王师的身份："讲竟之日，有所感悟。老子乃天地之魂精，神灵之总气，变化自在何代无之。老子款生已前化胡以来，变为帝王师。"[3] 接着又列举了老子"从伏羲之时，号郁华子而说元阳经"，到康王之时"号郭淑子"的种种神迹。中国自汉代边韶作《老子铭》始有老子化现说，后经《老子河上公注》、《老子想尔注》、《老子化胡经》、《老子变化经》等大力倡扬，老子被神化为"太上老君"，成为历代降生的帝王师。在平安朝出现的《日本国见在书目录》中，就收录了一些神化老子的道书，如尹文操撰《太上老君玄元皇帝圣化经》十卷。[4] 大江匡衡精通道家思想，他之所以张

---

① 《江吏部集》中卷，《人伦部》74，日本九州岛大学图书馆编藏松平文库照片复制本，第 92 页。

② 《江吏部集》中卷，《人伦部》74，日本九州岛大学图书馆编藏松平文库照片复制本，第 95—96 页。

③ 《江吏部集》中卷，《人伦部》74，日本九州岛大学图书馆编藏松平文库照片复制本，第 94—95 页。

④ 木户裕子曾在《大江匡衡と唐代道教书》一文中，对匡衡所叙述的老子化现说的内容与唐宋道书《道德真经广圣义》、《犹龙传》作了比对分析，认为匡衡所说的内容中有现存的唐宋道书中不见的逸文，由此推论，匡衡应该是参照《太上老君玄元皇帝圣化经》十卷来展开论说的。（［日］木户裕子：《大江匡衡と唐代道教书》，载和汉比较文学会、中日比较文学学会编：《新世纪の日中文学关系その回顾と展望》，勉诚出版社 2003 年版。）可见，一些道书已得到平安朝人士的仔细阅读。

扬老子"帝王师"的身份，可能是为了改变奈良朝士人大多以老子为"独善"之说的看法，因此他特别提及《老子河上公注》。他认为《老子》第五十九章特别表达了道家倡导的治国理身的思想宗旨："治人事天，莫若啬。夫为啬，是谓早服；早服谓之重积德；重积德则无不克；无不克则莫知其极；莫知其极，可以有国；有国之母，可以长久；是谓深根固柢，长生久视之道。"后来的《老子河上公注》正是依治国理政之法度和长生久视之道来注解《老子》的，这一注本特别适合平安朝当时的国情。他曾为一条天皇侍讲《老子》："又近侍老子《道德经》御读。国王理政之法度爰显，长生久视之道指掌。"① 大江匡衡就特别注重从理政治身的角度来阐发《老子》的思想，由此，平安朝逐渐改变了奈良朝对《老子》的理解向度。

大江匡房虽然出身于以文闻名的世家大族，自己又是颇有造诣的儒者，其自言，四岁开始读书，八岁通《史记》、《汉书》，十一岁赋诗，世谓之"神童"，但他对民间流传的逸闻趣事和神仙传说却非常感兴趣。据藤原宗忠的日记《中右记》说，大江匡房晚年闭门不出，只要一有客来，就命他们讲些街谈巷议的杂事给他听，随手记录下来，作为素材，他创作的言谈集《江谈抄》，又以世间逸闻趣事为题材编著了《游女记》、《傀儡子记》、《洛阳田乐记》、《狐媚记》、《本朝神仙传》和《本朝列仙传》等作品。《本朝神仙传》介绍了日本的三十七位修仙者的事迹，可算是东亚道教的一本重要的神仙传记。

道教神仙信仰中所宣扬的通过辟谷、行气、服食，以追求即身成仙、不老不死的方法，后与日本佛教密宗相合流。如在《本朝神仙传》中，空海既能够修佛教的"入金刚定"，又具有与道教法术相类似的"形容不变，穿山顶，入地半里"的特异能力。空海在唐留学，主要学习真言宗的"即身成佛"的教义，吸取了西域佛教的"即身成佛"的思想、中国传统的生身观和道教的神仙不死的思想信仰，依据南朝道士陶弘景《真诰》中道教的"即身地仙"、"即身不死"的宗教哲学，将之作一体化的理解。② 空海返归日本后，宣扬"即身成佛"的教义，但"即身成佛"并非一蹴而就，而是

---

① 《江吏部集》中卷《人伦部》74，日本九州岛大学图书馆编藏松平文库照片复制本，第92页。
② 参见［日］福永光司：《道教と日本思想》，德间书店1985年版，第50—51页。

需要按次第循序渐进的，这就使注重身体修炼也成为日本真言宗（东密）的重要特色，空海也被视为仙人。真言密教将"即身成佛"作为立教修行的目标，其中有二层含义：其一是"即生"成佛，如《大日经》曰："于无量劫勤求，修诸苦行，所不能得，而真言门行道诸菩萨，即于此生而获得之"①；其二是"即身"成佛，其中包含了道教的即身成仙的不老不死、寿命延长的生命理想，但却采用完全不同的方法和修行次第。首先要"量功德智慧，具修诸行"，然后再通达显教，打好大乘基础，才能堪受密法。在学习密法前，要选择明师，得灌顶，坚守三昧耶戒（又称三摩耶戒），通过精修、圆满两种次第，时时处处事事三密相应，才能稳速得现证，即身定成佛！真言宗的"即身成佛"因有着理论和具体的修行方法，吸引了众多爱好者。随着密教真言宗在日本的流行，道教神仙信仰与修仙道教方术也被吸收融合进去了。

随着日本积极吸收中国的学术与文化，"和道教纠缠不清的阴阳五行思想，渐在日本流行"②。这种与道教相关的阴阳五行思想传入日本后，就受到朝廷的特别重视，如日本古代基本法典《大宝律令》中就规定，中务省下设置阴阳寮，其中聘用阴阳师、阴阳博士、阴阳生等。阴阳生以《周易》、《新撰阴阳书》、《黄帝金匮》和《五行大义》等为教科书，其中的阴阳五行思想虽然对推进道术在平安朝中的传播具有重要意义，但当时的日本人主要还是将道教视为"不死之神术"，这导致了日本人往往将道教习俗与佛教、阴阳道融合为一种带有迷信色彩的活动，而不是把它作为一种独立的宗教来加以看待。如日本学者西村真次（1879—1943）就认为："平安时代，道教习俗和佛教的俗说渐形普及，阴阳道也更加盛行，于是产生一种迷信，认为日月星辰的运行、地水火风的变异都和人类的命运有密切的关系。因此，冠婚丧祭等一切行事，都要请阴阳师占卜吉凶……当时的历术，主要也是为了定时日的吉凶，每月六、十二、十八、二十四四天，叫作'道虚日'，忌出行、迁徙、嫁娶、加冠、着袴等，正月的子、二月的午、三月的巳、四月的戌、五月的未、六月的辰等日，叫作'百鬼夜行日'，禁忌夜行……镰仓时代以后，此等迷信表面似有衰退的现象，那是因为武士中心的

① 《大日经》卷三《悉地出现品第六》，《大正藏》第 18 册，第 19 页。《大日经》全称《大毗卢遮那成佛神变加持经》，是中国密教与日本真言宗最主要经典，由善无畏、一行等译。
② 朱云影：《中国文化对日韩越的影响》，广西师范大学出版社 2007 年版，第 463 页。

时代，记录偏重军国大事，一般不甚注意，实则此等迷信更深深渗入民众生活了。到了江户时代，社会比较安定，于是像平安时代的阴阳、巫术、卜签又告盛行，依年月干支以定祸福吉凶的迷信又流行起来了……此等迷信的发生，固然未必全由于道教，显然还有其他因素，但汉唐以降中国民间所流行的道教信仰，织成此等迷信的经纬，却也是不容否认的事实。"① 在他看来，在日本社会中传播的道教主要表现为一种求福避灾的巫术迷信活动。

　　在平安朝，虽然大量的道书传入日本，但主要收藏在皇宫的冷泉院或贵族家的书库中，供一些王公贵族阅览与欣赏。例如，在平安朝前期的宇多天皇宽平年间（889—897），当时主持教育的长官藤原佐世（？—897）奉天皇敕命编撰《日本国见在书目录》就记载了当时在日本传播的汉籍。该目录模仿《隋书·经籍志》的体例，从易家到总集家共分 40 类，经史子集各部文献约有 1568 部，凡 17209 卷。② 其中记载的道书多达八十多种③。道书在《日本国见在书目录》中并没有作为专门的一类，而是分列于道家类、杂家类、五行家类和医方家类之中，这一做法是否也说明当时日本人还没有将道教作为一种独立的宗教来看待？

　　道教的医药养生书传入日本后也受到人们的特别重视。平安时代，日本社会中经常瘟疫流行，"据记载，9—10 世纪之二百年间，日本全国各地有60 次之疫病大流行。仅京都一地即曾有过 20 次之疱疮大流行，夺去很多人的生命。其他尚有痢疾、赤斑疮（麻疹）、福来病（流行性腮腺炎）、咳逆病（流行性感冒）、水痘等的流行，从现代医学角度观之，大概属于滤过性病毒或细菌性疾病。此外，又加上癫病患者，京都路上充斥倒卧的病人，尸体堆积如山，正如《方丈记》所见，人们以为疫病系触犯疫病神所致。因此，在京都四周修建疫神社以防疫病神入京，并请侵入之疫病神早日他迁。也有以为疫病是因冤魂作祟。"④ 各种流行性疾病导致人心惶惶。

---

① ［日］西村真次：《日本文化史概论》，转引自朱云影：《中国文化对日韩越的影响》，广西师范大学出版社 2007 年版，第 465 页。

② 参见严绍璗：《日本藏汉籍珍本追踪纪实》，上海古籍出版社 2005 年版，"著者叙说"第 7 页。

③ 一般记载都是六十多种，但笔者经过阅读研究，认为《日本国见在书目录》所列道书有八十多种。

④ ［日］丹波康赖撰，高文铸等校注：《〈医心方〉校注研究本》，华夏出版社 1996 年版，第664 页。

984 年，医术精湛的丹波康赖（912—995）向天皇朝廷献上自己所编写《医心方》三十卷。该书虽然是根据中国隋代著名医学家巢元方的《诸病源候论》①编成，但却是为了建立适合日本气候风土、适合日本人性格和身体健康的日本医学。《医心方》受道教文献的影响，比较偏重于养生保健和性医学（房中术），后成为日本宫廷医学之秘典，推动了日本医学的发展。

从总体上看，佛教在平安朝的发展尤为迅速，出现了一种具有日本特色的"本地垂迹说"，宣扬日本神道教所崇拜的天照大神就是大日如来佛的化身。佛陀在印度为佛，为了普度众生，才化身为诸神，垂迹于日本的，因此神和佛本来就是同一的。这种将神归于佛的说法，为神道教接纳佛教开辟了理论道路。而此时的道教在日本的传播之所以不能像佛教那样地流行，这与神仙信仰在日本固有的神道信仰与民间习俗中有着相当密切的关系。

五、弘法大师空海与道教

随着佛教的日本化潮流，道教的"即身成仙"信仰也被日本佛教主要宗派之一真言宗所融会吸收。生活于平安朝的空海是日本历史上最富有创造性贡献的佛教高僧之一，这与他年轻时入唐求法，从中国密教大师惠果受学胎藏、金刚二界密法，回国后开创真言宗有关。据守山圣真于昭和八年（1933）发表的《文化史上すり见たる弘法大师传》序中说，在日本文化史上"传其事者多至六百五十余种"，其在日本的影响由此可见一斑。值得研究的是，中国道教早在唐密之前就传入日本，道教的神仙信仰也为日本人所瞩目，空海在入唐学习之前，曾撰《三教指归》来论证儒佛道三教之异同，但道教并未作为一种独立的宗教在日本立足，更未能像东密那样发展为带有日本民族文化色彩的佛教宗派。这是否与空海将"即身成佛"作为立教修行的目标而掩盖了道教的"即身不死"的信仰有关？若将空海置于中国唐密与日本东密的关系中，探讨空海如何通过对"即身成佛"的阐发，来适应日本人的信仰方式和精神需要，从而在日本推动了唐密向东密的转化的，也许能够更好地理解道教在日本传播所遭遇的阻力与困境。

---

①　巢元方的《诸病源候论》50 卷，共 67 门，记载疾病症候 1739 条，分别论述了内、外、妇、儿、五官等各科病，是中国医学史上第一部系统总结疾病的病因、病理、症候的著作，对唐宋医学的发展产生了巨大的影响。

空海（774—835），赞岐国多度郡人，自幼聪慧，人称"神童"，十五岁即随外舅二千石阿刀大足赴京师奈良学习中国文化，精研《论语》、《孝经》及史传，兼习辞章。十八岁出入京都，游太学，入明经科，学习《毛诗》、《尚书》、《春秋左传》，博览经史，尤喜佛书。二十岁时，空海拜槙尾山石渊寺僧勤操为师，落发为僧。勤操将中国密宗开创者善无畏所译的《虚空藏菩萨求闻持法》一卷授予空海。空海欢喜顶受。二十二岁时，于奈良东大寺受具足戒。据说，空海曾在佛前发誓愿曰："吾从佛法，常求寻要，三乘五乘，十二部经，心神有疑，未以为决。唯愿三世十方诸佛，示我不二。"① 一心祈感，受梦托而于高市郡久米道场东塔下寻得《大毗卢遮那经》②，"披卷看阅，凝滞居多，自兹志远游"③，于是有入唐求法之志。

当时，中国的儒佛道三教在日本都已有所传播。日本桓武天皇延历十六年（797），空海曾站在佛教的立场上，著《三教指归》，借评判儒佛道三教的优劣，以明自己的学佛之志。《三教指归》又名《聋瞽指归》，"被誉为日本第一部具有独创思想的著作"④，全书共分三卷，上卷写儒教，中卷写道教，下卷写佛教。空海认为："圣者驱人，教网三种，所谓释、李、孔也，虽浅深有隔，并皆圣说。若入一罗，何乖忠孝。"⑤ 但他同时又认为，只有佛教才是最优胜的。空海假设了儒道佛各有一位代表人物：儒客龟毛先生、道者虚亡隐士和佛僧假名乞儿，此三人虽然都劝导主人"不缠教诱，虎性暴恶"的侄子"蛭牙公子"改邪归正，但立场与观点却不相同。空海通过比较儒佛道三教旨趣之异同，借佛僧假名乞儿之口说：

吾今重述生死之苦源，示涅槃之乐果，其旨也则姬孔之所未谈，老庄之所未演；其果也则四果、独一所不能及，唯一生十地渐所优

① ［日］成尊：《真言付法纂要抄》，《大正藏》第77册，第418页中。
② 即中国密教与日本真言宗的主要经典《大日经》，全称《大毗卢遮那成佛神变加持经》。
③ ［日］师炼：《元亨释书》，蓝吉富主编：《大藏经补编》第32册，华宇出版社1986年版，第177页上。
④ 严绍璗、［日］源了圆主编：《中日文化交流史大系（3）·思想卷》，浙江人民出版社1996年版，第44页。
⑤ ［日］空海：《三教指归》卷上，《日本古典文学大系》第71册，岩波书店1977年版，第85页。

游耳。①

认为大乘佛教在三教中具有至高无上的地位，既表明了空海自己学佛的信心，也反映出当时中国的儒佛道三教关系在日本也有所体现：在思想文化界，儒家的忠孝，得到了广泛的重视，佛教在认同儒家伦理的同时，为了抬高自己，也贬低儒家，批判道教。"在空海当时的日本大学，道教受到排斥而不能学习。……而空海却熟读道教典籍，理解其思想，并在自己的思想体系中给其定位。"②

日本学者福永光司曾仔细研究《三教指归》所引用的经典，发现其中借鉴了唐法琳《辨正论》、玄嶷《甄正论》等中国佛教著作中的三教观，模仿了汉代司马相如《子虚上林赋》和南朝梁萧统编《文选》的表达方法，引用了唐代类书《艺文类聚》、《初学记》的内容，还吸取许多道书，如《老子》、《庄子》、《淮南子》、《列子》、《列仙传》、《抱朴子内篇》、《本草经》、《黄帝内经素问》中的思想。③ 空海在文中将儒佛道三教的人物刻画得栩栩如生，如依照老子来描绘虚亡隐士的容貌和思想，并对道教的"不死之妙术"、"长生之秘诀"作了生动细致的介绍。④ 空海《三教指归》的写作，表现了他对中国儒佛道三教基本内容的了解，反映了他对佛教的信仰是在比较了三教之后的慎重选择。在他看来，中国佛教，特别是密教，远胜于儒教和道教。此后，空海又研习了佛教的俱舍、成实、三论、法华等佛典，并努力学习唐音汉籍，为入唐学习做准备。

在空海三十岁那年，入唐学习的机会终于来了。贞元二十年（804），空海随藤原葛野麻吕大使、石川道益副使等带领下的日本第十七次遣唐使团渡海赴唐。随船的还有留学僧最澄、留学生橘逸势。他们在八月抵达中国福州长溪县，在赤岸镇海口登陆，受到福州观察使的接待，后改走陆路，一路

---

① ［日］空海：《三教指归》卷上，《日本古典文学大系》第71册，岩波书店1977年版，第139页。
② ［日］静慈圆：《日本密教与中国文化》，文汇出版社2010年版，第72页。
③ 参见［日］福永光司：《空海における汉文の学——"三教指归"の成立をめぐつて》，福永光司编集：《最澄·空海》，中央公论社1977年版。
④ 参见［日］增尾伸一郎：《日本古代の知识层と〈老子〉》，载［日］野口铁郎编：《道教与日本》第二卷《古代文化の展开と道教》，雄山阁1997年版，第119页。

辗转，于当年十二月到达长安。

空海来到唐都长安后，在宣阳坊官宅安置下来。当时长安是中国佛教重镇，佛寺众多，宗派林立。空海开始遍游诸寺，访师参学，直到次年六月的一天，才与西明寺志明、谈胜等一起前往青龙寺东塔院参谒惠果阿阇梨（导师），正式学习密教。

密教起源于印度，本是 7 世纪以后印度大乘佛教的一些派别与婆罗门教-印度教相结合的产物，传入中国后，在当时唐都长安发展成中国佛教的一个宗派，称"密宗"，也称"唐密"、"秘密教"、"真言教"、"金刚乘"等。由于自称受法身佛大日如来深奥秘密教旨的传授，为"真实"言教，这种真言奥秘若不经灌顶（入教或传法仪式）和秘密传授，不得任意传习及显示于人，因而得名。又由于密教修习三密相应（瑜伽），即手结印契（身密）、口诵真言秘咒（口密）、心中观想大日如来（意密）以与大日如来的"三密"相应，实现"即身成佛"，故又称"瑜伽密教"。密教进入中国后，它的"这种'即身说'和道教的'人道合一'思想有着极为相似的地方"①，在唐宋时期吸取了中国道教某些斋醮科仪，再与佛教显宗相结合，在民间社会得到传播。空海的密教思想是对惠果的继承和发展，而惠果则同时受传开元三大士所传的金刚界和胎藏界密法。

一般认为，有关"杂密"的思想和实践早在三国时代就已经从印度和西域传入我国②，两晋南北朝时许多印度和西域来华的僧人，也都精于咒术和密仪，例如佛图澄"善诵神咒"，昙无谶"明解咒术"，等等。但"纯密"在我国得到弘传并进而形成佛教宗派的，则始于善无畏、金刚智和不空等人。

唐玄宗开元四年（716），八十岁高龄的善无畏（637—735）携梵本《大日经》经西域来到长安，受到唐玄宗的礼遇，"饰内道场，尊为教主，自宁、薛王已降皆跪席捧器焉。宾大士于天宫，接梵筵于帝座，礼国师以广成之道，致人主于如来之乘，巍巍法门，于斯为盛"。③ 善无畏先住兴福寺，

---

① 黄心川：《道教与密教》，载《东方佛教论》，中国社会科学出版社 2002 年版，第 60 页。
② 我国一般将《大日经》与《金刚顶经》的出现作为"纯密"独立的标志，在此之前的称为"杂密"。
③ 《宋高僧传》卷二《善无畏传》，《大正藏》第 50 册，第 715 页。

后住西明寺，开元五年（717），奉诏于菩提院译经。开元十二年（724），又随驾入洛阳，复奉诏于福先寺译经，在弟子一行的协助下，译出了后成为密宗"宗经"的《大日经》。一行（673—727）随善无畏学密法，不仅助译了《大日经》，而且作有《大日经疏》二十卷，此为《大日经》最著名的注释，也是密教的重要著述。善无畏和一行主要传授胎藏界密法。

开元八年（720），南印度密教高僧金刚智（669—741）携其弟子不空（705—774）经南海、广州而抵洛阳，大弘密法，后至长安，传入的《金刚顶经》由不空译出，后也成为密宗所依的主要经典之一。金刚智在两京也受到礼遇，圆寂后唐玄宗敕赐"国师"称号，是为密宗五祖。其弟子不空是中国佛教史上的"四大译师"之一，曾在金刚智死后奉师遗命赴印度和师子国（今斯里兰卡）学习密法，广求密藏，天宝五年（746）返回长安后，奉诏入宫，建立曼荼罗，即密教道场，为玄宗灌顶，并开坛广为四众授法，使密教在唐都长安传播开来。不空历玄宗、肃宗和代宗三朝，与朝廷结纳颇深，多次受赐封号，为密宗六祖。他与金刚智主要弘传金刚界密法。

胎藏界和金刚界两部密法传入中国后不久，即相互传授，融为一体。经善无畏、金刚智的弘传，当时两京从之灌顶问法者甚众，再经不空的大力传布，形成了一个以修持密法为主的中国佛教宗派——密宗。善无畏、金刚智和不空均于开元年间来华，都曾被帝王迎入宫内，并为之设内道场，包括皇帝本人在内的王室成员纷纷从之灌顶受法，礼为国师。他们共同推动了密教在中国的传播，故世称"开元三大士"。

惠果（752—805）继承发扬"开元三大士"的传统，既上承善无畏及其弟子一行所传授的胎藏界密法，同时也接续了金刚智与不空所弘传的金刚界密法。他九岁就向不空的弟子昙贞学佛经，十七岁时随昙贞入内道场，后受不空三藏的器重，依不空入坛灌顶，师事不空二十余年，成为"大兴善寺大广智不空三藏之付法弟子"[1]，并成为密宗七祖。他在尽学不空所传金刚界密法的同时，又从善无畏弟子玄超受胎藏界密法。他把善无畏所传的胎藏界密法和不空所传的金刚界密法融会在一起，建立了"金胎不二"思想。认为金刚界之智德和胎藏界之理德作为金胎两部，以形象观之，可谓之胎，

---

① ［日］空海：《御请来目录》，《大正藏》第 55 册，第 1060 页。

依作用视之，却又是金。它们各有所诠，分别对立，却是二而不二的。这一颇有哲学内涵的思想对空海影响很大，并为后来空海所创的日本东密所坚守。

虽然密宗在唐代曾一度成为王公贵族信奉的热门，但由于密教的理论与修持方法在许多方面与汉族的文化传统及伦理习俗不合，因而不空以后，密宗在汉族地区仅数传而已。唐会昌年间（841—846），武宗灭佛，大兴善寺及青龙寺等唐密寺院的建筑被毁，僧人被勒令还俗。唐密在汉族地区很快就衰落了，但它通过空海回国后开创日本真言宗，至今在日本、韩国及东南亚传承不绝。空海所开创的真言密宗因以平安（今京都）东寺为根本道扬和传布基地，故又称东密。

空海在入唐之前就学习了《虚空藏菩萨求闻持法》，熟读了《大日经》，入唐后，又在长安广泛参学，学问日益精进。后"幸遇青龙寺灌顶阿阇梨法号惠果和尚，以为师主"①。据说惠果乍见空海，就含笑欢喜告曰："我先知汝来，相待久矣，今日相见太好。报命欲竭，无人付法，乃至今则授法有在。"② 空海拜惠果为师后，"学两部之大法，习诸尊之瑜伽"③。贞元二十一年（805）六月十三日，惠果"于长安城青龙寺东塔院灌顶道场，入学法灌顶台。是日，临大悲胎藏大曼荼罗，即沐五部灌顶，受三密加持。从此以后，受胎藏之梵字仪轨，学诸尊之瑜伽观智。七月上旬，更临金刚界大曼荼罗，受五部灌顶。八月上旬，亦受传法阿阇梨位灌顶。是日设五百僧斋，普供四众。青龙大兴善等供奉大德等，并临斋筵，悉皆随喜"④。真言密教中的"灌顶"，既是真言密教修道之根本，也是修行者在历经了入信、学法、付法后，最终自行圆满得证佛果的加持仪式。空海在《秘藏记》⑤中曾对"灌顶"的意义作了记载和说明：

---

① ［日］空海：《御请来目录》，《大正藏》第 55 册，第 1060 页。
② ［日］宥快：《宝镜钞》，《大正藏》第 77 册，第 848 页。
③ ［日］成尊：《真言付法纂要抄》，《大正藏》第 77 册，第 418 页。
④ ［日］成尊：《真言付法纂要抄》，《大正藏》第 77 册，第 418 页。
⑤ 《秘藏记》略本一卷，广本二卷。收于《大正藏》第 86 册。相传系日僧空海由其师惠果阿阇梨之口说而笔记者，其著作年代不详。内容为有关密教口诀（口传），约有一百条目，系解说密教事相（行法）、教相（教理）之杂录（《佛光大辞典》书目文献出版社据台湾佛光山出版社 1989 年第五版影印本，第 4268 页）。

灌顶义，灌者诸佛大悲，顶者上之意。菩萨初地乃至等觉，究竟迁妙觉时，诸佛以大悲水灌顶，即自行圆满得证佛果，是顶义也。诸佛大悲是灌义，世人皆以幡号灌顶，是以幡功德，先为轮王后终成佛，以到佛果名为灌顶。是故知以果名因也，若然者，从因至果，其间一切功德莫不灌顶。又于灌顶有三种：一摩顶灌顶，诸佛摩顶授记；二授记灌顶，诸佛以言说授记；三放光灌顶，诸佛放光令被其人得益。①

空海在接受灌顶后，惠果赠予他"遍照金刚"之法号。空海成为真言宗第八祖。

空海拜惠果为师后，努力学习梵文，废寝忘食地抄写密教经文和曼荼罗。可是"真言秘藏，经疏隐密，不假图画，不能相传"②，为了使空海更好地掌握密教大义，惠果就唤绘画高手李真等一十余人，"图绘胎藏金刚界等大曼荼罗等一十铺，兼集二十余经生，书写金刚顶等最上乘密藏经，又唤供奉铸博士杨忠信、赵吴，新造道具一十五事"③。在绘图写经这些事情渐有成果后，惠果觉得自己在尘世上的缘分已尽，不能久住，于是就将密教的经论法器等传给空海，并希望空海能将它们与"两部大法"一起带回日本，"早归乡国，以奉国家，流布天下，……传是东国，努力努力！"④ 不久，惠果和尚即"兰汤洗垢，结毗卢舍那法印，右胁而终"⑤。

空海在失去一位良师后，受众人之托，怀着悲痛崇敬的心情写了一篇很长的碑文，叙述了唐密的地位及惠果向自己传法的经过。其中写到惠果在临终前对自己嘱咐："汝未知吾与汝宿契之深乎。多生之中，相共誓愿，弘演密藏，彼此代为师资，非只一两度也。是故劝汝远涉，授我深法，受法云毕，吾愿足矣。汝西土也接我足，吾也东生入汝之室。莫久迟留，吾在前去也。窃顾此言，进退非我能，去留随我师。"⑥ 展现了惠果殷切期望空海能

① ［日］空海：《秘藏记》，《大正藏》第 86 册（图像部一），第 8 页。
② ［日］成尊：《真言付法纂要抄》，《大正藏》第 77 册，第 418 页。
③ ［日］成尊：《真言付法纂要抄》，《大正藏》第 77 册，第 418 页。
④ ［日］成尊：《真言付法纂要抄》，《大正藏》第 77 册，第 419 页。
⑤ ［日］成尊：《真言付法纂要抄》，《大正藏》第 77 册，第 419 页。
⑥ ［日］空海：《大唐神都青龙寺故三朝国师灌顶阿阇梨惠果和尚之碑》，《全唐文补遗》第 5 辑，三秦出版社 1998 年版，第 5 页。

够将唐密传入日本的强烈愿望。惠果既是唐密最后的祖师，也成为日本真言宗东密的高祖。而空海的"去留随我师"则表明他已决定奉师之命回国传真言密教。

空海入唐两年，受到了帝王的礼遇，本想留在长安多学些中国佛法，但惠果指示他回国传教，故在师父辞世后不久，即于日本大同元年（806）八月，随遣唐使团归国。十月抵达博德（今福冈市）后，空海马上向天皇呈上《新请来经等目录表》："请来经律论疏章传记，佛菩萨金刚天等像，三昧耶曼荼罗，法曼荼罗，并传法阿阇梨等影，及道具并阿阇梨付嘱物等目录。"[①] 其中有新译经一百四十二部二百四十七卷，梵字真言赞等四十二部四十四卷，论疏章等三十二部一百七十卷，共计二百十六都四百六十一卷。[②] 这些经律论疏和佛像法物，推动了日本真言宗逐渐形成。

嵯峨天皇即位后（809），诏日本佛教诸宗论义，空海作《即身成佛义》表达密教观点，诸家争折之。空海在论辩中机智敏捷，但天皇却半信半疑说："义虽玄极，朕思见证。"空海"即入五藏三摩地观，忽于顶上涌五佛宝冠，放五色光明，威容赫如也。上即离御榻作礼，群臣皆起拜。时三论之俊道昌、唯识之髦源仁、华严之英道雄、天台之杰圆澄皆竖降旗"[③]。空海在挫败诸宗，声名大振后，积极倡导以佛教护国。弘仁元年（810），天皇敕准空海于高雄山寺讲修《仁王护国经》，开真言院，建灌顶堂，"把真言宗传到奈良六宗所在地区奈良"[④]。弘仁七年（816），空海在高野山（今和歌山县）创建金刚峰寺作为真言宗道场。823 年，刚即位的淳和天皇诏赐建京都东寺为密教永久根本道场。825 年，空海在高野山金刚峰寺真言堂"入定"，世寿六十二，世称高野山大师，或野山大师，天皇赐谥号"弘法大师"。空海从三十三岁回国到六十二岁"入定"，三十年间在日本建坛修法，建东寺讲堂、开种智院，大力弘扬密教，前后为数万人授灌顶，开创的日本佛教真言宗，相对于传教大师最澄及圆仁、圆珍所传的天台宗

①　［日］空海：《大唐神都青龙寺故三朝国师灌顶阿阇黎惠果和尚之碑》，《全唐文补遗》第 5 辑，三秦出版社 1998 年版，第 4 页，

②　具体的经目请参见空海：《御请来目录》，《大正藏》第 55 卷，第 1060—1068 页。

③　［日］师炼：《元亨释书》，蓝吉富主编：《大藏经补编》第 32 册，华宇出版社 1986 年版，第 177 页。

④　杨曾文：《日本佛教史》，人民出版社 2008 年版，第 125 页。

之"台密"而称为"东密",又称东寺流。"空海是唐密的集大成者,而且在日本又得到天皇及社会各界的护持,因此乃能使这一传承在日本大放光芒。"①

空海作为"大日本国密教根本法师",大力倡导"即身成佛"的教义。福永光司在《空海と日本》一文中认为,空海在唐留学,学习了唐密的"即身成佛"的教义,吸取了西域佛教的"即身成佛"的思想、中国传统的生身观和道教的"即身不死"信仰,如南朝道士陶弘景《真诰》中提出的"即身地仙"②,是具有宗教意味的"即身"一词的最古文献资料,早于空海所著《即身成佛义》约二百年。③ 在日本的《本朝神仙传》中,空海被描绘成既能够修密教的"入金刚定",又具有与道教法术相类似的"形容不变,穿山顶,入地半里"的特异能力,被日本人视为仙人。平安朝,道教的"即身不死"的神仙信仰已为日本人所瞩目,但道教并未能以一种独立的宗教姿态在日本得到发展,原因当然是很多,如遣唐使对道教的排斥、日本朝廷不用"仙道"等,这是否还与空海以佛统摄儒道,将"即身成佛"作为东密立教修行的目标而掩盖了道教的"即身不死"的信仰有关?

空海在中国学习汉、梵两种语言,具备了相当的中文能力,在充分汲取了最新流行的密教后才归国。"空海传来了中国中央地区最新的教义"④,回日本后致力于密教的理论建设,以《大日经》和《金刚顶经》为根本经典,著有《秘密曼荼罗十住心论》十卷、《即身成佛义》一卷、《辨显密二教论》二卷、《秘密宝轮》三卷、《声字实相义》一卷、《吽字义》一卷、《御遗告》一卷等。在此过程中,空海融入道教的神仙信仰与修仙道术,宣扬"修真言行者,以三密为门,即身成佛"⑤。"即身成佛"并不意味着改变肉体生命的形式,而是依五蕴和合之色身,通过修炼,使有生死的凡夫当体成

---

① 蓝吉富:《认识日本佛教》,全佛文化事业有限公司2007年版,第53页。
② 陶弘景曰:"好道信仙者,既有浅深轻重,故其受报亦不得皆同:有即身地仙不死者;有托形尸解去者;有既终得入洞宫受学者;有先诣朱火宫炼形者;有先为地下主者,乃进品者;有先经鬼官,乃仙化者;有身不得去,功及子孙,令学道,乃拔度者。诸如此例,高下数十品,不可一概求之。"《真诰》卷一六,《道藏》第20卷,第583页。
③ 〔日〕福永光司:《道教と日本思想》,德间书店1985年版,第48页。
④ 〔日〕末木文美士:《论日本引进中国"江南佛教"出现的变形现象》,《日本研究》2011年第2期。
⑤ 〔日〕空海:《真言宗即身成佛义》一卷,《大正藏》第77册,第387页。

为正知正觉的佛，故曰即身而不曰即心。在《即身成佛义》中有偈颂曰：

> 六大无碍常瑜伽，四种曼荼各不离。三密加持速疾显，重重帝网名即身。法然具足萨般若，心数心王过刹尘。各具五智无际智，圆镜力故实觉智。①

此偈颂究竟为谁所作，学术界尚有争议，或认为系唐惠果所造，或认为是由真言八祖相传而来，或认为是空海自作颂文，吕建福认为："无任何根据来证明出自惠果或真言八祖相传而来，实则属空海自作自释，自圆其说。"② 此说有一定的道理。但笔者细读了《即身成佛义》，感觉对作者的争议，并不影响对空海思想的理解，因为空海主要是通过对此偈颂的解释来发挥自己思想的。空海在解释时说："此二颂八句以叹即身成佛四字，即是四字含无边义，一切佛法不出此一名句。"③ 他认为，颂文分两部分："前一颂通过表体、相、用、无碍来解说"即身"；后一颂四句"初举法佛成佛，次表无数，三显轮圆，后出所由"④ 是解说"成佛"。空海强调，此偈颂的"即身成佛义"是依"《大日经》与《金刚顶经》及《菩提心论》等真言经论"而立⑤，其他显教并不如此说："龙树《菩提心论》曰：唯真言法中，即身成佛故。是说三摩地法。于诸教中阙而不书也。"⑥ 这就突出了"即身成佛义"的秘密性。但密教与显教在成佛求解脱的根本问题上却是完全一致的，如《大日经》中所说："积集无量功德智慧，具修诸行无量智慧方便，皆悉成就，天人世间之所归依。"⑦

空海在六大（体）、四曼（相）、三密（用）的三大圆融无碍之上建立四种曼荼罗，使东密围绕着"即身成佛"来建构本宗的教义理论体系，以适应平安朝日本人的精神需要，推进了唐密向东密的转化。

---

① ［日］空海：《即身成佛义》，《大正藏》第 77 册，第 381 页。
② 吕建福：《中国密教史》，中国社会科学出版社 1995 年版，第 388 页。
③ ［日］空海：《即身成佛义》，《大正藏》第 77 册，第 381 页。
④ ［日］空海：《即身成佛义》，《大正藏》第 77 册，第 381 页。
⑤ 参见《真言宗即身成佛义》一卷，《大正藏》第 77 册，第 387 页。
⑥ ［日］空海：《真言宗即身成佛义问答》一卷，《大正藏》第 77 册，第 399—400 页
⑦ 《大毗卢遮那成佛神变加持经》卷三《悉地出现品第六》，《大正藏》第 18 册，第 3 页。

　　第一，空海依据《大日经》、《金刚顶经》思想，从本体论的角度将"六大"作为法界之体性。"六大"亦称"六界"，这在《阿含经》中就已有提出："云何六界法？我所自知自觉为汝说：谓地界、水、火、风、空、识界。"① 但以"六大"来说法界之体性以发挥"即身成佛义"，却是空海依《大日经》和《金刚顶经》等密典而做的创造性的发挥。他说："六大法界体性所成之身，无障无碍互相涉入相应，常住不变同住实际，故颂曰：六大无碍常瑜伽。解曰：无碍者涉入自在义，常者不动不坏等义，瑜伽者翻云相应，相应涉入即是即身成佛义。"② 这与中国密教一般认为"六大能生一切"，从缘起论的角度将其作为支撑现象界的内缘生，即内在条件和基本因素是有所不同。空海作了具体解释：

　　　　此六大能生。见非见者欲色界无色界。下如文。即是所生法。如此经文皆以六大为能生，以四法身三世间为所生。此所生法，上达法身下及六道，虽粗细有隔大小有差，然犹不出六大。故佛说六大为法界体性。

　　　　诸显教中以四大等为非情，密教则说此为如来三摩耶身。四大等不离心大。心色虽异，其性即同。色即心，心即色，无障无碍。智即境，境即智，智即理，理即智，无碍自在。虽有能所二生，都绝能所。法尔道理，有何造作。能所等名皆是密号，执常途浅略义，不可作种种戏论。③

正因为六大既是法界之体性，又是法界之本身，既是能生，又是所生，六大与法界，佛与众生，相应相涉，所以众生即身就能成佛，只要依此胜义修，就能"现证佛菩提"，"现世得成无上觉"④。空海回国以后对"即身"成佛的大力强调和突出发挥，在一定意义上包容或遮蔽了道教"即身"不死的信仰，应该说会对道教信仰在日本的传播产生一定的抵消作用。

---

① 《中阿含经》卷三《度经》，《大正藏》第1册，第435页。
② ［日］空海：《即身成佛义》，《大正藏》第77册，第382页。
③ ［日］空海：《即身成佛义》，《大正藏》第77册，第382页。
④ ［日］空海：《即身成佛义》，《大正藏》第77册，第381页。

空海还进一步将"六大"纳入众生心中,他说:"阿字诸法本不生义者即是地大,缚字离言说谓之水大,清净无垢尘者是则啰字火大也,因业不可得者诃字门风大也,等虚空者欠字字相即空大也,我觉者识大。因位名识,果位谓智,智即觉故。"[1] 这也与显教所主张的"四大皆空"有所不同。显教将世界万物与人之身体皆看作由地、水、火、风之四大和合而成,皆虚妄不实,修行者若能了悟四大皆空,才可觉悟万物皆由因缘而起之真谛,由此显教倡导真如、法性、一心、真谛等思想。空海则从"六大"为万有之本体、法界之体性出发,强调"彼身即是此身,此身即是彼身。佛身即是众生身,众生身即是佛身。不同而同,不异而异"[2]。佛是六大,众生也是六大。六大无碍,心佛众生三无差别。众生之识与诸佛之智,皆依"六大"。转识为智,智即觉。故众生修持密法,觉悟成佛,即"即身成佛"。空海的东密"依地、水、火、风、空、识之六大,建构成一套内含法尔六大与随缘六大、二者不即不离的本体论"[3]。空海所说的即身成佛,不仅是指"六大"相应、相涉、相入的和谐存在,而且也是指人心中所感受到的自身生命赖以存在的本质。

第二,空海以"六大"之"体大","四曼"之"相大",再加上因佛的三密加持"速疾显现"之"用大",为"即身成佛"进行宗教论证。特别是他所说的"重重帝网名即身",是以重重帝网交替有序来比喻诸佛刹尘三密圆融无碍的道理,由此他对"身"作了多重解读:"身者,我身、佛身、众生身是名身。又有四种身,言自性受用变化等流是名曰身。又有三种字印形是也。如是等身,纵横重重,如镜中影像灯光涉入,彼身即是此身,此身即是彼身,佛身即是众生身,众生身即是佛身。"[4] 东密将"即身成佛"作为立教修行的目标,包含有两层含义。其一是"即生成佛",《大日经》曰:"于无量劫勤求,修诸苦行,所不能得,而真言门行道诸菩萨,即于此生而获得之。"[5] 其二是"即身成佛",《大日经》曰:"不舍于此身,逮得

---

① [日]空海:《即身成佛义》,《大正藏》第77册,第382页。
② [日]空海:《即身成佛义》,《大正藏》第77册,第383页。
③ 蓝吉富:《认识日本佛教》,全佛文化事业有限公司2007年版,第58页。
④ [日]空海:《即身成佛义》,《大正藏》第77册,第383页。
⑤ 《大毗卢遮那成佛神变加持经》卷三《悉地出现品第六》,《大正藏》第18册,第19页。

神境通，游步大空位（指法身位），而成身秘密。"① 空海所说"即身成佛"，说的是父母所生之肉身即能证佛之究竟果位："若人求佛慧，通达菩提心，父母所生身，速证大觉位。"② 这不同于道教的"即身地仙"、"即身不死"，是以"本具诸法实相身曰即身成佛"③。从大日佛与世界、与众生融通相涉出发，追求身口意三密成就，如实证得"现世成佛"。空海的《即身成佛义》发挥说："问：重重帝网名即身者，其意如何？答：如帝网一珠影能现一切珠内，一切珠影能现一珠内，互相涉入重重。我身法身，能入一切法身。一切法身，能入我身法身。重重涉入，故名重重帝网名即身。"④ 但这种教义表面上却又与道教的"即身地仙"有相似性，都是肉身不死而实现解脱。东密将六大缘起、圆融无碍的哲学思辨通俗化为即色而真、即身成佛的宗教教义，降低了理论思辨性，再加入道教的神秘符咒，却得到了日本民众的广泛信奉。如日本学者妻木直良就认为，平安朝传入日本的道术符咒类的道教要素被纳入密教的体系，以阴阳道的名义在民间得到了传播。⑤

第三，空海还从胎藏界与金刚界的互涉互融、相互依存的思想出发，倡导"金胎不二"的曼荼罗。密宗主张，宇宙万有都是大日如来的显现，表现其"理性"（即本有的觉悟，真如佛性，为成佛之因）方面的称胎藏界，因它具足一切功德而又隐藏在烦恼之中，故称"胎藏"；表现其"智德"（大日如来的"智"是修证之"果"，属于断惑所得的觉悟，是自行修证而来）方面的称金刚界，因能摧毁一切烦恼，故名。⑥ 唐密传入日本后，对于金胎两部、生佛、因果、迷悟等法相，以最澄为代表的台密主张两部而二，故于两部之外另立苏悉地部（意为妙成就法）来融合金胎两部；以空海为代表的东密则主张两部不二，乃将金刚界之智德与胎藏界之理德合为一体，谓理智为一法之两面，离"理"智即不存，离"智"理即不存，理智冥合

---

① 《大毗卢遮那成佛神变加持经》卷三《悉地出现品第六》，《大正藏》第 18 册，第 21 页。
② 《金刚顶瑜伽中发阿耨多罗三藐三菩提心论》，《大正藏》第 32 册，第 574 页。
③ 太虚：《论即身成佛》，载张曼涛主编：《现代佛教学术丛刊》第 73 册，大乘文化出版社 1979 年版，第 156 页。
④ ［日］空海：《真立宗即身成佛义》一卷，《大正藏》第 77 册，第 388 页。
⑤ 参见［日］妻木直良：《日本に于ける道教思想》，载［日］野口铁郎编：《道教与日本》第二卷，《古代文化の展开と道教》，雄山阁 1997 年版，第 54 页。
⑥ 参见洪修平：《中国佛教文化历程》，江苏教育出版社 2005 年版，第 193 页。

而不可分，这从现藏于东寺中的《两界曼荼罗图》也可见一斑。空海在京都东寺（今教王护国寺）所建曼荼罗灌顶堂的形式，与长安青龙寺慧果所置灌顶道场有直接联系。① 现藏于东寺中的《两界曼荼罗图》，据说就是当年惠果指示李真图绘，后由空海带入日本的。该图依"金胎不二"之教义，以紫绫作底，金泥银泥描绘两界：一曰金刚界曼荼罗，具密教之世界观，灌顶时用；二曰胎藏界曼荼罗，显众生本具理性；前者说差别相之世界，后者说平等相之世界。② 这幅日本平安时代初期绘制的绢本着色的稀世珍品《两界曼荼罗图》，现在虽已绢破色落，但却以图画的形式表达了两界曼荼罗之深意，反映了空海在日本传播的东密与唐密的联系。同时，也使修习密法更具浓厚的神秘色彩，"它以极端的象征性仪式，演绎出无比庄严的气氛，使参加仪式的人们对其抱以无尚崇敬的心情"③。

第四，空海根据唐密的"即身成佛义"，提出三种成佛论——"理具成佛"、"加持成佛"和"显得成佛"：

> 问云：理具乃至显得即身成佛意如何？答：一切众生自心中金刚、胎藏曼荼罗，远离因果法然具，云理具即身成佛也。由三密加持自身本有三部诸尊速疾显发，故云加持即身成佛也。三密修行已成就，故即心具万行，见心正等觉，证心大涅槃，发起心方便严净心佛国。从因至果，以无所住住于其心，如实觉知名显得即身成佛也。④

所谓"理具成佛"之"理"即一切众生都由五大（地水火风空）构成，属胎藏界；心为识大，属金刚界，此为修行的基础。一切众生自心中具有金刚、胎藏两部曼荼罗之体，若远离因果，法然具足，即为理具即身成佛。"加持成佛"指在修行的过程中，由三密加持，在自身显出本具之佛。"显得成佛"是依据"用大"使身口意三密相应，在完成修行时，可显现佛性

---

① 参见傅熹年主编：《中国古代建筑史》第二卷，建筑工业出版社 2001 年版，第 487 页。

② 参见戴蕃豫：《唐代青龙寺之教学与日本文化》，载张曼涛主编：《现代佛教学术丛刊》第 81 册，大乘文化出版社 1978 年版，第 84 页。

③ ［日］上垣外宪一：《日本文化交流小史》，武汉大学出版社 2007 年版，第 99 页。

④ ［日］空海：《即身成佛义》，《大正藏》第 77 册，第 395 页。

圆满，达到最高修行果位：

> 以手作印契起如来事业时，自身本有佛部诸尊，以身为门速疾显矣。以口诵真言开声字实相时，自身本有莲华部诸尊，以语为门速疾显号。以意观满月轮见真净菩提心时，自身本有金刚部诸尊，以意为门速疾显也。所以云，即身具三密万行证三密菩提也。①

这种法身当体内证之德，在凡夫尚未认识之前，因幽深难测而难以显现它的作用，故称为"密"。空海将三密相应，修行圆满具足，于心中开显内证自身本有的三部——佛部、莲花部、金刚部之无量功德，证得十界平等之佛身。只要三密相应，修行如法，即使是父母所生的凡体肉身，也可能成佛，故曰："父母所生身，速证大觉位"，这就使注重身体修炼成为东密的重要特色。若离开身体修炼的基础条件，"即身成佛"就会成为镜中月、水中花。空海倡导的"即身成佛"比道教的"即身不死"在理论和实践上又都更加精致完备。

从修行方式上看，东密宣扬"即事而真"，一切万法皆为安心之缘，随事随处皆可入手，故修行较易，收效较速。② 同时，空海还曾以"十住心"③对在日本流传的各种宗教（也包括不信奉任何宗教，如接受世间儒教伦理、奉行五常的人及其心境）进行判教④，强调真言密教为佛教的上乘之法，其中虽然没有专门提到道教，但包括道教在内的各种信仰和道法当然都在破斥之列。

从宗教信仰上看，东密也有一些自己的特点，如对于空海的逝世，日本人依据"即身成佛"的观念，只相信他"入定"了，至今仍活在高野山上继续拯救大众，因而东密有对弘法大师"入定"的信仰。东密还以自己的信仰来解释神道教的神祇，"认为国常立尊、国狭槌尊、丰斟渟尊三神是

---

① ［日］空海：《即身成佛义》，《大正藏》第 77 册，第 395 页。
② 参见吴信如编：《扶律谈禅》，中国藏学出版社 2007 年版，第 288 页。
③ ［日］空海：《秘密漫荼罗十住心论》，《大正藏》第 77 册。
④ 关于空海的"十住心"判教，请参阅杨曾文：《空海"十住心"的判教论》，载《觉群·学术论文集》（第四辑），宗教文化出版社 2004 年版。

'法报应'的三身，这三身的合一就是大日佛"①。东密把神道教的几位大神都说成是佛菩萨，这种"神佛习合"做法促进了神祇与佛陀原本一体的"本地垂迹说"的传播，加快了佛教日本化的进程，也挤压了道教传播的空间。

中国唐密在日本发展为东密，法脉绵延一千二百多年，与空海对密教进行的适应日本人精神需要的改变是联系在一起的。当年，空海既向天皇家族弘法，也向广大民众传教，前后授灌顶者数万人，著名弟子有实慧、真雅、真济、道雄、圆明、真如、杲邻、泰范、智泉、忠延等，被称为"十贤"。空海入寂百年后，东密"在教理（教相）方面没有多大发展，而在修行仪轨、仪式（事相）方面却日益繁杂"②，逐渐分为小野、广泽二流，后又分化出七十余流，大致可分为新义、古义二派。高野山以金刚峰寺为中心分布着近 120 个寺院，发展为举世闻名的东密佛法圣地。至今，来高野山参拜东密道场的人仍络绎不绝，一些巡礼者还头戴菅笠、脚穿草鞋、身着白衣，唱着空海所作御咏歌，吟着曲调哀凄的风物诗，保留着一种与道教长生信仰相似的眷念生命的古风。而这显然也在一定程度上阻碍了道教的"即身不死"在日本的传播。

第四节　镰仓、室町朝与道教的交涉

镰仓、室町幕府时期（1185 — 1573），佛教仍然大盛而道家与道教不显，这与当时社会中持续不断的政治动荡所造成的战乱使生灵涂炭、末世思想和无常思想流行密切相关。思想往往是文化思潮发生之前导。不同社会阶层的人在哀伤、忧郁和苦恼中探讨与关注人生问题，从而打破了平安时代由贵族一统天下的格局，出现了具有优雅贵族气息的公家文化和以忠孝仁义、克己节制为特色的武家文化，以及追求自由享乐的町人文化并行发展的趋势。日本社会文化中的义理与人性相交织所引发的矛盾，既使厌世悲观思潮泛滥，也促进了此时日本佛教由过去的注重"镇护国家"向关注大众的心灵

---

① ［日］村上重良：《国家神道》，商务印书馆 1990 年版，第 42 页。
② 杨曾文：《日本佛教史》，人民出版社 2008 年版，第 135 页。

拯救发展。法然、亲鸾、荣西、道元、日莲等佛教僧人，积极宣扬"专修念佛"，以求"去迷至悟"，来世于净土成佛，这种简易可行的念佛成道的修行方法吸引了生活于苦难之中的广大民众的热烈向往，佛教在日本化的道路盛行发展起来，而道教几乎为佛教所掩盖，又为神道教所吸收和武士道所包含。随着儒学的转型和西方天主教进入日本，传统道教就更缺少竞争力了。

一、道教信仰的传播方式

镰仓时期宫廷贵族，尤其是藤原氏家族通过出任天皇的摄政、与皇室通婚等方法，逐渐掌握了日本的政治、经济及文化的命脉，复杂而有秩的中国式的中央集权制衰落了，代之而起的是，官阶职位只是皇族礼仪和政治威望的象征，宫廷贵族、地方豪族和宗教机构成为实际管理者。随着日本的整个政治制度远离中国原型而权力逐渐分散，中日文化交流也不再由官方主导，而主要是以佛教五山僧人和武士阶层为中介在民间进行。

一些留学中国的日本僧人在将大量的佛教书籍带入日本时，其中也夹杂着少许道教文献。传播到日本的众多道书不再像平安时期那样，主要是供王公贵族收藏与阅读，而是在佛教寺院和神道神社中传播。例如，圆尔辨圆（1202—1280）来到中国，在南宋都城临安附近的天童寺、灵隐寺和净慈寺学佛修道，后于仁治二年（1241）回日本，在京都东山开创了东福寺。圆尔辨圆回日本时，携带了2100余卷汉籍，存放在东福寺普门院的书库中，后来虽然散失了，但所幸的是，圆尔辨圆的法孙、东福寺主持大道一以在1353年编成《普门院经论章疏语录儒书目录》，其中还收有邵若愚《直解道德经》、《老子经》、《庄子》、成玄英的《庄子疏》等。[1] 日本史学家芳贺幸四郎（1908—1996）在《关于中世禅林学问及文学的研究》[2] 中曾提及39名与老庄有关的禅僧[3]，可见当时的一些日本禅僧对道家和道教的关注，一方面促进了人们对阅读老庄之书的兴趣，另一方面，也带动了道教的神仙信仰继续在日本社会中传播。

---

① 《法宝总目录》，《大正藏》第3册，第971页。
② ［日］芳贺幸四郎：《关于中世禅林学问及文学的研究》，日本学术振兴会1956年版。
③ 参见王迪：《从书志考察日本的老庄研究状况——以镰仓、室町时代为主》，《汉学研究》第18卷第1期。

在日本人的精神深处中，欢乐与长生一直是他们所醉心的两种境界，犹如和歌里一直蕴育着对远古风土人情的追叹，飘逸着一种生命的无常感，这与道教对生命的悲剧性意识不谋而合。道教的神仙信仰以一种神秘方式来追求长生成仙的道术也得到一些日本人的积极践行。例如，日本临济宗禅师虎关师炼（1278—1346）所编的《元亨释书》中就专列"神仙"条，记载日本修仙者的事迹。虎关师炼是受元成宗委派出使日本的元僧一山一宁（1247—1317）的弟子，其思想多少受到中国文化的影响。何谓神仙？书中解释道："阴阳不测曰神，躯寿坚久曰仙。"[1] 这种对神仙的界定与中国道教相似。该书卷十八中还登载了法道仙、久米仙、生马仙、都良香、窥仙等神仙传记，生动地讲述了他们为追求长生成仙，隐居在山中进行辟谷、服饵、炼气等修行。如"释窥仙，居宇治山，持密咒，兼求长生，辟谷服饵。一旦乘云而去"[2]。道教神仙信仰与修仙之术在他们那里得到传承与发展："久米仙者，和州上郡人，入深山学仙法，食松叶服薜荔。一旦腾空飞过故里，会妇人，以足踏浣衣，其胫甚白。忽生染心，即时坠落。渐吃烟火复尘寰，然乡党契券当署其名，皆书'前仙某'。今旧券之中往往犹有手泽。悉然，尝于高市郡营精舍，铸丈六药师金像并二菩萨像，所谓久米寺也。后又修仙凌空飞去。又有大伴仙、安昙仙二人，与久米相后先，两仙庵基今犹在和州。"[3] 久米仙在修仙过程中，因忽生染心而堕入人间。从他在人间修铸"药师金像并二菩萨像"之事看，道教似乎是依附着佛教在日本传播的。

徐福因海上求仙东渡日本，受到日本人的崇敬，到室町时代，日本人已将徐福视为仙人，建立徐福祠对之进行祭祀。日本五山僧人绝海中津（1336—1405）于洪武九年（1376）春天，"明太祖高皇帝召见于英武楼，顾问海邦遗迹熊野古祠，敕令赋诗，欣蒙赐和。"[4] 绝海中津在拜见明朝开国皇帝明太祖朱元璋时，针对他提出的"熊野祠"问题，马上将徐福作为中日友好使者挥毫献诗一首《应制赋三山》曰：

---

①　《元亨释书》，蓝吉富主编：《大藏经补编》第32册，华宇出版社1984年版，第265页。

②　《元亨释书》，蓝吉富主编：《大藏经补编》第32册，华宇出版社1984年版，第268页。

③　《元亨释书》，蓝吉富主编：《大藏经补编》第32册，华宇出版社1984年版，第267页。

④　[日]绝海中津：《蕉坚集》，载[日]伊藤松贞：《邻交征书》，上海辞书出版社2007年版，第85—86页。

　　熊野峰前徐福祠，满山药草雨余肥。只今海上波涛稳，万里好风须早归。

"应制"即应明太祖之命。三山则指道教所谓的三座仙山：蓬莱，方丈、瀛洲。太祖大惊其文才，当即依韵赋诗《御制赐和》一首云：

　　熊野峰高血食祠，松根琥珀也应肥。当年徐福求仙药，直到如今更不归。①

有人认为，这一唱一和中"第一次透露了在日本的熊野山前（今和歌山县境内），当时日本人已经立起了徐福的祠堂，而且血食不断"②。这个徐福祠多少带有一些道教神仙信仰的痕迹。

　　在日本传播的道教一方面相信人通过不断地修炼，可以得道成仙，获得生命的永存；另一方面，也接受中国人在长期的历史发展中形成的"祖先崇拜"。这首先表现出具有本族认同性和异族排斥性；其次是相信祖先神具有神奇超凡的威力，能与后人的命运相互感通，并会庇护或惩罚后代族人；最后是它超越了自然崇拜、图腾崇拜而上升到人文崇拜，犹如日本神道教所信奉的神世七代与天皇崇拜也是延续着"祖先崇拜"这一思路一样，将一些历史文化名人和英雄奉之为神仙。

　　由于"祖先崇拜"没有明确划分出人与神的界限，故道教与神道教都没有像西方基督教那样建立起一种对唯一的终极存在的敬畏与崇拜，而是以多神教著称，如日本的"记纪神话"中所描绘的"八百万神祇"的生动故事，就奠定了神道教神灵信仰的原型。然而，在日本人眼中，道教的这种"得道成仙"信仰追求的是个体生命超越，是一种"独善其身"的宗教解脱，道教的神灵是"异族之神"，只有神道教的神灵才能佑护一代代日本人丰衣足食，故在宗教信仰上，依然延续着神道文化传统。据《大宝令》中的《仪制令》"春时祭田"条：

---

① 刘砚、马沁编：《日本汉诗新编》，安徽文艺出版社 1985 年版，第 76 页。
② 严绍璗：《中日古代文学关系史稿》，湖南文艺出版社 1987 年版，第 287 页。

凡春时祭田之日，集乡之老者，一行乡饮酒礼，使人知耸长养老之道。其酒肴等物皆由公廨供具。

按美国学者肖赖尔的看法，日本是非常重视集体的民族。"大多数日本人甘愿在穿着、举止、生活方式，甚至在思想上都符合集体的准则。"① 在日本社会中，大大小小的神道神社林立于城镇，神道文化成为汇集氏族群体共同进行各种活动的一种精神力量。乡村中通常以"社首"为神主，在召集全村人一起进行祭祖先神和氏族神的活动时，将国家法令尤其是租税法告诉人们，向人们宣传只有向神灵敬献新稻、新谷，才能接受神灵的恩泽佑护的道理。祭祀仪式一结束，全村人按年龄大小分席而坐，由年少者分膳。人们通过受用神灵享用过的酒馔以及为祭祀准备的食物，来接受神灵的灵力，加固村庄的凝聚力，维持生产关系和社会关系。这种将个人的一切与大和民族的兴衰密切联系到一起的神道祭神活动，为统治者整合一个社会提供了重要的宗教精神纽带。道教的神仙信仰和奇特的成仙术、服食、辟谷和咒术等虽然吸引了一些喜好神仙的日本人的注意和奉行，但那些修仙者往往隐于山林中进行自我生命修炼而无意于救济社会大众，再加上神道教在日本基层社会中的强大势力，道教在日本始终没能建立起自己独立的宫观和组织，更没有出现专职道士。没有道教制度为依托的神仙信仰就逐渐被日本社会中不断涌现出的文化思潮和宗教思想融解或掩盖了。

随着宋代理学传入日本②，由禅僧发端与主导的日本儒学也与中国儒学一样，出现了由"旧儒"向"新儒"的转化，这不仅影响到宫廷和博士家对儒学的传授方式，而且也影响到道教在日本的传播。儒学于公元 5 世纪初大和时代就传入日本，以《论语》为首的儒典受到了一代代日本人的学习，儒家哲学和处世态度也在日本社会流传开来。"但在平安朝时，汉唐儒学只

---

① ［美］埃德温·赖肖尔：《日本人》，上海译文出版社 1980 年版，第 134 页。
② 宋学大约于 13 世纪始传日本，但以什么事件作为标志？学界多有争论，一些学者认为，日本东洋文库收藏的朱熹《中庸章句》抄本，卷末署有"正治二年（1200）三月四日，大江宗光"的字样，这说明宋学始传日本当在 1200 年；也有的学者推测，禅僧俊芿（1166—1227）在 1211 年从南宋携回256 卷儒书，其中可能就有宋学著作；还有的学者认为，日本临济宗著名禅僧、京都东福寺开山祖师园尔辩圆（1202—1280）于嘉祯元年（1235）入宋求法，1241 年回国时，将朱熹的《大学或问》、《论语精义》携归日本，这是宋学传入日本的标志。

是日本人学习汉语、撰写文章的学问，其思想内涵与伦理纲常并没有受到特别的重视。到了镰仓朝，儒学一直作为佛教的附庸，主要是在五山禅僧和京都的公卿、博士等文化人中传播。"① 以汉唐古注为衣食之源的博士家最初是反对讲授义理的宋学的，但只讲文章训诂的汉唐儒学因在新的时代环境中逐渐失去了生命力，大多数博士家不得不吸收宋代理学，对新、旧儒学采取折中的态度。

由于儒学始终在家族伦理上直接构建社会伦理，如将家族中儿子对父亲的"孝"扩大到国家中朝臣对皇帝的"忠"，并将尊重一个家族、一个国家的过去，而将先人的优点作为道德标准和模仿对象，将世代累积下来的仁义忠孝等世俗道德作为精神层面的最高之"道"等等。这些做法与神道教的社会功能有不谋而合之处。在宋代理学中（日本人称为宋学或朱子学），宣扬仁义理智忠孝等世俗道德就是精神层面的最高信仰，就连"天理"也不过是这些世俗道德的最高体现，如理学家朱熹（1130—1200）将"天理"引申为"天理之性"，作为"仁、义、礼、智"的总和，社会伦理纲常的最高概括，甚至还把"天理"与"人欲"相对立。后来理学发展为一种压抑人性的禁欲主义主张，表现出极强的现实性，逐渐改变了汉唐儒学的内涵。

镰仓朝末年，宋代理学在天皇的支持下逐渐登上日本文坛。有"兼和汉之才"之誉的后醍醐天皇（1318—1336 在位）对宋代理学颇有研究的，在即位后的第二年（1319）就请禅僧玄惠到宫中讲解《论语》，促进了宋学在京都公卿和京都五山中的传播，如当时的东福寺以专研儒典而闻名，虎关炼师、岐阳方秀、云章一庆、季弘大叔、湖月信镜等禅僧，积极研习并弘扬宋代理学。虎关炼师是中国禅宗一宁一山的高足。一山禅师从中国来到日本，抵达京都时，僧俗各界争相顶礼，盛况空前。一宁一山博学多识，在日本弘法二十年，不但大振宗风，传播宋学。虎关师炼"从其问程朱易说及太玄之旨。于宋学则排斥朱子，而推重周濂溪。五山文学大家，著空华工集（即《空华集》及《空华日用工夫集》）之义堂周信，7 岁就读儒书。涉猎经史百家，于持论糅合儒释，以五常同于佛门五戒，以《孟子》、《中庸》、《孝经》为人所必读。与虎关、义堂齐名之中岩月圆，12 岁熟读《孝经》、

① 参见王家骅：《儒家思想与日本文化》，浙江人民出版社 1990 年版，第 5 页。

《论语》，赴元游学八年，回国后主持禅寺，着有《东海一沤集》、《中正子》十篇，力倡佛儒相为表里，在五山学僧中为杰出人才。是故儒学之讲述，全出于佛教僧侣，而受一山一宁的启发很大。"① 据后醍醐天皇之父花园天皇（1297—1348）的日记《花园天皇宸记》记载："元亨二年（1322）七月二十五日癸亥，谈《尚书》，人数同先夕。其义不能具记。行亲义，其意涉佛教，其词似禅家，近日禁里之风也，即是宋朝之义。"元亨三年（1323）七月十九日条又说："近日风体，以理学为先，而以汉唐古注为衣食。"② 这里说的儒学就是"其意涉佛教，其词似禅家"宋代理学。临济宗禅僧义堂周信（1325—1388）认为孔孟之书属"人天教"，可作为"助道"的参考，故"儒书即释书也"。这里的儒书主要是指对孔孟进行诠释的宋代理学之书。他在劝说室町幕府第三代幕府将军足利义满（1358—1408）学习宋学时说："近世儒书有新旧二义，程朱为新义。宋朝以来，儒学者皆参吾禅宗，有一分发明之心地，故与注书章句迥然而别。"③ 从这些记载中可见，在14世纪中，以后醍醐天皇为代表的公卿阶层和五山禅僧已把宋学作为一种理想的统治思想了，故历史学家佐藤进一在《南北朝的动乱》中认为，后醍醐天皇并非要恢复往昔的律令制，而是以中国宋朝为榜样，欲建立宋朝那样的专制国家。④ 因此，从表面上看，日本人学习中国文化，尤其是推崇儒学，敬仰佛教，但并没有将儒学与佛教作为日本文化的核心价值，大和魂或大和精神才是日本文化的真正主干，其他各种学说仅被作为某种适用的政治工具而已。

后醍醐天皇正是依据宋学中"正君臣父子"思想武器，在镰仓幕府权力衰退之际，联合反幕府的武士和佛寺神社势力，于建武年间推翻了镰仓幕府的政治统治。当时，参与"建武中兴"的朝臣公卿，如源亲房、日野资朝、日野俊基、吉田冬方等，大都是"以儒教立身，只依《周易》、《论》、《孟》、《大学》、《中庸》立义者"，他们"以理学为先，不拘礼义之间，颇

① 东初：《宋僧东渡与武士道精神》，载张曼涛主编：《中日佛教关系研究》，台湾大乘文化出版社1978年版，第255页。

② 《花园天皇宸记》，载《日本史料大全》，续群书类丛完成会刊1984年版。

③ ［日］和岛芳男：《中世的儒学》，吉川弘文馆1965年版，第77页。

④ 参见［日］佐藤进一：《南北朝的动乱》，中央公论社1965年版，第75页。

有隐士放游之风"①。据说，朝臣在宫内论学时，大家不受任何礼仪的束缚，边饮酒，边讲论，敞开衣服，松开发髻，甚至裸露身体，这种不拘形迹的"无礼讲"颇有推崇老庄的玄学家之风范。正是在这种放浪形骸举止的掩护下，他们暗地里在商讨倒幕的政治大计。1324 年，后醍醐天皇派日野资朝、日野俊基到各地去策动不满幕府统治的武士和僧人起来倒幕。经过"正中之变"、"弘元之乱"的失败后，后醍醐天皇的政治影响却日益隆盛，他以"大义名分"为旗号，将各种社会政治势力拉入自己的统一战线中来。1333 年，后醍醐天皇返回京都，建立室町幕府，恢复天皇亲政，依照东汉光武帝刘秀的年号，改元"建武"，开始一系列重建社会秩序的新政，史称"建武中兴"。1336 年，足利尊氏（1305 — 1358）拥立丰仁亲王为光明天皇（1321—1380），后醍醐天皇被迫让出象征天皇的三件神器，建武政权灭亡。但后醍醐天皇不甘心失败，他于 12 月乔装女子，逃出京都，在大和的吉野山宣布"天子尊治"，重开朝政，自此形成了与光明天皇执政的北朝对立的南朝政府。两个朝廷对立的南北朝时期一直持续到 1392 年，最后被北朝统一。在动荡的社会中，宋学逐渐占领了日本意识形态的中心位置，而道家与道教神仙信仰和隐逸思想只得到一些知识分子的欢迎。

　　1467 年应仁、文明之乱爆发，日本进入了战国时代，幕府将军的权力名存实亡，禅僧、公卿和博士也纷纷离开贫困战乱的京都，去依附地方势力。随着中国儒学，主要是宋明理学的传播，一些禅僧也离开了五山到地方去建立禅寺开讲宋学，将宋学视为弘扬禅宗的"助道之一"，形成了萨南学派、海南学派、足利学校等地方儒学派别。此时治儒学、写文章也具有了不同于以往的新特点："文章重视古体，舍外形之美而取内在之实，学术上轻训诂而重阐释，这种精神可以说由来已久，与新佛教的兴起同时而生，必须指出的是这种时代思潮与武士的重实主义有密切的关联。"② 日本人对儒学精神的重新认识，通过排斥佛教的价值观，强调儒学与神道的一致性，通过

---

① 这些话是已退位的花园天皇提醒朝臣不要太倾心于程朱理学而说的："然而于大体者，岂有疑殆乎？但近日风体，以理学为先，不拘礼义之间，颇有隐士放游之风，于朝臣者不可然欤。此则近日之弊也，君子可慎之！况至王道之玄微，有未尽耳，君子深可知之。"（《花园院御记》，载《朱谦之文集》第八卷，福建教育出版社 2002 年版，第 40 页。）

② ［日］佐藤喜代治：《日本文章史研究》，明治书院 1966 年版，第 145 页。

对程颢、程颐和朱熹等儒学思想中的"经世济民"思想的发挥，不仅促进了儒学在日本各地的普及，而且使儒学成为当时日本社会在"战国之乱"后建立新秩序的文化向导。例如，萨南学派主要以九州岛的萨摩和肥后为活动中心，创始人是禅僧桂庵玄树（1427—1508），他重宋学新注轻汉唐注疏，阳禅阴儒，因得到肥后护守大名菊池为邦及萨摩守护大名岛津忠昌的欢迎，推进了宋学在九州岛地区的传播。海南学派的创始人南村梅轩（生卒不详）曾为长州守护大名大内氏的家臣和土佐守护大名吉良宣经的宾客，他一方面宣扬"三纲五常之道，足以维持天地"，发挥儒学的政治与伦理的功能；另一方面，又强调佛教禅学的治心功能，这种儒禅并重的态度，推进了儒学在四国岛的传播，更加阻碍了道教在日本的传播。

　　然而，随着佛教禅宗在日本得到长足的发展，老庄思想也受到了一些禅僧的重视。"平安时代的老庄影响大都表现在贵族的文学作品中。到了中世属武家政治，而由禅僧操笔文笔之职，因此当时的文教之责也自然落到禅僧身上。禅僧对后世的影响也不仅限于佛教、儒学，其对老庄研究的影响也一直持续到江户时期。"[1] 室町时代，一些留学中国的禅僧将中国的老庄学著作带入日本，推动了道教在日本的传播。南宋福建理学家林希逸（1193—1162）的老庄著作在日本风靡一时，"林希逸注传来日本，恐怕正是禅僧们带过来的。这可作为日本老庄学已经发生变化的一个实证"[2]。此时人们对老子与庄子的关心程度大至相同，林希逸既注《老》，也解《庄》。林希逸《庄子鬳斋口义》十卷在解庄时采取了与郭象、成玄英完全不同的解释视域与解释方法。他的《老子鬳斋口义》二卷则具有老、庄相分，以儒注老之特点。他的著作传到日本后，促使日本知识分子正式开始研究老庄学说。

　　另外，室町时的第一流学者、皇室讲官清原宣贤（1475—1550）曾依据林希逸《老子鬳斋口义》来讲述《庄子》。他的讲述后来由他孙子清原国贤于天正八年（1580）抄写成《庄子抄》，在日本产生了一定的影响。此时日本出现的《老子河上公注》抄写本，在卷首列有葛洪《老子序》，这是中国版的《老子河上公注》所没有的，此书栏外还多次引用林希逸的《老子

---

　　① 王迪：《从书志考察日本的老庄研究状况——以镰仓、室町时代为主》，《汉学研究》第 18 卷第 1 期。

　　② 刘韶军：《日本现代老子研究》，福建人民出版社 2006 年版，第 191 页。

臇斋口义》。芳贺幸四郎（1908—1996）在《关于中世纪禅林之学问及文学的研究》中认为与老庄学有关的禅僧有 39 人，其中："当时根据新注来《庄子臇斋口义》来研究《庄子》的禅僧有惟肖得岩、一华建偫、万里集九、天隐龙泽、伯容见雍、月舟寿桂、莫甫永雄等 7 人。"① 据统计，"受老庄影响的禅僧有 47 人"②。此时有如此多的僧禅热衷于注释老庄，在中国不太有影响的林希逸的老庄著作，在室町时期思想界却产生过较大影响，这都是值得研究的跨民族文化的传播现象。

　　禅僧对推动道教在日本传播的另一贡献是，创办的足利学校早在文安三年（1446）制定的"教规三条"就将一些道家著作也列为教材，并正式开设老庄学的课程："三注、四书、六经、列、庄、老、史记、文选外，于学校不可讲之段，为旧规之上者，今更不及禁之。"③ 由此改变了平安朝的大学寮不认可老庄学，不开设老庄课程的旧规。足利学校位于关东地区下野足利町（今栃木县足利市），在室町时期建立，学生以武士和禅僧为主，但以推行儒学教育为特色，旨在提升学生的文化修养。足利学校的规制模仿中国儒家书院建制。学校设立的三重门，大门为"入德"、中门为"学校"、内门为"杏坛"，内有大成殿，其中供奉孔子木像。每逢特定节日，学生就聚集于此，举行庄严的祭孔大典。因此，足利学校所开设的老庄学课题以理学家林希逸（1193—1271）极富儒学色彩的《三子臇斋口义》——《庄子臇斋口义》、《老子臇斋口义》、《列子臇斋口义》为指南。足利学校后发展为中世纪日本汉学教育中心，其盛况一直持续到明治五年（1872）日本教育的全面西方化才宣告终结。足利学校虽以四书五经为主要教材，但又将《老》、《庄》、《列》、《史记》、《文选》列为学习教材，还教授学生兵法、医学、卜筮等典籍，同时还有制造刀剑的课程。足利学校在极盛时有三千余学徒，还建立图书寮，积极搜集各种古典文献，其中还有一些道书，为人们认识并了解道教提供了文本基础。

---

　　①　［日］芳贺幸四郎：《中世禪林の學問および文學に關する研究》，日本学术振兴会 1956 年版，第 190—214 页。
　　②　王迪：《从书志考察日本的老庄研究状况——以镰仓、室町时代为主》，《汉学研究》第 18 卷第 1 期。
　　③　［日］川上广树：《正续足利学校事迹考》，汲古书院 1976 年版，第 84 页。

二、武士道崛起对道教的影响

一些日本学者认为，对领主、藩主的绝对忠诚，对上级绝对服从的武士道精神，最早源于 7 世纪日本的大化改新。那时，日益兴起的地方豪强势力为了保卫自己的庄园，就把自己家人和仆人武装起来，组成一种宗族关系和主从关系相结合的军事集团。武士道在平安朝伴随着武士集团的形成而逐渐产生。11 世纪，日本出现了两大武士集团：关东源氏和关西平氏。当时地方势力的叛乱频现而朝廷无力镇压，不得不借助各地武士的力量。武士集团得到了中央的承认，成为一个特权阶级，并分化出将军、大名、家臣、足轻、乡士等二十多个等级，发展为日本政治舞台上举足轻重的势力。随着武家开始执掌政权的镰仓朝兴盛和发展武士精神不断地吸收儒佛道思想而逐渐形成。战国时代在"拿弓箭者之道"、"弓箭之道"、"战士之道"或"兵之道"等称谓后，出现了"武士道"（Bu-shi-do）一词，以此来概括在历史发展中日本民族形成的一种以尚武精神为核心的男子汉之道。新渡户稻造将武士道视为日本国的动力之源，他在《武士道》一书开篇就自豪地说："武士精神就像樱花一样，是日本土地上固有的花朵。但武士精神并未像其他已经灭绝的古老植物那样，被细心保存在干燥植物标本集里，成为历史的一部分，它仍然存活在我们的生活中，展现出力与美。"① 值得研究的是，武士道与中国道教的民族精神上有哪些异同？以及对道教在日本的传播产生了什么样的影响？

武士道是一种由历代武士口耳相传下来的不成文法，它由知名的武家人士记录下来，作为武士们的人生格言和道德规范。镰仓幕府第三代执政者北条泰时（1183—1242）在贞永元年（1232）制定了第一部武士的道德规范《贞永式目》②，共有五十一条：第一条"修神社，重祭祠"；第二条"造寺塔，勤佛事"；第三条以下则是武士、庶民们必须遵守的法律，被用以以巩固幕府与御家人的主从关系。这些条目成为武士在日常生活与职业上应该注意的事项和承担的义务，新渡户稻造称之为"武士的戒律"。《贞永式目》通过神、佛、禅并重，来张扬忠勇诚信、节义律己、善于战斗、视死如归的

---

① ［日］新渡户稻造：《武士道》，山东画报出版社 2006 年版，第 1 页。
② 又称《御成败式目》。

武士道精神。《贞永式目》一出，朝廷支配下的律令制就被称为"公家法"。幕府势力所及地区的庄园领主只为《贞永式目》倡导的"武家法"效力，由此扩大了武士道在地方社会的影响力。

　　武士道精神是伴随着武士阶层的产生而出现的，由清和源氏①的嫡系镰仓幕府第一代将军、武家政治创始人源赖朝（1147—1199）打倒平氏而建立起来的幕府政权，促进了武士阶层的崛起。武士作为重要的社会阶层而自立，并且逐步掌握了政权，建立日本历史上第一个武士政权镰仓幕府。日本历史上出现了以京都天皇朝廷为代表的公家和以镰仓幕府将军为首领、以武士为主体的武家的对立。当时政治权力的二元性反映在思想文化上，就是新兴的武家文化力图要压倒传统的公家文化，它拼命地摄取符合武家需要的各种意识形态。镰仓时，宋代禅宗被一些佛教僧人传入日本，例如，荣西（1141—1215）将中国临济宗带入日本发展为日本临济宗；道元（1200—1253）则将中国曹洞宗带入日本创立了日本曹洞宗。"禅"在日本得到独立发展的同时，不仅与茶道、花道、剑道结合起来，而且还融入到武道哲学中，对镰仓文化产生了重要影响。

　　武士道与道教相似，也张扬"道"之精神，但道教从老子《道德经》出发，将"道"视为先天地而存在，认为道具有独立的完满性，运行于宇宙中而成为天地万物乃至人的存在与变化的本根，通过太上老君即"道"的化身的思维方式，使"道"成为带有神圣性与神秘化特点的信仰对象，而武士道之"道"则指武士们必须遵守的道德规范和行为准则。在道教的观念中，一国之君王应该位于道、天、地之后："道大、天大、地大、王（人）亦大，域中有四大，而王（人）居一焉。人法地，地法天，天法道，道法自然。"（《老子》第二十五章）但在武士道中，并不看重作为一国之主的君王，而是将能够给自己武士称号的"主君"作为效忠对象，看作是自己一切行为和生命存在的依据，故武士"每天早晨遥拜的时候，正确的祷告次序应该是主君、父母，然后才是神佛。如果把主君放在最重要的位置，

————————

　　①　源氏是由天皇臣籍降下的姓氏之一，通常是下赐给皇子皇女，其中最有名的一个分支就是清和源氏。源氏一族活跃于奈良时代至平安时代。以清和天皇第六皇子贞纯亲王之孙源经基为始祖。源经基之子源满仲（913—997）帮助藤原北家确立了摄关政治，并且确立了自己在地方上武士领袖的地位，自己又亲自将摄津国设为据点，成立武士团体。

双亲也会高兴，神佛也会接受这种心情"①。武士是一些经过专门武术训练、性情强悍、专应自己主君命令的特殊群体。武士道团倡导对主君的"忠"和对父母的"孝"，使主从关系和家族关系成为武士团内部最主要的两种关系，这与强调"道法自然"的道教伦理相去甚远而与儒家倡导的忠孝伦理看似相近，但由于武士与主君的主从关系是世代相袭的，他们在经济利益之外，还有着一种浓厚的情感关系，这是武士之"花"能够与主君之"叶"相互依持的"养料"。

每个武士都有自己侍奉的主君，他们不仅是师徒关系，而且还有一种认人唯亲式的继承关系。当武士失去主君时，就失去了继承权。那些到处流浪居无定所的穷困武士被称为"浪人"。武士道将信、义、勇作为武士的三条准则，以武士之刀和弓作为"勇"和"忠"的象征，崇尚武力冒险、无私无畏的献身精神和高度的集体化观念，形成了一种无条件的以克己奉主精神为核心的价值观，而儒家伦理倡导的忠、孝是有条件的。如孔子认为"臣事君以忠"的前提是"君使臣以礼"（《论语·八佾》），这才是君臣之"道"。孟子作了具体的发挥："君之视臣如手足，则臣视君如腹心；君之视臣如犬马，则臣视君如国人；君之视臣如土芥，则臣视君如寇仇。"（《孟子·离娄下》）臣对君忠是以"礼"或"道"为前提的，但武士道则将君主的"恩"看作是武士尽"忠"的必要条件。在一些武士眼中，有时主君之恩情重于对自己的物质赏赐，故心甘情愿地为有知遇之恩的主君粉身碎骨奉献一切，感情因素十分浓厚。"忠诚（忠）的意义在中国和日本也不相同。在中国，忠诚意味着对自我良心的真诚。而在日本，虽然它也在同样的意义上被使用，但是他的准确意义基本上是一种旨在完全献身于自己领主的真诚，这种献身可以达到为自己的领主而牺牲生命的程度。"② 由于忠孝并非抽象概念，在武士的实际生活中，会经常出现对主君的"忠"与对父家长的"孝"互相矛盾的情况。"忠"与"孝"何者为重？在镰仓时代似乎尚未形成统一的认识与规范。③

---

① ［日］山本常朝口述，田代阵基笔录：《叶隐闻书》卷二，广西师范大学出版社 2007 年版，第29 页。

② ［日］森岛通夫：《日本为什么"成功"》，四川人民出版社 1986 年版，第 10 页。

③ 参见王家骅：《儒家思想与日本文化》，浙江人民出版社 1990 年版，第 299 页。

武士道的人生理想不是生存而是死亡，故将死亡当作生活中随时要面临的事情来看待，甚至当作一种崇高的人生追求，这与道教追求长生成仙有着截然不同的意趣："既然每一瞬间都可能死，那就牢牢地把握死，因此，武士每天早晨一醒来想的第一个问题，就是怎样死，彼时死还是此时死？"①怎样的死才是最完美的姿态？武士既强调死的勇气，也讲究死时的仪态。一旦战败，武士宁愿剖腹自杀，英勇就义，也决不当俘虏受辱。"武士道，就是对死的觉悟"。若贪恋人生，田园终老就不配称为好武士，战死沙场，或为君主自杀，才是武士理想的人生归宿。当武士们将这种淡然面对死亡的思维方式与狭隘大日本主义及领土扩张政策相结合，其中的一些极端者就会以自己疯狂的生命信念而无视他人的生命价值，变成虐杀狂或自虐狂。因文化理念和价值观念的差异，武士道的崛起阻碍了道教在日本的传播。

由于武士道注重个人的精神力量和实际能力的培养，崇尚的武勇精神中包含着对心性的修炼，镰仓朝武家政权对注重"明心见性"的禅宗极其推崇，而对注重于义理的天台宗、真言宗、净土宗等极其不满。如第五代执政者北条时赖（？—1263）以禅门护法而闻名扶桑，使镰仓不仅成为政治中心，而且也成为佛教中心。他在镰仓建立建长寺，聘请于宋理宗淳祐六年（1246）率中国禅宗教团东渡日本的宋僧道隆（1213—1278）为之开山，是为日本有禅寺之始。武家政权之所以扶持禅宗，一是因为禅宗以清心寡欲为宗旨，讲究心性解脱，真参实究，与武家刻苦磨炼身心、放弃理性思考、崇尚直觉的做法十分相似；二是禅宗倡导视死如归的死亡观，面对死亡表现出一种冷静淡定的感觉，默默地接受不可避免的结果，甚至还能以"身轻法重，死身弘法"精神而将生死置之度外，这与武家重义轻生、直面死亡的教训也不谋而合。北条时赖起初仅因政治原因而利用禅宗，浸熏日久后，深知禅宗法味有着不可思议的力量，是解脱人生痛苦的法门，乃看淡世俗权力，让位于北条长时（1230—1264），自己则拜道隆为师，出家修禅，再参禅于圣一国师圆尔辩园及宋僧兀庵普宁，最后身披袈裟，端坐禅床，述偈而逝。禅宗要求在恬静朴素的禅修中凝神沉思、摒弃欲望、心存敬意、循规蹈

①　［日］山本常朝口述，田代阵基笔录：《叶隐闻书》卷二，广西师范大学出版社 2007 年版，第82 页。

矩地净化心灵，其中的道德修养和美学境界在日本发挥出越来越大的作用，在北条时赖之后，武士道、茶道、花道、书道都离不开禅了。

南宋末年，大蒙古帝国趋于强盛，在降服高丽之后，元世祖忽必烈深恐日本与南宋联合，为向日本"通问结好，以相亲睦"①，先后从至元三年（1266）到至元十年（1273）派兵部侍郎黑的、礼部侍郎殷弘、秘书监赵良弼及高丽人潘阜、金有成等七次持国书出使日本，但日本大多"拒而不纳"。誓"以四海为家"的忽必烈忍无可忍，遂于至元十一年（1274）、至元十八年（1280）两次举兵跨海东征日本，但都以失败而告终。纵横欧亚大陆、不可一世的元朝帝国竟未能收拢日本这个海上孤岛，实有赖于日本的武士道精神。当元世祖发现日本武士深信禅宗，又有去日本的宋代禅僧在幕后指挥日本人抗击元军，于是改变自己的策略，派王积翁及普陀山禅僧思溪、如智赴日，期望通过传播佛教来修复两国关系，但王积翁途中被害，思溪、如智未能如愿到达日本。大德三年（1299）三月，元成宗禀忽必烈遗愿，遣江浙释教总统、普陀山高僧一山一宁（1247—1317）赴日，受到了后宇多天皇（1267—1324）的敬慕，特下诏让其居住京都南禅寺。一宁禅师访日期间努力修复中日睦邻友好关系，结束了当时中日之间的战争状态。一宁禅师留居日本近二十年，在向皇室及公卿贵族传播中国禅宗的同时，也使日本禅宗的中心由镰仓迁移到京都，扩大了武士道在日本上层社会的影响。

1333 年，足利尊氏（1305—1358）在京都的室町开设幕府，对应后醍醐天皇（1318—1339 在位）的南朝建立起北朝，并于 1336 年建立室町幕府。"南北朝时期"两个朝廷的对立导致了全国性的战乱，一直到 1392 年北朝才统一了日本。室町时代后期，尤其是 1467 年"应仁、文明之乱"②之后，京都的佛寺古刹、皇宫官邸大都遭到毁坏，政权由京都朝廷转移到镰仓（源氏）和室町（足利氏）等武士阶层手中，文化则从京都的公卿贵族转到禅僧手中，地方领主和武士乘机夺取幕府将军和王公贵族的权力和领地，异军突起地成为位高权重的"大名"，开始了长达一个世纪左右的豪强

----

① 《元史》卷二百八《外夷一》，《二十五史》，上海古籍出版社、上海书店 1986 年版。
② 1467—1477 年，室町时代的第八代将军足利义政在任期间，由日野氏擅权、将军继嗣、两畠山氏争乱等问题导致的一次内乱。

争权，其中发生的一些重大事件对日本历史产生了重要影响。如，1573 年织田信长（1534—1582）攻陷二条御所，室町幕府灭亡。1590 年丰臣秀吉（1537—1598）消灭关东地方的后北条氏，降伏东北地方各大名，大致完成了日本政治的统一，在 1590—1598 年间成为日本的实际统治者。1603 年德川家康（1543—1616）创立江户幕府。1615 年德川家康于大坂夏之阵打败丰臣秀吉（1593—1615），丰臣氏灭亡。这是一段惊心动魄的历史，也是一段人才辈出的历史！日本历史学家将室町时代爆发"应仁之乱"后到安土、桃山时代之间的一百多年的政局纷乱、攻伐不休、群雄割据称为"战国时代"。

到室町朝，尤其是"应仁、文明之乱"之后的战国时代，武士的作用更加突出之后，武士道从神明佑护的角度，更强调武士应对君主和父母无条件的尽忠尽孝。北条家臣三浦静心撰写的《北条五代记》中有："欲显一身之勇武，重在知场所，于无人见处，奋不顾身而战死乃犬死。若有名誉之人在场，则应争先于万人以显武勇，虽战死，可传武名于子孙"① 在武士道看来，如果不是因保卫君主或维护个人尊严而英勇战死沙场，就是不光彩的"犬死"。为侍奉"主君"而战死，才是最高的人生荣誉："武士的功勋，比起战胜敌人，为主君而死才最为上乘。"② 武士崇尚的武勇精神的本意在于表达对主君的绝对忠诚，以换取主君的恩赏与扬名天下的功勋。武士的忠诚与主君的恩情是互为因果的。

生活于 17 世纪初的武士山本常朝（1659—1719）讲出自己对武士道的体会，由田代阵基（1678—1748）笔录整理成《叶隐》。该书宣扬："隐于叶下，花儿苟延不败，终遇知音，欣然花落有期"，以示武士如花，隐于主君的叶下。武士道一方面注重于个人的精神力量和实际能力，另一方面，又以自尊、合群、务实、英勇和竞争等来体现一种等级体制下的集体文化精神。

武道哲学的代表人物泽庵宗彭（1573—1645）是江户初期临济宗大德

---

① ［日］三浦静心：《北条五代记》，转引自 ［日］家永三郎：《日本道德思想史》，岩波书店 1977 年版，第 90 页。

② ［日］山本常朝口述，田代阵基笔录：《叶隐闻书》卷二，广西师范大学出版社 2007 年版，第 25 页。

寺派的高僧，他精通诗歌、俳句、茶道和武道，曾著有《不动智神妙录》，倡导"不动的智慧"。泽庵所说的"不动智"换一种说法就是"无停留处之心"。这种对任何事情都不起执著的"无心"是人自然具足的本然之心，泽庵又称之为"本心"。当人通过坐禅炼气，使心充满一切，也就使发自脐下丹田之气充满一切，故所谓"本心"是不停留于一处而无限扩张之心，这既是对佛教禅"冷暖自知"的了悟，也是日本武道所谓的无置之心和无心之心，故镰田茂雄（1927—2001）形容说："体验无心，靠头脑不行，只能用泽庵所说的'冷暖自知'的方法，只能自己去修炼，而且这种修行不是一年、两年可以完成的，而是要坚持十年，二十年，三十年，方能体验到。日本有这样的谚语'继续就是力量'，只要继续不断地修炼就可以达到目的。"① 这种"禅"的修行法与儒家伦理相结合使武士道精神在镰仓时日益兴盛，而道教却被逐步边缘化。

泽庵宗彭在《太阿记》开篇即说："盖兵法者，不争胜负，不拘强弱，不出二步，不退一步；敌不见我，我不见敌，彻于天地未分阴阳未到之处，当即得功。夫通达人者，不用刀杀人，用刀活人，要杀即杀，要活即活，杀杀三昧，活活三昧也。"② 以强调武士道本质在于不争胜负，不拘强弱，而是以一种颇具禅意的"无杀之心"来摧毁对手的杀人意志。若执着于胜负，就成了搞乱武士道精神的邪道了。但武士道在发展中，还是表现出一种非常执着的战斗精神，也被称为"战士之道"。这种崇武方式表达了日本国民性的两重性：狂大而又自卑；信佛而又嗜杀；注重礼仪而又野蛮残暴；追求科学而又坚持迷信；欺压弱者而又顺从强者，等等。武士们在现实生活中，对道德规范中的义理的执行，也会随着对象而产生180度的巨大变化，如美国人类学家本尼迪克特（Ruth Fulton Benedict，1887—1948）所说："在日本的伦理中，'义理'既意味着家臣对主君至死不渝的忠诚，同时也意味着家臣感到被主君侮辱时突然对主君产生的憎恨。"③ 这样，武士道的"义理"

---

① ［日］镰田茂雄：《禅与日本武道》，载《中日佛教研究》，中国社会科学出版社1989年版，第135页。

② ［日］泽庵宗彭：《不动智神妙录·太阿记》，讲谈社1982年版。

③ ［美］R. 本尼迪克特：《菊与剑——日本的民族文化模式》，九州岛出版社2005年版，第121—122页。

并不仅是忠诚，在某些情况下，尤其是武士的尊严受到侮辱的情况下，它也要求叛逆的德性。这种典型的"武士品格"反映了日本民族性格的"二重性"："菊花和刀两者都是这幅画中的一部分。日本人既好斗又和善，既尚武又爱美，既蛮横又文雅，既刻板又富有适应性，既顺从又不甘任人摆布，既忠诚不二又会背信弃义，既勇敢又胆怯，既保守又善于接受新事物，而且这一切相互矛盾的气质都是在最高的程度上表现出来的。"①

武士道代表了等级制度下的精英文化，以自尊、知耻、合群、务实作为个人的精神力量和实际能力，不仅使日本社会充满着激烈竞争的文化精神，也使日本人的民族性格中出现了一种很在意世人对自己品行评价的羞耻感："始终将耻的意识和对于污秽的感觉放在其文化的基底之处。"② 以羞耻感所带来的痛苦作为道德的原动力，以"知耻"作为最高的德行，本尼迪克特用"耻感文化（shameculture）"来概括日本的民族精神，以与西方基督教的"罪感文化（guiltculture）"相区别。构成耻感的文化基础是神道教的多神信仰，因为并不存在一神教那样的绝对性价值，日本人对于那些与自我不同的看法一般采取比较宽容的态度，这与道教所表现出中国人的忍辱守雌、包容平和的民族个性有相似之处，但道教更强调顺其自然、快乐生活。

进入幕府时代后，武士阶层成为日本社会的统治阶层。此时日本社会中涌现出具有探索精神的新型人物，他们之间相互争霸，根本无暇顾及那种带有隐逸文化特点的神仙道教。"在安土、桃山时代，应仁之乱后，日本进入了'下克上'的社会大动荡之中，日本社会逐渐出现了富于野心和冒险精神的崭新的人格形象。这些人不依靠门第出身，完全依靠自己的能力、体力、智力和胆量生存。"③ 随着日本原有的社会秩序的失范，原本辅佐守护幕府将军的守护代、各地土豪、甚至有才华的平民崛起成为"大名"，各地"大名"进而称霸一方，成为掌控天下的"天下人"。大名之间在政治、军事上相互竞争，在文化上倡导自由、宽松的气氛和对人的才华的重视，使具有崭新人格形象的町人和武士大量涌现。"这一时期的日本人与'大航海'时代人的特征极为相似，他们充满着冒险精神，希望向海外雄飞。此时有着

---

① ［美］R. 本尼迪克特：《菊与剑——日本的民族文化模式》，九州岛出版社 2005 年版，第 3 页。
② ［日］中村雄二郎：《日本文化中的恶与罪》，北京大学出版社 2005 年版，第 102 页。
③ ［日］源了圆：《德川思想小史》，外语教学与研究出版社 2009 年版，第 1 页。

企业家特征的新型人物开始登上历史舞台。"① 正所谓时势造英雄，日本历史上著名的能征善战的六名武将就出现在血雨腥风的战国时代，他们是：前三雄——今川义元、上杉谦信、武田信玄；后三雄——织田信长、丰臣秀吉、德川家康。其中，织田信长是这类崭新人格中最典型代表。作为活跃于安土、桃山时代的战国大名，织田信长（1534—1582）用武力控制了日本政治文化核心地带近畿地方后，既向政治权威和传统佛教发起挑战，也在选用人才上不循旧制。他还引进西方的新型兵器，将兵农合一制改为用现金雇用武士为其作战，促使各诸侯国豪强联合体制逐渐转型为集权制的军国政体。这不仅使织田氏自己成为战国时代中晚期最强大的大名，而且也使室町幕府走向灭亡，最终结束了战国纷争。16 世纪后，武士政权对内促进了日本国的统一，对外以日本为基地，不断地在朝鲜和中国沿海地区进行抢略活动，被称为"倭寇"，沦为战争工具，这与追求和平精神的道教更加相去甚远了。

随着隐元隆琦（1592—1673）赴日本开创黄檗宗，日本禅门形成临济宗、曹洞宗、黄檗宗三派鼎立的格局，加深了禅宗对武士道的影响。第一，禅宗的生死观适应了武士道崇尚"死的觉悟"的心理需要。禅宗倡导"死生一如"，只要否定执迷的自我，进入无我之境界，就能在精神上断绝生死之羁绊"见性成佛"，这成为镰仓、室町时代的武士临战时"忘我"、"忘亲"、"忘家"，从而不计生死地追随主君的精神支柱。第二，禅宗既不主张苦行，又不倡导念佛读经，认为外在行迹皆属次要，只要直指本心，做到心地"无非"、"无乱"、"无痴"便是"戒、定、慧"。这为武士们在日常生活中纵情声色打开了方便之门。第三，禅宗"不立文字"、"以心传心"，提倡简便易行的内观之"悟"，也适应了文化水准较低的武士们的需要。这样，许多武士皈依禅宗，坐禅求悟。禅与道都是具有内观心悟特点的修行方式，武士道与禅宗的结合，使道教更加被边缘化了。

进入江户时代后，武士的社会机能与生活方式都发生了重大变化。江户幕府统治者为巩固统治，实行"兵农分离"和严格的士、农、工、商四民等级制。武士们作为最高等级的"士"，大多离开农村领地住进城市过寄生

---

① ［日］源了圆：《德川思想小史》，外语教学与研究出版社 2009 年版，第 2 页。

生活。他们的主要职能不再是战斗员，许多人成为行政官僚。在当时，仍有人继续提倡以战斗中为主君忘我献身为主要内容的"死的觉悟"的武士道。如大道寺友山所著《武道的初心集》的开头便说，从正月初一的清晨到除夕的深夜，经常觉悟到死是武士的本分，山本常朝所著的《叶隐》的第二句也是说："所谓武士道即是觉悟死。"但是，由于武士社会职能与生活方式的变化，仅仅有"死的觉悟"的武士道就不够了。幕府第一代将军德川家康、儒学家中江藤树和熊泽蕃山都曾努力创造新的武士道理论，但对新武士道理论贡献最大的则是古学派儒者山鹿素行（1622—1685）。他的《山鹿语类》中有"士道篇"，认为武士要"立本"就应当先"知己之职分"。武士有两大职分：一是要对主君尽忠；二是要自觉实践文武之德知，表现出重义气，威仪表，自觉实践武士道德。① 当中国儒学精神落实于江户时代后，忠诚、勇敢，名誉和尚武等用以支撑武士精神的道德标准随着武家制度扩展为全社会奉行的道德，便没有道教的立足之地了。

明治维新后，武士阶层转而成为知识阶层的最初人才。例如，港口城市长崎的译员或医生大多属于武士阶层，他们有机会最先接触西学知识。这些获得了新知识的武士们，开始积极传播西方新知与文明；主张"脱亚入欧"，废除等级制度，倡导四民平等，推翻以"家臣藩国"为中心的幕府制；筹备建立以天皇制为中心的国民新政。1882 年《军人敕谕》和 1890 年《教育敕语》的颁布，既促进了武士道由古代社会的那种以"忠于主君"为核心的"战士之道"转化为效忠天皇的精神信条，也促进了武士阶层向知识阶层的转变，还促进了武士道的道德教化与经济利益、商业活动相结合，形成"士魂商才"的新特点。新武士道所具有的建立国家意识的使命感，使之后来发展为日本帝国对外进行军事扩张的精神工具，这与具有和平主义精神的道教更是大相径庭。

三、神道学派中的道教因素

在镰仓到室町（1192—1573）时期，道教虽然被日益崛起的武士道所排斥，但它的一些教义和道术却被神道教所吸收，潜在地进入了具有纯粹日

---

① 参见《山鹿语类》第 2 册，图书刊行会 1910 年版，第 352 页。

本特性的神道教。1949 年，津田左右吉在修订《日本的神道》时开篇就指出："毋庸置疑，中国思想混入了从前的日本思想的所有方面，然而，仅以此便判定日本思想和中国思想是同一东西而加以混淆，也会犯不承认日本人的精神生活有独自性的错误。于是就必须从历史事实的角度出发，考察中国思想中的哪些因素，以何种方式为日本人所吸取，又在日本人的精神生活中起着什么作用。"① 津田左右吉生活在 20 世纪第二次世界大战前后的日本社会中，虽然已敏锐地看到包括道教在内的中国传统思想与神道教之间的密切关系，但因时代局限，还无法从思想及文献上进行深入研究。这个问题不仅涉及道教与神道教的异同比较问题，更涉及在日本中世纪之后，道教是如何在神道教中发挥作用的问题？

13 世纪末，日本击退了妄想侵略日本的蒙古军队后，逐渐"产生了自古以来不曾屈服于外国的'神国'意识，同时还意识到和不断改朝换代的中国不同的天皇的'万世一系'性所表现出的独特性。由此其价值被逆转，产生了虽处于'边土'反而能持有独自正确的价值这样一种观念。"② 神道教在日本社会中的地位日益提高。神道教没有如基督教那样的"原罪说"，按美国人类学家鲁思·本尼迪克特的看法，日本有一种区别于西方"罪感文化"而注重对他人谴责的反应的"耻感文化"。两者的最大不同在于："真正的耻感文化依靠外部的约束力来规范行为，它不像罪感文化那样，依靠内心对罪的惩罚。"③ 神道教相信人性本善，人的灵魂就像神一样纯净，犹如道教所说存在于人的神是虚静无为的，故有"生我于虚，置我于无。生我者神，杀我者心"④ 之说，也与老子所形容的"赤子"般的生命观有相似之处⑤。因此，神道教没有人对神灵进行忏悔的仪式，"对于耻感文化中的人们来说，参加宗教仪式的目的与其说是为了赎罪，不如说是为了祈求更

---

① ［日］津田左右吉：《日本的神道》，商务印书馆 2011 年版，第 11 页。
② ［日］村井章介：《亚洲之中的中世日本》，转引自［日］茂木敏夫：《东亚的中心·边缘构造及世界观的变化》，载贺照田主编：《东亚现代性的曲折与展开》，吉林人民出版社 2002 年版，第 321 页。
③ ［美］鲁思·本尼迪克特：《菊与刀》，长江文艺出版社 2007 年版，第 166 页。
④ 《西升经》，《道藏》第 11 册，第 502—503 页。
⑤ 《老子》第五十五章："含德之厚，比于赤子。毒虫不螫，猛兽不据，攫鸟不搏。骨弱筋柔而握固。未知牝牡之合而朘作，精之至也。终日号而不嗄，和之至也。"

大的幸福"①，这与道教为祈福消灾而举行与神灵沟通的祭醮科仪有相通之处。

但与道教有所不同的是，神道教又认为，既然人的灵魂就像神一样纯净，那么，只有把人的灵魂当作神加以崇敬才能得到神谕："任何人到神社时，都可以发现其中并没有供人膜拜的神像或法器，只有一面镜子挂在几乎空无一物的神坛上。镜子的出现很容易解释，因为它就象征人心，当人心纯净无杂念时，自然可以反映真神的形貌。因此当你到神社朝拜时，你在镜子里看到自己的形象，而称为'探求本心'朝拜的动作。"② 这种以镜鉴心的做法，将知耻作为德行之本，以此来说明神对人在精神和道德上的引领作用，成为神道教构建教义理论的一种动力。

此时的神道教通过与儒佛道及阴阳五行思想等中国文化的会通与综合，促进了神道教义的更新与发展，陆续出现了一些以理论探讨为特色的神道学派：与佛教相结合出现了天台神道、真言神道与法华神道；以神社为中心出现了伊势神道、吉田神道、修验神道；与儒家朱子学相结合，出现了理学神道、垂加神道、吉川神道、度会神道；还有反对将神道与外来文化相结合，出现了复古神道等。神道学派以"习合"③ 运作为特点，它是神道教在吸收融合儒佛道三教的基础上建构的神道教义理论，故又称教义神道或神道教义。神道学派中的各流派或多或少地吸收了一些道教因素，此时流行的伊势神道经典《神道五部书》和吉田神道著作《神道大意》、《唯一神道名法要集》都对道教信仰与思想有所吸收和借鉴。其中伊势神道与吉田神道表现得比较突出。

14 世纪时，伊势神道由伊势神宫外宫祠官度会行忠（1236—1305）、度

---

① ［日］中村雄二郎：《日本文化中的恶与罪》，北京大学出版社 2005 年版，第 102 页。

② ［日］新渡户稻造：《武士道》，山东画报出版社 2006 年版，第 10 页。

③ "习合，是日本文化特有的的概念，指异域的异质的文化形态与民族文化之间的交流、协作、会通和互相等关系。在日本，狭义的习合，把德川时代以前的神佛一体，包括佛主神从或佛本神迹和神主佛从或神本佛迹的关系，它特指日本宗教文化中的佛神之间的主从关系。广义的习合，还包括德川时代的神儒一致和神儒佛融和，……习合不同于融合，更不同于混合或调和，它是异质文化的接触、交流和互动之后，一种文化受容另一种文化之后，改造了自身的文化形象和文化内容，但未改变固有的文化精神的文化关系。它是借助综合的文化力量来塑造民族的文化理念的一种价值追求。"（范景武：《神道思想与文化研究》，内蒙古人民出版社 2002 年版，第 101 页。）

会常昌（1263—1339）等人创立，亦称"外宫神道"或"度会神道"。一般认为，伊势神道反对"本地垂迹说"，提倡以神道为主体，以佛教为辅的"神主佛从"说，最早建立了独立的神道理论，促进了神道思想的发展。

伊势神道所在地伊势神宫是供奉天皇祖先天照大神的神社，历代天皇在即位时都必须前去参拜，因此与天皇的关系十分密切。伊势神宫本有内宫与外宫，它们在原则上是同格而平等的，但从历史上看，两宫为了争夺领导权，长期处于对立状态。在日本的南北朝时期，随着古代伊势神宫的经济基础——神户制的衰落，神道教的主要信仰者已由皇族转移到武士和农民，此时，内宫与外宫为吸引信众，分别扩展自己的势力，互相之间的对抗越加激烈。伊势神道的集大成者度会行忠曾著《伊势二所太神宫神名秘书》献给天皇龟山上皇（1259—1274在位），提出"神皇一体"的思想，力图依靠皇族的支持来复兴伊势神宫在神道教中的至高地位。度会行忠还为天皇制及神国思想提供了理论论证："大日本者，神胤也。……神者君之内证，垂慈悲而同尘；君者神之外用，昭俭约而治国。神感莫不从助，君德莫不砥属。"[①] 他以"神皇一体"来说明神道与天皇之间的神圣关系：日本国，神国也；天孙者，国主也。这种"惟神之道"的"神国"思想，成为神道教的主流，对后来的日本史观及日本军国主义的形成都给予了很大的影响。

伊势神道在尊奉神道教为"日本的支柱"的同时，还吸取中国的儒、佛、道三教思想来发展神道理论。例如，吸收宋代儒学中的体用思想，将"国常立尊"视为宇宙的本原神，将其创造万物的神妙作用称为"天御中主神"，从体用关系上来论证二神是一体的，以宣扬宇宙的本原神是具有五行之首的水德之神。伊势外宫祭奉的丰受大神是水神和食物神，与《古事记》中始原神"天御中主神"同体，说明外宫具有优越地位；伊势内宫所奉的天照大神是日神，具有火德，水火相依说明天照大神与丰受大神是互相依存的。丰受大神和天照大神共同作为"天上宗神"而结下"幽契"，内外宫两神"同治天下"说明内外两宫"犹如日天、月天同照寰宇"的关系。这种"二宫一光"的理论意在提升两宫，尤其是外宫神团的地位。

---

① 《伊势二所太神宫神名秘书》，参见张大柘：《当代神道教》，东方出版社1999年版，"序言"，第50页。

伊势神道的经典是《神道五部书》，主要是从历史上来说明神宫的由来，并阐发伊势神道的基本思想，它包括《造伊势二所太神宝基本记》、《伊势二所丘太神军团御镇座传记》、《天照坐伊势二所皇太神宫御镇座次第记》、《丰爱太神宫御镇座本纪》、《倭姬命世记》。另外，度会行忠的《类聚神祇本源》十五卷，集伊势神道理论之大成。若仔细研究，可见其中还是吸收了一些道教宇宙论及修行观。

伊势神道直接引用《老子》的宇宙论来解释天地万物的生成："道始无形状而能为万物设形象，生于虚无之中受大意之象者也。故曰，道无阴阳，阴阳生和清浊，三气分为天地人，天地人生万物。若道散为神明，流为日月，分为五行，万物之朴散则为器用也。肆谓无名则天地之始，或曰，无名者谓道。道无形，故不可名也。始者道，吐气布华，出于虚无为天地之本也。有名则万物之母。"① 在《伊势二所大神宫神名秘书》一书中还用道教之"道"来解释"国常立尊"的性质，宣扬"国常立尊"与"道"是同位的，是创造天地万物之神，以此来说明天地万物的起源。伊势神道还用阴阳五行思想来解释人的生命构成与运动，五行对应人的五脏。在五脏中，神主宰着人的生命："人能养神则不死也。神为五脏之神也，肝脏魂，肺脏魂，心脏神，肾脏精，脾脏志。五脏尽伤则五神去也。清五脏则天降神明往来于己，大道自归己。"② 神留在五脏，则生命正常存续；神离开五脏，则生命走向终结，因此只有保护好五脏神，人才能保持健康。如何保护好五脏神？人只要克制情欲，正身明志，才能与神相通。伊势神道倡导自然简朴的生活方式，以守住大道而不迷失自己，这与道教的"得道成仙"的精神旨趣有相通之处，但伊势神道又受佛教的影响，不仅"以正直为清净，或以一心定准为清净，或以超生出死为清净"③，而且还将清净分为"内清净"和"外清净"。心中无杂念为内清净，六根清净为外清净，主张通过净化肉体的"外净化"，进而达到心与神融合的"内清净"。这种对心的解脱的重视，又表现出"神佛习合"之特征。例如，伊势神道奉《神道五部书》

①　神道大系编纂会编：《神道大系·论说编五·伊势神钱上》，精兴社1994年版，第205页。
②　神道大系编纂会编：《神道大系·论说编五·伊势神钱上》，精兴社1994年版。
③　《神风伊势宝基珍图天口事书》，载［日］佐藤通次：《神道哲理》，理想社1982年版，第268页。

为神托祖述，宣扬"敬神态以清净为先，所谓从正而为清净，从恶而不为净。"① 由此将正直、清净作为神道本义的"两大主德"，教导信众"祭神以清净为先，我镇以得一为念也"，② 推动了伊势神道在日本社会中的发展及影响。

由于伊势神道在政治上支持为天皇复权而斗争的南朝派，因此在南朝灭亡后，伊势神道在上层社会的势力也随之衰退，吉田神道乘机发展起来。吉田神道是由室町时期文明年间（1469—1487）京都皮神乐冈吉田神社的祀官吉田兼俱（1435—1511）创立的，也是一个与道教关系比较密切的神道教派。吉田兼俱出身于掌管龟卜部氏族，故该道也称"卜部神道"。平安中期，吉田的本家掌握吉田神社，分支掌握平野神社。吉田神社又是供奉日本历史上最著名的藤原氏北家氏神的春日神社的支社，因此，卜部氏族就借助于藤原氏来扩张自己的势力。到镰仓时代，卜部氏依据吉田神社，研究神道教的教义学说，为争夺对神道教的领导权进行理论论证。到室町时代（1336—1573）中期，以京都为中心，发生了大规模的幕府内部之争，导致了长达十一年的布仁之乱（1467）。在战乱中，全国的神社都受到了影响，吉田神社也毁于战火之中。战后，日本朝野出现了复兴神事、统一神祇的愿望和要求。但伊势神道因从前支持过"南朝"打击武家幕府政权，失去了室町幕府的认同。吉田兼俱就是在这样的时代背景中，继承伊势神道反本地垂迹说和神国思想的传统来创立吉田神道的。

吉田兼俱得到了室町幕府重要人物日野富子（1440—1496）的支持，在吉田神社南部建造了祭祀神道教最高的神祇斋场，中央神殿为大元宫，祭祀天照大神、丰受大臣、国立常尊等重要神祇。大元宫后面又建立了八神殿，供奉着伊势神宫以下全国三千多座神祇，以示天照大神以下的八百万神都皈依大元尊神的教理。当时恰好伊势神宫内外宫相继遭遇火灾，吉田兼俱就自称为神祇的首领，利用当地民间流行的"飞来神明"信仰，宣称天照大神已经飞到自己的斋场，这使得吉田神社声望大振。吉田兼俱在此为幕府和朝廷举行祈祷的斋会，祈求天下和平，从而大大提高了吉田神社在日本社

---

① 《类聚神祇本源》，载［日］佐藤通次：《神道哲理》，理想社1982年版，第269页。
② 《类聚神祇本源》，载［日］佐藤通次：《神道哲理》，理想社1982年版，第269页。

会中的影响。在幕府的支持下，全国的神社都得根据吉田家所发放的"执照"来任命神职人员，由此，吉田神社几乎控制了全国半数以上的神社，这种影响一直延续到江户时代末期。

从吉田神道的主要经典《神道大意》、《神道由来记》、《唯一神道名法要集》等可见，吉田神道与伊势神道一样都有摆脱佛教理论框架，建立自家神学体系的意识倾向，但由于神道教理论的先天不足，又不得不从儒佛二教中吸取思想素材，故吉田神道的做法是，倡导以神道为本的神儒佛三教合一论。吉田兼俱认为，日本是印度、中国和日本"三国"的根元，神道是儒学、佛教、神道"三教"之根本。如果以树为"万法"来比喻神道与儒、佛之间的关系，那么，神道是万法之源，犹如树木的根是生命之根本，而儒教、佛教不过是枝叶或花朵、果实。"吾日本生种子，震旦（指中国）现枝叶，天竺（指印度）开花实。故佛教乃万法之花实，儒教为万法之枝叶，神道为万法之根本。彼二教皆此神道之分化也，以枝叶花实，显其根源也。"① 这种"根本枝叶花果说"宣称，神道才是最根本，儒佛不过是神道的枝叶花果，是神道的分化及外在表现而已。花艳叶茂才能显示根的茁壮，花凋叶谢又必落下归根，他借以说明神道乃是最根本的。从信仰上看，如《神道由来记》中说："一神云吾国常立尊，国常立尊乃无形之形，无名之名，名此为虚无太元尊神，由此太元成一大三千界，由一心分大千之形体，何况森罗万象蠢动含灵，都始于一神之元。"② 吉田神道认为，宇宙的根本神是"太元尊神"，即《日本书纪》中的"国常立尊"。他将之作为万物的本体，以此来宣扬日本自古以来唯有神道，而其他杂法都是神道的外在表现，以这种颇具代表性的神儒佛合一理论来对抗"本地垂迹"思想，批评神道对佛教的依附。

从这种"纯一无杂"的思想出发，吉田神道提出了独特的"判教"理论，认为神道只有三种：一为本迹缘起神道，如伊势神道；二为两部习合神道，如融合了佛神的真言神道、天台神道等；三为元本宗源神道，如吉田神道。③ 在评判原有神道学派的基础上，吉田神道模仿佛教密宗的显密二教之

---

① ［日］渡部正一：《日本古代中世的思想与文化》，大明堂1980年版，第221页。
② 神道大系编纂会编：《神道大系·论说编·卜部神道上》，精兴社1985年版，第3页。
③ 参见神道大系编纂会编：《神道大系·论说编·卜部神道上》，精兴社1985年版，第55页。

分，提出显露教和隐幽教的概念，认为称佛为本地、神为垂迹的教说为显露教，是"浅略之义"，而以神为本地、佛为垂迹的思想为隐幽教，是"深秘之义"。倡导以神为本、以佛为迹的吉田神道，才是"唯一神明的真传，纯一无杂的密意。"吉田神道自称所创神道是"唯一宗源神道"或"元本宗源神道"。这一大日本国固有之神道是根据春日大明神①的神示，由卜部氏传下来的最纯粹、最根本的神道，能够"开一切利物之本，归万法纯一之初"的"唯一法、无二法、唯一无二"的最上唯一者，故又称"唯一神道，诸法根本，不行滥觞，毕竟宗源"②。从表面上看，吉田神道为了树立神道教的权威，以神道为主而轻视其他宗教学说："天若无神道，则无三光（日、月、星），亦无四时（春、夏、秋、冬）。地若无神道，则无五行，又无万物。人若无神道，则无一命，也无万法。"③ 但其实他也悄悄地借用了许多道教因素，吉田神道对道教的吸收主要表现在以下几个方面：

第一，以道为参照从本体论角度构建自己的宇宙观。吉田兼俱认为："神者，天地万物之灵宗也，故谓阴阳不测；道者，一切万行之起源也，故名道非常道。总而器界生界，有心无心，有气无气，莫非吾神道。"④ 所谓的"道非常道"，引自《道德经》第一章："道可道，非常道；名可名，非常名。无名天地之始，有名万物之母。"所谓的"神"则是"一气未分之元神"，其作用在于"神道"，它先于天地并创造出天地，既内在于宇宙万物，贯穿于天地人，又支配天地运行，主宰万物变化，这与道教之"道"的内涵与功能都十分相似。

第二，受道教的影响，吉田神道关注人心的安宁问题。吉田神道认为，人身有生、长、病、老、死五种机能，人心有喜、怒、哀、乐、爱、恶、欲七种感情，要使身心健康，就应当进行类似于道教所倡导的颇具神秘主义色彩的身心兼修。但与道教相比，在身心关系中，吉田神道更强调"心"的

---

① 春日大明神是奈良春日神社所祭祀的主神，也为藤原氏的家族神。

② 《唯一神道名法要集》，转引自聂长振、齐未了：《道教传入日本及其对神道的影响》，《世界宗教研究》1985 年第 2 期。

③ 《唯一神道名法要集》，载《日本思想大系》第 19 卷《中世神道论》，岩波书店 1977 年版，第 331 页。

④ 《唯一神道名法要集》，载《日本思想大系》第 19 卷《中世神道论》，岩波书店 1977 年版，第 323 页。

引领作用，吉田兼俱认为："夫神者先于天地而定天地，超于阴阳而成阴阳。在天地叫做神，在万物叫作灵，在人伦谓之心。心者神也，故神是天地之根元，万物之灵性，人伦之命运也。"① 他把《日本书纪》里的"国常立尊"视为先于天地而定天地之"大元尊神"。"神"在天地为神，在万物为灵，在人为心。一切万象皆存于心，常住恒存，无始无终，那么"心"一旦得到净化，就可以成为"神明之舍"，故"神道"就是"守心之道"。这种将神、灵、心三者联系起来，用"守心之道"来促进人与神进行沟通，使心神安定、驱鬼降神的做法，也是道教展现其非同寻常的宗教力的道术。出村胜明在《吉田神道の道教要素》中指出，吉田神道所使用的《神祇道灵神符》就来自于道教的《太上玄灵北斗本命延生真经注》。② 河野训则认为，吉田神道《太上秘法镇宅灵符》直接来源于道教的《正统道藏》。③ 吉田神道还将道教符咒用于神秘的神道祭祀仪式中，以期获得神道的佑护。这些做法又使外来的道教所倡导的身心兼修及斋醮科仪很难在神道文化的环境中发挥其优势。

第三，借用道教的名词术语与思维方式。在《唯一神道名法要集》中不仅有"三清"、"无上灵宝"等道教名词，而且还具体将神道教的神器——镜、剑、琼玉，称为三种"灵宝"，还明确说："三界者，天地人之三元也。……儒教、道教，万端以三成物。故《易》云：三生万物，是谓之乎。……天无神道，则无有三光，亦无四时；地无神道，则无有五行，亦无万物；人无神道，则无有一命，亦无万法。"这里不仅采用了道教的"天地人三元"的说法，而且还将《易》的"三生万物"④ 的思想充实到神道教义之中，由此形成了其特有的"一分为三，合三为一"的思维方式。"吉田神道与以往神道、其他神道的关系以及世界万物、宇宙万象的关系时往往，即总是把任何事物及现象的存在和发展划分为三个方向、三个方面、三个层次、三种极端和三种方式等，形成了由一元始出到多元分流的基本格

---

① ［日］佐藤通次：《神道哲理》，理想社 1982 年版，第 285 页。
② 神道史学会编：《神道史研究》第 21 卷第 5 号，雄山阁 1943 年版。
③ ［日］河野训：《日本神社伝阁に见られゐ》，载神道国际大会编：《道教与日本文化》，樱枫社 2005 年版，第 67 页。
④ 其实应当是《老子》第四十二章提出的"三生万物"的思想。

局，而这些不同的方向、方面、层次，极端和方式又归结为一个根元、一个本原和一个宗源，形成了由多元复归一元的根本格局。"①

吉田神道因得到了室町幕府的支持，以京都吉田神社为据点，自称"神祇管领长上"，以统一神道相标榜，在伊势神宫遭到火灾之后，提出要把伊势神宫迁至京都，这一提案虽然因遭到其他神宫与部分王宫贵族的反对而失败，但却因与佛教日莲宗②的成功合作，扩大了本教的社会影响，使其逐步成为神道教的统帅，"在整个近世统治了全部神社的一半以上"③，取得了长达三个世纪神道教的统领权。吉田神道主要在京都和畿内传播，此地自古以来不仅是日本的王城之地，而且在室町末期，因手工业和商业的发达而发展成为全国的经济中心。吉田神道打出追求长寿、健康和福禄等世俗利益的旗号，在一定程度上满足了农、工、商等普通民众的生活愿望，促进了吉田神道在民间社会的传播。在吉田神道的控制之下，全国大大小小的神社都举行神佛合并的祭祀，使佛教的寺院和神道教的神社之间浑然融为一体。吉田神道被认为是"中世神道的集大成者"④，在室町时代晚期盛极一时，到江户时代依然有很大影响。受吉田兼俱的唯一神道的影响，后来江户时代的国学家们产生一种复兴神道的思想，进而排斥佛教。明治维新时，政府下达神佛分离令，废佛弃释运动一时达于极点，随着兴盛了数百年的"本地垂迹说"的逐渐衰退，道教中有利于神道教发展的因素被充分吸取后，只在一些阴阳道、修验道中保留了一些元素在日本社会中的影响就更为消沉了。

四、道教对修验道的影响

神道教中还出现了一些受道教影响的新流派，如修验道、阴阳道等。有日本学者认为，这些新流派其实就是道教日本化的产物："与儒教同时传入

---

① 范景武：《神道文化与思想研究》，内蒙古人民出版社 2001 年版，第 247 页。
② 日莲宗，亦称法华宗，13 世纪时由日莲（1222—1282）创立。日莲宗受天台宗的影响，特别强调《妙法莲华经》。吉田兼俱却提出法华三十值班神是由吉田家的祖先卜部谦益传给日莲的，这不仅促进了吉田神道与日莲宗的结合，而且也使神道扩张到了法华信仰的领域。
③ ［日］村上重良：《国家神道》，商务印书馆 1990 年版，第 16 页。
④ 范景武：《神道思想与文化研究》，内蒙古人民出版社 2002 年版，第 216 页。

日本的道教也发生了质变，转化成了日本的神道。"① 修验道奉能够以咒术役使鬼神的役小角为教祖，强调山岳为灵域，通过入山修行来获得非凡之效验，故以"修验"为名。修验者被称为"山伏"，日文的意思就是"隐居在山中的人"。日本宗教学者宇野圆空（1885—1949）认为："佛教尤其是密教、神道，民族宗教观同山岳信仰、巫、咒术以及包括道教在内的中国信仰、习俗互相融合之后就是修验道。此教没有开祖，古时候也没有一定的教义和做法。"② 他强调修验道是在日本本土的山岳信仰的基础上，又吸收了多种来自于大陆文化因素而形成的集合体。修验道具有"复合性宗教"的特殊性格，这一看法得到较为广泛的认同。③

　　有关修验道与道教的关系问题，也受到了一些日本学者的关注。小柳司气太的《道教と真言密教の关系を论じて修验道に及ぶ》指出真言密教经典中剽窃模仿道教的证据多条，说明中国密宗创始人之一不空（705—774）到天竺求经，仿照道教的道术，拿到中国来变成新鲜货。其弟子空海将密教传入日本后，将道教的长生不死信仰、日本的山岳信仰和真言密教的即身不死说相融合，促进了修验道的发展。④ 另外，津田左右吉的《役行者传说考》⑤、窪德忠的《道教と修验道》⑥、重松明久的《修验道と道教——泰澄と役小角を中心として》⑦、宫本袈裟雄的《修验道と神仙思想》⑧、宫家准的《修验道仪式仪式礼の研究》⑨ 与《修验道思想の研究》⑩、下出积与的《道教と修验》⑪、五

　　① ［日］森岛通夫：《日本为什么成功？——先进技术与日本式的心情》，四川人民出版社 1986 年版，第 13 页。

　　② ［日］窪德忠：《道教入门》，四川人民出版社 1996 年版，第 214 页。

　　③ 参见 ［日］村上俊雄：《修验道の发达》，名著出版社 1978 年版；［日］村山修一：《修验の世界》，人文书院 1992 年版；［日］宫家准：《修验道》，教育社 1978 年版；等等。

　　④ 密宗自称，显教是释迦对一般凡夫说的法，密教是法身（大日）佛对自己的眷属说秘奥大法，都是秘密真言，所以密宗也称真言宗。

　　⑤ ［日］津田左右吉：《役行者传说考》，《史潮》第 1 卷第 3 期。

　　⑥ ［日］窪德忠：《道教と修验道》，《宗教研究》1962 年第 173 号。

　　⑦ 载 ［日］重松明久：《古代国家と道教》，吉川弘文馆 1985 年版，第 445 页。

　　⑧ 载 ［日］宫本袈裟雄：《里修验の研究》，吉川弘文馆 1984 年版，第 353 页。

　　⑨ ［日］宫家准：《修验道仪式仪式礼の研究》，春秋社 1971 年版。

　　⑩ ［日］宫家准：《修验道思想の研究》，春秋社 1999 年增补决定版。

　　⑪ ［日］下出积与：《日本宗教史论纂》，樱桃社 1988 年版。

来重的《修验道入门》①、大塚雅司的《役行者说话の变迁——道教修验道と》等，这些研究成果从不同的方面将修验道中的道教因素凸显出来。由于保留至今的修验道文献主要有两大类：一类是佛教经典；另一类是修验道独特的修行典籍。② 那么，道教究竟给予修验道以怎样的影响？修验道是否是道教日本化的产物？这些问题其实还需要将之置于东亚文化的视域中来进行系统研究。

山岳信仰是东亚的古老宗教传统，但在不同的民族和地区却发展出各自的特色，如中国道教的五岳崇拜、朝鲜的檀君信仰和日本的修验道。如果说，中国和朝鲜所奉的山岳神灵多为传说，那么，被修验道奉为始祖的役小角则是生活于 7 世纪的真实人物。

役小角（生卒年不详，一说 634—701）生活于飞鸟朝至奈良朝时期，出身于大和国南葛城郡（今奈良县御所市）茅原的吉祥草寺附近的阴阳师世家贺茂役君家。据说"贺茂"与"神"是同义词，贺茂家族长期担任神道祭祀的职务③，"役"姓则指对贺茂家负有侍奉义务的那个家族。8 世纪末，平安朝编撰的官方史书《续日本纪》卷一文武天皇三年（699）5 月 24 日条就简要记载了役小角的事迹：

> 役君小角，流于伊豆岛。初小角住于葛木山，以咒术称。外从五位下—韩国连—广足师焉。后害其能，谗以妖惑。故配远处。世相传云："小角能役使鬼神，汲水采薪。若不用命，即以咒缚之。"

---

① 五来重：《修验道入门》，角川书店 1980 年版。

② 据蓝吉富先生研究：修验道的基本文献可以分为两大类，一类是佛教文献，另一类是修验道独特的修行典籍。此中之佛教类是指大乘经或密教经典及仪轨。大乘经之中，《法华经》（尤其是《普门品》）及《般若心经》最受重视。这二经也是修验道行者之课诵本中所包含的。此外，《梵网经》、《金光明经》、《仁王般若经》、《阿弥陀经》、《锡杖经》等，也甚受重视。在密教类方面，《大日经》、《金刚顶经》、《苏悉地经》、《孔雀经》是本宗行者所常读的经典。属于修验道的独特修行典籍，总共约有一百余部。收集在《日本大藏经》（卷 36 至卷 38）里。其中，当以《九条锡杖经》、《圣不动经》、《修验三十三通记》、《修验顿要秘诀集》、《修验顿觉速证集》、《役君形生记》、《指南抄》等书最受重视。日本昭和二年（1927），由醍醐寺修验圣典编纂会所编印的《修验圣典》一书，收有多种修验要典，颇可以作为研究修验要义者之入门指南。（参见蓝吉富：《日本修验道之文化特质》，《玄奘佛学研究》（台湾）2005 年第 3 期。）

③ 参见［日］村山修一：《山伏の历史》，塙书房 1983 年版，第 56 页。

役小角住在葛木山时，以咒术役使鬼神汲水砍柴，如果鬼神不从，役小角就能用咒语将他们束缚起来。文武天皇三年，因弟子韩国连广足嫉妒其咒术向朝廷"谗以妖惑"，役小角被文武天皇下敕派遣的使者逮捕而流放到伊豆岛。葛木山，就是今天位于奈良静冈县中部的葛城山。登上山势陡峭的葛城山顶，上有役行者神变大菩萨祠①，现称葛城神社。葛城山顶空间狭小，但山上空气清新，视野良好，可展望富士山，远眺骏河湾东部沼津市的海岸、田方平原的三岛市、函南町和箱根山。葛城山的主峰金刚山盛产金刚砂、石英石、云母，自古以来就是一个颇有仙灵之气的地方。据《日本书纪》卷十四记载，雄略天皇在葛城山打猎时曾遇到神仙："四年春二月，天皇射猎于葛城山。忽见长人，来望丹谷，面貌容仪相似天皇。皇知是神，犹故问曰：'何处公也?'长人对曰：'现人之神，先称王讳，然后应道。'天皇答曰：'朕是幼武尊也。'长人次称曰：'仆是一事主神也。'遂与盘于游田，驱逐一鹿，相辞发箭，并辔驰骋。言词恭恪，有若逢仙。于是日晚，田罢。神侍送天皇，至来目水。是时百姓咸言：'有德天皇也!'""雄略天皇在葛城山射猎，在丹谷遇蓬莱仙人。雄略天皇五年春二月，天皇校猎于葛城山。灵鸟忽来，其大如雀，尾长曳地，而且鸣曰：'努力努力!'"灵鸟是道教信奉的神鸟。宫家准说："丹谷即是道教所说的不死之国、神仙世界、东海蓬莱仙境"②，由此指出了葛城山犹如道教的修仙之境。

　　随着时间的推移，役小角逐渐被传说神化。9世纪初，由景戒撰著的日本佛教说话集《日本灵异记》参见将役小角描绘为颇有佛教文化特点的灵异神仙：

　　　　役优婆塞者，贺茂役公，今高贺茂朝臣者也。大和国葛木上郡茅原村人也。生知博学得一。仰信三宝，以之为业。每庶挂五色之云，飞仲虚之外。携仙宫之宾，游亿载之庭。卧伏乎藥盖之苑，吸啜于养性之气。所以晚年以四十余岁，更居岩窟，被葛饵之松，沐清水之泉，濯欲界之垢，修习孔雀之咒法，证得奇异之验术。驱使鬼神，得之自在。

---

　　① 江户时宽政十一年（1799），光格天皇追赠役小角为"神变大菩萨"。
　　② ［日］宫家准：《修验道与道教》，载［日］野口铁郎编：《道教与日本》第二卷，雄山阁1997年版，第290页。

唱诸鬼神而催之曰："大倭国金峰与葛木峰，度椅而通。"于是，神等皆愁。藤原宫御宇天皇之世——葛木峰一语主大神托谗之曰："役优婆塞，谋将倾天皇。"天皇敕之，遣使捉之。犹因验力，辄不所捕。故捉其母，优婆塞令免母故，出来见捕。即流之伊图之岛。于时，身浮海上，走如履陆，体踮万丈，飞如鸷凤。昼随皇命，居嶋而行。夜往骏河，富垊岭而修。然庶宥斧钺之诛，近朝之边，故伏杀剑之刃，上富垊也。见放斯屿而忧吟之间，至于三年矣。于是乘慈之音，以大宝元年岁次辛丑正月，近天朝之边，遂作仙飞天也。

《日本灵异记》这段记载中最引人注目的部分是讲述役小角利用密教四大法之一《孔雀明王经》[①] 的咒术在富士山修行的事迹，透露出役小角自幼博学，笃信佛教，但他拒绝成为生活于寺院中的僧侣，而是保留着"役"姓，保持着"优婆塞"，即在家的佛教徒或在家居士的身份。这样，他可以自由地隐于葛城山中潜心修行，以葛为衣，以松为食，以清泉水沐浴，像道教所崇拜的神仙那样踩着五色之云飞升上天，"携仙宫之宾，游亿载之庭。卧伏乎蘂盖之苑，吸噉于养性之气"。役小角在高野山修行时，岩窟之中安置孔雀明王像，通过修习《孔雀明王经》中的咒法，证得了奇异验术，以役使鬼神，其随从就是身边两个最重要的搭档——青色身体的前鬼和红色身体的后鬼，这使山神们皆为不安。于是葛木峰一语主大神向天皇进谗言，说役小角用咒法企图潜窥国家、谋倾天皇，于是文武天皇下令逮捕之。役小角在伊豆岛三年的囚禁中，白天乖乖地在岛上守禁而居，夜晚却能够"身浮海上，走如履陆，体踮万丈，飞如鸷凤"到富士山修行。此时，日本各地出现了许多灾变，文武天皇本人也得了心痛病，于是在大宝元年（701）11月大赦罪犯，时年六十八岁的役小角也获赦，最后飞升成仙，不知所终。

日本临济宗禅僧虎关师炼于元亨二年（1322）所作《元亨释书》卷十

---

① 《孔雀明王经》详名《佛母大金耀孔雀明王经》，又称《佛母大孔雀明王经》、《大孔雀明王经》，佛母大孔雀明王是大日如来的化身，此为佛教显密圆融的经典。讲述佛陀住逝多林给孤独园时，有一比丘被大黑蛇所伤，毒气遍身，闷绝于地，阿难见之，速往佛所，求佛慈悲救护。佛陀遂教阿难诵"摩诃摩瑜利佛母明王大陀罗尼"救之。持诵此经不仅有止雨、祈雨、消灾等功效，而且能远离一切恐怖，获福慧等功德，为密教四大法之一。

五中有《役小角传》也说役小角曾构建佛寺，最后带上母亲泛海入唐，修验道的修行内容虽有许多佛教成分，但其故事中也充满着道教因素：

> 役小角者，贺茂役公氏，今之高贺茂者也。和州葛木上郡茆原村人。少敏悟博学，兼乡佛乘，年三十二，弃家入葛木山，居岩窟者三十余岁，藤葛为衣，松果充食，持《孔雀明王咒》，驾五色云优游仙府。驱逐鬼神以为使令，日域灵区修历殆遍。一日告山神曰：自葛木岭蹊金峰山，其间危崄，虽苦行者犹或艰，汝等架石桥通行路。众神受命夜夜运岩石，督营构。小角呵神曰，何不早成。对曰：葛城峰一言主神其形甚丑，难昼役，待夜出，以故迟耳。小角促一言主，一言主不肯，小角怒咒缚系之深谷。一言主托宫人曰：我是管逆寇之神也，窃见役小角潜窥国家，不急治殆乎危。宫人以闻。文武帝下敕召小角，小角腾空飞去，不得追捕，官吏设计略收其母，小角不得已自来就囚，便配豆州大岛。居三年昼守禁而居，夜必登富士山，行道踏海而走犹行陆，其疾飞鸟不可及也，黎明归岛。大宝元年放回，近京师凌虚飞去。小角尝在摄州箕面山，山有泷，小角梦入泷口谒龙树大士，觉后构伽蓝，自此号箕面寺为龙树净刹。世曰小角自坐草座，载母于钵泛海入唐。①

役小角因脱俗入山修炼三十余年，获得了犹如道教所使用的的那种非凡之咒力和奇异之验术，"驾五色云优游仙府。驱逐鬼神以为使令"，甚至出现了请山神在山中架桥铺路的传说，因此得罪了葛木峰一语主神。《元亨释书》特别提及役小角梦入泷口谒拜龙树大士，醒来后建构伽蓝，自此号箕面寺为龙树净刹，由此将修验道与佛教密教联系起来。

平安时，随着山岳信仰在民众中盛行，朝廷追赠役小角"行者"尊称，后通称"役行者"，奉其为修验道的创立者。"役行者这个人物实践了道教、佛教（密教）、神道（山岳信仰）这三种宗教传统，并且他已经理解了这才是修验道。"② 在日本"修验道徒前往修行的山岳主要有两类：一类是修验

---

① 蓝吉富主编：《大藏经补编》第32册，华宇出版社1986年版，第247页。
② ［日］小林奈央子：《日本的修验道》，载金勋主编：《道与东方文化》，宗教文化出版社2012年版，第376页。

道的根本所在地，役小角以葛城山为根据地，开创吉野金峰山、大峰山、高野山等修道场；另一类是"地方修验者"（散布尔日本各地的修验者）所修行的名山，包含日本东北的羽黑山、关东地区的日光，中部的富士山、近畿地区的书写山及中国（指日本之冈山、广岛、山口、岛根、鸟取五县）、四国、九州岛等地的名山。① 从上述两类修验名山的分布中，看到的是修验道倡导的山岳修行影响到日本佛教的发展，使之表现出一种独特的"山岳性格"。

　　生活于平安朝初期的日本真言宗大师空海（774—835）以高野山为修行道场，修持"虚空藏求闻持法"，使山岳修行围绕着"即身成佛义"展开。其后的真言宗京都醍醐派开祖圣宝理源（832—909）② 将高野山作为修行的灵山，走出了"大峰山奥驱修行"的路线，他也成为修验道当山派的始祖。日本天台宗开祖最澄（767—822）在比睿山上修行12年，使之成为日本天台宗的主要道场。天台宗僧智证圆珍（814—891）二十岁得道受戒后，也在比睿山修行12年，他既是日本天台宗寺门派开祖，也开创了修验道本山派。以这两个道场为先驱，到平安朝，在山里建立寺院作为修验道场已成为日本佛教的常见现象。本山派是由建立圣护院祭祀熊野三所权现的增誉（1032—1116）一派所创立。当山派是由开创醍醐寺三宝院的圣宝理源大师发端。修验道之法流大致上分为真言宗系之当山派和天台宗系之本山派。把役小角开山的吉野金峰山和大峰山一带的山地间作为修验道大本营的修行者被称作当山派。后来，从熊野到大峰山一带也成了修验道的道场，以此为根据地进行修行者被称为本山派。由此修验道的"入峰"路线大致有两条：本山派从熊野入，吉野出，此为"顺入峰"；当山派从吉野入大峰山，于熊野出，此称为"逆入峰"。但这种区别并非绝对，因为本山派也有行"逆入峰"的做法。两派通过不断竞争扩大了修验道在日本的势力和影响。

---

① 参见蓝吉富：《日本修验道之文化特质》，《玄奘佛学研究》（台湾）2005年第3期。

② 圣宝理源从弘法大师空海之弟真雅门下出家后，一边在奈良的东大寺和元兴寺学习，一边因倾慕修验道之祖役小角之行迹而致力于山岳修行。他在山中修行时被蛇咬到，中毒生疮，痛苦难忍，于是他诵念准提咒，感得准提观音托梦说："宇治郡笠取山之神水，有三世诸佛及醍醐经的加持，你赶紧去沐浴吧。"他按照指示前去沐浴，恶疮马上就治好了。贞观十六年（874）他就在这个神水灵地建立了醍醐寺，开创了日本真言宗醍醐派。

从修验道的"入峰"修行可见山岳修行成为佛教与修验道能够相互契合的一个切入点。"修验行者将大峰山比拟为密教的曼荼罗。他们将大峰山北侧（吉野方面）视为金刚界曼荼罗，将南侧（熊野方面）视为胎藏界曼荼罗。然后依序修行。"[①]　显然的，这是山岳信仰与密教教义的融合，也是修验道最主要的特色。德高望重的高僧率领一批穿上白色服饰的信徒，依据一定仪轨，诵念着"六根清净，忏悔忏悔"，沿各派灵山的行进路线次第向山峰行进，于"峰中修行"中不断克服各种难关，切身体会十界修行的感觉，称为"入峰"。[②]　这种在灵山中修苦行，以磨练意志，清净身心，感悟生死的做法，又称"山林抖擞"。真言宗的东密与天台宗的台密之所以能够广为流传，成为日本佛教的主流，是否与融会了修验道的山岳修行并使之佛教化有关？

平安朝中期，比睿山上流行起"山川草木悉有佛性"、人若能开悟，就可即身成佛的本觉思想。这一思想与日本传统宗教中的所谓万物皆有灵魂的泛灵论有相通之处，又催生了净土、禅宗等佛教新教派的陆续出现。平安末期，社会动荡，灾异流行，人们认为末法时代渐近，山中就是净土的观念，促使人们远离世俗，隐遁山林，既使极乐净土信仰盛行一时，也促进了修验道的发展。为了亲历救世主弥勒佛下生，修验道徒汇集到被视作弥勒佛净土的金峰山上进行朝圣。比睿山的横川、黑谷、西坂本，以及大原、摄津四天王寺、高野山莲华谷中建立起念佛僧的道场。被视为阿弥陀净土的熊野本宫、观音净土的那智、新宫的熊野三山的拜山朝圣，逐渐成为京都贵族中十分盛行的一种时尚活动。白河天皇（1072—1086 在位）有着虔诚无比的熊野信仰，一生共前往熊野参拜了 9 次。后白河天皇（1155—1158 在位）曾 34 次参拜熊野山，此后的历代天皇也经常前往熊野山。修行者的脚步声、铃铛声和法螺的回声在这些山里不时地回荡着。

镰仓后期到南北朝时，修验道确立起独立信仰，除了奉行佛教的佛、菩萨之外，特别供奉熊野三所权现、浅间大菩萨、彦山三所权现、金毗罗权现、三宝荒神、天狗、藏王权现、神变大菩萨（役小角）等。金峰山以及

---

①　蓝吉富：《日本修验道之文化特质》，《玄奘佛学研究》（台湾）2005 年第 3 期。
②　"入峰"是修验道的修行术语，也称"峰入"，即"进入山中修行"之意。参见宫家准：《修验道の峰入作法》，《现代宗教》1981 年第 4 期。

熊野山上建立的修验道场也具有修验道与佛教共融之特点，"如何修行"才是修验道信仰之重心所在。室町时代，修验道通过整理教义、仪礼与组织，将役小角在金峰山上所感应的金刚藏王权现和从属的八大金刚童子，以及熊野十二社权现、不动明王等奉为信仰对象，又以"入峰修行，即身成佛"相号召，倡导峰中作法、加持祈祷、咒法验力等修验道借鉴的密教信仰和道教的符咒道术，倡导峰中的十界修行（床坚、忏悔、业抨、水断、阅伽、相扑、延年、小木、谷断、正灌顶），使山岳信仰的内容更加丰富起来，以顺应贵族们对现世利益的追求而从事加持祈祷活动。修验道逐渐分为真言系之三宝院流（当山派）和天台系之圣护院流（本山派）。明治五年（1872）本山派被废除，二十五年（1882）天台宗的修验道再次兴起，以大和的金峰山寺为据点，逐渐发展成为一个独立的宗派。

　　虽然修验道与佛教真言宗、天台宗的关系深远，有时也被视为佛教的一派，但从宗教学的角度来看，修验道是在日本传统的山岳信仰的基础上融合佛教密教的教义、道教的神仙信仰与咒术而形成的，它缺乏稳固的教义，要求修道者入山修行，以山岳为宗教活动的舞台，以道教的符咒方术来役使鬼神，以获得不可思议的超能力。"这大概也是部分佛教徒不太认同该派是佛教的原因之一吧！"[1] 如果说"修验道则以道教与密教合为日本化"[2]，那么从历史上看，修验道在产生与发展过程中与佛教相互借鉴的关系比较明显，相比之下，修验道与道教的关系却比较隐蔽。值得研究的是，修验道中究竟有哪些道教因素，为什么同是倡导山岳信仰的道教却没有在日本得到独立发展的机会？

　　第一，修验道与道教都有"山岳宗教"的特质。道教以得道成仙为最高理想，而修炼成仙的最好场所则是远离尘世的幽静山林。道教将山岳作为修道成仙的重要场所，视为神仙所居的洞天福地，故十分重视"登山之道"。东晋道士葛洪《抱朴子·登涉篇》云："或问登山之道。抱朴子曰：凡为道合药及避乱隐居者，莫不入山。"[3] 道教倡导的"登山之道"与修验道所奉的"入峰修行"的信仰不谋而合。修验道延续了神道教崇拜山岳的传统，但其教旨更是围绕着"入峰修行"而展开，追求人与山、神合一的

---

① 蓝吉富：《日本修验道之文化特质》，《玄奘佛学研究》（台湾）2005 年第 3 期。

② 傅勤家：《中国道教史》，商务印书馆 1937 年版，第 194 页。

③ 葛洪撰，王明校释：《抱朴子内篇校释》，中华书局 1985 年版，第 299 页。

境界，是一个重视实际操作与山岳修持更甚于道教的流派。修验道中也流传着许多道行高深的修验者飞升成仙的传说，如相传役小角于701年的新年飞升成仙，羽黑派开山祖能除太子、阳胜上人也飞升成仙等。这种飞升成仙信仰虽然是道教影响下的产物，但修验道借鉴着佛教真言宗和天台宗的教义与实践，形成的独特的"入峰修行"路线占据着日本著名的神体山[①]，没有了道教的插足之地。

第二，修验道与道教都倡导入山修行必须持有咒法并要有所禁忌。《抱朴子·登涉篇》："山无大小，皆有神灵，山大则神大，山小即神小也。入山而无术，必有患害。或被疾病及伤刺，及惊怖不安；或见光影，或闻异声；或令大木不风而自摧折，岩石无故而自堕落，打击煞人；或令人迷惑狂走，堕落坑谷；或令人遭虎狼毒虫犯人，不可轻入山也。当以三月九月，此是山开月，又当择其月中吉日佳时。若事久不得徐徐须此月者，但可选日时耳。凡人入山，皆当先斋戒七日，不经污秽，带昇山符出门，作周身三五法。"[②] 为了防止入山遭遇意外，葛洪举出种类繁多的入山咒法，如镜法："万物之老者，其精悉能假托人形，以眩惑人目而常试人，唯不能于镜中易其真形耳。是以古之入山道士，皆以明镜径九寸已上，悬于背后，则老魅不敢近人。或有来试人者，则当顾视镜中，其是仙人及山中好神者，顾镜中故如人形。若是鸟兽邪魅，则其形貌皆见镜中矣。又老魅若来，其去必卻行，行可转镜对之，其后而视之，若是老魅者，必无踵也，其有踵者，则山神也。"[③] 其次是"立七十二精镇符，以制百邪之章，执八威之节，佩老子玉策，则山神可使，岂敢为害乎？"再次是九字六甲秘祝，即六甲秘咒："抱朴子曰：'入名山，以甲子开除日，以五色缯各五寸，悬大石上，所求必得。又曰，入山宜知六甲秘祝。祝曰，临兵斗者，皆阵列前行。[④] 凡九字，常当密祝之，无所不辟。要

---

① 日本人将那些作为神灵依附的山岳视为灵山或神体山，根据山岳形态，神体山有神奈备信仰、高岭信仰和浅间信仰之分。

② 葛洪撰，王明校释：《抱朴子内篇校释》，中华书局1985年版，第299页。

③ 葛洪撰，王明校释：《抱朴子内篇校释》，中华书局1985年版，第300页。

④ 这"九字真言"出自东晋葛洪的《抱朴子内篇·登涉》，原文有两种说法：其一是"临兵斗者，皆阵列前行"；其二是"临兵斗者，皆数组前行"。传入日本时，被真言密教所吸收，被误抄为"临、兵、斗、者、皆、阵、列、在、前"，"九字真言"成为修验道山伏所重视的咒法。

道不烦，此之谓也。'"① 另外还有避蛇法、避虎狼法等。可以说，《抱朴子》的九字真言属于咒禁，谓"入山宜知六甲秘祝"，道教通过咒禁法希望对入山的风险作全面的防御。修验道崇拜山岳，也强调入山修行必须持有行之有效的方法以防各种不测之祸，"山伏是日本神道教的修道者，伏处深山，修炼法术，故名。在中国其实与道士或古时方士相合，但近代道流太与俗人生活接近了，印象很有差别，今姑称为头陀，尚比较近似。"② 修验者给人以"头陀行"，即苦行者的形象③，故"如何修持"成为修验道山岳信仰之重心所在，其中也吸收了《抱朴子内篇·登涉》中的辟谷法、调息法、炼丹术、役使鬼神术、入火不烧术等，修验道在祈祷时所用的镜、九字诀临兵斗法、急急如律令的咒文和灵符等，期望加持修验者的效力。有日本学者认为"修验道就是日本的道教"④，但若深入研究，即可见修验道也借鉴许多佛教密教的教义与修法，其持有的咒法与禁忌带有更多的密教化色彩，对道教咒禁法作了改造。

第三，修验道与道教都坚信符咒术具有一种能够御制鬼神的超自然的灵验力。《抱朴子·登涉篇》中记载了以"符书"辟蛇蝮之道、辟毒恶之道、治风湿之术、涉江渡海辟蛇龙之道、辟山川百鬼万精虎狼虫毒之道："欲求道，以天日天内时，劾鬼魅，施符书；以天禽日天禽时入名山，欲令百邪虎狼毒虫盗贼，不敢近人者。"⑤ 葛洪强调入山佩符的重要性，表达了对符咒的效验力的高度推崇。奈良时代，已有运用符咒验力在山林中修行者，但为以儒家思想为本的律令所禁。平安时代，贵族对于山林修行者的符咒之灵验颇为尊崇，以笃信山岳信仰的修验者为登山向导，如开创圣护院流的天台宗僧增誉（1062—1116）是白河天皇（1072—1086 在位）临幸熊野山的向导。真言宗僧圣宝曾经登大和诸峰，于金峰山险径处安置金刚藏王像，在吉野山鸟栖真言院始行"峰受灌顶"的仪式，吸引了许多山伏的追从。兴盛之后的修验道虽然附会密教"当相即道"、"即事而真"的教义，以吉野、

---

① 葛洪撰，王明校释：《抱朴子内篇校释》，中华书局 1985 年版，第 303 页。

② 《日本狂言选》，人民文学出版社 1955 年版，第 167 页。

③ 头陀的苦行与山伏的修炼很相似，但头陀苦行的是涤除欲念烦恼和尘垢，达到清净自身的目的；山伏的修炼则要吸收山岳之灵，为自己积蓄超能力，获得灵验的法力。可以说前者是为了去除，后者是为了获得，差异很大。（参见李玲：《日本狂言》，外语教学与研究出版社 2010 年版，第 6 页。）

④ ［日］窪德忠：《道教史》，上海译文出版社 1987 年版，第 303 页。

⑤ 葛洪撰，王明校释：《抱朴子内篇校释》，中华书局 1985 年版，第 302 页。

熊野为据点建立曼荼罗，行灌顶仪式，提倡"神僧道一致"的观念，但却大量地借鉴了道教之符咒来丰富自己的灵验力，如，修验道咒语末尾处大都有道教咒语的最后一句话"急急如律令"。

第四，修验道与道教都将对人生的思考贯穿于修验活动中。在道教看来，那些山峦叠嶂、林木繁茂、幽静深邃的山岳既是众神降临的仙境，也是死者灵魂前往的阴间，同时也是人修道成仙的洞天福地。例如，根据中国的阴阳五行说，泰山位居东方，古称东岳，是太阳升起的地方，也是万物发祥之地，更是群山之母，自古受到人们崇拜。道教因袭民俗将泰山神奉为东岳大帝，认为他是上天与人间沟通的神圣使者，也是历代帝王受命于天，治理天下的保护神。东岳大帝具有主生、主死的重要职能，从这种对人生的关注而延伸出几项具体职能：新旧更替，保国安民；延年益寿，长生成仙；福禄官职，贵贱高下；生死之期，鬼魂之统。道教的山岳信仰虽然具有丰富的内涵，但并没有在中国成为一种主流强势文化，反而更多造就了隐逸文化。道教徒隐遁深山，不是在山中积极修炼以图经世济民，而是在风起云涌中悠然自得道遥度世，追求个体生命的长生成仙，留下最多的是山水诗篇和养身之道。修验道倡导"修验道指的就是生活"，也将山岳信仰贯穿于人的日常生活之中，却使之更具有日本化的特点。在修验道看来，山岳也具有丰富的神性，它既是山神统辖的圣地，也是供奉着水分神（日本是稻作国家，将能够为水稻田提供水的山神尊为水分神，它们春天下山来到村庄，给农作物提供丰富的水源，秋天收获结束了又回到山中休息）的住所，还是死者灵魂前往的阴界，在那些"死者攀登的山"中，经常可以看到用小石头堆积起来的死者供养塔，同时还留有"地狱"、"净土"或"赛（还愿）之河愿"等地名。修验道还以曼荼罗方式将人生置于三世十界之中，要求那些登山探险、徒步穿越、艰苦修行的修验者不仅要将生死置之度外，还要做好"死"的心理准备，穿上象征着"走上不归路"的白衣，于"入峰修行"来体验身处"三世十界"的生死循环之道。"这种'拟死再生'也是修验道中的山岳（入峰）修行的最大目的"①，由此构成与道教山岳信仰的鲜明区别。例

---

① ［日］小林奈央子：《日本的修验道》，载金勋主编：《道与东方文化》，宗教文化出版社 2012 年版，第 379 页。

如，修验道所奉《熊野观心十界曼荼罗》，其上半圆形里描述了人的一生从婴儿到老人的生命成长经历，犹如一座由出生、长大、结婚、死亡而联结起来的桥，结婚为人生的高潮部分。下半圆形内描绘了轮回循环的十界：六道（地狱、饿鬼、畜生、修罗、人、天）和四圣（声闻、缘觉、菩萨、佛），中间的上部是做法事的僧侣，他们供奉着"心"字及供品，由此展示了从地狱到佛的极乐世界其实都是围绕着"心"的觉悟而展开的。[①]今天，熊野山古道的自然圣地中的朝拜灵场的向导图——"那智参拜曼荼罗图"，就特别体现了这种"向死而生"的人生解脱观。修验道将"入峰修行"视为磨练身心、觉悟人生的过程，这大概也是它在明治时期因外界压力而一度衰退，但不久就再次复兴，直到21世纪的今天一直保持着活动的重要原因之一吧？

第五，修验道与道教都奉行劝善书。道教将行善作为成仙的必要条件，如葛洪提出"是故非积善阴德，不足以感神明"[②]，这一观念一直被道教奉为圭臬，使积德立功成为仙道故事中不可或缺的内容。宋代时，故事性与义理性相结合的劝善书《太上感应篇》、《太微仙君功过格》面世，其倡导的"诸恶莫作，众善奉行"的道德观，表达了追求至善是文明社会共同追求的理想，产生了无穷的感化力量，成为社会各阶层人士共同认同并普遍信守的规范，很快在东亚社会得到传播。修验道也将道教劝善书《太上感应篇》、《太微仙君功过格》奉为经典，倡导为善修行才能获得觉悟。这样，"众善奉行"也成为东亚道教的一个道德要求。

修验道在平安朝兴起，在镰仓、室町朝发展到高潮，从思想教义上看，神佛习合占据了修验道的信仰世界和修炼场所；从修行实践上看，修验道借鉴了道教的山岳信仰和符咒之术来进行"入峰修行"。然而，日本人对符咒之灵验是抱有怀疑态度的，在室町时期，日本民间出现了一种穿插于能剧剧目之间表演的一种即兴简短的喜剧形式——"狂言"。"狂言中的山伏有两种情况：一种是刚刚修炼完，从灵山上下来的山伏，如《螃蟹山伏》、《柿子山伏》、《蜗牛》、《治驼背》等；另一种则是已经修行完毕，定居某地的

---

① 参见［日］黑田日出男：《熊野观心十界曼荼罗的宇宙》，载《佛教与日本人》，春秋社1989年版，第8页。

② 葛洪撰，王明校释：《抱朴子内篇校释》，中华书局1985年版，第124页。

山伏,如《猫头鹰山伏》、《蘑菇》。故事结构大致相同,讲的都是山伏的失败经历,吹牛皮的山伏法力失灵,最后把事情越搞越糟。"① 而佛教强调人生皆苦,在追求"心"的觉悟的过程中更注重精神解脱,随着修验道与佛教的融合日益紧密,许多佛教密教的教义与修法发展为独特的修验秘法,例如,"摩利支天神鞭法"、"摩利支天九字护身法"、"光明真言土砂加持法"、"不动明王金缚法"、"修验道不动即我法"等等,虽然修验道对真言与手印的应用和解释与佛教互有异同,但在这一过程中,修验道中的那些道教因素也逐渐被佛教化了。到江户朝,修验道展现出更多的佛教色彩。

明治维新时,为推进神道教的国教化,日本政府废除神佛习合,推进的神佛分离的政策,也波及以"神佛习合"为标志的修验道。1868 年,圣护院门迹还俗,熊野三山变为神社。1872 年,太政官发布"修验道废除令",修验道团被解体,醍醐寺三宝院也还俗了,修验者在身份上被划归到佛教真言宗或天台宗。"当时,据说日本全国的修验者超过 17 万,大多数转为神官,或根据归农令成为农民。"② 虽然还有一些坚持修验信仰的山伏们继续隐遁于山岳中,但他们为了取得传教的合法化,也不得不借助于神道新教派,如大成教、神习教、神道本局、神道修成派、御岳教等在社会上活动,通过神社来保存实力。例如,本山派修验者行者觉明(1718—1786)、普宽(1731—1801)等人,崇拜自古以来就被奉为"神境"、"灵峰"的木曽御岳山,向世人宣扬御岳山神的神德,倡登山膜拜,于 1882 年创立了御岳教。御岳教将神道教中的"岩产神"——国常立尊、大己贵命和少彦名命统称"御岳大神",作为本教崇奉的主神。御岳教颇有修验道的风采:"其修行宗旨强调,通过身心修炼二道,体验神的'灵气',感知报谢神恩,获六根清净、'生死不二'信念,即达到'登拜洗心'的目的。"③ 御岳教通过创设凭灵仪式,又将修验者的"凭祈祷"升华为"御岳大神"降临的祈祷方式。明治维新之后的修验道的山岳信仰也通过这种曲折的方式传承下来。当代日本的修验道系分有许多派别,如属于天台系的金峰山修验本宗、本山修

---

① 李玲:《日本狂言》,外语教学与研究出版社 2010 年版,第 6 页。
② [日]小林奈央子:《日本的修验道》,载金勋主编:《道与东方文化》,宗教文化出版社 2012 年版,第 383 页。
③ 张大柘:《当代神道教》,东方出版社 1999 年版,第 268 页。

验宗和修验道，属于真言系的有真言宗醍醐派等。在日本各地灵山中还保存着修验道的遗迹，大峰山奥驱修行、吉野山的徒步参拜也吸引着那些山岳信仰的崇拜者，但修验者的"峰中修行"活动中的道教因素已越来越淡了。

五、道教与阴阳道之异同

阴阳道是以阴阳五行学说为理论依据，以"泰山府君"为信仰对象，以人神感应和阴阳咒术为技法，与中国道教有着密切的关系。它以中国古代《易经》中阴阳五行学说为理论依据，以道教的人神感应和阴阳咒术为方法，与道教有着密切的联系。据福永光司研究："在我们日本，有各种各样的技艺、技术和艺能，如茶道、书道、柔道、相扑道、修验道、歌舞伎道等，这些原本被称作'技'、或者'术'、'法'，后又特别加上一个'道'字。这是根据老庄的'道自技来'作为技的根基，使技得以活用的是道这样的技能哲学。在昔日形成的日本文化的根底中，这种意义上的老庄乃至道教的技能哲学占据很大比重，发挥着重要作用。这里所说的道教，是老庄思想与咒术宗教信仰相结合的东西，在日本则多与神社信仰、山岳信仰、星宿信仰等结合，而被称作阴阳道的咒术宗教性的道教。"① 阴阳道是道教传入日本后，在这片异域文化土壤中生根、发芽而开出的混杂着中日文化色彩的神道教派。"所以过去一直认为阴阳道是从中国传到日本去的，如今这种见解已被否定。正确的说法是，阴阳道的母胎在中国，但阴阳道的形成和发展则在日本。"② 但值得进一步研究的是，阴阳道是否可以视为道教在日本传播的标志之一？

自 1915 年斋藤励著《王朝时代の阴阳道》在甲寅丛书刊行会出版以来，日本学者对阴阳道的研究已取得了众多的成果。斋藤励将阴阳道置于中日跨文化视域中进行探索，认为阴阳道是以自古以来的民间咒术信仰为基础，辅以中国的阴阳、五行、易、卜、筮、纬书、天文、神仙等思想，结合历算术、占星术，以及部分道教信仰而形成的咒术倾向浓厚的方术。"中国的阴

---

① ［日］福永光司：《道教と日本文化》，人文书院 1982 年版，第 249 页。
② 何乃英：《道教在日本的流传和影响》，《亚太研究》1994 年第 1 期。

阳家虽然是一种方术，但仍有一种理论结构。而阴阳家传入日本以后，就丧失了关于阴阳的系统的教义。许多日本人，不分贵贱僧俗，全然不关心其教义，只是将其作为一种方术来加以信奉。"① 他的研究思路对日本阴阳道研究的展开起到了一种引领作用，在第二次世界大战之前，日本学界就出现了一批富有创见的有关阴阳道的论文。② 第二次世界大战之后，又陆续出版一些有关阴阳道的研究著作，主要有：村山修一的《日本阴阳道史总说》③，中村璋八的《日本阴阳书の研究》④，远藤克己的《近世阴阳道史の研究》⑤，高尾义政的《阴阳道を媒介とした神佛习合、吉田神道を中心として》⑥，吉野裕子的《阴阳五行と日本の民俗》⑦，诧间直树、高田义人的《阴阳道关系史料》⑧，川合章子的《安倍晴明の世界》，山下克明的《平安时代の宗教文化と阴阳道》⑨，等等。随着研究的深入，阴阳道与道教的关系也受到关注，如中村璋八的《阴阳道にぉける道教の受容》⑩、小坂真二的《阴阳道と道教》⑪、下出积與的《日本古代の道教・阴阳道と神祇》⑫、斋藤英喜的《阴阳道之众神》⑬ 等。虽然学者们研究的侧重点不同，观点也各有精彩，但却取得了一个比较有共识性的观点：中国古代的阴阳五行说和天文历算是道教构建其宗教意识和修行方法的重要依据，其于 6 世纪由朝鲜半岛传入日本，也成为促进阴阳道形成的重要因素，构成这个观点的资料依据主要来自于《日本书纪》中的相关记载：

---

① ［日］斎藤励：《王朝时代の阴阳道》，名著刊行会 2007 年版，第 39 页。
② 参见［日］水口幹记：《战前の阴阳道研究と历史学》，载韩昇主编：《古代中国：社会转型与多元文化》，上海人民出版社 2007 年版，第 456—457 页。
③ ［日］村山修一：《日本阴阳道史总说》，塙书房 1981 年版。
④ ［日］中村璋八：《日本阴阳书の研究》，汲古书院 1985 年版。
⑤ ［日］远藤克己：《近世阴阳道史の研究》，丰文社 1988 年版。
⑥ ［日］高尾义政：《阴阳道を媒介とした神佛习合、吉田神道を中心として》，东洋史观算命学总本校高尾学馆 1993 年版。
⑦ ［日］吉野裕子：《阴阳五行と日本の民俗》，人文书院 1983 年版。
⑧ ［日］高田义人：《阴阳道关系史料》，汲古书院 2001 年版。
⑨ ［日］山下克明：《平安时代の宗教文化と阴阳道》，淡交社 2003 年版。
⑩ 载《沼尻博士退休纪念：中国学论集》，沼尻正隆先生古稀纪念事业会，1990 年。
⑪ 载［日］坂出祥伸编：《道教の大事典》，新人物往来社 1994 年版。
⑫ ［日］下出积與：《日本古代の道教・阴阳道と神祇》，吉川弘文馆 1997 年版。
⑬ ［日］斋藤英喜：《阴阳道之众神》，思文阁 2007 年版。

继体天皇七年（513）夏六月，百济遣姐弥文贵将军、洲利即尔将军、副穗积臣押山（《百济本记》云：委意斯移麻岐弥），贡五经博士段杨尔。①

大和朝廷建立之时，正值朝鲜半岛上百济、新罗和高句丽三国之争日趋激烈，百济为了对抗新罗，曾多次要求大和朝廷出兵相援。面对百济的请求，大和朝廷的条件是要求百济输入中国的各种先进文化。三年后（516）的秋九月，"百济遣州利即次将军，副物部连来谢，赐己汶之地……别贡五经博士汉高安茂，请代博士段杨尔。"② 从此，博士轮流代替成为大和与百济文化交流中一种制度，促进了一些道教因素源源不断地传入日本。钦明天皇十四年（553）遣使百济的同时下敕：

医博士、易博士、历博士等，宜依番上下。今上件色人正当相代年月，宜付还使相代。又，卜书、历本、种种药物，可付送。③

第二年（554），百济又"依请代之"，除了替换"五经博士"和佛教僧人之外，还派遣易经博士施德、王道良，历法博士周德、王保孙，以及采药师若干人去日本。推古天皇十年（602），百济僧人观勒又将卜书历本、天文地理、遁甲方术书携入日本。日本史学家家泳三郎（1913—2002）认为，明治时代编修的规模最大的历史百科全书——《古事类苑》④ 中的《方伎部》是保存到今天的最为丰富的阴阳道集成文献。⑤ 据记载，奇妙神秘的天文历算很快地得到了天皇的重视，并被用来观天象、定历法、占国运、定政策、勘风水等，尤其是运用到国家的公共政治和贵族的私人生活等方面，如著

---

① 《日本书纪》卷十七，载［日］黑板胜美、国史大系编修会编修：《新订增补国史大系》1，吉川弘文馆1981年版，第19页。

② 《日本书纪》卷十七，载［日］黑板胜美、国史大系编修会编修：《新订增补国史大系》1，吉川弘文馆1981年版，第23页。

③ 《日本书纪》卷十九，载［日］黑板胜美、国史大系编修会编修：《新订增补国史大系》1，吉川弘文馆1981年版，第79页。

④ 《古事类苑》，吉川弘文馆1929年版。

⑤ 参见［日］下出积與：《日本古代の道教·阴阳道と神祇》，吉川弘文馆1997年版，第149页。

名的政治家圣德太子、天智天皇、天武天皇都曾运用阴阳五行说来解释日本的政治、法制、军事等的吉凶祸福，以巩固天皇制为中心的中央集权体制。

天武天皇（631—686）在朝廷中设立"阴阳寮"对推动阴阳道的发展意义重大。天武天皇作为日本第40代天皇，文武双全，德才兼备，擅长天文学，精通占星术，是一位颇有道教信仰色彩的皇帝。他不仅亲身修炼阴阳术，登位之后，为求吉避难，巩固和发展大化改新的成果，还以阴阳术作为政治统治的手段之一，设立了一个专门负责观测天文气象以及占卜预测、制定历法的部门"阴阳寮"，又称"阴阳舍"。"阴阳寮"作为天皇掌握、控制国家权力的机构，其长官为阴阳头，下辖阴阳道、天文道、历道、漏刻道四个部门，设有阴阳博士一人、阴阳师六人、天文博士一人、历博士一人及漏刻博士两人。他们在"阴阳寮"中分别掌管天文、历法、占卜、方位算命、祭祀、画符、念咒、驱鬼、施行幻术等工作，期望观察星宿、通晓人相学，能深知人们看不见的力量——命运、灵魂、鬼怪之原委，掌握支配这些神工鬼力的技术。在官方和民间力量的共同作用下，阴阳师所在的"阴阳寮"已经成为国家机关的一个组成部分，若能够控制"阴阳寮"就等于掌握了诠释一切的神圣权力。

天皇们一方面重视阴阳师预测天地、占卜吉凶的能力，将阴阳师收编于"阴阳寮"中，以便于监视他们的行动，利用他们的谶语作为统治人民的手段；另一方面，却严禁百姓拥有《河图》、《洛书》、《太乙》等卜书历本，使阴阳道成为国家的独占工具。710年制定的《大宝令》里明确规定，设置阴阳寮作为中务省管辖下的六寮之一。据《续日本后纪》卷二十孝谦天皇（749—758在位）天平宝字元年（757）记载：

> 十一月，乙亥朔癸未，敕曰："如闻：顷年，诸国博士医师，多非其才，托请得选。非唯损政，亦无益民。自今已后，不得更然。其须讲经生者三经。传生者三史。医生者大素、甲乙、脉经、本草。针生者。素问、针经、明堂、脉决。天文生者。天官书、汉晋天文志、三色薄赞、韩杨要集。阴阳生者周易、新撰阴阳书、黄帝金匮、五行大义。历算生者，汉晋律历志、大衍历议、九章、六章、周髀、定天论。并应任

用。被任之后，所给公廨一年之分，必应令送本受业师。如此，则有尊师之道终行，教资之业永继。国家良政，莫要于兹。宜告所司，早令施行。"①

阴阳寮负责培养传生、医生、阴阳生、历算生等，为阴阳道的成立提供了各类专业人才。唐代时，山东沿海一带泰山府君行祠流行，奈良朝派遣的一些日本遣唐使学成回国后加以推行，吉备真备（695—775）等学问家不仅运用阴阳五行说来解释日本的历史与文化，而且废止了原本负责管理咒禁师的典药寮，而推动设立"阴阳寮"。阿倍仲麻吕（698—770）将泰山府君信仰传入日本。天台宗僧人圆仁（793—864）及弟子修建京都赤山禅院供奉泰山府君。②"一千余年过去了，但坐落在京都市左京区修学院关根坊町的赤山神社岿然尚存，圆仁请来的泰山府君造像也保存至今。其神造型有如毗沙门天，系武将装束，身着红色战袍，头戴一顶类似印度三宝章的锹形柱状帽壳，两手分持弓箭，威风凛凛。这位'威灵显赫'的泰山府君'凌万里之沧溟'（日本桔直斋语）而在东瀛'落户'的故事，应是泰山文化之影响远及世界的一个例证。"③ 在中国道教山岳信仰中，五岳皆建有本庙，唯独东岳行祠遍天下，与唐代以来隆盛的城隍信仰相融汇，在宋代时不仅被列入国家祀典，而且还流播于东瀛："另一个在中国和日本密教中成为重要人物的道教司命神是泰山神。在佛教中，他的身份是阴间判官阎魔王的助理，号称泰山府君。他的两个助理是司命（一个非常古老的前道教和道教神）和司录，镰仓时期的雕像对他们有过刻画，他们穿戴着唐代小吏的衣帽，而泰山府君的穿着则更像中国的达官要人。④ "泰山府君"因含义的多重性，成为道教、佛教和阴阳道共同信仰的神灵。

① 《续日本纪前篇》卷二十《孝谦天皇》，载〔日〕黑板胜美、国史大系编修会编修：《新订增补国史大系》2，吉川弘文馆1985年版，第243页。

② 平安时期，日本高僧圆仁于839年随同遣唐使来到中国，为了求法，历尽艰辛，其间曾至山东境内的赤山（今荣成县），因在海上遭遇风浪，圆仁乃向赤山寺内供奉的泰山神祈愿，请求佑护自己平安归国。圆仁回到日本后，为了报答泰山神（泰山府君）的灵佑，便立誓为之建造禅院，加以奉祀。其法嗣谨承遗志，于888年在京都建起供奉泰山神的赤山禅院，推动了泰山府君信仰在日本的传播。

③ 泰安市泰山区档案馆编：《周郢文史论文集·泰山历史研究》，山东文艺出版社1997年版，第287页。

④ 参见〔法〕索安：《西方道教研究编年史》，中华书局2002年版，第118页。

据《续日本后纪》记载，仁明天皇（833—850 在位）"遣唐阴阳师，兼阴阳请益正八位上春苑宿祢玉成。在唐间得《难义》一卷（今无传本），令阴阳寮诸生传学。"① 仁明天皇派遣阴阳师春苑玉为遣唐使，到中国学习新的历法，带回阴阳学经典《难义》一卷，潜心钻研，回国后于阴阳寮中教授学生，令其掌习阴阳。阴阳师因长期接触政治斗争的内幕，官阶虽然不高，但却受到权臣贵族的尊敬与仰仗，其地位有时能够凌驾于一般官员和武士之上。道教的泰山府君与神道教的素戈鸣尊及佛教的地藏菩萨信仰相结合，在日本成为人们祈求长寿幸福的对象，被阴阳道纳入神灵体系中，得到了日本皇室的极大尊崇。因泰山府君是从山东赤山请来的，故清和天皇、光孝天皇、宇多天皇、醍醐天皇又尊其为赤山大明神。供奉赤山大明神的赤城神社敬拜吴公，据说也是来自于道教的影响："在日本关东地区群马县，有一个祭祀蜈蚣的罕见的赤城神社。《抱朴子》记载说，中国南方的人们在登山时，把吴公（蜈蚣）放进竹筒，到了有蛇的地方，蜈蚣就会惊恐不安，以此察知蛇之所在。赤城神社的祭祀，当与此有关。"②

在平安朝，上层皇贵社会外表上文治和谐，内部却充满着残酷血腥的权力斗争，有能力者和权斗失败者不断提出"政局江河日下，如何才能挽救？"的问题，而皇权政治统治不力造成的社会动荡，使底层人民也生活于痛苦之中，"我为什么而活着？""人生的意义与价值何在？"也成为百姓不得不面对的问题。在各类负面情绪充斥的平安时代，怨灵、冤魂观念在社会各处游荡，人们普遍认为这是怨灵作祟和鬼怪伎俩。那些奉行阴阳术的人被称为"阴阳师"，他们不仅观测天文，为朝廷制定历法、判断吉凶，成为律法制的执行者，更重要的工作是运用阴阳术来对付那些危害人类的怨灵鬼怪，推动了阴阳道在古代日本传播与盛行。例如，早在皇极天皇时（643—644），出现了诸如"冰雹伤及草木"、"风雷雨水行冬令"等气候反常的现象，当时"国内巫觋等，折取枝叶，悬挂木绵，伺候大臣渡桥之时，争陈

---

① 《续日本后纪》卷十《仁明天皇》，载［日］黑板胜美、国史大系编修会编修：《新订增补国史大系》3，吉川弘文馆1976年版，第116页。
② ［日］千田稔：《中国道教在日本》，载蔡毅编：《中国传统文化在日本》，中华书局2002年版，第61页。

神语入微之说。其巫甚多，不可悉听"①。这种风气一直延续到平安时代。据史料记载，京都崛川的康桥一带，常有一些阴阳师聚集在桥头，为过桥者进行"桥占"。桥是人群往来的交通要道，也是日本民间供奉"地界神"的地方。阴阳师既替过往行人向神祈求交通安全，又用占卜咒术为人预测吉凶祸福。到平安时，由于阴阳道深植人心，广泛流行。阴阳师们应贵族的请求进行各式咒术的施法，当时许多暗杀事件背后似乎都藏有阴阳师的身影。人们猜测着，却不敢明言，谣言四起的氛围将阴阳师推向另类的更神秘之地步。当权者无不想将他们的能力纳为己用，以排除异己，保障自身权力与安全。有意思的是，"中国的阴阳家在日本成了单纯的迷信者。日本人普遍相信宿命，还有避免不吉利朝向的习俗，从这儿可以看出阴阳道对日本风俗的显著影响。"② 阴阳道在平安中期以后因与皇室贵族生活息息相关而逐渐走向鼎盛。据日本学者山下克明的研究，"阴阳师"以国家占术师的身份进行活动，在整个平安时代都十分活跃，③ 出现了所谓的"宫廷阴阳道"。

　　"阴阳道"这个名词在 10 世纪时正式出现在日本史料记载中，成为天皇的御用之学，后逐渐分成历道和天文道两大家，分别由贺茂家和安倍家来承担。贺茂家本来是世代掌管阴阳寮的阴阳头，到平安中期时，家族中出现了一位重要的阴阳师——安倍晴明（921—1005），依《今昔物语》、《古今著闻集》、《宇治拾遗物语》等物语文学的描绘，他是一位"拥有超人能力的阴阳师"。如《今昔物语》记载：安倍晴明是位无所不能的著名阴阳师。他幼时即随阴阳师贺茂忠行学道，昼夜苦学钻研不倦。贺茂忠行是修验道开祖役小角的后裔，他精通多种学问并擅长法术，在众多阴阳师中，贺茂忠行以占卜准确而著称于世，其实力在当时的阴阳师中位居第一，由此可见阴阳道与修验道之间存在着一种隐秘联系。安倍晴明精通天文地理，擅长预测。有一天晚上，师父忠行有事去京师南城，晴明随车步行。当忠行熟睡在车中时，晴明突见一群狰狞可怖的恶鬼来到车前，他大吃一惊，赶忙奔到车后唤醒忠行。忠行惊觉，见有鬼来，便立即用阴阳术把自己和随从人等隐藏起

　　①　《日本书纪》卷二十四《皇极天皇》，载［日］黑板胜美、国史大系编修会编修：《新订增补国史大系》1，吉川弘文馆 1981 年版，第 196 页。
　　②　［日］中村元：《东方民族的思维方法》，浙江人民出版社 1989 年版，第 341 页。
　　③　参见［日］山下克明：《平安时代の宗教文化と阴阳道》，岩田书院 1996 年版，第 101 页。

来，得以安然度过。此后，忠行对晴明非常倚重，将阴阳术如瓶泻水般地悉心传授给他。晴明终于独得秘传，名重朝野。① 忠行去世后，安倍晴明又拜其忠行的儿子贺茂保宪（917—977）学习天文道②。贺茂保宪把阴阳道中的历道传给其子贺茂光荣（939—1015），把天文道传给安倍晴明以后，在阴阳寮中就形成贺茂、安倍两家并驾齐驱的局面。安倍晴明在"阴阳寮"中担任观测天体天候的职务，历任大膳大夫、天文博士、左京权大夫等职，成为当时极负盛名的阴阳师。长保三年（1001），安倍晴明任从四品下，超出了"阴阳寮"中担任从五品上"阴阳头"的最高品衔。安倍晴明发明的可一笔画出的"五芒星"符号，被视为降妖伏魔的工具，又称"晴明桔梗印"③，其咒文是道教的"临兵斗者皆阵列在前"④，象征着构成宇宙万物的基本元素阴阳五行（木、火、土、金、水）因动态平衡而消灾去邪之精髓。

　　安倍晴明虽是历史上真实活跃的人物，但正史中没有明确记载其身世，有关他的出生地，就有大阪说、茨城说和香川说，有关他的身世也有多种神话异说。有说其父亲安倍益材是负责天皇膳食的宫内省官员，因从恶右卫门手中救出一只在和泉国（今大阪）森林里修行多年的狐仙"葛叶"，狐仙为报恩就化身成女人嫁给了他，后生下晴明。由于母亲的特殊基因，安倍晴明从小就拥有一般人所没有的超自然能力。另据《宇治拾遗物语》和《古事谈》记载，安倍晴明是由一位很高道行的高僧转世而来，修行中又获得了操控鬼神精灵的能力；也有说安倍晴明是天皇家族的后代，等等。有关安倍晴明的生平事迹都表现出非同寻常的传奇色彩，如，安倍晴明应邀操纵式神杀死青蛙给年轻的和尚们看，他摘下一片草叶，在念诵咒语后把叶片丢向青蛙，当叶片碰到青蛙的一瞬间，青蛙立刻就变成浆糊死掉了。"晴明在家居无人时，常有役使值日神等事，据说板窗自行启开，大门无人自关等类的奇事很不少。"⑤ 安倍晴明曾以一种特异的方法治好天皇的病，从此受到了天

---

① 参见《今昔物语》下册，人民文学出版社 2008 年版，第 763 页。

② 据藤原行成日记中记载："本朝阴阳道之规模乃保宪所定。"

③ 《晴明神社由绪》曰："本社的神纹，俗称晴明桔梗，是由晴明所独创的特别符号，也是阴阳道所用的祈祷符号之一。……它象征着天地五行，表示宇宙万物的除灾和清净。"

④ 此九字真言出自东晋葛洪撰《抱朴子内篇·登涉》，传入日本后，被误抄为"临、兵、斗、者、皆、阵、列、在、前"，既成为日本修验道的山伏所重视的咒法，也是阴阳道施行的咒文。

⑤ 《今昔物语》下册，人民文学出版社 2008 年版，第 764 页。

皇的重视①，也受到举国大众的尊崇和信赖，著名的权臣藤原道长就多次请安倍晴明帮助自己解决棘手事件。安倍晴明死于宽弘二年（1005），享年85岁，一生奉侍了朱雀、村上、冷泉、圆融、花山和一条共六代天皇。安倍晴明的两个儿子吉昌和吉平，也被任命为天文博士和阴阳寮的次官阴阳助，安倍家族在晴明这一代就成为能跟师父忠行的贺茂家族相提并论的阴阳道世家了。

近年来，随着《阴阳师》的奇幻小说和电视剧的畅销，安倍晴明的高超的阴阳道术也被放大了，不仅是捉鬼除怨的高手，而且最擅长预言和占卜。安倍晴明的那些飘逸恬淡又爱戏谑人间的性格、令人炫目的各种行迹，犹如道教仙传中对修仙高道的描绘，是否称之为中国道教神仙的日本化形象？还需要再推敲，但可见的事实是，安倍晴明在成为阴阳师后，吸收了道教的许多元素，如在信仰上尊奉以道教"泰山府君"为首的天地神祇八百万神，以道教的阴阳五行说来预言天道的运行，运用阴阳术来操纵鬼神，安倍晴明有随时听从召唤的螣蛇、朱雀、六合、勾陈、青龙、贵人、天后、大阴、玄武、白虎、大裳、天空十二神将，其神名也来源于道教，分属于五行。安倍晴明唯一流传于世的占卜书《占事略决》卷第四"十二将所主法"中作了专门的说明：

> 前一，螣蛇。火神，家在巳，主惊恐怖畏，凶将。腾虵，腾蛇也。
>
> 前二，朱雀。火神，家在午，主口舌悬官，凶将。
>
> 前三，六口。木神，家在卯，主阴私和合，吉将。六口，六合也。
>
> 前四，勾陈。土神，家在辰，主战斗诤讼，凶将。勾阵，勾陈也。
>
> 前五，青龙。木神，家在寅，主钱财庆贺，吉将。
>
> 天一，贵人。上神，家在丑，主福德之神，吉将。大无成。
>
> 后一，天后。水神，家在亥，主后宫妇女，吉将。
>
> 后二，大阴。金神，家在酉，主弊匿隐藏，吉将。
>
> 后三，玄武。水神，家在子，主亡遗盗贼，凶将。

---

① 据《簠簋内传》记载，晴明从小朋友手中救了龙宫乙姬化身的小蛇，乙姬为感谢晴明，带晴明到龙宫游历后，送他一种神奇的乌药。晴明能听懂动物的对话，从乌鸦口中得知天皇染病的原因，于是治好了天皇的病。

后四，大裳。土神，家在未，主冠带衣服，吉将。

后五，白虎。金神，家在申，主疾病死丧，凶将。

后六，天空。土神，家在戌，主欺殆不信，凶将。

十二将的布局是："前尽于五，后终六。天一立中央，为十二将定吉凶而断事者也。"召神役鬼术是道教法术之强项，安倍晴明吸取后，使阴阳术成为一种借助于神将的求福消灾的占卜巫术，阴阳道日趋神秘化，成为东亚奇幻文化的一个重要类型。

镰仓时代，随着朝廷势力的衰落，阴阳师的作用也日渐式微，许多宫廷阴阳师走入民间，与佛教密教、神道教等相结合，形成了所谓的"民间阴阳道"。

在日本民俗中，为对付鬼魅、天宫和怨灵，求福消灾，阴阳道的物忌、方违、星辰信仰等仪式或咒法经常被采用，形成一种适应大众需要的新阴阳道。南北朝战国时代，皇权没落，武士阶层横空出世，阴阳师逐渐从历史前台走向幕后，一些人成为大名将军身边的军师，以占卜咒术为统治者出谋划策。战争的残酷，使大名将军们比较在意通过占卦来预测吉凶。武士手中的军扇有时也成为一种施展道术的工具。军扇两面分别画上日和月，代表着一阴一阳、一吉一凶，万一碰到凶日又不得不出战时，那就在白天把军扇的月亮面显现在表面，让日夜颠倒，由此将凶日改为吉日。室町朝，"阴阳道祭祀就具有了公共的权威性。由于其掌管国家的祭祀礼仪和民间的祭祀活动，阴阳道的教义也不断吸收佛教、各派神道教义中的思想，出现阴阳道与佛教、神道各派别相互融合的趋势。"[1] 在此过程中，阴阳道中依然保留了一些道教因素。[2] 室町朝后期，大名将军德川家康（1543—1616）在创立江户幕府时，非常重视阴阳咒术，他聘请天台宗僧人南光坊天海（？—1643）做幕僚顾问。天海具有丰富的阴阳道知识，被称为"黑衣宰相"。阴阳五行兴替的思想在江户时再次得到重视时，安倍家直系后裔土御门家随之复兴，嗣子断绝的贺茂家也凭借其支流幸德井家重兴起来。

① 王维先：《日本垂加神道哲学思想研究》，山东人民出版社2004年版，第158页。

② 日本福岛县发现战国时代阴阳道指南书《阴阳杂书摘录》以及占卜之书，据说它们是在永禄六年（1563）和元龟三年（1572）被分别抄写，一直流传到现在的风俗习惯，其中有关时辰、方位吉凶、节气划分之类的记述与道教有关描述十分相似。

　　安倍神道又称土御门神道、安家神道、天社神道，它奉安倍晴明为阴阳道土御门家的始祖，是安倍家第十八代孙安倍泰福（1655—1717）跟从山崎暗斋（1619—1682）学习垂加神道，把土御门家的阴阳思想与垂加神道教义相结合的产物。第十九代孙安倍有修（1327—1405）受赐号“土御门”，当上了阴阳寮的首席阴阳头，官封从三位，其主要职责是观察天文、制定历法，同时利用咒术、谶纬、占卜等方式来解释天地灾变，为统治者提供避难免灾的方法，从此，安倍家（土御门家）在阴阳寮中的地位超过了贺茂家（后改姓“幸德井”）。江户时代中期，土御门神道终于取得了全日本阴阳师的支配权，促使阴阳道在社会生活中再次盛行起来。例如，将阴阳道祖师安倍晴明奉为安倍大明神，建立晴明灵社加以供奉，使“晴明灵社祭”成为土御门神道的重要祭典，亦称“灵社祭”。土御门神道仍然以阴阳五行说为理论基础，将本属于安倍家的“泰山府君祭”逐渐演变为一种与国家权力紧密结合的祭典，同时还吸收了一些道教因素：“天社土御门神道本厅藏有《太上神仙镇宅灵符》，灵符上有八卦图，中央是北斗星象图，下有天尊及侍者像，天尊像类似真武坐像。《太上神仙镇宅灵符》包括七十二灵符，符的画法与道教之符全同。另外，至今仍可在京都市的晴明神社买到《晴明镇宅守护》，上面绘有类似道教之符的标志。”①

　　据下出积舆研究，阴阳道在历史发展中逐渐拥有了自己的阴阳道书，如：《占事略决》一卷、《簠簋内传》五卷二册、《安倍泰亲朝臣记》一册、《东方朔秘传置文》一册、《太上感应篇俗解》二卷二册、《太上感应篇倭注》一册、《太上感应篇灵验》一册、《镇宅灵符缘起集》二卷二册、《修仙灵要录》二卷二册、《和字功过自知录》一册、《阴骘文绘钞》二卷二册。② 据说，安倍晴明曾著有多种阴阳道书，如《金乌玉兔集》、《占事略决》等，但仅有《占事略决》留存于世的。现保存于京都大学图书馆的《占事略决》讲述了阴阳五行的道理和六壬类占卜法，上面有“天元六年岁次己卯五月二十六日，天文博士安倍晴明撰”③ 的字样，虽是日本阴阳道的

----

① 卿希泰主编：《中国道教史》第四卷，四川人民出版社 1996 年版，第 589 页。
② 参见［日］下出积舆：《日本古代の道教・阴阳道と神祇》，吉川弘文馆 1997 年版，第 182—206 页。
③ ［日］下出积舆：《日本古代の道教・阴阳道と神祇》，吉川弘文馆 1997 年版，第 184 页。

重要文献，但其中的四课三传法、课用九法、天一治法、十二将所主法、十干罡柔法、十二支阴阳法、五行王相法等却充满着道教因素。成书于镰仓末期的阴阳道秘传奇书《簠簋内传》五卷，以"头戴黄牛面，两角尖，而犹如夜叉，质类人间"的疫神牛头天王为核心，构建起吉凶禁忌体系。值得注意的是，阴阳道也将道教劝善书作为自己的经典，通过俗解、倭注、要录、绘钞等方法，把劝人为善去恶作为获得神恩的前提条件，由此"把道教的祭祀礼仪与神道的祭祀礼仪结合起来，把向神诅咒求直与神道托宣结合起来"①。日本是善于学习的民族，从历史上看，凡是能够对己有用的东西都积极加以吸取，这从阴阳道借助了一些道教因素，但却以适应日本社会的方式进行了改造就可见一斑，那么，阴阳道与道教之间存在着哪些异中有同、同中有异的复杂关系呢？

从信仰上看，阴阳道借鉴道教的东岳信仰，奉行以"泰山府君"为首的天神地祇八百万神信仰。泰山是中国人尊奉的五岳名山之首。"东"为日出之地，五行之木，四时之春，阴阳之始，万物之初，故称之"泰"。从东方主生的思想出发，泰山被视为"天地大德"的汇聚之所，天上太一神在地上的居住之所，帝王的腾飞之地，在秦汉时就成为中国皇帝进行封禅大典的神圣场所，故称太一神为"泰山府君"。若仔细研究，就可见秦汉以来的东岳信仰中内含有两个富有特色的内容，在国家政治生活层面，东岳大帝被视为上天与人间沟通的神圣使者，是帝王受命于天，治理天下的保护神，由此受到历代帝王的推崇，更被列入国家祀典，成为惟天子尊享的祭祀权力；在道教信仰层面，却被视为治鬼之所，死后灵魂所归之处，泰山神为冥府之王，是惩恶扬善、济生度死的正义之神。"在道教诸神中，对日本影响最大的是阴阳道引进的'泰山府君'。"②道教通过阴阳道影响着日本人的信仰世界。

阴阳道保留了许多日本原始宗教把自然物和自然力视作具有生命、意志和权能的对象而加以崇拜的自然崇拜的特点，但影响最大的是与道教信仰密切相关的泰山府君祭和天曹地府祭，它们"堪称阴阳道祭祀的双璧"③。阴

---

① 王维先：《日本垂加神道哲学思想研究》，山东人民出版社 2004 年版，第 160 页。
② ［日］福井康顺等监修：《道教》第三册，上海古籍出版社 1992 年版，第 24 页。
③ 王守华、王蓉：《神道与中日文化交流》，河北人民出版社 2010 年版，第 339 页。

阳道的"泰山府君祭"源起于道教的东岳信仰。府君是长官主帅之意，如《云笈七签》卷七十九称："东岳泰山君领群神五千九百人，主治死生，百鬼之主帅也，血食庙祀所宗者也。世俗所奉鬼祠邪精之神，而死者皆归泰山受罪考焉。"① 道教认为，泰山府君既是道教山神，又是地狱之王，从掌管人的生死、魂魄之神，成为在诸神中占有崇高地位的东岳大帝。人死后的亡魂不得归天，只往世界最高的泰山，接受泰山府君审判，所有人的性命都掌握在泰山府君手心里。

这种"泰山治鬼"信仰传到日本后，对民众产生了很大的威摄力。据千田稔先生研究："从歌人藤原定家（1162—1241）用汉文写的日记《明月记》里，可以了解当时贵族阶层信仰的实际状况。其中提到'上公御祭'，'咒诅御祭'、'泰山府君御祭'等，而这些活动的实行者，是那些被称为阴阳师的人。日本人把中国的道教作为阴阳道来接受这一事实，也不可忽视。"② 来自于土御门家的《泰山尊神由来》中说，从唐土传来的泰山府君神通广大、无所不能："从唐土传来，至今已有千余年，是主国家安定、福寿贵贱之神。其神德综摄天地、司合造化、科定祸福、增减寿命。从天上的日月星辰、地上的名山大川到镇宅灵符、妙见尊星的部类眷属等，是统摄天神地祇的最高神。首先，能免除天上的三灾，使四海太平、五谷丰登；其次，能消除平日的凶杀及三十六衰、七十二厄，授以虔诚敬信之辈以昌运，转凶为吉，除祸赐福，延长寿命，避免水难火灾，免除一切不虑之灾难。"③

泰山府君后被安倍家奉为主神，与中国道教东岳信仰相似，阴阳道更看重泰山府君治鬼消灾、护佑灵魂、延年益寿的功能。安倍晴明盛赞泰山府君的威德，并于泰山府君祭上，一边诵念敬呈泰山府君的祭文来呼魂唤魄，一边跳着身段优雅超俗且柔中带刚的晴明舞。道教的泰山府君信仰传入日本后，被阴阳道奉为能够助人"转凶为吉，除祸赐福"的最高神，"泰山府君祭"也成为富有日本民族文化特色的宗教祭祀活动。据《今昔物语集》记载，安倍晴明为三井寺的智兴主持"泰山府君祭"时，向泰山府君呈上由

① 《云笈七签》卷七十九，《道藏》第22册，第561页。
② ［日］千田稔：《中国道教在日本》，载蔡毅编译：《中国传统文化在日本》，中华书局2002年版，第63—64页。
③ ［日］远藤克己：《近世阴阳道史的研究》，丰文社1988年版，第710页。

智兴弟子期望能够替师染病的祭文，不久智兴与弟子很快都恢复了健康。大约从平安朝中期起，由阴阳师主持的泰山府君祭，因张扬泰山府君特有的主宰生死、求福消灾等重视实际利益的功能，在日本上层社会流行，逐渐成为阴阳道的主要祭祀之一。后冷泉天皇（1045—1068 在位）曾亲笔写《泰山府君都状》表达向泰山府君祈求免除灾祸、保佑朝廷平安的心愿，其内容与形式犹如道教斋词：

> 谨上　泰山府君都状　南阎浮洲大日本国天子亲仁
> 御笔　二十六献上冥道诸神一十二座
> 银钱　二百四十贯文
> 白绢　一百二十四如上
> 　亲仁　谨启泰山府君、冥道诸神等，御践祚之后，未经几年而顷日，苍天为变，黄地致妖，物灾数数，梦想纷纷。司天阴阳，勘奏不轻，其徵尤重。若非蒙冥道之恩祝，何攘人间之凶厄哉。乃为攘祸胎于未萌，保宝祚于将来，敬设礼奠，谨献诸神。昔日崔希夷之祈东岳延九十之算，赵顽子之奠中林授八百户祚，古今虽异，精诚惟同。伏愿垂彼玄鉴答此丹祈，拂除灾危，将保宝祚，删死籍于北宫，录生名于南简，延年增算，长生久视。[①]

从这篇都状中可见，天皇愿意供奉数目可观的银钱、白绢等来敬设礼奠，谨献诸神，以获得福禄寿财等现实利益。"都状"又称告玄都状，具有祈祷祝愿的意思。这些用汉文撰写的都状是否来自于道教中"都功"、"都讲"等词还值得再研究，但有意思的是，"中国泰山的愿文碑刻，却并不见都状一词。日本典籍对泰山府君祭中的愿文，都明确以都状相称。……《土御门文书》中那些与泰山府君祭合祭的天曹地府祭的祭文，也无不以都状相称，可见从平安时代到江户时代的千余年来，都状这一名称一直与泰山府君联系在一起。"[②] 这些是否反映了泰山府君信仰经过阴阳道的改造在日本社会传

---

① ［日］远藤克己：《近世阴阳道史的研究》，丰文社 1988 年版，第 715—716 页。
② 王晓平：《泰山府君与日本古代的都状》，《寻根》2008 年第 1 期。

播过程中出现了一些新变化？

阴阳道把泰山府君信仰贯穿于日本各类祭祀活动中，上至朝廷的仪式典礼，下至百姓的冠、婚、丧祭礼，这使原本属于阴阳道土御门家的泰山府君祭逐渐发展成国家祭祀。每逢国家有灾难时，土御门家就设坛建醮，天皇、将军亲临祭坛。阴阳师在祭坛上礼拜泰山府君的步态和动作，采用道教的禹步法，亦称"步罡踏斗"，以示天人感应。江户初期，土御门神道宣扬人一旦遇到灾祸，敬祭泰山府君就可消灾除祸，泰山府君与神道教神祇并列成为共同祭祀对象：

> 天御中主尊、国常立尊御馔都神、御水云神，神体飞空自在天，同听发言，精气灵镜也。水珠所成王，常任法身妙理也。大日灵贵、天照大神、天照大日灵尊，八咫之镜座是天镜也。火珠所成王，本有法妙理也。皇孙尊、天上玉杵命二柱一座，天津彦火琼琼杵尊亦名独一尊王，亦名杵独王，亦名示王神，亦名爱护神，亦名左天神。天上玉杵命神体是八叶形灵镜、无缘圆轮御灵镜也。……摄政别宫多贺御前神亦名泰山府君也，止由气皇大神荒魂亦名伊吹户主神也。[1]

甚至还出现了以泰山府君为首的天神地祇八百万神的信仰。依远藤克己的看法，从信仰层面上看，土御门神道成为"当时神道诸派的联合体"[2]。

阴阳道的"天曹地府祭"也来自于道教。道教所说的"天曹"是指天上以紫微星为中心的天宫朝廷。天宫中间是天帝的座位，北侧半圆内的星象征着内臣，南侧半圆内的星象征着外臣，出入内外臣之间的是外征将军太白金星。"地府"是指掌管人世间的生死富贵以及人死后灵魂户籍的泰山府君的冥道府第。天曹地府信仰与泰山府君信仰相关，但所祭祀神灵也有特色：

> 天曹地府、北帝大王、五道大神、泰山府君、司命司禄、六曹主者、南斗北斗星官谨启：伏惟至尊至重，惟正惟明，统领生死，记住善

---

① 1623 年，春日大社纪录的《神祇灌顶泰山府君祭作法》。
② ［日］远藤克己：《近世阴阳道史的研究》，丰文社 1988 年版，第 836 页。

恶，寿命修短，不得由之，祸福兴衰皆在科简。伏闻，神道不远，祈必降灵。①

天曹地府祭以"祭祀天地五行相生"之名，参拜掌管各种事务的职能神，以期借助神威，祈愿天下太平、百姓康泰，一般在天皇即位或新一代将军就任时举行，相当于中国皇帝举行的封禅仪式，以证明自己是真命天子，既为自己权力的合法性提供神圣依据，同时也感谢上天授命，并祈求上天保佑皇运久远、国富民丰，故称"一代一度的天曹地府祭"。

天曹地府祭的仪式如同道教的斋醮科仪，必须斋戒沐浴、设祭坛、摆供品，才能向神祈求："清静洁斋而设四方之祭坛，备十二座之清供，致礼奠，抽精诚。所奉祈者，今度天变地妖之灾孽，连月积日之出现，是偏恶人伦奢侈，彗孛地勤，病蚀数筒之。天运地理之恶气显乎，天道其慎大不轻，因此赎人罪于天道，所祈者纵然大，虽有祸难，避其祸难。……愈朝家繁昌，玉体无恙。犹以心中诸愿悉成就，圆满而如神明昊镜。"② "天曹地府祭"之所以要备"十二座之清供"，是因为要供奉冥道十二神，即阎罗天子、五道大神、泰山府君、天官、地官、水官、司命、司禄、本命、同路将军、土地灵只、家亲大人。"天曹地府祭"曾取代日本传统的大尝祭，成为一项重要的国家礼仪，由那些有着极强能力的阴阳师来担任司仪。土御门家也因执掌国家祭祀的大权而处于政治权力的中心，并极力推进阴阳道的神道化。

另外，阴阳道还有自创而专奉的无形无貌的灵神，它们遵照阴阳师命令行事，又称"识神"或"式神"（しきがみ）。据《古事谈·续古事谈》③ 记载，在神泉赛马的时候，阴阳师诅咒嘱托识神（式神）埋藏，至今还没有解除。人都传说那灵验还在，所以就是现在也不能从那儿通过。④ "式"有"使用"、"役使"之意，"式神"是指由阴阳师役使的超自然灵体，崇拜

① ［日］村山修一编：《日本阴阳道史总说》，塙书房1981年版，第418页。
② ［日］远藤克己：《近世阴阳道史的研究》，丰文社1988年版，第748—749页。
③ ［日］川端善明、荒木浩校注：《古事谈·续古事谈》，《新日本古典文学大系》41，岩波书店2005年版，第655页。
④ 此解释参见王晓平：《东亚文学经典的对话与重读》，复旦大学出版社2011年版，第253页。

"活神"以期换来实实在在的"恩惠"① 是阴阳道专属的信仰之一。只有那些有相当修为的阴阳师才能驱使"式神"降妖驱魔,如传闻中因为妻子害怕,安倍晴明将"式神"放在家门口附近的一座戾桥上,需要时才呼叫它们前来。可见,阴阳道有与道教相似的神灵信仰,但更富有一些日本民间文化的特色。

从思想上看,中国的阴阳五行说是道教教义的理论基础,6世纪由朝鲜半岛的百济的易博士、历博士传入日本后,"道教系统的阴阳道作为神道的有力构成因素而固定下来"②。阴阳道奉《五行大义》为必读书,强调自天地形成之初便有阴阳,阴阳的对立统一产生的木、火、土、金、水五行是构成世界的基本元素。五行相生相克,导致十天干、十二地支的配合。天干地支再加上方位、属性、年、月、日、时刻,就可以用来判断一切事物的吉凶,这成为阴阳道的占卜巫术等技艺的主要依据。如土御门家的《家道规则记》中明确规定:"阴阳道之仪者,尊崇天地阴阳五行造化之神为第一神灵,祭祀天神地祇八百万神。以天社神社为场所,供奉于泰山府君的神前,祈求天下太平、国家安全、五谷成就、万民丰饶,祈愿解除水火妖灾,精诚专念,勤恳奉行,充满信心。以祈愿、占考、加持、禁压等法支撑家业,施行天文、历术、周易、洪范、六壬、遁甲、九宫、八门、时日、方角、量数等技艺。此为土御门家相传之正统之家柄。"③

从道术上看,阴阳道与道教相似,都将鬼与神看作是不同的生物状态。神泛指神仙,是各种生物通过修炼达到的一种具有种种非凡法术神力的状态。鬼是各种生物死后产生的阴魂,法力大小不一,但比神要小,某些鬼魂还怕人等阳气充足的事物。鬼神在现实生活中是无形无象的,人无法触摸或看到,但却能操纵人们的命运,对人的生活产生祸福等影响。人需要通过祈祷、祭祀等方式才能与鬼神沟通。只有修炼有为的道士或阴阳师才能预言天理的运行,运用超人的神秘咒术来召神役鬼。由于阴阳道的冥道相当于神道的幽界,阴阳道祭祀与神道祭祀开始互相接近。到平安时代,阴阳师在祭祀

---

① 刘金才:《论日本神道信仰的性质和特征———兼谈日本"历史认识"误区的文化原因》,《日语学习与研究》2004年第4期。

② [日]村上重良:《国家神道》,商务印书馆1990年版,第38页。

③ [日]木场明志:《近世日本的阴阳道》,名著出版社1992年版,第6页。

念咒时已经使用神道经典《中臣祓》了。阴阳师与道士一样都是用道术、谶纬、占卜等方式来解释天地灾变，为朝廷统治提供避难免灾的方法，但阴阳师更强调用自身的灵力来召唤操控"式神"来祸福人类，这才是阴阳师主要的道术法力技能。

从祭祀上看，阴阳道与日本古代国家祭祀活动紧密结合起来，上至朝廷的仪式典礼，下至百姓的冠、婚、丧、祭礼，形成了一套完整的祭祀礼仪，主要有玄宫北极祭、太阳祭、太阴祭、属星祭、本命祭、七十二星祭、三万六千神祭、地镇祭、雷公祭、风伯祭、土公祭、水神祭、火灾祭、代厄祭、七濑祭、河临祭等，其中，泰山府君祭、天曹地府祭是最重要的祭祀活动。泰山府君信仰传入日本后，被阴阳道看作神通广大、无所不能的最高神，故泰山府君祭奉拜以泰山府君为首的天神地祇八百万神。泰山府君祭原本属于土御门家的祭祀活动，后逐渐发展成国家祭祀。每逢国家有灾难时，土御门家就设坛建醮，天皇、将军亲临祭祀。阴阳师在祭坛上礼拜泰山府君的步态和动作，采用道教的禹步法，亦称"步罡踏斗"，以示天人感应。天曹地府祭的仪式如同道教的斋醮科仪，必须斋戒沐浴、设祭坛、摆供品，才能向神祈求："清静洁斋而设四方之祭坛，备十二座之清供，致礼奠，抽精诚。所奉祈者，今度天变地妖之灾孽，连月积日之出现，是偏恶人伦奢侈，彗孛地勤，病蚀数筒之。天运地理之恶气显乎，天道其慎大不轻，因此赎人罪于天道，所祈者纵然大，虽有祸难，避其祸难。……愈朝家繁昌，玉体无恙。犹以心中诸愿悉成就，圆满而如神明昊镜。"[1]"天曹地府祭"之所以要备"十二座之清供"，是因为要供奉冥道十二神，即阎罗天子、五道大神、泰山府君、天官、地官、水官、司命、司禄、本命、同路将军、土地灵只、家亲大人。"天曹地府祭"曾取代日本传统的大尝祭，成为一项重要的国家礼仪，由那些有着极强能力的阴阳师来担任司仪。土御门家也因执掌国家祭祀的大权而处于政治权力的中心，并极力推进阴阳道的神道化，随着时间的推移，那些在神社中进行的阴阳道祭祀活动中的道教信仰因素逐渐淡化了。

明治维新后，随着西方文明传入日本，科学思想日益昌盛，社会逐步走上现代化的道路，新政府不但剥夺了土御门家在祭祀和历算方面的垄断权，

---

① ［日］远藤克己：《近世阴阳道史的研究》，丰文社 1988 年版，第 748—749 页。

更将之视为"淫祠邪教"而进行废止。一些土御门家的旁支自发联合组成"土御门神道同门会",使阴阳道中的部分内容,如"泰山府君祭"在民间信仰中保存下来。还有一些成为一种日常生活的习俗,例如,孕妇在怀孕五个月时,要在戌日缠上祈望能平安生产的"妊妇带",祈求心愿时折叠的"千羽鹤"等,都是阴阳道咒术的遗留物。"1952 年左右,美国麦克阿瑟将军(1880—1964)拟订'信教自由宪法草案',土御门神道才得以成为正式宗教人,以'家学'名义保存着阴阳道遗产直至今日。"① 今天,泰山府君仍是日本神道信仰中最具有道教特色的神灵之一,其内含的顺应自然、规范人伦、奖善罚恶、敬畏生命的宗教精神依然以适应日本民众的信仰方式而存在着。

第五节　道教在江户、明治朝的影响

江户时代(1603—1867)德川幕府替代了室町幕府,日本社会也开始由中世向近世演化。以封建社会为基础的幕府制度依然在江户延续:一方面,"德川幕府在建立幕府初期实施的大部分政策对日本走向近代都起到了阻碍作用"②,如严格的身份制度阻碍了人们希望以能力改变自己社会地位,闭关锁国政策阻碍了人们向外看世界,将农民束缚在土地上让他们交纳高额税阻碍了社会经济的发展;但另一方面,传统文化在"和魂汉才"的旗帜下,日本社会的政治、经济、文化与宗教等领域都发生了一场悄然的革命:在政治领域中,牢固的中央集权制阻碍了各地的大名在其藩中强化自己的势力;在经济领域中,武士与町人在商业经济活动中日益活跃;在文化领域中,当佛教及神道教成为一般日本家庭的宗教信仰时,儒学也在日本社会中得到广泛传播,武士和町人通过学习儒学来认字,了解来自于中国的知识文化,知识分子则借助西学来诠释儒学,以建构适应日本社会需要的新文化。当日本的传统文化与外来思想之间进行重新组合时,现代性也开始在社会中悄然萌芽。传统性与现代性并存的德川时代为道教在日本的传播提供了一个不同于过去的社会环境和文化舞台。

① [日]茂吕美耶:《平安日本》,广西师范大学出版社 2007 年版,第 145 页。
② [日]源了圆:《德川思想小史》,外语教学与研究出版社 2009 年版,第 2 页。

一、江户学者与道教思想

江户时代之始,幕府政府推行闭关锁国政策,只以长崎为唯一的进出口岸开放贸易。"各船的货物有很大差异,书籍在货物中的比例也各不相同。综合不同的年代,大约每年有五至八艘船载来书籍,每当大量载书的船只进入港口,常常会热闹非凡。"[①] 据大庭修的研究,当时"持渡书籍的商船多限于南京船和宁波船",这是因为明代中叶后,"苏州、金陵等江苏境内的出版业逐渐兴起,亦有许多佳刻问世。降至明末年间,苏州的刻书跃居全国之首,南京、杭州继之,毛晋汲古阁所在的常熟,刻书事业也日益兴盛。"[②] 中日文化交流虽然受到了限制,但中国商船在运送物品时,仍将新近出版的书籍带到日本,[③] 其中也包括一些道教书籍。这是因为德川幕府为了加强政治统治,乃奖励生产,提倡实学,主张教育应以儒学为宗,于是在各地建学校,称为"藩学",以儒学之道培养武士,并下令解除与天主教无关的书籍进口的禁令,在长崎港优先购买舶来书,供藩学中的学生学习。随着进入日本书籍数量的增多,德川将军在府中建立起专门收藏私人图书的"红叶山文库"。到幕府末年,红叶山文库已收藏了大约十万册图书,其中有七万三千余册是中国书籍。各地诸侯也仿效德川幕府,设立私学,礼遇学者,搜集图书文献,建立自己的文库,如,德山毛利氏、佐伯毛利氏、尾张德川氏、纪伊德川氏、长州毛利氏、加贺藩前田氏等,他们在推动日本图书业发展的同时,也购买和收藏了一些道教文献。最典型的例子是,爱好收藏图书的九州岛丰后佐伯侯毛利高标(1755—1801)在天明二年(1782)购买了"寅10 号"船运来的汉籍,建立起佐伯文库。据考察,佐伯文库曾收藏两万余册汉籍,其中就包括一部《道藏》。道教文献虽然于此时大量传入日本,但是它的某些教义思想却成为复古神学家的批评对象。

江户时期,重视"穷理"的朱子学成为德川幕府奉行的官学,成为武士阶层的政治哲学和伦理规范,发挥了稳定幕府制和身份等级制的作用,其"格物"、"穷理"思想为日本接受近代西方自然科学奠定了基础,其尊王思

---

① [日]大庭修:《江户时代中国典籍流播日本之研究》,杭州大学出版社 1998 年版,第 30 页。

② [日]大庭修:《江户时代中国典籍流播日本之研究》,杭州大学出版社 1998 年版,第 43 页。

③ [日]大庭修:《江户时代中国典籍流播日本之研究》,杭州大学出版社 1998 年版,第 30 页。

想对维护日本天皇制也具有积极作用，但儒学并没有成为日本人日常生活的指导思想与礼仪规范，也没能深入到日本人的日常生活之中，反而是佛教在民间社会中的影响比较大。例如，德川幕府规定，普通日本人的葬礼应当采用佛教仪式。德川幕府允许佛教寺院实行国民管理制度——檀家制度，即凡是日本人，不管其信仰如何，都必须归属于当地佛教寺院管理，也称"寺请制度"。① 这种制度将国民纳入佛教组织的管理体制中，以抵制外来基督教的影响。那些加入寺院的人被称为"檀家信徒"，负有维持寺院日常开支及住持生活费用的责任。寺院则有为信徒开展宗教活动的义务。当时，一个家族的成员大都从属于一个宗派中的一个寺院，这种"一家一宗制"，就强制性地使佛教成为家庭宗教。这不仅是日本佛教管理信徒的一大特色，而且也反映了当时佛教在日本社会中的特殊地位。

江户初期，神道领域也涌现出一些新派别，如吉川神道和垂加神道的出现，标志着神儒关系取代神佛关系而成为神道文化之主流，神道学者对道教抱有暗吸明贬的态度，使道教进一步融化于神道教之中。

吉川神道，又称理学神道，由生活于德川初年的吉川惟足（1616—1694）创立。吉川惟足先从伊势外宫度会延佳（1615—1690）学度会神道，又从吉田兼从（1588—1660）学吉田神道，他把朱子学与吉田神道结合起来，倡导朱熹理学中的"太极"就是神道教中所崇拜的"国常立尊"，由此来建构起新的神道观，推动吉田神道的学说向伦理化和现实化的方向发展。吉川惟足推崇儒家伦理，强调人伦之道应以"敬"、"义"为重，以"君臣之道"为最高，将"忠"贯于夫妇、父子、兄弟、朋友之道，将"一贯天地"之"诚"作为神之道，贯彻到神道祭祀之中。达到"诚"的境界的方法是谨慎与恭敬，这就是神道祭祀中的"祓"。"祓"有外清净与内清净之分。外清净是清除附着于身体上的污秽，洗涤罪孽；内清净是清除邪念妄想，保持精神的诚实明晰，最终复归无念无想的混沌之初的"太极"境界。"罗山是从儒学的立场阐说神儒一致的，而吉川惟足是从神道的立场阐说神儒一致的。他们都是通过儒教阐释神道。"②

---

① 参见［日］宫家准：《日本的民俗宗教》，南京大学出版社 2008 年版，第 52 页。

② ［日］石田一良：《神道思想集解说》，筑摩书房 1970 年版，第 20 页。

　　值得注意的是，吉川神道以阴阳、五行为根据的宇宙观与道教十分相似。阴阳与土、金、水、木、火五行推移变化是产生和推动宇宙万物的本源。吉川惟足在《土金之秘诀》中说："土金乃一气一理之要素，故土者天地万物之母，人身之肉；金者，万物之父，人之骨也。"阴极即为"一气之土"，由"一气之土"启动"一理之金"，是谓"土生金也"，因此清阳之气升天；进而金生水，重浊之气降地。这就是"阴阳两仪也"，即是"静极而又动生阳，动极而生阴"；继而水生木、木生火，成国之体，生人、生物。吉川惟足将这种道教宇宙观融入到神道教信仰中，认为天神赐给伊奘诺和伊奘冉的"天琼矛"中由玉制成的"琼"是"一气未生之土"，意味着"赏"，由金属制成的"矛"是"一理未生之金"象征着"罚"，土、金配合、气理变化、赏罚结合都象征着国治，以此宣扬神代政治之要目是"专武义，施仁政，所谓天琼矛是也，隆上于武备及仁惠于下，故四海平安也，是伊奘诺尊、天照大神之政法如此矣"①。吉川惟足强调日本应通过专武义、兴武艺、重武备来施仁政。这种以"尚武"精神为"治世之本"的做法，促进了神道与皇道、皇统的结合。他还通过讲述神道教的神篱磐境的祭祀传统，将"神篱磐境之秘传"作为最高最秘的神道传授，张扬了天照大神授予皇孙神镜，让他治理天下的神敕的基本精神，由此也推动了近代日本以"武运长久"为核心的神国思想和军国主义的泛滥。

　　吉川神道在创始之初就受到了会津藩、纪伊藩、加贺藩等诸侯及其家臣的推崇和信仰，后来还得到了幕府支持。吉川惟足曾担任幕府的"神道方"，即掌管神道的神职人员，后来吉川惟足一家世袭此职业。吉川神道的主要经典有《神代大意讲谈》、《神道大意注》、《日本神道学则》、《神代卷惟足抄》、《未生土之传》、《土德编》等，其主旨是从"神儒一致"出发，强调君臣等级，要人遵循儒家忠孝伦理，安分知足，从而将儒家伦理由武士阶层逐渐推广到普通民众之中。在神道教与其他宗教与文化的关系上，吉川神道认为，只有神儒融合，才能使四海静谧，国家平安，这表达了生活于战乱之后的江户初期的人们追求天下平安的强烈愿望，但却进一步挤压了道教在日本的传播空间。吉川惟足把神道分为行法神道和理论神道，称一般神社

---

① ［日］平重道：《吉川神道的基础研究・资料篇》，吉川弘文馆 1966 年版，第 481 页。

神道为"行法神道"并且给予了批评，称自己的神道才是治理天下的"理论神道"，由此而开启了近代神道发展的新走向。

垂加神道创始人山崎暗斋（1619—1682）在吸收伊势神道的度会延佳、吉川神道的吉川惟足等神道思想的基础上，一方面借鉴儒家朱熹的关于太极、阴阳、五行等学说，用"道"牵强附会地去解释《日本书纪》和《古事记》中神话传说，提出"道"就是阴阳二神所生的天照大神之道，通过倡导"神儒妙契"建立起垂加神道体系；另一方面，又把道教在日本影响最大的庚申信仰与神道教的猿田彦神崇拜联系起来。

在日文里，十二地支中的"申"与"猿"的读音都是"さゐ"，故猿田彦神也转化成神道的庚申神。猿田彦神又称八衢比古神或大土祖神、旅途之神，是受高皇产灵尊之教化而成为天神的。这位天神鼻长 7 尺，身高 7 尺有余，嘴角明亮，眼如八咫镜，面色如赤酱，又称天狗，在天照大神之前被伊势地方的民众敬为"照射天地的神"。在《日本书纪》中，天孙琼琼杵尊从高天原降临"苇原之国"时，是猿田彦神于天之八衢迎接天孙并把他引导到伊势五十铃川上的。《古事记》也把猿田彦神称为猿田毗古神，因曾迎接天孙降临而被视为带有向导之意的"道祖神"①。在神道教中，猿田彦神迎接天孙的降临后，又护送天照大神的灵体来到伊势。"猿"是"山神"，每年春天它从山里下到平原，给大地带来水源，成为护佑风调雨顺、促进农业丰收的"田神"。秋收以后，他又重新回到山里变成"山神"。"山神"与"田神"交替虽然构成了猿田彦神的双重神性，但都是为保佑农业丰收，故在神道五部书的《伊势二所皇太神宫御镇座传记》中，将猿田彦神作为与伊势神宫外宫的丰受大神同体的食物神或丰收神来加以崇拜。在神佛融合的日吉神道中，猿则被视为神的使者和守护神。在各地的山王神社，如日吉神社、日枝神社等大都设有庚申堂、庚申塔或庚申碑，表达了百姓希望通过庚申待来祈求农业丰收的心愿。但在垂加神道中，山崎暗斋却突出了猿田彦神的政治和伦理地位："道则大日灵贵之道，而教则猿田彦神之教也。学道

---

① 道祖神，是日本村庄的守护神。立在村边道旁，据说可防止恶魔瘟神进村，其渊源于中国道教的"行路神"，但在神道教中更具有阴阳和合的含义，故道祖神的形象是男女合体神，亦有男性生殖器形状。相传，男的是"八衢比古神"，女的是"八衢比卖神"，两个神都长得很丑，但他们结合后却生出了一个漂亮吉祥的男孩，故又成了儿童的守护神。

者，敬思焉。"① 他将猿田彦神看作是镇护国家社稷的大神，从而把猿田彦信仰与国家社稷、君臣上下的政治秩序联系起来。

这一观点也得到江户时代的国学者谷川士清（1709—1776）的赞同："猿田彦大神秘诀，垂加翁提揭一句，以示谕万世标准。其言曰，'道者则大日灵贵之道，而教者则猿田彦之教也。'凡《日本书纪》中叙猿田彦之事者，唯止一章。然为我帮之教祖者何耶？曰：天神之子则当到筑紫日向高千穗患触之峰。"② 猿田彦神作为大土祖神，是从天神到人神的过渡。猿田彦神作为天子之师，为天皇应以德义治理天下作出示范。猿田彦神敬重天神，配合天孙琼琼杵尊治理天下，其"敬"的精神既是神道教信仰的核心，也成为日本道德的根本标志。神人关系在现实中的展开就表现为君臣关系。这种君臣关系处于道德伦常中心，是国土创生以来就已经确定的普遍之道，也是人世最高的万古不变的生活原则。这样，天神与人皇之间通过猿田彦神联为一体，形成了神皇一统、万世一系的统治力量。

值得研究的是，山崎暗斋如何将猿田彦神与道教的庚申信仰联系起来？山崎暗斋在《大和小学》中说："道家以老子为宗，世上的百家众技往往出自道家，汉时有三十七家。天子借用道术祭祀日月星辰，后佛教徒也学习此法，举行日待月待，饮酒下棋，彻夜不眠。人们如此费尽心思，恐怕是害怕上天的惩罚，实在可悲。守庚申，出自道书《感应篇》③，后流传到民间。有柳子厚的骂三尸虫文，有吴渊颖的三彭传，有罗京纶的柳文跋。在《群谈采余》中，据子厚的文和渊颖的传来看，儒家也信庚申。奇怪的是，张籍在闲居诗中说唯教推甲子，不信守庚申。我神道的庚申传实是秘事也。"④ 洼德忠认为，把庚申信仰与猿田彦神结合在一起，是神道教受佛教天台宗的影响，与儒、佛相结合的结果，但"直到织丰时代，神道与庚申信仰完全无关"⑤，是山崎暗斋首次将道教的庚申信仰引入神道教，并将其与猿田彦

---

① 神道大系编纂会编：《神道大系·论说编·垂加神道》，精兴社 1994 年版，第 332 页。

② ［日］小林健三：《垂加神道的研究》，至文堂 1940 年版，第 243 页。

③ 其实，山崎暗斋对道教并不是太了解，据《宋史·艺文志》收录"李昌龄《感应篇》一卷"，李昌龄（937—1008）为北宋人，一般认为《感应篇》出自于宋代，柳子厚即柳宗元（773—819）则是唐代人。

④ ［日］洼德忠：《庚申信仰的研究》，日本学术振兴会 1961 年版，第 635 页。

⑤ 安土桃山时代（1573—1603）正值织田信长与丰臣秀吉称霸日本，又称织丰时代。

神直接联系起来："嘉谓：朝日刺，夕日照，日向之国，猿田彦神指示处，神篱之秘诀在于此矣。日待月待之神事，皆庚申日行之者，以此也。"① 原正男也认为，庚申之日祭猿田彦神始于山崎暗斋的提倡："暗斋先生尊重日本原来的行事，对其加以革新，为其日本化而努力。在我国，自古以来，为避道教所说的三尸而守庚申，但三尸说的迷信程度越来越淡薄。……暗斋先生排除守庚申的三尸说，代之以祭祀猿田彦神，以表征日本的尊王精神，并把艺术、道德、信仰结合为一体。"② 他认为，山崎暗斋在了解道教的"守庚申"之后，通过对在日本流行的"庚申待"的变革，去除了原有的守庚申的三尸说的迷信思想，使垂加神道的"庚申传"与神道信仰相一致，既展现了垂加神道的神篱磐境的文化传统，也表达了忠君报国的说教和天皇是"万世一系"的思想，减少了传统"庚申待"的艺术性，通过增加天地人道和三纲之德等道德内容，促进了江户时代流行于民间的庚申信仰的社会影响力。

据此，日本近世思想研究学者近藤启吾（1921— ）认为"暗斋的庚申说否定了汉土的三尸说与佛教的习合，并表现出把祭祀猿田彦神作为日本信仰的强烈愿望"③。在近藤启吾看来，山崎暗斋虽然在青少年时代信过佛教，但后来却强烈排斥佛教。山崎暗斋在《庚申考》一文中认为佛教的庚申说是窃道家之说："俗传庚申缘起，帝释使猿来天王寺云云，是浮屠窃道家说造之耳，不足深辩也。柳文之骂、玉露之议，皆可以打破酒囊饭袋，而罗氏为优矣。"④ 他不同意潼德忠的看法，认为庚申之日祭猿田彦神之说不可能来源于佛教天台宗。

山崎暗斋从道德教化出发，主张在庚申日祭祀猿田彦神，是为了通过崇拜猿田彦神的神德，来改变庚申信仰中的佛教、道教性质，其更深刻的含义在于，把猿田彦神奉为日本的道祖神来完成庚申信仰的日本化过程。"山崎

---

① 《玉签集》，转引自王守华、王蓉：《神道与中日文化交流》，河北人民出版社 2010 年版，第 353 页。

② ［日］原正男编：《日本道德、日本宗教の觀點より見たる垂加神道の庚申傳》，大仓精神文化研究所 1940 年版，第 44—45 页。

③ ［日］近藤启吾：《续山崎暗斋的研究》，神道史学会 1996 年版，第 124 页。

④ ［日］小林健三：《垂加神道的研究》，至文堂 1940 年版，第 243 页。

暗斋把外来的佛教、道教信仰变为日本的本土信仰，并力图使其与神道结合起来"①，尤其是他培育弟子数千名，使垂加神道对德川时代之后的神道思想产生了巨大的影响。

江户中期，面对外来宗教文化的不断传入，一些复古国学派学者从《万叶集》、《古事记》、《日本书纪》中寻找日本古代精神，衍生出复古神道。复古神道渊源于契冲和尚（1640—1701），由研究日本古典文献，探究日本民族文化精神的国学者荷田春满（1669—1736）始倡，开创于贺茂真渊和本居宣长（1730—1801），集大成于平田笃胤（1776—1843）。从荷田村满、贺茂真渊、本居宣长、平田笃胤被称为"国学四大家"可见，复古神道是以复古思想为基础，反对神道教会通佛教，吸收儒家，希望通过排除外来思想的影响，以恢复大和民族的纯粹"古神道"。儒学在江户时代发挥着既不同于中国，也不同于日本过去的那种作用，这对道教在日本传播也产生了一些影响。复古神道经过几代人的相继努力最终完成，被称为明治维新之前影响最大的学派神道、理论神道和近世神道。复古神道具有以下特点：

第一，复古神道反对将神道教依附于佛教或儒学的做法，致力于通过研究《古事记》、《日本书纪》、《万叶集》等日本的古典文献，尤其是对"神代卷"中的神话和诸神重新加以解释，构建复古神道的神学体系，以恢复日本民族以皇室为中心、以"神代"为渊源的信仰传统。例如，荷田春满致力于通过探究古语，探明神道古义，以寻找日本精神之发端。贺茂真渊大力颂扬纯洁、高雅的"万叶精神"，宣扬只有符合"天地自然"的"直心"，才是神道的原始状态和本真价值，从中挖掘出没有受到儒、佛影响的"古神道"或"纯神道"。复古神道通过提升日照大神的神性，来完善神道教的神灵观念。本居宣长把天照大神奉为最高主神。这个主神不仅是高天原的主宰者，而且还是人世间的统治者。天照大神通过"产灵二神"的作用，与诸神具有一种带有"血缘性"的等级关系。世间万事万物皆来自于高御产灵神与神御产灵神的创造。因此，不论是高天原的诸神（"天津神"），还是地上的诸神（"国津神"），还是地上生活的人，都应该尊崇天照大神。这种以天照大神为主神的神道，是日本民族本有的单一纯正的信仰，是不掺

---

① 王维先：《日本垂加神道哲学思想研究》，山东人民出版社 2004 年版，第 62 页。

杂任何外来文化因素的。从此出发，平田笃胤将"人的与生俱来之情"看作比最初的出典或起源更加具有本质性的根据，并且试图从中寻求根据。"这虽然是一种非历史性的看法，但是利用了日本人所认为的'圣人'这一神话，所以其论证也是很难推翻的。"①

　　第二，复古神道为维护神道信仰的纯洁性，摒弃历史上形成的以神佛习合或神儒合一为特征的神道传统，对外来宗教文化抱着明排暗收的策略。荷田春满从批判儒佛的立场出发，上书幕府，要求创办学校，培养人才，以振兴"皇国之学"，开启了复古神道这一宗教文化之潮流。平田笃胤在《呵妄书》中提出：外国的儒、佛、道诸子百家皆是制造的"道"，唯有日本神道是"皇国之道"，是由"天地之神赐予的道"，具有无上的神圣性。他在建立复古神道理论体系的过程中，用通俗的语言来排斥儒学、佛教、基督教等教义，认为只有神道教才是世界上最高之"道"，儒学、佛教与西方基督教根本不能与之相比，但实际上，他却站在更广阔的立场上，悄悄地吸收神道教之外的各种宗教文化的新内容，把方法上的复古与内容上的纳新结合起来，使复古神道成为与东西方文化交会的"文化通道"，也促使神道教义跟上了时代的发展步伐。

　　第三，复古神道教义的核心是积极为树立天皇的政治和宗教权威做理论论证，为日本建立中央集权制提供统一的意识形态基础。本居宣长通过注释《古事记》中的古代神话来借古喻今，提倡民族心和真实心，宣传日本神国思想，歌颂天皇制度是万古一系的"日神传统"，神道教高于世界上所有道之上，天皇继承天照大神以来的神统，是日本的最高统治者，世界各国都在天皇祖神天照大神的支配之下。复古神道的集大成者平田笃胤认为，天御中主神是主宰神和造物神，分身为高皇产灵神和神皇产灵神，这三个神创造宇宙，生成万物。天上由天照大神治理，它同时也是天皇祖先神。日本是离天最近的美丽世界，是世界的本国、万国的祖国。这不仅表现出强烈的日本民族意识，而且也促使神道教义与尊皇观念紧密地结合起来。"在复古神道中，这种结合表现得最为显著，而且它的尊皇思想并不像历来那样只是反对

━━━━━━━━

　　① ［日］中村雄二郎：《日本文化中的恶与罪》，北京大学出版社 2005 年版，第 77 页。

武家的、公家的意识形态，它还是一种国权主义的形态，在这点上有它的特色。"① 复古神道通过神话天皇，强化天皇制的政治统治，对后来明治维新过程中推行的"王政复古"和"神佛分离"有着直接的重大影响。

第四，复古神道提出世界是由显幽二界组成，以此来促进人们在道德上自觉向善，发挥神道教的伦理教化之功能。例如，荷田春满提出，宇宙万物的创造神是天御中主神。世界分为显世（现实世界）和幽世（死后世界）。现实世界由天照大神统领，死后世界由大国主命神管辖，这是由神意自由主宰的理想世界。因此，本居宣长认为，所谓"显事"归根到底也就是"幽事"。人死后灵魂都要下幽世接受最后的审判，根据生前的善恶行为得到不同的结果，为善者成神将长生不死。"神道之安人心就在于人死亡后不论善人恶人统统进入冥府。"② 这种灵魂永生的来世观，虽然力图激发日本人内在自我拯救的要求，但它扬善惩恶的观念并不强烈，弃恶从善的要求也不严格，显幽二世仅仅是为了说明神的意志最初和最终的体现，而并不是要否定现世，因此，现实之人就不必太在意自己的善恶行为，更不必担忧自己命归何处，表达了一种十分宽容平和的倭魂思想。平田笃胤就从这种幽冥信仰出发，来排除"汉意"，确立日本固有的倭魂思想，赋予神道以新的形象，使之立足于国民的信念之中。

第五，复古神道认为在各种善行中，"孝"是最重要的，是伦理纲常之本。"孝"不仅表现为孝顺父母，而且还表现为敬神与效忠天皇。平田笃胤就认为对祖先的孝，就是对日本古代诸神的敬，对皇室祖先神的孝，对现实中天皇的忠。传统的神社神道主要是关注对血缘神、地缘神和现世利益神的信仰。由于这种信仰是外在的、集体的，缺乏关注每一个人当下生活的因素，因此，民众往往会到佛教那里去寻求解决人生痛苦，获得精神解脱的钥匙，这也是神佛融合的一个重要契机。但复古神道对"孝"的关注，既满足了一般民众对人生得救与道德提升的要求，也通过对天皇的绝对崇拜与效忠，提升了"孝"的政治意义。复古神道重视祭祀，平田笃胤曾制定神式葬祭仪式和祝福词，还"对修道有成的门人传授了三皇内印、长生符、古

---

① ［日］永田广志：《日本哲学思想史》，商务印书馆 1978 年版，第 236 页。

② ［日］本居宣长：《玉匣》，转引自范景武：《神道思想与文化研究》，内蒙古人民出版社 2002 年版，第 413 页。

五岳真形图、九老仙都、六甲祭式等符图及道术"①，既丰富了神道教祭祀的内容与形式，也扩大了神道教在社会生活中的影响。"平田笃胤所建立的神道，在明治以后一直被采用作为国家的神道。"②

　　第六，复古神道了解道教、研究道教，但并不采纳道教。平田笃胤曾学习古道学、历学、易学、军学、玄学等多门学科，自称获得了"八家之学"③。平田笃胤一生著述 140 余部书，晚年倾心道教，其中研究神仙信仰的著作主要有《葛仙翁传》、《扶桑国考》、《三神山余考》、《黄帝传记》、《赤县太古传》、《神仙方术编》、《神仙行气编》、《玄学得门编》等，成为江户时期道教研究的重要学者之一。其中参考的道书主要有《金根经》、《大霄琅书》、《清虚真人王君内传》、《紫阳真人周君内传》、《五岳真形图》、《真诰》、《上清黄帝经》等。

　　平田笃胤对《抱朴子》、《神仙传》、《列仙传》、《历世真仙体道通鉴》、《黄帝内传》等道教神仙传记十分欣赏。另据福永光司研究，平田笃胤晚年撰写的《赤县太古传》就引用了《老子道德经》、《老子中经》、《淮南子》、《列子》、《山海经》、《小经注》、《吕氏春秋》、《鹖冠子》、《十洲记》、《汉武帝内传》、《三五历记》、《述异记》、《枕中记》、《河图括地象》、《河图始开图》、《春秋命历序》、《春秋保干图》、《岳渎名山高》18 种道书。④ 在研究道教的过程中，平田笃胤还读过有"小《道藏》"之称的道教类书《云笈七签》，他也知道还有《道藏》这部大书，也看过《道藏》目录，但却说"道藏有千余卷之目，但尚未全部传入皇国"⑤，不知是因为他没有读到，还是《道藏》在当时真的还没有全部传入日本。

　　从复兴神道教的立场出发，平田笃胤对神道教与中国儒、佛、道的关系进行了探讨，其中也涉及神道与道教的关系。他认为，神道教中的"惟神の道"就是老子哲学中的"自然"观念。"老子所传之玄道之本，乃我皇神

　　① ［日］大宫司郎编：《五岳真形图集成》，东京八幡书店 1997 年版，第 169 页。
　　② ［日］梅原猛：《森林思想——日本文化原点》，中国国际广播出版社 1993 年版，第 6 页。
　　③ 平田笃胤在天保三年（1832）著《八家论》，认为自己的学问涉及神家、玄家、医家、易家、历家、日家（应为历家）、儒家、佛家，其中玄家即为中国道教。
　　④ 参见 ［日］福永光司：《道教と日本文化》，人文书院 1982 年版，第 27—29 页。
　　⑤ ［日］平田笃胤：《天柱五岳余论》，［日］福井康顺等监修：《道教》第三册，上海古籍出版社 1992 年版，第 34 页。

早已授予彼处之道"、"我神典之中，惟神者乃谓顺随神之道亦自有神道也"、"天御中主神是汉籍的所谓上皇太一，皇产灵神是元始天尊。"① 他把天御中主神的居所叫作"紫微宫"、"北辰"② 等。他还从《日本书纪》的孝德天皇三年四月诏书中的"惟神乃随神道，亦自谓有神道也"和用明天皇卷开头的记述"天皇，信佛法尊神道"中，对中日两国的"神道"用语进行比较，认为两者虽然都称为"神道"，但是日本"神道"与中国"神道"的"意趣完全相违"。中国的儒、佛、道及诸子百家皆是认为自己是"道"，其实惟有日本的"皇国之道"才是天地之神赐予的"道"③。平田笃胤认为，在日本，荻生徂徕的弟子太宰春台（1680—1747）最早以《易经》中的"神道"作为日本"神道"的出处，并将二者的意义混合起来。平田笃胤在对太宰春台进行激烈批评时，不仅提出日本"神道"具有独自性，而且还认为中国"神道"也是日本"神道"部分内容传入才形成的。"天皇统治天下之道"成为平田笃胤建立复古神道理论体系的基点，他以此强调了日本神道教在东亚文化中的本源性意义。

　　复古神道政治上奉行尊王主义，通过对天皇的绝对崇敬，既推动了理论神道向国家神道的过渡，也树起"尊王攘夷"的大旗，为重新确立以天皇为中心的中央集权制奠定了意识形态之基础。复古神道在宗教上奉行复古主义、排他主义，对外来文化，无论是儒学、佛教，还是道教都抱着排斥的态度，这是他们的一个基本立场。本居宣长在其著《玉胜间》中曾介绍了唐代道教的情况："唐土之国有名曰道教者，盛行于世，大与佛教比美。此道虽奉老子为祖，但又与老子之意不同，唯胜似奇怪之儿戏，究竟宗旨，乃徒劳无用之事也。"④ 他不仅将信奉道教的唐朝皇帝贬为"被道教迷惑的国之王"，而且还将道家与道教区分开来，认为以老子为道教教主的说法是不对的，他抬高道家，贬低道教为"胜似奇怪之儿戏"，是"徒劳无用之事"，主要目的是通过贬低道教来抬高神道教，以抑制道教在日本民众中的影响。

---

① 《玉襷》卷三，《新修平田笃胤全集》第6卷，名著出版社1977年版，第155页。
② 《玉襷》卷三，《新修平田笃胤全集》第6卷，名著出版社1977年版，第147页。
③ ［日］平田笃胤：《呵妄书》，转引自［日］野口武彦：《平田笃胤》，载《人物日本的历史》第15册，小学馆1975年版。
④ ［日］本居宣长：《玉胜间》，载《本居宣长全集》第一卷，筑摩书店1968年版。

从 17 世纪至明治维新之前流行的复古神道具有两重性：既上承原始神道和神社神道的传统，又下开国家神道的潮流；既力图排斥外来宗教与文化的影响，以保守古典神道的纯洁性，又不得不跟上时代步伐，吸取外来宗教与文化中的因素来不断地充实改造自己。复古神道表现出的"文化寻根"意识，希望从民族文化的源头中寻找推进神道教发展和社会革新的精神动力，"强调上代日本的思想信仰、民族性和传统习俗，因其仰慕和追求复古，故在尊重古典、爱护国民、力说敬神崇祖、奖励纯风美俗及重视国语国粹等方面表现出有别于其他诸宗教和诸学风的特色，在神灵观、幽冥观、灵魂观及天地开辟说等思想上，也具有迥异于其他历史神道说的性格。"[①] 在客观上促进神道教走上独立发展的道路。复古神道这种强烈的日本中心主义立场，使作为宗教形态的道教在日本几乎失去了立足之地时，但老庄道家思想和道教仙学却得到了江户学者们的特别关注。

推进日本古仙道复兴的学者大江匡弼，字文坡，菊丘卧山人，又名菊丘文坡，因爱好神仙道而号卧仙子。为了传播神仙道，大江匡弼致力于道书的注解与刊印。为了宣扬道教的三尸说的神奇功效，他撰写了《太上惠民甲庚秘录》。为了强调道教镇宅符的神奇灵验，他编纂了《镇宅灵符缘起集说》、《甲庚灵符三教秘录》。为了说明道教入山符的免灾致福的神秘作用，他根据"宦家赐匡弼唐刻的五岳真形图"撰写了《五岳真形图传》，书中既有五岳名山的真形图，也有对五岳的神名、祭祀五岳的祝文、祈愿的方法，还有《五岳真形图》如何灵验的介绍，他还绘制了五山地形及西王母、负图先生等图画，具有浓厚道教色彩。该书于 1775 年刊行后在社会上流传至今。

当时的学者松尾芭蕉、良宽、贺茂真渊、近藤万丈、三浦梅园、安藤昌益和广懒淡窗不仅深入地研习老庄思想，而且在自己的创作中将老庄思想体现出来。其中，安藤昌益（1703—1762）和广濑淡窗（1782—1856）是江户时期日本老庄学两大家，他们批评传统的佛教、儒学、神道，其哲学思想则是通过对老庄的诠释而形成的。

---

① 国学院大学日本文化所编：《神道要语集·宗教篇》（一），神道文化会 1977 年版，第 46 页。

安藤昌益著有《自然真营道》、《绕道真传》等，通过对道、气、真、时空、运动变化的探讨，提倡"自然无始无终"及"互性妙行"思想，把老庄思想改造为"自然世"。他将"自然世"和"法世"相对立，表达了自己对"理想社会"的设想。在"自然世"中，人们都是自耕而食、自织而衣，直接从事农业生产的，他称之为"直耕"。"直耕"即是"真道"。他还将这种"真道"推行到人类社会生活中，如《自然世论》曰："人伦自然也，彼无富，此无贫，此无上，彼无下；无上责取下，无奢欲，无下无上诡巧，故无恨争，故无乱军出也；无立上盗转道植上盗根者，无下在盗货财者；无上立法，无弄罪下；无立上教导圣人，闻教犯不耕贪食徒者无之；转定人伦无别，转定生人伦耕，此外一点无私事，是自然世。"这种"自然世"思想为反对日本封建制度提供了思想武器。安藤昌益还接受了道教的"天人合一"的自然观，他说："夫人身小天地也。天地大人身也。""天地之气通人身，人身之气通全身，大天地，小男女，以进退和互性，构成了一个和谐运动的世界。"① 从强调人要顺应自然，与自然相和谐出发，建构起"自然真营道"的思想体系。"自然真营道"所说的"真"是本原性的实体，与"气"相即不离。安藤昌益以"真气说"解释世界，展开生成论。"营"是"真"的实际活动。"自然"意为"自为"、"本来如此"，是"真"的存在与活动的状态与方式。"道"是规律、规则与秩序。安藤昌益将"自然真营道"作为全部存在的根本，并以此来构筑自己的思想体系的，成为德川时代中期的富有批判精神和独创思想体系的杰出思想家。

德川幕府末年最有名的学者广濑淡窗（1782—1856）虽以儒者立身，但因从小体弱多病，对老庄学及道教仙学都有特殊的兴趣，著有《准提观音咒》和类似于道教功过格的《万善薄》，还著有《老子摘解》、《析言》、《约言》等，从哲学的角度对老子思想进行了诠释。广濑淡窗认为，老子之道贵无为，无为并非不为，而在于不争，不争天下则无以能争，故《老子》思想是有益于世的。广濑淡窗在咸宜园（今九州岛日田市豆田町）开设汉学塾，虽以"四书五经"为主要教学内容，但他亲自开讲老庄学五十余年，同时还教学生学习荷兰语，在此接受教育的门人弟子据说多达四千余人。广

---

① 《安藤昌益全集》第 1 卷，东京农山渔村文化协会 1982 年版，第 79 页。

濑淡窗被誉为"九州岛第一"的大教育家，培养了如高野长英、村益次郎、清浦奎吾这样的社会活动家以及一大批学者，同时也扩大了老庄学及道教在日本的影响。

此时，老庄道家思想虽然受到一些学者的重视而成为江户时期哲学的理论基础，但学者大多抱有一种为我所用的态度。兰学家司马汉江（1738—1818）著《画洋画谈》最早在日本推行西洋画，著《铜版天球全图》、《荷兰天说》、《哥白尼和刻卜勒》等宣传西方天文学中的地动说、太阳中心说等新天体观。在晚年时，他却欣赏老庄思想："我对兰学、天文或巧于奇器已厌倦，只乐于像老庄那样。"① 他一方面接受老庄顺应自然的人生态度，以此来进行心理调适："人生在世逐渐成长，开始一切皆新奇，中年渐觉悟，老年彻底明白，归于'未生以前'之人，在悟得人生虚无自然之上，以安乐之心死去，这才是人的正道"②；另一方面，又认为老庄思想只能用来安身，不能用来治理国家，"老子之教与佛教所讲之道相似，与治天下无关，乃安自己一人之教也"，"庄子不究真理，惟推量而安一身耳。"③ 因此，对于治国而言，不应提倡老庄思想，当然就更不用说道教了。

明清时期，中国道教新出的一些新道书虽陆续传入日本，但主要被收藏于各种图书馆中。明治时代，日本政府受西方文化的影响，废藩学，建官立学校，将利足利学校收藏的《道藏》移于宫内厅书陵部（现为宫内厅图书馆）。李锐清先生编著的《日本见藏中国丛书目初编》收录了1988年之前日本十六所著名图书馆、文库之典藏，共得二千四百多种丛书，其中《子类·道家》④ 收有四十种具有丛书性质的道教文献，如《道藏》附《续道藏》、《道藏举要》、《重刊道藏辑要》、《张三丰先生全集八卷》、《金丹正理大全》等，其中还有一些不见于《中国丛书综录》的道书，如《道言内外秘诀全书》、《道书五种》、《伍柳仙宗》等。中国道教文献虽然大都传入了日本，但与此时同时传入日本的西方书籍相比所产生的社会影响却微乎其微，主要是一些思想家们在诠释中国哲学时借鉴其中的老庄

---

① 《日本名著全集》第 22 卷，日本名著全集刊行会 1929 年版，第 73 页。
② 《日本名著全集》第 22 卷，日本名著全集刊行会 1929 年版，第 413 页。
③ 《日本名著全集》第 22 卷，日本名著全集刊行会 1929 年版，第 482 页。
④ 李锐清编：《日本见藏中国丛书目初编》，杭州大学出版社 1991 年版，第 437—445 页。

思想。

二、明治维新运动中的道教

道教与儒学、佛教一起传入日本，儒学为日本人广泛接受，并奉之为日本文化的核心。佛教也通过神佛习合的方式，演化出富有日本民族文化特色的新教派，在日本社会产生了巨大影响。而道教的某些因素被吸收借鉴之后，随着西方文明的流行和明治维新运动的展开，日本社会走向现代化道路，其影响却逐渐淡化了。

16 世纪中叶，以葡萄牙、荷兰为首的西方人相继由海上来到日本，他们不仅向日本人展示了西方的船坚炮利，而且还带来了西方文化和天主教，对日本传统社会产生了冲击，在客观上阻碍了道教在日本的传播。随着海上交通之路的开辟，耶稣会传道士方济各·沙勿略（FrancisXavle，1506—1552）于 1548 年 8 月踏上了日本鹿儿岛，开始传播天主教。据说，天主教一进入日本，就受到了日本人的热烈关注。沙忽略传教三年，就为上千日本人做了洗礼。五十年后，日本的天主教徒发展到 75 万人。传教士在积极传播天主教信仰的同时，还传入了当时欧洲最先进的科技文化与西式教育，激发了日本人了解西方文化和学习西方科技知识的热情。传教士为日本民族文化带去新鲜时髦的东西时，也引起了日本人的警惕，尤其是一些居于政治高位的幕府将军十分担心以平等、自由和民主相号召的西方文化会颠覆日本"万古一系"的政治秩序。1587 年 6 月 19 日，丰臣秀吉（1536—1598）发布了"驱逐传教士令"，由此拉开了禁止天主教在日本传播的序幕。此后他又五次颁布"锁国令"，以禁止并取缔天主教在日本的传播，这种对外来宗教的警惕在客观上也缩小了道教在日本传播的市场。

在这种封关锁国的政策下，日本人只能与擅长航海的荷兰商人在长崎港进行经济贸易，一些荷兰语的自然科学和社会科学书籍传入日本，故日本人将这一时期经荷兰人传入日本的西方科学文化知识总称为"兰学"（Dutch learning），又简称为西洋学（Western learning）。日本是一个善于学习的民族。当他们看到优秀的中华文化时，他们就学习中国文化。近代以来，随着西方势力在东亚的传播，他们又发现了西方文明的优越之处，于是又开始学习西方知识。"兰学"从长崎进入日本后，日本的一些知识分子，特别是一部分译员，在长崎岛通过与荷兰商人的接触，努力学习、了解和掌握荷兰语。"兰学"很快从长崎传播到江户、京都和大阪，成为风靡一时的显学，促进了日本人开始积极地学习西方的科技与文化，道教因保留太多的古代巫术文化色彩而更加受到日本人的冷落。

日本兰学家通过翻译西方书籍、引进西方先进文化，推动了日本社会向现代化靠拢，很快产生出社会效应。幕府将军德川吉宗（1684—1751）出于发展经济需要，奖励实学，允许输入与天主教有关的外国书籍，开译西书之禁。他还派人学习荷兰语及自然科学，了解西方先进的天文、地理、物理、化学、医药学等科学技术。1708 年，生活于江户中期的政治家、幕府学者新井白石（1657—1725）虽为朱子学家，但也被西洋学术所吸引，著《西洋纪闻》及《采览异言》传播西学。他一方面否定西方道德、宗教的价值，另一方面又承认西方物质文明的优越性，这种西学观在当时日本社会中影响很大。兰学家们通过兴建新式学堂，为后来日本的社会改革培养了一大批人才。

江户末年，日本的封建制度日益衰微，美、英、法、荷等西方国家强势入侵，同日本政府签订了一系列不平等条约，日本的主权受到侵犯。随着国内政治矛盾不断，农民起义和市民暴动频繁。1830 年，当听说伊势神宫有神符降临时，男女老少一齐放下工作，成群结队蜂拥而至集体参拜伊势神宫，表达了民众对社会局势的不满及渴求神灵保佑的宗教心理。1858 年，幕府将军德川家定（1824—1858）病重不能理政，辅佐将军井伊直弼（1815—1860）实际掌权，他对内加强幕府的专制权力，对外向西方列强妥协，上台后不久就同美国签订了友好通商条约，赋予美国商人与海员治外法权，并开放港口，这种出卖日本国利益以取得西方国家的支持的做法，遭到了日本人民的强烈不满。1860 年 3 月 24 日上午 8 时，来自水户和萨摩藩的18 名武士利用井伊直弼在樱田门外登城时机，发动袭击，砍下了井伊直弼的头。这就是日本历史上著名的"樱田门事件"。发动"樱田门事件"的武士们发布了《斩奸旨趣书》，宣布他们这样做的目的不是反对幕府，而只是为了清君侧。从此，以中下级武士为主体，有地主、富农、商人和手工者参加的"尊王攘夷"运动兴起。"尊王攘夷"具体包括两方面的内容：一是对外，把矛头指向虎视眈眈的外国殖民者和侵略势力；二是对内，把矛头对准丧权辱国的幕府统治者。① 1867 年江户地区的群众通过参拜伊势神宫，一边狂舞，一边唱着带有"这还不好吗"词的歌，以宗教形式来表达要求"改革世道"的群众性运动，成为推翻幕府政权的先导。在民族危亡的紧要时刻，一些有志之士从"尊王攘夷"走向"倒幕维新"。他们打着复古神道的旗号，试图以神道教来反对幕府政府奉为正统意识形态的佛教，复归原始神道的"国学派"的兴起，力图从日本文化中寻觅"大和精神"的"国学"潮流，为明治维新奠定了理论基础。

明治维新正是沿着复古神道的思路，造出动员群众的政治舆论，以"国家神道"来发挥维系人心的作用，从而揭开了日本近代历史的序幕。1873 年，一些启蒙思想家如福泽谕吉（1835 — 1901）、西周（1829 — 1897）、津田真道（1829 — 1903）等组建了启蒙团体"明六社"②，出版《明六杂志》，既批判朱子学"空谈虚理"，又以西方文明为蓝本，以文化来改造已出现衰退的儒学，使之在与异质思想文化的冲突与碰撞中更新发展，从而为日本一步步走上现代化道路提供了新的文化精神。随着日本社会经济繁荣和文化发展，日本人不再像过去那样盲目地模仿中国，而是根据自我的需要来借鉴吸收外来文化。在明治维新之前，中国是日本学习和仿效的国家，中国的学问被崇为"汉学"，占据着日本思想意识形态的中心地位。中国的政治制度、经济政策、文学创作、哲学思想和宗教教义也被日本人视为文化典范。明治维新以后，日本经济发展，国力增强，随着甲午战争和日俄战争的胜利，日本在东亚国家中的国际地位也随之提高，不再像过去那样将中国作为自己的学习对象，道教这种古老的外来宗教也遭到了已走上维新之路的日本人的轻视与排斥。

明治维新（1868）之前，是学习西方，还是回归传统的不同选择，导致了近代日本文化运动中文明欧化和保存国粹这两重极端做法的不断交替。明治天皇（1867—1912 在位）即位时，决心建立天皇制国家的集权统治，他倡导学习西方文化，承认宗教信仰的自由，但在随之而来的国粹保存运动中，又极力向国民推行神道教的"神国观念"，以复古神道为理论基础，将

①　汤重南：《日本文化与现代化》，辽海出版社 1999 年版，第 157 页。
②　这一年为明治六年，故名。

神社神道和皇室神道相结合，在"祭政一致"的口号下，逐步实行由国家政府来管理神社，形成了颇具政治色彩的"国家神道"。日本学者村上重良认为，国家神道约八十年的历程，大致可分为四个阶段：形成期（1868—1880）、教义完成期（1889—1905）、制度完成期（1900—1930）、法西斯国教时期（1931—1945）。① 这一分期比较客观地反映了国家神道由明治天皇的倡导而形成，由天皇政府的支持而发展，最后因从事军国主义活动而迅速走向衰落的历史。

明治天皇是日本历史上最伟大的人物。在江户时期，藤原氏掌握政权，天皇仅是国家一个摆设，权力长期旁落在摄政关白或幕府将军手中。江户末年，西方凭借着船坚炮利打开了日本的大门，德川幕府因政治混乱而走向没落，各藩的武士、地主、在乡商人等阶层受复古神道思想的影响，出现了许多勤王派、攘夷派的政治活动家，他们通过排斥佛教，崇尚神道教来反对幕府统治。1868 年 1 月，倒幕新军在京都南郊的鸟羽及伏见的两场战役中打败了幕府军队。末代幕府将军德川庆喜（1838—1913）让出政权，年轻的明治天皇即位，改年号"明治"。同年 10 月，幕府政府被迫接受天皇"大政奉还"的敕令，明治天皇实现"王政复古"，重新回到政治舞台上。1868 年 11 月，明治天皇将首都由京都迁到江户，并将江户改为东京。真正掌握了最高权力的明治天皇拉开了明治维新的帷幕。今天日本所获得的一切成就都和明治天皇的努力有关。明治天皇废除了幕府的封建制度，建立了君主立宪的国家，对政体、军事、宗教、教育、土地制度等各个方面进行了持续四十多年的"改革开放"，尤其是通过对西方发达国家开放，促使日本不仅走上了资本主义道路，而且成为一个依靠宪法治国的、统一的君主立宪国家。在这种从经济制度改革开始，到政治体制改革结束的明治维新运动中，神道教始终是明治天皇用来恢复皇室权力和统一国家的重要精神武器。

明治时期，神道教在与佛教的分离中发展起来。明治维新之前，佛教寺院成为幕府制度下管理国民的基层单位，享受着种种特权，神道教只处于依附地位。幕府末年出现的排佛倾向在明治时期得到了扩大。1868 年 3 月 17 日，刚成立的神祇事务局发布《神佛不可混淆令》，提倡扫除神社中

---

① ［日］村上重良：《国家神道》，商务印书馆 1990 年版，第 69—70 页。

的佛教因素。美国学者肖赖尔说："明治维新的领袖们是彻头彻尾的反佛教者，他们粗暴地指导佛教与神道教分开并试图建立一个以神道教为中心的政体。"[1] 京都、奈良、伊势等地出现了"排佛毁释运动"，佛教的威信在下降，而神道教却兴盛发展起来。在各藩的佛教寺院中有一些关闭合并，还有一些改为神社，许多僧侣也改为神职。但在明治维新初年，担任神道职者还是以佛教僧侣居多，可是宣教的内容却没有一项是关于佛教的，因此引起佛教界的不满，要求在宣教时增加佛教的内容。这一提法最后得到了教部省的允许。在神佛共同布教时，佛教得到了重新发展的机会，神道教也暴露出教义贫乏和布道活动的无力等问题。明治天皇为了抬高神道教，巩固王权，通过太政官宣布"调查大小神社氏子"，使神社参与到户籍的编制和管理中。"氏子"是对祭祀信奉某一地区氏族神或保护神的居民的统称。每一氏族神社把管辖区内的居民都视为这些氏族神的子孙后代，因此，由神社来统领所辖区内的居民，不仅使神道教进入了每一个家庭，也使其成为一般日本家庭所信奉的宗教，同时也通过神道教达到控制基层国民的目的。

　　明治天皇将外来的基督教视为邪教，为禁止其在日本传播，推行神道教国教化的政策，将祭祀天照大神的伊势神宫作为神社本宗，即宗主社。自明治天皇以后，历代天皇在即位时都要去伊势神社参拜，以展示日本是信仰神道的国家，这个传统一直保留到今天。1868 年 3 月 13 日，政府特别公布《太政官布告》，宣扬"神皇一体"、"祭政一致"，下令将全国的神社重新编组，在新政府中重置神祇官，让其统一掌管全国所有神社，这就将各地的神社都归到天皇权威之下，由国家行政来统一管理。明治政府为了将神道教提升为一种新的国家宗教，不仅让神祇官掌管天地神祇、守护天皇"八神"和历代皇灵的祭祀仪式，而且还设立"宣教使"，主要负责宣传神道思想，教化民众。1870 年 1 月 14 日，明治天皇亲临新建的神祇官神殿参加祭祀活动，并于当天颁发了《宣布大教诏》，重新阐明神道教对于日本国民的意义与价值，指定神道教为国教，这标志着"国家神道"的正式形成。

---

[1]　［美］埃德温·赖肖尔：《日本人》，上海译文出版社 1980 年版，第 237 页。

国家神道以注重祭祀仪式的神社神道为传播中心，又吸取了理论神道所倡导的神儒融合的思想，利用皇室神道的组织形式，宣扬崇拜皇祖天照大神，以各地的神社为主要祭祀场所。在"祭政一致"的口号下，政府以国家祭祀为中心，宣扬"万世一系"的天皇统治和"万邦无比"的天皇制国体，神道教被抬到国教的地位，成为统治国民的精神工具。这样，无论是维新，还是变法，或是改革，其目的是富国强兵，而不是改变既有的独特鲜明的神道传统与国民性格。

为了巩固国家神道的神圣地位及在社会生活中的影响，天皇还制定并颁发了《三条教则》，要求公民"第一条，应体察敬神爱国之旨；第二条，心明天理人道；第三条，奉戴皇上，遵守皇旨"。把民族宗教的集体崇拜扩大到国家规模，以此来开展对民众的敬神爱国、崇祖宗皇、誓死效忠天皇的教育，使神道教在行政上和教育上与国家政治密切联系起来，将崇拜国家神道的教义作为每个日本国民的义务。当神道教纳入了天皇管辖之下，其教化的功能进一步得到发挥，成为隆盛天皇之道的御用宗教。

1871 年，天皇下令将神祇官降格为太政官管辖的神祇省。第二年又改为教部省，将其他宗教都纳入了神道教的管辖之下。在 1889 年，又颁布了《大日本帝国宪法》，其中明确规定："大日本帝国由万世一系之三皇统治。（第一条）……日本臣民，在不妨害安宁秩序及不违背臣民之义务的范围内，有宗教信教之自由。（第二十八条）"以宪法的形式肯定了神道教为国家宗教，人们只在天皇制允许的范围内才有信教之自由。这样，"国家神道作为超宗教的国家祭祀而确立了君临于神、佛、基督教等公认宗教之上的国家神道体制。"① 神道教被授予既超越其他宗教，又可统领其他宗教的领导地位。1890 年，又颁布《教育敕语》作为国家神道之教典，将"敬神崇祖"作为教义之核心，要求信徒无限"忠于天皇"，即使在战争情况下，也要不惜自己的生命为天皇国家效力，国家神道进一步与天皇制度相结合，为日本进行军事扩张提供了宗教依据。

早期的国家神道分为"官社国家神道"和"民社国家神道"。前者由皇族担任祭司，各级神职人员领取"官币"隶属内务大臣和神宫；后者指各

---

① ［日］村上重良：《国家神道》，商务印书馆 1990 年版，第 70 页。

地府县所属的乡间神社，当时是以祭祀亡灵、镇护安泰的"神馔币帛料金"为主要收入的。但是，随着日本走向军国主义道路，两者逐渐趋同。[①]随着国家神道的发展，佛教、儒学、道教、基督教等外来宗教与文化的势力都不同程度地受到遏制，尤其是西方基督教被视为邪教，禁止其在日本传播，这实际上与已在日本兴起的资本主义精神和宗教信仰自由思想不相符合，但却使日本保持了自己的民族独立性，没有在"脱亚入欧"、"全盘西化"等口号下，成为西方某个国家的翻版。

明治维新之后，随着"国家神道"的兴起、资本主义经济的发展和兰学的传播，日本"脱亚入欧"迅速地走向上资本主义道路。追求最大利润的经济垄断势力逐渐控制了日本政权，也影响了明治天皇的思想，促使明治天皇开始对外进行军事扩张。过去的日本一直是向中国学习，此时已发展成为帝国主义列强之一的日本将中国不再视为自己的老师，而是看作一个衰弱的老人。为了实现先控制亚洲，进而统治整个世界的政治愿望，日本政府开始对外进行军事扩张。1879年3月日本吞并了琉球王国，宣布为日本冲绳县。1894年，中日之间爆发了甲午战争，日本打败了清军，强迫清政府签订了《马关条约》。1904年，日本在中国东北发动了日俄战争。1905年9月5日缔结《朴次茅斯和约》，日本夺取了中国辽东半岛和俄国库页岛南部以及对朝鲜的实际控制权。1910年，日本又吞并了朝鲜半岛，日本军国主义开始全面地在亚洲称霸。为配合天皇政府的军事扩张，内务省采取了一系列措施，将神社与地方行政相结合，通过整顿神社，制定了官币、国币神社的经费由国库开支的制度，为国家神道的进一步发展提供了财政支持和制度保证，道教作为一种宗教在日本社会失去了立足的根基，但在文人学士的心目中，神仙信仰和老庄思想依然有着独特的魅力。

19世纪末，以尾崎红叶、森鸥外、坪内逍遥和幸田露伴为代表的日本文坛流行的对老庄思想和神仙信仰的欣赏思潮，被称为"红露逍鸥"时期。例如，幸田露伴（1867—1947）从小受到中日古典文学的熏陶，有着渊博学识和文学造诣，对《老子》、《庄子》、《列子》、《抱朴子》情有独钟，"在中国，深受道家思想影响的文人，常常表现出一种蔑视王侯、鄙薄名利

[①]　参见叶渭渠主编：《日本文明》，中国社会科学出版社1999年版，第309页。

而寄情山水诗文的情怀。幸田露伴对老庄、道家及道教有浓厚的兴趣，他要在世人钦羡的目光面前表明自己生就一付老庄似的傲骨与恬淡的心境"①。幸田露伴崇尚老庄，以犀利目光来观察社会中那些丑人丑态，并予以辛辣的讽刺和嘲弄，他以浪漫主义手法创作的《五重塔》（1891）、《风流佛》（1889）、《一口剑》（1890）等，描绘了社会底层的普通劳动者的坚强精神和追求幸福的信念，在日本风靡一时。同时，他在《论仙》一文中，在儒佛道基的比较中对道教的神仙信仰进行解读，表达了一种生命关怀精神：

> 或问，然则有仙乎？
>
> 曰：仙之存，又何疑哉！信儒之道者，若能有成则谓之儒；奉佛教者，若能有成，即是佛也；于道教有成者，非仙者何耶？
>
> 曰：黄金炼而可致乎？
>
> 曰：黄金可致。若能视黄金同土石，则土石即黄金也。不忧土石之不为黄金，惟可忧你之不能以黄金为土石。
>
> 曰：亦可得不死乎？
>
> 曰：可得。儒教、佛教、道教、基督教四教，皆惟教不死之道。若不得不死，则教亦惟徒然尔。解教悟教信教而得不疑，则复无所谓生死者。眼空生死，则何处有死哉！惟仙人非即不死者也哉！

明治维新时代，物质主义、主知主义、人类中心主义等思潮在日本社会上漫延，导致了人们失却了应有的诚意和信念，自私、贪婪、傲慢、得意之心遂起。幸田露伴认为，无论是炼丹成仙，还是追求不老不死，都是信则诚、信则有、信则灵。"奉道成仙，犹如奉儒成儒、奉佛成佛，一切取决于内心的诚意。"心诚则通，通则可至于福。幸田露伴通过《论仙》来表达对社会生活和生命存在的关注，在文化比较中为当时日本人寻找一种生活理想，故"《论仙》中贯穿的，又不光是道家的思想，那对'诚'的确信，分明有阳明理学的底子，而神通游戏的人生观，有来自禅宗的因素。"② 幸田露伴在

---

① 王晓平：《梅红樱粉：日本作家与中国文化》，宁夏人民出版社2002年版，第39页。

② 王晓平：《梅红樱粉：日本作家与中国文化》，宁夏人民出版社2002年版，第41页。

55 岁之后热衷于谈仙说道，《扶鸾之术》介绍道教的与神沟通的扶鸾术，1926 年发表的《活死人王害风》，以金代全真教祖王重阳为中心，讲述其弟子马丹阳、谭长真、邱长春、王玉阳等受教入道的经过，其中夹杂着道教诗词，代表着当时日本学者对道教神仙的看法。

三、民间神道中的道教因素

江户时期，神道教依据于农村中的小神社，发展出以祭祀氏神、屋神、产灵神和镇守神等为中心的"民间神道"。那些遍布于全国的为数众多的中小神社，一般不设立神职，只是由巡回神职或俗人来进行管理。这种"民间神道"虽然没有统一的教义和祭祀仪式，但所崇拜的神灵具有地缘性、家族性和现世利益性，祭祀活动中保留了大量的民风习俗，这不仅使神道教进入了家庭，在民间社会中具有了广泛的群众基础，而且也为明治时代国家神道建立"氏子制度"奠定了社会基础。明治维新之后，道教已无法在日本社会中独立存在，但它的一些因素在历来重视神道祭祀的"民间神道"中仍然有着影响：

第一，道教的一些神灵成为民间神道信仰的重要组成部分。道教是多神教，其信仰的神灵种类繁多，有三清、四御等尊神，还有雷神、土地神、门神、灶神、钟馗、关帝、文昌、妈祖等职能神，有的传入日本后在民间社会产生一定的影响。例如，妈祖信仰是从中国福建沿九州岛北上传播到日本本州岛各地的。妈祖姓林名默，是福建莆田的渔家姑娘，有关她的生平说法不一，一曰唐天宝年间生人，一说生于宋建隆年间，据说，她因在海上搭救遇险船只不幸落水身亡，后人以"人行善事，死后为神"，便在湄洲建起祠庙，将其奉为海神，虔诚敬奉。江户中期天野信景（1663—1733）的随笔集《盐尻》卷十二记载：明永乐七年（1409）正月，敕封海神林氏为天妃，建祠京师之仪凤门祀之。"天妃俗云菩萨，异船皆祠之。……明季吾氏入异邦，盗财物。破天妃之祠，夺其神像而归。后置萨州野间山，今有祠。每年入于长崎之清人，献币银于野间之祠。"妈祖信仰传到日本野间山的时间大约是中国明朝，当地人称为"娘妈"。据称"娘妈"两字的汉音与"野间"两字的日语发言相似，为谐音，因此野间山又称娘妈山。据明代采常德《倭变事略》载：嘉靖三十二年（1553）倭寇据守乍浦天妃宫，撤离时将妈祖神像带回日本。据有关报道，在日本的萨摩半岛、鹿儿岛的片浦港、长崎、平户、岐阜市、茨城县的矶原、珂奏，甚至在本州岛最北部的青森县都建有妈祖庙。① 经过漫长历史时期的发展变化，至20世纪80年代日本共有妈祖庙一百余座。② 日本人还将妈祖信仰融合到神道教信仰中，例如，位于野间山的野间权现社有东、西两宫。据日本学者下野敏见实地考察："东宫祀二尊——琼琼杵尊、鹿苇津姬，西宫祀三尊——娘妈神女、左右千里眼、顺风耳；均为木像。娘妈神女像的头戴天冠，两手纳于袖置于胸前，千里眼把右手举起与眼齐，两侍神的左手同样置于腰部。"③

从历史上看，道教神灵陆续传入日本，尤其是受到在日本生活的华人与华侨的尊奉。在长崎，17—18世纪就陆续在兴福寺、崇福寺、福济寺、圣福寺等佛教寺庙中建造供奉关帝的殿堂，或由华侨推选的董事会管理，或由日本和尚管理。1759年，中国船员于久米岛建造的妈祖庙至今仍在。还例如，神户有建于明治二十一年（1888）的关帝庙，战前属日本黄檗宗，庙内供有关帝，战后归日本天台宗，仍维持传统，门上有"精忠扶汉业，德泽荫侨民"的对联④，特别表达了华人华侨的追根意识。据洼德忠先生的调查，在江户到明治时代，日本还曾大量发行过《大杂书》，该书很像是参考了中国道教历占书《玉匣记》而成的，其中记载了一些道教神灵的诞辰日："《玉匣记》中对占卜、梦判断、驱魔法、神符、日子的吉凶及其他都有详细记载。而且同历书一样，其中也记载有神佛、神仙们的生日。相传《玉匣记》是净明忠孝道的教祖许逊创作的，不过从其内容看，似乎是从14世纪末或15世纪初开始广为流传的。"⑤ 近代以来，道教神灵在日本的影响与华人的迁移定居有密切的关系，这是否反映出道教依然带有浓厚中国民族宗教的色彩，而未能像佛教那样因地制宜地走向地方化、本土化的道路？

第二，道教养生思想与实践深受普通百姓的喜爱。江户时期，日本的朱

① 参见童家洲：《日本华侨的妈祖信仰及其与新、马的比较研究》，载林文豪主编：《海内外学人论妈祖》，中国社会科学出版社1992年版，第318页。

② 刘国柱：《湄洲祖庙连四海》，《瞭望》1987年第46期。

③ ［日］下野敏见：《"三国名胜图会"摘译》，转引自肖一平、林云森、杨德金编：《妈祖研究资料汇编》，福建人民出版社1987年版，第151页。

④ 参见李养正主编：《当代道教》，东方出版社2000年版，第346页。

⑤ ［日］洼德忠：《道教诸神》，四川人民出版社1996年版，第75页。

子学家贝原益轩（1630—1714）特别推崇孙思邈的《千金方》，在 83 岁时，将自己一生的养生经验撰写成《养生训》八卷，分别从饮食、五官、二便、慎病、择医、用药、养老、育幼、针灸等方面对养生的理论与实践作了具体的论述。贝原益轩认为，养生之道在于"静其心身，劳其体身"，故"颐生之道莫先养心，而养心莫若寡欲……至若导引之术，调气之法，则多是出于方外术士之所说，固似非君子之所可取。然至其所以流荡气血，畅和肢体之术，无害理而有益于人者，则诚有可取焉而不能舍者"①。他特别指出道教的调息法、导引术和房中术可有益于人的身心健康。"养生之术，大要在于养心气，使气平心和，调息的方法就是呼吸平静，集中于丹田之下而不使之上。这是中国古代气守丹田的内观法。"这种"气守丹田的内观法"即是道教特有的通过调息来进行修炼的内丹功法。另外，贝原益轩还提出，养生者需要在平时的生活中，清心寡欲，起居有度，饮食清淡，适当锻炼，以自然疗法来助益养生，故提出"乐道者长寿"之说。日本人不仅重视道教的养生思想，而且还身体力行地进行实践。今天，东京还有个仙道连，创立人是田中教夫，他自称"五千言坊玄通子道士"，以追求长生不老的仙境为理想②，但已具有浓厚的日本民间文化色彩，并与日本固有的神道信仰在无形中融合了。

　　第三，道教咒禁术对日本民间习俗的影响。窪德忠在《中国道教对日本民间信仰的影响》中，认为"道教是以中国古代万物有灵论为基础。以神仙思想为中心，吸收众多的信仰和思想，采用宗教形式的自然宗教，并且是具有浓厚的咒术宗教色彩的中国固有的宗教"③。他通过讲述"指甲和头发"、"溺死者的面向"、"道教经典的传入"、"中元节"、"珍惜字纸的风习"、"厕所用纸"、"叩齿避魔"、"鬼神和门神"、"登高和菊花酒"、"石敢当和影壁"、"钟馗"和"鲁班尺"等日本民间风俗，来说明中国道教咒禁术在过去和现在对日本民间习俗的影响。另外，在日本传播的《玉匣记》的内容类似于日本的神宫历，但其中也有道教因素："如有求医治疗吉日、

　　① 赵一凡：《日本心身锻炼法纵览》，中医古籍出版社 2003 年版，第 7 页。
　　② 李养正主编：《当代道教》，东方出版社 2000 年版，第 346 页。
　　③ 杨曾文、[日] 源了圆主编：《中日文化交流史大系·宗教卷》，浙江人民出版社 1995 年版，第 57—86 页。

服药吉日等，还有张天师祛病符法，据说画好这种符，或吞服，或张贴，或佩带于身，就能治病。"①

　　第四，中国道教的"三尸说"传到日本后，与日本民间风俗相结合，形成了富有民族特色的"守庚申"②风俗。"守庚申"原为道教方术。据《老子三尸经》中说，人身中有三尸虫。上尸称彭倨，在人头中；中尸名彭质，在人腹中；下尸名彭矫，在人足中。"三尸"为万病之源，并在人体内监视人的一言一行，专记人之罪过。道教称，每逢庚申日，三尸虫待人熟睡后，就会从身中飞升上天，去向天帝告人的罪过，折人寿数。因此《抱朴子·微旨》中引古书说："三尸之为物，虽无形而实魂灵鬼神之属也。"于是，学道者在庚申日或修炼气功，通宵静坐不眠，或服药以杀三虫，是为守忌，以阻止"三尸"离开人身，称为"守庚申"。庚申信仰何时传入日本，历来众说纷纭。奈良朝时，"守庚申"仪式开始出现于奈良朝的宫廷活动中。据《续日本纪》卷九记载：养老八年（724）十一月四日庚申，元正天皇"召诸司长官并秀才及勤公人等，赐宴于宫中，赐丝各十约"。庚申夜，天皇在宫中赐宴于群臣。众人用饮酒下棋、吟诗唱歌等娱乐活动来消磨时间，还有丝竹管弦伴奏，饮酒助兴，到黎明前，天皇下赐赏品后，大家才散场。③这种兴奋娱乐、彻夜不眠的"守庚申"渐成一种习俗，与朝鲜半岛的风俗十分相似。从平安时代起，守庚申的信仰在日本京都很流行，但不再像中国道教那样具有浓厚的宗教意味，而是变成了以天皇为中心进行的一种宫廷娱乐活动。先是天皇宫中举行守庚申的活动，然后流传到民间。镰仓朝末期，花园天皇的日记《花园天皇宸记》中记载：元享二年（1322）二月二十二日有"避三尸"的记事，这说明守庚申活动在当时以天皇为中心的宫廷贵族中依然展开着，其庚申信仰的崇拜对象一般称为庚申神。

　　室町中期以后，庚申信仰也逐渐与佛教、神道教的神灵相结合，这表现

---

　　①　［日］吉元昭治：《道教和中国医学》，载［日］福井康顺等监修：《道教》第二册，上海古籍出版社1992年版，第242页。

　　②　中国古代以天干、地支记日期。干支相配，凡六十日一轮回，其中有六个庚日：庚午、庚辰、庚寅、庚子、庚戌、庚申，……庚申日即六庚日之一。

　　③　参见［日］洼德忠：《庚申信仰的研究》，日本学术振兴会1961年版，第781页。

在佛教寺院内修建庚申堂，庚申的崇拜对象也变成了青面金刚①，即在庚申之夜为祭祀青面金刚而彻夜不眠，称之为"守庚待"，与之相应还出现了富有日本文化特色的《青面金刚之法》②。南北朝时期又出现庚申塔，在佛教徒中还开展"庚申讲"的活动。庚申塔和庚申讲后来在民间广为流行，成为庚申信仰的象征，有的佛寺与神社中还挂有青面金刚和猿田彦的像，作为祭祀的对象。江户时代以后，守庚申依然在日本民间社会广泛传播，庚申神也取得了新的身份，作为神道教中歧路之神猿田毗古神的化身。人们认为，猿是庚申的使者，因此，庚申塔上经常塑上三只猿，一只捂眼、一只捂鼻、一只捂耳，分别表示非礼勿视、非礼勿言和非礼勿听。1617 年创建的德川家康的灵庙——东照宫中塑有五千多座精美的雕像，其中的一组三猿像就惟妙惟肖地表达了"守庚申"的宗教意蕴。守庚申本以道教的三尸信仰为基础，后来演变为一种融合儒、佛、道、神的庚申信仰，在日本人的日常生活中具有重要的影响。庚申神也从原来的崇拜长生神、司命神逐渐演变为与百姓的日常生活密切相关的功能神，如农业丰收之神、土地神、建筑之神、商业保护神、福神、吉神、诸技艺之神、孩子的保护神、马的保护神等，几乎成为万能之神。人们生活中遇到问题时会去向庚申神求助。

中国道教的守庚申在奈良朝之后日本社会中逐渐发展为一种为老百姓广泛接受的宗教习俗，一直持续到明治时期。窪德忠早在 1956 年出版《庚申信仰》一书，从中日文化比较的视域，对在日本列岛上的庚申信仰、妈祖信仰和灶神进行了研究，他改变了一些日本民俗学家不讨论庚申信仰于何时、以何种方式传入日本，不研究中日庚申信仰之异同，就简单地下结论的做法，通过广泛调查庚申信仰在日本的现状，结合文献、传说和遗物，来分辨庚申信仰中的新旧元素，由此来追溯日本庚申信仰的历史演变，以说明日本庚申信仰中哪些是中国传来的，哪些是日本固有的。③ 窪德忠在其后的《道教史》中特别指出，守庚申看起来好像是日本固有的信仰，但其根源则

---

①　参见［日］吉冈义丰：《青面金刚与庚申信仰——道教文化の日本偾来の一形式》，载［日］野口铁郎编：《道教と日本》第二卷，雄山阁 1997 年版，第 231—265 页。

②　参见［日］野口铁郎编：《道教と日本》第二卷，雄山阁 1997 年版，第 266—285 页。

③　参见［日］窪德忠：《庚申信仰の研究方法》，载《庚申信仰の研究——日中宗教文化交涉史》，第一书房 1996 年版，"序章"。

在道教的三尸说及其信仰。"现在的庚申信仰是佛教、神道、修验道、咒术式医学以及日本民间的形形色色的众多信仰同道教的三尸说组成的混合物，因此表面上看起来完全是日本特有的，但倘若三尸说及其信仰未传入日本，那么想必是不会形成日本的守庚申、庚申待和庚申信仰的，所以庚申信仰的本质应从三尸说中去寻求。可以说，庚申信仰是三尸说及其信仰被日本人吸收、调和、折中并加以消化的极好例子。"① 虽然洼德忠提出日本的庚申信仰的根源就在中国道教的三尸说，但后来他又通过长期的田野调查发现，很多被认为是"来自道教"的日本的习俗和信仰不一定就是来自"道教"，倒不如说是来自于"中国式"的东西。②

道教的庚申信仰在日本的传播，揭示了道教信仰在东亚移植、变迁以及本土化的复杂性。由此可见，日本对外来宗教文化的移植大多是从上层社会开始的，主要是利用其为自己的政治统治服务，逐渐向社会各阶层渗透。道教信仰在移植与变迁过程中逐渐与当地文化相结合，庚申信仰与猿田彦信仰的结合就是道教与神道教相结合的一个例子，其中虽然还夹杂着儒学与佛教的东西，但逐渐演化为当地的一种宗教习俗，它通过为善去恶的道德教化和丰富多彩的宗教活动，在客观上起到了稳定社会秩序和繁荣百姓文化生活的作用。

20 世纪，中国大陆的道教处于衰退中，在东亚地区的影响渐趋式。1926 年，大正天皇（1912—1926 在位）去世，皇太子裕仁（1926—1989 在位）登基，改年号为"昭和"。1928 年，伊势神宫举行了迁宫仪式，神道教得到了举国上下的重视。昭和时代，为了加强神道教对日本民众的教化，"国家神道"十分重视神社对基层民众的引导作用，鼓舞日本国民效忠天皇和发扬武士道精神，为日本军国主义提供精神支持。当神社被定为国家宗祠，在日本当时的各种宗教中，神道教处于归政府直接管辖的特殊地位而优越于其他各种宗教，道教的一些因素已完全融化在神道教中。

随着 20 世纪初世界范围内资本主义的发展、社会主义的出现，各种多元化的思潮也涌入日本。在宗教信仰自由的影响下，一些人对神社是否属于

---

① ［日］洼德忠：《道教史》，上海译文出版社 1987 年版，第 304 页。
② 参见［日］洼德忠：《中国文化と南岛》，第一书房 1981 年版，"序"。

宗教提出了质疑，使神道教与其他宗教的冲突成为社会关注的中心。为了保持"国家神道"的稳定地位，就必须建立神社法和宗教法。1923 年，政府设立神社调查会。不久，关东发生大地震，调查会的活动中止。1926 年，政府又设立宗教制度调查会，希望在文部大臣的指导下，以法律的形式明确国家神道与各种宗教的区别。"设立两个调查会，结果致使以神社非宗教为前提而炮制的国家神道本身的矛盾重新暴露出来。神社制度调查会虽然重视确认了神社并非宗教；但这种确认，同时也是作茧自缚，对于神社信仰的无限强制以及大多数神社实际进行的宗教活动，却给宗教界及其他各界以批判的口实。"后来，佛教真宗各派就发表申明："参拜正神，不参拜邪神，从国民道德的意义上崇敬神社，在宗教的意义则不能崇敬"。日本基督教联盟也发表了五条"关于神社问题的进言"①，希望政府能够对神社性质进行调查。如果神社不是宗教，就应当停止宗教活动，不要强制国民参拜神社。这种有关神社是否是宗教的争论，后因日本的侵华战争，尤其是 1931 年的"九·一八事变"而中止。天皇政府为控制日本国内思想舆论，进一步加强对国家神道的支持，"国家神道终于发展成为法西斯主义的国教"②。

昭和十五年（1940），日本政府设立神祇院，再次确认了国家神道的国教地位。为了适应建立"东亚共荣圈"的军国主义的政治需要，提出了"圣战"和"八纮一宇"③的教义，宣扬"神国日本"在世界上具有绝对地位，以引导民众的神圣使命感，并将用天皇名义发动的战争美化为"圣战"，为日本用武力去征服、统治世界提供理论依据。国家神道在日本军国主义的支持下，达到了高峰，遍布日本的大小神社有八万多个。这种国家神道对天皇制和武士道的错用，促使日本在第二次世界大战中扮演了侵略者的角色。

1945 年，第二次世界大战以日本国的战败投降告终。虽然国家神道的一些重要神社，如明治神宫、热田神宫、凑川神社等，因遭遇盟军的空袭被

---

① ［日］村上重良：《国家神道》，商务印书馆 1990 年版，第 161 页。

② ［日］村上重良：《国家神道》，商务印书馆 1990 年版，第 162 页。

③ "八纮一宇"为神道教的专用语，指四方和四隅，来自《日本书纪》卷第三《神武纪》："兼六合以开都，掩八纮而为宇。"（［日］黑板胜美、国史大系编修会编修：《新订增补国史大系》1，吉川弘文馆 1981 年版，第 130 页。）意为将全世界合并为一个由天皇统治的国家。

焚毁，但据统计，当时日本还有神社 10.6 万座，其中官社 218 座①。战后，盟军最高司令部发出"神道指令"，明确要求政教分离，神道教仅作为民间的一种宗教继续存在。1946 年元旦，裕仁天皇发布新年诏书《人间宣言》，宣布自己是人而不是现世神，否认天皇具有神性，强调天皇与国民"以互相信赖与敬爱联系"，以天皇的名义废除了国家神道。2 月 2 日，政府发出废除"神祇院官制"及一切有关神社的官方法令，停止对神社的监督、保护及经济援助，制度上彻底瓦解了国家神道。第二天，神社人员将刚被解散的皇典讲习所、大日本神祇、神宫奉斋会等神道团体合并为"神社本厅"。"神社本厅"设在东京涩谷若木町的全国神职会馆，它以伊势神宫为中心将全国神社集结起来。1947 年 5 月 3 日，日本政府颁布了《日本国宪法》，正式宣布废除国家神道，实行政教分离、宗教与教育分离、确立宗教信仰自由是每个公民的基本权利。国家保护国民的宗教信仰自由，但国家权力中没有宗教性格，撤销政府对神道教在政治与经济上的支持，废除原来是国家神道最高领导机构的神祇院，新成立的"神社本厅"仅为文部省管辖的宗教法人。

随着国家神道的衰退，参拜神道的人数激剧减少，在盟军的支持下，基督教和一些新兴宗教逐渐兴起。此时的"神社本厅"全力收取神社管辖境内的那些属于国有的土地，以确保神道教的经济基础。1950 年朝鲜战争爆发，日本政府乘机重整军备。"神社本厅"也利用举行伊势神宫式年迁宫的机会，不仅提出复兴国家神道的要求，而且还建立起带有政治色彩的组织"神道政治联盟"。这是一个以神道教为中心的政治联盟，反映了神道教还期望着像"国家神道"那样参与政治。

另外，在国家神道迅速发展的同时，在江户后期及明治维新之后，由传统神社神道中蜕变而相继形成了一些以神道信仰为主的教团组织，称为"教派神道"。教派神道的特点是：虽然还是奉行神道信仰，但它一般不以某个神社为其固定的活动中心，而是教祖自立教名、自创教义，自建比较严格的组织制度，故又称为"教祖神道"。教派神道的教义与国家神道相近，其活动也受到国家神道的保护与支持，处于从属地位，但由于它将祭祀与宗教分离，又表现出与国家神道迥然不同的特点。教派神道主要在民间传播发

---

① 张大柘：《当代神道教》，东方出版社 1999 年版，第 73 页。

展，受到了民间百姓的热烈信仰，因此其基调是民众化。在第二次世界大战之前，教派神道中比较著名的有十三个教派：神道大教、黑住教、神道修成派、出云大社教、扶桑教、神习教、御岳教、神理教、金光教、禊教、神道大成教、实行教、天理教。另外还有将"大本教"加入称为"神道十四派"的。教派神道是明治政府承认的国家神道之外的神道教团。各教派自有特色，相互之间又显现出错综复杂的关系。如果仔细区分，"教派神道大致可分为三类：（一）以农村为基础，由教祖倡导创立的融合神道系宗教，如黑住教、天理教、金光教等。（二）继承、重组江户时代的山岳信仰的宗教，如实行教、扶桑教、御岳教等。（三）明治初年站在'唯神之道'立场上组织起来的宗教，如神习教、神道修成派、大成教等。"① 第一类是教派神道的主流。第三类又往往会把第一、二类的势力纳入自己的范围内。这为在第二次世界大战之后建立神道联合会奠定了基础；另一方面，也促进了教派神道中进一步分化，产生出一些新兴教团，如从大本教中就分化出生长之家、世界救世教、惟神会、三五教、神道天行居等。这成为 20 世纪后日本现代新宗教兴盛的主要来源。

　　森岛通夫在他的那本《日本为什么"成功"》的名著中指出，与儒教相比，道教虽然在日本列岛上没有能够形成为一个独立的宗教，而是由神道教代替了它，但实际上，道教在日本是以神道教的形式表现出来的。"我们可以把神道教看作是道教的一种经过伪装了的翻版，也可以把它看成是道教和原始神道教的结合。"② 但值得研究的是如何替代？道教与神道教最明显的差别在于，道教是一种以修道成仙为信仰中心的具有巫术和非理性神秘色彩的宗教，它提倡远离政治和社会现实，过一种离群索居的隐士生活，神道教并非完全土生土长，"道"亦有"盗"。诉诸历史，可见神道教受到道教的影响似乎不无理由。随着神道教由官方宗教变成民间宗教团体，虽然以天皇为崇拜中心的国家神道瓦解了，但作为日本固有的民族宗教——神道教依然存在。今天，"神社本厅"在总部设在东京，它以伊势神宫为中心，把全国约八万多个神社组织起来。第二次世界大战后至今，日本神社界不断鼓吹神

---

　　① 　陈麟书、朱森溥：《世界七大宗教》，重庆出版社 1986 年版，第 314 页。

　　② 　［日］森岛通夫：《日本为什么"成功"——西方的技术和日本的民族精神》，四川人民出版社 1986 年版，第 54 页。

社非宗教，掀起复兴国家神道的运动，例如，利用祭祀战犯的靖国神社来进行崇拜天皇、推行军国主义的活动，成为东亚地区不安定的因素之一。

同时，日本社会在欧美资本主义文化的影响下，在政治、经济、军事、宗教、文化教育等方面进行了一系列改革，促使整个日本社会各个方面都发生了巨大而深刻的变化，在 20 世纪 60 年代之后快速走上现代化的发展道路，一跃成为世界上第二经济大国。今天，日本虽然已跨入了现代化国家的行列，但已有两千年古老历史的神道教经历了由原始神道→神社神道→国家神道→神社神道与独立神社并存的历史发展阶段，不断吸收与借鉴儒、佛、道、基督教等外来宗教的因素，仍是日本人民最崇信的宗教，"神道的理论和礼仪积淀于日本民族思想文化的深层，成为日本民族思想文化的核心，对日本历史上的政治、经济、文化具有重要的影响。在日本近代化的过程中乃至近代化完成后的今天，在国民生活的各个方面仍然具有重要的影响"[①]。据日本文化厅统计，在日本 12600 余万人口中，大约有 12200 余万人信仰神道教，因此，无论是神社的数量，还是信徒的人数，神道教都居于日本宗教界之首，但随着现代化城市的发展，神道教的教义和神社祭祀也出现了一些新变化。"以适应日趋多元的现代社会生活作为出发点和落脚点；注重内心的精神关照，加强神社与信众间的精神联系，构成了当代神社神道界的两大主要走向。"[②]

从历史上看，道教作为中国的传统宗教，虽然在日本宗教与文化中产生了一定的影响，但并没有像佛教那样得到长足的发展，也没有像儒学那样渗透到意识形态和社会生活的各个方面，甚至成为日本思想意识形态的主流文化，而是始终以隐性的方式传播，不仅处于日本社会的边缘状态，而且还经常因使用"小道巫术"而受到批评，特别是百姓将道教之术与日本民间风俗信仰相结合，在乡镇中进行"妄崇淫祀"时，就更受到了朝廷的排斥。江户时期，以复兴日本国粹为主旨的复古神道从弘扬日本国粹的角度来排斥道教，而明治维新运动之后，随着西方文化大量传入日本，国家神道的扩张，道教因素更是隐于某些神道教派中而不显了。据此，一些日本学者通过

---

① 王守华：《神道思想研究的现代意义》，《日本学刊》1997 年第 3 期。
② 张大柘：《当代神道教》，东方出版社 1999 年版，第 148 页。

研究逐渐认识到，那些传入日本的道教因素，若不经详细考察就称之为"道教"是有问题的。日本文化对各种分散的道教因素的吸收也不能统称为道教在日本的传播。若只提到古代日本对道教的吸收，却没有论及古代日本文化自有的独特性，这很容易陷入那种"日本文化全部是中国文化的移入，就会使所谓日本文化乃中国文化之亚种的谬论畅通无阻"①，这恰恰是一些坚持日本文化自主性与独立性的学者们所不愿意看到的。然而若换一个角度看，"道教虽然没有在日本'成宗立派'，但它却是本土文化和外来思想的'黏合剂'，在日本的精神世界中每当思想文化组合关系发生转型时，道教就充当一种重要的思想工具"②。此说比较公允地评价了道教在日本的传播及对推进日本文化发展所起到的特殊作用。

随着华人华侨到日本定居，出于对自己民族文化的热爱与护持，他们也把中国宗教，包括道教带到了日本。这主要表现为，华侨们在一些重要的城市，如东京、神户、长崎、横滨等华人聚集地建造道观。例如，1736年，长崎华侨就于唐人坊，又称"唐馆"或"唐人屋敷"内建造了一间小规模的天后堂，正中主祀妈祖，旁祀关帝和观音。在横滨的中华街上，建有中国文化风格的关帝庙。1990年8月14日重建开光后，每到中国春节、元旦等传统节日时，都有成千上万的华人来烧香拜神，以求祈福消灾，也吸引了一些日本人来此进行拜神活动。在今天的日本，关帝庙是道教宫观中最多的一类，"在日本的函馆、横滨、大阪、神户以及长崎等地差不多都有关帝庙。华侨生活中离不开对于关帝的信仰，因为关帝自明清以来由于历代帝王的提倡，他已成为忠和义的象征。忠是忠于祖国和民族，义是相互关心、帮助和支持。在华侨中，关帝成了华侨心理的归宿，发挥着相当的凝聚力作用"③。即使在一些佛寺中，也建造着供奉道教神灵关帝的殿堂。在冲绳县，祭祀神明是琉球人生活中不可或缺的一部分，除盛行关帝信仰外，还保存着供奉灶神、文昌、土地神、城隍神、妈祖（天妃）的神庙。琉球人还建造了天尊庙，庙里供奉着卫国保民的"关帝王"和治水之神"龙王"。窪德忠在《中

---

① ［日］中村璋八：《日本的道教》，载［日］福井康顺等监修：《道教》第三册，上海古籍出版社1992年版，第37页。

② 范景武：《神道思想与文化研究》，内蒙古人民出版社2002年版，第564页。

③ 陈耀庭：《道教在海外》，福建人民出版社2000年版，第49页。

国文化对琉球文化的影响》中专门研究了有关文昌的劝善书在琉球的传播情况以及文昌信仰在琉球的各种表现。① 冲绳岛上的妈祖庙建有久米村上天妃宫、那霸的下天妃宫和久米岛天后宫等，以纪念这位护海运有奇效的妈祖女神。② 道教神灵信仰对日本的影响由此可见一斑。③ 另外，移民日本的华人华侨通过信仰道教的神灵来表达对自己祖国文化的认同与尊奉，也以一种特有的方式促进了道教在日本的传播。但是，"日本的这些华侨道观，从来没有道士，据说也从未举行过道教仪式。这些庙观或者由侨民公推的董事会管理，或者由日本和尚管理"④。这大概也是有些人认为，日本无道观及道教活动的重要原因吧。

今天，是否还有日本人信奉道教？据我所接触到的日本学者，大多数是摇头，回答或是说没有，或是说不太清楚，或是说即使是有，也为数极为稀少。其实，今天也有一些爱好道教的日本人参与了传播道教的活动。例如，本州岛福岛县有一座日本道观，其名可音译为"池拔利"，创始人是早岛正雄。他自称曾在台湾学道，是龙门派第十三代传人，著有《不老回春术》⑤。1991 年 10 月 2 日到 10 日，他率领由 124 名日本道教信徒组成的朝圣团来到中国全真道龙门派祖庭的北京白云观和兰州白云观朝圣。据说，到 1992 年 6 月，已有 310 位日本道教信徒来中国拜祖朝圣。⑥ 另外，在东京西部大岳山上还有日本人建立的多摩道院，有位自称是仙人的笹目秀在主持事务，他通过扶乩占卜来传播道教，招收了一些弟子。这些自称是道士的日本人开办的道观，仅传播道教的一些修道术，并没有建立独立的教团组织。

总之，道教在日本的传播曲折复杂，被接受的东西往往是模糊而难以确定的，被拒绝的东西却是比较明确的，因此，道教没有像在朝鲜半岛那样发

---

① 参见［日］窪德忠：《中国文化对琉球文化的影响》，载《第一届中琉历史关系国际学术会议论文集》，台湾中琉文化经济协会 1988 年版。又见［日］野口铁郎编集：《道教と日本》第一卷《道教の传播と古代国家》，雄山阁 1996 年版，第 45 页。

② ［日］野口铁郎：《那霸久米村の天妃庙》，载［日］野口铁郎编集：《道教と日本》第三卷《中世・近世文化と道教》，雄山阁 1996 年版，第 155—169 页。

③ ［日］河野训：《日本の神社仏阁に见られる——道教の要素》，载神道国际学会编：《道教与日本文化》，たちばな2005 年版，第 74 页。

④ 陈耀庭：《道教在海外》，福建人民出版社 2000 年版，第 50 页。

⑤ ［日］早岛正雄：《不老回春术》，福建人民出版社 1989 年版。

⑥ 李养正主编：《当代道教》，东方出版社 2000 年版，第 347 页。

展成有着自己的道观和教派的独立宗教，但它却隐含在日本文化之中，进而成为东亚道教的一部分。有意思的是，20 世纪，道教在日本宗教界的影响几乎归零之时，却成为日本中国学热衷研究的对象。中国道教是否传播到日本？在日本社会中产生了哪些影响？是否影响到日本神道教？是否影响到日本天皇制的建立？是否出现过"日本的道教"？这些问题引发了许多日本学者的研究兴趣，他们希望通过道教研究，一方面来说明"日本的道教"的基本特征及其对日本社会与文化的影响，另一方面，也希望以道教为研究对象，来加深对中国传统文化及中华民族性格的了解，由此出现的一系列有关道教的著作，产生了很大的学术影响。

第　五　章

道教在越南的传播

在道教尚未创立的秦汉时期，越南就是中国的领土。越南位于中南半岛东部，北与中国接壤，西与老挝、柬埔寨交界，东面和南面临南海，领土面积不大，但却拥有众多的民族。居住在中南半岛的越南人百分之九十属于越族，又称京族，秦汉时还处于氏族社会时期，各个部落大小不一，居住分散，史称"百越"、"百粤"。越南学者陈重金（1883—1953）曾将越南历史分为四个阶段：上古时代（前2879—前111）、北属时代（前111—931）、自主时代（939—1802）其中又分为"统一时代（939—1527）和"南北纷争时代（1528—1802）"、近今时代（1802—1945）即指越南最后一个封建王朝阮朝。① 其中，北属时代又称郡县时期，指从秦到唐末五代，越南中北部在地理与行政上都属于中原政权管辖的"交趾"。越南人自古以来就与中华民族血缘相连，在文化上更是受中华文化的哺育和熏陶，但他们也有自己的文化传统，据《安南志原》卷二记载："交趾旧俗，信尚鬼神，淫词最多。人有灾患，跳巫走砚，无所不至。信其所说，并皆允从。"越南人好信鬼事魔，崇尚祭祀，又不只崇信一种宗教，这种多神崇拜的文化传统为中国儒佛道三教相继传入创造了条件。道教在越南虽然经常是与佛教相依相伴，但在信仰上却以祖先崇拜、三清崇拜、玉帝崇拜、城隍崇拜、女神崇拜为特色，信奉三清、玉皇、灶君、财神、祖师爷等，在历史发展中又与越南民间

---

① ［越］陈重金：《越南通史》，商务印书馆1992年版，"目录"第1—3页。

信仰相融合，衍化出"四不死"① 崇拜和母神崇拜、山神、河神、生殖崇拜等，以多元信仰适应着越南人的精神需要，在不同的历史时期，又表现出不同的文化特征。道教在越南的传播及其影响由来已久，但由于史料文献中有关道教在越南的资料非常稀少，故至今对越南道教的研究仍寥若晨星，然而这却是东亚道教研究中的一个重要课题。如果说，道教以跨文化、跨民族、跨宗教的方式在东亚文化圈传播，那么，值得研究的是，道教在何时，通过什么途径和方式传播到越南？它在跨文化传播中又如何被越南人看待、解读和选择？形成了哪些具有越南化的新特点？道教信仰在维系越南社会结构和文化系统的动态平衡方面又起怎样的作用？

第一节　道教在交趾的传播

道教究竟是在何时传入越南，至今尚没有定论。笔者认为，从现有的资料看，早在秦汉时越南中北部的红河流域就成为中国的领地"交趾"。大约在东汉末年，道教就通过一些官吏、士人传入交趾，其长生信仰与神仙之术迎合了越南人对生命存在的深层需求而逐渐被接受。相传在公元前257年，秦灭蜀国后，蜀国的末代王子蜀泮（前257—前207在位）就率领着其族民辗转来到越南北部定居，自称安阳王，建立瓯雒国（前257—前207）②，定都封溪（今越南河内东英县），又称为安阳国，开始了对越南的统治。秦始皇统一六国之后，为威服蛮夷，于前214年，派屠睢为主将、赵佗为副将率领五十万秦军越过岭南，占领了越南北部和广西、广东、福建等地，消灭瓯雒国。当时的百越诸族尚处于刀耕火种的氏族部落阶段："凡交趾③所统，虽置郡县，而言语各异，重译乃通。人如禽兽，长幼无别。项髻徒跣，为髻于项上。以布贯头而着之。后颇徙中国罪人，使杂居其闲，乃稍知言语，渐

---

① "四不死"是越南民间宗教信仰的四个被神化了的人物：伞圆山神、柳杏公主、扶董天王和褚童子。
② 《交州外域记》记载："交趾昔未有郡县之时，土地有雒田。其田从潮水上下，民垦食其田，因名为雒民。"蜀泮合并西瓯、雒民，建国取名为瓯雒国。
③ "其俗男女同川而浴，故曰交趾。"（《后汉书》卷八十六《南蛮西南夷列传》，《二十五史》，上海古籍出版社、上海书店1986年版。）

见礼化。"① 在征服了当地的百越诸族后，秦朝向这一带大量移民，并设立了桂林、南海和象郡三个郡县进行管理，从此越南进入了长达千年之久的"北属时代"，因属于中原管理的郡县，又称"郡县时代"。

秦时的象郡包括越南的中北部，与中原文化关系密切，故此时又称为越南历史上的"北属时期"。公元前204年，秦末天下大乱，代行南海郡尉的秦国大将赵佗（前237—前137）拥兵自立，绝北上通道，诛杀秦朝所委任的官吏，于公元前207年建立南越国，自称南越王，定都番禺（今广州），并在越南中北部设立交趾、九真二郡进行统治，传国五世。赵佗在执政期间，既尊重南越国当地的民俗习惯，又倡导实行"和集百越"、"南北交欢"② 的政策，通过发展农业生产，倡导商业贸易，促进汉越通婚，尤其是通过推广汉语文字，"以诗礼化其民"③，使汉地中华文化逐渐融入南越国，成为推动南越国社会政治、经济和文化发展的一种助力。赵佗最后无疾而终，享年101岁，被称为开国之君——赵武王，是迄今为止统治越南的国王中最长寿的，而追求长生正是道教信仰的核心。

在道教传入之前，越南本有各种形态的原生性宗教，既有祭山、祭河、祭龙、祭蛇、祭虎、祭鸟、祭榕树、祭磨子等图腾实物崇拜活动，"在大多数安南人心目中，咸以为动物体内，宿有一种不可思议之魂灵，非崇拜不可。惟其如此，故祭祀尚焉。安南之三月四月，厥为祭祀之月，任往何处，皆可目睹盛大之祭典。小农家二三十户聚居之处，必有庙宇。安南农家无不狭小简陋，顾其庙宇，则宏大庄严，殊不相称"④。同时，越南也有三府道信仰，即从朦胧的灵魂观出发，相信在人生活的尘世之外还有天府、水府和阴府三个世界存在，这与道教奉行的多神崇拜和三界信仰也有相通之处。

元鼎五年（前112）汉武帝平定南越国，设立交州作为汉代十三州之一，作为汉朝最南部的疆域。第二年，置九郡，其中的交趾、九真、日南三郡就在今天的越南境内，因此中国史籍也称越南为"交趾郡"或"交州"。

---

① 《后汉书》卷八十六《南蛮西南夷列传》，《二十五史》，上海古籍出版社、上海书店1986年版。

② 《史记》一百一十三卷《南越列传》，《二十五史》，上海古籍出版社、上海书店1986年版。

③ ［越］黎崱：《安南志略》卷一，中华书局1995年版，第24页。

④ ［日］窪田文雄：《安南之祭典》，载《安南之少年生活》，《国立华北编译馆馆刊》1943年第2期，第15页。

东汉初"光武中兴，锡光为交趾，任延守九真，交趾、九真并今郡地。于是教其耕稼，制为冠履。初设媒娉，始知姻娶，建立学校，导之礼义。"①交趾作为中国的附属国，社会秩序稳定，自然环境优美，盛产丹砂等药材，吸引着一些爱好炼丹的道士前来。

东汉灵帝（156—189）死后，天下纷乱，大批中原士人来到相对宁静的交州避难，儒释道医各家汇聚于此，设坛讲学，争鸣辩论。当时，有位佛学家牟子也带着母亲避乱来到交州，参与儒佛道三教论辩，撰写的《理惑论》是现存最早的中国佛学著作，其中就提到一些道教初传越南的情况②：

> 牟子既修经传诸子。书无大小靡不好之。虽不乐兵法。然犹读焉。虽读神仙不死之书。抑而不信。以为虚诞。是时灵帝崩后，天下扰乱，独交州差安。北方异人，咸来在焉，多为神仙辟谷长生之术，时人多有学者。牟子常以《五经》难之，道家术士，莫敢对焉。③。

牟子（170—?），名融，字子博，苍梧郡广信（今广西梧州）人，自幼博览群书，博学多才，精通诸子百家，"锐志于佛道，兼修《老子》五千文"，既是佛学家，也因推崇老子的"绝圣弃智，修身保真"的学说而被称为"隐士"，故"世俗之徒多非之者"，说他"背五经而向异道"。于是，牟子做《理惑论》凡问答三十七条，论述儒道佛三教各自的特点，一方面用老庄词语、儒家思想诠释佛教，另一方面，则表明自己崇尚佛教，排斥仙道的态度。由此推测，道教可能是伴随着儒学、佛教从广西进入越南的。

当时，在交州的避难者中有一些擅长神仙辟谷长生之术的道家术士，他们传播"王乔、赤松八仙之篆，《神书》百七十卷（大概指《太平经》），长生之事"④，当地人积极地向他们学习，以求长生不死。牟子也曾跟着学，但不久就放弃了。有人"问曰：谷宁可绝不乎？牟子曰：吾未解大道之时，

---

① 《后汉书》卷八十六《南蛮西南夷列传》，《二十五史》，上海古籍出版社、上海书店1986年版。

② 有人认为，这是道教初传越南的最早记载，参见许永璋：《论道教在越南的传播和影响》，《史学月刊》2002年第7期。

③ 《弘明集》卷一，《大正藏》第52册，第1页。

④ 《弘明集》卷一，《大正藏》第52册，第6页。

亦尝学焉。辟谷之法数千百术，行之无效为之无征，故废之耳。观吾所从学师三人，或自称七百五百三百岁。然吾从其学，未三载间各自殒没。所以然者，盖由绝谷不食而啖百果，享肉则重盘，饮酒则倾樽，精乱神昏谷气不充，耳目迷惑淫邪不禁。吾问其故何？答曰：'老子云：损之又损之，以至于无为。'徒当日损耳，然吾观之，但日益而不损也，是以各不至知命而死矣。且尧舜周孔各不能百载，而末世愚惑，欲服食辟谷求无穷之寿，哀哉"[1]。牟子依据儒家和道家思想对道教的神仙辟谷长生之术提出诘难，那些道家术士却不敢于应对。牟子在回答"佛道于言人死当更生"的疑问时，更用佛教的魂神不灭论来批评道教的肉身不死说："魂神固不灭矣，但身自朽烂耳。身譬如五谷之根叶，魂神如五谷之种实。根叶生必当死，种实岂有终亡，得道身灭耳。"[2]越南佛教著作《禅苑集英》、《大南禅苑传灯录》中也有类似的记载，道教的长生信仰最早是依托于神仙方术、道教神书在越南传播的，但其理论的灵活性和实践的适应性却不如佛教更能吸引人。

到汉献帝（190—220）时，在汉朝派驻交趾的官员中已有一些好道者。据越南史书《大越史记全书》卷三《士纪》丁亥二十一年（207）记载，"汉帝遣张津为刺史，津好鬼神事，常着绛帕头巾，鼓琴烧香，读道书，云可以助化。"这位交趾刺史张津不仅"好鬼神事"，而且还爱穿道袍、读道书、鼓琴烧香，认为这样做有助于教化民众。三国时，群雄争霸，战争蜂起，一些在三国中位居高官者，如许靖、袁沛、张子云、许慈、刘巴、程秉、薛琮、袁忠、桓邵等，携带眷属和族人迁移交趾，其中有些人在盛产丹砂的交趾开始进行烧炼丹药的活动。[3]当时的交趾太守士燮（137—226）虽为儒生，但也爱好道教的神仙术。据《三国志》记载："燮体器宽厚，谦虚下士，中国士人往依避难者以百数。"在士燮的统治下，交趾成为相对安定的地区。士燮在当地有着很高的威望："出入鸣钟磬，备具威仪，笳箫鼓

---

[1] 《弘明集》卷一，《大正藏》第52册，第6页。
[2] 《弘明集》卷一，《大正藏》第52册，第3页。
[3] 东晋道士葛洪（284—363）听说扶南出产炼丹原料丹砂，当皇帝要封他为"咨议参军"时，"洪固辞不就，以年老，欲炼丹以祈遐寿，闻交趾出丹，求为勾漏令。帝以洪资高不许，洪曰：'非欲为荣，以有丹耳。'帝从之。"（《晋书》卷七十二《葛洪传》。）葛洪辞官的理由很特别，不以到京城的官为荣，而以炼丹成仙为旨，请求皇帝派他到靠近交趾的勾漏（今广西北流市）去当勾漏令，以便炼丹。可见当时交趾盛产丹砂之消息已传到江南地区。

吹，车骑满道，胡人夹毂焚烧香者常有数十……当时贵重，震服百蛮，尉他不足逾也。"① 其出入的排场就连"尉他"，即南越王国第一代王赵佗也比不上。《大越史记全书》也有与《三国志》相类似的记载，其中特别提及士燮服食仙药之事："王器体宽厚，谦虚下士，国人爱之，皆呼曰王。汉之名士避难往依者，以百数。② 士燮广招天下良才，许多汉朝名士为避难投奔而去，其中不乏身怀仙道绝技的道士，"初王（士燮）尝病死三日，仙人董奉与药一丸，以水含服，……四日复能说话，遂复常。奉，字昌异，侯官人，见列仙传"③。葛洪在《神仙传》中曾为董奉（136—226）列传，特别描述了董奉仙药之功效："燮尝病死，已三日，仙人董奉以一丸药与服，以水含之，捧其头摇之，食顷，即开目动手，颜色渐复，半日能起坐，四日复能语，遂复常。"由此推测，当时已有道士在越南以符水仙药为人治病，施行令人起死回生之术来进行传道活动。士燮九十而逝，用《三国志》作者陈寿的话来说："士燮作守南越，优游终世。"当时传入越南的道教是来自于中原的太平道？还是源于巴蜀地区有着"鬼道"之称的五斗米道？还有待于进一步研究。

东晋道士葛洪（284—363）听说扶南出产炼丹原料丹砂，当皇帝要封他为"咨议参军"时，"洪固辞不就，以年老，欲炼丹以祈遐寿，闻交趾出丹，求为勾漏令。帝以洪资高不许，洪曰：'非欲为荣，以有丹耳。'帝从之。"（《晋书》卷七十二《葛洪传》）葛洪辞官的理由很特别，不以当京城的官为荣，而以炼丹成仙为旨，请求皇帝派他到靠近交趾的勾漏（今广西北流市）去当勾漏令，以便炼丹。可见当时交趾盛产丹砂之消息已传到江南地区。据《越南地舆图说》记载："勾漏山，一名西方，在石室县勤俭社，昔葛洪为交趾令，常炼丹于此。"④

东晋末年，孙恩、卢循利用天师道发动起义则波及交州地区。史载，卢循曾率残部三千余人袭取合浦（今广西境），与九真（今越南清化）起义军

①　《三国志》卷四十九《士燮传》，《二十五史》，上海古籍出版社、上海书店1986年版。

②　［越］吴士连编：《大越史记全书》外纪卷三《士王纪》，越南社会科学出版社1998年版。

③　［越］吴士连编：《大越史记全书》外纪卷三《士王纪》，越南社会科学出版社1998年版。

④　盛庆绂撰：《越南地舆图说》卷八，载《小方壶斋舆地丛钞》第12册，杭州古籍书店1985年版，第97页。

李弈、交州的李脱所领导的俚、僚等少数民族五千余人一起联合进攻交州府城，据说这位"交州的李脱可能也是民间道教的一位首领，因其信仰与五斗米道相近，才结集当地蛮族应接卢循的。"① 轰轰烈烈进行了十多年的孙恩、卢循大起义最终被交州刺史杜慧度（327—410）打败，卢循投水自尽。这次起义活动以"长生人"相号召，在客观上扩大了江南天师道在越南的影响。其实，交州刺史杜慧度也是一位颇有道家情趣的人："慧度布衣蔬食，俭约质素，能弹琴，颇好《庄》、《老》。禁断淫祀，崇修学校。岁荒民饥，则以私禄赈给。为政纤密，有如治家，由是威惠沾洽，奸盗不起，乃至城门不夜闭，道不拾遗。"② 他以道家的清静无为思想来为政，禁断淫祀，以儒家思想为指导来兴学重教，但对那种打着道教旗号进行犯上作乱的活动却进行了镇压。

唐朝是中国道教发展的繁荣期。为了进一步从政治、经济和文化上控制越南，唐朝利用行政手段，在越南先设置交州都护府，后改为安南都护府，通过官方途径向越南大力输入儒佛道三教，尤其是在科举制中增加《老子策》，既引导士人研习老庄道家思想，也吸引了一些道士、巫师、风水先生陆续来到越南进行传教活动。唐德宗时，一度担任唐朝宰相的姜公辅据说是越南安定县定成乡人，他不但精通儒典，有经论之才，而且睿智有谋，忠贞耿直，因谏言被贬，向宰相陆贽求官不得，就请为道士："陆贽为相，公辅数求官，贽密谓曰：'窦丞相尝为公拟官屡矣，上辄不悦。'公辅惧，请为道士。"③ 反映了他将进以儒术治世，退以道术治身，作为人生选择。虽然姜公辅最后隐居福建泉州南安县九日山而仙逝，但越南人在姜公辅故乡建有"姜相祠"，将他奉为上等福神来祭祀。④ "姜相祠"至今尚存，属于越南国家文化遗产保护单位。随着道教在越南的传播，一些道观也在各地被陆续建立起来，河内市原有创建于唐代的玄天观。⑤ 据《交州八县记》记载，当时交州各地有道观21所：

① 王卡：《越南访道研究报告》，《中国道教》1998年第2期。
② 《宋书》卷九十二《良吏》，《二十五史》，上海古籍出版社、上海书店1986年版。
③ 《新唐书》卷一百五十二卷《姜公辅传》，《安南志略》卷十五中也有相类似的记载。（中华书局1995年版，第348页。）
④ 参见郑金顺：《姜公辅其人》，《泉州师范学院学报》1999年第1期。
⑤ 参见陈耀庭：《道教在海外》，福建人民出版社2000年版，第83页。

交趾名寺四，名观一；朱鸢名寺二十九，名观九；宋平县名寺五，名观四；交趾县名寺二十九，名观六；平道县名寺十二，无观，武平县名寺二，名观一，南定县名寺七，无观。其所载之号，多与今所收不合，其遗纵故址，亦无可考。计今现据有又可知者，难于附会。[①]

其中修建于公元650年至655年的白鹤（越池）通圣观，观中供奉的白鹤地区的福神三江神就是由道教神灵与越族的山神、河神信仰交融而成的。这所道观一直保存到14世纪，可见道教已被越南人选择并受容。

1986年5月，在越南北部青威县青梅社底江龙滩一处深3.5米的地方挖出了一枚铸造于中国唐代贞元十四年（798）三月三十日的铜钟，称为"青梅社钟"。该铜钟高0.6米，下口径0.39米，顶径0.28米，重36公斤。这枚迄今为止发现最早的越南铜钟，钟身和钟顶都有龙及莲花等饰纹，上面还刻有1542个汉字，不仅记载了该钟"用铜九十斤，流通供养"，以作佛教供奉之用等信息，而且还刻有243位"共造"社众及施主的名字，其中有文武官员、普通民众（主要是杜、郭、高、阮、黄姓人氏）、一位僧人法贤、一位"洞玄弟子"郑齐干及其妻女。"洞玄弟子"就指道士。从道士参与佛教法事活动，可见道教在越南呈现出与佛教合流的现象。

咸通七年（866），唐朝派静海军节度使高骈（？—887）镇守安南，他定都大罗城（今河内旧称），一方面整治安南至广州江道，沟通交广物资运输，发展安南的经济，另一方面，他又好神仙之术，重道士吕用之（？—887）等。"在高骈时期迷信符咒的道教，传播到我国各州"[②]。高骈曾日夕斋醮，拜神弄鬼，炼金烧丹，费用以万计，实践道教法术，如召唤雷电来辟开江中巨石以疏通航道，促进了符箓道教在越南的传播。后来，高骈也被越南人奉之为"福神"。

第二节　丁、前黎、李、陈朝时的道教

五代十国时期，中原大乱，各地的节度使拥兵自立。939年，出生于交

---

① 高熊征撰：《安南志原》卷三引《交州八县记》，远东博古学院1932年版，第122页。
② ［越］明峥：《越南史略》，三联书店1958年版，第44页。

趾地方豪族世家的汉人吴权（898—944）乘机摆脱了中国王朝的控制，宣布独立，建立吴朝（939—967），越南从此走上了独立发展的道路。在吴朝短暂的统治之后，相继出现了丁朝、前黎朝、李朝、陈朝，四朝的持续时间长达四百余年（968—1399）之久。当时越南虽已脱离中国的行政控制而获得政治独立，但历代统治者仍继续倡导并接受中国文化，将儒家思想奉为治国之道，佛教一度被奉为国教，有的僧侣领袖还被称为国师，道教在王朝更替中，也因受到历代帝王的支持而神威壮大。例如，在府县村社中出现了供奉着道教三清、关帝、龙王、文昌、吕祖等神灵的道观、神祠和帝庙。这些各式各样的道观中不仅供奉着道教的神灵，有时还同时供奉着佛教、儒教和民间宗教的神灵，在宗教信仰上表现出混杂性。

相传，丁朝的缔造者丁先皇（924—979）在一次起兵前，特地到位于今天越南宁平省的道观"天尊洞"去祭拜神明，在平定十二使君之乱，建立丁朝（968—979）后，他又将"天尊洞"改为"安国祠"，定国号大瞿越，年号为"太平"，期望道教神灵能够保佑国家安康。据《大越史记全书》记载，丁先皇太平二年（971）实行佛道并举的政策，给佛教和道教的领袖颁授官阶品级，将佛僧道官纳入官府的管理体制中，僧任命张麻尼为僧录，授道士邓玄光崇真威仪，可见他将道教置于与佛教同等的位置来对待。丁朝要求僧道都要参加考试，考上者成为僧道，落第者勒令其还俗，以此来提升僧道的文化水平。971年宋太祖册封丁先皇为交趾郡王，丁琏为检校太师、静海节度使、安南都护。从此，宋朝统治者将安南视为"列藩"之一。979年，丁先皇在宫廷政变中被杀。980年黎桓受朝臣拥护，建立前黎朝。

前黎朝（980—1009）建立后，黎桓改变了与中国对抗的态度，与宋朝通好，获得册封。据《大越史记全书》的《本纪》记载，受宋朝崇尚道教的影响，前黎朝皇帝在兴统四年（992）曾经"宣华山道士陈先生诣阙"。陈先生是谁？有人认为是中国北宋著名的华山道士陈抟，但中国史书中并没有陈抟到过越南的记载。《大越史记全书》的记载至少说明，陈抟名满天下，就连皇帝也希望能够召他前来。前黎朝曾于应天十三年（1006）"改文武臣僚僧道官制及朝服，一遵于宋。"[1] 道教在越南的影响虽然要弱于儒学

---

[1] 参见［越］吴士连编：《大越史记全书》卷十《黎纪》，越南社会科学出版社1998年版。

和佛教，但它仍是越南文化的重要组成部分之一。

李朝（1010—1224）建立后，在二百年的统治期间，还是执行儒佛道三教并重的政策，但尤重道教，原因之一就是李朝统治者的祖先为汉人，与道教教主老子李耳同姓。李太祖李公蕴（974—1028）顺天元年掌权后颁布的第一项政令就是遵循道教的堪舆风水说，将都城从华闾迁到大罗城，并改称升龙（今河内）：“朕披观地图，高骈故都大罗城，居天下中，有龙蟠虎踞之势，四方辐辏，人物蕃阜，诚帝王之上都也。”定都升龙城，改国号为大越后，又仿效李唐王朝，尊崇老子，将王权与神权结合起来，按中国皇宫格式，内起朝殿，左置集贤殿，右置讲武殿。而且城内造兴天御寺、太清宫、万寿寺，城外造胜严寺、天王寺、兴圣寺、天光、天德、乡邑诸寺。“观有颓毁者，悉令修之”①。顺天七年（1016），李太祖在京师度千余人为僧道，置僧道阶品，让他们对道教进行管理。

太祖之子李太宗（1028—1054 在位）登基时，道士陈慧龙因为其造“天命”而得宠信，获赐御衣。据《越史通鉴纲目》卷五记载，李太宗在即位当年就“初试三教，以儒、道、释试士，中者赐出身”，并将安南道官分为道箓、威仪、都官三级。李仁宗龙符元化二年（1102），建造开元、太阳、北帝三所道观供道士们开展斋醮科仪的传道活动。据《大越史记》卷二记载，李仁宗“天符睿武四年（1123）十一月，还京师，儒道释并献贺诗。”李神宗也崇奉佛道二教，他曾下令免除僧道杂役。天彰宝嗣二年（1134），李神宗幸京师五岳观，有人献神龟，胸上刻有“天书下示圣人万岁”八字。李神宗十分欣喜，乃下令于五岳观中修建延生殿。次年四月，李神宗又亲临五岳观，庆祝金银三清尊像落成。据称，这是越南史书中有关越南道观造三清神像的首次记载。李英宗“政隆宝应七年（1169）春三月望月食，海门鱼死，命朝野寺观僧尼道士诵经祈祷”②。李高宗“定符四年（1179）孟冬，试三教子弟辨写古诗及赋、诗、经义、运算等科。”③ 从某种意义上说，李朝是将道教作为皇族宗教来加以尊奉的。

陈朝（1225—1399）开国皇帝陈太宗陈日煚崇敬道教则是因为欣赏道

①　［越］吴士连编：《大越史记全书》卷四《李纪》，越南社会科学出版社 1998 年版。
②　［越］吴士连编：《大越史记全书》卷四《李纪》，越南社会科学出版社 1998 年版。
③　《越史略》卷三，中华书局 1985 年版，第 55 页。

教的修仙之术和符水斋醮科仪。陈日煚（1225—1232在位），本福州长乐邑人，姓谢名升卿，少有大志，不屑为举子业，好与博徒豪侠游，屡窃其家所有，以资妄用，遂失爱于父，但其叔父却对他呵护有加，助之外游。陈日煚来到与安南国（交趾）为邻的邕州，为安南国田相国女儿所悦，应邀参加会试，考中第一名举人，被选纳为女婿。安南国王无子，遂以国事授相，改名陈日煚，成为安南国王。① 陈太宗虽为陈朝的开国王，但实际上掌权者是他的两位从叔陈嗣庆、陈守度。陈日煚在位时，十分欢迎中国道士到越南传教，故陈朝时道教颇为兴盛，为纪念民族英雄还根据社会需要塑造出一些颇有越南化色彩的道教新神。

陈朝建国后，曾遭受蒙元帝国三次入侵。皇族出身的将领陈国峻（1213—1300）学习诸家兵法，研究道教的"八卦九宫图"，著《万劫宗秘传书》，以《孙子兵法》战略战术为主，还介绍了一些道教秘术。陈国峻英勇善战，率领陈朝军民奋勇抵抗蒙元军队，取得了胜利，又称陈兴道，受封为"兴道王"。至今，越南的一些佛道寺观和民间祠庙中还供奉着兴道王的神像。"陈朝国王及王族多有为道士者，虔诚的道教徒更是比比皆是。"② 据《大越史记全书》卷六《陈纪》二载，陈英宗兴隆十年（1302），"时有北方道士许宗道随商舶来，居之安华江津，符水斋醮科仪兴行自此始"③。许宗道是福州道士，他从海路来到越南后，积极帮助陈朝军民抵抗元军，且屡修黄箓大斋，为天瑞长公主、天真长公主，以及陈英宗等祈禳超度，祈求子嗣和福寿，得到国王与皇太后的宠信，专门布施金银为之修建京师太清宫，推动了道教斋醮科仪在越南的流行。

道士在陈朝也受到礼遇，若没有子嗣，就令道士为之祈祷；若求延年益寿，就令道士设斋醮以祈福；若皇帝生病，就令道士行安镇符法，以去病消灾，如陈太宗第六子昭文王陈日燏"笃慕玄教，通于冲典，时以赅博称。上皇（陈明宗）在阁有疾，常命行安镇符法，其被氅加冠，如道士状"④。

---

① 黎正甫：《安南国王陈日煚考》，载《郡县时代之安南》，商务印书馆1945年版，第279页。

② 李养正主编：《当代道教》，东方出版社2000年版，第348页。

③ 《大越史记全书》卷二《陈纪》二中也有类似的记载。

④ 《大越史记全书》卷七《陈纪》二中也有类似的记载。

崇道的陈日燏"至四十八岁大病几死，诸子设醮请减己寿以延父龄，上帝感诸子之孝，再与日燏二纪，故日燏寿至七十七岁"①。符箓道教斋醮科仪的求福消灾功能增强了道教的社会影响力，也吸引了一些国王致力于追求修道成仙。

　　陈朝国王年老退位后，有的去隐居修道，如陈宪宗（1329—1341 在位）晚年"委国于子，退而学道，号太虚子，凡表章进贡犹用名"②。有的皇帝甚至弃位去修仙，成为道士。据《三祖实录》的记载，陈仁宗（1258—1308）自幼好佛，16 岁即位当皇帝之后，仍于"万机之暇，旁招禅客，讲究心宗。寻参慧忠上士③，深得禅髓，常以师礼事之"。他早年曾跟随着六祖惠能的弟子慧忠禅师学禅，倡导"即心即佛说"和"无念说"，不仅创竹林禅派，推进了禅宗在越南的传播，"仁宗更喜好禅学，曾到安子山东究寺出家。登基之后，他把朝政交给太子陈英宗，自己却周游全国传禅说法，后于安子山东究寺创立了竹林禅派。其教法以临济为主，又融合了无言通禅派和草堂禅派的思想，成为越南化的临济禅。竹林禅派后来逐渐走上了禅净合一的道路，成为越南禅宗后派的一个支流"④。据说，仁宗在周游全国传禅说法时有中国道士林时雨相伴而行。"大士乘兜子，而所从者皆衣纳，白象驮经在后。象之前有黄冠乘牛者，则所谓道士林时雨。"⑤ 陈仁宗通晓儒释道三教，既崇尚佛教，也重视道教，他在乘象周游各地时，命道士乘牛前行。晚年的陈仁宗隐居于武林洞修道："武林洞，昔安南陈四世国主陈仁王，弃位隐其中以成道，号曰竹林道士。"⑥

---

　　① 朱云影：《中国文化对日韩越的影响》，广西师范大学出版社 2007 年版，第 472 页。
　　② ［越］黎崱：《安南志略》卷十三，中华书局 1995 年版，第 317 页。
　　③ 慧忠是越南禅宗无言通禅派第十七代宗师。唐元和十五年（820），百丈怀海的弟子无言通（？—826）将惠能南宗禅正式传至越南，创立了无言通禅派，也称越南禅宗后派。陈仁宗创立的竹林禅派是在无言通禅派的基础上发展起来的。
　　④ 洪修平、孙亦平：《惠能评传》，南京大学出版社 1998 年版，第 410 页。
　　⑤ 《石渠宝笈续编》中有陈鉴如作于 1263 年的《竹林大士出世图》一卷，后幅有交趾人陈光祖于永乐十八年（1420）题跋："大士……学通三教而深于释典，……时有中国道士林时雨，亦相从大士往来诸方。"又明翰林修撰余鼎于同年"按图并光祖所述"作《图记》载："大士乃元时安南国王陈氏讳某者，……一旦幡然悟道，……入武林洞，披缁学禅。……今其图乃貌其自武林洞出游时也。大士乘兜子……有黄冠乘牛者，则所谓道士林时雨。"（王杰、董诰、阮元等：《中国历代书画艺术论著丛编》第 10 册，参见叶新民：《辽夏金元史徵·元朝卷》，内蒙古大学出版社 2007 年版，第 478 页。）
　　⑥ ［越］黎崱：《安南志略》卷一，中华书局 1995 年版，第 24 页。

陈朝末年胡季牦（1336—约1407）掌握了朝廷大权，他竟令道士阮庆劝陈废帝（1377—1388年在位）出家修仙，禅位于皇太子，"帝从其言，于是奏录奉道入仙籍，季犛创葆清宫于大吏山之西南，请帝居之。帝乃禅位于皇太子"。当皇太子成为陈少帝（1398—1400在位）后，"季牦迫令帝出家，奉道教，居淡水村玉清观"①。最后，陈少帝也被迫放弃帝位，出家当了道士。"李、陈统治者对道教的态度：优礼道士；在广建寺院的同时，亦建道观。道士在当时的活动也很活跃。"② 道士在道观中开展的那些颇有戏剧特色的斋醮科仪活动吸引了社会各界人士前来参与。据《安南志略》卷一记载："除日，王坐端拱门，臣僚行礼毕，观伶人呈百戏，晚如洞仁宫谒先，是夕僧道入内驱傩。……五日，闲暇宴罢，纵吏民参礼寺观。"这种崇道氛围也促进了符箓派道教在越南的传播。

第三节　胡朝、后黎朝和阮朝的道教

1400年，胡朝（1400—1407）建立。中国明王朝为恢复陈朝，出兵越南，于1407年推翻了胡朝，将越南归于明朝统治之下。为了加强对越南道教的管理，明朝在越南各府州县设立了道纪司、道正司、道会司。据《安南志原》载，当时越南有12个道纪司，24个道正司，50个道会司，92所道观，道教被纳入层层管理之下。1428年，黎利（1385—1433）率领军队，又将明朝军队驱逐出越南，建立起后黎朝（1428—1789）。

为巩固新王朝，太祖黎利独尊儒术，从儒学角度来整顿社会等级尊卑秩序，并对佛、道均实行抑制政策，不仅延续丁朝的做法，令僧道参加考试，中者为僧道，落第者勒令还俗。黎太祖顺天二年（1429）六月十日下旨："诸僧道有通经典，及精谨节行，期以今月二十日就省堂，通身检阅考试，中者听为僧道，不中者仍勒还俗。"③ 在这样的环境中，道教的社会地位每况愈下，但道教所倡导的延年益寿、长生成仙依然得到了那些王公贵族、文人学士的欣赏。黎朝统治者中也不乏崇信道教者。如，黎宪宗（1461—

---

① ［越］吴士连编：《大越史记本纪》卷八《陈纪》，越南社会科学出版社1998年版。
② 王彦：《越南历史上的道教》，《北大亚太研究》第2辑，北京大学出版社1993年版，第233页。
③ 参见［越］吴士连编：《大越史记本纪》卷十《黎纪》，越南社会科学出版社1998年版。

1504）在位时，蝗虫成灾，于是他就命道士做法禳蝗虫；天下大旱，就命道士向"昊天至尊玉皇上帝"祈雨。① 道教的斋醮仪式在越南仍然有着广泛的社会基础，一些新道观也得以修建起来。1567 年，莫氏谦太王等一些亲王、公侯捐钱在海阳省修建道观。黎神宗（1619—1662）因崇尚道教，当时越南境内出现了最大的堂道之一"内堂道"②。1681 年，后黎朝的政治军事家郑柞（1606—1682）重修河内镇武观，正殿中供奉的镇武真君铜像，高3.46 米，重 4 吨，散发披肩，左手握印，右手持剑，膝下有龟蛇合体之造型，表现出玄天大帝的造型和威武神态。因历代君王常到此施法镇妖，镇武观也被视为皇家道观。

道教的置身于世外，顺其自然，闲心养性的人生态度也受到了后黎朝文人的追捧。他们将老庄倡导"寡欲"、"知足"、"知止"等思想运用到自己的生活中，如哲学家和诗人阮秉谦（1491—1585）自幼习儒，又喜好老庄道家思想，他以老子的"无为"思想为处世哲学，后入朝为官，官拜吏部侍郎、东阁大学士、吏部尚书等。阮秉谦虽身居高位，但面对当时越南动荡的社会现实，却觉得凭着自己的能力根本无力扭转政局，乃以"达则兼济天下，穷则独善其身"的人生态度，于 70 岁时退隐还乡，建白云庵，自称"白云居士"，通过著述诗文来宣扬道教的避世、养生、贵己、轻物的思想，推动老庄道家和道教信仰在士人中的传播。

明人严从简在《殊域周咨录》卷六中介绍了中国书籍在当时越南传播的情况：

> 如儒书则有少微史、《资治通鉴》史、《东莱》史，五经、四书、胡氏、《左传》、《性理》、《氏族》、《韵府》、《玉篇》、《翰墨》、《类聚》、《韩柳传》、《诗学大成》、《唐书》、《汉书》、《古文四场》、《四道》、《源流》、《鼓吹》、《增韵》、《康韵》、《洪武正韵》、《三国志》、《武经》、《黄石公》、《素书》、《武侯将苑百传》、《文选》、《文萃》、《二史纲目》、《贞观正要》、《毕用清钱》、《中舟万选》、《太公家教》、

---

① 参见［越］吴士连编：《大越史记本纪》卷十《黎纪》，越南社会科学出版社 1998 年版。
② ［越］许氏明芳：《老子思想及道教在越南的影响和发展》，参见洛阳老子学会网站 2012 年 10 月 21 日。

《明心宝鉴》、《剪灯新余话》等书。若其天文、地理、历法、相书、算命、克择、卜筮、算法、篆隶、家医药诸书，并禅林、道箓、金刚、玉枢诸佛经要传并有之。①

在诸多传入越南的汉籍中，天文、地理、历法、相书、算命、克择、卜筮、算法、篆隶、家医药诸书、道箓和玉枢等都与道教相关。玉枢即《玉枢经》，其全称《九天应元雷声普化天尊玉枢宝经》，是宋元新符箓道教中的神霄派奉行的道经。该经崇拜道教最高雷神"雷声普化天尊"，认为"雷声普化天尊"是总司五雷，普化群生，赏善罚恶之神。若人遇三灾九厄，诵念《玉枢》，默念雷神名号，即可有诸神前来为人消灾解厄。② 新符箓派的这种消灾解厄之法受到了民众的欢迎，曾在云南一带流传，后有云南洞经会谈演本。③ 云南省麻栗坡县瑶族祭祀歌中有"玉枢经歌"，其中唱道："尔时玉清在天中，演绎玉枢经宝典。以救人世之愚蒙，超度沉魂入圣地。佩戴消灾驱邪符，诵诗降福于人世。"④《玉枢经》是道教帮助人们开启智慧、消灾降福的经书，大概在中国云南流行后传入越南。

　　据越南阮朝编纂的《大南实录》记载，明末清初，一批不愿臣服清朝的明朝将领率部南下来到越南，他们带去了中国传统的道教信仰和风俗习惯，所居之处汉风蔚然。"国朝永乐五年以后，有司依内郡之制，于各府州县增立城隍。有军卫处所增立旗纛庙。春秋朔望，文武官僚，行礼祭享。通计寺观祠庙八百六十一所。寺四百六十九，观九十二，祠四十八，庙二百五十二。"⑤ 明朝永乐五年（1407）后，越南道教的道观数量增长很快，这与依明朝之制于各府州县增立城隍庙的做法有关。1679 年，明将杨彦迪等率兵三千余人乘船南下投奔越南阮朝，但阮氏对他们存有戒心，让其留居在当时

---

① 严从简：《殊域周咨录》，中华书局 1993 年版，第 238—239 页。

② 参见《九天应元雷声普化天尊玉枢宝经》，《道藏》第 1 册，第 759 页。

③ 《玉枢经》的云南洞经会谈演本，今存禄丰县黑井镇洞经会和云南省图书馆。（张兴荣：《云南洞经文化——儒释道三教的复合性文化》，云南教育出版社 1998 年版，第 184 页。）

④ 云南省少数民族古籍整理出版规划办公室编：《云南民族口传非物质文化遗产总目提要·史诗歌谣卷》下卷，云南教育出版社 2008 年版，第 89 页。

⑤ 高熊征撰：《安南志原》卷三引《交州八县记》，越南远东博古学院 1932 年版，第 133 页。

尚属真腊的东浦地区（即今天越南的嘉定一带），"由是汉风渐渍于东浦矣"①，道教的神仙信仰也有传播，"立七社村以所居地。相传有仙人出现河上，因名河仙。至是玖委其属张求、李舍上书求为河仙长。"② 广东雷州人郑玖"明亡留发而南投于真腊"，在今天越南的河仙地区招募流民进行开发，使河仙"遂成一小都会焉"，吸引了一些中国商贾前来做生意。郑玖的儿子郑天赐担任河仙镇都督时，"又招来四方文学之士，开招英阁，日与讲论唱和，有河仙十咏，风流才韵，一方称重，自是河仙始知学焉"③。当时的文学之士中就有福建道士苏寅。④ 此时，南来的中国人已不限于商贾，而是儒释道三教人士都有了。

明代移民也促进了道教文化在越南的传播，例如，妈祖信仰出现于宋代时福建莆田，随着明代郑和下西洋及清代施琅平定台湾等，移民迁徙使妈祖信仰从福建扩散开来，成为浙江、天津、广东、台港澳等东亚沿海地区广为流行的民间信仰。中国的天后庙，台湾称妈祖庙，福建称天妃宫，明代时已出现在越南各地。另外，"在会安的中华会馆内崇拜天后圣母，福建会馆内崇奉关帝"⑤。然而因资料缺乏，有关明代移民在越南传播道教的情况至今还是一个需要进一步深入研究的课题。

黎神宗（1619—1642）时，道教进一步越南化而出现一个新道派——"内道"，创立者是陈全。他辞官回家修行，自称得药师佛传道，领命在骥、爱地区驱魔逐鬼，有十万信徒。相传他曾治好黎神宗及公主之子的病，为酬谢他，黎神宗在其家乡为他建房，门外题"内道场"三字。他的三个儿子继承父业，被称为"三圣"。"内道场"向北方发展，直到第一次世界大战后，在河内附近的讲武乡还每年有三五万信徒前来祭拜这里的内道法师。⑥

① 许文堂、谢奇懿编：《大南实录前编》卷五，台湾"中央研究院"东南亚研究2000年版，第3页。
② 许文堂、谢奇懿编：《大南实录前编》卷八，台湾"中央研究院"东南亚研究2000年版，第5页。
③ 许文堂、谢奇懿编：《大南实录前编》卷九，台湾"中央研究院"东南亚研究2000年版，第6页。
④ 《嘉定通志》卷五，戴可来、杨宝筠校注：《岭南摭怪等史料三种》，中州古籍出版社1991年版，第154页。
⑤ 王彦：《越南历史上的道教》，《北大亚太研究》第2辑，北京大学出版社1993年版，第247页。
⑥ 王彦《越南历史上的道教》中引用越南学者陈文饶《从十九世纪至八月革命前越南思想的发展》（越南社会科学出版社1973年版）中的观点，《北大亚太研究》第2辑，北京大学出版社1993年版，第245页。

由此推测，这个"内道"犹如中国明清时出现的那种民间道派。当越南社会陷入分裂和内战后，为了以儒家思想统一人民的思想，黎纯宗龙德二年（1733）发出了"禁天下营造寺观佛像"的指示，以阻止佛教与道教在越南社会的发展。

然而与此同时，基督教传教士也涌入越南，以传教为名开始对越南进行文化蚕食。例如，西班牙传教士用简单的拉丁文注释汉喃字中的一些词语，后来在越南生活了几十年的法国传教士亚历山大·路德（Alexandra de Rhode）编纂了《越葡罗字典》，使汉喃字发展为易读易记的拉丁化越南国语。"《越葡罗字典》经过卡地亚（Cadiere）等几代传教士二百多年的补充与完善，现在已成为保存较为完整的珍贵史料。"[1] 传教士们在将汉喃拉丁化的同时，也把越南文化剥离出中华文化圈所营造的汉字环境，这不仅将越南文字推向了尴尬的两难境地，而且也在客观上抽离了道教经典在越南传播的文化土壤。

1802 年，阮福映（1762—1819）统一南北方，建立越南历史上最后一个王朝——阮朝（1802—1945），定都富春（今顺化），初订新国号为南越，但清朝改"安南国"为"越南国"，册封开国皇帝阮福映为"越南国王"。阮福映继承后黎朝独尊儒学的传统，与中国清朝保持着密切的外交关系和文化交流。道教则被斥为巫觋、贬为风水而受到排斥，从社会上层走向民间。《大南会典事例》卷一百二十三《礼部·寺观》制"阮朝官寺观"中列出了的天姥寺、隆光寺、觉皇寺、妙谛寺、灵佑观、圣缘寺、永安寺、隆福寺、启祥寺，其中只有京师顺化灵佑观为道教场所。灵佑观修建于明命十年（1829），为官办道观，"明命十一年，奏准灵佑观之重霄殿、祥光阁二所增募道流十五名，著名为道箓司"[2]。管理全国道教的道录司设在这里，为阮朝最高道观，享受着国家财政主管部门"户部"提供的经费支持："圣缘寺、灵佑观全年诸佛庆诞，并三元节日，及常日供诸礼，例均由侍卫处照发，惟天姥寺、觉皇寺诸礼，例又由户部照发，颇属不一，嗣后圣缘寺，灵

---

① 张伟权：《浪漫与现实的纠结——越南现代文学两大思潮概述》，《中国社会科学报》2011 年 5 月 31 日。

② 《大南会典事例》卷一百二十三"礼部·寺观·僧道支给"。

佑观庆支诸礼，例并由户部照发，又递年恭遇。"① 在一些重要的传统节日中，如万寿节、圣寿节、元旦、端阳、三元等，这些道观要供奉饭、果、茶、金银纸、线香等举行设斋馔供奉、焚香火叩祝，成为一种国家祀典。在民间，由于佛教的影响比较大，僧人也可行道教法术，故道教斋醮科仪与佛教超度仪式经常融合在一起，称为"醮拔"，运用于为人除灾祈福或超度亡灵等，"凡丧家三年内，每届秋节，延僧醮拔，谓之七月旬"②，逐渐发展为祭祀祖先，昭示孝意的民俗礼仪。在《大南会典事例》卷一百二十三"礼部·寺观·僧道支给"中，将僧侣和道士统称为"僧纲、住持"，他们一起参与国家祭祀活动，由国家提供的供养标准是："僧纲每人月给钱三贯，白米一方；住持每人钱二贯，白米一方；僧众每人给钱一贯，粮米一方；道童每人给钱六陌，米一方。"如果不是行文方便，则反映了阮朝对佛教与道教并没有严格的区别，同时也说明佛教的势力与影响要比道教来得大。

在民间道教主要在关公祠、天后祠、真武观中进行神灵崇拜、扶乩降神、为人治病和劝善说教等活动。"社稷坛，历代帝王正案五案，先师正位、先农、先医、武庙正位，都城隍庙、会同庙均用三牲。启圣祠正位、文庙配位、哲位并启圣祠配位东西，各羊一、猪一。南海龙王、占城国王、真腊国王庙均用牛一、猪一。风伯、寸师、功臣三庙正案均用黄牛一、羊猪各（一）。关公、天妃、火神、炮神、恩祀祠均用黄牛一、猪一。坞阜山神、安宁伯均用黄牛一。"③ 记述越南阮朝风俗的《大南一统志》也反映了道教在当地民间生活中的影响，如平顺省的天后祠：

在旧省城廓外，祠前临江，江北有赤沙阜为祠前案：相传神福建莆田人，姓林，九牧公之派，温公之第二女。八岁学仙，十二岁丹成，唤雨呼风辄应。宋辰有人泛海，遭风船几覆，忽空中现出一人，自言我是温公之女，降来保护，俄而风止，船幸无事。事闻于朝，宋帝封为夫

---

① 许文堂、谢奇懿编：《大南实录前编》卷三十七，台湾"中央研究院"东南亚研究 2000 年版，第 26 页。

② 高春育等：《大南一统志》卷六"广义省·风俗"，日本印度支那研究会复刻本 1941 年版，第 758 页。

③ 《大南会典事例》卷八十五"礼部·祭统·荐牲"。

人，明朝封为天妃，清朝封为天后圣母。客商崇奉，极壮丽。①

在平定省："递年元旦、端阳二节，享先祖，祀土神。三元则延僧设斋坛供佛，腊月二十五夜设香灯送灶神。上标除夕复迎祀之，爆竹喜岁，秋千游春，俗所好尚。岁省三月至七月竞为歌唱，酬酢往来。"② 道教不仅逐渐越南化，而且还向其他宗教渗透，如有的佛教寺庙内也供奉玉皇、真武、北斗等道教神像，据《大南实录前编》卷九记载，显宗二十三年（1762）重修天姥寺，其格局是"由山门而天王殿、玉皇殿、大雄宝殿、说法堂、藏经楼、两旁则钟鼓楼台、十王殿、云水堂、知味堂、禅堂、大悲殿、药师殿、僧寮禅舍不下数十所，而后昆耶园内方丈等处不下数十所，皆金碧辉煌，阅一年工完。"③ 这种佛寺中建玉皇殿的做法也扩大了道教神灵的影响力。

1862 年，法国发动了侵越战争，迫使越南与之签订《西贡条约》，越南沦为法国的殖民地。随着传教士大量涌入越南，开始对越南进行一种文化蚕食，尤其是汉喃字的拉丁化，动摇了道教存在的文化基础。道教仅成为越南人的一种民间信仰，保留在社会下层的民众生活中。法国学者石泰安（Rolf Alfred Stein，1911—1999）1942 年来到越南，曾对越南人家中和寺院中大量的盆栽景观作了研究，他发现这些盆栽上总是装饰着道教的铭文，可见道教文化在越南民间社会生活中遗留，由此引发了他对道教研究的兴趣。④ 一般认为，19 世纪之后，道教在越南已趋于衰落，⑤ 其实情况并非如此简单。一些人利用道教的符水、巫术来组织人民进行反抗法国殖民者的起义活动，例如，1895 年莫挺福领导的沿海人民起义，1898 年武着领导的富安起义，1914 年老街的侬族起义等。

　　今天，越南社会中还有一些道观在进行传教活动，例如，河内市还剑湖

　　① 中国社会科学历史研究所编：《大南一统志》卷一二《平顺省》，《古代中越关系史资料选编》，中国社会科学出版社 1982 年版，第 626 页。
　　② 中国社会科学院历史研究所编：《大南一统志》卷九《平定省》，《古代中越关系史资料选编》，中国社会科学出版社 1982 年版，第 627—628 页。
　　③ 许文堂、谢奇懿：《大南实录前编》卷八，台湾"中央研究院"东南亚研究 2000 年版，第 5 页。
　　④ 石泰安：《微型世界——远东宗教思想中的袖珍花园》，参见［法］安娜·塞德尔：《西方道教研究史》，上海古籍出版社 2000 年版，第 115 页。
　　⑤ 参见许永璋：《论道教在越南的传播和影响》，《史学月刊》2002 年第 7 期。

畔的玉山祠是在 1843 年毁坏的玉山寺基础上重新修建起来道观，主殿是文昌殿和关帝庙，供奉关帝，吕祖、文昌和陈兴道等，其中除越南陈朝民族英雄陈兴道外，都是明清时在中国受到广泛崇拜的道教神祇。在玄天观、安乐堂等道观中往往将佛道儒及越南民间信仰的神灵并列供奉。胡志明市的庆云南院是越南现存的唯一保存着全真道特色的道院，由始建于光绪二十五年（1899）的中国广东南海茶山庆云洞分灵迁来，故称"南院"：

> 降至清末民初，海运大开，交通益便，各地同人远航海外者，日形加多……闽粤两省，则以香港为门户，再由香港以进入越、暹、缅、印，以至星洲、马来、婆罗洲、菲律宾、印度尼西亚、模里斯、南斐洲等地，普遍发展。近年以来，约计各地现有道院，港九四十余所，星马七十余所，泰国六十余所，印度尼西亚、安南各十余所……但值得注意的是，庆云南院现有道教信徒约千余人，主要是生活于附近的华人。①

庆云南院建于 20 世纪中叶，山门上有对联："庆立庙门宏开普度，云环吾道广设津梁"，横额为"众妙之门"。南院的正殿是二层楼房，底层大殿中供奉慈航道人（即观世音），前陪侍文昌、关帝和吕祖，左供奉赤松真人，右供奉华佗仙师。二楼还设有释迦殿、观音殿、地藏殿以及太清殿，生动地诠释了全真道的信仰。同时，庆云南院外还有"隐修阁"，内设"柳真君府"，供奉越南母道教所崇拜的柳杏圣母。据称，柳杏圣母已被吕祖收为弟子，成为越南道教的神仙。道教与越南本土的民间宗教信仰相结合，衍化出一些具有越南民族文化特色的新道派，其中影响最大的就是母道教与高台教，庆云南院也入乡随俗地接受其信仰。另外，清初由江西人黄德辉在传统道教基础上创立的"青莲教"（又称"金丹教"）② 在清末民初传遍全国，由湖北传

---

① 《先天道近况及其分布》，《大道》创刊号，香港先天道会 1956 年版，第 11 页。
② 有关青莲教的内容，参见马西沙、韩秉芳：《中国民间宗教史》，上海人民出版社 1992 年版；[日] 武内房司：《清末宗教结社と民众运动——青莲教刘仪顺派を中心に》，神奈川大学中国语学科编：《中国民众史への讲座》，东方书店 1998 年版，第 111—133 页；游子安：《香港先天道百年历史概述》，载黎志添主编：《香港及华南道教研究》，香港中华书局 2005 年版。

人广东后改名为先天道，然后传至越南。① 先天道创办的道堂、斋堂在 20 世纪上半叶有显着的扩展，传播到越南后，成为今天道教在越南传播的文化基地。

第四节 富有民族特色的新道派

从历史上看，越南是一个多宗教并存的国家，各宗教之间并不互相排斥。对越南影响最强烈、最持久的两种中国宗教是道教和佛教。这是因为"宗教在越南更多地表现在情感方面。越南有很多虔诚的宗教徒，但他们对所信仰的宗教教义了解甚微，甚至仅仅因为某种心理的盛行或是某一次运动而加入信徒的行列。对于大多数老百姓来说，当在生活中遇到了困难，遭遇逆境而对现实的世界丧失信心时，他们就会转向某种宗教以期找到一种精神上的寄托、希望和解脱。"② 道教神灵丰富了越南人的信仰世界，道教教义也能在一定程度上满足越南人在情感上和精神上的需要，但与佛教相比，道教在越南的漫长历史发展中，可谓一波三折，时盛时衰。这种盛衰一方面与统治者对道教的态度相关；另一方面，也与道教具有浓厚的民众化特点，在越南民间社会传播过程中不断地被越南化密切相联。具体表现为，道教与越南本土的民间宗教信仰相结合，衍化出一些具有越南民族文化特色的新道派，其中影响最大的就是母道教与高台教。

母神崇拜是越南最有特色的民间信仰，母神即女神，这种信仰可能是原始母系氏族社会女神崇拜的遗留。到中古时代，母神的神台上供奉着地母、天母、水母三位神。在越南传播的这种对母神的信仰深受中国道教的影响："中国道教传入越南后，由于它与当时生产力仍处于低下状况的越南社会适应，而逐渐成为社会的主流宗教信仰。在这种情况下，人们对母的身份定位便产生了变化，即把中国道教中至高无上的玉帝融入母中（据说天下母仪的典范柳幸公主是玉帝的女儿），使之演变成为一位与中国道教玉帝一样拥有主宰万物地位的民间化帝王。这是越南传统文化与中国传统文化在一定历

---

① 游子安：《道脉南传：20 世纪从岭南到越南先天道的传承与变迁》，载金泽、陈进国主编：《宗教人类学》第 2 辑，社会科学文献出版社 2010 年版，第 232 页。

② 陈继章主编：《越南研究》，军事谊文出版社 2003 年版，第 265 页。

史条件下相互融合在宗教信仰这一层面的生动体现。"① 这在一定程度上反映了道教的女神仙崇拜在越南民间信仰中得到发扬光大。在道教女神仙崇拜的影响下，在越南北方出现了崇奉仙女柳杏圣母的母道教。

母道教将众多女神，如柳杏公主、真娘、丁圣母、二征夫人等整合成一个以柳杏公主为中心的女神体系，使母神信仰体系女性化与系统化，这也是人们把该教称为母道教的原因。柳杏圣母又名柳杏公主、崇山圣母或云葛神人，她是道教的神仙崇拜与越南本土的萨满教和地母信仰相结合的产物。相传，柳杏圣母本姓陈，后黎朝天佑元年（1557）出生于山南镇天本县云葛社的黎太公家中。黎太公之妻因在怀孕时患有抑郁症，曾召请道士施法术。当时，正巧玉皇大帝的女儿因跌碎玉剑而被贬放人间，降生于黎太公家。因此，柳杏圣母就是道教玉皇大帝的女儿。柳杏圣母在 18 岁时与桃郎成亲，但是，三年后因眷恋天庭而升天，后又因赎罪未足再被返送人间。柳杏圣母带着侍女桂娘、维娘等于白天降临于清化镇石城县庸葛社。柳杏圣母降到人间后，或化为美女卖茶，或现为老妪卖酒，或乞食等变身现形，以感化民众，惩罚有罪："凡人以言辞戏慢，多被其殃；以财币禳求者，反蒙其佑。"② 大约在后黎朝末期，柳杏圣母又回归天庭，其侍女则一直留在人间，作为沟通圣母和人间的媒介。老百姓崇拜柳杏圣母的除灾降福、转祸为祥的威力，相率立祠建庙加以奉祀，朝廷闻知后，乃命羽林卫士、方外之人一起将云葛神女庙烧毁。"谁知王威诚大，仙法更神，数月之后，疫染一方，殃遗六畜，比前日十分猖獗，乡民愈不能堪，结坛致祷。"以至于出现了"家家书像，处处构祠"③ 的景象，反而促进了圣母信仰在民间广传。

据《天仙传考》记载，有关柳杏圣母的故事被广泛记载于《神女传》、《传奇录》、《云乡仙谱》、《广纳乩谱》、《岭南摭怪》、《清化纪胜》、《南定人物》等书中。④ 柳杏有时也被写为柳幸、了胜等。其诞生地云葛社也建有

---

① 罗长山：《越南传统文化与民间文学》，云南人民出版社 2004 年版，第 17 页。

② 陈庆浩、王三庆主编：《越南汉喃小说丛刊》第二辑第四册，台湾学生书局 1987 年版，第 268 页。

③ 陈庆浩、王三庆主编：《越南汉喃小说丛刊》第一辑第二册，台湾学生书局 1987 年版，第 40 页。

④ 据说，陈维垣于 1935 年编撰《天仙传考》，有一抄本今藏于河内汉喃研究院图书馆，编号 A. 3094。（参见陈益源：《越南女神柳杏公主汉喃文献考索》，《中华文史论丛》2007 年第 2 辑。）

圣母神祠。后黎朝以及阮朝各位皇帝都曾给圣母封号，称圣母为上等神。据越南 19 世纪中叶的笔记小说《敏轩说类》记载：

> 柳杏公主祠，在天本县安泰、云葛二社。夫人姓陈，俗称云葛神女是也。天仙降世，稔着英灵。历朝封上等神，第二妹琼宫维仙夫人、第三妹广宫桂花夫人，均封中等神。[①]

维新五年（1911），阆苑灵祠还刊刻了《天本云乡黎朝圣母玉谱》，对柳杏圣母为玉帝之女，后贬降人间，投胎于黎太公家，贬期满后，重返仙界，但仍常下降人间，各处显录，以救济苍生的事迹作了生动的介绍。

越南的母道教也有一些民族性特点。例如，母道教的庙观称为府、殿和祠，各庙都由世袭的庙主来管理。母道教庙观的神像雕塑和殿堂设置虽与道教宫观大致相同，但也有一些民族性特点。例如，河内市内供奉着柳杏圣母有云府、顺美祠和安寿祠之称，这些祠观的横匾和对联虽然大多用汉字书写，但神殿前有时吊有许多越南人喜爱的尖顶斗笠，上面写着祈愿人的姓名，表达向母神祈求吉祥。同时，越南民间将玉皇大帝作为柳杏圣母的父亲。这位犹如巨人的玉皇大帝是撑开天地的"天柱神"，在创造了天地之后，又将创造人类的工作交给十二个女神去完成[②]，因此诸女神都是玉皇大帝的女儿。

后来，柳杏圣母信仰还传到了中国广西京族生活的地区。《京族风俗志》中说：在广西京族漓尾、山心、红坎等村社都立有"三婆庙"，"在三婆庙中，观音被崇奉为'观音老母'，是三婆庙中的'三婆'之一，另两位是'柳行公主'和'德昭婆'"[③]。这位柳行公主即是越南人广泛崇拜的柳杏公主。今天，越南最大的崇拜柳杏圣母的神庙在圣母家乡南定市，此外，河内的西湖府也很有名。

---

① 陈庆浩、郑阿财、陈义主编：《越南汉文小说丛刊》第二辑第五册，台湾学生书局 1992 年版，第 188 页。

② 参见薛克翘等主编：《东南亚古代神话传说》上册，《东方神话传说》第六卷，北京大学出版社 1999 年版，第 3 页。

③ 符达生：《京族风俗志》，中央民族学院出版社 1993 年版，第 119 页。

母道教以其特殊的魅力渗透到在越南传播的每一种宗教信仰中。一些道观中也建有专门供奉"柳杏圣母"的殿堂。例如，位于胡志明市的庆云南院是一所保留着中国道教传统仪式的道院。据说因为该院是20世纪才由中国广东省南海茶山庆云洞迁来的，故称为南院。南海茶山庆云洞始建于光绪二十五年（1899），主要供奉吕祖。越南的庆云南院具有佛道相融的特色，山门上有对联："庆立庙门宏开普度，云环吾道广设津梁"，横额是"众妙之门"。庆云南院的正殿是二层楼房。底层大殿中供奉慈航道人，即佛教菩萨观世音，陪侍是文昌、关帝和吕祖；左供奉赤松真人；右供奉华佗仙师。二楼设有释迦殿、观音殿、地藏殿以及太清殿。庆云南院外有一处"隐修阁"，内设"柳真君府"，专门供奉母道教的柳杏圣母。据称，柳杏圣母已被吕祖收为弟子，成为越南道教的神仙。庆云南院现有道教信徒约千余人，大多是附近的华人。院内的道士都要出家，遵守全真派的清规戒律。平时，道士每天都要做早晚功课，每月二十五日为信徒和华人举行度亡法事，每年的七月十五日中元节①都要举行盂兰盆会，并以罗天大醮来超度普世幽魂，使用的经忏是吕祖十方经韵，但从该院所供奉的神灵可见，在越南传播的道教逐渐有了一些越南民族文化特色，这是中国道教所不具有的。

20世纪初，越南人吴文昭（1878—?）、黎文忠（1876—1934）还将儒教、道教、佛教、天主教与自己的民间传统信仰相结合，于1925年12月25日圣诞节那天，自称得到至尊无上神"高台"的启示，创建出富有民族特色的新宗教——高台教，全称"大道三期普渡高台教"。"高台"表示"最高的存在"，高台是宇宙的心脏，是世间万物的主宰。其教义具有佛教、基督教、道教以及儒学等各种思想成分。高台教所说的"高台"一词就来自

---

①　道教与佛教都有在七月十五举行敬神献供、超度亡灵的宗教仪式。道教以《玄都大献经》为经典依据称"中元节"，佛教以《佛说盂兰盆经》为经典依据称"盂兰盆会"。它们的名称不同，献供对象有别，但经典与仪式却有相似之处，故早在唐代就有佛僧认为道教中元节是佛教影响的结果，如僧人法琳在《辨正论》中就指出："七月十五非道家节。"（《大正藏》第52册，第548页。）玄嶷《甄正论》曰："道家刘无待又造《大献经》，以拟盂兰盆。"（《大正藏》第52册，第569页。）随着20世纪对佛道关系探讨的深入，日本学者吉冈义丰、秋月观瑛和大渊忍尔等在注意佛教影响的同时，还曾通过探讨道教的"三元"观念来说明道教中元节有自身信仰和教义的支撑，尤其是"早期道教混淆供养和祭祀的做法后来可能反过来影响了汉传佛教盂兰盆会的演变。"（吕鹏志：《灵宝三元斋和道教中元节》，《文史》2013年第1期。）在越南，佛教盂兰盆会的形式和道教中元节献供先亡的内容相融合反映出东亚道教的动态演变是值得深入研究的文化现象。

于《道德经》第二十章："众人熙熙，如享太牢，如春登台。"高台教徒将"如春登台"释为"上祷高台"，以说明神灵居住在最高的宫殿，是宇宙的心脏，是世间万物的主宰。1926年9月7日，这个新兴宗教得到了殖民地当局的批准，总部位于胡志明市西北面的西宁省。

高台教将道教、佛教、儒教、天主教、基督教的神灵和思想都融合到其信仰与教义之中，具有广泛的包容性。高台教的教主是一个虚幻的神，名为高台仙翁大菩萨摩柯萨。高台教将玉皇大帝的眼睛悬挂在最高处，称之为"天眼"。"天眼"作为其独特宗教符号，象征着人间的任何事情都逃不脱高台神眼的审察，因此"天眼"往往画在高台教庙宇的高处，绣教徒的帽子上，似乎在俯察人间的一切行为。

高台教的宇宙观参考了《道德经》"道生一，一生二，二生三，三生万物"的思路，将人类历史分为三个天启阶段：在高台神之前，无名无形之"道"已经存在于大地混沌之初，在突然发生的宇宙大爆炸中高台神出世了。这位唯一崇高的造物者通过佛、道、儒启示人类，然后又以耶稣为沟通神人的中介，但这两次天启未能达至完美，宇宙还无法形成，故这位只掌管阳性高台神作为世界最后一个接受天启的神，用自己的一部分创造了一个女神（佛）来掌管阴。通过阴阳肇化，使这位女神成为宇宙万物之母，她们共同创造出千恣百态的宇宙世界。因此，高台教不仅崇拜父神高台神，也崇拜母神女神。这个女神（佛）虽然掌管阴，但因为其来自于掌管阳性的男性而并不属于阴，这又犹如基督教的亚当和夏娃的关系。

在信仰高台教的越南人心中，孔子和老子是与耶稣和观世音菩萨是平起平坐的，因此高台教内，有三教、五道的说法。所谓三教是指佛教、圣教和仙教；五道则是指人道（孔子）、神道（姜太公）、圣道（耶稣）、仙道（老子）和佛道（释迦牟尼）。高台教的教堂中供奉来源于各个宗教的神像：最高层中央是释迦牟尼，左右分别是老子和孔子，第二层中间是观音，左右分别是李太白和关圣像，第三层是耶稣，第四层除姜太公、李白、关公等道教神灵外，还有孙中山、牛顿、雨果、莎士比亚、丘吉尔等一些东西方圣贤的神像。高台教还对神性作了分类，认为神界有三种神：高层之神（佛、圣徒和天使）、中层之神（保护神和人类的恩神）和下层之神（恶神和魔鬼），如果人类诚心归向最高之神，那么就有可能接近它。如果不能为善去恶，则将沉入地狱，与恶魔为伴。

高台教从三教信仰出发，崇尚代表德行的黄色（佛教）、代表宽容的蓝色（道教）和代表权威的红色（基督教），不仅将三种颜色运用到信徒的长袍和寺庙建筑上，而且还运用于每天的拜颂仪式上，各祭司分别穿着代表儒教的红袍、代表佛教的黄袍、代表道教的蓝袍，而信徒则身穿白袍，脱鞋进入庙宇后，在主持人的带领下，面朝神坛，念经颂唱。

高台教还模仿西方天主教会，建立起一套神职的等级制度，中央权力机关由九重台、协天台、辅天机关三个执行局组成。最高权威是红衣教主，往下依次是检察官、枢机主教、大主教、主教、牧师等，形成了高台教的神职集权系统。布教者常使用神话、历史、文学故事中的人物名称，被称为精神之父。信众每天于六点、十二点、十八点、二十四点都要焚香诵经，定时拜神，其中以中午12时举行的最隆重。朝拜时男女分开，诵经、唱赞歌，既像是穆斯林的朝拜，又像是基督教的礼拜。这个宗教的信众体现了"集大成"的特色：既有男修士、又有女尼姑，大多数为平民，少数为社会上层人士，但信徒必须遵守佛教的五戒、道教的中和之道，出家教徒还必须遵守独身和素食的誓言。

高台教庙宇既有中国道观的飞檐翘角，也有佛教庙宇的色调，还有类似于哥特式教堂的高塔，其建筑风格强烈地体现了东西宗教文化杂糅的特点。高台教集世间各种宗教于一体，从教义、信仰、庙宇建筑、供奉神像等方面体现出"万教大同，诸神共处"的特点。高台教所倡导的"万教归一，宗教大同"的思想适应了今天越南人多元化信仰的需要。

高台教从道教的"知足常乐"、"清静无为"等教义出发，劝说人们放弃名利、钱财和奢华，摆脱对物质的贪图，求得灵魂的自在坦然。高台教要求信徒重视祭祀祖先，在平时的生活中也要有所禁忌——忌杀生、忌贪欲、忌荤、忌色、忌粗口，为此，在每天六点、十二点、十八点、二十四点都应焚香诵经，进行宗教祈祷。由于越南人注重孝道，在每个家庭中，子女应该孝敬祖父母和父母，因此，越南人每家每户都设有神龛、神台和神位，作为敬奉祖先的祭坛，以感激祖先的养育之恩。高台教宣扬，敬奉祖先神的清静圣地是不能有任何污秽的，任何人都不可触犯。这种保留了一些道教因素的高台教适应了今天越南人的精神需要，发展很快，在越南南部湄公河三角洲地区的越族人中颇为流行，无论从信徒人数，还是从社会影响力，都是仅次于佛教和天主教的越南第三大宗教。在今天的越南，崇拜道教神灵的主要有两类人：一是华侨，如先天道徒；二是新道派的信徒，如高台教徒。

总之，从时间上看，道教在创立之初就传入越南，虽然没有在异域形成富有越南化的系统教理，也没有建立严密的宫观组织，但道脉辗转影响至今，形成了绵延不绝的传播史。从传播途径上看，早期道教先从陆路（云南或广西）传入越南，后来在东晋时，孙恩、卢循起义又通过海路将天师道传入越南。金元时创立的全真道，在明末清初南下传教的过程中，形成了多条传播线路。

有的是从江南传到云南，然后进入越南。如明永乐年间，曾任明朝道录司左右正一、兼修正一和全真的长春真人刘渊然（1351—1432）来到云南。他将昆明真武祠改为真庆观，又在昆明黑龙潭建龙泉观，以符箓斋醮、驱邪赶魔、崇尚医术在云南民族中进行传教，后又奏请朝廷设立云南、大理、金齿（今保山）三个道纪司，由此推进了明清时云南道教发展及向越南的传播。

有的是从江南传到东南沿海，然后随着福建、广东、广西、港澳等地的华侨移居越南。日本学者武内房司认为，19世纪末，先天道的教义与相关经书从云南传到越南，如汉喃研究院所藏《瑶池王母消劫救世宝忏》、《重刻破迷宗旨》。[①]

有的是从两湖传到广西，然后进入越南。例如，湖北武当山是真武大帝信仰发源地，后传遍东亚各地，在中越交通沿线的城镇中大多建有供奉真武大帝的道观："从中国广西友谊关（原名镇南关）经谅山进入越南北方，在谅山有镇北真武祠。从谅山南下，有北宁省的瑞雷武当山的天真武祠，有红河东岸的巨灵的镇武祠。渡过红河到达河内市，就有西湖的真武观等二三个真武祠。这些越南北方的真武祠大多设置在从中国进入越南的路线上，而且这些真武祠的真武神像大多面向北方。"[②] 可见真武大帝信仰从云南传入越南的路线以及真武观与中国道教的密切关系。

----

① ［日］武内房司：《中国民众宗教の传播とツェトム化——汉喃研究院所藏诸经卷简介》，载［日］板垣明美编：《ツェトム化一变化する医疗と仪礼》，横滨春风社2008年版，第183—197页。
② 陈耀庭：《道教在海外》，福建人民出版社2000年版，第84页。

有的是从两湖传到广东、香港，然后进入越南："粤东枝派，由彭依法水祖，传谢师承景、陈师炼性、黄师文早、陈师复始由楚北入广东清远，传林师法善，开清远蝎峡山藏霞洞；又传李师道荣，开清远岐山岑坑锦霞洞。"[①] 中国广东、香港、越南地区先天道道堂一脉相传，由彭依法水祖开源，"三花传五气"：谢承景、陈炼性、黄文早、陈复始、林法善，由"七圣主任普度"，五老是"承办者"。清咸丰年间，先天道湖北祖师陈复始入粤传道，度化清远宿儒林法善，并于同治二年（1863）集资兴建藏霞洞，成了先天道在岭南道脉的发源地。由于陈复始与林法善师徒的努力，岭南先天道得以开展。其中藏霞洞与锦霞洞的创立尤为关键，'北藏南锦，性命双修'，乃香港先天道堂的脉源。[②] 藏霞一脉后传播到越南，以"藏霞"命名者为"总堂"，下设各种分堂，如永安堂、永乐洞、敬圣堂，因此，越南道教与中国道教形成了一种源流关系。

道教在跨文化、跨民族、跨宗教传播的过程中又如何被越南人看待并解读的？越南是一个多宗教并存的国家，各宗教之间并不互相排斥，其中对越南影响最强烈、最持久的两种中国宗教是道教和佛教。这是因为"宗教在越南更多地表现在情感方面。越南有很多虔诚的宗教徒，但他们对所信仰的宗教教义了解甚微，甚至仅仅因为某种心理的盛行或是某一次运动而加入信徒的行列。对于大多数老百姓来说，当在生活中遇到了困难，遭遇逆境而对现实的世界丧失信心时，他们就会转向某种宗教以期找到一种精神上的寄托、希望和解脱。"[③] 道教神灵丰富了越南人的信仰世界，道教教义也能在一定程度上满足长期处于农业社会的越南人在情感上和精神上的需要，但与佛教相比，道教在越南的漫长历史发展中，可谓一波三折，时盛时衰。这种盛衰一方面与统治者对道教的态度相关，另一方面，也与道教神灵信仰具有浓厚的中华民族文化的特点，在越南民间社会传播过程中不断地被越南化密切相联。"越南接受中国文化的特点，主要是把中国文化加以简化

① 《道脉源流记》，"香港星洲大光佛堂"、飞霞精舍1949年版，第33页。

② 游子安：《道脉南传：20世纪从岭南到越南先天道的传承与变迁》，载金泽、陈进国主编：《宗教人类学》第2辑，社会科学文献出版社2010年版，第239页。

③ 陈继章主编：《越南研究》，军事谊文出版社2003年版，第265页。

和实用化，以适应越南的国情。越南在学术上形成了一种简化、明快的风格。"① 这使道教在越南的跨文化传播中形成了以下特点：

第一，神灵信仰是道教在越南传播的主要象征符号。越南道教延续了中国道教多神信仰的传统，其信仰的内容极其丰富，种类繁多，无奇不有，至今在越南的府县村社中还有一些供奉着道教三清、真武、关帝、龙王、城隍、文昌、吕祖等神灵的道观、神祠和帝庙，道教神灵的内涵也在不断地越南化。相传，李朝于河内西湖东南畔创建真武观②的目的之一，据说是有狐精和龟蛇等精怪常常破坏红河堤防，故皇帝祈求道教的四大护法神之一真武大帝降灵，消除精怪作乱，故也称镇武观或龟圣祠。到十五世纪后半叶，可能是自然灾害因素逐渐淡化，真武观中又将真武大帝与文章学问、科举士子的守护神文昌帝君合祭，迎合了士人祈祷功名的一种文化诉求。如果说，宗教信仰总是反映了人们对当下未成现实的对象的追求，那么，道教神灵在越南的传播也表现出两个特点：一是突出的功利性，以迎合了百姓求福禳灾的精神需要，如史载："初九为玉皇诞辰，皆往道观瞻拜礼供"③，以求祈福消灾。二是信仰上的混杂性，以满足越南人当下生活的各种精神需要。道观既是百姓开展祭神活动的场所，也是进行慈善活动的地方，因此有些道观也被称为向善会、劝善坛等，表现出伦理化、民间化、世俗化的特色。

第二，道教在越南虽然经常与佛教相伴而行，但以神仙方术和斋醮科仪为传播方式来彰显自己的独特性。从历史上看，"在越南主要有三大宗教：道教、儒教和佛教，这三大宗教好像只是一体的三方面，越南人们在习惯上很难分出三大宗教的独立性。假若有和尚和道士们专心信奉他们唯一的佛教和道教时，人们对他们都是平等的恭敬，而一律供养，绝无厚此薄彼之差

---

① 戴可来：《对越南古代历史和文化的若干新认识》，《北大亚太研究》第 2 集，北京大学出版社 1993 年版，第 106 页。

② 有关真武观创建年代有三种说法：一说是李朝顺天元年（1010），相当于中国的宋真宗大中祥符三年；一说是李朝龙瑞太平年间（1054—1058），相当于宋仁宗至和、嘉事占年间；一说是李朝龙符二年（1102），相当于宋徽宗崇宁元年。不管怎样，它和中国真武大帝信仰流行的时间是在宋代这一情况，完全是吻合的。（卿希泰：《简明中国道教通史》，四川人民出版社 2001 年版，第 229 页。）李朝以后，真武观一直受到历代帝王的重视和崇敬。后黎朝圣宗还在洪德元年（1470）为祈求降雨到真武观崇拜真武玄天上帝。

③ 高熊征撰：《安南志原》卷三，远东博古学院 1932 年版，第 208 页。

别。假若走进道教的庙观，看了他们那一套规律与仪式，人们也许认为这也是佛教。无疑的，如此的佛道相混淆，常常会带来迷信的色彩，只有助长人们的愚昧。然而也能使人们在短促的生命中，获得相当的利益和思维方法。"① 道教的符咒治病、求嗣、投胎、求雨、解禳、风水、占卜等以关注人的生命为特色，在越南民众中有着广泛的影响，以至于越南佛教在传播中也或多或少带有了道教色彩。道教的神灵经常出现在佛寺的供台上，但还是保持了宗教信仰的独特性，以三清、玉皇、真武、文昌，灶君、财神、祖师爷等为象征符号，以斋醮科仪来适应越南人拜神消灾的精神需要。

第三，道教神灵与越南民间信仰相混杂，还衍化出一些越南化的新特点。从神灵信仰上看，越南道教中出现了伞圆山神、柳杏公主、扶董天王和褚童子神化为"四不死"信仰、圣人崇拜、母神崇拜、生殖崇拜等富有越南民族文化特色的神灵。越南道观有点儿类似于中国明清时出现的那种将道教、佛教、儒教、民间信仰和村社祭祠混杂在一起的庙宇，在其中供奉玉皇、关公、三府、陈兴道等神灵；道教的跳神、佩符、念咒和越南民间信仰融合在一起，以至于信奉者也不知道教究竟应当是什么。例如，玉山祠中供奉着兴道王的神像，据说其原型为陈朝（1225—1399）将领陈国峻（1213—1300）。陈朝建国后，曾遭受蒙元帝国三次入侵，在英勇善战的陈国峻的率领下，陈朝军民奋勇抵抗，最后取得了胜利。陈国峻曾研究道教的"八卦九宫图"，著《万劫宗秘传书》传给后人，该书以《孙子兵法》为基点来总结古代战争的成败得失，也介绍了一些道教秘术。陈国峻被誉为民族英雄，受封为"兴道王"，人称陈兴道，后成为越南道观供奉的神灵。例如，今天的河内真武观内庭院幽静，房屋建筑柱雕彩绘，屋脊装饰有辟邪异兽，与中国南方道观建筑相似，其中不仅供奉真武大帝，而且还供奉着母道神、行业神和佛像。越南道教与佛教及民间信仰相融合，逐渐衍化出一些具有越南民族文化特色的新道派，其中影响最大的就是母道教与高台教。

第四，劝善书是道教在越南传递教理教义和对民众进行道德教化的一种方式。越南人注重孝道，劝导子女应该孝敬祖父母和父母，因此，越南人每

---

① 慧海：《越南之佛教》，载张曼涛主编：《东南亚佛教研究》，台湾大乘文化出版社 1978 年版，第 308 页。

家每户都设有神龛、神台和神位，作为敬奉祖先的祭坛，以感激祖先的养育之恩。道教提倡的拜神劝善的教化功能适应了越南社会伦理建设的需要。在越南传播的道经及劝善书主要以道观印本的形式在民间传播。在越南林立的祠观中，玉山祠刻印了各类神灵事迹的劝善书种类最多，其中有《太上感应篇》、《文帝阴骘文》、《阴骘文注释》、《文昌孝经》、《文昌帝君养性文》等十多种劝善书。道教劝善书以浓郁的伦理化色彩，来引导百姓为善去恶，以获得灵魂的恬静和安宁，在维系越南社会结构和文化系统的动态平衡方面发挥了一定作用。

第　六　章

东亚道教的信仰特点

　　凡是宗教都必然会有其所尊奉的教祖和圣典，道教当然也不例外。道教在创立之初即尊中国古代具有重要影响的大哲学家老子为教祖，敬称为"太上老君"，奉《老子》五千言为《道德经》，通过探讨宇宙天地的变化之道，推天道以明人事，研究自我的生命构成，寻找生命长存之道，由此塑造出内涵丰富的神灵观。道教多姿多彩的神灵世界以太上老君为教祖，以三清为最高尊神，包括诸天神、地祇、人鬼、仙真等，既表达了道教神灵对人间生活的统领作用，也宣扬人若努力修行，就可以长生不死、得道而具有神通。虽然，传播到不同国家与地区的道教在历史发展中出现了一些独特的民族文化特色，但道教的神仙信仰却犹如一条红线，将不同民族的文化脉络联系起来，使东亚道教具有了一种以"得道成仙"为基本信仰的共同文化特征。值得研究的是，道教在东亚社会的传播过程中，如何与不同民族宗教信仰碰撞与交融，不断地丰富壮大东亚道教的神灵世界，以一种生动而形象的方式来表达对那种无限整体之"道"的信仰与崇拜。

第一节　内涵丰富的神灵观

　　道教在中国古代宗教信仰的基础上建构起自己内涵丰富的神灵观。据《史记·封禅书》记载："自禹兴而修社祀，郊社所从来尚矣。"这种祭祀传统在西汉初年的社会中形成了多神崇拜之风："雍有日、月、参、辰、南北斗、荧惑、太白、岁星、填星、二十八宿、风伯、雨师、四海、九臣、十四臣、诸布、诸严、诸逑之属，百有余庙。"在上述诸神中，有日神、月神、星辰神、山神、河神、风神、雨神、雷神、电神、户神、灶神等自然神，有民间祭祀的各路鬼神，它们后来演变成道教神灵，如天帝演为玉皇大帝，天、地、水三神演化为三官大帝，雷神演化为雷祖大帝，北斗七星神演化出九皇星君、玄武大帝、斗姆星君，太白星演化为寿星。五岳大帝、四海龙王、城隍土地、青龙白虎等，最初都是民间信仰或官方祭祀的神灵，后转为道俗共祭的道教俗神。

　　神灵观作为宗教最基本最核心的观念，反映了神和人的关系，虽贯穿于一切宗教的发展过程之中，但不同宗教的神灵观各具特色。道教崇信"道"无所不在，"神"无所不有，相信有众多的神灵仙真存在于天地自然之间与人的身体之中，表现出典型的多神教特征。"道"本身的丰富性折射出道教信仰的复杂而多元的状态，《中国大百得全书·宗教》曾将道教的神灵仙真分为三大类：道教尊神、道教俗神和神仙。道教尊神是道教信奉的主要神灵，有三清四御、日月五星、四方之神等。道教俗神是流传于民间而为道教所信奉的神灵：有与自然现象有关的自然神，如日月、星辰、风伯、雷公、电母、海神、河神；有受到人们崇拜的英雄神，如关圣帝君、真武大帝；有内涵丰富的文化神，如文昌、丰都等；有被认为专门保护个人、家庭和城乡公共安全的守护神，如门神、灶神、土地、妈祖等；有具有专门技能的行业神、职能神，药王、财神、瘟神等有神仙，人通过修道而神通广大、得以无限地延长生命者。[①]道教认为各位神灵仙真的地位、神通和灵力是各不相同的，因此，崇拜者可根据自己的需要来加以崇拜，这使道教信仰表现出广泛性与适应性，具备了东亚宗教没有绝对唯一神的信仰但有至上神信仰的基本特征。

　　道教不仅认为神灵仙真乃是大道的应化显迹，而且还对历史上庞杂凌乱的神灵仙真队伍不断进行整理，例如，五斗米道以太上老君为教祖和最高神，下有分治三界的天、地、水三官，还有各司其职的众多神吏和鬼官。现存最早的道书《太平经》也曾构造出道教最早的神谱：

---

① 《中国大百科全书·宗教》，中国大百科全书出版社 1988 年版，《条目分类目录》，第 14 页。

　　六人各自有命，一为神人，二为真人，三为仙人，四为道人，五为
圣人，六为贤人，此皆助天治也。神人主天，真人主地，仙人主风雨，
道人主教化吉凶，圣人主治百姓，贤人辅助圣人，理万民录也，给助六
合之不足也。①

　　这个十分简要的神谱反映了早期道教在"天人合一"的基础上，将崇拜对
象分为神真仙道圣贤六类。这反映了道教试图将其所信奉的神灵世界扩大
化、系统化、秩序化，为人的修道成仙提供具体的进路和阶位，为后来道教
大肆造神揭开了序幕。

　　东晋中后期，随着道教传播范围的扩大，新道派的不断涌现，各派所奉
诸神仙真因师承或地域文化上的差别而互有异同。此时，三清尊神业已问
世，次于尊神的新神层出不穷，还有那些可名而不可状的"身中之神"，使
道教的造神运动达到了高峰。新神的大量出现，既壮大了道教神仙队伍，也
打破了原有的秩序，使得道教的诸神仙真信仰杂乱无序，让信道者无所适
从，这就给道教的传播带来了一些负面影响。

　　为了使道教获得较好的发展，具有较强的竞争力，为了化解道教与儒、
佛之间的冲突，也为了使道教更好地适应并服务于当时的社会，南朝道士陶
弘景"仰镜玄精，睹景耀之巨细；俯昄平区，见岩海之崇深；搜访人纲，
究朝班之品序；研综天经，测真灵之阶业"②，把道教所信奉的庞杂凌乱的
各路仙真进行分级序化，按业定位，撰成了在道教史上影响深远的《洞玄
灵宝真灵位业图》。由于"阶业"与仙真的品位密不可分，"虽同号真人，
真品乃有数；俱目仙人，仙亦有等级千亿"，因此，他在撰写过程中，将
《真诰》、《元始上真众仙记》、《元始高上玉检大录》等南北朝上清派道书
中出现的近七百名神仙圣鬼，按照茅山宗的观点，分为玉清、上清、太极、
太清、九宫、洞天、酆都七大等级。每个等级列有处于中位的主神，在主神
两边还分别列有左位、右位、散仙位和女仙位等分司专职的辅佐神。若把陶
弘景的真灵七阶与早期道教《太平经》神系六等及葛洪"仙有三等"进行

---

① 王明编：《太平经合校》卷七十一，中华书局1960年版，第289页。
② 《洞玄灵宝真灵位业图》，《道藏》第3册，第272页。

比较，就很容易发现其中最大的不同就在于，他为道教神灵谱系中增加上了"酆都"一阶。"酆都"其实就是佛教的地狱，而此前的道教是不讲地狱的。陶弘景在《真灵位业图》中，在道教史上第一次建立了以崇道尊儒让佛为基调的神灵谱系，把普受敬仰的古代帝王和儒家的圣贤尧舜直至颜回，还有一些著名的佛教僧人都收入道教仙班行列，逐渐形成了以本宗为主、兼综儒佛的比较稳固而有序的神灵谱系，以使道教尽快地适应当时上层社会的精神需要，以获得良好的发展空间。《真灵位业图》是对众神的序位进行的初步整理，排定座次。它为道教建构了上至天境、中至人伦、下至地府，等级有序和统属分明的庞大神灵谱系，被誉为道教史上的"曼荼罗"①。虽然该书因包含太多的虚构成分，受到了后人的一些批评，例如，生活于朝鲜王朝时的李圭景撰《灵宝真灵位业图辨证说》，认为该书"以夫子为太极上真公，颜子为明晨侍郎，帝舜以服九转神丹入九嶷山得道……"等说法过于荒唐，而"疑以为后人传会书耳"②，但从道教史上看，这一神灵谱系的基本构造是以"位业"为依据，以三清四御为核心，囊括了众多的先天尊神、后天仙真、星君、地祇、人鬼、幽冥官吏以及各类神将役吏等，它的出现标志着道教由早期派别林立、各自为政的散杂凌乱状况开始朝着诸宗归一的成熟形态发展。神灵信仰的统一为道教向东亚社会的传播奠定了基础。

　　道教神灵谱系发展至唐朝时，在"一炁化三清"的理论指导下，三清妙境、三位尊神和三洞真经最终融为一体，基本确立了三清尊神为道教神界的最高神。三清尊神的确立是道教神灵谱系发展史上又一里程碑，它使道教的至上神信仰，由民间宗教的太上老君，发展为官方道教的具有丰富内涵的尊神。无论从神威，还是从神理上来讲，道教神灵谱系都表现出日臻成熟和完善的发展态势，同时也为道教斋醮科仪提供了系统的祈请对象。例如，在《道门科范大全集》中，唐末"道门领袖"杜光庭就简要地排列出供祈请的神谱：

　　　　虚无自然元始天尊、无极大道太上大道君、大圣祖高上大道金阙玄

---

　　①　常盘大定称《真灵位业图》为道教曼荼罗，认为它同密教的曼荼罗有类似之处。（［日］福井康顺等监修：《道教》第一册，上海古籍出版社1992年版，第108页。）
　　②　［朝鲜］李圭景编：《五洲衍文长笺散稿》卷四十三《灵宝真灵位业图辨证说》，明文堂1982年版，第374页。

元天皇大帝太上老君、高上玉皇、十方已得道大圣众、至真、诸君丈人、三十六天帝君、玉虚上帝、玉帝大帝、东华、南极、西灵、北真、玄都玉京金阙七宝玄台紫微上宫灵宝至真、明皇道君、日月九曜、南辰北斗星君、三官、五帝、九府、四司、斗中道德诸君、无鞅圣众、六十甲子、本命星君、玄中大法师、三天大法师、东岳上卿、司命真君……①

这些神灵各有所职，其中有一些流传于东亚各国而受到人们的崇拜。例如，"百济立坛坛祀天帝及五方天帝。"② 朝鲜半岛原来有祭祀天神檀君的传统，道教神灵信仰传入后，百济的祭天活动中加入了道教神灵信仰的成分。据李能和研究，"百济始祖筑大坛祀天地，则当时祭祀，疑亦奉皇天上帝，其俗遗传后世不变，故百济王仁、阿直歧渡日之后，亦传其法，两人之子孙以为世业传掌文事及神祀，承用其祖所传之仪式者与。"③ 百济筑大坛祀天帝的仪式后在 4 世纪时，经王仁、阿直歧传入日本，尤其是"王仁之后留植日本，主文事、掌祭祀为其世业，其祭祀用道家仪式，其国史用道家说，皆有出自是了然者也。"④ 如果王仁的后代能以用道家（教）仪式来主持日本神道祭祀仪式为职业，那么，是否说明道教神灵信仰也传入了日本？对此，还需要进一步搜集资料进行研究。

唐代还出现了专门记录女仙的神谱——《墉城集仙录》。该书的作者杜光庭依据道教信仰将古今得道成仙的女子事迹汇集起来⑤，尤其是综合了上清女仙和中世女道两大系统，为道教营构了一个色彩斑斓的女仙谱系。杜光庭所记载的这些女仙传记或出于民间神话传说，或出于史料记载，或由道教人物演化而来，但他纂集众说，集为一家，以昆仑神话传说中西王母在昆仑山上的仙宫——墉城为名建构了一个美妙的世界作为女仙的归宿，并表示古今女仙皆归西王母所统辖，"母养群品，天上天下，三界十方，女子之登仙得道者，咸所隶焉"。⑥ 该书本为十卷，共录女仙一百零九人，然今仅存六

①　《道门科范大全集》卷六，《道藏》第 31 册，第 770 页。
②　［朝鲜］李能和：《朝鲜道教史》，东国文化社 1959 年版，第 206 页。
③　［朝鲜］李能和：《朝鲜道教史》，东国文化社 1959 年版，第 59 页。
④　［朝鲜］李能和：《朝鲜道教史》，东国文化社 1959 年版，第 64 页。
⑤　杜光庭在此书的《序》中说："此书记古今女子得道成仙者事迹，取材于仙传道经。"
⑥　参见《墉城集仙录》卷一，《道藏》第 18 册，第 168 页。

卷，收入《道藏》洞神部谱录类，总共记载有圣母元君、金母元君、上元夫人、昭灵李夫人等三十七位女仙事迹（因"湘江二妃"内含二人，故实有三十八人）。[①] 这部中国道教史上现存最早的一部女仙谱系，因故事情节生动而特别富有浪漫色彩和仙灵意蕴[②]，丰富了道教的神灵世界。

两宋是道教神灵谱系定型期。历史上著名的崇道皇帝宋真宗和宋徽宗为了醮神的需要，常命大臣及道门士众编纂道书，整理了近千年来多种道书中所记载的神灵谱系，不仅将玉皇大帝凸显出来，而且还造就了一些富有宋代文化特征的新神——如赵玄朗等。在宋代神灵谱系中，比较有影响的是南宋初江阴静应庵正一道士陈葆光（生卒不详）所撰集的《三洞群仙录》二十卷。据书前《竹轩序》所言，该书网罗九流百氏之书，下逮稗官俚语之说，凡载神仙之事者而成此书。其"集仙之行事"的主要目的是为了"扬高真之伟烈，以明示向道者，使开卷洞然，知神仙之可学。"全书共收集上起盘古，下迄北宋的神仙故事一千零五十四则，不仅注明故事来源，而且征引的古籍多达二百余种，成为研究道教神仙传说及道教人物的重要参考资料，从一个侧面反映了宋代神灵谱系的大致格局。

南宋时，金允中所编制的《上清灵宝大法》卷三十九中排列了三百六十位神仙，堪称是两宋道教神灵谱系的集大成。该书将所列的神仙按其神性与权能，由上而下分为十一个等阶，从而使之更为秩序化：

> 第一阶，三清、四御等；
> 第二阶，南极长生大帝、东极救苦天尊、木公道君、金母元君及三十二天帝等；
> 第三阶，十位太一真君、五方星君、北斗星君、南斗星君、二十八宿星君等；
> 第四阶，五帝、三官、四圣等；

---

① 杜光庭生活于唐末五代，因社会动荡，战乱频繁，导致道书散佚。流传到今天的《墉城集仙录》有三个版本，一是《道藏》本，二是《云笈七签》本，三是《太平广记》本。三个版本均为残本，篇目差异颇大，但《道藏》六卷本为常用本。

② 参见孙亦平：《论道教女仙崇拜的特点——从杜光庭的〈墉城集仙录〉谈起》，《中国道教》2000 年第 1 期。

第五阶，历代传经真君等；

第六阶，魔王、神王、仙官等；

第七阶，五岳及酆都地府诸神等；

第八阶，扶桑大帝及水府诸神等；

第九阶，天枢院、驱邪院、雷府等部主宰及诸神等；

第十阶，各种功曹使者、金童玉女、香官吏役等；

第十一阶，城隍、土地及所属兵马神众等。

两宋道教所建构的神灵谱系对此前出现的神灵仙真进行了定位，为以后的道教提供了可以参照的蓝本。至此，道教十分庞杂的神仙队伍基本上形成了能为各道派认可的、比较统一的神灵谱系。经过千百年的发展，道教沿袭了中国古代对日月星辰、河海山岳、祖先亡灵、修道仙真尊奉的信仰习惯，形成了一个包括天神、地祇、人鬼和仙真在内的庞大而复杂的神灵系统。道教虽以多神信仰在东亚传播，但在传播过程中经各国人士的解读、诠释与重塑，表现出民族化、区域化的特色，也丰富了东亚道教的神灵世界。

在朝鲜半岛传播的道教神灵主要有：三清、玉皇、城隍神、土地神、守门神、太阳神、星斗神、龙王神、井神、风神、树神、水神、河神、桥神、后土神、痘神等。这些神灵在传播过程中，逐渐染上了朝鲜传统宗教的色彩，例如，"城隍神虽然还是如中国道教那样是村庄和城镇的守护神，但在朝鲜半岛，人们将城隍神信仰引入并融合于'仙郎'信仰之中。城隍堂（仙王堂）意味着由大树木（堂树）和石头的垒积（累石坛）形成神域（堂山）。但在城隍堂中立神祠（堂家），其中也祠祀骑虎蓄须的山神或神仙的画像。此神皆为山神——神仙——天神。有人称城隍堂为'老姑堂'，但这是巫教式地被当地习俗化了的说法，在那里祠祀的是女神。城隍堂设在部落的镇山上、入口处、山路边，或设在郡的镇山上，它也与佛教糅在一起，在寺刹的入口处必有城隍堂。"① 人们通过城隍堂时，要投石礼拜，又用五色布条拴在树枝上进行祈祷。城隍堂的旁边立有由木头或石头制成的长柱，

---

① ［韩］都珖淳：《韩国的道教》，载［日］福井康顺等监修：《道教》第三册，上海古籍出版社1992年版，第102页。

雕成形象恐怖的"天下大将军"或"地下女将军"的木偶或石佛，据说是可以起到为部落辟邪、消灾的作用，这是中国道教中比较少见的现象。

　　道教传到日本之后，其神灵信仰也进入了日本的神道祭祀体系中。例如，平安时期编纂的《延喜式》五十卷，在继承《大宝令》的神祇制的同时，又重新规定了四时祭、临时祭、伊势神宫祭等，其中有二十七篇为祭祀神明时诵念的祝词，又称"延喜式祝词"，卷八"祝词六月晦大祓"一条中"十二月准之"的注解中有一篇《东文忌寸部献横刀咒》，其中谨请的道教神灵有：

　　　　谨请皇天上帝、三極大君、日月星辰、八方諸神、司命司籍、左東王父、右西王母。五方五帝、四時四气、捧以銀人，请除禍災，捧以金刀，请延帝祚。①

这些皇天上帝、三极大君、日月星辰、八方诸神、司命司籍、左东王父、右西王母、五方之五帝、四时之四气等，一般认为是神道教对道教神灵信仰的借鉴与吸收。后来，道教崇拜的元始天尊、太乙神、泰山府君、文昌帝君、关帝等，不仅对日本神道教的信仰和教义有所影响，② 而且还受到了一些日本人的崇拜。例如，14 世纪正值宋元两朝交替之际，一些商人、僧侣往返中日，道教关帝信仰也随之传入日本，得到了开创武家政治的幕府第一代将军足利尊氏（1305—1358）的重视。足利尊氏于 1338 年建立室町幕府后，即派遣半官方性质的贸易商船与元朝进行所谓的"天龙寺船贸易"，既获取商业利润，也大量汲取大陆文化。直到 17 世纪，日本阳明学鼻祖中江藤树在诵读《太上天尊太乙神经》后深受感动，还亲自供奉太乙神，并为此经撰写了序文。

　　在道教信仰中，关帝是被作为武神、扶魔神、财神和结社、会馆的守护神被崇拜，传到日本后，足利尊氏将关帝奉为武士阶层的信仰，崇敬是关帝

---

　　① 《延喜式》卷八，载［日］黑板胜美、国史大系编修会编修：《新订增补国史大系》26，吉川弘文馆 1966 年版，第 170 页。

　　② ［日］福永光司：《日本文化与道教——从以天皇为思想信仰谈起》，《世界宗教研究》1982 年第 2 期。

具有的武神性质。相传，足利尊氏得梦告向元朝求武神，将获得的关羽像安置在京都左京区真如町灵芝山大兴寺来进行祭祀，关帝信仰由此开始在日本传播。"水户藩主德川光国信奉关帝注重的是关公忠君信义的大义名分思想。"①

从总体上看，道教神灵在朝鲜和越南受到当地人崇拜，真武大帝、关帝等还逐渐演化为他们民族宗教信仰的一部分，但有关道教神灵在日本传播的资料则相当少，虽然现在学界大多认同，古代日本接受的大陆文化中有许多道教思想成分，究其原因，可能与日本神道教的信仰特征有关。

神道教在两千多年的历史发展过程中，随着佛教、道教与基督教等外来宗教的传入，其神灵观也有从多神信仰向主神信仰，然后向一神信仰演进的趋势，最终，复古神道受基督教一神信仰的影响，出现了将天照大神奉为国家神的观念，宣扬日本民族至尊、国家至上的神国意识，倡导尊皇攘夷思想，以复兴天皇权威相号召，来建立以神道教为统治思想的世界秩序，为后来"国家神道"奠定了基础。因此，神道教的神灵观相继出现了精灵神、祖灵神、国家神三种类型②。而推进神道教神灵观演进的动力是那些"渡来神"、"外来神"或"异域神"与日本神道信仰的碰撞与交融。当外来宗教信仰进入日本民族的主流意识形态时，必然存在一个与本土文化相互碰撞与融合的过程。日本人是拿来主义，但拿来的东西必须是自己所无并对自己有用的。中古时期，一些"外来神"逐渐为日本人所接受，慢慢走进日本人的神道信仰世界，有的还变身为日本人所崇拜的民俗神，例如，七福神、仁王、牛头天王、龙王、三宝荒神、摩利支天、道祖神等。值得研究的是，佛教与道教大约同时传入日本，为什么佛教能够借助于神道教，通过"本地垂迹说"扫除了在日本传播的各种障碍，又通过"神佛习合"的方式，占领了日本宗教信仰的地盘，而道教风采多姿的神灵虽传入了日本却未能产生像佛教那样的影响呢？

宗教的传播既取决于传播者的文化品质，也取决于接受者对它的解读能

① 葛继勇、施梦嘉：《关帝信仰的形成、东传日本及其影响》，载王宝平主编：《神道与日本文化》，北京图书馆出版社2003年版，第234页。
② 参见［日］诹访春雄：《日本的祭祀与艺能：取自亚洲的角度》，湖南美术出版社2002年版，第130页。

力。佛教与道教进入日本后，日本人对它们的吸纳存在着一个由表及里、自上而下的过程。在接触佛道信仰伊始，受自身文化背景和文化心态的制约，接受者开始只能解读其表层的东西，作简单地模仿或重组，尔后才能逐渐解读其深层的文化内涵。佛教传入日本后，首先在王公贵族中流行。从圣德太子宣扬"神佛儒习合"，到中古时期，佛教宣扬神是佛的化身，具有利益众生的特征，可展现出不同的神灵之形，逐渐向社会底层传播。镰仓时，日本净土真宗从"本迹"的角度，通过吸收民间信仰，将神分为"权神"和"实神"。"权神"是佛或菩萨化身，"往古之如来，深位之菩萨，为利益众生，暂且显现神明之形。""实神"是"生灵、死灵等之神。它不是佛的垂迹，或许是人类，或许是畜类，无崇而有烦恼，为抚慰它而将它崇为神"①。基于佛教"众生本有佛性，佛性本来清净"的思想，神道教又在两类的基础上将神分为有觉神、法性神和实迷神三类。如果说，法性神是密教的大日如来的同体之神，有觉神即为权神，实迷神即为实神，这种分别体现了佛教与神道的神灵信仰出现了同化倾向。各大社设置神宫寺，佛寺附属于神社，使为神纳经、度人为僧之风气盛行一时。

到平安时代，又出现神前读经之作法，于神号中加上佛号，如出现了"八幡大菩萨"这样的神名，在地方豪门的推动下，神道教的各路神灵纷纷要求脱神皈佛，以此来表达地方豪门摆脱天皇制束缚的愿望，提出豪门武士阶层的利益诉求。这种神佛合流到了近世时，随着朱子学在日本流行起来，各种"神儒习合"的神道教派陆续出现，神灵观中出现的重视现世利益的世俗化倾向，适应了日本社会商业化和城市化的要求，促进了神道教以国家神道的方式在近世社会中传播。津田左右吉说："如果是为了和佛教、道教和儒教思想相对抗而建立神道理论的话，那么对那些学者而言，因为上述理由，他们还是不得不从佛教思想或中国思想拿来某些知识。……既然有这样的思维方式，那么，拥有佛教经典知识的人，便在佛教占思想界优势的时代里，利用佛教知识讲神道；而拥有儒教经典知识的人，便又在儒家风靡学术界的时代里，利用儒教知识解释古典，来建立神道。更不用说，拥有两方面

---

① ［日］觉存：《诸神本怀集》，转引自王守华、王蓉：《神道与中日文化交流》，河北人民出版社2010年版，第95页。

的知识，又读过道教书的人，便随心所欲地利用这些知识。即使在解释古典时，实际上也是从外界附加了古典里所没有的思想。佛者或儒者利用自家思想来解释古典，特别是佛者为了宣传自家的主张扩大自家的势力，利用了作为民族风习的神道，这样又助长或诱发了神道说的成立与成长。"① 诉诸历史，佛教信仰和教义因自身内涵的丰富性得到了日本人从宗教、哲学和文化等不同层面的深度解读，儒家知识和伦理曾风靡日本神道学界，在这样的背景之下，太具有中国文化色彩的道教神灵不仅没有引起日本人的高度重视，而且还受到了不断的排挤。

　　一种宗教能够在异域不同的民族传播开来，其自身需要具有强大的生命力和向外推展的能力。道教是比较注重于隐逸修行以获得自我生命的长存的中国民族宗教，中世纪以来，为道之士莫不飘然绝迹幽隐之地潜心修行。对此，葛洪的看法颇具代表性："山林之中非有道也，而为道者必入山林，诚欲远彼腥膻，而即此清净也。夫入九室以精思，存真一以招神者，既不喜喧哗而合污秽，而合金丹之大药，练八石之飞精者，尤忌利口之愚人，凡俗之闻见，明灵为之不降，仙药为之不成，非小禁也，止于人中，或有浅见毁之有司，加之罪福，或有亲旧之往来，牵之以庆吊，莫若幽隐一切，免于如此之臭鼠矣。"② 传统的天师道缺乏强烈的传教意识，金元出现的新道派全真教虽然已有了传教意识，如王重阳从陕西到山东传教，丘处机翻越雪山远赴西域向成吉思汗传教。元朝建立后开始对外扩张。元军两次东征日本，日本人对元军的强烈抵抗，使元军以失败告终。最终，元朝支持的全真道没有像传入朝鲜半岛那样传入日本列岛。从历史上看，道教神灵信仰虽然也陆续传入日本，但却没有产生像佛教神灵那么大的影响，佛显而道隐，道教神灵最终融化在日本神道信仰中。除了上述的原因之外，笔者认为，既与道教和神道教在信仰类型上具有的相似性有关，也与两种宗教呈现出的民族文化的差异性相连。

　　从神灵的类型上看，道教与神道教都属于富有民族文化特色的多神教，且都形成了自己庞大的神灵谱系。道教神灵种类繁多，其外在形象各有器质

---

① ［日］津田左右吉：《日本的神道》，商务印书馆2011年版，第269页。
② 葛洪撰，王明校释：《抱朴子内篇校释》，中华书局1985年版，第187页。

性特征，但在质料上却都以道与气为承载体或显像物，这也是人能够通过修行而得道成仙的根本依据。"元始天尊者，即天地之精，极道之祖气也。本生乎自然，消即为气，息即为神，不始不终，永存绵绵。"① 在道教发展史上，道派林立且分歧较大，虽然各道派所崇拜的神灵类型存在着差异，但大都延续着这种神质之同与神型之别来展现自己的神灵观。神道教崇敬多神，《日本书纪》称有 80 万神、《古事记》说有 800 万神，《万叶集》则说有"千万神"，而《出云国风土记》则有 1500 万神之说，但天照大神作为众神的中心，则是日本人心中永远不落的"太阳"。随着时间的推移，神道教信仰的神灵数量和类型越来越多，由本土神话传说而来的神灵大多属于天津神（天神族）和国津神（地祇族）。有日本学者将这些神灵分为：氏神（守护氏族的神）、天王（消灾除病的神）、天神（掌管学问的神）、八幡（镇护国家的神）、伊势（祭祀皇室的氏神）、熊野（山岳信仰的神）、山王（以睿比山为神体的山神信仰）、稻荷（稻谷的精灵）、鹿岛（武士崇拜的神）、浅间（富士山的神）、诹访（守护农业的水、风神）、爱宕（镇火的神）、淡岛（医疗、医药的神）、住吉（航海、渔业的守护神）、宗像（交通运输的守护神）、盐灶（制盐业的守护神）、金比罗（海难的救助神）、出云（开发和守护国土的神）等系统。② 这种分类法得到了神道学界大致认可，由此可见神道教所信仰的各种具有特殊权能的神灵已遍布于日本人信仰生活的方方面面，使与其类似而又有太多异域文化色彩的道教神灵很难插足进来。

从神灵的性质上看，所谓神性是指神所特有的权能与属性。道教崇拜那些法力无边、可操控各种自然力量以及人的生命成长的诸神，如三清、玉皇、斗姆、北斗、太乙救苦天尊等，这是把人自身的人性和能力神化的结果。如太乙救苦天尊，以大圣威德于天上、人间、地狱变化救生，表现出不同的神性，在天界为东方长乐世界的太一福神，在人间是救苦渡厄的大慈仁者，在地狱是荐拔亡魂的日耀帝君，在外道摄邪呼为狮子明王，在水府呼为洞渊帝君③，但都围绕着如何引导人驱邪消灾以获得长寿、平安、幸福，乃

---

① 《洞渊集》卷一，《道藏》第 23 册，第 835 页。
② 参见［日］阿部正路：《知日本的神典事》，文艺社 1995 年版。
③ 《太一救苦护身妙经》，《道藏》第 6 册，第 182 页。

至得道成仙而展开。神道教也将那些令人畏惧与崇拜的对象称为"神"，但认为其有和魂、荒魂、幸魂和奇魂四种性质："和魂是神灵在静态状况下所表现出的宁静和平作用，具有温和仁慈之德；荒魂是神灵在动态状况下所表现出的积极斗争作用，具有勇猛进取之德；幸魂是神灵的护佑作用，使人获得幸福；奇魂是神灵使人成就事业的灵妙作用。其中，和魂和荒魂是神灵作用的两个主要方面，两者统一于同一神体之中。如伊势神宫内宫的主祭神是天照大神，内宫正殿是祭祀天照大神和魂的地方，而距内宫不远的别宫——荒祭宫，则是祭祀天照大神荒魂的地方。"① 神道神灵观内涵的不同神性，特别表达了日本古典神话中有关净秽两极对立的观念，如，天照大神为首的神道诸神居住在无比清净的高天原世界，而统治下界中津国土的是天照大神的后代。这种将凶秽、罪恶和灾祸当作"恶"来躲避，把净状无秽状态看作是"善"来对待与追求的净秽两极对立的观念，导致了神道教中出现了通过"被禊"来消除污秽的观念。随着忌避凶秽范围的扩大，把凶秽完全清除的"物忌"② 意识也围绕着如何通过祭神仪式保持洁净而展开，并通过借助于儒家伦理和佛教净土信仰中的清净、觉悟、除罪等思想，发展为律令制国家的一种制度而逐渐替代了原始神道"被禊"。如出现于平安时期律令细则集《弘仁式》就强调："律以惩肃为宗，令以劝诫为本。"这就使道教神灵在进入日本律令制文化语境后很难将那种带有深厚功利性色彩的中国式的"消灾求福"的优势发挥出来。

从神对人的作用上看，道教认为神不仅存在于天地之间，也存在于人的身体之中，人通过自己身体感官就可感知神的存在。"老君曰：人哀人，不如哀身，哀身不如爱身，爱神不如含神，含神不如守身，守身长久长存也。"③ 中国人拜道教神灵的目的是期望神灵保佑自己免遭祸害，求得福佑，修道的目的是为了使生命无限延长，最终成为与道合一的神仙。"道教与神道教皆以自然崇拜为教宗，推崇人与自然和谐共处。环顾我们的周围如海洋、群山、湖水、花朵等事物，都是良好的生存环境与生态平衡的一部

---

① 王守华、王蓉：《神道与中日文化交流》，河北人民出版社2010年版，第264页。

② 神道教中的"物忌"就是行斋戒。为了祭祀神祇，使祈祷达到天人感应的功效，神官必须保持身心的洁净，故在饮食和行为上都必须行斋戒，即为"物忌"。

③ 《西升经》，《道藏》第11册，第505页。

分。和谐不仅成为这两种宗教的象征符号，同时也成为两教教徒恪守严从的教义教宗。"① 但由于神道教属于"泛灵多神信仰"，崇拜栖息于山洞、泉眼、森林等山清水秀之地的神灵（kami），这些存在于大自然中的神灵具有移动游走的性质，虽然与人的生活密切相关，但普通人无法感知它的存在，只有用两种方式来象征它：一是通过"神托"，即某种自然物或人造物如镜、剑、树木、岩石、神篱、磐境等来作为神体的象征物——"依代"② 来呈现；二是通过依附于巫女的"神托"，以神灵附体或巫女托梦的方式来传达神的旨意，人由此来感知它的存在。按照日本民俗学家柳田国南（1875—1962）的看法："这种巫女的神通，主要显示在能说出人们谁也不知道、从来没听说过的神明称呼，而且有求必应，每应必灵地几次传出'神旨'来印证的。当然，这也是使那'神名'远扬，神社得以巩固下来的主要原因。"③

日本人对神道的信仰、敬畏和祭祀的目的在于防止神灵"作祟"。神道教认为，若砍伐一棵树，杀死一只动物，都会引发大自然的失衡，导致某种疫病的流行、某种灾难的降临等，这是神以"作祟"的方式来表示它对人的愤怒，或表示对人的惩罚和谴责，但人的这种过错是可以通过拜神仪式或净化仪式来挽救的。编纂于平安朝初期的法令集《延喜式》卷八中，有篇祝词的名称叫"迁却祟神祭"，大概意思就是要"把作祟的神搬走"。其中提到，高天原众神派遣经津主神和建御雷神平定凶恶众神之后，说道："皇御孙天之御舍内在宫廷里粗暴胡闹的众神，希望你们放老实点，从这里迁移到其他景致更美的地方，把那里当作定居的地方吧。"④ 天武天皇所创立的新神道的方针，就是要通过"祓禊"把这些作祟的神放逐到遥远的地方，再建立新的符合律令的神道。这种用神道来保佑国家律令制和天皇制的顺利

---

① ［英］米兰达·布鲁斯-米特福德、菲利普·威尔金森：《符号与象征》，三联书店 2010 年版，第 171 页。

② 在日本人的神道信仰中，神灵并非常在人间，仅在祭祀时降临，并通过某种媒介物显灵，故日本先民将供神灵下降时暂栖居的象征物称为"依代"。他们相信神灵通常依附于长磐树木、岩石等物体之上，而把日常生活中对自然的恐惧感与神秘感汇集于此，将之作为神灵赖以"显灵"之物，由此而产生的原始神话成为古老的日本神道信仰之源。

③ ［日］柳田国南：《传说论》，中国民间文艺出版社 1985 年版，第 87 页。

④ ［日］梅原猛：《诸神流窜：论日本〈古事记〉》，经济日报出版社 1999 年版，第 316 页。

发展是道教神灵观传入日本后，所缺乏的先天性内容。

神道教的神灵还有一些道教所不具备的特点。第一：通过"分灵"可以增强神灵的影响。如果某个神灵神德厚、神威高、神名响，就可以根据需要，通过为其建造神社，对该神进行"劝请"、"分灵"来扩大它的社会影响。例如，发祥于九州的宇佐神宫的八幡神，在神佛习合的过程中，神名远扬，后被"劝请"到至奈良的手向山八幡宫、京都的石清水八幡宫、太宰府的笛崎八幡宫和仙台的大崎八幡宫。坐落在苍绿杉木树丛中的大崎八幡宫是仙台的第一守护神社，已有 400 年历史。据说早在平安时代，大纳言兼右近卫大将兵部卿坂上田村麻吕（758—811）为平息虾夷叛乱，祈求武运长久，将武门守护神"宇佐八幡宫"迎请至现在的岩手县水泽市，创建了"镇守府八幡宫"。安土桃山时代奥羽地方大名、江户时代仙台藩始祖伊达政宗（1567—1636）于 1607 年将其迁至现所在地，创建了大崎八幡宫。石清水八幡宫后被劝请至镰仓的鹤冈八幡宫。现在日本全国有超过四万座的八幡神社，都是由宇佐神宫八幡神的分灵而来，这就使各地的八幡宫或八幡神社具有一种割不断的连带关系。道教中也有为同一神灵在各地建立宫观道场的做法，例如，吕祖、真武、关帝、财神、土地神等，但各地道场之间缺乏以"分灵"为线索的紧密联系。

第二，神道教相信神既是某地的主宰者，也是某地的居住者，神镇座于一定的场所，这成为日本人居住文化的信仰基础，因此，在建筑房屋前或者迁入新居前，必须举行向镇守神或地主神祭祀的活动，称为地镇祭。虽然中国道教也有祈求土地神保佑的祭祀仪式，但神道教举行地镇祭的目的在于：一是向土地神表达敬畏的心情，请允许我居住在这里，我一定和你共存共荣；二是净化土地，在日本人看来，每一块土地上都有各种因缘，或者说有一些不洁净的东西，通过举行诸如"地镇祭"或者"家のお祓い"等仪式可以消除这些不洁的因素。

第三，神道教将天照大神的后裔天皇视为具有人和神的双重性格的"现人神"。原始神道的主体是那些植根于山水、土地和森林中的自然神，它们原本不具有人格，人对神只有一种蒙眬的敬畏感，尚未形成有序的神灵谱系。5—8 世纪时，与受中国文化的影响，在大化改新后，日本的国家体制形成。大王为了证明自己统治的合法性与神圣性，通过强调"君权神授",把自己的祖先与神相联系,最初是以大王国家的根据地与祖先神Yamato 之名通行全国,中国人用汉字"倭"、"大倭"和"大和"等称之。奈良朝建立了律令制和天皇制的国家,模仿唐朝都城长安和北魏都城洛阳建成帝都平城京,随着版图的扩张,大王也成了天皇,神道教的神灵观念也逐渐出现了两种现象:一种是神灵附体宣诏神谕;另一种是施展妖术的神巫、神人等的神格化,据此后世人们把天皇视为天照大神的后裔,认为他们是具有人和神的双重性格的"现人神",皇祖神灵附于御体保佑着大和民族,并接受全体子民的顶礼膜拜。这种神灵观中所内含的"敬神崇祖"浸透到日本精神的深处,也为以"祭政合一"为核心的天皇制提供了神圣依据,这既是中国道教神灵观中所没有的内容,也从根本上阻碍了道教在日本的传播。

第四,神道教所谓"御灵信仰"是对那种死于非命,或者年轻夭折,死后成为"冤魂"或"亡灵",来到人世"作祟"怀有恐惧,希望能够用一种方法来平息那些"亡灵"的怨恨,摆脱其邪祟的信仰。其实,对"亡灵"的恐惧感普遍流传于东亚各民族中,由此而生发出个人或家族这种血缘集团内部的对记忆之中祖先亡灵的超度仪式,以让亡灵被神灵接引超升仙界。如道教著名的黄箓斋:"黄箓者,开度亿曾万祖,先亡后化,处在三涂,沉沦万劫,超凌地狱,离苦升天,救拔幽魂,最为第一。"[1] 如果说,在东亚普遍流行的"亡灵"的原型是从祭祀祖先之灵的"祖灵信仰"中产生出来的,那么,神道教则从"冤魂"发展出独特的"御灵信仰",并将那种私人的、家族的超度亡灵的祭祀仪式转变成公众的、社会性的神道仪式。"御灵信仰"自奈良时代开始萌芽于对政治斗争失败者们的冤魂的敬畏,那些死后被神化的人之灵魂被称为"灵神",因具有惩治恶人的超能力又称"荒人神",而"亡灵"则是同族祖先之灵,顶多在一个家族中有影响,并不被社会所共知,这样,"御灵"就超越了血缘关系的范畴,成为一种具有社会影响的公共存在物。"御灵"一词最早出现在《日本三代实录》,据贞观五年(863)5月20日的记载:

---

① 《上清灵宝大法序》,《道藏》第 30 册,第 650 页。

所谓御灵者，崇道天皇（桓武天皇之胞弟、早良皇太子）、伊豫亲王、藤原夫人（伊予亲王之母・吉子）、观察使（藤原仲成）、橘逸势、文室宫田麻吕等是也。并坐事被诛。怨魂成厉。近代以来，疫病繁发，死亡甚众。天下以为，此灾御灵之所生也。始自京畿，爰及外国。每至夏天秋节，修御灵会，往往不断，或礼佛说经，或歌且舞，令童贯之子靓妆驰射，臂力之士袒裼相扑，骑射呈艺，走马争胜，倡优嫚戏，递相夸竞，聚而观者莫不填咽，退迩因循，渐成风俗。今兹春初咳逆成疫，百姓多毙，朝廷为祈，至是乃修此会，以赛宿祷也。①

这种忌避凶秽的"御灵信仰"是佛教传入日本后，在奈良到平安前期的民间社会中开始发展起来，是一种融合了神祇信仰与佛教因素而出现的"神佛习合"的信仰形态，② 逐渐成为一种民间祭礼。例如，天平宝字元年（757）七月，奈良朝左大臣橘奈良麻吕（721？—757）企图消灭被孝谦天皇宠爱的藤原仲麻吕（706—764），另立天皇，遭人密告后败露，政变尚未发动即被平叛，其党羽多死于牢狱，朝廷下"敕曰：比者顽奴潜图返逆，皇天不远……民间或有假托亡魂，浮言纷纭，扰乱乡邑者，无论轻重，皆与同罪。普告遐迩，宜绝妖源。"③ "御灵"指那些冤屈的亡魂，是人们出于敬畏心理对于那些制造灾害报复社会的"冤魂"的敬称。到了平安时代的初期，宇多天皇和醍醐天皇相继对国家的政治与经济制度进行改革，"使日本从一个立足于公地公民观念的律令制国家，转变成一个立足于私有和家产观念的新型王朝国家。"随着土地所有制的私有化，地方豪门和村落首领以神宫寺和密教的思想为依据，试图摆脱从前的以祭神活动相号召来征收租税的做法。醍醐天皇登基后，藤原时平和菅原道真分别担任朝廷的左右大臣，官居右大臣的菅原道真（845—903）出身平民，因遭贵族出身的左大臣藤原时平的谗陷，被醍醐天皇贬黜而死。后来其冤魂自称是密教的"梵天"，又

① 《日本三代实录》卷七，载［日］黑板胜美、国史大系编修会编修：《新订增补国史大系》4，吉川弘文馆 1966 年版，第 113 页。

② 义江彰夫认为："御灵（冤魂）信仰象征的是神佛结合思想的第二阶段。"（［日］义江彰夫：《日本的佛教与神祇信仰》，商务印书馆 2010 年版，第 98 页。）

③ 《续日本记前篇》卷二十《孝谦天皇》，载［日］黑板胜美、国史大系编修会编修：《新订增补国史大系》2，吉川弘文馆 1985 年版，第 237 页。

得到神道神祇的保护，成为神佛习合的"天满天神"，以无上的法力在京城中"作祟"，把陷害过自己的天皇和大臣一一置于死地，成为日本的"御灵信仰"中最典型的，也是第一大怨灵神。① 这种"御灵信仰"所具有的反王权特征的复仇方式，后来逐渐发展成为一种要求造成怨灵失败身亡的罪魁祸首赎罪偿命的社会政治运动，将怨灵的怨恨与对王权政治的不满结合起来，其故事被写成文艺作品，甚至登上艺能舞台，每当灾害和恶疫在社会上蔓延时，那些怨灵就会被人们加倍地回忆起来，然后由朝廷或市民发起在民间举行"御灵会"的祭祀活动来进行安抚，"在'御灵会'上，除了僧侣在灵前诵经说法，到场的大众还举行歌舞、骑射、相扑等各种娱乐活动。"② 这种集镇魂祭祀、发泄情绪和歌舞娱乐为一体的"御灵会"，作为整个日本国民共同参与的神道信仰被传承下来。"随着时间推移，王权势必会一步步把冤魂吸收进自身的体系，直到把它改造成王权的守护神。"③ 神道教的"镇魂祭"就是这种"御灵信仰"的宗教仪式。

　　神道教在历史发展中建立起具有浓厚的民族宗教内涵的神灵谱系，在一定程度上阻碍了道教神灵信仰在日本的传播。到 18 世纪时，道教有关文昌帝君信仰的道书，如《梓潼帝君化书》、《太上无极总真文昌大洞仙经》、《元始天尊说梓潼帝君应验经》、《高上大洞文昌司禄紫阳宝箓》等在日本社会得到了广泛传播，今天的横滨、大阪、神户、长崎等地都建有文昌庙，在冲绳县，除盛行信仰文昌帝君外，还保存着供奉灶神、土地神、城隍神、妈祖、关帝的神庙④，虽然这些道观神庙的朝拜者以华人为主，但其祭祀仪式和道观建筑已经具有了日本文化色彩。值得关注的是，道教神灵虽未能得日本人的重视，但神仙信仰却得到日本人的欣赏。

---

　　① 据《扶桑略记》记载，菅原道真死后，平安京就开始了一连串的异象灾难，如日食、月食、彗星、地震、落雷、旱灾、豪雨、大火、疫病等。尤其是那些突然而至接连不断的大雷，人们认为这是道真显灵回京复仇的象征。于是，民间传说受冤屈而愤死在九州岛太宰府的道真受天神之封而成为雷神，专门为世间不平之事而四处闪耀雷光。在到接二连三的怪事发生后，人们慢慢地感到无名的恐惧，"御灵信仰"流传一时，逐渐发展为一种社会政治运动。

　　② ［日］义江彰夫：《日本的佛教与神祇信仰》，商务印书馆 2010 年版，"导读"第 6 页。

　　③ ［日］义江彰夫：《日本的佛教与神祇信仰》，商务印书馆 2010 年版，第 96 页。

　　④ 陈耀庭：《道教在海外》，福建人民出版社 2000 年版，第 49 页。

第二节　尊太上老君为教祖

道教虽然崇拜多神，但"奉太上老君为无世不存之至尊天神，这是道教信徒最根本的信条"①。道教这种信仰特征的出现是否与两汉社会中流行思想有关？道教酝酿于两汉社会中，当时本土的儒学已在意识形态领域中占有主导地位；外来的佛教也开始在中土传播，并形成了一定的气候。初创的道教如果要想与儒、佛分庭抗礼，占有一席之地并生存发展下去，首先必须要树立自己的信仰，建立相应的教义理论来吸引广大信众，不然就会有惨遭淘汰的可能。

道教所信仰的"道"本是古人在认识自然和人自身生命的过程中所创获的哲学观念，老子《道德经》将其作为对万物本源和宇宙本体的最高概括。然而，作为一种哲学范畴，玄之又玄的"道"只是为道教信仰提供了一定的理论基础，"道"要成为宗教信仰的对象，还必须进一步具象化。历史上有关老子的生平事迹向来扑朔迷离。据《史记·老子韩非列传》称，老子"姓李氏，名耳，字聃"，春秋末期楚国苦县厉乡曲仁里人，曾任过周王朝掌管图书的官职，博览群书，学识过人。儒家圣人孔子曾求学问道于老子，并对其弟子慨然叹曰：老子犹如一条乘风云而上的龙啊！后因周王室内战渐衰，老子准备西出函谷关，过函谷关时应关令君喜的请求，写下了言简义丰的五千言经典力作，流传于世，后不知所终。到西汉司马迁（约公元前145，或公元前135—？）时，人们对这位道家学说的创始人的印象已经十分模糊，可是其人其书，却给人们留下了无限遐想和千古难解之谜，尤其是其"道"论的玄妙深奥所表现出来的模糊性、神秘性及超越性，以及老子本人生有异相、身修道德、以自隐无名为务等独到之处，都含有让人捉摸不透的深邃内涵，而所有这些又都非常契合并满足了初创时的道教树立信仰和建立教义理论的需要。

由于汉初统治者曾对黄老学推崇备至，老子及《道德经》在汉代社会中一直有着很高的威望。东汉时，老子还享有了与浮屠并祠的地位。无论是

---

① 李养正：《道教概说》，中华书局1989年版，第218页。

下层社会的民间百姓，还是上层社会的王公贵族，都将老子等同于"道"，认为通过祭祀老子不仅能够与"道"相沟通，而且还可以获得一种神秘的力量，这成为当时信仰领域中的一个重要特征。东汉明帝时，益州太守王阜（生卒不详）撰《老子圣母碑》称："老子者，道也，乃生于无形之先，起于太初之前，行于太素之元，浮游六虚，出入幽明，观混合之未别，窥清浊之未分。"将老子与道相提并论，将其视为先于天地的神灵。而边韶在《老子铭》中则说："老子道化身化，蝉蜕度世，自羲农以来，迭为圣者师。"将老子奉为圣者之师。据《后汉书·楚王英传》记载，楚王刘英晚年"更喜黄老，学为浮屠斋戒祭祀"。永平八年（65）明帝下诏天下有死罪者可以用缣赎罪，于是，刘英派人到国相（朝廷外派封国的机构）献黄缣白纨赎罪。明帝得知后，立即下诏："楚王诵黄老之微言，尚浮屠之仁祠，洁斋三月，与神为誓，何嫌何疑，当有悔吝？其还赎，以助伊蒲塞（按，男居士）、桑门（按，沙门）之盛馔。"[1] 赞扬刘英既信奉黄老，读诵黄老之言，又祭祠佛陀，并且按照佛教的规定持戒吃素，他为赎罪而派人上缴的黄缣白纨可作供养居士、僧人之用。到了社会危机四伏的东汉末年，皇帝也不得不采取与民间传道者相类似的宗教手段去祭祀老子，以保持政治与宗教上的统领权。"桓帝即位十八年，好神仙事，延熹八年（165）初使中常侍之陈国苦县祠老子。九年，亲祠老子于濯龙。文罽为坛，饰淳金扣器，设华盖之坐，用郊天乐也。"[2] 汉桓帝以帝王身份不仅派人去苦县祭祀老子，而且还在宫中将黄老与浮屠并祠，将老子视为神灵，奉上神座，抱着敬畏之心。民间传道者也利用这种"奉事黄老道"的方法不断地与统治者争夺与神相沟通的权力，"巨鹿张角，自称大贤良师，奉事黄老道，蓄养弟子，跪拜首过"[3]。这在客观上抬高了老子的社会地位。

正是在这样的社会文化氛围中，道教在创建之初，以天、地、水三官为尊神的同时，不仅将老子神化为宇宙的创造者，也把老子尊为"太上老君"，奉为道教的教祖和至上神。《道德经》五千言，尤其是初创之时的道教往往采用祖述老子，信奉老子，"一者道也。……一在天地外，入在天地

---

① 《后汉书》卷四十七《楚王英传》，《二十五史》，上海古籍出版社、上海书店 1986 年版。
② 《后汉书》志第九《祭祀下》，《二十五史》，上海古籍出版社、上海书店 1986 年版。
③ 《后汉书》卷七十一《皇甫嵩传》，《二十五史》，上海古籍出版社、上海书店 1986 年版。

间，但往来人身中耳。……一散形为气，聚形为太上老君，常治昆仑，或言虚无，或言自然，或言无名，皆同一耳"①。强调"一"就是"道"。"道"散形为"气"，聚形就成了栩栩如生的"太上老君"。后来道教中盛行的"一炁化三清"的说法，可能就是由此思路通过想象而形成的。这种将道、气与老子的化身太上老君相联系的做法，深受汉代哲学中流行的元气论的影响，其对老子神性的界定是建立在元气神格化基础上的，这显然与基督教所信仰的全智全能的上帝有所不同，反映了中国人"观物取象"的思维方式，即使是塑造高高在上、虚无而微妙的神灵，也还是希望通过某一具体的东西来进行。

　　"道"由此而被道教神化为教祖"太上老君"，成为道教中的至上神，是一个无限的、超然的、模糊不定的、绝对的终极，其中蕴涵着一种令人敬畏的神秘力量。"道设生以赏善，设死以威恶"，能以生死对人的行为进行赏善罚恶，成为一种约束民众行为的道德戒律："仙士畏死，信道守戒，故与生合也。"② 福永光司曾指出五斗米道奉行的道书《老子想尔注》具有宗教经典的性质："20 世纪初敦煌出土的《老子想尔注》（上卷第三章中至第三七章的残卷）一书——它恐怕是张鲁系统道教教团在魏晋时代作为教育骨干使用的讲义记录。"③ 它通过对"道"的神灵化诠释，将"太上老君"奉为与道同一的尊神，推动老子的哲学之道向宗教之道转化。道教所信仰的神灵绝不是一种抽象意义上的存在，它必须在与自然、社会和人生的关系中表现出来。因此，道教在论述"太上老君"存在的同时，必然要涉及其属性以及与宇宙万物的关系。南北朝时，道教中就出现了专门讲述太上老君如何从无到有创造宇宙天地万物乃至于人的道书——《太上老君开天经》。

　　经中说，在混沌未分、天地未辟之时，"老君犹处空玄，寂寥之外，玄虚之中，视之不见，听之不闻。若言有，不见其形；若言无，万物从之而生。"这样一个无声无形犹如处于"空玄"状态的太上老君创世时，由"虚空而下，为太初之师，口吐《开天经》，一部四十八万卷，一卷有四十八万

---

　　① 饶宗颐：《老子想尔注校证》，上海古籍出版社 1991 年版，第 12 页。
　　② 饶宗颐：《老子想尔注校证》，上海古籍出版社 1991 年版，第 25 页。
　　③ ［日］福永光司：《佛教与道教——以汉译〈佛说无量寿经〉为例》，载杨曾文、［日］镰田茂雄编：《中日佛教学术会议论文集》（1985—1995），中国社会科学出版社 1997 年版，第 106 页。

字，一字辟方一百里，以教太初。太初始，分别天地清浊，剖判溟涬洪蒙，置立形象。"然后再口吐《乾坤经》，创造天地，"清气为天，浊气为地"，阴阳"在天成象，日月星辰是也；在地成形，五岳四渎是也；在人成生，心肝五脏是也。"太上老君的创世是一个漫长的过程，经历了"洪元"、"混元"、"太初"、"太始"、"太素"、"混沌"、"九宫"、"元皇"等阶段。人类社会也经历了三皇五帝，以及夏商周三王的统治。太上老君在每个世代都变化下降，随方设教，传经授法，治理天下，不仅劝民专修善道，而且还教民造火冶炼、种植采药、造房做车、织布制衣等生活技能，从而推动了人类社会的发展。

道教将老子奉为太上老君，老子也就从人转化为"道"，"道"又从理性的最终根源、形而上学的最高思想转化为宗教的崇拜对象。道教正是以此为基点来建构老君创世说的，并以此来确立自己的信仰。这从《道藏》中保留的一些专门神化老子的道书，如《太上老君开天经》、《老子内传》、《犹龙传》、《太上混元圣纪》、《墉城集仙录》、《道德真经广圣义》等，可见一斑。它们对老子的神化解说，表现如下：

第一，道教大量运用文学手法对老子的出身作了神话般地生动描述。首先，将老子的母亲神化为"圣母元君"。道教宣称：圣母元君乃由洞阴玄和之气凝化成人，亦号玄妙玉女。"老君乘日精驾九龙，氤氲渐小，如九色弹丸，自天而下，托孕于元君之胎。"圣母未婚而孕，与基督教的圣母玛利亚何其相似。元君怀孕八十一年后才生孩子。元君因这个孩子生而白首，故取名老子。老子出生后，即能行走九步，且步生莲花。他"左手指天，右手指地，言曰'天上天下，唯我独尊，世间之苦，何足乐闻'"。这与佛教对释迦牟尼的神化又是十分雷同。道教将民间流传的各种关于老子的传说加以系统化，运用丰富的想象和夸张的笔法，为历史上原本只是"任周藏室之史"的老子披上了一层神秘的面纱，升华为道教的集道、神、人三位一体的神灵——太上老君。这正如德国哲学家费尔巴哈（1804—1872）在描述基督教所信仰的上帝的本质时所言："上帝是人格，但他却又应当是上帝，应当是普遍的存在者而不是人格的存在者。"① 从这一点看，太上老君的本

----

① ［德］费尔巴哈：《基督教的本质》，商务印书馆 1984 年版，第 280 页。

质与基督教信仰的上帝又十分相似。

其次，对老君的创世降迹行教的功绩、应显变化的灵异作了阐述。杜光庭在《道德真经广圣义》中说：

> 太上老君降迹行教，远近有四：其一历劫禀形，随方演化，即千二百号，百八十名，散在诸经，可得征验矣；其二此劫开皇之始，运道之功，孕育乾坤，胞胎日月，为造化之本，为天地之根，播气分光，生成品汇，自五太之首，逮殷周之前，为帝王师，代代应见……；其三老君以商阳甲之代，降神寓胎，武丁之年，诞生于亳，即今真源县九龙井太清宫是其地也，或隐或显，潜化群方……；其四将化流沙，与尹喜期会于西蜀青羊之肆，示现降生。

在老子降迹的四大功绩中，第二项无疑具有创世的意义。因为如果宇宙的发生有一个绝对的开端，时间就会有边际，那么，时间如何开始？又如何结束？也就成为一个不可回避的"宇宙开端"问题。在时间的起点上，道教不仅极力塑造了一个超越之神太上老君，作为宇宙的造物主，而且还进一步强调了太上老君在创天造地之后，还创造了日月星辰、风雨雷云、四时寒暑、人伦礼仪等，因此，"老君乃天地之根本，万物莫不由之而生成"。这种说法似乎就是《圣经·创世纪》中"起初，上帝创造天地"的"中国化"之翻版。但道教强调太上老君本是由"道"与"气"凝聚而成的，同时又通过"道"与"气"自然而然地化生宇宙，这与基督教的创世说又有了显著的差异。

第三，以解释老子的名号为由，强调老子不仅是圣人，而且也是神灵，不仅创世，而且随方教化，化导世俗：

> 太上老君者，大道之主宰，万教之宗元，出乎太无之先，起乎无极之源，经历天地，不可称载，终乎无终，穷乎无穷者也。其随方设教，历劫为师，隐显有无，罔得而测，然垂世立教应现之迹，昭昭然若日月。①

---

① 《混元圣纪》，《道藏》第 17 册，第 780 页。

道教将老子尊为太上老君，表明老子是至上的神灵，是"道"的化身，弘"德"的元圣，既是具有神性的人，也是具有人性的神。杜光庭曾对老君的各种名号作了汇总，并"就老君位号之中分为三十，假以解名号之由起"，论述了老君的种种事迹。这三十种名号分别是：起无始、体自然、见真身、应法号、启师资、历劫运、造天地、登位统、随机赴感、演上清、传灵宝、出洞神、垂文象、示好生、教陶铸、制法度、作形器、崆峒演道、衡岳授经、江滨应化、姑射宣真、传道德、教理水、述长生、寄胎慧、显降生、彰圣号、明胄胤、兴帝业、册鸿名等。这里，从第一至第九说明了老君所具有的创世神人的特点，"老君挺生空洞，变化自然，智慧无穷，圣德周备。形既莫测，号亦无边。在天为万天之主，在圣为万圣之君，在仙为万仙之总，在真为万真之先，在星为天皇大帝，在教为太上老君。"从第十以后，显示了老君如何通过各种应化身来造福于人类，以说明老君先天就具有神性，然后才以"道"来应化众生。由于老君的存在，宇宙才得以开始，万物才得以出现，人类才得以衍生，文明才得以进化，人们修道成仙也才成为可能。

第四，从哲学上来说明太上老君具有超验、终极的性质。《犹龙传》中说："老子即老君也，乃大道之身，元气之祖，天地之根也。"太上老君之所以是宇宙的创造主，与其本身所具有的"无始"、"无因"等超验的特性密切相关，"老君生于无始，起于无因，为万道之先，元气之祖也。无光无象，无音无声，无色无绪，幽幽冥冥，其中有精，其精甚真，弥纶无外，故称大道。大道之身，即老君也。万化之父母，自然之极尊也"①。太上老君在本体上是绝对独立的，他超越了因果规律的束缚，不是任何一种原因所造成的，却又是一切存在的终极原因。太上老君具有自存性，他起于无始却能够成为宇宙万物的最后根源。太上老君以无为本，但却是"万化之父母"。古希腊哲学家亚里士多德亚（Aristotle，前384—前322）在《形而上学》第一卷第一章开宗明义的第一句话就是"求知是人的本性"。当人们在向自然求知，追溯事物产生的根源时，根据因果律，必然要在思维逻辑上追踪产生世界的第一因是什么。道教宇宙神创说的探讨实际上也是在追踪第一因，当它将无始、无因、无象的太上老君作为一切有始、有因、有形事物的最终

---

① 《道德真经广圣义》卷二，《道藏》第14册，第316页。

根源时，也就必然地、唯一地把产生宇宙万物的第一因落实到了"太上老君"，这也就与亚里士多德相似，认为最后有一个不带任何物质形式的"第一推动者"，就是理性，就是上帝。但道教所描绘的太上老君创世说与《圣经·创世纪》又有所不同。在道教这里，太上老君只是无声、无形、无象的"道"的化身，由"结气凝真"而成，因而他并不像上帝那样亲自动手来造万物乃至于人，但却能创化宇宙，应世神化，垂世立教，引导人们效法自然，修道成仙。

道教正是通过对老子的一步步神化，使其成为混沌之祖宗、天地之父母、阴阳之主宰、万神之帝君。老子在具有了与道同体的神通之后，任运自然，随世浮沉，退则养精，进而为帝王师，成为道教演法弘道的太上道祖，被尊为道教信奉的至上尊神——太上老君。

然而在不同的历史时期，不同的教派之中，太上老君在道教信仰中的地位并不是固定不变的。早期道教比较崇奉太上老君；东晋时，江南道教中则将"元始天尊"塑为最高天神，南北朝时又出现了"太上道君"；隋唐时乃有老子"一炁化三清"之说。在南天师道的神仙系统中，太上老君的地位仅次于"太清玄元无上三天无极大道"，而上清派和灵宝派则将太上老君列于元始天尊（上清派称"元始天王"）和太上道君（即灵宝天尊，上清派称"太上玉晨大道君"）之后。在道教诸派中，唯有大倡"老子化胡说"的楼观道对太上老君最为推崇，这大概与其历史与文化传统有关。

在中国历史上，从汉代始，历代帝王就非常崇奉老子，由立庙祠祀，到专设道宫，进而不断地为老子加号册封。东汉延熹八年（165），汉桓帝曾专派使者到苦县祠老子，次年又亲祠老子于濯龙宫。唐代时，李唐王室奉老子李聃为先祖，崇道之风日盛。唐高祖于羊角山立老君庙；唐太宗奉老子为祖先；唐高宗于乾封元年（666）亲至亳州谒老君庙，追封老君为"太上玄元皇帝"；唐玄宗于天宝年间（742—756）加号封其为"大圣祖玄元皇帝"、"圣祖大道玄元皇帝"、"大圣祖高上金阙玄元天皇大帝"，修建了众多的道观，特别于西京、亳州等地建造了供奉老子的太清宫，不仅在其中塑上老子像，而且还塑玄宗像侍立于老子像之右，以示尊崇，后来又以高祖、太宗、高宗、中宗和睿宗五帝陪祀老子。这种于道观中塑神像来表达道教信仰，并供奉祭礼的做法在宋代得到了发扬光大。宋真宗称老子为"真元皇帝"，大中祥符六年（1013）又下诏为其加号"太上老君混元上德皇帝"，并于第二年亲至亳州真源县朝谒太清宫。明太祖深受老子思想的影响，推崇《道德经》，认为此书"尽皆明理，其文浅而意奥"①。然而，所注者人各异见，使读者莫衷一是，乃于日理万机之中自己亲注《道德经》。明太祖成为历史上，继唐玄宗、宋徽宗之后第三位为《老子》作注的皇帝。这本名为《大明太祖高皇帝御注道德真经》的注疏本，从思想上将道教改造成有利于明王朝统治的宗教。虽然这些中国帝王对老子及《道德经》极力推崇，但东亚各国对老子却有着不同的解读和受容。

从朝鲜半岛看，据《三国遗事》记载，7世纪，朝鲜半岛有许多人信仰五斗米教，唐高祖得知这一情况后，马上就派遣道士去高句丽讲《道德经》，国王及国人都前来听其讲论。韩国学者车柱环推测："那时候派来的道士属于新天师道的系统，因此有可能为了把道教作为'创唱宗教'，基于把老子摆在宗主之位的新天师道对《老子》的解释，试图讲论。"因此，"那一次的讲论应是这样：从连接于老子前生的诞生传说开始，讲到在函谷关向关尹告知'五千言之道德'的要理、离开函谷关之后'西行胡化'的讲说等，实为趋向于强调长生不老的神仙说的宗教说法。"② 唐玄宗时，为了扩大老子在朝鲜半岛的影响，又派使臣邢璹来到新罗向孝成王（？—742）献上《道德经》。高丽时代，高丽王朝的国家道观——福源观，坐落在开京王府北大和门内侧的内，建有天皇殿和三清殿，其中所塑的太上老君神像还保留着中国特色："殿内祀奉绘制的三清像，其中混元皇帝（太上老君）的须发皆绀色（即青紫色），完全符合中国宋朝绘像的色彩。"③

到朝鲜王朝时期，昭格署则将老子作为最高之醮祭对象："昭格署是道家之事，以老子为醮祭最高对象是遵道家之说者而沿袭高丽之制者也。"④ 醮祭老子被认为是既遵从了中国道教的传统，也沿袭了高丽王朝的祭祀制度。后来，在朝鲜国王的支持下，老子也成为朝鲜王朝国家祭祀的对象，但这种崇拜老子的做法，又经常受到朝中大臣的批评，如成宗二十三年

---

① 《太明太祖高皇帝御注道德真经》，《道藏》第11册，第689页。
② ［韩］车柱环：《韩国的道教思想》，人民文学出版社2005年版，第87页。
③ 陈耀庭：《道教在海外》，福建人民出版社2000年版，第39页。
④ ［朝鲜］李能和：《朝鲜道教史》，东国文化社1959年版，第195页。

（1492）元月，御经筵讲至"中庸鬼神章"时，侍读官李达善启曰："先儒以索鬼神于佛老，为非国家。虽非崇信佛老，然养僧徒其费不赀，且昭格署为道教而设，如宋之以老子而祀，是矫诬上帝有累正道云云。"成宗曰："昭格之祀果非正道，然自祖宗朝有之，不可遽革。"领事沈浍启曰："臣于丙申年朝京，见道观处处多有之，问于序班陈智曰：'国俗崇信道教，皇帝亦于万寿寿山置观，屡幸，亦著道服，顷者有黑气，遇之者辄得疾，其气入内，宫人大惧，六部尚书公候等奏曰：阙内有道观，以此致妖，遂坏其观，其气果绝。'"① 以此来说明道教虚诞不经，不足为信。中宗六年（1511）五月，"李自坚以蒋处仁之言启曰：真宗惑虚无之说，封之以圣祖，至使道教遍天下，其未流之弊至深矣。今之昭格署正与此同然"②。宋朝崇拜老子导致了国家的灭亡，故宪府也上书曰："国家置署设员，祈命祷焉。兵戎祷焉，寒暑水旱祷焉，糜费巨万。殿下阐明斯道，力排异端，而独此道教尚不废焉，是正圣治之一疵也。殿下强诿之曰：载于国典，不可遽革，臣下恐殿下邪正之分尚未明也。"③ 朝鲜王朝实行道教斋醮科仪"糜费巨万"，因此这也成为朝鲜王朝拒崇老、废道教的原因之一。这种从经济、政治和宗教上对崇奉老子的否定是否成为道教在朝鲜王朝逐渐走向衰落的原因呢？

从日本历史来看，老子和《道德经》在日本知识阶层产生了重要的影响，但作为道教崇拜的太上老君却没有在日本得到广传，其原因大概有：第一，太上老君信仰保留了太多的中国民族宗教的特色；第二，《道德经》是哲学经典，老子在日本的形象更多的还是哲学家。第三，神道教有"八百万神"的说法，神和灵魂乃至于鬼怪在本质上相似，是具有泛灵崇拜的"唯神之道"。这种"唯神之道"虽有与老子之"道"有相似的内容，但"神道"又绝不是汉籍所说的"道"。正如本居宣长在《直毗灵》中所说："我皇国的神道，从皇祖之神开始所传下来，叫做道，在这意味是和汉籍的道绝不相同的！"虽然任何生命都能成神，但只有那些获得大量崇拜而拥有力量的才能成为强大神。这是因为神道之"道"是神秘不可思议的产物，

① 《李朝实录》第十八册《成宗实录》卷二六一，学习院东洋文化研究所1957年刊行，第280页。
② 《李朝实录》第二十册《中宗实录》卷十三，学习院东洋文化研究所1957年刊行，第448页。
③ 《李朝实录》第二十册《中宗实录》卷十四，学习院东洋文化研究所1957年刊行，第454页。

既不是人有限的智慧所能推测，也不是圣人所能造出，而是日本民族固有的自然之道、日用之道。第四，神道不仅是日本民族固有的自然之道、日用之道，也是与日本天皇制紧密相连的历史之道和政治之道，因此，日本的神道是高出其他所有"道"之上真实之道，本居宣长说："把我大国古代的优良风俗，特为区别开来，称为神道。因其和外国种种之道不同，叫做神，并借国的名称，成为我国之道。"① 长期以来，日本人看待中国文化时所持有的民族文化本位的心理倾向，在一定程度上阻碍了将老子奉为神来加以崇拜的太上老君信仰在日本的传播。

第三节　奉三清与玉皇大帝

道教相信有众多的神灵存在，崇拜者可以根据自己的需要，选择不同的神灵来加以膜拜，故形成的多神信仰一直保留在东亚道教中。由于道教的神灵种类繁多，且等级有差，故在多神信仰中又形成了主神崇拜。在不同的历史时期，道教所信奉的最高主神是有所不同的。先是"太上老君"，然后是"三清尊神"——元始天尊、灵宝天尊和道德天尊。宋代以后，道教神灵中仅次于"三清尊神"，且在东亚民间社会中有着较大影响的又有"玉皇大帝"。

"三清"既指道教的三宝尊神，也指三位天尊所居之胜境，还指道教所奉的"三洞真经"。《云笈七签》卷六《三洞并序》云："三清者，言三清净土无诸染秽，其中宫主，万绪千端，结气凝云，因机化现，不可穷也。"具体而言则是指：元始天尊居玉清境在清微天，灵宝天尊居上清境在禹余天，道德天尊居太清境在大赤天。"《洞真法》天宝君住玉清境，《洞玄法》灵宝君住上清境，《洞神法》神宝君住太清境。此为三清妙境，乃三洞之根源，三宝之所立也。"关于三清、三宝和三洞之间的关系，宋人金允中曾概括为：

> 三尊之号，在经中只称：元始天尊、太上道君、太上老君；其别号则曰：天宝君、灵宝君、神宝君；以三境之名而称之则曰：玉清、上

---

① ［日］本居宣长：《直毗灵》，转引自朱谦之：《日本哲学史》，人民出版社 2002 年版，第 104 页。

清、太清；以三洞之书而名之则曰：洞真、洞玄、洞神，如此而矣。①

由此可见，道教是先设三清妙境，然后才有居于三清妙境中的三清尊神和所奉的三洞真经。道教将三清尊神与三清妙境、三洞真经糅合起来，使三清尊神的信仰体系更加神秘化、复杂化和系统化。唐代时，三清尊神之间的序列关系确定下来，最终形成了"一炁化三清"的信仰。"三清"就成为对道教"三位一体"最高神的尊称。

在道教中，对太上老君的信仰最早出现。后来之所以又奉"三清"为最高神，是因为作为老子化身的太上老君还保留了一些可觉察的历史痕迹，以它作为道教的最高神，在神圣化方面显然还不够彻底，这对激励信众的信仰热情显然不利，同时也很容易遭到对手的批评。加之"道不可无师尊，教不可无宗主"的内在理论要求，道教有必要进一步提升最高神的品位，最终确定三清神的师承关系和等级关系：

> 天尊为五亿天之主，亿万圣之君，亦生亿劫之前，为道气之根本也。所以道君为老君之师，天尊为道君之师。二圣既立，乃曰：老者，处长之称；君者，君宗之号。以老君天上天下，历化无穷，先亿劫而化生，后亿劫而长存。天天宗奉，帝帝师承，故赐以太上老君之号。三圣相师，乃垂教尊卑之本矣。②

道教将元始天尊视为道气之根本，奉为师祖，将大道君视为道气之祖，为师父，老君则为大道之身，为弟子。将三清神编造成这样的一个排列次序，一方面是为了更好地说明三清尊神的三位一体；另一方面也反映了道教的天界位次受到了外来佛教"三世佛"或"三身佛"的启发。"③ 如果佛能以一佛显三身，那么，道也就能以"一炁化三清"。如此，在最高神的信仰上，道

---

① 《上清灵宝大法》卷二二，《道藏》第 31 册，第 478 页。
② 《道德真经广圣义》卷二，《道藏》第 14 册，第 317 页。
③ 宋代理学家朱熹（1130—1200）就认为："道家之学，出于老子。其所谓'三清'，盖效释氏'三身'而为之尔。"（《朱子语类》卷一百二十五《论道教》，中华书局 1986 年版，第 3005 页。）

教创造出三清尊神的神灵信仰体系也就在情理之中了。① 三清尊神的建立，完善了道教神灵的信仰体系，既有利于道教争取更多的信众，也便于道教同外来的佛教文化相抗衡，故自六朝到唐宋，三清尊神逐渐演变成道教的至上尊神而传播到东亚各国。被誉为海东道教代表人物的崔致远，十分热衷于为道教斋醮科仪撰写斋词，在他看来，三清尊神是道教的最高神，故于《中元斋词》中向三清尊神祈祷："伏乞太上三尊，十方众圣，下从精恳，大庇生灵，使风雨常调，烟尘永息，兴圣祚于千秋万岁，振欢声于四海九州岛。"② 期望三清尊神护佑能够平息灾祸，使国家安康、风调雨顺，将之作为新罗道教斋醮科仪的一项重要内容。

在三清尊神中，元始天尊的信仰迟于太上老君，大约在晋代才开始出现。道教认为，元始天尊是生于混沌之前、元气之始的最高神。这是承袭盘古开天辟地的神话而来，其最早的雏形是元始天王，如《元始上真众仙记》（又题为《葛洪枕中书》，或称《枕中记》）就假托葛洪之口，叙述他于罗浮山夜遇玄都太真王下降授之以《真书》的事。《真书》中借用了传统的盘古开天地的神话，表达了道教类似于创世纪的观点，认为"昔二仪未分，溟滓鸿蒙，未有成形，天地日月未具，状如鸡子，混沌玄黄。已有盘古真人，天地之精，自号元始天王，游乎其中。"这里，把盘古称为"真人"，并加号为"元始天王"。正如饶宗颐先生所说："这则是道教化的盘古"。《枕中书》中的创世之神是元始天王而并非太上老君，这不仅反映了六朝时期南方道教在信仰上的特点，而且为后来道教确立"三清"为道教的最高神奠定了基础。南北朝时，元始天尊的地位逐渐飚升为三尊之首。

在南朝时，元始天尊与元始天王并非同神异名，其实为各自独立的两位尊神，这从陶弘景（456—536）所撰《真灵位业图》中可略窥一斑。但由于《真灵位业图》将元始天尊列为第一神阶正中位的最高神，后来的道书

---

① 李能和不同意道教三清神是对佛教三身佛的模仿，他的理由是："佛之三身，道之三清，各有至理，奥旨不合，轻论妄评，非但老佛为然，耶稣教亦言圣父、圣子、圣神，三位一体，是岂亦模仿老佛者哉？非徒耶稣为然，古朝鲜檀君之降生亦言天帝天神者哉？宗教各别，任其自说而已。"（《朝鲜道教史》，东国文化社1959年版，第197页。）他提醒人们不要把相似的宗教现象看作一种简单的比附。

② ［新罗］崔致远：《桂苑笔耕集》卷十五《中元斋词》，载韩国民族文化推进会编：《韩国文集丛刊》第1册，景仁文化社1996年版，第90页。

中往往只提元始天尊，而再也不见元始天王的踪影了，因此推测此二神已合二为一了。《云笈七签》卷一〇一《元始天王纪》展现了元始天尊的神威："元始天王，禀天自然之胤，结形未沌之霞，托体虚生之胎，生乎空洞之际。时玄景未分，天光冥远，浩漫太虚，积七千余劫，天朗气清，二晖缠络，玄云紫盖映其首，六气之电翼其真。夜生自明，神光烛室，散形灵馥之烟，栖心霄霭之境，练容洞波之滨，独秉灵符之节，……进登金阙，受号玉清紫虚高上元皇太上大道君。……位在玉清，掌括上皇，高帝之真。"① 元始天尊作为三清中的最高神，也受到东亚人的热烈崇拜，以至于崔致远在《禳火斋词》中也将元始天尊作为主神来加以崇拜："于紫极宫内，修建洞渊妙斋，三日四夜，转经行道，为禳当府火灾，祈恩投辞，上诣虚无元始天尊。"而道教的火神祝融等十方众圣都位于"太上三尊"之后了："伏乞太上三尊，十方众圣，曲流玄泽，大挫阳精，使回禄知非，祝融请罪。间阎扑地，皆除火宅之灾；道路生风，永作水乡之福。"②

灵宝天尊是随上清派、灵宝派的相继出现而显名于世的。起初，灵宝天尊名为"上清高圣太上玉晨大道君"，唐代时称"太上大道君"，宋代时才被称作"灵宝天尊"或"灵宝君"。在陶弘景的《真灵位业图》中，灵宝天尊就是仅次于元始天尊的第二号尊神"上清高圣太上玉晨元皇大道君"，位居七大神阶中第二神阶的正中位。灵宝天尊住上清境禹余天中，气元黄，为洞玄灵宝教主，《洞渊集》卷一曰："玉晨道君者，乃大道之化身，言其有不可以随迎，谓其无复存乎恍惚。所以不有而有，不无而无，视之无象，听之无声，于妙有妙无之间大道存焉。"③ 师事元始天尊而执弟子之礼，老君禀而师之矣。

灵宝天尊师从元始天尊后，拥观万化，俯和众生，以《灵宝》之法，随世度人。道德天尊原名太上老君，还在道教初创时就曾享有最高神之誉，但随着元始天尊和灵宝天尊的相继问世而逐渐屈居三清尊神的第三位，又称混元老君、降生天尊、太清大帝等。《云笈七签》卷一〇二《混元皇帝圣

---

① 《云笈七鉴》卷一〇一《元始天王纪》，《道藏》第 22 册，第 684 页。
② ［新罗］崔致远：《桂苑笔耕集》卷十五《禳火斋词》，载韩国民族文化推进会编：《韩国文集丛刊》第 1 册，景仁文化社 1996 年版，第 91 页。
③ 《云笈七签》卷一〇二《混元皇帝圣纪》，《道藏》第 23 册，第 836 页。

纪》对其论述备至："太上老君者，混元皇帝也。乃生于无始，起于无因，为万道之先，元气之祖宗，天地之根本也。"道德天尊乃"自然之尊神，上无所攀，下无所蹑，悬身而处，不颓不落。着光明之衣，照虚空之中，如含日月之光也。或在云华之上，身如金色，面放五明，自然化出，神王、力士、青龙、白兽、麒麟、狮子，列于前后。或坐千叶莲花，或乘八景玉舆，驾五色神龙，或乘玉衡之车，或坐宝堂大殿，或金容玉姿，或玄冠素服"①，如此等等，妙相不可胜数。道德天尊还可以随感而应，应有著微，周遍无滞，救度无穷，故为神明之君。由此可见，道德天尊的神位虽逊于前二位天尊，但在道教诸神中，仍然是地位耸高，威风凛凛。又由于道教宣扬老君随方设教，分身救世，历劫而为圣王师的特殊身份，故道德天尊累受帝王和民间信仰的尊崇和祠祀。

道教对三清尊神的信仰，以及三清尊神地位的最后确立，经历了一个复杂的变化过程。如果说，道教初创时期就信奉太上老君，那么，随着东晋中后期上清派和灵宝派的出现，道教三清尊神才得以相继问世。南北朝时，道派林立，各派自尊其神。五斗米道、楼观道沿袭着传统，一直奉太上老君为最高神，而上清派、灵宝派则分别崇奉元始天尊、灵宝天尊为最高神。信仰上出现的这种各自为政的分散局面，显然不利于道教的传播，于是一些道士依据道教的"三一"理论，通过"一炁化三清"将各道派所信奉的神灵糅合起来，以三清尊神为各道派共同信奉的最高神。

从道教信仰上看，中国道教神灵种类繁多，称号丰富，且等级有差，并在多神信仰中逐渐形成了以"三清"为主神的崇拜特色。在道教宫观里，三清殿都处于主殿的地位。在三清殿里，元始天尊头罩圆光，或手持混元宝珠，或左手虚拈、右手虚捧，居于大殿神像之中位，神诞日为正月初一。灵宝天尊手捧如意，居于元始天尊之左侧位，神诞日为夏至日，大约在农历五月中旬。道德天尊手执羽扇，形象为一位白须白发的老翁，居元始天尊之右侧位，神诞日为农历二月十五日。在三清神诞日，道教宫观中大多要举行祝诞聚会或祈福延的盛大道场。道教崇拜三清的文化传统在东亚地区得到了传播。例如，朝鲜王朝中宗时，大司谏朴光荣等上疏曰："我国醮祭三清，宗

---

① 《云笈七签》卷一〇二《混元皇帝圣纪》，《道藏》第 22 册，第 689 页。

以老子。至于设局，其不经大矣。"① 反对昭格署对道教的三清神及老子进行祭祀。在越南，据说"中国道教最受崇拜的'三清'到越南就变成'女性'，越南道庙的最高尊神是'上天圣母'。这是因为越南本土崇拜女神，在一个农业国家女性有更重要的位置"②。这些都是值得关注的文化变迁现象。

在道教诸神信仰中，仅次于三清尊神的是主宰天地事务的"四御"——昊天玉皇大帝、中天紫微北极大帝、勾陈上宫皇大帝和后土后地祇。在这四位天帝中，以居于首位的玉皇大帝最受崇奉。道教宣扬，玉皇大帝是总执天道的大神，位居三清之下，众神之上，是三界十方、四生六道的总管，宇宙的最高统帅。在道经中，玉皇大帝名号繁多，全称是"昊天金阙无上至尊自然妙有弥罗至真玉皇上帝"，有时又称"昊天金阙至尊玉皇大帝"、"玄穹高上玉皇大帝"等，简称"玉皇"、"玉帝"，俗称"天公"、"天老爷"。玉皇大帝的出现，使道教神谱又出现了新变化："元始为三教之首，玉帝为万法之宗。"③

道教玉皇大帝源于上古时期的天帝崇拜。在道教的不断加工下，原本抽象而单纯的天帝变得越来越丰满。《高上玉皇本行集经》通过元始天尊之口，宣说了玉皇大帝的显赫生平、成道过程及非凡法力：古有光严妙乐国，净德国王与宝月光王后老来无子，常集道众，祈神送子，已经半载，不退初心。忽然有一天晚上，王后梦见太上道君抱一赤色婴儿浮空而降，她就觉得有身孕了。一年以后，王子诞生。王子生时灵异，幼而敏慧，长而慈仁，继位后不久即放弃了王位，修道度人，历三千二百劫，亡身殒命，舍己利人，始证金仙，渐入虚无妙道。又经亿劫，成为玉帝。玉帝神通胜佛，身即道身，是神明坚固不坏真空无上法身，可以分身变化，应现随方，利济群生，超升道岸，普垂教法，开悟后人，成为万神之尊，具有征召四海五岳之神的权力，并掌握人类的生死祸福。后来，道士们不仅编撰了介绍"玉皇"家

① 《李朝实录》第二十三册《中宗实录》卷六十八，学习院东洋文化研究所1957年刊行，第40页。
② 张亚武：《老子和道教对越南产生了哪些影响——访河南大学越南留学生许氏明芳》，《洛阳日报》2007年10月15日。
③ 《皇经集注》卷一，《道藏》第34册，第631页。

谱与历史的《高上玉皇本行集经》，而且还借"玉皇"之名编撰了《高上玉皇心应妙经》、《高上玉皇胎息经》等道书来宣扬对玉皇大帝的信仰。

玉皇大帝在道教信仰中虽然出现得比较晚，但在南北朝时就有玉帝、玉皇等神名出现，如陶弘景作《真灵位业图》时，第一神阶玉清境之右第十一位就是"玉皇道君"、第十九位是"高上玉帝"，但在当时经常被作为"元始天尊"、"太上老君"之别号，故地位不显，座次不明。唐代时，玉皇还经常被作为元始天尊的别号，"过去高上玉皇天尊，未来太极天尊，见在元始天尊"①。随后玉皇在诸神中的地位也逐渐提高。在道众的眼中，在诗人文士的笔下，玉皇大帝不仅具有了独立的神格，而且成为管理仙界的主要神灵。如韦应物《学仙二首》诗，其一云：

> 昔有道士求神仙，灵真下试心确然。
> 千钧巨石一发悬，卧之石下十三年。
> 存道亡身一试过，名奏玉皇乃升天。
> 云气冉冉渐不见，留语弟子但精坚。②

这首诗非常形象地说明了玉皇在修道求仙者心目中的重要地位。李白《赠别舍人弟台卿之江南》亦云："客遇王子乔，口传不死方。入洞过天地，登真朝玉皇。"③唐代大诗人的笔下，玉皇大帝俨然成为神仙世界的最高神，这就为宋王朝崇奉玉皇大帝提供了条件。

真宗于大中祥符五年（1012）将自己的祖先赵元（玄）朗奉为道教尊神，借着玉皇大帝托梦而上演了一出天书下降的活剧，通过造神与显灵来宣扬宋王室君权神授，在宫内恭设玉帝神像加以祭拜。大中祥符七年（1014），真宗尊上玉皇大帝圣号"太上开天执符御历含真体道玉皇大天帝"。徽宗时，玉皇大帝又被加封为"太上开天执符御历含真体道昊天玉皇上帝"，从而将中国古代宗教中所崇拜的昊天上帝与玉皇大帝融为一体。

玉皇大帝得到了宋王朝的大力崇奉和褒奖，不仅成为天上诸神的统领，

---

① 《一切道经音义妙门由起》，《道藏》第 24 册，第 724 页。
② 《全唐诗》第 6 册，中华书局 1960 年版，第 2001 页。
③ 《李白全集》卷十二，上海古籍出版社 1996 年版，第 103 页。

"玉帝，万法教主，圣祖玄师。……统三教，包万法，居天中之天，为圣中之圣，无始无终"①，被尊为圣中最尊，神中最贵，诸佛圣师，万天帝主，而且也是人间皇帝的佑护神，可谓"天上有玉帝，地上有皇帝"，故玉皇大帝的神像完全是依照人间帝王的形象塑造出来的。常见的玉皇像往往身着九章法服，头戴十二行珠冠冕旒，手持玉笏，体态饱满，气宇轩昂，端坐在"灵霄宝殿"上，接受各方的朝拜。如古典小说《西游记》中的玉皇大帝就是统辖天上一切的最高神，他手下有文武百官，既有托塔李天王、哪咤太子、巨灵神、千里眼、顺风耳等各有特技的武官，也有太白金星等一班文臣，这显然是将人间帝王的形象搬到了天上仙界之中。

道教在各道观中建有玉皇殿之外，还在各地建有玉皇庙、玉皇观、玉皇阁等，用来专门祭拜玉皇大帝。道教把农历正月初九这个极尊的吉日定为"玉皇诞"。"九"在古代指"天地之至数"，神秘而又神圣，以凸显玉皇大帝在道教信仰中的至尊地位。是日，道教的活动场所大都要举行盛大的祝寿道场，金箓醮仪，诵经礼忏，祈福禳灾，俗称"斋天"。据民间传说，每年农历十二月二十五日是玉皇大帝巡视三界、考察人间祸福得失的出巡日。在这一天，道教的活动场所也要举行隆重的迎接玉帝御驾的宗教仪式。

道教宣扬玉皇大帝掌管着神俗两界的事务，因此宋代以后，民间百姓对之敬而畏之。玉皇大帝在民间享有着最高神的威信，受到普通百姓热烈的崇拜，神秘而缥缈的三清尊神反而被遗忘了。为了解决这一矛盾，道教中又出现了一种调和两者关系的说法："天中之尊是名三清：玉清宫中元始天尊，上清宫中灵宝天尊，太清宫中道德天尊，……为总领宇宙主宰之君是为玉皇，承三清之命，察紫微之庭，待卫之官，承受三清紫微之庭，枢纽百灵，小事专掌，大事申呈玉皇之宫，以定章程。"② 道教的最高尊神仍然是无极界的"三清尊神"，但还有一个总领宇宙主宰之君——玉皇大帝，他承三清之命，掌管三界的具体事务。这样，八面威风的玉皇大帝在社会上就更加受到了善男信女的崇拜。随着道教的传播，三清和玉皇及相关的道教神灵也在东亚各国受到人们的信仰与崇拜。

---

① 《皇经集注》卷一，《道藏》第34册，第631页。
② 《太上灵宝净明洞神上品经》，《道藏》第24册，第602页。

在朝鲜半岛的高丽王朝时，肃宗在宫中安放玉皇大帝像进行祭拜活动。睿宗时专门建造起道教宫观——福源宫。"福源宫位于王府北边太和门内，殿内画有三清像，睿宗、毅宗曾在此亲自主持醮祭。"① 朝鲜王朝建立后，李太祖在汉阳建造昭阳观，后改名为昭格署，作为国家设立的道教官署，建有三清殿、太一殿、直宿殿、十一曜殿等殿堂，并在其中开展祭祀玉皇上帝、太上老君等道教神灵的活动：

> 昭格署皆凭中朝道家之事。太一殿祀七星诸宿，其象皆被发女容也。三清殿祀玉皇上帝、太上老君、普化天尊、梓潼帝君十余位，皆男子像也。其余内外诸坛，设四海龙王神、冥府十王、水府诸神，题名位版者，无虑数百。献官署员，皆白衣乌巾致斋，以冠笏礼服行祭。祭奠诸果、资饼、茶汤与酒，焚香百拜。道流头冒逍遥冠，身被斑斓黑衣，鸣磬二十四通后，两人读道经，又书祝辞于青纸而焚之其所为，有同儿戏。②

这是由参加过昭格署醮祭活动的朝鲜著名诗人和文学家成伣在《慵斋丛话》中所记录的朝鲜王朝崇拜道教尊神三清和玉皇活动的大致情况。《朝鲜王朝实录》中也有相似的记载。昭格署无论是斋坛的布置，还是道士的装扮，无论是崇拜的神灵，还是醮仪的程序，都与中国道教的斋醮科仪相似。但值得注意的是，太一殿祀所祭的"七星诸宿"被塑造成"被发女容"，而三清殿中所祭的玉皇上帝、太上老君等"皆男子像"。这种神像上的男女之分，是否反映了朝鲜民族认为道教神像应该有代表阴阳之性的外在表征？在昭格署中，三清殿位于上坛，太一殿位于中坛、祭祀杂神诸神殿位于最下坛，这是否反映了在朝鲜王朝传播的道教依然遵循着多神崇拜的信仰特点，但三清与玉皇却受到了特殊的尊崇？

在朝鲜半岛传播的元始天尊或玉皇上帝的信仰中还吸收了朝鲜民族本有的天神观念。换言之，朝鲜人是以天神形象来解读道教神灵的。朝鲜本有的天神有三圣（檀君、桓因和桓雄），因道教、佛教的传入，三圣以山神、七

---

① 《中京志》卷三，参见［韩］金得榥：《韩国宗教史》，社会科学文献出版社 1992 年版，第45 页。

② 成伣：《慵斋丛话》，朴宜中：《贞斋逸稿》卷三，汉城大学校奎章阁本。

星神和独圣表现出来。在朝鲜民族本有的山岳信仰中，檀君被看作"山神"；因道教的影响，桓因被视为"七星神"；因佛教的影响，桓雄被视为"独觉佛"即"独圣"。这反映了朝鲜人将道教神灵与其本有的天神同等看待。但是这种做法也遭到那些固守朝鲜民族文化传统和儒家伦理道德人士的反对。中宗六年（1511），大司谏金世弼、持平、李诚彦请革昭格署，中宗不允，文臣柳崇祖（1452—1512）就说："人君学问当辨邪正。昭格署乃虚妄之事。在宋时王钦若上天之尊号曰：玉皇上帝。且惟天子，然后祭天地，诸侯只祀山川。本国之祀上帝不合于礼。臣奉命祈雨于摩尼山，见设坛曰：玉皇上帝，又设云马之乐，其虚诞无理甚矣。"[1] 如果细阅《李朝实录》就可见这种反对道教之声一直持续不断，虽然李能和不同意儒者的观点："李朝以来，儒学者流，指老佛为异端而排斥之，不遗余力。今若单举排斥道教之第一理由，则曰据中国儒典，惟天子为能祭天而诸侯只祀山川。则朝鲜实无祭天之权，故不合于礼云云，眩惑上听，阻止其事。此真朝鲜儒者，曲学阿世，失性丧魂之见解。何以证其然也。盖我朝鲜自檀君祭天以来，朝鲜历代诸古国无一不有祭天之事，载在典籍证据。"[2] 但儒者的这种观点在客观上阻碍了道教三清及玉皇信仰在朝鲜半岛的传播。

第四节　以得道成仙为信仰

道教致力于探讨宇宙天地的变化之道，并推天道以明人事，注重研究自我的生命构成，将对"道"的哲学思辨贯穿于对生命问题的探究中，其"得道成仙"信仰一直贯穿于道教在东亚地区千百年的发展之中。道教以老子的"道大，天大，地大，人亦大。域中有四大，而人居其一焉"（《道德经·二十五章》）为指导，从人与天地的联构中来探寻生命的源起、生命的构成、生命的炼养、生命的价值以及生命的超越等问题。由于天地人同道，道通为一，所以道教要求人道也应该效法天道大德而自然无为。然而，万事万物都在经历着一个从生到死的新陈代谢的发展过程，人也不例外。虽然个

---

[1] 《李朝实录》第二十一册《中宗实录》卷七，学习院东洋文化研究所 1957 年刊行，第 403—404 页。

[2] ［朝鲜］李能和：《朝鲜道教史》，东国文化社 1959 年版，第 205 页。

体生命只有在超越有限的羁绊中才能获得永恒的意义，但就人脆弱的生命而言，却始终难以摆脱死亡的威胁。这种"物壮则老"的自然规律必然导致一个冷酷无情的事实：走向死亡！一旦人类经验到大量的死亡现象，特别是死亡将剥夺人一生苦心建造、惨淡经营的一切，这种痛苦的经验积累必然沉淀于人心，促使人自觉或不自觉地去思考、去探索生死的奥秘。追求长生不老，希望能够自由自在地永远活下去，道教正是围绕着人如何通过修身养性来获得生命的超越而确立起自己的信仰体系。

各种宗教都信神，唯独道教信神又崇仙。从严格意义上说，神与仙是两个具有不同含义的观念。神仙"它们属于天界而不是地界，他们不接受某些地方信仰中的血祭，因为他们是神仙，而不是死灵。他们也不会像某些淫祀那样强制性地施用自身的威力。他们也不会像民族神祇那样承诺带来物质上的福利。"①

仙是由人后天修炼而成，如《尔雅·释名·释长幼》曰："老而不死曰仙"。而神却是先天地而生，是宇宙世界的创造者和主宰者，如《说文解字》云："神，天神引出万物者，从示，申声。"自秦汉以来，神和仙往往合称为"神仙"一词，用来泛指长生不死、修炼得道者，如《汉书·艺文志》所说："神仙者，所以保生命之真而游求于外者。聊以荡意平心，同死生之域，而无怵惕于胸中。"神仙也指具有神通变化而又能保全性命的真人或至人，后发展为道教追求的打破时空局限、善待生命，乃至无限地延长寿命的一种人生理想。神仙不但能上与造物者游，下与外生死、无始终者为友，独与天地精神往来，有着常人所没有而又十分向往的特异功能，如葛洪在《神仙传·彭祖传》中所形容："仙人者，或竦身入云，无翅而飞；或驾龙乘云，上造天阶；或化为鸟兽，游浮青云；或潜行江海，翱翔名山；或出入人间，则不可识；或隐其身，而莫之见。"神仙还享受着九芝之馔，玉女之侍；悠游于六合之外，无何有之乡；听钧天之乐独任役鬼神。在道教看来，神仙属于天官系列，道士在仙逝时往往会飞升进入天界体系，获得仙真的称号。这种人与"仙"相合所达到的诗化境界，如朝鲜哲学家李退溪诗

---

① [美] 格里高里（Peter N. Gregory）、[美] 伊沛霞（Patricia Ebrey）：《唐宋时代的宗教与社会》前言，载《当代西方汉学研究集萃》，上海古籍出版社 2012 年版，第 186 页。

所形容：

> 壶天幸接一尊开，薄暮仙风带醉来。岂谓更烦飞玉简，青重寒晓致山隈。①

这首诗采用"壶天"、"仙风"、"玉简"等道教词语来表现那种超凡脱俗的神仙意境，从表面看是描绘升仙的超脱与平静，但字里行间却透露出通过死亡的痛苦与挣扎后走向生命永恒的期待情绪。

在道教看来，神仙并不神秘，它只不过是人通过对肉体和精神两个方面进行长期的特殊修炼所获得的结果。"人生时禀得虚气，精明通悟，学无滞塞，则谓之神。宅神于内，遗照于外，自然异于俗人，则谓之神仙。神仙亦人也，在于修我虚气，勿为世俗所论，折遂我自然。"② 神仙是还与人体器官处处对应，使修道者能够采用静坐、冥想、行气、服食等道术，通过将"气"吸入相应器官而进入得道成仙的境界。神仙是超越了生死徘徊的体道合真之人，是可学的："若夫仙人，以药物养身，以术数延命，使内疾不生，外患不入，虽久视不死，而旧身不改，苟有其道，无以为难也。"③ 人通过修炼"外去其华，内养其寿"即可得道成仙，因此"得道"与"成仙"在道教中是两个等价的概念。

道教的这种神仙信仰成为一种人生理想在东亚地区广为流传，并与不同的民族传统文化相融合，出现了一些富有民族特色的新变化。例如，檀君神话是朝鲜半岛本有的古老传说，"表现出一种好像大致在公元前两千年前形成的图腾崇拜思想"④。据古代朝鲜神仙家书《青鹤集》记载：朝鲜东方仙派祖师桓因，得道于明由，明由得道于广成子。⑤ 这样，桓因就与中国的神

---

① 《李退溪别集》卷一《拜聱岩相公明晨相公寄诗垂问谨伏和呈》。

② 《天隐子》，《道藏》第 21 册，第 699 页。

③ 葛洪撰，王明校释：《抱朴子内篇校释》，中华书局 1985 年版，第 14 页。

④ ［韩］都珖淳：《韩国的道教》，载［日］福井康顺等监修：《道教》第三册，上海古籍出版社 1992 年版，第 52 页。

⑤ 广成子是道教所崇奉的神仙，据葛洪《神仙传》说：广成子者，古之仙人，居崆峒山石室之中修道，黄帝曾向他请教治身的"至道之要"，他回答说："至道之精，窈窈冥冥；至道之极，昏昏默默。无视无听，抱神以静，形将自正。必静必清，无劳尔形，无摇尔精，乃可长生。"这一观点后被道教奉为养生之至道。《太上老君开天经》中则说，广成子为太上老君的化身。（《道藏》第 34 册，第 619 页。）

仙有了传承关系。檀君被认为是朝鲜族的始祖、古朝鲜的创建者，其仙脉由文朴氏、乙密、永郎、晏留等传递下来。文朴氏就住在阿斯达山中，据说他的眼呈四角形，且永葆童颜。可能是受中国道教信仰的影响，后来朝鲜半岛的檀君崇拜中的一大亮点就是追求"长寿与长生"。

　　有了生命才能创造一切。对生命的珍惜与爱护是道教神仙信仰的核心与源泉，这也表现在日本奈良时期出现的《万叶集》、《怀风藻》、《凌云集》、《扶桑集》、《本朝无题集》等文学作品中。如日本现存最早的诗歌总集《万叶集》中就有一些用优美的韵律、生动的形象和比喻的手法来描绘神仙、仙境和追求得道成仙的心态的诗歌，如《员外思故乡歌两首》：

　　　　盛年难再至，衰老总堪哀；纵食飞云药，青春岂再来。
　　　　飞云药已食，又得见京城；不肖虽卑贱，青春定再生。

表达了对青春已逝的伤感，以及对服食"飞云药"以永葆青春的向往。据日本学者中村璋八的分析："这里的'飞云药'是升天思想，'青春定再生'是不老不死思想。这也反映了浓厚的道教思想。"① 在日本文化中，死亡并不单纯地意味着与"生命"相对应的另一极，而是更多地被理解为"生命"的升华和永存。这种对死亡的哲学思考，其实就是在日本文化语境中出现的对"得道成仙"这种生命理想的礼赞与歌颂。

　　平安朝，大江匡房（1041—1111）的《本朝神仙传》以"神仙"为名，介绍了三十七位日本修仙者的事迹：倭武命、上宫太子、武内宿弥、浦岛子、役行者、德一大德、泰澄大德、久米仙、都蓝尼、善仲、善筹、窥诠法师、行叡居士、教侍和尚、报恩大师、弘法大师、慈觉大师、阳胜仙人、同弟子仙、河原院大臣侍、藤太君、壳白箸翁、都良香、河内国树下僧、美浓国河边人、出羽国石窟仙、大岭僧、同山仙、竿打仙、伊予国长生翁、中筹上人童、橘正道、东寺僧、比良山仙人、爱宕护僧、沙门日藏。这些人物的身份有三类：其一为神话人物，如浦岛子；其二为等修道仙人，如役行

_____

　　① ［日］中村璋八：《日本的道教》，载［日］福井康顺等监修：《道教》第三册，上海古籍出版社 1992 年版，第 17 页。

者、久米仙、阳胜仙人等；其三为佛教僧侣，如弘法大师空海、河内国树下僧等，但他们都是修仙的实践者。

《本朝神仙传》还将成仙方式分为九种：长生不老、尸解、死后相遇、显神通、脱俗、空中飞翔、升天、辟谷、不知其所终，其中"辟谷"和"脱俗"是成仙的必要条件，颇有道教之意趣，由此可以推测大江匡房曾阅读过传入日本的汉唐道教典籍和唐代笔记小说。大江匡房十分关注死的问题，"据统计，大江匡房所写的愿文，多达一百三十五篇。《朝野群载》尚载有他写的咒愿文一篇"[1]。愿文，又称咒愿文，是佛教超度死亡仪式上的应用文，期望神佛保佑，无论驱病去祸、延年益寿、得官加爵的现世利益，还是祈祷冥福、轮回转世的来世目的，都成为咒愿文的主要内容。生与死是相联系而存在的，在大江匡房的眼中，从追求生命永生的意义上看，佛与仙有共同之处。例如，空海曾在《三教旨归》中对儒佛道三教作了比较，他批评道教成仙说为虚妄，排斥道教的修仙之术。然而在大江匡房的笔下，空海既能够修佛教的"入金刚定"，又具有与道教法术相类似的"形容不变，穿山顶，入地半里"的特异能力。"大江匡房的神仙思想并非是信仰层面上的，而是一种知识、心情、爱好旨趣。"[2] 日本历史上所流传的"神仙"更多是与佛教相融意义上的"神仙"，这从一个侧面说明，道教在与不同国家与地区的民族文化特色的冲突与交融中，虽然形成了一些富有当地民族文化的新特点与新形式，但道教的神仙信仰却犹如一条红线，将不同的文化脉络联系起来，使"东亚道教"具有了一种共同的文化特征。

大江匡房将那些以脱俗、辟谷为修仙方法来追求长生的奇异之士的生平事迹聚集在一起，冠之以"神仙"之名。这仅表达了大江匡房个人的兴趣爱好与文学旨趣，还是日本已存在依据着道教的神仙信仰而形成的修仙群体？江户时代田中玄顺编撰的《本朝列仙传》与《本朝神仙传》堪称日本神仙传记之双璧，其中记载的久米仙人、蛤蟆仙人、大伴仙、安云仙、蝉丸等故事，既表达了追求得道成仙之信仰，也充满着日本文化风情。例如，生活于平安时代的盲人琵琶师蝉丸，是日本和歌及能乐界的著名人物。能乐谣

① 王晓平：《远传的衣钵：日本传衍的敦煌佛教文学》，宁夏人民出版社2005年版。
② ［日］下出积舆：《道教と日本人》，讲谈社1975年版，第78页。

曲《蝉丸》，把蝉丸说成是醍醐天皇第四皇子，于会阪之间结庐而居，又虚构出蝉丸的姐姐"逆发"。蝉丸因目盲而被丢弃逢坂，他的姐姐因生来自然卷发如倒竖也被丢弃。他们都集"贵"与"贱"于一身，在逢坂关相遇，彼此怨叹自己的身世后又各奔东西。中前正志在《蝉丸仙人说的开花：〈本朝列仙传〉赘注》中，将《本朝列仙传》所记载的蝉丸传记与《扶桑隐逸传》、《无名抄》、《佐国目录》、《百人一首抄》等作了比较后认为，蝉丸并非真正目盲，他是借此隐于山林而不问世事，最后修道成仙了。

松田知弘也将《本朝神仙传》与《本朝列仙传》进行了对比研究。他发现，虽然日本历史上出现了奉行道教神仙信仰的修仙者，但这些修仙者既没有建立固定的修仙场所，也没有形成师徒的传授次第，更没有创立教团组织。日本仙人在成仙后就在人间消失了，而不会像中国道教所描绘的神仙在升天之后，再下降人间来救济苦难的百姓。作为单纯的只修仙道的仙人，在日本没有受到祭祀或崇拜，那些受到崇拜的，也是因为他们同时也是佛或神。[1] 后来出现的由日本临济宗禅师虎关师炼（1278—1346）编纂的《元亨释书》专列"神仙"条，记载的神仙所采用的修仙术与中国道教相似，但他们的身份却是佛僧。[2] 可见中国神仙信仰在日本的传播过程中，逐渐出现了一些新特点，使东亚道教中心与边缘的差异凸显出来。

"得道成仙"信仰中虽然不可避免地存在着许多迷信荒诞的成分，但就其"夺天地之造化，与天同寿"的根本精神而言，却折射出道教所特有的一种生命关怀，是以养生为核心而展开的。养生是道教的灵魂，也是人类关注的永恒话题。道教不同于儒佛，既不信天命，也不拘于业果，而是勇猛地向人类生命的极限挑战，去追求长生久视之道，因此，为推动养生学在东亚社会的发展起到了非常重要的积极作用。

道教对生命的看法与神道教有相通之处。神道教从万物有灵论出发，认为人与物都拥有自然天性，故一切生命都是平等的。绳纹时代，人们通过在陶器上刻画植物花纹来表达对自然物鲜活的生命和强壮的生殖力的赞美。生命既是美丽的，也是富有的活力的，然而却处于不断的生死循环之中。万物

---

[1]　参见［日］松田知弘：《日本と中国の仙人》，岩田书院 2010 年版，第 119—120 页。

[2]　《元亨释书》，蓝吉富主编：《大藏经补编》第 32 册，华宇出版社 1984 年版。

有生即有死，生命形体在死后散化，又会衍化为其他生命形式。万物的生命形体是彼此转化、生死轮回的，形成你中有我，我中有你的关系。日本人似乎并不执著于某种生命的外在形式，而是比较倾向于万物的生命形式是不断转化的。人的生命过程犹如植物的发芽、生长、开花、结果、落叶、枯萎的生命过程一样，从幼小到壮大，从生长归于寂静。神道教以生命力充盈为美，以生命形态鲜活为美，以衰败死亡为丑，日本人由此而形成了一种"哀"（あはれ）的思想，以表达人面对自然事物的生死流转、无常变化时哀伤心情。既然一切事物都处于转瞬即逝的生死流转之中，那就应当尊重人的自然天性。既然生命苦短，诸行无常，那就应当及时行乐。这种生命观使日本人成为比较注重感官享受的民族："在日本人的哲学中，肉体并非邪恶。享受合理的肉体快乐也不是罪恶。精神与肉体并不是宇宙间相互对立的两大势力。"①

神道教中既蕴涵着类似于中国道教的那种"顺乎自然之道"的生命观，也表达了日本人所特有的那种对生命本然的信仰和崇拜："日本人倾向于一如原状地去认可外部的客观的自然界。与此相对应，他们也倾向于一如其原状地去承认人类的自然的欲望与感情，并不努力去抑制或战胜这些欲望与感情。"② 神道教重视人的生命，宣扬人应当爱惜自己的生命，努力在生活中展现出生命的本真。神道教表达了对"生成之善"的赞赏，例如《古事记》所讲述的国土生成的神话中，生存与繁衍就成为最重要的主题，据说其中有多达35处的性描写，以此来说明神灵的产生和世界的创造："在这些五彩斑斓的神话世界里，生殖器是诸神创造世界和协调'神际关系'的有效手段，正是通过对性的直白描述，赞美爱情的神圣，述说生命的价值"③。因此，在神道教看来，人的天然欲望和道德之恶没有必然的联系。需要摒弃的"恶"仅仅是那些不净或不洁的妨碍生命成长的东西，那么通过斋戒祭祀仪式，就可以促使不净或不洁的东西得到净化，使生命更加纯洁。这种贵生恶死的生命观所表达的对生命的热爱，为道教长生成仙信仰在日本的传播奠定了基础。

---

① ［美］本尼迪克特：《菊花与刀——日本文化的诸模式》，浙江人民出版社1987年版，第160页。
② ［日］中村元：《东方民族的思维方法》，浙江人民出版社1989年版，第238页。
③ 叶渭渠主编：《日本文明》，中国社会科学出版社1999年版，第67页。

神仙信仰的核心在于追求"不老不死",这是人类自古以来就有的共同愿望,这种愿望在中国民族宗教——道教中得到了发扬光大。道教的神仙信仰传播到东亚各国,以神话的形式唤醒了东亚人对长生不死的追求,激发了他们超越时代与历史的自由想象。

奈良朝,日本一般民众层就接受了道教的神仙信仰,这为道教在日本的传播创造了条件。松田智弘认为,从《日本书纪》、《万叶集》、《日本灵异记》、《本朝神仙传》、《今昔物语集》的相关记载中可见,日本仙人信仰的基础是人们对于各种现实欲望的祈愿:"风调雨顺、五谷丰登、趋除灾害疾病、使病气平愈、旅行安全、妇女安产、获得官位财富、战胜、平乱、恋爱有成,恶灵退散。"[①] 出现于平安后期的民间传说故事集《今昔物语》记载了一些修仙者,如久米仙、阳胜仙人、莲寂仙人、葛川修行僧等,他们断谷绝粮、衣食无思、拒绝喜怒哀乐之情,这种脱俗状态是谓"风流"。这些故事说明仙人是人通过修炼而成的,如"阳胜若修成仙":

> 古时,能登国有一人名叫阳胜,俗姓纪氏,他在十一岁那年,便登上比睿山,拜西塔寺莲花院的空日律师为师,学习天台宗的经典,受持法华经。阳胜心性聪慧,凡事只要听说一次,便永记在心。阳胜自幼就一心向道,从无他念,而且,经常是废寝忘食。……阳胜还曾在南京奈良的牟田寺里"坐关",学习仙术。起初不食五谷,只吃菜蔬,继而断绝菜蔬,只吃瓜果,后来一切食物全然不用,每日只吃一粒小米,身上穿的是用藤萝编制的粗衣,最后,终于不食,并永断衣食的欲望,发起了菩提心。阳胜一待身上烟火气消尽之后,便将身上的袈裟脱下,挂在松树枝上,然后遁去。[②]

阳胜在山中修炼道教仙术,升仙而遁去,却又经常下降人间来引导修仙者。"后来,住在东大寺里的一个僧人,遇见了阳胜仙人,仙人对他说:'我在这座山上住了五十余年,今年八十多岁了,我学会了仙术,可以在天空中随

---

① [日]松田智弘:《古代日本の道教受容と仙人》,岩波书店1999年版,第340页。
② 《今昔物语》上册,新星出版社2006年版,第190页。

意飞行，腾空、入地，都没有任何阻碍。'”虽然《今昔物语》往往以佛教信仰来引导人，如阳胜说：“依仗《法华经》的法力，见佛听道，皆可随心所欲，护佑人世，造福众生”①，但却采用道教的辟谷、行气和飞行等仙术来修行。

宋代道教出现的一些新符箓派，如神霄派、清微派、东华派等，通过祈祷雷神、礼拜斋醮、施行雷法来进行“教化劝善”。道士作法时必须以内丹修炼作为基础，通过“内炼成丹，外用成法”，使内丹与符箓相融合，再根据天人感应的思想，设想出人的精神可以感通天地，影响自然并通过雷法来召雷唤雨，达到降妖伏魔、祈晴止雨、止涝抗旱等功能性目的。雷法作为一种道术进一步推动了雷神崇拜在东亚的传播。

雷神信仰起源于中国古代先民对于雷电等自然现象的崇拜。《山海经·海内东经》中对雷神作了形象的刻画：“雷泽中有雷神，龙身人头，鼓其腹则雷。”这一半人半兽形象，表达了人们对雷的基本认识：雷声在天，龙云也飞腾于天，二者结合起来，便会有雷雨；雷神鼓其腹，就会发出巨大雷鸣声。后来雷神形象也出现了一些变化，体形或龙，或人，或兽；脸形或人头、猴头、猪头、鬼头。清代黄伯禄撰、蒋超凡校的《集说诠真》对雷神形象的描绘最具有代表性：“状若力士，裸胸袒腹，背插两翅，额具三目，脸赤如猴，下颏长而锐，足如鹰颤，而爪更厉，左手执楔，右手执槌，作欲击状。自顶至傍，环悬连鼓五个，左右盘蹑一鼓，称曰雷公江天君。”雷公最显着的特征是猴脸、尖嘴，故民间有“雷公脸”、“雷公嘴”的说法。雷公虽是天界小神，但被人们视为惩恶扬善的善神，故道教对他极为崇敬，还塑造了电母作为他的妻子，希望这夫妻二神在天上能明察人间善恶，代天行道。

创作于平安朝的《日本国现报善恶灵异记》虽有“佛教说话集”之称，但它所记载的大都是当时日本社会中流行的宗教习俗，尤其是“景戒偏要当作实事来写，年月、地点，一点也不曾马虎，最后还特别交代了材料来源：‘牧人还来，以状转语’，声明是从牧人口中辗转传出的，并非子虚乌

① 《今昔物语》上册，新星出版社 2006 年版，第 191 页。

有，这些都是志怪小说的陈套，明确了经史与志怪的关系，便不难理解。"①
其中的"雷神"现象与道教的雷神信仰颇为相似：

> 少师部栖轻者，泊濑朝仓宫廿三年治天下。雄略天皇（谓大泊濑
> 稚武天皇）之随身，肺腑侍者矣。天皇住磐余宫之时，天皇与后寐天
> 安殿婚合之时，栖轻不知而参入也。天皇耻辍。当于时而空雷鸣，即天
> 皇敕栖轻而诏："汝鸣雷奉请之耻。"答曰："将请。"天皇诏言："尔汝
> 奉请。"栖轻奉敕，从宫罢出。绯缦著额，擎赤幡桙，乘马从阿倍山田
> 前之道与丰浦寺前之路走往。至于栖轻诸越之衢。叫嗫请言："天鸣雷
> 神，天皇奉请呼。"云云。然而自此还马走言："虽雷神而何故不闻天
> 皇之请耶？"走还时，丰浦寺与饭冈间，鸣雷落在。栖轻见之，即呼神
> 司。入舁笼而持向于大宫。奏天皇言："雷神奉请。"时雷放光明炫，
> 天皇见之恐，伟进币帛。②

在《捉雷缘》故事里，天上的雷神被雄略天皇的侍者栖轻请到了人间。雷
神返落处，今呼雷冈，在古京少治田宫之北。这个故事属于道教灵异故事，
读起来让人有一种离奇怪诞之感，但却反映了一种对超乎寻常的异界现象的
敬畏。在《得雷之熹令生子强力在缘》中则讲述了尾张国一位农夫遇到雷
神则"状如小儿"的故事：

> 昔敏达天皇御世，尾张国阿育知郡片菀里有一农夫，作田水之时，
> 少细降雨故，隐木本撑金杖而立。时雷鸣，即惊恐举金杖而立，即雷堕
> 于彼人前成小子。而其人持金杖将撞时雷言："莫害我，报汝之恩。"
> 其人问言："汝何报？"雷答之言："寄于汝，令胎子而报，故为我作楠
> 船入水，泛竹叶而赐。"即如雷言，作备而与。时雷言："莫近依。"令
> 远避。即即嗳雾登天。然后所产儿之头缠蛇二遍，道尾乘后而生。③

---

① 王晓平：《佛典·志怪·物语》，江西人民出版社 1990 年版，第 192 页。
② 王晓平：《佛典·志怪·物语》，江西人民出版社 1990 年版，第 192 页。
③ ［日］远藤嘉基、春日和男校注：《日本灵异记》，载《日本古典文学大系》70，岩波书店 1968
年版，第 70 页。

东亚社会中流传的雷神都具有强健勇力、随时下降人间进行赏善罚恶之神性，但在形象与内涵上却存在着民族文化的差异，下出积與以菅原道真为代表的怨灵为例对日本的雷神信仰进行了分析：

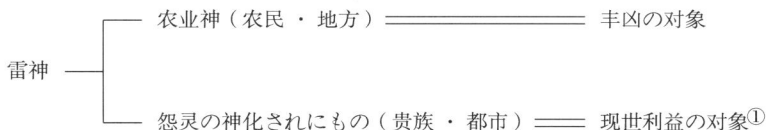

```
              ┌── 农业神（农民・地方）════════════ 丰凶の对象
雷神 ─────────┤
              └── 怨灵の神化されにもの（贵族・都市）════ 现世利益の对象①
```

中国道教的雷神属于惩恶扬善的正义之神，日本的雷神则包含两层含义：一是掌管农业的神，代表着农民的信仰诉求；二是镇抚并祭祀大国主的怨灵神。

从奈良朝始，日本人就相信那些因政治斗争阴谋的牺牲者、失败者的怨灵会在人口密集的都市中散布瘟疫，于是对之加以敬拜，以防止怨灵以瘟疫疾病的方式来危害活人。这种民间信仰在8—9世纪的平安朝非常流行，人们把那些怨灵、冤魂叫作"御灵"，认为它们会引起疫病，有时也称它们为"疫神"，由此形成了对疫神、御灵和北辰的信仰等。据《日本三代实录》中有关"御灵会"的记载：

> 所谓御灵者，崇道天皇，伊予观王，藤原夫人及观察使，橘逸势，文室官田麻吕等是也。并坐事被诛，冤魂成厉。近代以来，疫病繁发，死亡甚众，天下以为，此灾御灵所生也。始自京畿，爰及外国，每至夏天秋节，修御灵会，往往不断，或礼佛说经，或歌且舞，令童贯之子靓妆驰射，脊力之士袒裼相扑，骑射呈艺，走马争胜，倡优燰戏，递相夸竞，聚而观者，莫不填咽，遐迩因循，渐成风俗。今并春初，咳逆成疫，百姓多毙，朝廷为祈，至是乃修此会，以赛宿祢也。②

10世纪时，人们对延喜三年（903）因冤死去的菅原道真恐慌不已，认

---

① ［日］下出积與：《日本古代の道教・阴阳道と神祇》，吉川弘文馆1997年版，第181页。
② ［日］高取正男：《御灵会成立と初期平安住民》，载柴田实编：《御灵信仰》，雄山阁1986年版，第63—64页。

为是他的冤魂变成了雷神带来了各种天灾。为了防止疫病的蔓延，天庆元年（938），人们在每条大路小路的十字路口树立了一对男女神像，称为"歧神"，作为道路的祖神来加以祭拜。每年的夏天秋节还在京都建造祭祀灾难神——牛头王的祇园神社中举行御灵会、祇园会。介时，人们使用大型山车来安抚冤魂以及疫神，并唱歌跳舞。据《本朝世纪》记载，天庆八年（945），被视为驱虫之神的"志多良神"的神像，在拍着手的载歌载舞的民众护卫下，经过一个又一个村庄，最后被迎请到京都的北野天满宫。天历元年（947），在京都将"志多良神"作为"北野天神"加以祭祀。受到这种民间信仰和祭祀活动的压力，天皇决定在神泉苑举行抚慰疫神和死者冤魂的神事——"御灵会"。949 年，村上天皇为了慰藉菅原道真之怨魂，下令在北野天满宫中供奉被视为"学识之神"的菅原道真为天神。"平安时代中期，朝廷在京都周围选择了 22 座神社，当国家遇到灾害时，朝廷就派奉币使前往，举行祭祀活动。在这 22 座神社中举行献币仪式的活动一直持续到室町时代中期。"[1] 这种对恶灵、怨灵、冤魂的神化而形成的御灵信仰是神道教的一个重要特征。下出积舆认为，御灵信仰出于日本人对疫病防止和现实利益的需要：

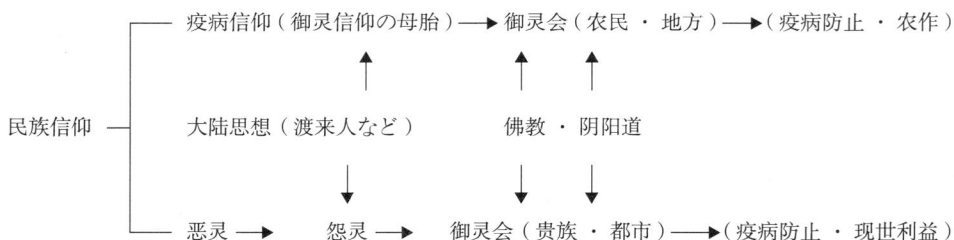

其中也受到渡来人带来的大陆思想的影响。佛教与道教对鬼魂的敬畏与祭祀在日本社会中演化为一种具有民族文化色彩的怨灵、冤魂信仰，这种信仰与日本上层社会和下层民众共同关心的防止疫病的利益诉求相结合成为一种民俗文化活动，又阻碍了道教信仰在日本的传播。

　　从神仙的类型上看，中国的神仙往往是人通过特殊的技能修炼而成的，

---

① ［日］宫家准：《日本的民俗宗教》，南京大学出版社 2008 年版，第 46 页。

其形象各异，有相貌堂堂的美男子，有白发白须、手持藜杖的男性老人，有年轻美丽的以西王母为最尊的女仙，也有形态怪异的中年男子。从性别上看，中国道教中的男仙占绝大多数。道教神仙信仰传到日本后有了一些新变化：第一，日本出现了一些女仙神话。这些女仙大都属于"羽衣仙女型"，如日本最早的物语文学著作《竹取物语》中的辉夜姬故事、《浦岛子传》中的龟姬仙女等，这种"羽衣仙女型"的神话故事虽然与在中国广泛流传的七仙女故事非常相似，但又增加了仙女的特异功能，既表达了道教对长生成仙的信仰，又体现出日本民族文化中对现世利益的追求，长期以来对日本社会文化与习俗都产生了重要的影响；第二，神仙经常会从天上或海上来到人间，与普通人结婚，如《浦岛子传》中的蓬莱龟女与渔夫浦岛太郎的故事；第三，特别有才能的人才能成为神仙。最典型的例子就是中国秦朝方士徐福受秦始皇派遣去东海仙岛上求仙药，来到日本后，被奉为神仙。日本人还将历史上作出杰出贡献的政治家、武家、宗教家，如圣德太子、空海、亲鸾、藤原道长、足利尊氏、织田信长、丰臣秀吉、德川家康等伟大人物神秘化后奉为神仙，以表达特别的崇敬。日本的神仙思想主要就是围绕着以上三个方面展开的①，但经常与佛教交织在一起，这从记载着三十七位神仙式人物的传记《本朝神仙传》中就可见一斑。

在道教神仙中，影响最大的莫过于组合神仙"八仙"。"八仙"缘起于唐宋时期，虽然在明代以前，八仙之名，众说纷纭，以至于有汉代八仙、唐代八仙、宋元八仙等不同说法，直到明代吴元泰的《东游记上洞八仙传》才定为：铁拐李、汉钟离、吕洞宾、张果老、曹国舅、韩湘子、蓝采和、何仙姑。②"八仙"来自人间社会的不同阶层，有着不同的生活经历，如有的原是将军、皇亲国戚，有的原是乞丐、道士等，但自身都有生动神奇的成仙故事。"八仙"与一般神仙所具有的那种道貌岸然的形象也截然不同，汉钟离祖胸露乳、吕洞宾性格轻佻、李铁拐酗酒成性、张果老倒骑毛驴等，但都表现出超凡、正义、喜乐、善良的性格特征，分别代表着男、女、老、少、富、贵、贫、贱不同的人生境况。这七男一女的"八仙"组合，通过"八

---

① 参见［日］下出积與：《日本古代の道教・阴阳道と神祇》，吉川弘文馆 1997 年版，第 44—52 页。

② 参见吴元泰：《八仙出处东游记》，天一出版社 1985 年版。

仙过海"、"八仙祝寿"等传说而得到老百姓的广泛认同。他们所持的檀板、扇、拐、笛、剑、葫芦、拂尘、花蓝八样东西也被视为神奇的"八宝"。中国的许多地方都建有专门祭祀"八仙"的道观。如西安市的八仙宫，古称八仙庵，其主要殿堂八仙殿内就供奉着八仙神像。"八仙"这一组合神仙在明清之后，成为年画、刺绣、瓷器、花灯及戏剧的重要题材，为普通群众喜闻乐见而产生了广泛的社会影响。

　　道教的八仙信仰传到了东亚各国后出现了一些新变化。在朝鲜半岛，高丽文宗时（1046—1083）曾建造"八圣堂"来祭祀"八仙"。后来，仁宗（1123—1146）在僧人妙清的鼓动下，在平壤林原宫城（又称大花宫城）中专修"八圣堂"供奉八仙，并举行诵扬八仙功德的祭祀活动，扩大了八仙信仰的社会影响。在高丽中期以后，八仙信仰又与佛教相融合，出现了佛仙融合的香徒团体。这种以半仙半佛为特色的"八仙"虽然也是"七男一女"的组合，但从具体名称到基本内涵与中国道教崇拜的"八仙"都不同：

1. 护国白头岳太白仙人，实为德文殊师利菩萨；
2. 龙围岳六通尊者，实为德释迦佛；
3. 月城天仙，实为德大辨天神；
4. 驹丽平壤仙人，实为德燃灯佛；
5. 驹丽木觅仙人，实为德毗婆尸佛；
6. 松岳震主居士，实为德金刚索菩萨；
7. 甑城岳神人，实为德勒叉天王；
8. 头岳天女，实为德不动优婆夷。

朝鲜半岛的"八仙"，其意思是住在光明灵山上的神仙，它们的名字来自于朝鲜境内主要的山峰，另有一个佛或菩萨的称号。"八仙"是由朝鲜本有的山岳信仰、神仙思想再与道教神仙和佛教菩萨融合而成的半仙半佛。这大概是道教信仰进入朝鲜半岛后，被当地的佛教及民族文化所同化的结果？

　　日本也有类似于"八仙"这种组合的神仙，称为"七福神"，即能够给人带来吉祥、幸福与希望的七位神。它包括六位男神和一位女神：大黑天、惠比须、毗沙门天、辩才天、福禄寿、寿老人、布袋和尚，他们分别来自神道教、婆罗门教、佛教和道教。其中只有惠比须来自于日本，他是神道教的两位大神伊邪那歧命和伊邪那美命的第三个儿子夷三郎。"夷"为东方之义，惠比须被认为是来自于东方的福神，他本来是掌管渔业丰收之神，后来又成为兼管商业繁荣之神，是大阪西宫神社供奉的神祇。其他六位神则反映了日本人对外来文化的吸收与融会。大黑天、毗沙门天、辩财天来自于印度。大黑天原为印度教的战斗神，皈依佛教后成为护法神，成为主管农业丰收的神。毗沙门天是佛教四大天王中的多闻天，象征着威严。辩才天是印度教大梵天王的妻子辩才天女，是掌管智慧和财富的女神。福禄寿和寿老人来自于中国道教，福禄寿是主宰幸福、厚禄和长寿之神。寿老人大脑门，瘦脸长须，鹤发童颜，手持宝杖，常有梅花鹿相随，白鹤为伴，是不老神，又称老寿星，是福禄寿异名同体神。布袋和尚相传是中国五代宁波奉化的神僧契此，是弥勒菩萨的化身，也是福德圆满的象征。七福神是由一神二道四佛组合成一组神仙群体，与道教八仙组合一样，其中只有一位女神仙。据说，日本七福神起源于佛教《仁王经》的"七难即灭、七福即生"之观念，有的说起源于魏晋时期"竹林七贤"，也有说"七"的概念来自《周易》中"反复其道，七日来复"的思想，还有的说是道教以元月初七为"人日"的思想促使日本产生为人间带来福德的"七福神"。

相传，有关"七福神"的信仰始于室町时代后期学时社会处于战乱动荡之中，人们在京都建神社和佛寺用于祭祀祈福。福与富音相同，随着日本商业活动的兴盛，人们既希望福神保佑人们过上安宁幸福的生活，也希望帮助人们获得更多的财富。在求福求富愿望的促进下"七福神"信仰逐渐形成。由于"七福神"的乘宝船渡海的情节与"八仙过海"相似，因此也有人认为，七福神这样的神仙组合形式来源于中国道教的"八仙"。[①] 当时，中国禅宗在日本传播，并建立起五山十刹制度，一些以中国道教人物或佛教人物为主题的佛道人物画也传入日本。日本净土宗大本山知恩寺中就藏有宋末元初颜辉的《暇蟇铁拐图》，上面就画有八仙之一铁拐李。可见在七

---

① 参见叶汉鏊：《日本的"七福神"信仰与中国的八仙》，载湖南省艺术研究所编：《沅湘傩文化之谜》，湖南师范大学出版社 1991 年版。

福神出现之前，道教的八仙信仰就已传入日本，后来在日本的宗教、绘画、诗歌、舞蹈中产生了一定的影响。今天，京都国立博物馆中还收藏着以八仙为题材的绘画作品《饮中八仙图》、彦根城博物馆也藏有《八仙祝寿图》。

七福神信仰出现在日本商品经济兴起之后，表达了人们追求无病无灾、家业兴旺、生活富足的朴素愿望。因此，日本七福神济济一堂，主持着人间福德，赐予人们幸运、福分、财富、寿考、健康、安宁等，人们所衷心祈求的美好愿景，七福神一揽子全包圆了，因此他们在日本民间有着极其崇高的地位。正月初，日本人祭七福神、拜七福神、食七草粥，各种习俗都反映了对七福神的崇敬。这与道教八仙信仰蕴涵的以福禄寿为幸福的思想具有相似之处，因此，日本人称道教八仙为"中国的八福神"。

七福神像八仙渡海那样，是聚在一起乘坐宝船的神仙群体，船上装满金银和稻米包。每逢新年正月，日本人就到神社及寺庙中去参拜七福神，以求一年吉祥如意。这种求福求富的心态渐成一种风俗，日本人相信，新年的第一个梦，若能梦见装满金银和稻米包的"宝船"，一年里就会大吉大利。因此，过年之前，有的日本人还会把绘有"宝船"的图画买来放在枕头底下，以求过年睡觉时能梦到"宝船"，这个风俗在江户时传遍了全日本并保留至今。"除了广为人知的七福神之外，日本还有几处八福神，基本集中在关东地区，其中较为有名的有横滨的濑谷、八王子，千叶县的八千代市以及琦玉县的栗桥町。当然其主体都是上述的七福神，只是另外加了一位，如濑谷加的是达摩大师，而八王子、八千代和栗桥町新增的则是毗沙门天之妻，福德自在之神吉祥天。关西地区，在京都的著名寺院——北法相宗大本山清水寺中，还藏有被称为清水寺七大不可思议的八神福版画，这里新添的一位则是作为多福象征的日本女性阿福。"① 但相比之下，七福神在日本的影响更大。七神七社遍及全国，直到今天，每当新年来到时，一些比较遵循传统的人仍然将祭祀七福神作为新年中的一种必不可少的文化习俗。

道教的神仙是人通过修炼而成的，在日本，那些受到人们普遍尊敬的人往往也被奉为神仙来加以敬拜。例如，日本的欢喜神——仙台四郎也是由人

---

① 王静波：《试论中国道教对日本七福神信仰的影响》，《中国道教》2009 年第 4 期。

变成的。仙台四郎原是一位生活于江户末期真实存在过的人物,本名芳贺四郎,在家中排行老四,故名为"四郎"。四郎从小就长得胖墩墩,十分可爱。可惜因七岁时不小心跌落河中,昏迷高烧数日后成为智障儿。四郎长大后,虽身强力壮,但智力水平仍然保持在七岁,没有成年人的心机,再加上一年四季总是剃个大光头,眯着一对无邪的小眼睛,张着笑呵呵的嘴,别有一番傻天真的情趣。仙台是当时日本东北地区的商业繁荣城市。四郎待人热忱,整天笑眯眯地在仙台市内的各个商店走来走去,还经常主动帮店家打扫卫生,若是饿了,就自己取走店里的食品充饥。人们笑他、骂他、欺他、辱他,他都不气不恼,也不与人争辩,总是面带着微笑。有意思的是,凡是优待他,随他吃喝的店铺往往生意分外兴隆,财源滚滚;凡是不肯施予或辱骂他的店铺,不知为何,必定会走向衰败倒闭。久而久之,仙台民间开始流传这样一句俗语:"四郎一笑,欢乐必来。"四郎犹如道教的福神,身上似乎隐藏着一种不可思议的力量,商家们纷纷认定他能够吸引人气,带来福气和财气,对他都热情欢迎。1920年,四十七岁的四郎过世,有一些百货公司、商业机构、寺庙神社干脆供奉起仙台四郎的塑像,希望他坐镇店堂,开运招财,这位欢喜神被塑造成喜眉乐眼、憨态可掬,不仅代表了保平安、生富贵,更代表了知足常乐、包容忍耐、喜悦和善的纳福心态,寄托了人们对幸福生活的向往追求。这位欢喜神以仙台为发源地很快传播开来。到20世纪,仙台四郎犹如道教的财神,已升格为全日本供奉的快乐神、欢喜神、幸福神。

　　道教的许多行业神来自于民间传说。例如,戏神就以清源师、二郎神、老郎神、唐明皇、田元帅、翼宿星君等为原型,大都为小男孩模样的木偶,具有避邪趋吉的神力。随着道教在东亚的传播,戏神传到日本后,逐渐与佛教密宗护法神大黑天神信仰相结合。在平安时代就出现的百太夫通常是作为八幡神、夷神等异国神的附属神灵而受到崇拜,一般不单独建立百太夫祠。1094年,大江匡房在《傀儡子记》中介绍了平安时代日本傀儡戏子的信仰习俗,认为其表演方式来自于中国:"而后傀儡子和各地寺庙结合了起来,在日本中世后期(即1600年前后),他们这一傀儡子集团住在摄州西宫的夷神社,现在叫西宫神社,一般人叫惠比寿神社附近,供奉'百太夫·道祖神'为他们的始租,操作夷神等类人形,在各地巡回表演,他们并且应召在皇宫里表演过。"① 江户时期流行的日本傀儡戏神百太夫也以"三岁左右的小偶人"为形象。百太夫在日本既是具有镇服邪恶灵力的道祖神，也是娼妓的守护神、疱疮神，其原型为男根，这与中国道教的二郎神十分相似。明代钱希言《狯园》有妓女拜二郎神的记载，潘宗鼎《金陵岁时记》、徐珂《清稗类钞》则分别述有"六月十一日为妓寮祀老郎神之期"，"北方妓家必供白眉神，又名祆神，朝夕祷之"。李斗《扬州画舫录》有"老郎疮"之说，顾铁卿描述了儿童消除"炎天毒"谢二郎神的场景，均可表明中国戏神也有"疱疮神"的神格特征。② 但如果细加研究，还可见日本的戏神百太夫中又增加神道教的性质。例如，傀儡艺人往往会在民俗节庆时，将百太夫、八幡神、夷神等神偶抬出神社到街上挨家挨户表演，为人们求福消灾，在平安时期于民间发展为称为"猿乐"的演艺，到镰仓时更成为一种连歌带舞的滑稽戏，其中的宗教性成分逐渐减少。

　　道教传到越南后，玉皇、三清、文昌、关帝、真武、山神、海神、木神、云神、雨神、雷神等道教神灵都被越南人供奉在道观中，而有关"太上老君"、"玉皇上帝"、"玄武大帝"、"八仙过海"的故事也在越南人中广泛流传，成为越南文化中不可分割的一部分。道教常以青龙、白虎、朱雀、玄武为四方之神作为护佑神，其中玄武大帝的名气最大。玄武大帝原为北方玄武神，又称玄天上帝、佑圣真君玄天上帝、真武大帝、真武荡魔大帝，为道教中赫赫有名的护佑神。玄武大帝原来在道教诸神中的地位并不高。北宋时，由于一直受到北方契丹、辽国的军事威胁，为了提高全民抗敌入侵的自信心，北宋王朝乃提升北方大神玄武地位，奉为真武大帝，对之加以崇拜。明朝时，明成祖废建文帝坐上皇位后，为了证明自己的正统，便说自己梦见真武大帝相助，不仅在京城修建真武庙，而且还动员了大量的人力物力，花费了二十年的时间，在真武大帝修炼地湖北武当山大修道场。武当山成为真武大帝的主要道场。真武大帝被视为北方之神、水神、护佑神、降魔神、司命神，在中国道教中的影响越来越大，后传播到东亚，如越南各地都建有真武观或玄帝观，真武大帝成为越南道教中供奉的主要神灵之一。

---

　　① 孙秉乾：《日本戏剧文学中的净瑠璃和作家近松》，中华学术院编辑：《文学论集》，中国文化大学出版部1978年版，第791页。
　　② 邱雅芬：《百太夫与中国戏神有相同神格》，《中山大学学报》2010年第6期。

"越南在接受中国宗教影响的同时，也奉祀许多产生于本土的神灵。仿照中国，历朝政府都册封、加封一些本土神灵，如越南母道教神灵云乡柳杏公主、真娘、丁圣母、二征夫人，助秦始皇攻伐匈奴的李翁仲、助雄王平殷的扶董天王传授制伞工艺的裴国忾、传播刻印技术的梁如鹄等行业神。"①越南神话集《粤甸幽灵集录》中的"英灵浩气"篇就记载了如下神灵的传奇事迹：

> 应天化育元忠后土地祇元君（即后土夫人）
> 明主灵应昭感保佑大王（即铜鼓山神）
> 广利圣佑威济孚应大王（即龙肚王气神）
> 开元威显隆者忠武大王（即开元神）
> 冲天勇烈昭应威信大王（即扶董土地神）
> 伞圆佑圣匡国显应王（即伞圆山神）
> 开天镇国忠辅佐翊大王（即腾州土地神）
> 忠翊武辅威显王（即白鹤土地神）
> 善护灵应彰武国公（即海清郡土神）
> 利济灵通惠信王（即州龙王神)②

这些神灵是中国道教和越南本土宗教信仰融和的结果，使道教神灵具有了一些越南民族文化特征，如中国道教中最受崇拜的"三清"传到越南后就变成"女性神"，成为越南道观中的最高尊神"上天圣母"，这反映出在越南这样一个农业国家中女性所具有的重要地位。越南道教十分崇拜的"兴道王"，其原型为民族英雄陈国峻，犹如中国道教崇拜的"关公"。越南道观中供奉从越南民间传说产生的"四不死"神，它们是：抵抗洪涝之神——伞圆圣，反抗外侵之神——颂神，发奋自强之神——楮同子，为了凡间生活而放弃天上生活之神——柳杏公主。这些富有越南民族文化特色的道教神灵，在越南民间社会受到了广泛的崇奉祭祀，在当地人的生活中有着很大的

---

① 刘玉珺：《越南汉喃古籍的文献学研究》，中华书局 2007 年版，第 112 页。

② 《粤甸幽灵集录》，陈庆浩、郑阿财等编：《越南汉文小说丛刊》第二辑《神话传说类》第二册，台湾学生书局 1992 年版，第 5 页。

影响。

"得道成仙"作为东亚道教最核心的信仰，是一个充满活力的重要表征，它促使道教神灵谱系始终处于一个动态的、变化的、开放的状态。并随着时代的不断发展，随着传播地区的不断扩大，它吸收、构造和淘汰神灵的活动从来就没有停止过。因此从整个东亚道教史来看，道教的神灵谱系不是一个静止的、僵化的、封闭的体系，也没有形成一个完全一致的固定模式，但其总的趋势是由纷杂无序向比较井然有序的方向迈进。

道教的神仙信仰与修仙之地联系在一起形成的"洞天福地"，在东亚社会产生了很大的影响。如内藤湖南所说："在中国，道教选择风景最为幽邃之处以数字命之为三十六洞天、七十二福地，这种做法与我们所说的百景、八景是很相似的，都带有宗教的神秘色彩。这种认识上的宗教神秘感转变为一种情趣性大约是在公元5世纪即六朝时期中叶。"① 道教认为，神灵仙真，或高居天宇，或分宰山川，或逍遥江湖，所以，无论是广漠之野还是苍莽山川，都可被视为神仙寓居的灵域。同时，大自然中所蕴藏的丰富的矿物质和药用植物，又为隐居于清幽之地的道士采炼丹药、呼吸吐纳、养生摄命提供了良好的条件。千百年来，在修道者持续不断地努力下，道教的十大洞天、三十六小洞天、七十二福地不仅遍及中国近二十个省区，其所表现出的在幽深僻远的山林中修行，辟谷服饵，炼气养生，以求长生不死的信仰，缔造出许多美丽的神话传说和珍贵的历史遗迹。洞天福地将缥缈的神仙形象具象化，成为道教在古代东亚社会传播的重要表征之一。

朝鲜半岛上的白头山（长白山）、妙香山、松岳山、金刚山、五台山、太白山、头流山、伽倻山、汉阴山、黄岳山、汉拿山、智异山、甲山等，以幽深静僻的自然风光与意境丰远的人文景致"为滋生神仙思想创造了条件"②，也被视为东亚道教的洞天福地。例如，《青鹤集》中记录了青鹤派在五台山猱猕台、长白山落珠洞、首阳山青罗洞的修仙活动。李圭景在《青鹤洞辨证说》中将之视为朝鲜半岛的洞天福地：

---

① ［日］内藤湖南：《日本历史与日本文化》，商务印书馆 2012 年版，第 246 页。
② ［日］中村璋八：《日本的道教》，载［日］福井康顺等监修：《道教》第三册，上海古籍出版社 1992 年版，第 47 页。

　　海东形势险阻，山盘水迥，无非羊肠鸟道，故间多洞天福地。如中原武陵桃源、徽州黟槜贵者，不可一二道也。唐杜光庭著《洞天福地记》有三十六洞、七十二福地，以天下之大，其所谓洞天福地一何勘也。杜少陵诗有"方丈三韩外"之句，说者以为三神山皆在我东，而方丈以智异山当之，瀛洲以汉拿山当之，蓬莱以金刚山当之。故以智异为方丈。新罗释义湘《青丘记》：头流山一万文殊住世，其下岁丰民愿地，志以智异为太乙所居，群仙所会。①

　　李圭景不仅读过杜光庭有关洞天福地的著作，而且也介绍了朝鲜半岛上的那些群仙聚会的洞天福地——青鹤洞、头流洞、牛腹洞、罗乃洞、女真洞、梨花洞、桧山洞、石龙洞、岛音洞、回龙洞、栖伊山洞等。这些地方"皆深僻世"，普通人但闻而未见，彰显了洞天福地的神秘性。

　　李圭景还借用新罗义湘《青丘记》、高丽时李仁老《破闲集》中的记载，来描绘位于智异山（即头流山）三山峰的青鹤洞："青鹤洞路甚狭，才通人行，俯伏经数里许，乃得虚旷之境，四隅皆良田沃壤，宜播植。唯青鹤栖息其中，故以为名。为盖古避世者所居。……入则可以与世俗不相关矣。"② 这个仙境般的青鹤洞位于庆尚南道河东郡智异山的小白山脉最南端，海拔 800 米，是朝鲜半岛的最高峰，其地貌特色是由形态各异的石头垒成，"千岩竞秀，万壑争流，竹篱茅舍，桃杏掩映，非人间世，所谓青鹤洞者。"③ 青鹤洞常年笼罩在云雾间，具有神秘缥缈之感和脱俗超迈之蕴。高丽王朝时，天下动荡，李仁老依照陶渊明《桃花源记》曾写《青鹤洞记》，将青鹤洞设想为犹如桃花源一样的理想仙境，并在《游智异山》诗中借青鹤洞的自然风光表达了自己追求神仙般逍遥自在而无法实现的惆怅心情：

　　　　头流山回暮云低，万壑千岩似会稽。策杖欲寻青鹤洞，隔林空听白猿啼。

---

① ［朝鲜］李圭景编：《五洲衍文长笺散稿》卷三十五《青鹤洞记》，明文堂 1982 年版，第 44 页。
② ［朝鲜］李圭景编：《五洲衍文长笺散稿》卷三十五《青鹤洞记》，明文堂 1982 年版，第 45 页。
③ ［朝鲜］李圭景编：《五洲衍文长笺散稿》卷三十五《青鹤洞记》，明文堂 1982 年版，第 45 页。

楼台缥缈三山远，苔藓微茫四字题。试问仙源何处是，落花流水使
人迷。①

　　经过李仁老的描绘，青鹤洞成为许多热衷于隐遁修仙者的洞天福地。李圭景
说：“青鹤洞不过东方小一洞壑而有名于天下，如《清圣祖图鉴类函》载，
朝鲜智异山中有青鹤洞其境虚旷，四隅皆良田沃壤宜播植，唯有青鹤洞独名
于寰宇，是所谓遇与不遇，幸与不幸也。”② 在历史上无论国家发生什么动
乱，青鹤洞都会免受其害，由此成为朝鲜半岛的十大宝地之一，但只有那些
立志修仙者才能找到它。据说，20 世纪 50 年代，一批热衷于隐世避世者相
约来到智异山，三十多户人家形成了一个自然村落，称为青鹤洞。生活在这
里的人们绾着发髻，穿传统韩服，以务农为生，保持着古代的生活风俗，
“旨在落实《青鹤洞记》中的理想，遂把‘青鹤洞’从虚构变成了现实”③。
使青鹤洞成为现代韩国社会中保留传统生活方式的一个美丽村庄。

　　越南也流传着洞天福地的说法。李太祖即位后（1010—1028）崇奉佛
道二教，曾颁赐僧道法服，耗费巨资重修各地寺观，在京师升龙（今河内）
城内就左起太清官，右起万岁寺。顺天七年（1016），度京师千余人为僧
道，推动了道教盛行。当时正值北宋王朝也崇尚道教，所出版的《海岳名
山图》曾将交州安子山（今越南广宁省东潮县境内）列为道教的第四福地。

　　　安子山（一名安山，或名象山，高出云雨之上。宋皇佑初，处州
大中祥符官赐紫衣洞渊大师李思聪，进《海岳名山图》并赞咏诗云：
“第四福地在交州安子山。数朵奇峰新登绿，一枝岩溜嫩接蓝，跨鸾仙
子修真处，时见龙下戏碧潭。”④

安子山相传为中国道教神仙安期生修炼之地，故一直被尊为越南道教的圣
地。《越南地舆图说》卷二也有相似的记载：“安子山在东潮县，景致奇绝。

---

① ［朝鲜］李圭景编：《五洲衍文长笺散稿》卷三十五《青鹤洞记》，明文堂 1982 年版，第 45 页。
② ［朝鲜］李圭景编：《五洲衍文长笺散稿》卷三十五《青鹤洞记》，明文堂 1982 年版，第 46 页。
③ 邵毅平：《黄海余晖：中华文化在朝鲜半岛及韩国》，云南人民出版社 2003 年版，第 210 页。
④ ［越］黎崱：《安南志略》卷一，中华书局 1995 年版，第 23 页。

相传安期生修炼于此，故名。今有丹药遗迹，山上有紫霄峰，卧龙洞诸胜。"① 东汉时就出现的女仙麻姑在中国道教中受到广泛的崇拜，"麻姑献寿"的神话传说成为追求生命长存的美好象征，不仅中国有麻姑山，越南也有麻姑山："麻姑山，在弥沦海中，北布政州一月程，俗曰礼悌山，相传麻姑常修道于此。"② 另据《大南一统志》记载：在清化省永福县有一个壶公洞："壶公洞在永福六域社，洞有费长房遗迹，重山高峻，俯临长江，景称幽邃。"③ 据说，"洞中有石像二。相传昔有老人携一小童卖憩息于此，后忽不见，人以为壶公费长房后身。因刻其像祀之洞……黎圣宗尝谓安南三十六洞此为第一"④。费长房是中国东汉方士，曾跟随壶公修道，未成辞归，因擅长医百病，驱瘟疫，令人起死回生，后世以"壶"为行医之代称。⑤ 越南的这些洞天福地都与中国道教的神仙信仰有着密切关系。例如，"佛迹山在安山县瑞桂社，一名柴山，又名古柴山，景致秀丽，下瞰平湖。山上深谷乃徐道行之处，石壁有头踵痕迹。"⑥

早在 11 世纪中叶日本平安时期，由藤原明衡（989—1066）编辑成书的《本朝文粹》十四卷⑦被誉为"国风第一古典"，其中载有春澄善绳（797—870）和都良香（834—879）有关"神仙"问答的文章，就提到了三十六天、七十二福地。据说，他们可能读过司马承祯的《天地官府图》和杜光庭的《洞天福地岳渎名山记》等。受道教洞天福地的影响，日本人往往将自己国土上的灵山名山视为神仙的活动地，如加贺的白山、越中的立

---

① 盛庆绂撰：《越南地舆图说》卷十，载《小方壶斋舆地丛钞》第 12 册，杭州古籍书店 1985 年版，第 99 页。
② 盛庆绂撰：《越南地舆图说》卷十九，载《小方壶斋舆地丛钞》第 12 册，杭州古籍书店 1985 年版，第 108 页。
③ 盛庆绂撰：《越南地舆图说》十四，载《小方壶斋舆地丛钞》第 12 册，杭州古籍书店 1985 年版，第 104 页。
④ 王彦：《越南历史上的道教初探》，载《北大亚太研究》2，北京大学出版社 1993 年版，第 248 页。
⑤ 参见《后汉书》卷八十二《方术列传》，《二十五史》，上海古籍出版社、上海书店 1986 年版。
⑥ 盛庆绂撰：《越南地舆图说》八，载《小方壶斋舆地丛钞》第 12 册，杭州古籍书店 1985 年版，第 97 页。
⑦ 《本朝文粹》收录了 9 世纪初至 11 世纪中叶日本贵族文人所著汉文作品作共 67429 首，并仿照中国文选体裁，按赋、诗、诏敕、官符、上表、奏章、祷告文等分类编排，其中部分作品涉及道教的神仙观念。（《日本古典文学大系》第 69 册，岩波书店 1977 年版。）

山、骏河的富士山。①

　　祥瑞多福、浸透灵气的洞天福地，不仅是道教信徒向往的圣地，而且还吸引着广大祈慕神仙的人们前来虔诚地祈祷和祝愿美好的未来。镰仓末期僧虎关师炼（1278—1346）作《游山》，描摹了云游山中时所见之景色与恬淡之心情：

　　　　今日最和晴，游筇唤我行。上山心自广，渡水足先清。
　　　　坞媚群花发，溪幽一鸟鸣。归途随牧竖，牛背夕阳明。②

　　在其所著《元亨释书》卷十八《神仙》中记载了一些入山修炼者的事迹：都良香是菅原道真（837—903）的老师，他曾"入山修炼，不知所终。后，百余年，或人见之于大峰山窟。云颜色不衰"③。日本的修仙者大多是佛僧，热衷于隐遁山中进行修行，如生马仙、法道仙人、如藏尼、藤太主、源太王等，"藤太主、源太王二人，居和州吉野郊，布衣乌帽，辟谷而持密咒。"④其中最著名者是生活在飞鸟至奈良时代的修验道教祖役小角（634—706），他以大和（奈良县）葛城山为根据地：

　　　　役君小角，流于伊豆岛。初小角住于葛城山，以咒术著称。外从五位下韩国连广足之师。后害其能，谗以妖惑。故被配远处。世相传云：小角能役使鬼神，汲水采薪。若不听命，即以咒缚之。⑤

擅长咒术的役小角出生于大和朝豪族"贺茂役君"家，全名叫贺茂役君小角。这位颇具传奇色彩的人物，是安倍晴明的师父贺茂忠行的祖先。在《续日本纪》卷一中，役小角是否皈依道教尚不明，但在《日本录异记》

　　① ［日］下出积舆：《日本古代の道教・阴阳道と神祇》，吉川弘文馆1997年版，第54页。
　　② 王福祥等：《日本汉诗撷英》，外语教学与研究出版社1995年版，第126页。
　　③ 蓝吉富主：《大藏经补编》第32册，华宇出版社1986年版，第268页。
　　④ 蓝吉富主：《大藏经补编》第32册，华宇出版社1986年版，第268页。
　　⑤ 《续日本纪前篇》卷一《斌天皇》，载［日］黑板胜美、国史大系编修会编修：《新订增补国史大系》2，吉川弘文馆1985年版，第6页。

中，役小角则更具有神仙色彩。役小角少年学佛，十八九岁时就到葛城山中的般若窟苦行修炼，他以葛藤为衣，以松果充饥，以清泉净身，终于习得《孔雀明王经》之咒术以及仙术，他精通天文地理，又获得了道教的役使妖鬼，飞翔变化之神通。32 岁时，役小角在大和（奈良县）葛城山将日本山岳信仰、大乘佛教精神和道教仙术相融会，弘道修行，开创的吉野金峰山、大峰山、高野山等修道场也被视为洞天福地，推动了修仙之道在日本的传播。在 12 至 15 世纪时，日本修验道在本质上与道教一样是民俗宗教，"修验道山岳修行所得到的验力意味着对道教的为道思想、神仙思想、仙人谭的借鉴，而获得修道验力的入山术，验力行使的技术咒法、符咒的摄取，都包含着道教的要素。"① 道教的洞天福地大多位于如诗如画的山林中，幽静山林的清新空气可以用来冲洗人们精神的尘垢，平息人们浮躁的心灵，强健人们的身体，同时也给人们带来一种融会于自然的美妙享受，因此也成为东亚道教中的修炼胜地和升仙之境。

第五节　星斗信仰的民俗化

中国古人讲究仰观天文，俯察地理，十分重视星象的变化对人生活的指导意义。早在《史记·天官书》中就把全天的星象分为五大区域。北极星属于中宫，其附近的天空被划分三垣——上垣太微垣、中垣紫微垣和下垣天市垣，黄道带内的二十八宿则分属于东南西北四宫，这奠定了中国古代天文学星座划分的基础，也成为道教星斗信仰的天文学依据。道教出于宗教政治诉求和延年益寿的需要，从天人感应出发，崇拜日月，祭祀星斗，形成了夜观星象的传统。道教星斗信仰的内涵丰富，如朝鲜学者李能和说："星家所言，重要星曰七政（又称七曜，指日月木火土金水）；曰四曜（指罗睺、计者、紫气、月孛），曰十一曜（七政加四曜）；南斗六星曰天府、天相、天同、天梁、天枢、天机；北斗七星曰贪狼、巨门、录存、文曲、廉贞、武曲、破军。"又据道书云："此地界上凡人之本命穷通休咎无不统属于南北

---

① ［日］宫家准：《修验道与道教》，［日］野口铁郎编：《道教と日本》第二卷，雄山阁 1997 年版，第 302 页。

两斗，此斋醮之礼所由起焉。"① 道教通过"观气望星"形成的星斗信仰，既体现在符箓上画的星象图案，法尺、令牌、道镜、法剑上刻着的二十八星宿或北斗七星符号，道场醮坛的设计、步罡踏斗之类的科仪程式的编排上，也贯穿于道教宇宙观中的天层结构和神仙谱系的建构中，并通过内外丹养生术而落实到人的生命修炼过程中。道教通过星斗醮祭来表达人们期望"洞晓星历"以达到消灾解厄、求福保泰、长生不死的美好愿望。因此，星斗信仰既是道教重视自然秩序、国家安康和关注人的生命成长的思维方式的一种体现，也是道教在东亚传播的标志之一。

20 世纪初期，朝鲜学者李能和《朝鲜道教史》中对朝鲜半岛的道教星斗信仰进行了开创性研究。日本学者清原贞雄《日本的北辰、北斗的研究》研究了道教星斗信仰在日本的影响，后来又有中岛隆藏在《北辰北斗信仰简论——日本和中国》一文中对日本和中国的北辰北斗信仰进行了比较研究，认为日本北辰北斗信仰强调的是伦理性的反思和善政德治的实践，而中国道教则强调受持北斗经。麦谷邦夫在《道教与日本古代的北辰北斗信仰》中认为，"日本古代的北辰北斗信仰，虽不是直接受道教影响而形成的，但它是把折中了道教的密教北辰北斗信仰作为媒介，间接而持续地接受了道教影响而独自发展起来的。"② 值得研究的是，道教星斗信仰以何种方式在东亚传播？在传播过程中出现了哪些民族性、地域性的新特点？对古代东亚社会的宗教信仰和文化民俗又产生了哪些影响？

在东亚人的心目中，离开了日月星辰的自然循环和春夏秋冬的四季变化就无法理解宇宙万物生灭的生命现象。若抽象之"道"只能存在于不断变化的现实经验世界之中，两者密不可分的，那么，生命之本也需要通过经验世界来表征。道教认为，"星"为万物之精，从"日"所生，故其字形由"日"与"生"构成。在道教看来，天幕上闪闪的星斗虽高高在上，但却以不可思议的神性掌管着天地运转、四季交替、五行分布、百官设置和人生吉凶，由此出现了"人星混同"思想。在古代东亚民间社会中广泛流传着"天上一颗星，地上一个人"的俗语，形容地上有一个人出生，天上便增添

---

① ［朝鲜］李能和：《朝鲜道教史》，东国文化社 1959 年版，第 403 页。
② ［日］麦谷邦夫：《道教与日本古代的北辰北斗信仰》，《宗教学研究》2000 年第 3 期。

一颗星，若是天上陨落一颗星，地上便死一个人，以此来说明人的生死会通过星象表现出来。如朝鲜半岛就有"五星聚奎钟生贤人"、"将星坠地病死英雄"之类的说法。然而天上群星璀璨，并不是每一颗都能成为道教的信仰对象，只是那些耀眼夺目的五星七曜、四灵二十八宿等才被赋予不同的形态、神性与神职，进入道教的神灵信仰体系。如果说，以北极星为表征的太一神特别受到统治者的敬仰，那么，北斗、南斗、太岁、三煞、文曲星、奎星、彗星、牛郎织女星等则深受大众的喜爱。人们通过拟人化的方法，编造出许多引人入胜的神话故事，丰富了道教的星神世界。

随着道教在东亚社会的传播，道教星斗信仰传入朝鲜半岛后很快就为当地人所接受，逐渐融入其固有的天神祭祀传统中，并在社会生活中产生了独特的影响。中国史籍中有关道教传入朝鲜半岛的最早记载是《旧唐书·高句丽传》。据说，唐初武德七年（624）正是高句丽荣留王统治时期，五斗米教传入高句丽后受到人们的欢迎。唐高祖李渊听说高句丽人争奉五斗米教，就"遣前刑部尚书沈叔安往册建武为上柱国、辽东郡王、高丽王，仍将天尊像及道士往彼，为之讲《老子》，其王及道俗等观听者数千人"[1]。道教通过官方途径正式传入版图已延伸到靠近中国东北地区的高句丽。唐贞观十六年（642），高句丽宝藏王即位，掌握军政大权的渊盖苏文（603—665）出于对国家安危的考虑，马上奏请国王说："鼎有三足，国有三教，臣见国中，唯有儒释，无道教，故国危矣。"他认为儒释道三教犹如一个国家精神之鼎足，缺一不可，如果道教未能在本国传开，会有损于国家安危，故劝宝藏王从唐朝请道士前来传教。宝藏王觉得他的提议甚有道理，乃"奏唐请之。太宗遣叙叔达等道士八人，兼赐《老子道德经》。王喜以佛寺为道馆，尊道士坐儒士之上"[2]。可见在高句丽末期，荣留王与宝藏王为解救国家危难，向唐朝请求派人前来传道，并一度将道教的地位置于儒、佛之上。

道教星斗信仰是否就随着这些道士传入朝鲜半岛不得而知，但"道士等行镇国内有名山川"[3]，使朝鲜半岛自古流行的天神崇拜中逐渐出现了道教星斗崇拜的因素却是确定无疑的。据《高丽史》卷五十六《地理志》记

---

① 《旧唐书》卷一百六十九《高句丽传》，《二十五史》，上海古籍出版社、上海书店1986年版。
② 《三国遗事》卷三，《大正藏》第49册，第988页。
③ 《三国遗事》卷三，《大正藏》第49册，第988页。

载："摩利山，在府南山顶有堑星坛，世传檀君祭天坛。"江华岛上摩利山，亦称摩尼山、磨利山等，相传是朝鲜民族始祖和开国君主檀君降生处，也是檀君祭祀天神的地方，山顶上的圆丘有檀君命其三个儿子所筑的祭坛，称堑城坛。三国时，高句丽、百济、新罗的大王们都曾来这儿进行祭天活动。到高丽时代，摩利山顶的祭天之坛逐渐演变为道教星斗崇拜的场所。据《高丽史》卷一二三《列传》卷三十六《嬖幸白胜贤》记载，元宗五年（1264），蒙古国要求高丽国王前去朝觐，国王不愿，乃听从术士白胜贤的建议，亲自到江华岛摩利山进行醮祭天神。由于这种醮祭天神活动一般在星星闪烁的夜晚举行，故堑城坛又称为堑星坛，有学者据此"肯定它是道教仪式"①。保留到今天的堑城坛据说是高丽元宗十一年（1270）开始修建的，由自然石块垒成，容易倒塌，在历史上经常重修，故史籍中记载的堑星坛大小不一。据《新增东国舆地胜览》卷十二《江华都护府》堑城坛记载："江华都护府：摩利山，在府南，山顶有堑星坛，垒石筑之，坛高十尺，上方下圆。坛上四面，各六尺六寸，下广各十五尺。世传朝鲜檀君祭天石坛。"2009年5月按原样修复的堑城坛高6.3米，分下坛和上坛两个部分，下坛是直径8米多圆形，上坛是边长6米多四方形，犹如道教斋醮科仪的道场，在东南方有二十多级台阶象征着祭坛正面。值得注意的是，"堑城坛虽然经过数次改建形态有所变化，但上方下圆的基本结构一直没有变化"②。朝鲜思想家李衡祥（1653—1733）在《江都志》卷上《祠坛》描绘堑城坛醮祭时说："设帐于坛上，且无木主，只以纸榜书四上帝位号，下坛设星官九十余位，祭毕烧之。"上坛供奉的"四上帝"，可能是道教的四御神，下坛则供奉九十余位星官。"堑城醮坛高峻，升降之际，少有倦怠，便是不敬。行香使者上坛奠讫，复奠下坛，登降之际，力不能支。"③摩利山堑城坛因供奉众多的道教神灵，"堑城醮上帝四位，外坛九十一位。"④所设置的上坛与下坛之间还有一段距离，以至于行香者在祭拜上坛，再复奠下坛时，就会有

---

①　[韩] 徐永大：《江华岛"堑城坛"与道教仪礼》，载金勋主编：《道与东方文化》，宗教文化出版社2012年版，第16页。

②　[韩] 徐永大：《江华岛"堑城坛"与道教仪礼》，载金勋主编：《道与东方文化》，宗教文化出版社2012年版，第8页。

③　《李朝实录》第十七册《成宗实录》卷一七二，学习院东洋文化研究所1954年刊行，第227页。

④　《李朝实录》第十七册《成宗实录》卷一七二，学习院东洋文化研究所1954年刊行，第227页。

"力不能支"的感觉。

道教星斗信仰来到朝鲜半岛后，融入祭祀天神的活动中。据史料记载，那些在摩利山堑城坛进行的仪式大都被称为"醮"。李能和认为："摩利山之醮祭其源本出檀君无疑也。李朝诸祀录或云：摩利山是祭星之所，或云是祭天，或云是祭玉皇上帝，其名虽异而其实则一。盖因檀君之事元来带有神事而兼仙风的色彩故也。"[①] 高丽朝就派遣官吏担任堑城坛的祭官。到了朝鲜时代，祭官称为行香使，一般由二品官员担任，如，世宗十年（1428）十一月壬戌"传旨礼曹，自今灵宝道教、三界大醮、神杀醮及堑城醮行香使，忽遣代言，以二品以上差定"[②]。此外还有献官、执事、典祀官等，形成了一个庞大的祭团。成宗时，为了如何办好堑城醮祭，朝廷官员们还就以下八事进行了讨论：

第一条：江华府使为献官事；

第二条：校生差执事事；

第三条：祭器已改造事；

第四条：各色饼祭事；

第五条：修斋室移排事；

第六条：命刀事；

第七条：命纸事；

第八条：用簋簋事。[③]

可见，从高丽时代到朝鲜时代，摩利山顶的堑城坛既是国家祭祀天神的地方，也是道教星斗信仰和醮祭仪式的场所，不仅出现了将道教玉皇上帝与朝鲜天神檀君相等同的信仰，而且这种信仰通过程式化的醮祭仪式而渐渐具有了朝鲜民族文化的特色。

值得研究的是，道教星斗信仰在东亚地区的跨文化、跨民族、跨宗教传

———————

① ［朝鲜］李能和：《朝鲜道教史》，东国文化社 1959 年版，第 260—261 页。

② 《李朝实录》第七册《世宗实录》卷四十二，学习院东洋文化研究所 1954 年刊行，第 622 页。

③ 《李朝实录》第十七册《成宗实录》卷一七二，学习院东洋文化研究所 1954 年刊行，第 227—228 页。

播的过程中是如何被当地人看待并解读的？高丽太祖王建（877—943）崇尚道教斋醮科仪式，其后的一些高丽国王如成宗、显宗、文宗、睿宗、毅宗发扬光大之，"国家故事往往遍祭天地及境内山川于阙庭谓之醮"①，陆续建立起八仙宫、太清观、福源宫、昭格殿、浮事色、九曜堂等道教宫观，为祝国泰民安而频繁举行各类醮祭活动，如太一醮、昊天上帝醮、昊天五方帝禳、老人星祭、三界神醮、百神醮、本命星宿醮、五瘟神醮、星变禳醮等，② 其中有一些属于道教星斗信仰的范畴，以至于高丽王朝思想家崔承老（981—996）批评说："我朝宗庙社稷之祀尙多，未如法者，其山岳之祭星宿之醮，烦渎过度。"③ 例如，太一醮的祭祀对象是负责宇宙运行的北极星神。昊天五方帝禳的祭祀对象是由昊天上帝和其属僚五方星斗构成的天神系统。老人星祭的祭祀对象是主管南斗六星的南极长生大帝，又称南极老人星、老寿星。道教中有"南斗主生，北斗主死"的说法，将南斗六星神格化，奉为司命主寿的六位星君，隶属于南极长生大帝管辖。中国道教中受到广泛崇拜的老人星传到朝鲜半岛后，"朝鲜人对老人星之观念唯在寿字而已"④。本命星宿醮的祭祀对象是北斗星。星变祈禳醮的祭祀对象是慧星等。高丽朝时的"星宿之醮"就有种类繁多之特点。

其中，祭祀北极星神的太一醮在朝鲜半岛得到广泛传播。道教将天上二十八星宿分为四组，以四灵来命名，即东方青龙，南方朱雀，西方白虎，北方玄武。北极星则位居中天紫微垣，被作为协助玉皇大帝执掌天经地纬、日月星辰及四时节气的"帝星"来加以崇拜。从天文学上看，北极星是小熊座的主星，居于天宫之中央，距地球约 400 光年，北斗七星围绕着它四季旋转，古名勾陈一，又名北辰。与北斗七星不停地移动不同，北极星一年四季似乎总是在正天极附近，是夜空中能见到的亮度和位置较稳定的恒星，故称"指极星"。北极星在众星之中居于中宫的最高位，又称"天极星"："中宫天极星，其一明者，太一常居也。旁三星三公，或曰子属。后句四星，末大

---

① 《高丽史》卷六十三《礼》五《杂祀》，《四库全书存目丛书·史部》第 160 册，齐鲁书社 1996 年版，第 567 页。

② 参见［日］福井康顺等监修：《道教》第三册，上海古籍出版社 1992 年版，第 71 页。

③ 《高丽史》卷九十三《崔承老》，《四库全书存目丛书·史部》第 161 册，齐鲁书社 1996 年版，第 396 页。

④ ［朝鲜］李能和：《朝鲜道教史》，东国文化社 1959 年版，第 266 页。

星正妃，余三星后宫之属也。环之匡卫十二星，藩臣。皆曰紫宫。"① 天帝常居北极星，神名太一，在汉代就受到帝王的祭祀。北极星看上去好像不动，但却能以中宫之位而主四极，既为天帝太一神座，也是地上帝王的象征，这使天子作为天帝的代行者君临天下也就有了天文学的依据。汉代出现的太一神祭往往选择在满天星斗的夜间进行。祭祀者举头仰望北极星进行礼拜，活动从日没开始，至翌日黎明结束。② 醮祀天皇太一后成为道教为国为民消灾解厄之祭，传入朝鲜半岛后，受到历代国王的高度重视，发展为以国王名义举行，由道士主持的道教祭祀活动，在京城与地方五道随方立殿以祀之："武帝祀太一之神，至我海东，则高丽置大清观以祀太一，又以太一迁移，随方立殿以祀之。李朝承袭丽制而变其规模，在京城则不别建大清观以祀太一，而合置太一殿于昭格殿。在地方则于五道各设太一之殿，而取其道内之人为殿直掌醮祭之事。"③

由于北斗七星围绕着北极星四季旋转，故道教经常将北极与北斗一起加以崇拜，如《葛仙公礼北斗法》云：

> 镇上玄元北极北斗，从王侯及于士庶，尽皆属北斗七星。常须敬重，当不逢横祸凶恶之事。遍救世人之襄厄，得延年益算，无诸灾难。④

如果说，祭祀北极星的太一醮包含着一些政治色彩，那么，北斗信仰则更多地表达了百姓对人生幸福的关注。从天文学上看，北斗星是大熊座中由排成勺形的天枢、天璇、天玑、天权、玉衡、开阳、摇光七星组成，又称北斗七星。"第一至第四为魁，第五至第七为标，合而为斗。"⑤ 在中国古代的《天官书》和《天文志》中，北斗星的职能是帮助人们分阴阳、建四时、辨方

---

① 《史记·天官书》，《二十五史》，上海古籍出版社、上海书店 1986 年版。
② 《史记·乐书》云："汉家常以正月上辛祠太一甘泉，以昏时夜祠，到明而终。常有流星经于祠坛上，使僮男僮女七十人俱歌。春歌青阳，夏歌朱明，秋歌西暤，冬歌玄冥。世多有，故不论。"
③ ［朝鲜］李能和：《朝鲜道教史》，东国文化社 1959 年版，第 248 页。
④ 此经附于一行禅师修述《梵天火罗九曜》之后，《大正藏》第 21 册，第 462 页。
⑤ 《春秋运斗枢》，《史记》第 4 册，中华书局 1959 年版，第 1291 页。

向、定季节。在不同的季节里，北斗星在天空中的位置不同："斗柄东指，天下皆春；斗柄南指，天下皆夏；斗柄西指，天下皆秋；斗柄北指，天下皆冬。"（《鹖冠子·环流》）六朝道书《上清太上回元隐道除罪籍经》中就有在不同的日子里供奉北斗七星中的一颗，以求消灾求福保命的说法："存北斗七星从天来下，径入于泥丸紫房中，使洞照泥丸，令光明接彻一身五脏，使内外通生紫光云气。"[1] 道教认为，人面有七窍，内应乎心，魄有七真，受魂于斗，若能通过存思与星斗相感应，北斗七星即径入于人身中镇守泥丸紫房，护佑人的生命。人若依北斗七星的排列位置而行步转折，就犹如踏在罡星斗宿之上，通过感应北斗七星之神气，可使神灵降临三界，拯救众生。《太上玄灵北斗本命长生妙经》不仅确定了北斗七星各自的名讳、职司，而且将北斗星视为人生之主宰，认为它可以为人的生命成长提供一种星相学的参照："北斗司生司杀，养物济人之都会也。凡诸有情之人，既禀天地之气，阴阳之令，为男为女，可寿可夭，皆出其北斗之政命也。"[2] 每个人都可以根据自己的生辰，在北斗七星中找到自己的主命星：

　　　　天枢，阳明司命太星君，主天，子年生人的本命宫，又称阳明贪狼星君；

　　　　天璇，阴精司禄元星君，主地，丑年和亥年生人的本命宫，又称阴精巨门元星君；

　　　　天机，真人禄存真星君，主火，寅年和戌年生人的本命宫，又称北斗真人禄存真星君；

　　　　天权，玄明延寿纽星君，主水，卯年和酉年生人的本命宫，又称北斗玄冥文曲纽星君；

　　　　天衡，丹元益算纲星君，主土，辰年和申年生人的本命宫，又称北斗丹元廉贞纲星君；

　　　　开阳，北极度厄纪星君，主木，巳年和未年生人的本命宫，又称北斗北极武曲纪星君；

---

[1] 《上清太上回元隐道除罪籍经》，《道藏》第 33 册，第 794 页。
[2] 《太上玄灵北斗本命长生妙经》，《道藏》第 11 册，第 349 页。

瑶光，天冲上生关星君，主金，午年生人的本命宫，又称北斗天关
破军关星君。

北斗七星主天地五行，与人的生活最为密切，故在魏晋南北朝道教中，星斗
信仰与存思术、丰都说相结合使北斗崇拜的内涵更为丰富。唐代时，随着道
教斋醮科仪的逐渐完备，内含着本命星崇拜的北斗七元灯仪等也盛行起来。
天皇大帝、紫微大帝、北斗七星君都是斗姆感气而生之子，只有斗姆才具有
最伟大的灵验。

　　这种崇拜北斗七星就可以度厄消灾、保生延命的说法，也得到东亚各国
的广泛认同，"李朝以来，太祖、太宗信奉七星，而至于今俗亦多以七星为
信仰之对象。"① 有的还形成一些富有民族特色的风格，如，"于仁王山七星
堂祈神者，必用盲人读经，盖因盲是道流之系统故然也。"② 相传在祈祷日
子里，若士人至此拜神，则必中科甲。这种习俗促使北斗七星信仰在朝鲜半
岛流行起来。

　　高丽帝王热衷于举行道教星辰醮祭活动，对此，新、旧唐书的《高丽
传》都有记载："其俗多淫祀，事灵星神、五神、可汗神、箕子神。"③ 12
世纪初，当时正值中国的辽、金、宋、元各族以武力逐鹿中原，高丽帝王不
希望看到由民族矛盾导致的战争与动荡漫延到朝鲜半岛，故对外采用文武并
用的政策，对内采取以文治国的方略，在继续奉行佛教的同时，又期望通过
道教星斗信仰来获得神灵佑护而使国家安泰。据《高丽史》卷十四《世家
睿宗》记载，宋徽宗大观四年（1110）遣道士二人前来传道，选弟子传习
道书，是为高丽朝有道教之始。受宋徽宗的影响，睿宗笃信道教，在任太子
时就开始醮祭活动，建造了朝鲜半岛上最早，也是最正式的道观——福源
宫。"福源宫位于王府北边太和门内，殿内画有三清像，睿宗、毅宗曾在此
亲自主持醮祭。"④ 睿宗在位十八年间共举行了27次道教斋醮仪式，平均半
年一次。如，睿宗三年（1108）五月，率近侍三品以上官员醮昊天五方帝

① ［朝鲜］李能和：《朝鲜道教史》，东国文化社1959年版，第404页。
② ［朝鲜］李能和：《朝鲜道教史》，东国文化社1959年版，第407页。
③ 《旧唐书》卷一九九《高丽传》，《二十五史》，上海古籍出版社、上海书店1986年版。
④ 参见［韩］金得榥：《韩国宗教史》，社会科学文献出版社1992年版，第45页。

于会庆殿；睿宗十五年（1120）六月，又亲醮于福源宫，命道士执掌进行太一醮、三清醮、昊天五方帝醮、三界神祇醮、本命醮、南斗醮等。这就将为国家消灾祈福的重任置于道教星辰醮祭中，又使道教具有了"国教"的地位。为使醮祭如律如仪，富有文化内涵，睿宗还从宋朝引进教坊乐①、大晟乐②以增加道教星辰醮祭的文化气息与艺术水平。毅宗（1127—1173）对星辰醮祭有着特别的兴趣，在其执政的 23 年间，为祈求自身长寿和国家安康，经常频繁地举行大规模的星斗醮祭活动。例如，在毅宗二十三年（1169）就进行了如下活动：正月己卯日，醮祭二十八宿和北斗；二月乙未日，醮祭十一曜、二十八宿；己酉日，醮祭十一曜、南北斗、二十八宿、十二宫神；三月辛酉日，醮祭太一、十一曜、南北斗、十二宫神。二十四年（1170）三月己巳日南极老人星出现，毅宗令全国祭老人星。四月辛巳，自己亲祭老人星于内殿，后又命太子在福源宫醮祭老人星，并派遣使者去各地的老人堂，专祭老人星。星斗信仰成为道教在朝鲜半岛传播的象征符号之一。

朝鲜王朝建立后，专门设立道教宫观——昭格署，作为国家星辰醮祭的场所："昭格署祀老子为首之外，大抵以星辰为醮祭，主要之对象可知也，而其所谓星辰者，曰火星、曰北斗、曰金星、曰太阳、曰太阴、曰直星、曰真武、曰星变。祈禳即如太白昼见慧星经天等时之醮祭禳灾之事也。"③ 太宗四年（1404）要求昭格署提调金瞻（1364—1416）专门负责制定"详定星辰醮祭之事"，把道教星辰醮祭纳入国家宗教的管理体制之中。金瞻倡导尊奉与祭祀星辰神，这非常符合太宗期望通过祭祀以求国泰民安的心理。

太宗即位之初，就率众朝拜摩利山，于堑城坛进行祭天仪式。那些在摩利山堑城坛进行的仪式大都称为"醮"，一般在夜里举行，祭祀对象主要有玉皇上帝、三清神、老子、二十八宿、阎罗王等道教神灵，也有说是祭祀道教的四上帝位（即四御）和九十余位星官，④ 是非常典型的道教星辰醮祭。

① 教坊乐是中国唐、宋、元、明时由教坊教习演奏的用于庆贺、宴享的宫廷俗乐。
② 宋徽宗于崇宁四年（1105）将"宫廷雅乐"定名为"大晟乐"并专门设立大晟府来进行管理。
③ ［朝鲜］李能和：《朝鲜道教史》，东国文化社 1959 年版，第 217 页。
④ ［韩］徐永大：《江华岛"堑城坛"与道教仪礼》，载金勋主编：《道与东方文化》，宗教文化出版社 2012 年版，第 12 页。

世祖二年（1456）开始，由国王亲自带领众臣在每年 10 月 3 日檀君降生日来摩利山堑城坛举行的祭天仪式，又称开天节，这种传统一直保留到今天，故朝鲜明宗十四年（1559）七月癸酉礼曹启曰："摩利山则其祭仪式，异于他名山之祀，专委道家掌之。"①

中国道教斋醮科仪复杂而有序，高功法师在醮仪之始，先要向神报出自己的生辰和法位，后才进行设坛、上供、祝香、升坛、念咒、发炉、降神、迎驾、礼忏、赞颂、复炉、送神等仪式，需要许多道士一起配合进行。与星斗信仰相关的是，要在所建醮坛上，假方丈之地，铺设罡单，上面绘有四灵（青龙、白虎、朱雀、玄武）、二十八宿和九宫八卦，以此象征九重之天。为与神潜通，高功法师要脚踏云履，穿上"罡衣"，在罡单上随着道曲，按北斗七星之方位，九宫八卦之图格，踏出禹步，先举左足，一跬一步，一前一后，一阴一阳，初与终同步，置足横直，步如丁字，以法天地造化之象、日月运行之度、阴阳相交之会，又称"步罡踏斗"。这种"步罡踏斗"的基本步态贯穿于中国道教各种斋醮科仪中，相比而言，朝鲜道教的星斗醮祭仪式没有这么复杂的程序，但比较注重焚香供物拜神，诵读青词斋文，以召集诸神，驱邪制鬼，达到度厄消灾的目的。

在朝鲜时代，成立于太宗朝的昭格署既是国家官署，也是道教醮祭星辰的主要场所："昭格署由三清殿，太一殿，直宿殿，十一曜殿以及内外诸坛组成。在三清殿里祠祀玉皇上帝、太上老君、普化天尊、梓潼帝君等十余位神仙；在太一殿里祠祀七星；在直宿殿祠祀太白星；在十一曜殿祠祀日、月、木、火、土、金、水七政和罗喉、计都、紫气、月孛诸星；在内外诸坛祠祀四海龙王神，冥府十王，水府诸神等约有数百以上。"② 昭格署中的太一殿专供道教星神；三清殿则供玉皇大帝、太上老君、普化天尊、梓潼帝君（文昌）的神像，受人瞻拜。③ "昭格署祀老子为首之外，大抵以星辰为醮祭主要之对象可知也。而其所谓星辰者曰火星、曰北斗、曰金星、曰太阳、曰

① 《李朝实录》第二十六册《明宗实录》卷二十五，学习院东洋文化研究所 1957 年刊行，第 273 页。

② ［韩］都珖淳：《韩国的道教》，载［日］福井康顺等监修：《道教》第三册，上海古籍出版社 1992 年版，第 75 页。

③ 成俔：《慵斋丛话》卷二，载朴宜中：《贞斋逸稿》卷二，汉城大学校奎章阁本。

太阴、曰直星、曰真武、曰星变祈禳，即如太白昼见慧星经天等时之醮祭禳灾之事也。"① 这种星辰醮祭往往由朝廷官员来主持。在醮祭时，官员特别穿上白色衣服，头缠乌巾②，然后带领众人，在摆着各种水果、粢饼、茶汤和酒等供品的神像面前焚香百拜。道士则头戴逍遥冠，身着黑衣。在鸣磬二十响后，由两个道士念诵道经，将祝辞书写在蓝纸上，然后予以火化。众人一边看着纸灰飞扬上天，一边祈祷能够通达神灵，保佑自己得子、财运、消灾和幸福，形象地展现了道教星斗信仰的社会功能。

东亚道教供奉的星神种类繁多，但人们会根据实际情况来选择醮祭对象。据《李朝实录》卷二五《太宗实录》记载，太宗即位后，为了去邪消灾、祈求国泰民安，举行过各种星辰醮祭活动。太宗元年（1401）五月，太白昼见，经天三日，设北斗醮礼于昭格殿斋三日。太宗二年（1402）十二月行太阳星火星，独醮于昭格殿。"太宗十三年（1413）三月行真武醮礼于昭格殿。殿官启：'前此诸醮，皆以夕行之。今观《真武经》，至五更，躬然香烛，净果枣汤，位列有三，志纯于一，稽首祷告。请依此经，行于五更之初。'从之。"仅太宗一朝，就在昭格殿举行了十多次星辰醮祭活动，期望由此来消解天象变化和自然灾异带来的不良影响。

从保留到今天的高丽朝举行星辰醮祭时所写的青词斋文看，道教星斗信仰传入朝鲜半岛后，一方面在崇拜对象和基本礼仪上延续了中国道教的传统；另一方面，在醮祭仪式中也出现了一些民族化、地域化的新特点，丰富了朝鲜道教的内容。

首先，摩利山堑城坛成为重要的户外醮祭星辰的场所。"以祀典观之，则昭格署乃祀星辰矣。天子然后祭天，诸后只祀山川。"③ 天子在昭格署祭祀星辰后，再去摩利山堑城坛去祭天，皇后则去祭祀山川。这种以国王的名义举行的堑城醮属于国家祭祀范畴，有定期祭祀（每年春秋两季各举行一次）和临时祭祀（根据国家形势的需要随时举行）之别，其目的在于通过

---

① ［朝鲜］李能和：《朝鲜道教史》，东国文化社 1959 年版，第 217 页。

② 李圭景解释说："我东朝官士庶常服，上衣用道袍，有青白二色。吉服尚青，常服尚白。亦有贵贱之分，贱者不得着袍。儒生以此为公服，以此为祭服。然问其制度原始则不能对，虽老师宿儒亦不知，其缘起者，无可考据证信之迹故也。"（《五洲衍文长笺散稿》卷四十五《道袍辨证说》，明文堂 1982 年版，第 447 页。）据此，官员们可能是穿着常服来参加昭格署醮祭活动的。

③ 《李朝实录》第二十册《中宗实录》卷十三，学习院东洋文化研究所 1957 年刊行，第 448 页。

集体性的崇拜活动来祈福禳灾，期望天神佑护国家太平繁荣，故仪式十分隆重肃穆。到朝鲜王朝时，堑城醮已发展为一种隆重的国家祭祀活动。其祭官有行香使、献官、执事、典祀官等，一般由朝廷专门派遣官员来担任。行香使经常由二品或三品官员担任，可见堑城坛醮祭的规格很高。据说在举行堑城醮前 40 天，昭格署官员就要进行祭酒和祭品的准备工作。"排坛著净衣，陈设祭物，堑城祭礼亦依此例。"① 虽然堑城醮遵循了中国道教以清静之心献上素食祭品的传统，② 但还是出现了一些民族特色。例如，以酒敬奉神灵："春秋行祭时，照格署官员，前期四十日下来，酿酒。"③ 在堑城坛醮祭之前，早就准备堑城醮祭礼的物品了。"成宗十五年（1484）十一月乙巳（22 日）先是行护军崔灏元以堑城醮行香使，往摩利山还启，献官加置斋室移排执事差校生，祭器用笾篚祭需加设等事。命昭格署提调礼曹及崔灏元议便否，第一条江华府使为献官事，提调许琮议，本署三界醮祭，内外坛并三百五十一位，行香使则内坛及外坛西偏，奠茶汤酒，献官则外坛东偏，奠茶汤酒，其来已久，堑城醮礼，亦依此例为之。"④ 在进行堑星坛醮仪时，要在坛上设帐供神，将神的名字写在纸榜（纸神位）上，然后奉上青词斋文，献上茶汤酒等祭品，以示敬意，醮祭完毕后，再用火将纸榜烧掉，颇有地域文化的特色。

　　其次，朝鲜道教的星斗信仰具有佛道杂融之特色。朝鲜半岛的道观，如高丽王朝的福源宫，朝鲜王朝的昭格署、大清观等虽然是星辰醮祭的重要场所，但"朝鲜佛寺到处建有七星阁，祈福祈子者皆祭供之"⑤。另外，佛教僧人在佛事作法时，也有"七星请之法"，即召请北斗七星作为大圣七元星君降临道场作为如来佛之右辅，与日光菩萨和月光菩萨之左辅相并列，故李能和指出："朝鲜佛事仪式多从金元故事，则此法疑亦自金元来。是等仪

　　① 《李朝实录》第十七册《成宗实录》卷一七二，学习院东洋文化研究所 1957 年刊行，第227 页。

　　② 如"杜广成（光庭）先生删定《黄箓散坛醮仪》，以为牲牷血食之祭，蔬果精珍谓之醮。醮者，祭之别名也。"（《无上黄箓大斋立成仪》卷十五，《道藏》第 9 册，第 464 页。）

　　③ ［朝鲜］李衡祥：《江都志》卷上《祠坛》，转引自［韩］徐永大：《江华岛"堑城坛"与道教仪礼》，载金勋主编：《道与东方文化》，宗教文化出版社 2012 年版，第 14 页。

　　④ 《李朝实录》第十七册《成宗实录》卷一七二，学习院东洋文化研究所 1957 年刊行，第227 页。

　　⑤ ［朝鲜］李能和：《朝鲜道教史》，东国文化社 1959 年版，第 408 页。

式，虽属小事，而亦是道佛混杂之一段也"①。笔者认为，若诉诸历史，朝鲜半岛所行的本命星醮礼，虽为佛教密教修法之坛场，但却延用了道教北斗七星醮祭，宣扬通过祭其人之本命星，以祈息灾延命，这种佛道杂融之特色逐渐使星斗信仰成为朝鲜佛教与道教共有的宗教仪式。

再次，北斗七星神出现了女性化倾向。由于星辰是"阴"的象征，因此在中国道教中出现了斗姥元君，又称斗姆元君等女性星神。据《玉清无上灵宝自然北斗本真经》记述，斗姆原为龙汉年间周御王的爱妃，号"紫光夫人"，先后为御王生下九子。长子为天皇大帝（即四御之一勾陈上宫天皇大帝），次子为紫微大帝（四御之一中天紫微北极大帝），余七子分别为贪狼、巨门、禄存、文曲、廉贞、武曲、破军，即北斗七星。斗姆元君作为北斗七星之母，经常以三目、四首、八臂的形象出现，中间两手合掌，六手各执法器，以展现其慈悲和法力，但其子北斗七星仍然是男性星神。然而，北斗七星神传到朝鲜半岛后，出现了女性化倾向，据成俔《慵斋丛话》记载，朝鲜王朝时"昭格署皆凭中朝道家之事，太一殿祀七星诸宿，其像皆被发女容也"。李圭景（1788—1856）认为这是模仿中国醮祀而来的。②其实，这恰恰是道教星斗信仰在朝鲜半岛传播中出现的新特点。

最后，道教星斗信仰融入朝鲜民俗活动中。道教宣扬南斗司生、北斗司死，朝鲜人不仅重视南斗北斗醮祭，而且还将之用于丧礼中，"我朝鲜俗人死则用木板穿七孔，如北斗状，或纸绘北斗像以支尸身，名之曰七星板。"③另外，祈祷直星就可免遭各种灾难的信仰也融入朝鲜民俗活动中。例如，朝鲜男子从十岁起，女子从十一岁起，就按罗睺星、土星、水星、金星、日星、火星、空星、月星、木星的顺序，每个人每年都有与自己年龄相配的星，称为"直星"。据朝鲜时代学者洪锡谟（1781—1850）用汉文写成的朝鲜风俗著作《东国岁时记》记载，适值罗睺星之年的人，为消除灾难，就

---

①　[朝鲜] 李能和:《朝鲜道教史》，东国文化社 1959 年版，第 408 页。
②　[朝鲜] 李圭景:《五洲衍文长笺散稿》卷四十二《东国道教本末辨证说》，明文堂 1982 年版，第 362 页。
③　[朝鲜] 李能和:《朝鲜道教史》，东国文化社 1959 年版，第 407 页。

制作叫做"处容"①的稻草人，在其头中放入铜钱，于上元节前夕扔在路上。孩子们弄破扔掉的"处容"的头，取出头中的铜钱，然后扔在路边。这叫"打刍戏"。适值日直星和月直星之年的人，用纸剪成太阳和月亮的形状，把它装在木头上插于屋脊，以此消灾。为驱除月直星带来的灾难，也有在月亮升起时提灯迎月的做法。适值水直星之年的人，用纸包饭于半夜投入井中，以此禳灾。在民间，最忌罗睺直星（处容直星）。也有孩子们从冬天起就用木制的蓝、红、黄色的三只葫芦挂在腰间，于上元节前夕的半夜里悄悄地把它扔在路上，以此驱邪。②随着岁月的流逝，道教星斗信演化为富有朝鲜民族文化特色的民俗活动保留了下来。

　　在日本，道教的星斗信仰传入后通过密教、神道教相结合在社会中一直盛行。道教的北斗七星被视为众星中之最胜者"北辰菩萨"，"我北辰菩萨名曰妙见。今欲说神咒拥护诸国土。所作甚奇特故名曰妙见。处于阎浮提，众星中最胜。神仙中之仙，菩萨之大将"③。密宗将之神格化为具有守护国土、消灾却敌、益寿延命等功德的天神，又称妙见菩萨、妙见大士、北辰菩萨、尊星王、妙见尊星王等，道教的北斗七星与密教的妙见菩萨异名而同体。据《妙见宫实纪》、《八代神社记》记载，680 年秋，妙见菩萨乘神兽"龟蛇"从中国明州（浙江宁波）渡海来到日本熊本八代郡土北乡八千把村竹原津。"龟蛇"乃是北方玄武之象，妙见菩萨实为道教之神。据说，妙见菩萨在此停留了三年之久，当地人将之尊为保护神加以供奉。795 年，桓武天皇下令在此修建妙见宫，这是现在的八代神社内三宫中的上宫。后来，二条天皇于 1160 年、后鸟羽天皇于 1186 年分别建造了妙见宫的中宫和下宫。直到明治初年（1868）妙见宫才正式更名为"八代神社"而沿用至今。④每年 11 月举行的热闹非凡的大型民间"妙见祭"的喜庆节日，至今仍然是九州的三大节日之一。人们相信，信仰妙见菩萨能四海太平、五谷丰登；能消

---

　　① 相传，处容是东海龙王的儿子，是长着人身的神，他通过歌舞把自己在人间的妻子从天花鬼手中解救出来。新罗时，出现了一种具有驱除鬼怪、迎新祈福等象征意义的面具舞——处容舞。一般由穿着华丽、戴着假面具的男子在皇家宴会或在新年除夕时表演，颇具萨满舞蹈之风格。

　　② 参见［日］福井康顺等监修：《道教》第三册，上海古籍出版社 1992 年版，第 106 页。

　　③《七佛八菩萨所说大陀罗尼神咒经》卷二，《大正藏》第 21 册，第 547 页。

　　④ 周洁主编：《日本的祭礼》，世界知识出版社 2010 年版，第 362 页。

除平日的凶杀及三十六衰、七十二厄等一切不虑之灾，使虔诚敬信之人转凶为吉，延长寿命。到镰仓时代，各地建造了北辰神社、妙见神社等，妙见菩萨被请为保护神，北斗众星之母"斗姆元君"也被尊为日本武士的保护神"摩利支天"①而深受敬拜。据宋代道书《玉清无上灵宝自然北斗本生真经》记载，"斗姆元君"相传原为龙汉国王周御王的爱妃，号"紫光夫人"，先后为御王诞下九子，因地位尊贵故被称为"斗姆"或"斗姥"。其大儿子和二儿子是"四御"中的"勾陈大帝"和"紫微大帝"，其余七个儿子就是"北斗七星"。到宋代时，"斗姆元君"被神霄派奉为雷霆主神，与密教的摩利支天相融合。故道观中供奉的斗姆形象十分独特，造型多样，深受密教影响，主要有三目、四首、八臂，手持各式法器，于月轮中，乘猪车而立，身作金色，因具有护身、隐身、得财等功德，成为保佑人生平安、顺利的战神。这种共同的神灵信仰成为东亚道教的凝聚力所在。

---

① 摩利支天，梵文"提婆"之意，是隐身和消灾的保护神，上管三十六天罡星，下管七十二地煞星和二十八宿，故神威显赫。

第　七　章

在东亚传播的道教经书

　　道教在漫长历史发展中，积累了卷帙浩繁的经籍书文。道教经书作为记录道教知识、思想、学术和技艺的载体，它以文字、图像、符号等形式展现了道教的教理教义、教规教戒、修炼方术和斋醮科仪，保留了中国古代历史、哲学、文学艺术、养生学、医药学、化学、音乐等丰富内容，具有宗教和历史的双重价值。道教能够在东亚传播还得益于以先秦口语为基础而形成的书面语——古汉语文言文。东亚是一个多民族、多国家和多文化并存的地区，各民族都有自己的语言。即使是汉族人，也会因为生活地域广阔，方言种类繁多，口语的差别也非常大，甚至出现不能沟通理解的情况。但在古代东亚社会中，古汉语文言文作为中国古代的一种书面语言，却成为超越东亚各民族母语、超越汉族各种方言而各国通用的"共同体语言"。这是因为文言文的根本特点是"字本体"语言，这种表意文字可以与声音脱节，而不是像英语那样的"音本体"语言。文言文与口头语言不同，它可以脱离发音来传达意义的，即不知道某些字的发音但完全能够读懂它的意思，在不发音的情况下单独表意，追求的是书面语的"看懂"和书法文字的"漂亮"，而并非追求大家都能够"听懂"。东亚各国虽然山海相隔，但在创造自己的文字之前，都有利用汉字表记来反映本国语言的方法，如在朝鲜半岛称作"乡札"，新罗人用表记法写成的诗歌被称作"乡歌"；在日本称作"假名"，日本人用表记法写成的诗歌被称作"和歌"；在越南称作"汉喃"，越南人用表记法写成的诗歌被称作"国语诗"①。文言文的"字本体"特点使之在东亚地区传播的过程中，一是能够容纳"多音"，不同民族的人可以用自己的语言去阅读它；二是能够保持相近的格式，即使不同民族的人能用自己的语言去阅读它，但只有遵循文字本来的意思才能理解它。古汉语文言文既为传播中国文化的思想、政治、文化、知识和宗教提供了一种共同语言，也为容纳和保留各地方言和民族母语的"声音"留下了特别的空间，由此而形成了举世闻名的"东亚汉字文化圈"。东亚各国因共同使用汉字而大致阅读同一类书，促进了文化上的趋同性。这为道教在东亚地区由中心向边缘传播提供了一种文化助力。道教经书主要是以文言文为载体的，这一优势一定程度上消弭了道教在古代东亚传播的语言障碍，故有道教的传播始终是以道书的传授为先导的提法。从历史上看，道观与道士在东亚社会中很少出现，但道书却在东亚得到了较为广泛的传播，这能否反映出东亚道教的生存样态呢？值得研究的是，有哪些中国道书传播到东亚世界？它们在异域文化中产生了怎样的影响？如何推动了东亚道教的形成与发展？本章以东亚汉籍中零散出现的道书为线索，通过斟酌古今，考镜源流，来探讨道教经书在东亚的传播途径和方式及所产生的文化影响。

第一节　道书向东亚的传播

中国道教在漫长的历史传播中创作了数量巨大、内容甚丰的道书。这些道书通过贸易、交流、赠送等方式渐渐传播到东亚各国。"在古代东亚世界，受容中国书籍的多少，是衡量一个国家文明程度的重要标志。"② 那些记录、积累道教信仰与知识的道书也成为我们获取并了解道教在东亚地区传播的有形线索。从汉籍中零散出现的道书中可见，道书在东亚各国传播的情况是不同的，传到朝鲜与日本的数量比较多，影响比较大。虽然也有一些道书传到越南，但相比之下影响就小多了，故这里就不作专门介绍了。

---

① 在越南历史上，长期以汉字作为官方文字，除短命的胡朝（1400—1407）曾试图推行"汉喃"之外，故传世文献多用汉字书写，直到越南最后的一个封建王朝阮朝（1802—1945）建立，才将"汉喃"作为官方文字。

② 陈小法：《明代中日文化交流史研究》，商务印书馆2011年版，第241页。

一、中国道教造作的道书

从东汉开始，道教就将老子《道德经》等奉为道士日常诵习的经典，在先秦诸子百家之书、民间医药方技和占卜数术之书的基础上，开始造作道书。出现于汉代的道书主要有《太平经》、《老子想尔注》和专讲炼丹的《周易参同契》。它们虽然提出了道教的基本教义和信条，以凝聚民众，传播信仰，但毋庸置疑，这些教义和信条是零碎的、简单的和粗浅的，这些道书也主要是在民间社会中秘密传播。

魏晋时期，随着道教由中国的下层社会传播到上层社会，许多王公贵族开始信奉道教，并致力于道教文化的建设，南方道教中出现了造作道书的热潮，道书也随之而逐渐增多："道书之出于黄老者，盖少许耳，率多后世之好事者，各以所知见而滋长，遂令篇卷至于山积。"① 现存最早的道书目录是葛洪所撰《抱朴子内篇》中的《遐览篇》，其中记载了道书符文 204 种，679 卷；符箓 56 种，620 卷，共计 260 种，1299 卷。如果再加上葛洪在《神仙传》中所记载的道书目录，可见当时大约共有道书 400 多种，1600 余卷，这无疑是一个相当庞大的数字了。然而，当时的道士往往自神其教，道书上既不署名，也不记年代，仅在道门内师徒间秘密传授，一般也不愿随便示人，故流传不广，影响不大。葛洪所记载的道书后来大多佚失了。

两晋南北朝时期，中国道教内部自发地开展了造作道书的活动。江南地区出现了《上清经》、《灵宝经》和《三皇经》三个经系，造作了上千卷新道书，形成了以造作、传授道书为首务的经箓派。在中国北方，楼观道为了与日渐兴盛的佛教相抗衡，造作了《老子西升经》、《老子化胡经》等道书，既阐扬道教的义理，又积极参与佛道之争。从现存于今的道书目录可见，当时的大部分道书是由经箓派所作的，其内容涉及道教的方方面面，从信仰到斋醮科仪，从理论到戒律法箓，其中出现了一些对后世有着深远影响的道经，如《抱朴子》、《上清大洞真经》、《黄庭经》、《度人经》、《西升经》、《老子化胡经》、《真诰》等，不仅为唐代道教的鼎盛奠定了理论基础，而且

---

① 葛洪撰，王明校释：《抱朴子内篇校释》，中华书局 1985 年版，第 151 页。

还促进了道教文化在东亚的传播。据朝鲜诗话《芝峰类说》、《清江琐语》记载，高丽王朝时，有位叫尹君平的曾遇道人传授《黄庭经》，他学会了一种特殊的修炼法，两腋常挟四枚冷铁片，须臾即炽热如火。无论寒暑，他都用冷水沐浴。尹君平八十而死，亡骸轻如经帷，时人谓其"尸解"。据车柱环先生的看法："在我国祖先中，为了祈求健康与长寿，提高人生的境界，爱读《抱朴子》的人甚多。徐有榘在《林园十六志·怡云志》中设定登涉符咒的项目，收录了《抱朴子》中的升山符、入山符等。"[1]

　　道教经箓派在造作众多道书的同时，面临着一个如何建构教义体系的问题。由于各派道士为自神其教，在传经时相互隐秘，使众多的道书分散在各处，互无统属。同时，在道书传播的过程中，由于某些道士伪造增益，使新出的道书卷帙孳乳，真伪混淆。这些问题在客观上影响了道教的发展。如何使道书系统化、规范化以便于人们学习、查找和使用？南朝道士陆修静在著述了三十余部道书的同时，又将搜集到的道书，分门别类进行整理："总括三洞，归于一流"，编撰了《三洞经书目录》。这部道书目录早已佚失，它究竟收录了多少道书现已无从确知，但据北周甄鸾《笑道论》和唐代道世《法苑珠林》卷五十五中记载：陆修静所编《三洞经书目录》著录"道家经书并药方符图等，总 1228 卷云。1090 卷已行于世，138 卷犹在天宫"[2]。其中不仅有一些葛洪《抱朴子·遐览》中提到的书，而且还收录了经箓派所造作的新道书。这些道书经陆修静整理编目后，呈南朝刘宋皇帝收藏。据说，宋明帝刘彧（439—472）曾将这些道书存放于京都华林园中。泰始初年（465）"陆修静南下，立崇玄馆，又取在馆。陆亡，随还庐山。徐叔标后将下都。及徐亡，仍在陆兄子环文间"[3]。直到唐初，这些道书仍得到比较完整的保存，后成为唐玄宗开元年间修编第一部道书总集《三洞琼纲》的主要依据。

　　自称"三洞弟子"的陆修静在编撰目录时，不仅按上清、灵宝、三皇等三组道经确立了"三洞"——洞真、洞玄、洞神的分类，而且还将灵宝派的十部《元始旧经》划分为十二类，开始了道教史上建构"三洞四辅十二类"的道书分类工作。由于"三洞"只对上清、灵宝、三皇等三组道经

---

①　［韩］车柱环：《韩国道教思想》，人民文学出版社 2005 年版，第 55 页。
②　《法苑珠林》卷五十五，《大正藏》第 53 卷，第 704 页。
③　《真诰》卷十九，《道藏》第 20 册，第 605 页。

做了甄别真伪的工作，而没有概括当时所有的道派，如天师道的正一类经书、太平道的经书就不在其列，被道教奉作圣典的《道德经》及先秦道家的著作也没有收入其中。同时，三洞经书目录亦没有能够反映出修道阶次等内容，因此，它还没有形成一个完整的教义理论体系。

继陆修静之后，又有南朝道士孟法师编撰《玉纬七部经书目》，提出"四辅"作为对"三洞"的补充或辅助，从而确立了七部道书的经教体系。该书目对七部书目的卷数、存佚情况作了说明，并论述了各部的宗旨及其经书的出处。洞真部主要收录《上清经》，其为玉清境洞真教主天宝君所出，故名。"洞真"为通向真仙之道，号称上乘。太玄部辅洞真部，主要收录《道德经》及注释《道德经》的道书。洞玄部主要收录《灵宝经》，其为上清境洞玄教主灵宝君所出，故名。"洞玄"为通向玄妙之道，号称中乘。太平部辅洞玄部，主要收录《太平经》等道书。洞神部主要收录《三皇经》，其为太清境洞神教主神宝君所出，故名。"洞神"为通于神灵，号称下乘。太清部辅洞神部，主要收录金丹诸经。正一部辅上述六部，主要收录"正一法文"，即汉魏六朝天师道的经戒法箓，以道德为宗，贯通三洞，遍陈上中下三乘之义，是对各部各派道法的概括总结，以说明各派学说殊途而同归，最终融通为一。

"三洞四辅"七部道书主要是根据道经的来源加以分类的。"七部者，应迹垂文，随机演教，括囊众法，普被群生。若能游此妙门，则得自然悬解。"[1] 既反映了道书的实际内容，也反映了各道书之间的传授关系，其中还包含着这样一种神学思想，即"三洞"和"三太"经书有不同的内容与层次，依次修行可由仙而真而圣，但最终必归宗于"正一"。"正一云：三洞虽三，兼而该之，一乘道也。太玄为大乘，太平为中乘，太清为小乘，正一通于三乘也。"[2] 由此可见，"三洞四辅"分类法与道教的神学理论及修道阶次也有着密切的关系。

三洞之下各分十二部：1. 本文类，指经教的原本真文；2. 神符类，指龙章凤篆之文、灵迹符书之字；3. 玉诀类，指对道书的注释疏义；4. 灵图类，指对本文的图解或以图像为主的道书；5. 谱录类，指记录高真的应化

---

[1] 《道教义枢》卷二，《道藏》第 24 册，第 814 页。
[2] 《道教义枢》卷二，《道藏》第 24 册，第 815 页。

事迹及功德名位的道书；6. 戒律类，指清规戒律的经书及功过格；7. 威仪类，指斋醮科仪类道书；8. 方法类，指修真养性及设坛祭炼的道书；9. 众术类，指外丹及数术类道书；10. 记传类，指仙真传记及道观志书；11. 赞颂类，指歌颂神灵的道书；12. 章表类，指斋醮时所上章奏、青词等。三洞之下各有十二部，总计三十六部。

《道藏》形成后，依据"三洞四辅"，将不同道派的经书统一起来，使本来那些没有关系的道派也相互联系共同构成了一个整体而真正可以称之为"道教"了。据此，日本学者小林正美认为："'道教'即指建立在三洞十二类或三洞四辅为分类法而编排的道书之上的宗教。"① 从这种意义上说，建立"三洞四辅"可能要比创立道团更为重要，因为具体的道团会在历史发展中此起彼伏，但只要有道书在，道教就能以此为中心而将此起彼伏的分散道团连成一个整体，以保持道教发展的持续性。这样，依"三洞四辅"分类法而建立起来的《道藏》就成为融合不同道派，推动道教不断发展的文化纽带。

"三洞"的缘起是否受到佛教的影响？对此，历史上一直存在着不同的看法。早在唐代，僧人玄嶷著《甄正论》时就说："三洞之名，还拟佛经三藏。三洞者，一曰洞真（上清）、二曰洞玄（灵宝），三曰洞神（三皇），此之谓三洞。"② 认为道教的"三洞"之名源于佛经"三藏"。然而，陈国符先生不同意这种看法，他认为："按释子未尝详检《道藏》，辄论三洞经来源，以是所述率误谬不可据。"③ 故仅从佛教"三藏"的角度去理解"三洞"的缘起是不够的。如果研究东晋南北朝时期出现的经箓派道书，就可见古灵宝经书《洞玄灵宝九天生神章》中就已经形成了比较完整的"三洞经书"的思想，④ 表现了早期灵宝派试图以对"三洞尊神"的崇拜为基础，通过"元气说"和"三一论"的理论将在江南地区传播的三组道经联合起来，希望通过道书的系统化来建立统一的教义体系。在这一过程中，也受到了当时佛教势力在江南地区扩展的影响。⑤

---

① ［日］小林正美：《三洞四辅与"道教"的成立》，载陈鼓应主编：《道家文化研究》第 16 辑，三联书店 1999 年版。

② 《甄正论》，《大正藏》第 52 卷，第 561 页。

③ 陈国符：《道藏源流考》，中华书局 1963 年版，第 1—2 页。

④ 参见《洞玄灵宝九天生神章》，《道藏》第 5 册，第 843 页。

⑤ 参见王承文：《道教"三洞"学说的思想渊源》，《中国哲学史》2002 年第 4 期。

"三洞四辅十二类"的出现为唐代修编《道藏》奠定了基础。唐代是道书创作的高峰期，也是规模宏大的《道藏》的形成期。据《隋书·经籍志》记载，北周武帝就开始以朝廷名义令道士编修道书。经道士王延校定的三洞经书多达8030卷，藏于通道观中。隋炀帝即位后，"又于内道场集道、佛经，别撰目录"，将所获道书分为四部：经戒301部，908卷；服饰46部，167卷；房中13部，38卷；符箓17部，103卷，总共377部，1216卷。后来，唐代新出的道书又达数千卷之多。杜光庭在删定《太上黄箓斋仪》时说："玄宗著《琼纲经目》，凡七千三百卷。复有《玉纬》别目，记传疏论，相兼九千余卷"。据称，中国历史上第一部官修《道藏》，即是唐玄宗开元年间组织修编的《开元道藏》。唐玄宗即位后，令史崇玄等四十余人仿佛教《一切经音义》撰《一切道经音义》。在此基础上，又于开元年间（713—740）四处搜集道经，再加上京城中所藏道书，依照三洞四辅分类法，编纂成"藏"，名曰《三洞琼纲》，总计3744卷（一说5700卷，一说7300卷），共分为三洞三十六部。天宝七年（748），唐玄宗诏令传写，以推而广之。

《道藏》的出现是道教发展为成熟宗教的标志。在此之前没有形成统一的道教，只有宗教信仰和组织形式相似的道团，如太平道、五斗米道，有教义可以相通的道派，如上清派、灵宝派、三皇派等。《道藏》形成后，依据"三洞四辅"，将不同道派的经书统一起来，使本来那些没有关系的道派也相互联系共同构成了一个整体而真正可以称为"道教"了。据此，小林正美认为："'道教'即指建立在三洞十二类或三洞四辅为分类法而编排的道书之上的宗教。"[①] 从这种意义上说，建立"三洞四辅"可能要比创立道团更为重要，因为具体的道团会在历史发展中此起彼伏，但只要有道书在，道教就能以此为中心而将此起彼伏的分散道团连成一个整体，以保持道教发展的持续性。这样，依"三洞四辅"分类法而建立起来的《道藏》就成为融合不同道派、推动道教不断发展的文化纽带。

中唐，唐王朝遭遇到"安史之乱"，藩镇割据导致了军阀混战、民族矛盾激化和社会动荡不安。唐末，黄巢起义军对京城长安的冲击，使道教经书

① ［日］小林正美：《三洞四辅与"道教"的成立》，载陈鼓应主编：《道家文化研究》第16辑，三联书店1999年版。

焚荡之余，十无二三，且散乱无章，《三洞琼纲》也亡佚了。此时的一些道士如申甫、杜光庭等人于民间搜集散失道书，加以整理，拾遗补缺。据记载，"道门领袖"杜光庭鉴于道经散失不利于道教的发展，乃积极搜集散于民间的道书，在找到"新旧经诰"三千卷之后，他并不满足，又"重游三蜀，更欲搜扬"，但因兵锋所阻，"未就前志"，只好根据已搜集到的道经，编成了《三洞藏》。陈国符先生在《道藏源流考》中特别写到："至五季重建《道藏》，其可考者，一在蜀中，杜光庭建。一在天台桐柏宫，吴越忠懿王建。"① 吴越王钱弘俶资助道士朱霄外编成金银字《道藏》200 函，藏于天台山桐柏宫。另外，亳州太清宫还保存了唐代《道藏》的写本。这些都为宋代《道藏》的编纂奠定了基础。

宋代开国后，崇奉道教，朝廷曾先后多次开展搜集道经、重修《道藏》的工作，前后编成《宝文统录》、《大宋天宫宝藏》、《政和万寿道藏》、《琼章宝藏》等。后来，金代又编成《大金玄都宝藏》，元代则编有《玄都宝藏》。但以上这些《道藏》都因历经兵火、年代久远、元代焚经等原因而不存了。

现存的《道藏》是由明正统十年（1445）刊行的《正统道藏》和明万历三十五年（1607）刊行的《万历续道藏》组成。《正统道藏》由第四十三代天师张宇初主持编撰，480 函，共 5305 卷，以"三洞四辅十二类"为基本的分类方式，以《千字文》为函目，自"天"字号至"英"字号，每函各包括若干卷，为梵荚本，共收道书 1426 种。该藏完成后，明英宗"于以颁之天下，藏之名山秘宇，听所在道官道士看诵赞扬，上为国家祝福，下为生民祈福，甚盛举也"②。明神宗万历三十五年（1607），又命第五十代天师张国祥主持续补《道藏》，补充《正统道藏》缺失的道书，共成 32 函，180 卷，名为《万历续道藏》。《万历续道藏》仍以千字文编排，自"杜"字号至"缨"字号，共收道书 50 种，不再标明门类。两藏相合，共 5485 卷，512 函，这就是现存的卷帙浩繁、内容丰富的明版《道藏》，成为东亚道教的标志性成果。

在目前东亚各国流传的道教文献中，明版《道藏》是现存的官修《道藏》中最为完整的、规模最大的丛书。北京白云观藏明版《道藏》。1923 —

---

① 陈国符：《道藏源流考》，中华书局 1963 年版，第 127 页。
② 《赐经之碑》，载陈垣编纂，陈智超、曾庆瑛校补：《道家金石略》，文献出版社 1988 年版，第 1257 — 1258 页。

1926 年间，上海商务印书馆借用北京白云观所藏明版《道藏》以涵芬楼的名义影印出版，缩改为六开线装小本，每部 1120 册。然而，此时的北京白云观藏本于道光二十五年（1845）修编时未能完全补齐，尚缺 98 页，故据之影印的涵芬楼本《道藏》影印本未曾觅补。20 世纪下半叶，中国和日本先后印制发行了 4 种精装影印本《道藏》，如 1977 年，台湾艺文印书馆缩小影印《道藏》，编为 32 开本 60 册，另有总目和索引 1 册。同年，台湾新文丰出版公司缩小影印《道藏》，编为 16 开本 60 册，另有总目录 1 册。1986 年 10 月，日本株式会社中文出版社缩小影印《道藏》，名曰《重编影印正统道藏》，编为 16 开本 30 册。第 1 册为目录、通检，包括李乃扬《重编影印正统道藏叙录》、《正统道藏分册总目》、《细目》和《正统道藏目录通检》。20 世纪 80 年代，北京文物出版社、上海书店和天津古籍出版社三家出版社决定联合重印出版涵芬楼影印本，并借用了现藏于上海图书馆的上海白云观旧藏本补足过去的缺失，以成完璧。五种《道藏》在东亚各地陆续出版，推进了 20 世纪道教研究热潮的兴起。

继明《正统道藏》和《万历续道藏》之后，活动于四川的道士编纂了一部富有明清道教文化特色的丛书《道藏辑要》。《道藏辑要》编辑者有二说：第一，据清末贺龙骧校理《重刊道藏辑要》时说，此书系清康熙（1662—1722）间彭定求撰辑；第二，据丁福保编《道藏精华录》时称，此书系蒋元廷编纂于清嘉庆（1796—1820）年间。据此，《道藏辑要》大概有三个不同的版本：1. 1700 年左右由彭定求（1645—1719）编辑的版本，其中包含明《正统道藏》所收道经二百种；2. 嘉庆年间（1796—1820）由蒋元庭（1755—1819）编辑并刻板印刷的版本，其中增加明本《道藏》失收道经 79 种；3. 1906 年贺龙骧与彭瀚然于四川成都二仙庵以《重刊道藏辑要》为名重编的本子，据称包含各种道书 319 种。①

---

① 可能是计算方法不同，三个本子对所收录道书的数目也有不同的记载。据日本学者尾崎正治的研究：彭氏本有 173 种、176 种或者 283 种，蒋氏本有 270 种，贺氏本有 287 种。（［日］野口铁郎主编：《道教事典》，东京平川出版社 1994 年版，第 456—457 页。）据丁培仁考证，蒋氏本《道藏辑要》包括藏内道经 204 部和藏外道经 93 部，共 297 部。（《道教典籍百问》，今日中国出版社 1996 年版，第 216 页。）吉冈义丰认为，蒋氏本有两个版本，现存第二版包括 173 种道书，第二版增加 96 种藏外道书，有 269 种，1906 年，贺氏编《重刊道藏辑要》时又增收 18 种藏外道书，共 287 种。（参见［意］莫尼卡撰：《"清代道藏"——江南蒋元庭本〈道藏辑要〉之研究》，《宗教学研究》2010 年第 3 期。）

意大利学者莫尼卡（Monica Esposito）通过对《道藏辑要》的版本、作者和内容认真细致的研究而接纳了日本学者吉冈义丰《道教经典史论》中的看法，认为《道藏辑要》其实只有蒋元庭本和贺龙骧本这两个版本，彭定求本纯属虚构。是否如此？还可进一步研究。因据清末贺龙骧校理《重刊道藏辑要》介绍，《道藏辑要》系清康熙年间（1662—1722）进士彭定求从《道藏》中选出 200 种道书，按二十八宿字号顺序排列，分为二十八集，编成二百余册，故名为《道藏辑要》，其中包括历代祖师真人著作、科仪戒律、碑传谱记等，还有一些《道藏》之外的道书。清末，因原版《道藏辑要》已为罕见，光绪十八年（1892），四川成都二仙庵住持阎永和首倡"悉照原本式样"重刊《道藏辑要》，该项工作于光绪十七年（1901）开始，到民国四年（1915）才完成。《重刊道藏辑要》虽称刊刻，但在原刊本基础上又增刻了 17 种道书和 23 种道经书目，共 40 种，名之为《重刊道藏辑要》。1935 年翁独健先生编《道藏子目引得》时，核对《重刊道藏辑要》的书目与明《道藏》书目，清理出《道藏辑要新增道经目录》114 种，作为《道藏子目引得》的附录。① 其中新增有贺龙骧所编《道藏辑要子目初编》、《道藏辑要续编子目》及《女丹合编》。该字板用梨木精工雕刻而成，共计 14751 块，每块两面刻字，一面两页，现存成都二仙庵。1984 年巴蜀书社影印出版时作 32 函 245 册。

《道藏辑要》集正一、全真教之科仪、斋醮、法术符咒及部分仙家内丹秘籍，对明清道教的神灵信仰、南北宗派、内丹秘法、功课戒律、乩坛活动以及宫观焚修实况、三教合流思潮等都有所反映，其选书标准反映了清代全真道之特征，如代表着"孚佑上帝"吕洞宾在蒋元庭扶鸾坛降笔中显现的种种奇迹和昭示的真理；如主张"内丹可以超凡入圣，外功只可却病延年"，故收载了许多内丹书，而对外丹炉火则"严为摈斥"。《道藏辑要》在一定程度上弥补了明版《道藏》之不足，能否将之视作一部"全真道藏"呢？还可以再研究，但这部"清代道藏"又被称为"续续道藏"却推动了对清代道教资料的汇集与保存。《道藏辑要》刊行后，很快流行于东亚各国。1933 年，法国汉学家伯希和（Paul Pelliot，1878—1945）将蒋元庭本

---

① 参见翁独健编：《道藏子目引得》，上海古籍出版社 1986 年版，第 38—40 页。

从中国带入法国，后传入日本，至今保存在日本京都大学人文科学研究所、东京大学有（两种藏本）、东洋文库及大阪府立中之岛图书馆。① 另外，贺龙骧、彭瀚然、阎永和编辑的《重刊道藏辑要》不断得到重印，如台北考正出版社和新文丰出版公司有（1971、1977、1983、1986 版），成都巴蜀书社有（1985、1986、1992、1995 年版），长春吉林人民出版社（1995 版）等，为推动明清道教研究在东亚的展开提供了重要资料。

二、在朝鲜传播的道书

中国与朝鲜领土相接，唇齿相依，早在殷亡周兴，箕子受封于朝鲜时，就挟典籍而去，故中国书籍很早就传入朝鲜半岛。朝鲜李朝史书《增补文献备考》中《艺文考》曰："箕子率中国五千人入朝鲜，其《诗》、《书》、《礼》、《乐》、医巫、阴阳、卜筮之流，皆从焉。"后来，汉武帝灭卫氏朝鲜而置乐浪、真番、临屯、玄菟四郡，派遣许多中国官员前去管理，可能也会携带书籍前往的。李能和认为："盖自四郡以来，我东渐用汉文，而凡诸教俗随时而入，虽或有先后次第之少异，而丽济罗三国并受汉化则未尝不同也。"② 汉字的使用为道教经典在朝鲜半岛的传播奠定了语言文化的基础。

道教信仰与教义的理论基础是老庄思想，因此，广义上的道书还应包括以《老子》和《庄子》为代表的道家文献。老庄著作具有较高的思想品味和"汪洋恣肆"的浪漫情调，它们成为促进道书在东亚传播的开路先锋。据《三国史记》记载，生活于 4 世纪的近仇首王（375—383 在位）手下的莫古将军就曾用老子的"知足不辱，知止不殆"来进言。到新罗和高句丽时，道书为许多文人所喜爱，或被刊行，或被文人钻研。7 世纪，高句丽第二十八任君主宝藏王（？—682）听信大臣渊盖苏文（603—666）以道教兴邦的建议，遣使去唐朝拜见皇帝，"求道教以训国人"③，促进了道教及道书在朝鲜半岛的传播。

---

① 参见［意］莫尼卡：《"清代道藏"——江南蒋元庭本〈道藏辑要〉之研究》，《宗教学研究》2010 年第 3 期。

② ［朝鲜］李能和：《朝鲜道教史》，东国文化社 1959 年版，第 54 页。

③ 参见［朝鲜］金富轼撰：《三国史记》，吉林文史出版社 2003 年版，第 255 页。

　　《旧唐书》属于官修史书，所列举之书以儒家经典为主，但在一些野史杂记中，也零星记述了一些道书在朝鲜半岛的传播情况。如《东夷列传》记载，在新罗统一三国之前，高句丽人"俗爱书籍。至于衡门厮养之家，各于街衢造大屋，谓之扃堂。子弟未婚之前，昼夜于此读书习射。其书有《五经》及《史记》、《汉书》、范晔《后汉书》、《三国志》、孙盛《晋春秋》、《玉篇》、《字统》、《字林》；又有《文选》，尤爱重之。"[①] 新罗统一之后，尚无本国文字，为了让人们更好地阅读，"昔新罗薛聪始作吏读，官府、民间至今行之，然皆假字而用"[②]。生活于三国末年新罗十贤之一的薛聪（645—701）是高僧元晓之子，他创吏读文字，[③] 即是用朝鲜语来训解儒家经典和其他汉籍，使更多的人可以在一定程度上消除语言障碍，方便地阅读汉籍。

　　新罗末期，许多道书随新罗留学生传入朝鲜半岛。据《海东传道录》中记载，唐玄宗开元中（713—742），新罗人崔承祐、金可记、僧慈惠入唐留学，在游终南山时见到钟离将军（据说就是中国道教"八仙"之一钟离权），听其传授道书和口诀，就得到了钟离将军所授的道书《青华秘文》、《灵宝毕法》、《金诰》、《人头五岳诀》、《内观玉文宝箓》、《天遁炼魔法》等钟吕内丹道的基本道书。他们于石室中修炼内丹，三年丹成。后来崔承祐与僧慈惠回国时，又于渡海途中收到"五种仙典"：

　　　　八月舟至海中，忽飔风飘至大岛，有持节仙官，逆于船头曰："正阳真人（钟离权被奉为正阳真人）有书付二公。"拆看乃钟离书也。令还其所授经诀曰："尔等缘薄，自坏天道，复何言乎？然东国八百年后，弘明大道，必藉传授，乃可入门。尔等所授经诀，及伯阳《参同契》、《黄庭经》、《龙虎经》、《清净》、《心印经》，行于世者，可燃灯相付，一线以传。尔赖此功登上真也。"二公涕泣以五种仙典，拜受仙

---

　　① 《旧唐书》卷一百四十九，《东夷列传》，《二十五史》，上海古籍出版社、上海书店1986年版。
　　② 《世宗实录》卷一一三《训民正音序》，《李朝实录》第七册《世宗实录》卷四十，学习院东洋文化研究所1954年刊行，第530页。
　　③ "吏读"又称"吏吐"、"吏道"、"吏套"等。

官，俄失其岛。①

这一记载虽有传奇色彩，但也说明崔承祐与慈惠所收到的"五种仙典"——《参同契》、《黄庭经》、《龙虎经》、《清净经》、《心印经》都是道教内丹炼养之书。其中，《参同契》被中国道教誉为"万古丹经王"。上清派道书《黄庭经》因讲养生要诀也备受修道者的喜爱，如，尹君平从某异人那里接受《黄庭经》之传授，精于道法之修炼。据说他体温高，连冬天也要洗冷水浴，把铁片放在他的腋下，马上会发热，80 岁时死去，因尸体太轻，故世间称其为尸解仙。《龙虎经》，又称《古文龙虎经》、《龙虎上经》、《金碧龙虎经》，今有宋王道的注疏本，全书共 33 卷，其内容与《参同契》一样都是专论炼丹的道书，因撰者、年代不详，一些古代丹家认此书为先于《周易参同契》，为最古之丹经，如五代道士彭晓《周易参同契分章通真义》序云：魏伯阳"得《古文龙虎经》，尽获妙旨，乃约《周易》撰《参同契》三篇"②。虽然后来南宋朱熹提出不同看法，认为《周易参同契》并非据《古文龙虎经》所作，而是"盖是后人见《魏伯阳传》有'龙虎上经'一句，遂伪作此经。大概皆是体《参同》而为，故其间有说错了处"。但今人王明将此书与《云笈七签》卷七十三之《金丹金碧潜通诀》相校读，"校读之下，仅有诙异之文，无出入之句"，仍认为始"此《诀》即《龙虎经》文所自出"③，从而断定此书是借《金丹金碧潜通诀》之文，而改易其书名的冒名书。陈国符则经过考证，断定《金丹金碧潜通诀》的作者是隋唐人羊参微。④ 这些讲究内丹修炼的道书传到朝鲜半岛后，不仅为朝鲜道教丹鼎派的发展提供了理论依据，而且也引起了文人学者的极大兴趣，如文学家崔致远入唐时曾学习道教还返仙法，回国后作《参同契十六条口诀》，后被奉为"东方丹学"之鼻祖。

《海东异迹》也以神仙"异迹"的形式介绍了内丹道书在朝鲜半岛的传

①　《海东传道录》，《藏外道书》第 31 册，巴蜀书社 1994 年版，第 476—477 页。
②　《周易参同契分章通真义序》，《道藏》第 20 册，第 264 页。
③　王明：《〈周易参同契〉考证》，载《道家和道教思想研究》，中国社会科学出版社 1984 年版，第 280 页。
④　参见陈国符：《道藏源流考》下册，中华书局 1963 年版，第 289 页。

播。南宫斗的师父权真人于太白山兰若庵遇一老僧，得新罗义湘大师入中原逢正阳真人钟离权所传道书："《黄帝阴符经》、《金碧龙虎经》、《参同》、《黄庭内外经》、《崔公入药镜》、《胎息》、《心印》、《洞古定观》、《大通》、《清静》等经，于是，他就其庵独居修炼，魔鬼万方来揸辞，以不闻不见诮之，凡苦志十一年，乃成神胎。法当解去，上帝命留此统。"① 后来，权真人在教导弟子时说："《黄庭》、《参同》道家上乘，诵之不懈，而《度人经》乃老君传道之书，《玉枢经》乃雷府诸神所尊佩之，则鬼神钦此。"② 生活于朝鲜王朝时期的李万敷（1664—1732）曾检阅昔高丽诸贤文集，发现其中多有吟述《参同契》者，由此认为《参同契》已为高丽国人所习闻，但他又指出，一些士人虽读《参同契》，却又因喜爱儒学而辟之，见地终落下乘，惟付诸一叹而已。例如，柳成龙（1542—1607）既学周敦颐的主静说，又曾读道书《参同契》，还曾将两者作了比较："《参同契注》有百刻之中，切忌昏迷之语。盖一日百刻，一月三千刻。一年则三万六千刻。如使百刻中能不昏昏，则三万六千刻不昏昏可冀也，所谓了得一，万事毕。与吾家三月不违仁之功，同一精切，特向往处异耳。呜呼，岂易言哉。感而题二绝：

> 须慎昏迷百刻中，此心提掇日生东。直将宇宙为田地，鱼跃鸢飞上下同天道无他只自然，着来毫发已非天。光风霁月无边地，只在昭昭不在玄。③

在李万敷看来，柳氏虽言《参同契》与儒家之静功有共通处，但又认为《参同契》终究是"向往处异耳"，可见儒、道之间还存在着门户之见。除内丹道书之外，大型道教类书《道藏》也传到了朝鲜半岛。据生活在高丽仁宗时（1123—1146 在位）的文人林椿《逸斋记》中介绍，高丽道士李仲

---

① ［朝鲜］洪万宗辑：《海东异迹》，《韩国文献说话全集》第六册，太学社 1991 年版，第 429 页。
② ［朝鲜］洪万宗辑：《海东异迹》，《韩国文献说话全集》第六册，太学社 1991 年版，第 430 页。
③ 《西厓集》卷一《读道书》，载韩国民族文化推进会编：《韩国文集丛刊》第 52 册，景仁文化社 1996 年版，第 38 页。

若幼时尝读《道藏》，羡慕神仙。①

高丽时代，延续了三国时代为国王讲论经史之风尚，相继修建了宝文阁、修文殿、集贤殿作为侍讲机构。② 但出于治国需要，学士讲学以儒家思想指导的史书为主，如高丽仁宗时，"王欲以听政之暇，与学士讲学。以寿昌宫侧侍中邵台辅家为书籍所，裒集文集，令大司成金富辙、礼部员外郎林完与诸儒生更直。七年（1129），御书籍所，命承宣郑沆讲《宋朝忠义录》"③。这种侍讲制度又称经筵制度，在朝鲜王朝保存下来并向书院制度发展。世宗于1419年即位后，崇儒重道，尤其倾慕宋代建立书院培养学子读经讲学之文风，乃专门置集贤殿，精选文臣，收藏书籍，建藏书阁，使之成为读书、讲学、著书、刻书的教育机构，让文臣学士通过"商确古今，研穷六经"，为朝鲜王朝培育政治、军事、科技和文化方面的栋梁之材。时任左副承旨李季甸（1403—1459）曾作《集贤殿藏书阁颂》赞赏世宗模仿"两汉唐宋英明之主，留心圣学"置集贤殿之举，从中可见朝鲜文臣学士对中国书籍的倾心：

臣窃观三代以上圣帝明王，继天立极，以修己治人之学，尽君师治教之道，故化行俗美，后世莫及，自是厥后。两汉唐宋英明之主，留心圣学，皆于禁中营建图书之府。两汉之石渠、白虎，唐宋之弘文、崇文是已。虽崇斯道之名，盛于当时然以身设教之实，间然无闻，天佑东方，光启文运，今我主上殿下，以天纵之圣，辑熙之学，崇儒重道，即位之初，爰置集贤殿，精选文臣，以充其官，多收经史，以备讲论，日开经筵，商确古今，研穷六经之文，备观百代之迹，优游涵泳，会之于心，以应当世无穷之变，以尽君师治教之道。真独得三代以上圣帝明王之所传矣。彼两汉唐宋徒慕虚名之君，安可企及于万一哉！顾惟藏书之室甚狭，云堆累积，艰于考阅。岁在己酉，命新建集贤殿。殿于宫城西门之内，又营藏书阁五楹于其北，增崇其基，峥嵘壮丽，如跂其翼，随壁作架，插以诸书，分门类聚，表以牙签，披阅之便，易于反掌，恭惟

---

① 根据时间推测，这部《道藏》大概是宋代修编的，然后由新罗末期入唐留学生带入朝鲜半岛。
② ［韩］崔承熙：《集贤殿研究》，《历史学报》第32辑，韩国历史学会1966年版，第3页。
③ ［朝鲜］弘文馆编纂：《增补文献备考》下册，东国文化社1957年版，第550页。

殿下钦崇经典，右文兴化之意，呜呼至哉！臣以庸材叨群贤之列，获见文明之盛，诚宜作颂称道德美，谨献颂章。①

从集贤殿搜集的书籍看，以儒家六经为主，但也包含一些道家之书。李季甸认为，汉唐书籍在中国已散落湮没，却在朝鲜保存了下来，东亚文化的中心正在向东迁移："汉唐以来，期道湮没，间有窃名，未见其实，上天眷东，圣明御极，睿智之资，留神圣学，置殿集贤，搜集群籍，日开经筵，讲论道德，源洁流清，表端影直，教化大行，圣泽洋溢，帝王之道，千载久绝，我王诞兴，一朝而续，猗欤休哉！东方之福，王命建兹，藏书之阁，松茂竹包，翚飞鸟革，四部之书，分在异壁，手扪目睹，辨若白黑，于皇圣上，文教之泽，垂裕无穷，万世以悦。"② 集贤殿藏书阁是官方藏书处，主要为文官大臣管理国家政治、军事和教育发展提供文化服务，故以儒家经典为主。

道书虽通过官方与民间两种渠道进入朝鲜半岛，但由官方渠道进入的主要是道教劝善书。宋代道教陆续编纂了一些宣扬为善去恶的读物——劝善书，如《太上感应篇》、《玉历钞传》、《太微仙君功过格》、《文昌帝君阴骘文》、《关圣帝君觉世真经》等，因通俗易懂而在社会上得到迅速传播。明王朝建立后，明太祖就派使者前去传教，明成祖于 1417 年遣使入朝时还特别送上《善阴骘书》六百本作为礼物，③ 其中的《玉皇宝训》、《注生延嗣妙应真经》、《敬信录》、《感应篇图说》、《三圣训经》、《过化存神》、《功过格纂要》等，都是当时在中国十分流行的道教劝善书。劝善书以劝人积德行善为主旨，适应了当时朝鲜社会进行伦理教化的需要，一下子在社会上流传开来。一些朝鲜人还依据《训民正音》④ 用韩语对劝善书加以注释或翻

---

① 《别本东文选》第 4 册，汉城大学校奎章阁 1998 年版，第 387—388 页。

② 《别本东文选》第 4 册，汉城大学校奎章阁 1998 年版，第 388—389 页。

③ ［韩］李德懋：《盎叶记》卷二，"中国书来东国"条，载韩国民族文化推进会编：《韩国文集丛刊》第 258 册，景仁文化社 2001 年版，第 522 页。

④ 明朝建立后，明太祖朱元璋下令编纂一部以中原流行的唐宋雅音为基准的官方韵书，以统一天下人的语音。洪武八年（1375），由乐韶凤、宋濂奉敕编纂的《洪武正韵》完成，很快传入东亚地区。朝鲜王朝重视研究汉字，1444 年，杰出的第四代君王世宗李祹命学者郑麟趾、申叔舟、崔桓等人创制朝鲜民族最早的表音文字——《训民正音》，"我殿下创制正音二十八字，略揭例义以示之，名曰《训民正音》，象形而字仿古篆，……以二十八字而转换无穷，简而要，精而通，故智者不终朝而会，愚者可浃旬而学。"这个有着 28 字母（其中元音字母 17 个，子音字母 11 个）的新文字，适应了文字大众化的要

译。到朝鲜王朝中期，面临的内忧外患日益严重，在帝王的倡导下，朝鲜人开始自己印刷出版劝善书，如宪宗十四年（1746）刊行了《太上感应篇图说》、高宗十三年（1876）刊行了《关圣帝君圣迹图志全集》、高宗十四年（1877）刊行了《关圣帝君圣迹图志续集》、高宗十七年（1880）再版《太上感应篇》、高宗四十三年（1906）刊行了《关帝明圣真经》、哲宗三年（1911）刊行《太上感应篇图说谚解》等；其中高宗二十一年（1884）出版了《关圣帝君圣迹图志全集》韩文本，进一步推动了道教劝善书的翻印和传播，扩大了道教信仰和伦理道德在朝鲜半岛的影响。

　　由民间渠道进入的主要是道教的养生修炼书，它们大多是被一些来华朝鲜人带回，然后在民间传播的。明代正统与万历年间修编《道藏》时，收录的五千多卷道书的内容可谓五花八门，故以"三洞四辅二十类"的分类法分门别类，但哪些讲究养生及内丹修炼的道书才在朝鲜半岛得到比较广泛的传播？换言之，道书在东亚传播的过程中，人们的阅读兴趣在其中起到了什么样的作用？若联系道教在朝鲜王朝的传播情况看，生活于朝鲜中期阳明学家张维（1587—1638）通过比较中、朝两国的学术志向，所表达的看法颇有代表性：

　　　　中国学术多歧，有正学焉，有禅学焉，有丹学焉，有学理朱者，学陆氏者，门径不一。而我国则无论有识无识，挟筴读书者，皆称颂程朱，未闻有他学焉。岂我国士习果贤于中国焉，曰非然也。中国有学者，我国无学者。盖中国人材志趣颇不碌碌，时有有志之士，以实心向学，故随其所好而所学不同，然往往各有实得，我国则不然。龌龊拘束，都无志气，但闻程朱之学世所贵重，口道而貌尊之而已。不唯无所谓杂学者，亦何尝有得于正学也。①

求，今称韩文。为使《训民正音》准确，他们又用当时中国最具有权威性的《洪武正韵》来进行对译，一方面促进了韩文的不断完善，另一方面也促进了对中国经典的翻译，其中也包括了一些道教劝善书。虽然李朝世宗积极提倡在公文和个人书信中使用"训民正音"，但在中国文化占有绝对优势之时，"训民正音"并没有得到及时推广，上层社会斥之为"谚文"，即如同"谚语"一样的民间文字，使之在出现后四百多年间未能占据主流地位，道书的翻译工作也未能展开。

　　① 《溪谷漫笔》卷一，载韩国民族文化推进会编：《韩国文集丛刊》第92册，景仁文化社1996年版，第573页。

中国学术本有多种内容，正学、禅学、道教、程朱理学和陆王心学等，然而当理学被朝鲜官方视为"正学"而得到大力倡导后，人们以读程朱之书为要，不再提倡学习杂学，这使传入朝鲜半岛的各种学术思想的发展失去了均衡性，似乎使道书也难以传播，但情况并非完全如此。张维曾广泛地涉猎天文、地理、医、卜、兵家之学，既推崇阳明之学，也"好老庄之道"，他用"良知之气"将老庄"气论"和阳明学的"良知"及朝鲜学者李珥思想联系起来，从倡导尊重个体生命的自由与存在的角度研习道书。李晬光则根据道书提出自己的修养心得："道书有云：身不动精自固，心不动气自安，意不动神自灵。愚谓此可为吾儒静坐之法，然其机在眼，制其心者，先先制其眼，故君子非礼勿视。"他从儒家倡导的静坐之法对"道"进行了适应于朝鲜儒士精神需要的新诠释："道在于民生日用之间，夏葛冬裘，饥食而渴饮，即道也。外此而言道者非矣！"① 道教养生修炼书在一定程度上满足了人性中本能的对生命自由与长存的欲求，也得到了一些文人学士的关注。

若阅读一下当时朝鲜思想家的著述，就可见这些文人学士表面上倡导儒家理学，私下里却对道教内丹修炼术有着浓厚的兴趣，如李退溪、徐敬德、郑希良、朴枝华、李奎报、南孝温、郑磏、郑碏、李之菡、郭再佑，权克中等，故一些重要道书也进入了朝鲜学者们日常读书范围。如徐敬德研读老庄，修习仙道，用气的聚散变化思想来诠释生命现象，"死生人鬼，只是气之聚散而已。有聚散而无有无，气之本体然矣"②。他宣扬虚即气、机自尔、理之时、复之机、知之止的气不灭论，成为开创朝鲜气论哲学体系第一人。南孝温在诗句中引用了《黄庭经》、《阴符经》、《指玄篇》等道经，表达了对道教内丹的极大兴趣。郑磏在丹学修炼方面造诣尤深，在朝鲜丹学派中的地位仅次于金时习。他所著《龙虎秘诀》对《胎息经》进行了借鉴与发挥。其弟郑碏（1533—1603）则热衷于医学研究，参与了《东医宝鉴》的编纂工作。1618 年刊行的《东医宝鉴》中收录了一些讲述道教养生及内丹修炼意趣的道书，如《参同契》、《肘后方》、《抱朴子》、《黄庭经》、《千金方》、

---

① ［朝鲜］李晬光：《芝峰类说》卷二十四《采薪杂录》，载韩国民族文化推进会编：《韩国文集丛刊》第 66 册，景仁文化社 1996 年版，第 261 页。

② ［朝鲜］徐敬德：《花潭集》卷二《鬼神死生论》，载韩国民族文化推进会编：《韩国文集丛刊》第 24 册，景仁文化社 1996 年版，第 307 页。

《真诰》、《养性论》、《胎息经》、《活人书》、《清静经》、《悟真篇注》、《翠虚篇》、《还丹论》、《橐籥歌》、《洞神真经》、《金丹问答》、《易真论》。① 这类道书的主旨在于通过修炼体内的精气神而促进身心健康乃至于长生成仙，《东医宝鉴》则将它们作为医学书收入，可见道与医之间的密切关系。

明末陈继儒（1558—1639）在《太平清话》中说："朝鲜人最好书，凡使臣入贡限五六十人，或旧典新书稗官小说在彼所缺者，日出市中，各写书目，逢人遍问，不惜重直购回，故彼国反有异书藏本。"朝鲜小说家许筠（1569—1618），字端甫，号蛟山、惺所，又号白月居士，他对佛教、老庄、道教、阳明学和天主教都有研究，"将生命一系于学问、思想的自由"②，在创作《闲情录》时，曾在1614年、1615年两次来到中国帝都燕京，购买了四千余册的中国书籍，其中包括许多明代笔记和小说，这对他的文学创作有很大影响。许筠曾著《严处士传》、《苏谷山人传》、《张山人传》、《南宫先生传》、《洪吉童传》、《蒋生传》等仙道小说。《蒋生传》中列出的《上清辞》、《海上仙梦谣》、《摄生月纂序》、《任老人养生说》、《题古文参同契后》、《西游录跋》、《列仙赞》、《叹宋天翁书》、《闲情录》等，③其中记载的道书有：《参同契》、《黄庭内外经》、《度人经》、《胎息经》、《金碧龙虎经》、《黄帝阴符经》、《定观经》、《心印经》、《玉清金笥宝篆》、《规中指南》、《中和集》、《崔公入药经》、《洞古经》、《大通经》、《清静经》、《玉枢经》、《仙传拾遗》、《金丹正理大全》、《玄关杂记》、《张紫阳集》、《修真神录》、《道书全集》。从书名看，大多为讲解内丹修炼的道教仙学之书，除汉晋道教的《参同契》、《黄庭经》之外，宋金元新出现的全真道南北两宗的内丹道书也流入朝鲜半岛，其中南宗道书主要有：北宋张伯端《张紫阳集》、《悟真篇注》，薛道光《复命篇》（又称《还丹复命篇》），南宋陈楠《翠虚篇》，元代萧廷芝《金丹问答》，陈致虚《金丹正理大全》等。北宗道书主要是钟吕派经典：唐宋时出现的《崔公入药经》、《钟吕传道集》、《灵宝毕法》、《曹仙姑大道歌》（又称《灵源大道歌》），元代李道纯《规中指南》、《中和集》等。

---

① 参见［朝鲜］许浚编著，郭霭春等校点：《东医宝鉴》，中国中医药出版社1995年版。

② 韩国哲学会编：《韩国哲学史》下卷，社会科学文献出版社1996年版，第21页。

③ 参见［朝鲜］许筠：《许筠全集》，成均馆大学大东文化研究院1981年影印本。

《道书全集》为收录了 14 种 94 卷道教类书。据明代天柱山人全阳子丁应麟在 1591 年为该书所作跋文介绍，它是在已有的《金丹正理大全》的基础上，增添了五十多种全真道南北两宗主要的内丹典籍刊行而形成的。《道书全集》出版二十多年后，许筠在北京买到后带回朝鲜半岛细细研读。"1617 年春天，许筠因奇俊格告发获凶檄谋乱嫌疑处于困境之时，为了宽慰心中的不安，开始以收集的书为依据，撰写起《闲情录》来，第二年八月被处斩刑。这样看来，许筠是在并不安逸的岁月里编撰了清闲的书。《道书全集》可能对《闲情录》的编撰产生过莫大的影响。"① 许筠在其生活环境中培养起对道书的兴趣，这在当时朝鲜士人中是具有代表性的。许筠对那些内丹道书的介绍，也从一个角度展现了道书在朝鲜王朝传播的大致情况。

在高丽时代就传入朝鲜半岛的道教基本经典《道德经》受到了学者们的关注，从笔者查找的资料看，流传至今且影响较大的主要有五种注本，它们表达了不同的注老倾向。栗谷李珥的《醇言》是最早用儒家理学思想注释《道德经》的译本，"可以说是开韩国学者站在性理学立场上解读道德经之先河"②。西溪朴世堂（1629—1703）的《新注道德经》则注重阐扬老子思想中的"修身治人"，推进朝鲜半岛的"理学"向"实学"转化。徐命应（1716—1787）《道德指归》、李忠翊（1744—1816）的《椒园谈老》和洪奭周（1774—1842）的《订老》等利用老子思想来批判改造儒学，这些注老著作从不同的角度推进了朝鲜时期道家哲学的发展。

朝鲜王朝儒学家的关注。李珥注释《道德经》的最初动机，乃是宣祖五年（1572）朝廷中萌动着东西分党的纷争，李珥担心这种政治纷争会影响到政治局的稳定，乃从《道德经》中取出 2098 字编辑成《醇言》，并以"虚心"、"节制"为主题来进行发挥，希望当权者能够接受老子的自我节制思想，结束残酷的党争，好好治理国家。在儒家思想弥漫的朝鲜王朝，从栗谷李珥开始，力图用儒家思想来阐释并改造老子思想，由此促进了老子《道德经》在朝鲜半岛儒士中的传播。

---

① ［朝鲜］安东浚：《论韩国炼丹诗的审美趣味》，载陈鼓应主编：《道家文化研究》第 24 辑，三联书店 2009 年版，第 96 页。

② ［韩］李宣伣：《〈醇言〉与〈道德经〉的儒家解读》，《中国哲学史》2001 年第 3 期。

从 17 世纪出现的一些朝鲜著述中对中国道教丹经记载，可见道教丹经通过不同的途径传入朝鲜半岛后，在文人学士中得到广泛传阅。除了《参同契》、《黄庭经》和《龙虎经》等道教最基本的丹书外，还有金元全真道南北宗新创作的丹经，如南宗丹经《张紫阳集》、《悟真篇注》、《翠虚篇》、《复命篇》等和元代萧廷芝的《金丹问答》、陈致虚的《金丹正理大全》、北宗的《钟吕传道集》、《灵宝毕法》、《曹仙姑大道歌》及元代人物李道纯的《规中指南》和《中和集》，这些道书引发了朝鲜士人对道教内丹术的极大兴趣。"韩国已翻译的文献有《周易参同契》、《抱朴子》、《黄庭经》、《太乙金华宗旨》、《慧命经》、《金仙论证》、《天仙正理》、《仙佛合宗》等古典著作。"①

18 世纪，随着中朝两国的政治统治和民族国家状况的变化，朝鲜人对中华传统文化的兴趣也有所下降，据朴趾源（1737—1805）在《热河日记》中写道："当时士大夫，殊不知高丽慕华之诚，出于赤心，为辽、金所牵制，不能一心事宋，此高丽列朝至恨。每得宋之士大夫文字，则焚香敬读。如此悃愊，未能见暴，徒为中土士大夫所鄙外，足为寒心。"②他在《金神仙传》中揭露了一些崇儒信佛修仙者的虚伪行径，阳为道学，阴为富贵，被服儒雅，貌似清高，行为却若狗彘也。这种批判精神虽然对道书在朝鲜半岛的传播或多或少产生了阻碍作用，但到 19 世纪时，却有个别学者受西方学术研究的影响，搜集道书进行研读，并运用现代科学方法将道教作为独立对象进行研究，其中最著名的是实学派思想家李圭景。

李圭景（1788—1856），字五洲、啸云，是实学派"四大家"诗人之一的李德懋（1741—1793）之孙。朝鲜半岛出现的实学派内涵丰富，但基本上可理解为一种推动传统社会向近代社会过渡中出现的由西方机械论自然观指导的进步思想。李圭景自幼受实学派学说的熏陶，因目睹西方资本主义势力入侵和朝鲜社会矛盾激化，决心通过推广各国的科学知识来促进朝鲜社会的发展，于是潜心写成《五洲衍文长笺散稿》60 卷，是用汉文写成的 1500

---

① 朱越利、陈敏：《道教学》，当代世界出版社 2000 年版，第 373 页。
② ［朝鲜］朴趾源：《热河日记》，上海书店出版社 1997 年版，第 357 页。

篇短文，涉及天文、地理、政治、经济、社会、历史等学科，对有疑问或记述不准确的部分还加以考据，予以订正，成为一部研究朝鲜科学技术史和民俗学的"百科全书"，其中的《道教仙书道经辨证说》、《东国道教本末辨证说》、《返还辨证记》、《元晓义湘辨证说》、《三韩始末辨证说》、《白头山辨证说》、《二斗下降辨证说》、《宫室制度辨证说》、《灵宝真灵位业图辨证说》等都是有关道教的考证性文章，成为朝鲜道教研究的开创之作。如《道教仙书道经辨证说》认为，中国的仙书道经"其经卷秩甚多，可谓充栋汗牛"！并从历史的角度，对仙书道经进行了较为细致的考察，具有重大的史料价值。《五洲衍文长笺散稿》中有关道教的文章，从不同的角度证明道教在朝鲜半岛得到了传播，这为后来李能和撰写的《朝鲜巫俗考》、《朝鲜道教史》提供了重要的帮助。

据当代台湾道教研究学者丁煌在《南韩公藏道教文献窥略兼论其价值》（《道教学探索》1991 年第 4 号）中记载，韩国同行曾协助他求得道书原件多达 63 种，如《孤云诀》（清抄本，正一天师道教咒语类）、《金口妙诀》（清抄本，道教占课卜选孤虚之法）、《关圣帝君圣迹图志全集五卷》（康熙二十三年，卢湛辑）、《吕帝君尊生治心妙经》（光绪六年重刊）、《文昌帝君醒世经》（清宁子注释，崔晃跋）、《绘图白莲教演义四卷》（民国十一年版，上海世界书局）等。他由此认为："道教及民间秘密宗教书籍之作者与初出行世年代多有不可考者，以至于教史上常有大片空白处，谜团难解，而其书又散落各地，此类之书，韩国拥有不少，倘能善加利用，应该可以解决一些问题。"① 其实，若能对朝鲜半岛上散落的道书进行系统整理，可能还会有一些新发现能够帮助我们更好地认识道教在朝鲜半岛的传播情况。

三、在日本传播的道书

有关道书初传日本的资料是零碎而散乱的，至今仍无法让人拼凑出一幅完整的景象。"据史籍记载，日本最早是从朝鲜输入中国书籍的。4 世纪后叶，神功皇后西征三韩，入新罗国中，'封重宝府库，收图籍文书'，许多

---

① 丁煌主编：《道教学探索》，台湾国立成功大学历史系道教研究室、台南市道教会 1991 年第 4 号。

学者以此作为汉籍西传之始。"①神功皇后（170?—269）是日本第十四代仲哀天皇的皇后②，《日本书纪》中称为"气长足姬尊"，《古事记》中名为"息长带姬命"。相传，神功皇后在仲哀天皇去世后曾长期摄理朝政，是日本历史上首位女性统治者，其执政期间曾三度出征朝鲜半岛，开日本海外领土之先例，她倡导"收图籍文书"带回日本，其中是否包括道书，因资料缺乏，尚不得而知。

道书的流通有自觉与不自觉两种方式，前者为弘道者主动向受众积极传道；后者则是其他文化传播过程中的顺带行为。道书传入日本的方式大概属于后者，时间大约是在日本大和朝廷建立之后。大和朝廷在诸侯纷争中逐渐统一了日本列岛，初步建立起天皇制国家。据日本学者大庭修的看法，汉籍初入日本的时间，至少在公元5世纪之前，③当时朝鲜半岛高句丽、新罗和百济三国鼎立，百济开始向日本派遣五经博士并输出中国汉籍。《隋书·倭国传》记载，应神天皇以前的日本尚无文字：倭"无文字，唯刻木结绳，敬佛法，于百济求得佛经，始有文字。"应神天皇十五年（284）秋八月，百济国王派了一位博学多才又认识汉字的使臣阿直岐去日本，奉命送给应神天皇二匹良马等物品。"阿直岐亦能读经典，及太子菟道稚郎子师焉。于是天皇问阿直岐曰："如胜汝博士亦有耶？"对曰："有王仁者，是秀也。"④阿直岐又向应神天皇推荐了精通中国经典的王仁。王仁虽来自百济，但据说是汉高祖的后裔，因出身于上层贵族家庭，所以受到良好教育，能够精通汉典。应神天皇"十六年春二月，王仁来之。则太子菟道稚郎子师之，习诸典籍于王仁。莫不通达。所谓王仁者，是书首等之

---

① 王勇：《中日佚存书研究》，载严绍璗等著：《比较文化：中国与日本》，吉林大学出版社1996年版，第262页。
② 太安万侣在撰《古事记》时，就将神功皇后与邪马台国的卑弥呼女王相联系，被后人认为有穿凿附会之嫌。第二次世界大战之后，日本学界疑古思潮兴起，一些日本学者将日本、中国和朝鲜史实进行比照推算后提出，《日本书纪》有些纪年并不可靠，如东洋史学家那珂通世（1851—1908）在其著《日本上古年代考》中提出，神功、应神二代比实际纪年提前约162年左右，应神天皇十五年（284）约为公元446年。此说值得重视。
③ 参见王勇、[日]大庭修主编：《中日文化交流史大系·典籍卷》，浙江人民出版社1996年版，第23页。
④ 《日本书纪》卷十《应神天皇》，载[日]黑板胜美、国史大系编修会编修：《新订增补国史大系》1，吉川弘文馆1981年版，第276—277页。

始祖也。"① 后来，《宋史》根据日本入宋僧人奝然于 983 年献给宋太宗的关于日本天皇的世次的《王年代记》的记载也说："应神天皇甲辰岁，始于百济得中国文字。"② 《日本书纪》中没有说明王仁带了什么书去日本，但《古事记》却写道："有和迩吉师。此人携《论语》十卷，《千字文》一卷，并十一卷而一同贡进。"③ 这位"和迩吉师"就是日本对"书首等始祖"王仁的尊称。这虽然是"有关中国儒家经典和汉字传入日本的最早记载"④，但阿直岐和王仁在传播儒家经典时是否也带去了道书，史籍中并没有明确说明。

但值得研究的是，阿直岐和王仁的子孙后来在日本留住下来，主要在日本朝廷的东西文部担任秘书工作，不仅以文笔奉仕朝廷，而且还掌管朝廷的祭祀仪式。阿直岐的子孙住在大和，称为"倭文值"；王仁的子孙住在河内，称为"文首"。他们分别住在皇城的东西两边，被赐姓"忌寸"⑤，故又称"东西忌寸"。从现存资料看，"忌寸"家族可能是道教文化的传承者。因为据黑板胜美研究，日本的《延喜式》卷八收录的《东文忌寸部献横刀咒》中所规定的神祀仪式是一篇充满着道教神灵信仰的祝词，其中还列举了六月晦和二十月晦大被时所用的物品："金装横刀二口、金银涂人像各二枚。"⑥ 这些物品不是来自于日本神道教的祭祀仪式，而是来自东西忌寸使用的物品。"至于天武净御原朝，改天下万姓，而分为八等，唯序当年之劳，不本天降之绩。其二曰朝臣，以赐中臣氏，命以大刀。其三曰宿祢，以赐斋部氏，命以小刀。其四曰忌寸，以为秦、汉二氏及百济文氏等之姓（盖与斋部共预斋藏事，因以为姓也。今东西文氏献被太刀，盖亦此

---

① 《日本书纪》卷十《应神天皇》，载［日］黑板胜美、国史大系编修会编修：《新订增补国史大系》1，吉川弘文馆 1981 年版，第 277 页。

② 《宋史》卷四九一，《日本国传》，《二十五史》，上海古籍出版社、上海书店 1986 年版。

③ 在《古事记》中卷"应神天皇"条中，称阿直歧为阿知吉师、称王仁为和迩吉师。

④ 王家骅：《儒家思想与日本文化》，浙江人民出版社 1990 年版，第 3 页。

⑤ 天武三皇于 685 年制定"八色姓"制度，以区别氏族的尊卑。真人居第一位，是专门赐给皇族的，以下的顺序是朝臣、宿祢、忌寸、道师、臣、连、稻直等。"忌寸"排在第四位："其四曰忌寸，以为秦汉二氏及百济文此等之姓。"

⑥ 《延喜式》是平安时代中期延喜五年（905）由醍醐天皇命令藤原时平等人编纂的一套朝廷的律法条文和仪式规则，全书 50 卷，约 3300 条目，有 27 篇为祭祀神明时的诵念祝词，又称"延喜式祝词"，表现出对道教神灵的崇拜特征。

之缘也)。"① 它们"必非为纯粹之儒学者而宁为道家者流"② 的阿直岐、王仁从朝鲜半岛传到日本，然后在家族中代代相传。朝鲜道教研究者李能和赞同之："黑板氏疑其（指阿直岐、王仁）非纯粹之儒学者而兼治道教者，其说是矣。"但他又从日本当时的文化状况和史料记载进一步推论，阿直岐和王仁到日本的时间，正值天师道已在中国北方得到广泛传播，百济也有可能接受了天师道或道教的杂术，但王仁所传的"并非天师道而是道教杂术"③。

另据《日本书纪》卷二十二记载，道书是由佛僧从百济带入日本的。推古天皇十年（602）"冬十月，百济之僧朝觐来此，乃奏历本及天文、地理之书，并遁甲方术之书。"初传日本的道书主要是一些讲述遁甲方术之书，属于"道教杂术"范畴。从《日本书纪》中经常出现的神仙、真人、长寿、祭神、尸解、常世之国、乘龙飞翔等道教词语推测，道教的信仰和思想迎合了日本人追求延年益寿的精神需要，此为道书能够在日本传播的文化土壤。

奈良、平安时期（710—1192），随着一批批遣隋史、遣唐史、学问僧到中国大陆求学，对中国已有的丰富书籍表现出极大的兴趣。据《旧唐书·日本传》介绍，来唐的日本人喜好购书："开元初，又遣史来朝，……所得锡赍，尽市文籍，泛海而还。"道书也通过不同的途径被带到日本，道教的信仰和思想在日本社会中悄然地传播起来。

随着众多道书传到日本，一些日本人也通过阅读道书来亲身实践道教的成仙之术，体验得道成仙之理想。日本第一部和歌集《万叶集》和汉诗集《怀风藻》就表达了当时的知识分子和民间百姓对老庄思想和神仙信仰的认识与理解，这成为道教在奈良朝传播的一种方式。例如，文学家山上忆良（660—733）在晚年多病时写下《沈疴自哀文》表达了对"道人方士，自负丹经入于名山，而合药之者，养性怡神，以求长生"④ 的羡慕，其中就引用了《志怪记》、《寿延经》、《抱朴子》、《帛公略说》、《游仙窟》、《鬼谷先生

---

① ［日］斋部广成撰，西宫一民校注：《古语拾遗》，岩波书店1985年版，第44—45页。
② ［日］黑板胜美：《我国古代的道家思想及道教》，《史林》第8卷第1期。
③ ［朝鲜］李能和：《朝鲜道教史》，东国文化社1959年版，第61页。
④ 杨烈译：《万叶集》上，湖南人民出版社1993年版，第196页。

相人书》等道书中的文句和思想。虽然田喜一郎（1897—1984）认为其中除《抱朴子》之外都是通俗书，① 但笔者认为，这些书都有追求的养生成仙之旨趣，应属于广义的道教文献的范畴，由此可以探寻道教的神仙信仰和修仙之术对日本人的思想和生活产生的实际影响。

在平安朝宇多天皇宽平年间（889—897），当时主持教育的长官藤原佐世（？—897）奉天皇敕命，为收藏于宫廷或王公贵族书库中的汉籍编撰《日本国见在书目录》，其中就记载了当时在日本传播的道书情况。《日本国见在书目录》模仿《隋书·经籍志》的体例，从易家到总集家共分 40 类，经史子集各部文献约有 1568 部，凡 17209 卷。从这个目录中可见，道教的一些主要文献已传到日本，在这个书目里主要被编入道家类、杂家类、五行家类和医方家类中。

在道家类中收录的道书有：河上公注《老子》二卷、王弼注《老子》一卷、周文帝注《老子》二卷，唐玄宗御注《老子》二卷、周弘正撰《老子论赞》二卷、《老子德论略》一卷、《老子赞义》六卷、后汉严遵撰《老子指归》十三卷、燕居士撰《老子十条略》一卷、《老子发题私记》一卷、贾大隐撰《老子述义》十卷、梁武帝撰《老子义疏》八卷、同弘正撰《老子义记》六卷、王弼撰《老子义疏》八卷、周文帝撰《老子义疏》四卷、张君相撰《老子义疏》四卷、无名先生撰《新撰老子义记》十一卷、《老子要抄》一卷、《老子抄文》一卷、唐玄宗御制《老子疏》六卷、《老子私记》、《老子元生》十二卷、《纪图经》一卷、《化胡经》十卷、李轨撰《孝子音》一卷，君文操撰《太上老君玄元皇帝圣化经》十卷、后汉司马彪注《庄子》二十卷、郭象注《庄子》三十三卷、张议撰《庄子义记》十卷、王穆夜撰《庄子义疏》二十卷、同撰《庄子义疏》九卷、贾彦咸撰《庄子义疏》五卷、张机撰《篇庄子》十二卷、续行仙集解《庄子疏》五卷、周仆射撰《庄子谍疏》八卷、《庄子私义记》十卷、《庄子后撰》二十卷、《庄子后序略》一卷、《庄子集解》四十卷、《庄子要难》十八卷、《庄子字训》一卷、西华寺法师成英撰《庄子疏》十卷、道士方守一撰《庄子音义》

① 参见［日］神田喜一郎：《成为〈万叶集〉骨骼的汉籍》，载《神田喜一郎全集》Ⅷ《扶桑学志》，同朋舍 1987 年版。

十卷、徐邈撰《庄子音义》二卷、《庄子音义》三卷、冷然院《庄子音训事义》十卷、《南华仙人庄子义类》十二卷、周文王师鬻熊撰《鬻子》一卷、楚之隐人《鹖冠子》三卷、东晋光禄勋张湛注《列子》八卷、陆善经注《列子天瑞》一卷、《文子》十二卷、杜夷撰《幽求子》二十卷、葛洪撰《抱朴子内篇》二十一卷、冷然院《广成子》十二卷、符朗撰《符子》六卷，张讥撰《玄书通义》十二卷、《道胁》一卷、《本际经》一卷、《太上灵宝经》一卷、《冲灵真经》八卷，《消魔宝真安志经》一卷。①

在杂家类收录的道书有：吕不韦撰、高诱注《吕氏春秋》二十六卷、淮南王刘安撰、高诱注《淮南子》三十一卷、葛洪撰《抱朴子外篇》五十卷。

在杂传家类收录道书有：《汉武内传》二卷、《神仙传》二十卷、《搜神记》三十卷、《汉武洞冥记》四卷、《灵异记》十卷、《列仙传》三卷等。

五行家类收录的道书有：《三甲神符经》一卷、《三五神禁治一切病存法》一卷、《太一经》二卷、《三元九宫经》三卷、《黄帝注金匮经》十卷、陶隐居撰《握镜》二卷、董氏撰《黄帝龙首经》二卷、《玄女经》一卷、《印书禹步》一卷等。

在医方家类收录的道书有：《黄帝素问》十六卷、《黄帝甲乙经》十二卷、《黄帝八十一难经》九卷、《太清神丹经》一卷、《太清金液丹经》一卷、《神仙服药食方经》一卷、《五岳仙药方》一卷、《葛洪肘后方》三卷、《葛氏百方》九卷、《葛氏肘后方》十卷等。②

从以上所列的道书名可见，在种类繁多的道书之中，有 25 种《老子》注疏、21 种《庄子》注疏和几种有关道家经典的注疏。松田智弘认为，从《日本国见在书目录》书目分类可见，日本人将道家与道教作为同一概念来理解。③ 这为平安朝通过道家来受容道教思想的提供了方便："现存最古老

① 据日本学者增尾神一郎考证：其中有关《老子》的著作有 25 种，其中有 5 部《老子论赞》、《老子德论略》、《新撰老子义记》、《老子要抄》、《老子抄文》是中国的经籍及《艺文志》类书籍中所没有，可能是日本人撰述的著作。（《日本古代の知识层と〈老子〉——〈河上公注〉の受容をめぐって》，载野口铁郎、酒井忠夫编：《道教与日本》第二卷《古代文化の展开と道教》，雄山阁 1997 年版，第 128 页。）可见《老子》一书在日本知识层的传播及文化影响。

② 参见［日］藤原佐世撰：《日本国见在书目录》，中华书局 1991 年版。

③ 参见［日］松田智弘：《古代日本の道教受容と仙人》，岩波书店 1999 年版，第 269 页。

的《老》、《庄》写本，是奈良圣语藏的河上公注《老子》下卷和高山寺藏郭象注《庄子》残卷，都书写于镰仓时代，可知自平安朝至镰仓时代，广泛流传的是《老子》河上公注和《庄子》郭象注。"①

　　另外，《日本国见在书目录》的"五行家"中还有"《瑞应图》十五，《岳图》一"的字样。据考，"岳图"可能是道书《五岳真形图》。《五岳真形图》是以道教信仰为指导而以符箓形式绘制在中国各居一方的五座山岳——东岳泰山、西岳华山、南岳衡山、北岳恒山、中岳嵩山的等高线平面图入山线路图，故谓"五岳真形，山水之象也"。《五岳真形图》虽然根源于远古山神崇拜、五行观念以及帝王巡猎封禅五岳的活动，其来源在道教中却有许多神秘的传说，如太上道君降授，西王母出示给汉武帝、东方朔献图给汉武帝等。《五岳真形图》作为道教的入山符，被认为具有召唤神灵、驱魔辟邪的功能，在道教中被作为神圣物而受到崇拜并得到广泛应用，后来传到日本和朝鲜，在东亚盛行的山岳崇拜中有着重要影响。②日本收藏有多种《五岳真形图》，其中有一些版本十分独特而珍贵。据姜生研究，这些不同时代、不同版本五岳真形图之间，有着重要差异。他将之大致分为两类：第一类 M（Map）型五岳真形图较多地保存了地图的特征，如《道藏》所见一些版本以及日本富冈铁斋藏本；另一类 T（Talisman）型五岳真形图则道符倾向明显，其地图学特征绝大部分已泯灭，宋代以后流行的五岳真形图多系这一类。③《五岳真形图》有古新二体，魏晋南北朝是古体，后来收入《道藏》中；宋代以后出来的是与古体形态不同的新体，在日本仅古体五岳图留存着。据山田利明考，在 898 年以前，五岳图传入日本，但恐怕此系古体的五岳图，大概当时阴阳道用五岳图，但没有证明这件事的资料。④ 18 世纪以来，日本还陆续出现了一些有关《五岳真形图》的集成性著作，如菊丘文坡（大江匡弼）的《五岳真形图传》，横山润

---

　　① 刘韶军：《日本现代老子研究》，福建人民出版社 2006 年版，第 190 页。
　　② 凡入山修行者若配带此图即可抵御鬼魅的侵害，从一个侧面反映了《五岳真形图》在日本古代社会的传播及在修验道中的影响。
　　③ 参见姜生：《五岳真形图在日本的传播》，载阁皂山灵宝文化学术论坛组委会编印：《中华道教灵宝文化学术论坛论文集》，2011 年，第 277 页。
　　④ 参见［日］山田利明：《关于〈五岳真形图〉之传入日本》，载《第一届中国域外汉籍国际学术会议论文集》，联合报文化基金会国学文献馆 1987 年版，第 4 页。

的《五岳真形图集》，平田笃胤的《五岳真形图说》、《天柱五岳余论》，大宫司郎的《五岳真形图集成》等，对日本流传的各种版本的《五岳真形图》进行了搜集与整理，① 可见其在日本历史上发挥出道教符图及地图科学的双重影响。平田笃胤在《五岳真形图说》后文中专门介绍了自己所见的《五岳真形图》的来历："右大五岳真形图及五帝五真君之符，载于家传秘本，而云正一真人传，琳圣太子将来者也。"琳圣太子是百济圣明王的第三个儿子，于推古朝十九年（611）从百济来到日本，15 世纪时，被日本大内氏奉为传说中的祖先。有关琳圣太子的事迹，古代日本和朝鲜史料都没有记载。平田笃胤所见的《五岳真形图》也是宋代以后的，所以圣琳太子传《五岳真形图》之事可能假托，该图大概是镰仓之后传入的，后收入《日本国见在书目录》。

　　天皇之所以要藤原佐世修编《日本国见在书目录》，乃是因为当时为皇家保管图书的冷泉院遭遇火灾，损毁了很多。藤原佐世将冷泉院中火后余存之书，再参照当时图书寮、大学寮、弘文院、校书殿、大政官文殿、御书所等收藏的图书，撰成了《日本国见在书目录》。这里所用的"见在"，就是指火灾后"十不存一"之余书。② 那么，原来究竟有多少汉籍传入日本，又有多少道书藏于冷泉院，虽已不可详考了，但还有迹可寻，例如，王弼《老子注》不仅在中国得到广泛传播，而且很早就传到了日本，并为知识分子所喜爱。《日本国见在书目》中就记载有王弼《老子注》一卷。后来，海保青陵（1755—1817）撰《老子国字解》时，以王弼的老子注为基础，又吸收了诸家的思想与方法，修订了王弼《老子注》中的一些错误等。清光绪十年（1884）中国外交家、散文家黎庶昌（1837—1897）出使日本。在日本期间，黎庶昌辑成《古逸丛书》26 种。《古逸丛书》因有极高的校勘、版本价值，自问世以来，就深受东亚学术界的重视，其中收录的王弼《老子道德经注》二卷是日本东京使署影刊本美浓纸印本，可见王弼《老子注》

---

　　① 参见 ［日］ 大宫司郎编：《五岳真形图集成》，八幡书店 1997 年版。
　　② 据江户时期的儒者安井衡（1799—1876）于嘉永辛亥（1858）撰《书〈现在书目〉后》中说："先是贞观乙未（875，中国唐僖宗干符三年）冷泉院火，图书荡然，盖此目所因而作，而所以有'现在'之称也。后复经数经兵火，著录者十不存一，良可惜也。"（《书〈现在书目〉后》，载《续群书类丛》附，图书刊行会亦见《息轩遗稿》卷三）

在日本的传播与影响。

道教以"得道成仙"为基本信仰，希望能够无限地延长生命，故十分重视养生保健。在传播到日本的道教文献中，医药养生书受到了特别的重视。日本人丹波康赖（912—995）针对当时日本社会上瘟疫流行的情况，著《医心方》30卷。这部用中日文混杂的行草文字写成的医学全书是日本现存最早的中医养生治病著作，荟萃了中国医药养生典籍204种，其中也收录了一些道教医药学文献，如孙思邈《千金方》、葛洪《抱朴子》、杨上善注释《内经太素》、陶弘景《本草注》、嵇康《养生论》以及《招魂丹方》、《太清经》、《玉房秘诀》、《玉房指要》、《玄女经》、《太极经》、《老子中经》、《元阳经》、《服气经》、《延寿经》、《道枢经》等。① 《医心方》受道教的影响，比较偏重于养生保健和性医学（房中术），反映了道教对生命的关注，后成为日本宫廷医学秘典。

平安时期，藤原家族世代掌权，大江家族世代以文为名，他们对汉籍的欣赏，引领了当时日本社会关注中国文化的风气，也推进了中国文化的日本化。平安中期的汉诗人大江匡衡（952—1012）为天皇侍读，在奉诏为天皇讲解中国文化时，也看到了当时皇家贵族的读书情况，他在其自传性作品《述怀古调诗一百韵》中写道：

> 执卷授明主，从容冕旒褰。尚书十三卷，老子亦五千。文选六十卷，毛诗三百篇。加以孙罗注，加以郑氏笺。搜史记滞义，追谢司马迁。叩文集疑关，仰惭白乐天。

从中可见，老子道家经典也受到人们的重视。大江匡房（1041—1011）著有《江吏部集》三卷，其中"讲老子经之文"也记载了当时天皇在宫廷中经常开展讲习《老子道德经》的活动：

> 又近侍老子道德经御読，国王理政之法度爰显，长生久视之道指掌，讲竟之日，有所感悟，老子者天地之魂精，神灵之总气，变化自在

---

① 参见［日］丹波康赖撰，高文柱校注：《医心方》，华夏出版社1993年版。

何代无之，老子未生已前，化胡已来，变为代代帝王师。①

一条天皇（980—1011）7岁就被立为皇太子，为人温和而好学，多才多艺，在宫中经常开展"讲老子经之文"的活动。值得注意的是，他们所讲的老子并不是讲玄论道的哲学家，而是道教所崇尚的那个具有不同化身且颇有神通的"代代帝王师"的老子。平安朝，大江家族通过为天皇讲读老子经，推动了道家哲学在日本上层社会的传播，因此大江匡房自豪地说："于是江氏之为体，一家相传，历李部官之任，十代第为罗图帝王之师，有以哉，就中、祖父江纳言，以老子经奉授延喜大历二代明主，今以不佞之身，侍至尊之读，江家之才德，可谓光古今、（乃至）释李孔三教之大意也。"② 他们站在道教立场上，以佛道儒三教混淆的方式来解读老子，反映了平安朝时道教传播的社会文化环境。

久安五年（1149）担任左大臣的藤原赖长（1120—1156）被时人誉为第一流学者，他在日记《台记》③中，记录了自己的阅读书目。虽然主要是儒家经典，但其中也有《老子》、《庄子》。皇亲贵族等上流人士经常在庚申日相聚一堂举行讲读《老子》的活动：

> 天养二年（1145）三月大："十五日庚申，三尸を守り，老子を讲ず，讲师成佐、问者俊通、二重友业、三重夜半后再拜して咒等有り。④

另外，还有一些未曾在《日本国见在书目录》记载的《太上老君说常

---

① 《江吏部集》中卷《人伦部》74，日本九州岛大学图书馆编藏松平文库照片复制本，第94—95页。

② ［日］妻木直良：《日本に于けゐ道教思想》，载［日］野口铁郎编：《道教与日本》第二卷《古代文化の展开と道教》，雄山阁1997年版，第52—53页。

③ 《台记》一册十二卷，又名《宇槐记》、《槐记》、《宇左记》、《宇治左府记》、《治相记》等，是藤原赖长从保延二年（1136）至久寿二年（1155）的日记，但完整保存下来的仅有1142年（康治元年）至1148年（久安四年）、1150年（久安六年），其他年份则有缺漏。该书记事详细，是研究日本保元之乱前政治动向和社会风俗的重要史料。

④ ［日］今枝二郎：《道教：中国と日本をむすぶ思想》，日本放送出版协会2004年版，第238页。

清净经》、《老子经》、《列仙传》等道书也在社会上流通①。著名藏书家藤原通宪（1106—1159）的藏书目录——《通宪入道藏书目录》收录了三百余种和汉书目，其中就包括《抱朴子》、《黄帝太一法》、《游仙窟》等道书。这些有关道书的零星记录能帮助我们找到道教在日本社会传播的线索。

　　镰仓、室町幕府时期，中日文化的交流不再由官方主导，而主要是以五山僧人和武士阶层为中介在民间进行。日本僧人阅读中国典籍的范围较广，他们将大量的佛教书籍带入日本，其中也夹杂着少许道教文献。例如，日本延久四年（1072），成寻（1011—1081）入宋求佛法，将搜集到的各类佛经托弟子带回日本，其中就包括了《太上老君枕中经》、《本草括要》等道书。② 圆尔辨圆（1202—1280）于日本嘉祯元年（1235）入中国，在南宋都城临安附近的天童寺、灵隐寺和净慈寺等地学佛修道，后于仁治二年（1241）回日本，在京都东山开创了东福寺。圆尔辨圆回日本时，携带的全部汉籍约有 2100 余卷，就存放在东福寺的普门院书库中。1353 年，东福寺主持大道一以编成《普门院经论章疏语录儒书目录》，其中就有《老子》、《庄子》等道家著作。③ 当时日本人对中土图书的爱好，也被生活于元末明初的中国文人宋濂看在眼里，他在《赋日东曲十首》其十诗中形容了日本人广搜中土图书而不求甚解的情况：

　　　　中土图书尽购刊，一时文物故斑斑，只因读者多颠倒，莫使遗文在不删。（其国但购得诸书，悉官刊之，字与此间同，但读之者语言绝异，又必侏离，顺文读下，复逆读而上，始为句，所以文义虽通，而其为文终不能精畅也。④

　　唐、宋、金、元诸朝皆曾编修《道藏》，但屡修屡毁。明成祖即位后，

---

① 参见［日］中村璋八：《日本的道教》，载［日］福井康顺等监修：《道教》第三册，上海古籍出版社 1992 年版，第 27 页。
② ［日］成寻著，王丽萍校点：《新校参天台五台山记》，上海古籍出版社 2009 年版，第 474 页。
③ 参见《大正藏·法宝总目录》第三册，第 971 页。
④ 宋濂：《赋日东曲十首》其十，载［日］伊藤松贞辑：《邻交征书》，上海辞书出版社 2007 年版，第 88 页。

在大修武当山道教宫观的同时，又敕令第四十三代天师张宇初（1359—1410）重修《道藏》。经过几代人的努力，完成的大型道教类书《正统道藏》和《万历续道藏》，不仅为道教发展提供了文献依据，而且也成为展示明朝国威的标志性文化成果，不久就传到东亚各国。日本江户时代建立的佐伯文库就收藏了一部《道藏》。当时的德川幕府倡导教育应以儒学为宗，在各地建学校，称为"藩学"，并在停靠长崎的商船上购买舶来书，供藩学中的学生学习。到幕府末年，佐伯文库已收藏了大约 10 万册图书，其中有 7 万 3 千余册是中国书籍。各地诸侯如德山毛利氏、佐伯毛利氏、尾张德川氏、纪伊德川氏、长州毛利氏、加贺藩前田氏等，也仿效德川幕府，设立私学，礼遇学者，搜集图书文献，建立自己的文库，这些称为"文库"的图书馆中也收藏了一些道教文献。例如，九州岛丰后佐伯侯毛利高标（1755—1801）在天明二年（1782）购买了"寅 10 号"船运来的汉籍，建立起佐伯文库。据考察，佐伯文库曾收藏两万余册汉籍，其中就包括一部《道藏》。"该《道藏》除其中一部分是补写之外，大部分是明正统十年重修的《正统道藏》，该《道藏》包含了全部 5305 卷中的 4115 卷。这是一部缺欠 1190 卷的不足本，毛利氏本非道教信徒，该《道藏》一定是其作为一般的珍本而收藏的。"① 后来，林述斋（1768—1841）又将这部《道藏》收藏于红叶山文库。明治时代（1868—1911），日本政府受西方文化的影响，废藩学，建官立学校，又将该《道藏》移藏于宫内厅书陵部（现为宫内厅图书馆）。这部《道藏》标有句读等记号，可能曾被人细心阅读过。据严绍璗先生考证，"宫内厅书陵部藏本当属《万历道藏》"②。日本汉学家岛田翰（1874—1915）所著《汉籍善本考》考察了日本藏中、日、韩刊刻、抄印汉籍之版本的源流、传播及校勘考释的情况，其中收录的旧抄本中有《老子道德经》2 卷、《道德真经广圣义》30 卷、《南华真经注疏解经》33 卷等道教文献，旧抄本后都附有明《万历道藏》本，以资比较。③ 可见，这部《道藏》在日本的影响。

---

① 王勇、［日］大庭修主编：《中日文化交流史大系·典籍卷》，浙江人民出版社 1996 年版，第 95 页。

② 严绍璗：《日本藏汉籍珍本追踪纪实》，上海古籍出版社 2005 年版，第 76—77 页。

③ 参见［日］岛田翰：《汉籍善本考》，北京图书馆出版社 2003 年版。

严灵峰（1903—1999）在《周秦汉魏诸子知见书目》中记载了日本从室町末到江户时期有关《老子》和《庄子》的注疏书目，有关《老子》的主要有：

清原宜贤《老子经抄》（1550 年）

林道春《道春老子经抄》（1652 年）

僧泽庵《老子讲话》（1645 年）

那波方《老子丛话》（1648）

熊谷立设《老子口义头》（1649 年）

源东庵《老子道德经会元》（1662 年）

陈元赟《老河子上经公通章考句》（1670 年）

山本泰顺《老子林注谚解大成》（1675 年）

毛利贞斋《老子经直注》（1703 年）

近藤舜政《老子本义》（1731 年）

金德邻《老子经国字解》（1761 年）

冈田赟《王注老子道德经》（1732 年）、《老子古今本考正》（1732 年）、《道德指归论校刊》（1732 年）、《王注老子补》（1774 年）

森嘉内《老子道德经国语解》（1747 年）

太宰纯《老子道德真经训点》（1747 年）

新井祐登《老子形气》（1753 年）

户崎允明《老子正训》（1771 年）

僧敬雄《老子玄览》（1772 年）

斋宫必简《老子翥器》（1779 年）

丰浦怀《老子道德经妄言》（1788 年）

角田明《老庄同异考》（1788 年）

佐佐木世元《老子解》（1800 年）

高桥闵慎《老子解》（1800 年）

海保鹤皋《老子国字解》（1804 年）

重野葆光《老子解》（1805 年）

宇野成之《老子国字辨》（1813 年）

秋野信敏《老子真解》（1817 年）

大田元贞《老子妙噭》（1825 年）

中江丰民《老子详解》（1829 年）

大田敦《老子全解》（1833 年）

这些注疏者的身份不同，有官吏、儒者、僧人，如僧敬雄"释氏，美浓人，号金龙道人，天台宗僧。"[1] 其中大多为日本人，也有来自于中国的归化人，如陈元赟"明武陵人，字义都，号'既白山人'，别署菊秀轩，芝山，升庵等。宽永中避乱来日，客居尾张，或云后归化日籍。"[2] 他们依据的《老子》注本种类繁多，有王弼本、河上公注本、成玄英本等，如冈田赟《王注老子道德经》："以王弼注本为蓝本，前有河上公序，眉栏采明孙矿评本之各家评注，并简略勘误。末附'古今本考正'并东赟（冈田赟，字东赟）所集各家老子说。"[3] 注释文字或采用汉文注解，或用日文详解，还有中日文并用。有关《庄子》的主要有：

岩维肖的《庄子口义抄》（1530 年）

松永遐年《庄子抄》（1648 年）

那波方《庄子丛话》（1648 年）

小出立庭《翻刻日文标点庄子翼》（1653 年）

熊谷立设《头书庄子口义》（1655 年）

林道春《鳌头庄子口义》（1657 年）

无名氏的《眉注日文标点庄子注疏》（1659 年）

小野壹《庄子口义栈航》（1660 年）

菅玄同《头书庄子》（1665 年）

毛利瑚珀《庄子口义大成俚谚钞》（1703 年）

佚斋雩山《修身奇语田舍庄子》（1727 年）

物双松《庄子国字解》（1728 年）

---

① 严灵峰编著：《周秦魏诸子知见书目》第一卷，正中书局 1975 年版，第 404 页。

② 严灵峰编著：《周秦魏诸子知见书目》第一卷，正中书局 1975 年版，第 389 页。

③ 严灵峰编著：《周秦魏诸子知见书目》第一卷，正中书局 1975 年版，第 395 页。

　　卢草拙《天地一指论》（1729 年）

　　信更生《绘图都庄子》（1733 年）

　　五井纯贞《庄子郭注纪闻》（1735 年）

　　渡边操《庄子口义愚解》（1739 年）

　　服部元乔《校订郭注庄子》（1739 年）、《考订唐陆德明庄子音义》
（1741 年）

　　渡边蒙庵《庄子口义愚解》（1739 年）

　　户崎允明《庄子考》（1773 年）

　　田子龙《庄子国字解》（1773 年）

　　东条弘《郭注庄子标注》（1852 年）

　　佐滕贞吉《庄子二千年眼》（1852 年）

　　亭满磨《浮世庄子》（1858 年）

　　伊滕逸彦《庄子考》（1859 年）

　　佐滕惟春《庄子阐》（1866 年）和《庄子筌蹄》（1866 年）

　　土井有恪《庄子抄解》（1880 年）

　　野村岳阳《庄子》（1942 年）

　　小柳司气太《老庄的思想与道教》（1943 年）

　　桥本成文《庄子讲读》（1944）

这些有关《庄子》的注疏本，或以郭象、成玄英疏为蓝本，或以林希逸的
《庄子口义》为范本，有的是汉文著述，有的是日文著述。其文体也各有特
色，有文字训诂，义理阐释，读书札记，插图本，寓言故事小说，如新井祐
登的《老子形气》五卷"日文著述，寓言小说体，并附图画"① 等，足见江
户时期之后，日本人对《老子》、《庄子》的喜爱，尤其是通过日文的注释，
不仅推进了老庄思想在日本社会中的影响，而且也加深了对以老庄思想为底
蕴的道教的研究。

　　明清时期新出的一些道书也陆续传到日本。李锐清编著《日本见藏中
国丛书目初编》收录了 1988 年之前日本 16 所著名图书馆、文库之典藏，共

---

　　① 严灵峰编著：《周秦魏诸子知见书目》第一卷，正中书局 1975 年版，第 399 页。

得 2400 多种丛书，其中《子类·道家》① 收有 40 种具有丛书性质的道教文献，如《道藏》附《续道藏》、《道藏举要》、《重刊道藏辑要》、《张三丰先生全集八卷》、《金丹正理大全》等，其中还有一些不见于《中国丛书综录》的道书，如《道言内外秘诀全书》、《道书五种》、《伍柳仙宗》等，可见，中国道教文献大都已传入日本。

虽然道书只占传入东亚汉籍中的一小部分，但包含的内容却十分丰富，既涉及道教的神仙信仰、教理教义，也有专注于祈福消灾、驱鬼消魔的斋醮科仪及治病养生之书，故受到各阶层人士的喜爱。在日本，"这些道经，并非仅仅藏在当时日本宫廷或贵族的书库之中，无人问津，而是拥有相当数量的读者。通过阅读道经，而变得爱好道教教理并亲身实践道教方术的人也不少"②。例如，谷口一云（1626—1720）就曾以道士自居，招收弟子，讲授道经。他讲授的道经有《河上公道德经》、《石函记》、《中峰紫霞道人长生丹下》、《太上感应篇》、《三皇玉诀》、《阴符经》等，这些道经的抄本至今保留在日本天理图书馆中。③

20 世纪以来，日本学者对道教文献所作的认真细致的考证性研究，推动了东亚道教研究的深入展开。例如，福井康顺的《道教的基础性研究》第二篇中的"道藏论"对道教文献进行了细致的考释。④ 吉冈义丰的《道教经典史论》的第一编"道藏编纂史"叙述了《道藏》编纂史，第二编"经典的研究"对六朝时流传极广的三部经典道教神魔法术类经典《太上洞渊神咒经》、敦煌发现的道教类书《无上秘要》残卷及《三洞奉道科诫仪范》残卷进行了细致的考证，第三编"古道经目录"则介绍了《抱朴子》、《真诰》、《登真隐诀》、《上清三真旨要玉诀》、《周氏冥通记》、《无上秘要》等六朝道书的引书情况。⑤ 砂山稔的《隋唐道教思想史研究》通过对隋唐道士刘进喜与《太玄真——本际经》、孟安排与《道教义枢》、黎元兴与《海空

① 李锐清编：《日本见藏中国丛书目初编》，杭州大学出版社 1991 年版，第 437—445 页。
② 聂长清、齐未了：《道教传入日本及其对神道的影响》，《世界宗教研究》1985 年第 2 期。
③ 参见［日］中村璋八：《日本的道教》，载［日］福井康顺等监修：《道教》第三册，上海古籍出版社 1992 年版，第 32 页。
④ 参见［日］福井康顺：《道教的基础性研究》，书籍文物流通会 1952 年版。
⑤ 参见［日］吉冈义丰：《道教经典史论》，道教刊行会 1955 年版。

经》关系的研究，展示了隋唐道教"重玄派"的轮廓，使唐初所编《隋书·经籍志》中有关大业年间（605—617）道士讲经"以《老子》为本，次讲《庄子》及《灵宝》、《升玄》之属"之句有了印证，也展现了唐代道教哲学家成玄英、李荣倡导的重玄思想的内涵与传承，还说明了唐代茅山上清派道教思想的转变，更使唐末五代杜光庭在《道德真经广圣义》中所谓的"老子解重玄派"一语得到了落实。[①] 隋唐以来道教重玄学发展理路的厘清直接推动了 20 世纪末中国道教研究的深入展开。

第二节　东亚道教的诗词咒颂

与中国文化诗风昌盛有关，东亚道教在文学创作上的贡献也表现在诗词歌赋等方面。在历史上，道门中人特别喜欢利用诗词歌赋来抒发自己对道教的信仰，描绘仙境的美好，表达对得道成仙的向往之情。今天，当我们翻开《道藏》，就可见许多道书中包含了大量的诗颂辞章，还有一些道书就是用诗词的形式写成的，其中最著名的莫过于用三言、四言、五言韵文或离骚体写成的《周易参同契》和用七言诗写成的《黄庭经》、《悟真篇》了。同时，一些喜好道教的文人士大夫也创作了众多的意境悠远的道教诗词。随着唐代诗风大盛，斋醮仪式中也演化出步虚词、青词等新文体；佛教的偈颂则演变出了道教的咒颂。这些词、颂大多为五言或四言韵文，以诗化的形式表现出来。金元时，全真派创始人王重阳开以诗词来论道、言志、咏怀、传教之风，诗体的形式更趋多样，不仅有五言诗、七言诗，还有一字诗、三字诗、藏头诗等。以诗言道成为全真派著作的重要特征之一。因此，道教诗词歌赋不仅内容丰富，而且体裁繁多，有咏道诗、游仙诗、咒语诗、炼丹诗、步虚词、青词、赞诵词、签诗、仙歌玄曲等。种类繁多的道教文学通过不同的方式深入地影响东亚文人学士的文学创作。

顾名思义，游仙诗是歌颂、赞美神仙云游八极、得道飞升的诗词，其源头可以追溯到汉代以前民间流行的歌赋，例如，战国时颇具浪漫主义色彩的《楚辞·远游》已具有了游仙诗的特征。游仙诗在体裁上多为五言诗，句长

---

① 　参见［日］砂山稔：《隋唐道教思想史研究》第二部第一章，平河出版社 1990 年版。

十句或十六句。魏晋南北朝时期，社会中求仙之风盛行，士人与道士争相创作游仙诗。曹操、曹丕、曹植、嵇康、阮籍、何劭、张华、郭璞等人都是写作游仙诗的高手，而道士葛玄、吴猛、许谧、杨羲等人也创作了大量的想象奇异、神韵非凡的游仙诗。梁朝萧统在编《文选》时，特别将"游仙"单列为一种文学体裁，可见当时游仙诗已有了众多的成果。如果说，文人游仙诗是通过对神仙意象和神游逍遥之境的大胆想象来寄托自我的理想，如郭璞在《游仙诗》第八首中写道：

> 悠然心永怀，眇尔自退想；仰思举云翼，延首矫玉掌。啸傲遗世罗，纵情在独往。

那么，道士游仙诗则表达了修道思想与神仙境界的结合，如葛玄写道："散诞游山水，吐纳和灵津。竦气同希夷，静咏道德篇。至心宗玄一，冥感今乃宣。飞驾驭九龙，飘飘乘紫烟。华景耀空衢，红云拥帝前。暂迁蓬莱宫，倏忽已宾天。伟伟众真会，渺渺凌重玄。体固无终劫，金颜随日鲜。欢乐忘上境，悲念一切人。"[1] 两相对比，就可见它们在境界上的差异。道教游仙诗因绘声绘色地描绘了神仙自由逍遥的生活、天上仙境的奇异风光以及人希望与神仙共游的向往，从而开出道教诗词中的浪漫主义之诗风，不仅促进了神仙信仰在社会上的传播，而且还丰富提高了中国诗词的文学水平。朝鲜时代，儒士爱作诗，其中有许多仙气悠悠，如李晬光的《芝峰类说》中就记载了多首《游仙诗》：

> 仙子朝乘鹤背高，天飚吹送赤霜袍。归来乍醉瑶池酒，玉女水盘荐碧桃。五色云中谒玉皇，碧霄随意驾鸾凰。花间一笑三千岁，未信仙官日月长。[2]

这类游仙诗数不胜数，从一个侧面反映了道教神仙信仰在朝鲜半岛的影响。

---

① 《历世真仙体道通鉴》卷二十三《葛仙公传》，《道藏》第 5 册，第 236 页。

② ［朝鲜］李晬光：《芝峰类说》卷十六《续朝天录》，载韩国民族文化推进会编：《韩国文集丛刊》第 66 册，景仁文化社 1996 年版，第 146 页。

　　咏道诗是赞美道教"得道成仙"的信仰，吟咏道教"清虚自然"思想，歌颂道教宫观胜地自然景色以及与道人相互赠答的诗歌。它也有文人道诗和道士道诗之别。唐宋时期既是中国古代诗歌创作的高峰期，也是文人咏道诗创作的丰盛期，留下了许多传世佳作。唐代诗人王绩、王勃、卢照邻、骆宾王、孟浩然、王维、李白、白居易、李贺、李商隐等，宋代诗人范仲淹、欧阳修、芝轼、黄庭坚、陈师道、张志和、陆游、辛弃疾等的诗词中都有许多反映道教神仙思想、道家自然风格的作品，其中最具有代表性的无疑是唐代大诗人李白。李白，自号谪仙，曾受道箓，一生以饮酒、赋诗、仙道为人生寄托，"自称臣是酒中仙"。李白以高洁的情操和独傲的性格不为当朝所容，但他决不屈服，一生写下了大量的咏道诗，如《梦游天姥吟留别》："霓为衣兮风为马，云之君兮纷纷下。虎鼓瑟兮鸾回车，仙之人兮列如麻。"既描绘了仙界的美好，也表达了自己对神仙的向往。

　　天宝四年（746）杜甫与李白同游齐鲁大地，在漫游任城后，二人又同去兖州、曲阜、东蒙等地。在东蒙山，他们走访了道学大家童炼师，拜访了道士元丹丘；在曲阜，他们与隐居鲁城北的隐士范十，一起用酸枣、山梨、寒瓜等野蔬下酒。这种野超盎然的漫游生活，使两位诗人乐而忘返，写出了许多富有适性自然意趣的诗文。后来，杜甫要西返长安，李白在竞州的尧词亭和石门山两次设宴送行。李白作《鲁郡东石门送杜二甫》赠杜甫：

　　　　醉别复几日，登临遍地台。何时石门路，重有金撙开。秋波落泗水，海色明祖银。飞蓬各自远，且尽手中杯。

杜甫作《赠李白》诗：

　　　　秋来相顾尚飘逢，未就丹砂愧葛洪。痛饮狂歌空度日，飞扬跋扈为谁雄。

杜甫在诗中既表达了彼此之间深情厚谊，也规劝朋友不要沉溺于痛饮狂歌中空度岁月。李白与杜甫不仅是唐代最伟大的诗人，在东亚社会的影响也非常大，他们对道教神仙与仙境的欣赏也影响了一代诗风。例如，有"海东谪仙人"之称的李奎报的《读李白诗》就特别表达了对李白的推崇：

> 呼作谪仙人，狂客贺知章。降从天来得见否？贺老此语类荒唐。及看诗中语，岂是出自人喉坑。名若不书降药阙，□若末吸丹霞浆。千磨百炼虽欲仿其体，安可吐出翰林锦绣之肝肠！皇唐富文士，虎攫各专场，前有子昂后韩柳，又有孟郊张籍喧蝈螳；岂无语宏肆，岂无词倔强，岂无艳夺春葩丽，岂无深到江流汪，如此飘然格外语，非白谁能当？虽不见乘鸾驾鹤去来三清态，已似寥廓凌云翔！所以呼谪仙，贺老非真狂。

李奎报以比较的手法展示了李白在唐代诗人中的地位，尤其是对李白的诗歌中所表现出的飘飘欲仙的情调十分赞赏，对贺知章称李白为"谪仙人"也十分认同，并将李白作为自己为诗作文的榜样。高丽文士的咏道诗对道教在朝鲜半岛的传播起到了推动作用。

咏道诗中还有一部分是由道士创作的，主要表现他们或赞叹自然山水之美，或歌咏道教圣地之秀，或表达自己修道的体验，其主题是对修道成仙的向往与追求。如唐代张果在《题登真洞》中写道：

> 修成金骨炼归真，洞锁遗踪不计春。
> 野草漫随青岭秀，闲花长对白云新。
> 风摇翠筱敲玉寒，水激丹砂走素鳞。
> 自是神仙多变异，肯教踪迹播红尘。

既表现了自己在登真洞中的修道生活，也描绘了洞外春光、野草、青岭、闲花、白云等自然景色，最后还表达了对修道成仙的向往之情。咏道诗大多以华美辞藻、优美意境而动人，通过对自然景观的大加铺陈，反映了作者因观看自然景色而了悟人生真谛的心情，不仅以一种适闲淡泊的心态来对待生活，更希望能够离开人间这一是非之地而过上那种超凡脱俗的神仙般的生活。

这种咏道诗也广泛存在于东亚学者的著述中。例如，金时习（1435—1493）既修禅也崇道，曾在《梅月堂诗集》中保留了许多咏道诗，通过描述炼丹过程中的身体经验和心理体验表达了对道教修炼的欣赏：

> 玉清坛上退朝还，环佩珊珊态度闲，
> 灵宝度人飡六气，黄庭换写养三关。
> 奇香满灶晨成药，异气浮空夜入班，
> 乞我半升铛折脚，年来我亦煮溪山。

朝鲜李朝的儒者徐敬德（1489—1546），一生不慕名利，他虽认为"天下有三道，儒最上，佛次之，仙又次之，学之亦然"，但长年隐居于松京（今开城）郊外的花潭的莲花池畔，模仿庄子与鱼同乐，既体会知足常乐的生活，他曾著诗曰：

> 云岩我卜居，端为性慵踈。林坐明幽鸟，溪竹伴戏鱼。
> 间挥花坞帚，时荷药畦锄。自外浑无事，茶余阅古书。
> 花潭一草庐，潇洒类仙居。山簇开轩面，泉弦咽枕庐。
> 洞幽风淡荡，境僻木扶踈。中有逍遥子，清朝好读书。[①]

在寂寞孤独之中，徐敬德将自己的生活融入自然风景之中，通过穷究自然万物之道、宇宙变化之妙，使道家的逍遥自在和道教的仙道精神跃然诗中，故被周围人称为"真神仙中人也"。

李珥（1536—1583）则潜心研习儒佛道，他曾著诗《家宿草堂》来表达自己淡泊名利、超凡脱俗的学道心情：

> 学道即无著，随缘到处游；暂辞青鹤洞，来玩白鸥洲。

---

① 《花潭集》卷一《山居》，载韩国民族文化推进会编：《韩国文集丛刊》第 24 册，景仁文化社1996 年版，第 292 页。

身世云千里，乾坤海一头，草堂聊寄宿，梅月是风流。①

这首五言咏道诗是他在游览金刚山后赠予山人普应的诗，表达了出乎山水、随缘云游、于清幽雅趣之风景中宽敞悠远的情怀，也透露出诗人对风流之道的喜爱。

　　道教在日本未能得到广泛传播，但神仙形象却深入人心，从流传到今天的日本汉诗《怀风藻》看，其中有一些颂扬神仙信仰的诗歌也属于咏道诗的范畴，它特别反映了东亚道教在信仰上的共性。大宰大贰从四位上巨势朝臣多益须（663—710）在48岁时作《五言春日应诏》二首，其中第二首：

姑射遁太宾，崆岩索神仙。岂若听览鄹，仁智寓山川。
神衿弄春色，清眸历林泉。登望绣翼径，降临锦鳞渊。
弦竹时盘桓，文酒乍流连。薰风入琴台，冀日照歌筵。
岫室开明镜，松殿浮翠烟。幸陪瀛洲趣，谁论上林篇。

据研究，在日本汉诗中，"姑射"一词最早见于巨势多益须的《春日应诏》其二，这成为确认"8世纪前期《庄子》东传的一个重要依据"②。那么，在巨势多益须心目中神仙应该是什么样子？他不仅以《庄子》的"姑射"神人为参照，而且还以汉代上林苑文人所向往的"一池三山"为依据，通过巧妙地描写上林苑文人隐士相聚饮酒歌舞，对弄弦竹之雅趣，来展现那种幽玄文雅的仙境之美。

　　正五位下大学头调忌寸老人《五言三月三日应诏》则将自己在春日宸驾出宫游行时借景抒情来表达道教神仙的思想精髓——无为的自然观和天下太平的社会观：

玄览动春节，宸驾出离宫。胜境既寂绝，雅趣亦无穷。折花梅苑
侧，酌醴碧澜中。神仙非存意，广济是攸同。鼓腹太平日，共咏太

---

　　①　《栗谷全书》卷一《诗》上，载韩国民族文化推进会编：《韩国文集丛刊》第44册，景仁文化社1996年版，第15页。

　　②　王勇：《中日关系史考》，中央编译出版社1995年版，第99页。

平风。

诗人以真实深沉的情感和高远超俗的思想形象地传达了道教神仙信仰，使人感到在可感可知的现实世界之外似乎还存在着另一个美好而神秘的世界，这才是一种理想境界。这说明《怀风藻》已从初期的模仿和借用老庄道家的词语，转到掌握和运用道教神仙的思想精髓，既提升了日本汉诗的境界，也以诗歌的形式扩大了神仙信仰在日本社会中的影响。

赠正一位左大臣藤原朝臣总前《五言七夕》，以五言诗的方式表达了每年农历七月初七这一中国汉族的传统节日七夕节的神韵。在那秋气初起、草木飘香的早秋夜晚，人们抬头可以看到牛郎织女在银河相会，这是中国人的爱情节，但诗人却称"凤驾飞云路，龙车越汉流"为神仙会，表达了咏道诗的神韵：

> 帝里初凉至，神衿翫早秋。琼筵振雅藻，金阁启良游。
> 凤驾飞云路，龙车越汉流。欲知神仙会，青鸟入琼楼。

咒语诗是以诗体形式表达的召神驱鬼、求道治病的祝告之辞。南北朝时，各具特色的真文咒、洞渊神咒、三皇咒、上清咒等在道门中流传。咒语诗比较注重对自然情景和自然节奏模仿，也注意典故的运用和气氛的渲染，表现出明显的爱憎之情。例如，《太上洞渊神咒经》卷一曰："五浊之世，世官挠急，不矜下人，下人呼嗟，万民怀怨，天下悠悠，日月失度，五谷不成，人多流亡，大水皆起。"[①] 表达了作者希望天神能够惩治贪官，帮助百姓战胜天灾人祸的态度。上清派的重要经典《上清大洞真经》中的上清咒则表达了希望通过存思行气而使神仙降临："天朗炁清，天光洞明。金房玉室，五芝宝生。玄云紫盖，来映我身。仙童玉女，为我致灵。九炁齐景，三光同耕。上乘紫盖，升入帝庭。"[②] 斋醮科仪中往往有《入户咒》、《卫灵咒》等仪节，以求通过念咒而与神相通，得到神灵的保佑，如《入户咒》

---

① 《太上洞渊神咒经》卷一，《道藏》第6册，第4页。
② 《上清大洞真经》卷一，《道藏》第1册，第513页。

曰："四明功曹，通真使者，传言玉童，侍靖玉女，为我通达，道室正神，上元生炁，入我身中。"① 咒语诗在道门中得到了广泛的运用，成为一种独特的诗体。

咒语诗一般为四言，有的最后还加上"急急一如，太上律令"的句子，表达了念咒者的迫切心情。"急急如律令"原是汉代官方文书中的结语，以表达此文书要赶快送达到相关人士手中，让他们尽快遵照命令执行。后成为中国道教经典和仪式中常见的一种咒语。如道教斋醮科仪中，在召将、驱邪、发符、施令时，都要用"急急如律令"来表现道教法场的庄严与威势，表达人们希望通过敬神上章尽快与神相沟通的心情。

中国道教的"急急如律令"这一咒语后在东亚地区得到广泛传播，"日本的修验道、阴阳道和吉田神道的文书和仪式中都有'急急如律令'的使用"。阴阳道书中经常在咒文、祭文的最后使用"急急如律令"一语，如《阴阳杂书》中曰："太白方、宿咒一、明心二、明福者三，明福者千万，福者急急如律令。"② 受阴阳道和修验道的影响，"当时天皇在立春之日的早期中，都要唱念'万岁不变水，急急如律令'"③。在日本静冈县伊场遗址和仙台市多贺遗址中，东北地区的宫城县仙台市的多贺遗址中，出土了一些墨写黑字的木简，上面能够分辨的字迹就有"急急如律令"。如1971年在伊场遗址中发现的"平安符"，上面画有神、龙，并写有汉字："百怪咒符百百怪，宣受不解和西怪，□□令疾三神宣（?），□□宣天是符佐□当不佐□急急如律令。"④ 据考，它们是作为镇地之物安于屋基之中的，大约是7世纪末到8世纪初奈良时代的产物。后来，吉田神道的《神道大护摩次第》中有《符印立炉中心咒文》曰："天灵节荣，愿保长生，太玄之一，守其真形，五脏神君，各保安宁，急急如律令。"⑤ 这一咒文的思想内容与语言表述犹如中国道教咒语诗的翻版。

① 《太上黄箓斋仪》卷一，《道藏》第9册，第181页。
② ［日］中村璋八：《阴阳道にぉける道教の受容》，载［日］野口铁郎、酒井忠夫编：《道教与日本》第二卷《古代文化の展开と道教》，雄山阁1997年版，第151页。
③ 陈耀庭：《道教在海外》，福建人民出版社2000年版，第51页。
④ ［日］芝田文雄：《伊塌通航出土の"百怪咒符"木简》，载《日本の考古学》卷6附录6，河出书房新社1973年版。
⑤ 卿希泰主编：《中国道教史》第四册，四川人民出版社1996年版，第594页。

炼丹诗则是描述炼丹过程与内容的诗歌。道教认为，炼丹的过程是非常神秘的，只可意会，不可言传，故经常采用诗歌的形式，用比喻、隐喻、象征的方法来记录炼丹的过程，描述炼丹的效果。如北宋道士张伯端所说：

> 万卷仙经语总同，金丹只此是根宗。
> 依他坤位生成体，种向乾家交感宫。
> 莫怪天机俱泄漏，都缘学者自愚蒙。
> 若人了得诗中意，立见三清太上翁。①

炼丹诗的篇幅一般比较长，如著名道经——《太清金液神丹经》、《黄庭经》、《周易参同契》和《悟真篇》都是用诗体写成。这些道经本身就是一部具有很高文学价值的诗歌。炼丹诗一般朗朗上口，便于修持诵读。《黄庭内景经》甚至认为，咏诵之万遍即可成仙，

> 上清紫霞虚皇前，太上大道玉晨君，闲居蕊珠作七言，散化五形变万神。是为黄庭曰内篇，琴心三叠舞胎仙，九气映明出霄间，神盖童子生紫烟。是曰玉书可精研，咏之万过升三天，千灾以消百病痊，不惮虎狼之凶残，亦以却老年永延。②

在道教看来，咏诵不仅可以起到活脉通血、补养元气的作用，而且还可以让人的心理在不知不觉中接受内丹道的影响，并体悟内丹之奥秘。炼丹诗如果仅停留在内丹修炼秘诀的提示上，尚不能称为出色的炼丹诗，因为内丹道更重视对内在修炼经验的体悟与把握，炼丹诗不仅要以"水火"、"铅汞"、"龙虎"等特殊的内丹词语来描述修炼家们独特的修炼经验，通过逼真的描写、象征的手法来表达对道教得道成仙信仰的确认。炼丹诗通过比喻来接近修炼经验之本然状态，将人的内在性情与气脉等生理扩大到外在自然的层面，以此谋求人与自然的和谐，这种纯粹内在生命探求，超越了那种提倡道德意

---

① 《紫阳真人悟真篇注疏》卷三，《道藏》第 2 册，第 930 页。
② 《太上黄庭内景玉经》，《道藏》第 5 册，第 908 页。

志或伦理实践的教理教义，却让人们体验到了新鲜的生命情趣，以一种独特的方式更新了与外在世界的交感，更成为内丹修炼在东亚传播的一种共性。

在朝鲜半岛，炼丹诗最早可以追溯到新罗末年内丹学的出现。到朝鲜王朝时期，随着全真道内丹术在朝鲜半岛的传播，许多文人因热衷于内丹修炼而创作了大量的炼丹诗，由此来表达作者所体悟的独特的修炼经验。韩国学者安东浚对炼丹诗进行了专门的研究："在以儒学为中心的韩国汉诗史上，能寻觅到炼丹诗的踪影着实是一件令人兴奋的事情。我们通过炼丹诗存在的事实可以得知：在政治上压制和思想上带有偏见的朝鲜王朝社会氛围下，有仙家趣向的人士为了保持他们自己的生活样式，不得不积极探索新的领域以消除无边的紧张之感。炼丹诗与一般知识分子的诗词体制不同，表现出了独到的世界观，占有不可替代的一席之地。"① 韩国炼丹诗往往在中国道教的《黄庭经》、《周易参同契》和《悟真篇》等道书中寻找典故，并用汉诗形式表现出来。炼丹诗与一般仅为欣赏自然、表达心理感受的诗词还有所不同，内含着修炼口诀，用隐喻来表现内丹家在修炼过程中内心世界潜在的无意识的内景，并将内景感受与外景事物一一对应，由此来强化内丹修炼对人的身体所产生的功能性作用。在朝鲜半岛流传至今的炼丹诗中，金时习创作的炼丹诗最具有代表性，他的《梅月堂诗集》中收入了两千多首汉诗，其中有一部分就是意蕴丰富的炼丹诗，例如《服气导引》：

> 养气灵丹非鼎炉，只应肘后一神符。圣贤不赚贻余去，愚知无嫌在我乎。明日射窗清霭动，晚烟归洞淡云孤。自从会得山居趣，摩诘重来不可摸。②

此诗首先指出内丹修炼的"炉鼎"安于人的身体之内，其实就是"肘后"所意指的"督脉"，"一神符"需要通过服气导引去体证督脉中阳气的运化过程，这是圣贤留下的真实经验，虽是愚智的"我"也应认真去修炼。当

---

① ［韩］安东浚：《论韩国炼丹诗的审美趣味》，载陈鼓应主编：《道家文化研究》第 24 辑，三联书店 2009 年版，第 85 页。

② 《梅月堂诗集》卷六，载韩国民族文化推进会编：《韩国文集丛刊》第 13 册，景仁文化社 1996 年版，第 197 页。

阳光透过窗户反射出清霭之飘动，晚霞烟云展现出天象之变化，其实这都是"凝神入气穴"的修炼过程中人所能内观到的景象。金时习以山居中所观察到的外在自然景观来形容内丹修炼过程中的内在身心体验，他认为，自己诗文所表达的这种意境，即使是擅长山水画的王维（701—761，字摩诘）再生也无法将之逼真地描绘出来。

　　这种吟诵道教内丹修炼境界的诗文往往通过对自然景色的描绘来表达通过修丹而直契生命存在的感觉，言简而意深，例如金时习的《无题》曰：

　　　　终日芒鞋信脚行，一山行尽一山青。心非有想奚形役，道本无名岂假成。宿露未晞山鸟语，春风不尽野花明。短筇归去千峰静，翠壁乱烟生晚情。①

当金时习在山林中行脚时，从"一山行尽一山青"而想到人因有身而为形所役，与无名的大道相比而为有限的生命存在，因此，只有通过修炼内在的精气神，才能使龙虎交媾而获得生命长存之道。他以"翠壁乱烟生晚情"的景象来表达内丹修炼的神秘经验中所获得的内外景交融之妙趣。"韩国炼丹诗创作主体当然是仙家。在选择以内丹为主的道教修炼法这一点上，也称其为'修炼道教'，考虑到以健康长寿为目的这一点的话，也可称其为'养生家'。他们的存在理由，首先要指出的是朝鲜政治状况带来的隐逸思想。但朝鲜初期接受的道教思想可以在此得到确认，这才是重要的。可以说在这样的脉络上，朝鲜道教活动主体不是那些隶属于道教教团的道士们，而是在身份和信仰方面享有充分自由的仙家。"② 这些炼丹的仙家，一方面以自然景物的变化来比喻修炼者内在的身心变化；另一方面，又以内丹修炼的身心感受来吟诵外在的自然事物之景致，这种双向致思方式突出了道教独有的追求超越于物外的生命长存之道，其中洋溢着发现生命之天真的喜悦。

　　步虚词作为一种诗体，其何时出现，历来说法不一，有的说是由汉末三国时的葛玄所创，有的则说出于魏晋时期，如《太上洞渊神咒经》卷十五

---

　　① 《别本东文选》第 2 册，汉城大学校奎章阁 1998 年版，第 43 页。
　　② ［韩］安东浚：《论韩国炼丹诗的审美趣味》，载陈鼓应主编：《道家文化研究》第 24 辑，三联书店 2009 年版，第 110 页。

中就列有《步虚》。早期步虚词以五言为主，后来受唐诗的影响，又出现了七言等不同的形式。步虚词主要是通过描写仙境的美好以及人通过旋虚而行，来用心体会太上老君的智慧，以去除妄想杂念，再通过吟咏天神，步随声转，以使天神降临，达到身心得道之妙。这样，步虚词不仅成为展示道教得道成仙的最高"真理"的一种方式，而且还能达到"娱神"、"乐神"和"降神"的目的。道教不仅用步虚词来赞诵神仙的缥缈轻举之美，仙境的奇观异景之玄，更希望通过颂神降灵来祈福消灾祛祸，这反映了人们所面临的各种社会与人生问题以及希望通过宗教仪式为诸众生拔度苦难，解灾却患。步虚词通过描绘超凡神仙和仙界景象，不仅让人通过吟咏之而对诸天神仙加以尊敬和崇拜，同时还将"吐纳"、"胎息"、"心斋"等养生方法贯穿于"步虚旋绕"之中，通过"吟咏帝一尊，百关自调理"的功夫来遣除各种欲念，使人把纷繁杂乱、变化不定的意念集中在丹田上，以荡涤心中的尘渣，去除世俗的气息，以使人在咏诵中产生一种的飘飘欲仙的感觉。步虚词因辞藻华美、内涵丰富和独特的宗教感染力而成为一种独特的文学创作形式。

仙歌玄曲是一种可以用器乐来配合演唱的歌谣，大多为五言诗，它的出现与魏晋南北朝时的佛道之争有关。仙歌玄曲往往采用第一人称的说唱形式来讲述神仙故事，已初具叙事诗的基本特征，因此也称为"道门乐府"。例如《老子化胡经》卷十有《化胡歌》七首，其中第五首曰：

> 我昔化胡时，西登太白山。修身岩石里，四向集诸仙。
> 玉女檐浆酪，仙人歌玉文。天龙翼从后，白虎口驰断。
> 玄武负钟鼓，朱雀持幢幡。化胡成佛道，丈六金刚身。
> 时与决口教，后当存经文。吾升九天后，克木作吾身。

这类仙歌玄曲一般都是以"我"来模仿老子的口吻，一方面宣扬老子不可思议的神通与威力，展示老子在西游时仙官玉女随行的壮观景象；另一方面，又通过老子的现身说法，最终使胡王归附，形象而生动地来说明老子西游化胡成佛道、佛乃是道教的弟子的道理。仙歌玄曲因叙事的需要，一般篇幅都比较长。

签诗是以诗歌的形式来表达占签的内容，又称"灵签"、"签谱"等。

"当诗歌中所描写的物象或意境被作为传达事情发生前的征兆或迹象的信息载体，并用于占卜吉凶祸福活动时，诗歌就演变为签诗了。"[①] 目前保留在《道藏》中的签诗著作有八种。从形式上看，有四言、五言、七言。从内容上看，涉及人们现实生活的方方面面，如圣意、功名、家宅、婚姻、失物、官运、行人、占病等，每项一首诗，最后用散文句式来"解曰"。

从艺术形式上看，签诗主要是为人生释疑解惑，故诗文言简意赅，朗朗上口，为求签者喜闻乐见。签诗上一般标明上上、中平、下下，以这种通俗易懂方式让占签者马上对所占之事的前途心中的有数。由于世事复杂，签诗对所占事情一般并不做是与否的绝对回答，而是用象征性的话语让人来体察其中的吉凶，既要人注意到事情中的不利因素，又给人以希望，还蕴含着要人为善去恶的道德说教，如《护国嘉济江东王灵签》第十八签：

知君指拟似空华，底事茫茫未有涯。牢把脚跟踏实地，善为善应永无差。[②]

第六十八签：

南贩珍珠北贩盐，年来几倍货财添。劝君止此求田舍，心欲多时何日厌。[③]

其中都包含着要人淡泊名利、清心寡欲、为善去恶、以追求幸福生活的道德说教。在这些看似迷信又不登大雅之堂的签诗中，却表达了道教对人的命运的理解。

近代以来，随着大批华人迁徙外，中国道教特有的签诗也传播到东亚。例如，日本学者编撰的《中国的灵签药签集成》搜集了 20 世纪中叶时在中国大陆、中国台湾、日本和新加坡的灵签药签，[④] 透过它们一方面可见道教

---

① 林国平：《灵签兆象研究》，《民俗研究》2006 年第 4 期。
② 《护国嘉济江东王录签》，《道藏》第 32 册，第 845 页。
③ 《护国嘉济江东王录签》，《道藏》第 32 册，第 852 页。
④ 参见［日］酒井忠夫、今井宇三郎、吉元昭治编：《中国的灵签药签集成》，风响社 1992 年版。

签诗在东亚的传播范围；另一方面，是否可以寻找到东亚道教中的一些共有的价值观念呢？

20 世纪，德国波恩大学庞纬博士（德文名维尔奈·班克 Werner Banck）著《中国灵签研究》对东亚及东南亚华人的灵签信仰现象进行了田野调查，搜集了近千套签诗，发现了 160 多种灵签的类型。[①] 这些签诗主要是依据中国古代的天文气候知识来进行分类，如"十二时辰"、"二十四气节"、"六十甲子"、"十二生肖"等，其他的签诗大多在此基础上演变而来。最为流行"六十甲子签诗"就是以中国古代天干地支组合而成，由"甲子"排到"癸第"，共 60 首，囊括了生活中可能遇到的各种问题，并以通俗易懂且颇为"灵验"而受到信众的欢迎。每首签诗由序号、甲子、签题、占断、签文、签解、典故与占辞八个部分组成一个完整的"灵签"。其中的七言韵诗虽为签诗的主体，但却配合着耳熟能详的讲述古代典故的签文而展开，通过对世间人物行为和命运的描述，以"占断"、"解曰"来暗喻或指明人生未来的吉凶祸福之征兆或迹象，如上签意味着诸事顺利，前程美好；中签提醒祸福相倚，有待努力；下签预示将有逆境，人生不顺。以"签解"的神秘解释为媒介来表达神明启示，从而使人与神相交通，期望神明保佑福至灾消。签诗以雅俗共赏的仪式行为，既寓道教信仰和道德教化于签诗之中，也表达了求签信众的宗教感情，具有传递信仰、文化教育和道德教化等多重功能。明清以后，签诗在东亚地区大行其道，不仅成为东亚道教独特的宗教行为和文学形式，也起到了强化海外华人的道教信仰和凝聚华人族群文化的作用。

中国词的创作起于唐五代而兴盛于宋，与道教也有着密切的关系。从保留至今的一些词牌，如《望仙门》、《献仙音》、《女冠子》、《潇湘神》、《迷仙引》、《望江南》、《浪淘沙》，可见词的兴起与道教的神仙信仰也有关联。

赞颂词是在道场上配合器乐唱诵的诗词，如《启堂颂》、《举三宝颂》、《祈雨颂》、《举奉戒颂》等，都是斋醮科仪中的重要仪节。为了便于诵唱，赞诵词大多为五言，如《启堂颂》：

---

① 参见〔德〕庞纬：《中国灵签研究》，古亭书局 1971 年版。

勤行奉斋戒，诵经制六情，故得乘空飞，耀景上玉清。
精心奉经教，吐纳炼五神，功德冠诸天，转轮上成仙。[1]

但也有在七言诗的基础上加入一些短句，形成了长短句交错的形式，例如，《黄箓斋三洞赞咏仪》中的《太清乐》二十首：

精诚大道动幽元，太清乐！
天地常存不死仙，太清乐！
象外不同人世界，太清乐！
众生愿福太平年，太清乐，太清乐！

除道场赞颂词之外，还有一些是托仙真之名而对神灵、仙真、法术、宫观等所做的赞颂词。道教诗歌辞章既继承了魏晋南北朝流传下来的步虚词以及包含在各种道经中的诗歌咒颂的传统，也发展出了道教文学中的新文体。这些诗颂辞章广泛地运用于斋醮科仪之中，成为表现道教思想与信仰的一种文学形式。

第三节　东亚小说中的道教因素

道教小说是用小说这种艺术形式来表达对道教的信仰，以人物修仙活动来渲染对道教的感情，从整体上看呈现出亦真亦幻、虚实相间之特点，却以一种形象化的方式成为推进神仙信仰在东亚传播的促进力量。

在中国，"小说"一词最早出现于《庄子·外物篇》："饰小说以干县令其于大道亦远矣。"《汉书·艺文志》在著录小说15家1380篇之后，论曰："小说家者流盖出于稗官街谈巷语道听途说者之所造也。"班固明确指出小说具有两个要素：一是小说的内容为街谈巷语道听途说；二是小说的作者为稗官，即工作于基层的小官。道教小说出现于六朝时期，发展到唐代时已达到高潮。"道教对中国古典文学产生两个重要影响：一是提供许多神奇诡谲

---

[1] 《太上黄箓斋仪》卷一，《道藏》第9册，第181页。

瑰丽的意象；二是刺激了人们的想象力。"① 有意思的是，唐代佛教在社会
上的影响要超过道教，但在小说创作领域，由于道教的神仙故事与传说为文
学创作提供了大量的素材和想象的空间，因此，唐代道教小说无论是在数量
上，还是在质量上，都要超过佛教。从数量上看，记载宋以前小说的《太
平广记》收录的道教类小说有 80 多卷，而异僧类小说只有 12 卷，释证类 3
卷，报应类 33 卷，讲经像灵验的有 15 类。如果细加分类，那么 "道教小说
可分为志怪体、传奇体、话本体、章回体四大类"②。

　　"志怪"一词也出于《庄子·逍遥游》中的 "齐谐者，志怪者也"，但
用 "志怪" 来表示内容奇异怪诞的小说则是六朝时的事了。当时，神仙传
记大量涌现，志怪小说也风靡起来，以神仙传记为主来 "搜奇记逸" 直接
影响到唐代道教文学创作的内容与形式。正如鲁迅先生说："小说亦如诗，
至唐代而一变，虽尚不离于搜奇记逸，然叙述宛转，文辞华艳，与六朝之粗
陈梗概者较，演进之迹甚明，而尤显者乃在是时则始有意为小说。"③ 唐代
小说以 "叙述宛转，文辞华艳" 为特点，在那种有意识而为之的创作中逐
渐去除六朝小说的 "粗陈梗概" 而变得丰满起来。从内容上看，道教志怪
体小说又可分三类：第一，神仙道人传记体小说：《神仙感遇传》、《道教灵
验记》、《墉城集仙录》、《王氏神仙传》、《仙传拾遗》，此外还有《搜神
记》、《金莲正宗仙源像传》、《绘图三教源流搜神大全》、《海山奇遇》中有
关道教人物的传记。第二，地理博物体小说：《博异记》、《博物志》、《玄中
记》、《录异记》等，以旅行家的口吻来介绍某地奇异的地理特征、珍贵罕
见的物产来反映道教信仰与思想。第三，表现道教的梦幻奇异现象和灵验故
事的杂记体小说：《幽明录》、《枕中记》、《玄怪录》、《宣室志》等。总之，
道教志怪体小说通过完整的故事情节、真实的时空背景、生动的人物形象、
以 "纪实" 的表达方法来婉转地叙述灵迹异闻的神怪性，使道教的神仙信
仰表现得更为丰富、更为生动。

　　据说，"传奇" 一词出于晚唐裴铏撰《传奇》。后来，宋人认为唐人小
说中涉及许多神仙诡谲之事，故概称之为 "传奇"。鲁迅先生说："传奇者

　　① 葛兆光：《道教与中国文化》，上海人民出版社 1987 年版，第 376 页。
　　② 卿希泰主编：《中国道教》第四卷，东方出版中心 1994 年版，第 55 页。
　　③ 《中国小说史略》，《鲁迅全集》，人民文学出版社 1973 年版，第 211 页。

流，源盖出于志怪，然施之藻绘，扩其波澜，故所成就乃特异，其间虽抑或托讽喻以纾牢愁，谈祸福以寓惩劝，而大归则究在文采与意想，与昔之传鬼神明因果而外无他意者，甚异其趣矣。"① 传奇小说虽然也是由六朝那种单纯的说神道鬼的志怪小说发展而来，但描述的对象却有所不同，大多以神异、侠义与爱情为主题，这些情节曲折的奇闻逸事拉开了现实主义与浪漫主义相结合的序幕，成为用浪漫主义手法来反映当时复杂的现实生活的一种文学表现方法，这在道教传奇小说中表现最为突出。唐初时《古镜记》描述了道教的重要法器——古镜所具有的压邪法力。《游仙窟》则通过讲述刘晨、阮肇入天台山的故事而宣扬了人仙相爱的主题。《枕中记》则讲述了卢生遇道士吕翁，做了黄粱美梦，梦醒之后，觉悟入道。唐末道士杜光庭作为晚唐传奇小说家，他的《虬髯客传》以侠义为主题，虽然大力宣扬"人臣之谬思乱者，乃螳臂之拒走轮耳。我皇家垂福万岁，岂虚然哉"效忠李唐王朝的思想，但其中也穿插了李靖与红拂的浪漫爱情、虬髯客的豪爽侠义和道士的神异之功。② 这些道教传奇小说通过搜奇述异，塑造了许多颇具魅力的求道者形象，讲述了许多颇具神异传奇色彩的故事，其中有不少故事还成为后代道教戏剧的题材，如《虬髯客传》即为《红拂记》的原型。

　　宋代市民文学崛起的标志是说话艺术的兴盛，以道教的神仙信仰为题材，唐人传奇小说一脉延伸出宋代话本传奇，为东亚道教小说增添了新的形式与内容。源于宋代话本体传奇、确立于元末的章回体小说成为明清时期中国长篇小说的一种传统形式，其中的神魔小说《三遂平妖传》、《韩湘子全传》、《封神演义》、《绣像八仙四游记》、《西游记》、《三宝太监西洋记通俗演义》、《飞剑记》、《铁树记》、《女仙外史》、《绿野仙踪》等，以神魔斗法的形式，将道教神仙塑造成为善罚恶、修道济世的正义化身。随着道教小说在东亚社会传播，这四种形式都有新作品出现，其中比较突出的是志怪小说和神仙传奇，它们成为了解道教在东亚传播的重要参考资料。

　　朝鲜半岛自古以来仙风弥漫，小说之萌芽虽可追溯到高丽朝之前的"说话"中，但"小说"一词始于高丽王朝李奎报的《白云小说》。一般认

---

①　《中国小说史略》，《鲁迅全集》第 9 卷，人民文学出版社 1973 年版，第 212 页。

②　参见孙亦平：《杜光庭评传》，南京大学出版社 2005 年版，第 459 页。

为，金时习的《金鳌新话》才标志着朝鲜古代小说的形成，而它恰是一部颇有道教神仙色彩的作品。"生活于李朝中宗、明宗时的鱼叔权（1505—1567）在《稗官杂记》四卷中将《补闲集》、《栎翁稗说》、《太平闲话》、《济州风土记》等称为小说，即淫谈、史话、诗话、日记、地理、闲谈、杂说等，皆入小说之广义范围。"① 由此可见，在古代朝鲜半岛，小说的范围是十分广泛的，但只有那些以神仙信仰、异象神迹和修道成仙为意蕴的作品才可视为道教小说。

朝鲜王朝出现的文学作品——汉文野谈故事集《於于野谈》、《五山说林》、《芝峰类说》、《青庄馆全书》中经常以具有神异事迹的道士为主人公。但大多数可以归之于道教小说的作品却隐藏在《三国遗事》、《高丽史》、《殊异传》、《三国史记》等史著中，包含在《海东高僧传》、《海东异迹》、《青鹤集》、《海东圣迹志》、《大东韵府群玉》、《太平通载》、《笔苑杂记》、《白云小说》、《破闲集》等传记中。例如，1875 年出版的《海东圣迹志》认为朝鲜自古以来就是神仙之国，故运用小说手法对半岛上流传的神仙圣迹故事进行描述，其中有一些是真实的历史人物，如金可记、崔致远、姜邯赞等。

金时习（1435—1493）用汉文创作的《金鳌新话》是朝鲜第一部小说集，包括《万福寺樗蒲记》、《李生窥墙传》、《醉游浮碧亭记》、《南炎浮洲志》和《龙宫赴宴录》。这五篇风流奇话之后还有两首题为《书甲集后》的七绝诗，描绘了作者著书时的情景：

矮屋青毡暖有余，挑灯永夜焚香坐。玉堂挥翰已无心，香罐铜瓶乌几净。满窗梅影月明初，闲着人间不见书。端坐松窗夜正深，风流奇话细搜寻。②

《金鳌新话》以缠绵悱恻的情节，哀婉艳丽的风格，既表达了对美好爱情的渴望，也反映了对道教神仙的敬仰之情，通过将鬼仙人格化，把幽冥世界现

① 陈宁宁：《浅论韩国小说之演变》，载中华学术院编辑：《文学论集》，中国文化大学出版部 1978 年版，第 804 页。
② ［韩］李京美：《那些活在传奇中的女子》，北京燕山出版社 2004 年版，第 209 页。

实化，以人仙之恋、人鬼相交的虚幻故事来反映现实生活，强化了道教神仙信仰的神秘性与鲜活性。

　　一般认为，《金鳌新话》受到中国瞿佑《剪灯新话》的影响，又将朝鲜志怪传奇文学推上了一个新高峰，对日后朝鲜文学的创作影响甚大。如《金鳌新话》中之神怪性，发展为日后《元生梦游录》、《九云梦》之梦幻小说，及《金圆传》、《唐太宗传》之神怪小说；其倾向于艳情发展者则为《淑香传》、《云英传》、《英英传》、《春香传》；其寓意发展者则为《赵雄传》、《苏大成传》、《李舜臣》军谈历史小说及《洪吉童传》、《田禹治传》等社会小说；《花史》、《愁城志》、《虎叱》等讽刺小说。① 《金鳌新话》于壬辰之乱（1592—1599）时传入日本，受到日本读者喜爱，称为"奇书"。该书虽在朝鲜半岛失传了，却在日本得到了多次刊印。

　　朝鲜小说家金万重（1637—1692）用朝鲜语创作的《九云梦》和《谢氏南征记》两部小说也充满着道教意味。《谢氏南征记》是讲家庭中妻妾矛盾，宣扬善恶报应的现实主义作品。《九云梦》作为朝鲜长篇小说之滥觞，虽以儒家人生观和佛教生死观为指导，其中也充满着道教神仙信仰之风格，是朝鲜"梦小说"之开端。《九云梦》以中国唐朝为背景，讲述了六观大师在莲花峰上向人们宣教时身边总是放着一本《金刚经》。大师有一位年轻的弟子性真，在衡山石桥之上邂逅八仙女，互相戏谑，暗生情愫，犯了佛家戒律后，被黄巾之士押到阴间，后投生为唐朝淮南道秀州县杨处士之子杨少游。八仙女也因罪下凡，分别转生为华州秦彩凤、洛阳名妓桂蟾月、江北名妓狄惊鸿、京师郑小姐、郑小姐侍婢春云、皇妹兰阳公主、吐蕃刺客沈袅烟和龙女白凌波。富有才情的杨公子与八位女仙在世间再次重逢时，从相识、定情到结合的浪漫故事，互不雷同，但每个人仙恋的故事都情节曲折，妙趣横生。杨少游以儒家修齐治平思想为指导，自己官至翰林、尚书、丞相、大元帅，与八仙女在经历了坎坷曲折的爱情后，依次和她们结为姻缘，生了六儿二女，最后建立了一个一夫多妻式的大家庭。他们在享尽人间的荣华富贵后，要远走他方寻仙访道时，经六观大师的点拨，终于从梦中惊醒，看破红

　　① 参见陈宁宁：《浅论韩国小说之演变》，载中华学术院编辑：《文学论集》，中国文化大学出版部1978年版，第806页。

尘，一起回归于"极乐世界"。《九云梦》以男主人公杨少游与八仙女之间爱情故事为线索，以离奇之情节，哀婉之感情，丰富之典故，纯正之教化，表达了一切荣华富贵都是虚妄不实的"梦境"而已，其宏大的结构有点类似于《红楼梦》，其奇幻的内容有点类似于《枕中记》、《南柯记》，其基调则是欢娱、享乐和顺利，远超于悲苦和逆境，反映了"到了金万重生活的李朝肃宗时期，儒、释、道三教实际上已为程朱理学所融合。特别是程朱理学所提倡的'天理人欲不能并立'、'天理存则人欲灭，人欲胜则天理灭'和释、道二教宣扬的'安分守己'、'勿与世抗争'以及'无欲'和'空无寂灭'，在精神上完全一致。"[①] 以"人生如梦"为主题的《九云梦》的结局是追求成佛成道。

朝鲜中期著名文学家许筠（1569—1618）著有《严处士传》、《荪谷山人传》、《张山人传》、《南宫先生传》、《洪吉童传》、《蒋生传》等颇有道教色彩的小说。《张山人传》讲述了张山人学道的故事。张山人的父亲具有超常的技能，能"视鬼而役使之"，其父离家出走后，给张山人留下了《玉枢经》、《运化玄枢》两部道书，张山人阅读万遍后，也能召鬼神，降猛兽，达到了出神入化的境地。后来，他又到智异山拜一位异人为师，日诵经书十遍，不食三年，又练得其他道术。"一日，行峡中，二僧随之，至林薄间，有双虎出而伏迎。山人叱之，虎弭耳摇尾，若乞命者。山人自骑其一，令二僧并跨其一。至寺门，虎伏而退去。"有一天，张山人与两位僧人行至峡谷中，突然有两只老虎躬耳摇尾地俯伏在他们前面。于是，三人骑虎来到寺里。张山人在智异山隐居十八年后，回到京城，曾用祈禳术杀死空宅里的蛇，还能使死鱼死鸡复活。1592 年，日本军入侵朝鲜半岛的"壬辰倭乱"爆发。张山人被倭寇砍了一刀后，流出来的血竟然是白色的油脂，立而不僵的张山人吓退了倭寇。张山人死后火化时，得到了七十二粒舍利。这篇故事情节完整的小说，既展现了道术的神奇性，也说明道教在朝鲜半岛往往与佛教相伴而行。

《南宫先生传》讲述了南宫斗离奇遇仙、修炼内丹、功败垂成的故事，

---

① 周有光：《朝鲜古典小说〈九云梦〉和〈谢氏南征记〉》，载北京大学亚太研究中心编：《朝鲜学论文集》第一辑，北京大学出版社 1992 年版，第 148 页。

据说与中国唐代传奇小说中的杜子春的求仙故事在主旨意蕴、内容题材、故事模式、叙事特征上均呈现类同化特征。① 南宫斗是全罗道的一个富豪，32岁时登第后，长期逗留在京城生活。南宫斗性格"伉�自矜，性刚忍敢为，恃才豪横于闾里，倨不为礼于长吏。"② 他回乡后发现，留在家乡管理农田的小妾与其堂侄私通，一怒之下将他们杀害。南宫斗因义愤杀人遭官府追捕，被迫逃亡到金台山落发为僧，法名总持，持戒行甚严。不久，仇家追捕而来，南宫斗因山神在梦中提醒，逃向头流山，居双溪月余，又奔向太白山，至宜宁野庵憩焉。受年轻僧人指点，南宫斗入茂朱雉裳山拜师。其师是一位老僧，但他们修炼的却是道教功法。如，南宫斗的老师"苦志十一年，乃成神胎"，见南宫斗"君有道骨，法当上升"，于是授之道书，以期南宫斗能练成不死飞升术。当南宫斗因"不忍以败垂成之功"后，老师送他下山时，又授予他"老君之书"，让他回去后继续修炼。③ 从许筠的描述看，南宫斗所炼的"不死之功"是以禁欲为特征的内丹道。

10 世纪，在日本古文学中出现的一种"物语"的新文学样式，其中也有一些用文学笔法表达对神仙的理解以及对成仙追求的小说。《竹取物语》作为日本最早的物语文学作品，其中的赫映姬故事塑造了一个"羽衣仙女"的神话。一位伐竹翁在竹林中遇到藏在竹筒中的女婴，就和老伴收留其为养女。从此，老人伐竹，经常会在竹子中发现金子，不久就成为富翁。女婴三个月就长大成人，因在夜间也能光彩照人，而取名"赫映姬（ガぐや姬）"，又称"赫夜姬"、"辉夜姬"、"细竹赫映姬"，其意为"闪光的姑娘"。这位美貌无比的姑娘吸引了包括天皇在内的诸多达官贵人的注意，其中有五位贵族王子前来向她求婚。她提出要嫁给那个能帮助她找到自己所喜爱的宝物的那个人，赫映姬分别要求他们去寻找天竺如杰佛石钵、蓬莱的玉枝、唐土的火鼠、龙首的五色玉、燕子的子安贝，以表诚意，然后才能嫁给他。但这些求婚者有的冒险求宝、有的采用欺骗，但都没有找到宝物。天皇听说后，想

---

① 参见张丽娜：《中国"杜子春故事"对朝鲜〈南宫先生传〉的影响》，《学术交流》2012 年第 2 期。

② ［朝鲜］许筠：《惺所覆瓿稿》卷八《南宫先生传》，载韩国民族文化推进会编：《韩国文集丛刊》第 74 册，景仁文化社 1996 年版，第 206 页。

③ 参见陈莆、［韩］权锡焕编著：《韩国古典文学精华》，岳麓书社 2006 年版，第 53 页。

凭借自己的权势来强娶她，也遭到赫映姬的拒绝。最后，赫映姬在中秋之夜，在皇家迎亲队伍的包围下，迎来了月宫使者，披上羽衣，在那些凡夫俗子的茫然失措中，升天返回到她的故乡——月亮。作者在赫映姬升天之后，深情地写道：

> 　　中将带着众人回到宫里，把赫映姬的信连同装有灵药的壶献上。天皇阅后，大为悲伤，不进饮食，停止管弦娱乐。他召集各大臣及参议官员问道："什么地方最接近天?"有人奏称："骏河国的那座山，离京城不远，最接近天了。"天皇闻奏，便写道。

> 　　悠悠不相见，
> 　　以泪洗面事蹉跎。
> 　　此身只等闲，
> 　　纵有灵药可不死，
> 　　安用此物意若何。

> 　　天皇把这首诗连同那些装着不死之药的壶，交给了一个名叫调月笠的御使，命他把这些东西带到骏河国那座山的顶峰上，并且吩咐他把诗与不死之药放在一起，点火烧掉。御使接受了命令，带领许多士兵登上了山顶。这座山从此被称为富士山，据说那山顶上至今还有浓烟直冲云霄。[①]

《竹取物语》对人物的内心世界的描绘，对生命的现实与理想、短暂与永生的体悟，追求与世俗尘世相对的长生与永恒，展现了道教神仙信仰的特点。文中出现的"蓬莱"、"不死之药"、"飞升"等词语，尤其是天皇用"壶"装"不死之药"、将自己写的"不能再见赫映姬，安用不死之灵药"的诗文与不死之药一起置于富士山上烧掉、仙女羽衣飞升上天等，都是道教神仙文化的意象。这篇小说故事的背景富士山，至今烟火不灭，成为日本人心中的圣山、仙山、不死之山的文化渊源，也可算是道教神仙信仰在日本传播的一个实例。

---

① 此引文来自严绍璗：《中日古代文学关系史稿》，湖南文艺出版社 1987 年版，第 257—260 页。

有关《竹取物语》的来源，学者们多有探讨研究，有的认为《竹取物语》的原型来自《万叶集》卷十六的《竹取翁》，幸田露伴（1867—1947）从《竹取物语》汉文原本中推导出其素材来自中国佛教的《佛说月上女经》。① 三品彰英（1902—1971）认为，《竹取翁》故事的部分情节或构思的根据来自朝鲜古代文献《大东韵玉》卷九《新罗殊异传》。② 《新罗殊异传》是新罗末年之作，正是平安时代前期，时间接近；日本与朝鲜比邻，故事源流多有密切关系，据此，他还以朝鲜的"日光感生"型故事证明与《竹取物语》开头讲到的那棵闪光的竹子，对表现天界仙人女子有相合之处。藤冈作太郎认为，《竹取物语》是对中国魏晋时代《汉武帝内传》的改编，故与中国道教的关系密切。③ 严绍璗先生认为，《竹取物语》以女主人公赫映姬最终回归月亮作为结局，这是以中国秦汉时代以来道家方士的"日月神客体论"作为构思的基础。④ 即把太阳和月亮幻化为与"人"一样具有生命力的"日神"与"月神"。

自战国以来，中国文化以追求人在现世的永生为目标，发展出方仙道，但方士运用方术也无力实现在人世间永生的目标，于是逐渐构思出让人飞升月亮的梦想，这便形成了"嫦娥奔月"等的神话。后来道教也常运用羽衣、仙药、云车、飞升来描绘神仙回归月亮，在宇宙中实现长生梦想的壮丽场面。《竹取物语》的作者正是站于道教神仙信仰的理想之上，把生命永恒作为信念的至极，所描绘的赫映姬原系月亮上的人，将于八月十五日返归月亮国，那天，女主人公穿上"羽衣"，吃了"不死之仙药"，登上"云车"，在众人的簇拥之下，飞向月亮，这也是中国道教常用的升仙模式，因此，笔者认为，《竹取物语》不仅是一部典型的道教小说，而且还成了"羽衣仙女型"类的道教小说之源。

后来日本流传的静冈美保松原的天女、伊香小江的天女、丹波国的仙女等神话，虽然人物、情节和结局有所不同，但都属于"羽衣仙女型"这一

① 幸田露伴从小受到中日古典文学的熏陶，有着渊博学识和文学造诣，与尾崎红叶、坪内逍遥、森鸥外等人齐名，19世纪初的日本文坛被称为红露逍鸥时期。
② 参见［日］三品彰英：《神话と文化史》，平凡社1971年版，第247页。
③ 参见［日］藤冈作太郎：《国文学全史》1，《平安朝篇》，平凡社1971年版，第134页。
④ 参见严绍璗：《日本中国学史稿》，学苑出版社2009年版，第19页。

类型。静冈美保松原的"天女的羽衣"故事，讲述了一个贫穷的男子爱上了美丽的天女，偷藏起了她的羽衣。男子借此让天女成为自己的妻子，并与她生下孩子，过着幸福快乐的生活。可是有一天，天女发现了那件被偷走的羽衣，不顾丈夫与孩子的恳求，毅然穿上羽衣返回天庭。残存于《近江国风土记》中的《伊香小江》也讲述了"仙女下凡的故事"：

> 近江国伊香郡舆胡郷，伊香小江在南乡。天之八女俱为白鸟，自天而降，浴于江之南津。其时伊香刀美在西山遥见白鸟，其形奇具，疑若神人。往见之，真神人也。于是伊香刀美郎生怜爱，不忍离去；窃遣白犬盗取天女羽衣，窃得姐衣。天女知之，其长者七人皆飞升天上，独妹一人不能乘去。天路永塞，乃成地民。天女浴浦，今称神浦。伊香刀美乃与天女共为室家，居于此处，逐生男女，……此伊香连之先祖也。后母搜取天羽，着而升天，伊香刀美独守空床，吟诵不绝。①

古时，在伊香郡与胡乡的伊香小江上，有八仙女化做白天鹅下来洗澡。一个名叫伊香刀美的男子看到后，就让白狗偷来其中小妹的羽衣隐藏起来。姐妹七人升天后，唯独把丢失羽衣不能飞升的小妹留在人间。小妹便与伊香刀美结为夫妇。他们生下两男两女，成了伊香连的祖先。后来，仙女找到了羽衣，穿到身上便飞天而去，只剩伊香刀美在人间独自悲叹。

《丹后国风土记》中的《奈具神社》讲述了与《伊香小江》类似的故事，在结尾处则揭露了人间的贪婪：丹波郡比治里的比治山顶，有个叫真名井的泉，八位仙女从天上降下来洗浴。住在这里的奈佐老夫妇正好看到，急忙就拿了一件仙衣藏起来。洗浴完后，其他仙女都向天空飞去，但是失去羽衣的仙女留在了人间，她按照老翁的要求做了他们的女儿。此后的十几年里，仙女酿造了许多好酒。人们只要吃一杯这种酒，便百病痊愈。有了这种神奇的仙酒，老夫妇很快就发财了。但是，发了财的老夫妇有一天对仙女说："你不是我们的女儿，赶快滚吧！"面对如此薄情的人，仙女悲叹着，

---

① 此段引文来自卫惠林：《日本神道教中的图腾文化要素》，《台湾大学考古人类学刊》第三一、三二合刊，第2—3页。

擦着眼泪离开了比治里，经过了荒盐里、哭木里，好不容易来到船木里的奈具村，于是留在村里生活下去。

　　最著名的是《日本书纪》卷十四《雄略天皇记》中记载的浦岛太郎传说，讲述了人间男子浦岛子与龟姬仙女相遇的故事，后来逐渐演化为道教小说：

　　　　秋七月，丹波国余社郡管川人，水江浦岛子。乘舟而钓，遂得大龟，便化为女。于是浦岛子感以为妇，相逐入海，到蓬莱山，历睹仙众，语在别卷。

生活于5世纪末雄略天皇统治时的丹波国（今大阪一带）余社郡管川人渔夫浦岛子，有一次乘舟在海上垂钓，三天三夜钓得一只五色龟。浦岛子不忍心杀这只千年龟，就把它放归海里。几天之后，五色龟变为一个穿着华丽美女乘船来迎接浦岛子，一起登上来到一座漂亮的宫殿，两人结婚后一起去了龟女的故乡——道教崇拜的蓬莱山——日本人称为常世国。奈良朝中期出现的《浦岛子传》对渔夫与龟女故事做了进一步的神仙化描写，如渔夫与龟女结婚时"共入玉房"。龟女配以"驻老之方"，施以"延龄之术"，让浦岛子"朝服金丹石健，寡饮玉酒琼浆"。这正是道教十分强调的通过服食"丹石"和"行气"的修炼来追求自我生命的永生。浦岛子在荣华富贵的仙境般的生活中却时时"魂浮故乡"，"暂侍仙洞之霞筵，常尝灵药之露液，久游蓬壶之兰台，患甘羽客之玉杯"，因思念着故乡的父母，最后终于决心"还旧里寻访本境"。龟女见挽留不成，临行前赠以玉匣，送其归乡澄江之浦。浦岛子回到家乡发现，仙中才几年，世上已"七世"，父母早已不在人世。于是，浦岛子违背龟女的告诫，打开了玉匣。玉匣中冒出一阵清烟，顿时"紫烟升天无其赐，岛子忽然顶天山之雪，乘合浦之霜矣"，浦岛子化身仙鹤，"芳兰之体率于风云，翩飞苍天"，浦岛子在这紫烟升腾中而去，遂不知所终。① 此故事不仅建立在道教的蓬莱仙境之上，而且还有道教特有的"鹤千年，龟万年"的思想。道教神仙信仰的要素如仙境、海宫、金庭、蓬

---

　　① 《风土记》中也有相同的内容，载《日本古典文学鉴赏》第二卷，角川书店1977年版，第393—404页。

莱、长生等都在《浦岛子传》中得到体现。后来，浦岛子被视为"海若"，即海界之神，因与神女邂逅，"浦岛子传说在日本最早的诗歌总集《万叶集》和早期史书《日本书纪》中均有记载。但是，这两部典籍在关于同一则民间传说的表述上出现了细微的偏差。《万叶集》里的《浦岛子传》说反映了古代日本人最原始的海洋崇拜思想，具有神道教的特征。但在《日本书纪》中，这则传说带上了浓厚的中国道教文化的色彩。"① 松田智弘在《浦岛子传承に于ける神仙的要素》中指出，受中国道教的《汉武帝内传》中的西王母下降、《游仙窟》中的遇仙故事、《元始上真众仙记》中的"凡人有因缘者，或在深山迷误，入仙家使，为仙洞玉女所留，请先功厚也"等的影响，后来的《万叶集》、《丹后国风土记》、《日本灵异记》、《今昔物语集》所记载的《浦岛子传》，强化了其中的不老不死的蓬莱仙境、玉匣的神奇作用、蝉脱的灵异、风流气调等神仙要素。② 延喜二十年（920）出版的《续浦岛子传》是浦岛子遇蓬莱山神女的故事的扩写版，其用语多出自六朝时期的道书，如《真诰》、《灵宝无量度人上品妙经》等。后来，以丹波为中心的日本沿海一线出现的众多神社都与浦岛子神话故事有关，如竹野郡纲野町的岛儿神社、西浦福岛神社、纲野神社、六神社，谢郡伊根町的宇良神社等，都围绕着道教"神仙谭"而展开。

在《万叶集》中，有赞美奈良附近吉野山仙境的诗歌四十多首，在《怀风藻》中有 16 首歌颂了吉野山仙女柘枝和漆姬的传说，如《仙柘枝歌三首》：

夕漂山桑枝，化作仙女姿；男儿不筑梁，坐失良宵迟。

这些表达对女仙爱慕的诗歌，小岛宪之认为，这是受到唐代张荐《游仙窟》影响的结果。③ 日本流行的这些神仙故事中，有关女仙的传说比较多。不同于中国道教的神仙大多是白发瘦骨、隐于深山幽谷中修炼的形象，日本人认

---

①　郭勇：《日本海洋意识与中国江南地区的关系——以"浦岛子传说"的演变为中心》，《宁波大学学报》2009 年第 3 期。

②　[日] 松田智弘：《古代日本の道教受容と仙人》，岩波书店 1999 年版，第 216—234 页。

③　参见 [日] 小岛宪之：《上代日本文学と中国文学》中，塙书房 1971 年版，第 1026 页。

为，美丽的女仙在形象上更符合道教长生不老的信仰要求。这些仙女不仅美丽善良，而且具有超人能力。她们来自于天上，因偶然事件下降人间，与普通人结婚，生儿育女，成为母亲，最后又离开人间，翱翔飞升天界，由人"变异"为仙。这种人"变异"为仙的构思与中国道教对神仙的描绘颇为一致，构成了东亚道教小说的一个重要内容。这样，神仙信仰不仅是日本文学层面上的意趣，而且也深入到日本人的信仰和生活之中，甚至被夸大为"神"的另一种形式。紫式部在创作《源氏物语》时，也具备了一些道教知识，据日本学者千田稔研究："紫式部名字里有'紫'字，而紫色是道教最崇奉的颜色，可见她是有意识地运用，并且是一个地位相当高的、能接近天皇的女性。"①

11 世纪，大江匡房用文学笔法编著了日本最早的神仙传记《本朝神仙传》，其中记载了 37 位神仙式的人物，既有神话人物，如浦岛子，也有修验道役行者，还有佛教僧侣空海、圆仁等。他们大多入山修行，奉行道教的辟谷、服食、禁咒等道术。例如，美浓国河边人在河边以石为枕，不吃不喝地睡觉，人们用弓压腹他也不动，几乎如死人一般，与北宋道士陈抟所修的"睡功"也称"蛰龙功"十分相似。橘正通怀才不遇，就前往高句丽修道成仙。还有与山神斗争的将军倭武命，最终化为白鸟而升天成仙。这些修仙者成仙的方式也是多种多样，有长生不老、尸解成仙、死后相遇、显示神通、超凡脱俗、空中飞翔、白日升天、辟谷不食、不知其所终。其中必备的修仙方法是"辟谷"和"脱俗"。可见《本朝神仙传》中修仙者采用的是道教的修仙之道。

越南最早的神仙传记大概是《鸡窗缀拾》，此后陆续有《大南显应传》、《见闻录》、《听闻异录》、《喝东书异》、《会真编》等问世。"道教传入越南，接受仙话而后编造仙话，汉文小说中有了土生土长的越南仙人。中国志怪小说中的仙人具有的本领，他们都具有，不过他们能够为越南人所喜爱，说到底还是因为他们不离越南人之'常'。这些仙人行虽怪而有常人之心。"② 这些神仙传奇小说一般篇幅不长，内容上虽多有虚构成分，但却表

---

① ［日］千田稔：《中国道教在日本》，载蔡毅编译：《中国传统文化在日本》，中华书局 2002 年版，第 63 页。

② 王晓平：《亚洲汉文学》，天津人民出版社 2001 年版，第 286 页。

达了越南人的神仙观念。例如，《喝东书异》是阮尚贤（1868—1925）撰写的越南志怪传说集，因所记录的故事主要发生在越南喝东地区，故名。全书收录故事 66 篇，主要有《地仙》、《探花生》、《虎父》、《天榜》、《无头》、《石犬》等，其中有些故事颇具道教神仙色彩。例如，《地仙》讲述的是生活于后黎朝时的范员的成仙故事。范员在修道成仙之后，以自己特异之术，富民教民。天旱时节，他让采蓝人到蓝生长茂盛处采摘；酒不好卖，他告诉卖酒女到举行婚礼的地方去售酒；他教未精风水学的风水先生，使之大长学问；他用能自生不止的一文钱使贫穷老妪衣食无忧。范员以行各种善事来实现救世济人的理想，成为越南人心目中的贫困弱小者的保护神。

《会真编》中的"鸿山真人"，把《大南显应传》、《见闻录》、《听闻异录》、《喝东书异》中有关范员入山采药得到仙人指点之事，改编为范员由老叟引领进入老榕树底圆窟中，得授《黄庭经》并成为"鸿山真人"的故事。据《见闻录》记载，范员的父亲范质为神宗朝甲辰科进士，官至左侍郎，但范员却不爱仕途而常思考人生问题，他认为："人生八十年富贵，不过黄粱一大梦"，于是"常读《列仙传》，心慕之，遂屏去经籍，专学吐纳之术，久之若有所得"。旧题刘向撰《列仙传》是中国最早的有系统的叙述神仙事迹的著作，记载了从神农时雨师赤松子到西汉成帝时仙人玄俗等 71位仙家事迹，特别表达了无论身份高低，只要获得某种机遇，采用一定的方法勤奋修炼，就能够脱胎换骨、超凡成仙的思想。范员受此书的影响，最终弃儒修道，获得了超凡的本领：

数岁后，如长安，因访友过河而北见老榕树婆娑。欲到时，叟忽于背后莞然曰："君何迟耶？吾候之久矣。"即以一枚扒石，见树底圆窟尺许。携而入，见石潭上有一小庵。叟与烹火，从容曰："山中无所有，惟古书一囊遗怀耳！"范发而诵之，觉尘骨舒爽。居数月，叟语之曰："垂白在堂，君且归去。他日于紫虚岗见之。"乃授《黄庭》一卷。送之出门，范由是得法，神妙莫测。[①]

---

① 《会真编》，载陈庆浩、王三庆主编：《越南汉文小说丛刊》第二辑《笔记传奇小说类》第五册，台湾学生书局 1992 年版，第 252 页。

这里提到的树底圆窟、石潭小庵为道教仙境的象征。因老叟授予范员道教经书《黄庭经》一卷，范员由是得法而具有了犹如神仙般神妙莫测的超凡能力。《见闻录》描绘范员送跟随自己入仙境的阮生返村时写道："即以杖授阮，使之骑，如小儿竹马，嘱使瞑目，曰：'及地乃开也。'揽竹杖腾空而飞，瞬息及地，已在村外。"但在《会真编》中，范员可以"跨青驴，自天而下"，还能够"俄顷腾空而去"，并以一种艺术夸张的手法来描绘范员具有以酒灭火、以衣灭火的超凡能力。"越南汉文志怪小说中的仙人范员等，实际上更像得道者。他们掌握了无中生有、化无为有、生生不灭、履险如夷的超人超自然的奇术，还是要来到人群之中扶危济困。"① 以上各种对范员事迹的描述表达了越南人对神仙所寄托的美好理想。

　　《会真编》是清和子（生卒不详）据中国和越南民间传说、野史资料用汉文撰写的越南道教神仙传记集，大约成书于阮朝绍治七年（1847），现存最早的刊本是嗣德三年（1850）的玉山殿本。会真之真，即真人之意。该书分乾坤二卷：乾卷收录了越南男性神仙 13 名，坤卷收录了女性神仙约 14 名。神话中的男仙多为皇帝、官吏、书生、道士和樵夫等俗人修炼而来，女仙则是游于人间的仙女，这种男仙和女仙的身份差异是值得研究的。书中记载的神仙的活动时间从越南雄王神话时代到 19 世纪初，跨越整个越南历史，其中有一些神仙与中国道教有密切的关系，例如，大约活动于唐代长安昊天观道士符契元在《会真编》中被奉为神仙。"后尝居条山炼药，寻入京，诣开化坊访友马尚书总方，因与韩侍郎对弈，留连竟日，神色不变。马、韩皆异之，而不知其已仙矣。"②

　　假托越南后黎圣宗所作古代传奇小说《圣宗遗草》三卷，取材于文人作品、民间传说及寓言，其内容包括《枚州妖女传》、《蟾蜍苗裔记》、《两佛斗说记》、《富丐传》、《二神女传》、《山君谱》、《蚊书录》、《花国奇缘》、《禹门丛笑》、《渔家志异》、《聋瞽判词》、《玉女归真主》、《孝弟二神记》、《羊夫传》、《尘人居水府》、《浪泊逢仙》、《梦记》、《鼠精传》、《一书取神

---

　　① 王晓平：《唐宋志怪与越南汉文志怪的文学成就》，载阎纯德主编：《汉学研究》第二辑，中国和平出版社 1997 年版，第 381 页。

　　② 《会真编》，载陈庆浩、王三庆主编：《越南汉文小说丛刊》第二辑《笔记传奇小说类》第五册，台湾学生书局 1992 年版，第 246 页。

女》等。① 这些故事往往用第一人称来叙述神仙妖怪的事，尤其是对男士与仙女姻缘的描绘，颇具道教传奇小说的色彩。

神话传说往往是民族精神和宗教信仰的曲折表现。道教的仙学思想和神仙传说也丰富了越南古代文人的创作思维。1329 年，陈朝人李济川用汉语文言文写成的《粤甸幽灵集》记载了 28 篇越南各地神灵祠庙的灵验异事。每篇都是先说该神的略传，次述显灵事迹，最后再记后代帝王敕封的名称。李济川在序文中提出"神"应具有聪明正直和爱国献身的精神、品类异常和千变万化的神性，从而将儒家的"入世"、"有为"和道教的"灵验异事"贯穿到神灵观中，按照越南人民的审美心理和文化视野，来表达当时越南人是将英雄崇拜与神灵信仰相结合来构塑自己的民族宗教信仰的，其中的《嘉应善感灵武大王》讲述了中国东汉末统治交趾的士燮的事迹，《校尉英烈威猛辅信大王》讲述了大力士李翁仲被奉为"福神"的由来，《保国镇灵定邦城隍大王》讲述了升龙城隍神苏百的传说，《忠翊威显大王》讲述了越南神灵"土令长"的灵验故事，都充满着道教意蕴。

《岭南摭怪》是陈世法（生卒不详）于 1493 年撰写，武琼（1452—1516）、乔富（1446—?）修订，也是传奇故事类的传记性文集。"岭南"指华南五座山南边的土地，自古以来是越族人世代生息繁衍的地方。"摭怪"则是罗列了越南民间流传的"不待刻之石，编之梓而著于民心，碑于人口，黄童白叟率能称道而爱慕之"② 的神仙传说故事。它记叙了越南陈朝以前历史上出现的民族英雄的灵异之迹："如《鸿庞氏传》是详言我越开创之由，《夜叉王传》，是略叙占城前兆之渐，白雉有传，志越裳也；金龟有传，史安阳也。……董天王之破殷贼，李翁仲之灭匈奴，南国有人可知也。储童子之邂逅仙容，崔伟之遭逢仙偶，为善阴骘可见也。道行、孔路等传奖其能复父仇，而禅僧之辈乌可泯也。鱼精、狐精等传称其能除妖怪，而龙君之德不可忘也。二张忠义死为土神，旌而表之，谁云不可？伞圆英灵能排水族，显

①　参见《圣宗遗草》，载陈庆浩、王三庆等编：《越南汉文小说丛刊》第二册《传奇类》，台湾学生书局 1987 年版，第 95—180 页。
②　《岭南摭怪列传》，载陈庆浩、郑阿财等编：《越南汉文小说丛刊》第二辑《神话传说类》第一册，台湾学生书局 1992 年版，第 5 页。

而彰之孰曰不然？……"① 这些栩栩如生的神灵与道教神仙相类似，得到了越南人民的广泛喜爱，《岭南摭怪》也属于道教仙传小说的类型。

越南第一部汉语传奇文学作品《传奇漫录》既有着独特的越南文化情调，也有着浓厚的中国道教文化色彩，属于道教的杂记体小说。其作者是生活于 16 世纪后黎朝中期的阮屿。阮屿有关道教的知识大概受其老师阮秉谦的影响。阮秉谦（1491—1585）字亨甫，号白云居士，别号雪江夫子，是越南南北朝时期的文学家、教育家，后被高台教奉为"圣人"之一。阮屿模仿中国六朝志怪、唐宋传奇尤其是明代瞿佑《剪灯新话》才创作了《传奇漫录》。该书共四卷，每卷由五个故事组成：卷一有《项王祠记》、《快州义妇传》、《木棉树传》、《茶童降诞录》、《西垣奇遇记》；卷二有《龙庭对讼录》、《陶氏业冤记》、《伞圆祠判事录》、《徐式仙婚录》、《范子虚游天曹录》；卷三有《昌江妖怪录》、《那山樵对录》、《东潮废寺传》、《翠绡传》、《沱江夜饮记》；卷四有《南昌女子录》、《李将军传》、《丽娘传》、《金华诗话记》、《夜叉部帅录》。② 这些故事大多取自越南民间传说，在每篇故事末尾，作者都依据道教的善恶观对人物的思想和行为进行评析。以清丽的文笔、丰富的想象力，赞颂了那些具有为善去恶、超凡脱俗、神奇变幻的神仙式的人物，可谓有警戒者、有规箴者，其目的主要是以通俗易懂的善恶报应的故事，来教化民众诸恶莫做，众善奉行，由此而获得了世人的广泛称誉。该书被后人评价为"标志着越南文学进入其历史上真正的传奇故事时期"③，在越南社会中产生了很大的影响。

后来越南著名女作家阮氏点（1705—1748）还写了续篇《传奇新谱》，但却淡化了《传奇漫录》中的道教色彩，例如《传奇漫录》中的《徐式仙婚录》讲述了县官徐式因救一折花女子而得以与道教女仙南岳魏夫人之女绛香结为伉俪的浪漫故事。④ 而在《传奇新谱》中《碧沟奇遇记》则改为人

---

① 《岭南摭怪列传》，载陈庆浩、郑阿财等编：《越南汉文小说丛刊》第二辑《神话传说类》第一册，台湾学生书局 1992 年版，第 5 页。

② 参见《传奇漫录》，载陈庆浩、王三庆等编：《越南汉文小说丛刊》，《传奇类》第一册，台湾学生书局 1987 年版，第 5 页。

③ 杨葆筠：《中国文化在东南亚》，大象出版社 1997 年版，第 112 页。

④ 参见《徐式仙婚录》，载陈庆浩、王三庆等编：《越南汉文小说丛刊》，《传奇类》第一册，台湾学生书局 1987 年版，第 205—210 页。

间男子陈渊与南岳仙姝霞降娇缔结姻缘时，绛香仅为新人婚礼上的座上宾之一。① 这些传奇故事集虽内容各异，但有一个共同的特点，就是将中国的一些本无关联的神话传说联系在一起，再融入越南人民的想象与智慧，重新演绎成一个个富有美丽动人情节、内容结构统一的神话传说故事。

总之，道教在与东亚各国的民族文化的冲突与交融中，在文学创作上也出现了一些富有当地民族文化的新特点与新形式，但道教的神仙信仰却犹如一条红线，将不同地区的道教文化脉络联系起来，使"东亚道教"在文学领域也具有了一种共同的文化特征。

第四节　劝善书在东亚的流传

任何一种正信宗教都劝人向善，道教亦不例外。早在《太平经》中就有"天道无亲，唯善是与"的说法，认为天道对每个人都是公平的，无亲无疏，但是只把奖赏给予那些有善行的人，正如葛洪所说："人欲地仙，当立三百善；欲天仙，立千二百善。"② 为了劝诫世人为善去恶，以获得生命长存，唐代道士杜光庭还专门搜集道门中及社会上流传的种种关于善恶报应的灵验故事整理成《道教灵验记》一书，以生动的故事来说明"人为善者天降百祥，为不善者降之百殃，罪福报应，犹声答影随"，从而将修道与为善结合起来，构成了由道士之外的一般民众担任主角的、没有统一组织和形态的"民众道教"。"民众道教"是由日本学者提出来的。20 世纪初，橘朴（1881—1945）认为，中国人信仰中心是道教。要了解中国，首先必须了解道教。③ 他经过潜心研究，他发现道教中并存着理论部分（学者研究的"哲学的道教"和宗教家进行修行的"道士的道教"）和通俗部分（通俗道教）。橘朴把民众中奉行的一切道教信仰或行为总称为"通俗道教"，换言之，是"道教系统的民间信仰"，并把《太上感应篇》等善书作为通俗道教

---

① 参见《徐式仙婚录》，载陈庆浩、王三庆等编：《越南汉文小说丛刊》，《传奇类》第一册，台湾学生书局 1987 年版，第 50—68 页。

② 葛洪撰，王明校释：《抱朴子内篇校释》，中华书局 1985 年版，第 53 页。

③ 参见［日］窪德忠：《道教诸神》，四川人民出版社 1996 年版，第 29 页。

的经典。① 后来，吉冈义丰赞同橘朴的划分，但他认为道教信仰之中心应是民间信仰，于是将"通俗道教"改称为"民众道教"。漥德忠对此评价道："这种分类的确十分稳妥，给人以既准确、又新颖之感。"② 这种民众道教创作了种类繁多的劝善书，通过宣传"善恶相报"的理论来劝人行善、禁人为恶，其中所包含的预防犯罪的意识成为推进道教在东亚传播的一种道德动力，对朝鲜半岛的李朝文化和江户时代的日本文化影响深远。

　　宋代道教中出现了以《太上感应篇》为代表的宣扬为善去恶的通俗读物——劝善书，以道德教化的形式广泛流传，促使道教进一步融入到东亚社会生活和民风习俗之中。《太上感应篇》宣扬"祸福无门，惟人自召；善恶报应，如影随形"的天人感应、因果报应的伦理思想，在宋代以后受到中国历代统治者的欢迎，不仅引发了后来道教中陆续出现了《阴骘文》、《功过格》、《玉历钞传》、《太微仙君功过格》、《文昌帝君阴骘文》、《关圣帝君觉世真经》等种类繁多的劝善书，因用通俗易懂的方式宣扬善恶报应而在东亚社会上得到迅速传播，成为民众道教的重要经典。从根本上说，得道之人也是一个道德完善之人，因此"劝善止恶"也是道教伦理的重要内容。从"长生之本，惟善为基"出发，道教伦理所宣扬的"至善"既是人类社会存在的根基，也是人生价值的最终目标，但它往往是通过对当下生存的批判性超越而确立起来的。这种对绝对至善的追求，既构成了道教伦理的重要特色，也构成了现实社会生活中各种相对之善的神圣基础。如日本学者奥崎裕司所指出："民众道教最为发达的南宋以后，该时期的民众道教以'善书'这样的形态为凝聚中心。"③ 于是，酒井忠夫和福井康顺把"民众道教"定为成立于宋代、发展于宋以后并把具有三教合一内容的全真教、真大道教、太一教及净明忠孝道，还有善书、宝卷都作为仪表性的民众道教现象。④ 奥崎裕司在《民众道教》中则将民众道教的历史上溯到太平道和五斗米道，认

---

　　① 参见［日］桔朴氏：《道教と神话伝说——中国の民间信仰》，改造社1948年版，第30—31页。

　　② ［日］漥德忠：《道教诸神》，四川人民出版社1996年版，第30页。

　　③ ［日］奥崎裕司：《民众道教》，载［日］福井康顺等监修：《道教》第二册，上海古籍出版社1992年版，第103页。

　　④ 参见［日］奥崎裕司：《民众道教》，载［日］福井康顺等监修：《道教》第二册，上海古籍出版社1992年版，第125页。

为民众道教的历史与道教的历史同样古老，并把全真教、净明忠孝道等作为教团道教而与民众道教相区别。但他们都认为具有三教合一的内容是宋代以后特别是明清时代民众道教的特色。

道教劝善书所宣扬的"劝善止恶"并不是一种纯粹的说教，它通过戒律清规等形式，明确地告诉信徒应该做什么，不应该做什么，并以劝善书、功过格的方式，将善行与恶行加以量化，以"善道教化"的方式引导信徒积极向善。这样，道教"劝善止恶，善道教化"伦理思想就不仅是道教教义的重要内容，而且还通过戒律清规得到了制度上的保证。

"戒"是道教约束信徒言行、用以防非止恶的条例。《洞玄灵宝玄门大义》曰："戒者，解也，界也，止也，能解众恶之缚，能分善恶之界，防止诸恶也。"如果说，"戒"主要以防范为目的，"凡初入法门，皆须持戒。戒者，防非止恶，进善登仙，众行之门，以之为键"①。那么，"律"则是根据戒条而建立的律文。道教中著名的律文有《玄都律文》、《太上老君经律》、《女青鬼律》、《四极明科经》等，主要是对违背戒条的言行进行惩罚的条例，因此，道教中经常是"戒律"并用，以引导人修道向善，得道成仙。

道教戒律是由中国古代宗教的斋戒发展而来的。早期道教虽然还没有形成系统的戒律，但已有所谓的"道诫"。如《太平经》有"不孝不可久生诫"、"贪财色灾及胞中诫"等警语。《老子想尔注》则要人"奉道诫，积善成功，积精成神，神成仙寿"，并依据老子的"无为"思想提出了极为简练的"老君想尔戒"。从这些戒律可以看出，道教认为，人的休咎祸福主要是人自身的言行所导致的，神仙是积善而不为恶的，修道不仅要采用种种特异的道术，更要戒除恶行，否则即与成仙无缘。

两晋南北朝时，上清、灵宝、新天师等道派吸取了儒家忠孝仁义等伦理纲常和佛教的去贪除欲等思想，模仿佛教戒律，在"道诫"的基础上，再托言元始天尊或太上老君下传，建立了种类繁多的道教戒律，内容涉及信众生活的方方面面。基于此，道教中形成了"以戒为师"的思想，不仅用具体的条例和可操作性的方法来制约修道者的思想和行为，而且强调只有持戒之后，才能做到静心闲意，坐起卧息，不离仪格，并以此作为入道之门径。

---

① 《传授三洞经戒法箓略说》，《道藏》第 32 册，第 185 页。

道教戒律在历史发展中形成了繁多的种类：

> 戒之为义，又有详略。详者，太清道本无量法门百二十九条、老君
> 及三元品戒百八十条、观身大戒三百条、太一六十戒之例是也。略者，
> 道人三戒、箓生五戒、祭酒八戒、想尔九戒、智慧上品十戒、明真科二
> 十四戒之例。[①]

道教戒律主要有三戒、五戒、八戒、九戒、十戒、老君二十七戒、四十四
戒、一百八十戒，最多达一千二百戒，其内容不仅有详略之分，而且还有
"有得戒"与"无得戒"之别。"有得戒"是指有文字规定的戒条，信徒可
以依据道门阶次，经法深浅，循序渐进地奉行。"无得戒"是指没有文字可
以把握，只有靠道性加以悟解之戒，这是针对上根人而言的。上根人智慧聪
颖，不必拘泥于文字就可了悟道戒之旨。

从信仰层面上看，在道教戒律中最重要的是"三戒"和"五戒"，其根
本精神就是"善道教化"。"三戒"是道教众戒之首，其主旨是要信徒通过
持戒而皈依道、经、师三宝，以坚定信仰，故为信道者必须遵行的最基本的
戒律。"五戒"，又称"老君五戒"，据说是由太上老君演说的、信徒必须遵
循的五项基本戒规，也被称为是"积功归根"之戒，其内容与佛教五戒
相同：

> 一不得杀生，
> 二不得酗酒，
> 三不得口是心非，
> 四不得偷盗，
> 五不得淫色。

《太上老君戒经》指出："是五戒者，持身之本，持法之根。善男子，善女
人，愿乐善法，受持终身不犯，是为清信。"这是清信弟子所受之戒。凡持

---

① 《洞玄灵宝玄门大义》，《道藏》第 24 册，第 738 页。

"五戒"精进者，可以延年益寿，天神佑护，永脱五刑之苦，世世不失人身。

如果说，"五戒"是以否定性的条例禁止信徒不做什么，属于"止持戒"，那么，"十善"则是道教以提倡的方式而制定的"作持戒"，它是修道者应积极践行的十种善行：

> 一念孝顺父母，
> 二念忠事君师，
> 三念慈心万物，
> 四念忍性容非，
> 五念谏诤蠲恶，
> 六念损己救穷，
> 七念放生养物，种诸果林，
> 八念道边舍井，种树立桥，
> 九念为人兴利除害，
> 十念读三宝经律，恒奉香花供养之具。①

道教认为，凡人若常行五戒十善，就有天人善神庇佑，永灭灾殃，长臻福佑。与佛教视人生为苦海不同，道教重视现实人生，进而信奉得道成仙。要想成仙，敬奉儒家的忠孝仁信等伦理纲常则是必要的条件之一，因此，道教戒律中又包含了孝敬父母、忠于君王等中国人长期信守的伦理规范。

从社会层面上看，道教戒律所说的"善道"又是以儒家纲常名教为内容，要求人们忠君孝亲，爱家及国，以此来协调道教与王朝政治及意识形态之间的关系。《虚皇天尊初真十戒文》中说：

> 仙经万卷，忠孝为先。盖致身事君，勤劳主事，所以答复庇之恩也；修身慎行，善事父母，所以答生育之恩也；事师如事父母，所以答教诲之恩也。民生于三，事之如一，乃报本之大者，加以仰不愧于天，

---

① 《云笈七签》卷三七，《道藏》第22册，第258页。

俯不怍于人，敬信神明，所以答造化之恩也。

在封建宗法制社会里，忠是孝的扩大，所谓"孝子善事君，弟悌善事长"，孝悌是建立在忠君顺上的基础上的。道教戒律中有许多尽忠的戒条，"初真九戒"中的"不得不忠不孝，不仁不信，当尽节君亲，推诚万物"，"九真妙戒"中第二戒"克勤，忠于君王"。总之，强调孝顺父母，忠于君王，尊敬师长，不仅是道教戒律所弘扬的"善道"，也是人得道而能够成仙的道德保证。

唐末道士施肩吾在《西山群仙会真记·养寿》中说："善养寿者，以法修其内，以理验其外。"所谓"法修其内"是指"闭精养气，安魂清神，形神俱妙，与天地齐年"。所谓"理验其外"则是指"孝于家，忠于国，顺于上，悯于下"。两者相合才能"内外齐成"，人道与仙道兼修，才能长生可得，神仙可成。

在佛教《父母恩重经》的影响下，道教还造作了一批显扬忠孝思想的道经，如《太上真一报父母恩重经》、《太上老君说报父母恩重经》、《玄天上帝说报父母恩重经》、《元始洞真慈善孝子报恩成道经》、《净明忠孝全书》等，宣扬"善道"在于"至孝"，劝诫世人要孝顺双亲，报答父母之恩，只有先行孝道而后忠君，才能修成仙道。

从伦理层面上看，道教戒律中防非止恶的特点，大大强化了道教伦理的"善道教化"的功能。例如"受持八戒"就是为检束信徒身心而制订的规诫：

> 一者不得杀生以自活，
> 二者不得淫欲以为悦，
> 三者不得盗他物以自供给，
> 四者不得妄语以为能，
> 五者不得醉酒以恣意，
> 六者不得杂卧高广大床，
> 七者不得普习香油以为华饰，
> 八者不得耽着歌舞以作娼伎。

可见，"八戒"将对物欲的过度追求视之为"恶"，要信徒不要沉溺于世俗的享乐生活之中，而是要清心寡欲，将去恶为善作为登仙之阶。如果违犯八戒之一，必将遭到罪责。道教以此"八戒"来检束信徒的身心，通过防非止恶以坚定信徒的信仰，规范信徒的宗教生活。

如果说，戒律是借助于神灵的力量以一种量化的形式将赏罚的内容具体化，要求修道者恪守社会伦理规范，为善去恶，修身养性，是一种防止其犯罪的条文，那么，清规则是由各道观或各道派自己制订，对违反戒律者的惩罚条例。戒律清规经常是以一种否定性的话语，告诉人们"不要做什么"，这也是宗教伦理的共性，例如，犹太教的"摩西十诫"，佛教的"五戒"，基督教的"原罪"，大多是以一种否定性的话语，告诉人们"不要做什么"，通过带有神圣性的道德规范来约束人的本能追求，限制人的思想行为，以维护一定的社会秩序。在道教中，违犯戒律轻则罚跪、罚斋、罚拜、杖打等，重则逐出教门，甚至用刑处死。例如，著名的《全真清规》就按道士所犯过失轻重，详细地制订出惩罚措施。由此可见，清规戒律对修道者道德行为上的规定，指明了为善去恶由世俗迈向神圣的途径与方法。

如果说，道教的清规戒律是用震慑、威吓和惩罚等手段来帮助信徒防非止恶，那么，宋代以后出现的道教劝善书和功过格则从"因果报应"思想出发，来帮助人们分辨什么是善，什么是恶，并从神灵赏善罚恶的角度来规劝、督促人们积极为善，其中体现了丰富的以善道教化为特征的伦理思想。

《太上感应篇》是道教中出现最早且影响最大的劝善书，它以开篇十六字"祸福无门，惟人自召；善恶之报，如影随形"为纲，阐发了人要想长生多福就必须行善积德的思想，并具体列举了二十四善行，一百六十一条恶行，作为人为善去恶的行为准则，通过正面的道德说教、诱导劝化和反面的规范约束、威摄恐吓，要求人们"诸恶莫做，众善奉行"。《太上感应篇》所认为的善行是：

> 不履邪径，不欺暗室；积德累功，慈心于物；忠孝友悌，正己化人；矜孤恤寡，敬老怀幼；昆虫草木，犹不可伤。宜悯人之凶，乐人之善，济人之急，救人之危。见人之得，如己之得。见人之失，如己之失。不彰人短，不炫己长。遏恶扬善，推多取少。受辱不怨，受宠若

惊。施恩不求报，与人不追悔，所谓善人。

所列出的一百多条恶行，则是为了劝告世人要以此为戒，否则恶报就会随之而来。

《太上感应篇》是依靠"道"之神秘力量来提倡并践行的一种道教道德，它将道教戒律贯彻在道德修养中，所倡导的"诸恶不作"其实就是不去违法犯罪，如此"必获吉庆"，即受到了天神的福佑。为了强调天地有司过之神，要对人的道德行为进行善恶赏罚的权威性、震慑性。《太上感应篇》强调，人若一行恶事，"天神必降灾祸"，甚至一动恶念，"凶神已随之"，由此来说明积善天必降福、行恶天必降祸的道理。同时也给那些能够改邪归正的人以生活的希望，即使是从前曾做过恶事，但若能痛改前非，悔过自新，重新做人，行善弃恶，也能"转祸为福"，获得神灵的保佑。劝善书中所包含的预防犯罪的心理诱导，既促进人们时时向善，也让那些曾经作恶的人不要自暴自弃，只要努力改邪归正，远离犯罪，依然能够获得福报。

而神灵赏罚主要是通过人的生命表现出来，"是以天地有司过之神，依人所犯轻重，以夺人算，算尽则贫耗，多逢忧患，人皆恶之，刑祸随之，吉庆避之，恶星灾之，算尽则死"。这就从生命伦理的角度来促使人们在日常生活中，从一念心处下工夫，自觉地做到"是道则进，非道则退"。为了劝导人们积极为善，《太上感应篇》还宣扬，即使做了坏事，只要真心忏悔，也能转祸为福，"其有曾行恶事，后自改悔，诸恶莫做，众善奉行，久久必获吉庆，所谓转祝为福也"。这种将外在的神灵赏罚与人内在的道德向善结合起来的做法，强化了劝善书对人的威慑力和约束力。短小精悍的《太上感应篇》开道教劝善书之嚆矢，问世后即产生了很大的影响。宋理宗特为之题字："诸恶莫做，众善奉行"，促进了该经在社会上的传播。宋元以后，特别是明清时期，该书得到历代统治者的推崇，士大夫的重视，出现了众多的官刻本和民刻本，在东亚社会中广泛流行，对东亚人的伦理道德、风俗习惯及民族心理均产生了极大的影响。

在民间广泛流行的《文昌帝君阴骘文》更是发挥了劝善书中的为善必有福报的思想，甚至要求人们累积阴功阴德。"阴骘"一词源于《尚书·洪范》中"惟天阴骘下民，相协厥居"，意谓冥冥之天神在暗中对人们的行为进行赏善罚恶。"文昌"本是古代星名。"帝君"则指专管文昌府及人间禄籍的梓潼帝君，后合二为一成为"文昌帝君"。文昌帝君又称为"梓潼帝君"，是道教吸收蜀地民间俗神而形成的专管学问、文章、科举的神灵。文昌帝君曾17次化生人间，世为士大夫，为官清廉，故深受人们崇拜。[①] 对于文昌帝君的形成，学者们多有研究，如森田宪司（1950— ）在《文昌帝君的成立——从地方神到科举神》中探讨了文昌信仰的源流衍变，并着重阐述了南宋都城临安兴起的文昌崇奉与蜀地信奉的地方神的关系。[②]《文昌帝君阴骘文》特殊之处在于要求人们"作种种之阴功"。阴功是人不知道但天神却知道的善事。其开篇以文昌帝君现身说法："吾一十七世为士大夫身，未尝虐民酷吏，救人之难，济人之急，悯人之孤，容人之过，广行阴骘，上格苍穹，人能如我存心，天必赐汝以福。"[③] 以此来告诫世人"隐恶扬善"，只要能效法此来行阴功善事，定能得到福报，"近报则在自己，远报则在儿孙"。《文昌帝君阴骘文》宣扬的"近报"与"远报"思想，提升了劝善的说服性和精致性。《文昌帝君阴骘文》还开列出许多"勿做"之事："勿谋人之财产，勿妒人之技能；勿淫人之妻女；勿唆人之争讼；勿坏人之名利，勿破人之婚姻。勿因私雠，使人兄弟不和；勿因小利，使人父子不睦。勿倚权势而辱善良，勿恃富豪而欺穷困。"[④] 这与当时社会上施行的刑法基本相同。如果照此去做，不仅不会犯罪，而且还会"永无恶曜加临，常有吉神拥护"，这种"百福臻，千祥云集"的生活状态特别迎合了百姓希望幸福安宁的心理。日本学者酒井忠夫（1912— ）在《中国善书的研究》[⑤] 中，考证了《文昌帝君阴骘文》产生的历史背景和流传情况，认为它是中国善书的"经典性著作"。道教的这种善恶因果报应说，对那些追求功名和向往美好生活的人来说，无疑具有极大的诱惑力，可促使他们平日自觉地多行善事，广积阴功阴德，为善不扬名，独处不作恶，以获得文昌帝君的

---

①　日本学者山田利明在《神的自传——〈文昌帝君化书〉》中，细致地考察了文昌帝君历经97次化生人间赏善罚恶的种种神话。（参见日本《东方宗教》第89期，1997年5月出刊。）

②　参见［日］森田宪司：《文昌帝君的成立——从地方神到科举神》，载《中国近世的都市和文化》，京大人文科学研究所1984年编印。

③　《文昌帝君阴骘文注》，《藏外道书》第12册，巴蜀书社1994年版，第402页。

④　《文昌帝君阴骘文注》，《藏外道书》第12册，巴蜀书社1994年版，第402页。

⑤　参见［日］酒井忠夫：《中国善书研究》，江苏人民出版社2010年版。

暗中护佑。故旧时士大夫往往在科举考试前，去拜文昌帝君，卜问功名，以求保佑。《文昌帝君阴骘文》将道教伦理贯穿于人生论之中，以通俗的形式来劝善止恶，以求获得神灵赏赐。该经在东亚地区得到了广泛传播，可谓家喻户晓，对人们的社会生活和心理文化都产生了极大的影响。《文昌帝君阴骘文》作为短小精悍、易于背诵、文浅义深的劝善书，也被作为世界文化遗产全文收入《世界圣典全集》之中。

《关圣帝君觉世真经》（简称《觉世经》）则是以关帝的名义颁行的劝善书，其旨在使世人觉悟，改过向善。该经开篇即曰："人生在世，贵尽忠孝节义等事，方于人道无愧，可立身于天地之间。若不尽忠孝节义等事，身虽在世，其心已死，是谓偷生。"在强调忠孝节义为立身之本、为人生善事之后，才接着说明什么是众善之事："敬天地，礼神明；奉祖先，孝双亲；守王法，重师尊；爱兄弟，信友朋；睦宗族，和乡邻；别夫妇，教子孙。"并要求人们能够在日常生活中"亲近有德，远避凶人；隐恶扬善，利物救民；回心向道，改过自新"，以做到"满腔仁慈，恶念不存"，生活自然就会充满着幸福。

《觉世经》还要求人们"时行方便，广积阴功"，积极参与社会救济和公益事业，如救难济急，恤孤怜贫，舍药施茶，戒杀放生，造桥修路，矜寡拔困等。只有诚心奉行一切善事，才能加福增寿，添子益孙，灾消病减，祸患不侵，人物咸宁，吉星照临；反之，如果心存恶念，不行善事，必将作恶祸临，近报在身，远报在子孙，神明鉴察，毫发不紊。行善的结果是"富贵功名皆能有成"，另一方面又以严厉的口吻告诉众人，切勿作恶，"若负吾教，请试吾刀"，就会受到关帝圣君的严厉惩罚，行善福报，作恶祸临，是这部劝善书向民众讲述的最简单的道理，也是预防人们作恶犯罪的一种宗教教化手段。

如果说，道教劝善书逐步完成了道教"劝善止恶，善道教化"的伦理建构，那么，随着时代的发展，具有可操作性的功过格也在道教伦理的实践中孕育而生。金元时期，托名古仙或祖师撰述的有关"功过格"的小册子甚多，最著名的有成书于金大定十一年（1171）的《太微仙君功过格》以及后来的《警世功过格》和托名吕洞宾的《十戒功过格》等。功过格是道教徒自记善恶功过的一种簿册，以此作为自我约束言行、积功行善的修养方法和规范。善言善行为"功"，记"功格"；恶言恶行为"过"，记"过格"。早期道教中就有功过的说法，如《太平经》中就有天地诸神共记人之罪过，"三年一中考，五年一大考，过重者则坐，小过者减年夺算"① 等说法。《无上秘要》卷四十七称："天计功过，明知不亏。"以强调神灵赏罚的准确性与神圣性。

《太微仙君功过格》是我国现存最早的功过格，在《道藏》属于戒律类道书。它列举的功过格律，包括"功格"与"过律"两大部分，如"功格"三十六条，分为救济门十二条、教典门七条、焚修门五条、用事门十二条等四类。"功格"明确规定了善事可得到的善报，如救济门所列："以符法针药救重疾一人为十功，小疾一人为五功，如受病家贿赂则无功。治邪一同。……救一人刑死性命为百功，免死刑性合一人为百功，减死弄性命一人为五十功；救人徒刑为四十功，免人徒刑为三十功，减人徒刑为二十功；救人杖刑为十功，免人笞刑为四功，减人笞刑为三功。如依法定罪则无功，如私家减免奴仆之属同此论功。"② 如用事门所列："劝谏人令不为非、不廉、不孝、不贞、不良、不善、不慈、不仁、不义一人回心为十功。"如果说"功格"是引导人做善事，那么，"过律"则要人防非止恶。"过律"三十九条，亦分为不仁门十五条、不善门八条、不义门十条、不轨门六条等四类。如"修合素养药欲害于人为十过，害人性命为百过，害人不死而病为五十过。害一切众生禽畜性命为十过，害而不死为五过，举意欲害为一过"③。总之，凡修道行善者为功，如布施财物、救济贫困、治病救人、修整道路、传授经教、修建庙宇神像、行斋度亡等。凡违道作恶者为过，如毒害众圣、不救济贫困、毁坏庙宇神像、咒骂神圣、见贤不荐、见贤不师、反叛师长、偷盗、杀生、酗酒、海淫等。这些虽类似于世俗法律条文，但《太微仙君功过格》宣扬的是上天真司考校和神灵赏罚，对人心所产生的威慑作用也更为震撼："著斯功格三十六条，过律三十九条，各分四门，以明功过之数，付修真之士。明书日月，自记功过，多寡与上天真司考校之数昭

---

① 王明编：《太平经合校》卷一百十八，中华书局1960年版，第672页。
② 《太微仙君功过格》，《道藏》第3册，第449—450页。
③ 《太微仙君功过格》，《道藏》第3册，第451页。

然相契，悉无异焉"①。

《太微仙君功过格》还要求受持之道士，常于寝室的床首，置笔砚簿籍，根据上述功过格律，每晚临睡之前，反省一天中所为的善恶，"有善则功下注，有恶则过下注之，不得明功隐过"。这种"自记功过"以自律的做法，被称作"日录"，也是一种宗教道德的修行。它不仅要求人们每天修检自己的善恶行为，而且还将自记的功过与"天"所记的功过相比较，"过无大小，天皆知之。天地诸神簿疏善恶之籍，岁月日拘校，前后除算减年；如果人行恶不止，便见鬼门。恶事大者，夺纪。过小者，夺算。随所犯轻重，所夺有多少也。而人受命得寿，自有本数。"因此，"修真之士，明书日月，自记功过，多寡与上天真司考校之数昭然相契，悉无异焉。"② 若依次行持，才能远恶迁善，诚为真诚，则去仙不远矣。这就将神灵赏罚的他律与自我约束的自律，在功过格中有机地统一起来。这样，功过格就成为不教之师，不说之友，不诏之君父，不约之法度。

《警世功过格》托名孚佑上帝纯阳吕祖天师示定，它亦分为功格和过格。功格包括：意善五十六则，其中有心中清净而无杂念，心常怀与人为善之念，不因非礼而起报复之意，不因势利而生趋附之心等；语善三十九则，其中有劝人行善，阻人为恶，劝人忠孝，不妄语，不绮语等；行善七十二则，其中有救人性命、拾金不昧、济贫救困等。过格包括意恶五十九则，其中有欺君灭祖，不孝事父母，不慈悌兄弟，心怀阴险等；语恶五十七则，其中有非议朝政，谈淫论秽，口舌不净等；行恶一百二十一则，其中有杀生，溺女，纵人为恶，诱人为非等。修道之人应根据册内功过的多少，逐日记载、结算，并要求"毋矜功以自欺，毋掩过以自恕"。如此，"行之既久，举念皆善，则功成而就，福报不可思量"。相对于《太微仙君功过格》，《警世功过格》更强调"心"的作用。其《求心篇》称："善恶心生，吉凶心召。苟正其心，则无适而非善矣；苟求其心，则无适而非正也。"人通过修心省过，可以变化气质，归于纯粹，上可以入仙成真而证果，下亦可以保其福禄而荫及子孙。

---

① 《太微仙君功过格》，《道藏》第 3 册，第 449 页。
② 唐大潮等注释：《劝善书今译》，中国社会科学出版社 1996 年版，第 131 页。

《十戒功过格》也题为由纯阳吕祖示定，它不仅吸收了宋明理学修养论的内容，而且还融会了佛教的修身思想，称"学道乃是身心性命之事"，故当以"十戒定功过"。楠山春树认为，道教的所谓"十戒"：一戒杀，二戒盗，三戒淫，四戒恶口，五戒口舌，六戒绮语，七戒妄语，八戒贪，九戒瞋，十戒痴，深受佛教《梵网经》、《大日经》、《涅槃经》、《大智度论》等的影响，其实就是佛教戒律的翻版，受戒的"清信弟子"即在家信徒的称号也是从"优婆塞"、"优婆夷"而来的，[①] 但道教在每一戒下又分若干种功与过，要求人们对照之进行自省自警，比佛教戒律更加细致。《十戒功过格》在清代社会中有着较大的影响。

道教功过格一方面是道教"为善"伦理思想的重要表现，其所宣扬的"善"，概而言之就是仁民爱物、忠君孝亲、崇信三宝（道、经、师），是中国社会道德规范在道教伦理中的体现；另一方面，又是道教"劝善止恶，善道教化"的重要手段。在一定程度上，道教功过格有着与戒律清规相类似的作用，具有规范修道者的言行的作用。宋代以后，劝善书成为东亚社会的流行读本。

早在高丽忠烈王时代（1274—1308），朝鲜人秋适就编撰出版了适应本民族的劝善书《明心宝鉴》。秋适自幼精于文章书法，博通百家，后官及民部尚书艺文馆大提学，在忠烈王三十一年（1305）任国学教授时，为编写一部启蒙幼儿学习古典文化的启蒙读本，就在诸子百家经书诗赋中，取儒、释、道三教学说中易懂又具有深意的 260 个字，分成 19 篇，编成《明心宝鉴》，开道教劝善书在朝鲜半岛流传之先锋。朝鲜时代的著名大儒李栗谷李珥（1536—1584）多次为它作序与跋文，向民众推荐阅读。至今在大邱市郊的秋适祠堂仁兴院中还保存着 160 余枚《明心宝鉴》的木刻版。

明王朝建立后，明太祖朱元璋为了扩大中国文化在东亚各国中的影响，积极开展外交活动，专门派遣使者到周边国家去传播道教文化。明成祖迁都北京后，大力提倡劝善书，上至帝王妃嫔、王公贵族，下至文人学士、普通百姓，以不同的方式参与到劝善书的制作、推广和阅读中。明成祖仁孝皇后徐氏"尝采女宪、女戒作《内训》二十篇，又类编古人佳言善行，作劝善

---

① 参见 ［日］楠山春树：《道家思想と道教》，平河出版社 1992 年版，第 130 页。

书，颁行天下"①。明成祖特别赠送《善阴骘书》六百本给朝鲜王朝，其中有《玉皇宝训》、《注生延嗣妙应真经》、《敬信录》、《感应篇图说》、《三圣训经》、《过化存神》、《功过格纂要》等②道教劝善书。例如，《三圣训经》是崇拜道教的"三圣"——关圣帝君、文昌帝君、孚佑帝君的道经。《过化存神》是崇拜关圣帝君的《觉世真经》、《救劫文》和《灵验记》的合编本，其名虽出自《孟子·尽心上》"夫君子所过者化，所存者神，上下与天地同流"，但却借此语来说明关圣帝君所到之处，人民被其精神感化。劝善书在东亚各国传播，扩大了道教伦理的道德教化功能。

15世纪时，种类繁多的道教劝善书就传到了日本，并不断地得到出版发行，不仅在民间社会中流传，而且还影响到思想文化界。据日本著名学者、和歌界最高权威、朝臣三条西实隆（1455—1537）著《实隆公记》记载，明应年间（1492—1500）《太上感应篇》等道教劝善书已在日本传播。另外，《文昌帝君阴骘文》在日本思想界、文化界中赢得反响，通过学者们的介绍，开始在百姓中传播。17世纪，中江藤树曾为《阴骘文》作注，并在其专著《鉴草》中加以引用。在中江藤树的影响下，其弟子们也重视道教劝善书所宣扬的善恶报应思想。后来，贝原益轩（1630—1714）也研读过《阴骘文》，并将其劝善思想贯穿于其著述中。荻生徂徕（1666—1728）让其夫人将《功过自知录》译成日文，并刻成雕版，赠给悦峰和尚，让他印刷出版，以普及道教劝善书所倡导的伦理道德。这些劝善书以通俗方式来宣扬道教"为善去恶"的伦理道德，强调神灵赏罚、积善避祸与阴骘观念，并将行善积德与健康长寿联系起来。这种自作自受式的善恶报应思想，以格言形式传播，受到了日本民众的普遍认同，故道教劝善书的刊刻、出版在日本一度盛行，尤其是经过日文注释与阐发的劝善书，以"和刻本"样式出现，具有了浓厚的日本文化色彩。

日本明和七年（1770），《正统道藏》传至九州岛，其中收编了《清河内传》、《梓潼帝君化书》、《太上无极总真文昌大洞仙经》、《玉清无极总真文昌大洞仙经》、《元始天尊说梓潼帝君本愿经》、《元始天尊说梓潼帝君应

---

① 《明史》卷一一三《成祖仁孝徐皇后》，《二十五史》，上海古籍出版社、上海书店1986年版。

② ［韩］李德懋：《盎叶记》卷二，"中国书来东国"条，载韩国民族文化推进会编：《韩国文集丛刊》第258册，景仁文化社2001年版，第522页。

验经》、《高上大洞文昌司禄紫阳宝箓》等文昌经典。长谷川延年（1803—
1887）15岁时首次读《太上感应篇》、《阴骘文》等善书，就深受感动，立
志将劝善书中所宣扬的"利物利人，修善修福"、"广行阴骘"、"为国救
民"之类的训语贯彻到自己的生活中，于是陆续将其中的《太上感应篇》、
《宋理宗御书》等刻印成单行本，分送给爱好者阅读。文政六年（1823），
他又得到了清代刘樵辑编的善书大成《文帝全书》30种，出于对文昌帝君
的崇拜，又斥巨资将《文帝全书》印刷出版，分赠好友。此外，他还抄写
了《读法》、《奉行心传》、《文昌词禄宏仁梓潼帝君敕封》、《灵心录》、《座
右十二则》、《劝世百字》、《孝仙一气论》、《关圣帝君真经》、《关圣帝君训
孝谕》等劝善书，推动了道教伦理在日本社会中的传播。如今，日本收藏
了几十种有关文昌信仰的文献。在东京东洋文库、东京大学东洋文化研究
所、京都大学人文科学研究收藏的有关"文昌帝君"的善书就有二十多种，
各种不同的版本、注本、译本则达五十多种，并以木刻本、石印本、活字
本、铅字本、影印本、缩印本等形式展现出来。① 从使用的文字上看，有中
国传去的汉文本、朝鲜传去的朝文本，还有日本的和文本。有的汉文本在今
天的中国已难以寻觅，如《文昌帝君省心录》、《文帝全书》等，其文献价
值尤其珍贵。

　　保留到今天的越南汉喃经典中也有一些道书，其中由寺庙、道观、坛会
刻印的劝善书占有较大的比例。有学者根据越南国家人文社会科学中心汉喃
研究院、文学院、历史研究院、越南国家图书馆等馆藏状况，根据《越南
汉喃文献目录提要》所收录的法国所收藏的汉喃文献及《东洋文库安南本
目录》和《古学院书籍守册》，共查找到514种安南本中国典籍。② 其中记
载的道教文献主要有：《文昌帝君阴骘文》、《太上清静经》、《真武妙经附救
劫宝章》、《南北斗经》、《太阳太阴星君圣经》、《玉皇骨髓真经》、《唱道真
言》、《阴符经注》、《黄庭真经》、《玉皇本行经》、《洞真太上素洞元大有妙
经》、《太上洞神三皇仪》、《洞玄灵宝道士明镜法》、《高上玉皇普度尊经》、
《上清天心正法》、《太清金阙玉华仙书》、《八极神章三皇内秘文》等，另

　　① 　参见王兴平：《文昌文化在日本的传播和影响》，《中国道教》2006年第1期。
　　② 　参见刘玉珺：《越南汉喃古籍的文献学研究》，中华书局2007年版，第34页。

外还有《太上感应篇》、《文帝阴骘文》、《阴骘文注释》、《文昌孝经》、《文昌帝君养性文》等十多种道教劝善书。[①] 那些在宫观中刻印的劝善书，在吸取儒佛道三教文化资源的基础上，表达了以"道"为价值目标与审美核心的道教伦理，倡导群体协作和个体修养并重的原则，借助于"神道设教"的方式，以神灵的威力来促使人自觉地弃恶从善，用"若负我教，请式吾刀"的严厉口吻来警告人们切勿作恶，具有预防人们违法犯罪的功效，在提高道教伦理的权威性方面表现出得天独厚的优势。

无论是日本、越南，还是朝鲜，都有用自己的民族语言翻刻的道教劝善书，不仅数量多，而且流通面广，这也成为道教在东亚传播的一种重要载体。劝善书以民众喜闻乐见的形式，将道教神灵赏善罚恶的力量深深地植根于东亚民众的心灵深处，弥久而不衰，所产生的社会控制力和影响力是非常巨大的，从某种意义上说，起到了比儒家那种单纯地说服教育更好的效果，但同时也必须认识到，道教伦理中既有提升人格完善、促进社会协调发展的东西，也有一些扼杀人性、阻碍社会进步的东西，对此一定要依据具体情况做具体的分析。

---

① 参见刘玉珺：《越南汉喃古籍的文献学研究》，中华书局 2007 年版，第 39 页。

第　八　章

东亚道教的养生修道术

　　"养生"一词，最早见于《庄子·养生主》："吾闻庖丁之言，得养生焉。"道教创立后，将"养生"作为防病保健、长生成仙的一个重要思想。道教养生之道的范围很广，几乎涉及人们日常生活，如衣食住行、起居坐卧、精神愉悦等各个方面。以动养形，以静养神，促进身心健康，成为养生学的基本原则，在东亚地区得到广泛传播。道教养生学也带动了古代医药学、化学、天文学、地理学的发展，并为人体科学的研究积累了大量的第一手资料，对推动古代科技的发展带来了无法估量的影响。这一切都建立在道教"得道成仙"的信仰基础上。值得研究的是，道教如何鼓励人们运用自己的聪明才智，发明种种道术来巧夺天地造化之功，追寻生命无限存在的可能性？所形成的种类繁多的养生术如何推动了道教在东亚社会的传播及影响？

第一节　种类繁多的修道之术

　　从历史上看，任何被认为可能有助于人实现得道成仙的终极理想的手段与方法，都被道教所吸收，并得到更深层次的探索与开发。道士们所从事的各种道术，既是其宗教生活的一部分，也是试图运用技术性的方法来解释自然界的运行乃至参赞天地之化育，以达到生道合一、长生久视的目的。道士们为了宗教的目的而实践经验科学，为制药、染料、合金、瓷器、火药、指南针的发明创造了条件，为推动我国古代天文学、地理学、化学、矿物学、医药学和养生学的发展作出了贡献。道教史与科技史相互交叉，遂成中华文化史上的一大奇观。然而，由于道教最终是把我们称为科学的那些东西，作为一种手段服务于得道成仙的宗教目的，因此，即便道教取得了一些科技成就，对中国古代科技的发展有某种推动作用，但并没有形成真正的关于自然、社会和思维的知识体系的科学，而只能是科技发明成果在古代中国的相似物而已，这是值得我们认真深思和研究的问题。

"得道成仙"是修道者的终极目标，它表达了人们的一种美好理想，希望无限地延长生命，以至于长生不死。这也是道教对人类的最大诱惑！问题在于，需要采用什么样的方法与途径才能实现即世而超越的理想呢？道教是重视实际践行的宗教，除了有对形而上之道的信仰外，也有一些可操作性的"法"与"术"。在道教中，所谓"法"既指修道的具体方法，更指企图控制或支配超自然力量而采取的种神秘方法；所谓"术"即是指行道或修道的特殊技巧。"道者，虚通之至真也；术者，变化之玄伎也。"① 如果说，"道"是"法"与"术"的核心与灵魂，那么，"法"与"术"就是传播和实证"道"的手段或工具，所以在道教中也常有"法术"或"道术"的说法。虽然"道术"一词，出自《庄子·天下篇》"天下治方术者多矣，皆以其有为不可加矣。古人之所谓道术者果恶乎在"，但在道教修仙实践中却得到了长足的发展。道教认为，道是恒定不变的，"道术"或"法术"则会应人们的需要和技术的发展处于不断的变化和完善之中，从而形成了繁多的种类，道为一而术百端，故"道术"就可以用来泛称全部的道教的修道方法。

道教的修道是围绕着内以养生、外以济世而展开的。作为社会的人，应当以自己的道力"拯溺扶危，济生度死"来有利于社会；作为个体的人，则应当通过"内视养神，吐纳炼藏，服饵道引，猿经鸟伸，遗利忘名，退身让物"等身心修炼来优化自己的生命。这种对得道成仙的可能性与必然性的理论探讨，必然促使道教将形而上的哲学之思落实到形而下的修仙道术上。

从总体上看，道教种类繁多的道术，归纳起来可分为三大类：第一类是

---

① 《墉城集仙录》卷一，《道藏》第 18 册，第 167 页。

以修炼自身形质企求长生不老，与道合真为主，包括内外丹术、气功导引术、存想通神术、房中术以及唪诵焚修等；第二类以积极干预想象中的鬼神世界或外部对象为主，包括各种禳灾、劲神役鬼、降妖捉怪、符咒治病、隐形变化、飞天缩地等；第三类以占验预测为主，如相面、相宅、星命、六壬、遁甲等术数。① 道术是道教企图借助于种种神秘的手段来沟通人与神的联系，控制想象中的鬼神世界，掌握甚至改变自然界及人体生命的变化规律，具有可操作性和实证性，其功能主要表现在"内修形神，使延命愈疾"和"外攘邪恶，使祸害不干"两方面。如果说，内修注重的是宝精行气，服食金液还丹，以祛病延年。外攘则侧重于劲神役鬼，既包括隐身变化术、飞天缩地术、呼风唤雨术等，也有以符箓祈禳禁咒之术来排除各种鬼魅对人体的侵犯，还有通过占验预测以达到避邪驱害的目的。从现代人的视角加以考虑，道术是一个涵盖天、地、人的巨大而复杂的系统。这些道术以及为服务于得道成仙目的而衍生出的种种理论和技艺，既包括对天文、地理、物理、化学等现象的观察和解释，也直接或间接地涉及实验化学、医药学、性卫生学、天文学、地理学、心理学乃至生命科学等的科学领域，其中所取得的一些成就，体现了中国古代科技的精华。

道教提倡采用的种种方法来修行，以达到降神佑己、延年益寿、长生成仙的目的。在道教中，每个道派都有自己擅长与侧重的道术。由于采用的道术不同而导致道教分化出不同的派别。东汉末年出现的道教组织太平道和五斗米道，宣扬画符念咒可以使人"精神自来，莫不相应，百病自除"，于是使用符箓禁咒为人治病，以此来招揽信众。《太平经》在宣扬守一、辟谷、服气等炼养术的同时，也介绍了丹书吞字、祝谶召神、责己悔过等符箓禁咒术，开道教符箓派之源。

虽然符箓祈禳禁咒之术源于古代巫术，但道教在继承后则将之发扬光大。所谓"符"，按《说文解字》的看法："符，信也。"其本义是帝王下达旨令的凭证，具有无上的权威，后道士谓天神有符，或为图，或为篆文，系宇宙天空中的云气自然显现，录之遂成"神符"。早期的"符"大多由单个字组成，在太平道兴起，开始将多个字拼合起来，《太平经》中称之为"复

---

① 参见刘仲宇：《道教法术》，上海文化出版社 2002 年版，第 10 页。

文"。"箓"则指记录道人或天神的名册。道教中一般"符箓"并用，指依照天神的旨令，检劾三界官属的功过，或按其职司去役使他们为人驱邪固气养神治病。为了张扬"符箓"的神圣性与神秘性，道士们用笔墨或丹砂在黄纸或木板上书写符文时，往往依照篆体或虫书鸟迹的古文，以曲折的笔画作云气缭绕状，以显示"天书玄妙，皆是九气精像，百神名讳，变化形兆，文势曲折，隐韵内名，威神功惠之所建立，能灭灾异。保养元和"①。在道教文献中，关于符箓的文献就多达千种。符图大致可分为三类：一为天象符，如日月、星宿、雷电、云彩等；二为地理符，如山川、地形等；三为人体符，如内炼符、修真符、治病符、驱邪符等，用于说明人的生命活动和养生方式。

魏晋南北朝时，道士们又将符与精气说结合起来："神符者，明一切万物莫不以精气为用，故二仪三景皆以精气行乎其中。万物既有，亦以精气行乎其中也，是则五行六物莫不精气也。"② 在原有的复文、云篆、象形的构图中再加入中国哲学的阴阳、五行、三才、四象、八卦等思想观念，以荒诞不经来显示其奥妙无穷，使符图变为颇具艺术性和观赏性的复杂而神秘的象征符号。道教宣扬"符者，阴阳契合也。唯天下至诚者能用之。诚苟不至，自然不灵矣。"③ 无论是画符还是行符，都必须以诚心为要。与"符箓"配合使用的是"咒语"。道教认为，道士在行符时，口中常诵念三言或四言的咒语，其大意或是传达天神的禁令，或是对天神表达心愿，例如，只有对病人念咒语，才能招神为之除疾。"吞符"是令天神之旨进入人体之中，"配符"则可使天神随身护佑。若将符文贴之于门窗，投置于山水之间，或于道坛上焚烧，以此来召神驱鬼，使"灾害不能伤，魔邪不敢难"，百病自除。

南北朝时，道教符箓派得到进一步的发展并形成了不同的派别。唐代道教在综合各派道术的基础上，不仅形成了比较统一的经戒法箓的传承制度和斋醮科仪，而且其符箓禁咒术的内容也越加丰富。除了传统的以符咒为人治病之外，还有卜筮算命、观星望气、堪舆风角之术，同时那些呼风唤雨、造

---

① 《太上洞渊神咒经》卷十二，《道藏》第 6 册，第 46 页。
② 《道教义枢》卷二，《道藏》第 24 册，第 817—818 页。
③ 《道法会元》卷一，《道法枢纽》，《道藏》第 28 册，第 674 页。

雾吐火、尸解成仙、隐形变化、撒豆成兵、奇门遁甲之术也得到了比较广泛的运用。宋元时，中国道教的符箓派与丹鼎派相融合发展出新符箓派，如太一、天心、神霄、东华、正一和清微等，这些派别在天人感应的基础上，宣扬"以我之真气合天地之造化"①，通过内用成丹、外用符箓的雷法来呼召风雷、伏魔降妖、祈晴止雨、救涝抗旱，进一步推进了符箓派的发展。

　　中国道教符箓派传入朝鲜半岛，在高句丽王朝与朝鲜民族的"古俗遗传"相结合，成为一种带有神秘性的民俗。李圭景在《书符用墨辨证说》中对朝鲜的符箓之术作了介绍："按符箓之术，始自道家，故《道藏·释典》中寻有之然。我东则无道教，故治病辟虐，巫瞽僧尼或以朱书符贴门贴身，此俚俗鄙，妄诞之习，君子所不道者，然或于书中酉易仇池搜神述异稗史野乘多见之，故书符但取丹砂而已。"② 在为国家举行禳灾祈福的斋醮科仪时，道士师巫也通过使用一些符箓咒术来达到降神驱鬼的目的。李能和说："按句丽巫俗，则巫能言人病祟，巫能卜腹中儿，巫能言灾异之事，巫言人鬼降于己。巫祀始祖王祠，是皆后世巫俗之'赛神'、'诅咒'、'卜筮'、'空唱'、'神托'、'疗病'、'卫护'等之所本也。至于师巫，即如周之太师为国家占吉凶，又如满洲之萨满主祭天神者也，且师巫劝王修德禳灾，语甚当理，若置诸《左传》或《汉书》之中，则与贤臣良佐之言论灾异，其义相类，自当不让一头地也。今以其言出于巫口故人皆不齿，虽然观其师巫之名义，可知当时为王之师表，故国有灾异，必质之师巫者矣。"③那些"为王之师表"的师巫，既不同于周之太师仅为国家占吉凶，也不同于古代萨满主祭天神，而是用恰当的话语来劝王修德禳灾。这种道德劝善为符箓咒术树立起权威性与神圣性，也为道教符箓派在朝鲜半岛的传播提供了依据。后来，"高丽自国初至于末王，凡遇天旱，则必聚巫祈雨，又或徙市"④。直到20世纪出现的甑山教等带有道教因素的新兴宗教，例如，甑山教主姜一淳依然将符箓咒术作为传教方式，通过展现不可思议的神通来吸引

① 《道法会元》卷一，《道法枢纽》，《道藏》第28册，第675页。
② ［朝鲜］李圭景：《五洲衍文长笺散稿》卷五十五，《书符用墨辨证说》，明文堂1982年版，第770页。
③ ［朝鲜］李能和撰：《朝鲜巫俗考》，东文选书店1991年版，第4页。
④ ［朝鲜］李能和撰：《朝鲜巫俗考》，东文选书店1991年版，第3页。

民众，道主"当时还用了奉祝咒、真法咒、二十八宿咒、二十四节咒、心经道通咒、七星咒、愿戴咒、观音咒、解魔咒、伏魔咒、阴阳咒、运合咒、开辟咒、太枢咒、太极咒、明耳咒、五方咒、五脏咒、九灵三精咒、曳鼓咒等咒文，但其中几个咒文外，在部分未能留传下来"①。故《典经》中记载了一些富有朝鲜民族文化特色的符箓，如神明符、智觉符、虚灵府等。姜一淳在传道过程中，要求信众反复读诵，并传于万人：

> 一日，上帝令众从徒围坐一圈，写下五咒后，令其中一人读诵并命"传于万人"。然后，令此人以同样的方式再传于他人。
> 某日，上帝对众从徒道："少睡眠，多诵太乙咒。此为天上无上君王。村村、校校当诵此五万年。"②

古老的道教符箓咒术通过新兴宗教在现代韩国社会中得以继续传播。

据《日本书纪》记载，5世纪时，王仁从百济到日本时就带去了一些符箓道术之书。后来，天武天皇（673—685）"能天文，遁甲之术"③，因觉察出有异象出现，"天皇异之，则举烛亲秉式占"④。到8世纪时，"被当作医术采用的道教方术咒禁和符禁，作为种种防灾治病的护身之物，已为当时上层阶级的人们所接受，并且也逐渐扩展到民间"⑤，这种道教咒禁术甚至造成了淫祀迷信之风在日本社会上蔓延等负面影响。

日本真言宗弘法大师空海（774—835）在未来华之前就著有《三教指归》，对道教的神仙术作了细致的介绍："有白金黄金，乾坤至精，神丹炼丹，药中灵物，服饵有方，合造有术，一家得成，合门凌空，一铢才服，白日升汉。其余吞符、饵气之术，缩地变体之奇，推而广之，不可胜计。"⑥

---

① 韩国大巡真理会编：《典经》，大巡宗教文化研究所 2010 年版，第 215 页。
② 韩国大巡真理会编：《典经》，大巡宗教文化研究所 2010 年版，第 171 页。
③ 《日本书纪》卷二十八《天武天皇》，载 [日] 黑板胜美、国史大系编修会编修：《新订增补国史大系》1，吉川弘文馆 1981 年版，第 307 页。
④ 《日本书纪》卷二十八《天武天皇》，载 [日] 黑板胜美、国史大系编修会编修：《新订增补国史大系》1，吉川弘文馆 1981 年版，第 312 页。
⑤ [日] 中村璋八：《日本的道教》，载 [日] 福井康顺等监修：《道教》第三册，上海古籍出版社 1992 年版，第 11 页。
⑥ 《三教指归》卷上，《日本古典文学大系》第 71 册，岩波书店 1977 年版，第 111 页。

可见空海对道教之道术已有相当的了解，他认为道教宣扬"若得彼道，若得其术，即改形、改发、延命、延寿，死籍数削生叶久长"[①]，但相比于密教的加持祈祷的神力，这些"神仙之小术，俗尘之微风，何足言乎，亦何足隆哉"[②]！平安后期著名学者大江匡房（1041—1111）撰著《本朝神仙传》模仿刘向《列仙传》、葛洪《神仙传》、干宝《搜神记》等，其中描述了一些修道者进行的辟谷、服饵、尸解、禁咒等修炼，也反映了道术在日本社会生活中的影响。

在日本原始社会中，人们相信语言也是由内在神灵支配的，它不仅有生命力和感化力，而且还带有灵性和咒性，可以起到求吉避凶、主宰人们的幸与不幸的作用，由此而形成对"言灵"的信仰。人们为神的感动而发声，通过咒术祈祷，一边念咒，一边作出各种模仿动作，以感天地，动鬼神，在集体性的宗教活动中逐渐形成了一种以"言灵"为特色的"共感咒术"。这种咒术被广泛运用到祭祀活动中，为道教的符箓咒术在日本的传播开辟了道路。例如，日本修验道的鼻祖役小角，精通天文地理，以使用咒术而闻名于当时：

> 役君小角，被流至伊豆岛。初，小角住葛城山，以咒术著称。外从五位下韩国连广足之师，后害其能，谗以妖惑。故被配远处。世世传之，小角能役使鬼神，汲水采薪。若不听命，即以咒缚之。[③]

如果说，日本民间宗教所使用的咒术主要围绕着生与死的主题而展开，表达了人们对除病、求雨、祛灾的愿望以及庆祝丰收、出生、婚姻、战斗胜利等心情，那么，役小角所使用的咒术则以役使鬼神之主，类似于中国符箓派道教使用的役神术，但增加了一些通过"施展法术者的声音"来控制自己以外的生物的"言灵"文化色彩。如神道教经典中有许多"被词"，就表达了日语中所包含的灵性、神力和咒术。清音的"言灵"被认为是五十音符的

---

① 《三教指归》卷上，《日本古典文学大系》第71册，岩波书店1977年版，第111页。
② 《三教指归》卷上，《日本古典文学大系》第71册，岩波书店1977年版，第145页。
③ 《续日本纪前篇》卷一《文武天皇》，载〔日〕黑板胜美、国史大系编修会编修：《新订增补国史大系》2，吉川弘文馆1985年版，第6页。

灵与魂。在发音时，若辅音和原音组合正确，就会给人以赋予身体生命的感觉，发挥出即事而真的神奇作用。若组合错误，就会带来凶意。言和事是相互联系而存在的思想成为古代日本"言灵"文化之核心，也成为道教符箓咒术能够为日本人所受容的重要原因之一。《东大寺要录》卷二"缘起章"记载了辛园行者与金钟行者争灵验斗法的故事。黑板昌夫在《试论奈良时代的道教》中对此进行了考证，指出辛园行者行道教法术，是道教方面的代表，金钟行者是佛教方面的代表。①

另外，"源自中国道教的九字秘咒法，传入日本后，日本神道教结合本土传统的修持方法，加以完善与发展，创造了一套融咒术、手印、步法等为一体的九字切法"②。所谓"九字切法"在《抱朴子·登涉篇》称为"九字"："临、兵、斗、者、皆、阵、列、前、行"，③ 或名为"九字秘咒法"、"九字护身法"。然而，修验道所用的"九字秘咒法"与道教的"九字"略有不同，或去掉了最后的"行"字，或者在"列"字之后加上"在"字。修验道倡导在诵念"九字秘咒法"中的每一字时，必须配合密教的手印。九字的手印依次是：不动根本印、大金刚轮印、外狮子印、内狮子印、外缚印、内缚印、智拳印、日轮印、摩利支天隐形印。虽以道教符箓咒术作为祈求禳灾、护身得胜的修法，但修验道和密教的咒法并不是道教符箓的简单移植，而是取符箓咒术的形式再加上密教的内容。中国道教的"九字秘咒法"与日本佛教、神道教、修验道、咒术式医学以及各种民间信仰相混合，最终被日本文化改造并消化了。

道教的行气术是对流传于上古时期的气的呼吸修炼的总结与发展，又称服气。现存最早的比较完整地描述呼吸修炼的是战国时期出现的《行气玉配铭》。该铭虽然只有45个篆文，但却简要地描述了行气的过程。《庄子》中也有一些关于行气的论述，如"吹呴呼吸，吐故纳新"（《庄子·刻意》）、"真人之息以踵，众人之息以喉"（《庄子·大宗师》）等，后成为道教行气术的基本原则。道教行气术是运用一定的姿势与动作，让人通过调节

---

① 参见聂长清、齐未了：《道教传入日本及其对神道的影响》，《世界宗教研究》1985 年第 2 期。

② 李远国：《从"九字秘诀"的传播看中日文化史上的宗教交流》，载《巴蜀文化的多维视野》，四川人民出版社 2002 年版，第 78 页。

③ 葛洪撰，王明校释：《抱朴子内篇校释》，中华书局 1985 年版，第 149 页。

呼吸，集中意念，使身心达到松弛"入静"的状态，从而对人体进行自我调节与控制，以达到平衡阴阳、祛病延年的功效。葛洪就强调行气或可以治百病，或可以入瘟疫，或可以禁虎蛇，或可以止疮血，或可以居水中，或可以行水上，或可以辟饥渴，或可以延年命。葛洪所说的行气术分外息法和内息法两大类，其大要者为胎息："得胎息者，能不以鼻口嘘吸，如在胞胎之中，则道成矣。"① 胎息，俗称脐呼吸，主要是通过闭气法，使气下沉丹田，结合存想，如同婴儿在母体之中，不用口鼻而用脐部进行深长柔和的腹式呼吸，以脐通气，自服内气，全精保神，即可与道合真。《道藏》中保留了十多种专门讲述胎息的道书，对道教的胎息之法作了详细的介绍，如《诸真圣胎神用诀》就介绍了海蟾真人、黄帝、陈希夷等诸真使用的胎息法三十种，② 可见，修习胎息的方法众说纷纭，但主要有胎息闭气法、咽内元气法、存思服气法、多纳少出法等。

葛洪曾对胎息闭气法作了细致的描述："初学行气，鼻中引气而闭之，阴以心数至一百二十，乃以口微吐之，及引之，皆不欲令已耳闻其气出入之声，常令入多出少，以鸿毛着鼻口之上，吐气而鸿毛不动为候也。渐习转增其心数，久久可以至千。"③ 胎息闭气法通过调气闭息，使身中内外之气不相混杂，最大限度地减缓生命运动的进程，使身体各器官得到放松休息，以达到延年益寿的效果，故在行气术中影响最大，后为内丹修炼奠定了基础。这种胎息修炼法后在东亚地区广为流传，成为内丹修炼中的一种必不可少之功夫。

道教对"气"的重视与运用也流行于东亚道教医学之中。例如，生活在 15 世纪后半期的朝鲜文学家、政治家和思想家金时习（1435—1493）十分崇尚道教医学与养生术，他在《梅月堂集》中就专门列有以呼吸吐纳修炼为特色的"服气术"说：

夫服气者，屏外缘去诸尘，须守五神从四正。五神者，心、肝、脾、肺、肾之神也。四正者，言、行、坐、立之正也。五神既安，四正

① 葛洪撰，王明校释：《抱朴子内篇校释》，中华书局 1985 年版，第 149 页。
② 参见《诸真圣胎神用诀》，《道藏》第 18 册，第 433—438 页。
③ 葛洪撰，王明校释：《抱朴子内篇校释》，中华书局 1985 年版，第 149 页。

既和，然后习内视法，存想思食令见五脏，有如垂馨，五色了了分明勿辍，乃朝起东面，展两手于膝上，心眼观气，上入泥丸，下达涌泉，朝朝如此，名曰迎气。常以鼻引气，口吐气，微微吐，所以然者，盖欲出气少而入气多也。每食必屏气入腹者，以气为主人也，此神仙服气之法也。[1]

金时习所说的"服气"只是遵循了中国道教的神仙服气之法，表现出一种既去外缘又离诸尘，通过"守五神从四正"，使所服之"气"在体内穴脉中流转，达到通五脏，强身体之功效。这种行气术后成为朝鲜丹鼎派主要奉行的修炼方法，时有郑磏著《龙虎秘诀》、李之菡著《服气问答》、郭再佑著《服气调息真诀》、权克中著《参同契注解》等，他们大多是将服气法放入内丹道中来加以介绍，由此推进了内丹道在朝鲜半岛的传播。

郑磏与金时习同为朝鲜王朝时内丹道形成中的核心人物。郑磏（1506—1546）字北窗，生而神异，少年时即学禅宗六通之法，天文、地理、医药、卜筮、律吕、算术、汉语及外国语言，不学即通。郑磏的兄弟郑碏、郑础既是医生，也都是道教内丹修炼家。郑磏受其影响，也十分精通道教义理，与道士论道时，经常举出《黄庭》、《参同》、《道德》、《阴符》等经文，自己著有《龙虎秘诀》（又称《北窗秘诀》、《龙虎诀》）来解读内丹道。郑磏临终作诗曰："一日读尽万卷书，一日饮罢千钟酒。高谈伏羲以上事，俗说生来不到口。颜回三十称亚圣，先生之寿何其久。"[2] 书毕而逝，时年四十余矣。郑磏的内丹思想就体现在《龙虎秘诀》中，他将道教内丹修炼之秘诀分为三条：闭气、胎息和周天火候。《龙虎秘诀》主要由闭气、胎息和周天火候等三项内容构成，论述了内丹修炼的具体方法。他在序文中曰："不知修丹于气息之中，而外求于金石、欲得长生、反致夭折者哀哉。"既指出了外丹的副作用，又强调了修炼内丹的重要性。

郑磏依据中国道教的丹经《周易参同契》而将"闭气"作为内丹修炼

① 《梅月堂集》卷十七，载韩国民族文化推进会编：《韩国文集丛刊》第 13 册，景仁文化社 1996 年版，第 351 页。
② ［朝鲜］李晬光：《芝峰类说》，载［朝鲜］洪万宗编撰，赵季、［韩］赵成植笺注：《诗话丛林笺注》，南开大学出版社 2006 年版，第 233 页。

的下手工夫："修丹之法，至简至易……盖下手之初，闭气而已。"在道教中，"闭气"是指人在吸气满后，刹那间闭住呼吸，全身用力，牙咬紧，脚趾抓地，肛门收缩，使浑身的每一处肌肉绷紧，用意念控制使气，使之保留于身中，如葛洪说：彭祖"常闭气内息，从旦至中，乃危坐拭目，摩搦身体，舐唇咽唾，服气数十，乃起行言笑。其体中或瘦倦不安，便导引闭气，以攻所患。心存其体，头面九窍，五脏四肢，至于毛发，皆令具至。觉其气云行体中，故于鼻口中达十指末，寻即体和"①。通过这种特殊的呼吸方法来达到养生的目的。

郑碏对"闭气"的方法与技巧也作了具体的解释："闭气者，以眼为旗帜，气之升降左右前后，莫不如意之所之。"闭气之法首先必须静心，叠足端坐，舒颜和色，垂帘下视，眼对鼻白，鼻对脐轮，入息绵绵，出息微微，常使神气相住于脐下一寸三分之中，然后常常念之行之，等待功夫稍熟了之后，就可以得到所谓玄牝一窍。一窍能了，百窍皆通。闭气的作用在于赶走风邪，又可以预防疾病或医治痼疾，效果远超于养生的千方百药。

"胎息"在"闭气"稍熟、神气稍定之后，然后悄悄推气至腹下，再细心推究气息的出入，使一呼一吸常在腹中，而不出于口鼻之间，这就是所谓的"胎息"。只有在"母胎之息"中才能获得"复根归命之道"。

在"胎息"的基础上，再进行"周天火候"的修炼。周天火候不过是"热气遍身"，当神气相注于脐轮之间时，若能加意吹嘘，则温温之气，从微至著，自下达上，似乎如花之渐开一样，即所谓"华池生莲花也"。若能保守稍久一些，使热气生盛，腹中大开如同无物，须臾热气遍及全身，就叫"周天火候"。在修炼周天功法时，若能运火如法则，使下丹田的神气相注，下丹田与上丹田相应如响，清明之气上结于泥丸宫，即能获得"仙家所谓玄珠"，炼成金丹。郑碏指出："三条虽各立名，非今日行一条，明日又行一条，其工夫专在于完备气中，但工夫有深浅，等级有高下，虽变化飞升之术，皆不外此三者，惟其诚耳。"② 炼丹能否成功，不在于工夫，而在于要

---

① 葛洪：《神仙传》，载丘鹤亭注释：《列仙传今译、神仙传今译》，中国社会科学出版社 1996 年版，第 216—217 页。

② ［朝鲜］北窗：《龙虎诀》，载［韩］李钟殷译注：《海东传道录·青鹤集》，普成文化社 1998 年版，第 278 页。

有诚意。

郑磏所讲修炼方法，明白易懂，从中可见朝鲜王朝时代所流行的内丹修炼是以"闭气"为基础，以"胎息"为中心的"周天火候"，已比葛洪倡导的服气有了很大的进步，是对金元全真道内丹学说的继承。

行气术的呼吸修炼是以吐故纳新为特点，到南北朝道教中又比较倾向于在吸为纳新和呼为吐故之间，保持一种天然的平衡。例如，南朝道士陶弘景在《养性延命录》中就认为，行气法不能单纯采用闭气法，如用于治病就应以吐气为主：

> 凡人之息，一呼一吸，元有此数。欲为长息吐气之法时，时寒可吹，时温可呼，委曲治病。吹以去风，呼以去热，唏以去烦，呵以下气，嘘以散滞，呬以解极。凡人极者则多嘘呬。道家行气率不欲嘘呬者，长息之心也。此男女俱存法，法出于仙经。①

据此，他在总结出一种以炼吐气为主的吐纳法："纳气有一，吐气有六。纳气一者，谓吸也；吐气有六者，谓吹、呼、唏、呵、嘘、呬，皆出气也。"②此功法为最早运用气的呼吸来治病的方法，它由六种特殊的呼气法组成，后被称为"六字气法"，或"祛病延年六字诀"。

道教认为，通过呼吸的训练，可以诱发身体中的真气，真气可以做功，故道教行气术还经常配合着存思、导引、按摩、拜斗等道术，形成了引内气攻病法和布气法，后发展成一种特殊的气功医疗术。如《幻真先生服内元气诀》中介绍了"六字气法"可在临床上用于治疗五脏疾病，"五气各属一脏，余一气属三焦也"③。每一种呼气方法都有特定的吐字口型，可相应地调整某一脏腑的机能，以达到有针对性地发挥祛邪安脏作用。如肺脏病用呬，心脏病用呵，脾脏病用呼，肾脏病用吹，肝脏病用嘘，三焦不和用唏，其重点在于以我之气，养我之体，攻我之疾，从而达到延年益寿之功效，其中无疑包含着对人体生命运动规律的科学认识，在东亚社会得到广传。如李

① 《养性延命录》，《道藏》第18册，第482页。
② 《养性延命录》，《道藏》第18册，第482页。
③ 《幻真先生服内元气诀》，《道藏》第18册，第442页。

圭景著《五洲衍文长笺散稿》卷四十九《气治神治辨证说》中将之作为一种养生方法加以介绍：“六字者，呵、呼、呬、嘘、嘻、吹。呵以治心，呼以治脾，呬以治肺，嘘以治肝，嘻以治胆，吹以治肾也。治病以气以神，非人人可行者。至于六字，则虽非修炼之士，亦可仿行者也。养生家或有行之才云尔。”①

导引源于春秋时期的神仙家，后得到道教的重视。导，指导气，引，指引动身体，故又称“道行”、“道引”。狭义的导引术指动功修炼，即通过肢体曲伸，再配合一定的呼吸吐纳修炼以锻炼身体，养生祛疾，自古为追求延年之人所好。如《导引经》云：“清旦未起，先啄齿二七，闭目握固，漱满唾，三咽气。寻闭不息自极，极乃徐徐出气，满三止。便起狼距、鸱顾，左右自摇，亦不息自极，复三便起下床，握固不息，顿踵三，还上一手，下一手，亦不息自极三。又叉手项上，左右自了捩，不息复三。又伸两足，及叉手前却自极，复三。皆当朝暮为之，能数尤善。平旦以两掌相摩令热，熨眼三过。次又以指搔目四眦，令人目明。”② 故葛洪说：“知屈伸之法者，则曰唯导引可以难老矣。”③ 流传至今的导引术有五禽戏、四段锦、八段锦、固精明目留年还白法、强健五官固齿法等，并配以相应的气功训练。例如，署名陈希夷编订的《二十四气导引坐功图势》就根据一年中的二十四个节气，制订出相应的导引修炼法，以达到治疗某些疾病的功效。《太清导引养生经》对导引的具体动作与实际功效作了详细说明，促进了导引术的传播。道教倡导的“欲导引行气，以除百病，令年不老”④ 并非全是谬谈，导引与行气相配合在治疗某些慢性疾病上有特殊的疗效，已被现代医学证明是一种有益于健康的锻炼活动，广义的导引发展为内功修炼的总称，在东亚社会得到广泛传播。例如，生活于朝鲜王朝时期的郑磏（1533—1603），受其兄郑碏的影响，对道教内丹及导引术有着浓厚兴趣，据《燃藜室记述》记载：“磏，字士敬，号古玉，少公二十七年，磏亦异人也。从兄得修炼之学、独

①　［朝鲜］李圭景：《五洲衍文长笺散稿》卷四十九《气治神治辨证说》，明文堂1982年版，第601页。

②　《养性延命录》，《道藏》第18册，第482页。

③　葛洪撰，王明校释：《抱朴子内篇校释》，中华书局1985年版，第124页。

④　《太清导引养生经》，《道藏》第18册，第396页。

居三十六年，不近女色，嗜酒能诗，又深于医方多神劾，年七十亦微病坐
化。"其所倡导引法自成一家，后成为朝鲜丹学派中的一位重要人物。

在日本平安时期，贵族出身的学者大江音人（811—877）在承和五年
（838）参加《三玄之同异》的试问中，不仅对《老子》、《庄子》、《周易》
之间的异同作了辨析，而且还提到了《后汉书》中的方术、华佗的"五禽
戏"。① 东汉医学家华佗创制的五禽戏，通过模仿虎、鹿、熊、猿、鸟这五
种动物的动作和神态，以柔软体操的养生术来达到强身防病的目的。这种中
国传统健身方法，又称"五禽操"、"五禽气功"、"百步汗戏"等。道教将
之继承过来，发展为一种独特的导引术，如南朝道士陶弘景所著《养生延
命录》中对之就有详细的说明。这种导引术随着老庄经典和道教神仙说传
入日本，受到了社会上层王公贵族的欢迎。都良香（834—879）于 869 年
六月十九方略及第，应试答卷是"神仙策"和"漏刻策"两篇，出题者为
春澄善绳（797—870），其中有关于"神仙"的问对被视为对策文的极品：

> 问：玉楼金阙，列真之境难窥。紫府黄庭，群仙之游斯远。莫不控
> 乘赤鲤，策驭青年，飞液不死之漺，导引传长生之术。何以子晋驾鹤，
> 独禀轻举之灵。曼都对人，空造诞漫之语。为道之感，备定于自然，将
> 人之勤，求未有所至，骨录所属，既迷其方，形相攸在，亦昧其法。且
> 慈心阴德，出自谁谈？吐故纳新，指为孰说。子养材柳布，振响杨庭，
> 宣不凭虚，终通躢实。

春澄善绳特别提问，仙境缥缈，虚无难窥，如要长生成仙，必须饮不死之
药，炼导引长生之术，这与老庄的自然无为是否相悖？而"慈心阴德"、
"吐故纳新"又出自谁的谈说？都良香作了一个长篇大论式的回复：

> 对：窃以三壶云浮，七万里之程分浪，五城霞峙，十二楼之构插
> 天。信乃之列真处宅，迹闭不死之区。群仙所都，路入无人之境，若亡

---

① 参见［日］增尾伸一郎：《日本古代の知识层と〈老子〉》，载［日］野口铁郎、酒井忠夫编：
《道教与日本》第二卷，《古代文化の展开と道教》，雄山阁 1997 年版，第 119 页。

若存，言谈杳而易绝。隔视隔听，耳目寂而罕通。遂使人少麟角，辄比之于系风，俗多牛毛，妄喻之于捕影。是则井蛙浅知，当受笑于海鳖，夏虫短虑，终昧辩于冬水。求诸素论，长生之验寔繁，访于玄谈，久视之方非一。故得扇南烛之东辉，后天而极，掇绛桑之赪葚，入道之真。姮娥偷药，奔免魄于泰清之中，玉女吹箫，学凤音于丽谯之上。鹤归旧里，丁令威之词可闻。龙迎新仪，陶安公之驾在眼。莫不爽虹带拖霓裳，洟唾丰川，呼吸万里。四九三十六天，丹霞之洞高辟，八九七十二室，青岩之石削成。芝英五色，春雨洗而更鲜，松盖千寻，暮烟扶而弥耸。奇犬吠花。声流于红桃之浦。惊风振叶香，分紫桂之林。斯皆事光彤编，余映靡尽，义茂翠简，遗蔼可探。但真途辽琼，奇骨必而独传。妙理希夷，凡材求而不得。虽则手谢可揖，王子晋之事不疑，然而口说斯虚，项曼都之语难信。即验，爨朱儿而练气，当在天姿，向玄牝而取精，非因人力。是故，骨录修存，好尚分于皮竺，查法既定，表候见于形容。眼光照己，方诸之紫名相传，手理累人，太极之青文不配。此类盖多，罩邓林而养枝叶，其流弥广，鼓渤澥而沸小组澜。慈心阴德，闻诸青童之谈。吐故纳新，著自黄老之术。[①]

都良香相信有"列真之境"存在，但又认为它是"迹闭不死之区"、"路入无人之境"，故人们期望用耳目视听去了解它，就犹如"井蛙浅知"一样了。春澄善绳用昆仑、蓬莱、紫府、黄庭等道教词语来提问，都良香则用"若亡若存"来描绘"群仙所都"，并用"久视之方非一"来说明仙道多途、方法不一，但飞液、导引、炼气却是最主要的修仙之术来加以回答。"它显露了当时的汉诗文界崇尚老庄及道教的风气。"[②] 都良香后被列入《本朝神仙传》中："文章冠绝于当世，早遂儒业，纡绯衫居著作。常好山水兼行仙法。……本名言道又改良香。……昔作诗曰：气霁风梳新柳发。人诵此句过朱雀门前，楼上有鬼大感叹之。菅丞相者良香所问秀才也。丞相后越预于加级。良香大怒弃官入山。觅仙修法，通大峰三窟，不知所终。百余年后

---

① [日]中村璋八、大塚雅司：《都氏文集全释》，汲古书院1998年版，第149—150页。
② 肖瑞峰：《论日本平安朝汉诗的兴衰历程》，王杰主编：《东方丛刊》第1辑，广西师范大学出版社2000年版，第47页。

或人见于山窟中。颜色不变犹如壮年。"① 都良香的"三壶云浮、七万里之程分浪、五城霞峙、十二楼之构插天"之句，也被收入藤原公任编《和汉朗咏集》中"仙家附道士隐论"中，成为世代传诵的名词佳句。② 这些都从一个侧面反映了平安时期日本人对道教神仙信仰和修仙之术的理解。

后来，丹波康赖依据中国道书《千金方》、《抱朴子》、《太清经》、《延寿经》、《玉房指要》等编著的《医心方》，其中卷二十七、卷二十八就专述中国道教养生保健的理论与方法，其中还有对"导引"的详细说明，推动了导引术在东亚地区的传播与影响。道教的行气、导引修炼所达到的较高境界是能够辟谷，即不吃五谷杂粮而以服气为生。这种辟谷术在东亚社会中从一种养生术转变为一种带有道教信仰色彩的宗教仪式活动。道教一向奉行据说是来自于黄帝的养生思想："黄帝曰：食谷者智而夭，食气者神而寿，不食者不死。"③ 道教认为，之所以"食谷者智而夭"，乃是因为人身体中有"三尸"，亦名"三虫"或"三彭"。上尸居于"脑宫"，好宝物；中尸居于"明堂"，好五味；下尸居于"腹胃"，好色欲。"三尸"居于人体之中，依赖于人体中的谷气而生存，使"人之情欲，熙熙如华，叶茂盛也。茂盛则不久，枯落熙熙，则必致伤生"④。"三尸"不仅致人伤生，而且还会塞人三关之口，断人三命之根，因此在道教看来，三尸是一种隐于人体中的无形怪物，寄生在人体内，时时监察、记录人的罪过，每隔六十天，在庚申日的夜晚，就趁人熟睡之际，从人体中出来，向上帝作定时的汇报，然后再回到人体中，上帝根据人的罪过来减损人的寿命。唐代道教就采用佛教词语把"三尸"称为损害人的生命的"三毒"。学道修长生者，只会服药辟谷，而不先消灭身体中的"三尸"，是不可能长生的。既然"三尸"是人欲之源，那么，如果人不食五谷，不就能断绝"三尸"赖以生存的谷气吗？如果"三尸"不存，那么，人体中的欲望不也就会随之而消失了吗？但人如果绝

---

① ［日］师炼：《元亨释书》，载蓝吉富主编：《大藏经补编》第32册，华宇出版社1986年版，第177页。

② ［日］伊藤正义、黑田彰、三木雅博编：《和汉朗咏集古注释集成》第一卷，京都大学堂书店1997年版，第208页。

③ 《服气精义论》，《道藏》第18册，第447页。

④ 《道德真经广圣义》卷十五，《道藏》第14册，第386页。

食五谷，维持肉体生命所需要的营养又从哪里来呢？道教往往宣扬以服气、行气来补充人绝谷后身体所需要的营养。实际上，道教中人行辟谷之术并不是完全禁食，只是不吃含有渣滓的东西，有时还会食用松籽、柏籽、茯苓、黄精、蜂蜜等作为替代品。这些食物具有健脾和中、滋补肝肾、润肠通便的功效，因此古人有"欲长生，谷道清"的说法。中国道教既用"辟谷"这种独特的修炼方法来排斥"三尸"，也有在庚申日不睡觉以阻挡三尸从人体中出来的做法，称为"守三尸"或"守庚申"。

　　道教的这种"三尸"观念，与其长生信仰和对司过神的崇拜相联系，传到东亚地区后，出现了一些新特点：

　　第一，在朝鲜和日本形成了具有民族特色的"守庚申"仪式。据《高丽史》卷二十六《元宗世家二》记载：元宗六年（1265）四月庚申日"太子邀宴安庆公，奏乐达曙，国俗以道家说，每至是日，必会饮，彻夜不寐，谓之守庚申。太子亦徇时俗，时识非之。"中国道教的"守庚申"配合着拜神、符箓、咒语、辟谷、服气等方法，还保持着宗教神秘性，在朝鲜则发展为一种由帝王带领进行的具有民族性特色的娱乐活动，在日本还经常在庚申守夜时举行讲读《老子》的活动，后来也逐渐演变彻夜游乐的习俗。为了避免道教传说在庚申这天藏在人体内的三尸虫升天向司命神报告这个人所犯的过失，那些信奉者在庚申日不睡觉，彻夜游乐，以期能安然过关。这种习俗，先是在日本宫廷内流行，不久传播及民间社会，与佛教相结合而组织起叫做"庚申讲"的团体，于每个庚申日的夜晚聚集在某一成员家里，对着写成卷轴的古书或庚申神像进行礼拜，然后共同进餐、交谈甚至开展娱乐活动，直到半夜。"现在日本的一些地方，仍有'庚申讲'这样的组织。"① 这是值得关注的东亚道教文化的变迁现象。

　　第二，将道教辟谷术转化为一种养生术，甚至避世术。郭再佑（1552—1617）是朝鲜王朝时的著名将军，在日本丰臣秀吉率日军侵略朝鲜半岛的万历朝鲜战争中，他身穿由红色绸缎织成的军服，组织民间义兵进行抗击，被日军称作"天降红衣将军"。后因政治斗争而离开汉城，晚年退隐

　　① ［日］千田稔：《中国道教在日本》，载蔡毅编译：《中国传统文化在日本》，中华书局2002年版，第62页。

乡间，践行道教辟谷术，但许筠却说："郭公再佑深于修炼家说，谢世累居山，辟谷不食者累年。人谓郭公之明且智，遗弃轩冕，自佚于物表者，其得于性命之旨若浅斟，则又不有为。乃舍正门上乘，而入邪道旁岐，终年勤苦，不见其成，乌在其知道也。余笑之曰，是岂流俗所知也。郭公明且智，固知神仙不可猝致，而飞升变化之事，亦怳惚难信，则终日枉坐读《黄庭》千周，不若拥赵姬屏间处楔鸣瑟，酌醴脍鲤，以了残年也，顾乃脱其贵富荣乐，就穷山中绝粮粒自槁者，非有大不得已，则公又不为也。昔子房佐汉功成，乃退而辟谷也，是岂真欲仙者，姑以此而自保其身也。……公盖知功高则不赏，故及早而欲去之。去之难其名，故托以辟谷而掩其迹。是乃子房之旧轨而公蹈之。岂欲为不可力致之神仙，而反信其怳惚之事者乎？且伯阳之旨不出于炼精炼气炼神三者而已。三者之炼，不又骇人耳目而后行之。择其骇人者而行之，则辟谷是已。"① 许筠认为，所谓辟谷乃是将绝粮休食作为道教的飞升变化术，同时，他也指出郭再佑以辟谷为由而隐退为实，乃是为了"自保其身"。由此可见，辟谷术在朝鲜半岛被认为是一种"骇人"的修仙术得到传播。

虽然辟谷术是古人在生活质量低下和认知手段缺乏的情况下，对人的生命问题所做的一种神秘化、简单化的处理，但节欲少食在现代医学看来对保持健康和延缓衰老也有一定的益处。少食、限食一方面可以通过"排毒"——即排除堆积在肠胃中积食，可使身体恢复轻松，免疫力保持旺盛，降低导致衰老的自由基的反应水平，预防许多因营养过剩而产生的疾病，如高血压、高血脂、脂肪肝等。当代的一些医学专家甚至发展出断食疗法，即在医生指导下，病人于一段时间内除了饮水以外，完全断绝食物的摄入，以清除体内宿便和积留的有毒物质，以使人身轻、体健、耳聪、目明、脑灵。有证据表明，辟谷是一种能治愈多种顽疾尤其是胃肠疾病的可行之法。道教将辟谷与行气相配合，作为一种养生术在东亚社会得以传播，如《龙虎诀》中言："《黄庭经》曰：人皆饱食之谷精，我独饱食此阴阳气。以此诗观之，辟谷专由胎息，尚能辟谷，独饱此阴阳之气，则地户闭天门开，岂不可平路

---

① 《惺所覆瓿稿》卷十二《辟谷辨》，载韩国民族文化推进会编：《韩国文集丛刊》第 74 册，景仁文化社 1996 年版，第 240 页。

登仙乎?"① 道教出于宗教目的，追求长生不死而不食人间烟火，虽然是古人一种荒诞迷信的想象，但在这种不懈的探求当中所积累的科学经验和教训，对人们的养生保健仍然有着值得借鉴的现实意义。

房中术是道教有关男女性生活的修炼术，它不仅追求性生活的和谐，而且配合行气等修炼术以求达到祛病健身养颜长生之功效，其中所包含的一些性生理和性医学方面的知识，在调节男女性生活和治疗性机能障碍方面具有一定的参考价值。

房中术源于原始宗教中的生殖崇拜，是一种通神治病的巫术，后在先秦方仙道中自成一派，又称为"玄素之道"、"容成之道"、"混生之法"等。两汉时期崇尚黄老思想，房中术不仅被认为是养生以返老还童的修仙之术，而且还尊为是黄帝流传下来的"天下至道"，故在社会上颇为流行。《汉书·艺文志》曾评价房中术的正负作用："房中者，性情之极，至道之际。是以圣王制外乐以禁内情，而为之节文。《传》曰:'先王之作乐，所以节百事也。'乐而有节，则和平寿考，及迷者弗顾，以生疾而殒性命。"道教产生后，因其能"保精行气，祛病延年"而被吸纳为修炼登仙的法术，《太平经》称之为"兴国广嗣之术"，并将男女性交仪式列为入道仪式之中，称为"合气"。通过性交而让气在身体经络中运行，让男子的性能量（黄气）和女子的性能量（红气）不是像废物一样排出体外，而是为人的"长生久视"提供一种非常的宇宙能量。②

这种追求性保健与道教成仙信仰相融合的房中术，在魏晋道教中得到进一步的发展。葛洪说:"房中之法十余家，或以补救伤损，或以攻治众病，或以采阴益阳，或以增年延寿，其大要在于还精补脑之一事耳。"③ 葛洪在说明房中术功效的基础上也明智地指出，如果使用不当也会产生副作用，故主张要有所节制:"夫阴阳之术，高可以治小疾，次可以免虚耗而已。其理自有极，安能致神仙而却祸致福乎? 人不可以阴阳不交，坐致疾患。若欲纵

---

① ［朝鲜］北窗:《龙虎诀》，载［韩］李钟殷译注:《海东传道录·青鹤集》，普成文化社1998年版，第278页。

② 参见［荷兰］施舟人（Kristofer Schipper）:《道教身体》（*The Taoist Body*），加利福利来大学出版社1993年版，第150页。

③ 葛洪撰，王明校释:《抱朴子内篇校释》，中华书局1985年版，第150页。

情恣欲，不能节宣，则伐年命。善其术者，则能却走马以补脑，还阴丹以朱肠，采玉液于金池，引三五于华梁，令人老有美色，终其所禀之天年。"①当时，道士们在修炼房中术时还极为慎重，每次施行前都要举行一定的宗教仪式，并制订了一些规矩与禁忌，"除男女双方外，还有一位在场道教大师和一位教授者在场。修炼者先以缓慢、规范的姿势并配以静修来创造一个神圣的空间，然后通过想象来建立男女双方的气的和谐乃至宇宙的气的和谐"②，从而赋予房中术以神圣性与神秘性。

　　唐代道士孙思邈曾从道教医学的角度来论述男女两性和谐的性生活可以起到"还精补脑"、"采阴益阳"的作用，从而将房中术作为通向仙界的炼养术。两宋间道士刘永年沿着平衡阴阳、打通经脉、养性延年的思路，将房中术改造为道教内丹功法中的一种，发展出以男女双修为特征的阴阳派。若从养生学的角度来看，自古以来房中术便成为中国人的养生延命的方法之一，后被道教摭采运用并经历代道士们不断地实践与充实，在理论和方法上都得到长足的发展，形成了一套独具特色的养生术，其中也包含了一些对性科学与性保健的认识，还在一定程度上提高了人的性生活和性健康的水平。程朱理学兴盛后，理学家视"人欲"为罪恶的根源，而道教房中术是通过男女交接的方式来进行，在实际操作过程中，往往容易流于性欲放纵和发生淫乱，所以道教内部也有很多人迎合理学而将之斥为偏门邪术，房中术的传播与发展受到了阻碍。明代后期，道教房中术逐渐变为一种秘传道术流向社会，助长了一些富贵人士追求淫乐享受之风气，产生了很多负面的社会影响，故朝鲜王朝李圭景撰《房中辨证说》也评之曰："所谓房中在于经方神仙之间，而班氏③论及迷者弗顾以生疾而陨性命云云，房中不过乐也。听乐虽迷而不顾，岂至于生疾陨性命耶。"④

　　道教专讲房中术的道书，如《素女经》、《玉房指要》、《洞玄子》等也

---

① 葛洪撰，王明校释：《抱朴子内篇校释》，中华书局1985年版，第128页。
② ［法］戴思博（Cathorine Despoux）、［美］孔丽维（Livia Kohn）：《道教中的女性》"前言"，载《当代西方汉学研究集萃》，上海古籍出版社2012年版，第131页。
③ 这是指班固撰《汉书·艺文志》对房中术评价："性情之极，至道之际。是以圣王制外乐以禁内情，而为之节文。传曰：'先王之乐，所以节百事也。'乐而有节，则和平寿考；及迷者弗顾，以生疾而陨性命。"
④ ［朝鲜］李圭景：《五洲衍文长笺散稿》卷四十四《房中辨证说》，明文堂1982年版，第420页。

传播到东亚地区，并在一些文学作品中也表现出来，例如，日本传奇故事《浦岛子传》，在讲述男女主人公的情爱时，就提及道教的服食"丹石"与修炼"内气"等道术，其中的内气修炼还涉及"房中术"，如渔夫与龟女结婚"共入玉房"，龟女配以"驻老之方"，施以"延龄之术"，让浦岛子"朝服金丹石健，暮饮玉酒琼浆"。江户时期思想家贝原益轩曾著有《养生训》，其中收录了道教的丹道、导引、按摩、调息、房中术等修炼方法。①

存思术主要由上清派所倡导。上清派所存思的身中神祇往往各有所司，它们或主司五脏，或主六腑，或主丹田，或主各部感官功能，或指血脉穴位，数量众多。如上清派道书《黄庭经》以七言韵诗描述了脑神、眼神、鼻神、舌神、发神等诸神姓字服色、形貌长短、职司功能，并认为，人体中的各个关窍器官都为诸神真主领，这些神明存于人身则形体安康。可是由于外物的引诱，身中之神难免外逸，神不守舍就使生机离开了形体，于是身体就要生病，乃至于死亡，因此，念诵诸神的名号及存思其形象，就可养精补气，炼髓凝真，使形神一体而保持身心健康。被称为"第一之奇"的《上清大洞真经》所倡导的修炼法门，即是存思三十九章之神，徊风混合成帝一，故又称《三十九章经》。如果说，汉代道经比较重视存思五脏六腑神；那么，东晋杨、许所传的上清经派则以存守"帝一"以达到与道体冥合为修行的最高法门，其次为存守脑部九宫的男女镇守神之"雄一"和"雌一"，然后为存守人体上中下三丹田之神的"守三一"。具体方法有吸食五方天气及日月星精气的五芽食气法、食日月星精气法等，因简便易行而在东亚社会大行其道。

上清派的存思因为重视人通过冥想在精神与神灵相沟通，其层次要比炼丹服食更为开放，其中对身体的认识，不仅具有了一定的经验科学知识，而且还有了相当重要的宗教意义。行存思之术有一定的仪式程序，大抵要求修炼者叩齿念诵，服津咽气，恭敬安详有如神灵当前，然后凝神冥想内视仿若神灵历历在目。道教的存思术非但存想体内脏腑之神，也存思包括太上、天尊、五岳、五星、五帝等级别不等、灵效各异的种种神灵乃至自然之象。与

① 参见《养生训衍义》，载王道瑞等编：《中国医籍提要》上，吉林科学技术出版社1984年版，第631页。

存思术相类似的还有存神术。如果说，存思的目的是使外游之神回归体内，那么，存神的目的则是使体内之神不外游。《无上秘要》中的《身神品》就认为，人体内有三万六千神，日日存之，念念不忘，可长生不死，这也是道教所独有的修炼术。

守一之术源于老庄。《老子》第三十九章云："天得一以清，地得一以宁，神得一以灵，谷得一以生"，将"一"视为天地万物的普遍本质。《庄子·在宥》则有"我守其一，以处其和，故我修身千二百岁矣，吾形未常衰"等说法。《太平经》不仅将"一"视为道之根，气之始，命之属，而且将"守一"与成仙联系起来，发展为一种将意念专注于身中某一处，静神定心，保护精气神使之不内耗，不外泄，在体内充盈而与形体合一的道术。

道教各派都比较重视守一，但对人身中之"一"指什么，守"一"当守于何处，却是众说纷纭，有主守心、意、志等，有主守人体五脏器官，有主守身中之神，有主守丹田、也有主守至元纯阳之气，还有主守精气神。但大体说来，后世道教言"守一"大都沿用着守丹田之说。所谓守丹田，主要指意守下丹田。下丹田，有说在脐下一寸五分气海穴处，也有说在脐下三寸关元穴处，还有说并非指仅守住一个穴位点，而是指意守在以穴位为中心的一定范围内。意守丹田是指有意识地促使人的思想专注于丹田，进行呼吸吐纳，从而使精神不涣散，呼吸自然，在心平气和中，使精气神协调统一，即为"守一"。道教认为，通过"守一"可使人的精神得到放松，心神保持宁静，在某种程度上可以提高人体的免疫机能，起到强身健体的作用。上述的行气、胎息、导引、存思、守一等道术的演变发展为后来道教内丹术的产生奠定了基础。

第二节　药物养身与外丹烧炼

丹鼎派是对炼丹以求长生的各道派的通称，又称金丹道，其源于古代神仙家及方仙道。中国炼丹术虽然在道教产生之前早已萌芽，但在道教的外丹修炼实践中才得到长足的发展。道教创立之后，从"得道成仙"的基本信仰出发，以"我命在我不在天"的积极主动精神始终在探索自然与人体的奥秘，炼丹术就成为道士们追求生命永存理想的一种重要技术。道教的炼丹术既包括外丹，也包括内丹。从历史上看，道教先是发展外丹，然后发明内丹。内外丹相辅相成，使炼丹术发展成为道教中最重要、也具有特征的修炼术。丹鼎派信奉用炉鼎烧炼丹砂铅汞及药物就可以炼成丹药，人服食丹药就可以长生不死。早期丹鼎派道的理论著作是魏伯阳的《周易参同契》。该书托易象与黄老论炼丹之旨，内涵丰富而玄奥，后被奉为"万古丹经王"。东晋葛洪又进一步从理论和实践上发展了金丹道。南北朝隋唐时，丹鼎派以外丹烧炼服食为主。随着道教在东亚世界的传播，烧炼与服食以求长生的外丹术也得到了东亚人的接受，并表现出不同的地区具有不同的民族文化特征。

早在战国时期流行的神仙信仰中就包含了仙人服食仙药可以长生不老的内容。根据仙药在人间便可以炼成的思路，炼丹术逐渐萌芽。根据现有文献资料记载，《战国策·楚策》中就记载了有人献不死之药给荆王的故事。而司马迁在《史记·封禅书》中则记录了人工炼丹："少君言上曰：祠灶则致物，致物而丹砂可化为黄金，黄金成以为饮食器则益寿，益寿而海中蓬莱仙者乃可见，见之以封禅则不死"，继而才有汉武帝"亲祠灶"，并遣方士入海求蓬莱安期生之属。方仙道士用丹砂诸药点化成的黄金，实际上是一种含有铜合金成分的药金。方仙道士认为药金胜过自然的真金，用它制成饮食器具，用之可以延年益寿，甚至长生不死。现存早期的炼丹著作有大约出现于秦代的水法炼丹著作《三十六水法》以及出现于汉代的《黄帝九鼎神丹经》一卷和《太清金液神丹经》三卷等，这些都为道教确立神仙信仰和开展炼丹活动奠定了基础。

据文献记载，早期道教中的一些重要人物如张陵、阴长生、左慈、魏伯阳、葛玄等都曾进行过炼丹的活动。道教的炼丹术包括外丹与内丹的修炼。外丹是由冶炼铸造工艺发展而来的，它将丹砂、药金、水银等矿石，有时还配上动植物药材等在炉鼎中烧炼，希望能制成使人长生不死的丹药。内丹则以人身为鼎炉，以"精、气、神"为药物，通过神思运化而在人体内结丹。

东汉两晋时期是炼丹术的发展期，其中对后世影响最大的是魏伯阳与《周易参同契》。如果说，《周易参同契》将周易学说、谶纬之词、黄老之术汇于一炉，主张内以养性，外炼服食，以求安稳长生，甚至变形而仙，从而奠定了后代丹鼎派的理论基础，那么，东晋道士葛洪不仅在理论上更在实践上推动了道教丹鼎派的发展。因为魏伯阳虽然对汉以前的炼丹技法进行了总结和取舍，对使用的药物（主要为黄金、水银、铅汞等）及其化学特性、鼎器和火候做了详细的描述，但他运用《周易》爻象为象征符号，运用天文律历、图谶乃至房中的术语来假借、比喻炉火炼丹之事，语言又是"词韵皆古，奥雅难通"，故使人难明其真意。[①] 幸田露伴曾著《道教的日本思想》对《周易参同契》进行研究，他认为，《周易参同契》所说的外丹——是建立在对黄金白银进行提炼的化学实验技术基础上的一种炼金术，古称黄白术。[②]

　　葛洪则在考览数以千计的养性之书、久视之方的基础上，改变了这种隐喻式的做法。他说："余考览养养性之书，鸠集久视之方，曾所披涉篇卷，以千计矣，莫不皆以还丹金液为大要者焉。然则此二事，盖仙道之极也。服此而不仙，则古来无仙矣。"[③] 在《金丹》、《黄白》篇中，葛洪不仅从理论上说明服食还丹金液是仙道之极，而且还第一次直接陈述了炼丹的药物性质、鼎器尺寸、火候进退、变化过程和金丹名称，尤其是对丹药的品种、剂量、比例和炼制方法做了详细的说明，将神秘的丹方经诀向社会公开，希望开发出有形之"药"来帮助人实现形体长生成仙的生命理想，从而使金丹道成为魏晋道教仙学的核心内容。对此，小柳司气太评价说："于是制神仙之奇药，谓服之则无论何人皆得成仙，遂开世人之迷妄。魏伯阳与葛洪，为制仙药集大成之人。此两人对于神仙术之研究，演成方法及根据，且断言其可能，遂成道教之学理的基础。"[④]

　　葛洪属于道教的发明家，他通过理性、经验、智慧和技术来搜寻自然规律，以弥补人类生理的缺陷和能力的不足。他在《抱朴子内篇·金丹》中曾将外丹分为三类：一为神丹，"服神丹令人寿无穷已，与天地相毕，乘云驾龙，上下太清"[⑤]；二为金液，"金液太乙所服而仙者也，不减九丹矣。……金液入口，则其身皆金色。老子受之于元君"[⑥]；三曰黄金，"为神

---

①　参见孙亦平：《从〈周易参同契〉看易学在道教中的传播与影响》，《周易研究》2011 年第 2 期。
②　参见《露伴全集》第 18 卷，载［日］福永光司：《道教と日本思想》，德间书店 1985 年版，第137 页。
③　葛洪撰，王明校释：《抱朴子内篇校释》，中华书局 1985 年版，第 70 页。
④　［日］小柳司气太：《道教概说》，商务印书馆 1930 年版，第 43 页。
⑤　葛洪撰，王明校释：《抱朴子内篇校释》，中华书局 1985 年版，第 74 页。
⑥　葛洪撰，王明校释：《抱朴子内篇校释》，中华书局 1985 年版，第 82 页。

丹既成，不但长生，又可以作黄金"。"取此丹一斤置火上扇之，化为赤金而流，名曰丹金。以涂刀剑，辟兵万里。以此丹金为盘碗，饮食其中，令人长生。以承日月得液，如方诸之得水也，饮之不死。"① 三者之间还可以相互转化：金液及水银合炼成丹，此丹与水银合炼成银；将此丹置火上扇之，化为丹金，以金液和黄土炼之而成黄金；黄金复以火炊之，再化为如小豆般大小的神丹，其中不仅包括探索物质的构成和变化规律的化学实验，而且也包括探索人体生命和宇宙物质之间相互关系的科学认识。

这种"万物可变"的观念是外丹术的理论核心，其中包括了对物质变化规律的认识。葛洪认为："变化者，乃天地之自然，何嫌金银之不可以异物作乎？"② 按他的说法，黄金和丹砂，一个永不变化，一个变化奇妙，都不是草木五谷之类所能比拟的，因此而炼成的金丹，性质当然更为灵妙。万物可变，变化无极的观念使道士们相信，飞砂炼汞可得仙丹，可作黄金，人服食之就可以"假求于外物以自坚固"，使肉体达到不朽不坏，以此抗拒死亡，进而长寿成仙。道教炼丹术的发展，在客观上推动了实验化学的进步。在炼丹所采用的药物中，丹砂、黄金、铅、汞这几种物质占有十分重要的地位。

丹砂，又称还丹，又名朱砂、辰砂，是一种红色固态矿物，其成分是硫化汞（HgS）。自然界中的丹砂常与金相伴而生："仙经云，丹精生金。此是以丹作金之说也。故山中有丹砂，其下多有金。且夫作金成则为真物，中表如一，百炼不减。"人若服之，即可成仙："丹砂可为金，河车可作银，立则可成，成则为真，子得其道，可以仙身。"③ 故炼丹术，又称金丹术，其名称就是由此而来的。从考古发掘的材料和历史文献的记载来看，远古的墓葬中就有使用丹砂的痕迹，商代的祭祀活动中也曾用丹砂书写甲骨文，这时的丹砂大概已与某种不朽物质或永恒观念发生了联系。大约在汉代时，丹砂就从普通的矿物升格为治病的药物，如《神农本草经》将光明晶莹的丹砂列为上品药之首，谓其能治"身体五脏百病，养精神、安魂魄、益气明目，杀精魅邪恶鬼，久服通神明不老"，具有安神解毒之功效。1973 年，在长沙

① 葛洪撰，王明校释：《抱朴子内篇校释》，中华书局 1985 年版，第 83 页。
② 葛洪撰，王明校释：《抱朴子内篇校释》，中华书局 1985 年版，第 284 页。
③ 葛洪撰，王明校释：《抱朴子内篇校释》，中华书局 1985 年版，第 287 页。

马王堆出土的西汉墓葬中发现的帛书《五十二病方》是中国最古的医方之一，其中就将丹砂列为一种治疗创伤的外用药物。

由于丹砂往往与金矿共生，还可以与其他物质配合冶炼，东汉以后，在炼丹术中的地位日益重要，如《黄帝九鼎神丹经》和《周易参同契》都将丹砂作为首选大药。正如葛洪在《金丹》中所描述的，"丹砂烧之成水银，积变又还成丹砂"，这种化学变化便是它能够成为大药的原因，而且丹砂还具有神妙功效，服之炼人身体，更能令人不老不死。据此，历代炼丹家都对丹砂推崇备至。唐代道士陈少微就认为："丹砂是金火之精而结成形，含玄元澄正之真气也。此是还丹之基本，大药之根原。"[1] 并介绍了伏炼丹砂一至七返，将丹炼成金的方法。丹砂在炼丹术中具有几十种隐异的美称，如日精、真珠、仙砂、赤帝、赤龙、朱鸟、绛宫朱儿、太阳汞、光明砂等。根据现代人的研究，丹砂味甘、性寒，具有低毒，若合理使用，只用一味，就是可起到安神解毒功效之药物，在东亚社会中影响较大。例如，据《三国志》卷三十记载，古代日本邪马台国时就有"男子无大小，皆黥面文身"，起初为辟邪，后来则以此来表明自己所属的部落及地位的尊卑，并有"以朱丹涂其身体，如中国用粉"的习俗。2007 年 10 月，在奈良县樱井市缠向遗迹的出土文物中，就发现了用丹砂为原料的红花花粉。据国际日本文化研究中心研究员平松隆圆研究，古代日本人也是喜爱红色的民族，他们用丹砂把全身涂红是为了表达对生命的热爱，因为红色是血液的象征，是生命能源的颜色，是火田耕种的表达，更是太阳神的表征。[2]

金和银也是炼丹所需的主要药物。炼丹术有时也被称为黄白术。黄白本来分别指金和银的外观颜色，但在这里却被用作两种贵重金属的代称：黄者，金也；白者，银也。仙人秘之而不指其名，故言黄白也。这样，黄白术也就是金银冶炼术。在一般情况下，道士们从事黄白术时，并不是从矿物中直接提取真金、真银，而是运用化学的方法"点铜为金"、"点铁为金"，最后得到的是外观颜色与金银相似的合金，或者表面镀上金银的东西。

作为炼丹的重要药物之一，黄金（Au）跻身于仙药之列，排列在丹砂

---

① 《大洞炼真宝经修伏灵砂妙诀》，《道藏》第 19 册，第 13 页。

② 参见［日］平松隆圆：《化妆にみる日本文化：だれのためによそおうのか?》，水曜社 2009 年版，第 63—73 页。

之后。从黄金与丹砂的生成就可见它们之间存在着化学上的联系。早在战国时期，人们就已经观察到"上有丹砂者，下有黄金"（《管子·地数》）的自然现象，这就是现代地质矿物学中所说的，丹砂和金共生砂床矿的情形。丹砂和黄金自然生成的位置关系，引发古人的进一步联想，后在道教炼丹术中，逐渐被人们的思维加工成一种相生关系："夫金丹之为物，烧之愈久，变化愈妙。黄金入火，百炼不消，埋之，毕天不朽。服此二物，炼人身体，故能令人不老不死。此盖假求于外物以自坚固。"① 丹砂的精华能生成黄金这种"入火，百炼不消；埋之，毕天不朽"之物。人如能服用这种神奇物质，能通神轻身，还能利五脏，逐邪气，杀鬼魅，久服者皮肤还会变成金色。② 正是这种物性变化的思想决定了炼丹家对黄金格外倚重，不仅将它作为炼丹的主要药物，而且还用它来鉴别丹药是否成功。《黄帝九鼎神丹经诀》中说："作丹华成当试以作金。金成者药成也。金不成者药不成。"如果炼成的是真正的药物精华，那它一定能做成黄金，服食之就可以成仙度世："金若成，世可度；金不成，命难固。"③

虽然金本身无毒，但由于自然金常与水银、毒砂等矿物伴生，故使之带有毒性。同时，金的比重比较大，如人吞服之，会导致肠破而死，因此，炼丹家用丹砂铅汞烧炼成的金丹，或是一些黄色的合金，或是一些类似金粉的铅丹，或是升华的雄黄，统称为药金。药金的种类繁多，有雄黄金、雌黄金、硫黄金、石金、砂子金、白锡金、黑铅金、朱砂金等二十多种，一般而言，药金味辛，气平，有毒性。

药银（Ag）是用含砷的矿物做点化药，再加上各种金属矿物合炼成的银白色的合金。据《张真人金石灵砂论》中说："银者，白金也，少阳之精而生于阴，为臣。服之通神不死，坚筋骨，微热有小毒，即铅中所产也。"④药银可以磨成银粉直接服食，也可以合炼成金丹服食，更重要的是可以通过化学方法再炼成黄金、赤金。药银的种类也很多，有水银、曾青银、石绿银、雄黄银、雌黄银、硫黄银等十几种。

① 葛洪撰，王明校释：《抱朴子内篇校释》，中华书局1985年版，第70页。
② 参见《张真人金石灵砂论》，《道藏》第19册，第5页。
③ 《黄帝九鼎神丹经诀》卷一，《道藏》第18册，第796页。
④ 《张真人金石灵砂论》，《道藏》第19册，第5页。

炼制药金和药银的方术合称黄白术。炼丹家以药金、药银以及人工合成的丹药来替代直接服食天然的金、银、丹砂等，大概是为了减少或避免天然矿物本身具有的毒性，而只取其中有益于人体健康的成分。《龙虎还丹诀》中记载了一些黄白丹方，其中"点丹阳方"和"炼红银法"的化学试验都为我国古代冶金学、合金学方面的重要成果。宋代以后，随着内丹术的盛行以及官府对伪造黄金、白银的禁止，道教黄白术趋于沉寂。

铅（Pb）在道教炼丹术中占有重要地位。铅是一种十分普通的金属，呈青灰色的固态，与自然金、自然汞以及自然铜的情形不同，自然铅十分罕见。有研究表明，远古时期，人们就将铅用于制作墓葬品。人类的冶金技术史也是从冶炼铅作粉开始的。道教的炼丹术最初重视的也是铅丹（Pb_3O_4）——铅的一种氧化物。铅性微冷，质软，有毒，化学与物理性质都十分独特。在炼制铅丹的过程中，如果温度和氧化程度不同，铅就会呈现不同的色彩，再加上铅的熔点比较低（327℃），化合物易于制取和分别，故铅在炼丹术中被赋予了种种神秘色彩，并受到高度重视。《周易参同契》将铅汞视为至宝大药。

隋唐以降，以铅炼丹之法大盛，"铅汞相合，锻炼成至宝，此神仙简秘之妙，得此者无忽焉"[1]。以至于炼丹术又名铅汞术。道士们根据阴阳五行相生相克的观念，认为铅能生银，如同汞生于朱砂一样："抱太一之气，为八石之首者，朱砂也。砂中有汞，汞乃砂之子也。抱太一之气为五金之首者，铅也。铅中有银，银乃铅之子也。"[2] 并将白金（银）、朱砂、黑铅、水银，和合为四象，分别与北方玄武、西方白虎、南方朱雀、东方青龙相对应，即所谓的四象齐全。再将雄黄拉来做中央之土，这样一来，四象齐全，五行具足，还丹可成。如《道藏》中的《玄霜掌上录》、《铅汞甲庚至宝集成》、《太清经天师口诀》等道书就比较详细地记载了以铅制铅丹，利用铅进行吹灰法提炼金、银以及制炼铅霜的工艺方法。

道教一直将铅视为炼丹之大药，并赋予其很多隐异名，如太阴、水中金虎、天玄飞雄、玄武、玄华、木锡、河车、太阴、青金、黄芽、黄精等。在

---

① 《大丹铅汞论》，《道藏》第 19 册，第 289 页。
② 《大丹铅汞论》，《道藏》第 19 册，第 289 页。

长期炼丹的过程中，道教徒逐渐掌握了铅的性质以及铅丹的炼制，例如《铅汞甲庚至宝集成》中就专门记载了以铅、硫黄、硝石合炼来烧制铅丹的"造丹法"①，此法比熬铅制铅丹更易于掌握控制，且成功率比较高。在医家看来，铅虽然具有解毒生肌、化痰镇惊之功效，但也具有毒性，如使用不当，也会对人体健康造成损害。

汞（Hg），又叫水银，是一种银白色液态物质。天然生成的"自然汞"是由丹砂矿逐渐氧化而成，因其比重大，且有流动性，故能流集在丹砂晶簇或块体的空隙处，即古人所说"出丹砂腹中"。古代将自然贡称为生水银，将从丹砂中人工提炼而得的称为熟水银。汞与丹砂可以产生逆反应，"丹砂烧之成水银，积变又还成丹砂"②。由红色固态的丹砂提炼出白色液态的水银的"抽汞法"在今天是科学常识，但在古人那里却是不可思议的。唐代丹经《龙虎元旨》称："丹砂入火，化为水银，能重能轻，能神能灵，能黑能白，能暗能明，五行之性也。"③ 这一事实赋予丹砂及水银浓厚的神秘色彩，大大激发了服药求仙者的想象力，因此，汞也有许多隐异名，如铅精、神胶、姹女、玄水金液、赤帝将军、太阳、神水、玉液、婴儿、元精子等。炼丹家以铅汞为日月，象二仪；为坎离，象龙虎，将之作为炼丹的至尊灵药，认为只要找到了真龙（汞）真虎（铅）就等于找到了自然界中最具有灵气的物质，以之炼丹，就是将宇宙之精华凝聚到炼丹炉中，由此而产生出意想不到的天人感应的作用，从而炼出品质超凡的仙丹。

值得注意的是，《道藏》中的一些外丹著作，如《黄帝九鼎神丹经》、《龙虎还丹诀》、《诸家神品丹法》等比较详细地记载了汞的化学、物理性质、抽汞的设备与方法以及如何通过汞与硫黄的反应以制取丹砂等，由此而展开的有关于汞的化学实验，取得了重要的成就。但人们在炼制丹药的过程中也逐步发现，汞虽然对恶疮、疥癣等病具有一定的医用疗效，但其本身具有毒性，服食汞不仅会中毒，严重者还会丧生，因此一定要慎用。

随着唐代道士对炼丹的热衷，炼丹的器物设备、药物的种类、药剂的分量、用药的方法、合炼的比例等各个方面都取得了新进展，炼出的丹药种类

---

① 《铅汞甲庚至宝集成》，《道藏》第 19 册，第 267—268 页。
② 葛洪撰，王明校释：《抱朴子内篇校释》，中华书局 1985 年版，第 72 页。
③ 《龙虎元旨》，《道藏》第 24 册，第 172 页。

也逐渐增多。据梅彪（生卒不详）《石药尔雅》记载，唐代用于炼金或炼丹的药物多达一百五十多种。除了魏晋时期人们广泛采用的金石铅汞等矿物性药物之外，唐人还将植物性和动物性的药物加入丹方之中，以减少矿物的毒性。五花八门的药物大大地丰富了丹方的种类。

《石药尔雅》的"诸有法可营造丹名"就记载 70 多种有名称、可制作的丹方。"诸丹中有别名异号"就有 24 种。"论诸大仙丹有名无法者"，即有丹方而无法制作也有 28 种。在"显诸经记中所造药物名目"中则记载了110 种炼制金丹方法的名目。由此可见唐代炼丹术发展的盛况。与炼丹术盛行的同时，炼丹的理论也得到了总结。唐代时已出现了许多专门讲述炼外丹术的著作，其中所记载的古代化学知识极为丰富，有不少成就居于当时世界的领先地位。

虽然道教的外丹术具有以阴阳五行说为核心，以天地自然变化为参照，以服食丹药而达到长生不死为旨归的理论特色，但由于炼丹的药物种类繁多，来自不同产地的同一种药物也会具有不同的特点，在采用什么药物来做还丹的原料等问题上，人们在实践中形成了不同的看法，因此，在唐代道教中，依据不同的药物而采用不同的炼丹方法，就出现了不同的炼丹流派：有传统的以丹砂和黄金为主要原料的金砂派，它既重视炼金丹，也重视黄白术，其内部还有主砂和主金之分；有逐渐兴起的以铅汞大药为主要原料的铅汞派，其内部也有主铅和主汞之别；还有以硫汞合炼而成神丹的硫汞派。丹道的三大流派之间既相互斗争，以为自己是正宗而攻击别人是异端，又相互影响，相互吸收。[①] 唐代道教内部丹派的林立反映了炼丹术兴盛。

道士为了更好地炼丹，还建造了专门的丹室，相当于现在的实验室。丹室或建在人迹罕至、空气清朗的深山，或建在能够摒绝喧嚣的密室之中。丹室里还要筑坛，也叫丹台，药灶就安放在上面。无论丹室还是丹台，不同时期的丹经都给出了建造的具体方法和尺寸，其中不乏神秘怪诞的内容，令现代人难以理解。丹台上另置炉、灶。炉是容纳鼎的器具，灶是容纳釜的器具。炼丹家宣称炼丹炉就是一个缩小的宇宙："鼎有三足以应三才，上下二

---

① 参见牟钟鉴、胡孚琛、王葆玹主编：《道学通论——兼论道家学说》，齐鲁书社 1991 年版，第584—621 页。

合以像二仪，足高四寸以应四时，炉深八寸以配八节，下开八门以通八风，炭分二十四斤以生二十四气。阴阳颠倒，水火交争。上水应天之清气，下火取地之浊气。天气下降，地气上腾，天地相接，交感氤氲，相媾合成二气。二气既合，混而为一，乃名二气，大丹妙用，尽在于此。"① 事实上，鼎是反应容器或冷凝装置，有火鼎与水鼎之分。药物置放于火鼎之中，其外以火加热；水鼎中盛水，其外围是灰土之类，二鼎之间有导管相通。水鼎另有一管以供给冷水和引出蒸气。制造鼎的原材料根据不同的用途有多种，如金鼎、银鼎、铜鼎、铁鼎、土鼎等。釜以铁制居多，有时和鼎配合使用。除此之外，还有一些体积较小的零碎物品作为炼丹的辅助器具。

道教炼丹术所用的方法主要是火法反应，同时也将水法反应即溶解反应作为辅助。火法反应包括蒸馏、升华、化合和各种伏火法等。道士们采用的蒸馏之法，最常用于由朱砂制取水银，即所谓的"抽汞法"。其过程为釜中朱砂因加热而分解出汞蒸气，在经过贯通釜盖的导管上升，再被盆内的冷水冷却，变成液态汞而流入子罐。在升华和化合这一类化学反应中，常常要用研磨法将药物细碎，使之易于发生化学反应，或使药物可以直接起化合作用，如用水银和铅制取的汞膏，就需要将金属制成粉或者研磨成颗粒。

炼丹家使用各种运火方法和火候控制，以使药物的处理达到最佳效果。"用火不失斤两，节候有准，渐渐如蒸物，年月满足，自然成功。急则飞走，缓则不伏，但依直符爻象则金火自伏矣。"② 为了使控制丹炉温度的火候符合宇宙变化的自然规律，道教还提出了根据一年四季气候变化和一天之中时辰的变化来进退用火，因此，火候是炼丹中非常重要的一环。各种火法反应经常需要在密封的空间中进行，在炼丹术中称为"固济"。最常见的方法是"六一泥法"，即根据《抱朴子内篇》中的配方，将戎盐、卤盐、矾石、牡蛎、赤石脂、滑石、胡粉七种药料，"六一"为七，研细混合为泥，涂于容器对接处，以起到密封的作用，使内在的原料不泄漏。③

道教炼丹术在唐代达到了登峰造极之境，它的影响不仅波及社会各个方面，而且还传播到东亚的日本和朝鲜。在奈良朝，日本人对道教的修道术已

① 《九转灵砂大丹资圣玄经》，《道藏》第 19 册，第 1 页。
② 《还丹肘后诀》卷上，《道藏》第 19 册，第 173 页。
③ 参见《黄帝九鼎神丹经诀》卷一，《道藏》第 18 册，第 796 页。

有所了解。弘法大师空海虽然奉佛，但对道教也十分精通，其《三教指归》中的《虚亡隐士论》直接受到《抱朴子内篇》的影响，[①] 如"白术黄精，松脂谷实之类，以除内痾，蓬矢苇戟神符咒禁之族，以防外难。呼吸候时，缓急随节，扣天门以饮醴泉，掘地府以服玉石，草芝肉芝，以慰朝饥，茯苓威喜，以充夕怠"。服食、神符咒禁和调息法虽有益于长生的，但最重要的"药中灵物"还是"神丹炼丹"，将之作为成仙之关键，这明显地受到了葛洪在《抱朴子内篇·释滞》提出的"欲求神仙，唯当得其至要，至要者在于宝精行服一大药便足"思想的影响："又有白金黄金，乾坤至精，神丹炼丹，药中灵物，服饵有方，合造有术，一家得成，合门凌空，一铢才服，白日升汉。"[②] 但这种服丹药求长生的做法并没有在日本得到广播，空海斥之为"神仙小术"，圣武天皇更下令禁止制造。据《续日本纪》卷十记载，圣武天皇在天平元年（729）四月颁布的禁令："内外文武百官及天下百姓，有学习异端、蓄积幻术、压魅咒诅、害伤百物者，首斩从流。如有停住山林、详道佛法、自作教化、传习授业、封印书符、合药造毒、万方作怪、违犯敕禁者，罪亦如此。其妖讹书者，敕出以后，五十日内首讫。若有限内不首，后被纠告者，不问首、从，皆咸配流。其纠告人，赏绢卅疋，便征罪家。"从其中提到的"合药造毒"一词可见，道教的炼丹合药术在日本奈良时代（710—784）就已得到传播，并产生了一定的社会影响，但由于丹药有一些副作用，因此被天皇下令禁止制造。

　　然而，希望健康长寿是人类的共性，道教炼丹术对神仙不死之药的追求，在客观上对人的养生与保健有一定的促进作用。平安朝编纂的《日本国见在书目录》中就列有一些道教炼丹书，如《抱朴子内篇》20 卷、《太清金液丹经》1 卷、《神仙传》20 卷、《五岳仙药方》1 卷、《千金方》31 卷、《延年秘录方》4 卷、《神仙芝草图》1 卷等，其中都有丹经仙方的内容，反映了当时日本人对道教炼丹术的关注。后来日本民间也出现一些炼丹活动，如，藤原冬嗣、菅原清公等奉嵯峨天皇命于弘仁九年（818）编纂的汉文诗集《文华秀丽集》中有诗《访幽人遗迹》："借问幽栖客，悠悠去几

① 参见波户冈旭：《〈虚亡隐士论〉与〈抱朴子〉》，载《上代汉诗文与中国文学》第二编第二章，笠间书院 1989 年版，第 168 页。
② 《三教指归》卷上，载《日本古典文学大系》第 71 册，岩波书店 1977 年版，第 111 页。

年。玄经空秘卷，丹灶早收烟。"其中就提到了"丹灶"。桑原腹赤撰《奉和伤野女侍中》则表达了一种对生命流逝的忧伤和求仙药不得的遗憾心情：

> 思媚一人容发老，崦嵫暮晷不留年，孤坟对月贞女硖，阅水咽云孝子泉。柳絮父词身后在，兰纷妇德世间传，古来蒿里为谁邑，今日松门闲鬼挺。野暗骖嘶通白雾，山空挽响入黄烟，何崇盗药求仙台，不朽哀荣降圣篇。①

由于资料的缺乏，日本人炼丹及服食的情况究竟如何并不清楚，但据平安中期的源顺（911—983）编纂的《倭名类聚抄·丹药部》中记载的丹药就有："九微丹、紫灵丹、招魂丹、四神丹、三景丹、太一三使丹、五灵丹、八石丹、金膏丹、玉粉丹、紫游丹、玄黄丹、流珠丹、紫雪丹、凝阶积雪丹、白雪丹。"从这部书既是日本最早的"汉和辞典"，也是最早的百科全书式工具书中可见，当时在日本传播的丹药种类还是挺多的。

据《续日本后纪》记载，一些日本天皇为追求健康长寿也服食丹药。如仁明天皇（810—850）嘉祥三年（850）三月临去世前曾对侍臣说："朕年甫七龄，得腹结病也。八岁得脐下绞痛之疴，寻患头风。加元服后三年，始得胸病。其病之为体也，初似心痛，稍如锥刺，终以增长如刀割，于是服七气丸、紫苑生姜等汤。初如有效，而后虽重剂，不曾效验。冷泉圣皇忧之，敕曰：'予昔亦得此病，众方不效，欲服金液丹并白石英，众医禁之不许，予犹强服，逐得疾愈。今闻所患，非草药之可治，可服金液丹，若询诸俗医等，必驳论不肯，宜唤淡海海子细论问，随其言说服之。'虔奉敕旨，服兹丹药，果得效验。兼为救解石发，设自治之法，世绝良医，仓卒之变，可畏故也。今至晚节，热发多变，救解有烦，世人未知朕躬之本病。上皇之敕旨，必谓妄服丹药，兼施自治而败焉。宜记由来，令免此谤。恭遵诏旨，记而载之。"② 仁明天皇自小体弱多病，负扆之年既修仙服药，仙龄之长，亦逾三十年，他之所以能够活下来，乃得之于"修善行仁，服食补养

---

① ［日］小岛宪之编：《日本古典文学大系》第69卷，岩波书店1964年版。
② 《续日本后纪》卷二十《仁明天皇》，载［日］黑板胜美、国史大系编修会编修：《新订增补国史大系》3，吉川弘文馆1976年版，第239页。

之力者欤。"为了健身长命,一些天皇有了服食丹药的爱好。"历代天皇之所以病弱,可能是由于近亲结婚和房事过度。六十代醍醐天皇迄八十一代安德天皇,二十二代天皇之平均寿命为 37.8 岁,而同一时期后妃之平均寿命为 52.2 岁。"① 丹药中毒可列为当时天皇短命原因之一。为求长生反而因服食丹药中毒速死,因此在丹波康赖编《医心方》卷十九、卷二十中,就记载了丹药之服用和其中毒之治疗方法。② "道教的炼丹术曾在日本风靡一时,并且产生了非常重大的影响。这种影响至今仍可窥见一斑。如,在药店里人们随处可以看到品种繁多的各式'某某丹';再如,把金箔纸放在酒、寿司、糖块、汤面、抹茶里,人们认为这样既能显示奢华又能强健身体。"③

虽然在朝鲜半岛传播的主要是内丹道,但在一些著述中仍可寻找到人们服食外丹的记载,例如,生活于高丽时期的文学家李奎报,受老庄道家自然无为思想的影响,一生喜爱诗、酒、琴,自称"三嗜好先生",他积极参与道教修炼与斋醮活动,曾作《金丹赞》来描绘天帝授予的九鼎金丹之神奇妙用:

> 我梦飞上丹霄廷,帝呼使前语丁宁,授我神药晔而赫,臣拜而受两手擎。圆光流转摇目睛,臣懵不识是何名,帝曰九鼎之云英,飞丹红华为弟兄。外包八石内金精,禀气甲丙结魄庚,怜尔下界劳其形,九窍焦涸六疾萌。恐尔荣卫从此倾,终与草木同凋零。汝速吞此如含汤,使汝颜色还孩婴。我塞而屯帝所令,胡为宠我以长生,此是天赐不可轻,服之当先浴兰馨。岂惟已我狂如醒,岂独使我心和平,会将齿发头筊彭,脑漏骨轻双鬓青。两腋翩翩生羽翎,挟以双凤驾霞軿,飞升上界揖仙灵,下视人间戏焦螟。④

纵观千余年来道教炼丹术中积累的化学知识和取得的化学成就,主要集

---

① [日]丹波康赖撰,高文铸等校注:《〈医心方〉校注研究本》,华夏出版社 1996 年版,第 664 页。
② 参见[日]丹波康赖撰,高文铸等校注:《〈医心方〉校注研究本》,华夏出版社 1996 年版,第 664 页。
③ 黄玮:《道教炼丹术在日本》,《中国道教》1989 年第 3 期。
④ 《别本东文选》第 4 册,汉城大学校奎章阁 1998 年版,第 389—390 页。

中在以下几个方面：关于丹砂、金、银、铅、汞、砷、矾等的化学反应知识，例如，火药的发明和秋石（一种荷尔蒙制剂）的炼制等；关于各种矿物的溶解和合成反应知识；矿物与冶金方面的发现；炼丹炉和剑、镜等法器的铸造带动了冶铸技术的发展，例如，陶弘景的《古今刀剑录》中就记载了从夏启至梁武帝历代所制刀、剑之事，对那些名人所使用的刀剑的锻造过程、尺寸、性能和铭文一一作了说明，例如"梁武帝萧衍以天监二年即位至普通中，岁在庚子命弘景造神剑十三口，用金银铀铁锡五色合为之，长短各依剑术，法文曰：服之者永治"[1]。其中特别提及铸铁、铸铜、冶金技术，以及钢铁是由杂炼生（生铁）糅（熟铁）而成的。陶弘景成为中国历史上第一个记载灌钢冶炼方法的人。[2] 唐代道士司马承祯《上清含象剑鉴图》中不仅记载了镜和剑的制造方法，而且还列出了五种道教镜的图样，并指出它们的道术意义："含象镜"取象天地阴阳，可以照见人物；"景云剑"用于收鬼摄摧邪。他还在唐玄宗生日献上此文，唐玄宗特别作诗《答司马承祯上剑镜》曰："宝照含天地，神剑合阴阳。日月丽光景，星斗裁文章。写鉴表容质，佩服为身防。从兹一赏玩，永德保龄长。"这些镜、剑为来华日本日本遣唐史所喜爱，有些被带到日本。今天保存于日本奈良东大寺内的正仓院的珍宝多为开元、天宝年间的盛唐顶峰之作，这些大唐珍宝主要由遣唐使带回日本。"《东大寺献物帐》与《法隆寺献物帐》中的唐镜珍品皆为圣武天皇生前的喜爱之物"[3]，这些唐镜将仙山、大海、龙鱼、神兽、仙鹤、巨鳌、禽鸟、云彩、帆船等内容组合在小小的铜镜中，被称为"蓬莱仙境纹"，这既是道教炼丹术的副产品，也以实物的形态传播了道教神仙信仰。

　　这些在炼丹实践中所积累的经验和知识依旧裹着宗教神秘主义的包装，但其中有许多成就，在当时乃至其后的很长一段时间里都走在世界前列。如东晋葛洪对雄黄的处理就已经暗示着火药的发明，而他记载的炼制单质砷的方法也比西方早九百多年。南北朝时的炼丹家陶弘景已认识到芒硝即是硝酸钾，"能化十二种石"，是一种很好的熔剂。他还发现钾盐被烧灼时可产生紫色火焰，这是世界化学史上最早用火焰反应对碱金属盐进行定性的分析，

---

① 吕大临等撰：《考古图（外六种）》，上海古籍出版社 1991 年版，第 3—8 页。
② 赵立纲：《历代名道传》，山东人民出版社 1996 年版，第 228 页。
③ 王纲怀：《止水集——王纲怀铜镜研究论集》，上海古籍出版社 2010 年版，第 184 页。

后世用火焰光度法的原理对碱金属盐进行分析的做法即来源于此。此外，陶弘景还记载了将煎乌头生物碱改为日晒干燥，以不使乌头生物碱的毒性丧失而制成生物碱吗啡的方法，在西方，直到 19 世纪初才由一位德国科学家塞纳特（Friedrich Serturner，1783—1841）制造出生物碱吗啡。从科学发展史来看，将炼丹术视为近代实验化学的先驱是有根据的。

虽然道教的炼丹术士们迷恋于不死成仙，孜孜以求神丹妙药，在这一过程中，不断地积累了人类对自然界物质的认识和经验，取得的很多成果在人类科技史上产生过重大影响，但由于道士们将长生超脱的愿望寄托在烧炼服食对人体会有毒性的铅、汞、硫、砷一类物质及其化合物之上，却是一个典型的迷失理性的悲剧。由于服食丹药会带来一些副作用，甚至还会危及人的生命，因此历代为追求长生不死反被金丹所误的人，包括道教的炼丹家和封建社会的上层统治者、王公贵族在内，可以说是不计其数。对此，炼丹术信仰者一方面将服食丹药后产生的种种中毒症状予以宗教性的解释，另一方面又以现实的态度对待人体的痛苦，又发展出一系列的解毒之方。道教炼丹术士对待金丹大药及其毒性副作用的态度，对说明道教中宗教神秘主义与科学观念相互纠结共存的现象具有典型意义。

宋代以后，随着道性论的盛行，道士们开始转向从传统的内修术中寻找长生成仙的新理路，促进了外丹向内丹的转变，道教炼丹术开始衰退，但其所取得的知识和技术却被广泛地运用到古代化学、医药学与养生学之中。

第三节　内丹修炼与气功养生

丹鼎派从追求长生不死出发，对人体生命的探索与实践，在客观上推动了中国古代化学、医药学、地理学、矿物学、植物学、养生学的发展，也促进了冶金术、铸造术和烧瓷术的技术水平不断提高。丹鼎派道教在唐代时达到了鼎盛，但丹药所产生的副作用也被充分地认识。唐末宋初，随着道教理论重心由宇宙论过渡到心性论，外丹也逐渐向内丹转化，出现了所谓的钟吕内丹道。宋金元时期，全真道兴起，内丹心性学的蓬勃发展，使通过修炼人身内部的精气神以求长生的内丹术逐渐替代了外丹术而大为盛行，成为道教炼丹术之主流。丹鼎派从追求长生不死出发，对人体生命的探索与实践，在客观上推动了中国古代化学、医药学、地理学、矿物学、植物学、养生学的发展，也促进了冶金术、铸造术和烧瓷术的技术水平不断地提高。

作为炼丹术的另一大分支，内丹以天人同构为思维框架来认识人的生命现象，将天地自然看作是一大宇宙，将人体看作是一小宇宙，试图从"修丹与天地造化同途"出发，通过效法天地自然来解决人的生死问题。

虽然内丹也采用了外丹的名词术语和基本修炼进路，但二者的根本区别则在于，外丹是指用炉鼎烧炼丹砂等矿石药物而成的、人服之而可以"长生不死"的丹药；内丹则是指以身体为炉鼎，修炼精、气、神而使之在体内结丹，丹成则人可"成仙"。唐代道书《通幽诀》主言外丹而兼及内丹，并较早地明确区分了内丹与外丹："气能存生，内丹也；药能固形，外丹也。服饵长生，莫过于内外丹。"[①] 外丹着重探讨的是物理现象，以物理变化的规律来比拟人的生命现象；内丹则着重认识人的生理和心理现象，特别重视人的精神在修炼中的主导作用。

内丹仍然是围绕着道教得道成仙的信仰而展开的，虽然采用了外丹的理论和术语，但强调的却是修道不必外求，只需反身内求，以"不灭的心性"作为修仙之本，认为"夫仙者心学，心诚则成仙。道者内求，内密则道来矣。夫真者修寂，洞静则合真。神者须感，积感则灵通也。常能守此，则去仙日近矣"[②]。这种以心灵的觉悟、精神的自由作为神仙的根本特质的看法，既标示出与以葛洪为代表的丹鼎派的分歧，也彻底改变了建立在外丹基础上的道教仙学对长生不死的理解，直接促进了唐宋道教的转型。[③]

内丹发端于早期道教的服气、胎息、守一、坐忘、存思等内修功法之中，又发展了传统医学的精、气、神和经络气血等学说，它的生长发育还受到易学的影响，以《周易》的阴阳、八卦、爻象等来说明炼丹的过程与方法，同时又承继了道教老学的传统，并受到佛教心性论的启发和儒家伦理思想的滋润。正是在儒、佛、道、易多种文化要素的融会中，内丹才在五代北宋以后发展成为道教理论与实践的主流。

随着内丹的兴起，道教中出现了一批注重于内丹修炼的道士，如唐代的

---

① 《通幽诀》，《道藏》第 19 册，第 155 页。
② 《上清紫精君皇初紫灵道君洞房上经》，《道藏》第 6 册，第 547 页。
③ 参见孙亦平：《杜光庭思想与唐宋道教的转型》，南京大学出版社 2004 年版，第 67 页。

刘知古、吴筠、罗远公、叶法善、张果、陶植等以及唐末五代的崔希范、钟离权、吕洞宾、施肩吾、陈抟、刘海蟾、谭峭等，他们远承东汉魏伯阳《周易参同契》中模拟自然的修炼理论，近继罗浮山道士苏元朗"归神丹于心炼"的思想，通过推天道以明人事来阐发并推进了道教内丹的发展。因此，唐末宋初是道教丹学的重要转型期，这期间，外丹迅速地衰落下去，内丹逐渐成熟与完善。

在道教内丹的兴起与发展过程中，钟离权、吕洞宾、陈抟、刘海蟾、张伯端、王重阳等人的思想与实践在其中起到了奠基性的作用。因此，内丹的出现既与道教外丹术在实践中出现的种种弊端相关，也与道教紧紧地追随中国哲学由宇宙本体论推进到心性论的理论发展趋势相联，更为重要的是，它是在特定历史条件下，人们依据对宇宙和人类自身生命现象的观察和认识而建立的一种关于"生命科学"的理论与实践。

内丹借用了外丹修炼的模式和术语来实践"以后天返先天"的根本旨趣和"用先天舍后天"的修炼工夫。道教认为，人的生命形成与天地生成的顺序相同，因此，内丹修炼就要打破常态，逆反宇宙天地万物以及人的生化次第，通过修炼人体中禀道受气而来的精气神，以"反于无形"的方式来控制生命的消耗，延缓生命衰老的速度，甚至达到"存已有之形，致无涯之寿"。这种"逆以成仙"的思想成为道教内丹心性学的基本思路。

同烧炼外丹一样，内丹修炼也有三要件：鼎炉、药物、火候。内丹术的鼎炉指人体任督二脉上的几个重要部位，最主要的就是丹田。"丹田者，生炁之源。一名丹田，二名精路，三名炁海，四名守宫，五名大源，六名神室，七名元藏，八名采宝，九名戊己，十名本根，皆是太和元炁居止之处，若存精气于丹田，则得长生久视之道。"[1] 丹田者，人之根本也，精神之所藏，五气之根源，性命之本也，故历来为仙家所重。东晋葛洪就提出上中下三丹田的说法："或在脐下二寸四分下丹田中；或在心下绛宫金阙，中丹田也；或在人两眉间，却行一寸为明堂，二寸为洞房，三寸为上丹田也。此乃是道家所重。"[2]

---

① 《诸真圣胎神用诀》，《道藏》第 18 册，第 433 页。
② 葛洪撰，王明校释：《抱朴子内篇校释》，中华书局 1985 年版，第 323 页。

虽然历代对丹田部位的描述有所不同，但多数的意见是，上丹田为两眉之间的泥丸，中丹田为两乳之间的绛宫，下丹田在脐或脐下。在内丹修炼中，下丹田通常指"炉"，中丹田通常指"小鼎"，上丹田通常指"大鼎"。陈抟在《无极图》中提出的"顺以生人，逆以成仙"的还丹理论和发明的"玄牝之门、炼精化气、炼气化神、炼神还虚、复归无极"等内丹修炼的五个阶段及最高境界，打通了三丹田的联系，奠定了内丹修炼的基本进路。内丹修炼时，精、气、神在上中下三丹田之间运化，就好比外丹修炼中各种药物在炉鼎内起化合反应。人体的三丹田在修炼中既各有所司，又相互联系，依清代刘一明（1734—1821）《修真辩难》的总结："下丹田者，炼精化气；中丹田者，炼气化神；上丹田者，炼神还虚。"其中下丹田是任脉、督脉、冲脉和带脉等奇经运气之源，又是男子藏精，女子养胎之所，还能汇集、储存运转真气，因与人体生命活动密切相关，其作用尤为重要，而被称为百脉之源，生命之根，性命之祖，故内丹术中所说的意守丹田一般是指下丹田。

内丹所采用的药物实际上是人体中的精、气、神。一般来说，精，指构成人体的各种物质基础；气，是充养人体的精微物质，或人体脏器的功能活动；神，是人体生命活动的主宰，包括思想活动和内在脏腑精气的外在表现。道教认为，能固其精、宝其气、全其神，三田精满，五脏气盈，然后才可谓丹成。精、气、神三宝又有先天和后天之分。在道教中，先天的精、气、神，被称为元精、元气、元神，更为内丹修炼者所注重。张伯端在《金丹四百字》中说："炼精者，练元精，非淫佚所感之精；炼气者，练元气，非口鼻呼吸之气；炼神者，练元神，非心意念虑之神。故此神气精者，与天地同其根，与万物同其体，得之则生，失之则死。"[①]对先天与后天精、气、神的关系，道教的内丹功法一般认为，先天与后天是"其体则一，其用有二"的关系，可以用意念促进它们相互作用，因此，内丹修炼的基本步骤就是由修炼精气入手，循着炼精化气，炼气化神，炼神还虚，逐渐进行，最终使精气神混合为一，当"三花聚顶"之时，即是金丹大就、复归无极之日。

对此，钟吕内丹道有比较清楚的说明。钟吕内丹道认为，所谓炼内丹的

---

① 《金丹四百字》，《道藏》第24册，第161页。

药物，出于人的心肾之中，是人生之初禀于父母的先天精气神，其中元阳之气发自于人的二肾之中，既是生命之本，也是内丹之源。"父母之真气，即精血为胞胎，造化三百日，胎完气足，而形备神来，与母分离，形外既合，合则形生形矣。奉道之人，肾气交心气，气中藏真一之水，负载正阳之气，以气交气，水为胞胎，状同黍米，温养无亏始也。即阴留阳，次以用阳炼阴，气变为精，精变为汞，汞变为珠，珠变为砂，砂变为金丹。金丹既就，真气自生，炼气成神，而得超脱。"① 并具体描述了如何通过修炼精气神而得圣胎。

如外丹的药物冶炼，火候是功法中最重要的环节一样，内丹也视火候为之秘要。《悟真篇》说："纵识朱砂与黑铅，不知火候也如闲"，以至于道教中有"圣人传药不传火"② 的神秘说法。然而不同的是，内丹以火比喻修炼的功力，以候为修炼的次序，以元神与精气相合于任督二脉运转烹炼为火候。用现代的话语来说，内丹的火候是指在整个修炼过程中以意念来控制呼吸的程序和强弱，其最根本的原则就是进火退符应当依据天地自然的阴阳消长规律来规范人体的运行节律，以元神摄驭精、气，沿任、督二脉运行，于三丹田中往复锻炼，使精、气、神三者混一而金丹结就，修仙功成。

根据修炼的程度，火候又有小周天火候和大周天火候之分。小周天火候指子午周天，即运转河车循行任督二脉，在三田返复，如日月循环之周天有三百六十天，天体黄道有三百六十度一样，指的是炼精化气的炼药功夫。大周天火候指卯酉周天，即以中丹田为鼎，下丹田为炉，守于氤氲二田之间，通过炼气化神行炼性入定的功夫，最终使元神纯阳出景。如果说，小周天是有为阶段，需一百日方能炼成，那么，大周天已进入无为阶段，七日炼成大药后，便进入温养圣胎的十月守关的阶段，故大周天又称"十月养胎"。

由于每个修炼者的体质和悟性不一，在具体的火候掌握中也无法一概而论，所以内丹道特别强调应参照宇宙天地的生成造化来把握人体内部阴阳二气的修炼火候，此谓"火候取日月往复之数"。如钟离权不仅用十二地支来度量人体中阴阳二气的循环，而且还用来描述炼丹过程中火候的进退：

---

① 《修真十书》卷十六《钟吕传道集》，《道藏》第 4 册，第 668 页。
② 《陈虚白规中指南》卷下，《道藏》第 4 册，第 390 页。

　　　　子之时，肾之气生。卯之时，其气至于肝。肝，阳也，故其气盛。
　　于是阳升而入于阳位，春分之比也。午之时，气至于心，积气生液，斯
　　盖夏至阳升于天而阴生者也。心之液既生，至酉之时，其液至于肺。
　　肺，阴也，故其液盛，于是阴降而入于阴位，秋分之比也。子之时，液
　　至于肾，积液生气，斯盖冬至阴降于地而阳生者也。日用如循环焉，其
　　能无亏，可以延年矣！①

　　在火候的把握中，道教认为，人体十二时辰的修炼可以夺天地一年之造化，
而在十二时辰中，子、午、卯、酉四时最为重要，因为它们与宇宙中的春夏
秋冬四季相配。这样，在炼丹中把握这四候就成了把握火候的关键。

　　内丹大多以凝神息虑、静心冥坐为起始功夫，也谓"入手处"。从修炼
性命的次序上看，后来全真道南北宗虽然都强调应从钟吕内丹道的传统丹法
出发，由修炼精气入手，循着炼精化气，炼气化神，炼神还虚，逐步进行，
但在具体说明这个过程时，南北宗又有着不同的进路。以张伯端为代表的南
宗吸收了许多禅宗的东西，大谈识心见性，同时又力图通过聚气凝神的气功
命术，达到"心中无心，念中无念，纯清绝点，当之纯阳"② 的虚静空灵之
状态。南宗自称这种方法为"以命取性"，即以先修命后修性为特征。南宗
既强调了命功在修身养性中的基础性作用，又将精神的超越作为修道的最高
境界，认为"形中以神为君，神乃形之命也。神中以性为极，性乃神之命
也。自形中之神，以合神中之性，此谓之归根复命也"，这样就与全真道北
宗所主张的先修性后修命的修道方法有了显著的区别。北宗虽然也深受禅宗
思想的影响，但在如何安排道禅的关系上，却与南宗有着不同的思路。王重
阳认为，性命的关系如同神气的关系，两者虽然相互依存，浑然一体，但是
"主者是性，宾者是命"。因此，修炼者要从修性开始，先除情去欲，做禅
宗式的"打坐"功夫，于一切时中使自己心地清静，摒除贪欲杂念，不为
世俗的事务所动心，从而顿悟自心即为道心。在识心见性的基础上，然后再
推动精气的运转，依次而炼精化气，炼气化神，炼神还虚，从而返本归根，

────────────

　　①　《道枢》卷四十二《灵宝篇》，《道藏》第 20 册，第 840 页。
　　②　《谢张紫阳书》，《修真十书》卷六，《道藏》第 4 册，第 625 页。

达到与道同体，得道而成仙。

那么，命与性两个范畴在内丹当中究竟有着怎样的内在关联与区别呢？大抵而言，性指人意识活动的基础，命指人体功能活动的基础。张伯端在《青华秘文》中揭示了两者之间的微妙关系："心者，神之舍也，心者，众妙之理，而主宰万物。性在乎是，命在乎是。若夫学道之士，先须了得这一个字，其余皆后段事矣。"无论是修性，还是修命，其关键在于修心。当心所修的对象着重在精或气方面，就称为修命；当心所修的对象集中在神或虚方面，就称为修性。命是性的物质载体，性是命的功能主体，二者既相互区别，又相互依存于人的生命当中，可谓"拯救之道不在社会关系领域里，而在个人内心精神生活的领域；只有战胜了自我，人类才能获得拯救"①。不管命功抑或性功都是在心的主导下追求更高层次上性命合一的努力，如《悟真篇》说："要假修成九转，先须炼己持心。"命功之术，在乎结丹，待到功深力到，身心一如，由有入无，性功方显。在百日筑基、炼精化炁的初级阶段，以有为的命功为主，到炼炁化神、炼神还虚的高级阶段，以无为的性功为主。因此，内丹家往往视形骸为逆旅，而追求"气壮神清爽，心闲性逸安"的境界。可谓"是这真性不乱，万缘不挂，不去不来，此是长生不死也"②。

丹鼎派的修炼术在新罗末期就由留学唐朝的人士传入朝鲜半岛。由于丹鼎派的宗旨是追求长生，表达了对生命的热爱之情，即受到人们的广泛欢迎与接受。从《海东传道录》等现存文献资料来看，在朝鲜半岛传播的丹鼎派似以内丹道修炼为主。"新罗崔承祐、金可记、僧侣慈惠在唐留学时受道书与口诀于钟离权，并且依此修炼成功，然后返回新罗，传授道教精要，且建立以修炼为主的道教支派。而确实致力于传承其道教神谱的人物则是崔致远，他在唐也学过还返之学（即修炼法），返国后人们因此把他视为海东丹学的鼻祖。"③ 他们往往以中国道经为内丹修炼的指导思想。据《海东传道录》记载：权真人教南宫斗修炼内丹的气法。南宫斗千辛万苦地进行修炼，因嗜欲未尽，结果丹田中充满的气在肚脐下发出金光，不得神胎，只能在世

---

① ［英］阿诺德·汤因比：《历史研究》（插图本），上海人民出版社 2005 年版，第 311 页。
② 《重阳真人授丹阳二十四诀》，《道藏》第 25 册，第 807 页。
③ ［韩］车柱环：《韩国道教思想》，人民文学出版社 2005 年版，第 36 页。

传授长寿之法。据传，他八十三岁高龄时，有人见到他还犹如四十岁多，视力与听力正常，身心也很健康。《海东传道录》中"辛敦复"附注条揣测说：南宫斗遇权真人，炼造金丹失败而出山，教以饵黄庭、拜业斗。拜业斗后自然有阴佑。阴真君曰：得以领悟经篆、尸解等法者为南宫列仙。"南宫固仙府，而斗是久未见效者，岂以是为姓名，将以自力耶。"① 他为了便于得道，于是改名为南宫斗。

进入朝鲜时代后，道教内丹修炼术受到了士大夫们的比较广泛的关注，代表人物有金时习、南孝温、洪裕孙、郑希良和徐敬德，为后世留下《龙虎秘诀》的郑磏以及朴枝华、郑礴、杨士彦等。他们不仅研究内丹道经，践行道教内丹术，而且还通过诗文来表达自己在内丹修炼的过程中所特有的身体感受与心理经验。例如，金时习《题细香院南窗》诗曰：

> 朝日将暾曙色分，林霏开处鸟呼群。远峰浮翠排窗看，邻寺疎钟隔
> 巘闻。青鸟信传窥药灶，碧桃花落点苔纹。定应羽客朝元返，松下闲披
> 小篆文。②

金时习用青鸟、药灶、羽客、朝元返等道教词语，将自己清晨在松下学习道经的情景描绘出来，他还在《上柳自汉书》中提到魏伯阳《参同契》。

据《濯缨先生年谱》上卷记载，成宗时期的新科进士金驲孙与南伯恭（南孝温）、洪余庆（洪裕孙）、禹子容（禹善言）等人曾于弘治元年（1488）在庆尚道彦阳一起论讲《参同契》："八月丙申，南伯恭、洪余庆、禹子容来访。同游云门，己酉还。云溪留与讲《参同契》，三日而别。"被称为"万古丹经王"的《参同契》，以诗文的形式讲究内丹修炼，"词韵皆古"而难究其真义，但却引起了朝鲜儒士们的特殊兴趣，通过反复论讲来了解道教内丹修炼之大意。

再从徐敬德（1489—1546）与赵昱（1498—1557）以《参同契》为题作唱和诗《读参同契戏赠葆真庵赵景阳》中，可见他们对内丹修炼已有了

---

① 《海东传道录》，《藏外道书》第 31 册，巴蜀书社 1994 年版，第 490—491 页。
② 《别本东文选》第 2 册，汉城大学校奎章阁 1998 年版，第 43 页。

比较深入的了解：

> 吾身铅汞药之材，水火调停结圣胎。混沌前头接玄母，希夷里面得婴孩。三三砂鼎殷勤转，六六洞天次第开。余是玉都真一子，无人知道是回回。①

徐敬德说自己读了《参同契》后，闹着玩作了此诗，但诗中使用的内丹术语却超出了魏伯阳《参同契》的范围。诗不仅简洁地把握了调定铅汞药物、凝结圣胎以及获得婴孩等内丹修炼的步骤，而且连在北宋易学家邵雍（康节）《观物篇》中出现的"六六洞天次第开"语句也能以内丹修炼法门去理解，说明在当时内丹学已成一家之见了。②

而朝鲜儒家宗师赵光祖（1482—1519）的门人葆真庵赵昱对内丹道也十分倾心，在其诗中多次表露出自己"诗中尽用道书，故效频"③、"聘之用道书语次颔要和，强颜效频"④ 等，才能写下对道教内丹道的深刻理解，如：赠送给尹孝聘十二首五言绝句《次聘之十二绝》曰：

> 大道明明在目前，不须身外更求玄。智群已了金丹妙，欲向崆峒学上仙。
> ……
> 三花聚顶吐奇葩，五气朝元长道芽。寄语蓬心蒿目者，休将有限趁熏涯。

安东浚先生认为，"三花聚顶"、"五气朝元"等都是道教内丹经书，如《钟

---

① 《花潭集》卷一，载韩国民族文化推进会编：《韩国文集丛刊》第 24 册，景仁文化社 1996 年版，第 292 页。

② 参见［韩］安东浚：《论韩国炼丹诗的审美趣味》，载陈鼓应主编：《道家文化研究》第 24 辑，三联书店 2009 年版，第 97 页。

③ 《龙门集》卷二，《次聘之十二绝》注，载韩国民族文化推进会编：《韩国文集丛刊》第 28 册，景仁文化社 1996 年版，第 206 页。

④ 《龙门集》卷二《聘之用道书语次颔要和强颜效频》，载韩国民族文化推进会编：《韩国文集丛刊》第 28 册，景仁文化社 1996 年版，第 207 页。

吕传道集》："金液还丹以炼金砂，而五气朝元，三阳聚顶，乃炼气成神"、《金丹问答》："问三花聚顶，答曰：神气精混而为一也"、《金丹大要》："问五气朝元，答曰：五脏真气，上朝于天元也"、"五气朝元，搬运各有时；三花聚顶。搬运各有日"中的内丹用语，由此可推测出当时朝鲜半岛上流行的内丹思想所波及的范围。"只是因其不是专门的内丹修炼家，对养胎过程中发生的现象称作'长道芽'，误认为是还丹阶段了。"[1] 朝鲜半岛的内丹修炼者大多以《参同契》、《黄庭经》、《悟真篇》等丹经为修炼指导，并将其中"性命双修"的方法实证化，在炼丹诗中通过运用丹经典故对修道者身体内部的内丹景象进行描述，以引导人们了解内在生命世界的深刻意义，但由于他们所使用的语汇本身是炼丹家具有特定意象的隐秘比喻，因为民族文化上的差异，故在理解上还是存在着一些误读与误用。

据金洛必先生的看法，朝鲜王朝时的内丹修炼主要以全真道北宗为主流，南宗的修炼法是 17 世纪以后的事。这一主张最初见于《直指经》和《众妙门》，这在学界是有公论的。[2] 然而，在朴枝华（1513—1592）的七言律诗《次正庵见赠》中却直接指明当时朝鲜半岛已接受了南宗仙派的传承，这在朝鲜丹学史上具有重要的价值与意义。

> 小子之师白玉蟾，手挥琼管度凉炎。人间化鹤曾留语，海上攀龙不待髯。已与家儿成勒断，要携铅鼎事抽添。丹成倘欲相随去，造物多猜不必嫌。[3]

这首诗是朴枝华赠予朴民献（1516—1586）的，首行就提到自己的老师是中国南宗的实际创立者五祖白玉蟾（1134—1229）。朴枝华从徐敬德和郑磏那里得到内丹秘传，又在郑磏死后将内丹术传授给了郑碏。朴枝华宣称以白玉蟾为师至少说明他涉猎过南宗系列的内丹术，并奉之为修道之圭臬。

---

① ［韩］安东浚：《论韩国炼丹诗的审美趣味》，载陈鼓应主编：《道家文化研究》第 24 辑，三联书店 2009 年版，第 98 页。

② ［韩］金洛必：《直指经众妙门解题》，载韩国道教思想研究会编：《道教与韩国文化》，亚细亚文化社 1988 年版。

③ 《守庵先生遗稿》卷一，载韩国民族文化推进会编：《韩国文集丛刊》第 34 册，景仁文化社 1996 年版，第 120 页。

但郑碏（1533—1603）在送给郑澈（1531—1589）的《寄呈松江》中则宣称他的丹道渊源是来自与朴枝华不同的北宗：

> 钟吕千秋朝帝乡，金丹正脉接丹阳。分梨十化真诠在，倘得残年肘后方。①

这廖廖四句就将全真道北宗金丹正脉的传承展现出来。这里不仅提到全真道创始人王重阳以"分梨十化"的方式度化马丹阳及妻子孙不二（1119—1182）的故事，② 而且在其诗的注中说自己曾"右乞丹阳马真人集"。郑碏可能已研究过北宗道书中，对北宗的传承及丹道思想与实践有了较为系统的把握。可见，郑碏通过不同的途径成为兼学全真道南北宗的内丹道的人。

在朝鲜王朝时代，丹鼎派被一些热衷于修炼成仙的士人与佛僧所信奉，从赵汝籍所撰《青鹤集》中就可见，当时有一些修仙者，如青鹤先生魏汉祚、云鹤先生李思渊、金蝉子李彦休等，周游于山水之间，进而结为师友关系，共同探讨有关修炼道术。他们独特的生活方式与理想追求，表达了道教丹鼎派所开发的修炼术、养生术和医疗术不仅引起了时人的注意，而且也成为一部分人所奉行的生命的修炼方式。正如车柱环所说："丹鼎派道教的道术，为了追求个人的长生不老，讲求各种修炼法，因此，又合理又理性的健康促进法或疾病预防法随之产生。在修炼法当中，若除去不合乎常识、迷信又荒唐的部分，能帮助健康管理的方法也不少，所以在信奉佛教的阶层里，有些人士对那种修炼法开始注意。"③ 在当时医药不发达的朝鲜半岛，丹鼎派道教的修炼法中虽然包含着一些"不合乎常识、迷信又荒唐"的成分，但其独特的养生功效还是得到了人们的认可。

如生活于朝鲜时期的郑碏所撰《龙虎诀》细致地介绍了内丹修炼法："风邪之患，伏藏血脉之中，而冥行暗走，不知为杀身之斧斤矣。传经深入膏肓，然后寻医服药，亦已晚矣。正气风邪，如冰炭之不兼容。正气留，则

---

① 《古玉先生诗集》卷二，转引自〔韩〕安东浚：《论韩国炼丹诗的审美趣味》，载陈鼓应主编：《道家文化研究》第 24 辑，三联书店 2009 年版，第 101 页。

② 参见《重阳分梨十化集》，《道藏》第 25 册。

③ 〔韩〕车柱环：《韩国道教思想》，人民文学出版社 2005 年版，第 108 页。

风邪自走，百脉自然流通，三官自然升降，疾病何由而作乎？稍加精勤，则必至于延命却期。"① 内丹修炼的关键在于保养正气，使风邪不入。通过讲究卫生，增强体质，以达到预防疾病，促进身体健康的目的，这就是内丹修炼的精华所在。

金时习以"清寒子"为号，所著《梅月堂集》中也记载了一些内丹道的内容，如其中的《修真》中有说："夫神仙者，养性服气，炼龙虎以却老者也。其养性诀曰：夫养性者，常欲小劳，但莫大疲及强所不能堪。且流水不腐，户枢不蠹，以其运动故也。夫养性者，莫久立、莫久行、莫久坐、莫久卧、莫久视、莫久听，其要在存三抱一。三者，精、气、神也。一者，道也。精能生气，气能生神，精者玄气，玄气孳化万有。气者，元气，先天众气之魁。神者，始气昼出于首，夜栖于腹，机在二目，内观之法，心之神发乎目，则谓之视，故目淫于色，则故于色，而久视伤血肾之精，发乎耳则谓之听，故耳淫于声，而久吸伤肾之魄，发乎鼻则谓之臭，故鼻淫于臭则散于臭，而久嗅伤脾，乃至多言伤胆，久卧伤气，久坐伤肉，久立伤肾，久行伤肝。乃莫强饮食、强思虑、伤于忧愁、惫于敬恐、溺于憎爱、沉于疑惑，勿汲汲于所欲，勿涓涓于愤恨，无劳尔形，无摇尔精，归心寂默，可以长生。"在金时习看来，神仙非天生，而是人通过"养性服气，炼龙虎以却老"的内丹修炼而成的。内丹修炼有许多种方法，其中最重要的是在于"存三抱一"。"三"谓精、气、神，"一"谓道。如能内养精、气、神，使之勿劳形摇精，归心寂然，冥然合一，即可长生。金时习在具体介绍内丹道的保养精气神以求长生的方法时，特别强调人应以适度锻炼为要，而不赞成道家的那种"闭目塞听"式的精神修炼，认为"若以收视反听、瞑目窒口为极，则为人之类，如未化之螟蛉、蟠泥之螺蛤耳，何以言具理应事为一心之全德，直内方外为一身之行业乎！"② 金时习因此而被誉为是朝鲜半岛丹道的中兴之祖。

道教的内丹术也可以被看作是一种能够引起各种异常意识状态的技巧，

① ［朝鲜］北窗：《龙虎诀》，载［韩］李钟殷译注：《海东传道录·青鹤集》，普成文化社 1998 年版，第 275—276 页。

② 《梅月堂集》卷十七《杂著》，载韩国民族文化推进会编：《韩国文集丛刊》第 13 册，景仁文化社 1996 年版，第 350 页。

类似于古印度的瑜伽术、佛教禅定和密宗的各种修持术。内丹术中所描述的那种恍惚杳冥，如痴如醉，与天地合一、与太虚同体的神秘体验，也是今天的宗教心理学研究的对象。生活于朝鲜王朝时期的性理学家徐敬德（1489—1546）精通气学，热衷于道教内丹术，他曾作七言绝句《无题》就表达了自己的心理体验：

> 眼垂帘箔耳关门，松籁溪声亦做喧。到得忘吾能物物，灵台随处自清温。①

他通过"眼垂耳关"的"收视反听法"以遮断外物的喧嚣，使自我保持一种内心的平静状态，以摆脱各种执著，感受"忘吾能物物"，为达到"清温"的境界做铺垫。内丹修炼中所出现的这种特殊的心理感受，心理学上往往用一个意义较为宽泛的术语"冥想"（meditation）来加以说明。所谓"冥想"，就是通过长时间把注意力集中于某个单一事物上来训练沉思者的意识形成一个总焦点或心理上的单一针对点。道教中的"冥想"对象通常是某种能够感动精神的特殊声音，或是具有神秘含义的视觉对象，如内丹修炼中的丹田鼎炉、药物坎离、火候烹炼、大小周天之说，完全可以被视为一种复杂的内视或内观模式。内丹修炼的最终目的便是在意识上对这种模式不断加强注意力，在冥想之中达到所谓的归返虚空、与道契合的境界。

需要说明的是，这种情况在一般的意识状态中几乎是不可能，因为常人的思维和情感总是自发地从一个事物不断地转移到另一个事物。心理学的研究也表明，达到这种集中的冥想或沉思并非易事。一个人如果要想将注意力完全集中于某一事物，哪怕只有几分钟，往往需要经过若干年的持续练习。然而，当人集中冥想得到成功时，就会引起一种异常的意识状态——明净、空灵、静寂。这时，外部世界的种种杂事不是通过驱逐而是通过集中注意力，将之从意识当中排除出去。当所有的心理活动暂时停止，只剩下无特别内容的纯意识和明净感依然存在时，人就会感受到一种前所未有的空灵感和

---

① 《花潭集》卷一，载韩国民族文化推进会编：《韩国文集丛刊》第 34 册，景仁文化社 1996 年版，第 292 页。

空虚感。始而虚其心，既而虚其身，既而又虚天地，虚而无虚，无虚而虚虚。这大概就是知觉者和被知觉的事物在刹那间融为一体时所得到的特殊感受。如果被知觉的事物具有宗教意义，这时所形成的宗教经验往往具有瞬间性和不可言说性的神秘性，这也许就是道教以"炼神还虚"来总领的内丹体验要妙之所在。

史籍中有关日本人进行纯粹的内丹修炼的记载比较少，但随着道教与佛教交流的深入，内丹道的修炼方法也被一些佛教僧人所接受。据说，江户中期，京都的白川深处住着一位白幽仙人（？—1709），他把《老子》和《金刚经》置于案头，研习道教的内丹道。当时有一位临济宗僧人白隐禅师（1685—1768），讳慧鹤、别号鹄林，因太精进于禅道修持，以至于心虽开悟，身却受损，不仅患了肺病，而且神经衰弱。为了治病，白隐禅师寻路进山向白幽仙人求教，得到"内观秘法"和"软酥法"之真传，这两种方法都需要用丹田进行呼吸。白隐禅师经过认真修习，不但恢复了健康，而且活到八十四岁高龄。内观法要求于静卧中通过深呼吸和冥想对自我进行内省。软酥法的"要领是将心气从丹田集中到不着地的脚心。作为具体方法，白隐禅师讲述了从白幽子那里习得的软酥法。所谓软酥就是色香味美的酥油。将鸭蛋大小的酥油置于头顶，一经溶化便渐渐从头部流向手腕、胸部、腹部、背部和腹部，这时肩部的酸痛、胸部的涨闷，腰部的痛疼等随软酥下行而完全被驱除，而且两脚温暖，直到脚心。"[1] 白隐禅师认为这种呼吸法不应只是生病时才做，平时也应坚持修习。这种"动中的功夫，胜静中的功夫。认为除了坐禅之外，活动身体时，亦可实行这种呼吸方法，而且效果还更明显。这就是动静结合的丹田呼吸法。"[2] 白幽仙人又称白幽子，是否真有其人，学界有不同看法，有的认为确有其人，有的认为是虚构人物。但无论是否有其人，白隐禅师是从某位擅长丹田呼吸法的日本人那里学到内丹修炼术的，这一线索是值得注意的。

明清时期，内丹术中还出现了专门为女子修炼内丹所制订的女丹术。虽然汉代魏伯阳《周易参同契》中就出现了女丹的萌芽，但直到清代时才出

---

[1]　［日］左藤幸治：《禅与人生》，南开大学出版社1992年版，第27页。
[2]　齐文、圆通编著：《禅保健法》，中国青年出版社1997年版，第104页。

现系统论述女丹的道书,如清代贺龙骧辑《道藏辑要》中就收录了《女丹合编》,其中包括《女金丹》、《壶天性果女丹十则》、《女功炼己还丹图说》等专论女子炼丹的著作。闵一得在《道藏续编》中也收有《女修正途》、《女宗双修宝筏》等女丹书。由于男女具有不同的生理和心理特征,因此,女丹修炼入手处与男丹修炼不同。女丹术往往从"斩赤龙"入手,以乳房为气穴,意守于膻中穴(即两乳之间)。在斩赤龙之后,其身体由纯阴转化为纯阳,才算完成了筑基阶段,然后再按男丹的炼精化气等步骤进行修炼。女丹中所包含的对女性生理和心理的科学认识是值得重视与研究的。

气功是以内炼为主的各种自我身心锻炼功法的总称。"气功"一词在隋唐以后道教著作中频繁出现,与道教内丹术的兴起与发展不无关系。道教气功既包括存思、吐纳、静坐、内丹等静功修炼,也包括导引、按摩、咽津等动功修炼。气功是运用一定的姿势或动作,通过修炼呼吸,来掌握内气的运行规律,使身心松弛安静,意念集中,以培养元气,充实脏腑之气,活跃经络之气,提高人体的调节功能和免疫功能,起到康复保健、防病治病的作用,由此而与内丹的理论与实践有着密切的关系。

今天,保留在《道藏》中的气功著作大约有两百余种、两千余卷,在博大而丰富的理论中蕴藏一些科学成分。例如,道士们在进行气功修炼时,往往通过炼神来澄心遣欲,使人心与道相契,其中大量运用了心理暗示的方法来影响或调节生理变化,这与现代医学中的精神疗法非常相似。在现代医学的精神疗法中,经常对那些因为心理问题而出现生理疾病的人使用暗示疗法,效果十分明显。其实,暗示疗法本身并没有对某种疾病起到直接的治疗作用,但它通过暗示而引起病人的心理变化,从而导致身体上也出现某些生理变化,通过这种心理——生理、神经——体液的相互作用,调节甚至改变了身体的新陈代谢过程,使人体的免疫系统发挥作用,减慢生化反应而达到消除疾患、延缓衰老、强身健体乃至开发潜能的目的。

初兴于隋唐五代、盛行于宋金元、成熟于明清之际的道教内丹学,代表了道教理论和实践体系日臻圆满的发展趋势,具有较高的宗教信仰品位和超越精神,是中华传统文化中的瑰宝。然而,我们在肯定其价值的同时也应该看到,特定的宗教修养理论和方法是建立在特定的宇宙观、生命观基础之上的,其积极的与消极的意义也应该放在特定的社会历史条件和知识水平当中考察，对道教内丹也不例外。当人们对宇宙和生命的认识不断丰富、思维方式不断突破、话语系统不断更新的情况下，正确认识和评价其有机成分，而摒弃其不合时宜、诡秘繁杂的内容，才是对待传统道教文化的正确态度。

内丹修炼的过程是一个全面的身心调养和思维开发的过程，讲求以静为主，动静结合，以生理影响心理，排除杂念而进入无欲无求、轻松愉快的心理状态，然后再进一步将身心调整到最佳状态，希望诱导出超常的智慧与能力。道教内丹术在科学史上的意义，是从实践中探讨了人体生命的奥秘，深刻揭示了气功锻炼中的心理和生理变化，累积了大量生命体验，对人体生命科学和中国气功学的发展作出了重要贡献，同时也为现代心理学尤其是宗教心理学的研究提供了大量有价值的素材。从这个意义上说，道教内丹修炼中符合医学养生的认识成分，对我国传统的生命科学有着特殊的贡献，但就整个内丹的思想体系而言，浓厚的神秘主义色彩，又使其在中国古代科技文明上的成就远逊于外丹，与其称之为"科学"，不如说是科学研究的对象更为合适。

第　九　章

东亚道教的医学成就

　　人若执著于"生命存在"就会依赖"医学"。道教从"得道成仙"的信仰出发，以长生不老和现世幸福为中心，将如何维持"生命存在"作为修道的重点，这也成为道教医学生长的文化土壤。道教医学在继承和吸收中国古代医学成果的基础上发展起来，作为一门处理人体健康问题的科学，它既与一般医学相同，以预防和治疗生理和心理疾病来提高人体的健康素质为根本宗旨，但也有一些不同之处，道教医学以长生成仙为信仰，以带有神秘色彩的术与药为医疗手段，配合着行使辟谷、服饵、调息、导引、房中术、行气、仙丹、符水、禁咒等道术，始终保持了一种宗教性特征。"在以长生信仰为核心的道教义理体系中暗含有重视医药的逻辑因子，这是道教区别于其他宗教的一个显著特征。道教的宗教诉求，无论是长生还是渡人都离不开医术和方药。"[①] 由于以术和药作为重要的医疗手段构成了道教医学的主要内涵，故中国科学史研究专家李约瑟说："在人类曾有过的经验中，道教是唯一本质上不反科学的神秘主义体系，药学和医学的产生也与道教有非常密切的关系。"[②] 在古代缺医少药的岁月中，一些杰出的道医在救死扶伤的医疗实践中，探索出一套行之有效的医学理论与治疗技术，所取得的医学成就成为东亚道教中不可分割的重要组成部分。

---

① 盖建民：《道教医学》，宗教文化出版社 2001 年版，"引言"。
② ［英］李约瑟：《中国科学技术史》第二卷，科学出版社 1990 年版，第 39 页。

第一节　借医弘道的著名道士

疾病是一个极其复杂的生命现象，直接对人的生命成长造成损害。道教以追求长生相号召，故自创立伊始便十分重视采用种种特殊的方术与药物来教人保养生命，并将为人治病祛邪作为传道的手段："是故古之初为道者，莫不兼修医术，以救近祸焉。"① 这样，自古以来便有了"医道同源"之说。从历史上看，许多高明的道士，他们不但自身健康长寿，而且精通医术，借医弘道，救世济生，如董奉、葛洪、陶弘景、孙思邈、傅青主、刘一明等，他们以悲悯世人的宗教情怀，在修道实践与为人治病的过程中，为推进道教医学在东亚社会中的发展作出了突出贡献。

著名的"誉满杏林"的典故就是赞美像董奉这样的具有高尚医德的道医。生活于汉末三国时的董奉（220—280），字君异，福建侯官（今福州）人，② 与当时的张仲景、华佗齐名号称"建安三神医"。据晋代葛洪《神仙传》卷十记载："君异居山间，为人治病，不取钱物，使人重病愈者，使栽杏五株，轻者一株，如此十年，计得十万余株，郁然成林。"董奉从交州返回内地后，长期隐居在江西庐山，热忱地为百姓诊病疗疾。他在行医时从不收取报酬，每治好一个重病患者，就让病家在山坡上栽杏五株；治好一个轻病患者，栽杏一株。人们闻讯前来求治，康复者众多。久而久之，杏树成林。杏子成熟后，董奉又将杏子变卖成粮食，用来救济当地的贫苦百姓和南来北往的饥民。董奉羽化后，庐山一带的百姓就在杏林中设坛祭祀这位仁慈的道医，敬之为"杏林始祖"，从此世人以"杏林"称颂医生。

东晋道士葛洪是道教丹鼎派的代表人物，他不但热衷于烧炼外丹，而且在医药学上也有很高的造诣，后人尊之为"医宗之圣"。生活在魏晋社会动荡的年代，葛洪目睹了疾病给人生带来的痛苦，瘟疫流行所造成的社会惨状，故十分重视对疾病的防治："是以至人消未起之患，治未病之疾，医之

---

① 葛洪撰，王明校释：《抱朴子内篇校释》，中华书局1985年版，第271页。
② 福州之名源于福建长乐县的福山，福山也被称为董奉山，据清乾隆《福州府志》按语："福山，今名董峰山，属长乐县。"董峰可能是董奉的谐音。

于无事之前，不追于既逝之后。"① 在《抱朴子内篇》中，他不仅讲述了许多道教的养生保健、防病治病的方法，而且还对许多药用植物的形态特征、生长习性、主要产地、入药部分及治病疗效都作了详细的说明，同时还收录了一些据说是可以驱邪避害的符箓，如《升山符》、《入山符》等。这些符箓后在东亚世界中广为传播，如朝鲜王朝徐有榘（1764—1845）所著《林园十六志》就将这些符箓作为治病的辅助方法。

　　葛洪认为，各种疾病直接有损人的生命健康。若要长生成仙，就必须与疾病作斗争，因此，他主张以追求长生为人生目标的道士应兼修医术："古之初为道者，莫不兼修医术，以救近祸焉。"道士如不兼习医术，精晓医学和药物学知识，一旦"病痛及己"，便"无以攻疗"，自己不仅不能长生成仙，而且连性命也保不住了。葛洪一生钻研医术，著有《肘后备急方》四卷、《肘后救卒方》、《玉函方》、《金匮药方》百卷等医药学著作，其中记载了一些多发病、传染病的病症与治疗方法，例如，在《肘后备急方》中，葛洪第一次记录了两种传染病，一是天花，一是恙虫病。"天花"又名痘疮，是一种传染性较强的急性发疹性疾病，故葛洪称之为"天行发斑疮"。每四名病人中就会有一人死亡，而剩余的三人病好后也要在脸上留下丑陋的"麻子"。葛洪在《肘后备急方》中说："比岁有病时行，仍发疮头面及身，须臾周匝，状如火疮，皆戴白浆，随决随生"，"剧者多死"。葛洪追溯了"天花"的起源，认为此病起自东汉光武帝建武年间（23—26）："永徽四年，此疮从西流东，遍及海中"，形成了爆发性的流行。这是世界上最早关于"天花"病的记载。难能可贵的是，葛洪还发表了天花、恙虫病以及肺结核（葛洪称为"尸注"）、狂犬病等疾病的症候及具体治疗方法，这是道教医学对人类的伟大贡献。

　　南朝道士陶弘景学识渊博，道医兼通，见葛洪《肘后备急方》行之既久，不无谬误，又收集民间的偏方、秘方和验方编成《华阳隐居补阙肘后百一方》，讹者正之，缺者补之，附以炮制服食诸法，尤其是记载了许多简易实用的治疗疾病方法，如穿腹消水肿、导尿以及治疗食物中毒、脚气病、肺结核病、黄疸性肝炎、传染性天花、急性淋巴炎等。陶弘景特别指出，

_____

① 　葛洪撰，王明校释：《抱朴子内篇校释》，中华书局 1985 年版，第 326 页。

"病之变状，不可一概言之，所以医方千卷，犹未尽其理"①，提醒后世医家应当根据病者的实际情况，有针对性地辨证施治各种疾病。"陶弘景广《肘后》为百一之制，世所行用，多获异效也。"② 该书比葛弘的本子更为完备，问世后流传甚广，影响极大，据《高丽史》卷八记载，11 世纪朝鲜半岛就有高丽刊本的《新雕肘后方》流传，1447 年编撰的《医方类聚》中收录有《肘后备急方》，促进了道教医学在东亚的传播与发展。

陶弘景关注医术、性好医方，在茅山修道之余，"颇游意方技，览本草药性，以尽圣人之心"③，撰有《神农本草经集注》、《养性延命录》、《太清诸丹集要》、《导引养生图》、《药总诀》、《合丹药诸法节度》等道教医书，在道教医学史上占有重要地位。其中《养性延命录》二卷是一部修身养性之宝典，它提出人之寿夭不在天，善养生者才能长寿，不仅要人以积极态度在饮食起居、精神摄养、服气疗病、导引按摩、药物补益等方面进行修炼，而且还指出"养生之法，但莫伤之"，要人切忌劳逸、饮食、房事过度。另著有《真诰》，其中也介绍了药物、导引、按摩等养生法，并对如何进行摩面、拭目、挽项、叩齿、咽津、栉发等头面按摩术进行了详细的说明，由此展现了东亚道教医学的特点，不仅要建构一个超验而抽象的医道理论，更要以具体的医术来密切观察和直观把握现实生命的变化状况，以维护生命健康。因此，在东亚道教医学中，脱离临床经验和现实生命的抽象理论没有发展为主流学术。

这从唐代名道孙思邈的道教医学实践中就可见一斑。孙思邈"弱冠善谈庄老"④，后居嵩山修道，"学道炼气养形，求度世之术，洞晓天文推步，精究医药，审察声色，迥蕴仁慈，凡所举动，务行阴德，用心自固，济物为功"⑤，表现出高尚的医德与高超的医术。孙思邈以"阴阳之道"来指导医术，亲自上山采药，长期行医于民间，出于对人的生命的重视和对人生病痛

---

① 李时珍：《本草纲目》，人民卫生出版社 1999 年版，第 31 页。

② 《隋书经籍志考证》卷三十七，载《二十五史补编·隋唐五代五史补编》，北京图书馆出版社 2005 年版，第 606 页。

③ 陶弘景编，尚志钧、尚元胜辑校：《本草经集注辑校本》，人民卫生出版社 1994 年版，第 1 页。

④ 《旧唐书·孙思邈传》，《二十五史》，上海古籍出版社、上海书店 1986 年版。

⑤ 《续仙传》，《道藏》第 5 册，第 87 页。

的同情，他提出"人命至重，有贵千金，一方济之，德逾于此"，故将自己两部重要的医学著作《备急千金要方》和《千金翼方》都冠以"千金"之名。孙思邈这两部书因保存了唐以前的许多医药学文献资料而具有很高的科学价值，被誉为现存最早的医学临床实用百科全书。

孙思邈的医学思想以淡泊自然为特色，形成了一个以养生保健为中心的医疗体系："神仙之道难致，养生之术易崇，故善摄生者常须慎于忌讳，勤于服食，则百年之内，不慎于夭伤也。"① 孙思邈重视养生之道，已有了初步的预防医学的意识。他说："上医医未病，中医医欲病之病，下医医已病之病。若不加心用意，于事混淆，即病者难以救矣。"② 他本人年逾百岁即为他的养生之道作出了最好的证明。孙思邈的养生保健思想集中体现在食疗、养性、调气、按摩等方面，表现出道教医药以术与药为主的特色。孙思邈把炼丹也看作是制药的方法，他所炼制的"太乙神清丹"，就是利用慈石等氧化剂从丹砂、曾青、雄黄、雌黄、磁石中制取砒霜，用来治疗"主客忤霍乱，腹痛胀满，尸疰恶风，癫狂鬼语，蛊毒妖魅，温症，但是一切恶毒，无所不治"③，被公认为是世界医药史上最早用砒霜来治疗疾病，尤其是疟疾的有效方剂。孙思邈在《千金要方》中用苍术、白芷来消毒防止传染病的做法至今在日本民间仍延续使用，尤其是在元旦前夕，日本人会将苍术投入火中焚烧，或煎煮后用来消毒住所，成为除恶防疫保平安的一种风俗。

在精研医道的同时，孙思邈在医德修养方面更是发前人所未发，他认为，医者必须注重"精诚"二字，从心、体、法三个方面对医生提出要求：一是大医之心要"无欲无求，先发大慈恻隐之心，誓愿普救含灵之苦"，对求医者不论地位高低、贫富悬殊、年龄长幼、关系亲疏都应一视同仁，视病人为亲人；二是大医之体要"省病诊疾，至意深心，详察形候，纤毫勿失，处判针药，无得参差"，体现出细致认真负责的风度；三是"为医之法不得多语调笑，谈谑喧哗，道说是非，议论人物，炫耀名声，訾毁诸医，自矜己

---

① 孙思邈著，李景荣等校释：《千金翼方校释》，人民卫生出版社1998年版，第195页。
② 《孙真人备急千金要方》卷一，《道藏》第26册，第28页。
③ 《孙真人备急千金要方》卷三十九，《道藏》第26册，第265页。

德，偶然治瘥一病，则昂头戴面，而有自许之貌，谓天下无双，此医人之膏肓也"①。这些医德准则所闪耀的人道主义光辉，对推动中国乃至东亚医学的发展更是意义深远。日本根本幸夫说："《医心方》的序文，则以《千金方》第一卷的'大医习业'作为中心内容，使立志行医者把医德放在首位。"②

唐代时，道教医学在理论上逐渐减弱了巫术性，促进了临床医学技术的发展。如唐代隐士蔺道人，原籍长安，隐居江西宜春钟村，后为人治疗骨伤，效果卓著，名声大振，并将自己的治疗之方《仙授理伤续断秘方》授予好友彭叟。蔺道人以气血说立论，运用整骨、固定、活动和药物等内外兼治的整体观来治疗各种骨科伤损，成为中国最早的骨伤学专著。金元全真道因倡导性命双修的内丹术，出现了一些医术高超的道士，例如王重阳、马丹阳、谭处端、孙不二、丘处机等，他们或擅长用丹功运气治病，或以针灸之术渐长，或采药制药，或为以心理调适为主，表达以医求度众生的情怀。例如，丘处机著有《摄生消息论》，按春夏秋冬四季为人在精神、饮食、起居、衣着和用药上提供养生保健原则和针对四季变化应采取的医疗措施。南宗张伯端在《八脉经》中从内丹学的角度对人体中奇经八脉的分布，在身体中循行的路线提出了自己的看法。明清之际的傅青主，本是太原名医，后出家为道，著有妇产科专著《傅青主女科》，以生化汤治疗各种妇科疾病，有妇科圣方之誉。

清乾嘉年间活动于晋陕甘宁青一带的全真道龙门派道士刘一明也是著名的医药学家，著有《眼科启蒙》、《经验奇方》、《经验杂方》等。《经验杂方》中的医方大都具有简、便、验、廉的特点，这是刘一明在治疗疾病过程中，根据自己的临床经验，对前代医方的应用与创新，例如，用于治疗寒中阴经，手足冷，小腹胀，脉沉迟等病的姜附汤，仅用炮姜一钱，熟附子二钱，生姜三片，大枣一枚，熬汤服用，以温中散寒，回阳救逆。药方中所用药物既便宜，又易找到，且疗效甚好，故至今仍有重要的应用价值。他以自己精湛的医术解救了许多忍疾受苦、贫病无援的老百姓，得到百姓的好评和

①　《孙真人备急千金要方》卷一，《道藏》第26册，第26页。
②　［日］根本幸夫：《传入日本的〈千金方〉介绍》，载钱超尘、温长路主编：《孙思邈研究集成》，中医古籍出版社2006年版，第1140页。

敬仰。

龙门派道士闵一得活动于江南地区，他倡导内丹以修性为主，性中兼命，故兼修命术而重视医学，著有《吕祖三尼医世说述》、《吕祖三尼医世管窥》、《吕祖三尼医世说述功诀》、《太虚氏天仙心传医世玄科》等，"三尼"指青尼、仲尼和牟尼，他们作为道儒佛三家的代表，各有一套"医世"的方法，闵一得借吕祖之口将青尼医生介绍出来："凡世间之病，皆五行偏胜之气，吾人一身之中，具五行之正气，应五方分野，察其受病之源，攻其受病之方，合人世之气于一身，内不见我，外不见人，过者损之，不及者益之，郁者散之，顽者化之，逆者顺之，病不可悉数，医道亦不可殚述，消息盈虚，各视其症而理之。人或有病，以吾身之阴阳运化之。世或有病，亦以吾身之阴阳调摄之。不疾而速，神乎神乎！"[1] 各种疾病都是五行中偏胜之气造成的，道教医学的目的不仅是使身体中的阴阳运化恢复本有的平衡状态，而且还有医治社会之功能。闵一得不仅依据吕祖信仰创新了全真龙门内丹功法，而且还丰富了斗母信仰的内涵，使之从众星之母发展为犹如观音菩萨般充满着慈悲救渡精神的女神，由此提出了即身以治世的三尼医世思想。"医世"的目的是采用医学治疗方式来疗治社会弊病："上合仁主之心，下济生灵之厄"，通过调摄与医治人与人、人与社会、人与自然、人的身心等内外关系，使"版图之内，无有顽民、污吏"[2]，迈向民安物阜的太平盛世，最终于世间建立人间仙境。

据《古今图书集成医部全录·医术名流列传》记载，东汉至明末的道医总计129名，[3]其中还不包括像陶弘景这样的道教名医。有些在医学上作出重大贡献的道士被道教奉为神，如东晋葛洪被奉为医圣、唐代孙思邈被奉为药王、明代吴真人被奉为保生大帝，这些人物在东亚地区受到了人们的广泛景仰。越南在阮朝明命六年（1825）专门设立先医庙，供奉中国历代名医，其中就包括葛洪、孙思邈等。道教神灵中还专门设有一些具有医药学才能的职能神，如眼光娘娘、催生娘娘等，反映了道教对救死扶伤的重视。因此，"道教医学，可以说就是以道教为侧面的中国医学。这些被看作是道

---

① 《吕祖三尼医世说述功诀》，《藏外道书》第 10 册，巴蜀书社 1994 年版，第 361 页。
② 《吕祖师三尼医世说述管窥》，《藏外道书》第 10 册，巴蜀书社 1994 年版，第 356—357 页。
③ 参见盖建民：《道教医学》，宗教文化出版社 2001 年版，第 388 页。

教经典中的主要内容。不过现在，就像道教淹没在民间信仰（民俗宗教）之中那样，道教医学可以在民间医疗或民间信仰中的信仰疗法中见到其踪迹"①。

在朝鲜半岛，从桓因以来就出现了仙派道脉，后来新罗末期的留唐学生金可记、崔承祐、僧慈惠、崔致远等引进了钟吕内丹道。"韩国的丹学基本上不是外丹道，而是内丹道。它不是借助他人之力和外在方法来炼丹药（仙药），而是通过自己的精、气、神的自身之力，内在修炼，并以积累功行使体内成丹，是一种本性的修炼法。"② 内丹道之所以为知识分子所接受，其主要原因是其中包含有医学知识："在丹学修炼法中，除去常识外的迷信荒唐部分，有不少是有益于身体健康的方法，所以，在不信仰道教的阶层中，为保养身心，也会有人关心其修炼法的。可以完全推测到，由道教开发的养生法和医术，当时也吸引了知识阶层人士的注意。另外，即使在这种修炼法中存有不合理的、迷信的因素，但在医学尚不很发达的当时，若不稍倾向于道教的修炼法，也是难以支持的。"③ 到高丽时代，权清、偰贤、姜邯赞都以修炼内丹道而名闻一时，最后成仙道而去。他们的生命实践在客观上推动了道教医学在朝鲜半岛的发展。以追求长生不老的神仙思想为核心的道教内丹学的传入，促使朝鲜人深入地了解自己的身体，不仅形成保护身体平衡、避免生病的预防医学观点，而且还将辟谷、服饵、调息、导引、房中、内丹等作为解决病痛的治疗方法，必然促进道教医学的研究，出现了一些以医术传道的人。

高丽王朝时期，光宗九年（958）举行科举，专门设医科，以培养医学人才。高丽成宗六年（987），更在十二牧中置医学博士，如《东国通鉴》卷十四"高丽成宗六年"："保生之理，疗病为先，故乃神农御宇之年，备尝药草，秦帝焚书之日，不灭医经。将除百姓之艰危，要广十全之方术。今选通经阅籍之儒，温故知新之辈，于十二牧各差遣经学博士一员，医学博士一员，勤行善诱，好教诸生，则必审量功绩浅深，超授奖励，其诸州郡县长

---

① ［日］吉元昭治：《道教与不老长寿医学》，成都出版社 1992 年版，第 8 页。

② ［韩］都珖淳：《韩国的道教》，载 ［日］福井康顺等监修：《道教》第三册，上海古籍出版社 1992 年版，第 82 页。

③ 韩国哲学会编：《韩国哲学史》上卷，社会科学文献出版社 1996 年版，第 278 页。

史百姓，有儿可教者，合可训诫，勉驾师资。"据《高丽史》卷十四记载，高丽睿宗十三年（1118）七月，宋徽宗应高丽太子的邀请，派遣翰林医官派杨宗立、秉义郎、曹谊、杜舜举、成湘迪、陈宗仁、蓝茁七名宋医出使高丽。他们在那里停留了两年，据说主要是"授医学大方脉与疮肿等科，并从事医疗等"。也有说："其医学的内容如何虽不得而知，但因为人们称徽宗为教主道君皇帝，所以可以想见在当时的医学中道教色彩是相当浓的。"①韩国学者安东浚在《论韩国医学与道教之关系》一文中甚至将此事件作为中国道教医学在高丽传播的开端："由此可以推测出，从那时起中国道教医学开始在高丽悄然传承，因为宋徽宗即位之前就十分宠爱以符呪方法为皇后治病的茅山宗道士刘混康，即位后又宠信神霄派道士林灵素，他是在全面施行以道教为主的政策之时期派遣宋医去高丽的。此时传入高丽的道教医学当是以《玉枢经》为中心的治疗法。从此，高丽正式建立医官制度和设立药局。"

　　到朝鲜时代，出现许多热衷于修仙者，如金时习、权青霞、南越、成居士、金百炼、朴枝华、尹君平、郭再佑、李之菡、杨士彦、丹阳异人、郑鹏、智异仙人、徐敬德、田禹治、南师古、张汉雄、韩无畏等。他们或修炼内丹学，或拥有奇术，如撰写《海东传道录》的韩无畏从郭致虚那里学得内丹秘法后，辟谷修炼十年，独居四十年，活到九十四岁而尸解。朴枝华从少年时就游历名山，食松叶而不食谷物，研究儒、道、佛的养生术，年七十入金刚山，修道七年而归。有一天，他入溪流端坐，仙解而去，世人称为"水解"。有些修仙者推动了道教医学在朝鲜半岛的传播。例如，以倡导性理学著称的儒学家李珥（1536—1584）从强调实践力行的实证出发，不仅"对老庄的思想有深刻的理解，而且在道家的仙道方面有相当高的造诣"②。他曾著《医药策》，对道教医药学给予了特别的关注：

　　　　盖闻夫道一而已矣。百家之说，以之而生；众技之流，以之而出。

---

　　①　［韩］都珖淳：《韩国的道教》，载［日］福井康顺等监修：《道教》第三册，上海古籍出版社1992年版，第89页。

　　②　［韩］柳承国：《栗谷李珥》，载黄心川主编：《东方著名哲学家评传》，山东人民出版社2000年版，第391页。

彼阴阳也，卜筮也，占相也，医药也，何莫非道中之一事也？由是而有利于物者焉，亦由是而有失其正者焉。失其正者，固不足道也。利于物者，诚不可废也。不害于理，而能得于物，为养民之一助者，其惟医药乎！修短之数，虽曰在天，保养之机，其不在人乎？是故养气于未然之前，治病于已然之后，顺受正命，而不失摄生。医药之方，不过如斯而已。……气虽薄矣，苟能善养，则寿考可期矣。气虽厚矣，苟使其伐害，则夭札难免矣。彼昌阳之引年，黄精之补脉，亦不可谓无是理也。然而昼夜者，生死之道也。有生必有死，则非药饵之所可救也。夫如是则长生久视之道，蝉蜕成换骨之术，岂有其理乎？白日冲天，必无其人矣。灵丹大还，必无其药矣。黄金其可成乎？沆瀣其可餐乎？天地之间，实理而已，理外之说，不攻自破矣。①

李珥认为，生命保养之机在于人，而在各种修道术中，"惟医药"才是有利物、养民之理，但即使如此，医药的功能也仅在于"养气于未然之前，治病于已然之后"。这是因为人有生必有死，就如同昼夜循环的自然规律一样。金丹派开发的昌阳、黄精、灵丹、大还、黄金等丹药，虽然可在延年益寿方面起到一定的功效，但要让人通过灵丹来达到道教所信仰的那种长生不死是不可能的。从这种理智的看法出发，道教的各种丹药在朝鲜半岛的儒者眼中仅为具有一定疗效的养生药而已。

第二节　简易实用的道教医书

道教重视人的生命存在，故对医药养生有着特别的关注。初创时期的道教就以符水咒术为人治病作为济世传道的重要手段，后来又陆续创作了一些具有实用性的医药养生道书。《本草经》、《甲乙经》、《素问经》、《针经》、《明堂经》、《难经》等中国古代医学著作都被道教继承与发展，因此《道藏》中的道教医书种类繁多，主要有：《黄帝内经》、《黄帝素问灵枢集注》、

---

① 《栗谷全书》拾遗六《杂著》三《医药策》，载韩国民族文化推进会编：《韩国文集丛刊》第45册，景仁文化社1996年版，第566—567页。

《肘后备急方》、《千金要方》、《千金翼方》、《白云先生灵草歌》、《丹方鉴源》、《太上灵宝芝草图》、《金石薄五九数诀》等。另外还有一些与医学相关的道书，如《太平经》、《周易参同契》、《黄庭经》、《抱朴子》、《养性延命录》、《玉枢经》、《悟真篇》等。可见，道教从法天则地、守道自然的思想出发，在研究人体生命运动规律时逐渐积累了丰富的医学知识。

今天的道教医学研究主要是从三个角度进行：一是道教医药学研究；二是道教对中医学的影响；三是从中医学文献中寻找被长期忽视的道教医学。由此可见，道教医学与中医学密切相关，甚至可说是建立在中医学的基础上。早在道教出现之前，"夫医书者，乃三坟之经。伏羲观天文造甲历，神农尝百药制本草，黄帝论疾苦成素问，因知其道奥妙，不易穷研，自非留心刻意，岂达玄机？"[①] 中医学是中华民族在长期医疗实践中逐渐形成的具有独特病理学说和诊疗特点的医学体系。据《周礼·天官》记载，在周代时，中医学已分为疾医、疡医、食医、兽医四科；使用望、闻、问、切等诊病方法及药物、针灸、手术等治疗手段。当时周王室中有"医师上士二人，下士二人，府（药工）二人，史二人，徒二人，掌医之政令，聚毒药以供医事"。建立起一整套医务人员分级制和医事考核制。道教医学是道教信仰与中医学治疗方法的结合。"道教医学涉及了'生、老、病、死'的全部内容。是人们对生的渴望与对死的恐惧的统一体。如今，人们的这些根深蒂固的观念，成为民间疗法而深深地根植于民众之中。因此，道教医学也可以称作是为追求'不老长寿'的医学。"[②]

东汉时出现的《太平经》就包含了丰富的医学思想与医疗方法。它曾对人患病的原因及治疗方法作了比较细致的归纳。患病之因主要有五：1. 中邪；2. 神游于外；3. 因恶行而遭鬼神作祟；4. 帝王政治措施失当招致天地鬼神降罚；5. "承负"他人的祸报。治疗之策主要有七：1. 守一思神法；2. 善行法；3. 善政法；4. 祭祀禳解法；5. 丹书祝除法；6. 方药灸刺法；7. 服食法。[③]《太平经》的这种疾病观念，表现了早期道教力图从鬼神惩罚、灾

---

① 刘温舒撰：《素问入式运气论奥序》，《道藏》第 21 册，第 485 页。

② ［日］吉元昭治：《道教与不老长寿医学》，成都出版社 1992 年版，第 20 页。

③ 参见林富士：《道教与医学——试论〈太平经〉的疾病观念》，载《疾病终结者：中国早期的道教医学》，台湾三民书局 2001 年版。

异报应、承负之灾等角度来寻找人患病原因，相应的，一方面提出拜神首过、符咒疗病等道教特有的祛病除疾的方法；另一方面，又通过药剂、灸刺、按摩、服食、守一等道术来对治各种疾病。道教医学既用术与药将道教的长生成仙的信仰具体化，又用神秘的宗教性外衣来包裹一些医学成分。符箓祈禳禁咒之术虽然包含有较多的迷信成分和浓厚的神秘色彩，但是在巫医不分的古代社会中，也被人们视为是一种有效的防病治病的方法，其中包含着心理治疗，故符箓内容和用符方式也是根据施治的病情、对象而有所不同，体现了辨病施符的特征。保留在《道藏》里的一些神符类道书，就记载了几百个治疗各种疾病的专用符，其中的医学技术还有待于进一步发掘和研究。

葛洪曾广选民间本草药的效方验方编成了《玉函方》一百卷。此书虽然已佚，内容难以详知，但据其自谓："余所撰百卷，名曰《玉函方》，皆分别病名，以类相续，不相杂错，其《救卒》三卷，皆单行径易，约而易验，篱陌之间，顾眄皆药，众急之病，无不毕备，家有此方，可不用医。"① 可见《玉函方》是一部集医疗经验及临床用药经验之大成的著作，标志着道教医学已从简单的临床经验积累，升华到系统的理论总结。

葛洪还收集了各种简单易行的医疗技术和单方验方，编成被后人视为中国最早的"医疗急救手册"——《肘后备急方》三卷。"肘后"的意思是说，医生可以把这本书藏于肘后的衣袖内，随身携带，以便在进行紧急诊疗时，随时取出参考使用。该书是从葛洪自著的《玉函方》中摘录86首而编成的，书中记载了各种疾病，包括内科中的急性传染病，如伤寒、天花、疟疾、痢疾、瘟疫、结核病等，身体脏腑中的慢性病，还有外科、儿科、眼科、六畜病的病因、症状以及治疗方法，其中一些内容达到了相当高的科学水平。例如，对天花这种恶性传染病的起因、流行、症状和治疗，被世界公认为是最早的记录。它还最早记录了肺结核病的种类至少有36种，至多可达99种。对肺结核病的症状也作了详细的描述——患者畏寒发热，恍惚不宁，全身不适却又说不出明确的病痛所在，长年累月咳嗽，最后咯血衰弱而死，患者死后还会传染给别人，因此葛洪将肺结核病称为"鬼注"或"尸

---

① 葛洪撰，王明校释：《抱朴子内篇校释》，中华书局1985年版，第272页。

注"，最早指出了肺结核病具有令人可怕的传染性。《肘后备急方》中关于用狂犬脑浆外敷被狗咬的伤口，以预防狂犬病发作的记载，是免疫学史上极为重要的发现，其运用原则和后来法国微生物学家巴斯德（Louis Pasteur，1822—1895）从狂犬脑中提取狂犬病毒来制造狂犬疫苗的接种法是相同。《肘后备急方》的药方精良，且多采用价格便宜、容易找到的草石等作为药物。例如，葛洪用海藻治疗瘿病（甲状腺病），用麻黄治疗哮喘，用常山治疗疟疾等，尤其强调应根据病人的实际情况来对症下药，以达到最佳的治疗效果。

《肘后备急方》是葛洪在整理与修订许多前代医家的医学典籍的基础上，再根据自己的临床经验写成的。药方简明易懂，患者依照此就可直接配药治病；针法、灸法也是不记穴位，只记身体中的具体位置和施治分寸，普通人看后即可依法施治，具有很强的实用性和大众性，故受到人们的重视而成为在东亚广泛流传的道书："早在中国北宋时，朝鲜已有《肘后方》的雕版本。按《高丽史》卷八云：'文宗己亥十三年二月甲戌安西郡护府使都官员外郎巽善贞等。进新雕《肘后方》七十三版。'文宗己亥十三年即北宋仁宗嘉祐四年（1059）。"[①] 后来，朝鲜人金礼蒙等撰《医方类聚》，许浚撰《东医宝鉴》，日本人丹波康赖撰《医心方》，都将《肘后备急方》列为重要的参考书。

后来，陶弘景针对"魏晋以来，吴普、李当之等，更复损益。或五百九十五，或四百四十一，或三百一十九，或三品混揉，冷热舛错，草石不分，虫兽无辨，且所主治，互有多少，医家不能备见，则识智有浅深"[②] 等问题，撰《本草经集注》七卷，以《神农本草经》为基础，补入魏晋年间的《名医别录》的内容，再加上自己的注释。全书共收药物 730 种，其中《神农本草经》365 种，《名医别录》365 种，用朱笔写《本经》，墨字书写《名医别录》，自己的见解则用小字注于药物正文之后，使全书出处分明，源流清楚。该书前首列"序录"及作者释文，其下是药物各论，其中对各种药物的名称、来源、产地、性状、鉴别、制作、保管、疗效都作了详细的

---

① 葛洪著，陶弘景增补，尚志钧辑校：《补辑肘后方》，安徽科学技术出版社 1983 年版，"前言"第 2 页。

② 陶弘景编，尚志钧、尚元胜辑校：《本草经集注辑校本》，人民卫生出版社 1994 年版，第 3 页。

记录，并首次按照药物的自然属性，将它们分为玉石、草木、虫兽、果、菜、米、有名未用等七大类别，每类仍分为三品。这种以药物自然属性分类法，比《神农本草经》的三品分类法更为先进，成为早期本草书的经典范本。陶弘景还把药性分为寒、微寒、大寒、平、温、微温、大温、大热八种，并在书写时用朱点来表示热性药，用墨点来表示寒性药，以便于人们实际使用。

《本草经集注》不仅是一部本草书，更是一部记载道教仙药的著作。陶弘景的注文及其创立的"诸病通用药"丰富了早期药学理论，为医生临床用药提供了方便。书中记载了一些药物制剂、炮炙、采收、剂量等资料，尤其是作者在注文中补充大量有关药物形态、鉴别、产地、效用等内容，对确定药材品种、保证用药安全都具有重要意义。在卷二"玉石上品"中，陶弘景还将药物的疗效与神仙信仰相联系，即根据神仙、轻身、延年等不同目标，把药物的疗效分为不同的档次："《仙经》服食，亦为至要。云其通神而致灵，和魂而练魄，明窍而益肌，浓肠而开心，调营而理胃，上品仙药也。善能断谷不肌。为药无朽蛀。吾尝掘地得昔人所埋一块，计应卅许年，而色理无异，明其贞全不朽矣。"[①] 仙药的特性在于久服，则使人安魂魄、养精神、不饥、耐寒暑、不饥渴、轻身长年、通神明，不老不死。陶弘景还在序录中设"解百药及金石等毒例"，此为最早的有关中药解毒的专论。

自古以来，日本人对中国医药学就一直十分仰慕与重视，这也是道教医药养生书能够在日本流行的重要原因。据《新撰姓氏录》记载，早在日本钦明天皇二十三年（562），"大伴狭手彦率兵伐高丽，八月凯旋时，吴人知聪从狭手彦归化，献药书、《明堂图》等百六十四卷"。知聪是吴王照渊之孙，曾寄居在朝鲜高句丽。当日本的大伴狭手彦率兵攻伐高丽，在562年8月班师回日时，知聪也随之移居日本。将中国针灸医著《针经》、描述解剖知识的《明堂图》等带入日本，一般认为这是中国医书传入日本的最早记载。知聪之子善那使主继承父业为医，于大化元年（645）制牛酪进献给孝德天皇。孝德天皇赐以"和药使主"称号，将他视为医药权威。后来知聪

---

① 苏敬等撰，尚志钧辑校：《唐新修本草》木部上品卷第十二，安徽科学技术出版社1981年版，第299页。

家族在日本世代从医。日本人称中医为"汉医",积极学习。

　　《本草经集注》大概在三国时就传到了日本。当时吴王的后裔智聪为避战乱逃亡朝鲜,后又于 562 年携带 160 卷药书、明堂图等东渡日本,此时距《本草经集注》成书才六十余年,故在智聪带去的药书中可能会有《本草经集注》。在日本奈良时代,遣唐使就将本草学传入日本,《本草经集注》就受到了日本人的关注。在大阪道修町出现的制药业就是以江南茅山道教宗师陶弘景的《本草经集注》为基础理论的。① 701 年,日本人开始进行本草学的教学,并在都城藤原京(今奈良县橿原市)中设置药园栽种本草药物。1934 年,日本开始发掘藤原宫遗址,出土了一批木简残片,其中有两片木简上分别书有"本草集注"和"本草集注上卷"等字样,还有一片记有"大宝三年"的日期。大宝三年是唐代武则天的长安三年(703),此时正好是日本文武天皇时代,他曾仿照唐代律令制定了国家法律,于大宝元年(701)完成并颁布《大宝令》,其中有关于医药的法令《医疾令》。

　　《医疾令》中明确规定,医学生要学习《甲乙经》、《脉经》、《本草》、《小品方》、《集验方》等中国医学著作。对于当时医学生学习教材中的"本草",究竟是陶弘景的《本草经集注》还是唐代官修的《新修本草》,历来看法不一,但从《大宝令》制定后仅两年的古都出土的木简上记载有"本草集注"这一点来看,当时把《本草经集注》作为指定教材的可能性更大一些。将《本草经集注》一书作为医学生的规定学习教材,明确写入国家法律之中,是否也可说明道教医药学在当时日本所产生的影响呢?

　　《本草经集注》在中国早已亡佚,大部分内容被辗转收入《新修本草》、《证类本草》和《本草纲目》等书中,但它的古卷本残卷在日本还有保存。1858 年日本医学家森立之(1807—1885)、小岛尚真、曲直濑正信等人撰成《重辑神农本草经集注》七卷,此书的第二稿由森立之誊写,大体上复原了当时仅存残篇的《本草经集注》内容,初稿本现由日本国会图书馆收藏。1908 年,橘瑞超等人受大谷光瑞之命赴中亚探险,从敦煌石室获得卷轴残卷一种,初步推测抄于我国六朝至唐朝初期。从卷子最后一行文字为"本草集注第一序录,华阳陶隐居撰",可以推断是陶弘景的《本草经集注》,

---

①　参见〔日〕福永光司:《道教と古代日本》,人文书院 1987 年版,第 62 页。

但仅存该书的序录部分。有学者将此残卷与《证类本草》引用的《本草经集注》文字对照，发现二者间存在一定差异。该卷子实物现藏于日本龙谷大学图书馆。1915年，中国著名藏书家罗振玉（1866—1940）从小川琢治处得到该卷子全卷的照片，将其影印收入《吉石庵丛书》中。罗振玉逝世之后，其孙罗继祖转赠给黑田源次。20世纪二三十年代，日本地质学者、地理学家小川琢治（1870—1941）曾撰文做过考证。1955年，上海群联出版社又根据罗振玉本影印出版该书。从现仅存有敦煌石室所藏的残本《本草经集注》可见，其作为中国古代本草药物学留下了珍贵的资料，为后世中国本草著作所仿效，其所创立的本草分类法，其中也有一些与道教医药学相关的内容，在东亚地区也产生了广泛而深远的影响。

早在公元6世纪，道士孙思邈所撰《备急千金要方》和《千金翼方》就已传到日本。《备急千金要方》30卷，简称《千金要方》、《千金方》。《正统道藏》析为93卷，名为《孙真人备急千金要方》。孙思邈在书前自序中曰："人命至重，有贵千金，一方济之，德逾于此，故以为名也。"并对该书的内容作了概括："脏腑之论，针艾之法，脉证之辨，食治之宜，始妇人而次婴孺，先脚气而后中风，伤寒痈疽，消渴水肿，七窍之病，五石之毒，备急之方，养性之术，总篇二百三十二门，全方论五百三十首。"① 孙思邈于此书中记载了一些内科常见病——痢疾、胸膜炎、麻风病、肺病、霍乱，妇科中的月经不调、崩中漏下、妊娠和儿科疾病的治疗方法，并提出了以脏腑寒热虚实为中心的杂病分类及辨证施治的治疗理路。《千金翼方》31卷是孙思邈晚年的作品，是对《备急千金要方》的补充。全书依次分为药录纂要、本草、妇人、伤寒、小儿、养性、辟谷、退居、补益、中风、杂病、万病、飞炼、疮痈、色脉、针灸、禁经凡十七部分一百八十九门，合方、论、法二千九百余则，记载药物八百余种。书中不但对一般的医药问题加以详述，而且还专门辟有关于老年病、妇女病和小儿病的章节。

孙思邈的这两部医学巨著问世至今已有一千多年，其卓著的医疗效果长期以来一直受到东亚地区历代医家的推崇与敬重。日本多纪元坚为日本嘉永二年影印宋本《备急千金要方》作序时说："晋唐以降，医籍浩繁，其存而

① 《孙真人备急千金要方》，《道藏》第26册，第1页。

传于今者，亦复何限？求其可以扶翊长沙，绳尺百世者，盖莫若孙思邈《千金方》者焉。是书皇国向传唐代真本，惜仅存一卷，其余寂无闻焉。"①可见《千金方》是最早传到日本的中国医籍之一。幸岛宗意《倭版书籍考》（1707）卷五"医书之部"的《千金方》中说："医书之舶来于日本，以《千金方》最早。卷首为医学诸论，是后世医门的规范等。"在日本同时留传的很多医药著作，几乎都离不开孙思邈的《千金方》。701 年，日本仿效唐制，制定大宝律令，设医药令，就将《千金方》作为培养医生的必修教材。

当代日本医史学家宫下三郎说："中国医学传到日本，即形成所谓汉方医学，其中对日本影响最大的是唐代孙思邈的著作。汉张仲景的《伤寒论》在江户时代后半期一个世纪期，虽然也获得高度评价，但若与孙思邈《备急千金要方》的影响相比较，可以说是昌盛一时，就其影响的深远来讲，没有超过孙思邈的著作。"②据 20 世纪 80 年代初统计，日本现藏《千金要方》版本有：宋校本、原刊本、道藏本、真本千金方等历代十多种版本，国内外翻刻出版者，由宋本至今，《备急千金要方》三十余次，《千金翼方》约二十次，两部《千金方》合刻本六次；另外还有许多评注本、节要本以及某卷的单行本也有十余种。近几十年来，东亚对孙思邈及其著作的研究日益广泛深入，以日本最为活跃且富有成果。1974 年，日本关西大学还专门成立了"日本《千金要方》研究所"，专门对《千金要方》这部"人类的至宝"进行研究。③ 东亚的大型医药学类书，如日本《医心方》，朝鲜《医方类聚》、《东医宝鉴》等不仅在编写体例上参照学习，而且还大量征引了该书的内容。《备急千金要方》自宋迄今，已有中外刻本三十余种，大致可分为三类：一是未经北宋校正医书局校刊者，现存清代黄丕烈补配本，藏日本静嘉堂书库；二是经北宋校正医书局校定者，现存日本江户医学馆影摹南宋刻本，1955 年人民卫生出版社曾据以影印；三是明正统《道藏》本，析为 93 卷，名《孙真人备急千金要方》。④ "目前，日本藏《孙真人备急千金

---

① 孙思邈著，李景荣等校释：《千金翼方校释》，人民卫生出版社 1998 年版，第 464 页。
② ［日］宫下三郎：《孙思邈在日本》，《中华医史杂志》1983 年第 1 期。
③ 参见钱超尘、温长路主编：《孙思邈研究集成》，中医古籍出版社 2006 年版，第 1474 页。
④ 参见伊广谦主编：《中医方剂名著集成》，华夏出版社 1998 年版，第 870 页。

要方》宋刊本两种，一本今存米泽市立图书馆，为宋绍兴十七年（1147）刊、绍熙庆元年间（1190—1200）补刊本，此本已经被认定为'日本重要文化财'，共三十三册。一本今存静嘉堂文库，为宋刊元明配补本，共二十四册。此处一并记述。"①《千金翼方》传入日本，受到人们的欢迎，被多次刻印。日本现存元大德十一年（1307）梅溪书院《千金翼方》刻本，后日本文政十二年（1829）又重刻元大德梅溪书院刻本。② 1955 年人民卫生出版社出版的《千金翼方》就是根据日本文政年 30 卷本影印的。

在平安朝，日本人利用道教医学的书籍，或用道教医方治病的故事就不胜枚举。例如，据《续日本纪》40 卷，记载了自文武天皇元年（697）至桓武天皇延历十年（791）之间的历史大事，是了解奈良时代的基本史料，据延历六年（787）五月戊戌条记载："典药寮言：'苏敬注《新修本草》，与《陶隐居集注本草》相检，增一百余条。亦今采用草药，既合敬说。请行用之。'许焉。"③ 典药寮是当时日本政府负责诊疗、药园管理的部门。其官员向天皇提出，要求使用中国的《新修本草》。《新修本草》是中国唐代药学家苏敬在陶弘景《本草经集注》的基础上主持编成的，共有本草 20 卷（现残存 11 卷），目录 1 卷；本草图 25 卷，目录 1 卷；图经 7 卷（已佚），全书共 54 卷，共收集药物八百余种。这是世界上第一部由国家正式颁布的药典《新修本草》又名《唐本草》。和田萃认为，《新修本草》是以陶弘景的《本草经集注》为基础，从其中的神仙思想和仙药之方可见古代日本的民间道教的实态。④《新修本草》在中国早已失传，但在日本却受到特别重视，日本至今还保存着圣武天皇时代天平三年（731）的手抄本。

弘法大师空海虽然信仰佛教，但他以专门鉴别药物、香料的药生身份到唐朝学习，日本天台宗高僧安然（841—?）作《真言宗教时义》中说："我

---

① 严绍璗：《日本藏汉籍珍本追踪纪实》，上海古籍出版社 2005 年版，第 292 页。

② 据清代杨守敬著《日本访书志》卷九中说："《千金翼方》，三十卷，校元本。日本文政己酉从元椠摹刻本。其原本系多纪氏聿修堂物，今未知所在。此本系小岛尚质以初印本朱校于界栏上，盖据宋本、元本、明王肯堂校刊本及《新修本草》诸书合校者，自丁亥讫己亥首尾十二年始成，其精核可想。"

③ 《续日本纪后篇》卷三十九《桓武天皇》，载［日］黑板胜美、国史大系编修会编修：《新订增补国史大系》2，吉川弘文馆 1966 年版，第 316 页。

④ 参见［日］和田萃：《药猎と〈本草集注〉——日本古代の民间道教の实态》，载［日］野口铁郎、酒井忠夫：《道教与日本》第二卷，雄山阁 1997 年版，第 36 页。

日本国延历年中。睿山本师入唐之时，空海阿阇梨元为药生，同共入唐。值遇慧果阿阇梨而蒙灌顶。"① 空海在入唐前可能还不是正式的佛教徒，他以药生身份为遣唐使入唐的。空海晚年著《秘密曼荼罗十住心论》论述真言行者心品转升的十个阶段（即十住心）② 时，也涉及一些道教医药学知识："病源巨多方药非一，已宅远近道乘千差，四百之病由四蛇而苦体，八万之患因三毒而害心。身病虽多其要唯六，四大鬼业是也。心病虽众其本唯一，所谓无明是也。身病对治有八，而心病能治有五也。汤散丸酒针灸咒禁者身之能治也，四大之乖服药而除。鬼业之祟咒悔能销，药力不能却业鬼。咒功通治一切病，世医所疗唯身病也，其方则大素本草等文是也。"③ 但在空海看来，道教医药学属于"世医"，虽然可以用本草方来助人治疗"身病"，但"因药力不能却业鬼"，故只有密宗的"咒功"才能通治一切病。真言宗在日本的流行，是否也成为阻碍道教医书在日本流传的原因之一？

平安时代延喜十八年（918）大医博士深江辅仁编成《本草和名》上下两卷。这本日本最早的本草学著作，以《新修本草》第三至第二十卷中的药物为主要依据，另外还有 29 种药取自孙思邈的《千金方》，一共列举了 1025 种药物。《本草和名》以"和名"即日本语对中国药物给予鉴定与命名，虽推动了中国本草学在日本的传播，但并没有特别重视道教医书。只是 984 年日本著名医生丹波康赖在撰写《医心方》时，对陶弘景的《本草经集注》多有引用。

奈良朝曾向唐朝学习设典药寮，也置医博士、针博士、按摩博士，教学生学习《本草经》、《甲乙经》、《素问》、《针经》、《脉经》、《明堂经》等中国医学书。8 世纪初，日本天皇在其治国法典《大宝律令》中设《医疾令》，确定"汉医"为正统医学。"古老的中国医学理论发展到宋代，更趋于理论化、完备化。当时流行的刘（完素）张（从正）医学被称为寒凉派和攻下派；李（东垣）朱（丹溪）医学被称为温补派和养阴派。其中李朱医学，于室町时代由留学明朝的田代三喜传回日本，经曲直濑道三的鼓吹，

---

① 《真言宗教时义》，《大正藏》第 75 册，第 431 页。
② 所谓十住心依次为：异生羝羊心、愚童持斋心、婴童无畏心、唯蕴无我心、拔业因种心、他缘大乘心、觉心不生心、一道无为心、极无自性心及秘密庄严心。
③ 《秘密曼荼罗十住心论》，《大正藏》第 77 册，第 303 页。

流行于关东、京都一带，与官学朱子学相结合，成为江户的主流医学，被称为'道三流'。由于古文运动的影响，道三流也分裂出'古医方'和'后世医方'，它们都是中医传到日本之后的变形。"① 道教医学作为中医学的重要内容，在养生保健的基础上传播的"防病胜于治疗"的理念，采用术与药的方法来追求长生延年的理想都受到日本人的欢迎。虽然在东亚各地传播的道教医学有着不同的地域性和民族性特点，但都是为了解决人体病痛，却淡化了其中追求得道成仙的信仰成分，对道教在日本的传播并无太大的助益。

　　9 世纪末，藤原佐世编撰《日本国见在书目录》时，列有医方家 165 家，收有医书 166 部、1309 卷之多，还有道教医药书，如《葛洪肘后方》3 卷、《葛氏百方》9 卷、《葛氏肘后方》10 卷、唐代道士孙思邈的《千金方》31 卷等。此为《千金要方》传入日本的最早记录，后来日本流传的医药书几乎都离不开孙思邈的《千金方》，医师们也以是否熟悉与运用此书来衡量医术水平。平安时期，大医博士深江辅仁《本草和名》中有 29 种药，取材于《千金方》。江户时期永观二年（982），日本名医丹波康赖在编日本汉医奠基著作《医心方》20 卷时，其中引用《千金方》条文达 1273 条，共 480 余处，故丹波康赖说："脱离了《千金方》，就谈不到《医心方》。"后来的医学家小岛尚质和多纪元坚都对《千金要方》推崇备至。"在平安时代，医学生学习的医书全由中国传来的，他们对这些医书中所包含的道教医学一定非常熟悉，也具体进行过实践。这种传统在贝原益轩的《养生训》及其他书中均有反映。藤原明衡因想用中国药材实行长生法，就向宫廷司掌医药的官员请教此法（《云州消息》卷中末）。公元 1861（文久元）年编著的《太上养生要诀》就是典型的道教医学。"② 附属于江户幕府将军的红叶山文库是当时接受并收藏汉籍最多的地方，仅唐本医书就有 323 部，其中也包括一些道教医药学著作。在江户时代之前的日本医师一般都了解道教医学，并实践道教养生术，这是道教医学在日本产生的特殊影响。

　　镰仓朝后，日本陆续出现了一些本草书，如延庆四年（1310）河东直麿《国手十图》。1709 年，贝原益轩编《大和本草》16 卷中收录了药物

---

　　① 黄心川主编：《东方著名哲学家评传·日本卷》，山东人民出版社 2000 年版，第 282 页。
　　② ［日］窪德忠：《道教史》，上海译文出版社 1987 年版，第 303 页。

1366 种，并对这些药物的特性进行了观察与研究。1741 年，小野兰山编《本草纲目启蒙》48 卷更是集当时日本本草学之大成。可以说，在 18 世纪西方文化传入日本之前，日本医药学是以中医学为核心发展起来的，其中对道教医学多有借鉴，但并非主流。明治十七年（1884），明治政府下令禁止汉医在日本传播，日本本草学急剧衰落，以现代医药科学为特征的博物学随之而兴盛起。

　　道教医学也随着医学交流和道教传播而在朝鲜半岛产生了一定的影响。据《增补文献备考》卷二四：《艺文考》记载，中医学早在周朝末箕子入朝就传入朝鲜半岛："箕子率中国五千人入朝鲜，诗书礼乐医巫阴阳卜筮之流，百工技艺，皆从而往焉。"① 随着箕子带领五千中国人迁移到朝鲜半岛，中医学知识也随之而传去了。"在新罗神文王二年（682）创立的'国学'中，有医学分科，《本草经》、《甲乙经》、《素问经》、《针经》、《明堂经》、《难经》等书是作为必修科目出现的。"② 到新罗时代，孝昭王元年（692），新罗僧人道证作为玄奘的再传弟子，在中国学佛回国后，不仅著有《成唯识论纲要》等著作，而且特别建议朝廷中设置医学博士，以推广中医学。

　　在高丽王朝的支持下，中医学在朝鲜半岛发展起来，一些道教医学的内容也得到了传播。例如，《玉枢经》是一部以趋邪治病为特点的道书，因短小精悍的一卷，传到朝鲜半岛后，受到人们的广泛传诵，以至于形成了一种风俗。人若遇三灾九厄，请盲人帮助诵念此经，就可消灾解厄，因此李能和说："我俗患病请盲人读《玉枢经》是必有其故焉。"③ 于是，朝廷和民间机构相继刻印了不同的刻本，其中比较著名的是英祖九年（1733）宁边郡妙香山普贤寺刊印的朝鲜刻本。该刻本书前绘刻四十四神像，经文中有海琼白真九注，祖天师张真君义、五雷使者张天君释、纯阳孚佑帝君赞，经末附有各种符箓。《玉枢经》在朝鲜半岛传播的民间道教中影响最大。④

　　朝鲜王朝前期的医学已经全面接受了道教养生理论，如金时习

---

　　① ［朝鲜］弘文馆编纂：《增补文献备考》下册，东国文化社 1957 年版，第 550 页。
　　② ［韩］都珖淳：《韩国的道教》，载［日］福井康顺等监修：《道教》第三册，上海古籍出版社 1992 年版，第 89 页。
　　③ ［朝鲜］李能和：《朝鲜道教史》，东国文化社 1959 年版，第 369 页。
　　④ ［韩］车柱环：《韩国道教思想》，人民文学出版社 2005 年版，第 55 页。

（1435—1493）学贯儒、佛、道三教，热衷于道教修炼，他以梅月堂或东峰为号，表达自己对仙道之崇赏。他写的《天形》、《龙虎道教》、《服气》、《修真》等与丹学相关的道教医学著作，现收录于他的《梅月堂集》中。据说，金时习在仙化之前，将他的《天遁剑法磨炼诀》传授给洪裕孙（1431—1529），将《玉函记》中的内丹要诀传授给郑希良（1469—?），又把《参同龙虎秘旨》传授给尹君平，由是而被誉为朝鲜丹学的中兴之祖。

有着"万古丹经王"之称的道教著作《周易参同契》受到了朝鲜人的关注，后出现了多种注本，推动了道教医学的发展，如朝鲜著名儒学家李退溪（1501—1570）从追求长寿的角度出发，受朱熹化名"空同道教邹欣"作《参同契考异》一卷的影响，对《周易参同契》非常感兴趣。还有朝鲜丹学派的重要人物郑磏的《丹家要诀》与《龙虎秘诀》。1639年，理学家权克仲编著《周易参同契注解》时，在诠释《周易参同契》的过程中，介绍了《石函记》、《金碧经》、《复命篇》、《心印经》、《曹仙姑大道歌》、《钟吕传道集》等道书，以"性命双修"为宗旨，将道教传统的服气法、全真道南宗丹道易学与讲义理、谈性命的理学融合起来，促进了一些朝鲜学者对内丹道的兴趣。[①]

在朝鲜王朝时期还出现了一些具有道教因素的医药学著作。例如，李宗准的（?—1499）《神仙太乙紫金丹方》、朴云的（1493—1562）《卫生方》、郑推仁（生卒不详）的《颐生录》、郑士伟的（1536—1592）《二养编》、李昌庭的（1573—1625）《寿养丛书类稿》、崔奎瑞的（1650—1735）《降气要诀》，都是道教色彩颇浓的医书。[②] 东亚国家在接受道教医学的影响时，又结合本国情况进行一些改革。19世纪初，学者徐有榘（1764—1845）编纂的《林园十六志》中有《仁济志》28卷就总结了治疗各种疾病的临床经验，《葆养志》8卷则比较系统地介绍了道教医学的养生观：

　　　卷一：总叙：摄生、戒忌；
　　　卷二：精气神：保精、调气、啬神；

---

① 参见孙亦平：《从〈周易参同契〉看易学在道教中的传播与影响》，《周易研究》2011年第2期。
② 参见［韩］车柱环：《韩国道教思想》，人民文学出版社2005年版，第201页。

卷三：起居饮食：养形、节食、律时；

卷四：修真：导引、按摩、附歌诀；

卷五：服食：药饵、酒体、附糕饵杂方

卷六：寿亲养老：调元、疗病；

卷七：求嗣育婴：求嗣、育婴；

卷八：养生月令表。

《葆养志》以顺应自然掌握人体生命活动的变化规律，倡导通过养生、修真、服食等方法来达到祛病延年、强健体魄的目的，具有道教医学的性质。

许浚（1546—1615）作为朝鲜王朝皇室御医，曾奉宣祖之命，花了16年的时间撰成的《东医宝鉴》被称为是一部重要的道教医学著作。他在《序文》中记载了参与筹划与编纂的作者："宣宗大王、以理身之法、推济众之仁、留心医学、轸念民瘼、尝于丙申年间、召太医臣许浚、教曰近见中朝方书、皆是抄集庸琐、不足观尔……，浚退、与儒医郑碏、太医杨礼寿、金应铎、李命源、郑礼男等设局撰集。"郑碏的兄长郑磏（1506—1549），字士洁、号北窗，是朝鲜内丹思想的实际先驱者，郑碏跟随兄长参加道教的内丹修炼，精通道家内丹理论，许浚通过郑碏而接触到道教医学和内丹术。

以道教医学为指导的《东医宝鉴》共有23卷，分内景篇（内科）、外形篇（外科）、杂病篇、汤液篇（药学）、针灸篇五大部分。其开篇就以《黄庭经》为指导来阐述其医学思想："《黄庭经》有内景之文，医书亦有内、外境象之图。道家以清静修养为本，医门以药饵、针灸为治。是道得其精，医得其粗也。今此书，先以内景、精气神、脏腑为内篇。次取外境，头面、手足、筋脉，骨肉为外篇。又采五运六气、四象三法、内伤外感诸病之症，列为杂篇。末著场液、针灸以尽其变。使病人开卷目击，则虚实、轻重、吉凶、死生之兆明名水镜，庶无妄治夭折之患矣！"①《东医宝鉴》搜集了八十多种中国医书和在朝鲜王朝流行的《医方类聚》、《乡药集成方》等，尤其是吸收并发展了道教《黄庭经》、《养性延命录》、《悟真篇》等道书中

① ［朝鲜］许浚编，郭霭春等校点：《东医宝鉴》，中国中医药出版社1995年版，第1页。

的生命观和修行观，形成了特有的道教性格。① 《东医宝鉴》把身体分为
"内景"与"外景"两部分，以道教气化论为中心，借《悟真篇》注曰：
"人之一身，禀天地之秀气而有生，托阴阳陶铸而成形。故一身之中，以精
气神为主，神生于气，气生于精，故修真之士，若执己身而修之，无过炼治
精气神三物而已。"② 将身心之间的复杂关系作为医学的基础。

《东医宝鉴》开篇《内景篇》卷一为探讨人的身形而列出《身形脏腑
图》，以道教《黄庭内景经》思想为理论基础，不仅阐发了道教的五脏六腑
说，而且对身体中的精、气、肾、血、津液等和五脏六腑的功能进行了
探讨：

> 人身，内有五脏六腑，外有筋骨、肌肉、血脉、皮肤、以成其形。
> 而精气神又为脏腑百体之主，故道家之三要，释家之四大，此谓此也。
> 《黄庭经》有内经之文，医书亦有内外境像之图。道家以清静修养为
> 本，医门以药饵、针灸为治，是道得其精，医得其粗也。③

这幅朝鲜王朝留传至今的唯一的《身形脏腑图》借用了唐代道士孙思
邈的身体观："夫二仪之内，阴阳之中，唯人最贵。人者，禀受天地中和之
气，法律礼乐，莫不由人。人始生，先成其精，精成而脑髓生。头圆法天，
足方象地，眼目应日月，五脏法五星，六腑法六律，以心为中极。"④ 但许
浚在借用时又从天人相应的角度作了发挥：

> 孙真人曰：天地之内，以人为贵。头圆象天，足方象地。天有四
> 时，人有四肢；天有四时天有四时，人有四肢；天有五行，人有五脏；
> 天有六极，人有六腑；天有八风，人有八节；天有九星，人有九窍；天
> 有十二时，人有十二经脉；灭有二十四气，人有二十四俞；天有三百六
> 十五度，人有三百六十五骨节；天有日月，人有眼目；天有昼夜，人有

① 参见［韩］金洛必：《〈东医宝鉴〉之道教的性格》，《科学与哲学》1991 年第 2 期。
② ［朝鲜］许浚编，郭霭春等校点：《东医宝鉴》，中国中医药出版社 1995 年版，第 5 页。
③ ［朝鲜］许浚编，郭霭春等校点：《东医宝鉴》，中国中医药出版社 1995 年版，第 1 页。
④ 《孙真人备急千金要方》卷一，《道藏》第 26 册，第 27 页。

瘔寐；天有雷电，人有喜怒；天有雨露，人有涕泣；天有阴阳，人有寒
热；地有泉水，人有血脉；地有草木，人有毛发；地有金石，人有牙
齿。皆禀四大五常，假合成形。①

《东医宝鉴》以明代名医龚廷贤撰于万历十五年（1587）《万病回春》
中的人体侧面像为蓝本，绘制的《身形脏腑图》描述了一个似乎正在进行
修炼的人，深呼吸的嘴巴，炯炯有神的眼睛，省略掉手与足的侧身，以头和
颈椎为中心形成的一幅生动清晰的脏腑图。这就是从天人相类的思想出发，
将天地视为大宇宙，人体看作小宇宙。头象征着天，足象征着地，颈椎连接
天与地，将宇宙的运行与人体的变化由此统一起来，血气从下丹田出发，沿
着尾闾关、夹脊关和玉枕关，到达泥丸宫，形成了上下周流运行的周天循环
路线。《东医宝鉴》使用道教内丹修炼的词语，如尾闾关、夹脊关和玉枕关
等来标注身体中的穴位，展示五脏六腑的位置以及道教运气经过的周天循环
路线，表达了朝鲜王朝时人们对身体观的看法基本上来自道教的身形观，但
其中却没有提及道教内丹修炼中的三丹田等重要穴位。

与道教内丹修炼相关，《东医宝鉴》重视五脏中的心与脾："心形如未
敷莲花，中有九空，以导引天真之气，神之宇也。心重十二两，中有七孔三
毛，盛精汁三合，主藏神。"他不仅将心中的窍、毛作为区分上智、中智、
下智、愚人、下愚人的标志，而且强调将心作为五脏之主宰："五藏系通于
心，心脏图心通五藏系，心之系，与五藏之系相连，故五藏有病先干于
心。"② 心为脾之母，脾是心之子，脾居心下，心脾一气相通。《东医宝鉴》
将脾脏作为五脏的中枢："脾形象脾形象马蹄，内包胃脘，象土形也。经络
之气交归于中，以营运真灵之气，意之舍也。《内经·注》脾形扁似马蹄，
又如刀镰。脾重二斤三两，扁广三寸，长五寸，有散膏半斤，主裹血，温五
藏，主藏意。《难经》。脾者俾也，在胃下俾助胃气，主化水谷也。胃主爱
纳，脾主消磨。"③ 脾脏的模样似马蹄，如刀镰："在天为太阳，在地为太
阴，在人为中黄祖气。道家以脾为黄庭，黄者中央之色，庭者四方之中也。

---

① ［朝鲜］许浚编，郭霭春等校点：《东医宝鉴》，中国中医药出版社 1995 年版，第 3 页。
② ［朝鲜］许浚编，郭霭春等校点：《东医宝鉴》，中国中医药出版社 1995 年版，第 96 页。
③ ［朝鲜］许浚编，郭霭春等校点：《东医宝鉴》，中国中医药出版社 1995 年版，第 99 页。

脾居一身之中央，故曰黄庭。"脾居于身体中央，故称黄庭，经络之气交于中，以营运真灵之气，意之舍也，又为治心病之要穴。

《东医宝鉴》还引用道教的阴阳五行平衡的治疗观以及"治未病"思想："是以至人消未起之患，治未病之疾，医于无事之前，不追于既逝之后。"[①] 宣扬身体的保养与治疗都应遵循道教《清静经》的"清静修养为本"思想，"心地自然清净，疾病自然安痊。能如是，则药未到口，病已忘矣。此真人以道治心、疗病之大法也"[②]。通过寡欲、内视、静坐以达到忘我、无我状态的"以道治心"的疗病方法，对古代朝鲜医学的影响很大。《东医宝鉴》作为东亚道教中重要的医学著作，在 2009 年 7 月 31 日成为世界上第一部被联合国教科文组织列入世界记忆遗产名录的医学著作。

第三节　顺阴阳五行的治疗术

道教医学建立在对人体生命的构成与运动的细致观察上，由此发明了顺阴阳五行变化来对治疾病的治疗术。日本学者吉元昭治（1928— ）认为，道教医学的主要内容可分为三个层次：第一层，也是中心层，与汤液、针灸、本草等中国传统医学基于同一基础，其中与服饵、外丹也有关系。第二层，也是中间层，导引、调息、却谷、房中、内丹等为增进健康、长生的自我锻炼，也就是所谓的养生；第三层，也是最外层，具有符、签、咒、祝、斋等神秘性、魔术性要素，相当于现在的护身符，辟邪物、神签、符咒、占卜、祈祷、庙会等。[③] 从这一分类可见，虽然道教中一直存在着以画符念咒等现代人看来是迷信的手段来为人治病消灾的做法，但从总体上看，道教医学却是以精气学说为基础，以阴阳五行学说为主线，以脏腑学说为中心，以经络学说为构架，以汤液、针灸、本草、导引、调息等为治病方法，逐渐形成一个完整的人体生命科学的理论体系。道教医学不仅推动了中国古代医学的发展，而且也成为促进道教在东亚地区传播的重要力量。

---

① ［朝鲜］许浚编，郭霭春等校点：《东医宝鉴》，中国中医药出版社 1995 年版，第 5 页。

② ［朝鲜］许浚编，郭霭春等校点：《东医宝鉴》，中国中医药出版社 1995 年版，第 6 页。

③ 参见［日］吉元昭治：《道教与中国医学》，载［日］福井康顺等监修：《道教》第二册，上海古籍出版社 1992 年版，第 244 页。

　　道教的医学观、治疗术与生命观紧密联系在一起。道教认为，人的形体是精、气、神、血、津、液等多重元素有机组成的一个生命体。"形"指人的躯体结构，是人有形的生命存在的物质载体。从"天人感应"思想出发，道教把人身之形态与天地相比附："天地之间人为贵，然囿于形而莫知其所以贵也。头圆像天，足方像地，目像日月，毛发肉骨像山林土石。呼为风，呵为露，喜而景星庆云，怒而震霆迅雷，血液流润而江河淮海。至于四肢之四时，五脏之五行，六腑之六律。若是者，吾身天地同流也，岂不贵乎？"①人身与天地之间，息息相通，彼此感应，有着共同的运动规律。神指人的内在心理精神因素，有元神与识神之分，以意识流的形式存在，是生命运动的最高形式，它经常以无形来指导有形。在形神关系上，道教中既有追求养形为长生之本的观点，也有将存神、炼神作为长生之要的说法，如《西升经》曰："伪道养形，真道养神，真神通道，能亡能存。神能飞形，并能移山。"②但从总体上看，早期道教比较注重肉体成仙，南北朝之后开始逐渐向追求精神升玄方向转型，到金元全真道时，以追求精神超越为基本特色。③

　　精有广义和狭义之分：广义指以液态形式构成人体和维持生命活动的精微物质，包括精、血、津、液等；狭义指肾藏之精，即生殖之精，是促进人体生长、发育和生殖功能的物质。津液是人体中一切正常水液的总称，包括各脏腑形体官窍内的液体及分泌物，如胃液、肠液、唾液、关节液等，也包括代谢物中的尿、汗、泪等。津与液皆来源于水谷滋养，都以水分为主，含有大量的营养物质，但二者的性状、分布和作用有异：津的性质较清稀，流动性较大，布散于人体皮肤、肌肉和孔窍之中，并能渗入血脉之内，起滋润作用；液的性质较浓稠，流动性较小，存在于骨节、脏腑、脑、髓等，起营养作用。津液与营气结合而成血。血运行人体经脉之中，环流全身，是具有营养作用的红色液体。精、血、津、液都是构成人体和维持人体生命活动的基本物质。气是维持人体生命活动的最基本能量物质，它有不同的来源，又表现出不同的功能：先天元气来自父母，定位在肾；后天水谷之气来自人每

① 《三元延寿参赞书》卷一，《道藏》第 18 册，第 528 页。
② 《西升经》，《道藏》第 11 册，第 495 页。
③ 参见孙亦平：《论道教仙学两次转型的哲学基础》，《南京大学学报》1998 年第 4 期。

天消化吸收的物质，定位在脾胃；呼吸之气，定位在肺。气流布全身各处，在脏腑就叫脏腑之气，在血脉则称营卫之气，在经络则称经络之气。

经络学说在道教医学中占有重要地位："经脉者，所以能决死生，处百病，调虚实，不可不通。"① 道教医学与中医学相似，将经脉分为正经、奇经两大类。正经有十二条：即手足三阴经手足三阳经，内属脏腑，外接肢节，为气血运行的主要通道。另有十二经别、十二经筋、十二皮部作为十二正经分出的别支，以补充正经之不足。奇经有八脉：督、任、冲、带、阴跷、阳跷、阴维、阳维，它们具有统率、调控十二正经的作用。与中医学诊病、按摩、点穴、布气、针灸以十二正经为主不同，道教医学治病与修炼重视奇经八脉，尤其是任督两脉："坎离交媾之地，在人身天地之正中，八脉九窍十二经十五络联辏，虚间一穴，空悬黍珠，医书谓之任督二脉。此元气之所由生，真息之所由起。修丹之士，不明此窍，则真息不生，神化无基也。"② 督脉为"阴脉之海"，任脉为"阴脉之海"，冲脉则为"五脏六腑之海"，又称"十二经脉之海"。络脉为经脉的分支，有孙络、浮络和十五别络之分，它们分布人身表里。人体内部以经络来联系五脏六腑、五官九窍、四肢百骸、皮肉筋骨等各个器官组织，上下直行曰经，左右横行曰络。经络为精气神运行的通道，阴阳相贯，左右相连，前后相接，循环无端，使气血周流全身，人体表里和谐。这样，气、血、精、髓等通过经络在人体内形成有序的能量流，组成并维持着人体的生理机能和运动功能的生命能量。"夫人禀天地元气而生者也，一呼一吸，内外之气应矣。气有六，曰心、曰肺、曰肝、曰脾、曰肾、曰三焦，为之主焉。能服是气，一年通矣，二年行矣，三年功成，其凝玄珠于丹田矣。……故气之化也，始之血，血为精，精为髓。一年其气易矣，二年其血易矣，三年其脉易矣，八年其发易矣，九年其形易矣，其神三万有六千皆化，而为仙矣。"③ 若通过呼吸吐纳行气的修炼，最终促进人体内的气、血、精、髓的生理机能不断改善，生命能力就会不断提高。

---

① 《黄帝素问灵枢集注》卷五，《道藏》第 21 册，第 401 页。
② 李时珍撰：《奇经八脉考》中引《大道三章直指》，载《李时珍医学全书》，中国中医药出版社1996 年版，第 1264 页。
③ 《道枢》卷十五，《道藏》第 20 册，第 683 页。

    道教医学还借用阴阳五行的相生相克来说明"人身是一小宇宙"之理，由此来探讨疾病发生的原因，寻找治病的思路与方法。阴阳是天地之枢机。五行是阴阳之终始。非阴阳则不能为天地，非五行则不能为阴阳。既然"金木水火土"是构成世界最基本的五种物质，阴阳的对立统一是事物消长变化的根本原因，那么，人体和自然事物一样，都时刻处于阴阳五行相生相克的过程之中。天地有阴阳五行，人有血脉五脏，它们之间形成了一种对应关系：

        五行：木火土金水
        五脏：肝心脾肺肾
        五腑：胆小肠胃大肠膀胱
        五主：筋脉肉皮骨
        五根：目舌唇鼻耳
        五色：青赤黄白黑
        五液：泪汗涎涕唾
        五味：酸苦甘辛咸
        五情：怒喜思悲恐
        五时：朝昼午夕夜
        五季：春夏中秋冬
        五气：风暑湿燥寒
        五方：东南中西北
        五位：左上中右下

就天地而言，金生水，水生木，木生火，火生土，土生金，则养成之道，循环无穷。就人身而言，肺生肾，肝生心，心生脾，脾生肺，上下滋养，无有休息。五脏五行，相成相生，昼夜流传，无有始终。从之则吉，逆之则凶。这种对五脏的认识在《黄帝内经素问》中就有论述，后在东亚道教中得到发扬光大。直到20世纪，日本整体气功的泰斗野口晴哉（1911—1976）在建构整体气功法时还依据道教医学的"气"的观念，给人治病的基础在于"内观"和"感应"。首先，治疗者在治疗身体有病疾或心理有障碍的人，就与他同步呼吸，把气集中在病灶部位。接着治疗者的身体向对方作出反应，使体内共有同一病灶，这就是"感应"。从自己身体的内部来感受和观察病灶，这就是"内观"。治疗者通过与被治疗者共有同一疾患，并且从自己身上治愈，用这种方法来治疗被治疗者的身心疾患，来源于道教的气功疗法思想与实践。[①]

　　南朝陶弘景在《养性延命录》中引《明医论》云："疾之所起，自生五劳，五劳既用，二藏先损。心肾受邪，府藏俱病。五劳者，一曰志劳，二曰思劳，三曰心劳，四曰忧劳，五曰疲劳。五劳则生六极，一曰气极，二曰血极，三曰筋极，四曰骨极，五曰精极，六曰髓极。六极即为七伤，七伤故变为七痛。七痛为病，令人邪气多，正气少，忽忽喜忘悲伤，不乐饮食，不生肌肤，颜色无泽，发白枯槁。甚者，令人得大风偏枯，筋缩四肢，拘急挛缩，百关隔塞，羸瘦短气，腰脚疼痛。此由早娶，用精过差，血气不足，极劳之所致也。凡病之来，不离于五脏。"[②] 陶弘景从道教信仰的角度作了进一步的发展，人若能夺天地之机，顺五行之道，无始无终，则能得道而成仙。当人体的五脏——肝、心、脾、肺、肾，在阴阳平衡的状态下，就会相资相生，促进身强体壮，延年益寿。"五胜者皆以生我为利，克彼为用，利用相乘，故有成败。《经》云：五行相克，万物悉可全。云：动静者，终始之道。聚散者，生化之门也。阳其动乎，阴其处乎，动以生之，静以息之。淳阳不生，淳阴不成，阴阳更用，昼夜相资……其在人也，肾藏于阳，脑潜于阴。及其老也，和气不足，阴阳将散，则阳上升，阴下降，故脑热而肾冷，肾无阳气则脚无力，脑无阴气则眼目不明。"[③] 若阴阳失调，人体的五脏就处于相胜相克的状态下，其中有一个脏器受到损害，其他脏器也会受到牵连，人就会生病。道教医学认为，在人体的五脏中，最易受到伤害的是脾胃。脾胃为身体之本，气血为生化之源。人体所需的能量主要是靠脾胃吸收、运化、输送到全身。人食五谷杂粮难免会吸收一些有害物质。这些有害物质首先会伤及脾胃，因此，道教医学的防病与治疗往往从调理脾胃入手，

---

　　① 参见［日］高田公理：《中国医学·民间疗法と道教思想》，载千山稔编：《环海シナ文化と古代日本——道教とその周边》，人文书院 1990 年版，第 176 页。
　　② 《养性延命录》卷下，《道藏》第 18 册，第 482 页。
　　③ 《云笈七签》卷九十三《阴阳五行论》，《道藏》第 22 册，第 642 页。

通过脾胃吸收人体所需营养，来补充肾之元气，保存心肝肺之气血。只有身体强健，才能防止病害侵入。

道教医学从构成人的生命元素分析研究出发，以阴阳五行的变化来研究疾病发生的原因、临床表现、疾病导致的身体功能代谢的变化，建立起由"脉象学说"、"脏腑学说"、"经络学说"、"病因学说"、"病机学说"、"养生学说"、"气功学说"组成医学理论体系，为人们诊断、治疗和预防疾病提供了理论依据。如在病因学说上，陶弘景突破了前人将人的生理系统分为脏腑、经络、气血、津液等几类的做法，而在《肘后百一方》中提出按病因来分类的学说。他认为，病虽有千种，但病因大略只有三条：一是脏腑经络，因邪生疾，是为"内病"，如中恶、心腹痛、伤寒、时气、中风、水病、发黄等急性病；二是四肢九窍，内外交媾，是为"外病"，如痈疽、疮疥、耳目等病；三是假为他物，横来伤害，是为"他犯病"，如虫兽伤、中毒等病。[①] 陶弘景从人体自身条件和外界环境影响来说明致病的原因，由因至果，再寻找治病之良方。虽然道教医学针对各种疾病而发明了多种术与药，但其治疗与养生的原则却在于遵循五行变化，通过调和阴阳二气，扶正驱邪，以防病于未然。这种"防病胜于治疗"的思想与道教医学以实证性为理论研究与临床治疗为进路是联系在一起的。如孙思邈在《千金翼方》中把急救治疗方法分为五种。他说："医方千卷，未尽其性，故有汤药焉，有针灸焉，有禁咒焉，有符印焉，有导引焉。斯之五法，皆救急之术也。"[②] 除急救法之外，道教医学中比较常见的治疗法一般分为药物治疗、行气治疗、针灸治疗、禁咒治疗、房中之术等。

道教医学所说的药物主要分为两种：一是以服食金石草木等天然物为主以养生治病；一是以服食人工烧炼的金丹大药以求得道成仙。托名汉代刘向撰《列仙传》收集了71位神仙传记，从他们成仙事迹看，主要是自己服食致仙，或教人服食养生，而服食的内容又是五花八门，如赤松子"教神农服水玉"、黄帝"采铜铸鼎，鼎成升仙"、彭祖"常食桂芝，善导引行气"、修羊公"取黄精食之"、园客"常种五色香草，食其实"，都希望通过努力

---

① 参见《葛仙翁肘后备急方序》，《道藏》第 33 册，第 3 页。

② 孙思邈著，李景荣校释：《千金翼方校释》，人民卫生出版社 1998 年版，第 440 页。

能够找到一种长生不老药。他们在采药、卖药、炼丹、行医的过程中，通过反复尝试，认识与掌握了大量的金石草木之药性。由于草本植物与动物、矿物以及其他种类的药物相比，具有采摘方便、便于服食用、毒性小等特点，因此，在寻求长生不老药的过程逐渐发展出中国最初的本草学。

东汉时，社会中服食求仙之风盛行，出现了中国最早的一部药物学著作《神农本草经》，它奠定了道教医学中的本草学之基础。《神农本草经》三卷共记载了 365 种本草药物，按养命、养性和治病之疗效分为下、中、下"三品"："上药一百二十种为君，主养命以应天。无毒，多服，久服不伤人，欲轻身益气，不老延年者，本上经。中药一百二十种为臣，主养性以应人。无毒有毒，斟酌其宜，欲遏病补虚羸者，本中经。下药一百二十五种为佐使。主治病以应地，多毒，不可久服，欲除寒热邪气，破积聚，愈疾者，本下经。三品合三百六十五种，法三百六十五度，一度应一日，以成一岁。位其数合七百三十名也。"① 这种按天地人的等级及毒性大小来区分药物与疗效的最原始的药物分类法，既便于人们选择和使用可以健身延年治病的药品，也提供了治疗疾病的安全有效的药物范围，后为道教医学继承与发扬。

草本植物也是道教医学使用的主要药物。东汉道书《太平经》中就列有《草木方诀》、《生物方诀》，即以植物和动物作为医用药物的主要来源，尤其是将草木方看作"救死生之术"，并根据草木本身具有的治病疗效作一简单的分类：

> 草木有德有道而有官位者，乃能驱使也，名之为草木方，此谓神草木方也。治事立愈者，天上神草木也，下居地而生也。立延年者，天上仙草木也，下居地而生也。治事立诀愈者，名为立愈之方。一日而愈，名为一日而愈方，百百十十相应愈者是也。此草木有精神，能相驱使，有官位之草木也。十十相应愈者，帝王草也，十九相应者，大臣草也，十八相应者，人民草也，过此而下者，不可用也，误人之草也。是乃救死生之术，不可不审详。②

---

① 顾观光辑，杨鹏举校注：《神农本草经》卷一，学苑出版社 2002 年版，第 1—2 页。
② 王明编：《太平经合校》卷五十，中华书局 1960 年版，第 172—173 页。

不仅草木可入药，"飞步禽兽跂行"等生物也可以入药。《生物方诀》曰：

> 生物行精，谓飞步禽兽跂行之属，能立治病。禽者，天上神药在其身中，天使其圆方而行。十十治愈者，天神方在其身中；十九治愈者，地精方在其身中；十八治愈者，人精中和神药在其身中。此三者，为天地中和阴阳行方，名为治疾使者。①

《太平经》只是以天地人来命名药方，并没有提及具体的药名，却有了单味药与"和合"而成的复方药之分，其疗效也可以分为愈立、一日方、二日方、三日方等。

《太平经》已认识到，上品药以滋补营养为主，无毒，既能祛病又可长服以强身延年；中品药一般无毒或有小毒，多数具有补养和祛疾的双重功效，故不宜久服；下品药是以祛除病邪为主的药物，多数药性猛烈，有的甚至有毒，容易克伐人体正气，故不可过量使用。这种依据天地人将草木方、生物方分成不同等级的做法，在于强调使用草木之药也须十分谨慎："欲得良药者，取决于拘校凡方文而效之也。"② 最好是用临床实践来检验是否为有效的良药，以免乱用而误伤人。《太平经》的这种药物分类法尚处于比较原始的阶段，它可以促使人们去选择和使用那些具有健身延年作用的保健药品，即使是治疗疾病，也应当在安全有效的药物范围内使用，但由于这种分类方法不能明确说出药名、药性和主治病症，不便于从医者学习与掌握。

道教医学也将烧炼丹药作为治病延年之方。葛洪说："夫丹之为物，烧之愈久，变化愈妙。黄金入火，有练不消。服此二物，练人身体，故能令人不老不死。"③ 从汉代到唐宋千百年的时间里，众多道士对炼丹术进行了研究和实验，炼出了各种丹药，其中有一些就是用来治病。例如，《云笈七签》中收有孙思邈的《太清丹经要诀》，其中记有"神仙大丹异名三十四种"、"神仙出世大丹异名十三种"和"非世所用诸丹等名有二十种"。他还炼成太一神清丹、太一玉粉丹、小还丹、艮雪丹、赤雪流朱丹等用来治疗疾

① 王明编：《太平经合校》卷五十，中华书局 1960 年版，第 173 页。
② 王明编：《太平经合校》卷一百八，中华书局 1960 年版，第 512 页。
③ 葛洪撰，王明校释：《抱朴子内篇校释》，中华书局 1985 年版，第 71 页。

病。例如，"太一神清丹"用雄黄、曾青等合成，"以之治病，神验不可论，宿症风气，百日服者，皆得痊愈"，把炼丹向制药的方向推展。这种做法后在东方地区产生了一些影响。

《东医宝鉴》卷九《杂病篇》中就列有一些制作丹药的方法，如"太乙紫金丹"又名"紫金锭"，也叫"万病解毒丹"，是用来治疗蛊毒的。其制作方法如下："蚊蛤去虫土三两，山茨菰去皮焙二两，红芽大戟洗焙一两半，续随子去皮油一两，麝香三钱。右为末，糯米粥和匀，捣千余杵。每一料分作四十锭。每一料分作四十锭。每服半锭，重者一锭。修合时，宜端午、七夕、重阳日，或遇天德、月德日，在净室焚香斋戒。勿令妇人、孝服人、鸡犬见之。自缢、落水、鬼迷、惊死，心头温者，并冷水磨灌，即醒。蛇犬诸恶虫伤，以酒化服。水磨涂伤处。"人若中蛊毒就当服此丹药。1497年李宗准刊行的《神仙太乙紫金丹》医书中也对"太乙紫金丹"名称及药性进行了详细的介绍，可推测它与道教有关。

"玉枢丹"又名"追毒丹"，其治病与服用方法与"太乙紫金丹"相似，故也有说是"太乙紫金丹"的别名，但其制作方法却要在"太乙紫金丹"中再添加一两雄黄和五钱朱砂。据《增补文献备考》云："玉枢丹祭，祭始医药之神，五月五日行于内医院。馈实樽罍币爵，同风、云、雷、雨。献官内医院官。"在玉枢丹制作之前，先要对"医药之神"进行祭祀，然后在内医院再进行风、云、雷、雨的祭祀。据说，这种对"风、云、雷、雨"的玉枢丹祭礼是明朝洪武三年（1370）四月，明朝的朝天宫道士徐师昊作为祭官来朝鲜半岛传授的道教祭仪之一。[①] 另据金迈淳（1776—1840）撰写的《洌阳岁时记》中《六月》篇记载："内医院以季夏土旺日，祀黄帝，制玉枢丹进御。内赐阁臣三枚。"在初夏时制作"玉枢丹"先要先祭祀黄帝。这种"玉枢丹祭"是否可看作是道教炼丹方法与道教祭仪对朝鲜医学产生影响的证据呢？虽然《东医宝鉴》中的《内景篇》具有浓厚的道教色彩，但外篇和杂篇则排斥用这种荒唐无稽迷信方法来治病，提出了一些符合经验科学的医学理论与具有可操作性的治疗方法，故韩国学者车柱环评价说：

---

① 参见［韩］安东浚：《论韩国医学与道教之关系》，《道学研究》2005 年第 1 期。

"据此而编撰出来的科学医书，为朝鲜一代树立严谨的医风"①，起到了推动作用。

　　道教医学将"气"视为构成人的生命之根和健康之本，由此出发，将行气也作为一种治疗方法。《上清洞真品》云："人之生也，禀天地之元气为神为形，受无一之气为液为精。天气减耗神将散也，地气减耗形将病也，元气减耗命将竭也。故帝一回风之道，沂流百脉，上补泥丸，下壮元气。脑实则神全，神全则气全，气全则形全，形全则百关调于内，八邪消于外。元气实则髓凝为骨，肠化为筋，其由纯粹真精，元神元气，不离身形，故能长生矣。"② 道教认为，推动人体生长发育、维持生理功能活动的总动力是元气，元气又分为元阴和元阳，均藏于肾中。此气禀受于父母，又得到后天水谷精微之气的不断补充，虽然无形无象，却主宰着生命的兴衰存亡。气的运行路线是经络，借此而在人体内部运行不息。体内各脏腑的功能也都由阴阳二气主宰，如果体内阴阳平衡，身体就处于健康的状态。

　　人之所以生病，乃是因为阴阳之气失和，偏离了动态平衡，造成不同部位的正气虚损和不同种类的邪气入侵，形成了各种的疾病。"多头疾者，天气不悦也。多足疾者，地气不悦也。多五内疾者，是五行气战也。多病四肢者，四时气不和也。多病聋盲者，三光失度也。多病寒热者，阴阳气忿争也。多病愦乱者，万物失所也。多病鬼物者，天地神灵怒也。多病温而死者，太阳气杀也。多病寒死者，太阴气害也。多病卒死者，刑气太急也。多病气胀或少气者，八节乖错也。"③ 疾病发生大多是与身体中的精、气、神、血与所对应的阴阳之气的不和谐引起的。例如，陶弘景就运用"气论"来说明人的生理变化及致病的原因。他说："人生气中，如鱼在水，水浊则鱼瘦，气昏则人病。邪气伤人，最为深重。经络既受此气，使入脏腑，随其虚实冷热，结以成病。"④ 人生气中，如鱼生活在水中。若正气日衰，邪气就会日盛。当邪气侵害经络，再传入脏腑，人就会随气的虚实冷热变化而生

---

　　① ［韩］车柱环：《韩国道教思想》，人民文学出版社 2005 年版，第 44 页。
　　② 《云笈七签》卷五十六，《道藏》第 22 册，第 385 页。
　　③ 王明编：《太平经合校》卷十八至三十四，中华书局 1960 年版，第 23 页。
　　④ 《重修政和证类本草》卷一引《梁陶隐居序》，唐慎微著，尚志钧点校：《大观本草》，安徽科学技术出版社 2002 年版，第 10 页。

病。这种对致病原因的探讨，虽然带有一定的宗教神秘主义色彩和猜测的性质，但却改变了从人的内在心理或从鬼神作祟中寻找疾病原因的迷信做法。道教医学往往会渲染行气具有治病救人的神奇疗效。葛洪说："行气或可以治百病，或可以入瘟疫，或可以禁蛇虎，或可以止疮血，或可以居水中，或可以行水上，或可以辟饥渴，或可以延年命。其大要者，胎息而已。得胎息者，能不以鼻口嘘吸，如在胞胎之中，则道成矣。"① 尤其是用"胎息"的方法来"行气"，对己可以强身健体，对人可以治疗百病，故《诸家气法》中曰："凡服气欲得循环，身中百物不食，肠中滓秽既尽，气即易行，但能忍心久作，自觉神情有异。四体日胜一日，肠中既净，即闭目内视，五脏历历分明。知其处讫，即可安存此五藏神常自卫护。久行气人，眼中别人善恶，视人表，知人里。但日久行之，亦能驱使此五藏神以治人病。"② 这种以行气术来获得特异功能甚至可达到养生治病功效的说法在道书中比比皆是。

　　这种在"气"的范畴上展开的对病因的探寻和生命活动的描述，推动了道教医学实践及养生术在东亚地区的发展。朝鲜儒学家李珥的医学观深受道教"养气论"影响："修短之数，虽曰在天，保养天机，其不在人乎？是故养气于未然之前，治病于已然之后，顺受正命，而不失摄生。医病之方，不过如斯而已。"③ 他将养气作为治病的前提的做法受到人们广泛的认可。如李圭景在《气治神治辨证说》中将道教的医病分为气治和神治："医病有气治神治，按物理小识，气治在乎运转，以呼吸为橐钥，或放气以出邪，或闭气以专注，通关熟行，其效甚捷，久行积验，其病日轻。神治则静坐凝神，视病何起，属何藏腑，循经络而运散之，寒思火，燥思水，先对治，徐从治，足以起死，须专一耳。"④ 用行气服气法来对治身中的各种疾病。

　　道教医学还提出了针灸治疗法。针灸术的发明非常早。"夫医道所兴，其来久矣。上古神农始尝草木而知百药。黄帝咨访岐伯、伯高、少俞之徒，内考五藏六府，外综经络血气色候，参之天地，验之人物，本性命，窍神极

---

① 葛洪撰，王明校释：《抱朴子内篇校释》，中华书局1985年版，第149页。
② 《云笈七签》卷五十七《诸家气法》，《道藏》第22册，第439页。
③ 《栗谷全书》拾遗六《杂著》三《医药策》，载韩国民族文化推进会编：《韩国文集丛刊》第44册，景仁文化社1996年版，第566页。
④ 〔朝鲜〕李圭景：《五洲衍文长笺散稿》卷四十九《气治神治辨证说》，明文堂1982年版，第601页。

变，而针道生焉。"①《太平经》中有《方药灸刺诀》对针灸的内容与方法都作了比较细致的介绍："灸刺者，所以调安三百六十脉，通阴阳之气而除害者也。三百六十脉者，应一岁三百六十日，日一脉持事，应四时五行而动，出外周旋身上，总于头顶，内系于藏。衰盛应四时而动移，有疾则不应，度数往来失常，或结或伤，或顺或逆，故当治之。灸者，太阳之精，公正之明也，所以察奸除恶害也；针者，少阴之精也，太白之光，所以用义斩伐也。治百中百，治十中十，此得天经脉谶书也，实与脉相应，则神为其驱使；治十中九失一，与阴脉相应，精为其驱使；治十中八，人道书也，人意为其主使。过此而下，不可以治疾也，反或伤神。甲脉有病反治乙，名为恍惚，不知脉独伤绝。"②《太平经》还指出，若人随便使用灸刺来治病，一旦伤及正脉，就会损伤正气，违反四时五行，灾异就会来临。可见，针灸是以中医理论为指导，探讨运用针灸来防治疾病的一种传统的治疗术。针灸因具有适应症广、疗效显著、施治方便、经济安全等优点，后来在实践中不断发展，初步形成了以理、法、方、穴、术为一体的针灸学理论体系。

　　道教医学十分重视针灸治疗法。据说，魏晋医学家皇甫谧（215—282）医道皆通，他在 40 岁时，他患了风痹病，十分痛苦，于是通过自我针灸，摸清了身体中的脉络与穴位，并结合《灵枢》、《素问》及《名堂孔穴针灸治要》等医书，撰写了中国第一部针灸学的著作——《针灸甲乙经》，依照头、面、胸、腹、背等部位记述了脏腑经络学说。在《内经》的基础上确定了 349 个穴位，介绍了针灸手法、宜忌和常见病的治疗，其中有关经络、穴位、针灸技术及临床治疗等内容在针灸学史上占有很高的学术地位。东晋葛洪著《肘后备急方》所录针灸医方 109 条，其中 99 条是灸方。腰痛是一种复杂难治的病，葛洪在"治卒腰痛诸方"中提出用灸方配合药物来加以治疗："不得俯仰方：正立倚小竹，度其人足下至脐，断竹，及以度后，当脊中，灸竹上头处，随年壮，毕，藏竹，勿令人得矣。"③　"治反腰有血痛方：捣杜仲三升许，以苦酒和涂痛上，干复涂，并灸足踵白肉际，三壮。"④

---

①　张灿玾、徐国仟校注：《针灸甲乙经校注》中皇甫谧《序》，人民卫生出版社 1996 年版，第 16 页。
②　王明编：《太平经合校》卷五十，中华书局 1960 年版，第 179—180 页。
③　《葛仙翁肘后备急方》卷四，《道藏》第 33 册，第 58 页。
④　《葛仙翁肘后备急方》卷四，《道藏》第 33 册，第 59 页。

用灸方配合治疗腰痛是道医的特色，其显著的疗效也引起了人们的重视，使灸法与针法一样得到了发展。唐代孙思邈在《千金方》中说明了"阿是穴"的取法和应用，并绘制了"明堂三人图"，分别把人体正面、背面及侧面的十二经脉和奇经八脉用不同颜色绘出，他提出的用灸方预防疾病，为预防医学作出了贡献。与针灸相配合还有服药、按摩、导引等治疗术。

道教医学还有利用符箓咒禁之术进行疗病的方式。道教创立之初，太平道首领"张角……奉事黄老道，畜养弟子，跪拜首过，符水咒说以疗病，病者颇愈，百姓信向之"[1]。道教医学由巫医发展而来，认为人之所以患病，乃是鬼魅作祟的缘故，对此，就应用符箓咒禁之术来驱邪禳灾，以达到疗病的效果。道教医学在进行临床治疗时，还将祈祷、祭祀、祝告、禁忌、符箓和咒语等作为辅助治疗之方，用来安神保健、洁净身心、请神召将、驱鬼却病。禁，本义为趋吉避凶。咒禁，亦称禁咒、神咒、神祝等，即天神的语言："天上有常神圣要语，时下授人以言，用使神吏应气而往来也。人民得之，为神咒也。祝也祝百中百，祝十中十，祝是天上神本文传经辞也。其祝有可使神伇为除疾，皆聚十十中者，用之所向无不愈也。"[2]"咒"的音义与"祝"相似。祝告天神，诉说病由，以咒语与禁忌、符箓相配合使用就成为道医治病的特殊方式。符箓是采用象征性的云气烟雾体、篆书或复文写成，也被认为具有请神、驱鬼、镇邪、治病的功效。对病人念神咒，画符以驱使鬼神，为人治病除疾，这种做法属于上古巫术的遗留。道医在念神咒时，往往还要配合行气、存想、禹步、印诀等道术，以更好地来禁伏会对人体造成伤害的对象、以达到预期的医疗效果的一种法术。

敦煌遗书伯二八五六《发病书》中《推初得病日鬼法》是按十二地支顺序来说明病症的："子日病者，鬼名天贼，四头一足而行，吐舌，使人四肢不遂，令人暴死。以其形废之，即吉。此符朱书之，病人吞之，并书着门户上，急急如律令。"[3] 如果在子日患四肢不遂病，就可推知作祟的鬼名叫天贼。若用丹砂书治病符箓，或让病人用水吞服，或贴在病家的大门上，即可达到驱鬼治病的功效。这种用符咒治病的方法不仅成为道教符箓派一种重

---

①　《后汉书》卷七十一《皇甫嵩传》。

②　王明编：《太平经合校》卷五十，中华书局 1960 年版，第 181 页。

③　黄永武主编：《敦煌宝藏》第 124 册，台湾新文丰出版公司 1982 年版，第 495 页。

要的传道方法，而且也成为历代道教医学驱邪治病的手段之一。

日本平安末镰仓初，社会流行冤魂观念和亡灵风俗。《诸国百物语》认为，"亡灵"恐惧的东西是"牛王宝印"之类的符文及阴阳道的咒符。① 阴阳道以道教符箓咒禁术驱鬼疗病在当时日本社会产生了一定的影响。据镰仓前期文人藤原定家（1162—1241）在日记《明月记》中记述，在当时的日本，有些建筑物被称为"仙洞"、"日华门"等，泰山府君祭、灶神祭在民间流行，一些阴阳师通过修被、占星术、咒禁术来为人打鬼驱鬼以治病等。这些日记往往记载了人们的所闻所见，从中可以构勒出一些鲜活的道教因素，生动地反映了道教医学在日本的传播情况。

道教医学中可以用来治病的符箓咒禁种类繁多，既有针对不同疾病的，也有可治万病的，如葛洪在《抱朴子内篇·至理》中以生动形象的事例介绍了各种禁咒之法：禁邪魅山精、禁鬼神、禁虎豹及蛇蜂、禁金疮、禁白刃、禁沸汤等。后来的宋元道书《太上三洞神咒》汇集了多达数百首道教符箓咒禁。② 禁咒之法之所以能够发挥神奇的功效，主要是因为行气的作用。葛洪说："吴越有禁咒之法，甚有明验，多气耳。知之者可以入大疫之中，与病人同床而已不染。又以群从行数十人，皆使无所畏，此是气可以禳天灾也。"③ 禁咒之法还具有预防传染病的功效。如孙思邈在《千金翼方》中专列有论述咒禁的篇章《禁经》，列举了百余种禁方。虽然每种咒禁所禁对象不同，但一般都由咒语、禹步、掌诀、闭气、吐气、存想、唾液等组成一个全身心的动作。《禁经》中还专门讲到："凡欲学禁，先持知五戒、十善、八忌、四归，皆能修治此者，万神扶助，禁法乃行。"④ 人们在学习符箓咒禁之术的过程中，必须遵循道教为善去恶的戒律，这是能够获得效验的道德保证。道教医学不仅重视平时的养生保健，而且还强调个人道德向善在

① 到江户时代，"百物语"成为在夏天夜晚举行一种集体召唤鬼魂的游戏。参加者身穿青衣，在暗室中点燃一百支蜡烛，轮流说鬼怪故事，说完一个吹熄一支蜡烛，直到说完第九十九个，剩下最后一支灯芯。相传，这时若有人吹熄最后一根蜡烛就会引来鬼魅，所以谁也不敢去触碰这项禁忌。《诸国百物语》就是诸国有关怪论奇谈的集成，被誉为"日本的图文版《聊斋志异》"。（参见［日］杉浦日向子：《百物语》，南海出版公司 2008 年版。）

② 参见《太上三洞神咒》，《道藏》第 2 册。

③ 葛洪撰，王明校释：《抱朴子内篇校释》，中华书局 1985 年版，第 114 页。

④ 孙思邈著，李景荣校释：《千金翼方校释》，人民卫生出版社 1998 年版，第 441 页。

保养身体和治疗疾病中的重要作用。人若不能为善去恶，疾病就会附身，因此在道教医学中始终存在着一种伦理评价标准及神灵赏罚的宗教性说教。

道书中关于具体治疗人体疾病的医学知识分量很小，大多为符水咒说、复文辟邪、丹书吞字、悬像还神等这些颇具巫觋气息的符箓禁咒之术。这种符箓禁咒之术虽然颇具迷信色彩，但在科学不发达的古代东亚社会中却大行其道。577 年，百济国王曾派遣咒禁师到日本，当时的敏达天皇（572—585 在位）就把这些精通历法、天文遁甲方术的咒禁师安置在难波大别王寺中："百济国王付还使大别王等，献经论若干卷，并律师、禅师、比丘尼、咒禁师、造佛工、造寺工六人，遂安置于难波大别王寺。"[①] 在国王的支持下，百济咒禁师与僧侣一起来到日本。这些咒禁师曾在日本社会生活中活跃一时，用道教与佛教的咒禁来拔除邪魅鬼祟以治疗疾病，其中也包含有带宗教性的心理暗示疗法。大化改新后，持统天皇五年（691）十二月下令："赐医博士务大参德自珍、咒禁博士木素丁武、沙宅万首银人二十两。"[②] 咒禁博士木素丁武、沙宅万首都是百济灭亡时从百济移民到日本的所谓"渡来人"。持统天皇特别赏赐这些为日本发展作出贡献的医博士与咒禁博士。

根据日本《养老令》记载，奈良朝设置典药寮作为医学和药学教育的专门机构，并在典药寮设置"咒禁师两人，咒禁博士两人，咒禁生六人"。但与中国不同的是，第一，日本咒禁师的官位虽低于医师，但却高于针灸师与按摩师。第二，隋唐的咒禁师是以道教与佛教的咒禁术来治疗疾病，但日本的咒禁师所使用的咒禁术仅限于道教系统的道术，其内容还包括厌胜符等，更加充满了迷信色彩。咒禁师是一个十分微妙的角色，他既可用咒禁术来役使鬼神，来帮助人恢复健康，也可用咒禁术来妖妄惑众，影响到社会安定。后来出现的《僧尼令》中"卜相吉凶"条："凡道士、僧尼等卜相吉凶，及左道、巫术、疗疾者皆还俗；其依佛法持咒救疾，不在禁限。"按"吉凶"将咒禁术作了区别，左道巫术属于禁限的范围之内，这就在客观上限制了道教在日本的传播。

---

① 《日本书纪》卷二十《敏达天皇》，载［日］黑板胜美、国史大系编修会编修：《新订增补国史大系》1，吉川弘文馆 1967 年版，第 107 页。

② 《日本书纪》卷三十《持统天皇》，载［日］黑板胜美、国史大系编修会编修：《新订增补国史大系》1，吉川弘文馆 1967 年版，第 107 页。

道教的基于五脏观而形成了冥想还神法在日本被发展为一种医学治疗术。日本学者田中文雄（1954— ）在《觉鍐〈五轮九字秘释〉的背景思想——道教·医学の两侧面について》一文中指出：日本平安时代末期新义真言宗兴教大师觉鍐（1095—1143）著《五轮九字秘释》，又称《五轮九字秘释》，通过对"五轮九字"的阐释，从佛教密教的角度来抒发对阿弥陀佛及西方极乐净土之看法，其中就借鉴了中国古代医学和道教《太平经》及《黄庭经》等上清系经典中的"五藏六腑观"，并将道教的"五藏六腑观"与佛教的"五轮九字说"相融合而提出"五藏三摩地观"。① 五藏六腑说最早源于《黄帝内经》中对人的眼睛与脏腑关系的论述。"五藏六腑之精气，皆上注于目而为之精。精之窠为眼，骨之精为瞳子，筋之精为黑眼，血之精为络，其窠气之精为白眼，肌肉之精为约束。"② 后世医家将"五藏六腑观"五轮说运用到治疗术中，以眼睛不同部位的形色变化来诊察人体中相应脏腑的病变：目内眦与外眦的血络属心，称血轮；黑睛属肝，称风轮；白睛属肺，称气轮；瞳仁属肾，称水轮；上下眼睑属脾，称肉轮，使五轮与人体中的五脏相联系。"三摩地"又称三昧、三摩提、三摩帝、三摩底、三么地、三昧地等，汉译为"定"，即住心于一境而不散乱的意思，是禅定的一种。觉鍐从佛教密宗的角度，提出的"五轮"代表五种元素——地、水、火、风、空，它们的位置如塔状，从底部开始一直向上。"九字"是梵文阿弥陀如来之真言。觉鍐认为，五轮与九字实际上完全相同，可谓"同体"，阿弥陀如来与大日如来也完全一样，由此来融合密教与净土思想，并将道教的五脏观中五官、五声、五臭、五星、五色等与佛教密宗的金刚界"五字真言"相配合，用以说明人体的构成与运动变化的规律，这就使这部日本真言宗的重要著作《五轮九字秘释》有了十分广阔的思想背景，其中对人体内脏的认识既深受道教的五脏神观念的影响，还吸收了《太平经》中的悬像还神法。《太平经》曰："夫神生于内，春，青童子十；夏，赤童子十；秋，白童子十；冬，黑童子十；四季，黄童子十二。此男子藏神也，女神亦如此数。男思男，女思女，皆以一尺为法。画使好，令人爱之。不能乐禁，即魂

---

① 参见［日］野口铁郎、酒井忠夫编：《道教与日本》第二卷《古代文化の展开と道教》，雄山阁1997年版，第165页。

② 《黄帝素问灵枢集注》卷二十三，《道藏》第21册，第457页。

神速还。"① 道教的悬像还神法主要是依照人体各器官列出相应神明的名称、服色、大小及职司，指出凡人常有各种疾病的根源皆在于与其机体中的某个器官相应的神明"去不在"，进而要求人"悬其像"，"思还神"，通过这种内观冥想式的宗教性祈祷，祈求神灵归来佑护自身，以达到治疗疾病的目的。田中文雄认为，《五轮九字秘释》中的五脏神像图、冥想五脏神像、还神法等观念都直接来源于道教。②

在日本还曾出现过用道教符文来治疗疾病、驱除亡灵的做法。据《诸国百物语》记载，日本人认为"亡灵"恐惧的东西是"牛王宝印"以及"阴阳寸咒符"之类的符文。若身上佩带符文，就能够避开"幽灵"的视线，保护人们免遭"幽灵"或"亡灵"的侵害。③ 日本妖怪物语小说《怪谈牡丹灯笼》④ 讲述了日本战国初期天文年间应仁之乱后，京都衰败荒废，陈尸遍野，书生荻原新之丞在路上偶遇美丽小姐弥子，一见钟情后人鬼相恋的故事，其中特别提到以道教法符驱鬼的方法。小姐夜夜打着牡丹灯笼降临书生家与之鱼水欢聚，但邻居却发现这位美丽的小姐其实是亡灵变成的妖怪。为了防止"亡灵"的侵害，"新之丞跪倒在地，苦苦哀求卿公救他一命。卿公拿出纸笔写了一道法符，用御神的锦织小袋束好，交给新之丞，并叮嘱说：'这道符你拿回去贴在自家外门上。到了晚上，不管那个妖怪在外面如何求你，或是喊你，切不可应声，更不可把门打开！过了百日后，你就能捡回一命。'"⑤ 后来新之丞因还没有过百日就去给小姐上坟，最后被小姐拉着共赴黄泉。这种以符文驱鬼的做法在道教中可谓比比皆是。

高丽时代比较重视道教，三国时期文献史料中开始出现有关咒禁师的记载。随着道教斋醮科仪被纳入高丽王朝及朝鲜王朝的国家祭祀体系中，符箓

① 王明编：《太平经合校》卷十八至三十四，中华书局1960年版，第21—22页。
② 参见［日］田中文雄：《觉鑁〈五轮九字秘释〉——道教·医学の两侧面について》，载［日］野口铁郎、酒井忠夫编：《道教与日本》第一卷《道教の传播と古代国家》，雄山阁1997年版，第173页。
③ 参见［日］诹访春雄：《日本的幽灵》，中国大百科全书出版社1990年版，第134页。
④ 《怪谈牡丹灯笼》来自明代文言短篇小说集《剪灯新话》。《剪灯新话》以"情"为中心讲述了人与人的婚恋、人与鬼的爱情，在中国不太有名，后来几乎失传，但传入东亚社会后，却有着很大的影响。《怪谈牡丹灯笼》就是以妖怪物语的形式来讲述人鬼情，其中也传播了一些道教特有的符文驱鬼等因素。（参见［日］三遊亭圆朝著，井上ひさし编：《怪谈牡丹灯笼》，株式会社学习研究社1982年版。）
⑤ 王新禧：《宛若梦幻：日本妖怪奇谭》，陕西人民出版社2008年版，第159页。

咒禁术不仅渗透到朝鲜民间宗教的习俗中，而且也逐渐为朝鲜医学所接受。《东医宝鉴》就将道教有关符箓咒禁和风水图谶的观念贯穿到医疗术之中，如《杂病篇》十曰："产图及催生符。借地法，并以朱书于产母房内北壁上，先贴产图，次贴催生符，次贴借地法。读咒借地法，三遍而止。"[①] 产房中不仅要贴符箓，道医在助产时还要念咒语，以求诸神拥护：

> 咒曰：东借十步，西借十步，南借十步，北借十步，上借十步，下借十步，壁房之中，四十余步，安产惜地，恐有秽污，或有东海神王、或有西海神王、或有南海神王、或有北海神王、或有日游将军、白虎夫人，远去十丈。轩辕、招摇，举高十丈。天符、地轴，入地十丈。令此地空闲。产妇某氏，安居无所妨碍，无所畏忌，诸神拥护，百邪逐去，急急如律令。敕。读三遍。[②]

《东医宝鉴》将这种具有浓厚迷信色彩的中国道教符箓术运用到产妇生产的过程中，作为护佑产妇平安顺利生产的一种心理疗法。

道教将房中术不仅作为养生延命之法，而且还视为一种特殊的治疗术。房中术是以炼养精气为基础的夫妻交合之术。它不仅关系到夫妻双方的身心健康，而且也关系到优生优育和子女后代的身体素质，故也是道教医学的重要内容之一。房中术承认性欲既是人的本能之一，也是生命能够得到延续的重要环节。道教医学中的性学观念，不仅讲究"合房有术"，而且对性生活的宜忌也有着详细的规定。"七损八益"就是道教房中保健所强调的要领之一，它分别列举了七种对身体有害和八种对身体有益的方法。依《医心方》卷二十八引《玉房秘诀》的记载，所谓八益为：固精、安气、利脏、强骨、调脉、蓄血、益液、道体；所谓七损为：绝气、溢精、脱脉、气泄、机开厥伤、百闭、血竭。这些原则其实都是从具体操作的角度来说明的。道教认为，阴阳为天下至道，男女之合有损有益，善摄生者和其志而慎其行，辅以气功导引之术，若能善用八益、去七损，则耳聪目明，身体轻利，阳气益

---

① ［朝鲜］许浚编著，郭霭春等校点：《东医宝鉴》，中国中医药出版社 1995 年版，第 757 页。
② ［朝鲜］许浚编著，郭霭春等校点：《东医宝鉴》，中国中医药出版社 1995 年版，第 757 页。

强，延年益寿。道教房中术在房中养生的契合、时间、姿势、方法和禁忌方面都有较为深入的研究和实践经验，于今观之，虽不乏有荒诞之处，但其中也有一些思想观念与养生法则相合，如男女交合应忌严寒、盛暑、过劳、忧愁、病弱、饥饱、药害、烟酒过度等，尤其是房中术追求达到夫妻双方身心满足和优生优育，对现代性医学与性保健都具有一定的临床参考价值。

道教医学以天人合一的宇宙观和老子的"见素抱朴、少私寡欲"的人生观为依据，希望人们在日常生活中通过保养身体、对治疾病而达到延年益寿。陶弘景云："若饮食恣情，阴阳不节，最为百疴之本。致使虚损内起，风湿外侵，所以共成其害。如此者。岂得关于神明乎！惟当勤于药术疗理尔！"① 因此，人们应当重视平时的衣食住行活动。孙思邈也说："大道有盈虚，人事有消长，养生者宜知自谨导引行气之方焉。夫百疾之生，以夭其命者，由饮食不节，不能谨其微也。"② 人的寿命的长短、体质的强弱都是可以在日常生活通过养生来加以把握的。因此，他提出许多根据季节变化而制订出的食疗方法："夏至之后，逼秋之分，肥腻勿食，酒浆勿食，蒜勿食，猪肝犬肉勿食，五辛勿食，瓜梨之实勿食。"③ 这些至今依然被人们奉为养生治病的良方。

道教医学对术与药的重视与运用，一方面促进了中国古代医药科学的萌芽与兴起，并取得了多方面的科学思想和科技成就，故"道教有征服自然的科学精神，对中国科学史有兴趣的人，可以从道士们的著作中找到许多资料"④。另一方面，在近代科学成长的道路上，由于对"科学"的探索始终是围绕着"得道成仙"的宗教目标而展开，其所获得的科学成就最终又迷失于神学之中。古代道教对科技的实践与利用，并没有导致我们今天所说的"科学"在中国大地上兴起，这是值得认真思考并加以总结的问题。

---

① 《重修政和证类百草》卷一《梁陶隐居序》，唐慎微著，尚志钧点校：《大观本草》，安徽科学技术出版社 2002 年版，第 10 页。
② 《道枢》卷十三，《道藏》第 20 册，第 676 页。
③ 《道枢》卷十三，《道藏》第 20 册，第 676 页。
④ 冯友兰：《中国哲学简史》，北京大学出版社 1985 年版，第 6 页。

第　十　章

东亚道教的文化形式

道教在漫长的历史发展过程中，为满足信仰者的精神需要和信仰群体的社会需要，通过建筑宫观、雕塑绘画、斋醮科仪、绿章青词、诗词歌赋和神仙传记等手段与方法，创造出丰富多彩的文化形式，从而使神圣而神秘的道教信仰通过物态化、艺术化的样态在东亚得到广泛传播。

第一节　民族特色的宫观建筑

道教的庙宇本称道观，是道士修行、供奉祭祀神灵、进行斋醮祈禳仪式的宗教活动场所，也是道教作为一种社会实体的具体体现。道教宫观遍布中国各地，随着道教在东亚的传播，一些独具特色的道教宫观也随之而建立起来，丰富了东亚道教的内容与形式。

五斗米道创立之时，道官祭酒与一些道民的家中设有"静室"或称"靖室"，作为道民奉道静思悔过的地方，"靖室"又称为"治"或"治所"。据吉川忠夫《静室考》研究："'静室'是道教徒向诸神祈祷、忏悔、实修某种道术的宗教性设施。"① 为了统领道民，五斗米道设置了许多治所，其中直属于张天师的就有"二十四治"。"太上……授天师正一盟威之道，

———————

① ［日］吉川忠夫：《静室考》，载刘俊文主编：《日本学者研究中国史论著选译》第七卷《思想宗教》，中华书局1993年版，第446页。

禁戒科律，检示万民逆顺祸福功过，令知好恶。置二十四治，三十六靖庐，内外道士二千四百人。"① 设置"二十四治"的依据是应天有二十四节气，后增为"二十八治"，以合天有二十八星宿。治中设置道官，治理民物，为道民求福，为病者解厄，为亡人消罪。治中还经常举行祭祀祖师、交纳道米、上章受度法箓、设立厨会等宗教活动，"治"就成为五斗米道的活动场所和传道点。张鲁雄居汉中时，还利用"治"这一道教活动场所来进行政治统治和行政管理。另据道教中说，最早的"观"是位于陕西终南山麓的楼观。相传楼观为西周关令尹喜的故宅，尹喜于此结草为楼，观星望气，故名楼观。老子西出阳关时，曾在楼观为尹喜说《道德经》，道教由此而兴起，故楼观又被称为"天下祖庭"。

早期道教宫观的建筑十分简陋，例如，五斗米道的"治"就是一些普通的茅屋或瓦屋，"杀牛祭祀二十四所，置以土坛，戴以草屋，称二十四治。治馆之兴始乎此也。"② 随着道教的发展，道观既是道众进行宗教活动的场所，也是供奉道教神像的圣地，同时还是展示道教艺术的地方，因此宫观建筑也越来越规范化和艺术化。从宫观建筑的形式上看，道教认为宫观是天上仙境在人间的体现，因此，堂、舍、室、洞等各类宫观建筑一般都以顺应自然为特色，据《要修科仪戒律钞》卷十中说："立天师治，地方八十一步，法九九之数，唯升阳之气。治正中央名崇虚堂，一区七架六间十二丈，开起堂屋，上当中央二间，上作一层崇玄台。当台中央安大香炉，高五尺，恒炉香，开东西南三户，户边安窗，两头马道。厦南户下，飞格上朝礼，礼天师子孙。"③ 宫观中央一般为供奉神灵的殿堂，有的还建有斋醮祈禳的坛台，并建有讲经诵经之室和道士居住之屋。

魏晋时期，随着道教传播地区的扩大，道观建筑在各地兴起，但不同地区的道观有着不同的称呼。巴蜀地区的陈瑞道团称之为"传舍"，流播于江南地区的于君道称之为"精舍"，而李宽"所奉道室，名之为庐"④，上清派

---

①　《陆先生道门科略》，《道藏》第 24 册，第 779 页。
②　《广弘明集》卷十二《决对傅奕废佛僧事并表》，《大正藏》第 52 册，第 171 页。
③　《要修科仪戒律钞》卷十，《道藏》第 6 册，第 966 页。
④　葛洪撰，王明校释：《抱朴子内篇校释》，中华书局 1985 年版，第 174 页。

宗师许迈建精舍于余杭悬溜山而往来于茅山，"放绝世务，以寻仙馆"①。吉川忠夫认为，"由于忏悔的罪行内容，从刑法上的改变为道德上的、宗教上的，由世俗的改变为神圣的，因此，虽同用静室一词，其内容则由世俗的转变为神圣的，并增添了新的内涵。这种现象，当然不限于静室，其他场合也有明显的表现。"②南北朝时，道教内部进行了改革，促进了道教向官方化、上层化的方向发展。在统治者的支持下，南北天师道开始在都邑中修建道馆，例如，南朝刘宋皇帝在金陵为陆修静修建崇虚馆，齐朝有兴世馆，梁朝有朱阳馆，"六朝时期作为道教寺院的道观，都是选择风光明媚的地方建造"③。北朝有魏太武帝为寇谦之在京城东南修建有五层重坛的道场，北周有通道观、玄都观等，都表现出皇家建筑的气象。这些道观为道教在都邑中发展提供了颇具神圣性的活动场所。

唐代道教在统治者崇道政策的影响下，修建宫观进入了一个高潮期。杜光庭于中和四年（884）在《历代崇道记》中写到，唐朝"从国初以来，所造宫观约一千九百余所，度道士计一万五千余人，其亲王贵主及公卿士庶或舍宅舍庄为观并不在其数"。可见唐代宫观在数量上增长很快。唐代宫观一般称为"观"，一些规模宏伟且又经常受到帝王敕封的则多称为"宫"。唐王朝崇奉老子，故唐代宫观的代表性建筑主要是供奉太上老君，如西京长安和老子故里亳州真源县的太清宫、东都洛阳的太微宫、天下诸州的紫极宫和玄元观。那些由皇帝赐以国家财产而修建的道教宫观，一般由供奉神灵的殿堂、斋醮祈禳的坛台、讲经诵经的房间、道士生活的居室等组成，形成了比较固定的建筑格局。唐代以后，受到佛教寺院规范化的影响，道教宫观建筑程序更为严格。据道经记载，当时的宫观格局大致由位于南北中轴线上的观门、坛、天尊殿（堂）、讲经堂等主要建筑与中轴线东、西两翼的若干院、房、楼、阁等供道士、女冠焚香诵念、修道斋戒的附属建筑所组成。唐代道教宫观建筑确立的仿皇宫式中轴线对称布局的建筑形式，不仅表现出富丽堂

　　① 《晋书》卷八十《许迈传》，《二十五史》，上海古籍出版社、上海书店1986年版。
　　② ［日］吉川忠夫：《静室考》，载刘俊文主编：《日本学者研究中国史论著选译》第七卷《思想宗教》，中华书局1993年版，第472页。
　　③ 游佐升：《道教与文学》，载［日］福井康顺等监修：《道教》第二册，上海古籍出版社1992年版，第259页。

皇的皇家气派，而且对后世道教宫观建筑影响很大。

　　唐代道教宫观的建设既得到了皇家的支持，也有民间百姓的积极参与。唐王朝不断地从经济上给予道教宫观以支持，从而促进了道教宫观经济的兴起，为道士们的修道生活提供了经济保障。按照唐制，国家在分给农民口分田的同时，也给道士同样的待遇。据《唐六典》卷三中说："凡道士给田三十亩，女冠二十亩，僧尼亦如之。"道士可与百姓一样分得口分田。唐王朝除了给道士口分田之外，还经常赏赐田地、财物和奴婢给一些著名的宫观。道教宫观拥有大量的田产，在经济上能做到自给自足，从而发展成为一种社会经济实体，有的宫观甚至还在所在地开展商贸活动。例如，杜光庭在《道教灵验记》中就记载了唐末五代时，在四川成都道教宫观周围出现的"蚕市"，就是依托道教节日和进行重大法事活动时形成的商贸集市。这种集市性的经济活动既增加了宫观的经济收入，也扩大了道教信仰的社会影响力。众多宫观的建立为道教的传播提供了活动场所，它的殿堂建筑、神像塑造、法器制作又在客观上刺激了道教绘画、雕塑、书法等艺术形式的发展。

　　宋代时，在一些崇信道教的帝王的支持下，道教的宫观建设达到了一个新水平。据《宋史》记载，宋真宗时建造的玉清昭应宫，以建筑形式富丽、规模宏大而著称。在建筑过程中，为追求艺术上的完美，凡是所建屋宇稍不如意，即使金碧以具，仍然要毁掉重建。宋代时所建的宫观不论规模大小，一律仿造宫殿形式，因此道观建筑的形式大体相似，前有山门、华表、幡杆等，入山门即进入宫观的管理范围，而华表则为凡仙分界的标志，华表之外为凡世，华表之内为仙界。山门的正中部分为中庭，中庭坐北朝南，为宫观的主要部分，一般建有三堂大殿，供奉王灵官、四帅、玉皇大帝、四御、三清等神灵。在中庭的两侧建有东、西两道院，供奉一般诸神，并建有斋堂、寮房等。一些规模宏大的道观，其屋顶大都饰以黄瓦，以红墙绕起院子，以明艳的色彩而超越凡俗。院内种植苍松、翠竹、白果树等植物，以显示道教追求自然清虚、淡泊无为的精神。

　　金元时期，全真道等新道派相继兴起。全真道仿照佛教丛林修行方式，规定修道者必须出家住宫观禁欲修行，并定有不邪淫、不饮酒、不茹荤腥等戒条。从禁欲修行的要求出发，早期全真道的宫观建筑也不再追求华丽宏伟，而是"茅庵草舍，须要遮形，露宿野眠，触犯日月，苟或雕梁峻宇，亦非上士之作为"①，并对传统道教的宫观制度进行了重大的改革，确立了十方丛林和子孙庙两个系统。

子孙庙又称小庙，属于道观住持的私有财产。住持即为师父，又称当家，兼管庙中的各种事务，师父可以招收徒弟，教以道经，称为道童。小庙师父无权传戒。道童只有在十方丛林开戒时，前去受戒，才能成为正式的道士。通常位于小城市和农村的宫观属于子孙庙，一般不接待十方道众，故宫观建筑也相对简单一些。

十方丛林是依照佛教的丛林制度而设立的道教宫观管理制度，又称十方常住。十方丛林是属于道团道众的公有财产，产业多，道众也多，故宫观建筑规模也比较宏大。十方丛林一般不招收弟子，而只为由小庙推荐来的道众传戒，故以严格的戒律、烦琐的管理制度著称，其执事一般由道众公议推选产生，称为方丈、监院和都管等。全真道的十方丛林对道众的宗教生活有着十分严格的要求。每天以敲钟、击鼓、打板作为道众日常作息的号令。这样，道众在丛林中，每天五更即起，洒扫庭院，整理衣冠，然后才开始早坛功课、劳作，到晚上还有晚坛功课。每月初一、十五为斋日，早晚功课要诵读《玉皇经》、《三官经》、《真武经》等。每逢道教节日，丛林内还要举行隆重的斋醮科仪，设道坛诵经庆贺。

位于北京西便门外的白云观即为全真道的第一丛林，它不仅有着十分宏伟的建筑规模，而且还有着悠久的历史。白云观始建于唐玄宗开元年间，当时叫天长观，是为供奉老子而建造的宫观，观内至今还保存着一座唐刻老子石像。金代时，天长观毁于战火，后来重建，改名太极宫。元代时，全真七子丘处机西游归来，元太祖曾封他为"国师"，赐其住持此宫，令其掌管天下道教，后乃以其字"长春子"易宫名为长春宫。明洪武年间，长春宫毁于兵火，后就以其下院白云观加以扩建，改名为白云观。现在的白云观为清代重修的建筑。

作为全真道第一丛林的北京白云观，其建筑格局是以八卦方位来布局的，它以子午线为中轴，坐北朝南形成中路，主要殿堂就坐落在中路上，分为五进：灵官殿、玉皇殿、七真殿、丘祖殿、三清阁和四御殿，主要供奉着

---

① 《重阳立教十五论》，《道藏》第32册，第153页。

道教尊神和全真道的创立者，建筑形式以仿照皇宫的雄伟壮丽和肃静华贵为特色。东西两路相互对称，供奉的主要是民间传说中的诸神仙，建筑风格比较接近民间四合院。除殿堂之外，白云观还有亭、台、楼、阁、假山、回廊等富有艺术性的建筑物，再加上郁郁葱葱的花草树木，形成了一个清静典雅的人间仙境，其精美而雄伟的建筑无疑是道教宫观建筑的典范。

唐朝时，随着道教在朝鲜半岛的传播，宫观建筑也随之而出现。早先来到高句丽的道士主要以佛寺为道观。新罗王统一朝鲜半岛后，出现了一些专门用来举行道教祭神仪式的神坛。据《三国史记》卷四十一和《三国遗事》卷一中记载，新罗大将金庾信崇信道教，为崇拜天神，常行斋醮烧香之事，为此他还修建了神坛。后来，一些道教宫观就在神坛的基础上逐渐建立起来。到高丽时代，太祖把专为祭祀亡者的八斋会发展为祭祀天神和五岳山川道教活动，将为国家安康祈福的祭祀活动置于道教斋醮科仪之内。据《高丽史》记载，崇道的睿宗更是热衷于祭祀，在位期间共举行过 27 次道教的斋醮仪式，所祭之神有太一、三清、昊天五方帝、三界神祇、本命、南斗等。睿宗"对道教的关怀非常强烈，因此在位期间除了开设道、佛的各种道场之外，每年亦数度举行了各种道教的醮祭，并安置道像，建立道观，改造了高丽道教的面目。"[①] 中国道教与佛教一起受到了朝廷的保护，相互协调，因此在高丽王朝传播的道教逐渐有了与佛教在仪式与信仰上相融合的趋势。睿宗的崇道做法，得到了后来的一些帝王的响应，他们为醮祭道教神灵而建立道观以安置道教的神像，使道观成为由官方进行祭祀活动的主要场所，推动了道教在高丽王朝时期快速地传播与发展。

因年代久远，高丽王朝究竟建了多少道观，道观建筑有哪些特点，现不可详述，但通过一些零星史料记载，可见高丽王朝曾经修建过九曜堂、毡坛、星宿殿、玉烛亭、福源宫、祈思色、大醮色、老人堂、祈思都监、析思都、监神格殿、净事色、大清观、昭格殿、烧钱色、清溪拜星所等 16 座道观。[②]

高丽王朝持续统治的四百多年历史中，虽然太宗时就创建了道观——九

---

① ［韩］车柱环：《韩国道教思想》，人民文学出版社 2005 年版，第 233—234 页。
② 参见金京振：《朝鲜古代宗教与思想概论》，中央民族大学出版社 2006 年版，第 202 页。

曜堂①，但大量的道观还是建于 12 世纪前后的宣宗、睿宗、毅宗、明宗、高宗统治时期。这些道观正是高丽统治者为开展道教醮祭活动而陆续建立的，因此对道观的命名杂多不一，有堂、坛、殿、宫、观、色、亭、都监等，这说明高丽道观的建筑形式具有多样性的特点，与中国道观名称比较统一、建筑格局比较固定就有了显著的区别。例如，睿宗二年（1107）在延庆宫后园为供奉元始天尊像而建玉烛亭，每月都在亭中为国家安康举行醮斋，祈求国泰民安、风调雨顺。高丽王朝的国家道观则是位于王府之北、太和门内的福源宫，其中建有三清殿、天皇堂等，殿内供奉三清像、混元皇帝（太上老君）画像，其建筑形式具有高丽皇家文化之风范，同时也蕴涵着道教所崇尚的阴阳调和之意。

道教传入日本后，一般认为，在古代社会中并未建立起独立的道观，因为日本史籍上没有道士和道观的记载。② 但随着近年来道教研究的深入，也有一些学者认为情况并非如此。

推古天皇以来，中日交通日益通畅，中国文化对日本的影响日盛。中国道教在 5 世纪寇谦之新天师道时，就开始大建道观。当道教传入日本后，其宫观设施与佛教寺庙相似，不能因此就否认古代日本曾有道士活动，并建有道观。据《日本书纪》卷二十六记载，齐明元年（655）："夏五月，庚午朔，空中有乘龙者，貌似唐人。著青油笠，而自葛城岭驰隐胆驹山。及至午时，从于住吉松岭之上，西向驰去。"第三十七代齐明天皇（594—661）是一位富有传奇经历的女天皇。她年轻时嫁给高向王，后成为舒明天皇皇后，生中大兄皇子（天智天皇）、大海人皇子（天武天皇）。舒明天皇死后，她于 642 年即位，称皇极天皇。645 年中大兄皇子等发动宫廷政变后，她让位于孝德天皇。孝德天皇死后，她又于 655 年重新即位，称齐明天皇。齐明天皇于 655 年至 661 再次即位后，迁都飞鸟，以奈良县的飞鸟地方为政治中心，开始组织营造新的宫殿，相继竣工的有冈本宫、两槻宫、吉野宫等。"是岁，于飞鸟冈本更订宫地。时，高丽、百济、新罗并遣使进调，为张绀

---

① 也有说，九曜堂是高宗到江都躲避蒙古兵时期为举行九星醮祭所建，回到首都开京后又将其在城内重建。（参见［韩］金得榥：《韩国宗教史》，社会科学文献出版社 1992 年版，第 45 页。）

② 虽然近代以来随着华人华侨移居日本，在自己居住地建立起具有中国道教传统特色的关帝庙、文昌帝庙等，但这主要还是华人进行宗教活动和祭祖的场所。

幕于此宫地而响焉。遂起宫室，天皇乃迁，号曰后飞鸟冈本宫。于田身岭冠以周垣。复于岭上两槻树边起观，号为两槻宫，亦曰天宫。"① 为完成这项巨大建筑工程征集数万劳夫，计划开渠运石，齐明女天皇滥征税收和徭役，以致国内怨声载道，建成的冈本宫也被人纵火焚毁。

那么，被称为"天宫"的两槻宫是道观吗？日本学者对此展开了争论，黑板胜美认为，在奈良的飞鸟、藤原等地的北边有生驹山、东边有多武峰、南边有吉野金峰山、西边有葛城山，四边山上都有道观建筑存在。田身岭上的两槻宫，不仅是天皇的宫殿或离宫，也是道观。道观中还住有道士，例如，久迷仙人、大僧正行基等都是在山林中修行的道士。据说当时山上有所谓的四十余寺院存在，这些寺院其实也可以想象为是道观。② 小柳司气太、那波利贞和窪德忠都反对黑板氏的观点。③ 日本东洋史学家那波利贞（1890—1970）于1952年发表了《道教向日本国的流传》一文，论述了道教传入日本及日本道教发展的情况，他认为："两槻宫仅为齐明天皇的离宫而非道观。"④ 后来，下出积与撰文《齐明纪の两槻宫——民间道教的问题》，在分析前人观点的基础上进行详细的考证后提出：天宫为天帝所居宫殿，是道教思想的体现，"齐明天皇所御造的两槻宫实际上就是国立的道观。"⑤ 黑板胜美所说的两槻宫为国立的宫殿式道观，它有别于民间存在的教团道教所立的私立道观，而道观与道士则是民间道教存在的必要条件。

福永光司、千山稔、高桥彻所著《日本の道教遗迹を步く》一书中，据史料文献和考古发现，对日本列岛上的道教遗迹作了实地调查，在许多圣地与神社中发现了道教遗迹：如多武峰田身岭发现两槻宫、冈本宫的遗址，在奈良县吉野郡发现宫滝、吉野宫的遗址，在朝熊山的伊势神宫、金刚证寺、八云山的熊野大社发现道教遗迹，丹后半岛盛行浦岛子传说，信浓的南宫大社、马城峰的八幡神社、京都的赤山禅院、晴明神社、吉田神社；京奈

① 《日本书纪》卷二十六《齐明天皇》，载［日］黑板胜美、国史大系编修会编修：《新订增补国史大系》1，吉川弘文馆1967年版，第263页。
② 参见《我国古代的道家思想及道教》，载［日］野口铁郎、酒井忠夫编：《道教と日本》第一卷，雄山阁1996年版，第46页。
③ ［日］下出积与：《日本古代の道教・阴阳道と神祇》，吉川弘文馆1997年版，第120页。
④ ［日］那波利贞：《道教の日本国への流伝に就きて》，《东方宗教》1952年第2号。
⑤ ［日］下出积与：《日本古代の道教・阴阳道と神祇》，吉川弘文馆1997年版，第117页。

良大峰山上的修验道、大阪妙见山上的北斗北辰信仰，京都革堂行愿寺的妙见信仰，大阪四天王寺庚申堂等都有一些与道教相关的因素。

赤山禅院是日本天台宗总本山比睿山延历寺的别院，它与日本天台宗第三座主圆仁大师（794—864）入唐求法的经历有关。据圆仁大师《入唐求法巡礼行记》记载，838年他随遣唐使入唐求法，以请益僧的身份在扬州和长安学习密教和天台宗后，登船启程回国，在海上遭遇风浪，漂泊到山东烟台荣成县赤山浦附近的海域，登陆上岸后寄居于赤山南麓的法华院中。法华院是新罗人张宝皋修建的，供奉着赤山神。赤山神又称新罗明神。相传，赤山神来自赤山红门洞，其威镇四海，法力无边，守护乡土，福佑大千，功德无量，为东亚沿海一带百姓所信奉的庇佑航海安全和渔业丰收之神。圆仁大师在法华院生活时，曾于梦中得到赤山神指点，乃决定去五台山求法，其足迹遍及山东、江苏、安徽、河南、河北、山西、陕西等地，但在赤山先后生活了两年九个月。847年，圆仁大师随身携带数百卷佛教经书和曼陀罗等乘船回日本时，在海上遭遇暴风雨时，又得到赤山明神显灵保佑。圆仁化险为夷，回到日本后，弘扬天台教义，被清和天皇赐予"慈觉大师"的尊号，他以无限感激和崇敬的心情塑了赤山神像，作为日本七大庇佑神之一。① 其弟子安惠秉承其遗愿于日本仁和四年（888）在京都左京区修建了以赤山明神为本尊的"赤山禅院"。赤山禅院的建筑中也包含着神仙信仰、风水观念等道教因素，例如，比叡山上的赤山禅寺里有一座泰山府君堂，里面供奉着圆仁大师从大唐请来的赤山明神，实为道教东岳大帝的"泰山府君"②。相传，当年秦始皇东巡山东，以求长生不老之药，途中大病，李斯遂祈祷掌管"司死者魂神"的赤山神，旋无恙。泰山府君作为中国五岳之东岳泰山大神，又称东岳大帝。佛教传入日本后，泰山府君便与地狱的阎罗王的形象合而为一，负责掌管人的寿命生死。在平安时代，泰山府君因具有的除厄、保

---

① 日本明治十六年（1883）在京都东寺观智院发现了《入唐求法巡礼行记》最早抄本，圆仁以日记的形式，用汉文记述了自己入唐求法的行历与见闻，始于日本承和五年（836）六月十三日，终于承和十四年（847）十二月十四日，首尾九年七个月，内容涉及中国唐朝的朝廷政事、州府地理、水陆交通、丰灾气候、市贾物价、民情风俗、佛道斗争、寺院状况，以及中国和日本、新罗的关系等。该书被尊为日本国宝，与《大唐西域记》、《马可波罗游记》并列为"东方三大旅行记"。

② 参见［日］福永光司、千山稔、高桥彻：《日本の道教遗迹を步く》，朝日新闻社2003年版，第158页。

佑福禄延寿的功能而受到人们的敬慕。到了镰仓时，无论文官时代还是武家时代都曾盛行着泰山府君的祭祀活动，也可视为道教神灵信仰的一种影响吧。

中国道教从阴阳五行思想出发而形成的太一神崇拜，不仅影响到日本神话的天照大神，而且对神道教的最高神社伊势神宫的建筑也有着影响。伊势神宫的建筑就体现群星拱北极星的格局，它将皇大神宫称为内官，丰受大神宫称为外宫。伊势神宫每隔二十年举行一次修建新殿的"迁宫祭"。迁官之前的仪式上，祭场要树起写有"太一"的大旗，迁宫用的材料也刻上"太一"二字，连在场工作人员都佩上有"太一"字影的装饰。① 道教的阴阳堪舆学说不仅对神道教的神社与佛寺的建筑产生了一定的影响，而且也影响到日本的城市及园林建筑。8 世纪，日本民间信仰势力逐渐膨胀，奈良朝都城平城京的佛教寺院数量激增，直接对皇室的政治统治构成威胁。天皇为了避开政治矛盾，于 794 年把首都迁至奈良西南的平安京（即今京都）。平安京地处东西北三面群山环抱之中，南面的一片平川逶迤延展直抵大阪海岸，两条河流桂川和贺茂川由北向南穿城而过，具有良好的风水地貌。在新都城建设中，日本人以唐都长安为蓝本，以中国道教神仙信仰和汉地佛教寺院建筑为指导，形成了平安风格建筑特色。平安京城内以朱雀大路为中心分为左京、右京两区。天皇的皇宫坐落在古都北部，周围是政府官员的官邸，井然有序的宅院和街道形成官邸街，成为当时日本政治的中心。

位于名古屋市的热田神宫是与三重县的伊势神宫、京都府的平安神宫并列的日本三大神社之一，据说是景行天皇于四十三年（113）修建的供奉神道教三大神器之一草雉神剑的地方，具有悠久的历史。据《古事记》记载，草雉剑是被放逐的须佐之男取自八岐大蛇尾部，后献给天照大神。天照大神又将它作为三大神器之一赐给其子孙——日本天皇，先供奉于伊势神宫，后在景行天皇时，由皇子倭建的舅父倭姬交给倭建，供奉于热田神宫。今天，热田神宫的大殿中供奉天照大神、素盏鸣尊、见稻种命、倭建命武尊和宫簧媛待五位神明，同时，宫中宝物馆还收藏有两千多件古董艺术品和珍贵的古典文献，其中的"蓬莱镜"、"蝙蝠扇"等就反映了热田神宫与道教的关系。

---

① ［日］寺尾善雄：《中国传来物语》，河出书房新社 1982 年版，第 193 页。

例如，蓬莱镜背面上以岩石与巨松、波涛与海滨、天空与云彩为风景图案，中心部位为双鹤衔龟，其花纹呈高浮雕状，细致流畅。蓬莱与鹤龟都是中国道教神仙信仰的产物，如东晋《抱朴子》中就以鹤龟来比喻道教延年益寿的追求，宋代《云笈七签》卷四十八《神杖法》中讲述了以盆栽石竹的缩图方式来表达蓬莱思想。热田神宫的蓬莱镜的制作年代大约在室町时期，室町时期道教思想在文化上的流布，道教的祈福驱邪、求得神佑、长寿成仙的思想也深入到蓬莱镜的制作中。[①]热田神宫也是蓬莱宫的别称，与徐福传说在日本佐贺、和歌山两县的影响有联系。

随着皇室集权的极盛，规模更大，内容更多的皇家园林又称御苑陆续出现，如建置在平安京宫城内的神泉苑、朱雀院、淳和院以及建在郊外的嵯峨院都是当时最著名的御苑。如果仔细研究，这些园林建筑大都是根据道教阴阳堪舆学说来设计，体现了道教神仙信仰的意境。例如，模仿汉代上林苑建筑而来的"神泉苑大约兴建于8世纪末、9世纪初。立体建筑物为唐样的二层楼阁'乾临阁'，两侧翼以曲尺形游廊，游廊端部临水池分别为二水图形成环抱之势。水池南北长约150米、东西宽约100米，池中央为直径50米的'中岛'，象征蓬莱岛，岛上建音乐演奏厅'乐屋'。池的东北方有泉眼，名'神泉'，涌出细流涓涓注入池中。苑内种植奇花异树，放养各种禽鸟。神泉苑是平安朝皇室的豪华铺张的游园活动的主要场所。据史书记载，天皇每年都要在这里举行盛大的菊花宴、诗文会。平时则经常有舞蹈、相扑的表演，池上泛龙身鹢首之舟，中岛作丝竹管弦之乐"[②]。皇家园林的优美风景和华丽建筑，为皇室成员与贵族子弟在园林中过着犹如神仙般的生活提供了条件。

私家园林虽然规模小巧，但其中仍然包含着众多的道教因素。如平安朝望族藤原家族的私家园林中，就将池岛与寝殿建筑相配合，建成的"寝殿式"园林是由寝殿建筑、露地和池岛三部分组成。寝殿建筑群坐北朝南，寝殿居中，以其前两侧的回廊来联系其他建筑物，呈环抱式的不对称布局，其讲究的造园意境极富诗意和哲学意味，表现出道教的"顺应自然"和

① 参见［日］今枝二郎：《道教：中国と日本をむすぶ思想》，日本放送出版协会2004年版，第207页。

② 清华大学建筑系编：《建筑史论文集》第十辑，清华大学出版社1988年版，第123页。

"写意"的艺术风格。尤其是模拟道教传说中的神仙所居的海上三仙山——蓬莱、方丈和瀛洲建造的所谓"一池三山"的仙境景观，里面再摆上象征长寿吉祥的龟、鹤等象征物，体现道教的神仙信仰。后来，日本人又把"一池三山"进一步发展成为具有日本文化特点的以水池和仙岛为主题的"水石庭"①，以石事、树事、泉事、杂事和寝殿造等建筑物及不规则状态、不左右对称的建筑格局来表现自然之美与仙境之妙。

　　日本皇家贵族将神仙信仰融入园林建造中，同时也将一些风景秀丽的山林视为仙境，在上面建造宗教场所。因此，道教虽然没有能够在日本建起独立的道观，但日本列岛上风景秀丽处，经常被称为仙境或仙山，在一些神道神社中，也建有一些与道教相类似的建筑。福永光司、千田稔、高桥彻在其所著《日本の道教遗迹を步く》中追寻了道教在日本传播的遗迹，如奈良附近的吉野山，飞鸟朝多武峰上的两槻宫，热田神社中的蓬莱宫及所收藏的蓬莱镜和蝙蝠扇，赤山禅院对泰山府君的信仰等。在《万叶集》中应有四十多首诗歌是赞美吉野山犹如仙境美丽的。日本人对吉野山的向往，不仅是因为它风景秀美，也在于对水银的仙药功效的认识。据松田寿男在《丹生の研究》中研究，吉野山产水银，水银是道教炼丹的主要药物，山上建有"丹生川上神社"②。古代日本人将吉野山视为仙山。道教神仙信仰以崇尚自然为特色，对日本园林建筑及神社建筑都产生了巨大的影响。

　　道教传入越南后，在当地建立了一些道观，其中最著名的道观是建于黎朝末年的玉山祠，又称玉山殿、玉山寺、玉山庙。玉山祠位于河内市中心还剑湖中的玉山岛上，通过栖旭桥与湖外相连。据文献记载，岛上原有关帝庙，后来在庙内又增设文昌帝君殿，还有瑞庆宫、左望亭等建筑，后毁于战火。1843 年重修后规模进一步扩大，玉山岛呈圆形玉石状，据此取名为玉山祠。今天，玉山祠的入寺之道边建有一道围墙，寓意"忘却尘世"，寺前有三重门阙，以示入门就进入天宫仙境。玉山祠大殿分前后两殿，前殿供奉的是文昌帝君等诸神，后殿则中间供奉着关帝，右边是兴道王陈兴道，左边是灶王。玉山祠所供奉的神灵，除越南民族英雄陈兴道（？—1300）之外，

---

① 刘福智、佟裕哲等编：《风景园林建筑设计指导》，机械工业出版社 2006 年版，第 60 页。
② ［日］松田寿男：《丹生の研究》，早稻田大学出版部 1974 年版，第 23 页。

都来自中国，尤其反映道、佛、儒三教与越南民间宗教信仰的融合。1865
年，阮朝文学家阮文超又主持修葺了玉山祠，他在寺前建有镇波亭，意为
"文澜砥柱，以镇波涛"，并建造栖旭桥、笔塔和砚台等建筑。笔塔建在湖
东岸的桃腮山坡上，分五屋，状如毛笔，相对不远处建有一座大砚台，每年
中有一天，当太阳升起时，笔塔之尖影正好照入砚台，表现出笔砚相合的中
国文化意蕴。笔塔入口处由四根呈毛笔状的石柱构成的大门，门上刻有汉字
对联："临水登山一路渐入佳境，寻源访古此中无限风光。"玉山岛上绿树
葱葱，浓荫如盖，四周湖水清澈，碧波荡漾，建于湖中岛上玉山祠的建筑造
型，与还剑湖景色交相辉映，犹如道教所描绘的蓬莱之景。玉山祠内的笔塔
和砚台中有不少碑刻和楹联也具有道教意蕴："玉山寺前有三重门阙，第二
重门阙名题'砚台'，两旁为彩塑的龙虎壁画，右壁额题'龙门'，联云：
'砚台笔塔大块文章，唐科宋榜士子阶梯'；左壁额题'虎榜'，联云：'窦
桂王槐国家祯干，虎榜龙门善人缘法。'笔塔左右门墙上有阮文超所书的
'福'、'禄'两个行草体大字。"[①] 这些碑刻和楹联增加了玉山祠的道教文
化气氛，深受越南民众的喜爱。

　　随着真武大帝信仰在越南的流行，越南各地还建有一些供奉真武大帝的
道观，值得注意的是，这些真武观大多建立在中越交通沿线的城镇中。"从
中国广西友谊关（原名镇南关）经谅山进入越南北方，在谅山有镇北真武
祠。从谅山南下，有北宁省的瑞雷武当山的真武祠，有红河东岸的巨灵的真
武祠。渡过红河到达河内市，就有西湖的真武观等两三个真武祠。这些越南
北方的真武祠大多设置在从中国进入越南的路线上，而且这些真武祠的真武
神像大多面向北方。"[②] 由此可见，真武大帝信仰传入越南的路线以及真武
祠与中国道教的密切关系。例如，现存的河内真武观，面对龟圣路，背靠西
湖，是河内重要的风景优美的宗教文化胜地。真武观内庭院幽静，房屋建筑
柱雕彩绘，屋脊装饰有辟邪异兽，与中国南方的道观建筑相似，但真武观不
仅供奉真武大帝，而且还供奉着母道神、行业神和佛像，表达了越南道教与
佛教及民间宗教信仰的混合。

---

① 刘玉珺：《越南汉喃古籍的文献学研究》，中华书局 2007 年版，第 112—113 页。
② 陈耀庭：《道教在海外》，福建人民出版社 2000 年版，第 84 页。

第二节 多姿多彩的雕塑绘画

中国道教的道观最初是不塑神像的，仅列有神位或壁画。南北朝时受佛教"以像设教"的影响，道教才开始制作并供奉神像。据王淳《三教论》中说："近世道士，取活无方，欲人归信，乃学佛家制作形像。假号天尊及左右二真人，置之道堂，以凭衣食。宋陆修静亦为此形。"[1] 大约在南朝宋陆修静时，道教才于道堂中摆设天尊像，但这种做法在当时并不流行，因为据《陶隐居内传》记载，生活于南朝梁代的陶弘景曾"在茅山中立佛道二堂，隔日朝礼。佛堂有像，道堂无像"[2]。值得研究的是，这段话出自于唐代释法琳《辨正论》卷六中的记载，而现存《道藏》中的贾嵩撰《华阳陶隐居内传》中并没有。法琳还说：陶弘景与茅山道士冲和子"常以敬重佛法为业，但逢众僧莫不礼拜，岩穴之内悉安佛像。自率门徒受学之士，朝夕忏悔，恒读佛经"[3]。法琳还特别引上述《三教论》中的说法来说明，陶弘景也敬仰佛教，并学习佛教在佛堂中安放佛像。这是佛教徒的夸张还是道教徒的回避？真实情况究竟如何，就需要认真地加以研究了。据史料记载，直到北魏太武帝时，寇谦之于平都东南起坛场，刻天尊及诸神仙像而供奉之。

南北朝道教所塑神像在外形上与佛像比较接近，后随着造像技艺的提高，才逐渐依据道教信仰而形成了自己的艺术风格。与其他宗教相比，道教既追求得道成仙，又不主张放弃现世的幸福，故宣扬先成人道，再成仙道。这种融成仙于当下生活之中的思想反映在道教神像的塑造中，就使道教神像逐渐形成了一种在玄妙威严中又透露出世俗生活气息的仙道气质，既体现了中国人对生命的独特感悟和对永恒的追求，又使人感到亲切平易。

道教是多神教，随着所塑神像种类繁多，道门中也依据自己的教义建立起统一的造像法则，并规定不同类型的神灵应有不同的仪相。《洞玄灵宝三洞奉道科戒营始》卷二说："凡造像皆依经具其仪相，天尊有五百亿相，道君有七十二相，老君有三十二相，真人有二十四相。衣冠华座，并须如法。

---

① 《辨正论》，《大正藏》第52卷，第535页。
② 《辨正论》，《大正藏》第52卷，第535页。
③ 《辨正论》，《大正藏》第52卷，第534页。

天尊上帔以九色离罗，或五色云霞，山水杂锦，黄裳、金冠、玉冠，左右皆璎珞环佩，亦金玉冠，彩色间错。上帔皆不得用纯紫、丹青、碧绿等。真人又不得散发、长耳、独角，并须，戴芙蓉、飞云。元始等冠复不得戴二仪、平冠、鹿胎之属。左右二真皆供献，或持经执简，把诸香华，悉须恭肃，不得放诞手足，衣服偏斜。天尊平坐，指捻太无，手中皆不执如意、尘拂，但空而已。"① 因此，道教神像呈现出各异的姿态，有的红脸，有的白脸，有的慈眉和善，有的眉毛倒竖，有的眼珠暴瞪，有的微目冥想，有的胡须垂肚，有的张牙舞爪，但它们手里一般都握有一件法器，既反映出神性上的差异，也让人很容易地区分出不同类型的神灵。例如，道教的六十甲子神，古称岁神，又称太岁。岁神是根据中国古代天干地支相配，组成六十干支来称六十甲子各有岁神，每岁轮值，为值年太岁，他们根据每岁之属相，各有名号，各司其职，如甲子太岁金辨大将军，鼠相，持桃；乙丑太岁陈才大将军，牛相，执红缨枪，丙寅太岁耿章大将军，虎相，执如意等。多姿多彩的神像使道教多神教之特色得以充分彰显。

　　道教造像采用的质材众多，可谓"随其所有，金银珠玉，绣画织成，刻木范泥，凿龛琢石，雕牙镂骨，印纸图画"②。但一般以木雕像、泥塑像和石刻像为主，宋代以后铜像也逐渐增多。

　　现存宋元时期道教泥塑造像中，最瑰丽的莫过于山西太原晋祠圣母殿中侍女像。圣母殿内正中神龛中供奉的圣母邑姜（据说，姜邑为姜子牙之女，周武王之后，成王和叔虞之母）像虽是后人补塑的，但龛外左右排列的42尊侍女像则是宋代的作品。这些栩栩如生的侍女正在从事不同的工作，姿态形象生动，面部表情丰富，人物性格突出，体形比例适度，衣饰自然逼真，表现出浓厚的生活气息，无论是雕塑的技巧，还是色彩的运用，都十分高超，反映了宋代道教雕塑艺术已达到出神入化的水平。

　　现存著名的道教石刻神像有，福建泉州北郊清源山的宋代石刻老君像、四川大足石刻中的宋代道教神像、山西太原西南的元代龙山石窟等。明清以后，道教造像艺术进一步纯熟，但因追求工丽而显得气魄不足，过于追求细

---

① 《洞玄灵宝三洞奉道科戒营始》卷二，《道藏》第24册，第748页。
② 《太上洞玄灵宝国王行道经》，《道藏》第24册，第662页。

致而显得传神不足。

　　道教的神像雕塑也传到日本，但由于道观在古代日本非常稀少，因此"可能道教启发了独特迷人的神道神灵雕像"①。原始神道是不奉神像的，后来神道教的神像主要是受到了佛教雕塑的影响，但神道教的神像往往被安置在社殿的帐幔之中。"在神佛同殿的情况下，也不像佛像那样公开，而是被置于柜子里。所以对于神像的参拜者来说，并不在意神像的具体形象是什么，而是把它作为一个'象征性的观念对象物'加以祭祀。也许正因为这样，对神的神秘感更高，对神道的神秘性也有更高的期待。所以，神像的塑造，往往有打破（佛像的）现实姿态，采取所看到的'俗形'。"② 这种"俗形"与佛像形成了差异，却与道像有了相似的造像意识。例如，由朝鲜半岛东渡日本的秦氏家族为供奉松尾山神而建造京都松尾大社是日本最古老的酒神神社，其中供奉着两座木制盘腿而坐的男女神像，是 9 世纪中期的作品，女神像模仿神秘巫女神情，象征着神秘的生命力和生产力，也表现出道教女仙所具有的那种"淡泊"的精神。那座男神像则采用老翁的面孔，有一种生命长存的神态和自信。这种男女神像同供的做法来自道教信仰。福永光司在《古代日本和江南道教》一文提出，在 5 世纪初，以三国吴国传播着上清派茅山道教、洞玄灵宝派和山东琅琊青巫，它们作为当时中国江南道教的主流，随着中日文化的交流传到了日本。日本神社中至今还留存着一些与江南道教相关联的遗迹、遗物和建筑物的残余。他以大阪的四天王寺中的庚申堂为例，说明四天王寺虽以佛教与神道的"习合"为特色，但其中庚申堂的设立却受到了江南道教中的"守庚申"仪式的影响。京都北野大将军社供奉的"大将军"则是道教的王城守护神。可惜这些道教的遗迹、遗物和建筑在明治维新初期就被破坏了。③

　　宋代以后，道教铜像日趋渐多，武当山作为明代开发的道教圣地，在天柱峰顶修建"金殿"，其中奉祀重达十吨真武大帝神像的鎏金铜像。中国道教的真武大帝的形象一般是披发黑衣，金甲玉带，仗剑怒目，足踏龟蛇，顶罩圆光，形象十分威猛的样子。近年发现在英国一家博物馆内珍藏着一尊铜

---

①　[法]索安：《西方道教研究编年史》，中华书局 2002 年版，第 118 页。
②　王守华、王蓉：《神道与中日文化交流》，河北人民出版社 2010 年版，第 261 页。
③　参见[日]福永光司：《道教和日本思想》，人文书院 1987 年版，第 56 页。

铸鎏金"五龙捧圣"真武神像。"这尊铜铸鎏金真武神像高 150 厘米、宽 70 厘米，铜像真武大帝盔甲裹身，脚驾祥云，顶部置有一金殿造型，真武下方铸有绝妙的'五龙捧圣'：五龙昂首，形态各异，实为罕见，置于红木雕刻底座上的铜铸真武虽无铭文，但刻画逼真，惟妙惟肖。铜像上不仅有太子读书、黑虎巡山、真武飞身等动人传说图像，还布局了铁杆磨针、苦修专炼、紫气元君等造型，尤其是铜像下方雕刻的五条龙神，都充分说明这件文物是典型的武当山真武神修道飞身故事铸像。"① 道教传到越南后，真武大帝受到特别的崇拜，在越南河内真武观正殿中供奉有真武坐铜像，据称，铜像高 3.46 米，重 4 吨，也是散发披肩，左手握印，右手持剑，膝下有龟蛇合体之造型，神态威武。此铜像铸造于后黎朝熙宗永治二年（1677）。越南人认为，真武帝君可能是秦始皇时的将军黎翁仲，民间称为"黑天尊"，有驱邪的功能，故受到了越南人的广泛景仰。

道教绘画是以图画的形式来宣扬道教"得道成仙"的信仰。其艺术形式一般分为纸画与壁画两大类。道教壁画最早出现在汉代的道观遗址、石窟和王公贵族的墓室之中，且大多直接绘制在白粉墙或红土墙上，线条比较粗糙，色彩比较单调。例如，1931 年出土的辽宁金县营城子汉墓壁画，绘有云气、朱雀、苍龙及身披羽毛持技做引导状的"羽人"、头戴三山冠、佩着剑的墓主似与一位白头仙翁正在交谈以及人们执笏拜跪祭祀的情景。② 现存最早的道教壁画稿本大概是《太平经》中所录的《乘云驾龙图》、《东壁图》和《西壁图》。这些以神仙群像为主题的壁画图制作得非常精美，画上有真人高坐于书案之后，还有腾云驾雾的神仙，说明文字皆用楷书，这与汉代人大多席地而坐通常采用隶书的情况不同，其风格与明代绣像小说插图相似，故疑为明代刻印《道藏》时刻工的创作或改作，而非汉代的作品。

随着佛教在中土逐渐兴盛，道教壁画不仅借鉴了佛教用头部加圆光来表现佛与菩萨的画法，而且还出现了佛道相融的内容，例如，现存最著名的魏晋南北朝时期的道教壁画是敦煌莫高窟第 249 窟的东王公、西王母壁画和第 285 窟的伏羲、女娲壁画等，不仅吸取了佛教的造像方法，而且还与佛像

---

① 袁正洪：《英国博物馆珍藏武当山"五龙捧圣"铜铸精品》，《道教杂志》2006 年第 4 期。

② 参见王伯敏主编：《中国美术史》第一卷，山东教育出版社 1987 年版，第 277 页。

并存。

　　唐代时，随着道教宫观如雨后春笋般地出现，道教壁画也获得了极大的发展空间。据《两京耆旧传》中介绍，当时道观寺院里的"图画墙壁"不可胜记，皆绝妙一时。那些绘制的大型道教人物壁画，"变相人物，奇踪异状，无有同考"，表现出相当的艺术水平。据张彦远《历代名画记》卷三载，画圣吴道子曾在长安太清宫画《玄元皇帝（太上老君）像》，在兴龙观画《明真经变图》，在洛阳者君庙画《五圣图》。保留至今的最完整的大型道教壁画可能要算是山西省永济县的永乐宫壁画了。永乐宫壁画始画于唐代，后该宫被大火焚毁，又重建于元代，历时一百多年全部工程才得以完成。1959 年，因修建水库的需要，永乐宫整体搬迁到山西省芮城以北五华里的古魏城。永乐宫不仅建筑规模宏大，形式独特，各殿以飞檐凌空、斗拱交错重叠为特色，而且还以拥有 873 平方米的精美壁画而著称。这些壁画分别画在三清殿、重阳殿、纯阳殿内，其丰富的内容和精湛的画艺特别反映了宋元时期道教壁画的艺术水平。

　　三清殿的壁画分布在殿内四壁和神龛周围，面积有四百多平方米，画上的 290 多个神像，按仪仗队形式，分五层对称排列，表现出道教众神朝拜元始天尊的盛况。在布局风格上，与宋代画家武宗元（约 990—1050）的《朝元仙杖图》相似，它以遒劲而富有韵律、明快又有生命力的线条描绘了道教帝君太上玄元皇帝朝谒天帝的仪仗行列。"所不同的只是《朝元仙仗图》是在行动中求静止的韵律，而永乐宫则是在朝拜的静止状态中求动的变化。须眉、面部的画法又很像唐阎立本的历代帝王像。"[1] 三清殿壁画以南墙两侧的青龙、白虎星君为先导，神龛背面的三十二天帝为后卫，东、西、北三壁及神龛的左右侧壁上，分别画着八位主神，围绕着主神又有金童、玉女、天丁、力士、雷公、电母、星君、各方星宿及龙、虎、蛇、猴等神君，此外还有三头六臂的天蓬元帅，豪迈刚健的天猷元帅，披发戎装的黑煞将军，神态静穆的真武元帅，威武剽悍的天丁力士和端庄美丽的玉女，每幅神像旁边都标明神名。这些有着两米以上巨大形象的神仙像，虽然姿态各异，有的在对话，有的在倾听，有的在深思，有的在顾盼，但作者只用简练的线条就将

---

① 骆士正、刘觉生、薛亚编：《永乐宫的传说》，中国旅游出版社出版 1987 年版，第 11 页。

他们慈祥的表情、俊美的长相、优雅的神态动作表现得各尽其妙，特别体现了东亚道教之神韵。

纯阳殿壁画中的《纯阳帝君仙游显化图》和《钟吕传道图》的构图十分巧妙，不仅将各类人物如帝王、官吏、渔人、农夫、道士、儒生、小孩等描绘得栩栩如生，而且还画上亭台楼阁、酒肆茶馆、园林私塾、器皿设施作为背景，表现出浓厚的生活气息。其中，最为精美的《纯阳帝君仙游显化图》由 52 幅连环画的形式，讲述了吕洞宾从降生、赴考、得道、离家到成仙渡人的故事，全画分上下两栏，直着排列两幅，然后横着画下去，每一幅都有独立的主题，用文字在画的上方写出，同时还通过大山、绿树和道路等自然景观将一幅幅独立的画面连成一体，因此近看是通过一幅幅独立的图画来讲述吕洞宾的故事，远看则犹如一幅巨型而壮观的山水画。总之，永乐宫壁画结构严谨、技法娴熟、气势宏阔，代表了宋元时期道教壁画的最高水平。

现存的道教壁画中大多出于明清时期，著名的有山西省汾阳县后土庙大殿北壁的《燕乐图》、东壁的《迎驾图》，西壁的《巡幸图》；山西省新绛县稷益庙正殿东壁的《朝拜三圣图》、南壁的《丰都鬼城》、《阴曹地府》和《张大帝赴会》；现存于泰山岱庙天贶殿的巨幅壁画《泰山神启跸回銮图》等。《泰山神启跸回銮图》始作于宋代，明清时期又重新彩绘，以精湛的笔法生动地描绘了泰山东岳大帝出巡和回銮的壮观场面。

明清时期的道教壁画，从内容上看，反映了民间百姓对道教的信仰与崇拜；从技法上看，笔法追求工丽细致，色彩追求明艳浓重，与宋元时期的永乐宫壁画相比，规模偏小，缺少那种宏阔的气势。道教壁画主要呈现于一些宫观大殿的墙壁上，它不仅以生动而鲜艳的大型图像来宣传道教思想和神仙信仰，而且还以一种独特的艺术形式丰富了道教绘画的内容。

道教创立后，反映道教信仰的绘画艺术也随之而出现。道教绘画的题材主要有三种：一是神像人物画；二是动植物画；三是自然风景画。按照内藤湖南的看法："中国人对于风景的认识由最初受道教的影响喜爱幽僻的山水发展到偏爱周围的景致。"① 道教绘画主要是通过对自然景物的描绘来展现

---

① ［日］内藤湖南：《日本历史与日本文化》，商务印书馆 2012 年版，第 249 页。

神像人物的风采，故神像人物画始终占有主导地位。现存最早的道书《太平经》中就存有一些道教神像画。魏晋时期，随着道教神仙信仰的盛行，出现了一些以道画名世的画家，如东吴时期最负盛名的曹不兴是我国古代第一位在纸上作画的画家，他不仅画佛画，而且还以龙为主题，绘制了一些富有道教意韵的道画，如《龙虎图》、《青溪龙》、《赤盘龙》等。司马昭因画有《洛神赋图》、《穆天子燕瑶池图》、《瀛洲神仙图》等神仙人物画而名扬天下。东晋画家顾恺之擅长人物肖像及神仙、佛像、禽兽、山水等，尤其是附会老子犹龙的说法，喜好画浮于云中之龙，这种画法后成为道画的重要特色。他的《洛神赋图》、《列女仙》、《列仙图》、《刘仙像》、《三天女像》等都描绘了栩栩如生的神仙形象，成为道教绘画的蓝本。他撰写的《画云台山记》是探讨神仙人物画像内容与构思的理论著作，其中提出的"以形写神"、"迁想妙得"等思想对道教绘画产生了极大的影响。

对唐代道教绘画作出杰出贡献的画家主要有：阎立德、阎立本、张孝师、范长寿、吴道子、梁令瓒、杨庭光、皇甫珍等。阎立本创作了《元始像》、《行化太上像》、《北帝像》等近二十幅道画。有"百代画圣"之称的吴道子集诸画家之大成，最擅长画佛道人物像。据说，他一生不仅在长安、洛阳二地的寺院道观创作了佛教、道教壁画三百余间，而且还绘制了《天尊像》、《列圣朝天图》、《二十八宿像》、《钟馗像》等道画。其所绘道画题材丰富，画面生动，人物奇形异状，无一同者，尤其是他善于运用粗细互变的线条使所画人物的衣褶具有飘举之势，故有"吴带当风"之称。吴道子的画在当时就名噪一时，后被誉为"冠绝于世，国朝第一"。唐代时，随着对老子崇拜的盛行，以老君为主题的道画也大量涌现。吴道子所画《太上玄元皇帝像》意韵生动，本系绢像，悬挂于河南鹿邑太清宫中，后刻石于苏州玄妙观，流传至今。

五代时，随着道教神仙信仰的普及化，神仙人物画成为道教绘画的主要内容，涌现出一大批画家，其中以道画著称的主要有：五代后梁朱繇；南唐周文矩、陆晃、阮郜、王齐翰、顾德谦、黄筌、李升、曹仲元；前蜀张素卿、陈若愚；后蜀李寿仪等。他们的绘画在构图、着色和技巧等方面又有了很大的进步。据《宣和画谱》卷三记载，有"神笔"之称的朱繇"工画道释，妙得吴道玄笔法，人未易优劣。"①他曾画有《元始天尊像》、《天地水三官像》、《金星像》、《木星像》、《水星像》、《火星像》、《土星像》、《天蓬像》、《南北斗星真像》等 83 件道教神像画。朱繇所画人物各具特色，千变万化，动人耳目，例如，在《天地水三官像》中，天官冠服，具大人相，神思玄默，凭几而坐；地官王者服，颜面威重，乘白马列队仗行于森林间大树下；水官亦王者服，表情严峻，乘龙行于海涛云气中。不同的人物在面貌、姿态、衣冠和动作上各具特色，反映了他们在性格上的差异。

张素卿是道士，曾居于四川青城山，喜画道教神像，创作了《老子过流沙图》、《五岳朝真图》、《九皇像》、《五星图》、《天官像》《十二真君像》等。② 这些道画以笔锋洒脱、设色奇古、形象诡异、不落俗套为特色，其中《十二真君像》是他为祝前蜀皇帝王建生辰所画，形态十分逼真，备受赞赏。王建观之且曰："非神仙之能，无以写神仙之质，遂厚赐以遣。一日命翰林学士欧阳炯次第赞之，复遣水部员外郎黄居宝八分题之。每观其画，叹其笔迹之纵逸；览其赞，赏其文词之高古；玩其书，爱其点画之雄壮。"③张素卿被尊为"一代画手"，他的画在唐宋元一直被奉为道教神仙人物画以及道观壁画的楷模。

宋代道教绘画以神仙人物画和自然风景画见长，著名的画家主要有石恪、武宗元、李公麟、赵佶、李德柔、孙知微等。武宗元擅长神仙人物画，曾画有《天尊像》、《北帝像》、《真武像》、《天帝释像》、《朝元仙仗图》等。他的《朝元仙仗图》是用卷轴的形式保留至今的壁画彩本，"可能是武宗元为玉清应昭宫壁画所作的彩本，图取材于道教活动"④，上面绘有五方天帝中的三位天帝率领众武将、男仙和女仙列队敬拜元始天尊的场景。作者用白描的方法勾画出众多的神仙群像，如南极天帝君、东华天帝君等重要的神仙，一般体形较大，头部绘有光环，被众多小神仙跟随簇拥，显得尊贵而神圣。虽然从画面的布局上看众多的神仙重叠在一起，但人物的表情、头饰、动作和手势却是姿态各异，再加上人物的衣裙、飘带，还有锦旗、花

---

① 于安澜编：《宣和画谱》卷二，上海人民美术出版社 1963 年版，第 27 页。
② 于安澜编：《宣和画谱》卷二，上海人民美术出版社 1963 年版，第 23 页。
③ 郭若虚：《图书见闻志》，载《丛书集成新编》53，台湾新文丰出版公司 1986 年版，第 183 页。
④ 杨孝鸿：《艺术的故事：中国美术鉴赏》，上海人民出版社 2003 年版，第 109 页。

枝，似随风飘舞，组成了一支众仙驾云御风飘然行进的队伍，既反映了宋代道教神仙信仰的特点，也是当时帝王出行仪仗盛大场面的真实写照。图画的下方绘有通长的雕花栏杆，外云雾缭绕，荷花点缀其中，作为天界与凡界的分界，增加了众神的仙灵气息。《朝元仙仗图》是宋代道教美术中的极品。

道教神仙人物画也传播到东亚地区，成为人们供奉、祭祀或观赏的对象。例如，在高丽王朝建造的福源宫其中就供奉着道教神像："殿内绘三清像，而混元皇帝须发皆绀色，偶合圣朝图绘真圣貌像之意。"① 绀色即青紫色。从混元皇帝像须发所使用的绀色看，其与中国道教所绘真圣貌像非常相似。据李奎报《老巫篇》记载，道士巫师在做法时，"丹青满壁画神像，七元九曜以标额"②。道教神像也进入了民间的巫俗活动中。

日本大阪市立美术馆藏唐代画家梁令瓒《五星二十八宿神形图》，"作者根据想象中的星辰形象，分男女，或乘车、骑马，或驾鸾凤，或立山冈等，人物形象奇特生动，将星宿进行了人格化和动物形象的人格化变形，如荧惑星神为驴首人身，六只手臂持有六种兵器；太白星神为女神骑鸟，翩翩翱翔。图中形象古怪多姿，构成了独特的艺术效果。该画笔法细劲圆秀，线条粗细一致，颇似吴道子风格。"③

通过描绘自然景物和动植物来表达道教的成仙理想，也是东亚道教绘画的一个重要内容。在道教中，日、月、云、山、水、石、龟、鹤、鹿、松、竹、桃、灵芝等被视为十种"长生物"，成为道教绘画中的重要内容。鹤是东亚人喜爱并崇拜的一种珍禽，之所以被看作长生之鸟并赋予不死、高洁、善良、平和等多种品格，可能来源于道教的长生不死观念与得道成仙的信仰。道教将"仙鹤"视为沟通人间和仙境的神鸟，作为长生不死的化身，以此来表达一种生命理想，例如，高丽时文人李穑（1328—1396）作《岁画十长生》诗，其中第九首咏鹤：

---

① 徐兢：《宣和奉使高丽图经》卷十七《福源观》，《朝鲜史料汇编》（一），全国图书馆文献缩微复制中心 2004 年版，第 159—160 页。

② ［高丽］李奎报：《东国李相国集》卷二，载韩国民族文化推进会编：《韩国文集丛刊》第 1 册，景仁文化社 1990 年版，第 305 页。

③ 王宜娥编：《卧游仙云——中国历代绘画的神仙世界》，五洲传播出版社 2011 年版，第 26 页。

三山渺渺是何方，欲驾胎仙叩玉堂。却恨平生无道骨，漫教尘世慕昂藏。[1]

传说中海上有三座仙山蓬莱、方丈、瀛洲，后成为东亚道教仙境之象征。"胎仙"则指"仙鹤"。在朝鲜古代神话传说中，鹤是神仙的坐骑。如6世纪高句丽古坟的壁画中，就有一幅仙人乘鹤图。"在韩国语中，称鹤为'都鲁米'（turumi），从语源学角度考察，与亚洲北部阿尔泰语系的许多民族叫法相近。受中国文化影响，古代也采用汉字'鹤'。"[2] 由于仙鹤的羽毛黑白鲜明，其鸣声悦耳，被视为高洁的象征，尤其是那种毛色由白变黑的千年之玄鹤，深受东亚知识阶层青睐，故仙鹤纹样成为人们最爱用的一种装饰纹图。从绘画中可见，"鹤氅衣"是朝鲜王朝时文人的流行服装，质地白净的袍子，下摆边沿及袖口则镶上黑边，以黑白分明来象征高洁的品格。

古代日本也以鹤为长寿象征，与龟相提并论，称作"千年之鹤，万年之龟"。在江户时代，受道教神仙思想的影响，日本民俗画浮世绘中"鹤纹"是一种常用的纹样，用来表达长寿与吉祥。浮世绘中的鹤纹有菱鹤和团鹤之分。菱鹤由相对的双鹤组合，鹤羽呈三角形，以数条直线代表鹤羽。团鹤由单鹤构图，展开的双翅上翘，互相连接呈圆形，鹤羽纹全部省略。在日本绘画中流行的鹤纹样中，"松鹤齐龄"尤其引人瞩目。保留到今天的平安时代绘画与工艺品中，鹤纹样占有突出的位置。例如，广岛严岛神社收藏寿永二年（1183）的鹤衔松枝螺钿小唐柜，上面有仙鹤衔花的纹样。东京国立博物馆收藏五枚松鹤文羽黑镜，以翔鹤与松枝构图来寓意"松鹤齐龄"，象征长寿。在日本镰仓到江户时出现的"蓬莱文样"中用仙鹤来表现寻求仙境的主题。需要说明的是，绘画中以"千龄之鹤"来象征长寿、表达成仙的习俗虽源于中国道教，但传到朝鲜、日本后，又出现了一些新变化。如果说，中国道教绘画中的仙鹤往往伴随着神仙而出现，在朝鲜绘画中，道教信仰与朝鲜民族神话、自然崇拜、精灵崇拜、巫术观念相结合，往往通过"十长生"体现出来，仙鹤只是其中的一种祈福吉祥物。日本绘画

---

① 祁庆富编：《中国少数民族吉祥物》，四川民族出版社 1999 年版，第 136 页。
② 丁宏主编：《民族研究文集·国际学术交流卷》，中央民族大学出版社 2006 年版，第 279 页。

中创造出以仙鹤等吉祥物组成的"蓬莱纹样"，与其说是追求长寿成仙，还不如说是表达一种清高的贵族精神。道教绘画中的风景观也直接影响到日本在江户时代发展起来的浮世绘，如浮世派风景画家葛饰北斋的《富岳三十六景》和安藤广重的《东海道五十三次》，通过模仿道教绘画的自然观来刻画日本风景的特征，即"回归到在平淡无奇的景色中去发现极富情趣的景致"①。

在道教绘画中，缥缈变化的"云"既是一种处理空间的技法，也通过"气"成为连接"他界"与"现世"的交通工具。"气"一向被道教认为是创造万物的本原，阴阳相合，云气凝聚，变成具体的物象，有生命吐息的云气、物体的云气、化生万物的云气等，从而为亡灵、神仙、妖鬼、灵兽、瑞鸟提供一种表现不可思议"超自然灵力"的载体。道教绘画中出现的那种"云气美术"在 9 世纪的日本大和绘画中也有所体现，如表现亡灵、神仙、妖鬼移动时，不画脚而画云。日本的御览本《小栗》最后有一幅描绘主人公小栗死后成神的插图。小栗 83 岁无疾而终，神、佛来迎接他前往天界时，释迦佛坐在莲花座上，其他的神、佛全被"云"隐去了脚和腰以下的部位，由此来展现神和佛是驾着云彩来迎接小栗上升天界成为受人祭祀的神的。亡灵、神仙、妖鬼不用自己的脚而是驾云就在空中飞行，只要在神灵或鬼神的保护下，平常的人也可以在空中飞行、飘浮。在《春日权现记绘》中所描绘的春日明神通过桔氏女降临人间，阻止明惠上人渡海的插图，也是驾着云彩在现世巡游的，这与中国道教神仙画的构图十分相似。日本绘画中，神仙往往驾着白云或彩云出现，那些妖怪魔鬼经常驾着黑云出现，以云彩的颜色来区别善恶好恶。如在古净琉璃《金平入道山巡游》中主人公金平与山中女妖相逢的插图，身长一丈，手持铁棒的白发女妖就是驾着黑云出现的。②

宋代道画中出现了许多通过描绘山水风光、野岭人家等自然景色来表达道教"自然淡泊"、"返'朴'归真"情趣的自然风景画。画家们通过寄情于山水，表达了希望超越世俗的污浊、追求自由自在的精神愉悦的心态，这一趋势到元代时得到了进一步的发展。元代是中国山水画的高峰期，道士中

---

① ［日］内藤湖南：《日本历史与日本文化》，商务印书馆 2012 年版，第 255 页。
② 参见［日］谏访春雄：《日本的幽灵》，中国大百科全书出版社 1990 年版，第 125 页。

也出现了众多擅长山水风景画的人物，主要有张雨、张彦辅、钱选、赵孟頫、吴镇、王蒙、高克恭、孙君泽、黄公望、倪瓒等。据史料记载，因绘画风格上的差别，元代山水画可分为四派：一是以钱选（1239—1299）为代表的青绿山水派，例如，他的《梨花双鸠》、《山居》等以笔法柔劲、着色清丽为特色；二是以赵孟頫（1254—1322）为代表的集古细润派，例如，他所绘《松石老子图》，画面十分简洁，只有一松、一石、一藤榻、一人物而已，但松树画得十分细致，石头则极其简略；藤榻画得十分细致，人物则极其简略，正是通过繁简之对比来让人体悟"道"的内蕴；三是以高克恭（1248—1310）为代表的破墨简逸派，例如，他的《云横秀岭》、《墨竹破石》是以苍润的笔墨来表现林峦烟景；四是以黄公望（1269—1354）为代表的水墨苍劲派，例如，全真道士黄公望所画《富春山居图》，用水墨画的形式，以高一尺余、长二丈一尺的大画面，来表现富春山郁郁苍劲之景象。道教山水画丰富多彩的样式始终围绕着一个主题，这就是通过描绘自然山水来体现"道法自然"的思想和宁静淡泊的品格，使作者的精神世界、审美情趣和绘画对象有机地统一起来。

明清时，道画在绘画风格上趋于纤丽细美，内容上主要是仿照或临摹前人的作品而少有创新，但作画的材料却形式多样，有卷轴、扇面、册页等。随着道教信仰在民间的广泛传播，水陆道场日益兴盛，道教绘画也向大众化、实用化的方向发展，专门用于斋醮活动的水陆画，版画、年画也开始流行。

水陆画大约在明代时开始出现，一般绘有三清像、三官像、斗姥像、二十八宿像、救苦天尊像等神像，悬挂于水陆道场之中，成为用于追思亡灵、降神除妖等宗教活动的必备物品，是道教信仰与民间习俗相结合的产物，但也有人认为：佛教和道教在中国得到了和谐的综合，其最明显的表现便是明代水陆斋仪中所绘的诸神，其中存在着大量的密教成分，[①] 这是佛道研究中一个值得进一步探索的研究领域。水陆画主要由民间画工绘制，作品的水平参差不齐。水陆画中的神像一般都绘制得比较威严呆板，但其中有一些画因在创作中吸收了工笔画的技法，人物形象还比较生动，例如，现存于北京白云观灵官殿内的清代作品《四帅像》，就以遒劲流畅的线条，淡雅脱俗的色

---

① 参见〔法〕索安：《西方道教研究编年史》，中华书局2002年版，第108页。

彩，生动地描绘了赵公明、岳飞、马胜、温琼等四位道教护教神威严而刚健的形象，是为水陆画中的优秀作品。

明清时，水陆画虽然在道观和民间都十分流行，但却不如道教版画的社会影响大。道教版画是雕版印刷术的副产品。随着《道藏》的刻印与发行，一些道书中也出现了插图画和封面画，例如，明代画家丁云鹏、仇英、唐寅、黄德懋等都十分热衷于版画创作。黄德懋刻绘的《南华真经旁注》、《淮南鸿烈解》中都有精美的插图。① 后来道教版画逐渐从道书中独立出来，经常以门神、财神、灶王爷、寿星等神仙为题材，以雕版年画的形式进入千家万户，受到老百姓的喜爱而在社会上得到广泛流传。虽然明清时期的道教绘画在艺术创造力上逐渐衰退，但它毕竟是一种有着千百年历史的传统技艺，依然受到人们广泛的喜爱。从现存的道教绘画的传世之作中，就可见其数量之大、内容之丰、种类之繁，其艺术价值对提升东亚各国绘画水平所作出的贡献是值得重视的。

第三节　敬神崇道的斋醮科仪

道教在创立之初就继承中国古代宗教的祭祀仪式，积极开展以斋戒思过、请祷跪拜为主要内容的斋醮活动，并制有古朴的涂炭斋、指教斋等斋仪，例如，在五斗米道早期的宗教仪式中，既有向神上章的千二百官仪，也有为病者请祷的三官手书，还有就是涂面自缚以谢罪的涂炭斋法。随着时间的推移，这些越来越趋向于规范化的斋醮科仪，被道教用来培养信徒的宗教感情，发挥以道化人的社会功能。斋醮科仪既是道教进行宗教活动的重要方式，也是吸引道众的重要手段，因此而有"道家所先，莫近乎斋"的说法。斋，指清洁身口意的活动，醮，指上章祭祀神灵的活动。《正一威仪经》说："醮者，祈天地神灵之享也。"供斋醮神是道教特有的一种求福免灾的宗教仪式，以至于有西方学者认为："道教作为一种宗教，是建立在许许多多仪式的基础之上的，脱离了仪式，很难说清道教是什么。"②

---

① 参见瞿冕良编：《中国古籍版刻辞典》，齐鲁书社 1999 年版，第 540 页。
② ［法］安娜·塞德尔：《西方道教研究鸟瞰》，载《道教文化研究》第 4 辑，上海古籍出版社 1994 年版，第 379 页。

　　道教的斋醮仪式复杂而有序，大致为设坛、上供、祝香、升坛、念咒、发炉、降神、迎驾、礼忏、赞颂、复炉、送神等，需要许多道士一起配合进行。在做法过程中，道士先要向神报出自己的生辰和法位，然后才奏乐、散花、踏禹步、唱步虚词、绕香炉转、祈祷拜神等依次进行。整个仪式隆重肃穆，其目的在于通过集体性的崇拜活动来表达对道教信仰对象的感情，希望得到神的佑护而禳灾祈福，兼利天下。

　　南北朝时，随着道教在社会上广泛传播，一些具有士族身份的人加入道教，开始对粗糙简陋的原始道教进行改革，其中的一个重要内容就是建立斋醮科仪制度。如果说，灵宝派传人葛巢甫造作《灵宝度人经》，制订出以修斋、烧香、诵经为主要内容的祭祀活动仪式，使灵宝派以奉行斋法而出名，那么，南朝道士陆修静则在综合各道派斋仪的基础上，并依据当时各道派的特点和斋法的功用，将丰富繁杂的道教斋法加以条理化。陆修静认为："道以斋戒为立德之根本，寻真之门户。学道求仙之人，祈福希庆祚之家，万不由之。"他在改革传统道教时，倡导内持斋戒，外持威仪，收集和整理了道教斋醮科仪著作一百余卷，"疏列科条，校迁斋法"，分为"大体九等，斋各有法，凡十二法"。它们是：

　　　　洞真上清之斋，有二法：其一法绝群离偶，以无为为宗；其二法孤影夷豁。
　　　　洞玄灵宝之斋，有九法，以有为为宗：
　　　　其一法金箓斋，调和阴阳，救度国王；
　　　　其二法黄箓斋，为同法拔九祖罪根；
　　　　其三法明真斋，学士自拔亿曾万祖九幽之魂；
　　　　其四法三元斋，学士一年三过，自谢涉学犯戒之罪；
　　　　其五法八节斋，学士一年八过，谢七玄及己身宿世今生之罪；
　　　　其六法自然斋，普济之法，内以修身，外以救物，消灾祈福，适意所宜。
　　　　其七法洞神三皇之斋，以精简为上；
　　　　其八法太一之斋，以恭敬为首；
　　　　其九法指教之斋，以清素为贵。

三涂炭之斋，以苦节为功，有一法。①

可见，不同的教派具有不同的斋法，每一种斋法都有其特殊的功能和使用范围。虽然陆修静所制订的斋法以灵宝斋为主体，但他所提出的"九等斋十二法"的分类法，不仅说明道教斋醮科仪在南北朝时已初具规模，而且也标志着此时的道教已从原始宗教中脱胎而出并逐步走向成熟。

唐代时，老子被奉为唐王朝的"圣祖"，道教被奉为国教。为了使尊祖之风万世流传，唐朝皇帝不仅在全国大兴老君庙等宫观，而且在宫观中积极举行祭老活动。在三元日和皇帝诞生日，宫观中还要举行斋醮仪式以为帝王长寿、国家安康而祈祷。唐王朝还专门设立崇玄署，"崇玄署令掌京、都诸观之名数，道士之帐籍，与其斋醮之事"②。斋醮也被广泛地运用到道教活动的各个方面，凡道士诵经、书符、合药、炼丹、存思、礼拜、济度等都必须先行斋醮。同时，唐代道教还积极利用斋醮仪式进行宣教活动，例如，将《道德经》、《南华经》、《度人经》等奉为醮坛上所诵念的经本，由高道宣讲其义理，这又从根本上提升了斋醮科仪的内涵。

斋醮作为道教的一种集体性的崇拜仪式，它的内涵虽然十分丰富，但按约出于隋唐之际的《洞玄灵宝玄门大义》的看法，其目的主要有两个："一者极道，二者济度。极道者，《洞神经》云：心斋坐忘极道矣。济度者，依经总有三箓七品。"三箓，指金箓斋、玉箓斋和黄箓斋；七品，指三皇斋、自然斋、上清斋、指教斋、涂炭斋、明真斋、三元斋等，由此而突出了斋法的重要性。在唐玄宗御敕编撰的《唐六典》卷四中就记载了唐代国家祭祀时所采用的七种斋法，它们是：金箓斋、黄箓斋、明真斋、三元斋、八节斋、涂炭斋、自然斋。唐代帝王为了追求国家安泰和自身福寿，崇信道教斋醮科仪所具有的祈福消灾功能，不断地敕命道士举行各种斋醮仪式，这就在客观上导致了道教斋醮科仪在社会上的盛行。上至皇帝官僚，下至普通百姓，都积极参与道教的斋醮科仪式，以至于此时在东亚传播的道教也以符箓科仪为鲜明特征。

---

① 《洞玄灵宝五感文》，《道藏》第 32 册，第 620 页。
② 李林甫等：《唐六典》卷十六，中华书局 1992 年版，第 467 页。

当道教的斋醮科仪活动在唐朝帝王的支持下频繁举行时，陆修静所制定的斋仪在实践中也暴露出了种种局限和问题，这就促使道士们重新加以整理修订使之更加完善，其中贡献最大的莫过于张万福与杜光庭。从历史上看，唐代道教斋醮科仪得到过两次比较系统的整理。一次是唐玄宗时的长安道士张万福；另一次就是生活于唐末时期的杜光庭。张万福继南朝道士陆修静之后对斋醮科仪进行了整理，他在"陆斋"的基础上编撰了许多斋醮科仪经文。张万福的工作为后来的杜光庭集道门科仪之大成准备了条件。安史之乱后，唐王朝日益衰落，道教的斋醮科仪也日渐散乱。唐末时，身为"道门领袖"的杜光庭对斋醮科仪非常重视，他无论是在长安，还是后来在蜀地，不仅积极参与斋醮活动，而且还花费了大量的时间编撰了十几种共二百余卷斋醮科仪的经书。流传至今的《广成集》十七卷，还收录了他的醮词一百八十六通，斋词三十一通。《全唐文》中则收录了他的斋词、醮词、步虚词、青词等共三百多篇。流传至今的《广成集》十七卷则是杜光庭所写的表章、诗词、序文和碑文的汇集。杜光庭的斋词大多是为帝王、大臣、信徒、道众修斋设醮、选时择日、上章陈词、保生度死、祈福禳灾所作，内容十分丰富，有金箓、黄箓、明真、报恩、三元、受箓等。醮词则有北帝、南斗、九曜、周天、本命、庚申、安宅、三皇、八节、太一、还愿等，带有浓厚的弘道宣法的特点。杜光庭将斋与醮同坛举行，并以此来制定科仪，此后斋醮并称用来泛指道教的祭祀仪式。值得注意的是，唐代道教的斋醮仪式中还经常穿插着一些富有特色的比较固定的仪式，如言功拜表仪、拔苦济度方忏仪、投龙璧仪、燃灯仪、忏禳疾病方忏仪等，它们具有不同的目的，以多样化的内容和形式不断地丰富了斋醮科仪的内容。杜光庭对醮仪的提倡，一方面使道教各路神灵的权能得以充分体现，以满足斋主的各种需要；另一方面则使宋代以后醮仪逐渐兴盛起来并成为道教斋醮科仪的主流。①

宋代时，随着少数民族不断地进入中原地区，民族矛盾日益尖锐。统治者希望通过崇拜道教来增强民族意识，以达到稳定政权、安抚人心的目的。例如，宋真宗、宋徽宗都以崇道而著称，他们在当政时，不仅经常参与道教的斋醮科仪活动，而且还直接主持编修斋醮科仪。宋真宗虽然在景德元年

---

① 参见孙亦平：《杜光庭评传》，南京大学出版社 2005 年版，第 380 页。

（1004）就与契丹（辽）在澶州签订了和约，史称"澶渊之盟"，但仍然时刻感到金人的威胁，于是他信仰道教，经常举行大规模的斋醮科仪，希望借助于道教的神力来达到巩固政权、抵御外敌、安定人心的作用。大中祥符元年（1008）他以天书下降为契机，在泰山举行了封禅活动，后又在京师上清宫举行七日醮仪，诸州举行三日醮仪。大中祥符二年（1009）他又命太常礼院制定"天庆道场斋醮仪式"。这是为道教斋醮而制定的国家仪礼书，后颁行全国。大中祥符五年（1012），宋真宗又依照唐王朝对老子的尊崇而塑造了一个道教神仙"保生天尊大帝赵玄朗"作为赵家的族祖，以强调君权神授。宋真宗还多次宣扬梦见神人下降，说赵玄朗将奉玉皇之命、天尊之言降临，主赵氏之族，于是他将此事颁布天下，在全国宫观广设道场，从而使赵玄朗成为宋代道教斋醮科仪中最受尊敬的尊神之一。

宋徽宗更加崇尚道教，不仅自己入道，集教主、道君、皇帝为一身，而且还花费了大量的钱财用于斋醮活动。据《宋史·礼志七》记载："宋徽宗崇尚道教，制郊祀大礼，以方士百人执威仪前引，分列两序，立于坛下。"在皇帝的带领下，东京洛阳的一些重要的道观如玉清应昭宫、上清宫、太一宫等都成为国家举行斋醮科仪的道场，同时，宋代道教斋醮科仪也成为国家祭祀大典的组成部分。大观二年（1108），宋徽宗为推行道教，亲自"班《金箓灵宝道场仪范》于天下，诏天下访求道教仙经"。宋徽宗将这部共有426卷的《金箓灵宝道场仪范》颁布于天下道观，令道士依之作为国家举行大型斋醮活动的仪规。由于宋徽宗宠信以奉行符咒法术见长的神霄派道士林灵素，上有所好，下必甚焉，因此，一些类似的新道派如清微派、东华派、净明派也应运而生，它们将内丹与符箓相结合，将所擅长的符咒法术也渗透到斋醮科仪之中，这就使道教斋醮科仪中出现了法术化甚至于民俗化的倾向。宋真宗、宋徽宗后来落得个亡国之君的下场，但他们对道教的支持却在客观上促进了道教斋醮科仪的发展以及在东亚社会上产生了广泛的影响。道教符箓派能够在高丽王朝兴盛起来与宋徽宗的推动是分不开的。

随着斋醮科仪的盛行，两宋时期，道教中又出现了一些关于斋醮科仪的著作，其中保留在《道藏》中比较重要的有：南宋蒋叔舆编《无上黄箓大斋立成仪》57卷，宁全真授、林灵素编于元初《灵宝领教济度金书》320卷，宁全真授、王契真集《上清灵宝大法》66卷，金允中编《上清灵宝大法》45 卷、《灵宝无量度人上经大法》72 卷、《灵宝玉鉴》43 卷、《金箓大斋启盟仪》等。

随着斋醮科仪的不断发展，斋法也出现了繁多的种类。《金箓大斋启盟仪》曾将众多的斋法分为内外斋，并具体条例为二十七品斋法。"斋法之说，有内有外，请备论之。内斋者，恬澹寂寞，与道翱翔，昔孔子以心斋之法告颜渊盖此类也。外斋者，登坛步虚，烧香忏谢，即古人祷词祭祀之余意也。斋法见于道家者，凡二十有七品，其源出于灵宝。"这二十七品斋有内斋与外斋之别，其中内斋有四种，外斋又分为天子所修斋五种和臣庶可修斋十八种：

内斋：太真斋、上清斋、大洞斋、金房斋
外斋：天子所修：太一斋、九天斋、金箓斋、玉箓斋、盟真斋
　　　臣庶可修：黄箓斋、洞神斋、自然斋、三元斋、涂炭斋、
　　　　　　　　拔度斋、洞渊斋、天宝斋、九幽斋、五练斋、
　　　　　　　　正一斋、太平斋、三皇斋、八帝斋、北帝斋、
　　　　　　　　旨教斋、解考斋、化胡斋

"二十七品斋"不仅大致概括了宋代道教的各种斋法，而且将其源头推至"灵宝"，反映了宋人在斋醮科仪上所形成的道统观念。这种同源异流说反映了灵宝斋虽然为斋法的主流，但随着二十七品斋的出现，就可见不同地区的斋法还有其独特的地域性特点。如果说，唐以前道教斋醮科仪以斋法为主，那么，宋代以后，斋法逐渐衰微，醮法开始兴盛，并逐渐成为斋醮科仪的主流，以至于宋代蒋叔舆在《无上黄箓大斋立成仪》卷一《序斋》中说："今世醮法遍区宇，而斋法几于影灭迹绝。"

金元时期，新道派在大江南北陆续出现，道教的发展也进入了一个新阶段。在众多的新道派中，影响最大、流传最广的无疑是王重阳创立的全真道。一般认为全真道以性命双修相号召，比较注重个人的生命修炼而不太重视举行斋醮科仪活动，但实际情况并非如此。王重阳在短暂的传道活动中，就曾多次提到斋醮科仪在传道过程中具有重要的作用。他的弟子刘处玄、王玉阳和丘处机等人也都曾积极开展斋醮科仪活动。据元代道士秦志安《金

莲正宗记》记载，丘处机"既住持长春宫，而教化大行。全真之道，翕然而兴。主持醮坛，祈风祷雨，刻期不差，如影响焉。"① 全真道的斋醮科仪既继承了道教的传统，又吸取了佛教道场仪式，逐步形成了以诵念为主、简单易行的特点。随着全真道的发展，对斋醮科仪越加重视，以至于明清时期出现的《全真清规》中规定："有志之人，亲奉明师，朝参暮礼，听而从之，习学经典，遵守清规，日至黄昏。烧香上灯，礼谢天地，朝拜圣贤，侍奉师尊"②，从而将斋醮作为入道者的必修功课。

传统符箓派在宋代帝王的支持下，逐渐归拢为茅山、合皂山和龙虎山等"三山符箓"的新格局。后来，元世祖忽必烈命三十六代天师张宗演主领"三山符箓"，并赐予二品银印。随着三大符箓道派合流，全国道教主要分为正一道与全真道两大道派。两大道派在斋醮科仪上也呈现出不同的特点。如果说主要传播于南方的正一道往往斋醮并行，那么，主要传播于北方的全真道则多行醮仪。但此时全真道的醮仪节次更为简化，这从清代时流行于四川道教中的全真道科仪总集《广成仪制》中就可见，全真道的斋醮科仪有二百七十多种，其规模之大和种类之多可以与传统的正一道相媲美，但其主体仍然是简单易行的醮仪。

明清时期，道教斋醮科仪种类繁多，主要用于祈禳、度亡、诞生、放戒、祭天、解星、镇宅、受箓、祛鬼、降神等目的，涉及百姓生活的方方面面。为适应人们的精神需要，道教中还出现了一些新的斋醮科仪，例如，江南地区正一道的炼度仪式中出现了太乙炼、蓬壶炼，斗姥炼等新仪，以存想为基进行的水火交炼法，以炼度与施食相结合形成的祭炼大法，一些道士也以斋醮科仪来拜神求福、救度亡灵作为传道，甚至谋生的重要手段。据记载，新中国成立前，上海地区道教各宫观专门招揽坛醮，分地区结帮营业，③ 但此时斋与醮的科范已是大同小异，故人们经常以"斋醮"并称来表达道门科仪，这也成为东亚道教中有代表性的传道方式。

高句丽时，随着道教在朝鲜半岛的传播，道教的以祈福禳灾为目的的斋醮科仪也受到帝王的重视。宝藏王接受了唐太宗派遣来的叙达等八名道教

---

① 《金莲正宗记》卷四，《道藏》第 19 册，第 360 页。
② 《全真清规》，《道藏》第 32 册，第 156 页。
③ 李养正：《道教概说》，中华书局 1989 年版，第 281 页。

徒，为之改佛寺为道观，让道士主持为镇护国家名山大川而举行斋醮。"这时候的符箓派道教在韩半岛上已正式成为国教。由于现存的文献资料不多，无法了解当时在高句丽所进行的道教科仪式到底是怎样的形式，但大体上应遵循着中国在唐太宗时期所执行的科仪。"① 此时符箓派道教经常为帝王健康长寿和国家繁荣富强举行一些斋醮祭祀活动。

后来，高丽王朝承继这一传统，符箓派道教在统治者积极扶持下尤为兴盛，积极为国家宗教祭祀服务。据《高丽史》卷四记载：显宗九年（1018）"秋七月乙亥大醮于球庭"，即在王宫中举行道教的祈福禳灾的祭礼活动。《高丽史》卷二十二《世家高宗》记载显宗十四年（1023），再次在球庭举行规模更大的斋醮科仪。后来的德宗、靖宗、文宗、睿宗、毅宗等一直将符箓派道教奉为国教，也不时地举行各种类型的斋醮科仪。这种斋醮活动在笃信道教的睿宗与毅宗时最为频繁。据统计，高丽王朝曾举行了 191 次斋醮活动，148 次是在睿宗建立福源宫后举行的。② 据《高丽史》记载，睿宗在位时共举过 27 次醮仪，不仅让道士主持斋醮科仪，有时他还亲为醮主。斋醮的内容也十分丰富，主要是为国家安康的祈福活动，有祈雨醮，有祭祀道教神灵如太一、三界神祇、昊天五方帝、三清、本命、下元、南斗等醮仪。毅宗为了礼拜南斗、驱除蝗虫、禳灾祈福等目的举行了各类醮祭，祭祀的对象包括三界神、天曹、二十七位神、太一、三清、北斗、天皇大帝以及十六神、十一曜、南北斗、二十八宿、十二宫、老人星等，除了疫疾的禳除之外，也渐渐扩展到星宿方面。③ 毅宗在位时醮祭的记录也有 26 次之多。在举行斋醮活动时，国王还会在斋醮词疏上签字：

> 权知秘书校书郎李白贵诣紫宸门上言曰："先王之世，每押斋醮词疏，必斋宿，昧爽坐殿，校书郎奉函御书，留院官奉笔砚立殿下，上就几下押。今词疏入内，秘书郎公服立门下，累日不下，窃为陛下不取。

---

① ［韩］车柱环：《韩国道教思想》，人民文学出版社 2005 年版，第 233 页。
② 参见［韩］金澈雄：《高丽中期道教盛行其性格》，载韩国道教思想研究会编：《道教·韩国的变容》，亚细亚文化社 1996 年版，第 182—183 页。
③ 参见［韩］车柱环：《韩国道教思想》，人民文学出版社 2005 年版，第 233—234 页。

王曰："权知校书郎，微官也。直言如此，可谓忠臣。①

这种斋醮仪式一般具有比较固定的形式，往往还伴随着诵读斋词青词与音乐舞蹈，这对提升高丽文人的文学艺术素养起到了积极作用。据金澈雄统计，现存高丽文人撰写的斋醮青词就有 47 篇，不仅以一种象征性的方式表达了对道教神灵的宗教感情，也丰富了文化精英阶层的精神生活，促进了道教与朝鲜民族文化的融合。

据《东国宝鉴》记载，13 世纪时，高丽元宗的太子曾在宫中举行"守庚申"。这种仪式遵循道家之说，在庚申日必定通宵聚会，饮酒歌舞，吟诗下棋，彻夜不眠，因皇帝的参与而发展为一种带宗教娱乐性质的民俗。到朝鲜王朝时，"守庚申"仪式在王宫中非常盛行，并规定在每年最后一个庚申日的夜晚举行。"守庚申"活动在日本从室町一直流行到明治时期。按天干地支的排列计算，庚申日每逢 60 天出现一次，因此每年就有六个"庚申日"。每至庚申日傍晚，从天皇到民众都会相聚在神像或神位前做祭礼，然后在灯下一起饮酒吃喝，直至头遍鸡叫，史称"庚申待"。以天皇为中心进行的庚申待，在皇宫中的清凉殿进行，天皇出御，大臣们饮酒，在灯下作诗弈棋，快天亮时还要奏管弦、跳舞，所以又称"御庚申"或"庚申御游"。

道教传入后，在日本最流行的仪式也是载歌载舞的"守庚申"。"或许由阴阳师在 8 世纪晚期引进的一种最早的道教崇拜是在每个庚申日举行的守夜，其目的是防止身中三尸登上司命天曹，并谴责其寄主以缩短他的寿命。中国庚申日的神灵是与帝释天（因陀罗）、青面金刚和妙见菩萨联系在一起的。这三个佛教神灵都以某种方式与人类命运的簿记和阴间的法院系统有牵连。妙见菩萨也称作北辰菩萨，它不是别的，正是装扮成佛教的北极星神，道教的北斗七星（大熊座，北斗）崇拜随同它来到了日本。庚申以将其本土神转变为佛教神灵化身的日本方式获得了第四个身份，即猿田昆古神——交叉路口之神（在阴间通常由神圣的来世灵魂管理者司其职）。"② 从平安到江户时期，最受民众欢迎的就是道教的这种"守庚申"仪式。虽然在日本

---

① 《高丽史》卷二十二《世家高宗》，《四库全书存目丛书·史部》第 159 册，齐鲁书社 1996 年版，第 159 页。

② ［法］索安：《西方道教研究编年史》，中华书局 2002 年版，第 117 页。

流行的"守庚申"已少有道教庚申忌的内容,但它毕竟还保留着一些道教"三尸"信仰与斋醮仪式的宗教色彩。

道教斋醮科仪传入日本后逐渐向神道教靠拢,例如,大江匡弼撰《五岳真形图传》所记的祭仪,具有非常浓厚的日本神道教文化色彩。"对此真形之图,前置机,机上灯烛五盏,土器盛洗米,花瓶入其季草花,焚香于香炉中,人起之再拜,五拍手,唱此文。"①这种敬神仪式比较简单,其中的拍手、供物品与神道教祭仪相关。道教未能在日本得到广行,可能与神道教十分重视祭祀(まつり)有关。神道教的祭神仪式不是像基督教那样注重向神忏悔,而是与道教相似,通过向神灵祭祀祈祷,期望依靠神力来祈福消灾。由于族群文化的差异,神道教的祭神仪式主要是通过神灵降临、神人共食和送神回归三个阶段来进行。祭祀者先通过洁斋修被来清洁身心,祈求神灵降临,向神供奉币物,诵读祝词,向神祈祷和参拜;然后共食为神准备的祭品;最后是举行与神同游的活动,送神回归,从而将祭祀仪式推向高潮。这种祭祀活动与日本民众紧密地联系在一起,使外来的道教祭祀无有立足之地。

神社中一般设有专管祭祀活动的祭司事务,祭祀活动由一村一乡到地方诸侯国,然后上升以天皇为代表的国家祭祀。神道教的祭祀活动也成为一个社会的共同活动。"神道认为,按时举行祭祀,能借助原始状态的再现,使个人、共同体以及社会的生命不断返回文化根源之中,体味民族的原始精神,以焕发生命的原生鲜活性与激情。"因此,种类繁多的祭祀也成为维持日本民族和传统文化统一性的重要活动。"日本无论发生任何政治变革,只要能维持自古及今一脉相承的祭祀,日本民族便不会失去统一。"②

在出现于公元701年的日本的国家基本法典《大宝律令》中,神祇令由20条内容组成,概括了国家神祇官执掌的祭祀活动的主要内容:仲春(2月),祈年祭;季春(3月),镇花祭;孟春(4月),神衣祭、大忌祭,三枝祭、风神祭;季夏(6月)月次祭、镇火祭、道飨祭;孟秋(7月),大忌祭、风神祭;季秋(9月),神衣祭、神尝祭。仲冬(11月),上卯相尝

---

① [日]山田利明:《关于〈五岳真形图〉之传入日本》,载《第一届中国域外汉籍国际学术会议论文集》,联合报文化基金会国学文献馆1987年版,第6页。

② 刘立善:《没有经卷的宗教——日本神道》,宁夏人民出版社2005年版,第128页。

祭、寅日镇魂祭、下卯大尝祭；季冬（12 月），月次祭、镇火祭、道飨祭。神道教的"古传祭祀"活动的内容虽然种类繁多，但基本上是按照日本人稻作农耕的生产方式，十分注重一年中的季节转换，在春夏秋冬四季都要根据水稻的成长，在春播、夏种、秋收、冬藏时举行祭祀仪式。

神社是神道教的主要祭祀场所，祭祀的内容主要有三部分：神道教的祭祀仪式十分虔诚庄重，但又不失娱乐性，一般包含以下的内容：行禊祓、奏神乐、向神祈祷。禊祓原是伊奘诺尊从黄泉国回来后，指用水净身，以驱灾除秽求福的活动，后发展为在某一时期内要洁净身心与各种饮食器皿的斋戒活动，以示清净圣洁；神乐又称神游，原为天钿女神为引诱天照大神走出"岩窟"所跳的舞蹈，后发展为专门祭神的歌舞音乐；祈祷则和一般宗教祈祷相似，用语言向神祈求、赞美、感谢，以求神保佑国家安泰与个人幸福。因此，神道教的祭祀仪式一般具有这样的进程：祭祀者先通过洁斋修祓来清洁身心，然后向神供奉币物，诵读祝词，向神祈祷和参拜，共食为神准备的祭品，最后是举行与神同游的活动，从而将祭祀仪式推向高潮。神道教的祭祀仪式是为一个地区人民的共同利益进行的祈祷活动。这种全民参与的祭祀活动，富有娱乐性、全民性、民俗性、现实性等特点，尤其体现了日本传统民众文化的特征。神道教把大地当作神，在地上盖房子就要先举行"地镇祭"。为了防止火灾要举行"镇火祭"。春天为防止传染病流行，在每年樱花凋谢的时候要举行"镇花祭"，以镇治疫神。亲人死后，为招死者魂灵，要进行"镇魂祭"。另外，各地神社也模仿着天皇的祭祀，也经常性地举行一些具有地域性特点的祭祀活动，吸引着村村镇镇中的百姓。

神道教的祭祀仪式与道教斋醮科仪一样的虔诚庄重，但其中又不失娱乐性，表现出一种日本民族文化独有的特点。据《日本书纪》卷一记载，神道教有在祭神仪式上歌舞的习俗："伊邪那美神生火神时，被灼而神退去矣。故，葬于纪伊国熊野之有马村焉。土俗祭此神之魂者，花时亦以花祭。又，用鼓吹幡旗，歌舞而祭。"人们以一种最原始、最简单的歌舞动作来表示对神灵的崇拜感情。祈祷虽和一般宗教的祈祷相似，但神道教信仰语言蕴藏的灵力、咒力和神力，认为"言灵"可以支配人的祸福吉凶，故《万叶集》中常有"言灵幸福之国"、"言灵相助之国"等话语。如山上忆良作《好去好来歌一首并短歌》：

　　盖闻神代来，天鉴兹倭国，神皇畅其威，语言灵其德，载绍复载
继，言语传先则。凡有今世人，见知如在即，人非不盈廷，君独被恩
色，于赫日神皇，隆宠世家职，先德奏国政，君今奉帝敕，秉节去唐
土，唐土良远域，近海复远海，神镇各有直，咸来导君舟，为君宣神
力，天神并地祇，灵倭之社稷，翔飞在昊天，亦维君是翼，事毕归来
日，神还佑君侧，神手扶君舷，径引如绳墨，近从智可岬，君舟不须
息，直抵大伴津，系缆海滨杙，康宁祈无恙，早归祈无忒。①

自从神代起，口口相承的传说说，这天鉴的倭国，是庄严的神皇之国，也是
言语有灵之国。"言灵"的这种不可思议的超凡之力往往集中表现在"祝
词"（のりと）中，因此用语言向神祈求、赞美、感谢，以祈求神保佑国家
安泰康宁与个人平安幸福。宫廷歌人柿本人麻吕作《柿本朝臣人麻吕歌集》
中的"反歌"曰：

　　　　倭国志贵岛，语言之神灵；神灵之所佑，愿君长安宁。②

神道教与道教一样崇拜多神，祭祀者会根据生活中的实际需要来进行祭祀，
故形成了种类繁多的祭祀仪式，有神社祭祀、民间祭祀和家庭祭祀之分，其
中由律令制规定的神社祭祀影响最大。后来，无论是《养老律令》还是
《延喜式》，虽然有一些变化，但基本上还是延续了这种"古传祭祀"的传
统，似乎已没有了道教斋醮科仪的插足之地了。神社中一般设有专管祭祀活
动的祭司事务，祭祀活动由一村一乡到地方诸侯国，然后上升以天皇为代表
的国家祭祀，神道教的祭祀活动也成为一个社会的共同活动。"神道认为，
按时举行祭祀，能借助原始状态的再现，使个人、共同体以及社会的生命不
断返回文化根源之中，体味民族的原始精神，以焕发生命的原生鲜活性与激
情。"种类繁多的神道祭祀也成为维持日本民族和传统文化统一性的重要活
动。"日本无论发生任何政治变革，只要能维持自古及今一脉相承的祭祀，

---

①　钱稻孙译：《万叶集精选》，中国友谊出版公司1992年版，第118—119页。
②　"志贵岛，常写作敷岛，国之美称，与苇原瑞穗同。"钱稻孙译：《万叶集精选》，中国友谊出版公司1992年版，第190页。

日本民族便不会失去统一。"① 神道祭祀是日本人精神风土和文化原型的核心，即使有一些道教斋醮科仪传入日本，这种民族宗教文化传统也会根据自己的需要将之改造成日本民众喜欢的样式。

例如，随着道教在东亚的传播，北辰祭也从朝鲜半岛传入日本，在天皇的支持下逐渐在日本盛行起来。据宝永四年（1707）出云十念寺的泽了撰述的阴阳道书《镇宅灵符缘起集说》中记载，推古天皇十九年（611），百济国圣明王的第三王子琳圣渡海来到肥后八代郡白木山，开始向人们传授崇拜北辰的礼法。后来，推古天皇特别在能波生玉宫让琳圣修妙见法。妙见者，与妙眼同义，意为于一切善恶诸法皆悉知见妙体，是知见诸法实相亦慈悲至极，是悲生眼体，此法可禳灾、护国、治疗眼疾。早在晋代出现的佛教密教经典《七佛八菩萨所说大陀罗尼神咒经》中，就有"我北辰菩萨名曰妙见"②之说把北辰当作妙见菩萨，这是道教北辰北斗崇拜对密教影响的结果。据萧登福先生考证："《大正藏》图像部七中有日人所撰《白宝口抄》卷百五十五'北斗法'之记载，有下列诸书：《文殊师利菩萨及诸仙所说吉凶时日善恶宿曜经》、《文殊师利宿曜经》、《宝星经略述二十八宿伕卢瑟咤仙人经》、《新撰宿曜经》、《七曜星辰别行法》、《宝星陀罗尼经》、《大集经日藏分》、《大集经月藏分》、《舍头谏经》、《妙见菩萨神咒经》、《妙见菩萨陀罗尼经》、《于七佛诸尊神咒经》、《七佛所说神咒经》、《瑜祇经》、《孔雀经》、《五大尊式经》、《阿陀密经》、《佛说北斗七星延命经》、《北斗七星护摩秘要仪轨》、《北斗七星念诵仪轨》、《北斗七星护摩法》、《妙见菩萨神咒别行法》、《除灾教令轮仪轨》、《七曜攘灾决》、《宫镜宿曜》、《八字文殊仪轨》、《大日经疏》、《胎藏仪轨》、《北斗护摩次第》、《星宿冥道供次第》、《北斗供次第》、《大唐祭北斗法》、《摩登伽经》、《北斗延命功德经》、《梵天七曜经》、《梵天火罗九曜》、《金刚顶经·七星品》、《属星秘法》（义净撰）等。这些经典，有的通篇论述，有的仅部分文字提及；有的今日尚保存于《大正新修大藏经》中，有的已遗失。但《白宝口抄》、

---

① 刘立善：《没有经卷的宗教——日本神道》，宁夏人民出版社 2005 年版，第 128 页。

② 《七佛八菩萨所说大陀罗尼神咒经》卷第二曰："我北辰菩萨名曰妙见。今欲说神咒拥护诸国土，所作甚奇特故名曰妙见。处于阎浮提，众星中最胜，神仙中之仙，菩萨之大将，光目诸菩萨，旷济诸群生。"（《大正藏》第 21 册，第 546 页。）

《成菩提集》、《门叶记》等书言及在星供仪轨时，常会引用到，不难窥知其说。上述经典，越是唐代密教的东西，越能看出它受中土思想及道教的影响来。"① 密教传入日本后，经过空海等人的努力，将北极星神化为天尊，视为众星中之最胜者，称为妙见尊星王、北辰菩萨，又因为北斗星与北极星关系密切，也有人将北斗七星神格化为北斗尊星王、妙见菩萨，② 认为其具有守护国土、消灾却敌、增人福寿，等功德，其修法称为北辰法、尊星法、妙见法。可见，妙见菩萨信仰是日本人融合中国道教的星宿思想与印度密教信仰而形成的。

由于星辰象征着"阴"，所以妙见天尊的形象一般以菩萨状或乘龙于云中飞翔的天女形象出现，却有二臂、四臂之别，类似于中国道教中的斗姆。其中，二臂像为菩萨形，左手持莲花，莲上有北斗七星，右手作说法印，头戴宝冠，结跏趺坐于五色云中，又称妙见菩萨。妙见菩萨为观音垂迹所化现，依药师如来敕度南阎浮提众生，故日本人也将对北辰信仰称为妙见信仰。麦谷邦夫曾将妙见菩萨与北辰北斗信仰联系起来进行了考察，并指出它们与道教的密切关系。"镰仓时代（1192—1333），由于北斗第七星被称为破军星，故妙见菩萨作为武士的保护神而受到敬祀，镰仓末期以后，与日莲宗结合的妙见被各地寺院请为保护神。千叶氏、相马氏为主的领地建造了不少妙见堂。又妙见信仰也为神道所采用，各地建造了北辰社、妙见社等祠庙，与寺院的北斗堂、妙见堂并立。这些祠庙成为了民间北辰北斗信仰的依存之处。日本古代的北辰北斗信仰，虽然不能讲是直接受道教影响而形成的，但它把折中了道教的密教北辰北斗信仰作为媒介，间接而持续地接受了道教影响而独自发展起来。"③ 虽然指出了道教北辰北斗信仰在日本社会中发展出一些新特点，按中岛隆藏的看法，"日本北辰北斗信仰强调的是伦理性的反思和善政德治的实践，而中国道教则强调受持北斗经"④。

神道教的祭祀活动大多都为了现实生活中的某种具体的要求或愿望而去

---

① 萧登福：《从〈大正藏〉所收佛经中看道教星斗崇拜对佛教之影响》，《台中商专学报》1991年第23期。

② 参见刘立善：《没有经卷的宗教：日本神道》，宁夏人民出版社2004年版，第146页。

③ ［日］麦谷邦夫：《道教与日本古代的北辰北斗信仰》，《宗教学研究》2000年第3期。

④ 曹中建主编：《中国宗教研究年鉴1999—2000》，宗教文化出版社2001年版，第334页。

祈求神的保护，表现出很强的实用性。自古以来神道教的祭祀活动就很多，但神道教徒不像基督徒那样在每周礼拜天都要进行礼拜，信徒可在每月的一日和十五日，或是祭日到神社参拜，也可根据个人需要随时到神社礼拜。但虔诚的神道教徒则每日早晨都要前往神社方向敬拜。向神祈祷的方式是：深鞠躬两次，在胸前合掌，然后击掌两次，合掌祈祷，再深鞠躬一次，以一种非常简单易行的方式来表达对神明的虔诚崇拜。后来，在"祭政合一"的意识指导下，为了引导人向善，神道教将原始神道的斋戒转化为带有禁制性"忌讳"，通过祭祀，一是去除污秽，接近洁净；一是避开污秽，维持自我的神圣性，进一步发扬神道教重视"净明"、"洁净"的宗教品格。

在日本民间相传，大约在 1300 年前，妙见神以"龟蛇"为坐骑从中国渡海来到八代。到 8 世纪末，在天皇的支持下，妙见信仰成为日本的一种独特信仰，在民间生活中具很大的影响力。794 年，日本桓武天皇迁都平安京。据《镇宅灵符缘起集说》记载，"昔平安城号北斗堂。都四方安置妙见菩萨，其寺名灵岩寺，为王城镇守云。东山阶大屋家村有妙见菩萨，又西郊奥海印寺村寂照院号妙见山，奉镇尊星，又西九条长见寺有妙见石，北岩仓东巽有妙见山，皆是昔所祭尊星王也。"桓武天皇新建都城平安京号称"北斗堂"，建都时在京城四方都安置妙见菩萨，作为守护神来镇守王城。这些安置妙见菩萨的寺庙，或名为"灵岩寺"，或名为"妙见寺"。

在日本，虽然有时人们会将北斗七星作为"妙见菩萨"，但主要还是把北极星称为"北辰妙见菩萨"。据说北辰妙见菩萨不但可预知未来，还可以帮人消灾免厄。于是，天皇亲自举行一年两次的献北辰御灯之祀典。当宫中元日四方拜祭时，天皇自称北斗神号，面向北辰拜属星宿。宫中正式的北辰祭开始于延历十五年（795）。北辰祭除了一年两次的惯例之外，在发生不祥之事件时，如天皇生病或发生自然灾害时，还可以随时于阴阳寮举行北辰祭，以祈福消灾。

与北辰祭相联系的妙见信仰在日本非常流行，不仅有妙见山，神道神社中也有妙见神社 61 个，[①] 而且还要进行热闹而神圣的妙见祭典。每年 11

---

① ［日］河野训：《日本の神社仏阁に见られる——道教の要素》，载神道国际学会编：《道教与日本文化》，たちばな2005 年版，第 81 页。

月 23 日祭祀日本的最高大神（紫薇星）的妙见节至今仍为九州岛的三大节日之一。在节日那天，祭礼队伍以狮子舞乐领头，从八代城下的盐屋八幡宫行至八代神社。舞者头戴黑色头巾，身着白色衣裳，腰上系着黑色腰带，跳着盂兰盆舞，花奴紧随其后，形成了一支气氛热烈的游行队伍，吸引了众多百姓前来参加活动。八代神社也被当地人们亲切地称为妙见神社。另外，位于埼玉县秩父市番场町的秩父神社已有 2000 年的历史，在镰仓时代，秩父神社就开始将秩父神和妙见神进行合祀，遂将秩父神社改名为"秩父妙见宫"。到江户时代，秩父神社进行的"妙见大祭"通称为"霜月大祭"。祭典一般在日本阴历的十一月一日至六日举行，活动内容有屋台狂言、歌舞伎和花车巡游等，吸引了秩父市一带（古称大宫乡）上町、下町、本町以及邻近村落的民众前来参拜观礼，它与京都"祇园祭"（7 月 1—31 日）、岐阜县高山市"高山祭"（4 月 14、15 日和 10 月 9、10 日）并称为"日本三大曳山祭"。"曳山"指节庆活动中使用的"花车"。秩父神社的"妙见大祭"作为一种宗教节庆活动，至今已有三百多年的历史。祭典活动的高潮是在 3 日的夜晚。介时，人们抬着神轿，与挂满灯笼、重达一二十吨的笠矛花车和屋台花车与一起攀登陡坡，雄壮有力的大鼓和笛子声以及"吹—俩衣、吹—俩衣"的号子声，其场面可谓气势恢弘、震人心魄，天空中绚丽的烟花表演，把观众的情绪推向顶点。今天的"妙见大祭"已淡化了道教祭礼的色彩，而成为日本民间神道的习俗活动了。

第四节　上奏天神的绿章青词

青词是道教在举行斋醮仪式时献给天神的奏章祝文，即祷告词文，因为最初是用毛笔沾朱砂写在"青滕纸"上，故谓之为青词，或称青辞，亦名绿章。虽然道教在斋醮仪式中一直有向天神献上奏辞章祝文的仪式，但直到唐代才将奏章祝文称为青词。唐李肇在《翰林志》中说："凡太清宫道观，荐告词文，皆用青滕纸朱字，谓之青词。"后来人们就用青词来统称斋醮时为斋主上奏的祝文，也不管它是否写在青藤纸上。这一道教文学中的新文体的出现大概也与唐代文化的诗风昌盛有关。

　　道教青词是向神灵表达斋主愿望与心情的祭祀文书，有"披肝沥血"①之说，带有浓厚的神灵崇拜的色彩，并沿用了官府表奏文体的格式。青词开头往往要写明斋醮主持者的姓名、官阶和所祈尊神的尊号及为之祈祷的人物、时间、地点，然后是辞章的内容，或是祈求，或是还愿，最后在"臣某"之下写明祈祷者的名字，文末还要写上"顿首"、"谨词"、"以闻"、"拜"等词以表示谦卑、恭敬。可见，青词作为一种沟通神人关系的祭祀文告，早已形成了自己独特的格式。唐朝翰林学士、吏部侍郎杨巨的《翰林学士院旧规》中收有《道门青词例》：

　　　　维某年月岁次某月朔某日辰，嗣皇帝臣署谨差某衔威仪某大师赐紫，某处奉依科仪，修建某道场几日。谨稽首上启，虚无自然、元始天尊、太上道君、太上老君、三清众圣、十极灵仙、天地水三官、五岳众官、三十六部众经，三界官属，宫中大法师，一切众灵。臣闻云云。尾云谨词。②

道教在唐代受到了特别的关注，一度具有"国家宗教"的地位。值得注意的是，这篇《道门青词例》不是收录于《道藏》，而是收录在《翰林学士院旧规》中，"这反映唐代道教为国家举行仪式时，由翰林学士代为皇帝撰写青词的史实"③。从这篇《道门青词例》中还可见，青词主要是献给道教中那些位高权重的神灵，如元始天尊、太上道君、太上老君、三清众圣、十极灵仙、天地水三官、五岳众官。青词内容主要是表达对道教的自然之道和神灵崇拜的崇拜，是中国传统的"天人感应"的思维方式的生动反映。由于道教是多神教，每个神都有自己特殊的神性与权能，故青词还经常献给北极尊神、本命元神、岳渎之神等诸神祇。

　　由于道教科仪中有斋、醮之别，故道教青词也有斋词与醮词之分。"斋

---

　　①　根据五行理论，木主青色，对应人体中的肝，因此，向神祭告的文书若用代表肝的青纸和代表血的朱笔来制作，"披肝沥血"才能表达斋主拜神的虔诚态度。

　　②　傅璇琮、施纯德编：《翰学三书》（一）《翰苑群书》，辽宁教育出版社 2003 年版，第 24 页。

　　③　参见［日］丸山宏：《宋代与高丽道教青词比较研究——东亚背景下的道教仪式文书》，载其著：《道教仪式文书的历史研究》，汲古书院 2004 年版，第 171—208 页。

中青词，则求哀请宥，述建斋之所祷也。至于醮谢青词，则叙斋修宥阙，祈请蒙恩陈谢之辞也。"① 斋仪青词和醮谢青词在宗教指向上也有不同的特点。斋仪青词主要为修黄箓斋、金箓斋、明真斋、报恩斋、三元斋等所作，其内容主要是祈祷请福。醮谢青词则为北帝、南斗、九曜、周天、本命、安宅、三皇、八节、太一、还愿醮仪等所作，以忏悔谢过为主要内容，"扪心省过，惟切忏祈，是敢拜奏宝章，崇修大醮，告虔下土，谓命请天。伏惟大道垂慈，至真鉴佑，敕灵司而解灾度厄，流神贶而祛疾延生"，故青词又有"心词"之称。

由于道教斋醮科仪中的"读词"或"宣词"的仪节就是向神灵宣读青词，其中要讲明斋主建斋设醮的缘起，因此，每一场仪式往往要专门撰写道场青词。唐代道教斋醮科仪频繁举行，许多文人、官吏、道士为祈祷神明而出入道场，并应斋主所请而热衷于撰写青词，既展现自己的才华，又可以为道场增色。"自唐玄宗'别自修撰'太清宫所用颂文，发展出青词，赞颂文开始脱离经本而重新撰作，至唐末杜光庭时演衍甚丰。"② 唐末时，身为"道门领袖"的杜光庭对斋醮科仪非常重视，他无论是在长安，还是后来在蜀地，不仅积极参与斋醮活动，而且还花费了大量的时间编撰了十几种共二百余卷斋醮科仪的经书。杜光庭所修订的斋醮科仪大多有"读词"这一仪节，他不仅用青词作为祈祷上天、沟通人神关系的一种方式，而且还通过"如词言理"、"如词言事"、"如词言志"、"如词言诚"等来表达对道教神灵的信仰，"按如词言，诚深修奉，是用斋心玄极注想清都，披九天灵宝之科，按五老长生之品，转经行道，燃灯烧香，共馨精诚，虔希景佑。……"③ 白云霁在《〈道藏〉目录详注》评价曰："《广成集》卷一之十二，上都太清宫内供奉应制文章，大德赐紫杜光庭撰，一应青词表文。"④ 其中的各种表章祝文特别表现了他对道教的虔诚信仰以及在青词创作上的贡献。

道教青词一般用骈文写成，不仅文辞华美，而且四六文句，对仗整齐，

①　金允中编：《上清灵宝大法》，《道藏》第31册，第498页。
②　卢国龙：《道教哲学》，华夏出版社1997年版，第135页。
③　《太上黄箓斋仪》卷十一，《道藏》第9册，第211页。
④　白云霁：《道藏目录详注》，《道藏》第36册，第796页。

故道门中又称青词为"四六金文"。如杜光庭的《宣醮鹤鸣枯柏再生醮词》就特别展现了青词的"四六金文"的"华润"[①] 之美：

> 惟彼仙山，莫兹南土，雄盘厚地，秀拱穹旻。控绵洛之川原，总岷峨之形胜。岩捧日，洞府栖真。连空之松桧扶疏，千载之威灵肃穆。果闻祥异，显此福庭。垂至阳生化之功，变枯柏凋摧之质。柔条迥茂，洒瑞露以飘香，密叶重荣，动晴风而袅翠。[②]

在这篇青词中，杜光庭不仅用生动的语言展示了鹤鸣仙山的壮丽胜景，而且还描绘了一棵千年古柏如何枯而再生，密叶重荣，从而显示出福庭之祥异，并将人间一切美好的东西都归功于上天的"垂至阳生化之功"，表达出对上天的敬仰之情。《四库全书总目》曾评价说："光庭骈偶之文，词颇赡丽，而多涉其教中荒诞之说，不能悉轨于正。"[③] 一方面肯定了杜光庭写作的青词以"词颇脂丽"为特色而具有杰出的文学成就；另一方面，在正统儒家学者看来，青词的内容"不能悉轨于正"，不符合孔子的"敬鬼神而远之"的教导，故称之为"荒诞之说"。

在道教中，青词的书词格式也是很有讲究的。南宋蒋叔舆（1162—1223）编《无上黄箓大斋立成仪》卷十一《青词门》中专门介绍了"杜仪"即杜光庭的斋醮科仪中撰写青词的"书词格式"：

> 应青词，须用上等青纸，勿令稍有点污、穿破。如纸薄，即将两幅背之。高一尺二寸，只许用一幅。通前后，不过十七行。行密无妨，当令后空纸半幅。自维字之后，平头写之。上空八分，下通走蚁。逐行不拘字数，但真谨小楷为妙。如启圣后下文，不得过十六句。当直指其事，务在简而不华，实而不芜，切不可眩文赡饰繁藻。惟质朴为上。书词纸，不得令飞落床席及地上，仍不得令衣袖等沾拂词文。凡书词之

---

① 杨万里在评说青词时写道："四六有作华润语而重大者，最不可多得。"（《诚斋诗话》，载《宋诗话全编》第六册，江苏古籍出版社1998年版，第5947页。）

② 《广成集》卷十七，《道藏》第11册，第306页。

③ 《四库全书总目》，中华书局1987年版，第1823页。

时，当入静室。几案敷净巾，朱笔朱盏，勿用曾经淹秽之物。口含妙香，闭气书之，不得以口气冲文。写未乖不得落笔，及与他人言语。仍不许隔日书下。臣字不得在行头，行内不得拆破人姓名。此为书词之格，或稍有违，不惟不达，反招衅尔。①

道教对书写青词提出了很高的要求。书写者要在静室中，使用青纸朱笔，书写格式和字体行数也有一定的规定，更为重要的是，要求书写者一定要有净心澄意、恭恭敬敬的态度，一边闭气书写，一边存想念咒，一气呵成。最后呈上简洁质朴、合辙押韵、易于记诵的词文来表达对神灵的虔诚之心，这样才能得到神灵的眷顾。

青词是写给天神看的，但却生动地反映了民间百姓的生活疾苦与精神需要。如果研究一下杜光庭所撰写的青词，就可见涉及的内容十分广泛，求雨、祛水、悼亡、安魂、祛病、消灾、忏悔、祝寿、求官、祈福等，几乎无所不有。凡是人们所遭遇的各种困难，凡是人们所向往的各种幸福，大都在道教青词中有所反映。如元代著名诗文家、政治家王恽（1227—1304）所说："青词主意，不过谢罪、禳灾，保佑平安而已。"② 青词主要有两大功能——向神祈福和谢罪禳灾以求平安。

道教不仅运用斋醮科仪帮助人向神祈祷，希望神灵能够运用非凡力量来帮助自己排忧解难，而且还有许多青词探讨人之所以陷于苦难的原因，如杜光庭在《周常侍序周天醮词》中说："三业构非，六情结郁，前冤未弭，往债所缠。或理务之间，赏刑不当，烹杀之际，故误难明。或天文宿度之中，有逢临照。或三命五行之内，有值刑冲。又今年五鬼在于妻宫，天符入于财位，小运则丙禄值墓，大运则子水向衰。金火行于身宫，纲星加于驿马，皆为厄会，倍切危疑，所以疾苦之时，冥心祷祝，仵其销解，用展效酬。"③ 杜光庭认为，芸芸众生痛苦的原因乃是由人自身的贪欲、自私等弱点所导致，据此，他提出了用"冥心祷祝，仵其销解"的方法来消弭厄运，这也是他重视整理道教斋醮科仪，积极撰写青词的原因之一。杜光庭所撰写的青

---

① 《无上黄箓大斋立成仪》卷十一，《道藏》第9册，第437—438页。
② 王恽撰：《玉堂嘉话》卷四，中华书局1985年版，第44页。
③ 《广成集》卷八，《道藏》第9册，第267页。

词，既有为某个人向天神祈祷所写，也有为众人修斋建醮所撰，但从总体上看，杜光庭为个人所撰写的青词数量比较多，反映了当时上至皇帝大臣下至普通信众对参与道教斋醮科仪的热情。"杜光庭所作的青词因文体规范、文辞华美，后来成为斋醮科仪中的范文。"①

许多道士和文人在青词创作方面都作出了杰出的贡献，尤其是在宋代，宋王朝崇奉道教，尤其是真宗和徽宗时斋醮科仪十分盛行，据说宋真宗曾在一年中频繁举行了 49 场斋醮。皇帝不仅亲自撰写青词，以表达对神灵的虔诚之心，而且还下旨要朝廷侍臣文士也撰写青词。由于青词以短小精悍、工整对仗、辞章华润，因此像苏轼（1037—1101）、王安石（1021—1086）、陆游（1125—1210）、虞集（1272—1348）这些大文学家也曾撰写青词，其中的一些优秀的青词作品一直保留到今天。如苏轼曾在徐州担任过一年多的知州，留下了一些诗文，也有一些青词记载了他在徐州工作的情况，如《徐州祈雨青词》：

> 河失故道，遗患及于东方；徐居下流，受害甲于他郡。田庐漂荡，父子流离。饥寒顿仆于沟坑，盗贼充盈于犴狱。人穷计迫，理极词危。望二麦之一登，救饥民于垂死。而天未悔祸，岁仍大荒。水未落而旱已成，冬无雪而春不雨。烟尘蓬勃，草木焦枯。今者麦已过期，获不偿种。禾未入土，忧及明年。臣等恭循旧章，并走群望。意水旱之有数，非鬼神之得专。是用稽首告哀，吁天请命。若其赋政多辟，以谪见于阴阳；事神不恭，以获戾于上下。臣实有罪，罚其敢辞。小民无知，大命近止。愿下雷霆之诏，分敕山川之神。朝齐寸云，暮洽千里。使岁得中熟，则民犹小康。②

徐州城东有一石潭与泗水相通。元丰元年（1078）春旱时，苏轼曾来到这里祷雨，写下了这首《徐州祈雨青词》。苏轼先描述了这里久旱不雨、饥民垂死的情况，再向神灵忏悔发生灾害的原因，然后用"稽首告哀，吁天请

---

① 孙亦平：《杜光庭评传》，南京大学出版社 2005 年版，第 448 页。
② 苏轼撰，孔凡礼点校：《苏轼文集》卷六十二，中华书局 1986 年版，第 1903 页。

命"来祈求神灵快点降下雨露，以保佑百姓获得丰收。后来，春旱有所缓和。夏初时，苏轼又去石潭谢雨，沿途看到的已是一派丰收景象，他欣喜地写下《浣溪沙·徐州藏春阁园中》："惭愧今年二麦丰，千畦麦浪舞晴空，化工余力染妖红。归去山公应倒载，阑街拍手笑儿童。甚时名作锦熏笼。"宋朝文人对青词的爱好影响一代文风，也使青词创作在数量与质量上都达到了一个新水平。

青词在明代随着道教在一波三折地发展。明朝开国之初，明太祖为禁止民间宗教随意在社会上活动，不仅正式设立僧道管理机构，而且还曾于洪武三年（1370）下敕令："其僧道建斋设醮，不许章奏上表，投拜青词，亦不许塑画天神地祇及白莲社、明尊教、白云宗，巫觋扶鸾、祷圣书符、咒水诸术。"① 佛教与道教的一些祭祀拜神活动也列入禁止之列，但这并没有阻止青词在明代社会中继续传播。不久，崇道的明世宗（1521—1566 在位）即位，在他长达四十多年的统治时间里，内殿里经常是斋醮不断，文臣多以作青词来邀宠。"青词乃醮坛请祷之词。明世宗朝，大臣词臣悉从事于此，以希天眷，有极工者。"② 相传，顾鼎臣（1473—1540）、袁炜（1507—1565）、郭朴（1511—1593）都善写青词，严嵩（1480—1565）更因能够写一手好青词而官至宰相，被称为"青词宰相"。但从青词的文学水平上看，如李晬光所评价："先秦以上之文古矣，不可上已。大抵文至于西京而特盛，诗至于唐而大成，四六至于宋而尤备。今中朝人文，尚秦汉诗，尚唐调。颇变宋元之习而自成一体格。唯四六则不能小过于宋。故谓明无四六云。"③ 他看得很清楚，先秦文章，盛唐诗歌，宋朝四六骈文，都是中国文学的经典，但到了明代，四六骈文水平就不能与宋以前相提并论了，"故谓明无四六"。

清王朝建立后，对道教十分冷淡，对青词更为不屑，认为"乃道流祈祷之意，非斯文正轨"，故修编《四库全书》时，乾隆皇帝专门下旨："见其有道院青词、教坊致语之类，命删去刊行，而抄本仍存其旧。"④ 据说，

---

① 《明实录》第 2 册，台湾"中央研究院"历史语言研究所校印 1962 年版，第 949 页。
② 梁绍壬撰，庄葳点校：《两般秋雨庵随笔·青词》，上海古籍出版社 1982 年版，第 51 页。
③ ［朝鲜］李晬光：《芝峰类说》，汉城乙酉文化社 1994 年版，第 604 页。
④ 《文渊阁四库全书》第 1149 册，台湾商务印书馆 1986 年版，第 343 页。

"《四库全书》在编辑和刊刻过程中，将胡宿的《道院青词》、刘岐的《因己身服药交年琐事用青词致告》、王质《雪山集》中的全部青词一律删去。"① 但直到清末，道教斋醮科仪活动中还有使用青词的情况，最典型的例子是，清代思想家龚自珍（1792—1841）曾在道光十九年（1839）鸦片战争前一年辞官南归，途中路"过镇江，见赛玉皇及风神、雷神者，祷祠万数。道士乞撰青词"。他写下 315 首《己亥杂诗》，其中最著名的是："九洲生气恃风雷，万马齐暗究可哀。我劝天公重抖擞，不拘一格降人才。"表达了自己对当时社会现实的不满和渴望改革的心情。但从形式上看，此为七言绝句而不像"四六金文"式的青词了。

青词是道教斋醮科仪中使用的一种祭告文书，故又称斋词。随着道教在东亚世界的传播，广泛运用于朝鲜道教斋醮科仪中。例如，来华留学的新罗文学家崔致远在中国时就曾写过许多青词，这类词至今乃保留在有着"东方文章之本始"之称的《桂耕笔苑录》中。《桂苑笔耕集》作为韩国现存最古老、最完整的汉文典籍之一，其卷十五中收录有 14 首斋词，如《应天节斋词三首》、《上元黄箓斋词》、《中元斋词》、《上元斋词》、《中元斋词》、《下元斋词》、《斋词》、《黄箓斋词》、《禳火斋词》、《天王院斋词》、《为故昭义仆射斋词二首》等。另外《唐文拾遗》中也收录了一些署名崔致远的斋词。从内容上看，这些斋词主要是为道教节日举行的斋醮仪式而撰写的，以四六骈文为主，属于典型的道教青词，有着很高的文学水平，如《中元斋词》：

　　年　　月　　日朔启请如科仪。伏以道本强名，固绝琢磨之理，身为大患，深惊宠辱之机。能审自然而然，必知无可不可。是以雕词赞美，则乖妙旨于混成，矫志求真，则爽奇功于积学。冀标玉籍，在守金科。臣才谢半千，虽惭贤路，心凝正一，早扣玄关。斋诚于八节三元，炼志于龙缄凤蕴，但属鲸翻逆浪，蜮喷毒沙，数年兴蠹螫之灾，万姓抱疮痍之苦。三尺剑高提在手，须救危时，六铢衣轻挂于身，未谐凤愿。今谨因中元素节，大庆良辰。依宝坛而醮设常仪，企仙阙而拜申精恳。伏原真

---

① 查庆、雷晓鹏：《宋代道教青词略论》，《四川大学学报》2009 年第 4 期。

风荡涤，玄风滂流，吾君享万岁于岩音，贤相耀六符于渭诀。询舜弦之美化，永复昌期；漏汤网之凶徒，咸归显戮。然后戴发含齿，鳞潜羽翔，不知日用之功，各遂天成之乐。俾臣代勋善继，真位高迁，留形于烟阁云台，纵赏于芝田蕙圃。铸金追想，终荣圣主之恩；叱石闲游，得效仙人之术。傥非过望，敢不精修。臣某无任祈恩谢过虔祷恳悃之至。谨辞。①

这首词遵循了道教青词的书写格式，在内容上是以道为本，求神保佑，消除灾变，祈愿福乐康寿。可见崔致远对写作道教青词要领已是非常娴熟了，如《下元斋词》曰：

启请如科仪。伏以混成至道，本在勤行；众妙玄门，唯资善闭。故曰修之身则其德乃贵，修之国则其德有余，既能事小功多，可谓暂劳永逸。臣虽手提金钺，而心寄瑶台，飘飘然自有良期，扰扰者谁知积学？是以三元致敬，一气存思。伫天上之鸡声，潜悬素望；待海中之鹤信，每沥丹诚。终冀用之则行，岂言深不可识。今者谨赍薄礼，仰黩玄慈，所愿转茂灵根，渐抛俗界，饵崦嵫之奇草，饮沆瀣之仙浆。汉代淮王，终遂仙游之乐；周时柱史，何妨吏隐之名。苟保天成，奚言日损，景仰于其中有象，原知于此外无求。臣无任投辞恳迫虔祷兢越之至。谨辞。②

崔致远撰写的斋词文句优美，意境深远，开后来高丽王朝科仪道教之先风。"崔致远等留学唐朝的时间正是晚唐时期，当时中国流行的是骈文，故他们接受了六朝和唐朝文风的影响。"③ 崔致远在 28 岁时回到新罗，继续担任官职，他将在中国所著《中山覆篑集》五卷、《桂苑笔耕集》二十卷，杂诗赋

① ［新罗］崔致远：《桂苑笔耕集》卷十五《中元斋词》，载韩国民族文化推进会编：《韩国文集丛刊》第 1 册，景仁文化社 1996 年版，第 88 页。

② ［新罗］崔致远：《桂苑笔耕集》卷十五《下元斋词》，载韩国民族文化推进会编：《韩国文集丛刊》第 1 册，景仁文化社 1996 年版，第 90 页。

③ 陈蒲、［韩］权锡焕编：《韩国古典文学精华》，岳麓书社 2006 年版，第 412 页。

及表奏集二十八卷呈现给新罗第四十九代君主宪康王金晸（？—886），希望新罗国王能够了解先进的中华文化，并以中华文化的理念来济世救国，教化民众，振兴新罗王朝纲纪，但因受到奸臣谗言，仕途一波三折。崔致远是一位富有理想、极有才华的人，但无论是在唐末来华，还是回归新罗，都身临乱世，故心情压抑，最终，他选择了道教的生活方式——归隐山林。

符箓派道教在高丽王朝时传入朝鲜半岛后，频繁开展斋醮活动，吸引了一些朝鲜文人学士也热衷于撰写青词来表达祈福消灾的愿望。"高丽及李朝多行本命醮礼，见于诸文人之青词是亦道佛行事思想杂糅者，盖密教设修半之坛场，祭其人之本命星，以祈息灾延命，谓之本命道场也。"① 《东文选》卷一百十四至卷一百四十五中收有高丽著名学者撰写的道教青词，如李奎报有三十七首，数量最多，内容最丰，主要属于"道场文"，既有用于佛寺的，如《药师殿行香文》、《重兴寺佛像点眼文》等，也有用于道教斋醮科仪的，如《国卜北斗延命度厄道场文》、《康安殿季月大岁道场文》等，具有佛道兼容的色彩。崔致远有十一首斋词。金富轼有三首青词，同题为《乾德殿醮礼青词》。崔惟清有一首《乾德殿醮礼青词》，主要用于皇宫乾德殿举行的斋醮科仪中。金克己有四首青词：《乾德殿醮礼青词》、《冬至太一青词》、《乾兴节太一青词》和《王本命青词》。李穀有三首《下元醮青词》、《近冬至甲子醮青词》、《小王本命醮青词》。郑誧有两首《福源宫行诞日醮礼文》、《神格殿行中元醮礼文》，是典型的道教青词。另外，李穑、郑芝、郑传道、尹淮以及生活于高丽王朝末期至李朝初期的权近与卞季良也写有青词。

权近的《阳村集》第二十九卷收录了一些青词，其中有《功臣都监诞日醮礼青词》、《功臣都监北斗醮礼青词》、《功臣都监祝上北斗醮礼青词文》、《诞日醮礼青词文》、《六丁神醮礼青词》、《救厄兼镇兵六丁神醮礼青词》、《六丁神醮礼青词》、《祈雨太一醮礼青词文》、《本命醮礼青词》、《灵宝道场青词》、《金星独醮青词》、《北帝神兵护国道场青词》、《絜城醮青词》。如《功臣都监祝上北斗醮礼青词文》是奉国王之命而撰的"道场醮祭之文"，其内容分为"三献"和"叙文"两部分。"三献"主要用来表达对

---

① ［朝鲜］李能和：《朝鲜道教史》，东国文化社 1959 年版，第 420 页。

神灵的特别敬仰，一般运用在皇家宫廷的斋醮仪式中，这也是青词传到朝鲜半岛后出现的新特点。"叙文"则是讲述斋醮的内容：

> 初献：天高高而在上，覆育无遗。诚款款而由中，感通甚速。兹修净醮，用祝退龄。
>
> 二献：道固宅于希夷，本无二致。礼当尽其诚敬，宜切再陈。肆竭一心，用祈万寿。
>
> 三献：辰居所而干天枢，分万化而不忒；臣归美而报君恩，至三祝而益处。爰沥册惊，异加玄佑。
>
> 恭惟太上王殿下挺神武之德，值历数之归，应千载而创丕基。廓清祸乱，厌万机而传圣嗣。怡养精神，功既侔于殷周，道可追于轩昊。臣等俱以庸品，幸际昌辰。开国承家，得见飞龙之造；陈力就列，曾无汗马之劳。遂滥与于勋盟，乃优蒙其赏典。虽粉身而难报，惟荐美之是勤。肆当弥月之期，切祝后天之寿。庸趋宝殿，恭展醮科。心香绕熏，神鉴即照。致令太上王殿下永膺多福，享春秋难老之征。垂裕后昆，衍子孙逢吉之梦。①

高丽文士撰写的青词虽然大都是模仿中国道教青词格式来写的，但其格式却有两种：一种是全文分"三献"与"叙文"；另一种是延续中国道教的传统没有"三献"，只有"叙文"。例如，崔致远所写的青词是典型的道教青词，没有"三献"，只有"叙文"。如果仔细研究，就可见凡是运用于重大斋醮仪礼的，一般有"三献"与"叙文"，以展示仪式的隆重性。例如权近的青词，大多是为太上皇、国王祝寿，特别是以国王名义祈祷神灵保佑的青词，主要用于皇家宫廷斋醮仪式中，大都有"三献"与"叙文"，这种青词则成为一种富有朝鲜文化特色的内制醮礼文。

金克己（？—1209）既是高丽时代的名臣，也是著名的文学家，其所撰《冬至太一青词》不仅蕴涵着老庄的辩证思想，而且还特别表达了对国

---

①　《阳村集》卷二十九，载韩国民族文化推进会编：《韩国文集丛刊》第 7 册，景仁文化社 1996 年版，第 263 页。

家前途的关心：

> 深之深，神之神，返一无迹；大以大，小以小，吹万不同。宜叩至虚，用祈洪造。伏念臣叨受帝心之简，久持王业之难。宪天聪明虽亏，时又之德；基命宥密尚畏，日监之威。选嘉候于周正，扬茂科于汉時；修黄污之薄荐，聊表蚁诚。想紫宙之灵游，倘垂鸿应。伏望福随阳长，福与阴消。三光全而寒暑平，和气充塞；百姓悦而国家阜，颂声沸腾。①

在朝鲜历史上，撰青词最多的要数著名哲学家、文学家李奎报。李奎报（1186—1241），字春卿，号白云山人，出身寒微士族，颇具才情，精通经史百家佛老之书，一生喜爱诗、酒、琴，自称"三嗜好先生"。作为高丽朝最负盛名的诗人，李奎报"为诗文不蹈古人畦径，横骛别驾，汪洋大肆，一时高文大册皆出其手"②，被誉为"高丽李太白"，他一生写作近万首汉诗，尤擅撰写青词。"李奎报所撰写的青词主要保留在《东国李相国全集》卷三十八至卷四十一中。若将这些青词的内容作一分类，可见卷三十八中的八首，内容都是祈求讨伐贼兵成功，都是李氏自撰而不是为高丽王代笔。这里所谓的'贼'是指《东京西岳祭文》中的草贼巨魁勃优。卷三十九至卷四十中共有二十八首，都属为高丽王代笔撰写的内制青词，用于国家祭祀仪式。若将这二十八首青词粗略分类，禳解星象异常运行的有十二首，驱逐胡虏（契丹残部）入侵的有四首，祈求国泰民安的有三首，祈禳火灾的有两首，王本命道场有两首，祈雨等天候方面的有两首。可见其特征是有关天变及异族侵略的内容占较高比率。"③ 这些青词虽是写给天神看的，但却生动地反映了高丽王朝所面临的内忧外患等各种社会问题以及民间百姓正在经历生活疾苦。如李奎报所撰《祈雨太一醮礼》则表达了"呼召神龙，驱除旱

---

① 《东文选》卷一一五，学习院东洋文化研究所 1970 年版，第 236 页。

② 《高丽史》卷一百二《李奎报传》，《四库全书存目丛书·史部》第 161 册，齐鲁书社 1996 年版，第 554 页。

③ ［日］丸山宏：《宋代与高丽道教青词比较研究——东亚背景下的道教仪式文书》，载其著：《道教仪式文书的历史研究》，汲古书院 2004 年版，第 171—208 页。

魃”的强烈愿望：

> 食为之命，一谷不登则饥，神感于诚，五经莫重于祭，以豫否德，
> 召厥咎征。自夏以来，久致干焦之沴；而民何罪，已怀饿殍之忧。兹轸
> 焦老，未遑宴逸，至诚不息，曾陈祈叩之仪。小信未孚，尚阻汪洋之
> 泽，间虽滋润，未至渥优。宜高哀吁之诚，期闻听卑之耳。斯循秘篆，
> 式展精䄍，伏望呼召神龙，驱除旱魃。五风十雨，允孚时若之休；万廪
> 千厢，终叶年丰之庆。①

李奎报是一位充满爱国忧民思想的诗人，他的这首青词是为进行祈雨斋醮所
撰写的，祈叩礼拜的对象是太一神或大一神。李奎报认为，太一神居高处却
有“听卑之耳”、“仁爱之心”和“造化之力”，能够有感于高丽王的诚意
祈求，然后以自己的权能来左右天气的变化，解除人们正在遭受着的干旱痛
苦。李奎报在青词中指出：天灾的原因是“以豫否德，召厥咎征”，其中的
“豫”指高丽王，是高丽王为政之罪过和行为之不德才导致了上天降罚。民
有何罪？天要谴之？高丽王虽已祈过一次雨，但“小信未孚”，可能是不够
诚心而天未普降甘霖，于是再度举行祈雨仪式。李奎报撰写的青词中表达出
高丽道教具有一种“救济天下”和“安民治国”的理念。宗教与哲学的一
个很大的不同之处就在于它不仅有一套解释宇宙、社会和人生的哲理，更有
一套沟通人神关系的宗教仪式，通过祈祷上天神明以求满足人们在现实生活
中有时无法实现的各种需要，以在心理上得到宽慰，精神上得到力量。道教
的青词就是以一种宗教形式表达了对国家命运及人民生活疾苦的关心。青词
传入东亚世界，仍然是用汉语撰写，大都运用于道教斋醮科仪活动中，由此
成为东亚道教在宗教仪式和文学创作中的一种共性特点。

---

① 《东国李相国集》卷三十九，载韩国民族文化推进会编：《韩国文集丛刊》第 2 册，景仁文化社
1996 年版，第 111 页。

结语　东亚道教的特点与现代价值

中国文化自春秋战国时诸子百家蜂起，以"推天道而明人事"的人文理性精神来看待自然世界与人类事务，经过"哲学的突破"阶段性的升华，在东亚文化中的地位就犹如轴心般地占据着绝对优势。中华文明的持续性构成了东亚文化圈的重要特征。从秦汉至明朝，中华帝国的强盛推动了光辉灿烂的中华文明向外传播，日本、朝鲜、越南都成为文化中国影响所及的地区。以"得道成仙"为基本信仰的中国道教，与儒、佛鼎足而立，并相伴着传播到东亚地区，潜移默化地成为东亚文化不可分割的组成部分，深刻地影响着一代又一代东亚人的精神世界。这既与其所属的中国文化在当时具有的丰富性与先进性相关，也与中国文化中的那种从华夏民族立场出发而倡导的崇尚"大同世界"的社会理想相联。先秦儒家提出"用夏变夷"① 的观点，期望用华夏文化来影响活动于东亚的各个民族，这种对"四海一家"的"大同世界"的追求，也是东亚道教能够形成的文化动力。

从文化交流上看，东亚各国常根据自己的生存与发展的需要来容受外来文化，例如，"日本历史上曾经历过两次大的文化嫁接手术：日本古代文化的形成和发展，是与中国文明嫁接的过程相联系的；明治维新以后，日本文化又在与西方文明嫁接的过程中逐步实现从传统文化到现代文化的转型。"②

---

① 《孟子·滕文公上》："吾闻用夏变夷者，未闻变于夷者。"这里的"用夏变夷"指的就是以华夏文化影响中原地区以外的边远民族。夏，指周朝所分封的中原各诸侯国；夷，指活动于中原之外的各族。

② 卞崇道：《现代日本哲学与文化》，吉林人民出版社1996年版，第151—160页；刘宗贤、蔡德贵主编：《当代东方儒学》，人民出版社2003年版，第318页

日本文化一方面对外来文化表现出很强的开放包容性，另一方面，又以"我"为主创造性地加以重新整合、改造和创建，使之和谐地融于自身文化结构之中，故出现了用"多元复合性"、"重层结构型"或"杂种文化"①来概括日本文化特点的不同说法。这些不同的说法恰恰反映了传入日本的中国文化，无论是哲学、宗教，还是政体、科举、医学和文学艺术，在被容受的过程中都逐渐具有了日本文化特点。推而广之，朝鲜、越南等对中国文化的态度也如出一辙。中华文明是古代东亚文化的原生态之"源"的大背景也造成了东亚道教具有中心与边缘的互动传播态势、统一性与多样性共在的存在方式和主体性与超越性相融的信仰特点。

毋庸讳言，东亚道教在今天这个现代化、全球化、多元化的世界文化格局中已走向衰退，但从历史上看，东亚道教以中国道教为母体，在官方与民间的多种推力下生长与发展，在东亚世界中产生了独特的社会影响；从宗教上看，东亚道教有自己生长的土壤，受众人群，信仰目标，教义思想，宗教感情和生命理想；从文化传播上看，东亚道教是以中国道教为中心而不断地向东亚扩展，构成了东亚文化中的一个以"道"为核心的亲缘纽带。东亚道教不是中国道教复印式的翻版，而是以其独特的文化特征既影响到东亚各国文化，又被东亚各国文化改造为中国道教的变形物。

虽然道教在东亚各国遭遇到不同的解读与选择，有着各自独立的传播发展历史，形成了精彩纷呈的多元性，但神仙信仰所具有的冲破宿命的桎梏，追求长生、自由与幸福，则成为千百年来东亚人所认同的一种生命理想。若深入到东亚人的宗教信仰和文化精神的底层时，就可看到道教神仙信仰、仙学思想与修道实践所具有的"活力"。20世纪初，日本学者吉冈义丰在来华调查与研究道教的实况后说："道教是中国的民族宗教，说起来是中国悠久历史中民族实际面貌的忠实映像。"② 道教丰富而复杂的内容不仅是中国社会的真实写照，同时也表达了人类本有的对生命的重视之情。如果说，追求长生久视是人性的一种本能欲望，而道教的神仙信仰正是起源于人对生命的悲剧性认识，在"重视肉体生命本身，亦即重视长寿，相信死是绝对的恶，

---

① ［日］加藤周一：《日本文化的杂种性》，吉林人民出版社1991年版，第4页。

② ［日］吉冈义丰：《道教与佛教》第三卷《跋》，国书刊行会1976年版，第382页。

一个真正的完人应当避免死亡"① 的思想指导下，发明各种道术来寻找一条解脱现实苦难，获得生命的自由与长存之道。这种对"长生久视"的强烈关注成为推动道教超越民族文化界限而在东亚各国得到广泛传播的精神动力。从这个角度看，东亚道教既不是博物馆中的陈设，也不是学者书斋中的虚拟课题，其在漫长的历史演变中，在宗教信仰、科技知识、文学艺术和伦理道德上取得的成就，渗透到东亚人的精神世界与物质生活中，成为东亚文化不可分割的一部分，通过重新诠释依然能够彰显其现代意义。

第一，东亚道教从宇宙生命的本体、万物发展的规律"道"出发，宣扬天、地、人一体同源。如果说人因道禀神而生形体，精气神兼备就有了活泼泼的生命，形成现实的形神相合之人，那么，从个体生命成长中来体悟"天人一体"之"道"，并将通过修炼人体内部的精气神以达到"形神俱妙"，视为"得道"的最高境界，这成为东亚道教信仰的鲜明特点，也转化为东亚哲学的一个重要思想。例如，日本江户时期哲学家安藤昌益曾著《自然真营道》，宣扬世界的最高实体是"一气之真道"。"营"是"真"与"气"的营为活动。一切自然现象都是由"气"的运动所产生出来的，其存在的活动状态与方式都是"自然知自然，又即自然矣"，通过无始无终、"自为"或"自如此"地合乎于"道"。安藤昌益认为"宇宙的自然也是通过'自感'（自己运动）而存在的。包括人类在内的天地万物，就其本来的姿态，即自然之相来说，是'活真自行'（自己运动）的"②。由此构筑的以"自然"为本、以"真气"为用、以"互性妙道"为联系的"天人一体"的思想体系，特别具有道教哲学之意蕴。正如黑格尔说："在东方宗教中主要的情形就是，只有那唯一自在的本体才是真实的，个体若与自在自为者对立，则本身既不能有任何价值，也无法获得任何价值。只有与这个本体合而为一，它才有真正的价值。但在与本体合而为一时，个体就停止其为主体，主体就停止其为意识，而消逝于无意识之中了。"③ 从这种"天人一体"的思想出发，东亚道教重视万事万物之间相互联系、主体与客观的相互依存，表现出的"亲自然"的情感倾向，认为只有维护事物之本根及自然之

---

① ［德］马克斯·韦伯：《儒教与道教》，商务印书馆 2002 年版，第 241 页。
② 近代日本思想史研究会编：《近代日本思想史》第一卷，商务印书馆 1983 年版，第 12 页。
③ ［德］黑格尔：《哲学史讲演录》第一卷，商务印书馆 1959 年版，第 115 页。

和谐，才能促进人与天地的长久共存，在今天依然可成为探索宇宙与人生之真实本质的思维路向。

第二，东亚道教注重"以身体道"，强调通过自我的身心修炼以直契宇宙之"道"而获得生命超越，其中凸显出经验知识在求道过程中的导向性作用。东亚道教将"道"视为宇宙中无限的、永恒不变的最高实体，将"仙"视为自由与永恒的生命存在。由于"道"是超出人的感觉体验的无限，既不可言说，也不能用一般的方式把握，故道教一方面主张，只有"致虚极，守静笃"（《老子》第十六章），使人心处于绝对"虚静"的直觉状态时，才能于心中实现对"道"的观照；另一方面，又发明各种道术，以经验科学的方式来探索自然宇宙的规律，认识自我生命的奥秘。如果说，"在东方文化传统中，宗教与经验科学——对于人的生命问题的基本目标，往往是一体化的。换言之，也就是采取宗教的认识乃至认识的宗教这一形式。因此，基于人的主体实践积累的经验，宗教哲学体系被组织化了……它和在外向的自然中寻求绝对超越的东西的西方思维方式相反，而是在内向的自然的'心'中寻求超越的一种思维方式。"[1] 这种将直觉思维贯穿于"守一"、"存思"、"行气"、"内丹"等道术之中，表达了期望在身体修炼中通过对"道"的直觉体悟，使人的精神升华到超俗状态，在客观上推动了东亚科技的发展。东亚道教在向东亚地区的传播过程中，将"得道成仙"的信仰转化为与经验科学一体化的养生修道术，在自我的生命成长中寻求超越之道。这种既植根于现实生命，又期望通过身心修养而趋入"得道成仙"的理想境界，是一种典型的"东方智慧"，在今天如何合理地利用其中的积极因素来有益于我们的人生是一个呈待开发的课题。

第三，东亚道教洋溢着一种追求宁静和平的"主静文明"的特点，贯穿于东亚文化与艺术的创造之中。老子认为"道"是万物的根本，在动与静两种运动形式中，以"静"的方式来表现自己的永恒与绝对。老子把"道"确定为宇宙的本源，事物的"归根"谓之"静"，亦谓之"复命"。人的生命也是如此，老子将情意不动的"虚静之心"作为人的本性，并将之上升到天之性的高度。东亚道教在老子思想的基础上，倡导的"主静文

---

[1]　参见［日］汤浅泰雄：《东方文化的深层》，日本名著刊行会1982年版，第122—124页。

明"有两种表现：一是追求获得终极的和精神上的寂静——归根曰静；二是隐栖于寂静山林、享受宁静淡泊之乐趣的生活态度，如，中国道教注重隐修生活，认为归于"虚静"有助于使人的精神从各种重压下解脱出来。朝鲜青鹤派、日本修验道倡导的"峰中修行"等都表达了对"虚静之心"的追求，这不仅成为东亚道教的一贯传统，而且也成为东亚文化的艺术准则和审美价值的基本取向。东亚文化内涵丰富，但大多以"静"为美，以"静"为德。如生活于17世纪的日本儒家中江藤树重视道教劝善书，认为个人的道德修养方法是慎独、知止，即以"虚静之心"来宁静生活，致良知于太虚之道。日本文化中的那种以静为美、以静为德的内向性美感与道教追求的超然物外、安宁清闲的"主静文明"十分相似。东亚道教的"主静文明"所提倡的无为无争、内省保守、知足寡欲的思想，虽然在古代得到东亚人的广泛接受，但能否成为东亚文化的基本精神，学界也有着不同看法，有的认为，"主静文明"是东亚文化的基本特征；也有的认为，对东亚文化不可一概而论："许多人认为东方人的特征是静，可以证明静是汉人与印度人的思维方法的显著特征。但是，同样属于东方人之列，日本人对于事物的变化应有敏锐的感觉。佛教与儒学传入日本之后发生了转变，具备了'动'的性质。因此，不可能把东方人的整个思维方法概括为'静的'。"[①] 因儒学与佛教在日本的显著影响，道教的"主静"并没有成为日本文化的主流。另外，过度地求静也会限制人类进行物质创造的主观能动性，故近代以来，随着东亚人对现代化的强烈追求，这种主静文明也受到质疑，但20世纪东亚世界出现的血雨腥风的战争，也可促使我们重新思考主静文明所带来的和平主义的现代价值。

第四，东亚道教以"尊道贵德"为核心价值观，表现出的道德文明及终极关怀精神对东亚文化产生了深刻的影响。如果说，大道无形，依德而显，德具有顺从道而畜养万物的功用，那么，德与道在人的生命中就具有直接的同一性。传播到东亚各地的道教虽在教义思想、行为规范和修道方式上各有特色，但宣扬"顺于道"者，就能成为"有德之人"却是共有的文化精神。换言之，得道之人也是一个道德完善和精神崇高之人。修道的过程就

---

① ［日］中村元：《东方民族的思维方法》，浙江人民出版社1989年版，第22页。

是力求克服生存与死亡的尖锐冲突，通过"修性返德"，顺乎自然的发展规律，沿着"道阶"攀缘向上，最终达到与道合一。如果说，老子所建构的以"道"为核心的思想体系，通过对社会文明异化的批判，来解构儒家的仁和礼对中国社会生活的约束而导致的人的异化，以实现对个体生命的关怀。庄子用冷眼犀利地观察人间社会，他以寓言的方式来揭露人间社会存在着的肮脏、贪婪、愚蠢、卑鄙、骄傲，也表达了对那些不合理的社会规范对人生的束缚、对思想制约的不满，那么，东亚道教因追求个体生命成长而关注人赖以生存的社会，在批评与否弃一些社会不公和无序现象的同时，更用劝善书的方式，宣扬由个人的向善推至社会道德文明秩序的建构。东亚道教通过关注形而上之"道"如何通过从无到有地生化万物而落实到经验世界，并经由"德"而落实到人的生活层面，让人领悟道德的自然无为之性并将其作为行事准则。正是源于人的存在的有限性而又企盼无限的超越性的精神渴望，东亚道教以"尊道贵德"架构起联系有限与无限、此岸与彼岸世界的桥梁，从而提升了人生境界，其中所包含的终极关怀精神也可以给现代人一定的启迪。

这样，摆脱民族主义的局限，通过对东亚道教的研究，来揭示其中的迷信成分和消极影响，挖掘其中的玄妙深刻的世事哲理、自然无为的道德智慧和强调感觉经验的修身养性术，从纷繁复杂的东亚道教中来把握时代脉搏，洞见东亚社会"文化心态"的理路，通过探讨东亚道教在整个东亚传统文化中的历史地位及其现代价值，加深对包括中国在内的整个东亚传统宗教与文化的主要特点和现代价值的把握，为我们今天建构适应21世纪需要的东亚新文化提供重要文化资源和历史借鉴。

主 要 参 考 书 目

一、古 籍 文 献

《道藏》，上海书店、天津古籍出版社、文物出版社 1988 年版。

《藏外道书》，巴蜀书社 1994 年版。

任继愈主编：《道藏提要》，中国社会科学出版社 1995 年版。

《道藏辑要》，巴蜀书社 1985 年版。

《道藏精华录》，浙江古籍出版社 1989 年版。

中国道教协会研究室编：《道教史资料》，上海古籍出版社 1991 年版。

《大正新修大藏经》，台湾新文丰出版公司 1973 年版。

蓝吉富主编：《大藏经补编》，华宇出版社 1984 年版。

张曼涛主编：《现代佛教学术丛刊》，大乘文化出版社 1980 年版。

韩国民族文化推进会：《韩国文集丛刊》，景仁文化社 1996 — 2002 年版。

林基中编：《燕行录全集》，韩国东国大学校出版社 1990 年影印本。

《燕行录选集》，成均馆大学校 1962 年影印本。

《中韩关系史料辑要》，台北珪庭出版社 1978 年版。

《二十五史》，上海古籍出版社、上海书店 1986 年版。

刘珍等撰，吴树平校注：《东观汉记》，中华书局 2008 年版。

高小健、王志娟编：《中国道观志丛刊》，江苏古籍出版社 2000 年版。

杜佑：《通典》，中华书局 1988 年版。

马端临：《文献通考》，中华书局 2011 年版。

司马光编：《资治通鉴》，中华书局 1963 年版。

阮元校刻：《十三经注疏：附校勘记影印本》，中华书局 1980 年版。

常璩：《华阳国志校补图注》，上海古籍出版社 1987 年版。

刘义庆：《世说新语详解：全本·评注·精译》，上海古籍出版社 2013 年版。

王钦若等筹编：《册府元龟》，中华书局 1960 年版。

王溥：《唐会要》，上海古籍出版社 2012 年版。

袁珂校译：《山海经校译》，上海古籍出版社 1986 年版。

永瑢、纪昀主编：《四库全书总目》，海南出版社 1999 年版。

徐珂编：《清稗类钞》，中华书局 1984 年版。

严从简著，余思黎点校：《殊域周咨录》，中华书局 2000 年版。

《日本书纪》，〔日〕黑板胜美、国史大系编修会编修：《新订增补国史大系》1，吉川弘文馆 1967 年版。

《续日本纪》，〔日〕黑板胜美、国史大系编修会编修：《新订增补国史大系》2，吉川弘文馆 1966 年版。

《续日本后纪》，〔日〕黑板胜美、国史大系编修会编修：《新订增补国史大系》3，吉川弘文馆 1966 年版。

《日本文德天皇实录》，〔日〕黑板胜美、国史大系编修会编修：《新订增补国史大系》3，吉川弘文馆 1966 年版。

《日本三代实录》，〔日〕黑板胜美、国史大系编修会编修：《新订增补国史大系》4，吉川弘文馆 1966 年版。

《古事记》，〔日〕黑板胜美、国史大系编修会编修：《新订增补国史大系》7，吉川弘文馆 1966 年版。

〔日〕安万侣：《古事记》，周启明译，人民文学出版社 1963 年版。

《扶桑略记》，〔日〕坂本太郎、国史大系编修会编修：《新订增补国史大系》12，吉川弘文馆 1965 年版。

《令集解》，〔日〕黑板胜美、国史大系编修会编修：《新订增补国史大系》23，吉川弘文馆 1966 年版。

《延喜式》，〔日〕黑板胜美、国史大系编修会编修：《新订增补国史大系》26，吉川弘文馆 1983 年版。

《怀风藻·文華秀麗集·本朝文粹》，小岛宪之校注：《日本古典文学大系》69，岩波书店 1964 年版。

《日本灵异记》，〔日〕远藤嘉基、春日和男校注：《日本古典文学大系》70，岩波书店 1968 年版。

《菅家文草》，〔日〕川口久雄校注：《日本古典文学大系》72，岩波书店 1966 年版。

《弘法大师全集》，高野山大学密教文化研究所 1992 年版。

《万叶集》上下册，杨烈译，湖南人民出版社 1984 年版。

《日本史料集成》，平凡社 1931 年刊行。

《平家物语》，周作人译，中国对外翻译出版公司 2001 年版。

《今昔物语》，北京编译社编译，周作人校，新星出版社 2006 年版。

〔日〕仁井田升编：《唐令拾遗》，东洋文库 1933 年版。

〔朝鲜〕金富轼撰：《三国史记》，金思译，吉林文史出版社 2003 年版。

《高丽史》，《四库全书存目丛书·史部》第 159—162 册，齐鲁书社 1996 年版。

《李朝实录》，学习院东洋文化研究所 1957 年版。

《韩国文献说话全集》，太学社 1991 年版。

吴晗辑：《朝鲜李朝实录中的中国史料》，中华书局 1980 年版。

《三国遗事》，《大正藏》第 49 册。

〔朝鲜〕洪万宗：《海东要览》，韩国精神文化出版社藏本。

〔朝鲜〕赵汝籍：《青鹤集》，韩国亚细亚文化社影印手抄本。

〔韩〕李钟殷译注：《海东传道录·青鹤集》，普成文化社 1998 年版。

《东文选》，学习院东洋文化研究所 1970 年版。

《别本东文选》，汉城大学校奎章阁 1998 年版。

金哲编：《东学精义》，东宣社 1995 年版。

大巡真理会编：《典经》，大巡宗教文化研究所 2010 年版。

〔越〕吴士连编：《大越史记全书》，越南社会科学出版社 1998 年版。

高熊征：《安南志原》，越南远东博古学院 1932 年版。

［越］黎崱：《安南志略》，武尚清点校，中华书局 1995 年版。

陈庆浩主编：《越南汉喃小说丛刊》，台湾学生书局 1987 年版。

陈庆浩、郑阿财、陈义主编：《越南汉文小说丛刊》，台湾学生书局 1992 年版。

刘春银、林庆彰、陈义主编：《越南汉喃文献目录提要补遗》，台湾"中央研究院"人文社会科学研究中心 2004 年版。

刘春银、王小盾、陈义主编：《越南汉喃文献目录提要》，台湾"中央研究院"中国文哲研究所 2002 年版。

二、研 究 论 著

任继愈主编：《中国道教史》，上海人民出版社 1990 年版。

卿希泰主编：《中国道教史》第 1—4 卷，四川人民出版社 1988、1993 年版。

卿希泰、詹石窗主编：《中国道教思想史》，人民出版社 2011 年版。

卿希泰主编：《道教与中国传统文化》，福建人民出版社 1990 年版。

卿希泰主编：《中国道教》第 1—4 卷，东方出版中心 1994 年版。

陈撄宁：《道教与养生》，华文出版社 1989 年版。

王明编：《太平经合校》，中华书局 1960 年版。

王明：《抱朴子内篇校释》，中华书局 1985 年版。

王明：《道家和道教思想研究》，中国社会出版社 1984 年版。

傅勤家：《中国道教史》，上海书店 1984 年影印本。

李养正：《道教概说》，中华书局 1989 年版。

李养正主编：《当代道教》，东方出版社 2000 年版。

许地山：《道教史》，华东师范大学出版社 1996 年版。

王沐：《内丹养生功法指要》，东方出版社 1990 年版。

牟钟鉴、胡孚琛、王葆玹：《道教通论：兼论道家学说》，齐鲁书社 1996 年版。

胡孚琛、吕锡琛：《道学通论——道家道教仙学》，社会科学文献出版社 1999 年版。

胡孚琛：《魏晋神仙道教——〈抱朴子内篇〉研究》，人民出版社 1989 年版。

詹石窗：《道教文学史》，上海文艺出版社 1992 年版。

李远国：《道教气功养生学》，四川社会科学院出版社 1988 年版。

王育成编：《道教法印令牌探奥》，宗教文化出版社 2000 年版。

李刚：《汉代道教哲学》，巴蜀书社 1995 年版。

张广保：《唐宋内丹道教》，上海文艺出版社 2001 年版。

张广保：《金元全真道内丹心性学》，三联书店 1995 年版。

王宗昱：《〈道教义枢〉研究》，上海文化出版社 2001 年版。

王宗昱：《金元全真教石刻新编》，北京大学出版社 2005 年版。

葛兆光：《道教与中国文化》，上海人民出版社 1987 年版。

葛兆光：《域外中国学十论》，复旦大学出版社 2002 年版。

葛兆光：《宅兹中国——重建有关"中国"的历史论述》，中华书局 2010 年版。

孙亦平：《杜光庭思想与唐宋道教的转型》，南京大学出版社 2003 年版。

孙亦平：《杜光庭评传》，南京大学出版社 2004 年版。

孙亦平：《道教文化》，南京大学出版社 2009 年版。

孙亦平：《道教的信仰与思想》，台湾三民书局 2008 年版。

刘仲宇：《道教法术》，上海文化出版社 2002 年版。

李申：《道教本论——黄老道家即道教论》，上海文化出版社 2001 年版。

张泽洪：《道教斋醮符咒仪式》，巴蜀书社 1999 年版。

朱越利主编：《理论·视角·方法——海外道教学研究》，齐鲁书社 2013 年版。

盖建民：《道教医学》，宗教文化出版社 2001 年版。

姜生：《汉魏两晋南北朝道教伦理论稿》，四川大学出版社 1995 年版。

姜生、汤伟侠主编：《中国道教科学技术史》（汉魏两晋卷），科学出版社 2002 年版。

姜生、汤伟侠主编：《中国道教科学技术史》（南北朝隋唐五代卷），科学出版社 2010 年版。

陈鼓应主编：《道家文化研究》第 1—26 册，上海古籍出版社、三联书店 1992—2009 年版。

黄钊主编：《道家思想史纲》，湖南师范大学出版社 1991 年版。

陈国符：《道藏源流考》，中华书局 1963 年版。

陈国符：《道藏源流考续》，台湾明文书局 1983 年版。

陈垣：《南宋初河北新道教考》，中华书局 1962 年版。

柳存仁：《和风堂文集》第 1—3 卷，上海古籍出版社 1991 年版。

柳存仁：《道家与道术》，上海古籍出版社 1999 年版。

柳存仁讲演：《道教史探源》，北京大学出版社 2000 年版。

陈垣编纂，陈智超、曾庆瑛校补：《道家金石略》，文献出版社 1988 年版。

蒙文通：《古史甄微》，巴蜀书社 1987 年版。

蒙文通：《道书辑校十种》，巴蜀书社 2001 年版。

汤一介：《魏晋南北朝时期的道教》，陕西师范大学出版社 1988 年版。

汤一介：《中国传统文化中的儒释道》，中国和平出版社 1988 年版。

卢国龙：《中国重玄学》，人民中国出版社 1993 年版。

卢国龙：《道教哲学》，华夏出版社 1998 年版。

何建明：《道家思想的历史转折》，华中师范大学出版社 1997 年版。

徐兆仁：《金丹集成》，中国人民大学出版社 1990 年版。

李大华：《生命存在与境界超越》，上海文化出版社 2001 年版。

李大华、李刚、何建明：《隋唐道家与道教》，人民出版社 2011 年版。

强昱：《从魏晋玄学到初唐重玄学》，上海文化出版社 2002 年版。

孔令宏：《宋代理学与道家、道教》，中华书局 2006 年版。

［美］康豹：《多面相的神仙——永乐宫的吕洞宾信仰》，吴光正译，齐鲁书社 2010 年版。

黎志添、游子安、吴真等：《香港道堂科仪历史与传承》，中华书局香港有限公司 2007 年版。

赖宗贤：《台湾道教源流》，中华道统出版社 1999 年版。

萧天石：《道海玄微》，华夏出版社 2007 年版。

黄兆汉、郑炜明：《香港与澳门之道教》，香港加略山房 1993 年版。

陈耀庭：《道教在海外》，福建人民出版社 2000 年版。

〔日〕福井康顺、山崎宏、木村英一、酒井忠夫监修：《道教》1—3 卷，朱越利等译，上海古籍出版社 1990、1992 年版。

〔日〕吉冈义丰：《白云观的道教》，新民印书馆 1945 年版。

〔日〕吉冈义丰：《道教の研究》，法藏馆 1952 年版。

〔日〕吉冈义丰：《道教经典史论》，道教刊行会 1955 年版。

〔日〕吉冈义丰：《道教と佛教 1》，日本学术振兴会 1959 年版。

〔日〕吉冈义丰：《道教と佛教 2》，丰岛书房 1970 年版。

〔日〕吉冈义丰：《道教と佛教 3》，国书刊行会 1976 年版。

〔日〕吉冈义丰：《永生への願し——道教》，淡交社 1970 年版。

〔日〕小野泽精一等：《气的思想》，李庆译，上海人民出版社 1990 年版。

〔日〕蜂屋邦夫：《道家思想与佛教》，陈捷译，辽宁教育出版社 2000 年版。

〔日〕蜂屋邦夫：《金元时代的道教》，金铁成等译，齐鲁书社 2014 年版。

〔日〕幸田伴露：《道教思想》，角川书店 1957 年版。

〔日〕福井康顺；《道教の基礎的研究》，书籍文物流通会 1958 年版。

〔日〕下出积與：《神仙思想》，吉川弘文馆 1968 年版。

〔日〕下出积與：《道教——その行動と思想》，东京评论社 1971 年版。

〔日〕下出积與：《道教と日本人》，讲谈社 1979 年版。

〔日〕下出积與：《日本古代の道教・陰陽道と神祇》，吉川弘文馆 1997 年版。

〔日〕大渊忍尔：《道教史の研究》，冈山大学共济会书籍部 1964 年版。

〔日〕大渊忍尔：《初期道教》，创文社 1991 年版。

〔日〕大渊忍尔：《敦煌道教目录》，法藏馆 1960 年版。

〔日〕大渊忍尔：《道教及其经典》，创文社 1997 年版。

〔日〕大渊忍尔：《中國人的宗教儀式——道教篇》，风响社 2005 年版。

〔日〕宫川尚志：《六朝史研究》，平乐寺书店 1964 年版。

［日］酒井忠夫编：《道教の綜合性研究》，国书刊行会 1977 年版。

［日］石井昌子：《道教學の研究：陶弘景を中心に》，国书刊行会 1980 年版。

［日］石井昌子：《初期の道教——道教史の研究 1》，创文社 1991 年版。

［日］石井昌子：《道教とその經典——道教史の研究 2》，创文社 1997 年版。

［日］秋月观瑛：《中国近世道教的形成——净明道的基础研究》，丁培仁译，中国社会科学出版社 2005 年版。

［日］福永光司：《道教と日本文化》，人文书院 1982 年版。

［日］福永光司：《道教と日本思想》，德间书店 1985 年版。

［日］福永光司：《道教と古代日本》，人文书院 1987 年版。

［日］福永光司：《中國の哲學藝術と宗教》，人文书院 1988 年版。

［日］福永光司、千田稔、高桥彻：《日本の道教遺跡を歩く》，朝日新闻社 2003 年版。

［日］千山稔编：《環海シナ文化と古代日本——道教とその周邊》，人文书院 1990 年版。

［日］千山稔：《日本史を彩る道教の謎》，日本文芸社 1991 年版。

［日］重松明久：《古代國家と道教》，东京吉川弘文馆 1985 年版。

［日］福井文雅：《道教の歷史與構造》，五曜书房 1999 年版。

［日］福井文雅：《汉字文化圈的思想和宗教——儒教、佛教、道教》，徐水生、张谷译，武汉大学出版社 2010 年版。

［日］吉元昭治：《道教と不老長壽の醫學》，平河出版社 1989 年版。

［日］小林正美：《六朝道教史研究》，李庆译，四川人民出版社 2001 年版。

［日］小林正美：《中国的道教》，王皓月译，齐鲁书社 2010 年版。

［日］小林正美：《唐代的道教与天师道》，王皓月、李之美译，齐鲁书社 2013 年版。

［日］小林正美：《道教齋法儀式的思想史研究》，知泉书馆 2006 年版。

［日］吉川忠夫：《書と道教の周邊》，平凡社 1987 年版。

〔日〕吉川忠夫：《中國古道教史研究》，同朋社 1992 年版。

〔日〕山田利明：《六朝道教儀禮の研究》，东方书店 1999 年版。

〔日〕神塚淑子：《六朝道教思想の研究》，创文社 1999 年版。

〔日〕砂山稔：《隋唐道教思想史研究》，平河出版社 1990 年版。

〔日〕浅野春二：《道教の教團と禮儀》，雄山阁 2000 年版。

〔日〕石田宪司：《道教關係文獻總覽》，风响社 2001 年版。

〔日〕今枝二郎：《道教：中國と日本をむすぶ思想》，日本放送出版协会 2004 年版。

〔日〕松田智弘：《古代日本の道教受容と仙人》，岩波书店 1999 年版。

〔日〕松田智弘《日本と中國の仙人》，东京岩田书院 2010 年版。

〔日〕松本浩一《中國の咒術》：东京大修馆书店 2001 年版。

〔日〕松本浩一：《宋代の道教と民間信仰》，汲古书院 2006 年版。

〔日〕丸山宏：《道教儀式文書の歷史性研究》，汲古书院 2004 年版。

〔日〕二阶堂善弘：《道教·民間信仰元帥神變容》，关西大学出版部 2006 年版。

〔日〕铃木靖民编：《古代日本の異文化交流》，东京勉诚出版社 2008 年版。

〔日〕小柳司气太：《道教概说》，陈彬和译，商务印书馆 1930 年版。

〔日〕桔樸、中野江汉：《道教と神話傳說——中國の民間信仰》，改造社 1948 年版。

〔日〕窪德忠：《道教と中國社會》，平凡社 1948 年版。

〔日〕窪德忠：《庚申信仰的研究》，日本学术振兴会 1961 年版。

〔日〕窪德忠：《中國の宗教改革——全真道の成立》，法藏馆 1967 年版。

〔日〕窪德忠：《道教史》，萧坤华译，上海译文出版社 1987 年版。

〔日〕窪德忠：《道教诸神》，萧坤华译，四川人民出版社 1996 年版。

〔日〕酒井忠夫：《中国善书研究》，刘岳兵译，江苏人民出版社 2010 年版。

〔日〕酒井忠夫、今井宇三郎、吉元昭治编：《中國的靈籤藥籤集成》，风响社 1992 年版。

［日］藤总一郎：《仙人になる法》，大书房 1979 年版。

［日］三浦国雄：《中國人のトポス——洞窟・風水・壺中天》，平凡社 1988 年版。

［日］大星光史：《日本の仙人たち——老庄神仙思想の世界》，东京书籍株式会社 1991 年版。

［日］楠山春树：《道家思想と道教》，平河出版社 1992 年版。

［日］高桥彻：《道教と日本の宮都——桓武天皇と遷都をめぐる謎》，人文书院 1991 年版。

［日］阪出祥伸：《氣と道教・方術の世界》，东京角川书店 1996 年版。

［日］阪出祥伸：《道教與養生思想》，鹈鹕社 1992 年版。

［日］阪出祥伸：《日本と道教文化》，东京角川学芸社 2010 年版。

［日］野口铁郎、阪出祥伸、福井文雅、山州利明主编：《道教事典》，平河出版社 1994 年版。

［日］野口铁郎、酒井忠夫编：《道教與日本 1——道教の傳播と古代國家》，雄山阁 1996 年版。

［日］野口铁郎、中村璋八编：《道教與日本 2——古代文化の展開と道教》，雄山阁 1997 年版。

［日］野口铁郎、窪德忠编：《道教與日本 3——中世・近世文化と道教》，雄山阁 1997 年版。

［日］新川登龟男：《道教をめぐる攻防——日本の君王道士の方を崇めず》，大修馆书店 1999 年版。

［日］野口铁郎、砂山稔等编：《講座道教 1：道教の神々と経典》，雄山阁 2000 年版。

［日］丸山宏、浅野春二等编：《講座道教 2：道教の教団と儀礼》，雄山阁 2000 年版。

［日］堀池信夫、三浦国雄等编：《講座道教 3：道教の生命観と身體論》，雄山阁 2000 年版。

［日］野口铁郎、福井文雅等编：《講座道教 4：道教と中国思想》，雄山阁 2000 年版。

［日］松本浩一、奈良行博等编：《講座道教 5：道教と中國社會》，雄

山阁 2001 年版。

　　［日］游佐升、增尾伸一郎等编：《講座道教 6：アジア諸地域と道教》，雄山阁 2001 年版。

　　［日］浅野春二：《道教の教團と禮儀》，雄山阁 2000 年版。

　　［日］大宫司朗：《靈符の咒法——道教秘傳》，学习出版社 2002 年版。

　　［日］加藤千惠：《不老不死の身體——道教と胎の思想》，大修馆书店 2002 年版。

　　［日］今枝二郎：《道教：中國と日本をむすぶ思想》，日本放送出版协会 2004 年版。

　　日本神道国际学术会编：《道教と日本文化》，たちばな 2005 年版。

　　［日］柳田锦秀：《中國道教煉金術》，同友馆 2006 年版。

　　［日］冈本健一：《蓬萊山と扶桑樹》京都思之阁 2008 年版。

　　［日］牧尾良海博士喜寿纪念论集刊行会编：《儒佛道三教思想論考》，山喜房佛书林 1991 年版。

　　［日］村上重良：《国家神道》，商务印书馆 1992 年版。

　　［朝鲜］李圭景：《五洲衍文长笺散稿》，明文堂 1982 年版。

　　［朝鲜］李能和：《朝鲜道教史》，东国文化社 1959 年版。

　　［朝鲜］李能和：《朝鲜巫俗考》，东文选书店 1991 年版。

　　［韩］车柱环：《韩国道教思想》，赵殷尚译，人民文学出版社 2005 年版。

　　［朝鲜］朴趾源：《热河日记》，申瑞平校点，上海书店出版社 1997 年版。

　　［朝鲜］全秉熏：《精神哲学通编》，北京精神哲学社 1920 年版。

　　［韩］李丙焘、金载元：《韩国史·古代篇》，乙酉文化社 1968 年版。

　　［韩］金得榥：《韩国宗教史》，柳雪峰译，社会科学文献出版社 1992 年版。

　　金京振：《朝鲜古代宗教与思想概论》，中央民族大学出版社 2006 版。

　　金勋主编：《道与东方文化》，宗教文化出版社 2012 年版。

　　张哲俊：《韩国坛君神话研究》，北京大学出版社 2013 年版。

　　［韩］李家源：《韩国汉学史》，赵季、刘畅译，凤凰出版社 2012 年版。

蔡美花、赵季主编：《韩国诗话校注》，人民文学出版社 2012 年版。

［韩］琴章泰：《韩国儒学思想史》，韩梅译，中国社会科学出版社 2011 年版。

杜宏刚等主编：《韩国文集中的清代史料》，广西师范大学出版社 2008 年影印本。

杜宏刚等主编：《韩国文集中的明代史料》，广西师范大学出版社 2006 年影印本。

韩国哲学会编：《韩国哲学史》上中下册，社会科学文献出版社 1998 年版。

杨昭全：《中韩关系史论文集》，北京世界知识出版社 1988 年版。

蒋菲菲、王小甫：《中韩关系史》，社会科学文献出版社 1998 年版。

魏志江：《中韩关系史研究》，中山大学出版社 2006 年版。

杨军、王秋彬：《中国与朝鲜半岛关系史论》，社会科学文献出版社 2006 年版。

王小甫：《中韩关系史》，中国社会科学出版社 1997 年版。

陈尚胜：《中韩交流三千年》，中华书局 1997 年版。

陈尚胜：《朝鲜王朝（1392—1910）对华观的演变：〈朝天录〉和〈燕行录〉初探》，山东大学出版社 1999 年版。

《中韩关系史国际研讨会论文集 1960—1949》，台北韩国研究学会 1983 年版。

［韩］卞麟锡：《唐长安的新罗史迹》，亚细亚文化社 2000 年版。

翁洲老民：《海东绎史》，浙江古籍出版社 1985 年版。

苑利：《韩民族文化源流》，学苑出版社 2000 年版。

徐恩裕、权伍铣：《韩国风俗民情研究》，东方出版社 1994 年版。

［韩］赵东一：《韩国文学论纲》，周彪、刘钻扩译，北京大学出版社 2003 年版。

［韩］金贞培：《韩国民族的文化和起源》，高岱译，上海文艺出版社 1993 年版。

拜根兴：《崔文昌侯全集》，成均馆大学校 1991 年版。

《唐朝与新罗关系史论》，中国社会科学出版社 2009 年版。

〔韩〕裴宗镐：《韩国儒学资料集成》，延世大学校出版部 1980 年版。

金健人主编：《中韩古代海上交流》，辽宁民族出版社 2007 年版。

金勋：《韩国的新宗教源流与嬗变》，宗教文化出版社 2006 年版。

〔韩〕白世明：《东学思想与天道教》，启文社 1956 年版。

曹中屏：《朝鲜近代史 1863～1919》，东方出版社 1993 年版。

〔韩〕李敦化：《天道教创建史》，东宣社 1995 年版。

〔韩〕卢吉明、金洁喆、尹以饮等：《韩国民族宗教运动史》，许明哲、李梅花译，中国社会科学出版社 2009 年版。

吕春燕、赵岩编：《韩国的信仰和民俗》，北京大学出版社 2010 年版。

刘玉珺：《越南汉喃古籍的文献学研究》，中华书局 2007 年版。

〔越〕阮志坚：《越南的传统文化与民俗》，郑晓云编，云南人民出版社 2012 年版。

〔越〕陶维英：《越南历代疆域：越南历史地理研究》，钟民岩译，商务印书馆 1973 年版。

〔越〕陶维英：《越南古代史》，刘统文等译，科学出版社 1959 年版。

〔越〕明峥：《越南史略》，范宏科、吕谷译，三联书店 1960 年版。

日本东洋文库古代史研究委员会编纂：《东洋文库藏越南本书目》，东洋文库 1999 年版。

陈益源：《越南汉籍文献述论》，中华书局 2011 年版。

毛汉光编：《越南汉喃铭文汇编》第二集《陈朝（1226—1400）》，台湾新文丰出版公司 2002 年版。

耿慧玲：《越南史论：金石资料之历史文化比较》，台湾新文丰出版公司 2004 年版。

徐善福、林明华：《越南华侨史》，广东高等教育出版社 2011 年版。

〔越〕陈重金：《越南通史》，戴可来译，商务印书馆 1992 年版。

刘志强：《越南古典文学四大名著》，世界图书出版公司 2010 年版。

孙逊、郑克孟、陈益源主编：《越南汉文小说集成》，上海古籍出版社 2010 年版。

任明华：《越南汉文小说研究》，上海古籍出版社 2010 年版。

陆凌霄：《越南汉文历史小说研究》，民族出版社 2008 年版。

陈修和：《越南古史及其民族文化之研究》，国立云南大学西南文化研究室 1943 年版。

吴云霞：《文化传承的隐形力量：越南的妇女生活与女神信仰》，暨南大学出版社 2012 年版。

陈继章主编：《越南研究》，军事谊文出版社 2003 年版。

黄遵宪：《日本国志》，上海古籍出版社 2001 年版。

［美］埃德温·赖肖尔：《当代日本人》，陈文寿译，商务印书馆 1992 年版。

［美］埃德温·赖肖尔：《日本人》，孟胜德、刘文涛译，上海译文出版社 1980 年版。

［美］费正清、赖肖尔、克雷格等：《东亚文明：传统与变革》，黎鸣等译，天津人民出版社 1992 年版。

［日］中村元：《东方民族的思维方法》，林太、马小鹤译，浙江人民出版社 1989 年版。

［日］中村元：《比较思想论》，吴震译，浙江人民出版社 1987 年版。

桑兵：《国学与汉学：近代中外学界交往录》，浙江人民出版社 1999 年版。

韩昇：《东亚世界形成史论》，复旦大学出版社 2009 年版。

朱云影：《中国文化对日越韩的影响》，广西师范大学出版社 2007 年版。

［日］子安宣邦：《东亚论：日本现代思想批判》，赵京华编译，吉林人民出版社 2011 年版。

黄俊杰：《东亚儒学：经典与诠释的辩证》，台大出版中心 2008 年版。

黄心川主编：《东方著名哲学家评传（日本卷）》，山东人民出版社 2000 年版。

黄心川主编：《东方著名哲学家评传（韩国卷）》，山东人民出版社 2000 年版。

林正秋：《中国与亚洲诸国交流史论集》，中国国际广播出版社 1998 年版。

陈炎：《海上丝绸之路与中外文化交流》，北京大学出版社 1996 年版。

王秀文、关捷：《中日文化交流研究》，世界知识出版社 2002 年版。

［日］沟口雄三：《日本人视野中的中国学》，李甦平、龚颖、徐滔译，中国人民大学出版社 1996 年版。

黄枝连：《东亚的礼义世界——中国封建王朝与朝鲜半岛关系形态论》，中国人民大学出版社 1994 年版。

［日］津田左右吉：《日本的神道》，邓红译，商务印书馆 2011 年版。

刘萍：《津田左右吉研究》，中华书局 2004 年版。

［日］梅原猛：《森林思想——日本文化原点》，卞立强、李力译，中国国际广播出版社 1993 年版。

严绍璗：《日本藏汉籍珍本追踪纪实》，上海古籍出版社 2005 年版。

严绍璗：《汉籍在日本的流布研究》，江苏古籍出版社 1992 年版。

日本史学会编：《本邦史学史论丛》，富山房 1939 年版。

［日］坂本太郎：《六国史》，吉川弘文馆 1970 年版。

［日］坂本太郎：《日本の修史と史学》，至文堂 1936 年版。

王晓秋：《近代中日文化交流史》，中华书局 2000 年版。

［日］福泽谕吉：《福泽谕吉全集》，岩波书店 1959 年版。

［日］福泽谕吉：《文明论之概略》，商务印书馆 1959 年版。

［日］家永三郎：《日本思想史における外来思想の受容の问题》，载《家永三郎集》，岩波书店 1997 年版。

王家骅：《儒家思想与日本文化》，浙江人民出版社 1990 年版。

［日］饭田武乡：《日本书纪通释》，日本书纪通释刊行会 1940 年版。

［日］渡部正一：《日本古代·中世的思想和文化》，大明堂 1980 年版。

陆玉林：《东亚的转生——东亚哲学与 21 世纪导论》，华东师范大学出版社 2001 年版。

张哲俊：《中国古代文学中的日本形象研究》，北京大学出版社 2004 年版。

［日］阿部肇一：《战后日本的中国佛教和道教史学动向》，《史潮》1978、1979 年合刊。

［日］内藤虎次郎：《东洋文化史研究》，弘文堂书房 1938 年版。

［日］汤浅泰雄：《东方文化的深层》，日本名著刊行会1982年版。

王守华、王蓉：《神道与中日文化交流》，河北人民出版社2010年版。

刘韶军：《日本现代老子研究》，福建人民出版社2006年版。

严绍璗：《中日古代文学关系史稿》，湖南文艺出版社1987年版。

严绍璗：《日本中国学史稿》，学苑出版社2009年版。

中国国际徐福文化交流协会编：《徐福志》，中国海洋大学出版社2007年版。

张良群主编：《中外徐福研究》，中国科学技术大学出版社2007年版。

楼宇烈、张志刚主编：《中外宗教交流史》，湖南教育出版社1998年版。

王金林：《汉唐文化与古代日本文化》，天津人民出版社1996年版。

王金林：《日本天皇制及其精神结构》，天津人民出版社2001年版。

汪向荣：《古代的中国与日本》，三联书店1989年版。

［法］安娜·塞德尔：《西方道教研究史》，蒋见元、刘凌译，上海古籍出版社2000年版。

［法］索安：《西方道教研究编年史（1950—1990）》，吕志鹏、陈平等译，中华书局2002年版。

［日］宫川尚志：《六朝史研究》（宗教篇），平乐寺书店1964年版。

北京市中日文化交流史研究会编：《中日文化交流史论文集》，人民出版社1982年版。

蔡凤书：《中日考古学的历程》，齐鲁书社2005年版。

王勇：《中国江南：寻绎日本文化的源流》，当代中国出版社1996年版。

王勇、［日］大庭修主编：《中日文化交流大系·典籍卷》，浙江人民出版社1996年版。

马兴国、宫田登主编：《中日文化交流大系·民众卷》，浙江人民出版社1996年版。

［日］大庭修：《江户时代中国典籍流播日本之研究》，戚印平、王勇、王宝平译，杭州大学出版社1998年版。

李庆：《日本汉学史》，上海人民出版社2010年版。

高明士：《天下秩序与文化圈的探索：以东亚古代的政治与教育为中心》，上海古籍出版社 2008 年版。

钱婉约：《内藤湖南研究》，中华书局 2004 年版。

叶渭渠主编：《日本文明》，中国社会科学出版社 1999 年版。

贺照田主编：《东亚现代性的曲折与展开》，吉林人民出版社 2002 年版。

［日］上田正昭：《日本人与日本文化的形成》，朝仓书店 1993 年版。

［日］福永光司、诹访春雄等：《日中文化研究》，勉诚社 1991 年版。

［日］木宫泰彦：《日中文化交流史》，胡锡年译，商务印书馆 1980 年版。

徐逸樵：《先史时代的日本》，三联书店 1991 年版。

［日］新渡户稻造：《武士道》，陈高华译，群言出版社 2006 年版。

王明珂：《华夏边缘——历史记忆与族群认同》，社会科学文献出版社 2006 年版。

许倬云：《我者与他者：中国历史上的内外分际》，三联书店 2010 年版。

［日］高坂史朗：《近代之挫折：东亚社会与西方文明的碰撞》，吴光辉译，河北人民出版社 2006 年版。

［美］鲁思·本尼迪克特：《菊与刀——日本文化的类型》，吕万和译，商务印书馆 1990 年版。

冯玮编：《〈菊花与刀〉精读》，复旦大学出版社 2010 年版。

牛建科：《复古神道哲学思想研究》，齐鲁书社 2005 年版。

王维先：《日本垂加神道哲学思想研究》，山东人民出版社 2004 年版。

杨伟：《日本文化论》，重庆出版社 2008 年版。

［日］会田雄次编：《日本人的意识构造——风土历史社会》，何慈毅译，南京大学出版社 2008 年版。

［日］南博：《日本人论》，邱淑珍译，台北立绪文化事业有限公司 2003 年版。

刘立善：《没有经卷的宗教——日本神道》，宁夏人民出版社 2005 年版。

［日］安丸良夫：《近代天皇观的形成》，刘金才译，北京大学出版社 2010 年版。

［日］上垣外宪一：《日本文化交流小史》，王宣琦译，武汉大学出版社 2007 年版。

［日］内藤湖南：《日本文化史研究》，储元熹、卞铁坚译，商务印书馆 1997 年版。

［日］大津透：《古代の天皇制》，岩波书店 1999 年版。

［日］壹岐一郎：《徐福集团东渡与古代日本》，天津人民出版社 1996 年版。

［日］静慈圆：《日本密教与中国文化》，刘建英、韩昇译，文汇出版社 2010 年版。

［日］森岛通夫：《日本为什么"成功"》，胡国成译，四川人民出版社 1984 年版。

［日］山本常朝口述，田代阵基笔录：《叶隐闻书》，李冬君译，广西师范大学出版社 2007 年版。

［日］中村雄二郎：《日本文化中的恶与罪》，孙彬译，北京大学出版社 2005 年版。

［日］山鹿素行：《山鹿语类》，图书刊行会 1910 年版。

［日］佐藤通次：《神道哲理》，理想社 1982 年版。

范景武：《神道文化与思想研究》，内蒙古人民出版社 2001 年版。

［日］村上俊雄：《修験道の發達》，名著出版社 1978 年版。

［日］村山修一：《修験の世界》，人文书院 1992 年版。

［日］宫家准：《修验道》，教育社 1978 年版。

［日］村山修一：《山伏の历史》，塙书房 1983 年版。

张大柘：《当代神道教》，东方出版社 1999 年版。

［日］斋藤励：《王朝时代の阴阳道》，名著刊行会 2007 年版。

［日］山下克明：《平安时代の宗教文化と阴阳道》，岩田书院 1996 年版。

［日］远藤克己：《近世阴阳道史的研究》，丰文社 1988 年版。

［日］村山修一编：《日本阴阳道史总说》，塙书房 1981 年版。

〔日〕木场明志：《近世日本的阴阳道》，名著出版社 1992 年版。

〔日〕宫家准：《日本的民俗宗教》，赵仲明译，南京大学出版社 2008 年版。

陈小法：《明代中日文化交流史研究》，商务印书馆 2011 年版。

冯友兰：《中国哲学简史》，北京大学出版社 1985 年版。

张岱年：《中国哲学大纲》，中国社会科学出版社 1982 年版。

孙叔平：《中国哲学史稿》上下册，上海人民出版社 1980、1981 年版。

任继愈主编：《中国哲学发展史》（隋唐卷），人民出版社 1994 年版。

魏良弢主编：《史著精华》，中国青年出版社 1999 年版。

侯外庐、邱汉生、张岂之主编：《宋明理学史》上下册，人民出版社 1987 年版。

辛冠洁等主编：《日本学者论中国哲学史》，中华书局 1986 年版。

刘俊文主编：《日本学者研究中国史论著选译》第四卷《六朝隋唐》，中华书局 1993 年版。

刘俊文主编：《日本学者研究中国史论著选译》第七卷《思想宗教》，中华书局 1993 年版。

顾颉刚：《汉代学术史略》，上海亚细亚书局 1935 年版。

黄仁宇：《现代中国的历程》，中华书局 2011 年版。

〔日〕永田广志：《日本哲学思想史》，姜晚成、尚永清、陈应年译，商务印书馆 1978 年版。

李锐清编：《日本见藏中国丛书目初编》，杭州大学出版社 1991 年版。

汤重南：《日本文化与现代化》，辽海出版社 1999 年版。

王晓平：《梅红樱粉：日本作家与中国文化》，宁夏人民出版社 2002 年版。

〔日〕岛田翰：《汉籍善本考》，北京图书馆出版社 2003 年版。

王勇：《中日关系史考》，中央编译出版社 1995 年版。

汤用彤：《汉魏两晋南北朝佛教史》上下册，中华书局 1983 年版。

汤用彤：《隋唐佛教史稿》，中华书局 1982 年版。

吕澂：《中国佛学源流略讲》，中华书局 1979 年版。

任继愈主编：《中国佛教史》第 1—3 卷，中国社会科学出版社 1981、1985、1988 年版。

方立天：《中国佛教哲学要义》上下卷，中国人民大学出版社 2002 年版。

杨曾文：《日本佛教史》，人民出版社 2008 年版。

洪修平：《禅宗思想的形成与发展》（修订本），江苏古籍出版社 2000 年版。

洪修平：《中国佛教文化历程》，江苏教育出版社 1995 年版。

洪修平：《中国儒佛道三教关系研究》，中国社会科学出版社 2010 年版。

洪修平、孙亦平：《如来禅》，浙江人民出版社 1997 年版。

洪修平、孙亦平：《惠能评传》，南京大学出版社 1999 年版。

［荷兰］许里和：《佛教征服中国》，李四龙译，江苏人民出版社 1998 年版。

何劲松：《韩国佛教史》上下册，宗教文化出版社 1997 年版。

［朝鲜］李能和：《朝鲜佛教通史》，京城新文馆 1918 年版。

［日］义江彰夫：《日本的佛教与神祇信仰》，陆晚霞译，商务印书馆 2010 年版。

［日］道端良秀：《日中佛教友好二千年史》，徐明、何燕生译，中华书局 1992 年版。

盛邦和：《内核与边缘——中日文化论》，学林出版社 1988 年版。

徐远和、李甦平、周贵华、孙晶主编：《东方哲学史》，人民出版社 2010 年版。

汪向荣：《古代中国人的日本观》，上海古籍出版社 2006 年版。

汪高鑫、程仁桃：《东亚三国古代关系史》，北京工业大学出版社 2006 年版。

［美］爱德华·萨义德：《文化与帝国主义》，王琨译，三联书店 2003 年版。

［美］爱德华·萨义德：《东方学》，王宇根译，三联书店 1999 年版。

［德］黑格尔：《哲学史讲演录》第 1—4 卷，王太庆译，商务印书馆

1959 年版。

　　［德］黑格尔：《历史哲学》，王造时译，上海书店 1999 年版。

　　［英］罗素：《西方哲学史》上下册，何兆武、李约瑟译，商务印书馆 19631976 年版。

　　叶秀山主编：《西方哲学史（学术版）》，凤凰出版社 2005 年版。

　　［英］麦克斯·缪勒：《宗教学导论》，陈观胜、李培珠译，上海人民出版社 1989 年版。

　　［英］麦克斯·缪勒：《宗教的起源与发展》，金泽译，陈观胜校，上海人民出版社 1989 年版。

　　［英］汤因比：《文明经受着考验》，沈辉等译，浙江人民出版社 1988 年版。

　　［英］汤因比：《历史研究》，刘北成译，上海人民出版社 1966 年版。

　　［美］包弼德：《斯文：唐宋思想的转型》，刘北成译，江苏人民出版社 2001 年版。

　　［美］斯特伦：《人与神——宗教生活的理解》，金泽、何其敏译，上海人民出版社 1991 年版。

　　［日］梅原猛：《世界中的日本宗教》，卞立强、李力译，四川人民出版社 2006 年版。

　　吕大吉：《宗教学通论新编》，中国社会科学出版社 1998 年版。

　　吕大吉：《西方宗教学说史》，中国社会科学出版社 1994 年版。

　　孙亦平主编：《西方宗教学名著提要》，江西人民出版社 2002 年版。

　　吕大吉等编：《宗教学纲要》，高等教育出版社 2003 年版。

　　卓新平：《宗教理解》，社会科学文献出版社 1999 年版。

　　张志刚：《宗教哲学研究》，中国人民大学出版社 2003 年版。

　　王友三主编：《中国宗教史》，齐鲁书社 1991 年版。

　　牟钟鉴、张践：《中国宗教通史》，中国社会科学出版社 2007 年版。

　　［日］川崎庸之、笠原一男：《宗教史》，山川出版社 1970 年版。

　　［美］杨庆堃：《中国社会中的宗教——宗教的现代社会功能与其历史因素之研究》，范丽珠译，上海人民出版社 2006 年版。

　　阮仁泽、高振农：《上海宗教史》，上海人民出版社 1992 年版。

李零：《中国方术考》（修订本），东方出版社 2001 年版。

黄心川主编：《世界十大宗教》，东方出版社 1988 年版。

邱振亮：《中国美术史》，人民美术出版社 2007 年版。

［日］町田甲一：《日本美术史》，莫邦富译，上海人民美术出版社 1988 年版。

陈莆、［韩］权锡焕编：《韩国古典文学精华》，岳麓书社 2006 年版。

刘顺利：《朝鲜半岛汉学史》，学苑出版社 2009 年版。

［日］三品彰英：《神话と文化史》，平凡社 1971 年版。

［日］小岛宪之：《上代日本文学と中国文学》，塙书房 1971 年版。

王晓平：《亚洲汉文学》，天津人民出版社 2001 年版。

叶渭渠、唐有梅：《日本文学史》上下册，昆仑出版社 2004 年版。

张俊哲：《东亚比较文学导论》，北京大学出版社 2004 年版。

孟昭毅、黎跃进：《编简明东方文学史》，北京大学出版社 2005 年版。

杨葆筠：《中国文化在东南亚》，大象出版社 1997 年版。

［朝鲜］许浚编著：《东医宝鉴》，郭霭春等校点，中国中医药出版社 1995 年版。

索　引

人 名 索 引

A

阿倍仲麻吕　114,408,410—415,510

阿知使主　352

阿直岐　186,187,350,351,689—691

埃德温·赖肖尔　322,381,468,543

艾儒略　297

爱德华·萨义德　34

爱德华·泰勒　247

安倍晴明　507,512—516,518,522,650

安倍泰福　516

安倍有修　516

安东浚　29,122,284,287—290,686,713,714,794—796,810,835

安期生　39,648,773

安然　406,513,767,819

安市君　283

安藤昌益　536,537,901

安详　198,283,771

鞍作得志　426

B

八重樫直比古　413,417

白河天皇　499,502

白居易　706

白鸟库吉　19,20

白瑞德　43

白胜贤　227,653

白寿翰　253,254

白永瑞　10

白玉蟾　94,121,288,289,795

百济宫人　283

百济圣明王　423,695

班固　6,718,770

阪出祥伸　25

宝藏王　163,188—192,653,677,877

鲍靓　98

卑弥呼　69,83,84,358,363,364,370,372—376,689

北条时赖　477,478

北条泰时　474

北魏太武帝　99,859

北周武帝　100,673

贝奈戴托·克罗齐　35

贝特朗·罗素　53

贝原益轩　549,748,771,821

本居宣长　325,392,531—533,535,617,618

边韶　40,445,610

卞季良　262—264,895

丙子异人　283

伯容见雍　473

帛和　97

不空　297,452—454,493

C

曹不兴　865

曹参　39,196,298

曹操　82,83,705

曹丕　83,705

曹相国　39

曹玄志　279—281

曹植　82,705

曹仲元　865

策彦周良　130,131

常盘大定　18,21,149,594

朝鲜肃宗　294

朝鲜太祖　177,235,236

朝鲜宣祖　291

车京石　314

车云辂　181

车柱环　13,29,45,46,62,174,189,190,
　204,229,234,237,238,249,259,262,264,
　266,278,616,670,792,796,822,823,835,
　836,851,878

陈伯陶　156

陈复始　587

陈国符　30,93,672,674,679

陈国峻　570,589,645

陈继儒　685

陈炼性　587

陈明霨　146

陈明宗　570

陈楠　121,685

陈全　575

陈仁宗　571

陈日燇　570,571

陈瑞　86,87,847

陈少帝　572

陈师道　706

陈世法　733

陈太宗　569,570

陈抟　117,568,730,788,789

陈宪宗　571

陈耀庭　29,37,101,119,211,557,558,566,
　586,608,616,711,858

陈英宗　570,571

陈撄宁　150—152

陈垣　30,120,136,674

陈致虚　94,287,685

陈重金　560

成公兴　99

成吉思汗　2,121,123,601

成居士　283,810

成揆宪　283

成玄英　110,465,472,701,702,704

程颢　472

程颐　472

程紫霄　257,258

持统天皇　359,387,393,425,437,841

赤松　38,256,361,362,365,369,370,563,
　579,583,731,832

仇英　871

储光羲　413

楚王刘英　41,610

褚太后　89

处容　230,283,664,665

川合章子　507

春澄善绳　441,442,649,764,765

春川姬　283

慈藏　194

崔炳柱　316

崔承老　222,223,656

崔承祐　71,118,207—210,212—216,219,
239,286,678,679,792,809

崔诩　244—247,277,278

崔济愚　303—306,311

崔南善　169,192

崔溥　130

崔三龙　29

崔希范　117,788

崔璇　252

崔致远　94,163,194,199,200,207,212,
214—220,239,240,277,278,283,286,
290,295,300,620,621,679,721,792,809,
893—896

崔忠献　232,245,254,278

村山修一　493,494,507,521

村上天皇　445,638

村上重良　14,324,439,464,492,522,542,
544,553

嵯峨天皇　391,442,444,456,782

D

大伴古麻吕　413

大道一以　465,698

大宫司郎　534,695

大宫司朗　26

大和长冈　114,411

大江匡弼　536,694,880

大江匡房　435,444—446,630,631,643,
696,697,730,757

大江匡衡　445,446,696

大江纳言　445

大星光史　24

大兄皇子　108,437,852

大渊忍爾　24

大塚雅司　494,765

丹波康赖　448,449,696,766,784,814,820,
821

丹阳异人　281,810

岛津忠昌　472

岛田翰　699

道端良秀　18,21,113

道隆　477

道诜　250—253,277,278

道雄　384,456,464

道元　135,465,475

德川吉宗　540

德川家定　540

德川家康　479,482,483,515,551,639

荻生徂徕　535,748

帝乙　175

奝然　340,690

丁皓　244,245

丁煌　688

丁琎　568

丁圣母　581,644

丁世昌　54

丁寿昆　281,290

丁先皇　568

丁云鹏　871

定玄师　219

东村李仙　283

东方朔　44,180,344,366,516,694

东晋孝武帝　185

东明王　169,171,174,283,290

东王公　53,362,366—370,372,396,862

董奉　565,803

董康　150

都良香　346,369,466,630,649,650,764—766

都慕　170

窦太后　39

杜甫　48,211,212,706

杜光庭　101,110,118,318,594—596,613,614,646,647,649,673,674,704,720,735,787,848,849,874,888—891

杜慧度　566

杜夷　693

杜子恭　85,88,89

度会常昌　486

度会行忠　485—487

多治比广成　115,409

E

儿岛献吉郎　346

二征夫人　581,644

F

法道仙人　650

法琳　451,583,859

范长寿　865

范太青　138

范仲淹　706

梵修　194

方济各·沙勿略　539

芳贺幸四郎　465,473

沸流　171,172

费长房　408,649

费尔巴哈　612

蜂屋邦夫　25,94

佛陀　41,436,440,449,464,496,610

伏羲　6,40,187,445,760,812,862

扶董天王　561,589,644

苻坚　88,184,185

符朗　693

福井康顺　18,21—23,37,45,57,61,64,78,124,143,149,154,166,167,181,203,212,222,226,236,247,249,263,282,349,351,364,390,394,424,425,435,517,534,550,557,594,597,629,630,646,656,661,665,698,703,736,756,809,810,822,827,848

福井文雅　22,23,25,26,28,37

福永光司　17,20,22,24,26,28,29,84,94,101,103,104,327,329,334,349,357,361,378,389,394,395,433,446,451,457,506,534,598,611,774,816,853,854,857,861

傅金铨　139

傅勤家　30,500

傅央焴　135

G

盖公　39

甘始　82

甘忠可　54—56

冈崎清安　16

冈本健一　26

高东篱　138

高克恭　870

高丽成宗　229,809

高丽仁宗　680,681

高丽睿宗　233,234,277,810

高丽肃宗　176

高丽太祖　222,226,235,251,655

高丽显宗　245

高楠顺次郎　396

高骈　216,217,567,569

高橋徹　25,26

高奭　135

高田义人　507

高向玄理　108,384,398

高诱　693

高尾义政　507

呆邻　464

葛巢甫　96,872

葛洪　12,63,81,89,91—94,96—98,116,
256,257,285,325,326,357,360,368,370,
371,430,472,500—502,504,513,564,
565,593,601,620,628,629,669,670,693,
696,706,735,757—759,761—763,769,
770,773—777,779,782,785,787,788,
803,804,808,813,814,821,834,837,838,
840,847

葛井广成　403,404,408

葛世　96

葛悌　96

葛望　96

葛奚　96

葛仙公　96,657,705

葛玄　84,96,357,705,714,773

葛野王　415

葛兆光　10,15,22,27,31,80,380,719

葛稚川　98

庚桑子　38

公孙卿　50

宫本袈裟雄　493

宫家准　493,495,499,526,638,651

宫崎市定　68

宫武教群　16

龚自珍　893

顾德谦　865

顾鼎臣　892

顾颉刚　45,46,248,342

关尹子　38

观勒　425,508

光明天皇　471

广懒淡窗　536

鬼谷子　337

桂庵玄树　472

桂延寿　300,301

郭璞　94,248,705

郭朴　892

郭象　89—91,472,692,694,702

郭舆　233,244,277,278

郭玉隆　135

郭再佑　281,283,287,290,684,760,767,
768,810

郭致虚　208,215,810

H

海保青陵　695

海中书生　283

韩安仁　237,238

韩百谦　177

韩湜　245

韩惟汉　244,245,277,278

韩无畏　207,208,215,219,272,810

韩元震　271

韩稚　183

韩终　44,168,181—183,337

寒溪老僧　283,290

汉哀帝　55

汉光武帝　63,348,471,804

汉桓帝　40,41,55,59,610,615

汉江仙人　283

汉明帝　39,41,610

汉顺帝　54,56,57,84

汉武帝　38,39,44,50,51,89,179,181,184,
211,337,338,348,367,408,534,562,677,

694,726,729,773

郝大通　120

何启忠　156

何劭　705

何晏　89

河仑　265

河上公　110,401,410,445,446,472,692—
694,701,703

河上丈人　39

荷田村满　531

贺龙骧　675—677,800

贺茂保宪　513

贺茂光荣　513

贺茂真渊　531,536

贺茂忠行　512,650

黑板昌夫　21,427,429,758

黑川真道　16,392

黑田俊雄　379

亨利·马伯乐　37

横山润　694

洪大容　176,180

洪奭周　686

洪万宗　166,174,199,200,211,214,215,
219,231,241—243,245,250,272,282—
286,288,290,680,760

洪修平　11,12,41,50,62,89—91,461,571

洪余庆　793

洪裕孙　215,281,283,290,793,823

侯生　44,337

后白河天皇　499

胡季牦　572

胡宿　893

瓠公　173,197,277

花园天皇　470,471,550

华佗　82,161,579,583,764,803

华英　135

怀良亲王　128

桓仁　165,168,180,197,276,278,282

桓温　87,89

桓武天皇　25,434,450,607,665,819,885

桓雄　165,166,168,170,181,226,276,294,
295,299,302,311,626,627

桓熊　165

桓因　165,166,168,181,278,294,299,302,
311,626,627,629,809

皇甫抗　246

皇甫谧　838

皇甫珍　865

皇极天皇　390,419,420,426,511,512,852

黄德辉　579

黄德懋　871

黄帝　38—41,44,49—51,58,168,169,
205,241,278,279,285,314,341,362,368,
392,447,451,509,534,629,680,685,693,
698,759,766,769,773,776,777,779,781,
811,812,829,830,832,835,837,842

黄佛颐　156

黄公望　870

黄俊杰　10,11

黄筌　865

黄仁宇　125,126

黄舜申　136

黄庭坚　706

黄文早　587

黄炎培　150

黄元吉　139

黄遵宪　298,318,341,385

惠光　107

惠果　391,449,452—456,458,462

惠能　571

惠日　107

惠通　194

惠云　107,108

惠哲　194

慧昭　194

慧忠禅师　571

J

稽康　89,90,92,93,696,705

箕子　7,66,72,102,165—168,174—178,
182,189,659,677,822

吉备真备　114,115,408,411—413,510

吉冈义丰　18,21,149,150,551,583,675,
676,703,736,900

吉田冬方　470

吉田兼俱　380,488—492

吉野裕子　507

吉元昭治　24,37,550,716,809,812,827

继体天皇　103,356,423,508

加藤千惠　26

加藤清正　292

家泳三郎　508

岬寺高僧　281

贾嵩　859

贾彦咸　692

菅原道真　104,415,442,443,607,608,637,
638,650

简文帝　89

翦伯赞　342

建文帝　130,132,133,644

剑君　203

鉴真　116,405,412—416

江朝宗　150

姜公辅　566

姜贵千　215,281

姜邯赞　244,245,283,290,721,809

姜淮伯　254,255

姜生　40,694

姜绪　283

姜一淳　306—314,755,756

蒋都令　283

蒋叔舆　875,876,889

蒋元庭　675—677

峧贞娘　201

焦子顺　104

解慕漱　169,170

戒边大师　283

今枝二郎　26,47,331,335,343,345,346,
361,384,414,697,856

金百练　283

金春秋　204

金大谷　283

金大问　201,203

金得榥　29,165,189,202,233,236,237,
626,659,852

金德良　281

金阙智　173,174,197

金富轼　7,166,172,173,184,185,187,190,
191,193,195—197,199—201,203,205,
213,222,254,262,355,402,677,895

金刚智　452,453

金弓裔　220

金龟仙人　283

金教献　302

金可记　71,118,207—214,283,316,678,
721,792,809

金克己　895,896

金履祥　352

金洛必　29,287,795,825

金迈淳　835

金母　40,596

金慕斋　283

金谦孝　283

金阙智　169

金仁存 252

金仁问 195

金驲孙 793

金时习 207,215,216,242,283,286,290,
684,708,713,714,721,759,760,793,797,
810,822,823

金首露王 169

金万重 722,723

金谓磾 252,253

金岩 204,205

金庾信 203,204,851

金允中 596,618,875,888

金瞻 265,266,660

金执义 283

金致 283

金自兼 283

津田左右吉 17,19—21,23,324,325,378,
379,381,392—395,484,493,600,601

近仇首王 185,677

近藤万丈 536

近肖古王 185,186

晋哀帝 89,95

兢让 194

井伊直弼 540

景戒 405,443,495,635

景行天皇 390,855

憬兴 194

久保田量远 18

久米仙 346,466,630,631,634

久木幸男 400

酒井忠夫 18,21—25,27,28,393,693,711,
716,736,743,764,819,842,843,853

鹫尾顺敬 16

菊丘文坡 536,694

橘朴 17,23,735,736

橘逸势 451,607,637

巨势多益须 709

瞿佑 722,734

觉鑁 842,843

绝海中津 129,130,466

K

卡尔·雅斯贝尔斯 43

康豹 78,123

康熙 137,140,160,675,676,688

康有为 145,150

空海 94,391,392,408,446,447,449—464,
493,498,631,639,730,756,757,782,819,
820,884

孔颖达 399

孔子 6,7,40,88,114,124,143,155,175,
176,221,224,243,297,303,311,408,409,
423,473,476,584,609,876,889

寇谦之 12,85,98—101,318,334,848,852,
859

堀池信夫 25

窥仙 346,466

昆廷·斯金纳 33

L

老子 12,37—42,51,57,58,60,64,70,89,
94,99,100,102,109—112,114—116,118,
124,139,143,147,151,183,185,186,
188—190,195—197,200,223,227,237,
238,247,262,266,302,303,314,329,331,
357,378,383,391,401—403,407,410,
411,413,415—417,445,446,451,465,
472,473,475,484,487,491,501,529,534,
535,537,538,545,550,563,564,566,569,
573,584,591,609—619,623,627,653,
660,661,669,677,686,692—702,704,
715,737,764,767,772,774,799,845,847,

848,850,865,866,870,873,875,902,904

乐臣公　39

乐广　90

乐暇公　39

冷泉天皇　519

黎纯宗　576

黎桓　568

黎神宗　573,575

黎圣宗　649,732

黎庶昌　695

黎太祖　572

黎文忠　583

黎宪宗　572

李白　246,413,584,624,706,707,878

李丙焘　187,193,201

李成桂　128,129,206,232,259—261,270

李达善　617

李德懋　176,272,682,687,748

李德柔　866

李德羽　252

李耳　403,569

李珥　176,177,286,684,686,708,747,810,811,837

李高宗　569

李公麟　866

李公蕴　569

李縠　895

李圭景　28,182,183,188,213,217—219,239,594,646—648,662,664,687,755,763,770,837

李含光　95

李贺　706

李衡祥　264,654,663

李济臣　283

李济川　733

李佳白　146,147

李奎报　684,707,720,784,867,895,897,898

李良弼　281

李灵干　244,283

李楠　283

李能和　28,48,49,128,168,169,171,181,186,187,193—196,198,202,205,225,227,230,233,265,267,268,272,278,294,295,299,307,308,313,314,595,616,620,627,651,652,654,656,657,659—661,663,664,677,688,691,755,822,895

李普文　99

李齐贤　246

李清　214,239

李筌　110

李仁老　48,174,198,223,233,246,647

李荣　110,704

李锐清　538,702,703

李穑　181,867,895

李商隐　706

李少君　44,50

李少微　135

李神宗　569

李升　865

李盛铎　150

李昰应　295

李寿仪　865

李思渊　273,274,279,281,796

李太宗　569

李太祖　569,626,648

李特　86,373

李提摩太　146,147

李廷楷　281

李土亭　283

李退溪　628,629,684,823

李翁仲　644,733

李西月　121,139

李雄　86—88

李寻　54,55

李彦休　796

李养正　29,43,56,57,62,93,152,159,162,
306,548,549,558,570,609,877

李翼　300

李瀷　167,168,182

李英宗　569

李愈　281

李载　252,295

李湛之　246

李之菡　255,281,290,684,760,810

李之藻　297

李植　207,208

李忠翊　686

李钟徽　173

李钟殷　29,168,173,197,264,273—275,
277—281,761,769,797

李仲若　118,119,233,234,237,681

李资谦　232,254

李晬光　48,180,243,284,684,705,760,892

连广足　427,495,650,757

连珠仙女　283

镰田茂雄　480,611

良宽　536

梁谌　102

梁嘉彬　49

梁令瓒　865,867

梁启超　147,148,150

梁如鹄　644

梁武帝　101,354,355,692,785

梁银容　29,233,235

列子　38,402,451,473,534,545,693

林采佑　29,163,168,301,316

林椿　233,234,246,680

林法善　587

林垍　283

林灵素　118,810,875

林述斋　699

林希逸　472,473,702

林语堂　142

灵云　107,108,644

岭南士人　283

刘安　693

刘邦　39,351

刘处玄　120,876

刘德仁　119

刘海蟾　117,120,788

刘进喜　703

刘伶　90

刘岐　893

刘樵　749

刘夏　69,83,374

刘一明　139,789,803,807

刘渊然　127,136,137,586

刘知古　788

柳垾　254

柳崇祖　269,627

柳亨进　208,283,290

柳花　169—171

柳华阳　121,138,139

柳梦寅　243,272,297

柳僖　258

柳杏公主　561,581,582,589,644,645

娄近垣　144

卢生　44,181,182,337,720

卢循　86,565,566,586

卢照邻　706

鲁思·本尼迪克特　398,434,484

鲁迅　17,147,719,720

陆晃　865

陆善经　693

陆西星　121,139

陆修静　12,85,95,98,100,101,334,670,
671,848,859,872—874

陆游　706,891

陆贽　566

吕不韦　693

吕洞宾　76—78,117,118,120,142,155,
213,239,639,676,744,788,864

吕喦　117

吕用之　567

栾大　44,50

罗汝芳　139

罗远公　788

罗喆　300,302

罗州郑仙　283

骆宾王　706

M

马罕　95

马珏　120

马朗　95

马胜　871

马文翼　281

麦谷邦夫　96,103,652,884

毛利高标　525,699

毛翕公　39

梅窗　279,281

梅殿华　146,147

美河纳　21

孟安排　110,703

孟浩然　706

密阳孀妇朴氏　215

妙清　229,230,232,253,254,640

旻法师　108

闵一得　77,138,139,800,808

闵应圣　283

敏达天皇　103,424,425,636,841

名草丰成　441

明成祖　130,132—134,136,644,682,698,
747,748

明法　213—215,239,399,400

明朗　194

明太祖　71,126—129,259,291,293,466,
467,616,682,747,892

明悟　213—215

摩罗难陀　185

莫甫永雄　473

莫古将军　677

莫古解　185

莫尼卡　675—677

莫挺福　578

牟子　563,564

木村英一　22

木宫泰彦　108

那波利贞　21,95,435,853

奈良行博　26

南毕道　135,136

南伯恭　793

南赵　281,283,284,290,810

南村梅轩　472

南宫斗　214,215,240,241,243,244,680,
723,724,792,793

南光坊天海　515

南郎　197,198,201,283

南毛娘　201

南师古　283,290,810

南孝温　684,793

南渊请安　108

难升米　69,83,374,375

楠山春樹　25

N

内藤湖南　19,67,68,75,79,372,646,864,869

能皓　281

倪瓒　870

宁全真　875

牛利　69,83,349,374

女娲　40,162,183,187,862

O

欧阳修　131,221,340,341,706

P

潘阆　246

潘师正　95

潘雪峰　138

潘宗鼎　643

庞纬　717

庞孝泰　190

裴国忱　644

裴世清　106,107,384

裴頠　89—91

彭定求　675,676

彭瀚然　675,677

彭汝励　136

彭双松　342

彭祖　38,248,628,761,832

片金子　283

平清盛　122

平松隆圆　776

平田笃胤　47,325,328,345,346,531—535,695

平忠盛　122

坪内逍遥　545,726

蒲松龄　78

朴龟　283

朴赫居世　169,172

朴升中　223,252

朴世堂　271,686

朴守庵　283

朴烨　283

朴正锡　49

朴枝华　215,288—290,684,793,795,796,810

朴趾源　48,49,73,284,687

Q

妻木直良　17,18,21,406,461,697

齐威王　44

千山稔　25,26,367,389,433,831,853,854

钱能训　150

钱希言　643

钱选　870

淺野春二　25,26

强首　193

蔷薇仙女　283

钦明天皇　103,339,356,423,424,508,815

秦始皇　44,46,51,68,84,89,180—182,229,336—339,342,344,346,349,352,366,561,639,644,854,862

青鹤上人　273,274,279

卿希泰　29,58,146,516,588,711,719

清和子　732

清原宣贤　472

清原贞雄　16,21,652

丘处机　2,77,120,121,123,138,139,601,807,850,876,877

丘神仙　2

秋适　747

权华山　283

权近　265,895,896

权敬中　244

权克中　217,283,684,760

权青霞　217,283,810

权清　214—216,219,239—242,244,809

权泰勋　316

权真人　214,215,241,281,283,284,290,
680,792,793

权中中巽　129

全瑃准　305,307

全秉熏　28,301

R

饶宗颐　45,611,620

仁明天皇　442,511,783

任叔英　283

任延庆　96

日野富子　488

日野俊基　470,471

日野资朝　470,471

荣留王　188,189,653

荣西　465,475

容成　38,769

如藏尼　650

如心中恕　129

汝霖良佐　129

阮秉谦　573,734

阮福映　576

阮部　865

阮籍　89,90,705

阮氏点　734

阮惟憨　29

阮文超　858

阮咸　90

S

三浦梅园　101,536

三条西实隆　748

桑原腹赤　783

桑原骘藏　19

森公章　381

森鸥外　545,726

森田宪司　743

森由利亚　77

僧慈惠　71,118,208—210,212—214,216,
286,678,809

僧大珠　215

僧旻　108,384,398

僧一然　7,163,166,167,192,294

僧一行　250

砂山稔　24—26,57,703,704

山本信哉　16

山崎暗斋　258,353,516,528—531

山崎宏　22

山上忆良　93,94,415,691,881

山涛　90

山田俊　27

山田利明　25,28,94,694,743,880

山田史三方　415

山下克明　507,512

善德女王　204

善无畏　447,450,452,453

上田正昭　29,393,423

邵若愚　465

邵雍　794

邵元节　127,137

申斗柄　283

申圭植　303

申维翰　283

申元之　208—210,212—214

神武天皇　333,339,341,342,369,381,382

神塚淑子　25,96,97

沈常敬　138

沈汾　210

沈叔安　188,189,653

沈一炳　138

慎海翊　283

生马仙　466,650

胜鸟养　107

圣宝理源　498

圣德太子　105,107—109,357,377,382—384,418,436,437,509,600,639

施达志　29

施肩吾　117,740,788

石井昌子　24

石恪　866

石泰　121

石泰安　578

石田宪司　26

实慧　464

士燮　564,565,733

笹目秀　558

狩野直喜　19

蜀泮　561

述郎　197,198,201,283

顺治　137,143

司马彪　692

司马承祯　95,110,361,395,649,785

司马汉江　538

司马迁　7,44—46,336—338,609,696,773

司马昭　865

斯图尔德　74

松本浩一　26

松田智弘　25,28,319,320,373,423,424,634,693,729

松尾芭蕉　536

宋沆　283

宋恒龙　29,187

宋徽宗　71,77,118,119,131,228,232,234,238,269,430,588,596,616,659,660,810,874,875

宋濂　129,130,682,698

宋太祖　118,568

宋毋忌　7,44

宋真宗　118,588,596,615,849,874,875,891

宋宗真　127

苏定方　190

苏碛　283

苏轼　891,892

苏寅　575

苏元朗　117,788

隋文帝杨坚　104

隋炀帝　104—107,245,307,369,384,399,673

孙秉熙　305

孙不二　120,151,288,796,807

孙恩　86,89,565,566,586

孙君泽　870

孙权　84,96,339,351,366

孙思邈　110,549,696,770,803,805—808,817,818,820,821,825,832,834,839,840,845

孙泰　89

孙亦平　4,22,29,92,95,118,119,122,139,247,327,571,596,720,774,787,823,828,874,891

孙游岳　95,98

孙知微　866

孙中山　142,584

索安　31,54,112,395,424,510,861,870,879

索囊子　283

T

太白山老人　283

太史公 39,156

太虚 148,461,571,621,798,808,903

泰范 464

昙无谶 452

谭处端 120,807

谭峭 117,788

檀君 45,74,165—169,171,174,177,178,
181,182,226,227,250,263,264,276,283,
290,294,295,299—303,311,315,341,
494,595,620,626,627,629,630,653—
655,660

汤显祖 139

汤因比 4,12,67,792

唐德宗 566

唐高宗 104,109,190,381,386,401,403,
408,421,615

唐高祖李渊 70,188,189,653

唐太宗 12,70,104,105,109,112,188—
190,206,249,399,400,416,615,722,877,
878

唐玄宗 110—113,115,116,193,196,209,
213,269,361,400—402,409—414,416,
417,452,453,615,616,670,673,678,692,
785,850,873,874,888

唐懿宗 216

唐寅 871

唐中宗 110,401,409

陶弘景 12,24,95,98,101,103,104,334,
355,357,394,433,446,457,593,594,620,
621,624,696,762,764,785,786,803—
805,808,814—816,819,820,831,832,
836,845,859

陶靖庵 138

陶植 788

陶仲文 127,137

藤冈作太郎 726

藤太主 650

藤原不比 398,415,421,438

藤原冬嗣 782

藤原赖长 697

藤原明衡 649,821

藤原清河 115,412—414,416

藤原通宪 698

藤原宗忠 446

藤原佐世 13,448,692,693,695,821

醍醐天皇 381,434,442,445,469—471,
478,511,607,632,690,784

体证 194,713

天野信景 547

天隐龙泽 473

田代阵基 476,477,479

田文烈 150

田禹治 281,283,285,286,290,722,810

田中教夫 549

田中文雄 842,843

菟道稚郎子 186,350,689

推古天皇 103,107—109,381—383,425,
436,508,691,852,883

脱解王 173

窪德忠 21,23,25,29,46,47,61,257,324,
493,502,529,530,548—552,557,558,
735,736,821,853

丸山宏 25,26,887,897

万里集九 473

万历皇帝 291

王安石 891

王弼 12,89,91,692,695,701

王勃 706

王常月 138

王处一 120

王道渊 139

王夫之 134,139,140

王浮 102

王阜 39,610

王绩 706

王隆 251

王莽 55,359

王蒙 870

王默渊 127

王母娘娘 40

王穆夜 692

王齐翰 865

王契真 875

王乔 38,365,415,563

王仁 53,186,187,350,351,595,689—691,
756

王戎 90

王维 353,413,515,517,531,706,714

王羲之 88,89

王玄览 110

王延 102,673

王阳明 139

王元化 369

王远知 95,104,105

王允孚 244

王恽 890

王质 893

王仲殊 360,364,365

王重阳 77,119—121,240,287,288,547,
601,704,788,791,796,807,876

惟肖得岩 473

卫满 49,174,178,179

尾崎红叶 545,726

魏伯阳 63,117,679,773,774,788,793,
794,799

魏汉祚 273—275,279,796

魏华存 95

魏明帝 69,83,359,370,374

温琼 871

温祚王 171,172

文德天皇 440,441

文丁 175

文有彩 281

文子 38,402,693

无染 194

吴道子 863,865,867

吴筠 110,788

吴莱 341

吴猛 705

吴权 568

吴尚濂 283

吴世才 246

吴世亿 283

吴文昭 583

吴镇 870

伍守阳 138,139

武宗元 863,866

勿缁屯异人 283

西川客 283

西村真次 447,448

西嶋定生 2—4,9,49,65,69,71

西王母 40,52,53,360—362,364—370,
372,386,408,434,536,595,598,638,694,
729,862

X

郗俭 82

下出积与 21,62,370,388,395,396,429,
430,432,493,507,508,516,637—639,
649,853

下毛野虫麻吕 404

夏贺良 54,55

仙桃圣母 172,173,283

贤俊 219

咸淳　246

羡门　7,38,44,182

向秀　90

萧抱珍　119

萧登福　368,883,884

萧何　39

萧天石　140

小坂真二　507

小岛宪之　729,783

小幡みちゐ　116,411—413,417

小林行雄　361,363,364

小林正美　24,85,88,89,672,673

小柳司气太　17,18,21,144,145,149,493,702,774,853

小兽林王　184

小野妹子　105—107,383,398

孝成王　196,616

孝谦天皇　398,404,412,509,510,607

偰道人　283

偰贤　214—216,240—242,809

谢承景　587

谢国明　122,123

谢灵运　89

辛敦复　208,214,793

辛弃疾　706

新川登龟男　25

新渡户稻造　474,485

新井白石　358,540

兴仁门异人　283

邢璹　196,616

行寂　194

幸田伴露　23

雄略天皇　354,444,495,636,728

熊道辉　136

熊希龄　150

休端　135

休斯顿·史密斯　53

休休子　283

徐福　44,46—49,72,84,129,168,180—182,336—347,349,366,384,389,414,466,467,639,856

徐孤青　283

徐花潭　283

徐兢　74,228,233—235,238,239,867

徐敬德　281,288,290,684,708,793—795,798,810

徐珂　140,643

徐灵期　96

徐命应　686

徐命膺　177

徐师昊　71,128,835

许地山　30

许浩　283

许黄民　89,95

许筠　94,208,685,686,723,724,768

许迈　88,89,848

许谧　95,705

许穆　283

许慎　6

许氏　88,283,573,623

许宗道　570

叙达　70,877

玄昉　114,411

薛聪　193,678

薛道光　121,685

雪鸿子　283

Y

亚历山大·路德　576

严从简　128,573,574

严达　102

严绍璗　75,79,130,335,448,450,467,689,

699,725,726,819

严嵩 892

严遵 692

阎立本 863,865

阎立德 865

阎永和 676,677

阎原 128

颜师古 7,399

燕山君李隆 261

燕昭王 7,44,46

杨庆堃 42,71,72,157

杨少游 722,723

杨士彦 283,289,290,793,810

杨庭光 865

杨万春 70,190

杨羲 95,705

杨彦迪 574

姚苌 88

姚庄 135

野口铁郎 19,23,25—26,28,77,91,95,
123,142,345,391,393,407,415,450,460,
495,534,551,558,651,675,693,697,711,
763,819,830,841,843,853

叶法善 788

一华建怂 473

一山一宁 466,470,478

一条天皇 446,697

伊藤博文 297

乙密仙人 283

义堂周信 469,470

义湘 194,213,647,680,688

役小角 427,430,433,444,493—501,512,
650,757

裔然 340

尹斗寿 176,177

尹君平 215,281,283,670,679,810,823

尹世复 303

尹文操 445

尹喜 102,613,847

尹孝聘 794

隐元隆琦 482

营原清公 782

雍正 137,144

永郎 174,197—199,201,203,276,283,630

于吉 54,56,57,84,269

虞集 891

宇多天皇 442,443,448,478,511,607,692

宇文泰 112

禹善言 793

禹子容 793

鬻熊 693

渊盖苏文 70,163,187—190,192,249,418,
653,677

元成宗 124,466,478

元荣 281

元世祖忽必烈 2,123,478,877

元太宗 123

元宪宗 123

元晓 193—195,213,277,678,688

元正天皇 114,398,404,409,550

袁炜 892

圆尔辨圆 123,465,698

圆光 199,202,622,784,861,862

圆明 145,464

圆仁 456,510,730,854

圆珍 456,498

源赖朝 475

源顺 783

源太王 650

远藤克己 507,518—521,523

约翰·费斯克 14

月舟寿桂 473

岳飞　871

Z

臧矜　95,104

泽庵宗彭　479,480

泽村幸夫　142

曾贵宽　136

增尾伸一郎　26

增誉　498,502

斋藤英喜　507

张宝皋　854

张宾　104

张伯端　77,94,121,240,287,685,712,788,
　789,791,792,807

张道观　215

张道贵　136

张恩溥　155

张果　77,246,639,707,788

张汉雄　283,290,810

张衡　59

张华　82,192,705

张讥　693

张謇　150

张角　42,56—58,60,81,84,334,610,839

张津　564

张君相　692

张良　48,181,344

张陵　54,58,59,773

张鲁　56,58—60,82,86,318,334,370,373,
　611,847

张麻尼　568

张三丰　132—134,139,538,703

张山人　685,723

张世美　215,281

张素卿　865,866

张万福　101,874

张维　683,684

张锡麟　144

张孝师　865

张修　59,60

张学华　156

张彦辅　870

张彦远　863

张议　692

张友霖　127

张与材　124

张宇初　674,699

张雨　870

张元济　150

张元旭　146,147

张泽洪　29

张湛　693

张正常　126,127

张志和　706

张中　126

张宗演　877

赵避尘　150,151

赵尔巽　150

赵公明　871

赵光祖　269,270,794

赵佶　430,866

赵匡　254

赵良弼　128,478

赵璞　177,261

赵汝籍　166,168,173,197,272—281,796

赵通　245,246

赵佗　561,562,565

赵文伯　281

赵武王　562

赵玄朗　596,875

赵宜真　136

赵昱　793,794

赵云仡 215,240,241,243

赵哲济 310,314,315

赵忠南 283

赵重峰 283

真澈 194

真德女王 204

真济 464

真娘 581,644

真如 460,461,464,599

真圣女王 219

真兴王 192,200,201,222

真雅 464,498

正伯侨 7,44

郑誧 262,895

郑成功 135,152

郑础 290,760

郑道传 262

郑斗卿 282,283

郑敦始 283

郑和 575

郑弘溟 48

郑玖 575

郑磏 215, 217, 255, 282, 288, 290, 684,
760—763,793,795,796,823,824

郑鹏 281,290,810

郑碏 287,288,290,684,760,763,793,795,
796,824

郑枢 198,246,247

郑絿 283

郑天赐 575

郑希良 204,215,271,272,281,283,290,
684,793,823

郑熏漠 300

郑隐 96,97

郑在书 29

郑之升 281

郑知常 222—224,229,230,253,254

郑柞 573

芝轼 706

织田信长 479,482,529,639

埴原和郎 320,321

智泉 464

智诜 194

智异山长者 283

智异山仙人 283

中臣镰足 108,384,398,437

中臣名代 115,116,409—411,416,417

中村裕一 78,142,143

中村璋八 25,349,351,364,390,394,424,
425,435,507,557,630,646,698,703,711,
756,765

中江藤树 483,598,748,903

中牟 170

中野江汉 17

忠延 464

钟离权 71,76,77,117,118,120,209,210,
212—214,239,240,678,680,788,790,792

仲牟 170

众解 170

重松明久 24,362,370,493

周成王 177

周颠仙 126

周弘正 692

周仆射 692

周太朗 138

周文帝 692

周文矩 865

周武王 7,167,175—177,860

周有光 374,723

周作人 66

纣王 175

朱洞元 135

朱枀　283

朱蒙　45,169—171,249

朱熹　468,469,472,526,528,619,679,823

朱繇　865,866

朱元璋　126—129,259—261,466,682,747

朱越利　18,29,30,149,407,420,687

朱云影　5,192,350,351,447,448,571

竹内实　348

庄子　29,37,38,44,45,54,89,90,100,114,147,246,271,357,391,402,407,442,443,451,465,472,473,538,545,677,692—694,697,698,700—702,704,708,709,

718,719,751,752,758,764,772,904

滋野安成　441

子安宣邦　3,9,10

邹牟　170,171

邹衍　7,44

足利义满　130,470

足利尊氏　471,478,598,599,639

祖舒　135

最澄　408,451,456,461,498

左慈　82,98,773

佐藤进一　470

主题词索引

A

安倍神道　516

安家神道　516

按摩　422,430,433,762,771,800,805,806,813,820,824,829,839,841

B

八百万神祇　467

八段锦　763

八幡大菩萨　600

八卦掌　134

八关会　202,222—226,229—232,299

八戒　222,738,740,741,747

八戒斋　222

八色姓　335,351,386,690

八石丹　783

八仙　49,213,229,230,294,391,563,639—642,644,655,678,720,722,723,727

白白教　299

白虎　40,96,187,248,354,359,362,365,370,514,515,644,661,681,715,844,863

白莲教　124,126,688

白锡金　777

白雪丹　783

百神醮　226,237,655

般若学　91

宝精　92,753,782

北辰菩萨　665,879,883,884

北斗七星　204,307,592,651,656—659,661,663—666,879,883—885

北斗七星醮祭　664

北斗信仰　406,652,657,884

北方玄武　644,656,665,778

北极祭　523

北七真人　120,240

北天师道　101,848

北五祖　120

本地垂迹说　440,449,464,486,488,492,599

本命祭　523

本命星宿醮　226,237,655,656

本末　12,28,664,688

本山派　498,500,505

本土化　14,35,180,279,548,552

闭气　759—762,837,840,890

辟谷　89,104,208,221,244,257,281,337,
446,466,468,502,563,564,631,635,646,
650,730,753,757,766—768,802,809,
810,817

辟邪　98,230,247,360,365,589,598,694,
776,827,841,858

兵之道　474

被词　757

卜部神道　488,489

卜筮　41,43,52,103,176,355,433,473,574,
677,754,755,760,811,822

不立文字　482

步罡踏斗　520,523,651,661

步虚词　228,704,714,715,718,872,874

C

采阴益阳　769,770

苍龙　370,862

藏传佛教　2,64,137,290

曹洞宗　475,482

草堂禅派　571

茶道　261,475,478,480,506

姹女　289,779

禅宗　119,140,194,469—472,475,477,
478,482,499,546,571,641,760,791

长生久视　238,446,519,632,696,751,769,
788,811,900,901

长生天　2

长生信仰　13,21,174,360,371,392,464,
561,564,767,802

常世国　388,389,728

常世神　390,419,420

朝天石　47,249

朝鲜道教　28,48,49,74,128,163,168,169,
171,181,186,187,193—196,198,202,
205,212,217,225,227,230,233,237,265,
267,268,272,274,278,283,295,299,307,
308,313,314,595,616,620,627,651,652,
654,656,657,659—664,677,679,688,
691,714,822,893,895

辰砂　775

谶纬　39,52,54,56,164,273,307,308,382,
394,516,523,773

成实宗　405

城隍祭　299

城隍神　142,557,597,608,733

持统天皇　359,387,393,425,437,841

耻感文化　481,484

赤德　54,55,57

赤帝　362,392,776,779

赤龙　776,800

赤山神　510,854

赤雪流朱丹　834

冲脉　789,829

崇玄学　110,402

抽汞法　779,781

出云大社教　555

出云神话　45,332

初真九戒九戒　740

传奇　46,76,207,282,315,513,517,581,
645,650,679,719—722,724,730—735,
771,852

传舍　87,847

垂加神道　258,353,378,485,515—517,
526,528—531

纯密　452

祠灶　44,773

雌黄金　777

存思服气法　759

存想　40,753,759,760,771,839,840,877,
890

D

打坐　791

大本教　555

大成拳　134

大乘空宗　91

大鼎　789

大和魂　353,470

大化改新　108,377,381,384—387,398,
434,474,509,605,841

大晟乐　229,660

大巡真理会　299,307,309—311,313—315,
756

大一统　4,51,52,66

大周天火候　790

大倧教　298—303,306

代厄祭　523

带脉　789

丹鼎派　13,63,88,99,679,755,760,772,
773,786,787,792,796,803

丹砂　44,102,326,563—565,706,707,754,
755,773,775—780,785,787,806,839

丹石　728,771

丹室　780

丹书吞字　753,841

丹田　40,217,244,312,316,549,715,759,
771,772,788,789,792,798,799,829

丹药　89,101,117,137,144,288,564,646,
648,773,774,777—780,782—784,786,
787,805,809,811,834,835

当山派　498,500

导引　40,44,88,549,713,753,761—766,
771,772,800,802,805,809,824,826,827,
832,839,844,845

道德天尊　618,621,622,625

道法自然　38,475,476,870

道会司　127,572

道纪司　127,137,572,586

道诚　737

道门乐府　715

道士法　414,416,417,421,426,427

道术　7,14,15,23,34,36,58,62—64,75,
81,88,89,95,102,124,126,136,190,193,
205,214,248,250,253,272,279,284—
286,308,313,315,371,378,417,419—
421,425—430,432,433,447,457,461,
466,483,491,493,500,515,522,523,529,
534,558,566,629,635,723,730,737,
751—754,756,757,762,770—772,781,
785,796,802,811,813,839,841,846,901,
902

道性论　786

道正司　127,572

道祖神　528,530,599,643

得道成仙　1,12,14,15,34,36,38,50,58,
75,76,81,93,142,201,218,242,245,257,
258,278,313,325,390,424,467,487,500,
591,595,602,603,627,629—632,645,
691,696,704,706,712,715,737,739,
751—753,772,787,802,821,832,845,
859,862,867,899,902

登山之道　500

地理符　754

地祇　43,97,362,386,437—439,517,520,
522,523,591,594,597,602,623,645,882,
892

地狱　503,504,518,585,594,602,606,854

地镇祭　523,605,881

典药寮　425,430,431,433,510,819,820

电神　592

调息法　502,549,782

东方青龙　656,778

东方仙派之宗　168,276,278,282

东方学　34,187,395

东华派　124,635,875

东京学派　19

东盟　191,226

东密　406,432,447,449,454,456—458,
460—464,499

东学道　303—305,307

东亚道教　1,2,4,5,8,10—16,23,28—30,
32—36,38,42,43,45,48,51—53,57,58,
61,62,64,65,68,69,71,73,75—79,96,
97,101,112,113,124—126,130,132,135,
140,141,143,144,147,148,152,160,162,
163,167,220,248,277,295,301,315,316,
348,363,446,504,559,561,583,591,597,
618,631,632,645,646,651,662,666,668,
674,703,704,709,717,720,730,735,751,
759,767,802,805,827,830,846,864,867,
868,877,898—904

东亚共荣圈　10,79,553

东亚汉字文化圈　3—5,15,65,668

东亚儒学　10—12

东亚世界　2—15,34,36,46,49,51,63,65,
69—71,106,109,141,145,181,275,291,
298,347,348,351,352,355,399,400,421,
668,773,804,893,898,900,903

东亚文化圈　2—4,6,9,11—13,15,16,28,
30,35,36,49,65—69,71,105,126,129,
137,140,177,180,247,275,293,399,561,
899

东亚文明秩序　2,261

东亚智慧　12

东亚宗教　4,11,13,15,75,435,592

动静　12,799,801,831

洞房　787,788

洞神　77,98,100,111,421,596,614,618,
619,625,670—672,685,749,840,872,
873,876

洞神祭　299

洞玄　64,84,96,103,111,567,593,618,619,
621,670—672,737,738,749,770,859—
861,872,873

洞真　94,95,111,594,618,619,669—672,
710,740,749,771,836,872

都功　519

都讲　519

斗姥　664,666,870,877

斗姆　592,602,659,664—666,884

痘神　597

督脉　713,789,829

杜子恭道团　85

度会神道　485,486,526

度亡　235,577,583,606,745,877

遁甲　205,285,313,352,386,425,426,508,
522,691,753,756,841

多元化　14,15,141,326,552,585,900

E

二宫一光　486

二十八宿　145,227,592,596,651,652,660,
661,666,676,756,865,867,870,878,883

二十八治　847

二十七品斋法　876

二十四治　58,59,87,314,846,847

F

发炉　228,661,872

法相宗　194,405,642

藩学　525,538,699

泛神论　14

梵咒　422

方技　13,14,42,50,51,349,421,424,433,
669,805

方士　7,40,44—47,49—51,54,63,68,82,
84,137,168,180,181,183,247,294,336—
339,341,342,346,352,366,427,429,502,
639,649,691,726,773,875

方仙道　7,44—46,49—51,56,726,769,
772,773

房中术　97,449,549,696,753,769—771,
802,844,845

飞鸟时代　347,356,377,382,436

分封制　5,6,8

分散型宗教　71,72

风伯祭　523

风角　41,52,205,754

风流道　196,200,202,203,206,222,230

风神　330,592,597,602,880,893

风水　14,72,247—255,262,273,313,370,
508,566,569,576,589,731,844,854,855

风月道　200,201

峰中修行　499,506,903

酆都　593,594,597

伏火法　781

扶鸾术　547

扶桑教　369,555

孚佑帝君　155,748,822

服气术　759

服食　35,38,44,88,89,92—94,99,101,
104,116,217,433,444,446,468,564,565,
629,630,728,730,753,771,773—775,
777—780,782—784,786,804,806,812,
813,815,824,832,833

服药　50,89,93,244,257,550,693,766,779,
783,796,820,839,893

符箓　13,35,61,95,99,102,119,120,124—
127,135—138,154,155,158,229,232,
240,248,260—262,267,304,313,318,
371,421,567,571,572,574,586,635,651,
669,673,694,753—758,767,804,813,
839—841,843,844,873,875,877,878,895

符箓派道教　13,119,137,229,260,261,
267,572,757,878,895

符水　14,56,57,64,84,93,99,126,565,570,
578,802,811,839,841

福神　551,566,567,599,602,640—643,733

福源宫　71,101,119,226,228,233—239,
261,262,265,626,655,659,660,663,851,
852,867,878,895

复古神道　328,485,531—536,541,542,
556,599

复炉　228,661,872

复文　754,839,841

复性　120

G

高台教　14,579,580,583—586,589,734

高天原神话　45,333

歌舞伎道　506

阁皂宗　96,124

格鲁派　137,290

艮雪丹　834

庚申讲　551,767

庚申日　256—258,530,550,697,766,767,
879

弓箭之道　474

功过格　13,143,504,537,672,682,736,737,
741,744—748

共感咒术　757

勾陈上宫皇大帝　623

固济　781

寡欲　2,30,87,255,383,444,477,549,573,
716,741,827,845,903

关帝　64,71,76,78,143,154,272,291,294,
296,547,548,557,568,575,579,583,588,
598,599,605,608,644,683,744,852,857

官社国家神道　544

冠位十二阶　383,436

灌顶　406,447,452 — 456,462,464,500,
502,503,520,820

光明砂　776

龟姬仙女　638,728

钣一教　125

鬼道　58,60,61,68,69,84 — 87,370,372,
373,376,378,418,421,565

鬼教　418

鬼神　7,14,21,38,41 — 44,52,55,59,87,
94,96,125,135,155,191,226,242,244,
247,257,263,375,378,421,433,493 —
497,500,502,513,514,522,549,550,560,
564,592,617,628,650,680,684,720,723,
753,757,812,837,839 — 841,869,889,891

贵无论　90

国家神道　14,324,439,464,492,522,535,
536,541 — 545,547,552 — 556,599,600

国家中心主义　31

国仙道　29,199,206,316

国学　3,10,16,17,19,22,27,29 — 31,37,
43,45,49,53,54,62,73,75,78,79,112,
123,141,148,149,181,187,193,197,198,
206,207,212,235,239,247,264,266,278,
287,289,291,295,325,345,379,382,
391 — 393,398,399,402,407,409,457,
468,492,507,511,529,531,536,541,543,
545,559,578,616,683,684,686,694,713,

726,747,810,822,835,880

菓子之神　389

H

海东宗　195

海宫　728

海南学派　471,472

海左七贤　246

韩国丹学会　316

汉传佛教　3,583

汉学　9,19,21,27,28,37,93,149,177,186,
199,238,250,337,338,346,352,356,369,
413,415,465,472,473,537,541,628,676,
699,732,770

昊天　228,263,573,623,624,655,656,659,
732,851,878,882

和魂汉才　66,524

河车　117,775,778,790

河临祭　523

河神　561,567,592,597

赫夜姬　724

黑铅金　777

黑住教　555

红巾军起义　124

红头道士　154

鸿山真人　731

后土神　597

狐仙法派　159

户神　592

花道　475,478

花郎道　192,197,199 — 202,204,206,229,
231

花娘　160,201

华山派　120

华夏文明　5 — 7,47

华严宗　194,405

华夷之辨　5,6,8

华夷秩序　64,239,354

画符念咒　124,152,753,827

还丹　117,134,140,217,685,753,774—776,778—781,789,795,800,834

还精补脑　769,770

还神法　842,843

皇族宗教　61,104,112,188,377,401,408,417,569

黄白术　357,774,776,778,780

黄檗宗　482,548

黄德　55,57,579,871

黄教　137,247

黄巾军　57,58

黄金　7,44,46,101,173,289,346,546,756,773—778,780,782,811,834

黄精　242,767,778,782,811,832

黄老道　22,38—42,45,50,51,54,56,63,173,610,839

黄箓斋　144,218,606,673,711,718,872,873,876,888,893

黄泉国　330,332,333,881

黄天教　125

黄庭　94,95,110,151,214,215,241,242,244,331,669,670,678—680,684,685,687,704,706,708,712,713,731,732,749,760,764,765,768,771,793,795,812,824—827,842

黄芽　316,357,778

黄银　777

辉夜姬　638,724

悔过　742,753,846

混生之法　769

混元弘阳教　125

火鼎　781

火候　243,760—762,774,781,788,790,791,798

火居道士　124

火灾祭　523

J

箕子朝鲜　66,166,175,177,178

箕子神　659

吉川神道　485,526—528

吉田神道　380,485,488—492,507,526,711

即身成佛　446,447,449,452,456—463,498—500

急急如律令　421,422,433,435,502,503,711,839,844

记纪神话　327—330,334,335,345,380,467

忌讳　174,253,421,806,885

祭神　44,142,154,191,202,324,328,335,343,373,388,390,420,435,438,440,468,488,588,603,607,691,851,880,881

祭天醮　227

祭政合一　373,376,606,885

加持成佛　462

加持仪式　454

见素抱朴　845

见性成佛　482

见尊星王　665,884

剑道　475

剑桥学派　33

江户汉学　19

将军　55,59,82,84,86,89,98,104,130,142,146,185—187,190,195,203,204,208—210,212,213,219,230,245,249,253,274,287,292,331,339,341,353,355,356,366,470,471,474,475,478,481,483,508,515,520,521,523—525,539,540,542,598,639,677,678,730,734,767,779,821,844,860—863

降神 78，95，103，139，142，164，228，487，491，577，613，661，715，753，755，870，872，877

绛宫 776，788，789

教坊乐 229，659

醮词 874，878，887，889，890

接化群生 200

洁净 303，335，603，605，839，881，885

戒律 42，74，94，96，111，124，125，139，146，154，222，371，474，583，611，669，672，676，722，737—742，745，747，840，847，850

戒行精严 138

今文经学 52

金丹 44，63，71，77，92—95，97，101，104，116，117，121，133，134，139，207，217，240，287，288，357，538，579，601，671，679，685—687，703，712，728，761，771—777，780，784，786，789，790，793—796，800，811，823，832，835

金鼎 781

金盖山 77

金刚界 452—455，461，462，499，842

金膏丹 783

金光教 555

金阙 169，594，595，615，621，623，749，764，788

金砂派 780

金胎不二 453，461，462

金庭 88，728

金液 93，96，117，217，693，712，753，773—775，779，782，783，795

禁白刃 840

禁沸汤 840

禁鬼神 840

禁忌 38，174，447，501，502，517，585，770，839，840，845

禁金疮 840

禁邪魅山精 840

禁咒 61，103，421，422，427，430，433，730，753，754，757，802，813，832，839—841

京都学派 19，67

精气神 94，217，220，239，244，685，714，772，786，788—790，797，823—825，829，901

鲸祭 321

井神 597

净明道 82，119，123，124，135，136，139

净土 195，312，465，477，499，503，600，603，618，641，842

靖室 846

静室 60，88，210，846，848，890

静心冥坐 791

九等斋十二法 100，101，873

九皇星君 592

九戒 738，747

九流十家 38

九微丹 783

九夷 5，6，168

九字护身法 505，758

九字诀临兵斗法 502

九字秘咒法 758

救世论 52，54

俱舍宗 405

绝圣弃智 383，563

君子 5，113，174，196，262，331，363，412，471，549，684，748，755

郡县制 7，8，51，178，179

K

开元三大士 452，453

堪舆 44，244，248，250，569，754，855，856

可汗神 659

跨文化传播 29，36，561，588

跨学科　31,33

狂言　502,504,505,886

昆仑　45, 53, 115, 160, 180, 367, 409, 410, 595,611,765

L

兰学　538—540,545

老君二十七戒　738

老君教　59,153

老君五戒　738

老人星祭　226,237,655,656

老子化胡说　102,615

乐浪文化　179

雷公祭　523

雷神　104, 324, 547, 574, 592, 604, 608, 635—637,644,893

类概念　33

礼忏　158,228,625,661,872

礼乐文明　6,8,431

李家道　85,86

历博士　356,424,508,509,522

历史原貌派　18

丽花　199

镰仓幕府　434,470,474,475

炼丹诗　122,284,287—290,686,704,712—714,794—796

炼丹术　64, 94, 116, 144, 502, 772, 773, 775—778,780—782,784—787,834

炼金术　357,774

炼精化气　117,789—791,800

炼气　14, 35, 117, 144, 240, 466, 480, 550, 646,765,768,789—791,795,805

炼神还虚　117,134,217,240,789,791,792,799

灵宝派　82,96,97,103,153,159,357,368,615,621,622,670,672,673,861,872

灵宝天尊　615,618,621,622,625

灵宝斋　100—102,158,873,876

灵符　133,285,304,491,502,516,518,536,621,883,885

灵签　76,78,715—717

灵星神　659

灵验　502—504,516,521,536,659,717,719,733,735,748,758,849

流珠丹　783

硫汞派　777,780

硫黄银　777

六大　159,314,458—461

六界　459

六壬　516,522,753

六十甲子　595,717,860

六一泥法　781

六字气法　762

龙虎　82,117,124,126,136,137,144,146,158, 214, 215, 241, 244, 286, 361, 367,678—680, 684, 685, 687, 712, 714, 760,761,768,769,778,779,793,796,797,823,858,865,877

龙门派　77,78,120,134,138,139,146,158,159,301,558,807,808

龙王神　597,626,645,661

龙堰堵　249,255

炉鼎　117,713,773,787,789

陆斋　309,870,874

闾山教　153

闾山三奶教　153

吕祖　29, 71, 76—78, 125, 139, 143, 153, 155,156,568,579,583,588,605,746,747,808

律令制　2,3,51,65,382,384,385,387,394,396,397,412,418,419,421,431,433,434,437,470,475,603,604,606,607,816,882

律宗 194,405,414

绿银 777

罗天大醮 583

曼荼罗 453—458,461,462,499,503,504, 594,820

茅山宗 101,124,593,810

卯酉周天 151,790

梦小说 722

梦兆信仰 43

弥生文化 323,362

密教 392,405—408,447,449—459,461— 464,493,494,496,497,499—502,505, 510,515,594,600,607,652,664—666, 757,758,842,854,870,883,884,895

密咒 422,466,650

M

妙见节 886

妙见菩萨 665,879,883—885

妙见信仰 406,854,884,885

妙见镇宅 406

妙见尊星 518,665,884

庙产兴学 145

民间习俗 15,27,42,141,273,397,407, 419,449,549,870

民间阴阳道 515

民社国家神道 544

民众道教 14,21,61,62,735—737

民族主义 29,31,148,273,275,276,282, 904

名教与自然 12,89,91

明神道 164,486,489,531,543

明堂 250,251,489,509,766,788,811,815, 816,820,822,839

明王 71,124,126,127,169,171,172,174, 260,283,290—293,423,436,445,496,

497,500,505,572,602,616,650,681,682, 690,695,747,819,883

明心见性 120,477

明御神 380,394

明治维新 9,20,78,125,297,398,483,492, 505,523,531,533,536,539,541—543, 545—547,554,556,861,899

命功 133,791,792,883

摩利支天 505,599,666,758

摩尼山堑城醮 227,264

母道教 579—583,589,644

母神崇拜 561,580,589

N

拿弓箭者之道 474

奈良时代 377,389,393,397,419,427,429, 438,475,502,606,650,711,758,782,816, 819

南斗醮 659

南斗主生 656

南方朱雀 656,778

南天师道 100,101,566,615

南无派 120

南五祖 121

内丹 29,35,64,73,76—78,94,117—122, 125,126,132—136,138—140,143,144, 150,151,163,194,206—210,212—220, 239—245,247,272,281,282,284,286, 287,289,290,301,313,316,407,549,635, 676,678—680,683—687,712—714,723, 724,759,760,762,763,770,772,773,778, 784,786—801,807—810,823,824,826, 827,875,902

内道 51,91,196,237,269,452,453,575, 576,673,675

内核文化 65

内炼成丹　125,635

内清净　487,526

泥丸　657,658,760,761,789,826,836

逆入峰　498

念咒　95,97,144,158,228,312,313,320,
435,509,523,589,661,710,711,754,757,
844,872,890

凝阶积雪丹　783

凝神息虑　791

牛头　517,599,638

盘古真人　620

盘境　326,335

盘座　326,335

配符　754

彭矫　256,258,550

彭倨　256,258,550

彭质　256,258,550

蓬莱　7,44—46,48—50,84,158,180,181,
289,294,337—340,343—346,358,359,
366,386,389,467,495,639,646,705,724,
725,728,729,765,773,785,855—858,
868,869

浦岛子　346,367,388,433,630,638,639,
728—730,771,853

普化天尊　266,310,574,626,661

普天教　298,307,310,314

Q

七福神　599,640—642

七十二星祭　523

七濑祭　523

七星神　592,627,664,884

奇经八脉　151,807,829,839

奇门遁甲　205,755

歧神　637

祈福禳灾　14,124,222,250,260,261,625,

662,874,877,878

祈禳　94,111,124,126,136,223,262,263,
269,570,660,661,723,753,813,846—
848,877,897

祇园祭　104,886

耆老会　245,246

气神相结　121

千年宝藏堵　249,255

铅汞　117,712,773,774,777—780,794

铅汞派　780

铅精　779

签谱　715

遣明使　130—132

遣唐使　13,106,109,110,112—116,196,
387,403,405,407—417,451,456,457,
510,511,785,816,820,854

桥神　597

青词　216,218,228,229,262—264,266,
661—663,672,704,846,874,879,886—
898

青鹤派　273—276,278,279,281,646,903

青金　778

青莲教　579

青龙白虎　592

清静派　120

清静修行　121,211

清水道　85,89

清微派　124,135—137,152,154,635,875

清信弟子　738,747

晴明舞　518

请神　164,421,422,839

秋石　785

驱鬼　73,75,127,137,191,204,220,247,
421,491,509,703,710,754,755,839,840,
843

驱邪　15,35,40,78,124,144,424,574,586,

597,602,661,665,711,754,804,832,839,840,856,862

驱妖捉鬼 14

权神 99,171,385,418,600,605,624,875

全球化 9,10,31,35,900

全真道 2,23,77,78,102,119—124,126,127,134—136,138,139,146,149,157—160,213,214,240,244,287,301,316,558,579,586,601,676,685—687,713,762,786,791,795,796,807,823,828,849—851,870,876,877

全真而仙 120—122

劝善书 13,29,71,143,295,296,298,504,517,558,589,590,682,683,735—737,741,742,744,746—750,903,904

劝善止恶 736,737,744,747

R

人鬼 43,59,591,594,597,684,722,755,843

人体符 754

人欲 256,469,723,735,766,770

仁王 456,494,571,599,641,659

任脉 789,829

日本道教学会 21,22,435

日本佛教真言宗智山派 18

日精 194,612,776

日莲宗 492,884

日神 328,331,486,488,490,513,532,592,726,882

容成之道 769

容受文化 65

儒教 3,17,18,22,25,37,61,124,137,142,152,193,196,200,223,224,297,303,309,316,350,378,392,400,408,418,450,451,463,470,489,491,492,526,546,555,568,583—585,588,589,600,901

儒学 3,8—12,16,18—20,35,52,56,65,100,114,123,129,139,186,192,193,196,223,224,229,255,260,261,265,266,268—270,296,316,317,344,352,377,383,397,400,403,408,413—416,418,419,445,465,468—473,483,486,489,524—526,531,532,535,536,539,541,545,552,556,563,568,572,576,583,609,627,680,686,691,699,713,810,823,837,899,903

入定 244,456,463,790

入峰修行 500,501,503,504

入火不烧术 502

入静 759,890

S

撒豆成兵 755

萨满教 2,11,75,164,177,184,191,321,324,581

萨南学派 471,472

三宝 94,185,229,231,244,495,498,500,505,510,618,717,720,738,739,747,789

三宝荒神 499,599

三丹田 255,257,258,771,788—790,826

三德教 314

三洞法箓 105,111

三洞法师 112

三洞四辅 670—674

三洞四辅十二类 683

三官大帝 125,142,153,592

三国时代 182—184,362,363,365,432,452,681

三皇五帝 381,392,612

三角缘神兽镜 357,359—361,363—366,369—371

三教 11,18,21,27,61,70,94,96,119—

121,123,125,134,142,151,152,155,159,
184,188 — 190,192,195,200,207,221 —
223,226,260,270,282,288,303,305,355,
382,391,397,398,407,408,412,413,416,
435,439,440,442,445,449 — 451,485,
486,489,536,560,563,566,569,571,574,
575,584,585,623,625,631,653,676,697,
719,723,736,737,747,750,756,757,782,
823,858,859

三戒　738,747

三界神祇醮　659

三京说　252,253

三景丹　783

三论宗　194,405

三摩地　456,458,842

三清　29,74,131,155,157,158,168,228,
235,237,262,264,267,270,491,547,560,
568,569,588,589,591,592,594,596,597,
602,616,618 — 623,625 — 627,644,645,
659,660,707,712,849 — 852,867,870,
878,887

三清殿　131,235,237,262,266,267,616,
622,626,661,852,863

三清醮　659

三清尊神　153,160,593,594,618 — 623,625

三神山　7,44,46 — 50,104,174,180,181,
187,283,294,295,336 — 339,342,345,
346,386,534,646

三尸说　247,255,258,530,536,550,552

三太　671

三天正法　59,87

三万六千神祭　523

三位一体　299,302,612,619,620

三五教　555

三姓穴　48

三一论　672

三种神器　331 — 333,353

砂子金　777

山伏　30,493,494,501,502,504,505,513

山神　143,165,167,168,181,187,202,204,
222,226,227,229,230,249,276,322,324,
330,360,371,496,497,501,503,505,510,
517,518,528,561,567,577,589,592,597,
602,626,627,644,645,694,724,729,730,
861,864

山岳宗教　500

善道　56,159,162,612,737 — 741,744,747

上丹田　761,788,789

上帝五帝襄　226

上清派　82,88,89,95 — 97,100 — 104,110,
135,368,386,593,615,621,622,673,679,
704,710,771,847,861

烧炼　44,101,117,118,139,217,357,564,
772,773,777,786 — 788,803,832,834

少私寡欲　383,845

设坛　100,128,156,169,204,228,299,520,
523,563,627,661,672,803,872

身中之神　95,97,593,771,772

神代　325,327,330 — 333,335,378,388,
393,527,531,882

神丹　93,117,594,693,712,756,773 — 777,
779 — 783,786,788

神道大成教　555

神道大教　555

神道教　11,20,32,62,75,130,317,318,
322,324 — 330,332 — 336,351,371,376 —
380,387,394,395,413,418 — 420,423,
434 — 440,449,463 — 465,467 — 469,481,
483 — 486,488 — 492,500,502,505,506,
511,515,516,520,524,526 — 529,531 —
536,541 — 544,547,548,550 — 556,559,
598 — 606,608,617,632,633,638,640,

644,665,690,727,729,757,758,855,861,
880—882,884,885

神道设教 7,51,112,373,377,750

神道天行居 555

神道修成派 505,555

神佛习合 123,131,317,380,435,440,464,
487,504,505,507,532,539,599,605,607,
608

神国 341,346,384,484,486,488,527,532,
553,599

神国观念 333,334,541

神皇一体 438,486,543

神胶 779

神教 64,154,163—166,191,199,202,278,
299,303,310,317,324,334,388,435,467,
481,547,592,601,859,860,887

神篱 335,527,530,604

神理教 555

神明 72,78,127,153,156,308—313,324,
422,434,436,479,487,488,490,491,504,
521,523,557,568,598,600,604,622,623,
690,717,720,740,744,771,775,815,843,
845,855,885,888,898

神明符 756

神明之道 334

神魔小说 720

神人合一 11

神儒兼摄 317

神社神道 336,377,380,395,437—439,
528,533,536,542,544,554,556

神圣化 35,619

神世七代 326,329,467

神水 498,779

神习教 505,555

神仙道教 82,89,91,101,481

神仙家 39,45,54,168,180,281,629,763,

772

神仙思想 1,13,20,24,43,45,180,181,
301,316,344,349,352,370,392,393,396,
403,414,493,549,631,639,640,646,651,
706,809,819,868

神仙谭 729

神霄派 124,153,154,574,635,666,810,875

升坛 228,661,872

生长之家 555

生殖崇拜 42,319,561,589,769

绳纹文化 319,320

圣教 73,115,116,314,410,584

圣胎 759,788,790,794

圣无极教 299

尸解 59,109,217—219,239,286,383,388,
390,457,631,670,679,691,757,793,810

尸解成仙 284,730,755

十二经脉 825,829,839

十二生肖 717

十二时辰 717,791

十方丛林 850

十戒 738,739,744,747

十一曜殿 262,626,661

十月养胎 790

十住心 457,463,820

石金 777

识神 521,828

识心见性 791

实神 600

实体的东亚 10

实行教 555

世界救世教 555

世俗化 35,142,154,157,588,600

式神 362,513,521—523

侍天教 306

守庚待 551

守庚申　104,247,255 — 259,433,529,530,
　550 — 552,767,861,879,880
守门神　597
守心之道　491
守一　285,692,753,772,787,812,813,902
寿星　74,316,592,641,656,871
书道　188,219,412,478,506,688
术数　13,42,205,247,254,255,308,629,753
树神　330,597
水鼎　781
水火　57,63,117,135,144,301,447,462,
　486,522,712,781,794,830,877
水陆画　870,871
水神　162,222,316,324,339,486,514,597,
　644
水神祭　523
水银　773 — 779,781,857
水云教　306
顺入峰　498
顺天教　314
死的觉悟　477,482,483
四大皆空　460
四段锦　763
四辅　671
四海龙王　592,626,661
四郎仙脉　198
四六金文　889,893
四曼　458,460
四神丹　783
四十四戒　738
四帅　849,870
四象　329,754,778,824
四夷　5 — 8,112,145,179
四御　265,547,592,594,596,623,654,660,
　664,666,849,850
寺请制度　526

送神　164,228,661,872,880
算命　507,509,574,754
随山派　120

T

他者　5,6,109,295,304
胎藏界　452,453,461,462,499
胎息　241,624,680,684,685,715,759 —
　762,768,772,787,837
台湾省道教会　155
太极道　299,314,315
太极拳　134
太平道　12,42,51,54,56 — 58,60 — 62,81,
　82,84,85,565,671,673,736,753,839
太清宫　111,133,569,570,613,615,616,
　625,674,848,863,865,886,888
太上老君　43,59,99,111,131,135,237,
　266,445,475,591,592,594,595,609 —
　622,624,626,629,644,661,692,697,698,
　715,737,738,740,848,852,863,887
太微宫　111,848
太阳　6,18,47,93,164,169,170,189,300,
　324,330 — 332,361,387,503,538,569,
　602,660 — 662,665,726,749,776,779,
　826,836,838,858
太阳祭　523
太阳神　324,332,333,597,776
太一　40,119,123,212,228,233,237,253,
　254,262,265 — 267,328,517,535,596,
　602,652,656,657,660,693,698,738,755,
　778,851,855,872,874 — 876,878,888,
　895,896,898
太一殿　262,266,270,626,657,661,664
太一教　119,736
太一醮　226,237,263,655 — 657,659,895,
　897

太一三使丹　783

太一神清丹　834,835

太一玉粉丹　834

太乙教　298,299,307,314

太乙教行仪　313

太乙救若天尊　602

太乙神　598,806

太乙紫金丹　823,835

太阴　209,331,660,661,749,778,826,836

太阴祭　523

泰山府君　406,506,510,511,514,517—
　524,598,854,855,857

泰山府君祭　516—520,523,524,840

檀君神话　45,74,165—169,226,295,629

唐密　449,452,454—458,461,462,464

体大　203,335,460,858

天曹地府祭　517,519—521,523

天淳中原　386,394

天道教　298,299,303—306,311,580

天地开辟　308,309,327,329,536

天帝　41,43,52,54,55,57,58,96,165,
　168—171,174,255,257,266,297,309,
　421,422,520,550,592,595,596,620,
　623—625,656,784,853,863,866

天公　623,893

天皇制　20,108,114,351,354,357,376,
　377,380,382,384—388,392,394—396,
　404,417—419,421,434,437—439,483,
　486,509,526,532,533,541,544,553,559,
　600,604,606,618,689

天理　469,522,544,703,723

天理教　555

天命神授　167,384

天人感应　52,520,523,603,635,651,736,
　755,779,828,887

天人合一　11,39,89,135,156,537,593,845

天人一体　901

天社神道　516

天神　41—43,52,74,95—97,104,164—
　167,169,171,178,191,201,202,204,211,
　222,225—230,232,249,263,302,304,
　305,321,326,328,329,332,333,378,380,
　386,393,396,437—439,505,517,518,
　520,522,523,527—529,591,595,597,
　602,608,609,615,620,626—628,638,
　640,643,653—656,662,665,710,715,
　739,742,743,753—755,834,839,851,
　882,886,890—892,897,898

天神教　164

天师道　14,22,58,61,81,85—88,95,99,
　100,102,124,154,188,366,386,565,586,
　601,671,688,691

天师教　153

天孙降临　333,380,528

天孙民族　377,395

天文　43,44,46,50,52,97,103,114,115,
　185,248,250,258,313,327,337,392,412,
　425,426,431,433,506—509,511—514,
　516,522,538,540,574,650,651,656,657,
　684,688,691,717,751—753,756,757,
　760,774,805,812,841,843,890

天文道　509,512,513

天象符　754

天心派　124

天眼　584

天真教　306

铁鼎　781

铜鼎　781

图谶　14,56,230,231,247—255,270,355,
　774,844

土地神　142,547,551,557,597,605,608,645

土鼎　781

土公祭　523

土御门神道　516,520,524

吐纳　92,646,705,715,718,731,752,759,
763,772,800,829

吐纳法　762

吞符　102,754,756

脱亚入欧　9,19,483,545

W

外丹　35,117,118,151,651,672,676,753,
760,772 — 775,779,780,784,786 — 790,
801,803,809,827

外宫神道　486

外清净　487,526

外药寮　399,425,432

外用成法　635

外缘文化　65

万病解毒丹　835

万古一系　386,532,539

万国道教会　155

万世一系　374,380,382,385,484,529,530,
544

万物可变　775

亡灵　144,158,224,235,292,545,577,583,
597,606,840,843,869,870,877

王灵官　849

望气　41,44,52,102,754,847

韦应物　624

惟神会　555

惟神之道　325,486

卫满朝鲜　178,179

苇原国　333

纬书　506

文昌帝君　142,588,590,598,608,682,688,
736,742 — 744,748 — 750,857

文化类型　34,65,74,75

文化模式　11,66,480,481

文化中心移动说　67,79

倭国使　105,387

倭五王　98,354,358

我者　5,109,151,484

乌头道士　154

巫道　58,60,87

巫教　152,164,166,597

巫史文化　42

巫术　14,38,43,52,103,141,142,147,164,
177,202,373,377,378,421,428 — 432,
448,515,522,540,555,556,578,753,769,
807,839,841,868

无得戒　738

无言通禅派　571

五道　520,521,523,584,657

五斗米道　12,42,51,57 — 61,70,81,82,85,
88,89,99,100,314,372,373,386,565,566,
592,611,622,673,736,753,846,847,871

五教会道教会　155

五戒　202,469,585,738,739,741,747,840

五经博士　356,423,424,508,689

五灵丹　783

五轮九字说　842

五芒星　513

五禽戏　763,764

五神　333,361,487,659,693,718,759,760

五瘟神醮　227,237,655

五行　7,44,52,54,56,57,63,90,103,117,
175,201,212,217,235,250,271,301,329,
335,355,394,417,438,447,448,485 —
487,490,491,503,506,507,509,510,
513 — 517,521,522,527,528,652,658,
692 — 694,754,778 — 780,808,825,827,
828,830 — 832,836,838,855,887,890

五行相胜　44

五岳大帝 592

五脏观 842

五脏神像图 843

五字真言 842

武当道 132—134

武当内家拳 133,134

武士道 340,465,470,474—483,485,552, 553

物语 122,346,512,513,518,634—636, 638,724—726,729,730,840,843,855

X

西方白虎 656,778

禊祓 330,335,377,881

禊教 555

下丹田 217,480,761,772,788—790,826

仙道 7,22,29,38,44—46,49—51,56,78, 82,85,89,91,94,97,101,104,115,134, 163,169,181,191,197,199—202,206, 211,212,215,216,225,226,231,241,243, 272,277,278,281—284,289,290,299, 301,314,316,346,361,412,413,447,457, 481,504,536,549,563,565,584,593,632, 684,685,706,708,719,726,740,752,765, 769,772—774,809,810,823,859

仙道教 299,314,447

仙歌玄曲 704,715

仙花 201

仙境 44,50,53,307—312,345,362,389, 443,495,503,549,630,647,704,705,707, 709,715,728,729,732,764,785,808,847, 851,857,867,868

仙郎 74,201,203,229,597

仙人 7,24,25,28,40,46,50,53,97,116, 140,160,168,169,181,182,191,197,199, 201,219,230,250,272,274,275,277,278,

281,283—285,290,316,319,320,337, 346,360—362,365,367,368,370,373, 386,390,391,424,444,447,457,466,495, 501,546,558,565,575,593,628—632, 634,640,650,651,693,707,715,721,726, 729—732,773,776,799,810,853,865— 868,883,894

仙砂 776

仙真 591—594,597,628,646,672,718

显得成佛 462

现人神 328,380,386,394,605,606

乡土会 299

相大 241,460

相术 44,313

香港道教联合会 159

香港青松观 30

消灾祈福 35,228,306,659,872

萧规曹随 39

小鼎 789

小还丹 834

小庙 850

小周天火候 790

邪马台国 61,68,69,353,358,359,363— 365,370,372—376,689,776

心词 888

心斋 47,715,873,876

新罗法性宗 195

新罗净土宗 195

新天师道 98,101,616,852

星变祈禳醮 226,237,656

星辰醮祭 265,267,659—663

星辰神 133,592,660

星斗神 597

星相 14,658

行气 38,88,92,95,97,446,534,629,635, 710,728,753,758—760,762,763,766—

769,772,800,802,829,832,836,837,839, 840,845,902

行香使 264,265,654,655,663

行业神 589,592,643,644,858

形神俱妙 92,740,901

形意拳 134

性功 144,792

性命双修 77,117,120—122,134,138,144, 150,151,156,240,247,287,587,795,807, 823,876

性医学 449,696,769,845

雄黄 101,777,778,785,806,835

雄黄金 777

熊祭 321

修袯 840,880,881

修心 134,218,242,304,312,313,746,792

修性返德 904

虚静 121,134,235,484,791,902,903

虚灵府 756

宣词 888

玄宫 158,162,523

玄关 121,156,218,230,233,685,893

玄鹤 284,868

玄黄丹 783

玄妙之道 197,199,200,206,671

玄牝之门 117,789

玄水 779

玄素之道 769

玄武 132,133,187,248,315,354,359,362, 365,370,514,644,661,715,778

玄武大帝 592,644

玄学 12,22,89—93,103,110,157,158, 401,404,471,534

玄元观 111,848

悬像还神 841—843

Y

咽内元气法 759

延龄之术 728,771

言灵 757,758,881,882

言意 12

养气论 837

养生 27,35,51,63,73,81,87,88,91—93, 95,97,101,108,121,126,133,139,151, 152,240,262,278,303,304,344,364,433, 434,448,449,548,549,573,629,632,646, 651,667,679,683—685,692,696,703, 714,715,751,752,754,759,761,763,764, 766—771,782,786,787,796,801,803— 807,809—811,815,821—824,827,832, 837,840,844,845

养生修道术 1,751,902

药金 210,773,777,778

药物 101,196,259,356,424,508,629, 772—777,779—781,787—790,794,798, 803—805,807,812,814—817,819—822, 832—834,838,857

一百八十戒 738

一炁化三清 594,611,615,619,622

一千二百戒 738

医博士 356,424,425,433,508,820,821,841

医学 1,35,37,44,139,150,256,337,433, 448,449,473,550,552,684,685,696,758, 759,763,764,768,770,787,800—814, 816—825,827—845,900

医药之神 339,835

以命取性 791

以身体道 902

以心传心 317,482

役使鬼神术 502

易博士 356,424,508,522

意守丹田　772,789

阴阳　7,15,44,51,54,63,64,92,95,103,
117,121,132,134,135,151,176,205,227,
230—232,237,247,248,252—254,263,
266,279,287—290,301,307,308,310,
311,315,327,329,370,394,412,424,427,
431,433,435,442,447,448,466,480,487,
490,491,494,506,507,509—523,527,
528,584,612,615,626,657,658,661,677,
711,754,756,759,768—770,781,785,
787,790,805,808,811,822,825,826,
829—832,834,836,838,840,843—845,
852,855,856,869,872,879,891

阴阳道　14,370,406,427,429,430,432,
447,461,492,506—524,637,639,649,
694,711,840,853,883

阴阳家　38,39,44,50,204,205,253,507,
512

阴阳寮　399,400,425,431,432,447,509—
514,516,885

阴阳舍　509

阴阳头　427,509,512,513,516

阴阳五行　7,44,52,54,56,103,201,250,
355,417,438,447,485,487,503,506,507,
509,510,513—516,522,778,780,827,
830—832,855

阴骘　516,590,682,733,736,742—744,
748—750

银鼎　781

隐形变化　753,755

印诀　839

应仁之乱　479,481,843

婴儿　151,174,243,276,504,623,759,779

迎鼓　226

迎驾　228,661,864,872

瀛真人　386,394

游仙诗　704,705

有得戒　738

有无　12,68,107,211,257,308,328,381,
532,613,684,753

嵛山派　120

羽人　40,44,51,862

羽衣仙女　638,724,726

雨神　592,644

禹步　101,228,422,661,693,839,840,872

禹步法　520,523

玉帝　370,560,580,582,595,623—625

玉粉丹　783

玉皇大帝　118,125,142,153,266,581,582,
584,592,596,618,623—626,656,661,849

玉枢丹　247,835

玉液　117,770,779

遇仙派　120

御灵　520,606—608,637,638

御岳教　505,555

冤魂　247,448,511,606—608,637,638,840

元精子　779

元康之学　89

元气说　672

元始天王　615,620,621

元始天尊　74,96,97,135,237,328,535,
594,598,602,608,615,618—626,737,
748,852,863,866,887

原始道教　51,53,55,420,872

原始神道　318,319,322—326,335,336,
371,377,435,536,541,555,556,603,605,
861,885

原始宗教　4,11,13,38,42,45,51,72,81,
248,320,321,324,334,435,517,769,873

原型文化　65

源花化　199

愿文　519,631

月神　193,194,331,592,726

运火　761,781

Z

杂密　452

赞颂　100,176,228,391,392,661,672,734,872,888

赞颂词　717,718

早期道教　42,51,56,57,61,62,68,69,81,84,85,87,89,91,95,97,368,583,586,593,615,737,745,773,787,812,828,847

皂衣仙人　74,191

灶神　257,547,551,557,578,592,608,840

造化三神　326—329

造雾吐火　755

曾青　101,777,806,835

甄山大道教　314

甄山道　299,315

甄山教　299,306,307,309—315,755

斋词　94,216,218,229,262,519,620,621,874,879,887,893—895

斋醮科仪　12—14,29,43,71,78,81,85,94,97,100,101,104,110,112,119,143—146,152,158,159,163,216,218—221,226—229,232,234,235,237,239,260—263,265—267,272,293,313,330,370,434,440,452,491,521,523,569—572,577,588,589,594,617,620,626,654,655,659,661,667,669,672,703,710,711,717,718,754,755,843,846,850,851,871—878,880—883,888—891,893,895,898

斋戒　41,93,97,204,222,337,377,422,430,501,521,523,603,610,633,718,737,835,848,871,872,881,885

斋天　142,625

斋文　661—663

占卜　14,43,44,72,157,164,205,248,269,335,373,427,433,447,509,512,514—516,522,523,548,558,589,669,716,827

占星术　164,381,386,392,506,509,840

战国七雄　7

战士之道　474,480,483

招魂丹　696,783

召神　61,515,522,710,753,754,897,898

真大道教　119,736

真气　117,537,755,762,776,789,790,795,901

真人　54,77,94,96,108,109,114,121,127,136,137,144,168,197,208,213—215,240,241,256,278,281,283,284,287,288,290,335,336,386,388,393,394,409,427,534,579,583,586,593,620,628,658,676,678,680,690,691,695,712,732,758,759,777,792,793,796,806—808,817,818,825,827,859,860,862

真武　29,76,132—137,143,160,267,516,577,578,586,588,589,592,599,605,644,660—662,749,850,858,861—863,866

真言密宗　454

真珠　69,203,241,374,776

镇花祭　880,881

镇魂祭　224,608,881

镇火祭　880,881

镇邪　839

正始之音　12,89

正统道教　81,125,154

正一道　123,124,126,127,135,138,139,144,152,154—156,596,877

正一法文　671

正一盟威箓　111

支那佛教史学会　21

知止　185,186,573,677,903

知足　185,186,527,573,677,903

知足常乐　585,643,708

直宿殿　262,626,661

摭怪　575,581,733,734

止持戒　739

志怪　636,691,719,720,722,730—732,734

制度型宗教　71,72

制药　44,357,751,778,806,807,816,835

治疗术　827,828,838,839,842,844

治所　179,404,846

致中和　121

智觉符　756

中丹田　788—790

中国中心论　5,6

中和　57,121,217,578,585,685,687,825,834,848

中华道教总会　155

中华民国道教总会　146,147

中天紫微北极大帝　623,664

中心—边缘　5,64,65,67,69,73,76,78—80

终始五德　44

钟吕内丹道　76,117,118,213,214,239,240,287,678,786,789,791,809

重气派　110

重玄派　110,704

重玄学　195,704

周天火候　760—762

轴心时代　43

肘后　117,287,684,693,713,781,796,804,805,812—814,821,832,838

咒禁师　421,422,424—426,430,433,510,841,843

咒禁术　422,424,425,430,549,756,840,841,844

咒说　56,839,841

咒文　20,304,307,312—314,435,502,513,711,756

咒语　56,57,308,313,323,421,422,433,435,495,503,513,688,711,754,767,839,840,844

咒语诗　704,710,711

咒愿文　631

朱蒙神话　45,171

朱鸟　776

朱雀　40,187,248,354,359,362,365,370,443,514,644,661,715,765,855,856,862

朱砂　101,775,778,781,790,835,886

朱砂金　777

诸岛生成　327

诸恶莫作，众善奉行　200,504

诸神生成　327

诸夏　5,6

诸夷　5,6,355

竹林禅派　571

竹林风度　89

竹林高会　246

竹林七贤　89,90,245,246,641

属星祭　523

驻老之方　728,771

祝谶　753

祝词　395,434,435,598,604,690,880—882

祝香　228,661,872

筑坛　780

转祸为福　742

追毒丹　835

子孙庙　850

子午周天　790

梓潼帝君　142,266,608,626,661,743,748,749

紫府　49,218,443,764,765

紫极宫　111,621,848

紫金锭　835

紫灵丹　783

紫微大帝　659,664,666

紫雪丹　783

紫游丹　783

自感　901

自然崇拜　38,42,167,319,321,323,324,
377,435,467,517,603,868

自然淡泊　869

自然神　74,323,325,326,592,605

自然宗教　164,326,549

自为　85,143,266,401,437,537,594,622,
901

足利学校　471,473,538

族群　5,12,45,66,68,69,73,178,320,362,
468,717,880

祖先　41,43,52,73,112,133,144,167,172,
182,189,194,249,255,293,294,320,322,
333,334,343,357,380,383,384,407,417,
418,427,467,468,486,492,532,533,569,
577,585,590,597,606,615,624,650,670,
695,727,744

祖先崇拜　13,43,72,319,324,334,435,
467,560

罪感文化　481,484

尊道贵德　133,903,904

作持戒　739

后　　记

　　写这本书的最初动机是 2005 年萌发的。那年我先在美国哈佛大学，后又到香港浸会大学做访问学者。在美国和中国香港的两地生活，使我一方面看到西方现代化社会的文明、秩序、效率和细致的服务，从中体会到现代化对中国传统文化所产生的巨大冲击；另一方面，我也从哈佛燕京图书馆馆藏的有关道教的书籍与资料中，从一些外国学者对道教的浓厚兴趣中，从道教在现代香港社会的生存与发展中，看到古老道教所潜藏的生生不息的生命力。记得那年我在位于香港狮子山上的浸大公寓里，远眺着沙田的繁华景象，翻阅着从图书馆借来的日本、韩国和中国学者撰写的有关道教研究的书籍，撰写着《道教文化》那本书时，既想努力表达自己对中国传统宗教——道教思想文化的特质及其现代意义的思考，同时也受到"从周边看中国"的方法论启发，点燃了自己的又一个学术理想之光——是否可以扩大我们的视野，将道教置于东亚汉字文化圈中进行系统研究？

　　虽然在许多人的眼中，道教仅是中国的民族宗教，其传播范围也仅在中国而已，但我通过广泛阅读，发现情况并非如此。在有着悠久历史的东亚思想与宗教中，被中国道家和道教奉为最高宗旨的"道"，至今都是最具有象征性和影响力的文化符号，在古代东亚世界产生着一种潜移默化的影响。我想，若在研究中国道教的基础上，能将研究视域扩大到东亚世界，通过开拓对东亚道教的研究，可以更好地借鉴异域的"他者"来作为研究中国道教的一个参照。

　　非常荣幸的是，2006 年，我第一次提出"东亚道教"这一概念，并以

"东亚道教研究"为题申报国家社会科学基金项目时就获得了资助。我以此项目为契机，开始广泛寻找、搜集和阅读与本课题相关的各种资料。2009年，我有幸到香港中文大学做访问学者。在香港工作的那段日子里，我抛开了各种杂事，每天沉浸在书本中。大学图书馆、崇基学院牟路思怡图书馆和新亚书院钱穆图书馆是我最喜爱的读书地，因为它们收藏着许多有关东亚的文献资料。随着阅读的广泛与深入，我更深切地体会到，"东亚道教"虽是一个"想象的概念"，但由于其学术领域植根于广阔的东亚世界之原野，有着大量的文献资料和考古发掘成果可以佐证它是东亚文化不可分割的一部分，因此在我看来，东亚道教研究就成为一个那么引人入胜、令人着迷、启人心智、发人深思的新研究领域。

由于东亚道教研究是一项富有开创性的工作，因此，碰到的困难也真是出乎意料的多。首先，有关东亚道教的资料散见于东亚各国的历史文献、文学书籍、佛教经典和考古发现之中，很难系统搜集。其次，一些有关东亚道教的古籍文献未经修订，且无句读，需要花费时间逐一分辨解读。再次，20世纪以来，日本和韩国学者采用不同的方法，运用不同的民族语言，撰写的一些有关道教和东亚社会与文化的著述，必须翻译后才能阅读理解。最后，道教在东亚的传播经常是隐而不显的，如何通过挖掘出潜藏于东亚社会中的道教因素，来研究中国道教怎样传播到东亚各国，并在东亚各国特定的政治、伦理、宗教和民俗的环境中形成了新的特点？这些困难无法绕过，都需要一一加以克服解决。我在写作过程中，一直提醒自己，既要对道教在东亚各国的传播、影响及文化特质进行具体的个案研究，也要对"东亚道教"进行总结性的宏观把握。既要对道教有同情的了解，也要对其中一些过时的、甚至与现代文明相背离的东西作深层的反省，在重新质疑深植于传统中的成见来张显未来之思。通过认识东亚道教的历史特点与现代精神，进而把学术问题与时代问题有机地结合起来，为东亚文化的与时俱进提供别开生面之创造，这也是东亚道教研究的重要理论价值与现代意义之所在。

春来秋去，一晃七年过去了，教学之余，我的科研工作几乎都是围绕此项目而展开，心之所系，思之所想，以自己的人生阅历和生命热情来观古人之论道，参今人之探索，六易其稿，其中的艰辛无以言表。尤其是近年来浮躁和喧哗已无处不在地充斥着我们社会生活的每一个角落时，在急功近利的心态下，原本简单而纯粹的科学精神受到了一定的伤害。我从小看着父亲孙叔平写作《中国哲学史稿》时，如何一本本地阅读从孔夫子到孙中山的著作，如何将哲学家的观点一段段地摘录出来，撰成四百多万字的《中国哲学家论点汇编》，然后以历史唯物主义为指导，将资料和观点相结合，写出《中国哲学史稿》上下册（上海人民出版社 1980、1981 年版）来探讨揭示中国哲学发展的脉络与规律，表达了他个人对中国哲学的独到见解，由此形成了 20 世纪 80 年代中国哲学史研究领域中的一家之言。父亲一直教导我要勤于动笔，在学问上下工夫。这些年来，我也一直告诫自己，只有尽力让自己的思想和灵魂沉静下来，埋头于学术研究中，才能专注于做好自己感兴趣而又觉得有意义的科研工作。

2011 年秋天，我完成了全部书稿并申请结项。在国家社科基金项目成果的匿名鉴定中，承蒙各位评审专家的认可与鼓励，本成果获得了"优秀"等级。2013 年又顺利入选《国家哲学社会科学成果文库》。

在拙著出版之际，我心里充满着感恩之情，首先要感谢我崇敬的前辈学者牟钟鉴教授于百忙之中拔冗阅读书稿，欣然为拙著赐序以示鼓励；感谢率先开展海外道教学研究的朱越利教授的热情指导与帮助；感谢香港浸会大学费乐仁（Lauren F. Pfister）教授在我访问香港期间给予的关心与指导；感谢同行学者日本名古屋大学神塚淑子教授、复旦大学吴震教授、北京大学王宗昱教授、深圳大学问永宁教授、四川大学黄勇教授给我寄来了相关资料；还有许多相识多年或素未谋面的中外学者富有启迪性的论著在学术上对我的引导，因为篇幅太长我无法一一列出感谢名单，但凡那些曾激起我学术灵感、开拓我研究思路的论著与观点，我都尽可能在文中以规范的学术形式一一注出，既展现他们有益的探索成就，也表达我的敬意和谢意！

在本书联系出版的过程中，感谢香港道教学院李永明主任的鼎力相助，他将拙著出版资助事宜向香港青松观董事会作了报告。香港青松观长期以来支持道教研究事业，2012 年年底，董事会专门讨论并一致通过了给予拙著出版经费的支持，让我心里觉得特别温暖！虽然后来因拙著入选《国家哲学社会科学成果文库》而没有使用香港青松观董事会提供的出版经费，但他们"雪中送炭"的情谊和努力资助道教学术研究的精神，令我深深感动且难以忘怀！在此深表感谢！

感谢我的家人，在美国麻省医学院工作的儿子洪德立在繁忙的科研工作之余帮助我翻译了一些英文资料。先生洪修平这几年正在兼任南京大学图书馆馆长，作为一名富有前瞻性学术意识的学者，他十分重视图书资源建设，近年来南京大学图书馆不仅大力丰富发展了电子资源库，而且还购置了《韩国文集丛刊》等东亚古典文献丛书和东亚学者的研究著作，这为本课题的研究带来了极大的方便。

感谢南京大学图书馆史梅副馆长、陈远焕老师，他们热情地帮助寻找到了一些十分难得的图书资料，还请人翻译了一些韩文资料。感谢日本京都大学村田溎博士、韩国留学生朴正雄等帮助翻译了一些日、韩资料。

感谢人民出版社编审方国根先生，他是一位学者型的编辑，具有独到的学术眼光和文化意识，在接受拙著出版的编辑工作中，一直本着如何出好这部书来进行工作，给了我许多有益的建议。担任本书责编的李之美女士曾留学日本并参与翻译了日本学者小林正美的《唐代的道教与天师道》，感谢她和她的同事夏青、崔秀军的认真审稿和精心编辑，使拙著从内容到形式都得到不断完善。

最后，感谢全国哲学社会科学规划办公室及各位匿名评审专家，使本书入选2013年《国家哲学社会科学成果文库》，这是对我研究工作的最大鼓励与鞭策！

在本书即将付梓之前，我又根据评审专家提出的一些富有建设性的意见和建议，对全稿进行了认真的校读与修订，并按照出版社要求，增加了参考文献与书目、主题词、人名和地名索引等。由于时间关系，并限于学力和水平，如有不妥之处，欢迎海内外专家学者不吝赐教，谢谢！

南京大学　孙亦平
2014 年 1 月 8 日

责任编辑:李之美 夏 青 崔秀军
装帧设计:肖 辉
版式设计:肖 辉 周方亚

图书在版编目(CIP)数据

东亚道教研究/孙亦平 著. -北京:人民出版社,2014.4
(国家哲学社会科学成果文库)
ISBN 978 - 7 - 01 - 013210 - 5

Ⅰ.①东… Ⅱ.①孙… Ⅲ.①道教-研究-东亚 Ⅳ.①B959.31

中国版本图书馆 CIP 数据核字(2014)第 033604 号

东亚道教研究

DONGYA DAOJIAO YANJIU

孙亦平 著

人民出版社 出版发行
(100706 北京市东城区隆福寺街 99 号)

北京中科印刷有限公司印刷 新华书店经销

2014 年 4 月第 1 版 2014 年 4 月北京第 1 次印刷
开本:710 毫米×1000 毫米 1/16 印张:62
字数:1015 千字 印数:0,001-2,500 册

ISBN 978 - 7 - 01 - 013210 - 5 定价:170.00 元

邮购地址 100706 北京市东城区隆福寺街 99 号
人民东方图书销售中心 电话 (010)65250042 65289539

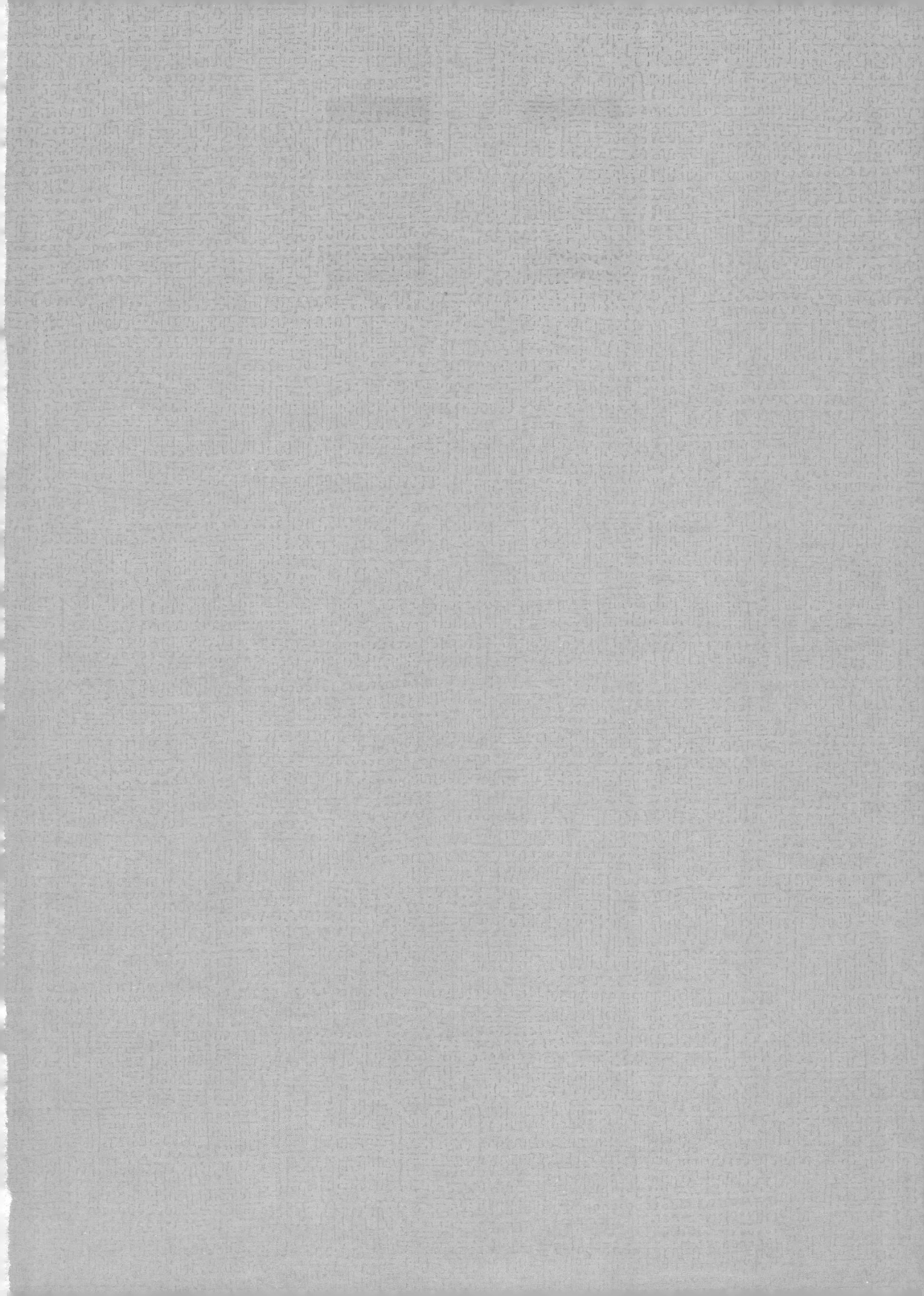